Friedrich Heer

Der Glaube des Adolf Hitler

Friedrich Heer

Der Glaube des Adolf Hitler

Anatomie einer politischen Religiosität

Mit einem Vorwort von Brigitte Hamann

Bechtle

2. Auflage 1998

Schutzumschlag: Wolfgang Heinzel
Satz + Druck: Jos. C. Huber KG, Dießen
Binden: Großbuchbinderei Monheim
Printed in Germany
ISBN 3-7628-0549-0

INHALT

VORWORT ZUR NEUAUFLAGE VON BRIGITTE HAMANN

Dreißig Jahre nach der Erstausgabe und vierzehn Jahre nach dem Tod des Autors liegt hiermit Friedrich Heers Hauptwerk wieder im Hardcover vor. Ob diese Neuausgabe dazu beitragen wird, eine Renaissance der Schriften dieses in den sechziger Jahren wild umfehdeten Wiener Kulturhistorikers und Publizisten einzuleiten, wird sich weisen.
Friedrich Heer, 1916 in Wien geboren, promovierte 1938 in seiner Vaterstadt in mittelalterlicher Geschichte und erlangte auch eine gründliche Ausbildung zum Archivar am renommierten Institut für Österreichische Geschichtsforschung.
Seine ganz besondere Art, nach 1945 Geschichte darzustellen, hat freilich wenig mit dieser strengen Ausbildung zu tun. Im Gegenteil: Vom ersten seiner zahlreichen Bücher an lehnte er sich gegen die traditionelle, eher positivistische Art der Wiener historischen Schule auf. Er polemisierte gegen das Ideal, „sine ira et studio" Wissenschaft zu betreiben, also ohne Zorn, Eifer und Leidenschaft. Dagegen bekannte er sich dazu, „*cum* ira et studio", bewußt parteiisch, als persönlich Betroffener, zu schreiben, aus der Position eines gläubigen Katholiken und begeisterten Österreichers. Geschichtsschreibung diente ihm als persönliches Bekenntnis, als „Konfession".
Das einzigartige dabei war aber, daß es ihm keineswegs um die hehre Seite der Geschichte ging, sondern stets um die düstersten, die unaufgearbeiteten, ja sorgsam versteckten Kapitel. In einer Zeit, als die Wiener Politik energisch darauf bedacht war, die Verantwortung für die Greuel der Nazizeit allein Deutschland zu überlassen und Österreich als überfallenes Land hinzustellen – und nur als solches –, provozierte der glühende österreichische Patriot Friedrich Heer seine Landsleute damit, daß er schonungslos den Schmutz der eigenen Geschichte hervorkehrte und ins grelle Licht der Öffentlichkeit zerrte.
Hitler, in der bequemen Wiener Diktion bis dahin meist der aus Deutschland kommende Eroberer und Zerstörer des schwachen Opfers Österreich, war bei Heer nun der Österreicher Hitler, mehr noch: der österreichische Katholik, dessen Ideologie tief in der österreichischen Geschichte wurzelte. Diese sorgsam verdeckten Wurzeln legte Heer nun bloß, vor allem den jahrhundertealten katholischen Antisemitismus. Damit bewies Heer unmißverständlich eine Mitverantwortung auch Österreichs und der katholischen Kirche an den Greueln der Nazizeit.
Heer bediente sich eines sehr unorthodoxen Stils, der bald als „Heer-Stil" berühmt und berüchtigt war: genialisch, gefühlsträchtig, unsystematisch, kämpferisch-eifernd, polemisch-übertreibend. Statt nüchtern zu berichten, jagte er seine Leser mit wilden

Assoziationen quer durch die Weltgeschichte und durch die wissenschaftlichen Disziplinen, um die Satten aufzuscheuchen und das Gewissen der Leser zu aktivieren.
Bald hing ihm das Attribut an, ein moderner Abraham a Sancta Clara zu sein. Das war jener kämpferische Augustinermönch und kaiserliche Hofprediger der Barockzeit, der die allzu gemütlichen und selbstgefälligen Wiener in deftigen Worten zum Kampf gegen die Türken aufrief: „Auf, auf, ihr Christen!". Vielzitiert wurde Friedrich Torbergs Wort über Heer als ein „Abraham a Sancta Unclara".
Heer liebte es, sich als „Sus Domini" zu bezeichnen, als Wildschwein Gottes, als ein Wesen, das den Schmutz aufwühlt und die anderen dazu zwingt, sich mit diesem Schmutz zu beschäftigen. Er war der Meinung, die Österreicher müßten zunächst und vor allem vor der eigenen Tür kehren als Voraussetzung für eine nötige schmerzvolle Verarbeitung und Gesundung.
Gipfelpunkt dieser Schmutzarbeit im Dienste der Wahrheit war das Buch über den österreichischen Katholiken Hitler, den Heer provozierend den erfolgreichsten Österreicher des 20. Jahrhunderts nannte.
Kein Wunder, daß Heer sich unbeliebt machte, vor allem bei seinen Gesinnungsgenossen, den Katholiken und Christlichsozialen, die keineswegs sogleich bereit waren, die Tatsache des traditionellen Antisemitismus in Österreich zu akzeptieren. Die Vorwürfe, er sei ein Verräter und Nestbeschmutzer, er schade mit seinen Ausführungen sowohl Österreich als der Kirche, nahm Heer triumphierend entgegen. Die Fülle der Feinde machte ihn fast stolz. Denn aus der bitteren Erfahrung der Hitlerzeit war er zu seinem Grundsatz gelangt, daß Widerstand als moralische Tat zu gelten habe und nicht als Verrat.
Heute, nach dreißig Jahren, sind jene bitteren Wahrheiten in Österreich weithin akzeptiert. Die wissenschaftliche Aufarbeitung ist großteils erfolgt, allerdings mit den klassischen wissenschaftlichen Mitteln der Quellensuche und Quellenkritik. Das Spektrum typisch österreichischer Traditionen, die Hitlers Ideenbasis bildeten, hat sich erheblich erweitert.
Friedrich Heer bleibt das Verdienst, als einer der ersten jenen Teil der Arbeit erledigt zu haben, der am meisten Kampfkraft und persönlichen Mut erforderte. Heer war damals ein Rufer in der Wüste mit glühendem Sendungsbewußtsein und moralischer Integrität, ein Wegbereiter für die historische Gewissenserforschung in Österreich. Dafür gebührt ihm Dank.

Wien, im Februar 1998 Brigitte Hamann

Brigitte Hamann ist die Autorin des 1996 erschienenen Buches „Hitlers Wien. Lehrjahre eines Diktators"

VORWORT

Die Geschichte Adolf Hitlers ist in einem doppelten Sinne Gegenwartsgeschichte. Diese Geschichte wurde von Menschen mit-gemacht, die heute Geschichte machen: als Politiker, Wirtschaftsführer, Militärs, Publizisten, Manager von Großverbänden. Das Handeln und Nichthandeln dieser Mit-Macher in der Gegenwart schlüsselt täglich für den aufmerksamen Zeitgenossen die Taten und Untaten der Volksgenossen und des Protagonisten Adolf Hitler selbst auf. Unsere Gegenwartsgeschichte ist ein einzigartiger Schlüssel zum Aufschlüsseln der nahen Vergangenheit. Geheimnis der Machtübung im Heute: Der Schlüssel aber zu ihrem Verständnis wurde in den Rhein geworfen (oder auch in die Donau), dort, wo der Strom des Verdrängens am mächtigsten strömt: in einem „Publikum", das riesenhafte und kostspielige Anstrengungen unternimmt, um sich mittels einer Unterhaltungspresse und Vergnügungsindustrie von sich selbst zu entfernen, von einer möglichen Gewissensbildung und Wissensbildung.

Erwin Leisers Film „Mein Kampf" wurde in der Bundesrepublik Deutschland, in Österreich und in der Schweiz „auf Grund übertriebener Vorsicht gewisser Instanzen an manchen Stellen geschwächt". Dazu kam: „In den Abschnitten über den Terror des Dritten Reiches wurden die furchtbarsten mir zur Verfügung stehenden Aufnahmen nicht verwendet. Nur ein Teil des Publikums ist fähig, sehr harte Bilder richtig aufzunehmen."

Dasselbe Publikum zeigt sich sehr wohl fähig, sehr harte Bilder in blutrünstigen Mordfilmen und in der Bildreportage aus Vietnam täglich zu konsumieren.

„Der Glaube des Adolf Hitler" bildet eine Einheit mit dem Buche „Gottes Erste Liebe". Hier ist jetzt das große Thema, ein Sich-selbst-Versagen der Kirche in ihrer ersten und letzten Aufgabe, die Menschwerdung des Menschen zu fördern, an einem einzigartigen Geschehen aufzuzeigen: Der österreichische Katholik Adolf Hitler fand in der katholischen Kirche, die er haßte, verachtete, bewunderte und nachahmte, keinen einzigen Gegenspieler, der ihm gewachsen war. In diesem Zusammenhang ist dies aufzuzeigen: Die vatikanische Politik der Gegenwart steht gerade in wesentlichen Elementen ihrer Politik Israel gegenüber in engstem Zusammenhang mit der Politik Pius' XII. Ihre Nichtanerkennung des Staates Israel, das Festhalten führender Kirchenmänner an der Theologie vom „gottesmörderischen Volk der Juden" beleuchtet heute „das Schweigen Pius' XII." mit Scheinwerfern, in deren Licht wenige zu sehen wagen. Wenn morgen Israel

ausgerottet werden sollte, wie ihm seit zwanzig Jahren von Arabern verheißen und versprochen wird, werden neben den Weltmächten die römische Kirche und die ganze Christenheit dieselbe Mitverantwortung zu tragen haben wie für die „Endlösung“ unter Hitler. Deshalb die ausführliche Erörterung der kirchengeschichtlichen Positionen des Papstes Pius XII. hier in diesem Buche, das nicht geschrieben wurde, um einen Toten anzuklagen, wohl aber, um die lebenden Verantwortlichen zu beschwören, sich aus einer tausendjährigen Tradition zu lösen.
1967 macht Ernst Wilhelm Eschmann darauf aufmerksam: „Auf die Dauer geht es wohl nicht an, daß nur Schriftsteller das Sakrament der Buße vollziehen und die Sinnesumwendung stellvertretend für alle andern üben.“

Wien, Passionssonntag 1968

ADOLF HITLER – EIN MENSCH UNSERER TAGE: 1889–1945

„Die Auseinandersetzung mit diesem unheimlichen Manne ist ein politisches Erfordernis erster Ordnung" (Percy Ernst Schramm 1965).

Adolf Hitler: Nach dem Zusammenbruch seiner Herrschaft, nach seinem Tode, nach dem Sieg der Alliierten wurde in deutschen Landen, zumal in christlichen und konservativen Kreisen, Hitler gerne als Dämon, als Antichrist, als ein Teufel, zumindest als eine ganz inkommensurable Erscheinung, nicht zu ermessen, in metaphysische Wolken entrückt.

Diese Entrückung in eine wenigstens metaphysische Hölle entsprach nicht nur der früheren, zum Teil von denselben Menschen ausgesprochenen Entrückung in einen Himmel, der von seiner, Hitlers „Vorsehung" bestimmt war, sondern diente vor allem einer Entlastung: Man wollte nicht wahrhaben, daß man mitverantwortlich war für den Aufstieg, die Machtübernahme, die verheerenden, Europa verwüstenden Erfolge dieses Mannes.

In etwas verdünnter Form ist es heute noch üblich, Hitler, wenn auch nicht mehr nur als „Betriebsunfall", so doch als „Schicksal" der rationalen Untersuchung und damit der Verpflichtung zur Selbstanalyse unserer gegenwärtigen Gesellschaft, unserer Person zu entziehen.

Der Mensch Adolf Hitler, geboren am 20. April 1889 in Braunau am Inn, durch Selbstmord aus dem Leben geschieden im Bunker seiner Reichskanzlei in Berlin am 30. April 1945, hat ein Menschenleben gelebt, das, wie es selten bei historischen Persönlichkeiten der Fall ist, in allen wesentlichen Wegstrecken klar einsichtbar vor uns liegt.

Diese Feststellung schließt nicht aus: Bedeutende Probleme rund um Hitler sind noch zu erforschen. Hier sei nur an das Problem der Finanzierung Hitlers in den Jahren vor der Machtübernahme, nicht zuletzt durch nicht-deutsche Gelder, erinnert. *Personalitas (individualitas) est ultima solitudo* (Duns Scotus): In jedem Kern einer menschlichen Persönlichkeit steckt ein Rest, den kein Mensch – zumeist auch nicht der Personträger selbst – restlos erfassen, erforschen, aufhüllen kann. Adolf Hitler teilt diese Unberührbarkeit seines Personkerns mit allen anderen Menschen.

Die Verdeckung des Menschen Adolf Hitler – im Wissen, im Bewußtsein seiner Zeitgenossen, der Zeitgenossen der Gegenwart – ist jedoch ein rationales, tiefenpsychologisches, gesellschaftliches und politisches Problem ersten Ranges, das mit dem vielbesprochenen, aber leider allzuoft metaphysizierten Faktum zusammenhängt: Hitler in uns selbst. Was Hitler gedacht, gesagt, geplant hat, entsprach auf weite Strecken – auf erschreckend weite Strecken – dem, was, nicht nur durch Alldeutsche, innenpolitisch und außenpolitisch in den deutschsprachigen Landen vor, während und auch noch nach dem Zeitraum seines Lebens 1889–1945, von einflußreichen und weniger einflußreichen Deutschen gefordert, ausgesprochen, geschrieben, gepredigt wurde.

Die allermeisten Elemente der Persönlichkeit Adolf Hitlers finden sich in ihrer Vulgarität, in ihrem ordinären, zynischen Hinwegsehen über Menschenrecht und Menschenwürde anderer Menschen, in der Personbildung von wohl Millionen seiner Zeitgenossen und von Menschen der Gegenwart. In dieser Vulgärität wurzelt ein gut Teil seiner Wirkung auf die Massen.

Nun ist aber auch dies zu sehen: Auch der Glaube, der religiös-politische Glaube des österreichischen Katholiken Adolf Hitler, entsprach einem vulgären christlichen, ja katholischen Glauben breiter Schichten von Christen und gerade auch von katholischen Christen in den deutschsprachigen Landen. Der vielberufene Charme Adolf Hitlers, der faszinierend auf Frauen, auf sensible Menschen, auf Künstler, Generale, Prälaten und einfache Kinder des Volkes – nicht nur auf Arbeiter an der Reichsautobahn – wirkte, wurde von Mitgliedern der Familie Richard Wagners, von Männern wie Hans Frank und Otto Dietrich, von preußischen Offizieren, von Besuchern aus Ostmitteleuropa und nicht zuletzt von seinen Privatsekretärinnen als Charme des Österreichers Adolf Hitler erfahren und angesprochen.

Es ist an der Zeit, die österreichischen und die römisch-katholischen Elemente in der Person Adolf Hitlers namhaft zu machen. Es ist interessant, daß norddeutsche protestantische Historiker, wie etwa Percy Ernst Schramm, diesen österreichischen und katholischen Elementen – ebenso wie den soziologisch erhellbaren Elementen – in der Person Adolf Hitlers keine geschichtsmächtige Bedeutung zuerkennen wollen. Es fällt wohl österreichischen katholischen Historikern zu, diese Elemente in dem österreichischen Katholiken Adolf Hitler zu erhellen.

Warum ist dies bisher nicht geschehen? In Österreich steht eine Erhellung der schmerzensreichen und schuldreichen eigenen Vergangenheit im letzten halben Jahrhundert heute in den Anfängen. Einige junge und jüngere Historiker, Frauen und Männer, sind in diesem Prozeß einer Erhellung des Bewußtseins engagiert. Sehr breite Schichten in allen weltanschaulichen und politischen Lagern verwehren sich dieser Erhellung.

Ich selbst habe etwa 36 Jahre gebraucht, bis mir spezifisch österreichische und spezifisch katholische Elemente in der Person Adolf Hitlers eindringlich sichtbar zu werden begannen. In meinem zehnten Lebensjahr wurde ich als Schüler des

Akademischen Gymnasiums in Wien, einer zu meiner Zeit als „Judenschule" verschrienen Anstalt, der als Schüler Grillparzer, Franz Schubert, Thomas Masaryk, Hofmannsthal, Schnitzler, Altenberg, Beer-Hofmann und eine Elite altösterreichischer Beamter angehört hatten, bewußter Gegner des Nationalsozialismus. Seine brüllenden studentischen Horden zogen von der nahen „Technik", der Technischen Hochschule, an meiner Schule vorbei: „reichsdeutsche" und „ostmärkische" Studenten. Ich weigerte mich mit allen Kräften der Seele und des Geistes, in der mir teuflisch und vulgär erscheinenden Visage Adolf Hitlers österreichische Züge zu erkennen. Als Student an der Wiener Universität kämpfte ich an der Seite meiner katholischen Freunde, die mit mir entschlossen waren, notfalls auch mit der Waffe gegen den Nationalsozialismus anzutreten, bis zum bitteren Ende – zunächst bis zur ersten Verhaftung am 11. März 1938 – gegen die Kommilitonen, die sich gläubig für Hitler engagierten.
Wohl fiel mir dies bereits damals auf: Nicht wenige meiner nationalsozialistischen Mitstudenten, die 1934–1938 um mich warben und die ich nach dem Zusammenbruch Österreichs im März 1938 zu umwerben begann – hier liegt ein Ansatz meines „Gesprächs der Feinde" von 1946–1949 – kamen aus gutkatholischen Elternhäusern, fühlten sich zum guten Teil selbst als Katholiken. Nicht zu übersehen war damals, 1933–1938, für mich auch, daß nicht nur deutsche katholische Freunde sich in zunehmendem Maße von dem „Führer" fasziniert zeigten, sondern in Wien, in Österreich, vertrat eine Schar hochangesehener und einflußreicher Katholiken, die ihre Wege zum Ballhausplatz, also zum Regierungszentrum, und zum Stephansplatz, also ins erzbischöfliche Palais fanden, die Überzeugung, daß Österreichs, Deutschlands, der Kirche und Europas gute Zukunft in den mächtigen Händen Adolf Hitlers wohlgeborgen sein werde.
Das war doch kein Zufall: Die bedeutendsten Köpfe der ersten, nach dem von Hitler und Göring mit Waffengewalt erzwungenen Rücktritt der Regierung Schuschnigg gebildeten nationalsozialistischen österreichischen Regierung waren österreichische Katholiken, die sich in der Katholischen Aktion, in der katholischen akademischen Bewegung, im katholischen Geistesleben betätigt hatten: Seyß-Inquart, Glaise v. Horstenau, Wolf, Menghin und rund um sie die *dii minores*, kleinere „Päpste" des österreichischen katholischen Nationalsozialismus.
Ich hielt damals diesen österreichischen katholischen Nationalsozialismus, der da neben alldeutschen, evangelischen, randchristlichen und kleinen „gottgläubigen" sektiererischen Kreisen eine bedeutende Rolle in der Selbstzersetzung Österreichs spielte, für ein spezifisch innerösterreichisches Unikum. In seinen hitlergläubigen Anhängern sah ich Menschen, bessessen von einer Sonderform der *dementia austriaca*, eines Wahnes, der damals – wie noch heute – Menschen in Österreich befällt, wenn sie von „Deutschland" hören, wobei dieses Deutschland ein Traum,

ein Wunschbild ist, das wenig Beziehungen zur konkreten Realität Deutschland besitzt.
Erst nach 1945 begann ich, mit vielen inneren Hemmungen, spezifisch österreichische, spezifisch katholische Elemente in der Person Adolf Hitlers zu erkennen: eines Menschen, der Österreich haßte, der den deutschen Episkopat und den deutschen politischen Katholizismus als schwächlich verachtete, das Christentum als eine weltgeschichtlich überholte Sache ansah, gleichzeitig aber bis zu seinem Lebensende Kirchensteuer zahlte; der die Organisation und Propaganda, den Machtwillen und Dogmatismus der römischen Kirche hochschätzte und im Kloster-KZ-ähnlichen Bunker seiner Führerhauptquartiere immer wieder, nächtelang und je länger, um so lieber, seiner ihm dürftig und amusisch, ungebildet und primitiv erscheinenden Offiziersumwelt die Größe Altösterreichs in seinen endlosen Monologen vorstellte.
Der scheinbar so atypische, unvergleichbare Mensch Adolf Hitler begann sich als eine Persönlichkeit zu entfalten, die bis in ihre letzten Erdentage die Prägungen und Eindrücke bekundet, die das Kind, die der junge Hitler in sich aufnahm: begierig wie ein Schwamm, mit einem enormen Haftvermögen für das, was er aufnehmen wollte, mit einer enormen Kraft der Verdrängung und Ausscheidung für das, was er nicht sehen wollte.

DER JUNGE HITLER

Am 22. April 1889 wird um dreieinviertel Uhr Adolf Hitler von dem Benefiziaten Ignaz Probst getauft. Der Geburtsort Braunau am Inn wird später zu einem Wallfahrtsort, zu dem viele Tausende Katholiken und Nichtkatholiken pilgern – in dieser bayerisch-oberösterreichischen Sakrallandschaft, die reich ist an alten Gnadenstätten. Man „schätzte sich glücklich, wenn man um zwanzig Mark einen Holzsplitter vom angeblich echten Bett, in dem Adolf geboren wurde, als Reliquie erstehen konnte. Das will man heute nicht mehr wahrhaben, also bleibe es vergessen, unvergessen aber muß bleiben, daß man tatsächlich nahe daran war, den Adolf auf die Altäre zu erheben (Rundfunkansprache von Ley zum 20. Juli 1944)."

Franz Jetzinger.

1954 drückte mir in Madrid ein spanischer Katholik ein spanisches „In Memoriam", ein mit dem Lichtbild Hitlers versehenes Gedenkblatt, in die Hand, bestimmt zur Einlage in Gebetbüchern und Meßbüchern. Deutschsprachige Mementos dieser Art tragen meist die Überschrift „Zum frommen Gedächtnis an ..."; „Gedenket im Gebet des Herrn ..." Er gab es mir zur frommen Erinnerung im Gebet an Adolf Hitler, Führer und Reichskanzler, der sein Leben gab im Kampf für die Christenheit.

„Alois Hitler, k. k. Zollamtsoffizial", der Vater Adolf Hitlers, ist ein österreichischer Beamter, der sich vor seiner Pensionierung einen ansehnlichen Besitz in Hafeld bei Lambach an der Traun erwirbt. Die Mutter, „Klara, des Johann Pölzl, Bauers in Spital in Niederösterreich und der Johanna, geb. Hitler, eheliche Tochter", ist dreiundzwanzig Jahre jünger als ihr Vetter Alois, den sie mit kirchlichem Dispens heiratet. Beide stammen aus dem Waldviertel, aus Geschlechtern, die sich zumindest seit dem 15. Jahrhundert im Umkreis um das Stift Zwettl als Kleinbauern, auch als Grundholde des Stiftes, in vielfacher Inzucht fortgepflanzt haben, eingehaust in einer kargen, winterharten Landschaft.

Harte, sehr harte, willensharte, engstirnige Menschen sind in diesem Waldviertel zu Hause. In diesen engen Menschen lebt nicht selten ein eigentümlicher Fanatismus, den man auf hussitische Einströmungen in diesem Grenzland an der böhmisch-mährischen Grenze zurückzuführen versucht hat. Im 16. und 17. Jahrhundert ergreifen die bäuerlichen Erhebungen, genährt von einem religiös-politischen Fanatismus und geführt von religiös-politischen Volksführern, neben dem ganzen oberösterreichischen Raum auch den Umkreis um das Stift Zwettl. Das „reiche Stift" und seine „armen Bauern" bilden da wohl nicht nur das Klischee einer Propaganda, wie sie seit der Reformationszeit in Bild und Wort vorgestellt wurde, sondern wohl auch eine an Kontrasten und Spannungen reiche Wirklichkeit.

Ein Verwandter Adolf Hitlers, der österreichische Dichter Robert Hamerling, dem Münchener Dichterkreis nahestehend, hat in seinem Wiedertäuferepos in der Gestalt des Jan van Leyden bedeutsam Züge des religiös-politischen Volkspredigers Adolf Hitler vorweggesehen. Robert Hamerling stirbt im Geburtsjahr Adolf Hitlers. Das Waldviertel und das untere Kamptal – Stift Zwettl liegt am Oberlauf des Kamp – und ein Teil des „Nibelungengaues", des Donautales, mit der schönen, mittelalterlichen Stadt Krems, die früh im Hochmittelalter „Ketzer", Waldenser, später wohl auch Hussiten beherbergte, bildeten in der Jugendzeit Adolf Hitlers ein Zentrum der religiös-politischen Anhänger des „heiligen Ritters Georg", des Georg von Schönerer, dem sich früh das Interesse des jungen Adolf zuwendet. Hitler tadelt Schönerer wegen seines Kampfes gegen die Kirche. Schönerer hatte sich der „Los-von-Rom"-Bewegung verschrieben.

„Los-von-Rom": Schon hier sei es angemerkt: Es gibt einen spezifischen innerkatholischen Antiklerikalismus, einen spezifisch in katholischen Räumen beheimateten Antikatholizismus, der ein Gewächs auf katholischem Boden bildet und sich nicht selten von verunglückten innerkatholischen Reformbewegungen nährt. Der bayerisch-oberösterreichische Raum – das Innviertel kommt erst im hohen 18. Jahrhundert von Bayern in die Herrschaft des Hauses Habsburg – ist gerade im 19. Jahrhundert ein Raum, in dem sich um Männer wie Lindl und Goßner, Borst und Langermaier religiöse Gruppen, Sekten, Bewegungen im Volk einwurzeln, die sich gegen die römische Kirchenherrschaft auflehnen. Langermaier war Pfarrer in Kirchberg bei Braunau, Borst Pfarrer in Hallneukirchen bei Linz.

Ein von starken religiösen Spannungen erfüllter Raum ist also der Erbraum Adolf Hitlers, den er zum Teil nach seiner Machtübernahme in Österreich dem Erdboden gleichmachen läßt. Die erste europäische Landschaft, die Adolf Hitler verwüsten läßt, ist der Raum seiner Ahnen um Döllersheim, der zum Truppenübungsplatz erhoben wird, nachdem die Wehrmacht die kleinen Orte und Weiler zerstört hat.

„Du sollst Vater und Mutter ehren, auf daß du lange lebest und es dir wohlergehe auf Erden." Die Tiefenpsychologie und auch ältere und jüngere Schulen der Kinderpsychologie betonen die überaus große, lebenprägende Bedeutung, die den Beziehungen des Kleinkindes zu Vater und Mutter zukommt. Das Bild der Mutter ist schwach entwickelt in Adolf Hitler. Diese Frau, die bereits der Wucht ihres viel älteren Mannes kein bedeutendes Gegengewicht entgegenstellen konnte, wirkt blaß, ihre Züge verschwimmen in der bewußten Erinnerung Adolfs. Seine Geringschätzung der Frau – in Sachen der Macht, der Politik als „Männersache" –, ebenso aber auch sein Schwärmen für ihm entrückte Frauen, eine tiefe Unsicherheit in seinen Beziehungen zu Frauen überhaupt, dürften bedeutende Ansätze in seiner verschwimmenden Mutterbeziehung haben.

Der Vater: Hatte Adolfs Vater einen Juden zum Vater? Mit dieser Möglichkeit mußte sich Adolf Hitler in den Jahren seines politischen Kampfes in Deutschland mehrfach auseinandersetzen, er und sein Rechtsanwalt Hans Frank, der durch die Angriffe politischer Gegner Hitlers gezwungen wurde, sich mit den möglichen Beziehungen der Maria Anna Schicklgruber, Hitlers Großmutter, zu ihrem jüdischen Dienstherren Frankenberger, der vierzehn Jahre lang Alimente zahlte, zu befassen. Tiefenpsychologisch inspirierte Ärzte haben ab 1945 dies Bild des kleinen Adolf vorgestellt: Der kleine Adolf muß für den übermächtigen, seine blonde, zarte deutsche Frau übermachtenden, wenn nicht ihr Gewalt antuenden Mann, den jüdischen Über-Vater, alkoholische Getränke aus dem Wirtshaus holen. Der Antialkoholismus Adolf Hitlers – der einen Glauben in ihm bildete, den er, verbunden mit seinem Vegetarismus, nach Kriegsende energisch in seinem Reich durchsetzen wollte – und sein Judenhaß hätten in diesem seinem Erlebnis des „jüdischen" Vaters, der die Mutter und den Knaben übermachtet, ihren Ursprung. Eine Fotografie des Vaters Hitler aus seiner Passauer Zeit, 1893, spricht tatsächlich „weit eher für eine jüdische Abstammung als für einen Abkömmling von Kleinbauern aus dem niederösterreichischen Waldviertel".
Nichts berechtigt jedoch zu der Annahme, daß der Knabe Adolf Hitler in seinem Vater, in dem später in „Mein Kampf" respektvoll als „alter Herr" angesprochenen, angesehenen, freisinnigen Manne, einen Juden erblickte. Der kleine Adolf fürchtet seinen Vater, der sich mit einer ihm selbstverständlichen Autorität als Züchter seines Sohnes durchsetzt. Er fürchtet ihn aber in jener Verbindung von Furcht und Liebe, von *timor et amor*, in Ehr-Furcht, wie sie im tausendjährigen Weltzeitalter göttlicher und menschlicher Paternitäten Gottvater, der Majestät des Kaisers und Königs, der „hohen Obrigkeit", dem „hochwürdigsten" Klerus, dem Lehrer, dem leiblichen Vater entgegenzubringen war: vom „Sohn" des Vaterlandes, der für Gott, Kaiser und Vaterland gehorsam sein Leben auf dem Schlachtfelde einzusetzen hatte: eine Verpflichtung, die von dem Knaben Adolf Hitler früh froh erfahren und bis an sein Lebensende als höchste Selbstverpflichtung jedes Staatsbürgers erachtet und gefordert wurde.
„Wir haben einen guten Mann begraben – dies können wir mit Recht sagen von Alois Hitler, k. k. Zollamts-Oberoffizial i. P., der heute hier zur letzten Ruhe-

stätte getragen wurde." – „Alois Hitler war ein durch und durch fortschrittlich gesinnter Mann und als solcher ein warmer Freund der freien Schule. In der Gesellschaft war er stets heiter, ja von geradezu jugendlichem Frohsinn. Fiel auch ab und zu ein schroffes Wort aus seinem Munde, unter der rauhen Hülle barg sich ein gutes Herz. Für Recht und Rechtlichkeit trat er jederzeit mit aller Energie ein. In allen Dingen unterrichtet, konnte er überall ein entscheidendes Wort mitsprechen ... Nicht zum wenigsten zeichneten ihn große Genügsamkeit und ein sparsamer, haushälterischer Sinn aus."

Diese Sätze stehen in dem langen Nachruf, den die in Linz erscheinende freisinnige „Tagespost" am 8. Januar 1903 Alois Hitler widmet. Unschwer lassen sich hier in diesem Bilde des Vaters Züge nachweisen, die für das gesellschaftliche Leben Adolf Hitlers charakteristisch sind. Der „Führer" liebt auf dem Berghof und in München eine heitere Gesellschaft, in der er den Ton angibt; bewußt, „in allen Dingen unterrichtet, konnte er überall ein entscheidendes Wort mitsprechen". Die Frauen, die für ihn schwärmen, die Generale, selbst Wirtschaftsführer bewundern bis etwa 1943 diese Fähigkeiten. – „Ein sparsamer, haushälterischer Sinn": Adolf Hitlers persönliche Haushaltsführung ist konservativ, sparsam – gegen „sündteuren" Kaviar –, er selbst in Kleidung und Speise, abgesehen vom übermäßigen Genuß von Wiener Mehlspeisen, überaus genügsam.

„Alois Hitler war ein durch und durch fortschrittlich gesinnter Mann": Adolf Hitler weiß sich selbst als Mann des Fortschritts. Die josephinische Aufklärung, die Generationen deutsch-österreichischer Beamter, Lehrer, Offiziere geformt hat, hat in ihren letzten Wellen im hohen 19. und frühen 20. Jahrhundert gerade die „Freisinnigen", die staatstreuen Deutschnationalen noch durchformt. Kaiser Joseph ist *der* Kaiser dieser Freisinnigen um Vater Alois Hitler. Kaiser Joseph wird von Adolf Hitler in den Gesprächen im Führerhauptquartier in seinem Kriege ehrenvoll genannt.

Der Vater Hitler ist bis zu seinem Tode, und wohl stärker noch nachher, für den jungen Adolf die Respektsperson: ein Mann, der sich bedingungslos durchsetzt in seiner Familie und in seinem Freundeskreis. Von diesem Vater übernimmt Adolf Hitler nicht zuletzt einen Grundton seiner politischen Religiosität.

1948 berichtet der achtzigjährige Bauer Mayrhofer in Leonding, der Adolf Hitlers Vormund gewesen war, über die Religiosität des Vaters Hitler: „Von Religion hat er nichts gehalten, aber auch nicht darüber geschimpft; er bezeichnete sich mit Vorliebe als freisinnig ..., in die Kirche ging er nur an Kaisers Geburtstag (18. August)."

Frage: „Da hat er wohl nur seine Uniform in die Kirche spazierengeführt und gezeigt, daß er wer ist?"

„Ja, ja", lachte Mayrhofer, „genauso war's!"

Vater Hitler ist mit dem Pfarrer zerstritten als Wortführer der Freisinnigen im Kampf um eine freie, von der Kirche unabhängige Schule.
Vater Alois Hitler: Der Glaube dieses k. k. Staatsbeamten, dieses österreichischen Katholiken, reduziert sich wie der Glaube vieler Hunderttausender, ja wohl von Millionen seiner Zeit- und Landesgenossen, auf eine Teilnahme an Kulthandlungen zu gewissen „heiligen Zeiten" und auf eine Privatreligion, in die er sich nicht hineinsehen läßt. Von der Kirche hält man nicht viel. Man respektiert sie jedoch als Ordnungsmacht und dem Kaiserhaus verbunden. Die Frage: „Da hat er wohl nur seine Uniform in die Kirche spazierengeführt" ist eine Fangfrage, die wohl nicht den Kern der Sache trifft. Der k. k. Zollamts-Oberoffizial i. P. Alois Hitler geht bewußt am Kaisergeburtstag, an dem jenes himmelblaue Kaiserwetter herrscht, das seit frühkarolingischen Tagen die Verbundenheit des rechtmäßigen Herrschers mit dem Kosmos anzeigt – und das kaisergelbe Peking mit dem kaisergelben Schloß Schönbrunn verbindet – und das zum „Hitlerwetter" wird an den vom „Führer" geschaffenen Feiertagen, in die Kirche. In seiner Uniform selbstverständlich: Sein Katholizismus hat sich reduziert zu einem ihm selbstverständlichen Respekt dem Staate, der hohen Obrigkeit, dem Kaiser gegenüber, ist religiös-politischer Staatsglaube – gut josephinisch! – geworden.
Vater Alois Hitler fordert von seinem Sohne, er soll Staatsbeamter werden. Diese Stellung entspricht seinem Staatsglauben, der gerade bei den deutsch-nationalen Freisinnigen, im Gegensatz zu den Alldeutschen, tief verwurzelt war.
Der dreijährige Adolf Hitler kommt mit seinem Vater nach Passau, lebt da vom August 1892 bis April 1895. Vater Hitler war zum österreichischen Zollamt in Passau versetzt worden. Im Gasthaus in Haibach bei Passau kehrt Vater Hitler allabendlich ein. Einmal in der Woche nimmt der Pfarrer von Freinberg an dieser Tischrunde teil; „. . . der Pfarrer konnte ihn gut leiden und unterhielt sich gern mit ihm" (Aussage des Firmpaten Adolf Hitlers Emanuel Lugert, der als Zollbeamter 1892 in Haibach den Oberoffizial Hitler kennenlernte).
Passau! Die herrliche, wunderschöne Stadt verkörpert noch heute in ihrem Stadtbild die tausendjährige Tradition eines geistlichen Fürstentums des Heiligen Römischen Reiches. Das geistliche und geistlich-weltliche Reich der Passauer Kirche umfing einst weite Bereiche Südosteuropas. Wien ist lange Zeit ein Passau unterstehendes Bistum. Passau: der Dom, die Kirchen, die Klöster, die Kapellen, die Gnadenstätten in der Stadt und um die Stadt; der Passauer Hochklerus und Volksklerus, die Prozessionen und die hohen, reich liturgisch ausgestalteten Feste, gefeiert unter der Anteilnahme eines bayerischen Kirchenvolkes, in dem uralte archaische Elemente Gegenwartskraft besitzen. Dieser bayerische Katholizismus, diese reiche, traditionsreiche, volkhaft vitale bayerische Kirche mußte auf den Knaben Hitler den stärksten Eindruck machen.

Das Erlebnis Passau kann für den frühwachen, sehr neugierigen Knaben, der ein scharfer, leidenschaftlicher Beobachter ist, in seiner grundlegenden Bedeutung gar nicht hoch genug eingeschätzt werden. Franz Jetzinger hat als erster darauf aufmerksam gemacht: „Passau spielt im Entwicklungsgang Hitlers eine weit größere Rolle als Braunau." – „Diese Kinderseele muß damals in Passau ungemein weich gewesen sein, daß sich alles so tief eingrub." Jetzinger meint, daß der Knabe Adolf in Passau die „prunkvolle Sedan-Feier" erlebt habe, die später mit Anlaß zu seinem Nachspielen des Deutsch-Französischen Krieges geworden sei. Nun, die Sedan-Feiern bildeten in Linz und Oberösterreich kultische Feiern, in denen sich der religiös-politische Glaube deutsch-nationaler, alldeutscher, schönerianischer Kreise manifestierte und zelebrierte. In Passau hat der Knabe Adolf die ihn tief beeindruckende Strahlmacht der katholischen Kirche erfahren: in der vitalen Volksmacht des bayerischen Katholizismus. Im fernen Rom gedenkt in den Kriegsjahren 1939–1945 Papst Pius XII. gerade auch dieser bayerischen Kirche, die er sehr gut aus eigener Erfahrung kennt. Pacelli hat die stärksten Eindrücke seines Lebens in Deutschland erfahren in der Teilnahme an den Festen und Feiern eines kompakt geschlossen, überaus machtvoll und glänzend, volkhaft gläubig erscheinenden deutschen Katholizismus: in Berlin, in den Rheinlanden, und immer wieder in Bayern. Als Papst feiert er noch Passau. Adolf Hitler sieht bis an sein Lebensende mit tiefem Respekt – hier ganz noch der Sohn des k. k. Zollamts-Oberoffizials Alois Hitler – auf die römische Kirche, auf ihre tausendjährige Kunst der Herrschaft, Kunst der Propaganda, Kunst der Seelenführung. Hier, in Passau, hat das Kind Hitler diese Seinsmacht erstmalig und entscheidend erlebt. Man hat sich nachher, nachdem alles vorbei war – der „Spuk Hitler" –, gerne lustig gemacht über Hitlers zum Ritual erstarrtes Predigen vom „tausendjährigen" Reich, vom „zweitausendjährigen" deutschen Volk. Hier in Passau – und dann noch im kleinen Reich des Stiftes Lambach – trat ihm, tektonisch verkörpert, architektonisch reich gegliedert, tatsächlich eine tausendjährige Kontinuität eines Lebensprozesses und eines Bauprozesses entgegen. Die „tausend Jahre", die „Jahrtausende", die Adolf Hitler gerade in den letzten düsteren Jahren seines Lebens aufflammend und dann nur mehr aufflackernd beruft – als Zukunftsvision –, hier, in Passau, in Bayern hat er sie als Kind erlebt: in der ungebrochenen Lebenskraft einer bayerischen Volkskirche, die, wie es ihm erschien, von überaus herrschklugen Kirchenfürsten und Prälaten durch die Jahrtausende geführt wurde: in der Vergangenheit.

Adolf Hitler, das Kind, der Knabe, beginnt die bayerische Volkssprache zu sprechen. Nie erlernt er, wie er selbst beobachtet, die Wiener Sprache trotz einiger Wiener Sprachelemente, die in seinen Hausjargon eingehen. Der Mann Hitler trägt in München die bayerische Lederhose und weiß sich mit seinem väterlichen

Freunde Dietrich Eckart als Katholik, als Katholik in Bayern, und nimmt, was noch viel zuwenig herausgestellt wurde, in seiner Bekenntnisschrift „Mein Kampf“ hohe, höchste Rücksicht auf die römische Kirche, die er gerade in Bayern als starke Volksmacht kennengelernt hatte. Diese Kirche trat in der von ihr gestalteten, architektonisch gestalteten Stadt Passau viel stärker in Erscheinung als in Linz und in Wien.

Lambach. Nach dem einjährigen Besuch der einklassigen Volksschule in Fischlham bei Lambach kommt Adolf Hitler für zwei Jahre in die Klosterschule des alten Benediktinerstifts Lambach, wird hier Mitglied des Stiftsknabenchors und Ministrant – auch der junge Heinrich Himmler, der Sohn eines bayerischen Prinzenerziehers, wird Ministrant. Der Knabe Hitler fühlt sich überaus wohl in diesem altbenediktinischen Milieu; das ist durchaus nicht selbstverständlich. Die Passauer Eindrücke kommen hier zur Wirkung. Wie oft treiben gerade Ministranten Schabernack, Spott in der Kirche und um die Kirche. „Nichts ist diesen Lausbuben heilig“, sagen dann kopfschüttelnd die Leute. Der Knabe Hitler verhält sich anders. Er sieht bewundernd zum Abt auf, will selbst Abt werden; diese Stellung erscheint ihm „als höchst erstrebenswertes Ideal“, wie er in „Mein Kampf“ berichtet.
Adolf nimmt, „sicherlich gerne gesehen von seinem sangesfreudigen Vater“ (Jetzinger), in seiner freien Zeit Gesangsunterricht in der Sängerknabenschule des Stifts. „Dabei hatte ich die beste Gelegenheit, mich oft und oft am feierlichen Prunke der äußerst glanzvollen kirchlichen Feste zu berauschen. Was war natürlicher, als daß mir der Abt als höchst erstrebenswertes Ideal erschien.“
Das Wappen des Abtes Theoderich Hagen am Portal des Stiftes Lambach zeigt ein stilisiertes Hakenkreuz, eine Wolfsangel. In diesem Lambacher Hakenkreuz hat man später den Ursprung von Hitlers Hakenkreuz erblickt.
Im Stile bayerisch-österreichischer Andachtsbilder malt später ein Maler den Knaben Adolf kniend vor dem Stiftsportal. Ansichtskarten zeigen den „Führer“ als Ritter St. Georg, über den Drachen reitend – vom Wappen fließen Strahlen auf seine ausgebreiteten Hände. Der Knabe Adolf als ein kleiner St. Franziskus oder Aloysius, als einer der Knabenheiligen: das ist Kitsch, religiös-politischer Kitsch. Hermann Broch sieht den Kitscherzeuger als Verbrecher an, Adolf Loos sieht im Ornament – Hitler liebt das Ornament – ein Verbrechen. Eine gewisse Gefühlslage des Knaben, der sich „oft und oft am feierlichen Prunke der äußerst glanzvollen kirchlichen Feste zu berauschen“ pflegte, wird hier jedoch richtig angetönt. Der Schulbub Adolf fühlt sich im Stifte Lambach wohl, erhält hier „lauter Einser“. Ein breites Behagen, eine erfahrene Menschenfreundlichkeit beherrschte in österreichischen benediktinischen Stiften auch das Schulklima, gemäß dem alt-

benediktinischen Leitwort *discretio est mater omnium virtutum*. Die *mâze*, einst höfisch-mittelalterlich, später breit bäuerlich als ein „Sich-einrichten“ in dieser Welt dargelegt, prägte ein freundliches, lebensfreundliches Klima in diesen Stiften. Sie waren wie Lambach und das nicht ferne Kremsmünster – in dem bis zum heutigen Tage seit 777 n. Chr. der sakrale Widder der Tassilonen, der altbayerischen Herzöge, am Gedächtnistag Festspeise wird – überaus „liberal“ gesinnt und beherbergten in ihren Schulen im späten 19. und frühen 20. Jahrhundert nicht wenige Deutschnationale und Frühnationalsozialisten. (Die Verhältnisse im Stifte Kremsmünster sind während der nationalsozialistischen Zeit in dem Roman „Maursmünster“ behandelt worden.)
Eine gesegnete, frohe Schulzeit war es für den Knaben Adolf im Stifte Lambach. In ein ganz anderes, unruhiges Klima, das ihn tief verwirrt und reizt, kommt er nach zwei weiteren Volksschulklassen in Leonding, in Linz. Die k. und k. Staatsrealschule in Linz überfordert das Kind, das breite, behagliche ländliche Verhältnisse gewohnt war, die seinem frühen Hang zum „Schlampigen“, zum Sichgehenlassen entgegenkamen.
„Unordnung und frühes Leid“: In Linz beginnt es den jungen Hitler zu überschatten. Die erste Klasse muß wiederholt werden. Nach der dritten Klasse läßt ihn der jüdische Professor, der ihm die Wiederholungsprüfung in Französisch abnimmt, nur durchkommen mit der Verpflichtung, nach Steyr abzugehen. Hat sich hier, angesichts seiner schlechten Schulerfolge und des zunehmend sichtbar werdenden Eigenwillens des Knaben, der jeden Widerspruch als unerlaubte Vergewaltigung ansah und jede Kritik als Angriff eines Todfeindes erfuhr, das Bild seines Vaters in ihm zu jener Form verdüstert, die er im Bunker der Reichskanzlei seiner Sekretärin vorstellt: „Meinen Vater habe ich nicht geliebt, dafür aber um so mehr gefürchtet. Er war jähzornig und schlug sofort zu. Meine arme Mutter hatte dann ständig Angst um mich.“ Einmal will Adolf zweiunddreißig Schläge seines Vaters mitgezählt haben. Auch jetzt aber bleibt der Vater für Adolf Hitler, der seinem Ende entgegengeht, in der Erinnerung die starke Respektsperson.
Linz 1902–1907: Unterbrochen durch ein Schuljahr in Steyr 1905. In diese Zeit fällt der Tod des Vaters, am 3. Januar 1903, und der Mutter, die Adolf am 23. Dezember 1907 neben dem Vater auf dem Friedhof in Leonding bei Linz bestatten läßt. Der Vater hatte in Leonding ein Haus erworben.

Linz: Adolf Hitler fühlt sich als Linzer, sieht mit der Animosität von Linzern auf Wien – es gibt noch keine Geschichte des österreichischen Wien-Hasses, der noch heute etwa in Innsbruck, Vorarlberg und anderen Bundesländern so seltsame Blüten treibt –, auf das verhaßte, verhaßt-bewunderte Wien. Adolf Hitler will Linz zu einer Kunst- und Kulturmetropole im Großgermanischen Reich aus-

bauen. Der düster dahinwesende, körperlich und seelisch herabgekommene Adolf Hitler vermacht in seinem persönlichen Testament im Bunker der Reichskanzlei seine Kunstsammlungen seiner geliebten Stadt Linz. Linz ist die Heimat Adolf Eichmanns und des letzten Chefs der Geheimen Staatspolizei, des Himmler- und Heydrich-Nachfolgers Kaltenbrunner.
In dieser halb ländlichen, mittelbürgerlichen Kleinstadt, die erst durch die Hermann-Göring-Werke – heute Vereinigte Österreichische Stahlwerke –, die das steiermärkische Eisen im Dienste der Rüstung für den Zweiten Weltkrieg verhütten, industrialisiert wird und erst 1966 die – auch von Adolf Hitler geplante – Hochschule erhält, lebt ein Mittel- und Kleinbürgertum, das ängstlich und besorgt nach „unten", auf die Arbeiterschaft und auf die nahen Tschechen sieht. Die Grenze, der Adalbert-Stifter-Heimat, dem Böhmerwald zu, wirkt vergiftend.
In Linz haben die Deutschfreiheitlichen im Gemeinderat die Mehrheit, stellen den Bürgermeister.
Der Südmark-Kalender für das Jahr 1904, der für den in Linz viele Mitglieder zählenden Grenzschutz-Verein „Südmark" wirbt, betont folgende Aufgaben dieses Vereins – wir heben die Motive und die Chiffren hervor, die für Adolf Hitlers besondere magische, gläubige Bedeutung erlangen: „*Stärkung des Deutschbewußtseins, Erkenntnis der Wesensbedingungen* unseres *Volkstums* und der *Zweckbestimmung*, die von der *Vorsehung* dem *Germanenvolke* gewiesen ist; Erziehung *völkischer Kraftnaturen, die unbekümmert um alle Hemmnisse* als den einzigen Leitstern ihres Tuns und Lassens lediglich des großen deutschen Gesamtvolkes Wohl und Wehe nach *der Geschichte tiefer Lehre* erkennen und unverdrossen danach handeln, das ist der Südmark höchstes Ziel und heißestes Streben." Der Verein will „solche *Volksgenossen* mit Rat und Tat unterstützen, die sich in den gemischtsprachigen Teilen unserer Alpenländer ankaufen wollen". Hitlers „Vorsehung", Hitlers stete Predigt, „der Geschichte tiefe Lehre" zu beherzigen, Hitlers Forderung der Züchtung völkischer Kraftnaturen, die keine inneren Hemmungen durch das „Gewissen, eine jüdische Erfindung", mehr anerkennen, finden sich hier vorgeprägt. Und auch dies: eine deutsche Siedlungspolitik, die sich hier, im letzten Jahrzehnt der Habsburgermonarchie, vorzüglich gegen Tschechen und Südslawen in Oberösterreich beziehungsweise in Kärnten richtet, will Hitler im Großraum des Ostens in „großzügigster Weise" verwirklichen: durch Umsiedlung der Tschechen aus Böhmen-Mähren, durch Analphabetisierung der Massen der Ostvölker, durch Ausrottung der slawischen, polnischen, russischen Intelligenz.
In Hitlers Linzer Schulzeit fallen die großen Demonstrationen gegen den tschechischen Geiger Jan Kubelik, gegen den tschechisch predigenden Pater Jurasek, der besonders von der „Linzer Tagespost" heftig angegriffen wird. Hitler

polemisiert bis an sein Lebensende gegen einen katholischen Klerus der Donaumonarchie, dem er Tschechisierung des deutschen Volkes vorwirft.
Gegen ein gefürchtetes Vordringen der Tschechen – ängstlich werden tschechische Käufe von Bauerngütern im Mühl- und Waldviertel und Operationen tschechischer Banken beobachtet – beruft dieses deutschnationale Bürgertum sich als Schutzheiligen den Kaiser Joseph II. Vor den Denkmälern des Kaisers Joseph, die im Böhmerwald und überall dort in Klein- und Mittelstädten errichtet werden, in denen eine deutsch-freisinnige, deutschnationale Mehrheit regiert, wird der Jahrestag der Schlacht von Sedan festlich begangen. In einer Linzer Rede heißt es 1906 bei diesem Anlaß: „Weil Österreich von den Wegen abgewichen ist, die Kaiser Joseph gewandelt und vorgezeigt hat, können wir an den Ehren jener unvergeßlichen Tage, welche die Wiedergeburt des Deutschen Reiches brachten, nicht teilnehmen."
Drei Motive Hitlers kommen hier zur Sprache. Der „Sündenfall" der Habsburgermonarchie, die von den Wegen und Zielen abfiel, die ihr in seiner – ihm zugedachten – Eindeutschungspolitik Kaiser Joseph wies. Das Ausgeschlossensein der an Deutschland glaubenden österreichischen Deutschgläubigen von den Ehren und Feiern des Deutschen Reiches. Der Deutsch-Französische Krieg von 1870/71 wird als Schöpfer der „Wiedergeburt" des Heiligen Römischen Reiches, des Ewigen Reiches der Deutschen gefeiert und im Predigtton als Vorbild für künftige Kämpfe hingestellt.
In Hitlers Reden und Proklamationen wird gerade in den Jahren 1939–1945 diese „Wiedergeburt" und „Auferstehung" Deutschlands – auf 1871 und auf 1933 bezogen – beschwörend berufen.
In Deutschland selbst hatten sich im Ausgang des 19. und im Beginn des 20. Jahrhunderts die warnenden Stimmen gemehrt, die sich gegen die Verewigung der Sedanfeiern wandten. Hier wurde ständig ein alter Haß gegen den „Erbfeind" Frankreich künstlerisch erneuert. Hier wurde jene Vergiftung der politischen und militärischen Phantasie geschaffen, der Hitler selbst zum Opfer fiel. Der „Blitzkrieg" von 1870/71 wurde deutschen Heerführern und Staatsmännern 1914 zum fatalen Vorbild. Hitler sieht ihn 1939, 1940 und 1941 – noch im Rußlandfeldzug – als sein sakrales Vorbild an. Noch heute geistern im Schatten der nuklearen Waffen Blitzkriegvisionen durch Gemüter, die einst das jährlich in den Sedanfeiern und in den Schulbüchern sowie von Volksschullehrern und Gymnasialprofessoren in religiös-politischer Reichsgläubigkeit memorierte Licht-Bild dieses Krieges geprägt hatte.
In Linz wird Adolf Hitler „Nationalist", wie er in „Mein Kampf" berichtet: „Ich wurde Nationalist, ich lernte Geschichte ihrem Sinne nach verstehen und begreifen." In der väterlichen Bibliothek findet er militärische Bücher und die

Volksausgabe eines Prunkwerkes über den Deutsch-Französischen Krieg vor. „Nicht lange dauerte es, und *der große Heldenkampf* war mir zum größten inneren Erlebnis geworden." – „Der große Heldenkampf": Hitlers Proklamationen 1941–1945 im Rußlandfeldzug beschwören den „großen Heldenkampf" gegen den „Bolschewismus" immer noch mit jener religiös-politischen Gläubigkeit, die ihm in Linz in Fleisch und Blut einging und für die ihm der Krieg von 1870/71 als ein leuchtendes Zeugnis der Macht dieses Glaubens erschien.

In Linz verkörpern sich erstmals die starken religiösen Energien des Knaben Adolf Hitler: Sie gewinnen Gestalt, Farbe, Ziel in seinem religiös-politischen Glauben an „Deutschland".

Die Linzer Realschule in der Steingasse war als besonders „national" bekannt. Die Schüler stehen fast gänzlich auf der Seite der Alldeutschen. Sie sammeln sich in den von den Behörden verbotenen, aber geduldeten Mittelschulverbindungen „Gothia", der eine Mehrheit von Schülern angehört, und im „Wodan" und in der „Baiuvaria". In der vierten Klasse setzt bereits der Judenboykott ein, der sich über die Verbindungen ausbreitet. Das religiös-politische Glaubensbekenntnis dieser Linzer Realschüler umfaßt die Zustimmung zu dem „Linzer Programm", das 1882 von Schönerer, Friedjung, Viktor Adler und Anton Lanngaßner ausgearbeitet worden war und das 1885 die Judenklausel aufgenommen hatte, den Ausschluß der Juden von der Teilnahme an dieser deutsch-nationalen Erneuerungsbewegung. Dieses Linzer Programm findet sich in jedem Alldeutschen Kalender, im „Iros, deutschvölkischer Zeitweiser", den fast jeder Oberrealschüler als geistliches Vademekum bei sich trug. Dieses Linzer Programm wird von den Realschülern „geradezu als Evangelium hingenommen" (Eleonore Kandl).

Diese Realschüler glauben an Bismarck, den lichten Helden, den Siegfried und Baldur Deutschlands. Ihm steht als Mann der Finsternis Franz Ferdinand gegenüber, der Erzherzog-Thronfolger. Dieser Dunkelmann wird als Halbtscheche angesehen, ihm wird die „Zersetzung" der Deutschen in der Habsburgermonarchie durch Slawisierung und Klerikalisierung zugedacht. Als Adolf Hitler in München 1914 die Nachricht von der Ermordung Franz Ferdinands in Sarajewo erfährt, atmet er erlöst, befreit auf, sieht diese Tat als ein göttliches Strafgericht und befürchtet nur zuerst, daß sie durch deutsch-nationale österreichische Studenten verübt wurde.

In den Linzer Mittelschülern lebt ein eigentümlicher religiös-politischer, johanneischer Glaube, ein Johannes-Glaube, der uns in den Predigt-Reden Hitlers vielfach entgegentreten wird. Der Evangelist Johannes, diese merkwürdige Chiffren-Gestalt, stark gnostisch geprägt, ein Liebling bekanntlich gerade deutschnationaler evangelischer Pastoren im 19. Jahrhundert, unterscheidet fast manichäisch die „Kinder des Lichts“ von den „Kindern der Finsternis“, den Juden. Der Antijudaismus des Johannesevangeliums wird in antisemitischen Schriften im 19. und 20. Jahrhundert immer wieder als Kronzeuge berufen. Johannes kämpft gegen eine böse, feindliche, gottverlassene „Welt“. Hitlers böse Feind-„Welt“, die er gegen das lichte Reich der Deutschen immer wieder zu satanischen Feldzügen antreten sieht, ist durch diesen eigentümlichen, pervertierten Johanneismus geprägt. Eine gerade jungen Menschen eigentümliche Vorliebe für Schwarz-Weiß-Figuren, für Kämpfe zwischen lichten Helden und dunklen Teufeln, nährt bekanntlich noch heute die Infantilisierung breiter Massen durch Comic-books, Horror-Filme, die von bösen Roten, Indianern, Kommunisten und perversen Schwarzen und Gelben, Negern und Chinesen wimmeln.

Die einzige Lichtgestalt im religiös-politischen Glauben dieser Linzer Realschüler auf österreichischem Boden ist der Kaiser Joseph II. Seine Aufhebung der Klöster wird als ein „Kampf gegen Rom“ gedeutet. Diese Jungen glauben an Deutschland: In diesem Licht-Land ist alles besser, schöner, reiner, glänzender, mächtiger als in Österreich, das als Nachtreich, dem Tode und Verderben verfallen, verspottet – in *sakraler Schelte* verspottet wird.

Die Linzer Realschüler ersehnen ein Großdeutsches Reich, so wie es Hitler im dritten Satz von „Mein Kampf“ ausspricht: „Deutschösterreich muß wieder zurück zum großen deutschen Mutterlande, und zwar nicht aus Gründen irgendwelcher wirtschaftlicher Erwägungen heraus.“ Als Hitler 1938 in Österreich einfällt, denkt er sehr wohl an den Erzberg, an die Bodenschätze, an das Gold, gehortet in der österreichischen Nationalbank, an die reichen Mittel, die die „Ostmark“ seiner Rüstungswirtschaft zur Verfügung stellen kann. Der dritte Satz in „Mein Kampf“ visiert jedoch richtig ein anderes an: Nicht aus wirtschaftlichen Motiven, sondern aus Glaubensgründen ersehnen diese Linzer Realschüler die Heimkehr in das Lichtreich, das wahre Vaterland und das wahre Mutterland Großdeutschland, „Germania“. Hitler spricht im Zweiten Weltkriege seinen Willen aus, Berlin nach Kriegsende zu einer Weltstadt „Germania“ um- und auszubauen. Linz soll eine Kunstmetropole werden, in der Betrachtung seiner reinen Kunstwerke sollen sich die deutschen Menschen seelische Genesung holen, Befreiung und Erlösung vom „Schmutz und Schund“ einer vom „jüdischen Kulturbolschewismus“ geschaffenen und geförderten „Afterkunst“.

Die Linzer Realschüler stehen geschlossen gegen das „Völkerbabel“, das „Sündenbabel“ Wien. Die Lehrer Adolf Hitlers in der Linzer Realschule sind 1900–1903/1904 zum überwiegenden Teil tüchtige Fachkräfte, hinsichtlich einer Nährung der religiös-politischen Glaubensbedürfnisse dieser frühpubertären deutschgläubigen Jünglinge jedoch meist dürftige Gestalten. Sie bezeugen im Unterricht ihre poli-

tische Gesinnung nur wenig. Der Direktor, Hans Commenda, war aktiv bei „Quercus“ und den „Obergermanen“, gilt jedoch in der Schuljugend als „schwarz“, da er, wie viele freisinnige Deutschnationale, sich als staatstreuer Beamter weiß. Der einzige Jude im Lehrkörper, Dr. Jonas Groag aus Mähren, ist ein gerne reisender, sehr gebildeter Mann, den die Schüler arrogant finden, da er sehr selbstbewußt und eben Jude ist. Dieser Groag nimmt Adolf Hitler nach der dritten Klasse die Wiederholungsprüfung in Französisch ab – als Ersatzmann – und läßt ihn nur durchkommen mit der Bedingung, nach Steyr in die Realschule zu übersiedeln.
Zwei Lehrer treten Adolf Hitler entgegen, die sein Verlangen erfüllen, sich Licht- und Finstermänner geschichtlich und gegenwartsnah eingekörpert vorzustellen, um seine Glaubensbedürfnisse – *timor et amor,* Liebe und Haß – auch befriedigen zu können: Dr. Leopold Poetsch, Lehrer in Geographie und Geschichte, und der Religionslehrer Franz Sales Schwarz.
Die Lichtgestalt: Dr. Leopold Poetsch, 1854 in St. Andrä im Lavanttal geboren, hat das Gymnasium der Benediktiner in St. Paul, dann das Jesuitengymnasium auf dem Freinberg bei Linz besucht, war Novize und Kleriker im Stift St. Florian, also in Anton Bruckners geliebter Heimatstadt gewesen – Hitler wird ein Bewunderer der Musik des österreichischen Katholiken Anton Bruckner. Leopold Poetsch, der den Namen des Schutzpatrons Niederösterreichs, des Babenbergerherzogs Leopold des Heiligen, trägt, einen Namen, den in der Taufe gerne Eltern, die an die Kirche und das Kaisertum glaubten, ihren Söhnen gaben, wurde aber nicht Geistlicher, sondern entschloß sich für einen weltlichen Beruf, in dem er seine starken Glaubenskräfte, seine Bedürfnisse, zu verehren, einströmen ließ. Er studiert Geschichte und Geographie in Wien und Graz und wird im nationalen Milieu der deutschen Studentenschaft von ihrem Glauben an Deutschland ergriffen. Der Realschullehrer Dr. Poetsch wird in Linz ein prominenter Linzer Politiker, wird „deutschfreiheitlicher“ Gemeinderat. Poetsch gehört nie der alldeutschen Schönerer-Richtung an, sondern der in Linz in der Politik dominierenden staatsbejahenden deutschfreiheitlichen Bewegung. Als Gemeinderat, als Anwalt der Turnbewegung, als Obmannstellvertreter der Ortsgruppe Linz des Schulvereins Südmark tritt Dr. Leopold Poetsch in vielen Reden für den „hehren, idealen Gedanken der nationalen Abwehr“ ein. Poetsch hält vielbesuchte Lichtbildervorträge. Die Rolle des frühen „Lichtbildes“ und des frühen Films als Mittler von Schwarz-Weiß-Visionen, von Kämpfen von Lichtmännern gegen böse Zwerge, Verbrecher, Dunkelmänner aller Art bedürfte noch einer eingehenderen Darstellung, gerade auch in der Ansprache eines volkhaften manichäischen Bedürfnisses, die Wirklichkeit als Kampfraum guter „Mittelmächte“ und böser Feinde auszusehen.

„Bilder zur deutschen Geschichte": Poetsch zeigt die Germanen, dann Karl den Großen. Adolf Hitler verteidigt im Bunker seiner Führerhauptquartiere leidenschaftlich Karl den Großen, mit dem er sich nahezu identifiziert, gerade in seiner Sendung in Österreich, gegen Rosenberg und Himmler. Die „Schmach von Canossa", durch Bismarcks bekanntes Wort allen Deutschlandgläubigen gerade in Österreich oft erinnert, erscheint in dieser Vortragsfolge, die herrlich endet mit der herrlichen Wiederaufrichtung des Deutschen Reiches in Versailles.

Geschichte ist hier deutsche Reichsgeschichte. Als solche wurde sie nicht zuletzt vorzüglich am berühmten Institut für österreichische Geschichtsforschung (Österreichisches Institut für Geschichtsforschung) an der Universität Wien gepflegt. Deutsche Geschichte stand da durchaus im Vordergrund, österreichische Geschichte war fast ein Stiefkind und wurde zudem vor allem als deutschbezogen im deutsch-nationalen und deutsch-liberalen Sinne gelehrt.

Der Schüler Adolf Hitler schmiegt sich innerlich an Dr. Poetsch an, trägt vor Beginn der geliebt-ersehnten Schulstunde eifrig für ihn das Bildmaterial herbei. Geschichte ist hier, in Linz, für Adolf Hitler zur Heilsgeschichte geworden, als solche angesehen worden. Als Heilsgeschichte ist sie gerade auch Unheilsgeschichte. Ähnlich wie im Johannesevangelium der Lichtheld Jesus gegen die „Juden" kämpft, stehen hier, in der deutschen Geschichte, wie sie Hitler in Lichtbildern und in dem zündenden Vortrag im Unterricht bei Dr. Poetsch sieht und hört, lichte Vorkämpfer der Germanen, der Deutschen, gegen finstere Bösewichte aus dem Osten. Was aber lag näher, als in Linz, nahe dem „Nibelungengau", der Nibelungenstraße an der Donau, nahe an Passau, dessen hoher Klerus im Hochmittelalter mit der mittelhochdeutschen Fassung des Nibelungenliedes eng verbunden war, die Nibelungen als frühe Heilsgeschichte der Deutschen vorzustellen? Fuhren sie nicht gen Osten und gehen, verraten, im Osten unter? Adolf Hitler beruft die Nibelungen im Rußlandfeldzug immer wieder: Im „Fall Barbarossa" (Tarnname für den Ostfeldzug 1941) verschmelzen Kreuzzug, Feldzüge der heiligen Kaiser des Heiligen Römischen Reiches mit den Zügen der Nibelungen.

Dr. Poetsch hält einen vielbesuchten, oft wiederholten Vortragszyklus, der dem Nibelungenlied gewidmet ist. Im Schulunterricht begeistert er seine Schüler, ermahnt sie auch: „Wir müssen unseren deutschen Brüdern in den bedrängten Landen helfen." Der deutsche, an Deutschland glaubende Mann ist berufen zum Helfer, Retter, Heiland für die unerlösten Deutschen. Das hört sich der Knabe Hitler aus den Geschichtspredigten seines Lehrers Poetsch heraus.

„Noch heute erinnere ich mich mit leiser Rührung an den grauen Mann, der uns im Feuer seiner Darstellung manchmal die Gegenwart vergessen ließ, uns zurückzauberte in vergangene Zeiten und aus dem Nebelschleier der Jahrtausende die

trockene geschichtliche Erinnerung zur lebendigen Wirklichkeit formte. Wir saßen dann da, oft zu heller Glut begeistert, mitunter sogar zu Tränen gerührt."
Der Führer und Reichskanzler folgt den „Nibelungen", wie er sie in Linz erschaut hat, in dem Nibelungen-Film, den er in Auftrag gibt, und folgt ihnen auf die Schlachtfelder, donauabwärts.

Der Knabe Adolf saugt sich, ein leidenschaftlich aufnahmebereiter Schwamm, im Geschichtsunterricht des Dr. Poetsch voll und dürfte dabei diesen selbst überinterpretiert haben. Dieser Dr. Poetsch war, sehr österreichisch, ein Mann des Maßes und der Mitte, sein Glaube an Deutschland verstieg sich nicht zu ekstatischen, manichäischen Visionen einer totalen Inkarnation der Heilsgeschichte. Als Pensionist zieht er sich nach St. Andrä zurück, lehnt es ab, an einer von seinen alten Kollegen an der Linzer Realschule 1936 organisierten Wallfahrt der ehemaligen Lehrer Hitlers zum Führer und Reichskanzler nach Berlin in die Reichskanzlei teilzunehmen. Dr. Poetsch will nicht einmal sein Bild dem „Führer" übersenden, da Hitler heute ein Feind Österreichs sei und er als Beamter einen Eid geleistet habe, Österreich die Treue zu halten. Zu einem Ordenspriester sagt er: „Ich halte diesen Hitler für ein großes Unglück für Deutschland und schäme mich, daß ich sein Lehrer war!"

Der Geschichtslehrer Adolf Hitlers in der Linzer Realschule, Leopold Poetsch, dürfte noch in einem anderen Sinne, den Hitler nicht direkt in bezug auf Poetsch anspricht, für das Geschichtsbild Hitlers Bedeutung erlangt haben: Der ehemalige Novize und angehende Kleriker Poetsch würdigt durchaus die historische Bedeutung der römischen Kirche. Die lebenslange Hochachtung Hitlers für die tausendjährige geschichtliche Kraft der römischen Kirche dürfte nicht zuletzt durch den Geschichtsunterricht des von ihm verehrten Lehrers, des katholischen Deutschnationalen liberal-freisinniger Prägung, Nahrung erhalten haben.

Dieser Komponente kommt um so größere Bedeutung zu, als der junge Adolf in Linz endgültig mit dem katholischen Glauben als einer für ihn möglichen inneren geistig-seelischen Existenzform bricht.

Für wie viele Millionen junger Menschen zerbricht um 1900, um 1910 und heute der an sich im religiösen Leerraum des Elternhauses bereits bedenklich verdünnte Kinderglaube, ihr „Christentum": zerbricht in der Schule, genauer im Religionsunterricht? Wie vielen jungen Katholiken wird im Religionsunterricht der „liebe Gott" ab- und ausgetrieben durch einen infantilen, für den jungen, geschlechtlich erwachenden, unruhigen Menschen ganz und gar unglaubwürdigen Religionsunterricht, der diese Jugend überfordert? Wundergeschichten, ganz und gar unglaubwürdig vorgetragen, Glaubenssätze, als Dogmen mit dem Anspruch bedingungsloser Unterwerfung des Verstandes und Willens hart verkündet. Religion als ein Zwangsfach, die Kirche als eine Zwangsanstalt, das Priestertum

als ein Zauberwesen, der Priester als ein Zauberer, der nicht mehr wirksam zaubern kann; der Zwang zur Messe, der Zwang, die Beichte, die Sakramente zu empfangen. Wie viele Tausende junge Menschen sind nach dem Besuch geistlicher Schulanstalten zeitlebens nicht mehr zu bewegen, in die Kirche zu gehen, es sei denn zu den „heiligen Zeiten", zu Weihnachten und zu Ostern, zur Trauung und zur Beerdigung, so wie man den Friedhof besucht, zu Allerseelen. Adolf Hitlers Allerseelen- und Allerheiligenkult, jeweils am 8./9. November in München, wird uns noch eindrucksvoll entgegentreten.
Alles lehnt sich da, um 1900, um 1910 und heute in so vielen jungen Menschen im Religionsunterricht auf, zumal wenn vorher oder anschließend etwa Adam und Eva, die Genesis, mit den Jahrmillionen und Jahrmilliarden der Erd- und Kosmos-Geschichte im naturkundlichen Unterricht konfrontiert werden. Adolf Hitler erzählt diese Kontrastierung zweier Welten im Schulunterricht gerne in späteren Jahren immer wieder. Vielleicht hat er schon 1900, in der fünften Klasse der Volksschule in Leonding, den biederen Landpfarrer im Religionsunterricht geärgert, indem er ein Buch von Darwin aus der väterlichen Bibliothek in die Unterrichtsstunde mitnahm, um zu demonstrieren: nicht Gott hat den Menschen erschaffen; der Mensch stammt vom Affen ab.
Dieser unglaubwürdige, den jungen Menschen überfordernde, zu Spott, Empörung, ja Verwerfung des ganzen Kirchenglaubens herausfordernde Religionsunterricht wurde dem Realschüler Adolf Hitler in der Gestalt seines Religionslehrers Franz Sales Schwarz präsentiert.
Hier erschien – gegenüber der Lichtgestalt des Dr. Leopold Poetsch – leibhaftig für Hitler – die Gestalt des Dunkelmannes: Schwarz, *nomen est omen:* „der Schwarze", der „Pfaffe". Die Schüler munkeln, daß er jüdischer Abstammung sei. Das stimmt nicht, er stammt aus kleinbäuerlichen Verhältnissen und dürfte eine eng-infantile, dürftige, Gehorsam heischende, seelisch verhemmte, vielleicht – wie bei vielen Seelsorgern seiner Zeit – eine stark neurotisch aufgeladene unglückliche Existenz gewesen sein. Ein Mensch, von dem negative Strahlungen ausgehen. Noch nach sechzig Jahren, um 1962, gedenken in diesem Sinne Mitschüler Adolf Hitlers in der Linzer Realschule empört dieses Unglücksmannes.
Franz Sales Schwarz: Diese sinistre, makabre Gestalt drängt im Religionsunterricht mit seinem Zelotentum fast alle Schüler in eine negative Einstellung zur Religion. „Seinen primitiven Darstellungen Glauben zu schenken, war selbst Kindern nicht mehr zumutbar." Die Schüler bringen ihn durch Fragespiele in Verlegenheit (Ich kenne solche Erfahrungen und solche Fragespiele aus der eigenen Schulzeit). Franz Sales Schwarz übt einen heftigen Druck aus, um die Schüler zum Sonntagsgottesdienst, zur Beichte und zur Kommunion zu bringen – in der

Gegenreformation werden in der ernestinischen Steiermark die evangelisch-verdächtigen Bauern gefesselt zur Kommunionbank geschleppt, bei anderen Gläubigen begnügt man sich mit dem schriftlichen Beichtzettel, der ihre „Erfüllung der religiösen Pflichten" amtlich bestätigt.
Den Knaben Adolf interessieren in der Kirche mehr die Frauen, die Mädchen, die er auf sich aufmerksam machen möchte, als der Priester, in dem er einen Lügner und einen falschen, ohnmächtigen Zauberer erblickt.
Adolf Hitler, gezwungen an der Kommunionbank: Merkwürdig stark kreist sein Denken noch in den letzten Lebensjahren um die Kommunion. Er möchte sie umformen zu einer Kommunion des deutschen Volkes mit sich selbst, mit seiner Erde, in einer neuen leibseelischen „gesunden" Lebensheiligkeit.
Der Religionsunterricht des Franz Sales Schwarz produziert in den unteren Klassen ein Kriecher- und Duckmäusertum, in den oberen Klassen offenen Widerstand. Die von Haus, vom Elternhaus aus bereits mit antiklerischen Emotionen wohlversehenen Schüler – „antiklerisch" muß nicht mit „antiklerikal" identisch sein! – weigern sich gelegentlich, für den Religionsunterricht zu lernen, da andere Fächer wichtiger seien. In der zur Vorbereitung auf die vorösterlichen Schulexerzitien freigestellten Schulzeit spielen die Schüler Buren oder Indianer. Diese Zeit sehen sie als Freizeit an, die zu Kampfspielen verwendet wird, so 1902 oder 1903. Die Kampfspiele werden von Adolf arrangiert, der die Führung in der Klasse in diesen Dingen an sich reißt. Adolf ist ein guter Turner. Die tiefe Verachtung, die Adolf Hitler später, als Machtherr in seinem Europa, wider den Klerus äußert, in dem er schwache und schwächliche, abständige, unlautere, unwissenschaftliche, dürftige Existenzen erblickt, hat hier in dem „schwarzen" Unglückswurm Franz Sales Schwarz ein ihn, Hitlers Weltbild in seinen Augen rechtfertigendes Urbild erhalten.
Im Banne eines eigentümlichen Fixismus – „Fixisme" nennen es die Franzosen – weigert sich Hitler zeitlebens, erstmalige Eindrücke, gerade auch von Menschen, zu korrigieren. So hält er – ein schlechter Menschenkenner – Kampfgefährten aus der frühen Kampfzeit noch Jahrzehnte später, nachdem er längst deren Unwesen erfahren hat, die Treue und weigert sich, sein erstes Bild zu korrigieren. Dies gilt für seine positiven wie für seine negativen „Lichtbilder" und „Dunkelbilder".
Am 29. Dezember 1962 gibt der Mitschüler Adolfs in Linz, Ingenieur A. Estermann, zu Protokoll: „Religionsprofessor Sales Schwarz: Dieser gutherzige, aber mehr als einfältige Mann hat uns Jungen nur Negatives fürs Leben mitgegeben. Seine Ausführungen über Fragen der Religion, Moral und Theologie waren derart dumm, nicht zumutbar und sogar abstoßend, daß sie bei 90 % der Mitschüler die katholische Religion vorübergehend oder für immer entfremdeten

und abtöteten. Es war für uns Jungen ein Glück, daß uns der unfähige Priester nicht auch noch den Gottesglauben geraubt hat."
Den „Gottesglauben": An einem sehr eigentümlichen Gottesglauben hält Adolf Hitler sehr lange, wohl bis etwa 1936, fest.
Pfingsten 1904 wird Adolf Hitler im Linzer Dom gefirmt. Sein Firmpate Emanuel Lugert, Zollbeamter wie Adolfs Vater, kauft ihm ein schönes Gebetbuch und gibt ihm ein Sparkassenbuch mit Einlage. Die Firmungsuhr, lange Zeit in Österreich ein für Buben obligates Firmgeschenk von fast sakraler Bedeutung, erhält Adolf nicht, da seine Mutter den Paten aufmerksam macht, daß Adolf bereits zwei Uhren hat. Der Führer und Reichskanzler Adolf Hitler trägt bis an sein Ende eine altmodische Taschenuhr, die meist nicht geht.
Firmungsfahrt zum Schmaus, dann mit dem Zweispänner nach Leonding. Emanuel Lugert war elfmal Firmpate – seine Ehe ist kinderlos –, Adolf ist sein dritter Firmling: Er ist mürrisch, verstockt, und „hat alleweil so finster dreingeschaut und hat nicht ja und nicht nein gesagt", erinnert sich Frau Lugert. „Ich hatte den Eindruck, daß ihm die ganze Firmung zuwider war, daß er sie nur mit größtem Widerwillen über sich ergehen ließ" (Emanuel Lugert). Als sie in Leonding ankommen, erwartet Adolf schon ein Rudel Buben zum Indianerspielen.
Diese Haltung des Fünfzehnjährigen hat Anspruch, gewürdigt zu werden als ein Akt der Redlichkeit, auch wenn man sich das von Goethe geprägte Wort „Redlichkeit" schwer auf den schauspielerisch und als Täuscher und Selbsttäuscher hochbegabten Adolf Hitler bezogen denken mag.
Alles bäumt sich auf in dem Jungen. Er hat sich schuldig gemacht, mitschuldig, indem er an einem so „faulen Zauber" in der Kirche teilgenommen hat. Er hat sich firmen lassen, hat die Geschenke und die Nachfeier angenommen, obwohl er „weiß", daß hinter diesem „Hokuspokus" nichts steckt.

Später, in den zwanziger Jahren, wird in Bayern von katholischer Seite dem jungen Adolf Hitler ein Hostienfrevel angelastet, um ihn politisch bei den bayerischen Katholiken zu diskreditieren. Der Knabe Adolf soll bei der Schulkommunion die Hostie nicht geschluckt, sondern im Munde behalten und nachher mit ihr bösen Unfug gestiftet haben. Mir selbst wurde diese Geschichte noch nach 1945 im Stifte Kremsmünster von einem freiresignierten Abt von Lambach, einer überaus redlichen Erscheinung, als Tatsache berichtet. Das stimmt nicht. Ein anderer Schüler hat einen solchen bösen Unfug ausgeführt. Diese Art von Demonstration entsprach nicht dem Glauben des jungen Adolf, der sich längst auf andere Objekte zentriert hatte. Ein Hostienfrevel setzt Glauben an eine in der Hostie verkörperte heilige Sache oder/und Person voraus, ähnlich wie schwarze Messen einen Glauben an eine Sakralität, eine Heiligkeit der Hostie voraussetzen. Ungläubige, nicht an die Transubstantiation, an die Wandlung und Verwandlung glaubende Menschen, haben mit der Hostie nichts mehr zu tun. Begreiflich jedoch, daß praktizierende Katholiken gefürchteten Gegnern solches zumuten und zusagen. Ähnlich wurden Juden des Hostienfrevels beschuldigt, da man ihnen – ganz falsch – einen, eben katholischen, Glauben an die Gegenwart Christi in der konsekrierten Hostie zumutete.

Der Glaube des jungen Adolf Hitler: Er zentriert sich auf „Deutschland" und nimmt, der jugendlichen Psyche wie auch einem weitverbreiteten volkhaften Empfinden entsprechend, vulgär-manichäische Ausdrucksformen an. Die Weltgeschichte ist in dem schmalen geschichtlichen Raum einiger Jahrtausende, die wir kennen, ein Kampf des Glaubens gegen den Unglauben – Goethe bekennt sich zeitweise zu dieser ihm von Gottfried Arnold überlieferten manichäisch-gnostischen Geschichtsschau. In diesem Kampf um das Heil Deutschlands muß sich der einzelne engagieren: gegen Tschechen, Schwarze, Juden, Dunkelmänner. In „Mein Kampf" projiziert Adolf Hitler wohl mit Recht die Entstehung dieses seines Glaubens in seine Linzer Zeit. Da habe er, im Sprachenkampf, gelernt zu unterscheiden „die Kämpfer, die Lauen und die Verräter". Da festigte sich sein Glaube, „daß nämlich die Sicherung des Deutschtums die Vernichtung Österreichs voraussetzte".

„Vernichtung" ist, ähnlich wie „Ausrottung" – beide von Hitler früh vorgedacht, dann schrecklich „praktiziert", als Glaubensakt ein Motiv jedes manichäisch tangierten Glaubens. Sie spielt, unter anderem, von der Bartholomäusnacht in Paris am 24. August 1572 bis zu Hitlers Bartholomäusnacht – als eine solche gerade von österreichischen Katholiken wie Friedrich Funder angesehen – am 30. Juni 1934, jeweils in Predigten vorverkündet, eine schreckliche Rolle. „Heiße Liebe zu meiner deutschösterreichischen Heimat, tiefen Haß gegen den österreichischen Staat": Diese Grundhaltung seines religiös-politischen Glaubens sieht Adolf Hitler bereits in Linz tief in sich eingesenkt.

Beim Heimweg von der Schule sagt einmal Adolf zu seinem Mitschüler Keplinger: „Du bist kein Germane, du hast dunkle Augen und dunkle Haare!" Ein anderes Mal stellt sich Adolf am Eingang der Klassentüre auf, mustert alle eintretenden Mitschüler und scheidet sie in Gute und Böse, in Arier und Nichtarier, nach äußeren Merkmalen. Diese „Selektion" hatte noch nicht tödliche Folgen für die hier Ausgeschiedenen wie später in der Auswahl für den Feuerofen im KZ, über die sich, hinter streng verschlossenen Türen, Adolf Hitler mit Heinrich Himmler unterhält.

Das Schuljahr in Steyr, 1904/05, scheint keine starken Eindrücke in Hitler hinterlassen zu haben. Im Herbst 1905 kommt ihm, wie er später vermerkt, eine

Krankheit zu Hilfe, er verläßt die Schule für immer und lebt nun, bis zu seinem Abgang nach Wien im Februar 1908, sehr auskömmlich unterstützt von seiner Mutter, in Linz seinen „Träumereien".

Schon der Linzer Realschüler ist ein „fast fanatischer Theaterbesucher" in den Augen seiner Mitschüler. „Fanatismus": Dieses Lieblingswort Hitlers wird hier auf seine Theaterleidenschaft bezogen. Man hat die Erklärungen des Führers und Reichskanzlers, des Feldherrn Adolf Hitler – er wolle lieber Künstler, Bauherr, Städteplaner, Förderer der schönen Künste als Politiker und Kriegsherr sein und gedenke sich so bald als möglich nach seinem Kriege zu solcher erbaulicher Tätigkeit zurückzuziehen – belächelt. Hitler weiß sich selbst als Künstler, Schriftsteller – seine Berufsangabe bei Behörden – als Maler, Architekt: Seine „künstlerische" Phantasie und Einbildungskraft entspricht genau seiner politischen Phantasie: Die politischen Wunschträume, die seinem Deutschland, seinem Großgermanischen Reich gelten, kommunizieren tausendfältig mit seinen architektonischen und künstlerischen Phantasien. Beide verbinden sich früh, in Linz, in seiner Schwärmerei für Richard Wagner.

Richard Wagner: In Linz, dann in Wien, wird Richard Wagner von dem jungen, pubertären Adolf Hitler gesehen – in den Bühnenbildern – und gehört – in seiner Musik – als ein einziger großartig gekonnter Rausch-Traum von Macht und Herrlichkeit und heroischem Untergang. Richard Wagner, ein tiefenpsychologisch hochbegabter Propagandist, der vielfach Freud nahesteht, spielt auf dem „Seelenklavier" – Hitler selbst verwendet später diesen Begriff – deutscher Bürger, die zunächst im Zeitraum von 1871–1914 äußerlich saturiert, innerlich von einem tiefen Mißbehagen ergriffen sind. Ist das Deutsche Reich nicht eingekreist, innen und außen, von bitteren Feinden, Neidern, Loki-Naturen? Muß Siegfried nicht immer wieder einem Neiding erliegen? Aggression, Sentimentalität, Herrschsucht, Geld-Goldgier und eine vertrackte Lust zum Untergang, zum Selbstmord verweben sich in den Zaubermelodien des großen Magiers Richard Wagner, der zugleich ein Genie technisch durchdachter Groß- und Massenregie ist.

Der junge, von seinen Pubertätskrisen aufgewühlte Adolf Hitler „berauscht" sich in Linz zunächst an Wagner-Opern. Die letzte Oper seines Lebens wird die „Götterdämmerung" sein. Nach seinem zum Heldentod in der Götterburg stilisierten Selbstmord im Bunker der Reichskanzlei werden, ganz seinem Willen zur Selbststilisierung entsprechend, vom Rundfunk Motive der Götterdämmerung gespielt: und sein geliebter Anton Bruckner!

In dieser Linzer Zeit, nach seinem Schulaustritt 1905 und bis zum Abgang nach Wien 1908, bildet sich in wesentlichen Bezügen der ganze Adolf Hitler. Seinem manichäischen und johanneischen religiös-politischen Weltbild, seinem politischen Bauwillen entspricht hier schon sein künstlerischer Bauwille. Adolf entwirft in

Linz einen Bauplan für das Linzer Landestheater und projektiert eine gigantische Brücke über die Donau. Als Führer und Reichskanzler unterhält er später in Linz eine eigene Baukanzlei. Wenn man in diesem Bezug seinem fragwürdigen Jugendfreund Kubizek einmal Glauben schenken darf, plant Adolf hier in Linz einen „Kreis von Kunstbeflissenen um sich zu bringen", mit dem er sich den Fragen der deutschen Kunst, Musik, Theaterwelt widmen möchte. „Eine feingebildete Hausdame würde unserem Haushalt vorstehen, es müsse dies aber eine gebildete Dame gesetzten Alters sein, damit keine Erwartungen und Absichten entstehen, die für uns unerwünscht sind."
Adolf Hitler hat seine Absichten in dieser Hinsicht auf seinem Berghof in Berchtesgaden später verwirklicht.

Architekturzeichnungen: Hier in Linz beginnt Adolf Hitler die Reihe von Zeichnungen, die bis nahe an seinen Tod heranführen. Von frühen Entwürfen für eine „Villa auf der Gugl" und ein „Restaurant Pöstlingberg" reichen sie bis zu den Architekturphantasien, die sich auf den Umbau Münchens und Berlins beziehen. *Adolf Hitler braucht diese Bauphantasien und Baupläne.* Sein Schwelgen in ihnen sichert ihm ein gewisses Gleichgewicht seines seelischen Haushalts. Sooft er nur kann, flieht er in diese Kunstträume und Imaginationen: flieht in sie, in stundenlangen Wachträumen in München, auf dem Berghof, in Berlin in der Reichskanzlei, beim gemeinsamen Mittagessen mit seinen Generalen im Führerhauptquartier, in den endlosen nächtlichen Monologen, in denen er seine Angst vor dem Einschlafen, seine Angst vor einer Hingabe – in den Schlaf, ins Unbewußte, in den Tod – mobilisiert. Adolf Hitler tritt nie aus den Angst- und Wunschträumen, aus den Tagträumen seiner Pubertät. Er bleibt in den politischen Manichäismus seiner Linzer Jugendzeit ebenso fixiert wie an die künstlerischen Wunschträume seiner Pubertätszeit gebunden. Dieser pubertätsgebundene immer junge Mann, der zu Frauen ein merkwürdig gebrochenes Verhältnis hat, wirkt auf Millionen Frauen, auf Millionen Deutsche faszinierend: auf ein deutsches Volk, dem Walther Rathenau nach dem Zusammenbruch von 1918 die ernste Aufforderung stellt, endlich politisch mannbar zu werden. Hitlers „Charme" beruht nicht zuletzt auf seiner Labilität. Dieser ewige „Lausbub", der gerne spielt, mit allem spielt – erschrocken sieht dies Göring bei Kriegsausbruch 1939; er fordert Hitler auf, nicht va banque zu spielen, worauf Hitler antwortet, er habe immer va banque gespielt –, der gerne schauspielert und die „Leut mit'm Schmäh" nimmt, spielerisch gern betrügt, tritt gleichzeitig als ein Übermann auf, der sich zur Vernichtung von „Todfeinden", die im Abgrund der Weltgeschichte hinter den Kulissen der Götterdämmerung lauern, entschlossen hat: „satanische" Mächte, die er in sich selbst erspürt.

„Unordnung und frühes Leid“: Dieser ewig „junge Mann“ wird „ewig“ mit sich selbst nicht fertig. Hitler weiß das. Er weiß das gerade in der bürgerlichen Geborgenheit, die ihm in Linz und Leonding die Mutter, die auskömmlich versorgte Witwe des Staatsbeamten Alois Hitler, schafft. Es gibt zwei bedeutsame Schilderungen, Momentaufnahmen Adolf Hitlers, die in diesem Bezug hier nebeneinandergestellt seien, die eine aus seiner Linzer Zeit, die andere von 1933.

Der jüdische Hausarzt Dr. Eduard Bloch, der Hitlers Mutter bis zu ihrem Tode behandelt, den jungen Adolf gut kennt – der ihm seinerseits aus Wien selbstgemalte Ansichtskarten sendet, die ihm Dr. Bloch mit je 20 Kronen vergütet, worauf Adolf warm dankt –, erinnert am 7. November 1938 an den jungen Adolf Hitler in Linz: „Ich habe in meiner beinahe vierzigjährigen ärztlichen Tätigkeit nie einen jungen Menschen so schmerzgebrochen und leiderfüllt gesehen, wie es der junge Adolf Hitler gewesen ist.“

Der Röntgenblick dieses Juden ist geschärft durch tausendjähriges Leiderleben. Die Einfühlungskraft jüdischer Ärzte erlebt im Ersten Weltkrieg staunend der junge Viktor von Weizsäcker. Im Zweiten Weltkrieg erkennt ein schmerzgekrümmter französischer Katholik, der einst ein Schüler des fanatischen französischen Judenhassers Drummont war und sich nun in Brasilien mit den tiefen Verwundungen seines Lebens – nicht zuletzt durch die Unmenschlichkeit eines spanischen Episkopats im spanischen Bürgerkrieg und die Härte eines brasilianischen Episkopats – auseinandersetzt, seinen Todfeind Adolf Hitler als ein *enfant humilié*, ein verdemütigtes Kind.

Die Betrachtungen des Georges Bernanos in Brasilien über das „Kind“ Hitler entstammen der Vision eines seelisch selbst todwunden Mannes, der da in Adolf Hitler ein Kind erblickt, das, gepeinigt von einem Schmerz, den es nicht artikulieren, nicht ein-sehen, nicht bewältigen kann, toll, mörderisch aggressiv wird.

Die zweite hier anzuziehende Beobachtung stammt von Alma Mahler-Werfel. Alma ist die Tochter des Wiener Malers Emil J. Schindler („Er war der bedeutendste Landschaftsmaler der österreichischen Monarchie“). Die hochbegabte Alma möchte Komponistin werden, wird als Frau von Gustav Mahler, Walter Gropius, Franz Werfel die Freundin einer ganzen Reihe bedeutender Männer, die in ihrem Hause verkehren. Von Hofmannsthal zu der Familie von Thomas Mann, von Gerhart Hauptmann zu Pfitzner und Richard Strauß, von Schalom Asch zu Chagall, von Jan Masaryk, Kurt von Schuschnigg, Richard Coudenhove-Kalergi bis zu Paul Painlevé und den beiden Clemenceau reicht der Kreis ihrer Freunde und guten Bekannten. Franz Werfel sieht in ihr eine „der ganz wenigen Zauberfrauen“ seiner Zeit. Alma Mahler-Werfel, eine beinahe übermächtige Frau von manchmal fast furchterregenden Potenzen, sieht mit Franz Werfel in Breslau 1933 im Hotel Adolf Hitler:

„Es war in Breslau, die ganze Stadt in Aufruhr. Ich habe stundenlang gewartet, um dieses Gesicht zu sehen." – „Ein Gesicht, das dreißig Millionen Menschen bezwungen hat, das muß doch ein Gesicht sein – immerhin! Und richtig, es war ein Gesicht! Umklammernde Augen ... ein junges, verschrecktes Gesicht ... kein Duce! Sondern ein Jüngling, der kein Alter, der nie seine Weisheit finden wird."
Alma Mahler-Werfel hat hier von den vielen Gesichtern Adolf Hitlers sein frühestes und tief unter allen Masken lebendes Gesicht erblickt: das eines zutiefst verschreckten, verstörten „Jünglings", der tagsüber seine Träume, seine Wunschbilder verwirklicht und nachts nicht schlafen kann, da ihn sein Untergrund ängstet. Alma Mahler-Werfel sieht dann, wie in den letzten Tagen Österreichs, im Februar und frühen März 1938, die auf ihren Erlöser, ihren Heiland wartenden Frauen Berge von Blumen vor seinem Bild, ihrem Heiligenbild, im deutschen Verkehrsbüro gegenüber der Oper in Wien niederlegen. „Die Frauen legten kniend ihre blühende Last vor dem Bild des Führers nieder." Die Prozession der Hitlergläubigen reißt nicht ab.

Der mit ihrem Gatten Franz Werfel nach Amerika glücklich entronnenen Alma Werfel möchte Adolf Hitler – durch Vermittlung ihres nationalsozialistischen Stiefschwagers Eberstaller – das Manuskript der 3. Symphonie Anton Bruckners abkaufen. Hitler bietet siebentausendfünfhundert Dollar. Hitler ist ein glühender Verehrer der Musik Anton Bruckners. In den Symphonien Bruckners singt, jubiliert, triumphiert ein untergründig barocker österreichischer Katholizismus, ländlich-bäuerlich geprägt in der Landschaft zwischen Passau, Lambach und dem Stift St. Florian, wo an der Bruckner-Orgel der Komponist für den „lieben Gott" seine Tonwerke schafft. Die großen Schwierigkeiten, die sich einer Befreundung mit der Musik Bruckners in anderen Zonen, in anderen seelischen Klimata entgegenstellen, beruhen letzten Endes auf dieser spezifischen Beheimatung in einem barocken, ländlich-bäuerlichen, bayerisch-oberösterreichischen Katholizismus. Wer die Glocken dieser Stifte, die Orgeln, die liturgischen Gesänge der Festmesse in diesen Symphonien nicht hört, wer die sanften Hügel, die breiten Hänge, die Türme, Portale und Feststiegen, die Kaisersäle dieser österreichischen benediktinischen Stifte, die ein tausendjähriges welt-geistliches Kloster-Reich wieder verkörpern, nicht sieht, der tut sich schwer mit einer Anempfindung an das Werk Bruckners. Ein so sensibler, hochmusikalisch, geistig und seelisch hochkultivierter Musiker wie Bruno Walter bekennt, daß sich ihm erst in seinem fünfzigsten Jahre die Musik Anton Bruckners erschloß. Da kannte Bruno Walter bereits seit Jahrzehnten Österreich, hatte Wien lieben und als seine Wahlheimat wählen gelernt.

Adolf Hitler gedenkt bitterböse Bruno Walters in seinen Bunkergesprächen im Kriege.

Was geht im Untergrunde Adolf Hitlers vor, in seinen Tiefenschichten, die sich nach der Begegnung mit den Symphonien Anton Bruckners sehnen? Was äußert sich in dem Manne Adolf Hitler als Redner, den sozialdemokratische Propaganda als Pfaffen, als Kanzelprediger angreift, den Karikaturisten in der Kanzel-Kutte zeigen und den sein Mitkämpfer General Ludendorff, der mit ihm 1923 zur Feldherrnhalle in München marschiert, von 1925 bis 1932 in seiner Zeitschrift wieder als Pfaffen, als Romhörigen, als Prediger angreifen läßt?
Anton Bruckner stirbt im Oktober 1896 in dem kleinen Häuschen rechts innerhalb der Ummauerung des Schlosses Belvedere, wenige Schritte vom Schloß entfernt. Im Schloß Belvedere haust der Erzherzog-Thronfolger Franz Ferdinand, Hitlers „Schwarzer Mann". Der erste Erbe der Habsburgermonarchie, der von Bismarck als scharfer politischer Intellekt hochgeschätzte Kronprinz Rudolf, hat sich im Januar 1889, wenige Monate vor der Geburt Hitlers, im Wienerwald in Mayerling erschossen, unweit des Stiftes Heiligenkreuz, wo der letzte Babenberger, Friedrich der Streitbare, begraben liegt.
Im Februar 1908 übersiedelt Adolf Hitler nach Wien. Er kennt „die schöne Stadt" bereits ein wenig von einem Besuch im Mai 1906, besieht da die Karlskirche, den Ring, das Parlament, besucht die Oper „Tristan und Isolde" und den „Fliegenden Holländer". Jetzt aber wird es ernst.

DEUTSCHLAND, HEILIGE MUTTER

In Hitlers Linzer Gymnasialzeit fällt das Erscheinen des Buches von Adolf Harpf: „Der völkische Kampf der Ostmarkdeutschen. Volks- und Zeittumsfragen", Dresden 1905. Dieser Adolf ist auch der Verfasser der Schriften „Zur Lösung der brennendsten Rassenfrage. Eine Schrift zur Judenfrage", und „Aus der deutschen Ostmark". Eine alldeutsche Zeitschrift rühmt letztere als „Gesänge, getragen von der nationalen Begeisterung im völkischen Kampfe der Ostmarkdeutschen". Harpf schreibt auch unter dem Pseudonym Adolf Hagen. Stellen wir uns diesen „völkischen Kampf", der nicht wenige Motive aus „Mein Kampf" vorwegnimmt, kurz vor als Modell jener zahlreichen Schriften, die besonders ein Linzer deutsch-österreichisches Bürgertum mit der großen Mutter Germania, Deutschland, verbanden. Harpf ist Mitarbeiter der von Hitler gelesenen „Ostara" des Lanz-Liebenfels. Adolf Harpf erklärt: Der völkische Kampf tobt „heute von der Ostsee bis zur Adria". Die slawischen Völker sind zur großen Offensive angetreten; sie drängen schrittweise das deutsche Volk aus seinem seinerzeit im Kampf erworbenen Besitz. Harpf läßt in fetten Lettern setzen: „Es ist der Kampf in seinen wirtschaftlichen und sozialen Erscheinungsweisen, der dem Völkerwettstreite erst seine ganze, tief ins Leben des einzelnen greifende innere Bedeutung und volle Schärfe verleiht." Der ganze Osten bildet eine einzige Kampffront gegen das deutsche Volk! In Österreich bedeutet das „die möglichste wirtschaftliche Ausmerzung des deutschen Volkes" durch slawisches Geld, slawische Banken, slawischen Grunderwerb in Österreich. Gerade in Linz zeigt sich in Hitlers Jahren ein deutsches Bürgertum durch slawische Grundkäufe alarmiert. Den Slawen ist es „mit dem System der Deutschenausmerzung tatsächlich blutiger Ernst": von Böhmen bis Krain dringen sie vor. Die Slawenführer treten heute gerüstet mit deutscher Bildung auf: „Dieses Großpäppeln der erbittertsten Feinde des deutschen Volkes an unserem eigenen Busen" kommt uns teuer. Hitler ist sich später mit Himmler einig, die Ostvölker dürfen nur eine rudimentäre Volksschulbildung erhalten.
In dieser gefährlichen Lage „kann nur Verdrängung des fremden Volksstammes aus seiner wirtschaftlichen und sozialen Stellung etwas fruchten".
Anwendung dieser Maxime 1939–1944 in Polen und in den Ländern der Sowjetunion.

Adolf Harpf erklärt dem jungen Adolf Hitler: Die slawischen Sturmfluten werden sich an der deutschen Rasse brechen. Die Slawen sind von Haus aus Untergebene, Sklaven, „rassenhaft minderwertig". Die Germanen müssen das erste Kriegsvolk der Welt bleiben, „wollten sie nicht den eigenen Untergang". – *„Furchtbare Stürme stehen in der Weltgeschichte unserem Volke bevor."* – „Also kriegs- und kampffroh muß das deutsche Volk sein und bleiben." – „Der Deutsche taugt doch nicht zum Republikaner." – *„Führer* als Emanationen seiner ursprünglich germanischen Rassenpsyche" tragen den künftigen Sieg der Sache des deutschen Volkes in Österreich! Die Slawen werden sich willig einem deutschen Führer unterordnen.
Adolf (Harpf) spekuliert, wie viele seiner politischen Glaubensgenossen, auf den kommenden Zerfall Österreichs. In diesem Falle würde das deutsche Volk der Südostmarken an den reichsdeutschen Stammesgenossen einen um so kräftigeren Rückhalt gewinnen. Noch aber ist es nicht soweit. „Der vielsprachige Völkerbrei" der Monarchie bedarf der „Schärfe der strafenden Rute" der Deutschen, vor allem gegen die Tschechen. Das deutsche Volk und Reich müßten in Österreich einschreiten, wenn die auswärtige Politik in slawischem Sinn geleitet sein wird.
Sehen wir froh den großen Kämpfen der Zukunft entgegen. „Alles sittliche Leben ist Kampf, nichts als Kampf um die Durchsetzung der höchsten völkischen Güter." – „Auf der ganzen Linie von Reval und Riga bis zur Adria" ist der Kampf der Deutschen um ihre Selbsterhaltung entbrannt. 1916–1918 halten die Kriegszielpläne der deutschen Fürsten, und nach ihnen Adolf Hitlers, an dieser Frontlinie fest!
Die Deutschen sind *das Übervolk.* Es geht jetzt um die „Herauszucht" der „höchsten Lebensform". – „Alles Fremde steht außerhalb der ethischen Regung." Harpf plädiert für eine geschlossene Volksinzucht. Es ist hohe Zeit für die „ganzvölkische Reformation" und für das Erscheinen des deutschen Zarathustra, des „Führers" des „Übervolkes". Die Kriege der Gegenwart und der nächsten Zukunft stehen in Europa vor der Tür; es geht um die Gewinnung von Volkstumsgebieten, die in fremdvölkische Staatskörper vorgeschoben sind. „Solche Kriege – der Volksstaaten – werden sich aber deshalb um so viel ernster und hartnäckiger gestalten" als zuvor die Kriege der Herrschergeschlechter. „Und sie werden auch schwerer sein und erbitterter geführt werden" als im Vormärz. Nicht nur die Staaten, „die ganzen Völker" werden miteinander Krieg führen bis zur Vernichtung des Feindes. Es geht da um das völkische Sein oder Nichtsein in einem strittigen Gebiet. Harpf betont: Lange, schwere, hartnäckige Kriege stehen uns bevor, so schwer wie im Zeitalter der Religionskriege.
„Sieg erst mit dem vollständigen völkischen Verschwinden des unterliegenden Volkstums aus dem strittigen Gebiet."

Dieser alte Adolf (Harpf), der bereits in den achtziger Jahren des 19. Jahrhunderts diese frohe Botschaft vom notwendigen Kampf bis aufs Letzte verkündet hat, ist ein Gegner des Parlamentarismus, der „Slawenversöhnung" in Österreich, der christlichen Mission – „der Pfaffe aber sackt sein Opfer für eine Bettelsuppe im Diesseits und kostenlose Anweisungen auf ein besseres Jenseits ein" –, der „Allmenschenliebe", „Allverbrüderung und schließlichen Allvermischung". „Da müßten wir alles, was uns zu modernen Kulturmenschen macht, dem Moloch niederen Rassentums opfern!" – „Alles Heil der Zukunft kann nur in der Herauszucht neuer, durch Inzucht geschlossener und eben nur dadurch zu neuen Leistungen zu befähigender Rassen aus den gegebenen Nationen bestehen."

Der jüngere Adolf (Hitler) bekennt sich in den Tischgesprächen, die uns Rauschning überliefert hat, zu dieser Heilsschau. Himmler sucht sie in die Praxis umzusetzen.

In diesem „völkischen Kampf der Ostmarkdeutschen" beruft sich Adolf Harpf mit Betonung auf eine Erklärung des Karl König in den Eisenacher „Wartburgstimmen": „Der nationale Standpunkt ist religiös in viel höherem Sinne als das stumpfe Weitertrotten in überkommenen Kirchenformen." Und er beruft sich da auf den italienischen Dichter Riccardo Pitter: „Vaterlandsliebe ist allein echt, da sie Gedanken weckt an unsere Mutter."

Unico ancora al mondo
L'amor di patria è vero
Forse perché al pensiero
C'é nostra madre in fondo.

Hier fällt ein Stichwort, das für das religiös-politische Pathos und die damit eng verbundene pubertäre sexuelle Pathetik nationaler „Erweckter" in Österreich um 1900, um 1910, um 1920, um 1933 von außerordentlicher Bedeutung ist. Der Wiener Historiker und politische Publizist Albert Massiczek, mein Jahrgangskollege im Österreichischen Institut für Geschichtsforschung 1935–1938, hat aus reicher eigener Erfahrung erstmalig diese Bezüge analysiert: „Deutschland, Deutschland über alles", das bedeutet für diese Linzer, Wiener, Grazer Gymnasiasten, Studenten, ewig „Jugendbewegten" eben Heimkehr in den Schoß der Großen Mutter Germania.

Pubertäre Regression, lebenslange politische Pubertät, Feindschaft gegen „Aufklärung" und westliche Ratio, Sehnsucht nach „Erlösung" durch das „deutsche Schwert" – das hier auch ein Phallus-Symbol ist wie die Geschütztürme der „weißen" deutschen Schlachtschiffe – verschmelzen hier in einem schwärmerischen Klima: politische Pennälerliebe, lebenslang erhalten.

In dieses religiös-politische, sexuell-pubertäre Klima, das den jungen Adolf Hitler und den eben namhaft gemachten älteren Adolf Harpf umgibt, führt uns mitten hinein der Wiener Ernst Hladny. Er trägt, wie viele meiner Wiener nationalsozialistischen Kommilitonen der dreißiger Jahre, einen slawischen Namen. Hladny veröffentlicht 1911 in Leipzig „Deutscher Glaube – Ein Roman über Österreich, wie es heute ist, wie es heute strebt und leidet". Das „Erwachen eines jungen Österreichers" zur Allmutter Deutschland-Germania. 1912 – noch ist Hitler in Wien – erscheint Hladnys „Der heilige Judas". „Der heilige Judas": Das ist der Wunschtraum eines jungen Deutsch-Österreichers, der einen slawischen Namen, aber eine rein deutsche Seele besitzt. Der Held dieses Romans ist Duschan Rokiantic. Er wächst im Hause seines Vaters, des kroatischen Feldmarschalleutnants Milan Rokiantic, im Wiener Villenviertel Döbling auf. Das Gymnasium: Armin Feldmann, der Führer der Deutschnationalen, hat die Mehrzahl der Knaben um sich geschart; fünf Juden, ausgeschlossen von allen anderen; drei Knaben leben im Getto ihres katholischen Jünglingsvereins. Zwei Sonderfälle: Duschan und Julian Prinzinger.
Duschan: „Was wir in unseren Religionsbüchern lernen mußten, ist nichts wert und kann einem Gott nur aus dem Herzen rauben!" Dies bezeugt, ein halbes Jahrhundert, nachdem er mit dem jungen Adolf Hitler in Linz die Schulbank drückte, ein Klassenkollege im Rückblick auf den gemeinsamen Religionsprofessor Schwarz.
Die Gruppe Feldmann liest die „radikalste Zeitung". „Sie verehrten Wodan und Thor und träumten von der Kraft und Herrlichkeit Walhalls." „Durch Kornblumenschmuck hatten sie es besonders auf die Reizung des Religionslehrers abgesehen, eines sehr erregbaren, ältlichen Männleins." Wieder sehen wir fast ein Porträt des Linzer Unglückswurmes Franz Sales Schwarz vor uns.
Ein deutsches Mädchen, Marie: deutsche Sonne, deutsche Wärme, deutsche Heimat. Marie springt vor Dutko, dem slawischen Gesellen ihres Vaters, zurück, voll entsetztem Abscheu: „Nur nicht berühren lassen von ihm" – der Slawe und der Jude! Duschan verehrt Marie, geht wirr durch Wiens Gassen: „Da mußte er auch durch eine der Gassen, wo von der Dämmerung an die Spenderinnen der Lüste, blutgierige Vampire, zu schwärmen pflegten. Wenn oft auch sein Blut leidenschaftlich brannte, von diesen hatte er sich ferngehalten, aus Stolz und in Angst, daß diese Pest seine Seele ergreifen könne. Er ging rasch dahin und sah geradeaus in die Ferne, um von keinem der feilen Mädchen angesprochen zu werden." Genauso schildert Freund Kubizek die nächtlichen Wanderungen mit Freund Adolf Hitler durch Wien.
Da steht die wundersame Mutter, die „spröde, wundervolle Frau", „tief deutsch in ihrem Herzen", fremd: der kroatische Vater.

„Offenbarung“: Begegnung in der evangelischen Kirche in Währing mit dem Pastor. „Ein Mann, hoch und schön“ spricht von dem deutschen Manne Luther. „Er legte dar, wie der deutsche Gott ein anderer sei als der römische.“ – „Deutschsein heißt unseres Gottes Kind sein, der da ist die Heiligkeit und die Güte und die Kraft der Reinheit für und für.“ Der Pastor führt Duschan in die Geheimnisse des deutschen Glaubens, der deutschen Seele ein. Denn Duschan ist überzeugt: „An meinem Geiste erkenne ich mich als Deutscher.“ – „Glauben Sie, Herr Pfarrer, an die Möglichkeit, durch Wahl in eine Volksgemeinschaft einzutreten?“ Der rüstige, schöne, hohe Pfarrer ist zuversichtlich. Ihn plagt eine andere Sorge: „Achten die Brüder im Reiche unser?“ Die balgen sich um Neger und Chinesen mit aller Welt, „wir aber werden (in Österreich) immer stärker werden ... *und da sie uns nicht holen, werden wir sie an uns reißen* – zu solcher Vorbereitung tun die wachen Seelen uns not, unsere Sendung ist groß, sie ist heldenhaft.“
Ernst Hladny setzt die eben zitierten Worte fett. Der Ostmärker Adolf Hitler ist später fest entschlossen, alle Deutschen „heim ins Reich“ zu reißen: die Deutschen im Reich und die Deutschen in der Ostmark, beide in sein Reich, in das Reich seines Glaubens.
Duschan sitzt vor seiner deutschen Mutter. Der alte General ist tot. Beide freuen sich, „vom slawischen Joch“ befreit zu sein. Die Mutter: „Ja, Duschan, deutsche und slawische Art taugen nicht zueinander.“ Inbrünstig umarmt er die „deutsche Mutter“. „Wir haben uns ins gelobte Land gefunden.“ Wagner-Klänge klingen auf: Richard Wagner, der gerne mit Inzest-Motiven spielt. „O Mutter“, rief Duschan, fiel ihr um den Hals und küßte sie mit leidenschaftlicher Heftigkeit, „Mutter, wie ich dich bewundere in deiner Kraft, wie ich dich stolz bewundere, du meine herrliche Mutter!“
Die so leidenschaftlich begehrte „deutsche Mutter“ gesteht ihm, er sei gar nicht ihr Sohn. Daraufhin umarmt er sie noch leidenschaftlicher. „Ach, Mutter – ich kann dich nicht anders nennen und muß dich immer so nennen dürfen – denn ich hab' dich erobert, du spröde, stolze, deutsche Frau.“
So ziehen tausende deutsche Jünglinge aus der „Ostmark“ aus, um sich ihre deutsche Mutter, Germania, zu erobern.
„Du liebe, selige Frau.“ – Und sie beugte sich hinab und küßte ihm Stirn und Augen und Mund und zog ihn in ihre Arme und sagte nichts als: „Mein lieber, goldener Sohn!“ Sie, „die herrliche deutsche Frau ...“
Die Herrliche heiratet Dr. Villing, den Führer der gemäßigten Nationalen in Wien, einen stattlichen Mann mit einem wunderschönen Vollbart. Villing zu Duschan: „Ich habe eine Bewegung eingeleitet, die vielleicht erst nach vielen Jahrzehnten mächtig sein wird; brauche ich das zu erleben? Ich kämpfe ja nicht für mein Heil, sondern für das Heil der deutschen Wiener; sind die erst zur Be-

sinnung gekommen, dann winkt allen Deutschen Österreichs Befreiung und Erhebung."

Der Arzt Dr. Dingl, der Vater der von Duschan verehrten Margarete, hält im Wahlkampf eine Wahlpredigt in einem Wirtshaussaale. Er spricht von der traurigen Gegenwart und einer „schöneren Zukunft". – „Schönere Zukunft" heißt nach dem Ersten Weltkrieg das angesehene Organ der deutsch-österreichischen, antisemitischen, antidemokratischen Katholiken –: „Dann ist Wien das stolze Haupt des stolzen Körpers: hier blüht der deutsche Geist und wird blühend wandern nach Nord und Süd und wird in Auf- und Untergang die trauten Volksgenossen stark und glücklich machen. Dann werden *der römische Teufel*, der den klugen deutschen Geist entmündigt, und *der jüdische Drache*, der am deutschen Gewissen nagt, den frischen Hieben, die dann fallen werden, erliegen."

Wir kommentieren: So träumen junge und alte österreichische Nationalsozialisten um 1938, Wien zur „Hauptstadt des deutschen Geistes" zu machen. Hitler, der Linzer, beobachtet noch in seinen Wachträumen im Kriege sehr aufmerksam diese Aspirationen und will ihnen einen Riegel vorschieben durch den Ausbau seiner Stadt Linz.

Nächtliche Vision Duschans: Die tote, wahre Mutter erscheint, im blonden Haar, im Garten. „Oh, könnt' ich deine Hände küssen, könnt' ich mein Haupt an deine Knie schmiegen, du meine schöne, jungfräuliche Mutter!"

Die deutsche Maria Immaculata: „Ganz rein bist du, Maria." Ganz „rein", „unbefleckt" ist Mutter Germania. „Rein", „unbefleckt" sind „deutscher Geist, deutsche Seele": dieses Leitmotiv durchzieht den „Heiligen Judas".

Duschan zu Dr. Dingl, der ihn als Kroaten ablehnt: „Sie haben nicht gefühlt, wie meiner deutschen Allmutter Schönheit mich berauschte, Mund und Stirn und Krone."

Gespräche mit Margarete über Schumann, Wagner, deutsche Musik, deutsche Seele. Scharf unterbricht dieses Idyll Vater Dingl: „Was wollen Sie von meinem Mädchen?" – „Das war der Vater, der da dachte: ‚Die slawische Bestie lauert auf mein deutsches Edelkind.'" Wir erinnern an Hitlers Wiener „Vision": Judenbengel lauern auf die wehrlosen deutschen Mädchen in Wien.

Duschan verläßt Wien und baut als Arzt auf dem von seinem kroatischen „Vater" ererbten Besitz im slowenisch-kroatischen Grenzland, als eine Art Faust II, einen Siedelraum für deutsche Siedler aus: „Deutsch-Gladinica". Margarete, die deutsche Margarete – wie fern ist sie, und wie erschreckend nah der Margarete in der „Todesfuge" des Paul Celan – schreibt an Duschan einen Abschiedsbrief. Die vatergläubige, deutsch-fromme Margarete beruft sich auf ihren Vater: „Das Köstlichste aber von den Erbstücken, das bis zu uns gedauert hat und über uns hinaus dauern soll, ungeschädigt, rein und stark, ist das Blut. *Deut-*

sches Blut ist der größte Schatz auf Erden: es birgt die tausend deutschen Geheimnisse, die wie Blumen aus ihm erblühn." – „So zaubert das reine Blut; und da sollte fremder Zusatz stören dürfen? Du mußt eine deutsche Mutter deutscher Kinder werden und mithelfen, das alte Erbe zu hüten und weiterzugeben; und das Blut ist das kostbarste Stück daraus!" – Margarete fürchtet, daß von Duschan her eines Tages das Fremde, das Unheimliche, das slawische Blut sie anfallen werde. Hitlers und Himmlers panische Angst vor einer Vergiftung durch jüdisches Blut ist nicht geringer.

Dieweil predigt Duschan jeden Sonntag seinen deutschen Siedlern. Er hält mit ihnen einen deutschgläubig-evangelischen Gottesdienst. Sein Mitarbeiter Adalbert Frieder verkündet die frohe Mär, die ihm sein Vater, ein deutscher Zuckerbäcker in Triest, vermacht hat: Es kommt doch vielleicht ein großer Heldenkaiser, „der wird vielleicht mit rauschenden Fahnen nach Süden ziehen, der wird vielleicht sein Volk herabführen bis an dieses sonnige Meer und des deutschen Volkes Reich ausdehnen bis über diese Städte und Küsten".

Der späte Adolf Hitler denkt 1943/44 an altösterreichische Ziele: Görz, Venedig, Triest. – Österreichische Nationalsozialisten vertreten zumindest seit 1938 eine Art „k. und k. Reichs-Nationalsozialismus", der den nahen Balkan, mit Prinz Eugens Belgrad, und die habsburgischen Küstenlande an der Adria anvisierte.

Vision des Ernst Hladny 1911/12: „Ich geriet mit jauchzender Hoffnung in eine Zeit, da von Riga bis Dünkirchen, von Kiel bis Pola ein Zepter über keine anderen Untertanen als nur Deutsche gebietet." Das ist „das große Reich". Später werden „die Deutschen dem ganzen Erdkreis gebieten".

Duschan geht nach Graz, in diese Stadt, „die den Ruhmestitel der deutschesten unter den deutschen Städten Österreichs führt". Graz hat sich diesen Titel als „Hauptstadt der Volkserhebung in der Ostmark" in der Zeit des Nationalsozialismus redlich erhalten und stolz behauptet.

Duschan behandelt hier als Arzt kostenlos unbemittelte deutsche Volksgenossen. Sein Vermögen hat er aus der Erbschaft seines kroatischen Ziehvaters.

Auseinandersetzung mit Grazer Deutschnationalen. Der Held unseres Romans, Ernst Hladny-Duschan, befindet sich seit seiner Gymnasiastenzeit in Gegnerschaft, in Auseinandersetzung mit deutschvölkischen Gruppen und einzelnen, die seinen „reinen Glauben" an Deutschland abstoßen, sich selbst *als einzige* von der Weltgeschichte und vom deutschen Gott bevollmächtigte Sprecher der Allmutter Germania in Österreich ansehen.

Adolf Hitler führt ab 1918 einen zähen Kampf gegen die „Völkischen", die er als „Spinner", als Sektierer ablehnt. Himmler spricht die „Zeugen Jehovas" als „Spinner" an und wird selbst von Hitler nicht mit Unrecht zu bayerischen völkischen Spinnern gezählt.

Auf seiner Suche nach der wahren Mutter – diese bildet das Leitmotiv dieses Romans – gelangt Duschan endlich in Peterwardein an sein Ziel. Er heißt in Wirklichkeit Martinus Echterhauser, ist das Kind reiner deutscher Eltern. Seligkeit aller Seligkeiten! „Jubel erfüllt seine Seele im tosenden Sturm! Martinus Echterhauser! Deutscher Sohn aus deutschem Blute! Oh, diese Herrlichkeit!"
„Und Martin, der todesmutige Streiter für den deutschen Namen seiner Seele, war Sieger geworden vor aller Welt!"
Jetzt lädt ihn Dr. Dingl nach Wien ein, zum „Kampf um Wien", um an „der Auferweckung dieser Stadt zu völkischem Denken und Schaffen mitzuwirken".
Kroatisches Gesindel brennt seine deutsche Siedlung nieder: „Man brennt sie mir zusammen, man will sie austilgen! – O ihr Hunde!" Der alte Schulfreund Prinzinger, jetzt sein Lebensgenosse, doziert dazu: „Das ist der ewige Kampf zwischen Gut und Böse, Rein und Unrein, Geist und Geistfremde, Deutsch und Nichtdeutsch in der Welt."
„Diese Erkenntnis ging mir vor Jahren in Wien auf." Analog Adolf Hitler in „Mein Kampf".
Martin Echterhauser beginnt den Kampf um die „Deutschmachung" am 12. März in Marburg. (Am 12. März 1938 zieht Adolf Hitler in die von ihm „erlöste" Ostmark ein.) Er läßt Flugblätter in „riesigen Mengen" verteilen: „Legende für Deutsche". Das ist der erste Versuch einer „Machtübernahme". Parole: „Deutsche Seele ist das deutsche Problem." – „Ganze Völker sind ausgebrannt und werden dahinsiechen, zum Untergang; nur wenige tragen noch ein trübes Glimmen in sich, und ihr Schicksal schwankt noch auf der großen Waage. Unser Volk aber hat seine Flammen gehütet und ist in der Nähe der Göttlichkeit geblieben." Wir aber sind träge geworden!
„Brüder, ich flehe euch an: erwacht aus der Dumpfheit, ehrt euer Licht, und bringt es zu heller Flamme, Brüder, stellt die Herrlichkeit eures Volkes wieder her."

Martin predigt als ein nationaler Johannes – wir erinnern an den eigentümlichen religiös-politischen Johanneismus Hitlers –: Deutsche, erwacht! Massenversammlung im Freien. Martin entfaltet eine Fahne: „Eine goldene Sonne glänzte auf schwarzem Fahnentuch." Auch das Hakenkreuz ist ein Sonnenrad. Er predigt gegen die Ministerien in Wien, die das deutsche Volk Österreichs entrechten; jüdische Millionäre spannen über Millionen Deutsche ein Netz der Hörigkeit. Ihr, deutsche Brüder, „Ihr seid über alle Völker gestellt, selige Auserwählte, durch dieses einzig-deutsche innere Leuchten!"
Der deutsche Geist bricht enthusiastisch aus dem Prediger auf. „So redet ein Größerer, als ich bin! O möchtet ihr doch mich verstehen: der deutsche Geist ist

wieder im Aufwachen von einem tiefen Schlummer, seine Größe kündigt sich erst wieder an, und keiner hat sie noch gesehen. Ich predige euch Buße, daß ihr euch reiniget. O tut Buße, die ihr alle Könige seid in eurer Seele." – Adolf Hitlers Bußpredigten ab 1918 entwickeln ihren eigenen Stil – einige Etagen tiefer als hier, in dieser „evangelisch"-idealistisch-deutschgläubigen Manier.
„Seht, ich habe das Banner der Reinheit, das Sonnenbanner, enthüllt. Wir wollen den Sieg; drum kommt, ihr Kämpfer des großen Gedankens, und empfanget von mir euer Feldzeichen: einen kleinen Sonnenschild, sichtbar auf der Brust zu tragen, gegenseitig zur Stütze und allen zum Vorbild."
Weit ist der Weg von dieser Fahnenweihe und feierlichen Verleihung des ersten Heils-(Partei-)abzeichens zu Adolf Hitlers Parteifeiern. Der Weg Ernst Hladnys führt jedoch, wie so viele verwandte Wege dieser Zeit vor 1914, nach München 1920.
Debakel. Martin Echterhauser hat versucht, hier in Marburg „freie, große Gläubige einer neuen deutschen Geisteskirche" zu werben. Die deutschnationalen Massen folgen jedoch einem Dr. Frank, und zuletzt bleibt nur ein kleines Häuflein von Schönerianern; auch diese verlassen ihn.
Martin baut sich eine Burg, Trutz-Klein, auf der Gleinalpe in der Steiermark. Diese Burg steht, geistespolitisch, mitten zwischen der Donauburg des Lanz-Liebenfels, auf der die erste Hakenkreuzfahne enthüllt wurde, und den Ordensburgen der Himmler-Mannen.
Auf der Burg Trutz-Klein sammelt Martin ein Häuflein der Allzeit-Getreuen. – „Dann kamen die großen Entscheidungen."
„In Österreich war damals ein jugendlicher Herrscher auf den Thron gekommen, der in jugendlichem Tatendrang mit seiner siegreichen Armee südostwärts vorgedrungen war." Vision eines Sieg-Kaisers Franz Ferdinand. Franz Ferdinands Flügeladjutant und Vorstand der Militärkanzlei des Thronfolgers, Carl Freiherr von Bardolff, erinnert 1938 an den Ersten Weltkrieg als den „großen Krieg der Welt gegen das Deutschtum".
Bardolff nennt an 1926 nordgermanische und deutsche Vorfahren Franz Ferdinands und betont: „Vertreter der jüdischen Presse haben das Belvedere niemals betreten." – „Nach der unerschütterlichen Überzeugung Franz Ferdinands standen Freimaurertum und Materialismus, Liberalismus und Marxismus und alles, was sich an irgendwie verwandten Vereinigungen um diese politischen Lehrgebäude herumrankte, sowie der gesamte Großkapitalismus unter jüdischer Führung." Bardolff spielt in der Ersten Republik Österreich eine bedeutende Rolle im „Deutschen Club" in Wien und schließt hier 1938 sein Erinnerungswerk „Soldat im alten Österreich" mit einer aus vollem Herzen kommenden Huldigung für Adolf Hitler ab.

Zurück zu Hladny 1911/12: Der Kaiser erobert den Balkan, stirbt dann in Konstantinopel. Zerfall der Monarchie unter dem nachgeborenen Sohne. Eine starke südslawische Republik bildet sich. Ungarn wählt sich einen eigenen König. Die sehr fromme Kaiserinwitwe – hier ist die Anspielung auf die in nationalen Kreisen als „bigotte Tschechin“ angegriffene Gemahlin Franz Ferdinands besonders deutlich – verbündet sich mit dem Papst und den Tschechen. Der Papst zieht triumphierend in der Wiener Hofburg ein, der Erzbischof von Prag, ein Tscheche, wird der Berater der Kaiserin. Die Deutschösterreicher wenden sich um Hilfe an das Deutsche Reich: dieses lehnt ab. „Jetzt konnte nur eines mehr helfen: ein wilder Kampf der Verzweiflung.“ So sehen österreichische Nationalsozialisten 1934 ihre Situation.

Martin predigt gegen diese tschechisch-klerikale Herrschaft in der Steiermark – die sowohl im Pfriemer-Putsch wie 1934 und 1937/38 ein Zentrum der Erhebung bilden wird –: er wird zum Rückzug auf die Burg Trutz-Klein gezwungen. Das ist „die Zuflucht der letzten Männer lebendiger deutscher Lichtseele, die Krippe eines neuen Geschlechtes, das von hier hinabsteigen wird, um die verlorenen Brüder zu frischem Leben zu erwecken und zum Siege zu führen wider die listige, verderbliche Rotte und ein Reich des alten deutschen Geistesadels, ein Reich der Sonnenseelen zu errichten“.

Etwas brutaler und weniger „poetisch“ ausgedrückt, strebt Ähnliches Heinrich Himmler in seinen SS-Ordensburgen an. Hitler und Himmler sind als ewige Gymnasiasten, als lebenslange pubertäre Tagträumer diesem Ernst Hladny verwandt.

Prinzinger kommentiert diese Sammlung auf der Burg: „Martin, wieviel Licht werden wir hier sammeln können gegen die Finsternis, den Feind des guten Gottes!“ Diese gnostisch-„johanneische“ Kampfvision beherrscht Hitlers Ost-Reden 1941–1945.

Aller Jammer der deutschen Österreicher konzentriert sich in Wien. Hier erscheint das deutsche Volk dem Untergange geweiht – unter dem Regime des tschechischen Erzbischofs. – Die Nationalsozialisten verspotten später den sudetendeutschen Wiener Erzbischof Innitzer um 1933 als „Innitzer-Unnützer“; er erscheint als kirchlicher Garant des Dollfuß-Regimes.

Eines Abends beruft Martin seine Männer in den großen Saal seiner Trutzburg ein. Er predigt: „Wenn wir nicht untergehen sollen und der erlöschende Funke der echten deutschen Art mit uns, so muß Feindschaft gesetzt sein zwischen uns und ihnen.“ Beachten wir das biblische Vorbild: Feindschaft setzt Gott zwischen der Satans-Schlange und Eva. – „Sie dürfen nicht den Namen verfälschen, den wir tragen, sie dürfen nicht den Geist verfälschen, der rein und ohne Qualm in uns lodert. *Ausrotten müssen wir sie*, und von diesem Orte wird ein neues deutsches Volk eigenster Art ausgehen, das über die Höhen sich verbreitet und in die Tiefe steigt und Täler und Länder mit seiner jungen Kraft und mit schmetterndem Schwerte sich erobert; den Schandgesellen kann nichts mehr helfen; uns *aber hilft nur das eine, daß wir den Vertilgungskrieg gegen sie beginnen*, den unsere Heldenenkel siegreich beenden werden."

Frühling! In Österreich, in der Ostmark! „Wunder der Auferstehung!" Das Kaiserkind stirbt in Wien, die deutschen Massen erheben sich und verjagen die Tschechen aus Wien.

Martin verbrennt seine Trutzburg, zieht hinaus ins freie Land.

So Ernst Hladny 1911/12. März 1938. Ein wundersamer, schöner früher Frühling. Die Gefangenen spüren wenig von ihm hinter ihren Mauern. Nationalsozialistische Hymnen, Lieder, Gedichte, Gebete feiern, besingen den Erlöser, den Retter, den Heiland Adolf Hitler in liturgischen Formen, die Ostern, Auferstehung des deutschen Volkes, und Pfingsten, als Aufbruch des deutschen Gott-Geistes verschmelzen. Dieser „ostmärkische" Glaube an das Heil aus dem Mutterschoße der Großen Mutter Deutschland, das Heil aus dem Führer, dieser März-Glaube des Jahres 1938, der in den Jahren 1933–1938 systematisch gespeichert worden war, ist ein Enkelkind des Glaubens der pubertären Tagträumer um Ernst Hladny, Adolf Harpf – Adolf Hagen, Erich Fels (um nur einige dieser Barden um 1900 bis 1912 zu nennen). Sie alle glauben an ein Heil aus dem Untergang: Aus dem Zerfall der Donaumonarchie wird eine neue Welt erstehen, ein wiedergeborenes Deutschland!

Hladny: 12. März des Jahres X: Vorbereitung der Erhebung in Marburg.
12. März 1938: Einzug Hitlers in Österreich.
12. März 1945: Wiener Staatsoper brennt aus.
10. April 1938: Hitlers Volksabstimmung in der Ostmark.
10. April 1945: Die sich absetzenden deutschen Truppen sprengen die Brücken über Donau und Donaukanal.

WIEN

Die unglücklichsten Jahre seines Lebens: So bezeichnet Adolf Hitler die fünfeinhalb Jahre in Wien 1908–1913, sich rückerinnernd in „Mein Kampf“ 1924. Wien ist „die lebendige Erinnerung an die traurigste Zeit meines Lebens“. – „Auch heute noch kann diese Stadt nur trübe Gedanken in mir erwecken. Fünf Jahre Ekel und Jammer sind im Namen dieser Phäakenstadt für mich enthalten.“
Schon hier aber bekennt Adolf Hitler auch: „In dieser Zeit bildete sich in mir ein Weltbild und eine Weltanschauung, die zum granitenen Fundament meines derzeitigen Handelns wurden. Ich habe zu dem, was ich einst mir so schuf, nur weniges hinzulernen gemußt, zu ändern brauchte ich nichts ... Wien aber war und blieb für mich die schwerste, wenn auch gründlichste Schule meines Lebens.“
1933 bezeichnet Adolf Hitler in einem Brief an den Jugendfreund Kubizek – dieser ist tschechischer Herkunft, Hitlers Vater hat in einem Tschechen seinen besten Freund! – die Wiener Jahre als die „schönsten Jahre“ seines Lebens. 1939 bis 1945 steigt in den Monologen Adolf Hitlers vor den ihn umschweigenden norddeutschen Offizieren Wien, die Kaiserstadt, die Hauptstadt eines großartig verwalteten Vielvölkerreiches goldglänzend, ganz besonnte Vergangenheit, am kriegsdunklen Horizont auf.
Wien: Am Vorabend des Ersten Weltkrieges ist Wien ein Klein-Europa, in dem gerne als Gäste nicht nur Angehörige der zwölf Nationen der k. und k. Monarchie, sondern Menschen aus ganz Europa einkehren. Im „oberen“ Wien kehren die Angehörigen jener herrschenden Gesellschaft ein, die in einigen hundert Familien Alteuropas Fest-, Feier-, Kriegs-, Sportgesellschaft repräsentieren. Diese Herren und Damen waren bei ihren Verwandten in schottischen und englischen Schlössern, waren in Paris, St. Petersburg, Rom, Florenz, München, Budapest, und wieder auf Schlössern und Gütern in Böhmen, Mähren, Ungarn, Südwestdeutschland, Belgien zu Hause; zu Hause wie in Wien.
Im „unteren“ Wien kehren die kleinen Leute aus Böhmen, Mähren, Polen, Galizien, Ungarn, Rumänien, aus Kroatien und Oberitalien ein, unter ihnen viele Juden, vor allem aus Osteuropa. In diesem „unteren“ Wien kehren Trotzki und Dschugaschwili-Stalin ein, der wenige Minuten vom Schloß Schönbrunn, wo Kaiser Franz Joseph lebt, sein Buch über das Nationalitätenproblem schreibt. Tito, Gottwald, der kommunistische Führer in der späteren Tschechoslowakei,

und viele andere Männer, die in den „Nachfolgestaaten“ und in der Sowjetunion bedeutende Rollen spielen, kehren da ein oder sind hier zu Hause.
In dieses Wien kommt Adolf Hitler. Seine höchst zwiespältigen Gefühle Wien gegenüber und seine Haßliebe entsprechen ebensosehr der tiefen Zwiespältigkeit seines Wesens – das den ihm unerhellbaren inneren Konflikt durch die Projektion in ein heiles Lichtreich und ein unheiles Satansreich sich selbst verdeckt – wie der Wahrnehmung einer hochkomplexen geschichtlichen Situation:
Dieses Wien war gleichzeitig Himmel und Hölle für viele Wiener und für viele Gäste. Himmel: „oben“, in den Festlichkeiten seiner Paläste, aber auch in Grinzing, beim Heurigen; Himmel: in der Oper, im Burgtheater, in der Operette; Himmel in künstlichen Paradiesen. Himmel in den „Prachtbauten“ der Ringstraße; unter dem „Himmel“ – so heißt der Baldachin im Prozessionszug der Kirche – schreitet das „Allerheiligste“, hinter ihm, entblößten Hauptes, der Kaiser in der Fronleichnamsprozession.
Hölle Wien: Hunderttausende leben in einem Wohnungselend, das merkwürdig übereinstimmend Adolf Hitler und der publizistische Berater Franz Ferdinands und Chefredakteur der „Reichspost“ Friedrich Funder schildern. Im Untergrunde Wiens haust eine Prostitution, hausen Geschlechtskrankheiten, die zahllose Existenzen verwüsten. Die Angst vor diesen Krankheiten schildern wiederum merkwürdig übereinstimmend Adolf Hitler in „Mein Kampf“ – immer wieder kommt er auf sie in den Bunkergesprächen zurück – und ein Mensch, der gesellschaftlich ganz dem oberen Wien angehört, Stefan Zweig in seiner „Welt von gestern“. Hitlers Höllen- und Teufelsangst nährt sich von dieser Geschlechtsangst, die Stefan Zweig in „Eros matutinus“ ergreifend und beklemmend schildert. Hitlers Höllen- und Teufelsangst vermag von ihm selbst nicht bis in jene Tiefen erhellt zu werden, in die sich in Wien Sigmund Freud hinablotet. Freuds tiefenpsychologische Analyse ist nicht zuletzt auch ein Versuch, die Untergründe in der Gesellschaft der späten Donaumonarchie, in dieser „Versuchsstation für Weltuntergänge“ (Karl Kraus), in Wien, zu erhellen.
Am 14. April 1898 erinnert Sigmund Freud in einem Brief an Wilhelm Fließ an die Osterreise, die eben hinter ihm liegt. Sie führte in das österreichische Friaul, nach Görz, nach Aquileja, in die nahen Höhlen von St. Canzian.
„Die Höhlen von St. Canzian, die wir am Nachmittag sahen, sind ein schauerliches Naturwunder, ein unterirdischer Flußlauf durch großartige Gewölbe, Wasserfälle, Tropfsteinbildungen, Nacht, schlüpfrige, mit eisernen Geländern versicherte Wege. Der reine Tartarus. Wenn Dante dergleichen gesehen hat, so brauchte er für sein Inferno nicht viel Phantasieanstrengung mehr. Der Herr von Wien, Herr Dr. Carl Lueger, war mit uns gleichzeitig in der Höhle, die uns alle nach dreieinhalb Stunden wieder ans Licht spie.“

Freud erlotet auf seine Weise, Hitler erlotet auf seine andere Weise Höllen in Wiens Untergrund. „Der Herr von Wien, Herr Dr. Karl Lueger", erscheint dem jungen Adolf Hitler in Wien als der größte deutsche Bürgermeister aller Zeiten. Wien aber wird für diesen jungen Mann Hitler zu einer Art *femme fatale*, zu einer geliebt-gehaßten Schicksalsfrau: zur babylonischen Hure, zur *Magna Mater*, die ihre deutschen Kinder verpestet, vergiftet, verschlingt. In einem von der Stadt Wien 1958 herausgegebenen großangelegten Wien-Buch wird in einem Kapitel Wien als Stadt der Kindergärten, der Kinderfürsorge, „als Große Mutter" dargestellt.

Vedunia, der Waldbach, keltisch: Dieser Name geht auf die keltische Siedlung am untern Rennweg über, jenes Viertel des späteren Dritten Bezirks, in dem Lueger und Seipel zu Hause sind. Vedunia wird zum althochdeutschen „Wennia", das mittelhochdeutsche „Wienne" wird zum neuhochdeutschen „Wien". „Wean", wie heute noch Wien in Wiener Mundart heißt, erhält also älteste Wortstämme des Namens „Wien".

Das Wiener Becken ist geologisch, erdgeschichtlich eine Bucht des Mittelmeeres. Mediterranes ist hier zugegen. Die Schwefelbäder in Baden bei Wien nützen die Römer. Im römischen Wien, in Vindobona, stirbt der Kaiser Marc Aurel, in dessen „Betrachtungen" man ein bemerkenswertes Vorbild altösterreichischer Menschenweisheit und Lebenskunst erblickt hat. Das römische Wien, eine militärische Gründung des ersten christlichen Jahrhunderts, wird bis in die ersten Jahre des fünften Jahrhunderts von den Römern gehalten. 433 wird Carnuntum, unweit von Wien, ein wichtiger Stützpunkt der römischen Grenzverteidigung, endgültig durch Vertrag an Attila abgetreten.

Die Nibelungen: Sie ziehen die Donau entlang, durch Wien. „Danuvius", Donau, ist ihr Name bei Caesar, im Nibelungenlied heißt sie „Tuonouwe", in der slawischen Siedlung im Wiener Gebiet im siebten und achten Jahrhundert bezieht sich der slowenische Name für die Donau, „Dunaj", vielleicht auf ein slawisches Zentrum Wien. Vielleicht war, wie der Wiener Historiker und Kunsthistoriker Oettinger zu erweisen sucht, der fränkische „Kaufmann" Samo, der im siebenten Jahrhundert ein großslawisches Reich gründete, hier in Wien Resident: Herr auf dem Berghof, der ältesten Siedlung des frühmittelalterlichen Wien. Von diesem slawischen Berghof in der „Donauburg Dunaj" weiß natürlich Adolf Hitler auf seinem Berghof, von dem er nach Deutsch-Österreich hinübersieht, nichts. Er kennt nicht den zweiten alten slawischen Namen Wiens, „Vedunja", wohl aber den tschechischen Namen Wiens, „Viden": Um 1900 ist Wien die größte tschechische Stadt, hat mehr tschechische Einwohner als Prag.

Das karolingische Wien gerät 907 für fast ein ganzes Jahrhundert unter madjarische Herrschaft. Der Sieg des bayerischen Herzogs Heinrichs des Zänkers gewinnt Wien zurück, das unter den Babenbergern als Markgrafen, seit 1156 als Herzogen, im hohen 12. Jahrhundert eine erste kulturelle Hochblüte erlebt. Reinmar und Walther von der Vogelweide „singen“ in Wien, bilden mit an einer deutschen höfischen Kunstsprache und singen wie Walther und später Neidhart von Reuenthal volkhafte Lieder in Wien. Die hohe Spannung und die einzigartige Verbindung einer an den Hof und an eine hohe, scholastische Intellektualität gebundenen literarischen Hochkultur mit einer Volkskultur, ein einzigartiges Phänomen in ganz Europa, charakteristisch bis zur Verskunst eines Josef Weinheber und Hans Carl Artmann, tritt uns hier zum erstenmal sichtbar und in großer Fülle entgegen.
Siebzehn Tage feiern in der zweiten Fassung des Nibelungenliedes Etzel und Kriemhild ihr Hochzeitsfest in Wien. Die Dichtung des Hochmittelalters dichtet eine Wirklichkeit nach und voraus: ost-westliche Babenberger-Hochzeiten des 12. und 13. Jahrhunderts, die eine erste kulturelle „Vermählung“ mit Ostrom, Konstantinopel, bedeuten, ost-westliche Hochzeiten des 15. und 16. Jahrhunderts, die Wien zum Zentrum einer Böhmen, Mähren, Ungarn umfangenden habsburgischen Herrschaft machen.
Die bedeutendste Stadterweiterung Wiens im babenbergischen Mittelalter findet unter Herzog Leopold VI. statt (1198–1230). Der Neue Markt entsteht nächst der Fernstraße nach Kärnten und Venedig. Der Judenplatz wird Mittelpunkt der mittelalterlichen Judenstadt. Die Judenschutzpolitik der Babenberger und dann der frühen Habsburger wird im Mittelalter Gegenstand vieler Klagen, nicht zuletzt aus Rom, wo man in dieser Schutzpolitik eine unerlaubte Benachteiligung der Christen sieht.
Wien: 1914 und 1915, im Ersten Weltkrieg, beschwört Hugo von Hofmannsthal die große Vision: Wien als *porta Orientis,* als Tor zum Osten, als versöhnende Verbindung zwischen Ost und West, Nord und Süd. Wien ist bereits im Zeitalter der Kreuzzüge ein Platz, an dem sich fremde Kaufleute treffen. Die Gemeindeordnung von 1221 zählt unter anderen Waren auf: Hopfen und Bier aus Böhmen, Honig und Honigwasser aus Polen, Häute und Pelzwerk aus Rußland, Heringe aus Bremen, Tuch aus Gent, Ypern und Arras, Glaswaren aus Venedig, kostbare Gewebe aus Byzanz, Gewürze aus dem Morgenland.
Das deutschsprachige Bürgertum verschwägert sich früh mit Italienern, Ungarn, Tschechen, Byzantinern. Grillparzers vielverspottete Griechinnen in seinen Dramen „Hero und Leander“ und „Sappho“, die in Wahrheit Wienerinnen sind, sollten heute uns auch an die Wiener Griechen und Griechinnen erinnern, die seit dem 12. Jahrhundert im Griechenviertel zu Hause sind.

Noch im 14. Jahrhundert ist die slowenische Sprache weit verbreitet in Wien. Im 16. Jahrhundert hört man in den Straßen Wiens in gleicher Weise Deutsch, Italienisch, Lateinisch –die Staatssprache des ungarischen Adels bis ins 19. Jahrhundert –, Böhmisch, Polnisch, Slowenisch, wie Wolfgang Lazius berichtet. Der „Lobspruch" Wiens von Wolfgang Schmelzl, der von 1540–1551 in Wien weilt, rühmt das gute Essen, den Wein, die Musik in Wien; in den Straßen Wiens hört man Deutsch, Französisch, Italienisch, Spanisch, Hebräisch, Griechisch, Lateinisch, Türkisch, Tschechisch, Ungarisch, Holländisch, Syrisch, Polnisch. Der binnendeutsche Beobachter findet diese Fülle großartig.

Was hier mehr von unten, durch den Zustrom volkhafter Elemente, von Händlern, Kaufleuten, fahrendem Volk, begonnen hatte, Wien zu einem Schmelztiegel der Völker, zu einem großen *Connubium*, zu einer Mahlgemeinschaft und Ehegemeinschaft der Völker und Nationen werden zu lassen, wird von „oben" her, durch kaiserliche Politik im imperialen Zeitalter des Hauses Österreich, im Barock, architektonisch und gesellschaftlich zu einem Welt-Bauprogramm erhoben.

Der Sieg in Böhmen, in der Schlacht am Weißen Berge, der Sieg über die Protestanten in den habsburgischen Erblanden, die Siege über die Türken und die Selbstbehauptung im Ringen mit dem Frankreich des Sonnenkönigs sind die machtpolitischen Voraussetzungen dieses kaiserlichen Weltbaustils des österreichischen Barock, der den religiös-politischen Willen der kaiserlichen Gegenreformation in Fest- und Siegesmalen demonstrativ bekundet: den Kirchen der im Dienste der Gegenreformation herangezogenen alten und neuen Orden und Kongregationen, den Wallfahrtskirchen, Dreifaltigkeitssäulen, Mariensäulen, Johannes-Nepomuk-Kreuzen – Johannes von Pomuk, Nepomuk, wird als Gegenheiliger gegen Hus besonders verehrt –, den Schlössern und Palästen der im kaiserlichen Hof- und Felddienst in die habsburgischen Lande gekommenen italienischen, spanischen, irischen, wallonischen, deutschen Adeligen, den Stiften, Klöstern, Kapellen, und wieder den Schlössern, Lust-Häusern, die von Angehörigen des Erzhauses Österreich selbst gebaut werden. Tief nach Polen und in die Ukraine hinein, tief in den Balkan und tief in das habsburgische Italien hinein reichen die Strahlungen dieses kaiserlichen Barock.

Weltbau-Wille: Das Programm für die Karlskirche, an dem kein Geringerer als Leibniz mitarbeitet – der junge Hitler zeichnet immer wieder die Karlskirche in Wien –, die riesenhaften Bauprogramme für das Chorherrenstift Klosterneuburg, das Österreichs Escorial werden sollte, die gigantischen Planungen für Schönbrunn, aber auch für andere habsburgische Schlösser, zeigen: Hier sollte, wahrhaftig ein Himmel auf Erden, die religiös-politische Verbindung des Himmelskaisers, der Himmelskönigin Maria, der kaiserlich-mütterlichen Schutzmacht des

Hauses Habsburg im Himmel – Mariazell! – mit seinem irdischen Repräsentanten, dem Kaiser, demonstrativ gezeigt werden: den Gläubigen und den Ungläubigen. Von den Decken der Kirchen, der Stiftssäle, grüßt der himmlische Hof den Hof des Kaisers und seine Gläubigen. Die himmlischen Mächte schleudern, von Erzengeln geführt, die Teufelsmächte in die Tiefe: Luzifer, deren Anführer, die Rebellen, die Türken, die Protestanten. Diese Rebellen dienen auch, als Träger an Säulen und Tore gefesselt, in Stein, der Hierarchie im Himmel und auf Erden.

Dieser kaiserliche österreichische Barock zentriert sich in Wien, wo die Palais des Adels wetteifern mit den kaiserlichen Bauwerken. Dieser Barock, der seine Entstehung dem religiös-politischen Willen der Habsburger verdankt, die Völker unter ihrer Herrschaft religiös gegenreformatorisch zu pazifizieren und politisch zu unifizieren – durch den Einbau in die Fest- und Feierwelt, in die Liturgien eben dieses Barock –, erlebt nun in Wien im hohen 19. Jahrhundert eine merkwürdige und tief fragwürdige Wiedergeburt. In der Ringstraße und in den Bauten der franzisko-josephinischen Ära wird noch heute, 1968, das seltsame Reich „Kakanien“ von Krakau bis Triest, von Budapest bis Agram, von Brünn und Prag bis zu südosteuropäischen Kleinstädten in den Nachfolge-Staaten der Donaumonarchie unverkennbar architektonisch sichtbar und mental erfahrbar.

Adolf Hitler wird in Wien von diesem Nach-Barock tief ergriffen. Seine Architekturzeichnungen, seine Baupläne für Berlin und München variieren immer wieder Bauwerke der Ringstraße, das Parlament, das Kunsthistorische und Naturhistorische Museum, das Burgtheater. Sein Bauwille sieht nicht nach Norden, auf die Germanen, die er als unkultiviert verachtet, sondern sieht auf Griechenland, auf Rom, im Geiste eines Barockismus, eines Eklektizismus, wie ihn Hans Makart in seinen Bildern präsentiert.

Am 27. April 1879, am Tag der silbernen Hochzeit des Kaiserpaares, an dem die Votivkirche geweiht wird, bewegt sich „einer der prunkvollsten Festzüge aller Zeiten“ über die Ringstraße. Hundertundzwanzig Tribünen waren errichtet worden. In den kostbaren Trachten des 16. und 17. Jahrhunderts zieht der Hochadel vorbei, begleitet von hundertundzwölf Herolden in den Farben der Stadt Wien. Pferde in reichem Zaumzeug, Prunkwagen bis zu zehn Metern Länge. Diesen Festzug hat Hans Makart im Auftrag der Stadt Wien gestaltet. Adolf Hitler entdeckt mit dem ihm eigentümlichen Spürsinn auf dem Dachboden des Rathauses in Hamburg ein wie für ihn geschaffenes Meisterwerk des von ihm hochverehrten Makart, den Einzug Kaiser Karls V. in Brüssel darstellend.

Die von Hitler bewunderte Ringstraße sah zehn Jahre vor diesem kaiserlichen und künstlerischen Festzug die erste große politische Demonstration, im Juli

1869. Da marschiert der „Großdeutsche Schützenzug" vom Burgtor zum Prater. 1905 wird der 100. Todestag Schillers durch einen großen Festzug gefeiert. Die pompösen Goethe- und Schillerdenkmale vis-a-vis am Ring, unweit der Oper, sind demonstrative Denkmale des deutschen Bürgertums Wiens, wie die Gründungsurkunden bezeugen.

Der Kaiser-Jubiläums-Festzug von 1908 und der Festzug des Eucharistischen Kongresses 1912, der ein letztes Mal die katholischen Völker der Donaumonarchie dem Erzhaus, dem Kaiser, huldigend in Wien zusammenführt, bilden den farbenprächtigen Abgesang dieser imperialen, barocken Weltepoche, die in eben dem Raum um Belgrad, den der militärische Begründer dieser Epoche, der Prinz Eugen, siegreich gewonnen hatte, nunmehr, 1914, zu verbluten beginnt.

Die liturgischen Feste und Feiern, die Prunkmärsche des Dritten Reiches haben ihre Vorbilder in den Ringstraßen-Aufzügen der Makartzeit und in den historischen Umzügen des von den Wittelsbachern des 19. Jahrhunderts architektonisch bestimmten München. In München hat sich der Deutsch-Österreicher Hitler am wohlsten gefühlt. Vorher aber hat er in Wien „unauslöschliche" Eindrücke erfahren. „Stundenlang konnte ich so vor der Oper stehen, stundenlang das Parlament bewundern; die ganze Ringstraße wirkte auf mich wie ein Zauber aus Tausendundeiner Nacht." Unter diesem Himmel haust jedoch eine Hölle: „Vor den Palästen der Ringstraße lungerten Tausende von Arbeitslosen, und unter dieser *Via triumphalis* des alten Österreich hausten im Zwielicht und Schlamm der Kanäle die Obdachlosen."

Das Wien Mozarts, Beethovens, Schuberts – der für seinen geliebten jüdischen Freund, den Oberkantor des ersten Tempels in Wien, eine hebräische Sakralmusik schreibt, die heute noch, wie Schuberts „Deutsche Messe", auf der ganzen Welt im Gottesdienst verwendet wird – ist eine relativ kleine Stadt. Viel Raum ist um die adeligen Palais, nur die Bürgerhäuser drängen sich in einigen langen Straßenzeilen zusammen. Locker lagern, als Dörfer mit ihren Weingärten, mit Wiesen und Äckern, jene späteren Wiener Gemeindebezirke, in denen sich die Hunderttausende sammeln, die auf der Suche nach Arbeit nach Wien strömen. Wien ist um die Mitte des 19. Jahrhunderts noch eine von Wällen und Gräben, von Befestigungsanlagen und von den Glacis umgebene Stadt.

Im Frühjahr des Jahres 1857 werden die Behörden durch die rapide Zunahme obdachloser Familien alarmiert. Die Leute lagern auf öffentlichen Plätzen. Man bringt sie zunächst notdürftig in Gemeindearresten, Stallungen, Schuppen und Kellern unter. Die Probleme der Urbanisation überfallen diese Stadt, ähnlich wie im 20. Jahrhundert Städte in Lateinamerika, Asien, Afrika.

Ein kaiserliches Handschreiben vom 20. Dezember 1857 leitet den Fall der Mauern und die Verbauung der Glacis ein. Das ist die Geburtsurkunde der Ring-

straße, deren erster Teil am 1. Mai 1865 feierlich eröffnet wird und die 1870 als Straßenring um die Altstadt geschlossen steht.
Die Wohnungsnot, das Wohnungselend der in die Stadt strömenden Massen wird durch die Ringstraße nicht tangiert. Adolf Hitler: „Das Wohnungselend des Wiener Hilfsarbeiters war ein entsetzliches. Mich schaudert noch heute, wenn ich an diese jammervollen Wohnhöhlen denke, an Herberge und Massenquartier, an die düsteren Bilder von Unrat, widerlichem Schmutz und Ärgerem." Hitler ist zeitlebens von einer panischen Angst besessen, sich zu „beschmutzen", sich „anzustecken" mit ansteckenden Krankheiten.
Zwischen 1870 und 1890 verdreifacht sich die Bevölkerung Wiens. Über ein Drittel der Bevölkerung lebt in Wohnhöhlen, in ein bis zwei engen Räumen. Wien hat eine der höchsten Tbc-Raten Europas.
Friedrich Funder, Redakteur der „Reichspost", geht um die Jahrhundertwende durch Wien: „Kinderreiche Familien der Arbeiter und Stückmeister halfen sich durch die Aufnahme sogenannter Bettgeher. Das waren Menschen, die dazu verurteilt waren, nicht einmal ein Kellerloch als eigene Wohnstatt zu besitzen. Nur für die Nacht gehörte ein Unterschlupf ihnen, in fremdem Wohnraum ein Bett, das sie nicht selten mit einem Schicksalsgenossen zu teilen hatten. In Wien gab es 80 000 bis 100 000 dieser Bettgeher. Diese überfüllten Wohnungen waren Brutstätten des Elends jeder Art." – „Unter 10 000 Personen starben 1899 in den bürgerlichen Bezirken Wieden 4,1; in Ottakring 15,4, Favoriten 16,4, Meidling 17,7 und in Rudolfsheim 20,5."
Als Begleiter eines Stadtphysikus auf seinen nächtlichen Wohnungsinspektionen sieht Friedrich Funder: „In einem Halbkeller trafen wir etwa 30 Personen an, Männer, Frauen und Kinder." – „Nächtelang schritten wir durch Elendsquartiere, in denen Menschen zusammengedrängt waren wie Tiere, die zur Schlachtbank bestimmt sind. In diesen *Wohnhöhlen* brüteten stumpfe Hoffnungslosigkeit, Verzweiflung, Trotz gegen eine Gesellschaftsordnung, die Menschen auf Erden zur Hölle verdammte, und das Laster in allen Formen."
Das Laster: Hier haust es, als Prostitution, als Vermischung in Unzucht, als Blutschande. Kinder und Greise vermischen sich hier, zusammengepfercht in ein einziges schmutziges, ekles Bettlager.

Das Laster: Adolf Hitler sieht Wien „als eine Verkörperung der Blutschande". Hier vermischen sich unzüchtig die Rassen in einem „Rassenkonglomerat", das ins Gigantische überträgt, was nachts in den vielen tausend „Wohnhöhlen" sich begibt. Die unzüchtige Vermischung der Rassen wird gefördert durch das Haus Habsburg, durch seine römisch-katholische Kirche, durch die Sozialdemokratie. Hinter dieser aber steht das Judentum.

Judentum und Prostitution gehören für Adolf Hitler eng zusammen. Der Jude ist, wie Hitler in Wien zu sehen glaubt, der engste Verbündete der Prostitution, zunächst der körperlichen Prostitution, dann der politischen und geistig-seelischen Prostitution, der „Beschmutzung", Vergiftung der Leiber und Seelen. „Gab es denn da einen Unrat, eine Schamlosigkeit in irgendeiner Form, vor allem des kulturellen Lebens, an der nicht wenigstens ein Jude beteiligt gewesen wäre?" Der Jude ist der Urheber der entsetzlichen „Völkerkrankheit" des Marxismus. *Der Marxismus erscheint Hitler als die politische Syphilis.* Diese Teufelskrankheit, die Hitler zeit seines Lebens fürchtet, stammt von wahren Teufeln: den Juden.

In jüdischen Führern der Sozialdemokratie erblickt Hitler in Wien diese Teufel: „Die Namen der Austerlitz, David, Adler, Ellenbogen usw. werden mir ewig in Erinnerung bleiben." So „aber mußten die einstigen Urheber dieser Völkerkrankheit (des Marxismus) wahre Teufel gewesen sein".

Die Sozialdemokratie ist „eine unter der Larve sozialer Tugend und Nächstenliebe wandelnde Pestilenz, von der möglichst die Menschheit schnell die Erde befreien möge, da sonst gar leicht die Erde von der Menschheit frei werden könnte".

Das hält Adolf Hitler in „Mein Kampf" als kostbare Erfahrung, als in Wien schmerzlich errungenes Wissen fest. In diesem Satz kündigt er bereits seine „heilige Verpflichtung" zur „Endlösung" an: Die Erde, die Menschheit, muß von der jüdischen Pest, von der Syphilis des Judentums und seines Marxismus befreit werden, sonst vollzieht sich für die Menschheit eine Katastrophe.

In Wiens Untergrund, in den in Wohnhöhlen sich in Blutschande mischenden Menschen aller Rassen erblickt der junge, in seine Pubertät auf immer eingeschlossene Adolf Hitler seinen eigenen Untergrund. Geschlechtsangst und Geschlechtsneid drängen ihn, den „Teufel" in diesem seinem leibseelischen Untergrund nach außen zu projizieren – so wie der Christ durch Jahrhunderte hindurch seinen Teufel sich extrahiert hat: Da steht er nun, sich erhebend aus der Gosse, aus dem Schmutz der Rinnsale, und betritt die Straße: der teuflische Judenjunge, der ewige „Schwarze". – „Der schwarzhaarige Judenjunge lauert stundenlang, satanische Freude im Gesicht, auf das ahnungslose Mädchen, das er mit seinem Blute schändet und damit seinem, des Mädchens Volke raubt."

„Unordnung und frühes Leid": Der jüdische Hausarzt Bloch sieht dieses Leid in dem verquälten, unruhigen jungen Adolf Hitler in Linz. Alma Mahler-Werfel sieht die Fixierung dieser pubertären Unruhe in dem eben, 1933, zum Führer und Reichskanzler aufsteigenden ewigen Jüngling Adolf Hitler, der nie mannbar wird, nie den Blick frei, gelöst erhält. Alles, was dieses ewige Kind nicht sehen will, übersieht es, weist es ins Nichts oder verteufelt es.

Adolf Hitler sieht in Wien 1908–1913 nur das, was er von seinen Linzer Tagträumen her sehen will, und übersieht alles das, was er im Banne seiner pubertären Angst – in der Geschlechtsangst, Teufelsangst, Angst vor Beschmutzung, Vergewaltigung, Übermachtung, vor ansteckender Krankheit verschmelzen – verteufelt: Wien als das große *Connubium*, die Mahlgemeinschaft und Ehegemeinschaft der Völker Zentraleuropas, Wien, das zur kulturellen Weltstadt im 19. und frühen 20. Jahrhundert durch das amalgamierende Element seiner Juden wird.

Vor dieser „Mischung", vor den in Wien sich einsiedelnden „Nichtdeutschen" und Juden, erschrecken tödlich, lange vor Hitlers Ankunft in Wien, bereits breite Schichten eines Kleinbürgertums, eines Mittelstandes, auch einer Arbeiterschaft. Das Wien dieser Bürger und kleinen Leute ergibt sich in panischer, hilfloser Angst vor dem „teuflischen Juden" dem „Sozialismus des dummen Kerls von Wien", wie der Wiener Sozialdemokrat Ferdinand Kronawetter diesen Wiener Antisemitismus nennt. Dieses Wien findet seinen „Führer" – und besingt ihn auch als Führer – in Dr. Karl Lueger. Der Führer Wiens bleibt unvermählt, wie Adolf Hitler. „Der schöne Karl" ist der ewige Seelenbräutigam zahlloser Frauen, die in den Wahlen zahlenmäßig den Ausschlag geben und die mit ihm in seinen Reden kommunizieren, analog wie mit dem „Seelenbräutigam" Jesus in der Kommunion in der Messe.

Mitten unter den Hunderttausenden von Wienern, die dem toten Lueger bei seinem Leichenbegängnis, beim letzten Triumphzug über die Ringstraße – diese Leichenbegängnisse sind Abgesang der kaiserlichen Leichenfestzüge des 16. bis 18. Jahrhunderts – die letzte Ehre geben, steht gebannt, ergriffen, hingerissen in tiefer Bewunderung Adolf Hitler.

„Die Totenfeier wurde ein Ereignis von unbeschreiblicher Würde und Größe." Daran erinnert Friedrich Funder 1952. Die religiös-politische Liturgie beginnt mit dem Leitaufsatz der „Reichspost" an seinem Todestag, am 10. März 1910: „Weine, christliches Österreich, dein Führer ist tot. Birg dein Antlitz in den Händen und gib den Tränen ihr Recht. Er ist von uns gegangen. Wir waren zerstreut und er hat uns gesammelt, wir waren in Schmach und er nahm uns die Ketten; furchtsam, gedemütigt, beraubt waren wir, aber er ging uns voran und brach dem christlichen Volke mit seiner starken Seele Bahn. Und nun hat er uns verlassen."

„Wir waren zerstreut, und er hat uns gesammelt": Die großen Motive der Klagepsalmen des jüdischen Volkes, das fern an den Wassern Babels trauert – den Katholiken wohlvertraut aus der Liturgie der Messe –, werden hier auf das von seinem Heilsführer verlassene christliche Volk von Wien, von Österreich bezogen.

Von Anfang an zeigt der politische Kampf dieses Wiener Bürger- und Kleinbürgertums gegen die „Juden“ messianische, religiös-politische Prägungen. Priester sind als Schriftleiter von Kirchenzeitungen, als Prediger, dann als Parteipolitiker die Sprecher dieses „armen Volkes“, das sich wehrlos einem „Moloch“, dem „Mammon“ ausgeliefert fühlt. Adolf Hitler hält bis zu seinen letzten Proklamationen an das deutsche Volk den apokalyptischen Ton dieser in Wien zuerst vernommenen Beschwörung des Teufels fest.

WIEN UND SEINE JUDEN

Im Salon der Fanny von Arnstein in Wien trifft sich zu Beginn des 19. Jahrhunderts die gute, die allerbeste Gesellschaft von Welt. Die Welt des Wiener Kongresses, Metternich und der österreichische Hochadel, Marie-Louise und der Feldmarschall Radetzky, die besten nach Wien kommenden Köpfe der deutschen Spätaufklärung und der frühen Romantik. Für die junge Fanny fällt ein junger Fürst Liechtenstein im Duell.

Fanny, die Tochter eines friderizianischen Hof- und Münzjuden, eine Berliner Jüdin, hatte 1776 den Erben des Hauses Arnstein geheiratet. Das Haus Arnstein trägt die Finanzierung des habsburgischen Kaiserhauses in der schweren Zeit des Weltkampfes mit Napoleon. Die Tiroler Bauern wenden sich an das Haus Arnstein, um den Aufstand von 1809 vorzubereiten.

In Fannys Haus verkehrt bis Ende 1803 Friedrich Gentz. Gentz, geboren in Breslau, dann in Berlin lebend, von Kant zur Redigierung seiner Schrift „Zum ewigen Frieden" berufen, in Wien durch Metternich aufsteigend zum führenden Publizisten und Sprecher der konservativen Restauration Europas, hatte in Berlin die Rahel bewundert und zur Eybenberg eine zärtliche Beziehung unterhalten. Fasziniert vom Charme, vom Geist, von der Liebenswürdigkeit dieser deutschen Jüdinnen zeigen sich in ihren Berliner Salons Fürsten, Prinzen, Gelehrte, Dichter, Musiker.

Gentz schreibt jedoch bereits 1801 an Brinckmann: „Lassen Sie nur fürs erste die verfluchten Juden aus dem Spiel ..." – „Vielleicht wissen Sie nicht, daß ich erstes Mitglied der neu etablierten Zensurkommission über alle Juden geworden bin. Die Arnsteiner sollen meine Hand schon fühlen." – „Reisen Sie nicht im Sommer nach Wien." – „Es ist der unangenehmste Aufenthalt, den es nur irgendwo geben kann ... Kurz, man läßt Sie mit der drückenden Hitze in dieser engen, klösterlich-verbauten Stadt, mit ihrem permanenten Gestank, mit ihrem beispiellosen Staube, mit ihrem schlechten, ungenießbaren Essen, mit ihren 800 Fiakers, und ihren 30000 Badauds ... mit drei oder vier mittelmäßigen Theatern, bis zum Ekel abscheulichen Kaffeehäusern, und etlichen tausend trivialen, grunddummen, frostigen, durchaus unbrauchbaren Freudenmädchen – allein." – „Das Arnsteiner Haus – denn in diesem, und nur in diesem konzentriert sich schlechthin alles, was für mich den Unannehmlichkeiten Wiens noch einigermaßen das Gegengewicht hält – das Arnsteiner Haus ist die größte, und gewissermaßen die einzige Ressource aller hier ankommenden Fremden ..." – „Dies Haus ist in mehr als einem Sinne des Wortes eine kleine Welt. Ohne dasselbe wäre ich schon wieder weit von Wien; mit demselben kann man, wie fatal auch alles übrige sein mag, nicht leicht gänzlich verzagen oder zugrunde gehen."

Friedrich Gentz, hochbegabt, fast genial als Publizist, ist ein tief unordentlicher Charakter, erfüllt nicht zuletzt von Angst vor der Revolution der erwachenden Völker. Neid und Minderwertigkeitsgefühl, das er, der Sohn kleiner Leute, im Umgang mit den Großen der Welt nie loswird, hausen in seiner verwüsteten Seele.

„Mit den Arnsteinern bin ich ganz brouilliert. Der T. hole die Juden!" Gentz schlägt sich auf die Seite seines Berliner Freundes und Anwalts K. W. Fr. Grattenauer, der ein anonymes Pamphlet verfaßt hatte: „Wider die Juden. Ein Wort der Warnung an unsere christlichen Mitbrüder". Friedrich Gentz erklärt nun die Juden als „geborene Repräsentanten des Atheismus, des Jakobinismus, der Aufklärerei". – Wiener Prediger, christlich-soziale Politiker und Adolf Hitler werden die Juden beschuldigen, mit der Französischen Revolution, der Demokratie, dem Bolschewismus und der Freimaurerei im Bunde zu sein. – Gentz: „Noch nie hat ein Jude ernsthaft an Gott geglaubt! Noch nie hat eine Jüdin – ich spreche ohne alle Ausnahme – die wahre Liebe gekannt! – Alles Unglück in der modernen Welt kömmt, wenn man es bis in seine letzten Gründe verfolgt, offenbar von den Juden her, sie allein haben Bonaparte zum Kaiser gemacht; sie allein haben den Norden Deutschlands mit so schmählicher Blindheit geschlagen. Aber genug von diesen Kannibalen!"

Gentz nennt den preußischen jüdischen Patrioten Jakob Barthold, den Bruder der Lea Mendelssohn und Neffen Fannys, „einen der scheußlichsten dieser verworfnen Brut", eine „Bestie", einen vom Fürsten von Ligne zu Unrecht protegierten „Judenjungen" – bis ins Wort hinein Hitler vorwegsprechend. Friedrich Gentz hatte sich von den reichgedeckten Tischen seiner jüdischen Freunde erhoben und war an die Seite der wahren Kannibalen getreten. 1933 werden sich in Berlin und anderen deutschen Städten, 1938 werden sich in Wien hochangesehene Literaten, Dichter, Künstler erheben, die eben aus den Salons der sie jahre-, ja jahrzehntelang fördernden Juden kommen, und sich laut zur Predigt des „Führers" bekennen.

Der Fürst von Ligne: Sein Begräbnis während des Wiener Kongresses ist eine der größten Schauveranstaltungen für Volk und Adel, für „Oben" und „Unten" in Wien. Goethe besingt diesen Grandseigneur, diesen Lebemeister, diesen großen Liebhaber der Frauen und eines genußreichen Lebens. Charles Joseph Fürst von Ligne, ein europäischer Edelmann im Dienste des Kaisers, kennt Europas gute Gesellschaft im Westen und im Osten, in Polen und Rußland, und kennt Europas

Untergrund. 1797 entwirft dieser große Freund eines heiteren, liebesstarken Lebens in einem Brief an Sophie von Großhuß ein „Judenstaatsprojekt": „Wenn die Christen weder das Geschick noch die Güte besitzen, sie (die Juden) aus ihrem jetzigen Zustand zu befreien und etwas Vernünftiges aus ihnen zu machen, so möchte ich ihnen wünschen, daß einer der in der Türkei lebenden Juden tüchtig genug wäre, um beim Großherrn jenen Einfluß zu gewinnen, der ihnen das Königreich Judäa wiederbrächte, wo sie sich gewiß besser verhalten würden als einst." – „Wenn ich von einer Rückkehr nach Palästina spreche, meine ich damit nur die armen Teufel und die Schicht zwischen den Reichen und den Armen." – „Völlige Assimilation oder die Errichtung eines neuen Nationalstaates auf uraltem Boden!" Hilde Spiel kommentiert diese Sätze des Fürsten von Ligne von 1797 im Wien von 1961 weiter: „Gegen den Rassenhaß, jenen Begriff, der sich damals herauszuschälen begann und im weiteren Verlauf so furchtbare Formen annehmen sollte, gab es keine anderen Auswege als Unkenntlichmachung oder Flucht."

In diesem 19. Jahrhundert wird aber Wien zunächst ein gelobtes Land der Juden. Kurz vor der Revolution von 1848 leben 1847 in Wien 197 tolerierte Judenfamilien. Dazu kommen einige hundert jüdische Studenten. 1848 dürfte es höchstens 3000 Juden in Wien gegeben haben. Das Anwachsen der jüdischen Bevölkerung Wiens zeigen folgende Zahlen:

Jahr	Gesamtbevölkerung	Juden	jüd. Prozentsatz der Gesamtbevölkerung
1857	476 220	6 217	1,3
1869	606 510	40 227	6,3
1890	817 300	99 444	12,0
1890 (Groß-Wien)	1 341 190	118 495	8,7
1910	2 031 420	175 294	8,6

1923 zählt Wien 201 510 Juden, das sind 10,8 % der Gesamtbevölkerung.

Das ist zum Teil ein Phänomen der Urbanisation der zentraleuropäischen Juden, die in die Städte drängen. Berlin zählt 1816 3373 Juden (1,7 % der Gesamtbevölkerung), 1910 in Groß-Berlin 144 000 Juden (3,6 % der Gesamtbevölkerung). In der Donaumonarchie hat Prag 1869 13 056 Juden (8,2 % der Gesamtbevölkerung), 1910 18 041 Juden (8,1 %). Krakau zählt 1869 17 670 Juden (35,5 %), 1910 32 321 Juden (21,3 %). Budapest zählt 1869 44 890 Juden (16,6 %), 1910 203 687 Juden (23,1 %).

Die Städte bieten für ein osteuropäisches jüdisches Proletariat – in Galizien und der Bukowina sterben im Ausgang des Jahrhunderts 5000 bis 6000 Menschen jährlich am Hunger – Arbeit und Aufstiegschancen. „Stadtluft macht frei“: Diese mittelalterliche Maxime wird für Hunderttausende gequälte, von Pogromen und Rechtlosigkeit drangsalierte Juden zur leuchtenden Hoffnung, zur Wirklichkeit. Wo finden sie mehr Sicherheit als in der Haupt- und Residenzstadt des Kaisers, der eine tausendjährige Judenschutzpolitik, zu der sich Karl der Große, die Ottonen, der unglückliche Heinrich IV. und in Wien bedeutende Habsburger bekannt hatten, für seine Christenpflicht hält, gerade als „apostolische Majestät“?

Wien, der Kaiser, das Haus Habsburg: Bis 1938 und noch darüber hinaus sehen altösterreichische Juden und Juden aus Osteuropa hoffnungsvoll auf das Erzhaus Habsburg, sind Juden Legitimisten und Konservative, die nur durch den vertrackten Antisemitismus der Christlich-Sozialen abgehalten werden, sich dieser Partei in Scharen anzuschließen.

Zunächst aber bildet das europäische Schicksalsjahr 1848 die große Wende. Am Kampf in Wien, am Kampf um Wien, gegen Metternich, beteiligen sich Juden: Juden fallen im Kampfe; jüdische Sprecher engagieren sich für die liberale Bewegung. Jüdische Literaten und Publizisten sind leidenschaftliche Werber für die Erhebung. 1848 wird in Wien zum ersten Male die „Judenpresse“ von ihren Gegnern angegriffen. „Die Geißel“ greift die liberale Konstitution als ein Werk jüdischer Mache an, in verballhorntem Jiddisch: „Die grause Konstitution, so hot gmocht fer Oestraich der David Abraham Levysohn.“ – „Schild und Schwert“ – wie oft wird Adolf Hitler sich und seine Wehrmacht als Schild und Schwert gegen die „jüdische Weltgefahr“ vorstellen! – nennt die sich der März-Erhebung anschließenden Wiener Juden ein Element der Subversion, der Rebellion, die für sie nur ein Mittel sei, um sich Positionen zu ergattern.

Der gewichtigste und für die Zukunft folgenschwerste Angriff kommt von der „Wiener Kirchenzeitung“. Sie ist selbst ein Kind von 1848. Wie später antidemokratische Bewegungen sich der durch die Demokratie geschaffenen Chancen bedienen, um die Demokratie zu vernichten, so kommen 1848 antiliberale Bewegungen in den Genuß der Chancen, in der Öffentlichkeit aufzutreten, die die liberale Bewegung erkämpft hat.

Am 15. April 1848, also kurz nach der Märzerhebung, gründet in Wien Sebastian Brunner die „Wiener Kirchenzeitung“. Brunner ist der Sohn eines Seidenfabrikanten und war 1842 Kaplan in Altlerchenfeld geworden. Die Seidenfabrikation gerät, wie die ganze Textilindustrie in Wien, Böhmen, Mähren – später auch in Amerika – weithin in jüdische Hände. Die Angst christlicher Fabrikanten und Gewerbetreibender vor der jüdischen, ihnen übermächtig erscheinenden Konkurrenz wird ein mächtiger Motor der antisemitischen Bewegung in Wien. Bereits am 29. April 1848 erklärt Brunners „Wiener Kirchenzeitung", daß die Juden ihre Bedeutung in der modernen Gesellschaft nur der Verbindung des jüdischen Unglaubens und des vergifteten Hasses gegen das Christentum und die katholische Kirche verdanken.

Der antiliberale und antijüdische Sebastian Brunner, der 1853 Prediger und Kooperator an der Universitätskirche und 1865 päpstlicher Hausprälat wird, ist der erste katholische Judenhammer in der christlichen Presse Wiens. 1861–1874 leitet der fanatische Pater Albert Wiesinger (1830–1896) als Chefredakteur die „Wiener Kirchenzeitung". Wiesinger ist ein hochbegabter populärer Journalist, der dem Volke auf den Mund und in sein verängstetes Herz schaut. Wiesinger verfaßt antijüdische Erzählungen, wie „Der Mord in der Judengasse" und „Ghettogeschichten", und gibt eine Halbmonatsschrift „Kapistran" heraus.

1962 wird Johannes Capistran, an den die Capistran-Kanzel am Stephansdom noch heute erinnert, in dem allen Vätern des II. Vatikanischen Konzil übersandten Werk „Verschwörung gegen die Kirche" zum Schutzpatron einer antijüdischen katholischen Weltpropaganda proklamiert.

Wiesinger erklärt: „Liberalismus ist gleich Judentum." Katholische, evangelische und nationalsozialistische Politiker und Propagandisten halten an dieser Gleichung fest, die für Adolf Hitler den Rang einer sakralen Formel erhält.

Zwei schwere Erschütterungen verletzen das bereits unsichere Selbstbewußtsein der deutschsprachigen Österreicher und der christlichen Bürger Wiens in diesen Jahrzehnten der „Wiener Kirchenzeitung": die Niederlage von Königgrätz 1866 und der Börsenkrach 1873.

Königgrätz: In dieser mörderischen Schlacht erliegt nicht nur die Armee des Kaisers der überlegenen Strategie Moltkes, dem preußischen Zündnadelgewehr und der die Schlacht vorbereitenden überlegenen Politik Bismarcks, sondern hier bricht, in dieser verhängnisvollsten Schlacht des ganzen 19. Jahrhunderts, die Habsburgermonarchie und das europäische Gleichgewicht zusammen. Von Königgrätz führt der Marsch direkt in den Deutsch-Französischen Krieg. *Revanche pour Sadowa*, Revanche für das von den Franzosen nach dem Schlachtfeld Sadowa benannte Königgrätz ist 1870 in Paris die Parole. Preußische evangelische Konservative, hannoveranische Welfen, sächsische und bayerische Politiker, Männer in den Freien Reichsstädten Frankfurt und Hamburg sehen: Hier bricht endgültig das Heilige Römische Reich deutscher Nation zusammen, die lockere, weitmaschige Konföderation sehr differenzierter politischer, religiöser, gesellschaftlicher Gebilde.

Königgrätz ist die Voraussetzung für 1871 und 1914, für das wilhelminische Reich, für das Aufkommen und Vordringen eines ganz neuen Typs des Deutschen: des Erfolgsdeutschen, der an „Blut und Eisen", an Industrialisierung und Rüstung, an Kruppstahl und die Notwendigkeit einer Reichsflotte glaubt, wie sie im Frankfurter Parlament erstmalig 1849 gefordert wurde. Welten trennen diesen linearen, aggressiven, zutiefst von Minderwertigkeitsgefühlen durchbebten männischen Erfolgsdeutschen von deutschen Menschen Alteuropas, wie sie Fontane in seinem „Stechlin" und Adalbert Stifter in seinem „Nachsommer" schildert.

Casca il mondo: Die europäische Weltordnung bricht zusammen. Dieser mit Recht vielzitierte Ausruf des päpstlichen Kardinalstaatssekretärs Giacomo Antonelli auf die Nachricht von der Schlacht hin bedeutet: Die Völker Zentraleuropas verlieren ihre Schutzmacht, das Haus Österreich. Diese Völker werden zunächst ihren Wirren, dann Rußland, dem neuen armierten Deutschland, dann Hitler und Stalin als Beute zufallen.

Die Juden verlieren ihren Schutzherrn, den Kaiser in Wien. Von der tödlichen Verwundung in Königgrätz erholt sich „Wien" nicht mehr. Die Donaumonarchie zerfällt in zwei vielfach sich verfeindende Staaten. In den Ländern der ungarischen Krone unterdrückt eine schmale madjarische Adelsschicht brutal und fanatisch das ungarische Volk, die Siebenbürger, Rumänen, Kroaten, Slowenen, die Juden, und will – bis zur Namensänderung auf den Grabsteinen – diese Nationalitäten zu „reinen Ungarn" machen.

In den zisleithanischen Ländern beginnt ein verängstigtes, sich in die Defensive gedrängt fühlendes Deutschtum einen selbstmörderischen Kampf, zunächst in Böhmen-Mähren und im Sudetenraum, trägt diesen Kampf dann nach Wien, wo der Reichsrat der Vereinigten Königreiche und Länder zum Schauplatz eines „Raufens" wird, das der junge Adolf Hitler fasziniert-empört beobachtet.

Ernst Niekisch und, wohl auch ohne Bezug auf ihn, andere preußische und norddeutsche Beobachter Hitlers haben Adolf Hitler als „die Rache für Königgrätz" bezeichnet. Ich selbst habe im Kriege 1940 in Königgrätz diesen Bezug auf Hitler erstmalig aus dem Munde eines preußischen evangelischen konservativen Hitlergegners gehört.

Im weißen Waffenrock des Kaisers tritt Adolf Hitler 1939 in seinen Krieg ein, in dem er Europa neu ordnen und den Westfälischen Frieden von 1648/50, die Französische Revolution von 1789, Versailles 1918 liquidieren möchte.

1873: Kaiser Franz Joseph eröffnet das Parlament mit einer Rede, in der er seine feste Hoffnung bekundet, daß der Fortschritt des wirtschaftlichen Aufschwungs und die ständig wachsende wirtschaftliche Kreditwürdigkeit des Staates ein ausgeglichenes Staatsbudget in naher Zukunft verheißen. Vierzehn Tage später erfolgt am 9. Mai der große Börsenkrach. In Berlin erfolgt das Debakel der Gründerjahre im Oktober des Jahres. Wien erholt sich aber weit schwerer als Berlin.

Im Fieber der Spekulation um möglichst rasche Industrialisierung einer vielfach überalterten, in Kleinbetrieben und handwerklichen Unternehmungen, in einer fast archaischen Wirtschaftsgesinnung steckengebliebenen Wirtschaft in den Ländern der Monarchie waren in den Jahren zuvor Hunderte neue Aktiengesellschaften gegründet worden mit dem Spargeld vieler Tausender kleiner und mittelständischer Leute. 1869 hatte es 141, 1872 376 Neugründungen gegeben. Der Börsenkrach von 1929 an der Wallstreet hat in seinen Kettenreaktionen jenen Zusammenbruch der Wirtschaft und des Bankenwesens in Deutschland und Österreich ausgelöst, der direkt auf Hitlers Wahlsiege und seine Machtübernahme hinführt. Der Wiener, dann der Berliner Börsenkrach von 1873 vernichtet zahlreiche Existenzen und löst eine politische Welle des Antisemitismus aus.
Wer ist schuld an der Katastrophe? Die Juden. Der jüdische Kapitalismus, der jüdische Liberalismus, der jüdische Mammonsgeist. Konservative Politiker stellen sich an die Seite der Handwerker und Bauern, wollen beide mobilisieren durch einen christlichen Antisemitismus. Bereits am 20. Dezember 1871 – dann wieder am 6. April 1873 – malt das offizielle Organ der Konservativen, das „Vaterland", den Wiener Bürgern und Handwerkern dieses Geschichtsgemälde an die Schreckenswand: Die Juden sind es, die seit den Tagen der Römischen Kaiser alle Feldzüge gegen die Kirche, gegen den Klerus und die religiöse Ordnung verschuldet haben. Die Juden sind schuld an den Christenverfolgungen. Die Juden kämpfen heute an der Seite aller Sekten, aller Feinde des katholischen Glaubens für den Umsturz jeder Ordnung. Immer und überall sind sie auf der Seite der politischen und kirchlichen Revolution zu finden. Die Waffen der Juden, die sie verwenden, um ihr einziges Ziel, die Herrschaft über die christliche Welt, zu erreichen, sind ihr Geld, ihr Handel, ihre Zeitungen. Mit seinem Geld und seinem Handel hat das Judentum fast alle Fürsten, Regierungen, Völker seiner Macht unterworfen. Die Juden haben alle Mauern zertrümmert, die das christliche Volk schützten. Sie haben die Zünfte und Gilden des Handwerks aufgelöst, den Wucher entfesselt, haben Arbeiter und Handwerker gezwungen, in die Fabriken zu gehen. Der Reichtum der Völker wandert in die Taschen der Juden. Die Juden beherrschen die Wahlen, die Politik, den Reichsrat, die Gesetzgebung, die Bürokratie. Es bedarf nur mehr weniger Jahre dieses offensichtlichen „Fortschritts", und Wien wird das Neue Jerusalem, und das alte Österreich wird Palästina genannt werden.
Alle Schwierigkeiten der Urbanisation und der Industrialisierung, alle Mißstände des Frühkapitalismus werden *einem* Schuldigen angelastet, dem Juden. Ein bedeutender Wiener Jude war vorbildlich, unermüdlich tätig gewesen, die Schuldigen von 1873 namhaft zu machen, Juden und Nichtjuden. Seine Stimme wird überhört, nicht zur Kenntnis genommen.

Das „Vaterland“ war 1859 gegründet worden mit der Devise: Kampf gegen den Geist von 1789. Eine katholische Presse und Publizistik hält diese Devise durch bis fast zur Gegenwart. 1966 meint ein führender Wiener Jesuit, Alois Schrott, das II. Vatikanische Konzil habe die Versöhnung der Kirche mit den Ideen von 1789, mit der Französischen Revolution gebracht. Hitler und Goebbels stehen in ihrem Kampf gegen die Französische Revolution auf der Linie, die vom „Vaterland“ in Wien 1859 als die Frontlinie erklärt wurde. Die Französische Revolution von 1789 und die europäische von 1848 sind das Werk von Juden.
1875 wird Karl von Vogelsang Herausgeber des „Vaterland“. Vogelsang, der Sohn eines preußischen Offiziers, wird in Wien der Begründer einer christlich-konservativen Soziallehre, tritt für einen gewissen sozialpolitischen Antisemitismus ein, verwehrt sich aber jedem Rassismus und jedem Angriff gegen die jüdische Religion. Vogelsang wendet sich im „Vaterland“ 1882 gegen das Antisemiten-Abzeichen der Schönerianer: einen gehenkten Juden als Berlocke an der Uhrkette (20. Februar 1882). Ernest Schneider, der rabiate Kampfgefährte Vogelsangs, hatte bereits die physische Ausrottung der Juden und „ein Schußgeld für Juden“, für den Abschuß jedes Juden, verlangt. Der „tapfere Gottesstreiter“ Pfarrer Dr. Josef Deckert – wie er 1935 in einem in Wien und Dresden erscheinenden großaufgemachten Sammelwerk genannt wird – predigt: „Die Juden müssen für die christlichen Völker unschädlich gemacht werden.“ Wie? Deckert meint: Zuerst muß man sie unter ein Fremdengesetz stellen. „Die Emanzipation der Juden muß fallen.“ Deckert weist bereits auf den Ausgang des Jahrhunderts hin. Dieser Volksprediger, der als Pfarrer von Weinhaus – Wien, XVIII. Bezirk – eine weit hinhallende antijüdische Wirkung ausübt, erklärt: *Der Rassenantisemitismus ist vereinbar mit der Kirche.* Deckert schildert die Juden als Ritualmörder und als ewige Shylock-Naturen, die das Blut der christlichen Völker aussaugen.
In den 1880er Jahren zeigen sich in Wien bereits Symptome eines wahrhaft mörderischen Antisemitismus, der auf eine physische Vernichtung der Juden zielt. Der Plebejer Ernest Schneider spricht für einen wütenden, verzweifelten Antisemitismus von Kleinbürgern, Handwerkern, Bauern, die sich hilflos dem komplexen Prozeß der Industrialisation, der Urbanisation, der „Raffgier“ des Frühkapitalismus ausgesetzt fühlen. Von oben her erhält dieser Antisemitismus bemerkenswerten Sukkurs. Die Erzherzogin Maria Theresia, die Gattin des französischen Thronanwärters, des Grafen von Chambord, der durch den Zusammenbruch der antisemitischen französischen Bank, der „Union Générale“, die Bontoux gegründet hatte, sich schwer geschädigt weiß, sendet 1881 den Ritter Zerboni di Sposetti nach Deutschland, um die Methoden und Leistungen der antisemitischen Bewegung in Deutschland zu studieren. Eine französisch-deutsch-österreichisch-ungarische antisemitische Internationale entsteht, die sich gegenseitig

durch Rednerаustausch, Austausch von Zeitungen, Zeitschriften, Büchern und durch persönliche Kontakte aktiviert. In dieser Zeit wird der giftigste antisemitische geistliche Schriftsteller, August Rohling, Theologieprofessor in Prag. Im letzten Jahrzehnt des 19. Jahrhunderts treffen sich Antisemiten des Adels und des Klerus in Österreich.
Gegen diesen Antisemitismus von „oben" wird in Wien 1891 der „Verein zur Abwehr des Antisemitismus" gegründet. Ein Graf Hoyos, ein Graf Coudenhove-Kalergi, der Vater des Gründers der Paneuropa-Bewegung Richard Coudenhove-Kalergi, Baron Arthur Gundacher von Suttner, der Gatte der großen Vorkämpferin für den Weltfrieden, Bertha von Suttner, treffen sich hier mit adeligen Standesgenossen.
Den Antisemitismus von „unten" nimmt ein Mann in Dienst, der zum „Herrn Wiens" aufsteigt: Lueger, und sucht ihn zu domestizieren, zu entgiften.
Die christlich-soziale Bewegung und Partei steht von ihrem Anfang bis zu ihrem Ende, 1935/38, in einem Konkurrenzkampf mit dem Antisemitismus jener Gruppen, die direkt zum Nationalsozialismus hinführen. Unter Führung Luegers gelingt es der christlich-sozialen Bewegung, die in sich vielfach zerstrittene antisemitische Bewegung der Schönerianer, Alldeutschen, Großdeutschen, Deutschnationalen verschiedener Provenienz zu überspielen, ja teilweise zu absorbieren. Nach dem Tode Luegers setzt die rückläufige Bewegung ein. Von 1918 an bis 1938 befindet sich der christlich-soziale Antisemitismus im Rückzug. Es entsteht ein „schleichender Antisemitismus", der nicht mehr offen Farbe bekennen möchte angesichts der Bedrohung durch Hitler, der sich aber tief einnistet und wesentlich dazu beiträgt, daß im Abwehrkampf gegen den Nationalsozialismus 1932–1938 der Bezug auf die Menschenrechte – auf 1789 und 1848 – nicht gelingt, da er nicht gesucht wird.

1842 wird als Sohn eines hochangesehenen, ob seiner Verdienste geadelten Pioniers des österreichischen Eisenbahnbaues Georg Ritter von Schönerer geboren. Der Vater hatte sich auf sein Gut nach Rosenau im oberen Waldviertel, nahe der böhmischen Grenze, zurückgezogen. Es ist die „Ahnenheimat des Führers", wie später erinnert wird. Für den Bezirk Waidhofen-Zwettl wird Schönerer 1873 in den Reichsrat gewählt. Der junge Schönerer ist National-Liberaler, er tritt dem „Fortschrittsklub" bei. Auch der junge Adolf Hitler weiß sich, als er nach Wien kommt, als eine Art josephinischer National-Liberaler, seinem Vater und den Linzer „Freisinnigen" nahestehend.
Im Namen seiner Waldviertler Bauern ergreift Schönerer das Wort gegen den „jüdischen Kapitalismus", der Bauern und Handwerker bedrückt; gegen die „jüdische Presse", gegen die „jüdische" liberale Partei. Am 7. März 1878 hält er

seine erste antisemitische Rede im Reichsrat in Wien. 1879 plädiert er erstmalig für eine wirtschaftliche und politische Union mit Deutschland. Im Jahr zuvor hat er den Reichsrat bereits in Aufruhr gebracht durch seinen Sehnsuchtsschrei: „Wenn wir nur schon zum Deutschen Reich gehören würden!“

1882 veröffentlicht er das berühmte Linzer Programm, das auf die Linzer Realschüler um Adolf Hitler „wie ein Evangelium“ wirkt. Mitarbeiter bei diesem bedeutenden Entwurf sind die beiden Juden Heinrich Friedjung und Viktor Adler und der Halbjude Serafin Bondi, ein Studienfreund Schönerers aus Universitätstagen her, sowie Engelbert Pernerstorfer. Der deutsch-österreichische nationalliberale, aus Südmähren stammende Heinrich Friedjung war im Schottengymnasium in Wien Schulkamerad von Viktor Adler und Engelbert Pernerstorfer gewesen, den beiden später so bedeutenden Führern der österreichischen Sozialdemokratie. Friedjung kämpfte früh für die Bildung einer deutschnationalen Partei. Seine Schrift „Der Ausgleich mit Ungarn“ darf als die erste deutschnationale Programmschrift angesehen werden. Pernerstorfer trennt sich von Schönerer, vom Parteidogma des Antisemitismus. Adolf Hitler wird immer auf der Erhaltung von „Parteidogmen“ bestehen und sich dabei auf die katholische Kirche berufen. Pernerstorfer bekennt sich im Absagebrief an Schönerer 1883 „zu der ketzerischen Meinung, daß es auch anständige Juden gibt“. Er tritt aus dem deutschnationalen Verein aus.

1885 wird der berühmte 12. Punkt in das Linzer Programm aufgenommen, der die Beseitigung des jüdischen Einflusses aus allen Bereichen des öffentlichen Lebens fordert.

Schönerer erreicht in Wien einen Durchbruch in der deutschnationalen Studentenschaft. Seine Rede auf dem großen Wiener Universitätskommers der Burschenschaften am 4. November 1880 wirkt zündend. Die Burschenschaften, dann die Landsmannschaften und Corps, scheiden ihre jüdischen Bundesbrüder aus. Bereits 1877 hatte Dr. Jaromir Tobiaschek, der wie viele deutschnationale und später nationalsozialistische Kämpfer einen slawischen Namen trägt, in der „Teutonia“ den Arierparagraphen durchgesetzt. Für Schönerer wirbt eine eigentümliche Propaganda-Industrie, die Agitationsgegenstände herstellt: Siegelmarken, Klebestreifen, Handzettel, Zigarrenspitzen usw. Die Parole lautet: „Was der Jude glaubt, ist einerlei, in der Rasse liegt die Schweinerei.“ Schönerer-Stücke, Tabakspfeifen mit Schönerer-Bild, Miniaturdrucke der „Unverfälschten Deutschen Worte“ werben für die Schönerer-Bewegung.

Diese schönerianische Kitsch-Kunst-Propaganda, die einen gewissen Mittelstand und ein Kleinbürgertum umwirbt, ist ein Parallelphänomen zu jener das ganze 19. Jahrhundert überschwemmenden religiösen Kitsch-Kunst, die zu den „heiligen Zeiten“, zum Christkindl, zu Ostern, zur Firmung die Kirchenportale in rasch aufgeschlagenen Verkaufsläden umschwärmt und die Wallfahrtsorte von Böhmen und Mähren bis Lourdes überflutet. Massenproduktion sichert billige Preise.

Schönerer verkündet immer radikaler die Heilsformel zur Erlösung der in den Banden der Habsburgermonarchie schmachtenden Deutschen: „Ein Gott, ein Kaiser, ein Volk." 1902 endet er eine Rede im Reichsrat mit dem Ruf: „Hoch und Heil den Hohenzollern!" Er verbindet sich mit einer deutsch-protestantischen, religiös-politischen Bewegung, die rückläufig die Gegenreformation aufheben und das habsburgische Österreich evangelisch-deutsch missionieren will. „Los von Rom": „Gegen Habsburg, Juda, Rom bauen wir den deutschen Dom."

„Germanische" und „evangelische" Motive verschwimmen hier: Odin, Ulrich von Hutten, Ekkehard – Meister Eckhart, später von Rosenberg zum Schutzheiligen seines Glaubens berufen –, Martin Luther, Blücher, Kriemhild. Das sind Namen von Gruppen des „Bundes der Germanen", die sich um Schönerer scharen. Schönerer will einen neuen Kalender einführen – Hitlers zähes Ringen, seinem Reich seinen Festkalender aufzuzwingen, wird uns noch befassen –: Das Jahr eins wird das Jahr der Schlacht bei Noreja, 118 v. Chr., des Kimbern-Sieges über die Römer. Schönerer organisiert ein Volksfest in der Wachau, um feierlich das Jahr 2001 n. N. (nach Noreja) zu inaugurieren. Schönerer setzt sich für die Einführung der alten germanischen Monatsnamen, für die Feier des Julfestes (Weihnachten), der Sommersonnenwende, des Sedan-Tages und der Schlacht im Teutoburger Wald ein. Die deutsche Turnerschaft und Studentenschaft folgt ihm hier.

Auf dem „Deutschen Volkstag" wird im Dezember 1897 im Wiener Sofiensaal vor 1200 Besuchern ein Gedicht vorgetragen, das die Lehrsätze dieses Wotanglaubens so formuliert:

„Ja, gut deutsch allerwege, fromm-heidnisch und bieder,
Doch das Gute wollen ohn' Unterlaß,
Entsagend dem ewigen Lohne,
Und mannhaft handeln in Liebe und Haß,
Das ziemt dem Wotanssohne.
Und sterben, vom Schlachtendonner umtost,
Für das heilige Erbe der Ahnen,
Das ist Wotans Lehre, ist Wotans Trost,
Der Heldentrost der Germanen."

„Götterdämmerung", Lust am Untergang, Selbstmord-Sehnsucht pubertärer Seelen: Adolf Hitler wird 1939–1945 eindringlich von seinen jungen Soldaten

und Offizieren ebendies fordern: in den Tod zu gehen für das ewige Reich, für sein Reich.
1933–1938 wird die „Ostmark", Österreich, von Millionen Flugschriften überflutet, die von Deutschland über die Berge, über die Schweiz, über Jugoslawien eingeschleust werden und die den Glauben stärken sollen: die Erlösung naht! Der Führer kommt, euch, seine Gläubigen, zu befreien. Harret aus!
Um die Jahrhundertwende sieht das so aus: Der „Evangelische Bund" und zwei ihm nahestehende Verlagshäuser werfen bis 1910, wie sich später die Leiter dieser Propaganda rühmen, drei Millionen Flugschriften nach Österreich. Asch und Jägerndorf sind die Einfallspforten dieser als schlesische Leinwand oder als Galanteriewaren getarnten Postsendungen. Ganz im Sinne einer alldeutschen Propaganda, die sich im Bunde mit einer deutschen Industrie früh Hoffnungen auf den Anfall der großen Beute aus der Zerschlagung der Donaumonarchie macht, wird da unter anderem eine 1899 im Verlag I. F. Lehmann, München, erschienene Broschüre in schönerianischen Kreisen vertrieben: „Österreichs Zusammenbruch und Wiederaufbau".
Hier wird proklamiert: „Die Österreichisch-Ungarische Monarchie steht vor dem Zusammenbruch. Daran sind viele Umstände schuld, in erster Linie aber sind dafür die Dynastie, die Oligarchie der den Staat regierenden Familien, die Jesuiten und die zur Staatsraison gewordenen Halbheiten verantwortlich ... die deutsche Diplomatie wird zufrieden sein müssen, wenn sie das Deutsche Reich militärisch und durch Bündnisse mit anderen Mächten genügend vorbereiten kann." Wir unterbrechen hier: In „Mein Kampf" und in seinem „Zweiten Buch" erhebt Hitler diesen Hauptvorwurf gegen das wilhelminische Deutschland: mit der Donaumonarchie sich verbündet zu haben. – „Eine Fortsetzung des Krieges von 1866 wird dann unvermeidlich sein. Dann endlich müssen die Länder an der Donau" – Hitler wird Ober- und Niederösterreich zu den Gauen Oberdonau und Niederdonau machen – „von dem Fluch der Halbheit erlöst werden." –
„Der Krieg ist die beste Grundlage zur Schaffung neuer staatlicher Formen. Das halbdeutsche Österreich muß zu einem ganzdeutschen Gliede des neuen deutschen Volksreiches werden. Preußen erhält Schlesien und Mähren. Sachsen erhält Böhmen, Bayern erhält das Innviertel und die Länder Salzburg, Vorarlberg und Tirol. Das Küstenland zusammen mit der Südspitze von Dalmatien, mit den Häfen Triest, Pola und Cattaro bildet *ein deutsches Reichsland*; ... es bildet die Grundlage für die deutsche Seemacht in der Adria und dem Mittelmeer. Aus dem Rest, bestehend aus den Ländern Ober- und Niederösterreich, Steiermark, Kärnten und Krain, wird ein selbständiges Königreich Österreich oder Ostreich gebildet; es wählt sich einen König aus den nicht regierenden Fürstenhäusern Deutschlands."

Diesem Programm zur Aufteilung der Donaumonarchie entspricht 1914–1918 eine merkwürdige Parallelaktion in den Kriegszielwünschen deutscher Bundesstaaten. In Bayern, Sachsen, Württemberg denkt man an fürstlichen Gewinn aus der Zerschlagung des Zarenreiches, an ein polnisches Königtum, ein Fürstentum in den baltischen Ländern und sondiert in Berlin, wo Kaiser Wilhelm für die Hohenzollern bis über Kurland hinaus die historisch begründeten Wünsche seines Hauses geltend macht.
Der Vorsitzende des Hilfsausschusses des Evangelischen Bundes, Pastor Bräunlich – *nomen est omen:* Diese alldeutschen evangelischen Christen sind zumindest politisch auch Vorläufer der „Deutschen Christen“ von 1933 –, sieht in der Flugschrift „Deutsches Glaubenstum“ diese große Zukunftsvision: „Sobald unser Volk für dieses große Ziel – das Evangelischwerden der Österreicher – Verständnis und Begeisterung zeigen wird, kann die Evangelisation in raschem Siegeslauf ihr Ziel erreichen: ein Volk, ein Kaiser, ein Gott.“
„Ein Volk, ein Reich, ein Führer“: Das wird die sakrale, auf evangelische und katholische Hitlergläubige stark wirkende Heilsformel der „Bewegung“ in Österreich, in den Sudeten. Pastor Bräunlich weiß nicht, daß ebendiese Heilsformel – an sich eine Formel des konstantinischen kaiserlichen Christentums, geprägt im Kampf um die Unifizierung der Kirche in arianischer Zeit – fatal im neueren Europa vorgeprägt worden war durch einen hugenottischen Pfarrer, der sich zur „königlich-katholischen Religion“ Ludwigs XIV. bekehrt und diese Formel zur Rechtfertigung der Zwangsbekehrung, beziehungsweise Austreibung der Hugenotten in Frankreich geschaffen hatte.
„Los von Rom“: Die religiös-politische Reformationsbewegung zur Aufhebung der Gegenreformation und die Heilspredigt vom Heil durch die Zerschlagung der Donaumonarchie dringen nicht durch: Schönerer scheitert. Er hat den Bogen überspannt. Die Bauern, seine Bauern im Waldviertel, wollen doch in der Mehrheit katholisch bleiben, seine Deutsch-Nationalen in Wien und Deutsch-Österreich wollen lieber leben in der Fülle, in der gar nicht reizlosen Fülle von Möglichkeiten, die praktisch, lebensmäßig der Zwölfvölkerstaat auch für sie bot, als für ein kommendes Großdeutschland sterben.
Georg Ritter von Schönerer, „St. Georg von Zwettl“, wie ihn Edmund Wengraf in der gleichnamigen Schrift, Wien 1887, nennt, gewinnt nicht den Zugang zu den Massen. Adolf Hitler sieht die Ursache seines Scheiterns in Schönerers unsinnigem, unklugem Kampf gegen die Kirche. Er will es besser machen.
„Siegesjubel in den Straßen von Wien. Unbekannte riefen sich zu, umarmten sich, viele weinten vor Freude. Es war ihnen, als sei ein Wunder geschehen. Aus ihrer Mitte erhob sich in begeistertem Chorgesang das neue christlichsoziale Kampflied:

„Laßt uns den Helden preisen, der uns im Kampfe führt,
Ihm freudig Ehr erweisen und Dank, der ihm gebührt.
Laßt uns die Hände heben für ihn auch zum Gebet,
Gott möge Sieg uns geben, wo nur sein Banner weht.
Für Freiheit, Recht und Wahrheit kämpfst du mit starker Hand,
Des Christenbanners Klarheit trägst du durchs ganze Land,
Dein mächt'ges Wort die Herzen erfüllt mit Kampfeslust,
Warm schlägt für Volkes Schmerzen das Herz dir in der Brust.
Dich fürchten nur die Hasser des Kreuzes und des Lichts,
Die Zagen und die Prasser, du selbst, du fürchtest nichts.
Das Volk, dem du dich weihtest, dein Volk, es liebt auch dich,
Und was du ihm erstreitest, dankt es dir ewiglich."

Jede Strophe schließt mit dem Refrain:

„Hoch Lueger! Laßt uns singen, aus dem Herzen soll es klingen,
Stimmet froh sein Loblied an, Ehre sei dem braven Mann!"

„Durch Jahrzehnte ist dieses Lied vieltausendmal im christlichsozialen Wien erklungen." Daran erinnert Friedrich Funder aus eigenem Erleben, 1952 noch durchstrahlt durch sein Erinnern an die Triumphtage vom 17. zum 23. September 1895. Lueger erobert Wien. Bei den Gemeinderatswahlen sind zweiundneunzig Männer der „Vereinigten Christen" und nur noch sechsundvierzig Liberale gewählt worden. Das bedeutet das Anrecht der autonomen Reichshauptstadt auf einen christlichen Bürgermeister. Karl Lueger, der Sohn eines Dieners an der Wiener Technischen Hochschule, steigt zum charismatischen Führer des „christlichen Wien" auf. „Wie kein anderer verstand er die Psyche des kleinbürgerlichen Wien." Das rühmen ihm 1935 katholische Nationalsozialisten in Wien nach. „Dem kleinen Manne muß geholfen werden." Das ist seine frohe Botschaft, die er dem Volke von Wien verkündet, das ihm sein bedingungsloses Vertrauen schenkt.

„Die christlichsoziale Bewegung in Wien und Niederösterreich, der sich seit Beginn der neunziger Jahre in steigendem Maße die Sympathien der ‚Jungen', der ‚schärferen Tonart' zuneigten, war in ihren Anfängen ein Aufbäumen breiter Massen gegen die wirtschaftlichen und sozialen Mißstände, die der Liberalismus in der Großstadt geschaffen hatte! In ihren Zielen noch unsicher, erfaßte sie zunächst das Kleinbürgertum und die Besitzlosen. Ganze Gruppen des Wiener Handwerkerstandes waren bereits der schrankenlosen Konkurrenz der Großindustrie erlegen. Andere waren dem Untergange nahe."

Friedrich Funder

„Dem Untergange nahe“: Ein sich wehrlos, hilflos fühlendes Volk findet seinen Heilsführer: Karl Lueger. Lueger ist der erste charismatische Volksführer in Zentraleuropa. Eine schöne, siegfriedhafte Gestalt, ein „herrliches Mannsbild“, wie es noch das Luegerdenkmal am Ring, 1913–1916 geschaffen, vor dem Dominikanerkloster zeigt. Dieser herrliche Mann lebt zölibatär, wird von seinen beiden Schwestern versorgt, wie so viele Priester. Er weiht sein Leben der hohen Frau Vindobona, seinem Wien.

Lueger ist ein Demagoge von hohen Graden. Er bedient sich des weitverbreiteten Antisemitismus, um an die Macht zu kommen; er sucht dann diesen Antisemitismus zu kanalisieren und zu domestizieren, so wie er der Stadt Wien ein modernes Kanalsystem, den Zentralfriedhof und, erstmalig, eine gewisse Stadtplanung schafft.

Luegers Demagogie ist jedoch nicht nur von Hitler her und mit Hitlers Augen zu sehen. Demokratie und Demagogie gehören zusammen. Eine sehr heikle Situation der Demokratien wird hier sichtbar. Wilson, Roosevelt, Kennedy, das sind drei Stufen, auf denen sich die inspirierte Demokratie puritanischer Herkunft, die von charismatischen Heils- und Volksführern wie Cromwell zum 19. Jahrhundert führt, entfaltet, entwickelt und wandelt. Ohne Demagogie keine Demokratie: ohne eine „Führung“ des Volkes, ohne eine „leadership“. Demagogie kann ingeniöse, ja geniale psychologische Führung der Massen sein, mit den besten humanen Absichten und Zielen. Ein breites Band möglicher Entwicklungen führt jedoch von demokratischen Demokraten, von Führern der Massen, wie zuletzt John F. Kennedy ein Führer war, zu Führern in südamerikanischen und afrikanischen „Demokratien“, zu autoritären Volksführern, zu Diktatoren, die sich in der Gegenwart noch zu Recht auf Adolf Hitler berufen.

Karl Lueger kommt – wie noch der junge Hitler – von den „Liberalen“ her. Er bleibt religiös, lebensmäßig ein liberaler Katholik. Der religiös-politische Glaube des Wiener Katholiken Lueger würde eine sorgfältige, minuziöse Untersuchung verdienen, ohne Scheu vor Tabus. Wie in manchen anderen vitalen politischen Vollblutnaturen *ist Luegers Katholizismus ein spezifisch politischer Impetus*: fern von Dimensionen einer christlichen Spiritualität, von denen diese „Männer der Tat“ nicht viel halten. Lueger sieht die starken, unerfüllten, unbefriedigten Potenzen, die im Christentum des „christlichen Volkes“ von Wien zugegen sind, spricht sie an, weckt sie, stellt sie in Dienst. „Christ“ sein, hieß in Wien Nichtjude sein.

Die Wahlbewegung, die zur „Partei der Vereinigten Christen“ führt, nannte sich zuvor „Antiliberale Liga“. Auf das „Anti“, das „Gegen“, auf die Feind-Ansprache, auf die Namhaftmachung eines sehr sichtbaren Feindes kommt es bekanntlich bei jeder Mobilisierung politischer Leidenschaft sehr an. So denken zu-

mindest viele Demagogen; das wissen alle politischen Führer, die Massen aus der „trägen Masse“ erwecken wollen.
Der Liberalismus war für die „Vereinigten Christen“ das Großbürgertum, der Mammonsgeist des jüdischen Kapitalismus, der, wie man durchaus zugab, auch „weiße Juden“, nämlich von Raffgier erfüllte Christen, umfaßte. „Liberal“ – wobei zeitweise „heidnisch“, „neuheidnisch“ Synonyme dafür bilden – war alles, was der Mentalität dieser „christlichen“ Klein- und Mittelbürger nicht entsprach. In diesem Sinne wird dann im 20. Jahrhundert ein ganz eigentümlicher Kulturkampf gegen die „liberale“ Wissenschaft, Literatur, Dichtung geführt, gegen deren befürchteten Einbruch in den Katholizismus.
In der „Antiliberalen Liga“, die sich dann auf die Anregung des Prälaten Scheicher hin „Vereinigte Christen“ nennt, finden sich zu gemeinsamer politischer Arbeit, *zum Kampf um Wien*, katholisch-konservative, demokratische, deutschnationale Politiker. Das einigende Band bildet der Kampf gegen den „Liberalismus“, gegen den „jüdischen Kapitalismus“.
1887 wird der „Christlichsoziale Verein“ gegründet, die Keimzelle der späteren Christlichsozialen. Dieser Verein gibt die „Illustrierte Wiener Volkszeitung“ heraus. Im Untertitel heißt sie „Organ der Antisemiten“. Eine bedeutende Rolle in der antisemitischen Wiener Presse fällt dem von Ernst Vergani geschaffenen „Deutschen Volksblatt“ zu. 1889 – im Geburtsjahr Hitlers – tritt Verganis deutsch-nationales „Deutsches Volksblatt“ offen zu Lueger über. 1895 wird Lueger zum ersten Male zum Bürgermeister von Wien gewählt. Viermal versagt ihm Kaiser Franz Joseph die Bestätigung. Der Kaiser, ein großer Teil des Hochadels, der Hochklerus, die Konservativen sehen in Lueger einen plebejischen Führer einer plebejischen Volkserhebung. Als Lueger zum fünften Male zum Bürgermeister gewählt wird, bestätigt ihn der Kaiser: am 20. April – an Hitlers Geburtstag – 1897. Lueger setzt, als Führer der „Badenitage“, an denen in schweren Unruhen sein Wien auf die Straße geht, beim Kaiser die Entlassung des Ministerpräsidenten Badeni durch. Dieser Kampf um die Straße, diese Form des Straßenkampfes – es ging zunächst um die Zulassung der tschechischen Sprache als zweite Amtssprache an Gerichten in Böhmen-Mähren – wird für Adolf Hitler vorbildlich: Seine SA soll, in noch breiterer Formierung, den Kampf auf der Straße, um die Erregung der Massen führen.
Lueger sammelte um sich einen Stab, ein Führerkorps; Männer wie Geßmann, Gregorig, Bielohlawek, Schneider, Pattai, Vergani. Diese Männer bleiben aber auch als treue Gefolgsleute Luegers sehr eigenwillige Personen – Adolf Hitler lebt in ständiger Angst vor den Gefährten seiner Kampfzeit. Lueger entfaltet eine großangelegte, für seine Zeit erstmalige gewaltige politische Propaganda, eine religiös-politische Propaganda, die stark antisemitisch eingefärbt ist. Diese

Propagandatätigkeit wird nach Deutschland exportiert: Lueger und führende Männer seiner Bewegung treten als Redner in Berlin, Hamburg, München und anderen deutschen Städten auf. Für den Landtag bilden die Christlichsozialen das „Antisemitische Zentralkomitee". Es geht um die politische Sammlung „aller Christen".

Diese antijüdische Komponente soll nicht zu einem Übersehen einer in anderen Bezügen durchaus positiven Struktur dieser auf ihre Gegner mit der Wucht des Elementaren einbrechenden christlich-sozialen Bewegung verleiten.

In geduldiger, umsichtiger Arbeit hatte der Vogelsang-Kreis, hatte vor allem der Theologe Universitätsprofessor Dr. Franz Schindler sich geistige Grundlagen einer christlich-sozialen Gesellschaftsreform erarbeitet und in den „Enten-Abenden" in offener Aussprache geklärt. Das erste „soziale und wirtschaftliche Programm" der Christlichsozialen war hier entstanden. Die Welt kennt diese Ideen vor allem durch die päpstliche Enzyklika *Rerum Novarum.*

Alarmierend wirkt es auf Wiens Liberale und Konservative, als 1890 einer der besten Köpfe der katholischen Konservativen in den Alpenländern, Prinz Alois von und zu Liechtenstein, sein steirisches Wahlmandat niederlegt und offen zu den Christlichsozialen übergeht. Er wird in der Propaganda seiner Gegner zum „roten Prinzen". Ein ganz anderer Typ verdient als eine Führerpersönlichkeit im Umkreis der jungen Christlichsozialen besondere Beachtung: Pater Heinrich Abel, ein Jesuit. Der „Männerapostel" Wiens, der Frauen als Hörer seiner Predigt und Teilnehmer an seinen Männerwallfahrten strikt ablehnt, stammt aus einer angesehenen Passauer Familie. Liberale Blätter nennen ihn einen neuen Abraham a Sancta Clara.

Adolf Hitler ist der säkularisierte Erbe vieler Generationen klerischer religiöser Volksprediger, die vom Spätmittelalter bis zur Gegenreformation, von der Zeit der Türkenkriege, von Abraham a Sancta Clara bis zu Pater Heinrich Abel (1843 Passau – 1926 Wien), zu den christlichsozialen klerischen Volkspredigern 1890–1938 führen.

Der große Volksprediger Abraham a Sancta Clara (1646–1709) stellt den sündigen, von Gott abgefallenen Wienern den Feind vor: den Türken, den Juden, den Protestanten. „Was ist der Türck? Ihr Christen thuet nicht angezweifflet antworten: ER ist ein abcopierter Ante-Christ, er ist ein eytler Wampen Vogt, er ist ein unersättlicher Tiger, er ist ein eingefleischter sathan, er ist ein verdambter Welt-Stürmer, er ist ein grausamer Nimmersatt, er ist ein rachgierige Bestia ... er ist ein tyrannischer Un-Mensch – er ist die Geißel Gottes."

In diesem *tyrannischen Un-Menschen* steckt bereits der „Untermensch". Die Türken sind zu vernichten, auszurotten.

1669/70 hatte in Wien eine große Judenaustreibung stattgefunden. Nach ihr hält Abraham a Sancta Clara in der Stadt, in der es keine dauernd ansässigen Juden mehr gibt, seine großen Schmähreden gegen die Juden. Die „gottlosen, ehrlosen, gewissenlosen, heillosen, tugendlosen, treulosen, vernunftlosen Hebräer" sind der erklärte Feind der Christenheit. „Und haben diese Schelme so häufige Unthaten bishero schon begangen, daß man damit ganze Bücher könnte anfüllen ... o Schelme über Schelme!" Immer wieder bezeichnet er die Juden als neidig, lasterhaft, unehrlich, sündhaft und gewissenlos.

„Merck's Wien", im Pestjahr 1679 veröffentlicht: Hier beschuldigt dieser große, die Massen mitreißende Volksprediger die Juden, zusammen mit Hexen und Totengräbern mutwillig diese Not heraufbeschworen zu haben. Neben Satan gibt es für die Christen keinen größeren Feind als die Juden. Die Juden sind des Galgens und des Scheiterhaufens wert. „Unter allen Nationen findet man aber keine so hartnäckige und ungläubige Völcker als die verzweyfflete Juden, diese seynd der Abflaum aller gottlosen und ungläubigen Leuthe." – Hitlers Predigten gegen die Juden, besonders 1941–1944, variieren gerade diesen letzten Satz.

Der geborene Passauer Pater Heinrich Abel wird der große Volksprediger der christlichsozialen Männer in Wien. Er bekennt, daß er sich von Anfang an an die Seite Schönerers stellte, „in der bestimmten Überzeugung, daß das Unglück des österreichischen Volkes in seiner Verknechtung durch die Juden und den jüdischen Geist besteht". Pater Abel bewahrt als eine Art Reliquie einen Stock auf, mit dem sein Vater einen Juden geschlagen hatte.

Friedrich Funder, sein Kampfgefährte als Führer der „Reichspost", berichtet: „Mit Lueger hatte er gemeinsam die tiefe Kenntnis des Wiener Wesens und die Liebe zu diesem Volke. Er war sehr wienerisch und dem Milieu seines Wiener Wirkungskreises verhaftet, daß seine Art als Prediger in anderen österreichischen Städten nicht selten unverstanden blieb oder Mißfallen erregte. – Er scheute auch die derbe Pointe nicht, wenn er wußte, daß sie einschlagen werde. Oft konnte man Zeuge sein, wie aus den dichtgedrängten Scharen, die sich zu St. Stephan oder St. Augustin vor seiner Kanzel geballt hatten, Beifall und Heiterkeit laut wurden." – „Die Frauen pflegte er von seinen Predigten auszuschließen. Ihm war es um ein kerniges, männliches Christentum zu tun, frei von Pietismus."

Friedrich Funder erinnert an eine Episode: Pater Abel führte einmal eine Männerwallfahrt nach Maria-Plain bei Salzburg. Als er mit seinen tausend Männern auf den Berg kam, war die Kirche schon mit Frauen gefüllt. Pater Abel sperrt die Frauen in der Kirche ein und predigt im Freien auf improvisierter Kanzel.

Die christlichsoziale Bewegung wird zur religiös-politischen Volksbewegung des „christlichen Volkes" durch die religiös-politische Predigt sowohl der Laienprediger wie der Priester, die sie gewinnt. Für Luegers Stil in dieser Hinsicht mag hier der Schluß seiner Rede auf einem Landeskatholikentag der Wiener und Niederösterreicher 1894 stehen. „Seine Rede wurde das überwältigende Ereignis des Tages, ein christliches Bekenntnis des Wiener Volksführers, das denkwürdig ist als eine der edelsten Blüten katholischer Rhetorik."

„Aus tausenden und aber tausenden Wunden blutet der Leib der Menschheit. Da richten sich die Augen hilfesuchend auf ihn, der gegeißelt und mit Dornen gekrönt, auf ihn, der für die Menschen gestorben. Sie erkannten wiederum die Religion der Liebe, der Gerechtigkeit und des Allerbarmens im Gegensatz zu der Theorie und erbitterten Herrschaft des Mächtigen über den Schwachen. Sie erkannten wiederum die Religion der Armen und Unterdrückten. Trost kehrte ein in die Herzen der Menschheit, und ihre Lippen sprachen wieder den schönen Gruß, den eine fromme Mutter sie in der Kindheit gelehrt hat, den Gruß, mit dem die Sozialdemokraten glauben, mich verhöhnen zu können, jenen Gruß, von dem ich glaube, daß er der Siegesruf für die ganze Menschheit sein wird – jenen Gruß, mit dem auch ich sie begrüßen will: Gelobt sei Jesus Christus!" –

„Eine atemlose Stille hatte während dieser Worte über den Massen gelegen. Dann wurde sie plötzlich von einem ungeheuren Jubelschrei zerrissen. Ich wurde Zeuge einer unbeschreiblichen Szene. Männer standen bleich vor Ergriffenheit und mit Tränen in den Augen, von den Tribünen und Galerien wehten die Tücher der Frauen, die, über die Brüstung gebeugt, dem Sprecher zujubelten. Ohne Ende brausten Zurufe und Beifall." Friedrich Funder

Der Wiener Fürsterzbischof Kardinal Dr. Gruscha nimmt nicht an diesem Katholikentag teil. Er hatte sein Erscheinen bei der Tagung davon abhängig gemacht, daß Dr. Lueger und Dr. Geßmann nicht als Redner erschienen. Der Wiener und der österreichische Hochklerus und die Konservativen sehen mit hoher Besorgnis: Hier erfolgt im Aufbruch dieser erregten Massen ein Aufbruch des Volksklerus, des Niederklerus, der sich rebellisch zum Wort meldet. Dieser religiös-politische Aufbruch eines Volksklerus, der ja durch Abgründe, gesellschaftlich, hierarchisch, mental getrennt war von einem Hochklerus, den er nur bei Visitationen sehr auf Distanz kennenlernte, ist kirchengeschichtlich und historisch hochbedeutsam. Die Kluft, die um 1950 die „Arbeiterpriester" in der Bannmeile von Paris von den *bien-pensants,* von den Gläubigen in den in sich geschlossenen Pfarren der Großbourgeoisie und des Bürgertums trennt, trennt hier, um 1880 und 1890, Tausende kleiner Pfarrer, Vorstadtpfarrer, Landpfarrer, Kapläne, Seelsorger, von einem feudalen oder zumindest feudalisierten Hochklerus, der den Episkopat, die Domkapitel, die reichen Pfründen einer seit der Gegenreformation besonders eng mit dem Herrscherhaus verbündeten Hoch-kirche innehat. Dieser Volksklerus sieht seinerseits mit tiefer Sorge, nicht selten mit Verzweiflung, wie seine Kirchenschafe zugrunde gehen, zermalmt durch den erbarmungslosen Prozeß des Frühkapitalismus, wehrlos, wie ihm scheint, ausgeliefert „blutsaugerischen" jüdischen Wucherern, jüdischen Banken, jüdischen Viehhändlern und Aufkäufern der Ernte.

Der Antijudaismus, dann der Antisemitismus in der Predigt dieses Volksklerus ist zu einem hohen Prozentsatz ein Ausfluß der großen Angst und Sorge dieser Seelsorger um das Heil der Seelen ihrer Gläubigen. Diese redlichen, bescheidenen Priester – ich habe viele von ihnen noch persönlich kennengelernt – waren durchaus nicht von antisemitischem Fanatismus besessen; sie wollten keine Ausrottung, auch keine Austreibung der Juden aus der Donaumonarchie, aus der Republik Österreich, sie wollten nur ihre Gläubigen verteidigen. Dieser Volksklerus sah deutlich, daß das irdische Heil sich nicht einfach vom himmlischen Heil trennen läßt. Wer in seiner Hütte verhungert, wer verelendet in Trunk absinkt, wer seinen Bauernhof, unschuldig verschuldet, verliert und sich in die Hölle der Stadt Wien, in ihre „Wohnhöhlen" verkriechen muß, geht seines ganzen Heils verloren.

„Seelsorge": Aus einer eminent seelsorgerischen Not werden junge, innerlich junge Pfarrer, Kapläne, Seelsorger politisch aktiv; sie finden ihre erste, einmalige und einzigartige Chance, zu Wort und zu Tat zu kommen, in der jungen christlichsozialen Bewegung, die durch sie zur Bewegung eines Reformklerus in Österreich wird.

„Seelsorge": 1909 veröffentlicht ein Wiener Priester, der darob vielfach angegriffen wird, Heinrich Swoboda, das erste Buch über großstädtische Seelsorgeprobleme. Schonungslos offen ist dieser Bericht, der sehr viel von dem vorwegnimmt, was in den Jahren um den Zweiten Weltkrieg in Paris Abbé Godin und seine Freunde sich erarbeiten und der französischen Öffentlichkeit vorstellen. Ganz Frankreich erscheint da als ein riesenhafter Leerraum, als missionswürdiges Neuland: *France, pays de mission.*

Die große, für das ganze katholische Europa vorbildliche Wiener Seelsorgebewegung, die sich nach 1918 entfaltet und deren Seelsorge-Institut in vielen Ländern nachgebildet wird, ist auch vom religiös-politischen Aufbruch eines jungen Klerus zu sehen, der sich im letzten Jahrzehnt des 19. Jahrhunderts in und um die christlichsoziale Bewegung sammelt.

Dieser Klerus besaß keine „Theologie der irdischen Wirklichkeiten"; ihr Fehlen im katholischen Klerus wird heute von einsichtigen Theologen beklagt. Auf dem II. Vatikanischen Konzil bekennen einige der klügsten und offensten Köpfe: Die Kirche weiß über Krieg und Frieden, über die gesellschaftlichen Konflikte in den industriellen Gesellschaften kaum Gültiges zu sagen, da diese Probleme und Konflikte noch nicht in ihr durchdacht wurden. Soziologisch, psychologisch, po-

litisch ungebildet, da ohne jede Vorbildung, fremd der „weltlichen“ Literatur – um 1906 wird erstmalig Goethe für die kirchenfrommen deutschen Katholiken entdeckt! –, neigt dieser junge Klerus zu terriblen Simplifikationen: „Der Jude“, „der Liberale“, dann „der Sozialdemokrat“ trägt „die Schuld“ – fatal werden lange Zeit Ursachen und Interdependenzen als Schuld, Sünde namhaft gemacht – an den leibseelischen Zusammenbrüchen, die sie täglich in ihren Pfarreien miterleben müssen. Einmal aber im Banne der terriblen Simplifikationen, zeigen diese bald ihre immanente Fruchtbarkeit. Das tägliche Ansprechen des nunmehr „einleuchtend“ namhaft gemachten Feindes wirkt auf Prediger und Hörer wie ein Befreiungserlebnis. Adolf Hitler und seine Gläubigen bilden in diesem Sinne einen geschlossenen Stromkreis, der ständig neu aufgeladen wird durch den religiös-politischen Impuls, den der Prediger ausströmt.
Der österreichische Hochklerus und die ihm nahestehenden Konservativen sehen die Lage für so bedrohlich an, daß sie die ernsteste kirchliche Aktion für notwendig halten: Rom wird ersucht, die christlichsoziale Bewegung als unkatholisch zu erklären. Diese Bewegung ist rebellisch gegen die Führung der Kirche, sie verhetzt das Kirchenvolk und den Klerus, sie bekennt sich zu einem unkatholischen Antisemitismus.
Kampf um Rom – diesmal nicht von seiten der Alldeutschen und Schönerianer, sondern als ein Kampf in der Kirche, um die religiöse und politische Zukunft der Kirche! – In diesem Kampf siegen die jungen Christlichsozialen auf der ganzen Linie.
Der österreichische Episkopat hatte zunächst ein allgemeines bischöfliches Mahnschreiben an den Klerus erwogen. In Verkennung der Weltpolitik der Kurie, in Überschätzung seines Einflusses in Rom schritt man zur Anklage in Rom. Zur Verteidigung in Rom arbeiten die Christlichsozialen im Februar 1894 eine programmatische Rechtfertigung aus. Die Hauptanschuldigung betraf „ihren Antisemitismus und ihr aufrührerisches Gehaben“. Prälat Professor Dr. Schindler ist der Redakteur dieser Verteidigungsschrift, die sich „Soziales und wirtschaftliches Programm“ betitelt. „Wir wollen die Wiederherstellung der durch den Atheismus und Materialismus und durch den daraus entstandenen Kapitalismus in hohem Grade gestörten sozialen und wirtschaftlichen Ordnung.“ – „Wenn wir in Kampfstellung gegen Juden begriffen erscheinen, so streiten wir tatsächlich um den Schutz der Rechte der Christen und ihrer geistigen und materiellen Güter gegen die Befeindung aller jener, die es auf die Untergrabung des christlichen Glaubens und der guten Sitten des katholischen Volkes abgesehen haben und ihrer zügellosen Gier alle die auf sich allein gestellten, unverteidigten Stände des Volkes unterwerfen möchten.“ – Hitler wird in „Mein Kampf“ alle diese Motive und Begründungen aufnehmen. „Da hierin Juden bei uns die Führung haben,

so nennen sich einige von uns ‚Antisemiten'; um schon durch die Bezeichnung den *Abscheu vor dem Kapitalismus und dem atheistischen Materialismus* auszudrücken, dem sie jetzt die Juden in erster Linie dienen sehen." Wenn in diesem Kampfe einige Katholiken das rechte Maß überschritten haben, dann geschah dies aus dem Ernst des Kampfes für das arme, elende Volk: „Nicht Haß, sondern Liebe treibt sie."

Dieses Programm war auf dringenden Wunsch des Wiener Nuntius Antonio Ugliardi, des Protektors der Christlichsozialen, verfaßt und durch dessen Vermittlung dem Kardinal-Staatssekretär Rampolla übermittelt worden. Rampolla billigt in seinem Antwortschreiben „die edlen und wohltätigen Absichten" der christlichsozialen Bewegung, nicht jedoch einfach die – rabiaten – Mittel.

Am 15. Februar 1895 legt in feierlicher Audienz eine „vornehme österreichische Delegation", bestehend aus dem Kardinal-Fürstbischof Schönborn, dem Bischof von Brünn, Dr. Bauer, begleitet von dem Dominikaner Albert Maria Weiß, dem Papst Leo XIII. eine in vier Punkten formulierte Anklage vor. Die Partei der Christlichsozialen beherberge ungesunde und faule Elemente, die umstürzlerisch und sozialistisch sind; sie stehe zuweilen in Opposition gegen die Bischöfe, „dadurch die Insubordination im niederen Klerus nährend und Unfrieden in das katholische Lager tragend." Die Partei fördert den „Klassenhaß und den Umsturz der bestehenden sozialen Ordnung. Sie schürt die Leidenschaften des Volkes und entzündet niedrige Begierden, sich mit dem Antisemitismus identifizierend."

Als Sprecher der Christlichsozialen erscheint Schindler bei Papst Leo XIII. Die Aussprache „endigte mit einer Botschaft Leos XIII. an Dr. Lueger: Der Führer der Christlichsozialen möge wissen, daß er im Papste einen warmen Freund besitze, der ihn segne; er schätze die christlichsozialen Bestrebungen und habe volles Verständnis für gewisse Schwierigkeiten; ‚aber sie werden überwunden werden'."

„Der weltweise Papst hatte damit bestimmend in die weitere Entwicklung der christlichsozialen Bewegung in Österreich eingegriffen. Nun konnte die österreichischen Katholiken nichts mehr beirren." Friedrich Funder

Der Papst hatte schon 1892 dem Katholikentag in Linz, faktisch einer antibischöflichen Kundgebung, von der sich der Linzer Bischof distanziert hatte, seinen Segen übermittelt. Die erste Nummer des neuen christlichsozialen Organs, der „Reichspost", die derselbe Bischof aus seinen Priesterseminaren verbannte, trug den päpstlichen Segen. Rampolla ruft froh nach dem Wahlsieg in Wien aus: *Vedete, abbiamo trionfato!* „Wir haben gesiegt!"

„Wir“: Die päpstliche Europapolitik bereitete unter Führung Rampollas, unterstützt und verantwortet durch Papst Leo XIII., eine totale Kehrtwendung vor. Seit 1866, seit Königgrätz, wußte man auch in Rom, wie schwach die Donaumonarchie geworden war. Rom sieht nach neuen, großen Schirmherren, nach neuen Völkern und Massen aus. Die apostolische Majestät in Wien ist zu schwach geworden. Leo XIII. möchte die französischen Katholiken mit der Republik versöhnen. Rampolla blickt nach dem Balkan, blickt nach Rußland. Der alte Wunschtraum Gregors VII. und seiner großen hochmittelalterlichen Nachfolger, Ostrom unterwerfen und die Slawenvölker für Rom gewinnen zu können, ersteht neu, teilweise direkt in Berufung auf Gregor VII. Dieser Papst hatte einst bereits eine sehr rabiate Volksbewegung in Mailand, die Pataria, gegen einen feudalen Hochklerus unterstützt, dann einen Reformklerus in Deutschland gegen Heinrich IV. und den kaisertreuen Episkopat mobilisiert. Der kuriale Zentralismus, der auf dem 1. Vatikanischen Konzil triumphiert, sucht die Bischöfe in den einzelnen Ländern möglichst zu schwächen und an Rom zu binden, nicht zuletzt durch ständige Einschüchterungen. Denunziationen in Rom, aus dem „Volke“, gegen Theologen und andere Geistliche finden ein offenes Ohr.
Die Christlichsozialen in Österreich und Lueger in Wien kamen also in den Genuß eines riesenhaften, nach außen hin allerdings behutsam vorbereiteten weltpolitischen Kurswechsels der Römischen Kurie.
Kaiser Franz Joseph wußte, was er tat, als er nach dem Tode des Papstes Leo XIII. durch seinen Kardinal Puzyna sein kaiserliches Veto gegen die Wahl Rampollas zum Papste einlegen ließ. Franz Joseph mußte die Wahl dieses hochgefährlichen Mannes zum Papste verhindern. Rampolla rechnete bereits mit einer europäischen Situation nach dem Zerfall, nach der Zerschlagung der Donaumonarchie. Papst Pius X., der nun gewählt wird, zittert bis zu seinem Tode in banger Sorge um die Donaumonarchie. Die ihm nahestehenden kurialen Kreise befürworten lange vor 1914 einen österreichisch-ungarischen Präventivkrieg gegen Serbien.
Zurück nach Wien: Lueger, der, wie Pater Abel berichtet, noch 1888 „nichts von Kirche und Religion hören wollte“, hat gesiegt. Sein Bildnis ziert für viele Jahre den Arbeitstisch des Papstes. Ein katholischer Duce ist in Wien erstanden.
In Wien predigt der „Männerapostel“ Pater Abel, unterhält seine Männer in der Predigt mit selbstverfaßten schlagkräftigen Reimen, wie:

„Die Presse führt das Publikum
Gemütlich an der Nas' herum,
Die Loge führt hinwiederum
Die Presse und das Publikum.
Und Presse, Loge, Publikum
Wird rumgeführt vom Judentum.“

Jüdische Presse, jüdische Freimaurerei: untrennbar gehören sie auch für Adolf Hitler zusammen.

Eine panische Angst beseelt in den letzten Jahrzehnten des 19. und in den ersten Jahrzehnten des 20. Jahrhunderts weite Kreise des europäischen Katholizismus vor der teuflischen Freimaurerei. Hier ist der Teufel in Menschengestalt auf die Erde gekommen, konkret; es haben sich eine ganze Reihe von Teufeln in Menschen verkörpert und bereiten in den Logen der Freimaurerei den Sturz der Kirche, der Donaumonarchie, den Umsturz aller Werte, die Ausrottung der Christenheit vor. Mittel dieser teuflischen Weltverschwörung ist die Zersetzung aller Moral durch die Presse und durch die Praktik teuflischer sexueller Perversionen.

Mit Teufelsgeschichten dieser Art macht der begabte französische Schwindler Leo Taxil, recte Gabriel Jogand-Pagés, ein riesiges Geschäft. Dieser Mann, der als radikaler Antiklerikaler mit Pamphleten gegen den Papst und gegen die römische Kirche begonnen hatte und der, angewidert durch die Teufelspsychose, den Teufelsglauben, den er selbst angeheizt hat und der ihm in Tausenden Briefen von Klerikern, Frauen, auch von Bischöfen leidenschaftlich entgegenbrandet, schließlich selbst seinen Schwindel aufdeckt, war von Papst Leo XIII. in Privataudienz empfangen worden. Dieser Teufelsglaube, der Glaube an eine teuflische Weltverschwörung der Freimaurerei, ergriff um 1900 gerade auch deutsche und österreichische Katholiken, er paßt gut zum Glauben an eine jüdische Weltverschwörung. In Hitlers Proklamationen 1939–1945 wird dieser Teufelsglaube wiederkehren: Bis zum letzten Blutstropfen soll das deutsche Volk gegen die jüdisch-freimaurerische Weltverschwörung kämpfen!

Der junge Friedrich Funder, ein tapferer Kopf, verdient sich seine ersten journalistischen Sporen in der „Reichspost“, als er es in Abwesenheit des Chefredakteurs wagt, „mit einigen Aufsätzen den Kurs der ‚Reichspost‘ in der Taxil-Affäre um 180 Grad zu drehen“. – „... von außen hagelte es vorwurfsvolle Briefe und Abbestellungen des Blattes.“

Lueger und die Christlichsozialen: Der Führer wird zum Schicksal der Geführten. Die christlichsoziale Partei geht an Lueger zugrunde. Gleich nach seinem Tode beginnt der Prozeß des inneren Zerfalls, der bis zu ihrem ruhmlosen Ende in einer Art Selbstauflösung, erzwungen durch Dollfuß, anhält. Die Partei wird eine von immer älter werdenden Männern verwaltete Honoratiorenpartei, die am Glauben an den toten Führer festhält. Aus der religiös-politischen Jugendbewegung von 1880 und 1890 ist eine jugendfeindliche, zukunftsfeindliche reaktionäre Bürgerpartei geworden, deren volksfremder geistlicher Führer, der Prälat Prof. Dr. Ignaz Seipel, doziert: „Die katholische Kirche lebt in der Form des Kapitalismus.“ – Fünf Minuten vor zwölf Uhr – das zeigt, als Uhr auf dem Titelblatt, eine in Wien 1932 erscheinende Warnschrift von Otto Günther an: „Christlichsoziale Gedanken". Günther warnt: „Die christlichsoziale Partei wird so lange unterliegen, solange sie nur die Lueger-Partei, die anderen aber die Hitler-, Mussolini-, Breitner- und Stalin-Parteien heißen werden. Der tote Führer einer vergangenen Zeit kann heute keine neue Aufbauarbeit leisten!" – „... der Führer von einst, der jetzt noch auf allen Lippen ist, hat die christlichsoziale Partei in Wahrheit führerlos gemacht. *Die große Masse unserer Wähler, die nach einem Führer lechzt,* hört nur stets von diesem großen Mann der Vergangenheit, der ihr aber heute nichts mehr zu sagen weiß."

Wir ergänzen: Die katholischen Massen des 20. Jahrhunderts ersehnen einen Heilsführer ihrer Art: nicht direkt einen Hitler, sondern einen gut katholischen Schutzherren, wie Papst Pius XII., Adenauer und andere. Adolf Hitler weiß das. Erschrocken vermerkt Friedrich Funder in seinem zweiten Erinnerungsband: „Die Verwirrung stieg. Kurz vor der für den 13. März 1932 angesetzten Reichspräsidentenwahl waren in Deutschland weithin in den Gebieten katholischer Bevölkerung an Häusern, Briefkästen, Telegraphenmasten Massen von Handzetteln angeklebt worden, auf denen zu lesen stand:

‚Katholiken! Wählt den gläubigen Katholiken Adolf Hitler.'"

Otto Günther stellt fest, Wien 1932: „Der Lueger-Kult hat die Partei stets in die Defensive gedrängt." Wo ist heute die Jugend, wo sind heute die Männer und Frauen von 30 und 40 Jahren? Günther spricht nun offen die alte und immer wieder neu akzeptierte Versuchung der Christlichsozialen an, sich mit Hilfe des Antisemitismus die Massen erobern, rückerobern zu wollen. Er gesteht: „Mit dem Antisemitismus der christlichsozialen Partei ließen sich stets gute Geschäfte machen. Nach dem ersten Wahlsieg der Nationalsozialisten in Wien liegt es nahe, den Antisemitismus wieder stärker als in den letzten Jahren in den Vordergrund zu stellen. Ich bin gewiß überzeugt, daß ein verschärfter Antisemitismus in weiten Kreisen lebhaften Anklang finden würde. Der Zweck, nicht geringen Wählermassen sozusagen aus der Seele zu sprechen, wäre voll und ganz erreicht. Auch ein erzieherisches Moment wäre sicherlich erzielt, indem dem destruktiven Teil der Judenschaft ein nicht mißzuverstehendes ‚Bis hierher und nicht weiter' zugerufen wird!" Günther sieht aber auch: „Wir Christlichsozialen können mit unserem christlichen Antisemitismus nicht mehr mit den Nationalsozialisten konkurrieren. – Dem wirklich überzeugten Antisemiten waren wir zu lau, er ging hinüber zum Hakenkreuz: zum Schmied, nicht zum Schmiedl! Wir aber haben uns den Weg zu den staatserhaltend gesinnten Juden ohne Not verrammelt." – „Wie groß ist die Zahl der kaisertreuen Juden in der Geschichte?" – „Noch sieht das Judentum in allen christlichen Parteien aus atavistischer Furcht

vor Pogromen seinen Feind; den größten begreiflicherweise im Hakenkreuz."
Am Heiligen Abend 1918 veröffentlicht die Christlichsoziale Partei ein Manifest, in dem es heißt: „Die Korruption und Machtbesessenheit jüdischer Kreise, offen sichtbar in dem neuen Staat" – wir ergänzen: der bereits als „Judenrepublik" angesprochen wird – „zwingt die Christlichsoziale Partei, das deutschösterreichische Volk aufzurufen zum ernstesten Abwehrkampf gegen die jüdische Gefahr."
In den neunzehnhundertdreißiger Jahren fragt der Historiker Oskar Karbach den letzten Führer der Christlichsozialen Partei, Emmerich Czermak, wie er in der Frühzeit der christlichsozialen Bewegung den „Juden" definiert habe. Czermak, ein Mann aus der Luegerzeit, zögert, sagt dann, daß er sich nie mit diesem Problem einer genauen Definition befaßt habe. Diese Erklärung enthält, bei aller ihrer Hintersinnigkeit, einen historisch bedeutsamen Kern: Im „Juden", den da christlichsoziale Politiker, Prediger, Bischöfe – zuletzt 1933 Bischof Gföllner von Linz – ansprachen, sind alte christliche, jüngere sozialgeschichtliche und junge rassische Komplexe verdichtet. Adolf Hitler wird sich bemühen, für sich das Beste aus dieser gefährlichen Verschwommenheit herauszuholen. Dazu hilft ihm seine Analyse Schönerers und Luegers in seiner ersten Selbstdarstellung in „Mein Kampf".

1907 kommt der Linzer Adolf Hitler zum erstenmal nach Wien. Die Stadt fasziniert ihn und stößt ihn ab. In Haßliebe hängt er bis an sein Lebensende an Wien. 1906 läßt der Linzer Hermann Bahr in Stuttgart sein Buch „Wien" erscheinen: bitterböse Blicke auf Wien.
Der Linzer Hermann Bahr, der als Literat, Kunstschriftsteller, Zeitkritiker, Essayist, Bühnenautor, Burgtheater-Autor – wie gerne wäre Hitler einer geworden, wenn er sich nicht zum größten Baumeister aller Zeiten berufen gewußt hätte: „Wir schaffen die heiligen Bauten und Wahrzeichen einer neuen Hochkultur" – auf dem Wege über Berlin, Paris, Wien, Salzburg heim zu einem barock getönten österreichischen Katholizismus findet, hat vielleicht nur dies mit Adolf Hitler gemeinsam: die „nationale" Linzer Familie, die alldeutsche (studentische) Jugend. Und eine Haßliebe zu Wien, die, seinem geistigen Format entsprechend, viel reicher, farbiger und humaner moduliert ist als bei dem „Primitiven", bei Adolf Hitler.
Hermann Bahr malt ein Panorama, das von der Keltenzeit bis zur Gegenwart reicht. Gemeinheit, sittliche Verkommenheit, Liederlichkeit, „Lustfrevel, die Zotengier, den Schmutzfanatismus, den Bildungshaß" der Wiener. Hier kann er sich auf Ferdinand Kürnberger berufen. Bahr sieht die Wiener selbst an Wienhaß leiden. „Der Wiener ist ein mit sich sehr unglücklicher Mensch, der den Wiener haßt, aber ohne den Wiener nicht leben kann, der sich verachtet, aber über sich gerührt ist." Hitler mokiert sich über die „Wiener Schlieferln".
Bahr sieht auf die Menschen, die im 17. Jahrhundert während der Epoche der Gegenreformation nach Wien strömen: „Heute würde man sagen: Bohème. Auch damals schon dieselbe Mischung von Betrügern mit Intellektuellen. Alles was ein unsoziales Temperament hat, was sich in keine Klasse schickt. *Was aller festen Ordnung widerstrebt. Der Strolch und das Genie. Alle Deracinés.* Leute, die aus ihrem Volk, aus der allgemeinen Ordnung ausgetreten sind."
Der Linzer Hermann Bahr schildert hier ein wenig sich selbst und porträtiert einige Züge des „Künstlers" Adolf Hitler, des entwurzelten Jünglings in Wien. „Kein Charakter". – „Es ist das Volk der großen Schauspieler." Die Wiener Tücke, die Wiener Bosheit aller gegen alle. „Man kennt keinen Wiener je, denn er hat immer noch jenes geheime Fach. Vielleicht wird es einst aufgesperrt." Hit-

ler ist stolz auf seine geheimen Fächer, die er nie aufsperrt. „Daher das Unberechenbare im Wiener."

„Man kann nie sicher sein, wie der Wiener in irgendeinem Falle handeln wird. Alles ist hier möglich, nichts gewiß." Diese Losgerissenen, Entwurzelten: „Daher auch das Maßlose des Wieners. Er scheint oft plötzlich den Kopf zu verlieren." Im März 1938 ist eine solche Situation gegeben.

Linzer Wienhaß: „Die merkwürdige Wiener Art, Talent zu haben." – „Es ist nirgends angebunden, es hängt in der Luft. Es ist ein Talent, das nichts auszudrükken hat als sich selbst. Ein zweckloses Talent, das nichts enthält. Eine taube Nuß." Der zielstrebige Bürger jeder Kleinstadt weiß besser, was er will. Hier in Wien dagegen: „Keiner kann wollen."

Hermann Bahr schildert die „ungeheure Grausamkeit" des Wieners gegen schöpferische Menschen: Beethoven, Kürnberger, Bruno Wolf, Gustav Mahler. Grillparzer, der „an Wien bei lebendigem Leibe zerfault und zerfällt". Bahr stellt lange, furchtbare Lasterkataloge der Wiener zusammen, wie ein Mönch, der, aus der Wüste kommend, einem alten Wüstling eine Lebensbeichte abnimmt, unerbittlich und boshaft.

Hitler und andere erblicken in Wien den Anfang „Asiens". Bahr: Ein asiatischslawischer Geist reicht in den Wiener Geist hinein, so wie bis an die Halden der Türkenschanze die asiatische Steppenflora reicht. Österreich ist „eine Art Asien". Die Wiener sind Mestizen, Mischlinge. Wien ist eine „europäisch-asiatische Grenzstadt". Als porta orientis *feiert* sie Hofmannsthal.

Vielleicht wäre Österreich zu retten: als eine Föderativ-Republik mit monarchischer Spitze; als eine österreichische Eidgenossenschaft.

Der Traum Joseph Scheichers von 1900 steht vor der Tür. Bahr erinnert an einen ähnlichen Traum des Ferdinand Kürnberger. „Das war sein Traum. Es ist unsere Zukunft. Wenn wir nämlich noch fähig sind, eine zu haben." Was wird aus Wien? Wird es in Schönheit sterben? „Wir wollen eine Art Venedig spielen, eine Art Toledo spielen. Die Rolle ist auch nicht schlecht." – „Draußen meint man, der österreichische Staat zerfalle. Nein, das kann er nicht. Es gibt nämlich keinen." Ganz ernst der Schluß: Einige tausend Familien beherrschen die Völker der Donaumonarchie. Deren Macht muß gebrochen werden. Dann kann Österreich beginnen.

Hermann Bahr sieht hier, ähnlich wie Scheicher, die Tragödie eines Feudalstaates, in dem einige „große Familien" fatal den Staat zugrunde regieren. Es ist unmöglich, über dieses Wien zu sprechen oder zu schreiben, ohne seine Juden zu berühren. Hermann Bahr streift die „Tragikomödie" des österreichischen Liberalismus. „Der Wiener scheint wirklich nur noch auf den entwurzelten Juden gewartet zu haben. In diesem vollendet sich seine Geschichte. Der wirkliche Jude hat keine Macht über die Wiener Stadt. Leider. Sie könnte seinen Fleiß, die Betriebsamkeit, den Lebensernst brauchen. Aber gegen ihn hat sie sich immer gewehrt. Das Tüchtige, das Große, die Kraft des Judentums mag sie nicht. Aber der Jude, der es nicht mehr sein will, der Verräter seiner Rasse, der sie verläßt, der Schauspieler einer fremden, ist ihr verwandt! Das Künstliche dieser ausgerissenen Existenzen ... hat den Wiener immer verlockt. Er findet an ihnen sich selbst. Wenn man das Wort so nimmt, kann man sagen, daß er durch und durch verjudet ist. Er war es schon, bevor noch der erste Jude kam."

Der Wiener, „durch und durch verjudet": Aus einem sehr anderen Blickwinkel her kommt der Linzer Hermann Bahr zu denselben Worten der Verurteilung wie der Linzer Adolf Hitler über „die Judenstadt Wien".

Bahr sieht in vieler Hinsicht tiefer. Er sieht die „in die Tiefe versenkten Triebe", sieht den seelischen, besonders seit dem Barock überdeckten, unheilen Untergrund. Bahr zitiert hier, 1905 – Sigmund Freud. Hitler und seine Nachfahren bis heute lernen den Wiener Sigmund Freud nie kennen.

Am 1. Januar 1900 erscheint in der von Rudolph Lothar, einem Mitarbeiter der „Neuen Freien Presse" gegründeten Zeitschrift „Die Waage" ein großangelegter Aufsatz von Edmund Wengraf: „Österreich im neunzehnten Jahrhundert". Hier heißt es: „Die ganze hundertjährige Entwicklungsbahn Österreichs hat keine anderen Stationen als solche, die Verluste bezeichnen, militärische, politische, finanzielle, moralische Verluste. Marengo ist die erste, Königgrätz die letzte verlorene Schlacht des Jahrhunderts". – „Die militärische Säkularbilanz lautet: folgenlose Siege und folgenschwere Niederlagen." – „Unsere Vertreibung aus dem italienischen Süden und aus dem deutschen Norden war nicht bloß eine Folge der natürlichen Entwicklung Italiens und Deutschlands zu nationalen Einheiten, sie war auch eine Folge des tiefen Hasses, den sich die Wiener Regierung bei den Gebildeten der ganzen Welt zugezogen hatte. So viel nun aber leider die äußere Politik von der inneren annahm, so wenig lernte die innere von den Mißerfolgen der äußeren. Nicht nur, daß man den Grundsätzen der Freiheits- und Bildungsfeindlichkeit bis auf den heutigen Tag konsequent treugeblieben ist, man lernte auch dort nichts zu, wo man es immerhin hätte tun können, ohne die schönen Überlieferungen der Gegenreformation zu verletzen." Man lernte nicht, „die Eigenart und Wichtigkeit des modernen Nationalitätenproblems zu erkennen und zu studieren. Für Österreich mußte ja doch früher oder später die Nationalitätenfrage zur eigentlichen Haupt- und Lebensfrage werden." Edmund Wengraf, ein „Radikaler" in jungen Jahren – wir würden heute sagen, ein Linksliberaler – wird später in der Ersten Republik Österreich ein führender Journalist der Reaktion in der Heimwehrära und kämpft als solcher in einer ständigen Rubrik „Genossen unter sich" gegen die Sozialdemokraten.

Eben diese „Genossen unter sich" stellen im letzten Jahr des 19. Jahrhunderts auf dem Brünner Parteitag mit dem Brünner Programm das durchdachteste Konzept für eine österreichische Lösung der Nationalitätenfrage der Öffentlichkeit vor. Die fünf Forderungen dieses Nationalitätenprogramms (24.–29. September 1899) lauten: Österreich ist in einen demokratischen Nationalitätenstaat umzubilden; an Stelle der historischen Kronländer werden national abgegrenzte Selbstverwaltungskörper gebildet, mit Nationalkammern, gewählt aufgrund des allgemeinen, gleichen und direkten Wahlrechts; sämtliche Selbstverwaltungsgebiete einer und derselben Nation bilden zusammen einen national einheitlichen Verband, der seine nationalen Angelegenheiten völlig autonom besorgt; das Recht der nationalen Minderheiten wird durch ein eigenes, vom Reichsparlament zu beschließende Gesetz gewahrt. „Wir anerkennen kein nationales Vorrecht, verwerfen daher die Forderung einer Staatssprache; wieweit eine Vermittlungssprache nötig ist, wird ein Reichsparlament bestimmen." Diese österreichische Sozialdemokratie besitzt einen Kopf, der unablässig die Probleme der Nationalitätenfrage und der Donaumonarchie bedenkt und in seinen Schriften zur großen partei- und staatspolitischen Diskussion aufbereitet: Karl Renner. Die von Renner und seinem Antipoden Bauer vorrangig getragene Auseinandersetzung erregt mit Recht internationales Aufsehen. Lenin sendet 1912 Stalin nach Wien, um die nationalen Probleme hier zu studieren. Stalin bezieht eine Wohnung unweit des Schlosses Schönbrunn, wo Kaiser Franz Joseph lebt. Stalin kann nicht deutsch; es ist möglich, daß seine Wiener Schrift „Marxismus und die nationale Frage" von Lenin, der dieselben Gedanken in seinem Aufsatz über das „Selbstbestimmungsrecht der Nationen" vertritt, selbst als Ganzes verfaßt ist.

Lenin und Stalin verwerfen Renners Theorie „als eine gefährliche Spielart des bürgerlichen Nationalismus" (Robert Kann).

Der aus engsten kleinbäuerlichen Verhältnissen in einem Dorf des mährisch-niederösterreichischen Grenzlandes stammende Karl Renner – er selbst vermag nie zu ergründen, ob er das siebzehnte oder achtzehnte Kind seiner vom Weinbauerntum ins Proletariat hinabgestoßenen Familie ist – vermag sich in der Donaumonarchie, in seiner Partei, in Österreich nicht durchzusetzen. Karl Renner wird der erste Ministerpräsident der Ersten und der Zweiten Republik Österreich; er stirbt als Bundespräsident am letzten Tag des Jahres 1950. Seine Gegner hatten ihn in der Donaumonarchie angegriffen, als „k. und k. Sozialdemokrat, der sich den Kopf der Habsburger zerbreche", im unablässigen Bemühen, das Reich zu retten.

Jacques Hannak veröffentlicht in seinem Buch „Karl Renner und seine Zeit" (Wien 1965) erstmalig einen Brief Franz Ferdinands – Meran, 4. März 1901 – an den Ministerpräsidenten Koerber. Dieser Brief stellt eine einzige Warnung vor den Tschechen dar! „Jetzt gilt es; wenn man jetzt nachgibt und mit den Tschechen paktiert und ihnen nationale Zugeständnisse macht, so ist *alles* (unterstrichen im Original) verloren ..." Franz Ferdinand sieht „die tschechische Gefahr" als die größte Gefahr für den Bestand der Monarchie an. Er beschwört Koerber: „Beraten Sie unseren Allergnädigsten Herrn in diesem Sinne, machen Sie ihn auf die tschechische Gefahr aufmerksam, stützen Sie sich auf die Deutschen, und vielleicht kriegen Sie auch noch die Polen herum ..."

Der Thronfolger beschwört den Ministerpräsidenten: „Ich kann nichts tun in der Angelegenheit, so gerne ich meinem Lande in diesen schrecklichen Zuständen helfen würde; ich bin politisch eine Null, meine einzige Tätigkeit besteht darin, wie die selige Hekuba zu jammern, das kommende Unglück zu prophezeien und einflußreiche Männer, die noch *österreichisch* denken und handeln, zu bitten, ihre Kraft einzusetzen, um den Zerfall des Reiches zu verhindern!!!"
Diese drei Ausrufungszeichen zum Thema „Zerfall des Reiches" sprechen die Sorge aus, die Franz Ferdinand Tag und Nacht nicht verläßt: die Sorge, die Angst, die Trauer – kann die Monarchie gerettet werden?
Ein Mann aus seinem Umkreis, der österreichische Rumäne Aurel Popovici, legt einen Plan vor, der eine Umgruppierung der Monarchie in sechzehn Nationalstaaten vorsieht. Solche Nationalstaaten sind neben anderen: Deutsch-Österreich, Deutsch-Böhmen, Deutsch-Mähren und Deutsch-Schlesien, Tschechisch-Böhmen, etc., Trento, Triest, Dalmatien, Bosnien-Herzegowina.

Im Jahre 1900 erscheint, zunächst in St. Pölten, ein Büchlein: „Aus dem Jahre 1920. Ein Traum vom Landtags- und Reichsraths-Abgeordneten Dr. Joseph Scheicher." Der Verfasser und seine Themen sind so bedeutsam für den gesamten mentalen, politischen, religiösen und gesellschaftlichen Umkreis des jungen Adolf Hitler in seinen österreichischen Jugendjahren, daß es sich lohnt, Leben und Werk Scheichers hier vorzustellen. Scheichers sechsbändige Autobiographie ist eine Fundgrube. Hier schüttet ein Mensch sein Herz, seine Erfahrungen aus.
Kindheit. Ein armer Bauernbub in der Steiermark, in einem abgelegenen Bergbauerndorf. Jahrgang 1842. So erlebt das Kind seine Umwelt: Alle prügeln, Vater, Knecht, Magd, Lehrer. Diese armen Bergbauern leben als „Paria". Urerfahrung: „Ich hasse das Unrecht, die Gewalttätigkeit unter dem Scheine der Autorität; ich hasse die Strafe ohne Untersuchung, ohne daß der Beschuldigte gehört und zur Verteidigung zugelassen wird."
Diese Bauern glauben an Geister. „Die christliche Religion hat nur dem geisterhaften Wesen des alten Heidentums andere Namen und Gestalten gegeben." Der kleine Joseph muß als Bub den Geistern in Sturmnächten Nahrungsmittel vor die Haustüre setzen. Zauberei, Hexerei, Wahrsagerei werden von zauberkundigen Bauern und Pfarrern geübt. Josef Scheicher fühlt sich als „Demokrat". Lebenslang sieht er das Elend dieser Bauern vor sich.
Für arme Bauernkinder heißt „studieren" Geistlicher werden. Elender Religionsunterricht: „Fürs Leben bedeutete der damalige Religionsunterricht gar nichts." Das kleine oder niedere Seminar: grundlegende Erfahrung der Rechtlosigkeit des Priesters, des Klerikers, in der Kirche. „Heute scheint es mir, daß ich dem Verhängnisse in meinem ganzen Leben nicht entkommen konnte, stets *ohne*

Rechtsgebiet zu sein, nie auf Gerechtigkeit rechnen, stets nur Gewalt oder Laune fürchten zu müssen, solange ich ein Subalterner war." Die Kirche bezeugt sich als ein rechtloser Absolutismus. „Ich will kein Hund sein, der für jeden Machtträger mit dem Schweife wedelt." – „Ich habe es nie begriffen und werde es nie begreifen, warum so viele Menschen und darunter auch die Priester manchmal geborene Tyrannen sind, die nirgend und bei keinem Menschen Rechte anerkennen, die rein als Männer der Willkür handeln wollen. Meine priesterlichen Erzieher waren fast ohne Ausnahme von diesem Schlage." Lebenserfahrung: eine ungeheure Willkür der Ämter und Behörden; ein Abgrund in Kirche und Staat; Mangel an jeglichem Sinn für Gerechtigkeit. Die Geistlichkeit nimmt am Wettlauf der Gemeinheit teil. „Das Seminarleben war mir vom ersten Augenblick an fürchterlich."

Der kleine Joseph scheidet zunächst aus, studiert am öffentlichen Gymnasium in Admont weiter. „Wir trieben Poesie und insbesondere Junggermanenpolitik." *Die grundlegende politische Bildung wird im Gymnasium erworben:* Das erfährt Joseph Scheicher, wie Carl Bardolff, Adolf Hitler, wie viele Tausende Gymnasiasten in Wien, Linz, Laibach, wie die „jungen Bosnier", die Gymnasiasten, die Franz Ferdinand ermorden.

„Ich bin nämlich ein sogenannter nationaler, deutsch ausgedrückt, deutschvolklicher Geistlicher." Der Gymnasiast erfährt die Bedrohung des „Besitzstandes der Germanen" durch die Slawen. „Trotz meiner stets offen gezeigten Germanenstimmung bin ich in und außer dem Reichsrate mit Slawen, Slowenen, Böhmen und Polen auf gutem Fuße, nur ganz wenige fanatisierte Naturen geistlichen Standes ausgenommen."

Erlebnis 1859: „Die österreichische Regierungspolitik hatte ihr Ende mit Schrekken auf den italienischen Schlachtfeldern gefunden." – „Wir schwärmten für Garibaldi und Mazzini. Man denke! Im deutschen Graz." Im Obergymnasium in Graz. Wir Gymnasiasten! Ach, wenn wir schon alt genug gewesen wären! Wenn wir schwarzrotgoldene Mützen hätten tragen dürfen! Mgr. Scheicher freut sich noch heute (1907), wenn er Mitglieder von Burschenschaften sieht. Der Deutsch-Professor Dr. Peinlich, ein nationaler Admonter Benediktiner, „erregte durch sein schwärmerisches Eintreten für Deutschtum und deutsche Sprache die höchste Sympathie."

Der Problemkreis: seelisch frustrierte, in ihrer Kirche enttäuschte Priester und Kleriker als nationale Sänger und Bannerträger, verdiente eine gesonderte Untersuchung.

Traurig sieht der Gymnasiast hinüber zu den Zöglingen der Jesuiten aus Maria Schein: „Ihre Zöglinge durften singen und sagen vom schwarzrotgoldenen Bande, während wir Grazer unsere Gesinnung unter dem Rocke verborgen halten mußten und nur in professorenfernen Wirtshäusern mit der großdeutschen Farbe kokettieren konnten." Joseph prägt das Motto: „Germanen seid stark! Laßt euch nicht von Juden und Hunnen unterdrücken und mißbrauchen!"

Im Alumnat in St. Pölten. Strenger Patriarchalismus. Das ganze Alumnat ist „voll urdeutscher Gesinnung". Königgrätz: „Das Jahr sechsundsechzig hat uns zwar mit tiefer Betrübnis erfüllt, aber unser Germanentum ist aufrecht geblieben." Alle: gegen „Judenliberalismus". Bitterer Schmerz, „weil zwei Millionen Germanen in Ungarn verkauft und verraten sind und kein Volkssturm erwacht". Geistiger und seelischer Druck. Schwere Verketzerung „auffallender" Professoren. „Wie das enden wird!" – „Christliche Freiheit hat der Stifter unserer Religion proklamiert. Heute gilt Zensur und wieder Zensur."

Debatten im Augustineum in Wien, einer Priester-Fortbildungsanstalt, über das I. Vatikanische Konzil. Der St. Pöltener Bischof Dr. Fessler ist ja der Generalsekretär dieses I. Vatikanums. „Konzilien sind überdies nicht bloß Dogmenfabriken, sondern sie sind als kirchliche Parlamente ... von der größten Wichtigkeit." Das sagt und schreibt da, 1907, der alte Mgr. Scheicher: 1968 ist eine „Demokratisierung" der Kirche noch heiß umstritten.

„Da jedoch nicht Roms und der Italiener wegen Christus Mensch geworden ist" – Mgr. Scheicher kennt nicht die 1943 in Rom edierten Reden, Ansprachen, Predigten Pacellis-Pius' XII., die um das Thema kreisen: „Rom, wo Christus Römer war" –, wird eine Zeit kommen, in der „die gesamte katholische Intelligenz gesammelt wird und Mittel und Wege findet, das *depositum fidei* wieder allen lieb und wert zu machen von Kamtschatka bis zum Südpol, vom Westen bis zum äußersten Osten." – „Man hat die Kirche freilich vielfach zu sehr nach der Formel irdischer Staaten eingerichtet; man verläßt sich weniger auf die Kraft des Wortes Gottes; man sendet statt Apostel Diplomaten aus, Diplomaten, welche Karriere machen wollen, weil sie deswegen den Beruf ergriffen haben." Dieses Leitmotiv behandelt Buonaiuti, der Seminarkollege Roncallis, in seinen Büchern über die Tragödie Pius' XII. – „Ob ein Nuntius zu einem Balle in den Tuilerien oder der Hofburg geladen wird, ist höchst gleichgültig. Wenn er aber ein Mann ist, dem der Laie sein Gewissen öffnet, der Geistliche sich anvertraut, sobald er mühsam und belastet ist, vielleicht von geistlichen und weltlichen Größen drangsaliert wird, *wenn der Papst der natürliche Schutzherr und Zufluchtsort aller Gedrückten und Verfolgten der Erde ohne Unterschied sein wird,* dann ist das Reich Gottes näher als es jetzt ist."

Über dieses Problem denkt im Kerker Pater Alfred Delp SJ vor seiner Hinrichtung, 1945, nach.

Der Leiter des Augustineums in Wien, Professor Laurin, ist „immer geneigt, die Zöglinge mit Sträflingen zu verwechseln".

Erste Station, als Kooperator in der „deutschen Kleinstadt“ Waidhofen an der Ybbs. Die Stadt ist heute noch so „national“ wie damals. – Kooperator Scheicher wird als „Hetzkaplan“ denunziert: er „hetzt die gemeinen Leute gegen die besseren Stände“. Pfarrer, Kleriker werden zudem gerne der Unzucht mit Frauen verdächtigt. „Die ganze Welt zittert vor freudiger Erregung, wenn es sich herausstellt, daß ein Geistlicher sich sexuell verfehlt hat.“ – „In etwa mag darin eine gerechte Nemesis sichtbar geworden sein“: Priester drohen allzuoft mit der Hölle, sehen nur Keuschheitssünden und übersehen die Sünden gegen die Liebe und die Gerechtigkeit.

„Die Geistlichen sind gegeneinander eher hart als nachsichtig. Ja, ich sage nicht zuviel, es ist oft viel gefährlicher, in die Hände eines geistlichen Machtträgers zu fallen als in die des größten Ketzers, Los von Rom-Mannes etc. Man braucht gar nicht die Akten der einstigen Inquisition zu studieren, man hat die Beispiele viel näher.“ Joseph Scheicher schildert einige erschütternde Fälle, in denen sehr fromme Priester auf Wunsch der weltlichen Behörden von den geistlichen Behörden, als deren Büttel, „abgeschlachtet“ werden.

„Ich glaubte damals noch nicht, daß man unter dem Krummstabe als Geistlicher manchmal schlimmer daran sein könne, als wie ein Bauer unter einem gestrengen Herrn.“ Der Priester wird heute auf den Popenstand herabgedrückt: „eine Grammophonplatte, ein bloßer Sprechautomat“.

Durch alle sechs Bände seiner Autobiographie zieht sich die Klage: die Kirche ist zu einem Büttel des Staates geworden. Die Bischöfe sind die Handlanger des Hofes und der Regierung. „Solange der Klerus vom Bischof bis zum letzten Kooperator vor der Welt nur erscheint als Mittel der Polizei, allerdings der schwarzen Polizei, so lange ist es ganz unmöglich, daß er eine religiöse Wirksamkeit habe.“ Am 14. Dezember 1894 spricht Joseph Scheicher im Reichsrat über die angeblich versklavte Staatskirche. Wütend entgegnet ihm am nächsten Tag im Namen der Regierung der Unterrichtsminister, Ritter von Madeyski, diese Rede des Reichsratsabgeordneten Scheicher sei „ein Symptom der zersetzenden Auflehnung gegen die Autorität“. In der folgenden großen Auseinandersetzung treten für Scheicher Lueger und Pernerstorfer, der Rechtsaußenmann der Sozialdemokratie, ein. Der Tiroler Abgeordnete Zallinger unterstützt Scheicher: „Wir wollen nicht, daß die Kirche zu einer Magd des Staates erniedrigt werde, daß sie erniedrigt werde zur schwarzen Polizei.“

Scheichers größte Sorge: „Das Priestertum ist alles eher, als ein Bruderreich, ein Reich der Liebe untereinander und zueinander ist es nicht. Es finden das fast alle, aber es getraut sich kaum einer, der unten ist, ein Wörtchen zu sagen.“ Größenwahn der Oberen, besonders wenn sie als Bischöfe aus kleinen Verhältnissen kommen. „Insbesondere dem untergebenen Klerus gegenüber habe ich eine Lieb-

losigkeit bemerkt, die jeder Beschreibung spottet." – „Pfarrer und Kooperatoren gelten manchmal nicht mehr als Hündchen." Die Kirche herrscht absolutistisch wie Ludwig XIV. Der Priester soll nur Wachs in ihren Händen sein. Besserung ist erst möglich, „wenn die Kirche frei sein wird, wenn ihr nicht mehr die weltlichen Mächte den hohen Klerus allergnädigst verleihen werden, d. h. ihn bestellen werden, wenn das Priesterreich ein Bruderreich sein wird und Autorität nicht im strammen Regimente, im Niederhalten jeder selbständigen Meinung ihre Aufgaben sehen wird, sondern im Wetteifer in eigentlich geistlicher Tätigkeit". Heute sind „Priester oft durch jahrelange Rechtlosigkeit so furchtsam geworden, daß sie um Erlaubnis bitten, wo sie gar keine brauchen". Dazu kommt: Jeder Geistliche herrscht im eigenen Wirkungskreise „als Absolutist", etwa als Präses in katholischen Vereinen, die alle autoritär aufgebaut sind.
Der junge Kooperator Joseph Scheicher macht sich viele Gedanken über das „Bildungsdefizit" der Katholiken – wie man es um 1960 in Deutschland nennt. „Jahrhundertelanger Patriarchalismus hat die Völker zu Kinderstuben-Bewohnern herabregiert." – „Mit den guten, aber wenig weltläufigen einfachen Leuten erhält man Christentum und Kirche nirgends auf die Dauer." – „Es ist darum ein gefährliches Vorgehen, wenn die Priester sich immer nur an die Ungebildeten und Einfältigen halten, es ist unverantwortlich, wenn man die Gläubigen durch Anforderungen geistiger Unterwürfigkeit überlastet." Das aber ist die nahe Wirklichkeit: Die Bischöfe, z. B. Bischof Binder von St. Pölten, der Nachfolger Fesslers, kommandieren ihre Geistlichen wie Sträflinge; sie kosten nicht viel. Bischof Binder kommandiert Scheicher: er muß 1875 Sekretär des Volksvereins und Redakteur des „Boten", des St. Pöltner Kirchenblattes, werden. Unfreiwillig beginnt er seine Karriere als geistlicher und politischer Publizist.
Joseph Scheicher wird dazu Professor an der theologischen Lehranstalt St. Pölten. Allein als Demokrat. Die Direktoren sind für Absolutismus und Autokratie. Herdenerziehung ist die Ursache der Lieblosigkeit im Alumnat, des gegenseitig so rohen Benehmens sowohl der Alumnen wie der Professoren. Bittere Erfahrung: 2000 Jahre Christentum haben die Bestie Mensch nur in einzelnen Individuen bändigen können. Die Priesterheranbildung ist mechanisch, geistlos, lieblos.
Und dann: „Es genügt eben nicht, selbst kindlich glauben zu wollen und von den anderen kindlichen Glauben zu begehren, weil man vielleicht beiderseits über diese Kindlichkeit hinaus ist."

Scheichers Freund Berthold Egger hatte 1882 das „Korrespondenzblatt für den katholischen Klerus" gegründet. Scheicher verfaßt hier zunächst die meisten, ab 1885 alle kirchenpolitischen Artikel. Er kämpft für eine freie Kirche, gegen die

Staatskirche. „Die oberen Kreise sehen einen idealen Regenschirm in der Kirche." – Dies nützt gerade Adolf Hitler für sich aus! – „Sie wünschen, daß der Klerus die unteren Klassen vor dem Teufel fürchten mache, damit sie treu dienen und kein Verlangen zu äußern wagen nach Selbständigkeit, Freiheit, vielleicht auch nach gleichen Menschenrechten." – „Die Bibel ist bekanntlich ziemlich demokratischen Geistes. Der göttliche Heiland wollte das Apostelkollegium als ein Bruderkollegium. Wie täuschte ich mich da! Der niedere Klerus soll nie aus der Bittschriftform heraus."
Da kommt der Pater Abel, der bekannte „Männerführer" und „Männerapostel" Wiens vorbei und sagt: Die Bischöfe sind bös' auf dich! Du hast nicht den ausreichenden Respekt. – Besonderes Aufsehen und Widerspruch erregt Scheicher 1887 mit einem Aufsatz: „Der nationale Klerus". Scheicher meint: Die slawischen Kleriker sind zuerst national, dann katholisch. Tschechen und Juden dringen überall vor, mit ihren Blättern und Einflüssen. – So sieht es auch der junge Hitler in Linz und Wien. – „So wie jedoch der Antisemitismus nicht aufzuhalten ist, so wird die antitschechische Stimmung wachsen und zunehmen, wird den entgegengesetzten deutschen Fanatismus noch wachrufen und Österreich wahrscheinlich schwer schädigen." Scheicher prophezeit: Dieser tschechische Klerus wird als nationaler Helfer geschätzt, dann eines Tages beiseite geworfen werden.
Dann aber ringt er wieder mit seinem Hauptproblem. Es ist das „Anschmiegen, ein Liebend-sich-Hingeben des hohen Klerus an die Regierung". Hier werden heute die letzten Schatten kirchlicher Freiheit preisgegeben! „In der Umarmung des Staates mit einem konfessionslosen Ministerium muß jede ihrer Unabhängigkeit entkleidete Kirche dem Erstickungstode entgegengehen. Und das Volk kümmert sich wenig um dieses Verhängnis, weil man dasselbe systematisch gewöhnt hat, in der Kirche nur die Dependance des Staates zu sehen. Ich habe es immer als Verrat betrachtet, die Kirche nur von Staates Gnaden existierend ansehen zu lassen. Weiter kommt die Katakombenkirche, als die auf ihre eigene Kraft und Erhaltungsmöglichkeit verzweifelnde Kirche." Wenn jetzt der Klerus den Hypernationalismus mitmacht, zuerst der tschechische, dann der deutsche Klerus, dann entsteht *die* Katastrophe! *„Im Nationalitätenschwindel geht unser Christentum zugrunde und die verhetzten Völker begleiten es fluchend zu Grabe."*
Theodor Haecker in München und Ludwig von Ficker in Innsbruck sehen entsetzt ab 1914 auf die Entfaltung dieser Katastrophe.
Dieser Aufsatz entsetzt den Bischof von Linz. Scheicher notiert: Noch viele Jahre später lamentiert er über diesen Artikel und zeigt ihn, ganz abgegriffen, Lueger, als Baron von Schell, Graf Segur und Lueger bei ihm vorsprechen, um ihn zur Zustimmung zur Reichsratskandidatur Scheichers zu bewegen.
„Ich könnte sehr leicht nachweisen, daß es in Österreich wirklich keine Freiheit

der Kirche gibt. Allein wozu? Es ist ja niemand vorhanden, der den Satz ernstlich bestreiten möchte ..." – „Selbst die Hirtenbriefe müssen (der Regierung) vorgelegt werden!" – „Staatsbischöfe freilich betrachten den Priesterstand vielleicht als Gesindel, unverläßliches Volk, dem man nur traut, so weit man Zwangsmaßregeln zur Verfügung hat." – "So viele Freiheit, ohne Untersuchung, ohne Gericht vorzugehen, als die Bischöfe im sogenannten Disziplinarwege haben, existiert vielleicht außer dem Militärverbande nicht."

In trüber Stunde denkt Joseph Scheicher oft über den alten Satz nach: *Omne malum ex clero,* alles Böse kommt vom Priestertum oder geht von den Priestern aus. Oft hört er von Klerikern: *Clericus clerico diabolus!* Ein Priester ist dem anderen Priester Feind, ein gefährlicher, gehässiger, teuflischer Feind sogar, wenn er Feind geworden ist. Ich „habe beobachtet, wie man den kleinen, armen Teufel im Priesterstande gedrückt und gequält hat und wenn man ihn zur Verzweiflung und zum Vergessenheitsuchen im Weine oder gar zum Zweifel an der vielleicht nie zutiefst erfaßten Theologie gebracht, kurz, in den Abgrund geschleudert hatte, mit frommem Augenaufschlag geseufzt hat: Ich danke dir, o Herr!"

Omne malum ex clero: Zu Zeiten Jesu waren die Kleriker die Anführer zum Gottesmorde. Und heute: „Wie es in allen Jahrhunderten geschehen ist, geschah und geschieht es auch im 19. und 20. wieder: diejenigen Menschen, welche das praktische Christentum zu beschwerlich finden, auf die Seele desselben, die Liebe und Opferwilligkeit zu vergessen pflegen, betonen das formelle Bekenntnis am fanatischsten." – „Die am wenigsten Christi Lehre im Geiste erfassende Generation schreit nach Scheiterhaufen und Inquisition für alle jene, denen man rabulistisch vielleicht irgend einen Beistrich als nicht an der richtigen Stelle gesetzt nachweisen oder nachsagen kann!"

Mgr. Joseph Scheicher erlebt die Hexenjagd auf die „Modernisten" und Reformkatholiken im ersten Jahrzehnt unseres Jahrhunderts; er wird selbst einmal von dem Wiener Dogmatikprofessor Commer, einem großen Ketzerverfolger, der auch gegen seinen früheren Freund Herman Schell in Würzburg wütet, in Holland als „Modernist" denunziert.

Man hat in hoch-kirchlichen Kreisen Scheichers revolutionäre Tat nicht vergessen: Er hatte 1901 den „Ersten österreichischen Klerustag" mit organisiert und ein erstes österreichisches „Parlament" des Volksklerus und des Niederklerus geschaffen, jener geschundenen Massen eines zum Teil klerischen Niedervolkes, das heute, 1968, in Italien, Spanien, Südamerika und einigen anderen Ländern in analog rechtlosen, zumindest rechtsarmen Verhältnissen dahinvegetiert. Österreichs Hochklerus hatte diese Veranstaltung als Revolution empfunden. Scheicher hatte nach diesem Klerustag wohl die tiefste persönliche Verletzung von seiten seiner Kirche erfahren. Zwei Abgeordnete hatten, als Präsidium des 1. Klerustages, im Erzbischöflichen Palais in Wien um eine Audienz angesucht, um die Wünsche von 450 Priestern aus den Ländern der Donaumonarchie zu überreichen. Die daselbst versammelten Bischöfe empfingen die Vertreter dieses Klerus nicht, ließen ihnen nur „per Lakai" die „väterliche Anmahnung übermitteln, keinen Klerustag mehr zu halten". „Die wie Sklaven behandelten Brüder des Klerustages" wurden in einer Weise behandelt, wie die Arbeiterpriester Frankreichs im letzten Jahrzehnt des Regimes Pius' XII. in Rom, nicht in Paris. Joseph Scheicher hat selbst die Geschichte dieses ersten und einmaligen österreichischen Klerustages in einer eigenen Schrift dargestellt, und er hat in seiner in fünf Sprachen übersetzten Schrift „Der Klerus und die soziale Frage" einige Probleme mutig angefaßt, die nach dem II. Vatikanischen Konzil in einer gewissen kirchlichen Öffentlichkeit erörtert werden.

Der vitale, kleingewachsene, starrköpfige und starkmütige Volksseelsorger und Priesterfreund Joseph Scheicher erweist sich in den nahezu zwanzig Jahren seiner politischen Tätigkeit als ein Vollblutpolitiker. Scheicher wird ein enger Mitarbeiter Luegers im kleinsten Mitarbeiterkreis der Christlichsozialen. 1897 bis 1909 gehört er der niederösterreichischen Landesregierung an; er wird dreimal in den Reichsrat gewählt.

Bäuerliche und christlichsoziale Presseorgane feiern Mgr. Joseph Scheicher als „deutschen Priester, auf den die ganze deutsche Nation stolz sein kann" und „als Kämpfer und Führer der Christlich-Sozialen". Der Bürgerklub des Wiener Gemeinderates rühmt seine „deutsche Treue", nennt ihn „Vorkämpfer im Kampf des christlichen Volkes wider seine Gegner".

Scheicher blickt im Dezember 1909 auf „zehn bis zwölf Jahre Hunnenschlacht" im Reichsrat zurück. 516 Abgeordnete werden von 16 Mann terrorisiert. Auf den Terror der Deutschradikalen und „Sozi" – Sozialdemokraten – folgten die Slawen. Am 14. März 1910 wird Lueger begraben. Scheichers Erinnerungen an den Reichsrat, sehr persönlich gefärbt, umfassen gerade im Ausklang die Wiener Zeit des jungen Adolf Hitler, der verstört, gierig, erbittert die Tumulte im Reichsrat beobachtet und gleichzeitig bewundernd zu dem ihm wunderschön erscheinenden Gebäude des Parlaments aufsieht. Joseph Scheicher sieht mit Schmerz, wie seine eigene Partei am Terror gegen andere teilnimmt; dieser Terror führt in den Abgrund. „Wer lebt, wird es sehen." – „Jetzt schlagen und mißhandeln sie: sie werden von noch gröberen Epigonen geschlagen und mißhandelt werden." August Maria Knoll, der Wiener Soziologe, jahrelang eine Art Privatsekretär Seipels, hat die Lueger-Partei als „erste Gassen- und Massenbewegung" dargestellt. –

Scheicher erinnert an seine politische Frühzeit, „als ich *das christlich-soziale Evangelium* zu verkünden anfing“. Politische und religiöse Heilsbotschaft sind eins; auch das ist wichtig für Hitler! Und dann, „als wir Antisemiten im niederösterreichischen Landtage die Mehrheit erlangt hatten“. – „Ich gehöre der antisemitischen Partei an.“ Lebenslang hält Scheicher an persönlichen Verbindungen mit anderen politischen Antisemiten fest, mit denen in der Frühzeit die Christlich-Sozialen ein politisches Bündnis unter dem Motto „Vereinigte Christen“ gebildet hatten. „Schönerer könnte heute der Führer aller Deutschen sein.“ Leider hat er sich auf den dummen Kampf gegen Rom eingelassen! Analog äußert sich Hitler in „Mein Kampf“. – „Die Geistlichen waren Schönerers politisch-wirtschaftlichen Zielen gewiß nicht entgegen, sie riefen unbedenklich Hoch und Heil Schönerer! Das religiöse Ideal hätte er unberührt lassen sollen!“
Mgr. Scheicher lobt Schönerer noch in der Zeit, in der dessen Kometenschweif, wie Scheicher sich ausdrückt, den politischen Horizont nicht mehr überglänzt. Schönerers Baß erschallte im Reichsrat, „als grolle der Donner oder habe der alte Donnerer Zeus sich nach der Götterdämmerung entschlossen, ein Mandat anzunehmen“. Zu permanenten Zusammenstößen mit den Schönerianern und den anderen „deutschen Brüdern“ – Deutschradikale, Deutsche Volkspartei – kommt es jedoch jahraus, jahrein im Reichsrat, da die Schönerianer und ihre Gesinnungsgenossen sich ein besonderes „Hobby“ gewählt haben: das Aufzeigen der „Unzucht“ von Geistlichen. Scheicher meint: Der Reichsrat stank von der Geilheit dieser oft erfundenen Berichte. „Es war eine Periode sittlicher Pest. Jeder Germane stank von Unzucht, redete von monströsen Abnormitäten und bildete sich ein, keusch zu sein, weil er das S . . . glöcklein aus geistlichen Häusern herausläuten ließ.“ – „Berger und Wolf waren die ärgsten Schreier in der Zeit der Unzuchtsseuche.“ – „. . . in einer gewissen Periode des Reichsrates stank’s im hohen Hause ordentlich von Gerüchen geschlechtlicher Ausartung.“
Das neue Jahrhundert beginnt mit einer Welle solcher sexualpolitischer Befehdungen. „Das Mißjahr 1901.“ – „Hinabsinken eines Partikels Abgeordneter zum Bodensatz angesammelter, übelriechender Jauche. Ich verstehe unter Jauche den moralischen oder sittlichen Schlamm.“ Mit „ungeheurer Geilheit“ stürzen sich die Alldeutschen – Scheicher ruft ihnen in der Reichsratsdebatte zu, sie seien Stalldeutsche geworden – auf „Enthüllungen“ von „pornographischen Geistlichenstories“ in aller Welt. „Schweinestallgeschichten.“ Sie veröffentlichen eine Broschüre mit mehr als fünfzig geistlichen Sittenverbrechern, die alle mit Namen genannt werden: insgesamt 66 Fälle, davon zwanzig in Österreich.
Mgr. Scheicher zerpflückt im Reichsrat diese „Fälle“. Es darf vermutet werden, daß gerade diese „Sexualpolitik“ auf den jungen Adolf Hitler einen tiefen Eindruck gemacht hat. Sexualität und politische Weltanschauung verbinden

sich in dem für immer pubertär bleibenden Tagträumer Adolf Hitler auf das engste; der Marxismus erscheint ihm als jüdische Syphilis. Aus den Reichsratsdebatten und Pressefeldzügen der „deutschen Brüder" gegen sexualverbrecherische Geistliche – Motiv, laut Iro: „Wir wollen die Aufhebung des Zölibats!" – gewinnt Adolf Hitler einen Ansatz für seine massivste Drohung an die Adresse des Vatikans, und, glaubwürdigen Berichten zufolge, auch im März 1938 an die Adresse des österreichischen Episkopats: als Geheimwaffe zunächst, als Erpressungsinstrument, verwendet er das Material, das er über angeblich 6000 Geistliche in Deutschland gesammelt hat (die Zahl für Österreich wird nicht genannt).

Goebbels und Himmler, die beiden Exkatholiken, sind jederzeit bereit, eine großangelegte, durch Rundfunk, Film, Presse unterstützte Propaganda gegen einen „unzüchtigen Klerus" zu starten. Hitler droht. Er führt seine Drohung nicht aus, da der Vatikan, Pacelli-Pius XII. und der deutsche Episkopat überraschend schnell sich ihm fügen.

Praktiziert wird diese, von den Schönerianern und verwandten Gesinnungsgenossen im Wiener Reichsrat erstmalig in großem Umfange angewandte „Sexualpolitik" dann nicht sehr den Katholiken gegenüber, wohl aber gegen den Juden. Julius Streichers „Stürmer" stinkt von jener „Geilheit", die Joseph Scheicher seinen „deutschen Brüdern" im Reichsrat vom Munde absieht.

Die Juden. Mgr. Scheicher ist überzeugt, daß Juden eine „Ausrottungspolitik gegen ihre Feinde betreiben". Die „Judensozi", die jüdisch geführten Sozialdemokraten, verführen die Massen, wie zuvor die liberalen Juden mit ihrer „Judenpresse". – „... der penetrante Geruch von Unzucht und Syphilis (weist) auf den Orientalen ... Deutsches Volk, du bist gefallen!" Wie nahe ist hier Hitler! Die Juden fallen wie Wanderheuschrecken in die deutschen Lande, hinterlassen eine moralische Wüste in den Sommerfrischen. Die Judensprache, das Hebräische, flößt jedem Arier ein Gruseln und Grauen ein. Vorgestern waren sie Flüchtlinge aus dem Ghetto, gestern Lumpensammler, heute sind sie Schuhfabrikanten, morgen Hotel- und Bordellbesitzer – analog Hitler. „Liberalismus ist Verrat unseres Christenvolkes an die Einwanderer aus Jerusalem und Samaria." Mgr. Scheicher liebt es, für die Juden als Symbolzeichen „Jerusalem" und „Samaria" zu setzen. Auch nach dem Zweiten Weltkrieg ist für einen namhaften katholischen Antijudaismus „Jerusalem" in diesem Sinne der ewige Gegenpol Roms, wo Christus Römer ist.

„Das ewig Jüdische ist der Todfeind des Arischen ..." Unsere Germanen – Scheicher denkt da an seine „deutschen Bauern und Kleinbürger" – wurden Judenknechte durch den liberalen Kapitalismus. Der Jude ist der ewige Antipode des Christen. *„Es ist ein zweitausendjähriger erbarmungsloser Krieg zwischen Juden-*

tum und Christentum." – „Der ewige Jude zieht über die Welt und saugt Geld und Gut aller Völker in sich": auf dem Lande, auf den Dörfern. – „Die Städter ihrerseits glaubten den literarischen Juden." – *„Im tiefsten Herzensgrunde ist nämlich jeder Arier Antisemit.*" Joseph Scheicher spricht auch hier offen aus, was andere überschweigen. – „Die Judenfurcht und der Eifer, den Juden zu dienen, ist eine pathologische krankhafte Erscheinung, der die hohen, die intelligenten, die sogenannten liberalen Kreise verfallen sind: Es ist ein Verhängnis, eine Art Säkularfluch, der auf den Ariern lastet, seit sie sich verleiten ließen, auf den zu vergessen, den die Juden ans Kreuz geschlagen haben."

Mgr. Joseph Scheichers Antisemitismus hat zwei tiefe, echte Wurzeln: seine Überzeugung vom Gottesmördervolk der Juden – er hält auch am Ritualmord fest – und seinen politischen Kampf für das Heil der „kleinen Leute", die er vorzüglich von Juden ausgebeutet sieht, vom „jüdischen Kapitalismus".

Juden sind immer grausam; gegen Tiere, gegen Menschen. „Es gibt solche, die tausend Mädchen betrügen, anlügen und irreführen, zum Lose des langsamen Verfaulens in den Bordellen fremder Städte verurteilen." Adolf Hitler ist von dieser „idee fixe" besessen. Häufig sind auch Juden, „welche das arische Volk wie die Spinne ein im Netz gefangenes Wesen umspinnen und aussaugen".

Immerhin sieht Scheicher auch: „Die kleinen Juden kämpfen wie die Christen hart um ihr wirtschaftliches Leben." Die Juden sollen am besten als eine eigene Nation betrachtet werden, vielleicht unter Fremdenrecht gestellt! *„Falls nicht eine Völkerkatastrophe über uns hereinbricht*, werden sie in absehbarer Zeit die herrschende Kaste und wir verarmte Deutsche und Slawen die ... Paria sein!"

Um eine kommende Völkerkatastrophe kreisen immer wieder Scheichers Gedanken – gerade im Blick auf den Kampf im Reichsrat der Vereinigten Königreiche und Länder. Wohl ist er sich bewußt: Es gibt verfassungsrechtlich kein „Österreich" mehr, sondern eben nur die im Reichsrat vereinigten Königreiche und Länder, vertreten durch die Regierung des Kaisers und die in Wien im Parlament streitenden Männer.

Scheichers Blick fällt auf die Parteien. Er beobachtet den Verfallsgang der Christlichsozialen und den Aufstieg der Sozialdemokraten. All sein dezidierter Antisemitismus hindert ihn nicht, die hohen Qualitäten eines Dr. Victor Adler anzuerkennen: „Es ist einer der fähigsten Sozialpolitiker und überhaupt ein talentierter Mensch." Scheicher stuft ihn „viel höher ein als seine Mitjuden, Winter, Austerlitz etc.". Erkenntnis und Bekenntnis: „Vielleicht, ja offen gesagt gewiß, haben die bürgerliche Gesellschaft im allgemeinen, die Vertreter der christlichen Weltanschauung insbesondere einst die Bedeutung und die historische Aufgabe und Bestimmung der sozialen Parteien nicht richtig zu würdigen gewußt. Heute denken sehr viele anders (1912). Die Sozi und sozialen Organisationen jeder Art sind die Rächer der Menschenrechte gegenüber dem entarteten und herzlosen Sachenrechte, sie sind oder sollen die Schützer und Verteidiger der von Christus gepredigten Nächstenliebe sein." Wehmütig erinnert Scheicher an den Tag in Zürich, „als die österreichischen Vogelsangianer mit Adler, Pernerstorfer, Daszynski ... mit dem Grütliverein und den belgischen, französischen und englischen Sozialdemokraten 1897 in Zürich in Ruhe und Frieden zusammen tagten." Viele Geistliche waren da und viele Sozialisten: Klara Zetkin und die Baronesse Marie Vogelsang, inkognito Louise Michel aus Frankreich und Wera Sassulitsch ... Der österreichische Volksmann Joseph Scheicher und Klara Zetkin! Im Ausklang des 19. Jahrhunderts war es da zu einer einmaligen und letztmaligen Begegnung der Männer und Frauen einer christlichen Sozialreform mit den Frauen und Männern des aufsteigenden Sozialismus und Kommunismus gekommen. Der alte Mgr. Scheicher ist sich 1912 der Tragödie dieser Zeitstunde durchaus bewußt. – Blick auf die eigene Partei, auf die Christlichsozialen, denen sein politisches Lebenswerk gewidmet war. Blick zurück, nicht ohne Zorn und Bitterkeit.

Die Schicksalsfigur der Partei: Dr. Karl Lueger. Scheicher klagt: Byzantiner und Kriecher haben dem altgewordenen Lueger „etwas Cäsarenwahn und Menschenverachtung in die Seele geschmuggelt". Lueger hatte als Korruptionstöter begonnen; als eine Art Herkules hatte er den Augias-Stall Wien gesäubert. Lueger „war der treue Ekkehard aller bedrängten Kleinen und Niedrigen" gewesen und hatte wie ein Löwe seine vielangegriffenen Parteifreunde Schneider – den berühmt-berüchtigten „Judentöter" –, Gregorig und andere gegen den „judengefälligen" Statthalter von Niederösterreich verteidigt.

Der gealterte, erblindende Lueger freut sich kindlich an Orden und Ehrungen. Scheicher notiert: der Kleinbürger in Lueger macht sich nun fatal bemerkbar. „Lueger liebte es, mit Kette und Orden aller Art geziert, kurz mit viel Pomp aufzutreten." So können ihn die Wiener noch heute in der Luegerkirche auf dem Zentralfriedhof sehen. Mit „Wehmut" erinnert sich Scheicher: Dieser alte Lueger wird ausfällig, rücksichtslos kränkend gegen seine alten Parteifreunde, und dies sogar im Landtag und Gemeinderat.

Nach seinem Tod „sieht die Partei wie eine Ruine" aus. Der Parteiführer Dr. Albert Geßmann, der jetzt die Führung der Partei übernimmt, ein kleiner, stark untersetzter Mann „stark plebejischen Charakters", ein „großer Packler", liebt es, seine zahlreichen Lügen mit den Sätzen einzuleiten: „San ma ehrlich" (seien wir doch ehrlich) und: „Auf Ehre, ich sag's ganz aufrichtig." Die Christlichsoziale Partei „war die Partei der Armen, der kleinen Leute" gewesen. Jetzt wird sie eine Partei der „Hausherren" und zeigt sich hochanfällig für Korruptionen. Sie wird eine „Regierungsschutztruppe". Die innerparteiliche Demokratie wird aus-

gemerzt. „Drakonische Klubstatuten“ werden eingeführt. „Ich halte es bei unserer Partei für einen großen Fehler, daß sie die Scheidung in absolute Herrscher und willige Untertanen zuläßt!“ Die Parteiführung zwingt die Massen der Anhänger in ein „Herdendasein“ hinab. Ab 1918 hat sich die Partei nicht mehr von dieser Beseitigung der inneren Demokratie erholt. Das war die Voraussetzung für den Aufstieg eines Seipel, zuletzt noch eines Dollfuß und Schuschnigg zum „Führer“ der Partei und des Staates.
Scheicher: Wie anders war es vor siebzig Jahren! Jetzt aber setzt sich ein alter Erbfehler durch: „Wir litten im Klub an dem österreichischen Erbfehler. Wir vertrauten zu viel, trauten blind den Leithammeln.“ Die führen ins Verderben. Scheicher schildert *die* Katastrophe der Wiener Christlichsozialen, das „Debacle“ am 13. und 20. Juni 1911, eine katastrophale Wahlniederlage, die sie einerseits dem „Übermut“, der „Herrschsucht und Intoleranz in der Parteiführung“, andererseits der Koalition der Gegner verdanken: einer „totalen Allianz aller Juden und Antisemiten gegen die Christlichsozialen“. Juden verbanden sich hier – Scheicher zufolge – „mit *hochgeladenen Antisemiten, deren stiller Traum ein ausgiebiger Pogrom der Zukunft sein dürfte*“.
Nach diesem „Königgrätz der Christlichsozialen“ wüten in der Partei Scherbengerichte, Verketzerungssucht und „die Fülle des Hasses gegen alle Nichtkonformisten“. Wie modern in der Wortwahl und Themenstellung Joseph Scheicher auch hier ist!
Wohl fällt sein Blick auf eine Reihe anständiger Charaktere in der Partei. Er nennt da unter anderem Leopold Kunschak und Wilhelm Miklas. („Er ist ein Talent und ist eine Kraft, und die Partei braucht ihn.“) Der Arbeiterführer Leopold Kunschak kämpft in der Ersten Republik Österreich vergebens gegen die Diktatur in der Partei, dann gegen die Wege zum „christlichen Ständestaat“, er wird 1945 Nationalratspräsident und stirbt hochgeachtet von allen demokratischen Parteien 1953. Wilhelm Miklas leistet als letzter Bundespräsident der Ersten Republik Österreich Dollfuß und Schuschnigg und zuletzt noch, im bösen März 1938, Seyß-Inquart und den Nationalsozialisten Widerstand.
Mgr. Joseph Scheicher sieht 1912 trübe in die Zukunft. Eine „Götterdämmerung“ steigt herauf für die Staatsordnung, für viele Parteien – ganz bestimmt auch für die Christlichsozialen – vielleicht für die Gesellschaft selbst. *„Auch die religiösen Parteien haben ihre Dämmerstunde“*; sie denunzieren, martern, exilieren ihre besten Köpfe. „Nur jene sollen gelten, welche den Herrschgewaltigen gefallen.“ – „Eine reichliche Saat des Hasses wurde ausgestreut.“ – „Nationale und konfessionelle Verhetzung“. *„Welt-Götterdämmerung!“* Darnach kommt wohl der Tag, der einen neuen Sonnenaufgang bringt. „Nur die alten Götter werden verschwunden sein.“

In seiner Wiener Wohnung auf der Wieden finden in der Zeit seiner politischen Aktivität Zusammenkünfte der leitenden politischen Potenzen der christlichsozialen Bewegung statt. Scharf beobachtend sieht da Scheicher neben den kleingewachsenen, rundlichen, rundköpfigen Plebejern, den Geßmann, Bielohlawek und Genossen die hochgewachsenen langschädeligen Aristokraten stehen beziehungsweise sitzen: diese Falkenhayn, Kueffstein, Ledochowski, Haugwitz, die Brüder Segur. Mgr. Scheicher ist rassisch hochinteressiert. Er kennt recht gut das Werk des Lanz-Liebenfels, beruft sich mehrfach auf ihn in seinen Memoiren und bemerkt unter anderem: „Lanz-Liebenfels, der Rassenanthropologe und Rassenpsychologe von Weltruf und Beruf hat die Blonden und Dunklen im politischen Leben der Gegenwart“ einer Untersuchung und Beurteilung unterzogen „und ist zum Resultate gelangt, daß im österreichischen Reichsrat folgende Männer zur heroischen Rasse gehören ...“ Von den Christlichsozialen werden unter anderem Fink, Jedek, Lueger, *Scheicher*, Silberer und Withalm (der Vater des bekannten führenden Politikers der österreichischen Volkspartei heute) namhaft gemacht.
Mit einem anderem Personenkreis als in seiner Wohnung auf der Wieden trifft sich Joseph Scheicher regelmäßig in einer Tischgesellschaft im Michaeler Bierhaus. Diese Alt-Wiener Gaststätte, gegenüber dem Burg-Tor, an der Seite der gotischen Michaeler-Kirche, erfreut sich heute noch eines ausgezeichneten Rufes. Hier versammelt Scheicher sein Schattenkabinett der Regierung der künftigen Oststaaten. Oft kommt er in seiner Autobiographie auf diesen Königsgedanken zu sprechen. Joseph Scheicher ist überzeugt: Die einzige Lösung, die die Donaumonarchie vor dem „großen Pallawatsch“, vor dem totalen Zusammenbruch retten kann, ist ein Umbau in „Vereinigte Oststaaten“, in ein föderalistisches Groß-Österreich, in dem „auch die ungarischen geknechteten Territorien Platz hätten“. Vorbilder: die Schweiz und die Vereinigten Staaten von Amerika. *Ein Bruderreich* als Großmacht an der mittleren und unteren Donau! Eine bismarckähnliche Gestalt soll diese Neuordnung durchführen.
Das Bruderreich: Joseph Scheicher sieht die Kirche der Zukunft als ein Bruderreich. Für das Bruderreich an der Donau wäre, so erinnert er in seinen Memoiren, Lueger der rechte Mann, der Führer in die bessere Zukunft gewesen.

„Aus dem Jahre 1920. Ein Traum vom Landtags- und Reichsraths-Abgeordneten Dr. Joseph Scheicher.“ St. Pölten 1900.
Am 1. Mai 1920 kommt der bis dahin verschollene Nordpol-Luftschiffer Andrée in Wien an. Der Fremde tritt erstaunt in eine veränderte Welt. „Österreich gibt es seit 1900 auch nicht mehr.“
Wien, die Hauptstadt der *Ostmark* und die „Hauptstadt der vereinigten Ost-

staaten“, zeigt sich verwandelt. Aus der Leopoldstadt – in der bis 1938 ein hoher Prozentsatz von Wiens Juden lebten – wurde „Lueger-Stadt“. Lueger, der erste „Staatsobrist“, „Führer“ der „Ostmark“, lebt 1920 im Ruhestand – den sich Adolf Hitler in seinen Kriegsjahren so sehr ersehnte. Schönerer lebt noch, aber alt und teilnahmslos geworden. „Er kennt niemand mehr, redet und deutet nichts.“

„Die Welt kann sehr arm werden, sehr tief sinken, bis wieder einmal so viel Schwäche und Schwächlichkeit, so viel Kurzsichtigkeit und Einsichtslosigkeit in Männergehirnen sich finden wird, als damals im sogenannten Österreich.“ Das hätte auch Hitler 1912 in Wien, 1925 und 1938 sagen bzw. schreiben können. Aus dem Parlament war ein „Sauhaufen“ geworden, in dem „Pfuimänner“, „Knüppelton und Knüppelphilosophie“ regierten. Nach langer Obstruktion im Reichsrat kommt es zu einer Machtübernahme durch eine Präsidentenwahl. Die folgende Schilderung weist gespenstisch auf die sogenannte „Selbstausschaltung“ des Wiener Parlaments 1933 voraus. Drei Vorschläge: Lueger, Schönerer, und „Verkauf, der Jude“. Lueger erhält 350, Schönerer 12, Verkauf 14 Stimmen bei 20 Stimmenthaltungen. Die Schreienden, Protestierenden werden auf einen Wink Luegers hin durch „stramme, feste Männer“, Wärter aus dem Irrenhause, abtransportiert.

Lueger: „Wir sind Brüder!“ Umbau der Donaumonarchie zu zwanzig Staaten. Austausch von Volksgruppen je nach Nationalität. Jeder Staat erhält einen Staatsobrist (Führer). Böhmen wird ein tschechischer Staat, seine nördlichen und nordwestlichen Teile werden zur Nordmark, der Böhmerwald kommt teils zu Nieder-, teils zu Oberösterreich. Niederösterreich wird zur Ostmark, Kärnten und Krain bilden die Südmark. Analog wirkte bereits der „Deutsche Schulverein Südmark“.

Wien ist die Hauptstadt aller Nationen. „Wien gehört uns allen. So sagen die Serben, die Böhmen, die Wälschen, und der Ostmärker steht dabei und lächelt.“ Gewählt wird in Kammern. Ignaz Seipel greift in seiner Spätzeit den Gedanken eines „Ständestaates“ und faschistoider Korporationen auf; die päpstlichen „Sozialenzykliken“ kokettieren bekanntlich ebenfalls mit Ständekammern: Bauernkammer, Gewerbekammer, Arbeiterkammer, Handelskammer. „Von der einstigen Art und Weise des Parlamentarismus will jetzt niemand mehr etwas wissen.“

Die Kammern wählen in den Staatsrat – einen solchen hat Dollfuß geschaffen! – die Staatsräte aller vereinigten Staaten wählen den Staatenrat, der heute noch manchmal Reichsrat genannt wird.

Andree fragt: gab es denn gar keine Widerstände bei diesem Umbau des Reiches?

Antwort: „Schlimme Gesichter machten nur die Juden, die Judensoci und die Anhänger Wolff-Schönerers." So leicht haben sich manche auch 1933/34 den Umbau zu einem „christlichen Ständestaat" vorgestellt! Viel Mühe machte allerdings die „Reinigung" des Beamtenkörpers. Alle Großbetriebe sind verstaatlicht worden. – Eine frühe nationalsozialistische Propaganda liebäugelt gelegentlich mit diesem Gedanken. – „Ausgezeichnet", sagte Andree, der hier die Rolle eines Sven Hedin spielt, der bekanntlich ein großer Verehrer Adolf Hitlers war. „Das ist doch *endlich einmal ein wirklicher Volksstaat*, bei dem das Wort Volk nicht bloß eine Drapierung der Parteiherrschaft ist."

Die „Soci" – bis heute heißen die Sozialisten in Österreich bei politischen Gegnern so – machten die Sklaven, die Arbeiter, nur wild! Sie taten nichts für die Bildung dieser Sklaven. (Das ist eine ungeheuerliche Anschuldigung, an der auch Hitler festhält. Die österreichische Sozialdemokratie hat, vorbildlich für eine ganze Hemisphäre, eine einzigartige Arbeiterbildung aufgebaut.) Die Soci wollten alle Menschen zu Sklaven machen – besonders die Judensoci wollten einen Sklavenstaat aufbauen. In der nationalsozialistischen und reaktionären Propaganda ab 1918 bis zur Gegenwart wird dem „jüdischen Bolschewismus" unterstellt, einen Sklavenstaat geschaffen zu haben.

Abschaffung des Zinses für Geldkapitalien; Brechung der Zinsknechtschaft – ein Slogan später sowohl der frühen Nationalsozialisten um Feder wie auch einer radikalen katholischen Reformgruppe um Anton Orel in Wien. Die Dynastie Rothschild beherrschte einst alle Staaten Europas. Jetzt haben wir ein „Volksgeld" an Stelle der Aktien, das sind Anteilscheine auf produktive Unternehmungen des Staates, die dann vom Erlös derselben rückeingelöst werden.

Es gibt keine Opposition mehr. „Wir haben aufgeräumt. Wer sich gegen den Staat vergeht, wird unerbittlich gehängt."

„Hängen Sie viele?" Jetzt nicht mehr, früher war es anders. *„In Wien haben wir einmal dreihundert Juden und zwanzig Arier an einem Tage gehängt.* Die Kerle hatten einen schwarzen Freitag präparieren wollen." Der „schwarze Freitag" des Jahres 1873, vergleichbar dem New Yorker Börsenkrach von 1929, hatte in Deutschland und Österreich eine antisemitische Welle des „Volkszornes" ausgelöst, da die Überhitzung der Börsenspekulationen den Juden angelastet wurde. *„Im Staate Polen und im Staate Ruthenien haben wir Tausende hängen lassen müssen*, bis alle Sünder einsahen, daß es ernst sei. Daß man das Raubtier erschlägt, wußten sie. Daß ein Raubmensch ebenso behandelt werden müsse, wollte den leider wenig erzogenen *Juden und Genossen* jener Staaten lange nicht einleuchten." Wien 1900: ein Vorblick auf 1940–1945! Joseph Scheicher spricht offen aus, was in der christlichen Volksseele „kocht"!

Dann dies: Die Mädchenhändler machten uns zu schaffen. Auch sie wurden ge-

hängt. Diese Juden haben Mädchen in Bordelle verschleppt. „Die Mädchenhändler martern eine Person jahrelang, bis sie an Läusen, Krätze, Syphilis und Ekel langsam verschmachtet." Hitler ist von derselben „Idee fixe" besessen.
„Nun, wir haben einige tausend Galgen in Anspruch genommen." Jetzt gibt es keine Judenwitzblätter, Judentheater mehr. „Die Sinnenlust kitzeln, Zoten reißen, das trafen und beabsichtigten die sogenannten Judendichter." – „Dieses Volk hat schlimmer als die Pest in den Ländern von weiland Österreich gehaust." Die Juden haben Syphilis, Scrophulose, Unzucht verbreitet. Die Juden haben als Einwanderer „die arische Urbevölkerung auszurotten und zu versklaven gesucht", wie Weiße fremde Naturvölker durch Schnaps und Unzucht ruiniert haben. Hitlers Juden-Kapitel in „Mein Kampf" übernehmen diese Motive.
„Wir Arier . . . erinnerten uns endlich wieder, daß Christus auch ein socialer Bote Gottes gewesen war." – „Die Priester waren durch die Judenzeitungen und die sogenannte Aufklärung ziemlich einflußlos geworden." Sie waren zudem Sklaven der hohen Klassen. „Sie waren so eine Art schlechtbesoldeter Cassenwächter des Classen-Kapitalismus geworden. Sie hatten die armen Teufel mit der Furcht vor dem wirklichen Teufel und der Hölle zu schrecken." – „Es machte den Eindruck, als seien sie eine Schutztruppe der oberen Zehntausend."
Jetzt beginnt auf der ganzen Welt eine Neubildung; ein christlich-sozialer Klerus entsteht, der sich wieder des armen Volkes annimmt. Jetzt herrscht eine vernünftige Lebensweise, vegetarisch und alkoholfrei. Hitler ist Vegetarianer und Alkoholfeind.
Kapitel: Die Auswanderung der Juden. „Ich erinnere mich, daß Österreich seinerzeit an nichts so reich war, als an Juden." Alles war verjudet. Berufung auf einen bayerischen Aufsatz, München 1899. Die Literatur war überschwemmt von Juden; Regisseure, Theaterleute, Presse, Bank- und Börsenwesen waren in ihren Händen. Im gesellschaftlichen Leben: „Wo man hinspuckt – nichts als Juden." Ärzte, Advokaten, selbst in der Armee gab es 2000 jüdische Offiziere (aus ihrem Milieu stammen Joseph Roth und Nikolaus Basseches).
Die Parteien waren – mit Ausnahme der Christlichsozialen „nichts weiter als organisierte Judenschutztruppen, Deutschnationale und Deutschradikale ihre Zutreiber". – „Die Juden benahmen sich, als seien die Juden in Wien die Herren, die Christen nur mehr die versklavte und unterjochte Urbevölkerung."
Die Juden haben sich nicht geändert; sie tun heute, was sie Christus antaten. „Die Plattfüße herrschten in Wien . . . Das arische Volk, Deutsche wie Slawen, war wieder einmal, wie schon öfters in der Weltgeschichte geschehen war, gründlich verraten." – „Juden, Juden, so wie Sand in der Wüste Sahara, in Wien. Alles gehört den Plattfüßlern!" – „Kurz, Wien war ein Neusamaria oder Neujerusalem. Die Juden waren die Herren und die Ureinwohner die Heloten."

Scheicher läßt fett drucken: „*Da erwacht endlich der deutsche Mut*, da besannen sich die Christen auf sich selbst. Und nun begann die Scheidung. Hie Jud, hie Christ, beziehungsweise Deutscher oder Slawe. Der Wolf heulte, es half nichts." Boykott. 100 000 Wiener schwören, nichts beim Juden einzukaufen (Berlin und Deutschland 1933 ff., Wien 1938). „Die christliche Liebe wurde wach." Einmütig wandten sich die Wiener gegen die Juden! Das wirkte! „Der ewige Jude wanderte aus Wien aus, nach Budapest." In Scheicher lebt der eingefleischte Haß der Christlichsozialen gegen das ungarische Herrenvolk; Hitlers Animosität gegen die Ungarn stammt aus seiner Wiener Zeit.

Nach dem Exodus zeigt sich allerdings eine Lücke in der Gesellschaft: „Gewisse Wirtschaftszweige und Erwerbsarten lagen brach ..." Scheicher denkt die Erfahrungen ab 1933 voraus. Der Staatssozialismus überwindet jedoch diese Krise.

Leider wanderten nur die konfessionellen Juden aus, die getauften Juden blieben. Das konnten die lieben Christen leider nicht recht verstehen: „Das große Publikum bleibt immer Kind." – Hitler: Die Masse bleibt immer Kind. – *So blieben leider getaufte und von getauften Juden abstammende Juden hier in Wien!* „Eine sittliche Wiedergeburt war notwendig!" – „Daran behinderten uns die Talmi-Christen", diese getauften und von getauften Juden abstammenden Scheinchristen! – „Wir kamen bald zur Überzeugung, daß die Kryptojuden außer Möglichkeit gesetzt werden mußten, geistiges Gift den Zeitgenossen einzuimpfen. Wir reinigten darum die Universitäten, die Schulen." Jetzt erfuhren wir das Geheimnis der spanischen Juden. Die spanische Inquisition spürte die Kryptojuden unter den Talmichristen auf. Sogar Bischöfe und Pfarrer befanden sich unter diesen Kryptojuden. – Der allen Vätern des II. Vatikanischen Konzils überreichte Band „Verschwörung gegen die Kirche" spinnt 1963 dieses Thema vorzüglich aus.

Jetzt ziehen sich die Juden immer mehr in den Orient zurück. Wir allein waren es, in den Vereinigten Oststaaten, die sich der Buren annahmen, „als das verjudete England schon daran war, sie zu erdrücken".

Ende: „Hoch die vereinigten Oststaten! Hoch die Wiedergeburt des christlichen Volkes!" – „Ja, *Heil uns* und allen unseren Freunden auf der ganzen Welt."

Man kann heute diese „Prophetie" von 1900 nur mit Erschrecken lesen. Joseph Scheicher sagt an, was ist; er spricht offen aus, was „aus tiefstem Herzensgrunde" so viele christliche Volksgenossen wünschten, was sein von ihm selbst hochgeschätzter Parteigenosse Ernest Schneider im Reichsrat offen forderte: die Ausrottung der Juden.

Persönlich meint es Joseph Scheicher nicht „bös". Er erklärt in seiner Autobiographie, der erste zu sein, der ins Wasser springe, wenn er einen Juden ertrinken sähe. Wie hätte er sich verhalten, wenn er ab 1933 in Deutschland deutsche Chri-

sten und vom März 1938 an seine Wiener erlebt hätte? Ich persönlich glaube, daß er als Gefangener bei den ersten Transporten nach Dachau mitversandt worden wäre, von seinem Wien aus, im März 1938. Dieser Mann hätte sich in dieser Zeit ebenso freimütig geäußert wie zu seiner Zeit an die Adresse des Hofes, der Regierung, seiner Partei und seiner Parteigegner.
Dies erhöht das Maß einer Tragödie: Mgr. Joseph Scheicher, der Seelsorger eines armen, geistig, seelisch und materiell verwahrlosten Volkes in Deutsch-Österreich, der Kämpfer für ein künftiges Bruderreich der Kirche und für ein Bruderreich der Nationen im Donauraum, ist gleichzeitig der Visionär jener Massaker, die sein Landsmann Adolf Hitler Wien, der Ostmark, seinem Europa, einem *univers concentrationnaire*, bereiten sollte.

Hitler in Wien! Mitte September 1907 nimmt er an der Aufnahmeprüfung für die Malschule der Akademie teil. Er wartet „mit brennender Ungeduld, aber auch stolzer Zuversicht auf das Ergebnis". Er fällt durch. Der Rektor verweist ihn, nach seiner eigenen Darstellung, auf die Architektur. Hitler besteht auch die Aufnahmeprüfung in die Architekturschule der Akademie nicht.
Man hat lange Zeit, da man Hitlers Wiener Jahre wenig kannte, diese für ihn so entscheidende Zeit etwa so gesehen: Da fristet ein mittelloser junger Mann, der fast ein Strolch ist, nahe dem Lumpenproletariat ein Leben nahe der Gosse. Er sieht die ganze böse Welt und dieses Wien von „unten" an: aus der Welt der Stromer, der Tagdiebe, der verkrachten Existenzen, die er im Asyl, im Männerheim kennenlernt. Er selbst leidet bitteren Hunger, verdient sich durch Gelegenheitsarbeit mühsam sein kärgliches Brot. Dieser Wiener Adolf Hitler ist eben der „Anstreicher", der Lump, der „Gefreite aus Braunau" – wobei Hindenburg an das böhmische Braunau denkt –, der deklassierte Plebejer, der Prolet.
Adolf Hitler hat durch seine von Selbstmitleid getränkte Darstellung in „Mein Kampf" – er weint gerne, Tränen der Rührung treten ihm auch als Führer und Reichskanzler nicht selten in die Augen – dazu beigetragen, dieses Wien-Bild zu bestätigen. Adolf Hitler selbst weiß sich in Wien jedoch als etwas anderes: Er ist der Sohn eines österreichischen ehrbaren und angesehenen Staatsbeamten, der zu etwas Besserem berufen ist als die Menschen, denen er da als Wohngenossen begegnet. Er sieht mit den Augen des Bürgers, des existenzgefährdeten Bürgers, auf die Arbeiter herab. In der Schilderung der Furcht des kleinen Bürgertums vor der Arbeiterschaft in „Mein Kampf" beschreibt er treffend und genau seine eigene Angst: Alles in ihm ist Abwehr gegen dieses Niedervolk.
„Waisenrente und Erbteil gestatten ihm ein sorgloses Leben" in Wien. Der junge Hitler lebt als Bohemien, befaßte sich besonders mit Politik, Kunst und Literatur.

Politik: Nahe seiner ersten Wohnung in Wien, in der Stumpergasse 29, befinden sich in derselben Gasse die Redaktion und der Anschlagkasten des „Alldeutschen Tagblatts“, des Organs Schönerers. Hitler, ein Meister im Verdecken besonders auch seiner literarischen Quellen, nennt gerade diese Zeitung nicht in seinem Hinweis auf die Wiener Presseorgane, die er in Wien las. Er, der als Alldeutscher nach Wien kommt, findet jedoch hier bereits das ganze politische Arsenal vor, die politischen Bilder, die ihm Waffen werden für seinen Kampf.
Das „Alldeutsche Tagblatt“ stellt damals den Habsburgerstaat als ein Nationalitätenkonglomerat, ein Völkerbabel, ein Völkergemisch, ein Völkergewimmel dar. Dieser Staat ist ein lebensunfähiges Gebilde. Immer wieder wird hier der Bundesgenosse Deutschland ermahnt, daß er nicht ruhig zusehen dürfe, „wenn man unmittelbar an seinen Reichsgrenzen zehn Millionen Deutsche national vernichten will und dadurch ein mächtiges deutschfeindliches Staatswesen schafft“ (Alldeutsches Tagblatt, 3. Mai 1912). „Das deutsche Volk hat keine gefährlicheren Feinde als das Papsttum und das Haus Habsburg“ (Alldeutsches Tagblatt, 5. Juni 1912).
Das „Alldeutsche Tagblatt“ polemisiert ständig, monoton – Hitler hält die rituelle Wiederholung für eine Grundbedingung einer erfolgreichen Propaganda – gegen die slawophilen Habsburger, gegen die Tschechisierung der Monarchie. Kaiser Joseph II. wird als Schutzpatron der Deutschen berufen. Hitler reflektiert diese ihm bereits von Linz her vertraute, hier erneuerte Kaiser-Joseph-Verehrung: „Einem einzigen unter ihnen (den Habsburgern) hielt das Schicksal noch einmal die Fackel über die Zukunft seines Landes empor, dann verlosch sie für immer.“ – „Joseph II., römischer Kaiser der deutschen Nation ...“: „Mit übermenschlicher Kraft ... stemmt er sich gegen die Zeit ...“ – „Wären ihm nur vierzig Jahre vergönnt gewesen und hätten zwei Generale sein Werk fortgeführt, so würde das Wunder wahrscheinlich gelungen sein.“
Adolf Hitler identifiziert sich später mit Kaiser Joseph in hoher Umschwiegenheit mehr als mit Fridericus Rex und will dessen Kirchenpolitik, Beamtenpolitik, Schulpolitik, die ganze deutsche josephinische Aufklärung zeitgemäß, ihm selbst entsprechend, fortsetzen. Ihm, Adolf Hitler, kann das Wunder gelingen, das dem Kaiser Joseph nicht beschieden wurde.

Das habsburgfeindliche „Alldeutsche Tagblatt“ erweist aus verständlichen Gründen der Person des greisen Monarchen Kaiser Franz Joseph eine gewisse Reverenz. Adolf Hitler hält sich an diese Tabuierung bis zu seinem Lebensende. Um so heftiger wird „die deutschfeindliche Regierung“ angegriffen. Ihr wird die Tschechisierung des Staates mit Hilfe des katholischen Klerus als Programm zugeschrieben. Dieser Vorwurf findet sich auch in der deutsch-liberalen Presse, so in der „Neuen Freien Presse“ am 4. Oktober 1909. Bei Adolf Hitler heißt es in diesem Sinne: Nach Königgrätz geht Habsburg „mit letzter Entschlossenheit“ daran, das Deutschtum der Doppelmonarchie „langsam, aber unerbittlich auszurotten“ durch eine Slawisierung. Mittel dieser Slawisierung ist die Einführung des allgemeinen Wahlrechts, das die nunmehrige deutsche Minderheit einer nichtdeutschen Parlamentsmehrheit ausliefert. Das „Alldeutsche Tagblatt“ kritisiert ganz in diesem Sinne dieses Wahlrecht aufs schärfste.

Am 26. April 1912 wendet es sich gegen das Bündnis des Deutschen Reiches mit der Donaumonarchie: Dieses Bündnis binde Deutschland die Hände, so daß das Deutsche Reich keinen Einfluß auf die Innenpolitik der Monarchie nehmen könne. Das Deutsche Reich wird hier, von diesem alldeutschen Wien aus, aufgefordert, diese verhängnisvolle Bundesgenossenschaft aufzugeben. Deutschland soll die gegen das Deutschtum gerichtete Vernichtungspolitik der Donaumonarchie mit dem Schwert bekämpfen! Ganz so äußert sich Adolf Hitler in „Mein Kampf“ und in seinem „Zweiten Buch“ von 1928.

Zur Feier des dreißigjährigen Bündnisses der Monarchie mit dem Deutschen Reich steuert das „Alldeutsche Tagblatt“ am 20. Oktober 1909 einen Geburtstagsartikel bei, in dem der fromme Wunsch ausgesprochen wird: Da Österreich-Ungarn ein so unzuverlässiger Bundesgenosse für das Deutsche Reich sei, müsse es im Ernstfall von Deutschland besetzt werden, damit es nicht mit dem Feinde gemeinsame Sache mache. Adolf Hitler hat sich in seinem Kriege, von Wien aus, an dieses Rezept gehalten: gerade in seiner Besetzung Ungarns. Er haßt die Ungarn mit einem in Wien verständlichen Haß.

Die alldeutsche politische Predigt und Presse liebt es, so auch hier im „Alldeutschen Tagblatt“, magische Worte und magische Zahlen beschwörend ihren Gläubigen vorzustellen, um ihre Glaubenskraft und ihre Haßkraft zu stärken. In diesem Sinne wird an das „deutsche Schwert“ appelliert – es ist das Schwert Siegfrieds und der Nibelungen. So beschwört das „Alldeutsche Tagblatt“ dauernd die „zehn Millionen Deutsche“ in Österreich und „das zweiundfünfzig Millionen starke Deutsche Volk“. In Hitlers Rede-Predigt-Ritual spielt die Zahlen-Magie eine permanente unersetzliche Rolle. Er spricht dann vom Sechzig-Millionen-, vom Achtzig-Millionen-Volk der Deutschen und nennt, etwa in der Namhaftmachung der Märtyrer seiner Bewegung, ganz aus der Luft gegriffene, aber eindrucksstarke magische Zahlen.

Adolf Hitler schildert, daß er als Alldeutscher nach Wien kam. Hier aber lernt er ein Abwägen der „zwei Führer“ und Begründer der zwei ihn ansprechenden Parteien: Georg von Schönerer und Dr. Karl Lueger. Seine Sympathie gehört, von Linz aus, Schönerer und wendet sich in Wien Lueger zu. Hitler urteilt: Schönerer ist ohne Menschenkenntnis, das heißt ohne Kenntnis der Psyche der

Massen. Lueger besitzt diese Menschenkenntnis. Und Lueger versteht es, sich der Kirche zu bedienen. „Ebenso war er geneigt, sich all der einmal schon vorhandenen Machtmittel zu bedienen, bestehende mächtige Einrichtungen sich geneigt zu machen, um aus solchen alten Kraftquellen für die eigene Bewegung möglichst großen Nutzen ziehen zu können."

Tatsächlich hat sich Lueger sehr schnell mit den alten Mächten „arrangiert". Hitler befolgt dieses Rezept im Umgang mit den Konservativen in Bayern und Norddeutschland, im Umgang mit den Industriellen, in Rücksichtnahme auf den mächtigen zunächst bayerischen Katholizismus, dessen innere politische Schwäche er erst ab 1933 ganz durchschaut.

Hitler über Lueger: „Sein unendlich klug ausgestaltetes Verhältnis zur katholischen Kirche aber gewann ihm in kurzer Zeit die jüngere Geistlichkeit in einem Umfange, daß die alte klerikale Partei entweder das Kampffeld zu räumen gezwungen war, oder, noch klüger, sich der neuen Partei anschloß, um so langsam Position um Position wieder zu gewinnen." – Hitler wird es zu arrangieren wissen, daß die Anbiederungen und Infiltrationsversuche von Kirchenmännern in seine Bewegung nach dem Siege abgewiesen werden. Ganz als zweiter Lueger tritt er jedoch auf seinem Berghof 1936 dem Kardinal Faulhaber gegenüber: „charmant". Tief befriedigt verläßt dieser alte bayerische Legitimist und erklärte Feind der Weimarer Republik, Faulhaber, den katholischen Führer und Reichskanzler, der ihm in einer so vertrauten Sprache der Autorität entgegenkommt.

Hitler über den Führer Wiens, Lueger: „Er wollte Wien erobern." Lueger hat eine „unsterbliche Leistung" für Wien vollbracht; die Monarchie konnte er nicht mehr retten, „es war zu spät".

Adolf Hitler will die Fehler dieser zwei Parteien heute vermeiden, „da in vielen Punkten die Verhältnisse heute ähnlich sind wie damals". München 1924 wird auf das Wien von 1910 hin anvisiert.

Lueger erschien Hitler zuerst als „reaktionär". Dann aber erfüllt ihn steigende Bewunderung für diesen Mann. „Heute sehe ich in dem Manne mehr noch als früher den gewaltigsten deutschen Bürgermeister aller Zeiten. Wie viele meiner vorsätzlichen Anschauungen wurden aber durch eine solche Änderung meiner Stellungnahme zur christlich-sozialen Bewegung umgeworfen! Wenn dadurch langsam auch meine Ansichten in bezug auf den Antisemitismus dem Wechsel der Zeit unterlagen, dann war dies wohl meine schwerste Wandlung überhaupt."

Diese Selbstschau Hitlers ist hochbedeutsam: Hitler sieht hier eng verbunden zusammen sein Erlebnis des charismatischen Führers Wiens, Dr. Karl Lueger, die christlichsoziale Bewegung; sie ist die erste „Bewegung", eine dynamische, die Massen ansprechende religiös-politische Bewegung! Hitler selbst setzt seine „Bewegung" gegen „das System", gegen die statischen etablierten Parteien. Und diese erste Bewegung sieht er zusammen mit seiner Wandlung zum Antisemiten!

Adolf Hitler stilisiert sein Denken und Handeln in „Mein Kampf“: Er will keine Autobiographie schreiben, sondern als sein eigener Evangelist seine Heilsgeschichte der Welt gläubiger und ungläubiger Volksgenossen verkünden. Bekanntlich schildern die Evangelisten nicht den historischen Jesus, sondern das Jesus-Bild von Christengemeinden im hohen ersten und im zweiten Jahrhundert. Die Hagiographen der Kirche schreiben oft bewußt die Biographien ihrer Heiligen um: eben zu Heiligenbildern, da ihnen die geschichtliche Wirklichkeit im Wege steht. Diese Umschreibung wurde von Rom her schon vom Historiographen des ersten von der Kirche kanonisierten Heiligen, des Ulrich von Augsburg, verlangt.

Hitler stilisiert die Stationen seines Heilsweges bewußt. In diesem Sinne betont er, daß er nicht als Antisemit nach Wien kam – obwohl er längst in Linz in diesem Sinne eingefärbt worden war. Wien wird von ihm bewußt als der Ort der für ihn weltgeschichtlichen Entscheidung dargestellt: als Ort allen Unheils, an dem ihm das Heil aufging: die Erkenntnis, daß alles Unheil in der Welt vom Juden stammt.

Der Ton der Wiener antisemitischen Presse erschien Hitler da als unwürdig. „Mich bedrückte die Erinnerung an gewisse Vorgänge des Mittelalters, die ich nicht gerne wiederholt sehen wollte.“ Da spricht ein junger, liberaler josephinischer Freisinniger. Er liest eifrig die „Neue Freie Presse“ und das „Wiener Tagblatt“.

Zurück zu Hitlers Lueger-Bild. Die Alldeutschen in Österreich, die Schönerianer, sind unfähig, eine Massenbewegung zu mobilisieren. Das aber kann Lueger. „Die Macht aber, die die großen historischen Lawinen religiöser und politischer Art ins Rollen brachte, war *seit urewig nur die Zauberkraft des gesprochenen Wortes.*“ Wir blenden kurz zurück: Diese Zauberkraft entfalteten in Wien große Prediger der Gegenreformation, Führer der Heere des Kaisers gegen Türken, Protestanten, Rebellen: ein Marco d'Aviano, ein Johannes Capistran, ein Abraham a Sancta Clara, ein Pater Abel. „Wem aber Leidenschaft versagt und der Mund verschlossen bleibt, *den hat der Himmel nicht zum Verkünder seines Willens ausersehen.*“ Adolf Hitler weiß sich vom „Himmel“, von der „Vorsehung“ zur Verkündung ihres Willens ausersehen.

Falsch war also der schwere, unsinnige Kampf der Alldeutschen gegen die Kirche, gegen Rom. Unsinnig war die Los-von-Rom-Bewegung. Hohe Anerkennung Hitlers für einen disziplinierten Klerus, der wie das Offizierkorps und ein – josephinisch staatsgläubiges – Beamtentum treu dem Staate dient. Anerkennung der protestantischen Erziehung zum Deutschtum. Die österreichischen Protestan-

ten fühlen sich vielfach bis 1945 mehr als deutsche Protestanten in einem ihnen lange feindlichen Staate denn als Österreicher. Sie erziehen ihre Kinder zu Deutschen, ihre Pastoren predigen für Deutschland. Hitler denkt auch hier, in „Mein Kampf", an diese Protestanten in Österreich.
Hitler sinnt wieder Schönerer, der Los-von-Rom-Bewegung und Lueger nach: „Wer über den Umweg einer politischen Organisation zu einer religiösen Reformation kommen zu können glaubt, zeigt nur, daß ihm auch jeder Schimmer vom Werden religiöser Vorstellungen oder gar Glaubenslehren und deren kirchlichen Auswirkungen abgeht. Man kann hier wirklich nicht zwei Herren dienen. Wobei ich die Gründung oder Zerstörung einer Religion denn doch als wesentlich größer halte als die Gründung eines Staates, geschweige denn einer Partei."
Hitler sieht hier auf München, auf Rosenberg, auf die national-völkischen Schwärmer, die ihre „germanischen" Kulte an die Stelle der Kirche setzen wollen. Und er sieht auf Wien, auf das Debakel der wotangläubigen Schönerianer, die keinen Zugang zu den Massen fanden. Mit dem Blick auf Luegers Wien und auf den bayerischen Katholizismus erklärt da Hitler: Man darf nicht die Religion oder die Kirche für die Verfehlungen einzelner Kleriker verantwortlich machen; auf *einen* Unwürdigen treffen tausend und mehr ehrenhafte Seelsorger, die wie Inseln heute aus dem Sumpf der Zeit ragen.
Hitlers politisches Glaubensbekenntnis lautet in diesem Sinne hier: „Dem politischen Führer haben religiöse Lehren und Einrichtungen seines Volkes immer unantastbar zu sein, sonst darf er nicht Politiker sein, sondern soll Reformator werden, wenn er das Zeug hierzu besitzt! Eine andere Haltung würde vor allem Deutschland zu einer Katastrophe führen." Unglücklich und lächerlich war der alldeutsche Kulturkampf gegen die Kirche. Wohl gelang es, der Kirche einige 100 000 Menschen zu entreißen, diese aber waren bereits minderwertig! „Lächerlich und traurig": „Wieder war eine *erfolgversprechende politische Heilsbewegung* der deutschen Nation zugrunde gegangen."
Hitler sucht für sich die Konsequenzen zu ziehen aus dem Scheitern der alldeutschen Heilsbewegung, aus dem Erfolg der Luegerschen Heilsbewegung in Wien. Hitler sieht die Fehler des christlichsozialen Antisemitismus. Der war auf religiöser, nicht auf rassischer Vorstellung aufgebaut; dieser christlichsoziale Antisemitismus war der Versuch einer Zwangsbekehrung der Juden oder einfach Konkurrenzneid. Damit aber verlor der Kampf „das Merkmal einer inneren und höheren Weihe". – Diese Weihe will Hitler ihm geben. – Hätte die christlichsoziale Partei die Bedeutung des Rassenproblems und der Nation erfaßt, dann hätte sie schon damals mit Erfolg ins deutsche Schicksal eingreifen können.
Hitler denkt durchaus an diese verpaßte Chance einer Eroberung Deutschlands von Wien aus, durch einen Lueger, der Wien erobert hat. Hingerissen steht Adolf

Hitler unter den Hunderttausenden, die dem Leichenzug Luegers vom Rathaus aus über die Ringstraße zusehen.

Der überragende Kopf der Christlichsozialen in der Zeit zwischen 1918 und 1932, Prälat Ignaz Seipel, ein Mann der Staatspolitik, ein in sich einsamer theologischer, scholastischer und politischer Denker, dem die Christlichsoziale Partei ebenso wie die von ihm geförderte faschistische Heimwehr Rohmaterial für sein Schaffen sind, erinnert: „Die Geschichte der christlichsozialen Partei beginnt nicht mit einem Programm, nicht mit einem Manifest, nicht mit dem Beschluß einiger Unzufriedener oder Reformer, sondern mit einem Mann, mit Doktor Karl Lueger." Diese Worte lassen sich auch auf die Partei Adolf Hitlers beziehen.
Friedrich Funder vermerkt in der Schilderung seiner nächtlichen Wanderungen durch Wiens Höllen, durch die „Elendsquartiere", die „Wohnhöhlen", in denen „stumpfe Hoffnungslosigkeit, Verzweiflung, Trotz" hausen: „Aber hier hörte selbst die Macht eines Lueger auf. Hier stieß er auf einen Hausbesitzerstand und dessen ererbte Begriffswelt." Hier, in der Betreuung, in der politischen Ansprache, setzt das Werk der österreichischen Sozialdemokratie an. Sie nimmt sich, kräftiger, entschiedener und mit weitreichenderen gesellschaftlichen und sozialpolitischen Konzeptionen des riesenhaft anschwellenden Proletariats der fast über Nacht zur Großstadt wachsenden Millionenstadt Wien an: dieser Elenden, die auf nasser Erde neben den zum Trocknen gestapelten Ziegeln in Inzersdorf schlafen, alle Habseligkeiten in einem schmalen Bündel unter dem Kopf. Wer nicht als Bettgeher für einige Stunden der Nacht oder des Tages in einem fremden Bett unterkommen kann, verkriecht sich in Parks, Kanälen, Donau-Auen, im Gerümpel alter Plätze. Die Ausbeutung zumal der weiblichen Arbeiter, der Lehrlinge, der Jugendlichen und Kinder, die Hilflosigkeit der Familienväter, die wöchentlich vor der Entlassung zittern: ein Meer von Elend sieht da auf Menschen, die Augen für dieses Elend haben.
„Man muß die Leut' gern haben" – das hämmert Dr. Viktor Adler seinen Parteifreunden ein. Der große Führer der österreichischen sozialdemokratischen Partei ist seiner Erscheinung nach ein kleiner, nicht sehr anziehend aussehender Mann, nicht zu vergleichen mit dem „schönen Karl", mit Dr. Lueger. Auch die Suada, der süße, herzzerreißende Schmelz der „katholischen Rhetorik" Luegers fehlt ihm. Der Arzt Dr. Victor Adler überragt jedoch als politische Persönlichkeit, als politischer Denker, als Humanist seinen zunächst erfolgreicheren Gegner. Viktor Adler baut in drei Jahrzehnten als unbestrittener Führer die österreichische sozialdemokratische Partei zu dem aus, was sie nach 1918 ist: die größte, bestorganisierte sozialistische Partei Europas, die im „roten Wien", mit seinen Gemeindebauten, seinen Schulen, seinen Kindergärten, seinen Heil- und Pflege-

anstalten, seinen zahlreichen Fürsorgeeinrichtungen ein einzigartiges Modell für eine neuzeitliche sozialistische Großstadt darstellt.
Als der Prinz of Wales 1936 nach Wien kommt, läßt er sich von dem Bürgermeister Richard Schmitz, einem der bedeutendsten Köpfe der christlichsozialen Bewegung, die Gemeindebauten zeigen, die zuvor, vor der Errichtung des „Ständestaates“, das sozialdemokratische Wien gebaut hat.
Viktor Adler war es gelungen, die sehr divergierenden linken Kräfte auf dem Hainfelder Parteitag – 30. Dezember 1888 – 1. Januar 1889 – zu einigen. Er selbst nennt sich in einem Brief an Engels selbstironisch einen „Hofrat der Revolution“. In Zusammenarbeit mit hervorragenden, gerade menschlich hervorragenden Persönlichkeiten wie Engelbert Pernerstorfer gelang da Adler ein Versöhnungswerk, besser, die Überbrückung der starken Spannungen zwischen Radikalen und Gemäßigten. Das Ringen um einen Spannungsausgleich bedingt das innere und äußere Schicksal der österreichischen Sozialdemokratie bis zu ihrer Zerschlagung 1934. In ihr sind zunächst Großdeutsche und Kleindeutsche, Marxisten und Reformsozialisten, Antisemiten und humanistische Weltgläubige zugegen.
Der Gegensatz zwischen einer gemäßigten Mitte, zentriert um Dr. Karl Renner, und einer radikal-sozialistischen Linken, verkörpert durch den Antipoden Seipels, Dr. Otto Bauer, lähmt die Partei besonders in den entscheidungsschweren Jahren 1930–1933.
Der Arzt, Politiker, Parteiführer und Menschenfreund Dr. Viktor Adler ist ein ganz großer Erzieher; er versteht den Sozialismus nicht zuletzt als eine Bildungsmacht. Aus Sklaven, aus seelisch, geistig Unmündigen, gesellschaftlich Hörigen sollen freie Menschen werden, die frei denken können. Schon 1867 war in Wien der erste Arbeiterbildungsverein Gumpendorf gegründet worden. Sozialismus als Erziehung, als politische Aufklärung, als Bildung von Menschen! Bildung durch Volkshochschulen, durch das Buch, durch Diskussion, sehr freie Diskussion in kleinen und kleinsten Kreisen. Hier, zentriert zunächst in Wien, dann aber auch in anderen Städten wie Linz, Steyr, Graz, im steiermärkischen Industriegebiet, entsteht eine einzigartige Bildungsarbeit, wie sie die Partei Luegers und die Partei Hitlers nicht kennen, nicht anerkennen, einfach übersehen.
Die Christlichsozialen um Lueger teilen mit vielen österreichischen Katholiken die Angst vor dem Buch, vor der Buchbildung. Sie ist zu „weltlich“, heidnisch, jüdisch, aufgeklärt. Berühmt-berüchtigt werden zwei vielzitierte Ausrufe, Aufschreie des angesehenen christlichsozialen Wiener Gemeinderates und Mitkämpfers Luegers, Bielohlawek: „Wann i a Büachl sieh, dös hob i schon g'fressn“, und: „Literatur is, wos a Jud' von an andern abschreibt.“ Hinter diesem Aufschrei steht die Angst vor einer fremdfeindlichen Intellektualität, vor einer Geisteskultur, die genau am Wort hält: einer Bildung, wie sie Juden in ihrem tau-

sendjährigen Studium des Buches der Bücher sich vor-erarbeitet hatten.
Adolf Hitler übersieht in Wien vollständig diese Bildungsarbeit der Wiener Sozialdemokraten. Hier zeigt er erstmalig sein fast gigantisches Vermögen, zu „übersehen“. Adolf Hitler ist jeder Buchbildung abgeneigt, gleicht auch hier, als Parallelphänomen, sehr österreichischen und auch deutschen Katholiken. Adolf Hitler ist in keiner Weise an einer echten, substantiellen Bildungsarbeit in seiner Heilsbewegung interessiert, so wenig wie ein Lueger, der Politik aus dem Instinkt, aus dem Handgelenk, mit der Spürnase macht.
Es ist also bereits dieses ungeheuerliche „Übersehen“ der so neuartigen, wahrhaft bildungsrevolutionären politischen Arbeit der Wiener Sozialdemokratie, die nicht einfach Mitläufer und blindgläubige Gefolgsleute, sondern mitdenkende freie „Genossen“ erziehen will, das Hitlers Darstellung der Wiener Sozialdemokratie so bedeutungsvoll macht. Genauso hat Adolf Hitler später in Deutschland, in Europa und Amerika alles das übersehen, was ihn nicht interessierte, was sein verhemmter und verklemmter leibseelischer Untergrund aufzunehmen und anzuerkennen ablehnte.
Adolf Hitler hat, wie die überwiegende Mehrzahl – lange Zeit nahezu alle – der christlichsozialen, der katholischen und evangelischen Politiker, der Pfarrer, Bischöfe, Pastoren und Superintendenten, die gegen „den Marxismus“ predigen, nie die Grundschriften des Marxismus gelesen, geschweige denn studiert.
Man kann noch heute meist leicht diese fundamentale Unkenntnis am gern und falsch gebrauchten Zitat feststellen. Karl Marx spricht die Religion als „Opium des Volkes“ an und übernimmt gerade hier eine alte Formel englischer Dissenter-Prediger, die im Kampf gegen eine reiche, feudale, das Elend breiter Massen übersehende Hof- und Bischofskirche, eine Kirche der Lords und Landedelmänner, diese Hoch-Kirche anklagen, die Religion nur als ein Opiat des Volkes gelten zu lassen, ein Mittel, mit dem sich dieses Volk selbst betäubt. „Opium *für* das Volk“: In diesem Fehlzitat offenbart sich eine charakteristische Fehlleistung von Politikern, die ihre eigene religiös-politische Doktrin dem Volke, „für“ das Volk, als Opiat, als Beruhigungs- und Illusionsmittel, als Tröstung und Einschläferung anbieten.
Hitler sieht mit den Augen bürgerlicher und kleinbürgerlicher christlichsozialer und deutschnationaler Politiker auf die Wiener Sozialdemokratie. Blicken wir zuvor, um größere Perspektiven wahrzunehmen, einmal kurz auf Wiens Sozialdemokraten mit den Augen eines Mannes, der in Hitlers ersten Wiener Jahren ebenfalls als Fremder in Wien weilte. Dieser Mann ist im gleichen Jahrzehnt wie Churchill geboren und kommt als Flüchtling erstmalig an einem Sonntag des Jahres 1902 nach Wien. „Ich hatte beschlossen, Victor Adler, dem Führer der österreichischen Sozialdemokratie, persönlich auseinanderzusetzen, daß die Inter-

essen der russischen Revolution meine sofortige Weiterfahrt nach Zürich erforderten." Leo Trotzki, erstmalig in Wien, geht in die Redaktion der „Arbeiterzeitung", trifft hier einen hochgewachsenen Herrn „von nicht sehr freundlichem Aussehen. Ich wandte mich an ihn mit der Frage nach Adler. ‚Wissen Sie, was heute für ein Tag ist?' fragte er mich streng. Ich wußte es nicht. ‚Heute ist Sonntag!' sagte der hochgewachsene Herr mit einer Stimme, als kommandiere er im Sturm ein Bataillon: ‚Man sagte Ihnen doch, daß man am Sonntag Doktor Adler nicht sehen kann!' – ‚Aber ich habe eine wichtige Angelegenheit', antwortete ich eigensinnig. ‚Und wenn Ihre Sache noch zehnmal wichtiger wäre, haben Sie verstanden?' Es war Fritz Austerlitz selbst, der Schrecken seiner eigenen Redaktion, dessen Unterhaltung, wie Victor Hugo gesagt haben würde, nur aus Blitzen bestand. ‚Selbst wenn Sie Nachrichten bringen würden – verstehen Sie –, Ihr Zar sei ermordet und bei Ihnen dort habe die Revolution begonnen – verstehen Sie –, auch das würde Ihnen kein Recht geben, die Sonntagsruhe des Doktors zu stören!'"

Dann steht Leo Trotzki doch vor Victor Adler. „Ein mittelgroßer Mann, gekrümmt, fast bucklig, mit geschwollenen Augen in dem müden Gesicht, trat zu mir heraus. In Wien fanden gerade Wahlen zum Landtag statt. Adler war am Vorabend in mehreren Versammlungen aufgetreten und hatte in der Nacht Artikel und Aufrufe geschrieben. ‚Entschuldigen Sie, Doktor, daß ich Ihre Sonntagsruhe gestört habe ...' – ‚Weiter, weiter', sagte er mit einer äußerlichen Strenge, aber in einem Ton, der nicht Angst einflößte, sondern ermutigte. Aus allen Falten dieses Menschen leuchtete Geist. Mein weiterer Weg war gesichert."

Ab 1907 lebt Trotzki in Wien. Er wird hier Mitglied der österreichischen Sozialdemokratie. In Wien gibt er ab Oktober 1908 die russische Zeitung „Prawda" heraus, „die für breite Arbeiterkreise bestimmt war". In Wien wird Trotzki durch seinen Hauptmitarbeiter an der „Prawda", A. A. Joffe, den späteren bekannten Sowjetdiplomaten, der ein Patient Alfred Adlers ist, mit der Psychoanalyse bekannt, deren Probleme „mir sehr verführerisch erschienen, obwohl auf diesem Gebiet vieles sehr schwankend und unbeständig ist und den Boden für Phantastik und Willkür öffnet".

In Wien, in Hütteldorf, wird sein Sohn Serjoscha geboren. Die Kinder Trotzkis eignen sich den Wiener Dialekt an „und sprachen ihn vorzüglich". Für sie wählt der Vater Trotzki in der Schule den protestantischen Religionsunterricht. Einmal hört Trotzki seinen Lieblingssohn Ljowa abends im Bett flüstern. „Auf meine Frage antwortet er: ‚Das ist ein Gebet; weißt du, es gibt sehr schöne Gebete, wie Gedichte.'"

Wenn Trotzki in manchen Monaten keine bezahlte Zeile schreiben kann, tritt eine Krise ein: „Meine Frau kannte den Weg ins Leihhaus gut, und ich habe wiederholt meine in üppigeren Tagen erworbenen Bücher zu den Antiquaren getragen. Es kam vor, daß unsere bescheidene Wohnungseinrichtung rückständiger Miete wegen gepfändet wurde."

Leo Trotzki lernt alle Parteispitzen der Sozialdemokratie hier in Wien kennen. Bald entsetzt ihn der „Chauvinismus der austro-deutschen Sozialdemokratie". Er sieht mit eigenen Augen, wie sehr diese Menschen an dem großen Lebewesen der Donaumonarchie hängen. Die k. k. Sozialdemokratie wäre bereit und befähigt gewesen, eine starke Stütze dieses Staates zu werden. Trotzki polemisiert „gegen den Chauvinismus der Arbeiter-Zeitung", worauf im „Café Zentral" Otto Bauer beginnt, ihm „streng die Leviten zu lesen". Sie alle, Otto Bauer, Karl Renner, Max Adler, Friedrich Austerlitz und die anderen Führer dieser Sozialdemokratie erscheinen Leo Trotzki als bürgerliche österreichische „Chauvinisten", die weder an die Revolution noch an den Krieg glauben. Diese Sozialdemokratie ist tatsächlich auf dem Wege, eine Staatspartei zu werden.

„Victor Adler stand in jeder Hinsicht unvergleichlich höher als seine Mitarbeiter. Doch er war schon lange Skeptiker geworden. ‚Das Handwerk des Propheten ist ein undankbares Handwerk, in Österreich ganz besonders.' Das war der ständige Refrain der Adlerschen Reden."

Leo Trotzki erlebt den Kriegsausbruch 1914 in Wien und sieht überrascht, betroffen die patriotische Begeisterung der Massen aller Nationalitäten. „Besonders unerwartet kam die patriotische Erhebung der Massen in Österreich-Ungarn. Was trieb den Wiener Schuhmachergesellen, den Halbdeutschen-Halbtschechen Pospischil, oder unsere Grünkramhändlerin Frau Maresch oder den Droschkenkutscher Frankl auf den Platz vor dem Kriegsministerium? Der nationale Gedanke? Welcher? Österreich-Ungarn war die Verneinung der nationalen Idee. Nein, die bewegende Kraft war eine andere."

Trotzki versucht eine Erklärung: Diese Menschen erspüren die große Verheißung einer Änderung; sehr große Hoffnungen werden wach. „Die Alarmglocke der Mobilisierung dringt in ihr Leben ein wie eine Verheißung."

Trotzkis Schilderung der von diesen Hoffnungen in den Hauptstraßen Wiens ergriffenen Massen – er beobachtet „die für den prunkvollen Ring so ungewöhnliche Menschenmenge, in der Hoffnungen lebendig wurden" – mag zunächst eine Fotografie illustrieren: Sie zeigt den ergriffenen Adolf Hitler in der ergriffenen Menschenmenge in München, in der Ekstase des frühen Glaubens an den Krieg als Befreier, Erlöser. Trotzki: „Ist doch der Krieg in der Geschichte häufig der Vater der Revolution gewesen."

Trotzki findet die Führer der österreichischen Sozialdemokratie gespalten vor. Die einen frohlocken nun offen, offenbaren sich als Nationalisten. „Die anderen – an deren Spitze Victor Adler stand – verhielten sich zum Krieg wie zu einer Naturkatastrophe, die man überstehen müsse."

Victor Adler macht Trotzki auf „die festliche Stimmung" aufmerksam: „Es freuen sich jetzt alle jene, die nicht in den Krieg zu gehen brauchen. *Außerdem strömen jetzt alle Überspannten, alle Verrückten auf die Straße: das ist ihre Zeit.* Die Ermordung Jaurès' ist nur der Anfang. Der Krieg entfesselt alle Instinkte, alle Arten des Wahnsinns."

Trotzki bemerkt dazu in seiner Autobiographie: „Psychiater seinem alten medizinischen Fach nach, ging Adler an politische Ereignisse, ‚besonders an österreichische' – wie er ironisch zu bemerken pflegte –, oft vom psychopathologischen Standpunkt aus heran."

Wie sieht der junge Adolf Hitler die Sozialdemokratie in Wien? Adolf Hitler arbeitet, vielleicht 1909, kurzfristig auf dem „Bau" als Bauhilfsarbeiter. Er erlebt den „roten Terror" auf dem Bau: Die sozialistischen Arbeiter wollen ihn zwingen, der Gewerkschaft beizutreten. Adolf Hitler will nicht. Er will sich nicht „einordnen", nicht „unterordnen". Er bleibt zeitlebens Sonderling, Einzelgänger, so später in der Armee, wo er als – sehr österreichischer – Kritikaster bei den Offizieren nicht gerade beliebt ist. So in seiner Partei, die er nur als Gefolgschaft und als Auditorium brauchen kann und von der er sich nach der Machtübernahme immer mehr distanziert.

Hitler läßt sich in Wien von dem roten Terror jedoch auch faszinieren. Imponierend sind die Mai-Aufmärsche der Sozialdemokratie, imponierend wirkt auf ihn die sozialdemokratische Einflußnahme auf ihre Mitglieder, die er, Adolf Hitler, nur als Propaganda, als Führung-Verführung der Massen, nie als Bildungsarbeit verstehen kann. Offen gesteht er, dies als Rezept von der Wiener Sozialdemokratie gelernt und übernommen zu haben: den Terror! Den Terror im Betrieb, auf der Straße. „Terror gegen Terror"! Das lernt Adolf Hitler, das will er von den Roten in Wien gelernt haben. Bewußt wählt er das aufreizende blutige Rot dann zuerst in München als Parteifahne. Seine roten Fahnen, seine roten Plakate, seine roten Anschläge sollen den Bürger schrecken und die Massen faszinieren.

Die christlichsoziale Propaganda und die kirchliche Predigt, gerade der von der christlichsozialen Bewegung ergriffenen Priester und Prediger, hat dem „christlichen Volk" von Österreich damals und lange noch bis in die hohen dreißiger Jahre unseres Jahrhunderts den Juden Marx als den furchtbaren Zerstörer aller Kultur, aller christlichen Werte vorgestellt, und sie hat den „jüdischen Marxismus" als einen antichristlichen Teufelsglauben gebrandmarkt.

Ganz im Banne dieser Klischees spricht Hitler in „Mein Kampf" über seine Wiener Erfahrungen mit der Sozialdemokratie. Kein Wort – auch später nicht! –

kein Satz, der eine rationale Auseinandersetzung mit dem Marxismus, konkret mit den sozialpolitischen, gesellschaftspolitischen Programmen, Vorschlägen, Büchern, Arbeiten, Reden der bedeutenden Führer der österreichischen Sozialdemokratie enthält. Diese Führer hatten sich, nicht zuletzt Karl Renner und Otto Bauer, eingehend mit dem Nationalitätenproblem der Donaumonarchie auseinandergesetzt. Interessantes genug wäre da für den jungen Adolf Hitler in Wien zu hören, zu lesen, zu studieren gewesen. Dschugaschwili, also Stalin, geht nach Wien, um hier das Nationalitätenproblem zu studieren!

Adolf Hitler spricht, wie zahllose christliche Politiker, Sonntagsredner, laikale und klerische religiös-politische Prediger, zeitlebens nur in Klischees, in ritualisierten Schlagworten den „jüdischen Marxismus“ an. Noch 1932 hält der für eine Reform der Lueger-Partei plädierende Otto Günther fest: das Schlagwort ist die wichtigste Waffe. Hitler macht sich den vielfach in christlich-konservativen Kreisen bis heute herrschenden merkwürdigen Glauben zu eigen: Der Marxismus ist ein jüdischer Gegenglaube, bestimmt zur Zersetzung des christlichen Glaubens, zum Umsturz der Kirche und aller sittlichen Werte.

So sieht Hitler also den Marxismus und gibt als seine Wiener Erfahrungen aus: Die Sozialdemokratie ist „eine unter der Larve sozialer Tugend und Nächstenliebe wandelnde Pestilenz, von der möglichst die Menschheit schnell die Erde befreien möge, da sonst gar leicht die Erde von der Menschheit frei werden könnte“. Juden sind die Führer der Sozialdemokratie. So „aber mußten die einstigen Urheber dieser Völkerkrankheit wahre Teufel gewesen sein“: Karl Marx und Friedrich Engels – der aus einer pietistischen Industriellenfamilie stammt, aber noch bis heute in antimarxistischen christlichen Kreisen oft als Jude angesehen wird.

„Siegt der Jude mit Hilfe seines marxistischen Glaubensbekenntnisses über die Völker dieser Welt, dann wird seine Krone der Totentanz der Menschheit sein, dann wird dieser Planet wieder wie einst vor Jahrmillionen menschenleer durch den Äther ziehen.“ Der mit der Apokalypse drohende Prediger endet dieses Wien-Kapitel über den jüdischen Marxismus in „Mein Kampf“ mit dem fettgedruckten Glaubensbekenntnis: „Die ewige Natur rächt unerbittlich die Übertretung ihrer Gebote. So glaube ich heute im Sinne des allmächtigen Schöpfers zu handeln. Indem ich mich des Juden erwehre, kämpfe ich für das Werk des Herrn.“ Amen! Millionen österreichischer und deutscher Katholiken können zu dieser feierlichen Erklärung ihr „Amen“ sagen.

In Wien öffnen sich für Adolf Hitler die Augen. Hinter allem Schmutz, aller Zersetzung, allem Bösen steht ein leibhaftiger Teufel in Menschengestalt: der Jude. Das ist eine theologische Konzeption, die sich gerade bei katholischen Antisemiten immer wieder „johanneisch“ nährt, sich auf Johannes beruft. 1935 wird ein in Wien, gleichzeitig in Dresden erscheinender Sammelband, der sich vor allem an die Katholiken wendet, festhalten: Die Juden sind ein „Gegenvolk mit einem geheimen Gegenstaat"; die Vermischung Rassenfremder wird mit Recht als Sünde wider das Blut, als Blut-, Volks- und Rassenverrat bezeichnet; die Juden wollen die arische Intelligenz ausrotten; „... daß uns das Judentum vernichten will, kann kein Ehrlicher mehr leugnen"; die Taufe wäscht den Juden nicht ab.

Dieses Bild des teuflischen Juden entspricht dem Bilde, das der junge Hitler sich in Wien „erarbeitet" hat. Hitler liest in Wien die Traktate und die Zeitschrift „Ostara" des Adolf Josef Lanz (1874–1954), der sich Georg – St. Georg, der den jüdischen Drachen erlegt! – Lanz von Liebenfels nannte. Dieser Lehrerssohn aus dem besonders stark antisemitischen XIV. Wiener Gemeindebezirk war 1899 aus dem Zisterzienserstift Heiligenkreuz, unweit von Mayerling, ausgetreten und verkündete das Evangelium vom Kampf der Kinder des Lichts gegen die Kinder der Finsternis: „Sodoms-Äfflinge", dunkle, dunkelhaarige „Minderrassige" kämpfen gegen die „blond-blauen" Göttersöhne. Lanz fordert eine rassische „Reinzucht", gründet einen „Orden des Neuen Tempels", der Motive der SS vorwegnimmt, schmückt seine Werke mit dem Hakenkreuz, das 1907 zum ersten Male auf der Burg Werfenstein an der Donau aufgepflanzt wird.

Hier verbindet sich ein alter, volkhafter Manichäismus mit einem mönchischen und pubertären Geschlechtshaß gegen die „dunklen Teufel", die der junge Hitler in Wiens Straßen den blonden Mädchen nachstellen sieht: „Der schwarzhaarige Judenjunge lauert stundenlang, satanische Freude im Gesicht, auf das ahnungslose Mädchen, das er mit seinem Blute schändet, und damit seinem, des Mädchens Volke raubt."

Der Jude verseucht das gesamte seelische und geistige Leben des Volkes: „Die Religion wird lächerlich gemacht, Sitte und Moral als überlebt hingestellt, so lange, bis die letzten Stützen eines Volkstums im Kampfe um das Dasein auf dieser Welt gefallen sind." Die Juden produzieren künstlich durch ihre Theater, Varietés, Literatur eine *Vergiftung der Seele.* Adolf Hitler erhebt sich in diesem Blick auf Wien zum Prediger, zum Reiniger, zum Säuberer der Welt. Die folgenden Ausführungen könnten Wort für Wort von einem Volksprediger in diesem christlichsozialen Wien, aber auch von einem Pater-Leppich-Typus unserer Tage von der Kanzel verkündet werden: „Diese sinnlich schwüle Atmosphäre" der babylonischen Großstadt verdirbt die Jugend. „Man muß mit dem Unrat unserer sittlichen Verpestung der großstädtischen ‚Kultur' aufräumen, und zwar rücksichtslos und ohne Schwanken vor allem Geschrei und Gezeter, das natürlich losgelassen werden wird. Wenn wir die Jugend nicht aus dem Morast ihrer heutigen Umgebung herausheben, wird sie in demselben untersinken." – „Dieses Reinemachen unserer Kultur hat sich auf fast alle Gebiete zu erstrecken. Theater, Kunst, Literatur, Kino, Presse, Plakat und Auslagen sind von den Erscheinungen einer verfaulenden Welt zu säubern und in den Dienst einer sittlichen Staats- und Kulturidee zu stellen. Das öffentliche Leben muß von dem erstickenden Parfüm unserer modernen Erotik befreit werden." – „Wird dieser Kampf aber aus Bequemlichkeit oder aus Feigheit nicht ausgefochten, dann möge man sich in 500 Jahren die Völker ansehen. Ebenbilder Gottes dürfte man nur wenige mehr finden, ohne des Allerhöchsten freveln zu wollen."

Im Dienste des Allerhöchsten geht später Adolf Hitler daran, die Menschheit von der jüdischen Pest zu säubern. Die Säuberung – die Endlösung der Judenfrage: Angesichts des „babylonischen" Wien stellt sich ihm erstmalig diese Vision, diese Aufgabe. In allen Bereichen des Lebens ist die Säuberung durchzuführen, ist diese „Erbsünde dieser Welt", „die Sünde wider Blut und Rasse" auszurotten.

Wien 1945. Es ist vollbracht. Die Stadt Wien ist „judenrein", ist von Juden gesäubert. Wien 1968. Die Stadt hat sich noch nicht von dieser Säuberung erholt. In der Luft, im Klima sind noch deutlich die Schwaden der Vergiftung spürbar, der Vergiftung der Seelen und der Geister, die allzu einfach auf den „Nationalsozialismus" und auf „Adolf Hitler" allein bezogen werden.

In seinem „Zweiten Buch" polemisiert Adolf Hitler 1928 – er kommt innerlich nie los von seinem Wien – wie schon des öfteren zuvor gegen den „Allerweltsbastarden Coudenhove", den Gründer der Paneuropa-Bewegung, die ihren Sitz in der Hofburg in Wien hat. Graf Richard Coudenhove-Kalergi ist der Sohn eines Mannes, der 1891 mit Standes- und Gesinnungsgenossen in Wien einen Verein zur Bekämpfung des Antisemitismus gegründet hatte. Das weiß Adolf Hitler nicht; er sieht aber in der Paneuropa-Bewegung eine Wiederverkörperung jenes Geistes, den er in Wien 1908–1913 als teuflischen Gegengeist erfahren hat: „Es ist der wurzellose Geist der alten Reichshauptstadt Wien, jener Mischlingsstadt von Orient und Okzident, der dabei zu uns spricht."

Die *Mischlingsstadt von Orient und Okzident*, das war das jüdische Wien von 1910, von 1913; als ein Himmel auf Erden, als ein Raum totaler Sicherheit, als eine einzigartige Chance des Aufstieges erschien dieses Wien Juden, die aus Galizien, Polen, Rumänien, Rußland, aber auch aus dem nahen feudalen und ländlichen Ungarn nach Wien kamen. Als ein furchterweckendes Ungeheuer erschien das jüdische Wien einem klein- und mittelbürgerlichen christlichen Volke. War da nicht alles von Juden beherrscht: die Banken, die Presse, die Literatur, die Theater, die akademischen Berufe?

An der Wiener Universität sind 1869 in der juristischen Fakultät 19,8 % Juden (1889/90: 22 %), in der medizinischen Fakultät 30 % (1889/90: 48 %) Juden, in der philosophischen Fakultät 11,7% (1889/90: 15%) Juden. Die Gesamtzahlen der Juden an den führenden Hochschulen der zisleithanischen Reichshälfte betragen 1890: 33,6% an der Universität Wien, 31,6% an der Deutschen Karlsuniversität Prag, nur 22,3% an der Universität Czernowitz! An der Technischen Hochschule Wien studieren 1890: 22,7% Juden, in Prag 21,0%, in Brünn 16,0%.

Im Oktober 1881 wagt auf dem Kommers der Wiener Burschenschaften der Professor Erich Schmidt eine mutige Rede über die antijüdische Radikalisierung der österreichischen Studenten: „Es wäre manchmal ein heiliger Florian vonnöten, die Flammen zu löschen."

Eisiges Schweigen. Die Flammen züngeln nur noch höher empor. Eine „christliche", das heißt hier eine nicht-jüdische Studentenschaft sieht sich einem unaufhaltsamen Vordringen von Juden an die Hochschulen und in die akademischen Berufe ausgeliefert: Juden, die an der Jeschiwa und in der langen Abgeschlossenheit im Getto ihre vitalen und geistigen Kräfte gestaut und gesteilt hatten und gleichzeitig tief unruhig aufbrachen. Diesem Aufbruch fühlte sich das geruhsame, seelisch und geistig unerweckte „christliche" Studententum einfach nicht gewachsen. Man lebte nebeneinander in verschiedenen Jahrhunderten, ja Jahrtausenden. Die christlichen Studenten lebten mental in einem Biedermeier, einer nationalen Spätromantik, die Juden lebten sich ein in der europäischen Hochaufklärung des 18. Jahrhunderts und fühlten in Spitzengruppen mit ihren Antennen das hohe 20. Jahrhundert, ja noch fernere Zukunft vor.

Um 1890 sind von 681 Wiener Anwälten 394 Juden; von 360 Advokaturanwärtern sind 310 Juden. Die Mehrzahl der Ärzte ist jüdisch. Eine antisemitische Denkschrift über die Wiener Universität zählt 1894 an der medizinischen Fakultät zwei ordentliche, vierzehn außerordentliche Professoren und 37 Privatdozenten mosaischen Glaubens.

Berühmte jüdische Koryphäen der Wiener Universität sind die Ärzte Salomon Stricker, Emil Zuckerkandl, Moritz Benedikt, Adam Politzer, Josef Gruber, Samuel Schenk, Isidor Neumann, Moritz Kaposi, Ludwig Mauthner und der große Außenseiter Sigmund Freud. An der philosophischen Fakultät wirken Theodor Gomperz, Jakob Minor, Adam Mussaffia, Moritz Thausing. Jüdische Rechtsdenker und Juristen haben die Weltgeltung der österreichischen Jurisprudenz begründet: Männer wie Unger, Glaser, Grünhut und Steinbach.

1925 bemerkt der angesehene Wiener jüdische Journalist Max Graf: „Die Wiener Journalistik ist seit der 48er Revolution eine Hauptdomäne der Juden. An der Spitze der Wiener Zeitungsgründungen standen in der Regel jüdische Journalisten, unter den berühmten Journalisten stehen die Juden in erster Reihe, Leitartikler wie Dr. Landsteiner und Dr. Max Friedländer waren die politischen

Stützen der alten ‚Presse'. Gustav Heine, der Gründer des ‚Fremdenblattes', Eduard Warrens, waren jüdischer Herkunft, Bacher und Benedikt, ruhiger Verstand und stürmende Phantasie der ‚Neuen Freien Presse', waren Juden, Szeps, der populärste Zeitungsmann der Wiener Kleinbourgeoisie, ebenfalls. Der Begründer der ‚Arbeiter-Zeitung' ist ebenfalls ein Jude gewesen wie der des ‚Neuen Wiener Journals'. In allen Rubriken der Wiener Zeitungen, vom Leitartikel angefangen bis zum nahrhaften finanziellen Teil, sind jüdische Journalisten in Wien seit jeher in der Überzahl, sie sind im geistigen Leben Wiens vor allem als phantasievolle, beredte, temperamentvolle Zeitungsschreiber treibende Elemente."
Moritz Benedikt (1849–1920), ab 1881 Chefredakteur der „Neuen Freien Presse", – „war ein Menschenalter lang einer der zehn oder zwölf mächtigsten Männer in Österreich" (A. Fuchs). Unter seiner Führung wurde diese Zeitung eine der bestredigierten Zeitungen Europas. Die angesehensten Dichter und Literaten Englands und Frankreichs kamen darin mit Originalbeiträgen zu Wort. Die Londoner „Times" nennt Benedikts Haltung im Weltkrieg in ihrem Nachrufartikel vom 20. März 1920 einen „jüdischen Pangermanismus".
Jüdischer Pangermanismus: Altösterreichs Juden waren, von der Bukowina und von Galizien, von Krakau bis Triest, in allen Kronländern der Donaumonarchie und nicht zuletzt in Wien zuallermeist leidenschaftliche Anhänger der deutschen und deutschsprachigen Bildung und Kultur und wurden deshalb als „Deutsche" von slawischen, ungarischen, rumänischen Nationalisten angegriffen. Führende politische Köpfe dieses Judentums waren großdeutsch bis in die Knochen. Schönerer, Lueger und noch Hitler finden jüdische Anhänger. Benedikts jüdisch-österreichischer Deutschlandglaube ist nur ein hochragender Gipfel dieses sich zum Deutschtum bekennenden Judentums in der Donaumonarchie.
Moritz Szeps, mit Heinrich Pollak, Siegmund Schlesinger und Heinrich Reschauer, Besitzer des „Neuen Wiener Tagblattes", des meistgelesenen Wiener Blattes, steht dem Kronprinzen Rudolf nahe, der deutsch-liberal gesinnt ist.
Jüdischer Pangermanismus: Wenn es in der Donaumonarchie, zumindest in ihrer zisleithanischen Reichshälfte, eine Bevölkerungspolitik, eine Kulturpolitik, eine zukunftsoffene Innenpolitik – als Voraussetzung für eine gesunde Außenpolitik! – gegeben hätte, wäre dies am Platz gewesen: Die nach Wien und in andere Hochschulstädte und größere Städte einströmenden Juden wären nach ihrem Studium zurückzuleiten gewesen in die ländlichen, agrarischen und kleinstädtischen Regionen, aus denen sie kamen. Altösterreichs Juden waren prädestiniert, ein Amalgam zu bilden, ein unersetzliches verbindendes und verbindliches Element zwischen den Nationalitäten. Sie trugen bereits von Krakau, Prag, Brünn, Czernowitz bis Wien eine deutschsprachige Bildungswelt in sich, beziehungsweise ersehnten nichts mehr, als von ihrem jiddischen „Rebb Schiller", von ihrem in

jiddischer Sprache beheimateten Friedrich Schiller zum Friedrich Schiller einer deutschsprachigen bürgerlichen Hochkultur aufzusteigen, so wie auf der anderen Seite der Wiener deutsche Schiller-Verein den „Dichterfürsten“ auf der Ringstraße im Monumentaldenkmal als einen Bismarck des Geistes vorstellte.
Die Verjudung Wiens durch den Zustrom immer neuer Juden aus dem östlichen Europa erregte nicht nur eine christliche Bevölkerung Wiens, sondern traf auch auf eine Abwehrbewegung des eingesessenen Wiener Judentums. Dieses sah in Sorge und Mißtrauen auf die ihm seelisch, geistig, kulturell fremden Ostjuden. Wiens Juden wollten sich voll und ganz hier beheimaten: in Wien, in der Kaiserstadt. Sie lebten in der Überzeugung, „solange der Kaiser Franz Joseph lebt, gibt es keinen Krieg“. – „Die führenden ‚Großjuden‘ in Österreich hatten kein Programm für die Zukunft, und diese war auch nicht in Frage gestellt, solange man unter österreichischem Judentum das der zisleithanischen Provinzen der Monarchie verstand“ (Arthur Freud).
Der Zionismus wird von diesem Wiener Judentum abgelehnt. In der „Neuen Freien Presse“, deren Feuilletonredakteur Theodor Herzl war, durfte auf Befehl Benedikts nicht einmal das Wort „Zionismus“ genannt werden. Die zum Teil jüdischen Führer der Sozialdemokratie rückten entschieden von allem Jüdischen ab. In der unter der straffen, ja herrscherlichen Führung von Friedrich Austerlitz stehenden „Arbeiterzeitung“ wurde der Zionismus lächerlich gemacht, ja erschienen später Glossen wie „Hakenkreuzler und Hakennäsler“.
In diesem Wiener Judentum finden sich vielfältige Formen der Flucht aus dem Judentum, einem „Judentum ohne – religiöses – Judentum“, von Selbsthaß und damit verbundenem jüdischem Antisemitismus, der um 1918 so vor allem im Banne Otto Weiningers, Menschen wie Arthur Trebitsch ergreift. Der bedeutendste deutschsprachige jüdische Kritiker, Karl Kraus, ist nicht frei von diesem jüdischen Antisemitismus, läßt ihn zu Worte kommen in seinem Kampf gegen die jüdische „Neue Freie Presse“ und andere von Juden redigierte Zeitungen.
Bei der konstituierenden Generalversammlung der „Österreichisch-israelitischen Union“ 1885 spricht der Vorsitzende von der Notwendigkeit, beim jüdischen Antisemitismus zu beginnen, und hebt die Aufgabe des Kampfes gegen die schmachvolle Selbstpreisgabe hervor. Der Vorkämpfer dieses zur jüdischen Selbstbesinnung in Wien aufrufenden Judentums, Dr. Joseph Samuel Bloch (1850 bis 1923), veröffentlicht 1886 eine Broschüre „Der nationale Zwist und die Juden in Österreich“. Die Juden sollen die nationalen, einander bekämpfenden Parteien verlassen. Bloch prangert die „lächerliche Figur“ des sich deutsch- oder tschechischnational gebärdenden Juden an.
Dieses sich spezifisch als Jude fühlende Judentum bildet jedoch in Wien nur eine schmale Randschicht. Wiens „Großjuden“, Wiens jüdisches Bürgertum und die

ins Bürgertum einziehenden und um Aufstieg kämpfenden jüdischen Schichten erstreben Emanzipation. Sie wollen Wiener und Österreicher sein beziehungsweise werden. Der Einstrom ihrer Kräfte und Energien gilt nicht einer spezifisch jüdischen Kultur, sondern einer deutsch-österreichischen Leistung, die sich dem Konzert der Völker in diesem österreichischen Alteuropa öffnet. „Zwölfstimmig murmeln im Donaublut die Völker, die sich hier die Hände reichen, und was ein richtiger Österreicher ist, der hat zwölf Seelen oder noch mehr." Dieser Bekenntnissatz stammt von Hermann Bahr. Der Linzer Hermann Bahr hatte im freisinnigen Linz im Vaterhause – sein Vater ist Notar – die Luft des deutschnationalen Liberalismus eingesogen. Der junge Bahr kommt 1882 an die Wiener Universität, gerät hier als Burschenschaftler in die Welt der Schönerianer, Alldeutschen und radikalen Antiliberalen und entsetzt seinen Vater in Linz mit der frohen Botschaft: „Der Liberalismus ist aus, eine neue Zeit bricht an. Platz für uns!" Der Vater fragt: „Was hat man in Wien aus dir gemacht?" Der Sohn antwortet: „Ja, jetzt sind wir da, und alles muß jetzt anders werden!" Ebendieser Hermann Bahr wird in seinen Lehr- und Wanderjahren, die ihn vor allem nach Paris und Berlin führen, ein Rufer der Moderne, der dann in Wien im Café mit seinen jüdischen Freunden und Weggenossen einkehrt. Hermann Bahr wird der Verkünder eines österreichischen Universalismus und eines sehr österreichischen Katholizismus.

„Zwölfstimmig murmeln im Donaublut die Völker." Das wissen die vom Judentum herkommenden Dichter und Literaten in Wien und bekennen sich zu ihm: die beiden Freunde Hugo von Hofmannsthal und Leopold von Andrian-Werburg, einander in Freundschaft und im Briefwechsel von 1893 bis zu Hofmannsthals Tode 1929 verbunden.

Dem Dichter Österreichs, Hofmannsthal, widmet Leopold von Andrian im Februar 1924 – zehn Jahre nach 1914 – dies Gedicht:

„Besinnst Du Dich, wie einst im Abendwind
Schwarzgelb die Fahnen uns entgegenwehten,
Wenn wir von Versen und vom Duft des späten
Augusttags trunken ausgegangen sind,
In Österreichs Landschaft, unser Angebind
Von Gott, der lieben ließ des vielgeschmähten
Verratenen Reiches Seele die Poeten,
Wie eine Mutter liebt ein frommes Kind?
Fast Knaben durften all wir unser sagen,
Gleichwie der Kaiser, was in Österreich lebte:
Alternd sind arm wir jetzt, denn unsre Welt entschwebte . . ."

Mischlinge, Mischlinge aus dem Blut der Völker Alteuropas und der Donaumonarchie, Mischlinge aus jüdischem und nichtjüdischem Blute: Diese Dichter und Literaten waren berufen, Wien nicht, wie der junge Adolf Hitler, als „Völkerbabel“ und „Rassenchaos“ zu verdammen, sondern als Wiege und Hebamme der Völker froh zu erfahren.

Der letzte große Dichter dieser *altösterreichischen geistigen Rasse,* Joseph Roth, 1894 geboren in Schwabendorf bei Brody im österreichischen Galizien, 1939 gestorben im Armenspital in Paris, setzt der Donaumonarchie in den großen Romanen „Radetzkymarsch“ und „Kapuzinergruft“, und seiner jüdischen Herkunft im „Hiob“, im Bericht von der Auflehnung des galizischen Juden Mendel Singer gegen Gott, ein bleibendes literarisches Denkmal. Joseph Roth schreibt 1938 Österreich in Paris eine „Totenmesse“. Und erinnert da: „Immer noch, auch im neuen Österreich noch, war die latente Bereitschaft vorhanden, diesen ... selbstironischen, agilen Elan zur Mischung, zur ‚Verschlungenheit‘, zur körperlichen, mit Händen greifbaren Toleranz also, zu erneuern.“

Der österreichische, galizische, legitimistische katholische Jude Joseph Roth fordert nach der Besetzung Österreichs im März 1938 den österreichischen, aus Iglau stammenden Katholiken Arthur Seyß-Inquart, der Hitlers Invasion die Wege bereitet hatte, als Offizier der k. u. k. Armee zum Duell: wegen Hochverrats an Österreich.

Im Sommer 1904, in einem jener europäischen Krisensommer, die zum Sommer von 1914 führen, schreibt Hugo von Hofmannsthal an Hermann Bahr über das Hinabsteigen in die „tiefsten Tiefen des zweifelhaften Höhlenkönigreiches Ich“.

Die Tiefen des Höhlenkönigreiches Ich. Im Ich, im Innenraum der Person, waren jene Höhlen und Höllen wahrzunehmen, die sich in den „Wohnhöhlen“ und in den höllischen Konflikten der Außenwelt reflektierten, ja diese mit produzierten. Jüdische Ärzte, Dichter, Tiefenpsychologen erkunden in Wien diese Tiefen des Höhlenkönigreiches Ich; sie und ihre Freunde und Weggenossen, die selbst Mischlinge sind – im oben angesprochenen zweifachen Sinne – erkunden: Die kranke Gesellschaft und das kranke Ich laden sich gegenseitig mit Giftstoffen, mit Krankheiten auf. Die Neurosen und neurosenahen Krankheiten des Ich weisen auf Krankheiten der Gesellschaft, ja des Menschen, die auf das Trauma von unbewältigter naher Vergangenheit, auf traumatische Situationen vergangener Jahrhunderte, ja Jahrtausende, auf das Trauma der Entstehung des Menschen in der Geburt hindeuten.

Das Trauma, die tiefe Wunde naher Vergangenheit: Königgrätz und die Folgen, die „permanente Rauferei“ der Nationalitäten in der zisleithanischen Reichs-

hälfte, eine brutale Unterdrückung in der ungarischen Reichshälfte. Das Trauma unbewältigter Vergangenheit vergangener Jahrhunderte, die aber in den Menschen der Gegenwart nachleben. Nikolaus Niembsch von Strehlenau, also Lenau, weist in seinen „Albigensern" und im „Ziska" darauf hin, Grillparzer in der „Libussa" und in „Ein Bruderzwist in Habsburg", Hamerling in seinem „Jan van Leyden, König von Sion". Das Trauma naher, fernerer und fernster Vergangenheit wird in den Romanen der Altösterreicher Kafka, Brod, Werfel, Kubin, Broch, Musil, Saiko, Doderer und anderer beschworen.
Das Trauma in Wien, in Altösterreich, in hautnaher Gegenwart und in ältester Vergangenheit der Menschheit sieht der aus Mähren stammende Wiener Arzt Sigmund Freud. *Sigmund Freud ist der große Gegendenker gegen Hitler.* In dem Jahrzehnt, in dem Adolf Hitler nach Wien kommt, hat sich Sigmund Freud bereits den Durchbruch zu seiner Tiefenvision erkämpft: in einer lebenslangen Selbstanalyse. Freud – und mit ihm andere jüdische Tiefenpsychologen, Ärzte, Dichter – sehen jene Zerstörungsmächte, die Hitler ständig aus seiner Brust auf andere Menschen und Mächte projiziert, in jedem Menschen wirken.
Am 4. März 1923 schreibt Sigmund Freud aus Wien an Romain Rolland: „Verehrter Herr, es wird mir bis an mein Lebensende eine erfreuliche Erinnerung bleiben, daß ich einen Gruß mit Ihnen tauschen konnte. Denn Ihr Name ist für uns mit der köstlichsten aller schönen Illusionen verknüpft, der von der Ausdehnung der Liebe auf alle Menschenkinder. Zwar gehöre ich einer Rasse an, die im Mittelalter für alle Volksseuchen verantwortlich gemacht wurde und die in der Gegenwart die Schuld am Zerfall des Reiches in Österreich und die am Verlust des Krieges in Deutschland tragen soll. Solche Erfahrungen wirken ernüchternd und machen wenig geneigt, an Illusionen zu glauben. Auch habe ich wirklich einen großen Teil meiner Lebensarbeit (ich bin zehn Jahre älter als Sie) dazu verwendet, eigene und Menschheitsillusionen zu zerstören. Aber wenn diese eine sich nicht irgendwie annähernd realisieren läßt, wenn wir nicht im Laufe der Entwicklung lernen, unsere Destruktionstriebe von unseresgleichen abzulenken" – Ich füge hier erläuternd ein: Hitler möchte diese Destruktionstriebe vom Menschen auf den Gegenmenschen, den Juden, ablenken, Freud will sie ablenken von der im permanenten Bürgerkrieg lebenden Familie der Menschheit auf außermenschliche Objekte! – „wenn wir fortfahren, einander wegen kleiner Verschiedenheiten zu hassen und um kleinen Gewinn zu erschlagen, wenn wir die großen Fortschritte in der Beherrschung der Naturkräfte immer wieder für unsere gegenseitige Vernichtung ausnützen, welche Zukunft steht uns da bevor? Wir haben es doch wahrlich schwer genug, die Fortdauer unserer Art in dem Konflikt zwischen unserer Natur und den Anforderungen der uns auferlegten Kultur zu bewahren."

Sigmund Freud erfährt in Wien immer wieder: „Alle bösen Geister sind gegen mich losgelassen“ (7. Januar 1913). Hier, in Wien, sind Höllen los! Hier sind Höllen zugegen! Haß, Neid; hier, in Wien und in der Donaumonarchie, läßt sich deutlich sehen, wie im Menschen der Gegenwart uralte Vorzeiten lebendig zugegen sind. Freud warnt Richard Dyer-Bennett, der in seinem „Gospel of Living“ einen anglo-amerikanischen Fortschrittsglauben präsentiert, aus diesem Wien, am 9. Dezember 1928: „An Ihrem ‚Gospel of Living‘ hätte ich nur wenig auszusetzen. Gestatten Sie also, daß ich das wenige namhaft mache. Ich würde nicht als Ziel hinstellen, daß die Menschen Götter und die Erde Himmel werden soll. Das erinnert zu sehr an ‚vieux jeu‘, trifft auch nicht recht zu. Wir Menschen fußen auf unserer tierischen Natur, wir werden nie göttergleich werden können. Die Erde ist ein kleiner Planet, eignet sich nicht zum ‚Himmel‘. Wir können dem, der uns folgen will, keinen vollen Ersatz versprechen für das, was er aufgibt. Ein schmerzliches Stück Verzicht ist unvermeidlich.“
Wir fügen hier ein: Sowohl der jüdische Marxismus, der von seinen Anhängern sehr starke, nur in Selbstüberwindung zu leistende geistige Anstrengungen fordert, wie die Tiefenpsychologie fordern Triebverzichte – was nur auf den ersten Blick paradox erscheinen mag –, fordern Selbstenttäuschungen und Desillusionierungen, zu denen weder die Gläubigen der alten Kirchen noch die Anhänger der Glaubensbewegung Adolf Hitlers bereit sind. Beide wollen Erfüllung ihrer Wunschträume und ihres Wunschdenkens, ihres „wishfull thinking“, wollen Erfüllung ihrer Illusionen und *bekämpfen als „Verzichtpolitik“* (unbewußt) *die Aufforderung, auf ihre Wunschträume zu verzichten* – und hassen im „zersetzenden“ Juden den Arzt, der um ihre an sich notwendige Ent-Täuschung ringt.
Freud sieht in dem Brief das ungeheure Problem: Wie sollen Menschen in atavistischer Seelenlage zur Aufklärung befähigt sein, zur politischen, religiösen, geschlechtlichen Aufklärung? „Allzu optimistisch scheinen Sie mir auch im Urteil, daß die Menschheit weit genug fortgeschritten ist, um auf einen Appell wie den Ihrigen zu reagieren. Eine sehr dünne Oberschicht mag Ihren Erwartungen entsprechen, sonst sind alle alten Kulturniveaus – das des Mittelalters, das der animistischen Vorzeit, selbst das der Steinzeit – in großen Menschenmassen lebendig.“ – „Was man also tun soll, um das Leben zu bessern? Ich meine, Geduld haben und annehmen, daß noch ein weiter Weg dahin ist.“
Geduld haben und einen weiten Weg wagen: den Weg durch die behutsame Aufhellung der Höllen in den Tiefen des Höhlenkönigreiches Ich; Wiener jüdische Tiefenpsychologen und vom Judentum herkommende Dichter erloten sich diesen „weiten Weg“ durch ein „weites Land“, ausgerüstet mit jüdischer Schmerzerfahrung und mit der Erfahrung Wiens, des hochkomplexen, vielschichtigen Wesens, in dem „zu ebener Erd und im ersten Stock“, wie Nestroy und Raimund

schon erkannten, „Oben“ und „Unten“, „Herrschaft“ und „Dienstboten“, Ober- und Unterschichten des Bewußtseins, und die Nationalitäten einander so nah und fern zugleich zusammenhausen.
Sigmund Freud sieht den Zusammenhang zwischen seiner Tiefenpsychologie und seinem Judentum. Enrico Morselli bekennt er 1926: „Ich weiß nicht, ob Ihr Urteil recht hat, welches in der Psychoanalyse ein direktes Erzeugnis des jüdischen Geistes erkennen will, aber wenn es so wäre, würde ich mich nicht beschämt fühlen.“ Der befreundeten Prinzessin Marie Bonaparte, seiner bedeutenden Schülerin in Frankreich, berichtet er im selben Jahre aus Wien über die Feiern zu seinem 60. Geburtstage: „Alle Wiener Zeitungen, und viele deutsche, brachten Feuilletons oder Artikel, zumeist sehr anerkennend, manchmal recht gezwungen und gewunden. Die jüdischen Vereine in Wien und draußen, die Universität in Jerusalem (zu deren Kuratorium ich gehöre), kurz die Juden überhaupt haben mich wie einen Nationalheros gefeiert, obwohl mein Verdienst um die jüdische Sache sich auf den einen Punkt beschränkt, daß ich mein Judentum nie verleugnet habe. Die offizielle Welt, die Universität, Akademie, Gesellschaft der Ärzte und so weiter, haben die Gelegenheit völlig ignoriert. Ich finde mit Recht, es war nur ehrlich.“

Das „andere“ Wien nimmt keine Notiz von Sigmund Freud, liest nicht die „verjudete“ Wiener Literatur. Für das „christliche“, christlichsoziale und „nationale“ Wien existiert der große Aufbruch in Wien im ersten Jahrzehnt des 20. Jahrhunderts nicht oder wird übersehen: in der Literatur, in der Tiefenpsychologie, in der Kunst, in der Architektur; nicht zuletzt wird übersehen die „große musikalische Revolution in Wien um 1910“, wie sie Theodor W. Adorno ausspricht: „In der jeglicher hierarchischen Vermittlung abholden Gesinnung Mahlers und Schönbergs mag man säkularisierte jüdische Theologie spüren. Vielleicht war es jener unbotsame Unterstrom der Wiener aristokratischen Tradition seit der Josephinischen Aufklärung, der schließlich heraufkam.“
1936 wagt es der Bundeskanzler Kurt von Schuschnigg, der Freund der Familie Mahler-Werfel, der sich gerne von Franz Werfel Hölderlin vorlesen läßt, nicht mehr, das Glückwunschtelegramm der Regierung zum 80. Geburtstag Freuds der Presse zur Veröffentlichung mitzuteilen.
Gustav Mahler, der große Direktor der Wiener Hofoper in diesem ersten Jahrzehnt unseres Jahrhunderts, hatte sich mit einer „Fidelio“-Aufführung am 15. Oktober 1907 nach zehnjährigem Wirken vom Wiener Publikum verabschiedet. Sein ergreifender Abschiedsbrief an seine Mitarbeiter „wurde im Hofoperntheater affichiert. Am nächsten Tage fand man ihn von unbekannter Bubenhand in Fetzen gerissen“. Richard Specht nennt den Abgang Mahlers von der Wiener Oper eine

„Kulturtragödie und eine Schmach". Der Opernsänger Theodor Reichmann offenbart in seinen Tagebüchern seine Wut und seinen Abscheu über den „jüdischen Affen" Mahler, der sich anmaßte, ihn zu korrigieren.

Dieses „andere Wien", das Wien des Hermann Bielohlawek („Wann i a Büachl sieh, dös hob i scho gfressen") bildet als „christliches" Wien mit seinem Übersehen, mit seinem Abscheu vor dem „jüdischen Wien" ein Parallelphänomen zu Hitlers Nicht-wahr-nehmen dieses mitten in einem schöpferischen Aufbruch befindlichen Wien, zu dem Nichtjuden wie Oskar Kokoschka und Adolf Loos und immer wieder Mischlinge bedeutend beitragen. Hitler wird Kokoschka und andere in seine Säuberung Deutschlands von „entarteter Kunst" einbeziehen.

Die Auseinandersetzung des „christlichen" Wien mit dem „jüdischen" Wien findet, wenn überhaupt, in grotesken Formen totaler Verkennung statt. Friedrich Funder, der wirklich bedeutende führende Kopf der christlichsozialen Publizistik, brandmarkt den „Reigen" Arthur Schnitzlers, ohne dieses Werk gelesen oder gesehen zu haben, in einem aufsehenerregenden Artikel.

Sigmund Freud bekennt im Mai 1922 Arthur Schnitzler: „... ich habe Sie gemieden aus einer Art von Doppelgängerscheu. – ... ich habe immer wieder, wenn ich mich in Ihre schönen Schöpfungen vertiefe, hinter deren poetischem Schein die nämlichen Voraussetzungen, Interessen und Ergebnisse zu finden geglaubt, die mir als die eigenen bekannt waren. Ihr Determinismus wie Ihre Skepsis – was die Leute Pessimismus heißen –, Ihr Ergriffensein von den Wahrheiten des Unbewußten, von der Triebnatur des Menschen, *Ihre Zersetzung der kulturell-konventionellen Sicherheiten,* das Haften Ihrer Gedanken an der Polarität von Lieben und Sterben, das alles berührte mich mit einer unheimlichen Vertrautheit. (In einer kleinen Schrift vom Jahr 1920 ‚Jenseits des Lustprinzips' habe ich versucht, den Eros und den Todestrieb als die Urkräfte aufzuzeigen, deren Gegenspiel alle Rätsel des Lebens beherrscht)."

Sigmund Freud schließt einen Brief an Stefan Zweig, Wien, 19. Oktober 1920, über Dostojewskijs pathologische Verfassung, die sein „Seelenleben ... in zwei Lager zerreißt", in der Dostojewskij in „zweifacher Einstellung zur Vater-Czar-Autorität" sich dieser als Empörer und als sich hingebenden „Sohn" stellt, mit dem Hinweis: „Von Ihnen brauche ich das Mißverständnis nicht zu besorgen, daß diese Hervorhebung des sogenannten Pathologischen die Großartigkeit der poetischen Schöpfungskraft Dostojewskijs verkleinern oder aufklären wollte."

Dieser Hinweis ist bedeutsam: Die Erforschung der ambivalenten Tiefenschichten der Person, des „Untergrundes" des Ich, und die Darstellung dieses „Höhlenkönigreiches" bildet im Bewußtsein dieser von jüdischen Ärzten, Psychologen, Dichtern mitgeschaffenen Kultur der Moderne etwas Notwendiges, Heiles, nämlich Heilendes. Ohne Bewußtseinserhellung gibt es ja keinen Fortschritt der Ho-

minisation, der Menschwerdung des Menschen. Für den Wiener und österreichischen christlichen Bürger und Kleinbürger erscheint gerade diese schöpferische Leistung als ein teuflisches Werk der Zersetzung aller „christlichen Werte". Der Untergrund der eigenen Person und Nation darf nicht berührt werden; er darf und soll nur nach außen projiziert und angegriffen werden in der „satanischen, perversen, entarteten, verjudeten" Kunst, im „Kulturbolschewismus".
Im Jahre 1901 erscheint Schnitzlers „Leutnant Gustl". Autoritäre Kreise, der Armee und dem „christlichen Österreich" verschworen, sehen in dieser Novelle einen tödlichen Angriff auf die Ehre der Armee mit der patriarchalisch-hierarchischen Herrschaftsordnung der Monarchie. In seinem „Leutnant Gustl" hat Arthur Schnitzler die Form des inneren Monologs, die er bereits in der Novelle „Der Andere" erstmalig angewandt hatte, zu hoher Meisterschaft kultiviert. Er hat „damit den ersten wesentlichen Beitrag zur Revolutionierung der Erzählkunst im deutschen Sprachraum geschaffen, denn die große epische Dichtung der Weltliteratur in der ersten Jahrhunderthälfte von Joyce bis Faulkner, von Proust bis Valéry Larbaud, von Alfred Döblin bis Hermann Broch wurde wesentlich von dieser Form bestimmt" (Joseph Strelka).
Adolf Hitler ist gerade in seiner Frühzeit in Wien, 1908/09, literarisch und „künstlerisch" sehr tätig. Er schreibt viel, „zum Großteil Entwürfe zu Bühnenwerken, Schauspiele und Dramen aus der deutschen Heldensage. Auch gezeichnet hat er sehr viel, meist Entwürfe für Prunkbauten, Theater und Operngebäude, Museen, Rathäuser, Konzert- und Festsäle". – „Besonders beschäftigte er sich immer noch mit Plänen für einen Neubau des Linzer Theaters." Seine Kunstwelt, die er sich hier in Wien schafft und an der er in München, Berlin, in den Planungen im Führerhauptquartier und noch im letzten Bunker in der Reichskanzlei festhält, hat keine Beziehung zu dem Aufbruch der Moderne, der sich im Zeitraum von 1900 bis 1914 in Europa, in Wien, und gerade auch im „jüdischen Wien" begibt.
1900: Sigmund Freud: „Die Traumdeutung".
1901: Sigmund Freud: „Zur Psychopathologie des Alltagslebens" und: „Über den Traum". Arthur Schnitzler: „Leutnant Gustl". Henry van de Velde gründet die Weimarer Kunstgewerbeschule. Der Wiener Jude Karl Landsteiner entdeckt die menschlichen Blutgruppen.
1902: Else Lasker-Schüler: „Styx".
1904–1912: Romain Rolland: „Jean Christophe", eine Symphonie deutsch-französischer Versöhnung in Romanform.
1905: Der Mährische Ausgleich – ein bedeutendes Reformwerk der zisleithanischen Reichshälfte der Donaumonarchie, die rechtliche Sicherung der deutschen und slawischen Sprache jeder regionalen nationalen Minderheit im Kronland

Böhmen; Freud: „Der Witz und seine Beziehung zum Unbewußten"; Paul Klee: „Der Held mit dem Flügel" – auch Klee ist Jude!; Matisse sammelt um sich „Les Fauves"; Gründung der „Brücke" in Dresden: erste Ausstellung 1906; Einstein: „Spezielle Relativitätstheorie".
1906: Robert Musil: „Die Verwirrungen des Zöglings Törleß" – erschrockene Visionen pubertärer Grausamkeiten in geschlossenen Anstalten, die heute wie Vor-Bilder der Schrecknisse im *univers concentrationaire* wirken.
1907: Henri Bergson: „L'Evolution créatrice"; Maxim Gorki: „Die Mutter" (Hitler spricht dem Juden und dem Russen jede schöpferische geistige Leistung ab); Picasso: „Les Demoiselles d'Avignon".
1908: Marc Chagall – 21 Jahre, Hitler in Wien ist 19 Jahre alt! –: „Nue rouge". Fritz Haber, der deutsche Jude, findet die Ammoniaksynthese, eine wichtige Vorbedingung der deutschen Kriegsindustrie ab 1914. Der Jude Hermann Minkowski schafft in „Raum und Zeit" die mathematischen Grundlagen der Relativitätstheorie.
1909: Ezra Pound, 24 Jahre: „Personae"; der deutsche Jude Paul Ehrlich erfindet mit dem Japaner Sahachiro Hata das Salvarsan, das erste neuzeitliche Heilmittel gegen die – von Hitler in Wien – so gefürchtete Syphilis.
1910: Oskar Kokoschka, 24 Jahre, ab 1933 ein „Star" der NS-Angriffe gegen die „entartete Kunst", malt sein „Bildnis des Auguste Forel"; Wassily Kandinsky: „Abstraktes Aquarell"; Chirico, 22 Jahre, und Fernand Leger, 29 Jahre, treten mit bedeutenden Werken auf.
1911: Hugo von Hofmannsthal: „Jedermann"; Strauß-Hofmannsthal: „Der Rosenkavalier" – die Lehre vom „Leichtsein", Eros, Verzicht, Verzeihen; – Gründung des „Blauen Reiters" in München; Ernest Rutherford: Atommodell.
1912: Gottfried Benn, 26 Jahre: „La Morgue"; Wassily Kandinsky: „Das Geistige in der Kunst" – theoretische Begründung der abstrakten Kunst; Franz Werfel, 22 Jahre: „Der Weltfreund"; Franz Marc: „Hund, Fuchs, Katze".
1913: Kokoschka: „Dramen und Bilder"; Marcel Proust beginnt sein Romanwerk „A la recherche du temps perdu" – der Halbjude Proust ist stark antisemitisch tangiert; Freud: „Totem und Tabu"; Edmund Husserl: „Ideen zu einer reinen Phänomenologie und phänomenologischen Philosophie".
1914: Hermann Bahr: „Expressionismus"; Georg Trakl: „Gedichte"; Oskar Kokoschka: „Die Windsbraut".

Blicken wir zurück von dem achtzehnjährigen Hitler in Wien 1907/08 auf einige Siebzehnjährige im letzten Jahrzehnt des 19. Jahrhunderts in Wien, um Rilke, Hofmannsthal, Stefan Zweig. Der Gymnasiast Hofmannsthal, der unter verschiedenen Pseudonymen, vor allem als „Loris" publiziert, da die k. k. Schulbehörde Schülern das Publizieren verbot, dichtet:

> Ganz vergessener Völker Müdigkeiten
> kann ich nicht abtun von meinen Lidern.

Der siebzehnjährige Schüler Stefan Zweig besingt den „Herbst":

> Mir wird der Herbst so nah. Ich fühle seinen Frieden:
> Mein Herz wird reich und groß in weitem Einsamsein.
> Denn Schwermut, die die dunklen Dörfer überweht,
> Hat meiner Seele viel von ihrem Glück gegeben.

Spätsommer und lange Herbstzeiten im Wien der letzten Jahrzehnte vor 1914, in der „Welt von Gestern". Stefan Zweig erinnert sich: „Wenn ich versuche, für die Zeit vor dem ersten Weltkriege, in der ich aufgewachsen bin, eine handliche Formel zu finden, so hoffe ich am prägnantesten zu sein, wenn ich sage: es war das goldene Zeitalter der Sicherheit. Alles in unserer fast tausendjährigen österreichischen Monarchie schien auf Dauer gegründet und der Staat selbst der oberste Garant dieser Beständigkeit."

Die Eltern, reiche Wiener jüdische Bürger, wohnen in dieser Sicherheit „wie in einem steinernen Haus". – „So wie meine Eltern haben zehntausend oder zwanzigtausend Familien in Wien gelebt in jenem Jahrhundert der gesicherten Werte." – „Der eigentliche Wille des Juden, sein immanentes Ideal ist der Aufstieg ins Geistige, in eine höhere kulturelle Schicht." – „Daß diese Flucht ins Geistige durch eine unproportionierte Überfüllung der intellektuellen Berufe dem Judentum dann ebenso verhängnisvoll geworden ist wie vordem seine Einschränkung ins Materielle, gehört freilich zu den ewigen Paradoxien des jüdischen Schicksals. In keiner Stadt Europas war nun der Drang zum Kulturellen so leidenschaftlich wie in Wien." – „... hier waren alle Ströme europäischer Kultur zusammengeflossen; am Hof, im Adel, im Volk war das Deutsche dem Slawischen, dem Ungarischen, dem Flandrischen im Blute verbunden, und es war das eigentliche Genie dieser Stadt der Musik, alle diese Kontraste harmonisch aufzulösen in ein Neues und Eigenartiges, in das Österreichische, in das Wienerische. Aufnahmewillig und mit einem besonderen Sinn für Empfänglichkeit begabt, zog diese Stadt die disparatesten Kräfte an sich, entspannte, lockerte, begütigte sie; es war lind, hier zu leben, in dieser Atmosphäre geistiger Konzilianz, und unbewußt wurde jeder Bürger dieser Stadt zum Übernationalen, zum Kosmopolitischen, zum Weltbürger erzogen."

„Wer dort lebte und wirkte, fühlte sich frei von Enge und Vorurteil. Nirgends war es leichter, Europäer zu sein, und ich weiß, daß ich es zum guten Teil dieser Stadt zu danken habe, daß ich frühzeitig gelernt, die Idee der Gemeinschaft als die höchste meines Herzens zu lieben.“ – „Es war wundervoll, hier zu leben, in dieser Stadt, die gastfrei alles Fremde aufnahm und gerne sich gab, es war in ihrer leichten, wie in Paris mit Heiterkeit beschwingten Luft natürlicher, das Leben zu genießen.“ – „Der erste Blick eines Wiener Durchschnittsbürgers in die Zeitung galt allmorgendlich nicht den Diskussionen im Parlament oder den Weltgeschehnissen, sondern dem Repertoire des Theaters, das eine für andere Städte kaum begreifliche Wichtigkeit im öffentlichen Leben einnahm. Denn das kaiserliche Theater, das Burgtheater war für den Wiener, für den Österreicher mehr als eine bloße Bühne, auf der Schauspieler Theaterstücke spielten; es war der Mikrokosmos, der den Makrokosmos spiegelte, der bunte Widerschein, in dem sich die Gesellschaft selbst betrachtete, der einzig richtige *cortigiano* des guten Geschmacks.“ – „Dieser Fanatismus für die Kunst und insbesondere für die theatralische Kunst ging in Wien durch alle Stände.“

Täglich, wenn man hier Hitlers Jugendfreund Kubizek glauben darf, sehr oft, wie Hitler selbst versichert, besucht Adolf Hitler, zumal in seiner Wiener Frühzeit, Wiens Theater.

Stefan Zweig erinnert sodann: „In Wien wurde alles zum festlichen Anlaß, was Farbe oder Musik entäußerte, die religiösen Umzüge wie das Fronleichnamsfest, die Militärparaden, die Burgmusik; selbst die Begräbnisse fanden begeisterten Zulauf, und es war der Ehrgeiz jedes rechten Wieners, eine schöne ‚Leich‘ mit prunkvollem Aufzug und vielen Begleitern zu haben; sogar seinen Tod verwandelte ein richtiger Wiener noch in eine Schaufreude für die anderen.“

Adolf Hitler verwendet später sehr viel Zeit für die künstlerische Vorbereitung seiner Aufmärsche, Festspiele, Reichsparteitags-Feiern, und immer wieder für die „schöne Leich“, die er seinen Märtyrern und alten Kämpfern, und in seinem Kriege noch, Generalen der alten k. u. k. Armee, in Staatsbegräbnissen bereitet.

Stefan Zweig erinnert: In dieses Wien beheimateten sich die Juden. „Ihr Verlangen nach Heimat, nach Ruhe, nach Rast, nach Sicherheit, nach Unfremdheit drängt sie, sich der Kultur ihrer Umwelt leidenschaftlich zu verbinden. Und kaum verwirklichte sich – außer in Spanien im fünfzehnten Jahrhundert – eine solche Bindung glücklicher und fruchtbarer als in Österreich. Seit mehr als zweihundert Jahren eingesessen in der Kaiserstadt, begegneten die Juden hier einem leichtlebigen, zur Konzilianz geneigtem Volke, dem unter dieser scheinbar lockeren Form derselbe tiefe Instinkt für geistige und ästhetische Werte innewohnte, wie sie ihnen selbst so wichtig waren. Und sie begegneten sogar noch mehr in Wien: sie fanden hier eine persönliche Aufgabe.“

Der kaiserliche Hof und der Adel waren im hohen 19. Jahrhundert nicht mehr wie früher die Hüter und Protektoren der Kunst. Jetzt „mußte das Bürgertum in die Bresche springen, und es war der Stolz, der Ehrgeiz gerade des jüdischen

Bürgertums, daß sie hier in erster Reihe mittun konnten, den Ruhm der Wiener Kultur im alten Glanz aufrechtzuerhalten. Sie liebten von je diese Stadt und hatten sich mit innerster Seele hier eingewohnt, aber erst durch ihre Liebe zur Wiener Kunst fühlten sie sich voll heimatberechtigt und wahrhaft Wiener geworden". – „Einzig gegenüber der Kunst fühlten in Wien alle ein gleiches Recht, weil Liebe zur Kunst in Wien als gemeinsame Pflicht galt, und unermeßlich ist der Anteil, den die jüdische Bourgeoisie durch ihre mithelfende und fördernde Art an der Wiener Kultur genommen. Sie waren das eigentliche Publikum, sie füllten die Theater, die Konzerte, sie kauften die Bücher, die Bilder, sie besuchten die Ausstellungen und wurden mit ihrem beweglicheren, von Tradition weniger belasteten Verständnis überall die Förderer und Vorkämpfer alles Neuen."
Als da ein einziges Mal in der antisemitischen Zeit, in Schönerers und Luegers Wien, versucht wurde, ein „nationales" Theater zu gründen, bricht dieser Versuch nach wenigen Monaten zusammen: es fehlte an Autoren, Schauspielern, Publikum. „... an diesem Exempel wurde zum ersten Male offenbar: neun Zehntel von dem, was die Welt als Wiener Kultur des neunzehnten Jahrhunderts feierte, war eine vom Wiener Judentum geförderte, genährte, oder sogar schon selbstgeschaffene Kultur." – „Denn gerade in den letzten Jahren war – ähnlich wie in Spanien vor dem gleich tragischen Untergang – das Wiener Judentum künstlerisch produktiv geworden, allerdings keineswegs in einer spezifisch jüdischen Weise, sondern indem es durch ein Wunder der Einfühlung dem Österreichischen, dem Wienerischen den intensivsten Ausdruck gab. Goldmark, Gustav Mahler und Schönberg wurden in der schöpferischen Musik internationale Gestalten, Oscar Strauß, Leo Fall, Kálmán brachten die Tradition des Wiener Walzers und der Operette zu einer neuen Blüte, Hofmannsthal, Arthur Schnitzler, Beer-Hofmann, Peter Altenberg gaben der Wiener Literatur einen europäischen Rang, ... Sonnenthal, Max Reinhardt erneuerten den Ruhm der Theaterstadt über die ganze Erde, Freud und die großen Kapazitäten der Wissenschaft lenkten die Blicke auf die altberühmte Universität."
„Durch ihre leidenschaftliche Liebe zu dieser Stadt, durch ihren Willen zur Angleichung hatten sie sich vollkommen angepaßt und waren glücklich, dem Ruhme Österreichs zu dienen; sie fühlten ihr Österreichertum als eine Mission vor der Welt."
„Dies Österreich ist ein Gebilde des Geistes, und immer wieder will eine neidische Gewalt es zurückreißen ins Chaos; unsäglich viel aber vermag ein Mann, und immer wieder, in gemessenen Abstand, ruft ja die Vorsehung den Mann herbei, von dem das Gewaltige verlangt wird und der dem Gewaltigen gewachsen ist." Das schreibt Hugo von Hofmannsthal im Dezember 1914 zum Gedächtnis des Prinzen Eugen.

Wo aber erscheint nun der Führer, der Retter Österreichs, Alteuropas, der gefährdeten Menschheit?
Hugo von Hofmannsthal rettet Österreich, die *humanitas austriaca*, mit anderen Mischlingen und österreichischen Juden in den Raum der Dichtung. Diese Entrückung bedeutet Zauber, Glanz und – Reflex des politischen Scheiterns.
1788 kommt der fünfundzwanzigjährige Isaak Löw Hofmann von Prag nach Wien. In drei Dekaden baut er ein großes Vermögen auf, im Textilhandel, im Seidenimport aus den italienischen Provinzen der Monarchie. Der recht judenfeindliche Kaiser Franz I. verleiht ihm 1827 den Adel. Hofmann wird „Edler von Hofmannsthal" und wählt in das zweifeldrige Wappen das Maulbeerblatt des Seidenspinners und die mosaischen Gesetzestafeln. – Isaak Hofmann wurde der erste Vorsteher der Wiener Kultusgemeinde; unter seiner Leitung wird das neue jüdische Amtshaus in der Seitenstättengasse bezogen; im Hintertrakt steht der Tempel. Nur katholische Kirchen durften damals unmittelbar straßenzugänglich sein.
Sein Sohn August heiratet 1839 in Mailand die katholische Patrizierstochter Petronella von Rho; „durch den völligen Übergang ins nicht-jüdische Lager wollte er sich und seinen Kindern einen dauernden Sozialplatz im Kreis des niedern Adels erwerben" (Hermann Broch).
Im Börsenkrach von 1873 – der für den Aufstieg des Antisemitismus gerade auch in Wien eine so große Rolle spielt – geht das Familienvermögen der Hofmannsthals zu einem Großteil verloren. Hugo von Hofmannsthal ist hauptsächlich auf seinen Eigenerwerb angewiesen. Dieser Dr. Hugo Hofmann von Hofmannsthal ist nur mehr Halbjude, ist katholisch erzogen. Seine Frau stammt aus halb österreichischem, halb schwäbischem Bauernstamm. Wichtiger als seine öffentlichen Ämter in der Anwaltskammer waren ihm, Hermann Broch zufolge, sicherlich die Aufführungen des Burgtheaters und die Konzerte im neuen Musikvereinssaal und im Bösendorfersaal.
In der Wiener „Herrschaftswohnung" der Hofmannsthals im III. Bezirk in der Salesianergasse 12, einer Gasse, die heute noch von alten Adelsfamilien bewohnt wird, erblickt am 1. Februar 1874 sein Sohn Hugo von Hofmannsthal das Licht der Welt. – Gegenüber den Hofmannsthalschen Fenstern befand sich das kleine Barockpalais der Vetsera. Die achtzehnjährige Tochter Mary Vetsera geht im Januar 1889 mit dem Kronprinzen Rudolf in Mayerling in den Tod. *Finis Austriae.* Ein Ende Österreichs. Das Mädchen liegt auf dem Dorffriedhof von Heiligenkreuz, dem im 12. Jahrhundert von den Babenbergern gegründeten Zisterzienserstift, dem Lanz (von) Liebenfels entläuft.
Grillparzers „Traum ein Leben" und Raimunds Feenspiele dürften die ersten Theatereindrücke des jungen Hugo gewesen sein. Der Vater Hugo erzieht das

Kind Hugo vorzüglich durch Theaterbesuche im Burgtheater, vorher wohl auch im Prater. Hofmannsthals dichterisches Lebenswerk verewigt den „hohen Stil" des Burgtheaters, im „Emporheben des Lebens in eine große Tradition". Das Volk ist bei Hugo von Hofmannsthal eine kollektive Märchengestalt. Österreich ist für Hofmannsthal ein Gebilde höchster Realität, ja sittlicher Realität, symbolisiert durch den Kaiser. Österreich ist Symbol, Traum, sittliche Forderung.
1915 beschwört Hugo von Hofmannsthal die Deutschen in einem Aufsatz in der „Vossischen Zeitung", Berlin: „Es darf, auch in dem heutigen, sehr ernsten Zusammenhang, ausgesprochen werden, daß Österreich unter den Ländern der Erde eines der von Deutschen ungekanntesten oder schlechtest gekannten ist. Österreich liegt Deutschland so nahe und wird dadurch übersehen."
Nun, dieser Satz hat heute, 1968, noch seine Berechtigung. Bedeutsamer aber ist für uns die Aufforderung, die Hofmannsthal da, 1915, an „die Deutschen" richtet: „Österreich ist kein schlechthin Bestehendes, sondern eine ungelöste Aufgabe. Vieles, was in dem 1870 begründeten neuen Reich seine Lösung nicht finden konnte und doch deutsche Aufgabe war, inneres deutsches Leben, ein Wirkendes, von der Schickung Gewolltes, soll und wird hier gelöst werden. Österreich ist die besondere Aufgabe, die dem deutschen Geist in Europa gestellt wurde. Es ist das vom Geschick zugewiesene Feld eines „rein geistigen Imperialismus". – „Österreich muß als die deutsche Aufgabe in Europa wieder und wieder erkannt werden."
„Ein rein geistiger Imperialismus": Hofmannsthal möchte die Deutschen von einem sehr materiellen Imperialismus ablenken, die lange vor 1914 auf die reichen Schätze der Donaumonarchie sehen! Hugo von Hofmannsthal fühlt sich als Deutsch-Österreicher, glaubt an ein inneres Reich der Deutschen, in der deutschen Sprache: ein Reich des Geistes. Viele kultivierte deutsche Juden glauben bis über 1933 an dieses innere Reich der Deutschen und trauen dem „Volk der Dichter und Denker" nicht zu, daß es ein „Volk der Richter und Henker" (Karl Kraus) werden könnte.

Der so eigentümliche Deutschlandglaube Hugo von Hofmannsthals, des Dichters der „österreichischen Idee", muß auch in diesem Zusammenhang gesehen werden. Diesem Deutschlandglauben hängen in Prag nicht wenige Juden an. Sie fühlen sich hier seit dem Toleranzpatent Kaiser Josephs II. als zum deutschen Volk gehörig. Prag konnte noch zur Zeit meines Großvaters als deutsche Stadt gelten. Daran erinnert Max Brod, der in Jugendzeiten „ein fanatischer Österreicher" war und im Ersten Weltkrieg die allgemeine Ablehnung des Krieges in der Prager Bevölkerung schildert und vermerkt: „Nur Kafka war vom Endsieg der Deutschen überzeugt."

Dieses Prager tschechische Volk sieht ironisch-zärtlich auf „den alten Prochazka", wie es den Kaiser Franz Joseph nennt, und glaubt lange Zeit nicht, daß der Kronprinz Rudolf wirklich gestorben ist – für 1895 spricht von diesem Glauben Arthur Schnitzler in einem Brief an Hofmannsthal. Ein tschechischer jüdischer Journalist, Moritz Bloch, verfaßt 1914 als Beamter der kaiserlichen Kabinettskanzlei in Wien das Manifest, in dem Kaiser Franz Joseph die Nationen der Donaumonarchie zum Krieg aufruft: „An meine Völker".
Hofmannsthal, der nun im Ersten Weltkrieg aktiv in die kulturpolitische Propaganda-Arbeit im Dienste der Regierung tritt, übersieht nicht, daß von Deutschland nicht so sehr reine Geistesgaben, sondern Gifte einströmen; Gifte eines alldeutschen hektischen Nationalismus. Er beschwört deshalb in dem eben zitierten Aufsatz von 1915 die Deutschen in Deutschland: „Was wir Österreicher von Deutschland beständig verlangen müssen, ist das Reinste seiner geistigen Kraft." – „Wo uns Deutschland ein Minderes gibt, als sein Höchstes und Reinstes, wird es uns zu Gift."
1917 stellt Hofmannsthal dem kommenden Nachkriegs-Europa „die österreichischer Idee" vor: „Dies Europa, das sich neu formen will, bedarf eines Österreich: eines Gebildes von ungekünstelter Elastizität, aber eines Gebildes, eines wahren Organismus', durchströmt von der inneren Religion zu sich selbst, ohne welche keine Bindungen lebendiger Gewalten möglich sind: es bedarf seiner, um den polymorphen Osten zu fassen." Wien erscheint ihm als *Porta Orientis*, als strahlende, weltoffene Mittlerin der Völker Europas. Diese Österreich-Idee Hugo von Hofmannsthals ist, in dichterischer Höhung, auch Darstellung eines österreichischen Vater- und Mutterlandes, wie es Wiens kultivierte Juden fanden.
Hofmannsthal, Schnitzler, Zweig und ihre Freunde, die sich im Café Griensteidel und in ihren patrizischen herrschaftlichen Wohnungen treffen, leben der „Monomanie des Kunstfanatismus" (Zweig) und sehen – eine apolitische Generation – ihrerseits über das „andere Wien" meist hinweg. Zweig sieht auf „die große allgemeine Rauferei, die sich Donaumonarchie nannte", wie es später der Prager deutsche jüdische Dichter Johannes Urzidil nennt, freundlich zurück: „Man bekämpfte sich im alten Österreich noch chevaleresk, man beschimpfte sich zwar in den Zeitungen, im Parlament, aber dann saßen nach ihren ciceronianischen Tiraden dieselben Abgeordneten freundschaftlich beisammen beim Bier oder Kaffee oder duzten einander." – Aber auch ein Friedrich Funder erzählt aus der Zeit seiner Tätigkeit als Parlamentsjournalist: „Das damalige Haus hatte Redner von ganz großem Format. Der jungtschechische Führer Dr. Herold sprach ein Prager Deutsch von bezauberndem Wohllaut, schon die klassische Geste des polnischen Grafen Dzieduszycki, dieses Philosophen auf dem politischen Parkett, war hinreißend schön; auf den deutschen Bänken standen in der vordersten Reihe als

Redner durch Glanz und die Formschönheit ihrer Sprache: Viktor Russ, Dr. Pergelt, Max Menger, Dr. v. Baernreither, und auch diesen voran der auf Eleganz des Ausdrucks fast eitel bedachte Wiener Advokat Dr. Pattai und der mit Reden sparsame Prinz Alois Liechtenstein."

Zehn Jahre später erscheint dem jungen Adolf Hitler dieses Parlament nur mehr als eine Stätte wüster Auftritte; er übersieht, daß der rüde Ton, das Greifen zum Messer, mit deutschen Abgeordneten aus dem Kronland Böhmen in den Reichsrat in Wien eingezogen war.

Stefan Zweig und das jüdische Bildungsbürgertum Wiens übersehen nicht den Aufstieg des Dr. Lueger. „Es war genau die gleiche verängstigte Schicht, wie sie später Adolf Hitler als erste breite Masse um sich gesammelt hat, und Karl Lueger ist auch in einem andern Sinne sein Vorbild gewesen, indem er ihn die Handlichkeit der antisemitischen Parole lehrte, die den unzufriedenen Kleinbürgerkreisen einen Gegner optisch zeigte und anderseits zugleich den Haß von den Großgrundbesitzern und dem feudalen Reichtum unmerklich ablenkte." Stefan Zweig sieht aber einen großen Unterschied zwischen Hitler und Lueger: „Karl Lueger . . . hatte akademische Bildung und war nicht vergebens in einem Zeitalter, das geistige Kultur über alles stellte, zur Schule gegangen. Er konnte populär sprechen, war vehement und witzig, aber selbst in den heftigsten Reden – oder solchen, die man zu jenen Zeiten als heftig empfand – überschritt er nie den Anstand, und seinen Streicher, einen gewissen Mechaniker Schneider, der mit Ritualmordmärchen und ähnlichen Vulgaritäten operierte, hielt er sorgfältig im Zaum. Gegen seine Gegner bewahrte er – unanfechtbar und bescheiden in seinem Privatleben – immer eine gewisse Noblesse, und sein offizieller Antisemitismus hat ihn nie gehindert, seinen früheren jüdischen Freunden wohlgesinnt und gefällig zu bleiben." Nach seinem Sieg folgt keine Schreckensherrschaft; als er „zum Bürgermeister ernannt wurde, blieb seine Stadtverwaltung tadellos gerecht und sogar vorbildlich demokratisch; die Juden, die vor diesem Triumph der antisemitischen Partei gezittert hatten, lebten ebenso gleichberechtigt und angesehen weiter".

Stefan Zweig ersieht das Aufkommen des Terrors in Wien durch „eine dritte Blume, die blaue Kornblume, Bismarcks Lieblingsblume und Wahrzeichen der deutschnationalen Partei, die – man verstand es nur damals nicht – eine bewußt revolutionäre war, die mit brutaler Stoßkraft auf die Zerstörung der österreichischen Monarchie zugunsten eines – Hitler vorgeträumten – Großdeutschland unter preußischer und protestantischer Führung hinarbeitete". – „Ihre paar Abgeordneten wurden der Terror und, im alten Sinn, die Schande des österreichischen Parlaments; in ihren Ideen, in ihrer Technik hat Hitler, gleichfalls ein Randösterreicher, seinen Ursprung." Zweig bezieht das auf die Abgeordneten

dieser Bewegung „aus den böhmischen und alpenländischen Randgebieten".
„Was für den Nationalsozialismus die SA-Männer leisteten, das besorgten für die Deutschnationalen die Corpsstudenten, die unter dem Schutz der akademischen Immunität einen Prügelterror ohnegleichen etablierten und bei jeder politischen Aktion auf Ruf und Pfiff militärisch organisiert aufmarschierten. Zu sogenannten ‚Burschenschaften' gruppiert, zerschmissenen Gesichts, versoffen und brutal, beherrschten sie die Aula ... mit harten, schweren Stücken bewaffnet ...; unablässig provozierend, hieben sie bald auf die slawischen, bald auf die jüdischen, die katholischen, die italienischen Studenten ein und trieben die Wehrlosen aus der Universität. Bei jedem ‚Bummel' ... floß Blut. Die Polizei ... durfte sich ausschließlich darauf beschränken, die Verletzten, die blutend von den nationalen Rowdys die Treppe hinab auf die Straße geschleudert wurden, fortzutragen."
„Diese studentische Sturmtruppe" besetzt in den Badeni-Unruhen die Ringstraße. Die Regierung weicht vor dem deutschnationalen Terror zurück. „Der Einbruch der Brutalität in die Politik hatte seinen ersten Erfolg zu verzeichnen. Alle die unterirdischen Risse und Sprünge, die das Zeitalter der Konzilianz so mühsam verkleistert hatte, brachen auf und wurden Abgründe und Klüfte. In Wirklichkeit hatte in jenem letzten Jahrzehnt vor dem neuen Jahrhundert der Krieg aller gegen alle in Österreich schon begonnen. Wir jungen Menschen aber, völlig eingesponnen in unsere literarischen Ambitionen, merkten wenig von diesen gefährlichen Veränderungen in unserer Heimat: wir blickten nur auf Bücher und Bilder."
In einer anderen Form nehmen diese jungen Menschen jedoch, erschreckend, ein unterirdisches Wien wahr: in der Welt der Prostitution, in ihrer Angst vor der Ansteckung durch Geschlechtskrankheiten.
Hier begegnet sich Adolf Hitler, der geschlechtlich nie ein erwachsener freier Mensch wird, lebenslang gegen „die Prüderie" wettert, ihr selbst aber verfallen ist, mit dieser ihm mental und seelisch so fernstehenden Jugend eines anderen Wien. Hitler ist von der Angst vor Geschlechtskrankheiten besessen. In „Mein Kampf", im „Zweiten Buch", in vielen Monologen bis nahe an sein Ende befaßt er sich mit der Syphilis.
Stefan Zweig, der seinerseits geschlechtlich nie ganz reif wurde – als Freund, Schüler und Patient Sigmund Freuds ringt er um späte Reife – schildert die Prüderie, die Verdrängung, die Verheimlichung des Geschlechtslebens in der guten Gesellschaft seiner Wiener Jugendzeit. Da „vereinigten sich alle Instanzen zu einem gemeinsamen Boykott durch hermetisches Schweigen. Schule und kirchliche Seelsorge, Salon und Justiz, Zeitung und Buch, Mode und Sitte vermieden prinzipiell jedwede Erwähnung des Problems".

„. . . in dieser ungesund stickigen, mit *parfümierter Schwüle* – Adolf Hitler verwendet dieselbe Wortverbindung – durchsättigten Luft sind wir aufgewachsen." – „. . . diese Angst vor allem Körperlichen und Natürlichen war tatsächlich von den obersten Ständen bis tief in das ganze Volk mit der Vehemenz einer wirklichen Neurose eingedrungen."

„In allen Ständen spürte man durch diese Unterdrückung bei der Jugend eine unterirdische Überreizung, die sich in kindischer und hilfloser Art auswirkte. Kaum fand sich ein Zaun oder ein verschwiegenes Gelaß, das nicht mit unanständigen Worten und Zeichnungen beschmiert war, kaum ein Schwimmbad, in dem die Holzwände zum Damenbad nicht von sogenannten Astlochguckern durchbohrt waren. Ganze Industrien standen in heimlicher Blüte, vor allem die jener Akt- und Nacktfotografien, die in jedem Wirtshaus Hausierer unter dem Tisch den halbwüchsigen Burschen anboten."

Hitlers affektgeladenes Wüten gegen „Schmutz und Schund" hat hier, in der Angst, im Ekel, in der Faszination durch diesen „Schmutz", den er in Wien erstmalig erlebte, die psychische Fixierung erfahren.

Stefan Zweig berichtet weiter: „Neben dem Hoftheater, das dem Zeitideal mit all seinem Edelsinn und seiner schneeweißen Reinheit zu dienen hatte, gab es Theater und Kabaretts, die ausschließlich der ordinärsten Zote dienten; überall schuf sich das Gehemmte Abwege, Umwege und Auswege." – „Da man mannbar gewordene junge Leute erfahrungsgemäß nicht verhindern konnte, ihre *vita sexualis* auszuüben, beschränkte man sich auf den bescheidenen Wunsch, sie sollten ihre unwürdigen Vergnügungen *extra muros* der geheiligten Sitte erledigen. Wie die Städte unter den sauber gekehrten Straßen mit ihren schönen Luxusgeschäften und eleganten Promenaden unterirdische Kanalanlagen verbergen, in denen der Schmutz der Kloaken abgeleitet wird, sollte das ganze sexuelle Leben der Jugend sich unsichtbar unter der moralischen Oberfläche der Gesellschaft abspielen."

Dieses unterirdische Wien der Kanäle, Kloaken, „Lasterhöhlen", verschmilzt in der Impression des pubertären Hitler mit dem Wien der Wohnhöhlen der Elenden, erweist sich als Babel, als Hölle der Blutmischung der Nationalitäten, der Rassen, der „Blutschande". Seine Geschlechtsangst, seine Angst vor Ansteckung mit Geschlechtskrankheiten, verschmilzt neurotisch mit seiner religiös-politischen Angst vor dem Teufel, der im Juden verkörpert erscheint. Jude und Prostitution gehören für Adolf Hitler zusammen.

Stefan Zweig schildert die Prostitution in Wien: „Sie stellte gewissermaßen das dunkle Kellergewölbe dar, über dem sich mit makellos blendender Fassade der Prunkbau der bürgerlichen Gesellschaft erhob."

Fassade: Die Ringstraße wird von Otto Wagner, Adolf Loos, Hermann Broch und vielen anderen wachen Beobachtern als Fassade eines Prunkbaues „Wien" angesehen, der die Lüge und das Vakuum verdecken soll.

„Von der ungeheuren Ausdehnung der Prostitution in Europa bis zum Weltkriege hat die gegenwärtige Generation kaum mehr eine Vorstellung." – „In jeder Preislage und zu jeder Stunde war damals weibliche Ware offen ausgeboten, und es kostete einen Mann eigentlich ebensowenig Zeit und Mühe, sich eine Frau für eine Viertelstunde, eine Stunde oder Nacht zu kaufen wie ein Paket Zigaretten oder eine Zeitung." – „Eine Ballettänzerin, die für zweihundert Kronen in Wien ebenso zu jeder Stunde und für jeden Mann zu haben war wie das Straßenmädchen für zwei Kronen, brauchte selbstverständlich keinen Gewerbeschein; die großen Demimondaines wurden sogar in der Zeitung in dem Bericht über das Trabrennen oder Derby unter den prominenten Anwesenden genannt, weil sie eben schon selbst zur Gesellschaft gehörten. Ebenso standen einige der vornehmsten Vermittlerinnen, die den Hof, die Aristokratie und die reiche Bürgerschaft mit Luxusware versorgten, jenseits des Gesetzes, das sonst Kuppelei mit schweren Gefängnisstrafen belegte. Die strenge Disziplin, die mitleidslose Überwachung und die soziale Ächtung hatten nur Geltung innerhalb der Armee der Tausende und Abertausende, welche mit ihrem Körper und ihrer gedemütigten Seele eine alte und längst unterhöhlte Moralauffassung gegen freie und natürliche Liebesformen verteidigen sollte."

„Diese ungeheure Armee der Prostitution war – ebenso wie die wirkliche Armee in einzelne Heeresteile, Kavallerie, Artillerie, Infanterie, Festungsartillerie – in einzelne Gattungen aufgeteilt." Der Festungsartillerie entsprach die Prostitution, die bestimmte Straßen besetzt hielt. „Tür an Tür saßen wie im Yoshiwara Japans oder am Fischmarkt in Kairo noch im 20. Jahrhundert – hier in Wien – zweihundert oder fünfhundert Frauen, eine neben der andern, an den Fenstern ihrer ebenerdigen Wohnungen zur Schau, billige Ware, die in zwei Schichten, Tagschicht und Nachtschicht, arbeitete" (Stefan Zweig).

Gustav Kubizek schildert, wie er mit Freund Adolf nachts beim Heimweg vom Burgtheater oder der Oper von „herumflanierenden Straßenmädchen" angesprochen wird. „Aber immer wurden dabei nur Adolf die schönen Augen gemacht." – „Adolf blieb ein Einsamer und hütete in strenger mönchischer Askese die heilige ‚Flamme des Lebens'." Voll von Angst, Abscheu und Anziehung, spricht der Jüngling sehr oft mit dem Freunde Gustl über sexuelle Dinge; „immer von neuem griff er das Problem – Dirnentum und käufliche Liebe – auf". Er führt Gustl in den „Pfuhl des Lasters", in die Spittelberggasse. „Adolf fürchtete die Infektion, wie er mir oftmals sagte, und erst heute weiß ich, daß damit vor allem die moralische Infektion gemeint war." Er richtet „seinen persönlichen Lebenswandel mit

dem Ernst und der Konsequenz eines Mönches ein, der sein Leben Gott '
hat".

Der Puritaner Adolf Hitler bleibt lebenslang im Banne dieser Angst vor An-steckung; er will die Frau, das deutsche Volk, die Menschheit von der Syphilis, der „Pest des jüdischen Marxismus", „der jüdischen Krankheit" befreien, reinigen. Geschlechtsangst des lebenslänglich Pubertären macht ihn zu einem Besessenen, der nie die in Wien zum vollen Durchbruch kommende sexuelle Neurotik überwinden kann.

Stefan Zweig schildert die panische Angst seiner Wiener Jugend, seiner Jugendgenossen: „Die Angst vor der Infektion . . . überschattete die Seele nach und selbst in den zärtlichsten Augenblicken." – „. . . zu der Angst vor der Infektion kam noch das Grauen vor der widrigen und entwürdigenden Form der damaligen Kuren. Durch Wochen und Wochen wurde der ganze Körper eines mit Syphilis Infizierten mit Quecksilber eingerieben, was wiederum zur Folge hatte, daß die Zähne ausfielen und sonstige Gesundheitsschädigungen eintraten; das unglückliche Opfer eines schlimmen Zufalls fühlte sich also nicht nur seelisch, sondern auch physisch beschmutzt, und selbst nach einer solchen grauenhaften Kur konnte der Betroffene lebenslang nicht gewiß sein, ob nicht jeden Augenblick der tückische Virus aus einer Verkapselung wieder erwachen könnte . . . Kein Wunder darum, daß da also viele junge Leute sofort, wenn bei ihnen die Diagnose gestellt wurde, zum Revolver griffen." – „Suche ich mich redlich zu erinnern, so weiß ich kaum einen Kameraden meiner Jugendjahre, der nicht einmal blaß und verstörten Blicks gekommen wäre."

Diese Schilderung der leibseelischen Wirkung der Angst vor der Syphilis und die Wirkung der Syphilis auf die jungen Freunde des jungen Stefan Zweig in Wien kehrt hundertfach wieder in Adolf Hitlers Reden: in seiner Ausmalung der leibseelischen Vergiftung des deutschen Volkskörpers durch die „jüdische Krankheit" des Marxismus und durch den geschlechtlichen Umgang mit Juden, in der „Blutschande". Adolf Hitler hat in Wien mehrfach mit Juden verkehrt. Juden sind frühe Käufer seiner Bilder und Ansichten Wiens. Hier in Wien trennt er sich von den Juden und fürchtet sie, ihre „Berührung", als eine tödliche Infektion.

In den endlosen Monologen im Führerhauptquartier und den anderen Stätten, an denen er seine Nächte im Zweiten Weltkrieg durch-spricht, aus Angst, zu Bett zu gehen, erinnert sich Hitler an ein schönes, kulturgesättigtes Wien. Da kommt er auch auf Bruno Walter zu sprechen und meint, daß dieser minderwertige jüdische Dirigent nur deshalb in Wien Operndirektor wurde, weil ihn zuerst in München die jüdische Presse hochgelobt habe. Adolf Hitler erinnert sich nicht daran, daß Bruno Walter 1901–1912, also in seiner eigenen Wiener Zeit, bereits k. k. Hofopernkapellmeister war.

Bruno Walter (1876–1962), 1901–1912 k. k. Hofopernkapellmeister in Wien, 1913–1922 Generalmusikdirektor in München, dann an der Städtischen Oper Berlin, bis 1933 Leiter des Gewandhausorchesters Leipzig, 1934–1936 Direktor der Staatsoper Wien, 1938 nach Amerika geflüchtet, stammt aus einer deutschjüdischen Familie in Berlin. Sehr früh wird er von einer leidenschaftlichen Liebe zur österreichischen Lebensart, zur Wiener Kultur ergriffen. Wien, das ist das Burgtheater, „die höchste Schauspieltradition Europas", das ist die Schauspielkunst eines Sonnenthal, Mitterwurzer, Kainz. Wien, das ist Nestroy, „die österreichische Mischung aus Liebenswürdigkeit und Scharfzüngigkeit, Leichtsinn und Tiefsinn, Gutmütigkeit und Keckheit". Wien, das ist der zweiundzwanzigjährige Hugo von Hofmannsthal, das ist das Haus des Gustav Mahler und seiner Frau Alma.

Wie ein Rausch kommt es über ihn, ein Rausch von Seligkeit, als er, Bruno Schlesinger – der endgültig 1911 bei seiner Einbürgerung in Österreich den Namen Walter annimmt – erstmalig 1897 nach Wien kommt. „Die herrlichste Oper der Welt", das Burgtheater, „der Stefansdom, dessen erhabene Gestalt mir aus Abbildungen teuer, verehrt und vertraut war, die herrliche Karlskirche, hinter der Brahms ein Leben lang gewohnt hatte ... da war die edle, mächtige Hofburg, wo Kaiser Franz Joseph regierte, die Ringstraße, die Museen, und da war der Musikvereinssaal." – „Bei Tage genoß ich die klare, prächtige Ringstraße und die barocke Wirrnis der ‚inneren Stadt' – sie blieb mir unauflöslich durch all die Jahrzehnte – abends trank ich Wein in einem Garten in Grinzing oder aß im ‚Zweiten Kaffeehaus' im Prater eine kleine Portion Gulasch ... der Wiener Dialekt klang harmonisch und wohltuend an mein Ohr, und ich fühlte, ich gehörte nach Wien, und nicht gefunden hatte ich Wien, sondern wiedergefunden – der Seele nach war ich Wiener." – Von 1901 an atmet Bruno Walter in Wien „die welttröstende österreichische Freundlichkeit" ein.

Bruno Walter erlebt die österreichische Marschmusik, den Radetzkymarsch, den Hoch- und Deutschmeistermarsch, folgt mit der Wiener Jugend der Wachablösung im Burghof, „so locker und unpreußisch, gefolgt von dem Vortakt in ‚Tschinellen' und großer Trommel und dann der brillanten österreichischen Militärmusik".

Dieses Wien erlebt in diesen Jahren auch Adolf Hitler.

Bruno Walter erlebt jedoch noch, was Hitler verwehrt war, von innen her: „die Dichtung von Raimund, Grillparzer und Stifter, von Schnitzler, Hofmannsthal und Wildgans". Das Wiener Kaffeehaus, als „Ort bedeutender geschichtlicher und kulturpolitischer Beschlüsse oder Vorgänge, wichtiger politischer und wissenschaftlicher Unterredungen und natürlich auch der Intrigen und endlosen Tratsches." – „Auch glaube ich mich nicht in der Behauptung zu irren, daß die

Epoche von der Jahrhundertwende bis zum Ausbruch des Ersten Weltkrieges in Österreich durch eine besonders hohe Kultur des Gesprächs ausgezeichnet war." Bruno Walter erinnert in diesem Zusammenhang an Karl Kraus, Peter Altenberg und seine Freunde im Café Zentral, an Alfred Polgar. – „Das Wiener Café ist eine Lebensform", sagt 1964 Emil Franzel. Karl Kraus schreibt, als das Café Griensteidl demoliert wird, in dem sich Bahr, Hofmannsthal, Schnitzler und das ganze literarische „junge Wien" trafen, seine Glosse „Demolierte Literatur".

Wien, das ist für Bruno Walter 1901–1912 „Freundschaft", „Mit-Freunde", „Mit-Leben": im Hause Schnitzlers mit Hugo von Hofmannsthal, mit Jakob Wassermann in seinem Hause am Kaasgraben in Grinzing, im Hause Wittgenstein.

Bruno Walter erlebt in diesen Jahren jedoch auch das „andere" Wien, das antisemitische Wien, die täglichen Zusammenstöße im Reichsrat. „Wenn ich morgens die Zeitungsberichte über die Sitzungen im österreichischen Reichsrat und im ungarischen Parlament las, so hatte ich das Gefühl, *wieder einmal meinen täglichen Becher voll Gift* zu mir genommen zu haben." Zwei Zeitungen, „die völlig im Dienst des Antisemitismus standen", sprühen zudem ihr Gift gegen Gustav Mahler und gegen ihn selbst, gegen „diese Juden".

„Es muß traurigerweise zugegeben werden, daß in dem Heimatland der Musik auch die Quellen jener hassenden Gesinnung flossen, deren Popularität dem Nationalsozialismus schließlich zur Macht verholfen hat. Vielleicht würde eine psychologisch orientierte Geschichtsforschung sogar den *Untergang Österreichs mit diesem Bruch im Charakter* des *Volkes* oder mindestens mit der Unvereinbarkeit so hoher kultureller Anlagen und so niedriger barbarischer Tendenzen erklären." In den beiden Wien hat Bruno Walter beides erfahren: hohe Humanität, Menschenfreundlichkeit, die Kultur von Mitmenschlichkeit, gepflegt im Gespräch, in der „Mit-Freude". Und den totalen Abbruch des Gesprächs im totalen Haß, der dem Juden das Wort, die Antwort, die „Satisfaktion" in jeder Weise verwehrt.

In Amsterdam hört Bruno Walter am Radio bis tief in die Nacht hinein die Berichte von der Agonie Österreichs, am 11. März 1938. In den Pausen zwischen den Schreckensnachrichten werden Wiener Walzer gespielt, dann folgen „schmetternde preußische Militärmärsche". Wenig später erfährt er, daß er „fast alles, was sich an Wertvollem oder freundlich Gewohntem in seiner Wohnung befand", verlorengeben muß. Seinen Wagen, einen Cadillac, erhält ein Mann, der eben von den Nationalsozialisten aus dem Zuchthaus entlassen wurde. Dieser Mann hatte vor Jahren mit anderen ein Attentat auf einen Juwelier in der Mariahilferstraße verübt: „Wie ich erfuhr, hatten die Nazis einen von ihnen (von diesen Räubern) – ich glaube, er hieß Globotschnik – befreit und zum Gauleiter ernannt, und mein Wagen diente nun dem so hoch qualifizierten alten Parteigenossen zur standesgemäßen Bequemlichkeit."

Es blieb Bruno Walter erspart, Globotschnik – wie er seinen Namen schreibt – näher kennenzulernen. Der Großvater dieses Odilo Globočnik war noch Slowenenführer in Klagenfurt. Odilo Globočnik, erster Gauleiter in Wien nach der Besetzung Österreichs im März 1938, wird SS- und Polizeiführer des Distrikts Lublin und führend mit der Vernichtung der Juden im Generalgouvernement beauftragt. Globočnik baut die Vernichtungslager Belzec, Sobibor und Treblinka, erprobt als erster die Vergasung und leitet die „Aktion Reinhard", der 1,8 bis 2,2 Millionen Juden zum Opfer fallen. Chef des Stabes der „Aktion Reinhard" war der Österreicher Hermann Höfle, seinem Stab gehören weitere fünfundzwanzig Österreicher an. In Treblinka führt der Linzer Franz Stangl das Kommando.

Das Linz des jungen Adolf Hitler kehrt da unheimlich wieder: Der Linzer Rechtsanwalt Dr. Sammern-Frankenegg hat als SS- und Polizeiführer das Getto von Warschau in seiner Hand. „Alle Verfolgungsaktionen bis zur ersten Phase der Bekämpfung des Getto-Aufstandes lagen in seinen Händen." Der Linzer Rechtsanwalt Dr. Ernst Kaltenbrunner wird der letzte Chef der Geheimen Staatspolizei, die stark mit Österreichern durchsetzt ist. In Linz wächst seit seinem vierten Lebensjahr der Deutsche Adolf Eichmann auf, der viele Österreicher in seinem Team hat.

Der junge Adolf Hitler sieht in derselben Zeit, in der Bruno Walter ein altösterreichisches, sehr wienerisches, jüdisches und großbürgerliches Wien erlebt, *seine* beiden Wien: einmal ein höllisches, durch den Juden und die fremden Nationalitäten vergiftetes Wien. „Gab es da einen Unrat, eine Schamlosigkeit in irgendeiner Form, vor allem des kulturellen Lebens, an der nicht wenigstens ein Jude beteiligt gewesen wäre?" Hitler übersieht vollständig, lückenlos, die gerade von Wiener Juden mitgeschaffene Kultur der Mitmenschlichkeit, der Dichtung, Literatur, der Wissenschaften in diesem Wien. In seinen vielen hundert Reden und (Selbst-)Gesprächen findet sich kein auch noch so schmaler Hinweis, daß er je diese Hemisphäre wahrgenommen hat. „Mit-Freude" ist ihm, dem Schadenfrohen, der sich gerne auf Kosten anderer Witze gestattet, völlig unbekannt. Dieser ewig Pubertäre lebt sich in seinen Tagträumen aus. Zu diesen Tagträumen gehören untrennbar seine architektonischen Visionen. Adolf Hitler möchte Städte bauen, die dem kaiserlichen Wien, seinem Wien der Ringstraßenzeit, an Glanz und Herrlichkeit gleichkommen, wenn nicht gar es übertreffen. Adolf Hitler möchte Reichsbauten bauen, die der Herrlichkeit der deutschen gotischen Dome ebenbürtig sind. Bis an sein Ende geistert diese Wien-Vision durch sein Tagtraumdenken.

Da steht er – hymnisch schildert er seine Ergriffenheit in „Mein Kampf" – vor dem „Prachtbau" am Franzensring, dem Reichsrat. Diese Räume sind „geheiligt durch erhabene Schönheit des herrlichen Baues. Ein hellenisches Wunderwerk auf deutschem Boden". – „In Musik, Baukunst, Bildhauerei und Malerei war Wien der Brunnen, der in unerschöpflicher Fülle die ganze Doppelmonarchie versorgte, ohne jemals selber sichtlich zu versiegen" – kein Wort über das Wort, die Dichtung! „Der Deutschösterreicher dachte mehr als groß. Er war immer gewohnt, im Rahmen eines großen Reiches zu leben, und hatte das Gefühl für die damit verbundenen Aufgaben nie verloren." Dieser Österreicher hat einen viel weiteren Gesichtskreis als der (Binnen)-Deutsche. Das sieht Adolf Hitler in Wien; in der Weiträumigkeit seiner Straßen und Plätze, seiner Prunkbauten, vor allem der Ringstraße.
Die Ringstraße, die *via triumphalis*, wie er sie selbst anspricht, „berauscht" ihn. Adolf Hitler hat sich mit nichts so intensiv befaßt wie mit Architekturstudien und mit militärischen Studien. Hier macht er durch seine Detailkenntnis immer wieder Fachleute staunen. Beim Rundgang durch die Pariser Oper sucht er einen gewissen Saal; seine französischen Führer kennen diesen Saal nicht; schließlich stellt sich heraus, daß dieser Saal seit geraumer Zeit vermauert ist. Penetrante Detailkenntnis, geradezu eine Sucht, bis ins kleinste Detail einen Bau zu erkunden, zeichnen Adolf Hitler aus. Um so interessanter: Im Anblick, in seiner Vision der Wiener Ringstraße schweigt in Hitler alle Kritik. Hier übersieht er, geblendet vom Glanz der Fassaden, den Kitsch und das architektonische Versagen.
Die Ringstraße: Stilproben aus zwei Jahrtausenden. „Grundriß und Fassade dominieren, der Zweck bleibt im Hintergrund. Die Sitzungssäle des Parlaments haben eine schlechte Akustik, die erst mit modernen Mitteln, Mikrophon und Lautsprecher, überwunden wurde, das Rathaus ist durch und durch Repräsentationsbau mit ungeeigneten Kanzleiräumen, das Burgtheater hatte Logenplätze mit schlechter Sicht und mangelnder Akustik." Der Wiener drückt das so aus: „Das Parlament hat Säle, in denen man nichts hört, das Rathaus hat Räume, in denen man nichts sieht, und das Burgtheater ist ein Theater, in dem man weder sieht noch hört!" Kitsch: Statuen, aus Zement gegossen, falsche Porphyrsäulen; das Parlament, der Reichsrat: eine seltsame „Vereinigung von klassisch-griechischer Form mit byzantinischer Farbenpracht". Die Oper steckt im Boden, besitzt bei Eröffnung keine Klosettanlagen. Man hat sie vergessen. Der Wiener Volksmund singt: „Der Siccardsburg und van der Nüll, die haben beide keinen Stül; griechisch, gotisch, Renaissance, das ist denen alles ans."
Van der Nüll begeht auf Grund der vielen Angriffe gegen seinen Bau Selbstmord, sein Mitarbeiter und Jugendfreund Siccardsburg, dem sein Tod sehr nahegeht, stirbt wenige Wochen darauf am Herzschlag.

Der große Wiener Architekt Otto Wagner, „wahrscheinlich der berühmteste Hochschullehrer der Monarchie“ (Otto Antonia Graf), hatte bereits 1889, in Hitlers Geburtsjahr, dem Historismus der Ringstraßenarchitektur den Kampf angesagt. Seine „Moderne Architektur“ ist gegen die mühsam, pompös und so aufwendig aufgebaute „steinerne Weltgeschichte“ der Ringstraße gerichtet. Das Werk Otto Wagners und seiner Schüler, wahrer Pioniere der modernen Architektur – die 1903 Flughäfen, Betonwohnbauten, 1912 eine rotierende Architektur entwarfen – ertrinkt im Wiener Kitsch, hinter dem eine große Angst steht: „die Angst vor dem Zerfall der Kunst, der Monarchie, der Sicherheit in festgefügten Ordnungen“.

„Vor dem Otto Wagnerschen genius streiche ich die segel.“ Das ist ein Satz von Adolf Loos. Adolf Loos, einer der ganz großen Bahnbrecher eines neuen Bauens – Kärntner Bar 1907; Haus auf dem Michaelerplatz 1910; Haus Tristan Tzara in Paris 1926; Haus Dr. Müller in Prag 1930 – sieht im Juli 1898 Wien als „die Potemkinsche Stadt“. Wiens Ringstraßenarchitektur – „effekt durch falsche steine und andere imitationen“ – ist „eine unmoralische Handlung“. – „Was immer das Italien der renaissance an herrenpalästen hervorgebracht hat, wurde geplündert, um ihrer majestät, der plebs, ein neues Wien vorzuzaubern, das nur leute bewohnen, die imstande sind, einen ganzen palast vom sockel bis zum hauptgesims allein innezuhaben. Im parterre die stallungen, im niedrigen, untergeordneten mezzanin die dienerschaft, im hohen, architektonisch reich durchgebildeten ersten stockwerke die festräume und darüber die wohn- und schlafräume“. – „. . . jede stadt hat jene architekten, die sie verdient.“
Diese „renaissance- und barockpaläste sind nicht einmal aus dem material, aus dem sie hergestellt erscheinen. Bald geben sie vor, aus stein, wie die römischen und toskanischen paläste, bald aus stuck, wie die wiener barockbauten, gebaut zu sein. Sie sind keines von beiden: ihre ornamentalen details, ihre konsolen, fruchtkränze, cartouchen und zahnschnitte sind angenagelter zementguß“. – Der Wiener glaubte „als echter Parvenü . . ., daß die anderen den schwindel nicht merkten“. – „Ob man aus leinwand, pappe und farbe holzhütten darzustellen sucht, in denen glückliche bauern leben, oder aus ziegeln und zementguß vorgebliche steinpaläste errichtet, in denen feudale großherren ihren sitz zu haben scheinen, im prinzip bleibt es das gleiche. Über der wiener architektur dieses jahrhunderts schwebte der geist Potemkins.“
In seinem aufsehenerregenden Aufsatz „Ornament und Verbrechen“ macht Adolf Loos 1908 auf die *Ungleichzeitigkeit der Zeitgenossen* aufmerksam: „Das tempo der kulturellen entwicklung leidet unter den nachzüglern. Ich lebe vielleicht im jahre 1908, mein nachbar aber lebt um 1900 und der dort im jahre 1880.

Es ist ein unglück für einen staat, wenn sich die kultur seiner einwohner auf einen so großen zeitraum verteilt. Der kalser bauer lebt im zwölften jahrhundert. Und im jubiläumsfestzuge gingen völkerschaftten mit, die selbst während der völkerwanderung als rückständig empfunden worden wären. Glücklich das land, das solche nachzügler und marodeure nicht hat. Glückliches Amerika!"
Wir fügen hier kurz ein: hier irrt Adolf Loos. Amerikanische Südstaatler, Ku-Klux-Klan-Männer, Minute-men und andere sind 1962 so wenig Zeitgenossen des John Kennedy, wie der junge Adolf Hitler, der Bielohlawek und die im Reichsrat mit dem Messer losgehenden deutschböhmischen Abgeordneten 1908 Zeitgenossen des Otto Wagner und Adolf Loos waren.
Adolf Loos fährt fort: „Bei uns gibt es selbst in den städten unmoderne menschen, nachzügler aus dem achtzehnten jahrhundert, die sich über ein bild mit violetten schatten entsetzen, weil sie das violett noch nicht sehen können." – „Die nachzügler verlangsamen die kulturelle entwicklung der völker und der menschheit, denn das ornament wird nicht nur von verbrechern erzeugt, es begeht ein verbrechen, dadurch, daß es den menschen schwer an der gesundheit, am nationalvermögen und also in seiner kulturellen entwicklung schädigt." *Adolf* und *Adolf* sind nicht Zeitgenossen!
Der Nachzügler Adolf Hitler verdankt seine ungeheuren Erfolge der Tatsache, daß er Millionen Menschen anspricht, die, wie er, „Nachzügler" sind und voll Angst und Groll auf die eben beginnende Moderne, die industrielle Großgesellschaft sehen, die sehr hohe Anforderungen an den Intellekt und das Ethos, an Wissen und Gewissen stellen.
Loos: „Wehe, wenn ein volk in der kulturellen entwicklung zurückbleibt!" „Der moderne ornamentiker ... ist ein nachzügler oder eine pathologische erscheinung."
1919, nach dem Zusammenbruch dieser Adolf Loos heillos verlogen erscheinenden Fassaden-Bauwelt und Ornament-Kitsch-Kultur, macht Loos noch einmal warnend und beschwörend aufmerksam: „Die zeitgenossen des künstlers gehören verschiedenen perioden an. In der gewesenen monarchie verteilten sich die einwohner auf die letzten tausend jahre. Im neuen Österreich verteilen sich die menschen auf die letzten drei Jahrhunderte." Adolf Loos erblickt am Wien der Ringstraßenarchitektur 1898–1908 zunächst eben diese unheilvolle Situation, die heute in wohl allen Großgesellschaften sichtbar geworden ist: Nebeneinander hausen Menschen, die mental, geistig, seelisch in ganz verschiedenen Zeitlagen, Epochen, Bewußtseinsformen leben.
Wien also „als Metropole des Kitsches". Hermann Broch setzt sich mit diesem erregenden Phänomen auseinander in seiner großangelegten Studie über „Hofmannsthal und seine Zeit". Besonders in den Abschnitten über „Die Kunst und

ihr Un-Stil am Ende des 19. Jahrhunderts", „Das Wert-Vakuum der deutschen Kunst", „Die fröhliche Apokalypse Wiens um 1880" und „Das politische Vakuum" zeigt der Wiener jüdische österreichische Dichter und Denker Hermann Broch erstmalig – nach Adolf Loos – und einmalig in der Schärfe seines sittlichen Blicks die Zusammenhänge zwischen Kunst-Kitsch und politischem Verbrechen auf. Broch kennt das Wien Hofmannsthals, das Wien der „Ringstraße" und das Wien Adolf Hitlers.

Wien, in den Augen Brochs: „Nach 1848 geriet die Stadt, selbst ihre Proletarierviertel nicht ausgenommen, immer tiefer ins Unrevolutionäre, ins Hedonistische, ins Skeptisch-Freundliche, Freundlich-Skeptische. Wien wurde zur *Un-Weltstadt*, und ohne darum zur Kleinstadt zu werden, suchte es kleinstädtische Ruhe, kleinstädtische Engsicht, kleinstädtische Freuden, den Reiz des Einst: es war noch Metropole, aber Barock-Metropole, und zwar eine, für die es keine Barock-Politik mehr gab." – „Man spielte Kunstblüte, zwar nicht ganz so plump wie später unter Wilhelm II., geschweige denn unter Hitler, dennoch nicht ganz unbewußt, also nicht ohne Verlogenheit." – „Mit Recht benannte die Wiener Dekoration ihren Un-Stil nach ihrem repräsentativsten Maler, dem Schönheitsvirtuosen Hans Makart: er war der große Dekorateur der Epoche, und sie wurde, zumindest in Wien, die Makart-Zeit; gebärdete man sich in München neo-vandyckisch, so zauberte er auf seinen Bildern den staunenden Zeitgenossen eine Art Rubens-Oper vor – tatsächlich ritt er in Rubens-Verkleidung dem von ihm entworfenen Kaiser-Festzug 1873 auf weißem Zelter voran." – Adolf Hitler glaubt an Makart, sieht in ihm einen der größten Künstler aller Zeiten.

Hermann Broch: „Und als Metropole des Kitsches wurde Wien auch die des Wert-Vakuums der Epoche."

Im August 1933 wagt es die „Neue Rundschau", Hermann Brochs großen Aufsatz über „Das Böse im Wertsystem der Kunst" abzudrucken; verkürzt, „eingedeutscht" in manchen Bezügen, aber dennoch: das war ein Wagnis. Hermann Broch setzt sich hier immanent mit dem Barock und dem kirchlichen Absolutismus des 16.–20. Jahrhunderts auseinander, er sieht *das Böse im Dogmatischen* – Hitler hält am Dogma der Kirche und an seinem Kunst-Dogma fest! „Es ist die Maske des Antichristen, der die Züge des Christen trägt und dennoch das Böse ist."

„Man könnte von einem spezifischen ‚Imitationssystem' sprechen, von einer Imitation, in der sogar die *imitatio Dei* nochmals imitiert wird, aber alle wesentlichen Elemente zu ihrem Gegenteil invertiert werden: das Unendliche zum Endlichen, das Irrationale zum Rationalen und umgekehrt." Hier wird „das Unendliche zum Endlichen verringert und herabgewürdigt", hier wird „das Endliche ins Unendliche pathetisiert".

Das Wien der Ringstraßenwelt, einer künstlerischen Halbwelt, ist die Stadt eines dekadenten Barock. Als solche liebt, bewundert, verehrt Hitler Wien: Dieser „Kunstmaler und Schriftsteller“ ist ein Epigone der großangelegten Propaganda des Schreckens und der Freude im Barock. Kunst und Propaganda gehören für ihn – wie für den Barock – aufs engste zusammen: Beide sollen sie Triebe wecken, Affekte befriedigen.
Broch: „... in der persönlichen Affektbefriedigung liegt die stärkste Quelle des Kitsches.“ – „Und gerade daß die Triebbefriedigung mit endlichen und rationalen Mitteln erzielt wird, gerade dieses Pathetisieren des Endlichen zum Unendlichen, dieses Hinarbeiten auf das ‚Schöne‘ gibt dem Kitsch jenen Anstrich der Unwahrhaftigkeit, hinter der man das ethisch ‚Böse‘ ahnt.“ – „*Wer Kitsch erzeugt,* ist nicht einer, der minderwertige Kunst erzeugt, er ist kein Nichts- oder Wenigkönner, er ist durchaus nicht nach den Maßstäben des Ästhetischen zu werten, sondern er ist ein ethisch Verworfener, er ist der Verbrecher, der das radikal Böse will.“ – „... es ist der gigantische Kitsch, den Nero mit seinem Feuerwerk der brennenden Christenleiber in seinen Gärten arrangierte, er selbst dazu die Laute schlagend – und nicht umsonst war Neros Ehrgeiz das Schauspielerische.“
Wir kommentieren diese großen Sätze des Wiener jüdischen Kunstdenkers Hermann Broch hier zunächst nur durch einen knappen Hinweis: Joseph Goebbels, der aus einem katholischen Milieu kommt und zum wirkungsstärksten Propagandisten Hitlers aufsteigt, kommentiert dem deutschen Volke die Tragödie von Stalingrad am 2. Februar 1943 als ein großartiges „Gemälde“, dessen Schönheit man nicht sofort, aus der Nähe – der vielen Toten! – sieht.
Broch fährt fort: „Jede Zeit des Wertzerfalls war zugleich eine Zeit des Kitsches. Die zerfallende Antike der römischen Kaiserzeit erzeugte Kitsch, und die gegenwärtige Epoche, am Ende jenes Prozesses stehend, der das mittelalterliche Weltbild auflöste, muß neuerlich durch das ästhetisch Böse repräsentiert werden. Denn die Epochen des endgültigen Wertverlustes sind *vom Bösen und von der Angst vor dem Bösen* getragen, und eine Kunst, die ihr sinnfälliger Ausdruck sein soll, muß auch Ausdruck des Bösen sein, das in ihnen wirksam ist.“
Das Böse und die Angst vor dem Bösen: Der junge Adolf Hitler wurzelt seinen Kunstglauben in denselben neurotischen, plebejischen Manichäismus ein, der seinen religiös-politischen Glauben an das Lichtreich Deutschland und das Dunkelreich der Donaumonarchie, zentriert im Pfuhl der Blutschande, in Wien, beseelt. Es gibt eine lichte, reine, schöne Kunst. Und es gibt eine teuflische böse, zersetzende Kunst.
Aufgabe der Kunst im Dritten Reich ist es, lichte, schlankblonde Gottesmenschen, Kämpfer für das Lichtreich, darzustellen, und, in den Ausstellungen der „ent-

arteten Kunst", dem Volke die satanische Afterkunst der jüdisch-bolschewistischen Untermenschen zu offenbaren.

Adolf Hitler predigt – und er ist auch in Wien zu diesem Kunstprediger geworden – in seiner ersten Rede über die Kunst als Reichskanzler auf der Kulturtagung des Parteitages des NSDAP in Nürnberg 1933: „Es ist daher auch überhaupt falsch, von einem zu suchenden ‚neuen Stil' zu reden, sondern man kann nur hoffen, daß unser bestes Menschentum von der Vorsehung erwählt werden möge, aus dem blutmäßig bewegten inneren Wesen heraus die uns heute gestellte Aufgabe zu lösen." – „Nur wenigen Gottbegnadeten hat zu allen Zeiten die Vorsehung die Mission aufgegeben, wirklich unsterblich Neues zu gestalten." Scharlatane hatten sich in der System-Zeit in Deutschland breitgemacht; ihre „Kunst" – „zeugt aber nicht nur von einem künstlerischen Versagen, sondern auch von einem moralischen Defekt. Die Kunst ist eine erhabene und zum Fanatismus verpflichtende Mission. Wer von der Vorsehung ausersehen ist, die Seele eines Volkes der Mitwelt zu enthüllen ..."

Adolf Hitler weiß sich von der Vorsehung ausersehen. Er weiß sich zum größten Architekten aller Zeiten berufen, er, der noch 1929 in München Mietverträge als „Kunstmaler und Schriftsteller Adolf Hitler" abschließt.

Am 8. Juni 1938 spricht Ministerpräsident Hermann Göring in der Hermann-Göring-Meisterschule für Malerei im Eifeldorf Kronenburg: „Als ich seinerzeit den Entschluß faßte, das Haus der Flieger zu gestalten und den Umbau von jenem Parlament der Schwätzer zu einem schönen Aufenthaltsraum meiner Flieger durchzuführen, da war es mir klar, daß *ich nicht besser die Vergangenheit vertilgen* und vergessen lassen machen konnte, als dadurch, daß dieses Haus eine *Stätte des Schönen* werden soll." – Diese unsere Zeit ist „eine gottbegnadete", denn: „Hier hat die Vorsehung dem deutschen Volk in einer Person alles geschenkt, nicht nur den genialen Staatsmann und Politiker, nicht nur ein soldatisches Genie, nicht nur den ersten Arbeiter und wirtschaftlichen Gestalter seines Volkes, sondern vielleicht als allerstärkste Eignung den Künstler Adolf Hitler. Aus der Kunst kam er, der Kunst hat er sich zuerst verschrieben, der Kunst der Architektur, der mächtigen Gestalterin großer und unvergänglicher Bauten. Und nun ist er zum Baumeister eines Reiches geworden, und in diesem Reich hat er mit als erstes den gewaltigen Bau der Kunst errichtet." – „... nur das ist wahre Kunst, was der einfache Mann des Volkes begreift und verstehen kann."

Am 19. Juli 1937 predigt Adolf Hitler in München: „Ich will in dieser Stunde bekennen, daß es mein unabänderlicher Entschluß ist, genau so wie auf dem Gebiet der politischen Verwirrung nunmehr auch hier mit den Phrasen im deutschen Kunstleben aufzuräumen. ‚Kunstwerke', die an sich nicht verstanden werden können, sondern als Daseinsberechtigung erst eine schwulstige Gebrauchsanwei-

sung benötigen, um endlich jenen Verschüchterten zu finden, der einen so dummen oder frechen Unsinn geduldig aufnimmt, werden von jetzt ab den Weg zum deutschen Volke nicht mehr finden!" – *„Wir werden von jetzt ab einen unerbittlichen Säuberungskrieg führen gegen die letzten Elemente unserer Kulturzersetzung."* – „Nun werden – das will ich Ihnen hier versichern – alle, die sich gegenseitig unterstützenden und damit haltenden Cliquen von Schwätzern, Dilettanten und *Kunstbetrügern ausgehoben und beseitigt."*
Besessen von seinem Kunstglauben, nimmt Adolf Hitler die Säuberung, Ausrottung, Beseitigung der „Machwerke" des „jüdischen Kulturbolschewismus" – wobei der Wiener Oskar Kokoschka einen „Ehrenplatz" in den Schaustellungen dieser „Ausgeburten des Wahnsinns, der Frechheit, des Nichtkönnertums und der Entartung" erhält – ebenso ernst wie die Ausmerzung der „unheilbar Kranken", der Geisteskranken, wie die Ausrottung der Juden, Zigeuner, Slawen.
Adolf Hitlers Kunstglaube, nicht weniger mörderisch als sein religiös-politischer Glaube, bildet mit diesem eine Einheit.
Hitlers Kunstglaube hat in Wien, als einer „Metropole des Kitsches", reiche Anregung, reiche Nahrung gefunden. Sein „konservativer" Kunstglaube entsprach damals und entspricht heute dem „gesunden Empfinden" breiter Volksschichten, die noch nicht im hohen 20. Jahrhundert „angekommen" sind. Im Heute – 1968 – arbeitet in diesem Sinne in Wien eine kulturpolitische Propaganda, die „Kunst dem Volke" vermitteln will, mit denselben denunziatorischen und auch heute wieder antisemitischen religiös-politischen Formeln wie im antisemitischen Wien des jungen Hitler.
In einer Fernsehdiskussion in Wien am 24. November 1965 über das Thema „Teure Kunst für unser Geld" erklärte Helmut Leidwein: Diese sogenannte moderne Kunst hat „heute einige Anhänger und wird morgen in den kulturellen Kolonialkübel geworfen". – „Tun Sie nur einmal so eine Ausstellung, wie sie da herin öfter war, in einem Bauernhof draußen aufstellen, die Bauern würden die ganzen Kunstwerke zu einem Scheiterhaufen gestalten und die Produzenten bei lebendem Leibe darauf verbrennen."
Nun, diese „Bauern" leben in Wien: zu Adolf Hitlers Zeiten, um 1910, dann in Wien um 1935, wo Franz Theodor Csokor an der *„Verwaldung"*, an der inneren Provinzialisierung den Fortschritt der Barbarisierung Wiens erkennt, und in der Gegenwart.
Zu den unvergeßlichen Eindrücken in Wien zählt Adolf Hitler den Stephansdom. Er zeichnet ihn mehrfach. Freund Gustl Kubizek erinnert: „Der Stephansdom gefiel ihm außerordentlich, er konnte sich an dem weiten Innenraum nicht satt sehen, die Beleuchtung durch die farbigen Fenster fand er ‚übernatürlich-mystisch'."

Der Stephansdom war, bis er eine ganz neue und neuartige Beleuchtung in den hohen dreißiger Jahren unseres Jahrhunderts und dadurch eine Helligkeit erhielt, die ihm ein ganz anderes Aussehen im Inneren verlieh, wohl der dunkelste aller gotischen Dome im deutschen Sprachgebiet. So lebt sein Bild in der Erinnerung aller, die ihn aus jener Zeit kennen. Unvergleichlich dunkler als der Kölner Dom, das Freiburger und Ulmer Münster. Adolf Hitler assoziiert später, in seinen oftmaligen Hinweisen auf die Größe der deutschen gotischen Dome, immer: Gotischer Dom-Dunkelheit-Weihe-feierlich-mystisch. Es ist sein Erinnerungsbild des Wiener Stephansdomes, das für ihn zum Sakralmal aller gotischen Dome geworden ist.
Der Stellungsflüchtling Adolf Hitler verläßt am Samstag, dem 24. Mai 1913 – nicht wie er in „Mein Kampf" sagt, im Frühjahr 1912 – Wien und ist seit dem 26. Mai 1913 in München polizeilich gemeldet. Widerwärtig war ihm das „Rassenkonglomerat", Wien als eine „Verkörperung der Blutschande" geworden. „So begann ich immer mehr ein Doppelleben zu führen: Verstand und Wirklichkeit ließen mich in Österreich eine ebenso bittere wie segensreiche Schule durchmachen, allein das Herz weilte woanders." Er wartet auf den Zerfall der Donaumonarchie als Beginn der *Erlösung* der deutschen Nation.
Ein Doppelleben führt Adolf Hitler bis zu seinem Ende: In seinen sehr geschickten Verhandlungen mit konservativen bayerischen, deutschen Politikern, Industriellen, Militärs spricht er, ein vorzüglicher Schauspieler, diesen nach dem Munde, kommt ihrem Wunschdenken entgegen. Gleichzeitig hält er an seinen Tagträumen fest, an dem Weltbild, das er sich in Linz und Wien geschaffen hat und dessen Gefangener er bis zum Selbstmord im Berliner Bunker bleibt.
Im Mai 1913 geht Adolf Hitler von Wien nach München. In diesem Jahre 1913 wird eines der größten Bauprojekte der Ringstraße fertig und dem Gebrauch übergeben: ein riesenhafter Bau, das Kriegsministerium der Donaumonarchie.

EIN KATHOLISCHES WIENER GEGENSTÜCK ZU HITLERS KUNSTGLAUBEN

Hitlers Kunstglaube, der in seinen „Säuberungen“, in seinen Aktionen gegen entartete Künstler und entartete Kunst enge mit seinem manichäischen politischen Glauben zusammenhängt und immanent nicht weniger blutig und mörderisch ist, hat sich hier in seinen frühen Linzer und Wiener Jahren gebildet. Ein zeitgeschichtliches Parallelphänomen bildet in Wien auf katholischer Seite der religiös-politische Kunstglaube des Richard von Kralik.

Kralik sammelte in seiner Villa im Wiener Cottage 1893 einen Kreis um sich, der als „Kralik-Kreis“ noch heute besteht. 1905 wird anläßlich des 5. allgemeinen österreichischen Katholikentages der „Gralsbund“ gegründet. Ihm gehören, mit Franz Eichert, Karl Domanig, Eduard Hlatky und Adam Trabert auch junge Männer der akademischen Jugend an, wie Hans Eibl und Oswald Menghin.

Hans Eibl wird später, in der Ersten Republik, der unermüdliche Vermittler zwischen Kirche und Nationalsozialismus in Wien; zwischen Führern des österreichischen Nationalsozialismus und dem „Stephansplatz“, und der Rotenturmstraße, dem Erzbischöflichen Palais. Der Universitätsprofessor Oswald Menghin wird Minister in der einzigen österreichischen nationalsozialistischen Regierung, die Seyß-Inquart im März 1938 bildet.

Richard von Kralik, ein geborener Diktator, mit düster-fanatischem Auge, schwärmt für Germania („Nordgermanische Sagengeschichte“) und für Rom. Er ist strenger Integralist. Der Papst ist für ihn buchstäblich für alles zuständig, also auch für die Literatur. Kraliks Monolithismus und Monomanismus, der Hitlers „Ein Volk, ein Reich, ein Führer, eine Kultur“ entspricht, proklamiert: „Die Welt ist von Natur aus katholisch! Wie es nur Einen Gott gibt und nur Eine Welt und nur Eine Schöpfung, so gibt es auch eigentlich nur Eine Kultur. Es gibt nur Eine Kultur, deren Grundsätze so feststehen wie die der Mathematik.“

Die eine Literatur, die einzige authentische, vom Papst approbierte katholische Literatur: sie ist von ihm, Richard von Kralik, und seinen Freunden geschaffen worden. Wer dagegen ist, wird verdammt.

Die Verdammung schloß die ganze „Judenliteratur“ ein, nahezu die gesamte literarische Moderne und vor allem die von Carl Muth mit seinem „Hochland“ ab 1903 in München mutig begonnene Öffnung des deutschen Katholizismus: der beginnenden Neuzeit zu.

In einem Siegesbericht – „Die katholische Literaturbewegung der Gegenwart", 8. Auflage Regensburg 1909 – zeigt Kralik auf, „wie es im Geistesleben eines Katholiken keine neutrale, konfessionslose Kulturzone gibt, wo man sich mit Protestanten, Juden, Pantheisten, Deisten und Atheisten an einer allgemein menschlichen oder allgemein christlichen Weltanschauung vergnügen und erbauen kann".

Kralik erinnert an die Irrwege seiner Jugend. In Berlin sah er 1876 „im Sozialismus die neue Religion, die das Christentum abzulösen habe". Er will ein Epos über den Kommuneaufstand 1871 schreiben. Seinen „Umbruch" erfährt er in Griechenland 1880: „Heimat, Patriotismus, Religion, Frömmigkeit, Gottesdienst, Glaube, Überlieferung" sind untrennbar eins! Kralik sieht die Oberammergauer Festspiele – die Hitler für überaus wertvoll hält – mit Athen zusammen. Eine Zeitlang versucht er eine Erneuerung des altnationalen deutschen Heidentums, gibt diese Bemühung dann auf. Er findet im Katholizismus *die nationale deutsche Religion!*

Leitstern: Richard Wagner. Kralik widmet den Wagner-Opern riesenhafte Papierwälzer. Er wird der Erwecker einer „katholischen Literaturbewegung", 1893–1898, die er in schöner Unbefangenheit mit der Leistung der Griechen vergleicht. „Was Aischylos, Homer, Pindar unserer Kultur vorgestellt hatten, das schien wieder der Erfüllung nahe." So sieht Hitler in München, bei der Eröffnung seiner Ausstellungen im Haus der Deutschen Kunst, die Kunst seines Reiches mit Hellas und den deutschen Domen des Mittelalters zusammen.

Kralik: Seit 1893 war es uns gelungen, in Wien jedes Jahr mehrere dramatische Aufführungen in großem und größtem Stil durchzusetzen: in Theatern, Sälen, auf Stadtplätzen, im Rathaushof. Eine Kulturoffensive im Lueger-Wien. „Die letzte dieser großen Veranstaltungen erfolgte im Jahr 1900."

„Zersetzende Kritik" verdirbt das Publikum. Schuld trägt der deutsche Reformkatholizismus der Ehrhard, Schell und eben Muth. Eine „katholische Selbstvergiftung" beginnt das gute, treue, gläubige katholische Volk zu „zersetzen". Es verliert den Geschmack für wirklich große katholische Dichtung, wie sie Hlatky und Kralik produzieren. Verderbliche demokratische Tendenzen schleichen sich im Katholizismus ein! Feigheit des christlichen Publikums: *„Den aufstrebenden nationalen Künstler läßt* man kaltherzig den dornenvollen Weg wandeln, auf dem er straucheln muß, wenn ihn die im Stich lassen, die ihn stützen sollen." Adolf Hitler sieht in Linz, Wien, München mit demselben Blick auf ein entartetes Publikum, auf schnöde Behörden, die der nationalen Kunst die Geltung wehren.

Trotzdem – der Sieg ist nahe! Das verkündet Kralik 1909 und dann wieder 1911, in Berufung auf einen Brief des Papstes Pius X. an den „Gralsbund", wobei Kralik allgemeine Höflichkeitsformeln dieses kurialen Briefes als weltgültiges „Literaturprogramm des Papstes“, als „Ästhetik Pius' X.“, als Segen für die universale Gültigkeit der katholischen Literaturbewegung des „Gralsbundes“ auffaßt!

Die Literatur ist „das Entscheidungsschlachtfeld des modernen Geisteskampfes“. – „Mag unsre Akropolis, unsre Walhall, unsre Gralsburg auch nie in Wirklichkeit geschaut werden, aufgebaut aus Stein und Erz, der Bau einer begeisternden Kultur steht uns im Geist fest.“ Adolf Hitler ist fest entschlossen, seine Akropolis und Walhall in den Bauten seines Reiches zu errichten.

Kralik: Wir Nachfolger Christi haben auch das Schwert zu bringen und gegen den Irrtum zu kämpfen. Der Schwertglaube des Richard von Kralik glaubt 1909 bis 1911 einen entscheidenden Sieg errungen zu haben: „In diesen letzten drei Jahren (1909) ist *eine große Entscheidungsschlacht geschlagen worden* auf dem Gebiet der Kultur. Es hat sich darum gehandelt, ob die wahre Kultur, die hohe und heilige Tradition, die Kirche und alles Ewige der Barbarei des Modernismus, des antikirchlichen und antikatholischen, ausgeliefert werden soll oder nicht.“

Hitler schlägt seine Entscheidungsschlacht für seine deutsche Kultur, wider die „Barbarei“ der Moderne, der entarteten Kunst, ab 1933. Als Parallelphänomen ist Kraliks Kunstglaube instruktiv. Hier, wie bei Hitler, die völlige Verwerfung der Moderne. Kralik übersieht gleichzeitig wie Hitler die gerade in Wien in diesem Jahrzehnt geschaffene Literatur – der „Juden, Liberalen, Modernisten“. Kralik glaubt, willentlich, durch seine Aktionen und seine Kunstwerke, auch hier ein Dilettant ähnlich wie Hitler, eine neue Kunstepoche heraufführen zu können. Kralik glaubt, seine Gegner bereits vernichtet zu haben. Das „Hochland“ ist erledigt. „Muth steht auf einem verlorenen Posten.“

Carl Muths „Hochland“ ist heute noch die führende kulturelle Zeitschrift des deutschen Katholizismus. Hitlers „für alle Zeiten“ dem deutschen Volk entrückte „entartete Kunst“ wird im Heute um teueres Geld von Museen zurückgekauft, die ab 1933 verpönte Werke abgeben mußten.

Unverwandt in vielen persönlichen Bezügen, steht doch in Hitlers Wiener Jahren der fanatische Kunstglaube des Richard von Kralik als ein unheimliches Parallelphänomen neben dem Kunstglauben des Adolf Hitler.

RELIGIÖS-POLITISCHER MANICHÄISMUS: HITLER, LANZ, TREBITSCH

Schwarz-Weiß-Malerei: Junge und lebenslang infantil bleibende Menschen sehen die Weltgeschichte in Schwarz-Weiß. Auf der einen Seite die Guten, auf der anderen Seite die Bösen.

Diesem Schaubild und einer massiven politischen Praxis auch noch unserer Gegenwart liegt jener tausendjährige europäische Manichäismus zugrunde, der als eine Krebskrankheit des Christentums bezeichnet werden darf. Da kämpfen zwei Götter, ein heller und ein dunkler Gott, widereinander. In der Geschichte und in der konkreten Tageswirklichkeit siegt, so scheint es, immer wieder der dunkle Gott, der Teufel. Die Kinder des Lichts, die *children of light,* wie eine puritanische amerikanische religiös-politische Ideologie lehrt, müssen zeitlebens gegen die Kinder der Finsternis ankämpfen: gegen die Papisten, alle Roten, die Gelben, die Schwarzen.

Der europäische Katholizismus ist seit den schweren Verdüsterungen im Spätmittelalter, in denen die ganze Welt von hunderttausend und Millionen Teufeln erfüllt ist, die mit Hexern, Häretikern, Zauberern als Handlangern ihre schmutzigen Geschäfte auf Erden treiben, tief manichäisch durchsäuert. In immer neuen Grundwellen steigt dieser Manichäismus hoch. Geschlechtsangst, Geschlechtshaß gegen die „unreine" Frau und die böse Materie, den weiblichen Mutterschoß einer bösen Frau Welt, die vorne schön, hinten aber vom Aussatz zerfressen ist, wuchern bis ins 19. und 20. Jahrhundert. Das Zeitalter der Gegenreformation formt diesen Manichäismus mental religiös-politisch aus, in seinem Blockdenken. Auf der einen Seite kämpfen unter der Fahne der Immaculata, der Unbefleckten Empfängnis, der ganz reinen Jungfrau Maria, die Truppen des Kaisers und der katholischen Liga. Auf der anderen Seite kämpfen als Satelliten des Satans die Protestanten.

Satelliten des Satans: Calvin hat diesen gefährlichen Begriff geprägt, um seine Gegner, um vor allem Abtrünnige in ganz Europa inquisitorisch habhaft und namhaft machen zu können. Manichäische Implikationen in den Orthodoxien des europäischen Protestantismus haben einsichtige evangelische Theologen und Ärzte wie Oskar Pfister eindringlich aufgezeigt.

Die „Jungen Bosnier" um Gavrilo Princip stammen aus Gebieten, in denen sich manichäische, bogumilische Kirchen in schwersten Abwehrkämpfen gegen die

römisch-lateinische Kirche, vorzüglich und primär aber gegen die byzantinische Reichskirche, im Untergrund erhalten haben.
Auf junge Menschen wirkt ein geschlechtlicher, religiös-politischer Manichäismus besonders stark. Die ganze Unruhe des verwirrten erwachenden Geschlechtslebens bedrängt sie; als unrein, als böse wird verdammt, was so ungeheuer, drohend, fesselnd und abstoßend aus dem eigenen Untergrund hochsteigt. Das erleben nicht nur Seminaristen und eng konfessionell fixierte junge Menschen, sondern Jugendliche und Verhemmte, Infantile gerade in den Randzonen der Kirchen. Adolf Hitlers „obszöner Judenhaß" (Golo Mann), seine sakrale Gleichung „Marxismus – jüdische Syphilis" weisen auf die enge Verbindung seiner sexualpathologischen Fixierung mit seinem Manichäismus hin.
Hier kam ihm gerade Lanz-Liebenfels in Wien recht. Lanz erzählt Wilfried Daim und August M. Knoll, daß ihn Hitler 1909 besuchte und ihm berichtete, daß er in einer Tabaktrafik in der Felberstraße fast regelmäßig die „Ostara" gekauft habe. Hitler erbittet einige ihm fehlende Nummern von Lanz, die dieser ihm schenkt.
Lanz besaß ein europäisches Leserpublikum, das bis zu Strindberg reicht. Mathilde Ludendorff, Hans Günther, Otto Hauser, Arthur Dinter und Dietrich Eckart kennen ihn ebenso gut wie der Mgr. Joseph Scheicher, der Lanz' rassische Begutachtung der Mitglieder des österreichischen Reichsrates aufmerksam in seiner Autobiographie vermerkt. Auf den jungen Hitler, der in seinen Wiener Jahren eine Rationalisierung und einen ideologischen Überbau, eine ideelle Erklärung für das, „was er immer schon wußte", sucht, mußte Jörg Lanz von Liebenfels faszinierend wirken.
Hier erschien dem Ex-Realschüler aus Linz eine großartige und großangelegte Weltschau vom ewigen Kampf einer reinen Götterrasse gegen ein schmutziges Gesindel von Untermenschen. Hier waren Kind, Weib, Masse in ihre Grenzen gewiesen. Hier vermischten sich Relikte und Reliquien eines in vielen Millionen Herzen und Hirnen verwesenden kirchlichen Christentums mit Elementen einer neuen Religion, die zugleich die uralte war: der Glaube an den Sieg der Edlen, Reinen, Guten. Der Sieg Parzifals, Lohengrins, der Nibelungen.
Lanz vertritt einen Mutterkult – „Der Rassenkult ist im Grunde eine Art Mutterbesitzkult" (W. Daim). Wir erinnern an Ernst Hladnys Judas-Roman, der sich bei Hitler zum Kult der reinen hohen Frau Germania, der Mutter Deutschland, formt. Lanz, der Templeise, der Ex-Zisterzienser, sieht sich selbst als eine johanneische Erscheinung. Hitlers politischer Johanneismus ist eine Ausdrucksform seines rassischen Manichäismus. Beide sind untrennbar. Johanneisch verkündet Hitler seine Botschaft vom notwendigen Kampf der Kinder des Lichts gegen die Kinder der Finsternis. Er selbst ist sein eigener Johannes und verdrängt

seinen Johannes, Jörg Lanz; er läßt ihn nicht mehr in seiner Öffentlichkeit zu Wort kommen.

Vergessen hat Hitler Lanz nie. Georg Lanz ist bis in unsere Gegenwart ein Unvergeßlicher geblieben. Der Präsidentschaftskandidat des VDU, der österreichischen Nationalen, bei der Bundespräsidentenwahl 1953, der Innsbrucker Universitätsprofessor Dr. Burghard Breitner, ein Mediziner, erwähnt 1951 in einem Buche über die Bisexualität einmal, und zwar aus zweiter Hand, Sigmund Freud („Freud, zit. bei Bruda"), in seiner allerersten Anmerkung aber voll Anerkennung die „Theozoologie" des Lanz von Liebenfels. Lanz stirbt 1954. Im Nachruf der Schweizer Zeitschrift „Die Arve" wird er folgendermaßen gewürdigt: „In den frühen Morgenstunden des 22. April 1954 schied einer der größten Romantiker unserer Zeit, Dr. Georg Lanz von Liebenfels, von dieser Erde ... Streng genommen ist es eigentlich unmöglich, diesen Großen im Geiste zu würdigen, wie es seiner wahren Bedeutung entsprechen würde. Denn er war nicht nur der größte Mystiker der ersten Hälfte unseres Jahrhunderts, sondern auch der größte Europäer."

Der größte Romantiker: Adolf Hitler glaubte, der größte Realist zu sein. Er verdrängt den Romantiker Lanz in seiner Brust. Wie hellwach in ihm jedoch Gestalten aus diesem frühen Wien immer präsent sind, mag ein verwandter Typ anzeigen: Arthur Trebitsch.

Der Wiener Jude Arthur Trebitsch ist in Wien ein johanneischer Vorläufer Hitlers. Trebitsch glaubt an den heilsgeschichtlichen Sieg der Deutschen im Ersten Weltkriege und sieht die Niederlage als ein Komplott der Dunkelmächte an: Deutscher Geist oder Judentum. Hitler beruft sich auf Trebitsch in seinen Münchener Gesprächen mit Dietrich Eckart 1922. Er hat Trebitsch nicht vergessen. Falk von Gagern macht mich in einem Briefe vom 10. Januar 1968 aufmerksam: Hitler unterzog Falk von Gagern in der ersten oder zweiten Märzwoche 1935 im „Elefanten" in Weimar einer Art Verhör, vermittelt durch die Kronprinzessin Cecilie. Im Zuge einer Hausdurchsuchung waren bei Gagern auch Briefe der Kronprinzessin an seine Mutter beschlagnahmt worden.

Hitler ging auf diese Korrespondenz nicht ein, sondern kam impulsiv auf die Schriften Rathenaus und Trebitschs zu sprechen. Hitler über Trebitsch: „Lesen Sie jeden Satz, den er geschrieben hat. Er hat die Juden entlarvt wie keiner. Er ist abgeblieben. Wohin? Man hört nichts mehr von ihm. Er soll Wien verlassen haben. Wohin? Hat er's nicht abwarten können? Hat er wirklich geglaubt, ich wäre so blind, nicht unterscheiden zu können? Mich reinlegen zu lassen! Er hat dem General – gemeint ist Ludendorff – gesagt, daß ich einen blinden Fleck im Auge habe. Blinden Fleck für die neunmalschlauen Schlangen der Zionisten im Kader der Partei. Er hat dem alten Herrn gesagt, Judenstämmlinge und Judasse hätten die Bewegung unter ihre Kontrolle gebracht. Die Partei werde ihnen ausgeliefert sein. Was war daran? Warum solche Worte? Streicher hat ihm nicht gepaßt, Strasser nicht, Ley, Frank, Rosenberg und andere – ein ganzes Register mit Namen hat er gehabt. Ich weiß nicht, wohin wir gekommen wären mit ihm, wenn ich ihm gesagt hätte, daß er ein Amt übernehmen wird. Ich habe Alfred Rosenberg mit der Überwachung der weltanschaulichen Schulung beauftragt. Das hätte auch er, der Trebitsch – aber er glaubte, nicht verstanden worden zu sein. Hat sich abgewendet – ich weiß nichts von ihm. Aber das ist mir nicht vergessen, was er geschrieben und gesagt hat. Warum haben Sie keinen Nutzen aus dem gezogen! Wozu haben Sie seine Bücher gelesen? Sie haben sich uns nicht angeschlossen. Wozu lesen Sie dann die Bücher?"

Das ist ein außerordentlich interessantes Dokument. Der Führer und Reichskanzler Adolf Hitler befindet sich hier, 1935, noch ganz fasziniert im Banne des Wiener jüdischen „Johannes" seiner Bewegung, des Arthur Trebitsch, von dessen jüdischer Abstammung Hitler offensichtlich nichts weiß. Er weiß nicht, daß Siegfried Trebitsch, der bekannte Shaw-Übersetzer, aus derselben Familie stammt. Adolf Hitler hätte, vorausgesetzt natürlich, daß Trebitsch arisch sei, diesen Wiener Sektierer-Denker an Stelle von Rosenberg zum Beauftragten der Partei für die weltanschauliche Schulung gemacht. Nun, dem Arthur Trebitsch war offensichtlich die Partei nicht rein genug, ähnlich wie dem General Ludendorff Hitler lange Jahre als romhörig verdächtig war.

Professor Felix Prohaska, der bekannte österreichische Dirigent, derzeit Direktor der Staatlichen Hochschule für Musik und Theater, Hannover, teilt mir unter dem 17. Januar 1968 Erinnerungen an die Mödlinger Kindheit mit. „Zu Arthur Trebitsch: Er war der engste Freund von Vater Wildgans – Anton Wildgans, *der poeta austriacus:* ‚Rede über Österreich', – ‚Kirbisch, der Gendarm, die Schande und das Glück', Dramen; (Einfügung von mir) – und ich habe ihn in meiner Kindheit dort noch öfter gesehen. Er hatte eine fast groteske Angst, von der jüdischen Weltverschwörung, wie er sich ausdrückte, umgebracht zu werden. Zum Beispiel hatte er sein Bett in der Mitte des Schlafzimmers aufgestellt, umgeben von elektrisch geladenen Drähten, also eine richtige Angstpsychose. Sein Stiefbruder Siegfried war unser direkter Nachbar in unserem Hause in der Maxingstraße."

Adolf Hitler schließt sich in seinem Schlafzimmer, auch noch im Kriegsbunker, hermetisch ängstlich ab. Nicht einmal der Kammerdiener darf es morgens zum Wecken betreten.

Felix Prohaska – durch seine Güte hatte ich vor Jahren eine Sammlung Ostara-Hefte erhalten – erinnert im selben Brief an Lanz-Liebenfels: „In unserem Mödlinger Haus wohnte in meiner Kindheit eine Gräfin Csaky. Sie war die Freundin von L.-L., damals schon eine alte Dame. Sie verschwand unter Hinterlassung ihrer Bibliothek auf mir nicht mehr erinnerliche Weise." Diese Bücher kamen zu meinen Großeltern. „... manche Bücher meiner Bibliothek sind groteskerweise Widmungsexemplare an L.-L., z. B. von dem Strindberg-Übersetzer Schering."

Georg Lanz – Liebenfels und der Doktortitel sind von ihm selbst erfundene Prädikate; er liebte es seine Vergangenheit zu verdecken –, Lanz, Arthur Trebitsch, Adolf Hitler: drei Schwärmer, Sektierer-Führer, alle drei tief pathologisch fixiert, im Wien der beiden ersten Jahrzehnte unseres Jahrhunderts.

FRANZ FERDINAND, GAVRILO PRINCIP, ADOLF HITLER

„Unsere Geister schleichen durch Wien und raunen durch die Paläste und lassen die Herren erzittern."

Das sind die letzten Verse des Gavrilo Princip an der Wand seiner Zelle. Man fand sie nach seinem Tode am 28. April 1918 in Theresienstadt. Theresienstadt, Terežin, wurde im und nach dem Zweiten Weltkriege als Konzentrationslager berühmt-berüchtigt.

Auf die Nachricht vom Morde an Franz Ferdinand trägt am selben Tage, am 28. Juni 1914, der Schüler Todor Ilić in sein Tagebuch ein: „Söhne Jugoslawiens, fühlt ihr denn nicht, daß unser Leben in Blut erstickt, daß nur das Attentat der höchste Gott aller Götter ist, denn es zeigt, daß das ‚Junge Bosnien' lebt, daß es dort Männer gibt, die zum Märtyrertum bereit sind. *Das Leben einer Rasse besteht aus Blut. Blut ist der Gott einer Nation,* Tod ersetzt den Aufstand, und der Meuchelmord ist der Aufruhr der Nation."

Alle sechs Attentäter sind unter zwanzig Jahren. Die Gymnasiasten der vierten Klasse in Sarajewo, aber auch in anderen Städten des Küstenlandes, sind von einem ekstatischen Nationalismus ergriffen, durchaus vergleichbar dem Nationalismus in Hitlers Linzer Schulzeit.

Franz Ferdinand war die *bête noir,* die schwarze Bestie, der von Alldeutschen und Ungarn und vielen anderen Gruppen meistgehaßte Mann der Donaumonarchie. Christlichsoziale um Lueger erblickten in ihm den einzigen Führer, der die Monarchie vor dem Zerfall retten könne, wohl am ehesten durch einen siegreichen Krieg auf dem Balkan.

Wir wissen nichts über die innere Auseinandersetzung Hitlers mit Franz Ferdinand. Doch dürfte anzunehmen sein, daß Hitler in Franz Ferdinand alles verkörpert sah, was ihm an der Habsburgermonarchie als verdammenswert erschien: Slawisierung, besonders Tschechisierung – ganz fälschlich, wie wir bereits gesehen haben –, Klerikalismus in engster Anlehnung an Rom, „Hausmachtpolitik", wie es die deutschen Historiker nennen, die die hohenzollernsche Hausmachtpolitik für deutsch-legitim, die habsburgische für illegitim hielten. Adolf Hitler hat die beiden Söhne Franz Ferdinands, die Herzöge von Hohenberg, 1938 bis Kriegsende im Konzentrationslager Dachau lebendig eingesargt. Hochwillkommen

war ihm in dieser Hinsicht die Erklärung von Dr. Max Hohenberg, Franz Ferdinand sei mit auf Betreiben deutscher Kreise ermordet worden.
Als der junge Adolf Hitler in München die Nachricht von Sarajewo erfährt, erschrickt er; er glaubt zunächst, daß deutsche Studenten Franz Ferdinand ermordet haben.
Der hochbegabte Erzherzog-Thronfolger Franz Ferdinand verzehrt sich in einsamem Zorn wider jenes „Schönbrunn", das er als Zentrum der Zerstörung der Monarchie ansieht: Cliquen um den ihm senil erscheinenden Kaiser Franz Joseph, die durch wohlüberlegtes Nichthandeln und durch schlechte Manöver den Sturz in den Abgrund beschleunigen. Franz Ferdinand ist selbst Mensch eines archaischen Glaubens und Gottvertrauens. Er weiß, daß er von Attentätern umringt ist. 1902 geht ein Schuß bei Regensburg an ihm vorbei; das ist ein pangermanistischer Anschlag. 1910 wäre der Kaiser Franz Joseph fast an derselben Stelle getötet worden, an der Franz Ferdinand 1914 fällt. Franz Ferdinand weiß um die exaltierte Jugend des „Jungen Bosnien", wenn er natürlich auch nicht die einzelnen Gruppen kennt. *Angst vor Kindern?:* Diese Fehleinschätzung der revolutionären Jugend der „erwachenden Völker" verbindet ihn mit bedeutenden und weniger bedeutenden Reaktionären unseres Jahrhunderts bis heute.
„Das Fürchten ist immer ein gefährliches Geschäft." Franz Ferdinand vertraut unbedingt auf die „Vorsehung". – In der ersten Fassung der Anklageschrift gegen die Mörder von Sarajewo heißt es noch: Der Allmächtige rettete zuerst Franz Ferdinand, indem er die Bombe nicht im Wagen explodieren ließ, ließ dann aber zu, daß er durch die Kugel starb. Die Angeklagten erklärten daraufhin: Der Hauptschuldige muß der Allmächtige sein!
Archaische Gründe – und wohl auch Abgründe in seiner Person: Am Hals des Toten findet man eine goldene Kette, an der sieben Amulette hängen. Jedes der Amulette sollte ihn vor einem bestimmten Übel schützen. Am rechten Arm befindet sich ein in Farben tätowierter chinesischer Glücksdrache. Man erinnert sich an Trotzkis Darstellung der mit Ikonen überhäuften Hofwagen, in denen der letzte Zar mit seiner Gattin an die Front fährt.
Bardolff vermerkt: Franz Ferdinand hält „das katholische Dogmengebäude mit seinem absoluten, autoritären Charakter und seiner im unfehlbaren Papst kulminierenden, internationalen Hierarchie von kirchlich geweihten Menschen, die einzig und allein die Gnade Gottes zu vermitteln vermögen, für die besten Schranken gegen allen wie Gift wirkenden Relativismus, gegen Gewissensqualen bei der Auslegung des Wortes Gottes, gegen Eigenbrötelei und Sektiererei im allerweitesten Sinne des Wortes".
Franz Ferdinand ist gegen Juden, Protestanten, Freimaurer, Liberale, Marxisten. Lueger ruft ihm zu: „Bleibe hart und unbarmherzig." Der Graf Anton Galen,

damals Prager Benediktiner, übt großen Einfluß auf ihn aus. Galen erhofft in einem Brief zum Jahresende 1911, daß Franz Ferdinand bald den Thron besteige und daß „Gott sein heiliges Schwert in Euer kaiserlichen Hoheit geweihte Rechte legt, um das ehrwürdige Reich der Habsburger zu retten". Pius X. bestärkt Franz Ferdinand in einem Brief, übermittelt durch Galen, in seinem Glauben. Die Hoffnung auf eine Gewinnung des Balkans für die Römische Kirche beseelt die römische Unterstützung des Vordringens der Donaumonarchie auf dem Balkan bis tief in den Ersten Weltkrieg hinein und erklärt letztlich allein das fatale Schweigen Roms zur Ermordung der 600 000 bis 800 000 orthodoxen Serben durch Ustascha-Kroaten im Zweiten Weltkrieg.
Franz Ferdinand will nicht Krieg führen. Er fürchtet die Revolution, nicht den Krieg. Aufgabe der Armee: gegen die inneren Feinde der Dynastie zu rüsten. „Ich werde nie einen Krieg gegen Rußland führen." Der junge Franz Ferdinand ist im Schatten der Katastrophe von Königgrätz aufgewachsen. Er sieht in der „Hypertrophie" Preußens ein Unglück. „Eines bösen Tages wird sich dieser pathologische Zustand mit einer entsetzlichen und furchtbaren Katastrophe offenbaren."
Dann aber macht er, nolens volens, den deutschen Kurs Schönbrunns, der Regierungen des Kaisers Franz Joseph mit. Österreich-Ungarn wird immer abhängiger von Deutschland, das es auch am Balkan überrundet. In der englischen Presse wird die Donaumonarchie als Satellit Deutschlands bezeichnet. Im Sarajewo-Prozeß erklärt Kranjčević, er habe „gegen den deutschen Einfluß, der uns tötet", protestieren wollen; er beschreibt Österreich als einen Satelliten Deutschlands, von dem alle Direktiven gegen die Slawen kommen.
Hier wird etwas Richtiges erspürt. Der deutsche Druck auf Wien unterstützt jene deutschen und magyarischen und militärischen Kreise, die auf dem Balkan „aufräumen" wollen und mit Moltke und Conrad der Überzeugung sind, daß die Monarchie nur durch Krieg zu retten ist.
1913 erklärt Wilhelm II. dem Außenminister Graf Berchtold: Neue Völkerwanderungen stehen bevor, der Krieg zwischen Ost und West ist unvermeidlich, die Slawen sind nicht zum Herrschen, sondern zum Dienen geboren. – Hitler ist hier ganz nah. – Die Balkanstaaten müssen Satelliten werden. Belgrad ist zu bombardieren. In diesem Jahre 1913 gibt Kaiser Wilhelm II. Wien eine carte blanche für den Angriff auf Serbien. Die Geheimbünde erfahren dies rasch, beschließen nun Franz Ferdinand zu töten, da er ihnen als der Führer des Krieges gegen Serbien erscheint.
Franz Ferdinand ist auf dem Wege zur Flucht nach vorne. Wohl hat er eine Zeitlang einen „Kronenföderalismus" erwogen; eine Föderation von siebzehn Kronländern; fern zwar von Karl Renners, wie auch von Joseph Scheichers „Ver-

einigten Oststaaten", doch immerhin offen einer gewissen Pluralität. Dann trat er kurz einem Trialismus nahe, um endlich wohl endgültig zum Schema „Groß-Österreich" zurückzukehren. Der Erzherzog-Thronfolger zeigt sich beeindruckt von den politischen Gedanken des Professors J. W. Burgess von der Columbia-Universität in New York. Burgess will Franz Ferdinand eben wieder besuchen, als dieser in Sarajewo ermordet wird.

Der Rassist und Antisemit Burgess glaubt an die Vorherrschaft der teutonischen Rassen in der modernen Gesellschaft. Die „teutonischen Nationen ... (sind) berechtigt ..., in der Weltwirtschaft, in der Verwaltung der Staaten die Führerrolle zu übernehmen". Die Slawen sind eine niedere Rasse. Das ist ein seltsames Vorspiel zu jenen amerikanisch-deutsch-faschistischen Verbindungen zunächst der Jahre 1933–1945, die historisch noch wenig erhellt sind.

Das durchaus nicht geliebte, viel mehr gefürchtete Deutsche Reich wird für Franz Ferdinand zumindest in gewissen herrschaftlichen Bezügen zum Vorbild. In seinen Plänen für seine Regierungsübernahme spricht er von „Reich" statt von der Doppelmonarchie. Ein Reichskanzler soll an der Spitze seiner Regierung stehen. Franz Ferdinand denkt an eine militärische Unterwerfung Ungarns. Um den Kampf mit Ungarn um die Herrschaft in Bosnien-Herzegowina zu entscheiden, will er da unten ein „Reichsland" schaffen.

Hier sind, in nuce, die Reichsländer Hitlers nah. Es ist kein Zufall, daß mit Franz Ferdinands Flügeladjutant und Vorstand seiner Militärkanzlei, Carl von Bardolff – der seinen ehemaligen Herrn aus seinem Innersten heraus als Radikalen, geradezu als Revolutionär ansieht – nicht wenige dieser großösterreichischen – und großdeutschen – Offiziere früh den Weg zu Hitler finden.

Adolf Hitler wiederholt in seiner Proklamation vom 6. April 1941 an das deutsche Volk die Beschuldigungen des österreichischen Ultimatums an Serbien am 23. Juli 1914. Franz Ferdinand ist ein psychischer „Schatten" Hitlers. Hitler verdrängt diesen Schatten, der in der Vision des Ernst Hladny offen sichtbar wird, als der Kaiser, der den Balkan erobert, und folgt weltgeschichtlich seinen Spuren.

Nicht minder bedeutsam für eine europäische Würdigung der Linzer und Wiener Jahre Hitlers scheint uns ein Blick auf die vierzehn- bis zwanzigjährigen Knaben und Jünglinge des „Jungen Bosnien" zu sein. Der junge Adolf Hitler hätte sich in ihrem seelischen, geistigen, politischen Klima vom ersten Tage an wohl gefühlt, trotz der großen Unterschiede, die zwischen diesen armen Karstländern, die von Rom, Byzanz, Venedig, von türkischen und einheimischen Herren ausgeplündert worden waren, und einem deutsch-bürgerlichen Gemeinwesen wie Linz bestanden. Es sind blutjunge Menschen, die an die Heilskraft des Blutes denken. Der Tyrannenmord wird ihre Sippen, ihre Völker, wird die Welt erlösen. Gavrilo

Princip stammt aus leibeigenen Sippen, von Kmets, aus dem Grahovo-Tal. Ein serbisches Volkslied singt:

„Krajina ist einem blutgetränkten Fetzen gleich,
Blut ist unser Mittagsmahl, Blut auch unser Abendmahl,
Die Lippen aller schmecken Blut,
Und nie mehr gibt's 'nen friedvollen Tag."

Blut. Kampf mit Byzanz, Kampf mit der orthodoxen Kirche, Kampf mit den Türken. Die Kinder lernen in der Schule von den Priestern hassen. Moslims, Popen, Franziskaner stehen gegeneinander. Wenn die Kinder, diese Enkel von Leibeigenen, die aber um ihr Leben sehr wohl zu kämpfen verstanden, in die Stadt, ins Gymnasium kommen, dann nehmen sie, wie Schwämme, Schillers „Wilhelm Tell", Karl Ludwig Sands Ermordung Kotzebues begierig auf. Das lernen sie an der Mittelschule in Mostar. Mazzini – wir erinnern uns: Joseph Scheicher schwärmt mit seinen Grazer Gymnasiasten für Mazzini – und Garibaldi werden Vorbilder für Sarajewo 1914.

1911 ist das kritische Jahr im Leben des jungen Gavrilo Princip. 1911 ist sicher auch in Wien eines der kritischen Jahre, in denen sich Hitlers manichäische Weltanschauung endgültig fixiert. Princip sagt, er habe zu dieser Zeit begonnen, Ideale zu gewinnen. Er habe sich den Geheimbünden der Jungen Bosnier angeschlossen. Dann habe er sich verliebt. Dieses Mädchen habe er in der vierten Klasse kennengelernt. Diese Liebe sei ideal gewesen, sie hätten sich nie geküßt.

Diese ideale Liebe ist vorzüglich geeignet, mit seiner Liebe zu seiner unerlösten Heimat, seinem Mutterlande, zu verschmelzen. Gavrilo ist 1911 siebzehn Jahre alt. Er begeistert sich für Dichtung, Literatur. Im Februar 1912 wird er aus der Schule in Sarajewo ausgeschlossen; er hatte sich an einer öffentlichen Demonstration gegen die Sarajewoer Behörden beteiligt. Außerdem war er krank und hatte eine schlechte Note in Mathematik. Er geht zu Fuß nach Belgrad. Als er die Grenze überschreitet, küßt er den Boden Serbiens: er hat das heilige Mutterland betreten.

Gavrilo besitzt, wie viele junge Revolutionäre Europas, wie auch Adolf Hitler, einen kräftigen Vater-Komplex. Sein Genosse Bedeljko identifiziert direkt die Revolte gegen den Vater mit der Revolte gegen die Gesellschaft. Vladimir Dedijer bemerkt: „Beinahe in jeder Familie gab es eine Revolte der jungen Generation gegen die alte." Gavrilo Princip möchte am liebsten das ganze Geschäftsviertel von Sarajewo, wo „die Alten", die Reichen, sitzen, in Brand stecken. Ćabrinović gesteht am 28. Juni 1914 dem Untersuchungsrichter: „Es ist mir auch der Gedanke gekommen, in den Landtag zu gehen und von der Galerie aus eine Bombe auf die Abgeordneten zu werfen; denn ich habe mich überzeugt, daß sie

Halunken und Feiglinge sind, da sie gar nichts arbeiten, und das, was sie machen, nichts wert ist."

Mit engverwandten Gefühlen sieht Adolf Hitler auf den Reichsrat in Wien. Gaćinović verurteilt die alte Generation: „Unsere Väter, unsere Diktatoren sind echte Tyrannen, die uns mit sich schleppen und uns vorschreiben wollen, wie wir das eigene Leben gestalten sollen."

Die bösen, alten Väter: Für Franz Ferdinand hat Kaiser Franz Joseph die Rolle eines bösen, alten Übervaters übernommen, für die jungen Gymnasiasten in Linz, Graz, Sarajewo, Mostar etc. übernehmen Franz Ferdinand und die eigenen Väter diese Rolle. Gaćinović schreibt 1912 in einer Wiener Studentenzeitung: „Unser Land ist voll von toten und schlafenden Kräften, die zum Leben erweckt und im Kampf verwendet werden sollen." Für diesen Kampf wollen sich die jungen Menschen durch ein asketisches, keusches, puritanisches Leben rüsten. Gaćinović schreibt an Trotzki: „Die Keuschheit war eine strikte Regel unter den Jungen Bosniern." Auch Princip lebt keusch; keiner von ihnen trinkt. Princip hatte keinen Tropfen Wein getrunken bis zum Vorabend des 28. Juni 1914, als er absichtlich in Kaffeehäusern saß, um die Polizei auf eine falsche Fährte zu locken.

Keuschheit und Antialkoholismus: Was für den jungen Hitler faszinierend und zugleich abstoßend die Wiener Bordelle bedeuten, das sind für die jungen Bosnier die habsburgischen Militärbordelle: Institutionen, die vor der Besetzung von 1878 unbekannt gewesen waren. Gavrilo Princip: „Syphilis und Klerikalismus" – Hitler assoziiert: Syphilis und Marxismus – „sind eine unglückselige Erbschaft aus dem Mittelalter, welche die heutige Zivilisation nicht zu heilen weiß." Gaćinović sieht, wie die im Ausland studierende keusche Jugend verdorben wird: „Diese jungen Männer verlieren die markantesten, die schönsten Züge unserer Rasse, sie saugen in den Gossen von Wien, Berlin und Paris die häßlichste Seite Europas in sich auf, die sie dann mit nach Hause bringen." Die keusche Mutter, das reine, reinrassige Mutterland, wird von den Österreichern durch ihre Bordelle, ihre Zwangskirche, ihre Zwangsschulen verseucht. So erleben es diese jungen Gymnasiasten. In ihnen wandelt sich der christliche Glaube um in den Glauben an die Nation.

Einer der Verschwörer von Sarajewo, Bedeljko Grabež, der Sohn eines orthodoxen Dorfpopen, beschreibt beim Prozeß sehr genau diese Umwandlung des christlichen Glaubens in einen Glauben an die Nation. Für diesen edleren Glauben wollen sie leben, kämpfen, sterben. Gaćinović feiert die Selbstaufopferung als das beste Mittel, um in den Jungen Bosniern neue religiöse Impulse zu wecken: „Diese jungen Menschen, die noch nicht geweckt sind, werden unsere Apostel und Kreuzträger sein – die Träger neuer Religionen und neuer Herzen. Sie werden unsere toten Götter zum Leben erwecken, unsere Feen, die traurig

dahingewelkt sind, sie werden ein neues Reich der Freiheit für den Menschen bringen und die serbische Seele von Sünde und Untergang retten."
Der große, entscheidende, fundamentale Unterschied der religiös-politischen Wachträume der Jungen Bosnier und ihrer kämpferischen Aspirationen gegenüber den Wachträumen Hitlers und Himmlers liegt darin, daß die Jungen Bosnier Humanisten sind; sie denken an ein kommendes Reich des Menschen, an ein weltweites Erwachen. Sehr anders der junge Hitler. Ihn interessieren „erwachende" Jugendliche in anderen Nationen nur als Gegner oder gar nicht. Das Parallelphänomen wird sichtbar im Bezug: zurück zu einer „nationalen Religion". 1910/11 treffen sich bosnische und slowenische revolutionäre Jugendliche in Wien im Café Josephinum – nomen est omen –: Kaiser Joseph II. war der Nationalheilige der Deutschnationalen und der Liberalen und wird 1968 wieder von den jungen Tschechen angerufen. Von den bosnischen und slowenischen Gymnasien strömen Absolventen nach Wien, Graz, Prag und verbinden sich hier. In Laibach-Ljubljana gibt die Preporod, die erste politische Gruppe, die „urbi et orbi die Vernichtung des Habsburgerreiches mit revolutionären Mitteln verkündete", 1913 eine gleichnamige Zeitschrift heraus, in der am 1. Januar 1913 ein Gedicht in Prosa veröffentlicht wird: „Unter uns weilt der mächtige Gott Perun" – der Hauptgott der Slowaken. – „Wir hören, daß auch bei euch der Kampf geführt wird, wir hören, wie die Stimme des Gottes Perun widerhallt. Habt keine Angst, Freunde! Schwanket nicht, denn wir, die Menschen der bosnischen Berge, sind mit euch – mit ganzer Seele, ganzem Herzen, und bei uns ist auch Perun mit seiner alles verwüstenden Donnerstimme. Vorwärts für unsere Ziele im großen Kampf um Jugoslawien."
Der slowakische Perun antwortet hier dem germanischen Wotan. Die Rolle der Nibelungen in Hitlers Linzer Schulzeit übernimmt bei den bosnischen Gymnasiasten der Kosovo-Mythos, die Erinnerung an die Schlacht auf dem Amselfelde, in der Serbiens Reich im Kampf gegen die Türken unterging. Die Rolle Friedrich Schillers im Freiheitsglauben der Linzer Gymnasiasten übernimmt auch in Sarajewo, Mostar etc. Friedrich Schiller.
1915 schreibt der serbische Bischof und Dichter Dučić, in Erwägung der Katastrophen, die seit der Schlacht auf dem Amselfelde sein Volk heimgesucht haben: „Wir Serben vertrauen nicht sehr auf Gott. Wir beteten fünfhundert Jahre vergebens, dann griffen wir zu den Waffen und befreiten uns selbst." Adolf Hitler und ein gewisser NS-Glaube stimmen hiermit überein und gewinnen den Anschluß an ein gewisses Vulgärchristentum über das Sprichwort „Hilf dir selbst, dann hilft dir Gott".
Franz Ferdinand besucht ausgerechnet am Jahrestag der Schlacht auf dem Amselfelde, also an dem nationalen Heils- und Unheilstage, Sarajewo: am 28. Juni 1914.

Mittelschüler streiken, Studenten kämpfen, und beide träumen in glühenden Tagträumen von dem Tage, der alle Schande der Vergangenheit und Gegenwart tilgen wird. In diesem Klima wachsen die vierzehn- bis achtzehnjährigen Verschwörer auf. Pubertät und nationale Religion verschmelzen. Starke Impulse vermitteln die Dichter der Weltliteratur für den jungen Gavrilo Princip, der sich auf die sechste Klasse des Gymnasiums 1914 vorbereitet. Hitlers Linzer Wagner-Schwärmereien, in denen vor allem „Lohengrin“ als der Heils-Führer ihm leuchtend, heilskündend erscheint, werden in Bosnien durch die Traumwelten der Dichtung funktionell vertreten.

„Ich ließ meine Schulbücher liegen ...“ Gavrilo Princip bricht zum Attentat auf. Wenn er es nicht unternommen hätte, hätte es Endlicher getan. J. Scheffer versucht 1914 den Erzherzog Salvator zu ermorden. Deutsche Namen slawischer Attentäter! Ferdinand Behr, der Princip sehr ähnlich sieht, hilft ihm nach dem Attentat weiter. „Heil unserer Hoffnung!“ Mit dieser Schlagzeile begrüßt die von den Jesuiten kontrollierte Zeitung „Hrvatski Narod“ am 25. Juni den ankommenden Erzherzog-Thronfolger. „Er kommt zu uns, der Oberbefehlshaber der Streitkräfte unserer Monarchie ... Er kommt zu uns, um sich an die Spitze von zwei Armeekorps, etwa 50000 Mann, zu stellen und uns zu zeigen, was er im Falle von Blutvergießen zu tun bereit ist.“ Das ist die offizielle Drohung: rücksichtslose Unterwerfung von Unruhen. Der Vater des Gavrilo Princip hißt die Kaiserfahne, das seinem Sohn – und dem Adolf Hitler – so verhaßte Schwarz-Gelb. Der Sohn wagt das Attentat.

Die Jungen Bosnier schwärmen für Schiller und für Sand, den Mörder Kotzebues. Oberst Apis in Belgrad hat Beziehungen zu Deutschland. Haben deutsche Zirkel die Druckmaschine für „Pijemont“, die radikalste österreichfeindliche Zeitschrift, gekauft? Die „Pijemont“ – Piemont: Serbien soll auf dem Balkan die Rolle Piemonts im italienischen Freiheitskampfe gegen die Donaumonarchie spielen – bringt Lobeshymnen auf die deutsche Armee und auf deutsche paramilitärische Verbände. Am 5. Mai 1912 findet in der Germania-Hall in Chenoa, USA, ein kroatisches Treffen statt, das offen gegen Wien gerichtet ist. Die USA bilden damals für Verschwörer ein Refugium, ähnlich wie heute Südamerika.

Die Jungen Bosnier: Diese enthusiastischen Gymnasiasten sind ein Parallelphänomen zu den deutsch-schwärmenden Gymnasiasten in Linz, Graz, Wien gerade in den Jahren des jungen Hitler 1904–1913. Auch dies ist kein Zufall: Nicht wenige der radikalsten österreichischen und volksdeutschen Nationalsozialisten kommen aus dem balkannahen Grenzraum. Odilo Globočnik, der Gauleiter Wiens von 1938, der Produzent der ersten Gaskammern, stammt aus dieser Zone. Österreichische illegale Nationalsozialisten erhalten 1933–1938 über Jugoslawien Propaganda- und Terrormittel.

Es ist ein manichäischer Fanatismus, der den Linzer Schüler Adolf Hitler zutiefst dem Fanatismus dieser bosnischen Gymnasiasten nähert. Die manichäische bogumilische Kirche hat in vielhundertjährigem Kampf mit der byzantinischen Reichskirche sowohl einen pazifistischen wie auch einen militanten Zweig entwickelt. Letzterer will die unerlöste Menschheit, das geschändete, in Dunkelheit versunkene Vaterland, im Kampfe befreien. Die Lichten, die Hellen werden siegen: hier kann der eigentümliche Rassismus der Rassegläubigen ansetzen. Adolf Hitler besucht Georg Lanz-Liebenfels.

„Unter wolkenlosem Himmel sitzen wir friedlich zusammen und wünschen Euch das gleiche." Eine Ansichtskarte aus Weißenbach am Attersee, am 15. Juli 1914, unterzeichnet von Hugo von Hofmannsthal, seiner Gerty und Freund Richard Beer-Hofmann und dessen Gattin Paula. Das sind siebzehn Tage nach dem Mord von Sarajewo.

„Jener Sommer 1914 wäre auch ohne das Verhängnis, das er über die europäische Erde brachte, uns unvergeßlich geblieben. Denn selten habe ich einen erlebt, der üppiger, schöner, und fast möchte ich sagen, sommerlicher gewesen. Seidenblau der Himmel durch Tage und Tage, weich und doch nicht schwül die Luft, duftig und warm die Wiesen, dunkel und füllig die Wälder mit ihrem jungen Grün; heute noch, wenn ich das Wort Sommer ausspreche, muß ich unwillkürlich an jene strahlenden Julitage denken, die ich damals in Baden bei Wien verbrachte."

Stefan Zweig erinnert weiter daran: „Schon am Vorabend jenes 29. Juni, den das katholische Land Österreich als ‚Peter und Paul' immer feiertäglich hielt, waren viele Gäste aus Wien gekommen. In hellen Sommerkleidern, fröhlich und unbesorgt, wogte die Menge im Kurpark vor der Musik. Der Tag war lind; wolkenlos stand der Himmel über den breiten Kastanienbäumen, und es war ein echter Tag des Glücklichseins."

Die Musik bricht ab, mitten im Takt. Die Nachricht aus Sarajewo. Stefan Zweig glaubt zu bemerken: Die Menschen sind nicht sonderlich erschüttert. Der Erzherzog-Thronfolger Franz Ferdinand war nicht beliebt. Ganz anders war es 1889, als Kronprinz Rudolf in Mayerling erschossen aufgefunden wurde. „Damals war die ganze Stadt in einem Aufruhr ergriffener Erregung gewesen, ungeheure Massen hatten sich gedrängt, um die Aufbahrung zu sehen, überwältigend hatte sich das Mitgefühl für den Kaiser und den Schrecken geäußert, daß sein einziger Sohn und Erbe, dem man als einem fortschrittlichen und menschlich ungemein sympathischen Habsburger die größten Erwartungen entgegengebracht hatte, im besten Mannesalter dahingegangen war." – „Franz Ferdinand war nicht beliebt."

„Was hatte der tote Erzherzog in seinem Sarkophag zu tun mit meinem Leben? Der Sommer war schön wie nie und versprach noch schöner zu werden; sorglos blickten wir alle in die Welt. Ich erinnere mich, wie ich noch am letzten Tage in

Baden mit einem Freunde durch die Weinberge ging und ein alter Weinbauer zu uns sagte: ‚So ein Sommer wie den haben wir schon lange nicht gehabt. An den Sommer werden die Leut' noch denken!'"
So haben viele Menschen in der Donaumonarchie, in Europa, diesen Sommer in ihren Sommerfrischen erlebt. Arglos. Das Gewitter am Balkan würde vorübergehen wie die Balkangewitter der letzten Jahre, ja Jahrzehnte.
Wie tief jedoch im Unterbewußtsein, in Tiefenschichten der Person, sich eine ungeheure Spannung ballte, daran erinnert Max Brod aus zwei Erlebnissen zweier Freunde, „absolut glaubwürdiger Personen, die beide nie irgendwelche Neigung zur Phantastik gezeigt hatten".
Der eine Freund berichtet: Einige Monate vor Kriegsausbruch wanderte er im Salzkammergut, irgendwo in der Nähe des Attersees – von dem Hugo und Gerty Hofmannsthal die Karte vom 15. Juli 1914 absenden. Er klettert zwischen Wiesen und Steinhalden herum, betritt einen Heustadel: „Zu meinem Erstaunen lagen auf dem Bett zwei mächtige Körper, ein männlicher und ein weiblicher ... Eine riesige schwarze Decke hüllte beide Körper bis an den Hals ein und reichte in Falten bis auf den Fußboden hinab, die bleichen Gesichter waren aufwärts gekehrt, der Stubendecke entgegen. Ich glaubte durchaus unaufgeregt zu sein – man täuscht sich ja manchmal über den Grad seiner Nervenspannung. Eine gewisse Unruhe aber machte sich doch darin bemerkbar, daß ich an die Bahre nicht ganz nahe herankam, sondern rasch zunächst ins Freie zurückkehrte." Kurz darauf zurückkehrend, findet er den Stadel völlig leer. Absteigend vom Berge in den nächsten Ort, erfährt er die Nachricht vom Mord in Sarajewo.
Der zweite Freund berichtet: „In derselben Zeit befand ich mich in Mähren, machte ebenfalls in einer heiter gestimmten Wandergruppe, in der Ebene, einen Ausflug. Da packte mich die Lust, etwas tiefer in Gebüsch und Haselstauden hineinzukriechen. Da sah ich, wie mir gegenüber, wie im Spiegel, am anderen Rand einer Waldlichtung, ein Soldat sich in ähnlicher Weise liegend näherarbeitete. Zwischen den von der Sonne beschienenen Baumstämmen war er deutlich zu erkennen. Er trug eine olivgrüne, ins Gelbe spielende Uniform, die ich nicht kannte. Er legte sein Gewehr auf mich an. Da schrie ich heftig auf, die Erscheinung verschwand. Zwischen den Baumstämmen lagen leer die tiefgrünen Waldgewächse, üppige Blaubeerenstände, Erdbeerblätter." – „Als ich im August desselben Jahres mobilisiert und an die galizische Grenze geschickt wurde, sah ich zum erstenmal russische Soldaten als Gefangene – und erkannte sofort die olivgrüne Uniform, die ich im mährischen Wald zum erstenmal erblickt hatte. Mir war der Begriff einer Felduniform damals völlig unbekannt, sogar unser österreichisches Feldgrau lernte ich erst bei der Mobilisierung kennen."
Der Kriegsausbruch 1914 wurde von Millionen Menschen als ein erstmaliges,

einmaliges Erlebnis erfahren, das Tiefenschichten wie nie zuvor mobilisierte: ein Erlebnis der Befreiung, der Erlösung, unvergleichbar der Bangigkeit, Angst, tiefen Sorge, die 1939 die Massen erfüllt, die schweigend und eilig an Hitlers Reichskanzlei vorbeigehen.

Stefan Zweig kehrt aus Belgien nach Wien zurück. „Fahnen wehten. Musik dröhnte, in Wien fand ich die ganze Stadt in einem Taumel. Der erste Schrecken über den Krieg, den niemand gewollt, nicht die Völker, nicht die Regierung, diesen Krieg, der den Diplomaten, die damit spielten und blufften, gegen ihre eigene Absicht aus der ungeschickten Hand gerutscht war, war umgeschlagen in einen plötzlichen Enthusiasmus. Aufzüge formten sich in den Straßen, plötzlich loderten überall Fahnen, Bänder und Musik, die jungen Rekruten marschierten im Triumph dahin, und ihre Gesichter waren hell, weil man ihnen zujubelte, ihnen, den kleinen Menschen des Alltags, die sonst niemand beachtet und gefeiert." – „Um der Wahrheit die Ehre zu geben, muß ich bekennen, daß in diesem ersten Aufbruch der Massen etwas Großartiges, Hinreißendes und sogar Verführerisches lag, dem man sich schwer entziehen konnte. Und trotz allem Haß und Abscheu gegen den Krieg möchte ich die Erinnerung an diese ersten Tage in meinem Leben nicht missen. Wie nie fühlten die Tausende und Hunderttausende Menschen, was sie besser im Frieden hätten fühlen sollen: daß sie zusammengehörten. Eine Stadt von zwei Millionen, ein Land von fast fünfzig Millionen empfand in dieser Stunde, daß sie Weltgeschichte, daß sie einen nie wiederkehrenden Augenblick miterlebten und daß jeder aufgerufen war, sein winziges Ich in diese glühende Masse zu schleudern, um sich dort von aller Eigensucht zu läutern. Alle Unterschiede der Stände, der Sprachen, der Klassen, der Religionen waren überflutet für diesen einen Augenblick von dem strömenden Gefühl der Brüderlichkeit. Fremde sprachen sich an auf der Straße, Menschen, die sich jahrelang auswichen, schüttelten einander die Hände, überall sah man belebte Gesichter. Jeder einzelne erlebte die Steigerung seines Ichs, er war nicht mehr der isolierte Mensch von früher, er war eingetan in eine Masse, er war Volk, und seine Person, seine sonst unbeachtete Person hatte einen Sinn bekommen."

Daran erinnert Stefan Zweig mitten im Zweiten Weltkrieg, in dem er in großer Angst den Faschismus an die Tore Südamerikas branden sieht und auf die Nachricht vom Falle Singapurs Selbstmord begeht. Stefan Zweig, der Freund Maxim Gorkis und Romain Rollands, Rilkes, Hofmannsthals und des Georges Duhamel, der Freund, Schüler und Patient Sigmund Freuds, der Freund guter Europäer aus allen Nationen Europas. Mit den eben zitierten Sätzen Zweigs läßt sich das wahrhaft historische Foto kommentieren, das den fünfundzwanzigjährigen Adolf Hitler in der Volksmasse bei einer Kundgebung auf dem Odeonsplatz in München 1914 zeigt. Hier, in der Ekstase der Massen, erlebt Adolf Hitler „die Volksgemeinschaft“: sie ist Gemeine der Brüder, die gemeinsam in den Krieg ziehen. Hier erlebt Adolf Hitler seine Kommunion, seine Realkommunion. In allen seinen Reden später will er nichts als diese Realkommunion wieder erneuern. Das Ritual der Rede, die große „Erinnerung“, das sakrale *In memoriam* des Großen Krieges, leitet seine Messe ein, die er da mit den „Seinen“ zelebriert. Er hofft später einmal, auch den katholischen Klerus zu dieser Messe und Kommunion umerziehen zu können.

Hier verliebt sich Hitler in den Krieg. Der geschlechtlich verhemmte, ewig pubertäre Jüngling hat hier sein einziges erotisches Erlebnis: im Aufbruch in den Krieg, der „heilig“ ist. Hier, in seinem Kriegsglauben, kommuniziert er später mit den Massen der Heimkehrer, die mit Feldmesse, Predigt und politischer Rede bei den Heldenehrungen, den Heldengedenkfeiern, den Fahnenweihen der Kriegervereine, den Einweihungen der Kriegerdenkmale sich an ihren Krieg, ihre einmalige Realkommunion, die tiefste Erschütterung ihrer ganzen leibseelischen Existenz jahraus, jahrein seit 1919 erinnern.

In der Anrufung der archaischen und barbarischen Tiefen der „Volksseele“ sehen die Kirchen 1914 ihre Chance, die Massen wieder religiös zu erwecken. „Der Krieg ist seit Jahren emsig und ernst vorbereitet worden. Jahrelang war das Heer in steter Kriegsbereitschaft. Aber eine der wichtigsten Vorbereitungen war der Eucharistische Kongreß in Wien.“ Das verkündet der Salzburger Weihbischof Dr. S. Waitz 1916. Hermann Broch erinnert an die Bemühungen der Wiener Christlichsozialen, in Verbindung nicht zuletzt mit den katholischen Kroaten, „in ihrem Schoße eine allen Nationalitätenhader überbrückende innerösterreichische (katholische) Internationale (zu) begründen“. Die katholischen Völker der Donaumonarchie scharten sich 1912 in Wien um den Thron Seiner Apostolischen Majestät.

„Hier aber im Gotteshaus wollen wir Waffenschmiede und Waffenweihe halten. Am Altarstein läßt sich so gut und so scharf das Schwert schleifen; an der heiligsten Opferstätte legt sich so starke Kraft in die von den Vätern ererbte Wehr; aus Gottes Hand empfangen, schützt die Rüstung treu gegen feindliche Unbill.“ So der Hofprediger G. Stipberger. Das ist rezente Magie. Hier verschmelzen Magie, Zauber, Menschenopfer, Kannibalismus mit katholischem Sakrament, mit mittelalterlichen Ordal-Weihen, Gottesurteil, Ritualen und Initiationsweihen, die über Firmung, Priesterweihe, Ritterweihe in frühe Religionen zurückführen.

Die gemeinsame „Ansprache“ dieser archaischen Tiefenschichten in den Völkern Mitteleuropas verbindet den Kriegsglauben des Adolf Hitler mit dem magisch-sakramentalen christlichen Glauben dieser Volksmassen.

Die eben zitierten Sätze stehen in einem Sammelband, der die kirchenamtliche Stellungnahme der führenden Repräsentanten der deutschen und deutschösterreichischen Katholiken im Ersten Weltkrieg enthält und 1917 in Berlin und Wien erscheint. Mitarbeiter sind die damaligen Kardinäle von München, Köln, Wien, die späteren Kardinäle Bertram, Breslau, Schulte, Köln, Faulhaber, München, weitere zwanzig deutsche und österreichische Bischöfe, einundzwanzig höhere Geistliche, zehn Pfarrer und Prediger, fünf Feldgeistliche, siebzehn Ordensgeistliche, siebzehn Professoren.

Die erste katholische deutsch-österreichische Achse, die Berlin mit Wien, Köln und München mit Salzburg verbindet, ist eine Kriegs-Achse! Diese Achse wird nach 1918 auf dem ersten gesamtdeutschen Katholikentag erneuert. Das gemeinsame Bekenntnis des österreichischen Episkopats zum Führer und Reichskanzler 1938 ist in diesem Zusammenhang zu sehen: Ein religiös-politischer Glaube an das „Sieg-Heil" vereint da Katholiken und Nationalsozialisten.

1914. Stefan Zweig schließt seinen Rückblick auf die Tage um den Kriegsbeginn 1914: „Der Krieg von 1914 diente noch dem Wahn, dem Traum einer besseren, einer gerechten und friedlichen Welt. Und nur der Wahn, nicht das Wissen macht glücklich. Darum gingen, darum jubelten damals die Opfer trunken der Schlachtbank entgegen, mit Blumen bekränzt und mit Eichenlaub auf den Helmen, und die Straßen dröhnten und leuchteten wie bei einem Fest."

Ein Fest, ein Fest der Erlösung: die Nachricht vom Ausbruch des Krieges! Der Kunstmaler Adolf Hitler hat sich in München recht gut mit dem Malen sehenswerter Gebäude durchgebracht. Er malt das Hofbräuhaus, das Nationaltheater, die Feldherrnhalle, die Propyläen und das Alte Rathaus, das Münchener Standesamt für junge Ehepaare. Er malt nach fotografischen Vorlagen. Adolf Hitler lebt in diesem Münchener Jahr recht einsam. Er vergräbt sich in Büchern. Er lebt jenes Doppelleben weiter, das er in Wien gelebt hat, in seinen Tagträumen und seiner Brotarbeit. In dem verhemmten jungen Manne steilen sich die Spannungen, wächst, wie er in „Mein Kampf" schildert, die Sehnsucht. Die Sehnsucht nach dem Beginn des Krieges. „Der Himmel möge endlich dem Schicksal, das nicht mehr zu hemmen war, den freien Lauf gewähren." Wie viele Theologen und Priester ersehnen in dem kommenden Kriegsgericht Gottes rettendes Gericht, Gottes reinigendes, sühneschaffendes Weltgewitter. So auch der junge Adolf Hitler.

Sarajewo. Ein erster Schrecken erfaßt Hitler: Haben deutsche Studenten den Erzherzog-Thronfolger ermordet? Gott sei Dank, nein. Adolf Hitler verteidigt das Wiener Ultimatum an Serbien. Wie Erlösung kommt es über ihn: „Ich schäme mich auch heute nicht, es zu sagen, daß ich, überwältigt von stürmischer Begeisterung, in die Knie gesunken war und dem Himmel aus übervollem Herzen dankte, daß er mir das Glück geschenkt, in dieser Zeit leben zu dürfen."

Das ist Gnade! Gnade ist die Gnade Gottes, hier im Gottesgericht des ewigen

Richters im Kriege als Zeuge auftreten zu dürfen: als Soldat. Immer wieder wird Adolf Hitler diese „Gnade“ berufen: von 1918 bis 1945. Diese „Gnaden“-Erfahrung ist echt! Man verstellt sich im Banne falscher Voreingenommenheiten jeden Zugang zur Psyche, zur permanenten Aufrüstung in der Person Adolf Hitlers, wenn man die seine tiefsten Schichten ergreifende Fixierung durch seinen religiös-politischen Kriegsglauben nicht ernst nimmt. Dieser Glaube ist immer mit einem Vernichtungsglauben gepaart. Im Rückblick auf seinen Kriegsglauben und auf den Kriegsglauben der Massen 1914 in München hält Adolf Hitler fest: Man hätte gleich bei Kriegsbeginn nackte Gewalt anwenden müssen, um im Inneren „die Ungeziefer zu vertilgen“ und die „Pest des Marxismus“ auszurotten.

Werner Maser macht bedeutungsvoll darauf aufmerksam: „Nirgendwo sonst ist Hitlers Sprache in ‚Mein Kampf‘ so gewählt, sein Stil so gewollt literarisch wie im Zusammenhang mit den Schilderungen seiner Kriegserlebnisse.“ Wir fügen hinzu: Hier ist Hitler ganz Mann, hier ist er ergriffen bis ins Innerste. *Le stil c'est l'homme* – er, der zu Recht von sich sagt: „Ich bin kein Schriftsteller“, gewinnt hier, beflügelt vom Eros seines Kriegsglaubens, eine Sprache, die durchbebt ist von Ergriffenheit. Selbst die auch hier anzutreffenden Phrasen erscheinen verwoben in ein Sprachgewebe, das merkwürdig dicht ist. Ein einziges Mal wohl ist Adolf Hitler hier der Poesie nahe.

„Und so kam endlich der Tag, an dem wir München verließen, um anzutreten zur Erfüllung unserer Pflicht. Zum ersten Male sah ich so den Rhein, als wir an seinen stillen Wellen entlang dem Westen entgegenfuhren ... Als durch den zarten Schleier des Frühnebels die milden Strahlen der ersten Sonne das Niederwalddenkmal auf uns herabschimmern ließen, da brauste aus dem endlos langen Transportzuge die alte ‚Wacht am Rhein‘ in den Morgenhimmel hinaus, und mir wollte die Brust zu enge werden. – Und dann kommt eine feuchte, kalte Nacht in Flandern, durch die wir schweigend marschieren, und als der Tag sich dann aus Nebeln zu lösen beginnt, da zischt plötzlich ein eiserner Gruß über unsere Köpfe uns entgegen ...: ehe aber die kleine Wolke sich noch verzogen, dröhnt aus zweihundert Kehlen dem ersten Boten des Todes das erste Hurra entgegen. Dann aber begann es zu knattern und zu dröhnen, zu singen und zu heulen, und mit fiebrigen Augen zog es nun jeden nach vorne, bis plötzlich über Rübenfelder und Hecken hinweg der Kampf einsetzte, der Kampf Mann gegen Mann. Aus der Ferne aber drangen die Klänge eines Liedes an unser Ohr und kamen immer näher und näher, sprangen über von Kompagnie zu Kompagnie, und da, als der Tod gerade geschäftig hineingriff in unsere Reihen, da erreichte das Lied auch uns, und wir gaben es nun wieder weiter: Deutschland, Deutschland über alles, über alles in der Welt!

Nach vier Tagen kehrten wir zurück. Selbst der Tritt war jetzt anders geworden. Siebzehnjährige Knaben sahen nun Männern ähnlich. Die Freiwilligen des Regiments List hatten vielleicht nicht recht kämpfen gelernt, allein zu sterben wußten sie wie alte Soldaten."

Georges Clemenceau, der Lothringer, fürchtet die Deutschen über alles. Er sieht sie als ein Volk von Männern an, die in den Tod verliebt sind. Und sieht den alliierten Sieg von 1918 als einen Waffenstillstand auf zwanzig Jahre; dann werden sie wieder antreten, zum Kampf Mann gegen Mann, diese Deutschen.

Todeserotik und Kriegsglaube: Das Schlachtfeld wird zum Ehebett, zur Kommunion mit dem Tode, zur orgastischen Verschlingung. Das militärisch sinnlose, ja verbrecherische Abschlachtenlassen der Freiwilligen vor Langemarck wird überhöht zum mythischen Heldenopfer. Die geschlechtlich unerwachten Jünglinge und die geschlechtlich verhemmten Männer werden hier, in der tödlichen Vermählung mit der Mutter Erde, mannbar. Die Schlacht wird zur Weihe, zur Initiationsfeier.

„Das heult und faucht durch die Luft, und dann hört man weit in der Ferne zwei dumpfe Schläge. Jeder von uns horcht nach ... Und während wir so leise flüsternd eng aneinandergepreßt daliegen und zum Sternenhimmel emporsehen, geht in der Ferne ein Lärmen los, erst noch weit, dann immer näher und näher rattert es, und die einzelnen Schläge der Kanonen werden immer zahlreicher, bis zum Schlusse ein einziges Rollen daraus wird. Jedem von uns zuckte es durch die Adern. Die Engländer machen einen ihrer Nachtangriffe, heißt es ..."

Am Morgen stürmt er, der Kriegsfreiwillige Adolf Hitler, mit den Seinen. „Und nun geht er bei uns zum Sturm. Wir kommen blitzschnell über die Felder vor, und nach stellenweise blutigem Zweikampf werfen wir die Burschen aus einem Graben nach dem anderen heraus. Was sich nicht ergibt, wird niedergemacht." Dies berichtet Adolf Hitler an seinen Münchener Freund, den Justizassessor Ernst Hepp, im Februar 1915.

Was sich nicht ergibt, wird niedergemacht: Besessen von diesem erotomanischen Kriegserlebnis, überträgt Adolf Hitler den Krieg, der in seiner Brust weiterbrennt, nach innen. In Deutschland sind alle Feinde niederzumachen, Mann für Mann, im Kampf auf der Straße, von seiner SA, von den verwilderten Soldaten und den Jünglingen, die sich ihnen anschließen in den Freikorps. Die größeren Gegner behält er sich selbst vor. Die wird er, der sich als der ewige Soldat des Weltkrieges dem deutschen Volk präsentiert, selbst niedermachen.

„... jeder von uns hat nur den einen Wunsch, daß es bald zur endgültigen Abrechnung mit der Bande kommen möge, zum Draufgehen, koste es, was es wolle!" Das schreibt Adolf Hitler an Freund Hepp 1915. Dieselben Worte, dieselben „frommen Wünsche" beseelen ihn in der Kampfzeit 1918 bis 1933, dann

1934, im Mord an den SA-Führern, dann 1939 bis 1945. Endgültige Abrechnung mit der Bande der jüdischen Marxisten, der Freimaurer, der Novemberverbrecher der verjudeten Weimarer Republik. Dann der Aufbruch zur letzten endgültigen Abrechnung mit der Bande der Bolschewiken, Kapitalisten, Juden in Washington, London, im Kreml: „koste es, was es wolle".

Tausende, Hunderttausende, vielleicht Millionen Menschen partizipieren mehr oder weniger an dem Kriegsglauben, an der erstmaligen Kriegserfahrung des jungen Adolf Hitler auf dem Schlachtfelde. In diesen Menschen verbrennt, verblutet, verascht dieser Kriegsglaube jedoch oft schon in Tagen, Wochen, Monaten, wird endgültig zermalmt in den Materialschlachten der Westfront, ertrinkt im Morast und Schlamm in Rußland, erfriert in den russischen Wintern in Schnee und Eis. Adolf Hitler erhält sich seinen Kriegsglauben bis zum Ende des Krieges. Das gelingt ihm nicht zuletzt durch sein Doppelleben, das er auch im Schützengraben beibehält.

Sein Doppelleben in Wien hat er so geschildert: Er lebte einerseits seinen Zorn, seine Enttäuschung, sein Frustriertsein aus in seiner mörderischen Kritik an der Habsburgermonarchie, an diesem zur Verwesung bestimmten Staatskadaver. Gleichzeitig lebt er in seinen Tagträumen, seinem Glauben an Deutschland, an das ewige Reich.

Im Schützengraben erhält sich der Kriegsfreiwillige Hitler seinen Glauben an Deutschland, seinen Glauben an den Krieg, indem er, der Österreicher, gleichzeitig seine deutschen Vorgesetzten, vor allem die Armeeführung, die Stäbe, die Offiziere, in Grund und Boden kritisiert. Der sehr österreichische Kritikaster, der Gefreite Adolf Hitler, ist deshalb bei den Offizieren sehr unbeliebt. Wir müssen in seiner nach oben hin recht gut bekannten Kritiksucht den Hauptgrund dafür sehen, daß der tapfere Soldat Adolf Hitler, der sich gerne für gefährliche Freiwilligen-Aktionen meldet, nicht befördert wird. Das Eiserne Kreuz erster Klasse erhält er auf Vorschlag des jüdischen Regimentsadjutanten Hugo Gutmann von Oberstleutnant Anton von Tabeuf. „Gutmann hatte dem Meldegänger Hitler das EK I für den Fall versprochen, daß er den wichtigen Auftrag in der ihm zur Verfügung stehenden kurzen Zeit ausführe" (Werner Maser).

Hitler erhält sich seine Kritik, seinen Haß gegen die militärische Führung, gegen den „preußischen" Generalstab. Die Generalstabskreise erscheinen ihm als eine „Sonderkaste besonders hochnäsiger junkerlicher Hohlköpfe und Nationalschädlinge voll steriler Unfruchtbarkeit, Ideenlosigkeit, Feigheit und der dieser entsprechenden Einbildung". – „Die Herrschaften mit ihren Purpurstreifen an der Hose sind mir manchmal widerlicher als die Juden, denn diese wollen wenigstens in offener Selbsterkenntnis niemals Soldaten sein, was jene unausgesetzt für sich allein in Anspruch nehmen." Hans Frank zitiert in diesem Zusammenhang auch das oft wiederholte Wort Hitlers: „Der Generalstab ist der letzte Freimaurerorden, den ich noch nicht aufgelöst habe." – Hans Frank erinnert „im Angesicht des Galgens", im Nürnberger Gefängnis, daran, daß ihm ein alter bayerischer Offizier einmal im Vertrauen erzählte, daß Hitler zwar ein tapferer Soldat war, aber dauernd „räsonierte, kritisierte" und denkbar große Unzufriedenheit mit allem und jedem in der Kriegführung offen äußerte. Hitler sei in dieser Hinsicht ein „oft völlig unerträglicher Kritikaster, Besserwisser und Nörgler" gewesen.

Diese sehr österreichischen Eigenschaften, die sich auch im Zweiten Weltkrieg in Soldaten aus der Ostmark erhalten haben, helfen Hitler, im Weltkrieg seinen Glauben an Deutschland und gleichzeitig seinen Gegenglauben, seinen Haßglauben, auszuleben.

Im Zweiten Weltkrieg sieht Hans Frank Hitler zu einem „Bunkergeist" werden: „Hitler war kein Feldherr, kein Soldatenkaiser. Er war ein Bunkergeist und paßte eher in den alten Wiener Reichshofkriegsrat, über den Prinz Eugen so wacker schmäht, als an die Front. Irgendwie typisch war doch diese vom Führer durchgehaltene, vom schlimmsten Mißtrauen gegen jeden Oberbefehlshaber diktierte Art."

Hitler glaubt an den Krieg: „Der Weltkrieg war für ihn das größte, entscheidendste Bildungselement schlechthin gewesen. Das Leben als Soldat sah er als die einzige wirkliche Berufung des Mannes, den Tod an der Front als die allein würdige Opfertat im Dienste der Nation, die gewaltkämpferische Auseinandersetzung zwischen kriegerisch gegeneinander stehenden Völkern als die schlechterdings dem Schöpfungsplan allein entsprechende Höchst- und Idealform des Staatslebens, also den Krieg als absolut notwendiges, unausrottbares, unvermeidliches Übel der Menschheit an, das ihr gleichsam von Gott dem Herrn selbst mit auf den Weg mitgegeben worden sei. Wie tönen mir alle seine diesbezüglichen Worte, bei allen Gelegenheiten gesprochen, heute noch im Ohr" (Hans Frank).

Wer in der Gegenwart – nach 1945 – mit katholischen, aber auch evangelischen Theologen über den Krieg, die Abrüstung, die deutsche Wiederaufrüstung diskutierte, konnte hundertfach denselben Kriegsglauben bekundet erhalten: „Kriege muß es immer geben"; „der Herrgott straft die Menschen durch Kriege"; „jeder Krieg ist eine Prüfung, von Gott verhängt". Diese kriegsgläubigen Theologen, deren erste große Stunde im Kalten Krieg um 1950 kam, können das Wort Adolf Hitlers unterschreiben: „Der ewige Frieden auf der Welt tritt erst ein, wenn der letzte Mensch den vorletzten umgebracht haben wird, oder der Herrgott läßt vorher ein Wunder geschehen."

Adolf Hitler sagt zu Hans Frank: „Der Krieg veranlaßt zu tiefstem Nachdenken über alles Menschliche. Vier Jahre Krieg sind mehr als dreißig Jahre

Universität an Bildung über die Probleme des Lebens. Nichts haßte ich so wie den Schund. Wo es um große Schicksale geht, kann man nur Homer und das Evangelium lesen." Hitler erklärt Frank, daß er in den späteren Jahren des Krieges immer wieder zu Schopenhauer griff. „So konnte ich dann auch auf das Evangelium gerne verzichten – wenn auch Christus bestimmt ein echter Kämpfer war. Aber die Geschichte mit dem Hinhalten der beiden Wangen, wenn man einen Schlag bekommt, ist kein gutes Rezept für die Front."

Wie oft habe ich selbst, in den Jahren nach 1945, von katholischen Klerikern diesen Vorhalt entgegennehmen müssen: Christus verlange nicht, den „Bolschewisten" die Wange zum Schlage hinzuhalten.

Adolf Hitler erhält sich also seinen Kriegsglauben, seinen Glauben an den Krieg, wie ihn die kirchlichen Prediger des Krieges bis zum bitteren Ende den auf den Schlachtfeldern verblutenden Massen predigen. Hier nur ein Beispiel für viele. In seinem Festaufsatz „Zum 2. August" schreibt der Hofprediger Dr. Vogel, Felddivisionspfarrer im Großen Hauptquartier, am 2. August 1918 im Berliner „Tag": „Nun seufzt die ganze Welt nach Frieden. Mögen unsere Feinde kämpfen für ihr Warenhaus, Deutschland ringt um sein Dasein, seine Art, sein Recht auf Leben und Zukunft, um den Sieg des deutschen Geistes, Gewissens und Herzens, in der Welt. Das ist die Frage: Wem soll die Welt gehören: dem freudig-frommen Geiste Kaiser Wilhelms oder den dunklen Schatten Eduards VII. – dem Loki der Verlogenheit oder dem lichten Baldur deutscher Aufrichtigkeit," – wir kommentieren: Johanneisches, Manichäisches und Germanisch-Mythisches fließen hier ineinander – „dem Vampyrgriff des Mammonismus oder dem dienenden sozialen Idealismus" – in Hitlers Proklamationen 1943–1945 kehrt dieses „Entweder-Oder-" wieder – „dem Glauben an den Heiland („den Führer") oder dem Aberglauben an das Tier im Menschen?" – „Die bolschewistische Bestie" wird es 1941–1945 heißen. – „Zu diesem Kampf, dem größten in der Weltgeschichte, sind wir berufen. Aufs neue satteln die apokalyptischen Reiter zum Todesritt. Darum keine Müdigkeit hier draußen, keine Händler, sondern Helden daheim, und beim Friedensschluß nicht deutscher Träumerich mit Humanitätsdusel und Buttermilch im Blut" – hier drückt sich Hitler besser aus als dieser Kriegsprediger –, „damit die Opfer unserer Gefallenen und Verkrüppelten zum Segen und nicht zum Fluch über Deutschland kommen! Euch drücken wir die Hand – und nun, trotz Weh und Wunden, trotz Tränen, Trauer und Trümmer hinauf zur Wende – und Werdehöhe der großen Stunde! Du fünftes Kriegsjahr, möge es sich in dir erfüllen: Deutschland, Deutschland über alles, über alles in der Welt."

Wir werden mit dieser Anrufung des deutschen Heilandes, des deutschen Baldur, des fünften Kriegsjahres 1918 die Kriegspredigten Adolf Hitlers in den Jahren 1942–1945 zu vergleichen haben.

1918 hält Adolf Hitler an seinem Credo, seinem Bekenntnis zum Glauben an den Krieg fest, wie 1914. „Ich hatte das Glück, die beiden ersten und die letzte Offensive mitmachen zu können. Es sind dies die ungeheuersten Eindrücke meines Lebens geworden; ungeheuer deshalb, weil nun zum letzten Male ähnlich wie im Jahre 1914 der Kampf den Charakter der Abwehr verlor und den des Angriffs übernahm.“ – Wir kommentieren: Von 1942 bis 1945 verheißt Adolf Hitler jährlich feierlich der Front und Heimat, daß aus der Abwehr zum Angriff im kommenden Jahre übergegangen wird. – „Ein Aufatmen ging durch die Gräben und Stollen des deutschen Heeres, als endlich nach mehr als dreijährigem Ausharren in der feindlichen Hölle der Tag der Vergeltung kam. Noch einmal jauchzten die siegreichen Bataillone, und die letzten Kränze unsterblichen Lorbeers hingen sie an die siegumwitterten Fahnen.“ – Wir kommentieren: In den Jahren 1942 bis 1944 wird sich Adolf Hitler noch emsig mit Entwürfen für neue Orden in Gold, Silber, Brillanten, Eichenlaub befassen. – „Noch einmal brausten die Lieder des Vaterlandes die endlosen Marschkolonnen entlang zum Himmel empor, und zum letzten Male lächelte die Gnade des Herrn seinen undankbaren Kindern.“

Die „undankbaren Kinder“ und „die Gnade des Herrn“: Das deutsche Volk erweist sich 1918 unwürdig der großen Gnade, die der Herr ihm im Kriege erwies. So verfällt es dem Gericht, Gottes Strafgericht. „O Herr, ich bin nicht würdig ... Du aber machst mich würdig.“ So singt das katholische Volk in seiner Deutschen Messe. Adolf Hitler predigt in den Jahren der Kampfzeit bis 1933, in den Jahren der Vorbereitung seines Weltkrieges bis 1939, in den Jahren seines Krieges 1939 bis 1945: Gottes Gericht im Ersten Weltkrieg über die Deutschen war gerecht. Unwürdig war dieses Volk der großen Gnade, es erlag verdient der strafenden Zuchtrute des Herrn.

Adolf Hitler dankt Gott für die Bestrafung des deutschen Volkes, ab 1918. Und er predigt: Ich mache dieses deutsche Volk würdig, die Prüfung Gottes zu bestehen, in der es 1918 versagt hat. Er bekennt bis zum Ende seines Lebens die Erfahrung des Ersten Weltkrieges als die „unvergeßlichste und größte Zeit meines irdischen Lebens“. Das irdische Leben ist Prüfung von Gott her, Prüfung des Mannes im Kriege. Adolf Hitler erfleht vom „Herrgott“, er möge seinem Volke die Gnade gewähren, die es 1918 verspielte: die Gnade, in der großen Prüfung des Krieges sich als dankbares Kind Gottes würdig zu erweisen.

Adolf Hitler bleibt bis zum Tode ein Mann der Vergangenheit, fixiert an sein Kriegserlebnis, an den Glauben an das Heil aus dem Kriege. Dieser Mann der Vergangenheit kehrt instinktsicher in sein München zurück, an dem er, wie er bekennt, mehr hängt als an irgendeinem Fleck der Erde. In diesem München hängen auch die bayerischen weiß-blauen Legitimisten an ihrer Vergangenheit;

Hitlers Duzfreund Röhm ist bayerischer Legitimist. An ihrer Vergangenheit hängen Offiziere, Politiker und nicht zuletzt führende Männer der Kirche, wie Michael Faulhaber. Gegen Berlin, gegen die verjudete Weimarer Republik, gegen die jakobinische Französische Revolution stehen hier konservative, katholisch-kirchliche, patrizische, großbürgerliche Kreise in Abwehr. Adolf Hitler ist in der Kaiserstadt Wien nicht gesellschaftsfähig geworden. In München wird er es sehr rasch, gewinnt Anhänger, ja Gläubige in konservativen Kreisen und kann in wenigen Jahren seine Machtübernahme vorbereiten.

In München gewinnt er den einzigen Freund seines Lebens als väterlichen Erzieher und Berater, der dem jungen, verwildert aussehenden, ungepflegten Manne gute Manieren beibringt, ihn in die gute Gesellschaft einführt und ihm erste wichtige Geldgeber vermittelt: Dietrich Eckart. Seinem Andenken widmet er das letzte Wort in seiner Bekenntnisschrift „Mein Kampf“.

AUFSTIEG ZUR MACHTÜBERNAHME IM KATHOLISCHEN MÜNCHEN

Der „König von München": So nennen seine Gegner den NSDAP-Redner Adolf Hitler in den frühen zwanziger Jahren. Adolf Hitler verdankt dem katholisch-konservativen München so gut wie alles. Katholisch-konservative Politiker halten ihre schützende Hand über ihn. Sie decken den Terror seiner SA-Banden. Bayerische Gerichte helfen ihm, seine Rechtsbrüche, seinen Kampf gegen Berlin, gegen die Weimarer Republik, gegen die Demokratie als ein vaterländisches Unternehmen zu tarnen. Adolf Hitler steigt in München zum Führer der NSDAP auf. Am Abend des 29. Juli 1921 wird Hitler im Zirkus Krone in München von Hermann Esser als „unser Führer" vorgestellt. Adolf Hitler präsentiert sich dem katholischen Bayern als Apostel, der den jüdischen Bolschewismus ausrotten wird. „Indem ich mich des Juden erwehre, kämpfe ich für das Werk des Herrn." Das ist ein Leitmotiv seiner religiös-politischen Predigten, seiner Reden seit 1919. Hier in München predigt er: Das eigentliche Ziel der Juden ist es, „ihren unsichtbaren Staat auszubreiten, als oberste Spitzentyrannei über die ganze Welt". – „Sittlich zerstört er die Völker in religiöser und moralischer Hinsicht." – „Weltjude und Weltbörse, die Urschuldigen am Weltkrieg": das ist das Thema einer seiner Münchener Predigten, am 13. April 1923. Bayerische und deutsche Katholiken hören es gerne, wie er den Liberalismus, das Freimaurertum als „Judeninstrumente entlarvt".

In diesem München, in dem der päpstliche Nuntius Eugenius Pacelli entsetzt die Tage der Räterepublik erlebt hat und den bayerischen Ministerpräsidenten Kahr in seiner Einwohnerwehr-Politik über den Vatikan zu unterstützen versucht, predigt Hitler über den jüdischen Bolschewismus: „Der Jude strebte nach unumschränkter Herrschaft in dem Lande der Judenbeschränkungen, nicht -verfolgungen, denn Judenverfolgungen hat es in den letzten 200 Jahren nicht mehr gegeben, sondern nur eine fortlaufende Christenverfolgung!"

Hitler übersieht die Pogrome im zaristischen Rußland, die in Wellen auf 1914 zuführen, und malt ein Bild des Bolschewismus wie das 1962 allen Vätern des II. Vatikanischen Konzils überreichte Werk „Komplott gegen die Kirche". Sein Antisemitismus entspricht der Tendenz der von ihm hochgeschätzten Oberammergauer Passionsspiele, deren Revision 1966 noch nicht durchgesetzt werden konnte. Wie ein Capistrano, wie ein Abraham a Sancta Clara predigt Hitler in seinem München gegen die Juden, „entlarvt“ sie als Lügner, Täuscher, Brandstifter, Verschwörer, die Aufruhr, Chaos, Elend und Hungersnot ins Land bringen.

Hitlers Judenglaube ist so echt wie der christliche Teufelsglaube, aus dem er wächst: ein Teufelsglaube, der deutsche Katholiken beseelt, die sich mit der Niederlage im Weltkrieg, mit der industriellen Revolution, mit dem Beginn der Neuzeit nicht abfinden können. Hitler predigt: „Es ist unsere höchste Pflicht, alles einzusetzen, damit nicht auch Deutschland den Kreuzestod erleidet!“ Deutschlands Passion als *Passio Christi*, das ist ein Thema der Predigten bayerischer Kirchenfürsten nach 1918. Deutschland erscheint als der johanneische Christus, den die Juden verfolgen und töten, gegen den die böse Welt aufsteht.

Wie so viele kirchliche Volksprediger predigt Hitler in München: „Der Jude, er ist der Dämon der Völkerzersetzung, das Symbol der dauernden Zerstörung der Völker.“ Der Sowjetstern ist der Stern Davids, das Wahrzeichen der Synagoge. Diese bösartige Identifizierung der beiden ganz verschiedenen Sterne ist eine in kirchlichen politisierenden Predigten beliebte Assoziation. Hitler fährt fort: Das Gold des Sowjetsterns ist das „gleißende Gold“ des Teufels, Mammons, der Hammer im Sowjetwappen zeigt den freimaurerischen Einschlag. Am 12. April 1923 verkündet er in München: Es gibt „nur zwei Möglichkeiten – entweder Sieg der arischen Seite oder ihre Vernichtung und Sieg des Juden“.

„Elf Tage, nachdem Hitler öffentlich im Hofbräuhaus der bayerischen Regierung vorgeschlagen hatte, Erzberger beim Betreten des bayerischen Bodens zu verhaften, wurde er am 14. Mai 1921 von Gustav v. Kahr mit einer Delegation empfangen, zu der auch Rudolf Heß gehörte“ (Werner Maser).

Heß hat dem bayerischen Ministerpräsidenten von Kahr Hitler in einem ausführlichen Schreiben vorgestellt: „Da Exzellenz bemerkten, Herrn Hitler vielleicht nochmals gelegentlich in kleinerem Kreise sprechen zu wollen, erlaube ich mir kurz einiges über den Mann und seine Zuverlässigkeit zu sagen. H. stammt aus dem deutsch-böhmischen Grenzgebiet; sein Nationalempfinden wurde daher früh ausgeprägt. Aus ganz einfachen Verhältnissen kommend, führte er einen schweren Lebenskampf ... Er ist ein selten anständiger lauterer Charakter, voll tiefer Herzensgüte, religiös, ein guter Katholik. Er hat nur ein Ziel: das Wohl seines Landes. Für dieses opfert er sich in selbstloser Weise, ohne daß er von der Bewegung einen Pfennig dafür erhält ... Im Feld war H. den ganzen Krieg über an der Front, wobei er sich als einfacher Mann das E.K. I erwarb. Bis 1916 verzichtete er freiwillig auf Urlaub. Euer Exzellenz können H. unbedingt vertrauen ...“ Dieser Ansicht ist noch am 4. November 1936 Kardinal Michael Faulhaber, der tief befriedigt den Führer und Reichskanzler nach seinem Besuch auf dem Berghof verläßt.

Erzbischof Michael Faulhaber ist 1915 überzeugt: „Nach meiner Überzeugung wird dieser Feldzug in der Kriegsethik für uns das Schulbeispiel eines gerechten Krieges werden." Am 7. Mai 1919 sagt der Reichspostminister Giesberts, der als Vertreter des Zentrums der deutschen Delegation in Versailles angehört, am Abend nach der Übergabe des Entwurfes des Friedensvertrages in einer Ansprache: „Wenn ich die Kerle hier hätte, die da heute nachmittag vor mir saßen, den Wilson, den Lloyd George und den Clemenceau, ich würde sie an die Decke schmeißen, daß sie kleben blieben!"
1921 erklärt im „Hochland", in der kultiviertesten Zeitschrift des deutschen Katholizismus, Theodor Haecker, einer der bedeutendsten katholischen Denker Deutschlands, über „die Gotteslästerung von Versailles": „Und das ist freilich ein herzbeklemmendes Omen, daß die Engländer, als Sklaven einer unchristlichen Idee, seit der Gotteslästerung von Versailles ihre politische Ehre schleifen lassen und anrüchig machen in dem Seelenunrat der Hysteriker und Psychopathen Frankreichs, seiner Apostaten des Glaubens und Advokaten der Pest, seiner machtgierigen, imbezillen weißen Negermarschälle und ehrlosen Generalbanditen."
Die einflußreiche katholische „Allgemeine Rundschau" appelliert in der Neujahrsnummer 1920 an die Solidarität der ausländischen Katholiken: „So wie einst die Christen im Circus Maximus des heidnischen Rom den Löwen vorgeworfen wurden, so sind wir – will es uns scheinen – *den Finanzhyänen der freimaurerisch-jüdischen Weltplutokratie* zum Fraß hingeworfen." Jeder Satz könnte von Adolf Hitler selbst gepredigt werden.
Erzbischof Michael Faulhaber polemisiert in seinem Fastenhirtenbrief 1920 gegen die neue Reichsverfassung, die Verfassung der Weimarer Republik: „Jede Pflanzung, die nicht mein himmlischer Vater gepflanzt hat, wird ausgerottet werden."
Der katholische Historiker Heinrich Lutz kommentiert diese und andere religiöspolitische Reden Faulhabers in den Jahren 1920/1921: „Damit machte sich der Münchener Oberhirt zum Sprecher einer radikalen Position, die von der ‚sittlichen Unerlaubtheit der Revolution' her auch den durch das Weimarer Verfassungswerk konsolidierten Staat a limine in Zweifel stellte und so oder so auf seinen Zusammenbruch wartete."
Im München Adolf Hitlers, in dem seine SA marschiert, die Straße „säubert" von ihr unliebsam erscheinenden Bürgern, in Saalschlachten ihre Gegner niederprügelt und oft schwer verwundet, findet vom 27. bis 30. August 1922 die 62. Generalversammlung der Katholiken Deutschlands statt. Der Nuntius Pacelli spricht die Eröffnungsworte. Dann überbringt der Erzbischof von Salzburg die Grüße Österreichs: „Wir sind ja Brüder; gemeinsam ist uns die Abstammung,

gemeinsam die Sprache, gemeinsam unser heiliger katholischer Glaube, gemeinsam auch die Not und das Leid." – Er hätte hinzufügen können: Gemeinsam ist uns auch die Schuld, erinnernd an die gemeinsamen Seligpreisungen des Krieges, die der deutsche und österreichische Episkopat in dem großen Sammelwerk von 1917 verkündet hatten. – „In Treue und Liebe sind wir verbunden, und Gott sei Dank: wenigstens Treue und Liebe kann kein Vertrag verbieten." Stürmischer Applaus für diese Anspielung auf das Entente-Verbot des Anschlusses Österreichs an Deutschland.

Es spricht dann ein Vertreter des Saargebietes: „Wir Saarkatholiken vertrauen auf Gott, daß er die Lüge des Friedensdiktates zuschanden machen wird." – Bei der Saarabstimmung 1935 engagieren sich, von den päpstlichen Vertretern, die von Pacelli ausgesucht sind, stark unterstützt, saarländische Katholiken leidenschaftlich in Hitlers Abstimmungspropaganda und weisen die Greuelmärchen über eine Verfolgung der Kirche im Dritten Reich zurück.

Der Vertreter der Danziger Katholiken erklärt: „Wir wollen in geistiger Verbindung mit Ihnen bleiben, bis wieder die Stunde der Vereinigung schlägt. Etwas so Unnatürliches wie die Zerreißung des deutschen Ostens kann keinen Bestand haben." Dröhnender Beifall.

Die Delegation der Deutschen aus Böhmen: „Wir sind gekommen, um die Glaubens- und Volksgemeinschaft enger zu schließen. Auch wir lieben unser armes zertretenes deutsches Volk aus ganzer Seele. Auch wir fühlen uns als wahre Volksgenossen. Möge die Selbstzerfleischung in Deutschland einmal aufhören, dann kommt der Tag des deutschen Volkes, und auch für uns, die wir unter fremden Joch schmachten."

Es kommt der Tag: Auf dem Breslauer Sängerbundesfest 1936 jubeln zum ersten Male Katholiken aus Böhmen und dem Sudetenland in hellen Scharen dem Führer zu.

Tiroler und Südtiroler geben ihr Treuegelöbnis zur deutschen Einheit ab. In der Eröffnungsrede macht sich der Präsident des Katholikentages, Dr. Konrad Adenauer, zum Sprecher für „alle deutschen Gaue, alle deutschen Stämme". Adenauer: „In der europäischen Geschichte des Mittelalters und der Neuzeit gibt es kein Dokument, das so allen menschlichen, allen christlichen Grundsätzen Hohn spricht wie das Diktat von Versailles." Adenauer und die deutschen Katholiken in München 1922 übersehen ganz das deutsche Friedensdiktat von Brest-Litowsk, das wenige Jahre zurückliegt.

Kardinal Faulhaber, der kurz zuvor den Völkerbund als „Zündstoff für neue Weltkriege, eine Spielhölle des Großkapitalismus" angegriffen hat, eröffnet auf diesem Katholikentag „einen frontalen Angriff auf die Verfassung der Republik und ihre Fürsprecher im Zentrum": „Wehe dem Staate ... Die Revolution war

Meineid und Hochverrat und bleibt in der Geschichte erblich belastet und mit dem Kainsmal gezeichnet. Auch wenn der Umsturz ein paar Erfolge brachte, den tüchtigen Bekennern des katholischen Glaubens den Weg zu den höheren Ämtern weit mehr als früher erschloß, eine Untat darf der Erfolge wegen nicht heiliggesprochen werden." Der Kardinal übersieht, daß es keineswegs um eine Heiligsprechung der Revolution ging, sondern nur um einige bescheidene Versuche, die deutschen Katholiken mit der Weimarer Republik, mit der Demokratie vertraut zu machen. Konrad Adenauer weist diesen Angriff des streitbaren Münchener Kardinals gegen den Staat offen zurück. Die politische Atmosphäre dieses Katholikentages wird aber auch dadurch charakterisiert, daß die katholischen Studentenverbindungen – die 1933 mit fliegenden Fahnen in Deutschland, nicht in Österreich, zu Hitler übergehen – General Ludendorff zu ihrem Festkommers einladen.

Der katholische Arbeiterführer Joseph Joos bemerkt zu dieser Szenerie nachdenklich: „Manchmal will einen bedünken, als ob ein Teil der Führer des Bayernvolkes ohne sicheres Gefühl dafür wäre, was werden kann, wenn man mit dem Feuer spielt."

Kahr und führende bayerische katholisch-konservative Gesinnungsgenossen spielen mit dem Feuer, mit Hitler, bis zu dem Tage seines Münchener Putsches. Und setzen dieses Spiel gleich nach Hitlers Entlassung aus Landsberg fort.

„Der Gegensatz zwischen Bayern und dem Reich, die Verfilzung der bayerischen Regierung und der staatlichen Institutionen mit der gesamten radikalen Rechtsfront und die Mitschuld maßgeblicher bayerischer Regierungsvertreter hatten zur Folge, daß Hitler bereits am 20. Dezember 1924 wieder die Möglichkeit zum Eingriff in das politische Leben erhielt. Bereits am 4. Januar 1925 traf er sich mit dem bayerischen Ministerpräsidenten Dr. Heinrich Held (Bayerische Volkspartei). Sein Gönner Franz Gürtner war immer noch Justizminister. Seit dem 25. Februar 1925 durfte der ‚Völkische Beobachter' wieder erscheinen. Hitlers Artikel ‚Ein neuer Beginn' war richtungsweisend. Sein ‚legaler Weg' zur Reichskanzlei begann."

Die bayerische Regierung, in der katholisch-konservative Männer tonangebend sind, ist in bedeutendem Maße an der Vorbereitung des Hitler-Putsches vom 9. November 1923 beteiligt. Das hat Werner Maser eindeutig aufgezeigt. Uns interessieren in diesem Zusammenhang vor allem die katholischen und die österreichischen Elemente, die mit Adolf Hitler in seiner Münchener Frühzeit 1919 bis 1923 zusammenwirken.

Adolf Hitler ist bis 1925 österreichischer Staatsbürger. Er spricht in München seinen oberösterreichischen Dialekt, der dem bayerischen Idiom so nahesteht, verwendet aber, zumal wenn er sich entspannt, „ein bisserl" Wiener Redewendungen

und Ausdrücke. Er trägt gerne die bayerische Lederhose, sonst ein recht schlampiges Räuberzivil, nachdem er die Uniform ausgezogen hat.
Die NSDAP übernimmt ihren Parteinamen und das Hakenkreuz von den österreichischen Nationalsozialisten, die ihre Partei schon seit Mai 1918 „Deutsche Nationalsozialistische Arbeiterpartei“ nannten. Österreichische Nationalsozialisten zeichnen sich früh durch ihre Radikalität aus. Am 19. Dezember 1922 fordern Tiroler und Vorarlberger Nationalsozialisten: „Auer muß sterben, Ebert ‚abgestochen‘ werden, knietief muß im Blut der Juden und ihrer Knechte gewatet werden.“ Am 20. November 1922 berichtet die „Münchner Post“ über eine nationalsozialistische Versammlung im Bürgerbräukeller: Ein Hakenkreuzjüngling ging mit einer Sammelbüchse mit der Aufschrift „Spendet für Judenmassakers“ herum. – Bajuwarische und österreichische Brutalität finden hier früh zueinander und finden sich wieder in den KZ-Schergen in Dachau.
Die Brutalität der Aktion, der Tat, wird systematisch vorbereitet und angeheizt durch die Brutalität der Sprache, der Hetz- und Haßsprache. *Das Schlagwort wird bewußt als Schlag-Wort gebraucht,* als Waffe der Aggression, die zum Angreifen, Zuschlagen, Verwunden, Töten drängt. In der Ausbildung dieser mörderischen Sprache wirkt wahrhaft bahnbrechend der von Martin Weger und Pater Bernhard Stempfle herausgegebene „Miesbacher Anzeiger“. – „Mein guter Pater Stempfle“, so nennt Adolf Hitler diesen Priester, der wohl nicht, wie mehrfach angenommen wurde, Hitlers „Mein Kampf“ redigierte und überarbeitete, Hitler aber doch in seiner Münchener Frühzeit sehr nahestand. Sein „Miesbacher Anzeiger“ ist fanatisch antisemitisch, antipreußisch, antidemokratisch. Diese Zeitung wirkt seit 1921 an der Seite des „Völkischen Beobachters“ für die rechtsradikalen Nationalsozialisten.
„Funkspruch an alle Sau- und Regierungs-Juden an der Panke, Dahme, Biese, Dosse, an der Havel und an der dreckigen Spree“ (16. März 1921). „Es soll nur so ein ... Prikes-Jude kommen und uns entwaffnen wollen – den schlagen wir, daß er in keinen Sarg mehr hineinpaßt ... Mit Eurem Entwaffnungs- und Entmannungsgesetz wischen wir uns ... – Die Schabbesflagge Schwarz-Gelb-Rot ... Ihr haben sie *Treie* geschworen, im Sinken und Steigen der Preise, beim Kettenhandel, in furchtbaren Kriegsgesellschaftskämpfen, beim Zischen und Krachen der Dividenden. Die Devise kann sinken, aber die schwarz-gelb-rote Schabbesflagge sinkt nicht.“
Der Mitherausgeber des „Miesbacher Anzeigers“ Martin Weger wird wegen der von ihm verbreiteten Bezeichnung der Reichsfarben als „Hennadreck“, Hühnerdreck, angeklagt, vom oberbayerischen Schwurgericht jedoch freigesprochen. Der „Miesbacher Anzeiger“ genießt eindeutig den Schutz der Kahr-Regierung in München. Am 23. August 1921 ruft das Blatt nach dem starken „Mann in

Bayern, der erklärt: Ich lasse noch zehn Galgen errichten und an diesen Galgen die Juristen aufhängen, die mir mit rechtlichen Bedenken in die Arme fallen wollen".

Das ist die Sprache Hitlers; dieser Satz entspricht zudem genau seinem Haß gegen die Juristen, den sein Rechtsanwalt Hans Frank zu seinem Leidwesen früh wahrnimmt.

Hans Frank, Anwalt Hitlers, Reichsminister, Generalgouverneur in Krakau, hat in seiner Nürnberger Gefängniszelle seine „Deutung Hitlers und seiner Zeit auf Grund eigener Erlebnisse und Erkenntnisse" geschrieben. Der amerikanische Armeepfarrer, der Franziskaner Sixtus O'Connor, wirkte entscheidend mit bei der Herstellung des Manuskripts. Frank schenkte ihm den handschriftlichen Text.

Hans Frank, geboren 1900 in Karlsruhe, aus einer alt-katholischen rheinpfälzischen Familie, maturierte 1918 in München, trat 1919 der „Thule-Gesellschaft" und der „Deutschen Arbeiterpartei" bei und geriet in den Strom der Gläubigen, die dem Volkspropheten Hitler zuströmten.

Franks Schilderungen der Münchener Atmosphäre, in der Adolf Hitler auftritt, gehören zu dem Besten, was uns über die Stimmung, in der Hitler zu Wort und zum ersten Massenerfolg kam, überliefert ist. „Demütigungen, Überlastungen und Entwicklungshemmnisse" erfüllen die Massen verarmter, verelendeter, seelisch in hoher Spannung und Erbitterung lebender Bürger, Kleinbürger, Mittelständler und auch schon Arbeiter, die in die Gasthäuser und Bräukeller, dann in den Zirkus Krone strömen, wenn Adolf Hitler spricht. 1920 erlebt der zwanzigjährige Student Hans Frank, der zunächst mit vielen anderen Studenten Versammlungen aller Parteien neugierig besucht, das Volk, das Hitler zuläuft: alte Männer, junge Burschen, viele entlassene Soldaten, sehr, sehr viele Frauen, die gläubig an seinen Lippen hängen; Bürger, Arbeiter, Studenten, Schüler. „Über allen lag der Massendunst von Not und Sorge, Spannung und Erwartung, von nervöser Unrast, aber auch von bereiter Energie."

Eine Atmosphäre, die an mittelalterliche Pestzeiten um 1348 und in der Türkennot erinnert; in ihr entfaltet sich Adolf Hitler. „Er war der einmalige deutsche Volksredner." – „Er sprach sich alles von der Seele und uns allen aus der Seele." Hier gewinnt Adolf Hitler jene Kommunion mit den Massen, die er in jeder Rede schafft, aufbaut und wieder erneuert.

Frank betont: Hitler ist „geborener Österreicher", und er bringt seinen Antisemitismus aus Österreich mit. Hans Frank meint, daß der Antisemitismus in Deutschland nicht so stark war wie in Österreich, und zitiert Oswald Spengler, der bereits 1924 in Wort und Schrift Hitler als den Mann bezeichnet, der „das Reich zerstören wird", der „einen völlig unsinnigen, negativ-haßerfüllten Antisemitismus betreibt".

Hans Frank räsoniert: „Warum das Schicksal, warum Gott einen Hitler uns überhaupt schickte – das wäre ein tiefes Thema der Theologie. Woher kommt es, daß solche mit allen Finessen der Schläue, mit bestechender Redekraft, mit verführerischem Charme, mit überzeugender Intelligenz ... ausgestatteten Männer plötzlich in einem Volk erscheinen, es wortwörtlich ‚packen', führen, hochreißen?"
Frank erlebt in München, wie politische Gegner Hitlers, der bayerischen Volkspartei nahestehend, den Zustrom von Katholiken zu Hitler mit ungeeigneten Mitteln stoppen wollen. Der dem Schüler Adolf Hitler in Linz angedichtete Hostienfrevel wird dem nun in München als Volksprediger auftretenden Katholiken Hitler erneut zugeschoben: Hitler hätte „unlängst bei der heiligen Kommunion die Hostie wieder ausgespuckt". – „Diese Behauptung wurde als Verleumdung prozessual wirkungsvoll festgestellt und hatte gerade dadurch bei der katholischen Landbevölkerung einen starken Erfolg zugunsten Hitlers. Denn gerade dieser Hostienprozeß gab Hitler die gerne ergriffene Möglichkeit, sein positives Christentum eindrucksvoll für den Mann und vor allem die Frau des Volkes darzulegen. Hitler war tatsächlich nicht gläubig, ist aber in der Kirche geblieben. Er ist bis zu seinem Tode Mitglied der Kirche gewesen." – „Durch seinen Erfolg im Hostienprozeß war dieser Feindesgruppe – in der ‚Bayerischen Volkspartei' und den ‚hinter ihr stehenden kirchlichen Kreisen' – eine schwere Niederlage bereitet worden, über die sich auch viele Katholiken freuten, war doch tatsächlich die Hereinziehung der Eucharistie in den politischen Tageskampf ein furchtbarer Verstoß gegen die christliche Ethik. War es ein Wunder, daß nunmehr erneut viele gläubige Katholiken Adolf Hitler zuströmten?"

Adolf Hitler denkt beim Aufbau seiner Partei oft an die vorbildliche Organisation der Kirche und spricht sich Frank und anderen gegenüber offen in dieser Hinsicht aus. So erklärt er: „Die Partei muß aus sich selbst leben können. Sonst taugt sie nichts. Nur so geht es. Der ‚Peterspfennig' hatte für die Kirche vielleicht auch eine große materielle Bedeutung. Seinen Hauptwert aber sehe ich darin, daß jeder Katholik, und wenn es wirklich nur mit einem Pfennig ist, für die gemeinsame Glaubensorganisation mitbezahlt und klingend hört, daß selbst der Papst mit ihm, dem ganz kleinen unbekannten Gläubigen nicht nur im Religiösen, sondern auch im Irdischen rechnen muß."
Später, im Neuaufstieg, in der Wiedergeburt der Partei nach der Entlassung Hitlers aus Landsberg, baut Hitler sein „Braunes Haus" in München als seine Kirche auf. Direkt gegenüber dem Braunen Haus steht das Palais des päpstlichen Nuntius. Hitler zu Frank: „Braunes Haus und Nuntiatur liegen nebeneinander wie die zwei Schiffe im ‚Fliegenden Holländer'. Wir dienen den Lebenden zur Fahrt, die da drüben den Toten." Neben dem Arbeitszimmer des Führers ist der

Senatsraum: sechzig Sitze in roten Lederpolsterstühlen für die künftigen braunen Kardinäle. Hitler sagt da oft: „Hier werden einmal die Senatoren der Partei über die entscheidendsten Dinge Beschluß fassen."
Im Keller des Braunen Hauses hängt über dem Führertisch das Bild Dietrich Eckarts, des „ersten Dichters der NSDAP, der das ‚Sturmlied' verfaßt hatte". – „Er starb im Zusammenhang mit den Novemberereignissen 1923 an den Folgen der Haft, in die er genommen worden war. Dort war dann oft gemütliche Stimmung. Der Führer erzählte. Er war ein Meister im Imitieren der Sprechweise anderer. Dort sprach er dann oft in Dialektform, da ja sein Österreichisch-Wienerisch in München etwas durchaus Vertrautes hatte." Am liebsten aber ging er in München in die „Osteria Bavaria", eine Künstlerkneipe, und ins Kaffee Heck.
Hitler trinkt keinen Alkohol, ißt kein Fleisch. Sein Freund Dietrich Eckart liebt Bier und Wein und fühlt sich in der Schwabinger Weinstube „Brennessel" am wohlsten. Dieser Sohn eines bayerischen Justizrates ist wohlhabend, findet, wie Werner Maser betont, „in adeligen und bürgerlichen Häusern offene Türen". Eckart ist ein ausschweifendes Genie, der manche Züge mit Ibsens „Peer Gynt" gemeinsam hat, den er nachdichtet. Das Berliner Staatstheater führt seine Fassung nach seinen eigenen Angaben bis November 1923 fünfhundertmal auf. Dietrich Eckart, der Theaterkritiker, hat auch mit anderen eigenen Stücken Erfolg. „Seit Dezember 1918 gab er mit Unterstützung der Thule-Gesellschaft die Zeitschrift ‚Auf gut deutsch' heraus und hetzte gegen die Juden und gegen die ‚Judenrepublik'. Er wollte den ‚völkischen' deutschen Staat retten und die ‚deutsche Seele' vom zersetzenden Geiste des Materialismus und des Judentums befreien." Eckarts, nach seinem Tode 1924 im Hoheneichen-Verlag München erscheinende Broschüre „Der Bolschewismus von Moses bis Lenin. Zwiegespräch zwischen Adolf Hitler und mir", vermittelt einen unersetzlichen Einblick in die Geisteswelt Hitlers und seines Mentors, Freundes und Helfers Dietrich Eckart in München 1920–1923.
Wie nahe die hier, bei Eckart und Hitler sich noch als christlich, ja als katholisch verstehende, antisemitische, antirepublikanische Mentalität sich mit einer katholisch-konservativen, ja katholisch-kritischen Geisteswelt berührt oder zumindest Parallelphänomene bildet, mag ein Hinweis auf die gleichzeitige Publizistik Theodor Haeckers andeuten. Theodor Haecker haßt Hitler, sieht mit Entsetzen auf das deutsche Kriegschristentum im Ersten Weltkrieg. Er kritisiert Faulhaber scharf. Zu Recht sehen in München die nationalsozialistischen Literaten und Publizisten später in Theodor Haecker einen Antipoden und bekämpfen ihn wütend. Theodor Haecker schimpft – um 1920 – auf „Versailles", auf Engländer und Franzosen, wie nur je ein nationaler und nationalsozialistischer Literat im

Umkreis der „Thule-Gesellschaft“ um Dietrich Eckart und Hitler. Haecker haßt, wie Hitler, das „jüdische Wien“. „... so ist es doch ewig wahr, daß Herr Jakob Dalkes aus Wien stammt, weil nämlich Wien jene Stadt ist, die dazu ausersehen ward, daß in ihr alles Unwesen des Geistes – auch Herr Blei muß aus Wien stammen – musizierendes Fleisch und literarisches Blut werde und uns heimsuche.“
Theodor Haecker: „Versailles“ (Januar 1920, München). Versailles, das sind die *gesta diaboli per Francos,* die Taten des Teufels, ausgeführt durch die Franzosen. Die französischen Katholiken sind Handlanger des Teufels: so der „gefährliche giftige Schwamm“ Paul Claudel. „Ich schweige von den anderen offiziellen nationalistischen Christen Frankreichs, ich schweige von einem M. Barrès, dessen – von einem einzigen Menschen beherbergte – Legion Dämonen zu fassen alle nach diesem Kriege übriggebliebenen Säue nicht imstande wären. Was also sagen denn die französischen Christen? Seit ein Gorilla sie hütet, was ist's mit der Gloire? Ach, wie sie stinkt nach einem einzigen Jahre!“
Frankreich: „Was ist's mit Frankreich, der ‚ältesten Tochter der Kirche‘, die rein sich nannte? Heute ist sie zur irren Hure geworden, deren Ausbeuter und zugleich wieder Zuhälter die gottlosesten Goldanbeter sind.“ Frankreich, die Hure: „deren Advokat in politischen Schmutz- und Erpresseraffären ein Dämonenkot ist ..., Verbrechen der durch Lügenjournalistik und Politik außer Leibes gejagten Seele –: Äffin im Imbezillengarten Darwins, Schweinin im Stalle Zolas, Schnorrerin im Schoße Judas, Schaffnerin im Hause Mammons ...“
Theodor Haecker nennt den Marschall Foch „einen Verbrecher und einen Erpresser“: „den goldgalonierten Banditen Foch, den Bordellmarschall der Rheinlande, der diese mit der Syphilisation Française (Wortspiel: als syphilisierte Civilisation Française) vollends ganz zu durchdringen hat ...“ Paris wurde „kretinisiert durch den Rausch des Nationalismus“, wurde „die dümmste Stadt“ und „durch die Tat von Versailles die verbrecherischeste Stadt ...“ – „Es wurde aber den Deutschen, wiewohl sie von Natur zu Haß und nachträgerischer Rachsucht durchaus nicht neigen, nicht leicht gemacht, nicht zu hassen, nicht an Rache zu denken, es wird ihnen schwer gemacht durch das Übermaß der Ungerechtigkeit und die Schamlosigkeit einer viehischen Raubsucht; durch den schauerlichen Pesthauch der Verkommenheit, mit dem jeden Tag die auf den Tod kranke Siegerseele Frankreichs uns anstinkt; durch die Scheußlichkeit der Heuchelei des verlogensten Menschen – was ja schon etwas heißen will –, der England je regiert hat, – *the lying minister!* – eines Menschen, in welchem die bewußte Lüge das unbewußte organische Gewebe des *Cant* bereits wieder durchlöchert hat, denn Herr Lloyd George weiß, daß er lügt.“
Wir fügen hier ein: Adolf Hitler bewundert Llyod George als Meister der Propaganda und fühlt sich sehr geschmeichelt, als Lloyd George später seine Ein-

ladung, ihn im Berghof zu besuchen, annimmt. Als Ehrengast auf dem Nürnberger Reichsparteitag zu erscheinen lehnte Lloyd George leider ab.

Theodor Haecker mutet angesichts dieser apokalyptischen Ungeheuerlichkeiten der sogenannten Siegermächte dennoch seinen Deutschen zu: „Und doch müssen und sollen die Deutschen, um Europas und ihrer selbst willen, um der Ehre des Christentums willen, das Harte, das unnatürlich Harte, lernen: nicht zu hassen und nicht an Rache zu denken."

Kurz darauf jedoch verweist er wieder auf die schändliche Nation der Franzosen, „als welche Nation heute kein anderes Volk einen niedrigeren und gehässigeren Charakter zeigt. Hätten die Deutschen im Laufe ihrer Geschichte Führer gehabt . . ., so würden sie Taten und Werke vollbracht haben, die Europa gerettet und bewahrt, statt vernichtet und aufgelöst hätten".

Dietrich Eckart sieht einen solchen Führer, auf seine Art, in seinem jungen Freunde Adolf Hitler und verkündet dies bereits der Welt – von München aus: Berlin und Weimar taugen nichts. Eine neue Partei muß gegründet werden. Mit einem Führer, einem Manne aus dem Volke. Am besten taugt ein Junggeselle; der wirkt auf die Glaubenssehnsucht der Frauen.

Noch einmal Theodor Haecker. Er verkündet ein göttliches Strafgericht über England – „Gott strafe England" von 1914 kehrt hier, 1920 wieder: „Der Tag des göttlichen Gerichtes, der diese Insel, wenn sie von ihrer ruchlosen Politik nicht läßt, treffen muß und treffen wird, wird der Tag des Hungers sein. Denn, wie steht das doch! Ist der Satz: Diese Insel ist von der Vorsehung zum Hungertod bestimmt, für die Vorsehung weniger beweisend als der Satz: Diese Insel ist von der Vorsehung zur Weltherrschaft bestimmt und also auch dazu, andere Hungers sterben zu lassen?"

Die Vorsehung: Hier ruft sie ein katholisch-konservativer, apokalyptisch-erregter, religiös-politischer Prophet, Theodor Haecker, an. Im selben München berufen Dietrich Eckart und Adolf Hitler die Vorsehung für ihr Heilswerk. Haekker sieht die deutsche Delegation in Versailles so: „Drei Erniedrigte und Beleidigte stehen hundertzwanzig durch Gottes- und Menschenhaß, durch Hochmut, durch infantilen, freimaurerischen Kretinismus verzerrten Visagen von Erpressern und Heuchlern – an ihrer Spitze der Gorilla der Gloire – gegenüber."

Der deutsche Katholik Theodor Haecker greift wütend den belgischen Kardinal Mercier an, „der sich zu politischen Propadandareisen in Amerika erniedrigt, jetzt, vom ‚Sieg' berauscht wie irgendein Held von Versailles, in einem Buch den Kampf zwischen der Entente und Deutschland, den Kampf zwischen Gut und Böse schlechthin, ganz einfach, absolut: Gut und Böse" nennt. – Theodor Haecker übersieht jetzt, was deutsche und österreichische Kirchenführer 1914–1918 predigten, und sieht nicht voraus, was sie 1939–1944 sagen werden. Haecker mutet dem belgischen Kardinal zu, er solle erklären, „daß das Werk von Versailles eine ungleich teuflischere Tat ist als der Einfall der Deutschen in Belgien. Von einem Ludendorff, einem Foch, einem Lloyd George, einem Wilson verlangen wir geistig gar nichts, von einem Knecht Christi verlangen wir alles, alles und alles ganz.“

Theodor Haecker hält nichts von den Demokratien des Westens; sie sind ihm jüdisch-mammonistische Plutokratien; und er greift die Berliner jüdischen Literaten und Dichter und einen Thomas Mann an in einem Tone, der dem seiner eigenen nationalsozialistischen Gegner nur zu nahesteht.

Am 1. März 1924 gibt der Hoheneichen-Verlag in München das unvollendete Manuskript Dietrich Eckarts „Der Bolschewismus von Moses bis Lenin. Zwiegespräch zwischen Adolf Hitler und mir“ heraus, als ein Zeugnis für die christliche Einstellung der völkischen Bewegung. Der Verlag schließt sein Nachwort: „Doch dürfen wir hoffen, daß Adolf Hitler nach der Beendigung des gegenwärtig gegen ihn in München anhängigen Hochverratsprozesses die Liebenswürdigkeit haben wird, die Vollendung dieses unmittelbar vor seinem Abschluß stehenden Werkes zu übernehmen.“

Adolf Hitler hat diese Vollendung auf seine Weise besorgt: durch sein Buch „Mein Kampf“, das auch die Aufgabe erfüllen soll, die christlichen, katholischen, konservativen Kreise von der Christlichkeit seiner Mission zu überzeugen.

Dietrich Eckart im Gespräch mit Freund Adolf: Hitler tritt uns hier in jener Intimität entgegen, wie sie die im Kriege aufgezeichneten „Tischgespräche“ bezeugen, hier, in München 1923, übermittelt durch den einzigen intimen Freund Dietrich Eckart, nur noch viel offener, unverdeckter. Diese frühen Gespräche kreisen bereits um das Letzte: um die Endlösung der Judenfrage.

„‚Das ist es ja‘, rief er. ‚Wir sind auf dem Holzweg!‘“ – Adolf Hitler weist auf die „verborgene, geheime Kraft“ hin, „die alles nach einer bestimmten Richtung deichselt.“ – „‚Die aber ist da. Seit es Geschichte gibt, ist sie da. Wie sie heißt, weißt du. Der Jude.‘“ – „Ein Griff nach dem Alten Testament, ein kurzes Blättern, und –: ‚Da‘, rief er, ‚schau’s dir an, das Rezept, wonach die Juden von jeher ihre höllische Suppe kochen! Wir Antisemiten sind Mordskerle. Alles stöbern wir auf, nur das Wichtigste nicht.‘ Und er las, Wort für Wort betonend, mit harter Stimme.“ Folgt: „Und ich will die Ägypter aufeinander hetzen, daß ein Bruder wider den anderen, ein Freund wider den anderen, eine Stadt wider die andere, ein Reich wider das andere streiten wird.“

Das Alte Testament wird zitiert, um den „bolschewistischen Hintergrund“ aufzuzeigen: die tausendjährige jüdische Weltrevolution! Hitler und Dietrich Eckart berufen sich, um die Unfähigkeit der Juden, sich in die Menschheit einzufügen, aufzuzeigen, auf Henry Ford, Walter Rathenau, Heinrich Heine.

Das verjudete England! Seit den Tagen Cromwells ist es „total verjudet". Eckart: „Den Hochgradfreimaurer Eduard VII. sah ich einmal persönlich: das klassische Bild eines Börsenjuden. Hatte auch lauter Juden um sich. Inzwischen scheint das Zentrum nach Amerika verlegt worden zu sein."
Wir kommentieren: Judentum, Freimaurerei, westliche Demokratie, alle drei vereint im „gottlosen Materialismus", im „Mammonismus", gehören in einer weitverbreiteten christlichen, katholischen Publizistik untrennbar zusammen.
Adolf und Dietrich sprechen über Theodor Herzl, den Zionismus, den neuen Judenstaat. Berufung auf Luther, auf den arischen Jesus Christus, auf die Kirche, auf ihren Kampf gegen den Ritualmord. Das Gespräch schweift durch die Jahrtausende der Weltgeschichte; überall ist der teuflische Jude am Werk, in der Verführung der Völker, im Verderben der Völker. Dietrich Eckart weist auf den Kampf des Jesus Christus gegen die Juden hin. „Trotzdem er gesagt hatte: ‚Liebet eure Feinde!' Hitler entgegnet: ‚Friede ja', versetzte er; ‚was so ein richtiger Feind ist, ein offener, meinetwegen noch so brutaler, den kann man auch lieben, man kann ihn wenigstens achten, und so hat es auch Christus gemeint; aber daß wir die reinen Bestien, Menschen, die keine Liebe der Welt davon abbringen könnte, uns Seele und Leib zu vergiften, an's Herz schließen, das zu ertragen ist Christus nicht im Traum eingefallen. Er tut es ja selbst nicht. Im Gegenteil, er haut zu, so fest er kann ...' "

Ich füge hier ein: In vielen Gesprächen mit katholischen Klerikern nach 1945 über eine christliche Haltung den Kommunisten gegenüber tritt mir dieselbe Argumentation entgegen, die hier Hitler 1923 gegen die Juden bekundet. Berufung heute auf Jesus, der mit der Peitsche die Händler aus dem Tempel treibt und die Tische der Geldwechsler umstößt.
Hitler und Eckart berufen sich in diesem Gespräch des weiteren auf Thomas von Aquino und auf Luther: gegen die Juden. Hitler wird ausfällig gegen „jüdische Päpste" und „jüdische Würdenträger der Kirche": „War das, was sie vertraten, Katholizismus? Nein, es war Judentum. Nehmen wir nur eines: den Ablaßhandel. Der jüdische Geist, wie er leibt und lebt. Wir beide sind Katholiken; aber dürfen wir das nicht sagen?"
Die beiden Katholiken Adolf Hitler und Dietrich Eckart nehmen im intimen Gespräch so wenig ein Blatt vor den Mund, wie die katholischen Verfasser des 1962 allen Vätern des II. Vatikanischen Konzils übersandten Buches „Verschwörung gegen die Kirche".
Hitler fährt fort: „Will man uns wirklich weismachen, daß an der Kirche nie etwas auszusetzen wäre? *Gerade weil wir Katholiken sind, sagen wir es.* Mit dem Katholizismus hat das nichts zu tun. Von dem wissen wir, daß er unberührt

geblieben wäre, auch wenn die halbe Hierarchie aus Juden bestanden hätte." Adolf Hitler sieht hier, 1922/23, viel optimistischer und gemäßigter auf die „Verjudung" der Kirche als die Verfasser des Werkes von 1962.
Hitler: „Im allgemeinen kann man sagen, daß die Päpste germanischer Abstammung den Katholizismus reiner verkörperten als die Italiener oder Spanier. Der deutsche Hildebrand stützte ihn als Gregor VII. konsequent wie keiner. Solange er am Ruder war, hatte die verderbliche Gleichberechtigung der Juden ein Ende."
Der deutsche Hildebrand, Gregor VII., wird auch in dem in Dresden und Wien 1935 für die deutschen Katholiken geschaffenen Sammelband über „Israel unter den Völkern" als vorbildlich hingestellt. Der „Gang nach Canossa" wird ihm nicht verübelt. Hitler hält zeitlebens Bismarcks Kulturkampf gegen die Kirche für eine Torheit.
Dietrich Eckart macht nun darauf aufmerksam: „ ‚Wie ist es denn *jetzt?*' (fett im Original), unterbrach ich ihn. ‚Ein katholischer Priester nach dem andern wird in Rußland von den jüdischen Bestien zu Tod gemartert; viele Hunderte sind schon erledigt; die Kirche liegt in den letzten Zügen; Satan und Judas haben Denkmäler . . .' " – Ich kommentiere: Dies letztere wurde gerne in einer von Emigranten und Klerikern in katholischen Kreisen weitverbreiteten antibolschewistischen Propaganda behauptet, die – auch nach 1945 – den Bolschewismus als „Synagoge des Satans" entlarven will.
Dietrich Eckart klagt weiter: „Rom bringt es nicht fertig, das Kind beim rechten Namen zu nennen. Manchmal ein kleiner Ansatz – sofort wieder aus. Der Katholizismus will reden, das Judentum lähmt ihm die Zunge. Du weißt ja, was ein Trebitsch gesagt hat: Deutschland bolschewistisch, und die Juden werden mit Rom spielend fertig. Als ein Jude muß er es wissen." Dietrich Eckart beruft sich also hier auf den unglücklichen Wiener antisemititischen Juden Arthur Trebitsch, einen Schüler Otto Weiningers. Trebitsch sah sich selbst als einen Führer zum Ariertum an, hielt eine schmale Schicht von Juden für befähigt, durch härteste Arbeit und Selbstreinigung sich zum arischen Lichtmenschen zu läutern. An seinen Lippen hingen in Wien Scharen von Gläubigen, die ekstatisch ergriffen, die Offenbarungen dieses jüdischen Vor-Hitler in Wien in sich einsogen.
Hitler ist zuversichtlich. „ ‚Rom', versetzte er, ‚wird sich ermannen; aber erst, wenn wir uns ermannt haben werden. Nur die Gründlichkeit des Deutschen kann der Welt die Augen öffnen. Ein zweiter Hildebrand wird erscheinen, ein noch größerer, und den Weizen von der Spreu sondern. Und eines Tages wird es heißen: die Kirchenspaltung ist *gewesen*' " (fett im Original).
Diese Worte sind überaus aufschlußreich; sie entsprechen einer in deutschen katholischen Kreisen in den letzten Jahrzehnten weitverbreiteten religiös-politi-

schen Vision, einem kirchlichen Wunschtraum. Ein zweiter Hildebrand, wie Hitler es ausdrückt, ein Papst-Führer wird gemeinsam mit einem wiedererstarkten Deutschland, einem Führer-Kaiser des Deutschen Reiches, die Welt vom Bolschewismus erlösen, die Reform der Kirche durchführen, die Reformation auflösen. Ähnlich, wie in ottonischen Tagen Kaiser des Heiligen Römischen Reiches gemeinsam mit ihren Päpsten Rom reformiert und den Kampf im Osten getragen haben, so haben sich bis 1945 Katholiken – in der Hitlerzeit mehr außerhalb als innerhalb Deutschlands – Papst Pius XII. an der Seite des Führers vorgestellt und nach 1945 dem Papst allein diese Mission zuerkannt.
Das Gespräch Dietrich Eckart – Adolf Hitler, der beiden Katholiken, nimmt nun ausgesprochen antiprotestantische Züge an, wie sie in bayerischen katholischen politischen Kreisen des öfteren bemerkbar werden. Eckart und Hitler demonstrieren die Verjudung der evangelischen Kirche und Theologie am Beispiel jüdischer Konvertiten, die evangelische Theologen und Kirchenmänner wurden. Im Regime Hitlers haben sich die evangelischen Kirchenführungen in Deutschland denn auch überaus schnell beeilt, Judenstämmlinge und nicht rein arische Pastoren aus den Gemeinden und Judenchristen aus der Kirche zu entfernen.
Hitler: „Unseren Protestanten ist nicht mehr zu helfen. ‚Ehrliche Leute, jedoch glatte Gesellen', nennt sie der Protestant Schopenhauer. Die Bibel ist kein Kochbuch."
Hitler bespricht ausführlich Martin Luthers positive und negative Seiten, würdigt Luther als Judenfreund und als Judenfeind. Dietrich Eckart befürchtet, daß die Juden „auch den Luther zum Juden frisieren werden". Hitler erwidert. „‚Ich weiß es', nickte er ernst. ‚*Die fürchterliche Tragik* (fett im Original). Eine Schuld von so grauenhafter Wirkung, daß heute die ganze Kultur daran zugrunde zu gehen droht, in aller Unschuld begangen. Mit der größte Deutsche, die ahnungslose Ursache des deutschen Zusammenbruchs. Luther, der gewaltige Gegner der Judenheit, unbewußt ihr verhängnisvollster Wegbereiter. Nicht zu fassen, ich sage dir, nicht zu fassen. Um lausige zehn bis zwanzig Jahre zu spät geschehen! Wo alles bereits entschieden war! Vorher mit Leib und Seele für den Verräter! Da sind ihm die Hebräer noch Vettern und Brüder unseres Herrn, wir Christen aber nur ›Schwäger und Fremdlinge‹ ... Der selige Erzberger hätte es nicht toller treiben können.' "
Matthias Erzberger, von den Rechtsradikalen als Judas, als Verräter Deutschlands – auch von katholischen Rechtskreisen – angegriffen, dann ermordet; der bekannte und so umstrittene Zentrumspolitiker wird hier von Hitler mit Luther zusammengesehen.
Adolf Hitler zeigt sich jedoch mächtig beeindruckt von dem „Volksmann Luther, dem Sohn einfacher Leute". In diesem Sinne ist er bereit, ihm eine gewisse Vor-

bereitung seines eigenen Werkes zuzugestehen. Hitler wird tatsächlich später als ein „zweiter Luther“ gefeiert, seine religiös-politische Sprache und Predigt wird als wirkmächtigstes Sprachwerk seit Martin Luther bezeichnet.

Hitler: „Trotzdem: Luther war ein großer Mann, ein Riese. Mit einem Ruck durchbrach der die Dämmerung; sah er den Juden, wie wir ihn erst heute zu sehen beginnen. Nur leider zu spät, und auch dann noch nicht da, wo er am schädlichsten wirkt: im Christentum. Ach, hätte er ihn da gesehen, in der Jugend gesehen! Nicht den Katholizismus hätte er angegriffen, sondern den Juden dahinter! Statt die Kirche in Bausch und Bogen zu verwerfen, hätte er seine ganze leidenschaftliche Wucht auf die wahren Dunkelmänner fallen lassen. Statt das Alte Testament zu verklären, hätte er es als die Rüstkammer des Antichristen gebrandmarkt. Und der Jude, der Jude wäre in seiner scheußlichen Nacktheit dagestanden, zur ewigen Warnung. *Aus der Kirche hätte er herausmüssen,* aus der Gesellschaft, aus den Hallen der Fürsten, aus den Burgen der Ritter, aus den Häusern der Bürger. Denn Luther hatte die Kraft und den Mut und den hinreißenden Willen. Nie wäre es zur Kirchenspaltung gekommen, nie zu einem Krieg, der nach Wunsch der Hebräer dreißig Jahre lang arisches Blut in Strömen vergoß.“

Wir kommentieren: „Aus der Kirche hätte er herausmüssen“: Ab 1933 bemühen sich evangelische Theologen und Kirchenführungen, die Juden und Judenchristen aus der Kirche zu entfernen. Nicht nur „Deutsche Christen“ wollen das Evangelium vom Judentum trennen und säubern. Auf katholischer Seite ist man etwas vorsichtiger, betont aber fatal – angesichts der von Tag zu Tag zunehmenden Terrorakte gegen Juden – den Gegensatz zwischen Kirche und Synagoge. Kardinal Faulhaber läßt vor der ganzen Weltöffentlichkeit dementieren, er habe in seinen Predigten zur Verteidigung des Alten Testaments die Juden in Schutz nehmen wollen. 1939 erklärt ein italienischer Bischof, die Kirche habe niemals in ihrer tausendjährigen Geschichte die Juden verteidigt.

Das Gespräch Hitler-Eckart wendet sich nun unmittelbar der „blutbefleckten Judendiktatur Rußlands“, dem Bolschewismus zu. Dietrich Eckart fürchtet, daß Rom, die Kurie, sich diplomatisch mit ihm ausgleichen möchte. – Diese Angst beherrscht auch deutsche katholische Kreise in der Epoche des Papstes Johannes XXIII. – Hitler fordert von Rom dem jüdischen Bolschewismus gegenüber eine Sprache, „wie Gregor VII., wie die Kirchenväter Chrysostomus und Thomas von Aquino, wie alle echten Christen größeren Kalibers sie sprachen!“

Dieselbe Forderung erheben 1962 die Theologen, die hinter dem Sammelbande „Verschwörung gegen die Kirche“ stehen, an die Adresse aller Väter des II. Vatikanischen Konzils.

Das Gespräch kreist dann um das geschichtliche Debakel des Protestantismus, ein in katholischen Kreisen beliebtes Gesprächsthema. Zwei Katholiken unterhalten

sich darüber im katholischen München 1922: Dietrich Eckart und Adolf Hitler: Der Protestantismus wird früh vom Judentum unterwandert, scheitert. Dietrich Eckart macht auf das traurige Los der Jesuiten aufmerksam: „Der ritterliche Loyola wendet sich gegen den Geist, den er für das Luthertum hält. Im Nu wickelt ihn der polnische Jude Polanko ein, haben die Juden die Zügel in der Hand. Die Moraltheologie der Jesuiten sieht der Morallehre des Talmud verdammt ähnlich. Gutgläubig befehdet das Gros der Jesuiten den Protestantismus und das Freimaurertum, das Gros der Protestanten und Freimaurer den Jesuitismus." – „Über beide lachen die Drahtzieher: die Juden!"
Die Verjudung der Gesellschaft Jesu: Ignatius von Loyola hatte jüdische Konvertiten in seine Gesellschaft aufgenommen, hatte in Spanien verfolgte Juden zu sich nach Rom kommen lassen. Dreißig Jahre nach seinem Tode setzt sich in Rom eine antispanische und antijüdische Richtung in der Gesellschaft Jesu durch, führt den „Arierparagraphen" ein, auf den sich die nationalsozialistische christliche Propaganda in den Jahren Hitlers als vorbildlich beruft. Erst nach dem Zweiten Weltkrieg fällt dieser Paragraph. Das Werk „Verschwörung gegen die Kirche" klagt 1962 wieder die Jesuiten vor der katholischen Weltöffentlichkeit an, verjudet zu sein und dem Teufel die Tore der Kirche zu öffnen: dem Bolschewismus.
Das Gespräch der beiden Katholiken Adolf Hitler und Dietrich Eckart umkreist dann unter anderem „das Wunder der modernen Judenschaft, Moses Mendelssohn" und das verjudete Berlin seiner Zeit (Hitler). Dietrich Eckart kommt noch einmal auf Luther zu sprechen, auf dessen Forderung, die Synagogen und Judenschulen zu verbrennen. Hitler antwortet: „‚Mit dem Verbrennen', winkte er hoffnungslos ab, ‚wäre uns verdammt wenig geholfen. Das ist es ja: auch wenn nie eine Synagoge, nie eine jüdische Schule, nie das Alte Testament und nie der Talmud existiert hätten, der jüdische Geist wäre doch da und täte seine Wirkung. Seit Anbeginn ist er da; und kein Jude, nicht einer, der ihn nicht verkörperte. Am deutlichsten wird das an den sogenannten aufgeklärten Juden.' "
Der jüdische Geist ist von Anbeginn da, verkörpert das Böse: Der manichäische Grundzug in Hitlers religiös-politischem Denken spielt bis zu seinem Tode eine außerordentliche Rolle. Johanneisch sieht Hitler die Weltgeschichte als einen Kampf der Kinder des Lichtes gegen die böse Welt, gegen die Juden, die allezeit gegen das Licht kämpfen.
Wieder wendet sich das Gespräch dem „jüdischen Bolschewismus" zu. Dieser habe Rußland in eine Wüste verwandelt, wie die Weisen von Zion es forderten, und gehe jetzt daran, Deutschland zu vernichten, durch den Kommunismus. Adolf Hitler glaubt an die „geheime jüdische Weltregierung", an die „Protokolle der Weisen von Zion", glaubt an sie, wie so viele katholische Priester und Laien,

die sich die böse Welt nur als Produkt einer jüdisch-freimaurerisch-bolschewistischen Weltverschwörung erklären können.
Hitler: Die Kommunistische Partei in Deutschland wird vom Juden ausgehalten. „Wir Nationalsozialisten haben alle Hände voll zu tun, nur um den einen ‚Beobachter' durchzuhalten. Wenn wir zum Juden hielten, hätten wir in kürzester Frist Parteiblätter die schwere Menge. Gibt es Genossen, die das bezweifeln?"
Hitler weiß, daß sich Juden um Eintritt in die Bewegung bewerben.
Dietrich Eckart ergeht sich nun über den „hundsgemeinen Charakter" der Juden: *„Die ganze Rasse hätte von vornherein totgeschlagen werden müssen* (von mir hervorgehoben). So würden sie schreien wie die Besessenen, und mit Recht..."
„‚Nun kommt aber das Schönste', sagt er (Hitler). ‚Alle, aber auch alle sozialen Ungerechtigkeiten von Bedeutung, die es auf der Welt gibt, gehen auf den unterirdischen Einfluß des Juden zurück. Die Arbeiter suchen also mit Hilfe des Juden zu beseitigen, was kein anderer als der Jude zielbewußter eingeführt hat.' "
Das unvollendete Manuskript Dietrich Eckarts bricht mit folgenden Erklärungen Hitlers ab: „‚Es ist wohl so', meinte er, ‚wie du einmal geschrieben hast: man kann den Juden nur verstehen, wenn man weiß, wohin es ihn letzten Endes drängt. Über die Weltherrschaft hinaus, zur *Vernichtung* (fett im Original) der Welt. Er glaubt, die ganze Menschheit unterkriegen zu müssen, um ihr, wie er sich einredet, das Paradies auf Erden verschaffen zu können.' " – Wir kommentieren: Das ist eine in negativer Form geäußerte Anerkennung der universalen messianischen Hoffnung und Arbeit des Judentums, die ganze Menschheit in das Reich Gottes zu führen: auf dieser Erde, in einer Weltfriedens-Gesellschaft. – „‚Nur er sei dazu imstande, macht er sich weis, und es wird ja auch bestimmt so kommen. Aber schon an den Mitteln, die er anwendet, sieht man, daß es ihn insgeheim zu etwas anderem treibt. Während er sich vorspiegelt, die Menschheit hochzubringen, peinigt er sie in die Verzweiflung, in den Wahnsinn, in den Untergang hinein. Wenn ihm nicht Halt geboten wird, vernichtet er sie. Auf das ist er eingestellt, dazu drängt es ihn; obwohl er dunkel ahnt, daß er sich dadurch mit vernichtet. Er kann nicht aus, er muß es tun. Dieses Gefühl für die unbedingte Abhängigkeit seiner Existenz von der seines Opfers scheint mir die Hauptursache seines Hasses zu sein. Einen mit aller Gewalt vernichten zu müssen, gleichzeitig aber zu ahnen, daß das rettungslos zum eigenen Untergang führt, darin liegt's. Wenn du willst: die Tragik des Luzifer.' "
Luzifer: der Jude. Mit dieser Deutung der Weltgeschichte stimmen sehr viele Katholiken überein, weit über Deutschland hinaus. Der Verlag wußte, was er tat, als er am 1. März 1924 dieses Gespräch Hitler–Eckart herausgab, als ein „Zeugnis für die christliche Einstellung der völkischen Bewegung". Um hier anzuzeigen, wie sehr dieselben religiös-politischen – wahrhaft mörderischen – Ge-

dankengänge in der Epoche Hitlers gerade auch in das katholische Volk getragen wurden, sei hier das Buch des Pfarrers Gaston Ritter (Arbogast Reiterer) „Das Judentum und die Schatten des Antichrist" zitiert. Es erschien in der Verlagsanstalt der steiermärkischen Katholiken, in der Styria, Graz, 1933 in zweiter Auflage (6.–10. Tausend) und trägt das kirchliche Imprimatur. Der Bischof Ferdinand Pawlikowski, der österreichische Feldbischof im Ersten Weltkrieg, 1926 Bischof der Diözese Seckau-Graz, hat am 20. Juni 1933 – Hitler ist bereits an der Macht – sein Placet gegeben.

Pfarrer Ritter bedauert im Vorwort sehr: „Leider sind die Protokolle der Weisen von Zion unter dem Klerus und der katholischen Intelligenz viel zu wenig bekannt." Dabei sind sie leicht erhältlich in der Ausgabe durch die katholische „Wiener Vereinsdruckerei", Wien VII, Sandgasse 28. – In München hat die NSDAP unter Rosenbergs Führung die „Protokolle" in Massenauflagen herausgebracht: Dieses zum Mord einladende Machwerk wird von Hitler buchstäblich in seiner Politik und Praxis angewendet, die zur „Endlösung der Judenfrage" führt.

Pfarrer Ritter: „Warum ist Israel den Protokollen so gram? Weil sie uns einen gigantischen Plan zur Aufrichtung eines jüdischen Weltreiches, uns eine riesenhafte Weltverschwörung enthüllen." – „Die Frage ist nicht mehr, ob echt oder unecht, sondern einzig nur mehr, *ob es noch eine Rettung gibt* (fett im Original) aus Ahasvers Händen, die sich schon tief in unser Fleisch eingekrallt haben." – „So gründlich will Juda die Welt beherrschen, daß es dann kein Ausland mehr geben soll, und sie fühlen sich schon an der Schwelle des Weltkaiserpalastes, der auch den Vatikan ersetzen soll, denn der neue König will auch Papst sein der neuen Weltkirche, erstanden aus den Trümmern verwüsteter Staaten und aufgelöster Religionsbekenntnisse."

Der Fluch dieses Volkes, das sich selbst verflucht hat, kommt in einem Strafgericht *„über all die christlichen Verräter und Empörer* (fett im Original) seit dem Kulturbruch der Reformation, seit Voltaire bis zum Neuheidentum". – Wir kommentieren: Das entspricht der Gedankenwelt der Enzyklika Gregors XVI. *Mirari vos* von 1832.

Der Jude ist der Herr des Goldes der Welt. „Die Börse ist überhaupt rein jüdisches Monopol." In Versailles ist „das jüdische Friedensprogramm" durchgesetzt worden. *„Dank der Pressefreiheit* (fett im Original; wir erinnnern an die Verurteilung der Pressefreiheit in der Enzyklika von 1832) wurde die Journalistik zum Zersetzungselement der arischen Gesellschaft." Berufung auf Dr. Eberle: „Schönere Zukunft" – das Organ der katholischen Elite: „Die liberale Presse hat jahrhundertelang Verwüstungsarbeit getrieben, namentlich von Wien aus; den Schlammfluten des Umsturzes entstiegen neue Dämonen gottverlassenen Journalismus'." – „Die Presse war und ist ein allerwichtigstes Hilfsmittel in Ahasvers Händen. Sie hat schon seit alten Zeiten ihre satanische Pflicht getan." – „Das ist eben satanische Weisheit, daß die Nichtjuden das Zerstörungswerk am eigenen Volkskörper selbst verrichten müssen unter jüdischer Anleitung."

Die Juden haben die teuflischen „Schlagworte von Freiheit, Gleichheit und Brüderlichkeit in die Massen geworfen". – „Also das ideale Reich der Verbrüderung liegt vor uns in naher Zukunft, und die jüdische Gewaltherrschaft soll dieses Reich der Vernunft bilden. Von dieser Gewaltherrschaft haben wir ein gar niedliches Bild lebendig vor uns im russischen Sowjetstaate. Er ist bereits die kristallisierte Judenmacht, ja gar schon bald das vollkommene Vorbild für ein jüdisches Vernunftreich, wo mit weiser Strenge jeder Aufstand unterdrückt wird."
Berufung auf eine Schrift des russischen Emigranten Graf E. S. Eudoxius: „Das Ziel ist die ganze Welt. Im Sowjetstaate ist die erste Stufe auf der Jakobsleiter zur Weltherrschaft errungen. Auf der ganzen Welt spitzt sich die Lage so zu, daß die weiteren Stufen keine Fabel mehr bleiben – Israels Allherrschaft auf der Welt." Pfarrer Ritter fügt unmittelbar hinzu: „Der Vorarbeiter Israels war der Liberalismus."
Berufung auf die „Protokolle": „Wir haben den Regierungen das Gift des Liberalismus eingeimpft." – Pfarrer Ritter: „O wir arischen Toren!" – „Das ist das Verbrechen des Liberalismus, daß er das Gefüge der Staaten so gründlich geändert und die Menschen zur Auflehnung gegen Gott, gegen Naturgesetze und gegen Menschensatzungen geführt hat. Durch Zerstörung des alten Staatsorganismus hat er ein politisches Chaos erzeugt, hat die wohlgeformten Kristalle zerrieben und zermürbt zu einem wertlosen, kraftlosen Körnerkonglomerat." Der Liberalismus hat den Sumpf der Parteien geschaffen.
Die folgenden Sätze könnten wörtlich so in „Mein Kampf" stehen; wir werden sehen, wie diese Bekenntnisschrift Hitlers sich vor allem auch an ein katholisch-konservatives Publikum wendet. Pfarrer Ritter: „Der Ausdruck unseres geistigen Lebens, das Wort, gehört nicht mehr uns, ist Machtpatent der Juden. Theater-, Literatur- und Kunstzeitschriften sind vorwiegend in jüdischen Händen. Besonders im Theater hat ein schreckliches Zerstörungswerk schon der christlichen Gesellschaft zugesetzt und es entartet von Tag zu Tag katastrophaler, alles zersetzend, was uns bisher heilig und wert war. Im Namen der Kunst ist die moralische Anstalt zur Kloake geworden. Mit Polypenarmen umspannt so Israel in allen Preßzweigen die Länder der Welt, und die großen Korrespondenzbüros sitzen wie giftige Riesenspinnen am Nacken der Völker und spritzen ihr Gift in deren Rückenmark."

Die Judenpresse verhetzt die Arbeiter. Die ganze Sozialdemokratie ist von Juden gemacht. „Die russische Intelligenz ist buchstäblich ausgerottet worden von den Massen, die alles hinwegfegen müssen, was den Juden hindernd im Wege steht!" Adolf Hitler hält an diesem Leitmotiv 1939–1945 in seinen Proklamationen an die Wehrmacht und das Volk fest.

Pfarrer Ritter setzt in fette Lettern die „Erklärungen" der Weisen von Zion: „Ohne Erbarmen werden wir alle hinrichten lassen, die sich gegen unsere Herrschaft auflehnen!" – Das war de facto der Wunschtraum der russischen zaristischen Rechten, die die „Protokolle" zur Rechtfertigung ihrer blutigen Praxis anfertigen ließ.

Pfarrer Ritter: Der Jude hat den Adel, die verdiente Stütze der Staates, zu Fall gebracht. Der Jude steht hinter allen Agrarreformen und Bodenreformen. – „Agrarbolschewismus" wird man in ostelbischen Junkerkreisen die Reformpläne einiger beherzter Männer um Brüning nennen.

„Wir wissen, daß die Juden über weitverzweigte Geheimorganisationen verfügen, aber es ist niemals gelungen, deren eigentliche Leitung und deren wirkliche Ziele vollständig aufzudecken." Freimaurerei und Liberalismus sind die ersten Schritte dieser Geheimorganisationen zur Vorbereitung der jüdischen Weltherrschaft. – „An der Spitze dieser Geheimorganisation" – der „jüdischen Überloge" über der arischen Weltloge – „steht der Exilarch, das gemeinsame jüdische Weltoberhaupt in New York, ihm zur Seite die drei Weisen und als deren Drahtzieher auf der ganzen Welt die sogenannten 300 Eingeweihten."

Wir kommentieren: Adolf Hitler möchte ab Kriegsbeginn 1939 diese Führer der jüdischen geheimen Weltregierung veranlassen, England und den Westen zum Friedensschluß mit ihm zu zwingen; er bietet ihnen dafür Europas Juden als sein Faustpfand.

Pfarrer Ritter: Der jüdische „Freimaurer-Kollektivismus" führt „in eine von den Juden despotisch geordnete Welt." In ihr halten die Juden ihre Herrschaft aufrecht durch Blutbäder. „Dieses Blutbad hat die Gesellschaft schon des öfteren verkostet ... Denken wir nur an die Französische Revolution, welche der Weise von Zion das Werk der Juden nennt, so handelt es sich doch um jene ganz gottlose Revolte, wo ein Heer von Teufeln über das ganze Land ausgelassen schien mit satanischer Wildheit ..." – „Damals galt es, und heute noch gilt es, allzu festgefügte arische Staaten dem Todeskampf zu überliefern."

Die satanischen Juden zerstören die arischen Staaten, und sie zerstören die Religion, „jeden Glauben". Die Juden bauen den Teufelsstaat, die *Civitas Diabolica.* Pfarrer Ritter beruft sich auf die Civiltà Cattolica, das offiziöse römische Organ, redigiert bis nahe an die Gegenwart von integralistischen Jesuiten, die antisemitisch, faschistisch, totalitär eingestellt sind.

Rußland ertrinkt in jüdisch-bolschewistischen Orgien. Berufung auf die oberschlesische Zeitschrift „Der Katholik“.
„Schritt für Schritt, Jahrzehnt um Jahrzehnt in Europa, in Amerika, in Asien, in Afrika und auf allen Inseln der weiten Welt“ wird die jüdische Machtübernahme, der Aufbau der jüdischen Weltherrschaft vorbereitet. „Geschieht das wirklich ohne führende Hand, ohne Oberleitung? Ein Tor, der das noch glaubt, ein blinder Greis, der die Fäden nicht sieht, welche schon die ganze Welt eingesponnen haben. Die Riesenkreuzspinne sitzt in New York, einst saß sie in London.“
„Darum also können wir aus dem Strome der Krisen nimmer herauskommen! Wir kennen die Peiniger, denen die Kriegerhekatomben geopfert wurden in vierjährigem, schrecklichem Morden; die Peiniger, welche immer noch neue Hekatomben fordern von uns, damit die Völker keine Atempause bekommen.“ Auch diese Sätze könnten wortwörtlich in Hitlers Kriegsproklamationen 1939 bis 1945 stehen.
„Unsichtbar wirkt ein böser Geist unter uns. Diesem unsichtbaren Zugriff ist Europa, die ganze Welt ausgeliefert, hilflos preisgegeben.“ Da tut dem Katholiken „ein Blick hinter die Kulissen jüdischer Weltpolitik“ not. Satan ist entfesselt. Zwei Weltlager stehen sich gegenüber: hie Christus, hie Satan. – Wieder wird ein russischer Emigranten-Graf als Kronzeuge für den „satanischen Terrorismus“ des jüdischen Bolschewismus genannt: dem Luzifer und dem Judas haben die jüdischen Bolschewiken Denkmale errichtet. – Auf dieselben Quellen bezieht sich Hitler im eben zitierten Gespräch mit Eckart 1923. – „Ist es wirklich einem russischen Menschen eingefallen, dem Luzifer oder dem Judas Denkmale zu errichten? Nein; von Menschen kommen solche Gedanken nicht, solche kommen nur vom Drachen, in dessen Händen die jüdisch geführten, ausschließlich jüdisch geführten Logen ein wirksames, teuflisch wirksames Instrument sind. Und wenn die Juden in gutem Glauben meinen, sie schaffen mit Hilfe der Loge das dem Abraham verheißene jüdische Weltreich, so bereiten sie doch in Wirklichkeit nur dem Satan den Weg für den Antichrist. Das ist der traurige Beruf des Judentums.“ Dieser letzte Satz entspricht dem letzten Satz Hitlers im Gespräch mit Dietrich Eckart über die „Tragik Luzifers“.
Johannes, der Seher von Patmos, sah unter dem Bilde des Drachen „die satanisch inspirierte Freimaurerei“. Die Freimaurer erstreben eine Weltrepublik. „Diese Pläne der Loge sind leider nur der Vorspann für ein jüdisches Terror-Imperium, und dieses ist wieder nur ein Instrument für die *Civitas Diabolica* des Antichrist.“ – Steht nicht – so fragt Pfarrer Ritter 1933 – das Endgericht bereits bevor? und er antwortet: „Diesmal noch nicht. Viele Weissagungen zeigen jedoch an, daß es nicht mehr allzu lange dauern kann.“

Der kapitalistische plutokratische Westen arbeitet mit dem bolschewistischen Osten zusammen in der Vorbereitung der Zerstörung der Menschheit. Pfarrer Ritter untermauert diese These, die in Hitlers Kriegsreden 1939–1945 immer wiederkehrt, in Berufung auf Wichtls „Weltfreimaurerei, Weltrevolution, Weltrepublik". – Pfarrer Ritter bezieht sich auf Weissagungen des Spätmittelalters und des 17. Jahrhunderts über die nun bevorstehende Endzeit in Deutschland: „*Um diese Zeit wird in Deutschland kein Jude mehr sein.* (Ritter setzt diesen Satz fett). Und danach wird auf Erden eine glückliche, gute Zeit sein. Das Lob Gottes wird auf Erden wohnen und ist kein Krieg mehr, denn über den Wassern."

Ritter kommentiert diese Sätze des Sehers Bernard Reinbord, geboren 1689, also genau 200 Jahre vor Hitler: „Überall (bei diesen Sehern) begegnet uns fast dasselbe Bild: Kulturkampf, in den die Juden hineinspielen; große Heimsuchungen und dann nochmals eine schöne Zeit – ein judenfreies Deutschland!" – „Das Strafgericht aber, das der Prophet Ezechiel voraussieht und beschreibt, wird schrecklich sein." – „Im Materialisten-Kommunismus haben die Juden die Führung, auch in der Gottlosenbewegung. Verfällt diese dem Gericht Gottes, dann verfallen die Juden dem Gerichte der Völker und diese werden ihnen den Weg ins gelobte Land schon zeigen." Diese Drohung weist – unbewußt – voraus auf das Madagaskar-Projekt, weist aber auch nach Auschwitz.

Pfarrer Ritter schließt seine religiös-politische Predigt mit dem Aufruf an die Christen: „Ziehet an die Waffenrüstung des Glaubens: Gebet, Sühne, Werke der Nächstenliebe, gutes und bestes Beispiel allen und in allem! Böse Taten stärken das Prinzip des Bösen, gute Taten stärken das Prinzip des Guten." – „Jeder deutsche Christ aber sollte jetzt zu den Aufbauenden gezählt werden können!"

Im selben Jahre 1933 erscheint in Graz im Parteiverlag der NSDAP eine Schrift „Hitler und die katholische Kirche" von Dr. Simon Pirchegger, Weltpriester der Diözese Seckau, Privatdozent an der Universität Graz, 2. Auflage, 20.–30. Tausend. Das Umschlagbild zeigt einen schönen arischen langschädeligen Priesterkopf, eine Photographie des Verfassers im Kollare, am Priesterrock das Hakenkreuz, hinter dem Kopf ein großes Hakenkreuz.

Motiv dieser Schrift: „Mein Streben war und ist, zur Versöhnung zwischen der katholischen Kirche und dem Nationalsozialismus Großdeutschlands beizutragen." Ende dieser Schrift: „Als katholischer Priester rufe ich daher alle meine Glaubensgenossen, die auch ihr deutsches Volk lieben und es vor dem Untergang bewahren helfen wollen, aus ganzem Herzen zu: Bekennet euch zu Adolf Hitler."

Untergangsangst: der jüdische Bolschewismus, Marxismus, die jüdische Freimaurerei. Von atavistischen Ängsten ergriffen, glauben immer mehr Katholiken, daß es nicht genügt, „die Waffenrüstung des Glaubens" anzuziehen, sondern daß der Christ, der Katholik auf dieser Erde streiten muß. Wo aber ist ein Streiter, ein Held, der tapferer und offener gegen die jüdische Weltgefahr kämpft, als Adolf Hitler, der österreichische Katholik in München? – Ihm hat lange vor 1933 der steirische katholische Priesterdichter Dr. Ottokar Kernstock das Lied „Das Hakenkreuz" gewidmet: „Allen Blutsdeutschen"! Die erste Strophe lautet:

„Das Hakenkreuz im weißen Feld
Auf feuerrotem Grunde,
Zum Volksmal ward es auserwählt
In ernster Schicksalsstunde,
Als unter Schmerzen, heiß und tief
Das Vaterland um Hilfe rief,
Das teure, todeswunde . . ."

Die dritte Strophe:

„Das Hakenkreuz im weißen Feld
Auf feuerrotem Grunde
Hat uns mit stolzem Mut beseelt.
Es schlägt in unsrer Runde
Kein Herz, das feig die Treue bricht.
Wir fürchten Tod und Teufel nicht
Mit uns ist Gott im Bunde."

Bruno Walter erinnert sich: „. . . als ich München verließ. Damals, Ende 1922, hatten jene finsteren Gewalten der Hölle schon ihr Werk begonnen, aber außer den an den Mauern Münchens erscheinenden blutroten Plakaten mit dem unheimlichen Hakenkreuz und mit der Ankündigung, daß Adolf Hitler sprechen werde, wußte ich nicht viel von ihnen." 1920 war Bruno Walter zuerst in München eingekehrt, „wo . . . ein Anwachsen der Unruhe zwar nicht auf meine Tätigkeit in Oper und Konzert, aber auf meine Gedanken einwirkte, die versuchten, in den Sinn der ausgesprochenen Rechtswendung in Bayern, der mittelalterlichen geheimen Feme-Vorgänge, der rohen Gewaltakte auf der Straße und jener Bewegung einzudringen, die zu Versammlungen einer neuen Partei, mit dem künstlich und dissonant klingenden Namen ‚Nationalsozialistische Deutsche Arbeiterpartei' einlud. Das alte Zauberzeichen des Hakenkreuzes und die blutrote Farbe der Zettel erregten in mir ein dumpfes Gefühl des Schauders und Ekels."
„Das alte Zauberzeichen des Hakenkreuzes": Adolf Hitler kennt den archaisch-atavistischen Untergrund der bayerischen und österreichischen Volksseele, ihr Verlangen nach Heil und Haß, ihren Hang, sich von magischen, „sakramentalen" Zeichen, Weihen, Riten ergreifen zu lassen. Im Christenglauben sehr vieler Ka-

tholiken sind die Sakramente, die liturgischen Handlungen, die Weihen der Kirche – Weihe von Roß und Rind, Saatgut und Feld – tief eingebettet in magische, ältere Bezüge.

Adolf Hitler verwendet viel Arbeit, Sorgfalt und Mühe, um seinem Heilszeichen, dem Hakenkreuz, eine Form zu geben, die anziehen und schrecken soll. *Timor et amor dei:* Der gottesgläubige Christ erfährt seinen Glauben in der Schreckensmacht und der Anziehungskraft seines Gottes. Heil und Unheil künden die heiligen Zeichen des Gottes: Heil den Gläubigen, Unheil und Verderben den Nichtgläubigen.

Hitler sieht für dieses gläubige und glaubensuchende Volk Symbole, Abzeichen, Weihen, Sakramente seiner Bewegung als außerordentlich wichtig an. Er erinnert an die Geschichte der Hakenkreuzfahne: Ein Zahnarzt aus Starnberg – Dr. Friedrich Krohn – hatte „einen gar nicht schlechten Entwurf geliefert, der übrigens dem meinen ziemlich nahekam, nur den einen Fehler hatte, daß das Hakenkreuz mit gebogenen Haken in eine weiße Scheibe hineinkomponiert war. Ich selbst hatte unterdes nach unzähligen Versuchen eine endgültige Form niedergelegt; eine Fahne aus rotem Grundtuch mit einer weißen Scheibe und in deren Mitte ein schwarzes Hakenkreuz. Nach langen Versuchen fand ich auch ein bestimmtes Verhältnis zwischen der Größe der weißen Scheibe sowie der Form und Stärke des Hakenkreuzes."

Hitler sieht „im Hakenkreuz die Mission des Kampfes für den Sieg des arischen Menschen, und zugleich mit ihm auch den Sieg des Gedankens der schaffenden Arbeit, die selbst ewig antisemitisch war und antisemitisch sein wird".

Die Hakenkreuzfahne: Sie erweist sich in ihrer aufreizenden, herausfordernden Zauberkraft den alten Fahnen der Kirche, die, blumengeschmückt und weihrauchumwoben, schwer in Gold und sattdunklen Farben, über und über mit Ornamenten, Heiligenbildern und Zieraten übersät, in den großen Prozessionen des katholischen Volkes getragen werden, als weit überlegen.

„Seit dem Salzburger Tag im August 1920 wurde das Hakenkreuz auf Hitlers Initiative hin als offizielles Abzeichen der Nationalsozialisten getragen." Die Armbinden der Ordnungsmannschaften und das Parteiabzeichen entstehen ungefähr gleichzeitig. „Ende 1922, offensichtlich unter dem beflügelnden Eindruck der Machtergreifung Mussolinis in Italien, entstand die von Hitler sehr wahrscheinlich nach altrömischen Vorbildern gestaltete NSDAP-Standarte als Feldzeichen der Sturmabteilungen." – „Am 28. Januar 1923 weihte Hitler vor etwa 6000 Anhängern die ersten und von ihm entworfenen vier Standarten der zum Teil bereits vollständig uniformierten SA und die erste außerbayerische ‚Sturmfahne' und nahm in der Schwanthaler Straße zusammen mit seinem Freunde Dietrich Eckart den Vorbeimarsch der Verbände ab."

Die Münchener Straße, das bayerische Volk, das hier Adolf Hitler mit Schrecken und Heilsverheißung zu erobern sich anschickt: Wie tief dieses Volk in einer nahezu mittelalterlichen Mentalität eingewurzelt ist, zeigt eine Drohung des Führers der Thule-Gesellschaft in München, des Freiherrn Rudolf von Sebottendorff – der angeblich ursprünglich Erwin Torre hieß – an den Münchener Polizeipräsidenten. Sebottendorff warnt den Polizeipräsidenten, Mitglieder der Thule-Gesellschaft, die einen radikalen Antisemitismus und Antidemokratismus vertritt, verhaften zu lassen. Wenn Sie eines unserer Mitglieder verhaften lassen, „dann nehmen meine Leute, wo immer sie einen finden, einen Juden hoch, schleifen ihn durch die Straßen und behaupten, er habe eine Hostie gestohlen. Dann, Herr Polizeipräsident, haben Sie einen Pogrom, der auch Sie hinwegfegen wird".

Das ist München 1918. In diesem München predigt nun, bis zu seinem Putsch am 9. November 1923, Adolf Hitler vor immer größeren Massen seine Heils- und Unheilsverkündigung. Es gibt „nur zwei Möglichkeiten: entweder Sieg der arischen Rasse oder ihre Vernichtung und Sieg des Juden". – „Es ist unsere höchste Pflicht, *alles* (fett im Original) einzusetzen, damit nicht auch Deutschland den Kreuzestod erleidet."

In der Mittagsstunde des 9. November 1923 marschiert Adolf Hitler mit den Seinen durch München. „Am Marienplatz wurden die Demonstranten von einer dichtgedrängten Menge jubelnd begrüßt." Vor der Feldherrnhalle bricht der „Erkundungs- und Demonstrationszug" im Feuer der Landespolizei zusammen. Göring wird schwer verwundet, flieht nach Österreich. Andere Mitkämpfer fliehen ebenfalls. „Von den 16 Toten Hitlers waren vier Kaufleute, drei Bankbeamte, einer Rat am Obersten Landesgericht, einer Rittmeister a. D., einer Dr.-Ing. (der für Hitler unersetzliche Erwin von Scheubner-Richter), einer Ingenieur, einer Student, einer Oberkellner, einer Diener, einer Hutmacher, einer Schlosser."

Bürgertum, Akademiker, Adelige – Theodor v. d. Pfordten, Lorenz Ritter von Stransky, Erwin v. Scheubner-Richter – bilden ein gesellschaftliches Übergewicht gegen die Mitmarschierenden aus dem Volke. Der schwerverletzte Adolf Hitler wird von Dr. Walter Schulz im Auto nach Uffing am Staffelsee zu Ernst Hanfstaengl gebracht.

Ein Debakel, ein Zusammenbruch, eine Katastrophe. Am 11. November verhaftet die Polizei Hitler und bringt ihn auf die Festung Landsberg am Lech. Hitlers Gönnerin Gertrud von Seidlitz, Fürst Karl von Wrede und Dietrich Eckart werden in Schutzhaft genommen. Adolf Hitler aber weiß sich als „eine Apostelnatur". Als sein eigener Apostel verkündet er die Auferstehung seiner Bewegung. Seine Toten sind Märtyrer, Blutzeugen. Am 8./9. November wird er

sie später alljährlich in großen Feiern an seinem Allerheiligen- und Allerseelentag dem ganzen Volke als vorbildliche Märtyrer hinstellen. Mit der Blutfahne – an der angeblich das Blut dieser ersten Heiligen der Bewegung klebt – weiht er die Fahnen und Standarten der SS und SA in nächtlicher Feier vor der Feldherrnhalle. Der 9. November 1923 wird zum Karfeitag der Bewegung erhoben: Dieser Karfeitag ist bereits überleuchtet vom Osterlicht der nahenden Auferstehung. Die propagandistische Höhung dieses 9. November ist wohl das größte Meisterstück des „Volkspropheten“ Adolf Hitler: Das Debakel wird benutzt, die Glaubenskraft der Gläubigen zu sammeln, neu zu orientieren, zu steilen, vorzubereiten auf den „Kampf bis zum Endsieg“.
Adolf Hitler empfängt in der Festung Landsberg den Strom der Gläubigen. „Zeitweilig empfing er täglich sechs Stunden lang Besucher. Das waren Industrielle, Geschäftsleute, Geistliche beider Konfessionen, Bauern, Anwälte, ehemalige Offiziere, Professoren, Künstler, Adelige, Verleger und Redakteure, Buchhändler, Bittsteller, Stellungsuchende, völkische Politiker und viele Frauen.“ Der österreichische Staatsbürger Adolf Hitler wird nach seinem Prozeß, bei dem ihm das Gericht bereitwillig Gelegenheit gibt, diesen Prozeß als Propagandamission auszugestalten, nicht ausgewiesen.
Kurz vor dem Putsch, am 30. Oktober, hatte richtungweisend der bayerische Ministerpräsident Knilling erklärt: „Der nationale Grundgedanke der Hitlerbewegung ist richtig. Die beabsichtigte Art der Durchführung tötet den Gedanken. Die Aufgabe des Herrn Generalstaatskommissars sollte es sein, den Gedanken dem wohlvertrauten deutschen Boden der bayerischen Heimat bis zur Stunde der Freiheit lebendig zu erhalten und lebendig durchzuführen.“

Diese Aufgabe übernimmt Adolf Hitler selbst. Sein Buch „Mein Kampf“, das er in der Ehrenhaft in Landsberg verfaßt, wird die Bibel der Bewegung. 1930 werden die beiden Bände zu einer einbändigen Volksausgabe zusammengefaßt, in einem Blattformat, das „auch in der meist schwarzen Einbandfarbe auffällig dem allgemeinen üblichen Bibelformat angeglichen ist“.
Ich habe Hitlers Bekenntnisbuch „Mein Kampf“ mehrere Male gelesen. Das erste Mal 1932, das letzte Mal 1966. Lange Zeit teilte ich die Meinung vieler: Warum ist dieses Buch, das Offenbarungscharakter trägt, nicht mehr gelesen, von seinen Gegnern ernst genommen worden? In „Mein Kampf“ enthüllt ja Adolf Hitler alle Ziele seiner Außenpolitik und alle Bestrebungen seiner Innenpolitik. In Österreich machte ich in den Jahren 1932–1938 im Gespräch mit österreichischen katholischen Nationalsozialisten oft die Erfahrung: Diese gläubigen Katholiken hatten es nicht nötig und legten auch gar keinen Wert darauf, die politische Bibel ihrers Führers zu lesen; genausowenig, wie sie als Katholiken angewiesen waren

auf die Lesung des Buches der Bücher, die andere, ältere Bibel. Sie glaubten dem Führer aufs Wort, glaubten seiner Erscheinung, so wie sie der Kirche glaubten und ihren Glauben in einem oft reduzierten Glauben an den „Herrgott“, an die „Vorsehung“, in der Teilnahme an der Messe und gewissen kirchlichen Kulthandlungen zu den heiligen Zeiten bekundeten.
Heute, 1968, tritt mir in dem Phänomen „Mein Kampf“ etwas anderes, sehr Bedeutsames in den Vordergrund der Beachtung: Adolf Hitler nimmt hier überaus sorgfältig Rücksicht auf seine christlichen, katholischen, kirchlichen, bayerischen, konservativen Gläubigen. Das ist die harte Wahrheit: In „Mein Kampf“ kann sehr viel von dem, was er da verkündet, von ebendiesen christlichen, evangelischen, katholischen und konservativen Gläubigen Adolf Hitlers so gut wie vorbehaltlos angenommen werden: die Angriffe gegen die Juden, die Freimaurer, die Demokratie, die Verheißung der Zerschlagung der Sowjetunion, der „notwendige“ Kampf gegen Frankreich.

Ein einziger außenpolitischer, in Bayern und Österreich jedoch auch innenpolitisch heikler Punkt bot Angriffsflächen für konservative und christliche Gegner Hitlers: sein Verzicht auf eine Befreiung Südtirols. Diese Lücke suchte Adolf Hitler durch das Diktat seines „Zweiten Buches“ 1928 zu schließen.
Das ist wohl zeitgeschichtlich das Bedeutsamste an diesem Bekenntniswerk des österreichischen Katholiken Adolf Hitler, „Mein Kampf“: Hitler bekennt sich hier zu einem konservativen Kulturprogramm, zu einer außerordentlichen Rücksichtnahme auf die Kirche und zu einer offenen Absage an die Schwärmerei der „Neuheiden“, der Germanen, der Völkischen, der astrologischen, okkultistischen, immer antirömischen Sekten, der religiös-politischen Kleinkirchen, Zirkel und Kulturgemeinden, Bünde und Rotten, von denen München um 1920 übervoll ist.
Ein dringendes Desiderat der Forschung wäre eine großangelegte und gründliche Darstellung dieses München, in dem seit der Spätromantik, seit der Teufels- und Dämonengläubigkeit eines Görres, seit der magischen romantischen Medizin, seit dem Einstrom französischer Emigranten, die alle schwarmgeistigen Bewegungen aus dem Frankreich um 1790 und um 1800 nach Bayern bringen, so viele Herdfeuer gehütet werden, an denen sehr alte und sehr junge Zaubertränke gekocht werden. Deutschlands dritte Walpurgisnacht, 1933–1945, wird hier vorbereitet.
Adolf Hitler ist umgeben von Schwärmern, von völkischen Schwarmgeistern, die in seine Bewegung einströmen. Ein Alfred Rosenberg, der Hauptschriftleiter des „Völkischen Beobachters“ und Evangelist eines rassisch-mystizistischen Blutglaubens wird, zieht da, umgeben von russischen und baltischen Schwarmgeistern, in

die Bewegung ein. Um die Person und Umgebung eines Heinrich Himmler finden sich zahlreiche Gruppen und Rotten von „germanischen Deutschgläubigen“, von fanatisch antikatholischen Frauen und Männern ein. Rudolf Heß steht einem okkultistischen München nahe, wo, wie in Paris vor 1789, Hellseher, Quacksalber, Naturheiler, religiös-politische Propheten und Unheilspropheten umgehen und um Gemeindebildung werben.

Adolf Hitler distanziert sich in „Mein Kampf“ nachdrücklich von allen diesen völkischen, neuheidnischen, germanischen Bewegungen. Auf weite Strecken hin erweckt heute die Lesung von „Mein Kampf“ den Eindruck, als sei dieses Werk vor allem gegen diese Kreise geschrieben – nicht zuletzt zur Beruhigung seiner christlichen Anhängerscharen.

Eine portugiesische Ausgabe von „Mein Kampf“, nach 1945 erschienen und 1964 bereits in der achten Auflage vorliegend, konnte zu Recht in dem sowohl einer kirchlichen wie einer staatlichen Zensur sich bedienenden portugiesischen katholischen Staate Adolf Hitler in den Reigen der „göttlich inspirierten Führer“ einreihen.

Geben wir dem „Führer“ das Wort.

„Die Demokratie des heutigen Westens ist der Vorläufer des Marxismus, der ohne sie gar nicht denkbar wäre. Sie gibt erst dieser Weltpest den Nährboden, auf dem sich dann die Seuche auszubreiten vermag.“

Mit diesem Kernsatz, der sehr früh im ersten Teil von „Mein Kampf“ vorgetragen wird, können sich antidemokratische Katholiken in ganz Europa unschwer befreunden.

In seinem Lob des Wiener Bürgermeisters Dr. Karl Lueger – der in der Lueger-Kirche auf dem Zentralfriedhof riesengroß im Hochaltarmosaikbild Christus das Modell seiner Kirche überreicht – rühmt Hitler die patriotische Leistung eines katholischen und evangelischen Klerus zur Erhaltung der Widerstandskraft an der Front und in der Heimat im Ersten Weltkrieg: Man darf nicht die Religion oder Kirche für die Verfehlungen eines einzelnen Priesters verantwortlich machen. Auf einen Unwürdigen treffen tausend und mehr ehrenhafte Seelsorger.

„Dem politischen Führer haben religiöse Lehren und Einrichtungen seines Volkes immer unantastbar zu sein, sonst darf er nicht Politiker sein, sondern soll Reformator werden, wenn er das Zeug hierzu besitzt! Eine andere Haltung würde vor allem Deutschland zu einer Katastrophe führen!“ Das ist eine deutliche Absage an Ludendorff und seine Gattin, an die Bünde, denen Rosenberg, Himmler, Heß nahestehen.

Adolf Hitler stellt in „Mein Kampf“ seine politische Tätigkeit in München 1919 bis 1923 als einen „Kampf gegen die Vergiftung der Seele“ dar. Er kam in eine verrottete Welt, in der das Geld zum Gott geworden war. Die katholische Sozialromantik von Vogelsang bis Anton Orel arbeitet mit diesem Schlagwort. Die himmlischen Götter wurden in die Ecke gestellt, der Weihrauch wird dem Götzen Mammon dargebracht.

Die „Verpestung des Sexuallebens" zerstört die Ehe. Hitlers Ausführungen über die Ehe könnten wörtlich in einem Handbuch der katholischen Moraltheologie stehen. „... die Ehe kann nicht Selbstzweck sein, sondern muß dem einen größeern Ziele, der Vermehrung und Erhaltung der Art und Rasse dienen. Nur das ist ihr Sinn und ihre Aufgabe." Hitler sagt „Art" und „Rasse" statt Menschheit. An diesem „kleinen Unterschied" stoßen sich katholische Theologen 1933–1938 nicht mehr, die seine Nürnberger Gesetze verteidigen.

Der notwendige Kampf gegen den Bolschewismus, „diese Judenkrankheit", ist ein hochwichtiger Teil des Kampfes gegen die Vergiftung der Seele. „Wird dieser Kampf aber aus Bequemlichkeit oder aus Feigheit nicht ausgefochten, dann möge man sich in 500 Jahren die Völker ansehen. Ebenbilder Gottes dürfte man nur wenige mehr finden, ohne des Allerhöchsten freveln zu wollen." Zu diesem Kampf gehört unabdingbar die Auseinandersetzung mit dem Kulturbolschewismus. „Der Bolschewismus der Kunst ist die einzig mögliche kulturelle Lebensform und geistige Äußerung des Bolschewismus überhaupt." Kubismus und Dadaismus sind „die krankhaften Auswüchse irrsinniger oder verkommener Menschen". Diese sittlich kranken Menschen ergehen sich in wüsten Schmähungen der großen Vergangenheit. Satz für Satz könnten diese traditionalistischen Kunstpredigten Hitlers von deutschen Kirchenmännern übernommen werden, die vor und nach 1945 etwa gegen Picasso predigen. Diese falschen Apostel der Zukunft hassen die ehrwürdige Vergangenheit, die „ewige Kunstwerke" geschaffen hat. Sie erklären, seit Jahrtausenden sei alles krank, pervers, böse in der Kunst.

Diese falschen Kunstapostel bilden die „geistige Vorbereitung des politischen Bolschewismus". Hitler tadelt scharf – so auch seine Nachfolger nach 1945 – die bürgerliche Feigheit, die es nicht wagt, diese bolschewistischen Kulturapostel, diese Anwälte der Geisteskranken und Verbrecher in der modernen Kunst auszumerzen. Sein Blick sieht in die Größe der Vergangenheit. Da glänzt die Akropolis, das Pantheon, da ragen die gotischen Dome – man vergleiche mit diesen ewigen Bauten die Warenhäuser, Hotels, Mietskasernen der Gegenwart, und wird sofort den entsetzlichen Zerfall wahrnehmen.

In dem aufwendig ausgestatteten, 1935 in Dresden und Wien erscheinenden Sammelbande „Israel und die Völker", der die deutschen und österreichischen Katholiken zum Glauben an Hitlers Blutglauben führen soll, werden ganz in diesem Sinne Warenhaus und Stephansdom im Bild konfrontiert.

Hitler: Diese selbe Zerrissenheit zeigt sich auch in den religiösen Zuständen vor dem Kriege. „Bemerkenswert ist auch der immer heftiger einsetzende Kampf

gegen die dogmatischen Grundlagen der einzelnen Kirchen, ohne die aber auf dieser Welt von Menschen der praktische Bestand eines religiösen Glaubens nicht denkbar ist.“ Für breite Massen ist der religiöse Glaube die einzige Grundlage einer sittlichen Weltanschauung; er braucht die unbedingte Autorität, um auf sie wirken zu können. Der Staat ruht auf unerschütterlichen Staatsgrundsätzen, die Religion ruht auf Dogmen, die nicht erschüttert und angegriffen werden dürfen: „Durch sie erst wird die schwankende und unendlich auslegbare, rein geistige Idee bestimmt abgesteckt und in eine Form gebracht, ohne die sie niemals Glauben werden könnte!“ – „Der Angriff gegen die Dogmen an sich gleicht deshalb auch sehr stark dem Kampfe gegen die allgemeinen gesetzlichen Grundlagen des Staates, und so wie dieser sein Ende in einer vollständigen staatlichen Anarchie finden würde, so der andere in einem wertlosen religiösen Nihilismus.“
Wir kommentieren: Ganz in diesem Sinne hatte Gregor XVI. 1832 in der Enzyklika *Mirari vos* an die Fürsten der Völker appelliert, um sie auf die von politischen und religiösen Rebellen drohenden Gefahren aufmerksam zu machen, um den Schutz der weltlichen Machthaber für die Kirche zu erbitten.
Adolf Hitler zeigt sich kirchlich als Integralist, er lehnt scharf jede Neuerung als Angriff auf die Dogmen ab, die ganz unveränderlich zu erhalten sind. Er begegnet sich hier mit jenen persönlich-existentiell atheistischen Katholiken der „Action Française“, die mit Maurras bekennen: *Je suis athée, mais je suis catholique.* Für diese politischen Katholiken ist die Kirche ausschließlich Autorität zur Zucht und Züchtigung der Massen, Hierarchie, Ordnungsmacht. Atheistische Katholiken dieser Art, Neofaschisten in Rom, die offen erklären, persönlich ungläubig zu sein, aber für die Erhaltung der Unveränderlichkeit aller Dogmen, für die Inquisition und den Index kämpfen zu wollen, treffen sich in offener Allianz mit den Männern um Ottaviani im Kampf auf dem II. Vatikanischen Konzil.
Diese Verbindung zwischen einem harten kirchenpolitischen Integralismus und existentieller, spirituell ganz ungebildeter politischer Kirchengläubigkeit findet sich im 19. und 20. Jahrhundert sehr häufig bei Männern der „Ordnung“, die gegen jede Neuerung in Staat, Gesellschaft, Kirche allergisch reagieren.
„Am ärgsten aber sind jedoch die Verwüstungen, die durch Mißbrauch der religiösen Überzeugung zu politischen Zwecken hervorgerufen werden.“ – „Wenn in Deutschland vor dem Kriege das religiöse Leben für viele einen unangenehmen Beigeschmack erhielt, so war dies dem Mißbrauch zuzuschreiben, der von seiten einer sogenannten christlichen Partei mit dem Christentum getrieben wurde, sowie der Unverschämtheit, mit der man den katholischen Glauben mit einer politischen Partei zu identifizieren versuchte.“
Der österreichische Katholik Adolf Hitler tritt hier, wie so viele österreichische und deutsche nationalsozialistische Katholiken, als Anwalt einer „Reinheit der

Kirche“ auf: gegen deren unzüchtige Verbindung mit christlichen Parteien, wie Zentrum, Bayerische Volkspartei, österreichische Christlichsoziale. Gerade diese religiös-politische Predigt Hitlers hat unbestreibar Eindruck gemacht sowohl auf ältere Katholiken, die an sich bereits anfällig für das „Nationale“ waren, wie auf andere junge Katholiken, die sich abgestoßen fühlten von der patronistischen Diktatur, von der Vetternwirtschaft der überalterten christlichen Parteien, deren kleine Herrschaftsgruppen sich ängstlich gegen den Einbruch junger Kräfte abzuschirmen suchten.

Der konservative Katholik Adolf Hitler rühmt nun die Vorzüge und die Stärke der deutschen monarchischen Staatsführung im wilhelminischen Reich: Stabilität und Ehrwürdigkeit waren da gesichert. Er rühmt die hervorragenden Leistungen der deutschen Fürsten des 19. Jahrhunderts für Kunst und Wissenschaft. Sein Blick sieht auf die Wittelsbacher.

An dem „Deutschen Tag“ in Nürnberg, der Stadt seiner späteren Reichsparteitage, am 1. und 2. September 1923, also kurz vor seinem Putschversuch in München, nehmen als Ehrengäste Prinz Ludwig Ferdinand von Bayern, der Herzog von Coburg, General Ludendorff, Admiral Scheer, zahlreiche bayerische Generäle und Obersten und ungefähr 100 000 Menschen teil. Adolf Hitler und andere Redner der hier vereint auftretenden konservativen und revolutionären Rechten sprechen. Josef Roth, ein Priester der Erzdiözese München und Freising, der später in Hitlers Reichskirchenministerium eine wichtige Rolle spielen sollte, schärft nach einer Formulierung des Direktors der Polizeidirektion Nürnberg-Fürth „mit flammenden Worten das deutsche Gewissen“.

Der Nachhall dieser Großveranstaltung klingt in Hitler nach, als er in Landsberg, umgeben vom Zustrom seiner Gläubigen, „Mein Kampf“ schreibt.

Hitler fährt fort: Eine unersetzliche Schule für Volk und Nation ist das Heer. Sein Bekenntnis zur Armee ist in „Mein Kampf“ streng traditionalistisch. Seine SA-Führer haben diese Passagen anscheinend nie gelesen. Die „Bartholomäusnacht“ vom 30. Juni 1934, die Ausmerzung aller Widerstände gegen das einzigartige Waffenrecht der Armee, findet hier bereits ihre ideologische Fundierung.

Nach dieser sorgfältigen Ausbreitung der traditionalistischen Elemente seines religiös-politischen Glaubens wendet sich Adolf Hitler in „Mein Kampf“ dem revolutionären Kern seines Glaubens zu: im Kapitel „Arier und Jude“.

Hitler beginnt mit einem hohen Lob der Juden. Juden haben sich über 2000 Jahre unverändert erhalten, im zähen Selbsterhaltungstrieb ihrer Rasse. „Welches Volk endlich hat größere Umwälzungen mitgemacht als dieses – und ist dennoch immer als dasselbe aus den gewaltigsten Katastrophen der Menschheit hervorgegangen? Welch ein unendlich zäher Wille zum Leben, zur Erhaltung der Art spricht aus diesen Tatsachen!“

Diese *laudatio* entspricht ganz dem Stil jener kirchlichen Prediger, die ihre antijüdischen Sermone gerne mit einem Hinweis auf die Verdienst des ehemaligen Gottesvolkes der Juden beginnen: Verdienste, die sich dann in ein teuflisches Gegenteil verkehrten, nach der Verwerfung, nachdem das auserwählte Volk das Volk des Gottesmordes wurde.
Hitler fährt fort: „Die intellektuellen Eigenschaften des Juden haben sich im Verlaufe der Jahrtausende geschult." Der Jude war immer „gescheit". Das heißt, er hat sich an anderen gebildet. Der Jude besitzt keinen Idealismus, keine eigene jüdische Kultur, nur eine Scheinkultur.
In der kirchlichen Predigt heißt das: Der Jude besitzt keinen Glauben mehr, seit der Verwerfung Jesu Christi durch das „ungläubige Volk der Juden".
Hitler predigt weiter: Der Jude ist immer nur Parasit im Körper anderer Völker. „Er ist und bleibt der typische Parasit, ein Schmarotzer, der wie ein schädlicher Bazillus sich immer mehr ausbreitet, sowie nur ein geistiger Nährboden dazu einlädt. Die Wirkung seines Daseins aber gleicht ebenfalls der von Schmarotzern: wo er auftritt, stirbt das Wirtsvolk nach kürzerer oder längerer Zeit ab."
Parasit, Schmarotzer, Bazillus: Seit dem Mittelalter ist in Pestzeiten der Jude als Pestträger, Gift, Vergifter der nichtjüdischen Patienten und der Gastvölker in zahllosen Predigten angegriffen worden. Hitler zieht die Konsequenzen: Ein solcher Bazillus muß ausgerottet werden, damit das deutsche Wirtsvolk nicht an ihm stirbt. – Dezidiert erklärt Hitler: Das Judentum war immer ein Volk, niemals eine Religion. Der Jude hat Religion nur als ein Mittel zum Sich-Durchsetzen verwendet.

Diese ungeheuerliche Anschuldigung entspricht genau katholischen Bekundungen – wie noch den Theologen rund um „Verschwörung gegen die Kirche" 1962 –, die dem Judentum allen Glauben absprechen. Die letzte und gefährlichste theologische Begründung beruht auf der altehrwürdigen These: Die Kirche ist das wahre Israel, die Synagoge hat keinen rechten Glauben mehr. Aller Glaube ist vom „alten Gottesvolk" – durch Jesus – auf das „neue Gottesvolk" übergegangen. *In dieser theologischen Expropriation, Enteignung* – um ein Wort von Karl Marx zu variieren – *wurzelt im Letzten die staatsbürgerliche, wirtschaftliche, menschenrechtliche Enteignung der Juden – zuletzt ab 1935.*
Hitler: Der Jude ist ganz diesseitig, er besitzt keinen Idealismus, keinen Glauben an das Jenseits. Die arische Religion ist Glaube an das Fortleben nach dem Tode. Dieser Passus kehrt ständig wieder in christlichen Predigten gegen den „fleischlichen", „materialistischen" Juden. Ganz in diesem Sinne fährt Hitler fort: Der Talmud ist kein Buch zur Vorbereitung für ein Jenseits, sondern nur für ein Leben im Diesseits. „Sein (des Juden) Leben ist nur von dieser Welt."

Der eigentümliche „Johanneismus", der uns in Hitlers Predigt-Reden immer wieder begegnen wird, dokumentiert sich hier in nuce: Der Jude gehört der bösen Welt an, die alle Johannes-Naturen verfolgt, wie sie Jesus selbst verfolgt hat. Hitler fährt fort: „Sein Leben ist nur von dieser Welt und sein Geist ist dem wahren Christentum innerlich so fremd, wie sein Wesen es 2000 Jahre vorher dem großen Gründer der neuen Lehre selbst war." Jesus griff zur Peitsche gegen die Juden im Tempel – dafür wurde Christus ans Kreuz geschlagen.
Theologen haben die totale Expropriation der Juden vorgedacht: Zuerst nahm man ihnen die Bibel, das Alte Testament, nahm ihnen die Propheten, die geistliche Sprache, die religiöse Literatur, die Psalmen – so kann man dem Juden jede Religion absprechen. Alle Religion gehört dem Christen. In dem Sinne verkündet Hitler: „Auf dieser ersten und größten Lüge, das Judentum sei nicht eine Rasse, sondern eine Religion, bauen sich dann in zwangsläufiger Folge immer weitere Lügen auf."
„Der Jude ist religionslos, glaubenslos – und strebt als Ungläubiger, als Antichrist, die Weltherrschaft für seine Rasse an. Die ‚Weisen von Zion' decken mit geradezu grauenerregender Sicherheit das Wesen und die Tätigkeit des Judenvolkes auf."
Adolf Hitler verfolgt den Werdegang des Judentums durch die Geschichte; er führt zielsicher zur Freimaurerei, zur jüdischen Herrschaft über die Presse, über die Demokratie, zum jüdischen Marxismus.
Der Zionismus ist eine Lüge. „Sie denken gar nicht daran, in Palästina einen jüdischen Staat aufzubauen, um ihn etwa zu bewohnen, sondern sie wünschen nur eine mit eigenen Hoheitsrechten ausgestattete, dem Zugriff anderer Staaten entzogene Organisationszentrale ihrer internationalen Weltgaunerei: einen Zufluchtsort überführter Lumpen und eine Hochschule werdender Gauner."
Ich habe an anderer Stelle die Angriffe gegen den Zionismus, die Verhöhnung und Verspottung der jüdischen Siedler in Palästina durch die katholische Presse und Publizistik in den Jahrzehnten zwischen 1920 und 1940 skizziert.
Hitler predigt weiter: „Die Religion wird durch den Juden lächerlich gemacht, Sitte und Moral als überlebt hingestellt, so lange, bis die letzten Stützen eines Volkstums im Kampfe um das Dasein auf dieser Welt gefallen sind." Der Jude erstrebt die Ausrottung der nationalen Intelligenz. Der Jude macht die Völker „reif zum Sklavenlos einer dauernden Unterjochung".
Wie oft haben Christen ihre eigenen Aggressions- und Vernichtungstriebe dem Juden zugeschrieben. Hier, bei Hitler, folgt dem verräterischen Wort die Tat: Er praktiziert die „Ausrottung" nationaler Intelligenzen, er will die Völker im Osten „reif zum Sklavenlos einer dauernden Unterjochung" machen. Die Dokumente und Fakten 1939–1945 sprechen eine eindeutige Sprache.

Ganz im Stile christlicher antibolschewistischer Traktatenliteratur und Predigt 1918–1950 begründet Hitler seine Anschuldigung: Das furchtbarste Beispiel dieser Art bietet Rußland, wo der Jude an 30 Millionen Menschen in wahrhaft fanatischer Wildheit teilweise unter unmenschlichen Qualen tötete oder verhungern ließ, um einem Haufen jüdischer Literaten und Börsenbanditen die Herrschaft über ein großes Volk zu sichern. Das Ende aber ist nicht nur das Ende der Freiheit der vom Juden unterdrückten Völker, sondern auch das Ende dieser Völkerparasiten selber. „Nach dem Tode des Opfers stirbt auch früher oder später der Vampir."
Berauscht von der „Götterdämmerung" Wagners, sieht Adolf Hitler fasziniert der Menschendämmerung, der Zeit, in welcher der Bazillus Mensch die Erde verlassen haben wird, und der Judendämmerung entgegen; der „Endlösung" der Menschenfrage. Der tiefe, immer latente Wille zum Selbstmord wird uns bei der Beobachtung der Kometenlaufbahn Hitlers noch mehrfach begegnen.
Im letzten Teil des ersten Bandes von „Mein Kampf" befaßt sich Adolf Hitler mit der ersten Entwicklungszeit der NSDAP. „Wer Führer sein will, trägt bei höchster uneingeschränkter Autorität auch die letze und schwerste Verantwortung." Hitler drückt das später so aus: er sei bereit, sich kreuzigen zu lassen.
Die nationalsozialistische Bewegung ist antiparlamentarisch, „selbst ihre Beteiligung an einer parlamentarischen Institution kann nur den Sinn einer Tätigkeit zu deren Zerstörung haben, zur Beseitigung einer Einrichtung, in der wir eine der schwersten Verfallserscheinungen der Menschheit zu erblicken haben".
Ganz so sprechen deutsche, spanische, französische, italienische Konservative im 19. und 20. Jahrhundert. Dieses antidemokratische Bekenntnis Hitlers war in jeder Hinsicht geeignet, ihn bei einer gewissen konservativen Rechten in Bayern und Preußen zu empfehlen.

Im Abgesang des ersten Bandes wiederholt Adolf Hitler bedeutsam seine Absage an „germanische, völkische Wanderscholaren", an altdeutsche Germanengläubige, an jenes München der Schwärmer, die gerade in der Frühzeit der Bewegung in sie hineindrängen und die von den beiden Katholiken Adolf Hitler und Dietrich Eckart zurückgewiesen werden, wobei letzterer selbst dafür anfällig ist.
Und noch einmal: Hitler bekennt, die rote Farbe für Fahne und Plakate gewählt zu haben, um den Gegner zu reizen.
Im Eingang des zweiten Bandes nimmt Hitler das für ihn in Bayern und im christlich-konservativen Deutschland außerordentlich wichtige Thema „Weltanschauung und Partei" wieder auf. Erneut plädiert er für die Pflege und Erhaltung eines streng fixierten dogmatischen religiösen Glaubens in den Kirchen: Wer diesen Glauben der Menschheit nimmt, erschüttert das Fundament ihres Daseins. „Ohne den klar begrenzten Glauben würde die Religiosität in ihrer unklaren

Vielgestaltigkeit für das menschliche Leben nicht nur wertlos sein, sondern wahrscheinlich zur allgemeinen Zerrüttung beitragen."

Von Gregor XVI. bis Pius XII. zieht sich diese Linie einer integralistischen Überzeugung: Alle von den Dogmen und von dem hierarisch geordneten Gehorsam abweichenden Gläubigen verfallen der Anarchie, der „Zersetzung", gehen ein in das Chaos der „Belialssöhne", die seit Wiclif, Hus, Luther die europäische Ordnung in Kirche und Staat auflösen.

Adolf Hitler: Eine (politische) Weltanschauung wird nur geschichtsmächtig, wenn „ihre Parteidogmen die neuen Staatsgrundsätze der Gemeinschaft eines Volkes bilden". – „Diese Umsetzung einer allgemeinen weltanschauungsmäßigen idealen Vorstellung von höchster Wahrhaftigkeit in eine bestimmt begrenzte, straff organisierte, geistig und willensmäßig einheitliche, politische Glaubens- und Kampfgemeinschaft ist die bedeutungsvollste Leistung, da von ihrer glücklichen Lösung allein die Möglichkeit eines Sieges der Idee abhängt."

Es ist Hitlers lebenslange Überzeugung: Eben das hat die römische Kirche in den Jahrhunderten ihrer Hoch-Zeit erreicht; sie hat aus qualligen, schwärmerischen Chirstentümern eine politische tragfähige große Herrschaftsordnung geschmiedet. Was die Kirche auf ihrem Gebiet, in der Sorge für das Jenseits sich geschaffen hat, will er, als Führer, für das Diesseits schaffen in der Organisation der Partei. Hitler ist so ergriffen von dieser Einsicht und Aufgabe, daß er hier sogar Karl Marx als weltgeschichtlichen Vorgänger und fast Verbündeten sieht: Marx brachte den Marxismus „in die Form eines bestimmten politischen Glaubensbekenntnisses" und machte ihn dadurch geschichtsmächtig „mit dem sicheren Blick des Propheten".

Wir dürfen kommentieren: So wie Karl Marx den utopischen, schwärmerischen Kommunismus und Sozialismus der Franzosen und Russen „aufheben" will im festen, wissenschaftlich gesicherten Bau seines Marxismus, so möchte Adolf Hitler, seiner Marx-Interpretation folgend – die unklaren, schwärmenden völkischen, nationalen, germanischen Glaubensbewegungen einschmelzen und aufheben in seiner politischen Weltanschauung und in seiner Partei, wobei die großen Parallelphänomene und Vorbilder für die Partei der kirchliche Dogmenglaube und die kirchliche Machtverwaltung sind.

In diesem Zusammenhang predigt Hitler: „Wer die Hand an das höchste Ebenbild des Herrn zu legen wagt, frevelt am gütigen Schöpfer dieses Wunders und hilft mit an der Vertreibung aus dem Paradies."

„Die organisatorische Erfassung einer Weltanschauung kann aber *ewig* nur auf Grund einer bestimmten Formulierung derselben stattfinden, und was für den Glauben die Dogmen darstellen, sind für die sich bildende politische Partei die Parteigrundsätze."

Die Partei ist die politische Kirche, die Kirche für das Diesseits. Die NSDAP schafft sich ein politisches Glaubensbekenntnis aus dem Grundgedanken einer völkischen Weltvorstellung.
Der österreichische Katholik Adolf Hitler wendet sich dem Staate zu. Der große Fehler der Alldeutschen in Österreich: Sie glaubten an eine mögliche Germanisation des österreichischen Slawentums und verstanden nicht, „daß Germanisation nur am Boden vorgenommen werden kann und niemals am Menschen". Derselbe Trugschluß beherrscht die Polenpolitik der deutschen Alldeutschen.
Adolf Hitler hält sich ab 1939 als warnendes Exempel vor: Er will nicht die Polen und Tschechen germanisieren, sondern eingrenzen und umsiedeln. Er will Raum für seine Deutschen gewinnen; wenn nötig, durch Tötung von Millionen andersartiger Menschen. Diese praktischen Konsequenzen zieht er aus seiner Erfahrung in Alt-Österreich! Der Österreicher Adolf Hitler glaubt – wie viele sehr gute Österreicher, und diametral im Gegensatz zu sehr guten Preußen – nicht an den Staat. „Der Staat ist ein Mittel zum Zweck."
Der Führer und Reichskanzler geht als Spieler, als Bohemien mit dem Staate um; er liebt keine geordnete Regierungstätigkeit; er möchte den Staat wie die Wehrmacht als ein Spielzeug für seine weltgeschichtlichen Aktionen verwenden und will herrschen, indem er möglichst viele Interessenten gegen möglichst viele Gruppen und einzelne, die nach Macht streben, ausspielt.
Im Stile der Linzer Nationalen von 1904 und der Kriegsprediger von 1914–1918 definiert er den Frieden, den er erstrebt: „Ein Friede, gestützt nicht durch die Palmwedel tränenreicher pazifistischer Klageweiber, sondern begründet durch das siegreiche Schwert eines die Welt in den Dienst einer höheren Kultur nehmenden Herrenvolkes."
Aufgaben eines völkischen Staates: „Ein völkischer Staat wird . . . in erster Linie die Ehe aus dem Niveau einer dauernden Rassenschande herauszuheben haben, um ihr die Weihe jener Institution zu geben, die berufen ist, Ebenbilder des Herrn zu zeugen und nicht Mißgeburten zwischen Mensch und Affe."
Diese Hochschätzung der Ehe praktiziert er 1935 durch die Nürnberger Gesetze, die denn auch von evangelischen und katholischen Theologen verteidigt und erklärt werden und die in dem Katholiken Hans Globke einen Redakteur ihrer juristischen Formulierung finden. Adolf Hitler appelliert in diesem Zusammenhang direkt an die beiden Kirchen: sie mögen nicht Negermission betreiben, sondern sich um gesunde Waisen im deutschen Volk kümmern.
Die Ehe und ihre Weihe: „Das Mädchen soll seinen Ritter kennenlernen." Wir kommentieren: In vielen christlichen Jungmädchen- und Jungmännerbüchern wird ein ritterliches Ideal vorgestellt. „Würde nicht die körperliche Schönheit heute vollkommen in den Hintergrund gedrängt durch unser laffiges Modewesen,

wäre die Verführung von Hunderttausenden von Mädchen“ – was für eine Vision! – „durch krummbeinige, widerwärtige Judenbankerte gar nicht möglich.“ Auf Photographien der Jungen und Mädchen der völkischen und katholischen Jugendbewegung sehen wir die Mädchen, die sich dem „laffigen Modewesen“ enthalten, vor uns.

Der Konservative Adolf Hitler plädiert wieder für das Heer als letzte und höchste Schule der Nation, und, in einem Atemzuge, für eine humanistische Schulbildung. Hellas als Kulturideal und römische Geschichte sollen die deutsche Jugend bilden. An seinem „klassischen Humanismus“ hält Hilter in den vielen nächtlichen Monologen im Führerhauptquartier fest; er sehnt sich nach Rom, nach dem altkultivierten römischen mediterranen Süden, und verabscheut die märkischen Kiefern, den preußischen Sand, die germanischen Wälder. „Wer sein Volk liebt, beweist es einzig durch die Opfer, die er für dieses zu bringen bereit ist.“

Auf vielen hundert Kriegerdenkmälern in Österreich und Süddeutschland wird dieses Credo Hitlers bekräftigt, mit zumeist johanneischen Sätzen des Evangeliums: Wer sein Leben für seine Freunde gibt ...; wer sein Leben verliert, wird es gewinnen ... „Wer sein Volk liebt ...“ In zahllosen Predigten und Festansprachen bei der Einweihung von Kriegerdenkmälern und von Fahnen der Kriegsteilnehmerorganisationen bildet dieser Satz Hitlers das Leitmotiv.

Wieder sieht er auf die großen, für ihn vorbildlichen religiös-politischen Glaubensbewegungen der Weltgeschichte: auf das Christentum und seine Gegenbewegung, den jüdischen Bolschewismus. „Denn die größten Umwälzungen auf dieser Erde wären nicht denkbar gewesen, wenn ihre Triebkraft statt fanatischer, ja hysterischer Leidenschaften nur die bürgerlichen Tugenden der Ruhe und Ordnung gewesen wären. *Sicher aber geht diese Welt einer großen Umwälzung entgegen.* Und es kann nur die eine Frage sein, ob sie zum Heil der arischen Menschheit oder zum Nutzen des ewigen Juden ausschlägt.“

Konservative und christliche Kreise spüren sehr deutlich nach 1918, daß eine sehr große Umwälzung begonnen hat; sie können den Beginn der industriellen Revolution und eines nachkopernikanischen Zeitalters jedoch nur als apokalyptische Endzeit verstehen; als Entscheidungskampf zwischen Christ und Antichrist, wobei Hitler den Christ mit dem arischen Menschen und den Antichrist mit dem ewigen Juden identifiziert.

Sein Auge sieht in dieser schicksalsschweren Zeit wieder auf die katholische Kirche. Wie herrlich volksverbunden ist diese katholische Kirche! Seine Kindheitseindrücke in Passau und Lambach verbinden sich hier wohl mit Eindrücken auf Propagandafahrten durch das herrliche bayerische Land. Wie vorbildlich ist ihre Auslese der Tüchtigen! „Hier kann die katholische Kirche als vorbildliches Lehrbeispiel gelten. In der Ehelosigkeit ihrer Priester liegt der Zwang begründet, den

Nachwuchs für die Geistlichkeit statt aus den eigenen Reihen immer wieder aus der Masse des breiten Volkes holen zu müssen. Gerade diese Bedeutung des Zölibats wird aber von den meisten gar nicht erkannt. Sie ist die Ursache der unglaublichen rüstigen Kraft, die in dieser uralten Institution wohnt. Denn dadurch, daß *dieses Riesenheer geistlicher Würdenträger* sich ununterbrochen aus den untersten Schichten der Völker heraus ergänzt, erhält sich die Kirche nicht nur die Instinktverbundenheit mit der Gefühlswelt des Volkes, sondern sichert sich auch eine Summe von Energie und Tatkraft, die in solcher Form ewig nur in der breiten Masse des Volkes vorhanden sein wird. Daher stammt die staunenswerte Jugendlichkeit dieses Riesenorganismus, die geistige Schmiegsamkeit und stählerne Willenskraft."

Hier spricht sich nicht nur politische Berechnung, sondern ehrliche Bewunderung aus. Der „Zölibatär" Adolf Hitler, der auf seine Weise bis zu seinem Lebensende in einer Art Zölibat lebt, sieht mit den Augen des bayerischen und österreichischen Volkes auf die Kirchenfürsten, Prälaten, Äbte, die „hochwürdigsten Herren", die weltklug ihre Schafe regieren und segensmächtig und selbstsicher durch die Reihen der spalierbildenden Tausende bei Prozessionen und Kirchentagen wandeln.

Adolf Hitler hat später – nicht durch seine Schuld – diesen Respekt vor katholischen Kirchenfürsten verloren: Er erlebte sie als politisch kurzsichtig, leicht zu manövrieren, als nur auf ihre kirchlichen Privatinteressen bedacht. Der österreichische Katholik Adolf Hitler hat mehr Widerstand, mehr vitale Kraft und mehr politische Tüchtigkeit erwartet, befürchtet – und wohl unbewußt – erhofft. Es gehört zu den Lehren, die er nach 1933 daraus zog: Dieser ganze Klerus, diese ganze „Pfaffenwelt" besitzt nicht mehr die Größe vergangener Jahrtausende, sie hat abgewirtschaftet und wird sich nach dem Rezept „Zuckerbrot und Peitsche", Kirchensteuer und Erpressung, ihm fügen, sich bedingungslos fügen nach seinem Sieg im Kriege.

„Wer diese Zeit, die innerlich krank und faul ist, heilen will, muß zunächst den Mut aufbringen, die Ursachen dieses Leides klarzulegen." Wer kann diese kranke Zeit heilen? Nur Persönlichkeiten! Adolf Hitler preist die Persönlichkeit, die Bildung von Persönlichkeiten. Er predigt, wie so viele christliche Prediger in deutschen Landen noch heute: Der Marxismus verneint den Persönlichkeitswert des Menschen. Der völkische Staat wird der Bildung der Persönlichkeit den allerhöchsten Rang zugestehen. Der völkische Staat „gliedert deshalb seine Vertretungskörper von vornherein in politische und berufliche ständische Kammern". – „In keiner Kammer und keinem Senat findet jemals eine Abstimmung statt. Sie sind Arbeitseinrichtungen und keine Abstimmungsmaschinen."

Der „christliche Ständestaat": In verschiedenen Varianten werden Modelle dieser auf „Persönlichkeiten" ausgerichteten Korporationen vorgestellt: vom Prälaten

Seipel, dann von Dollfuß in Österreich; von Mussolini in Rom, von Tiso in Preßburg, vom Poglavnik im Kroatischen Königreich; von Franco in Madrid; von Salazar in Lissabon, wo in diesem Sinne eben wieder eine Neuauflage von „Mein Kampf" erschienen ist.

Der „völkische Staat" baut auf Persönlichkeiten auf, die befähigt sind, mit ihrer Autorität die Weltanschauung, die immer unduldsam ist und exklusive Anerkennung fordert, durchzusetzen: „Das gilt genauso für Religionen. Auch das Christentum konnte sich nicht damit begnügen, seinen eigenen Altar aufzubauen, sondern mußte zwangsläufig zur Zerstörung der heidnischen Altäre schreiten. Nur aus dieser fanatischen Unduldsamkeit heraus konnte sich der apodiktische Glauben bilden, diese Unduldsamkeit ist sogar die unbedingte Voraussetzung für ihn."

Für Adolf Hitler ist nur ein konstantinisches und ein barockes Chistentum geschichtsmächtig, ein imperiales Christentum, das mit Feuer und Schwert die Rebellen gegen kaiserliche und römisch-kirchliche Autorität zerschmettert – so demonstriert in den Fresken und Statuen im kaiserlich-barocken Österreich – und seine „ewigen" Dome und weltlichen Machtbauten errichtet.

„Politische Parteien sind zu Kompromissen geneigt, Weltanschauungen niemals. Politische Parteien rechnen selbst mit Gegenspielern, Weltanschauungen proklamieren die Unfehlbarkeit."

„Unfehlbarkeit": 1871 hat sie der Papst in Rom für sich erkämpft. Adolf Hitler will sie für seine Weltanschauung erkämpfen. Er läßt in fetten Lettern setzen: *„Da eine Weltanschauung niemals bereit ist, mit einer zweiten zu teilen,* so kann sie auch nicht bereit sein, an einem bestehenden Zustand, den sie verurteilt, mitzuarbeiten, sondern fühlt die Verpflichtung, diesen Zustand und die gesamte gegnerische Ideenwelt mit allen Mitteln zu bekämpfen, d. h. deren Einsturz vorzubereiten."

Nach diesem Rezept haben in Frankreich und Spanien vor allem im 19. Jahrhundert ein Episkopat und, ihm verbunden, katholische laikale Persönlichkeiten gehandelt, die jede Kollaboration mit der atheistischen, freimaurerischen, königsmordenden Republik und Demokratie ablehnten, und, so besonders in Spanien, jede Mitarbeit an sozialen Reformen verweigerten: eine solche Arbeit käme erst nach dem Umsturz in Betracht.

Adolf Hitler begründet die Unduldsamkeit seiner politischen Weltanschauung mit dem weltgeschichtlichen Erfolg der kirchlichen Unduldsamkeit in der Behauptung der Dogmen: „Das Wesentlichste darf eben nie in der äußeren Fassung, sondern stets nur im inneren Sinn gesucht werden. Und dieser ist unveränderlich." – „Auch hier hat man von der katholischen Kirche zu lernen. Obwohl ihr Lehrgebäude in manchen Punkten, und zum Teil ganz überflüssigerweise, mit der exakten Wissenschaft und der Forschung in Kollision gerät" – wie vorsichtig drückt sich hier Adolf Hitler aus, denkt er an den „Fall Galilei"? –, „ist sie dennoch nicht bereit, auch nur eine kleine Silbe von ihren Lehrsätzen zu opfern. Sie hat sehr richtig erkannt, daß ihre Widerstandskraft nicht in einer mehr oder minder großen Anpassung an die jeweiligen wissenschaftlichen Ergebnisse liegt, die in Wirklichkeit doch ewig schwanken, sondern vielmehr im starren Festhalten an einmal niedergelegten Dogmen, die dem Ganzen erst den Glaubenscharakter verleihen. So steht sie heute fester da als je. Man kann prophezeien, daß in ebendem Maße, in dem die Erscheinungen fliehen, sie selbst als ruhender Pol in der Erscheinungen Flucht immer mehr blinde Anhänglichkeit erringen wird."

Goldene Worte sind das: Labsal für Katholiken und Konservative 1925, 1945, 1955, 1965. Sie könnten in den Proklamationen der reformfeindlichen Kardinäle und Bischöfe rund um das II. Vatikanische Konzil einen hervorragenden Platz einnehmen. Typisch konservativ-katholisch ist in dieser Erklärung und Prophezeiung Hitlers das so merkwürdige Mißverständnis des Ethos und Inhalts wissenschaftlicher Forschung: Die „jeweiligen wissenschaftlichen Ergebnisse schwanken ewig"; sie liefern eben keine ewigen Wahrheiten, heben sich immer wieder selbst auf.

Dieses fundamentale Mißverständnis der Wissenschaft, die in ständiger Selbstkritik wirklich und für die Menschheit sehr wirksam fortschreitet, entspricht einem uralten Platonismus und Supranaturalismus, der an einen Fixsternhimmel ewiger Wahrheiten glaubt und an den Schutz dieses Himmels durch stählerne Kuppeln autoritärer Herrschaft.

„Wer also den Sieg einer völkischen Weltanschauung wirklich und ernstlich wünscht" – fett im Original –, „der muß erkennen, daß dies nur „unter Zugrundelegung einer unerschütterlichen Sicherheit und Festigkeit ihres Programms" möglich ist. „Sie (die Weltanschauung) darf sich nicht unterstehen, in der Formgebung derselben dem jeweiligen Zeitgeist Konzessionen zu machen, sondern muß eine einmal als günstig befundene Form für immer beibehalten, auf alle Fälle aber so lange, bis sie der Sieg gekrönt hat."

Sieg Heil! *Salus et victoria!* So grüßen faschistische Theologen auch noch nach 1945. Der Siegeskranz des konstantinischen imperialen Reichskirchenchristentums wird nur dem zuteil, der unerschütterlich bis zum Sieg, zum Endsieg, durchhält. Hitlers Endsiegglaube entspricht genau dem Triumphalismus einer konstantinischen Kirche, die „endgültig" die Ketzer ausrottet.

Adolf Hitler schildert nun den Kampf der ersten Zeit, sozusagen das „Frühchristentum" seiner Bewegung. Das wichtigste Missionsmittel ist die Rede. Seine Rede. Er tritt als Redner auf, der das Volk aufklärt über den Frieden von Brest-Litowsk. Millionen Deutsche sahen in dem Frieden von Versailles eine gerechte

Vergeltung für den Frieden von Brest-Litowsk. Hitler aber zeigt den Aufhorchenden „die geradezu grenzenlose Humanität des einen Vertrages“ – Brest-Litowsk – im Gegensatz „zur unmenschlichen Grausamkeit“ des Versailler Vertrages.
Hier berührt Hitler heilend eine katholische, deutsche, konservative, rechte Mentalität. Auch Millionen Katholiken können nicht glauben, daß dieser Krieg verloren, zu Recht, gerecht, verloren wurde. Nach 1945 wiederholt sich dieses makabre Schauspiel. Konservative können nicht aufgeben, was sie längst verloren haben. So verweigert die Römische Kurie dem Westfälischen Frieden ihre Bestätigung und schließt sich aus der Befriedung Europas nach jahrzehntelangen Metzeleien aus, da sie sich außerstande sieht, auf jene geistlichen Besitztümer zu verzichten, die zum Teil seit hundert Jahren in den Besitz evangelischer Landesherren übergegangen waren.
Hier, als Prediger gegen jeden „Verzicht“, gewinnt Adolf Hitler zuerst die Massen. „In dieser Zeit erhielt der Münchener Hofbräuhausfestsaal für uns Nationalsozialisten eine fast weihevolle Bedeutung.“
Die Rede ist wirkungsvoller als die Schrift. „Denn wahrlich stellt jede solche Versammlung einen Ringkampf zweier entgegengesetzter Kräfte dar. Der überragenden Redekunst einer beherrschenden Apostelnatur wird es nun leichter gelingen, Menschen dem neuen Wollen zu gewinnen, die selbst bereits eine Schwächung ihrer Widerstandskraft erfahren haben.“
So – dürfen wir kommentieren – ringen Prediger der Gegenreformation in Deutschland mit einem früh innerlich unsicher werdenden Luthertum, ringen dessen Gegenwillen nieder durch ihre religiös-politische Predigt und bereiten dergestalt den militärischen Sieg und die Machtübernahme durch die katholischen Landesherren vor.
Adolf Hitler fährt fort: „Dem gleichen Zweck dient ja auch der künstlich gemachte und doch geheimnisvolle Dämmerschein katholischer Kirchen, die brennenden Lichter, Weihrauch, Räucherpfannen usw.“ – „In diesem Ringkampf des Redners mit den zu bekehrenden Gegnern wird dieser allmählich jene wundervolle Feinfühligkeit für die psychologischen Bedingungen der Propaganda bekommen, die dem Schreibenden fast stets fehlt.“
Der künstlich gemachte und doch geheimnisvolle Dämmerschein katholischer Kirchen: Die Propaganda des Barock beruht, zuerst im Kirchenbau der Jesuiten (Il Gesù in Rom), auf der künstlichen Produktion des Geheimnisses, auf der Faszinationsmacht großangelegter Regie des Mysteriums. Die „wundervolle Feinfühligkeit“ bedeutender Prediger der Gegenreformation gewinnt lutherische Deutsche dem Glauben der katholischen Wittelsbacher und Habsburger zurück. Adolf Hitler ist ein später Sproß dieser religiös-politischen Propagandakunst der

Gegenreformation. Wieder widmet er sich in diesem Zusammenhang der hohen Bedeutung ritueller Farben, heiliger Symbole, wie der Reichsflagge, der Wirkmacht der Farben Rot und Schwarz. Auch Schwarz kam in Vorschlag für die NS-Flagge: „An sich passend für die heutige Zeit", aber, wie er meint, nicht mitreißend genug. Heinrich Himmler, als Junge Ministrant in der Messe, wählt das Schwarz für seinen SS-Orden, in dem er die Gesellschaft Jesu kopieren möchte.
Adolf Hitler möchte mit seiner Bewegung die Gegenreformation positiv aufheben und beide Kirchen, die katholische und die evangelische, für sein Werk gewinnen. Die konfessionelle Zwietracht und der Kampf gegen Rom, gegen den sogenannten Ultramontanismus, sind „Sünde". – „Der Jude hatte jedenfalls das gewollte Ziel erreicht: Katholiken und Protestanten führen miteinander einen fröhlichen Krieg, und der Todfeind der arischen Menschheit und des gesamten Christentums lacht sich ins Fäustchen." Beide Kirchen sehen immer noch untätig zu, wie planmäßig schwarze Völkerparasiten unsere jungen blonden Mädchen schänden! Beide Kirchen suchen sich gegenseitig zu vernichten. Deshalb muß jeder völkisch Eingestellte in seiner christlichen Konfession dafür sorgen, „daß man nicht nur immer äußerlich von Gottes Willen redet, sondern auch tatsächlich Gottes Willen erfülle und Gottes Werk nicht schänden lasse".
Adolf Hitler will beide Kirchen versöhnen und zum gemeinsamen Kampf gegen den „Erzschelm Judas" – wie Abraham a Santa Clara den Juden nennt – führen. Er fordert beide Kirchen auf, „positives Christentum", wie er es in der ersten Erklärung seiner Reichsregierung nennen wird, zu treiben: der völkischen Wiedergeburt zu dienen.
Der Katholik Adolf Hitler lehnt nochmals scharf jeden „Kampf gegen Rom" ab: „Die Herren, die im Jahre 1924 plötzlich entdeckten, daß die oberste Mission der völkischen Bewegung der Kampf gegen den ‚Ultramontanismus' sei, haben nicht den Ultramontanismus zerbrochen, aber die völkische Bewegung zerrissen."
Das ist gegen Ludendorff, aber auch gegen Kreise um Rosenberg gerichtet. Von hier aus wird der Kampf Ludendorffs in seiner Zeitschrift 1926–1933 gegen den „ultramontanen, romhörigen Pfaffenknecht" Adolf Hitler verständlich. Hitler hat immer das Debakel Schönerers in Wien und Altösterreich und Bismarcks Scheitern im Kulturkampf vor Augen. Also auf keinen Fall ein Kulturkampf gegen die römische Kirche! „Es konnte in den Reihen unserer Bewegung *der gläubigste Protestant neben dem gläubigsten Katholiken* (fett im Original) sitzen, ohne je in den geringsten Gewissenskonflikt mit seiner religiösen Überzeugung geraten zu müssen."
Hitler verspottet die „Völkischen", die Männer und Frauen der deutschen Glaubensbewegung: „Und während die völkische Bewegung überlegt, ob die ultra-

montane Gefahr größer ist als die jüdische oder umgekehrt, zerstört der Jude die rassischen Grundlagen unseres Daseins und vernichtet dadurch unser Volk für immer." Adolf Hitler ist entschlossen, nicht auf die Massen der katholischen und evangelischen Christen zu verzichten; auch sie will er „bewegen". – „Denn Führen heißt: Massen bewegen können." Das konnte jahrhundertelang die Kirche, das kann jetzt am besten er selbst.

„... durchschlagender Erfolg einer weltanschaulichen Revolution: wenn die neue Weltanschauung möglichst allen Menschen gelehrt, und, wenn notwendig, später aufgezwungen wird."

Wir dürfen kommentieren: So siegte, in Hitlers Schau, die Kirche zuerst durch ihre Missionspredigt vor Konstantin, dann mit Hilfe der Staatsmacht und ihrer eigenen Machtmittel, indem sie die widerstrebenden Sekten niederringt. Hitler sieht hier ein Grundgesetz des weltgeschichtlichen Erfolges: „Alle großen Bewegungen, mochten sie religiöser oder politischer Natur sein, haben ihre gewaltigen Erfolge nur der Erkenntnis und Anwendung dieser Grundsätze zuzuschreiben."

Die Mission – durch die Missionspredigt, die religiös-politische Rede – und das Schwert: Beide gehören untrennbar zusammen! So hat es die karolingische Reichskirche praktiziert. Hitler verteidigt in seinen Bunkergesprächen in seinem Kriege entschieden Karl den Großen und seine gewalttätige Sachsenmission und vergleicht sich selbst mit Karl dem Großen. So muß es seine Bewegung praktizieren. „Denn unterdrückte Länder werden nicht durch flammende Proteste in den Schoß eines gemeinsamen Reiches zurückgeführt, sondern durch ein schlagkräftiges Schwert!" Wir kommentieren: zuvor in den Schoß der Einen Kirche. „Dieses Schwert zu schmieden, ist die Aufgabe der innerpolitischen Leitung eines Volkes; die Schmiedearbeit zu sichern und Waffengenossen zu suchen, die Aufgabe der außenpolitischen." Fett gedruckt im Original, in „Mein Kampf": Adolf Hitler veröffentlicht 1925 sein Programm, das er 1933–1939 ausführen wird.

Deutsche Außenpolitik treiben, heißt Mitkämpfer gegen den Teufel, den Juden, und gegen die Sünde, die Blutschande, gewinnen. Denn: „So ist der Jude heute der große Hetzer zur restlosen Zerstörung Deutschlands. Wo immer wir in der Welt Angriffe gegen Deutschland lesen, sind Juden ihre Fabrikanten." An diesem dogmatischen Glaubenssatz hält er 1924, hält er 1933, 1939, 1945 fest, „unerschütterlich fest". Glaubenssätze, Dogmen dürfen nicht geändert werden.

Deshalb kommt für Deutschland kein Bündnis mit den Franzosen in Betracht. „Dieses an sich immer mehr der Vernegerung anheimfallende Volk bedeutet in seiner Bindung an die Ziele der jüdischen Weltbeherrschung eine lauernde Gefahr für den Bestand der weißen Rasse Europas." Frankreich ist bereits der geheimen jüdischen Weltregierung verfallen. Deutsche Außenpolitik bedeutet Kampf gegen den Teufel, den Juden. Deutsche Innenpolitik bedeutet Kampf gegen die Sünde, die Rassenschande. Fett gesetzt: Die Rassenschande ist *„die Erbsünde der Menschheit“*! Um diesen Kampf gegen Sünde, Tod und Teufel fechten zu können, braucht Deutschland Waffen.

„Wir wollen wieder Waffen!“ – „Dann muß allerdings, von der Fibel des Kindes angefangen bis zur letzten Zeitung, jedes Theater und jedes Kino, jede Plakatsäule und jede freie Bretterwand in den Dienst dieser einzigen großen Mission gestellt werden, bis daß das Angstgebet unserer heutigen Vereinspatrioten ‚Herr, mach uns frei‘ sich in dem Gehirn des kleinsten Jungen verwandelt zur glühenden Bitte: ‚Allmächtiger Gott, segne dereinst unsere Waffen; sei so gerecht, wie du es immer warst; urteile jetzt, ob wir die Freiheit nun verdienen; Herr, segne unseren Kampf!‘ “

Tausend Kriegstheologen hatten 1914–1918 dieses Kriegsgebet an den Himmel gerichtet und den Armeen des protestantischen Kaisers in Berlin und den Armeen der im treuen Waffenbündnis mit ihm verbundenen Apostolischen Majestät in Wien vorgebetet. Adolf Hitler möchte für diesen heiligen Endkampf eine innere Aufrüstung durch eine umfassende Propaganda mobilisieren, die vom Kino und Theater bis zur Bretterwand nur *ein* Vorbild in Europa hat: die religiös-politische Propaganda des jesuitischen, kaiserlichen und wittelsbachischen Barock, in dem vom Palast und der Stadtkirche bis ins kleinste Dorf, vom Wegmal an der Brücke und der Straßenkreuzung das ganze Land mit sakralen Malen bestückt wurde, die den Triumph, den Sieg über die Rebellen, die Ungläubigen, vorverkündeten: Mariensäulen – erste Tat der Revolution in Prag 1918: die habsburgische Mariensäule wird gestürzt –, die Johann-von-Nepomuk-Statuen, die Male, errichtet für Heilige der Gegenreformation, die zahlreichen Kapellen, Andachtsstätten, Wallfahrtskirchen und die zugehörige Bildpropaganda. Nicht zu vergessen das große und kleine Welttheater, das Jesuiten und Benediktiner in Stadt und Land schufen: vom Kaiserhof und der Residenz der geistlichen und weltlichen Fürsten bis zum Dorf, in dem spätmittelalterliche Spiele erneuert wurden. Oberammergau ist auch in diesem Zusammenhang zu sehen.

Adolf Hitler verkündet: Gegen „den bösen Feind der Menschheit“, gegen das Judentum, sind alle Kräfte zu wappnen. „Die heilige Pflicht, so zu handeln, gebe uns Beharrlichkeit, und höchster Schirmherr bleibe unser Glaube.“

Der mit seinen Armeen, Predigern, Mönchen, Nonnen siegreich zur Wiedereroberung Zentraleuropas antretende kaiserliche, spanische und wittelsbachische Barock kämpfte seine Schlachten im Namen Mariens. Maria wird vor der Schlacht am Weißen Berge angerufen, der Siegerin Maria wird eine Siegeskirche gebaut. Franco erhebt seine spanische Muttergottes zum Generalissimus der spanischen Armee, was Adolf Hitler in seinen Bunkergesprächen als degoutant empfindet. Adolf Hitler beruft als seine *magna mater* Germania.

Germania, magna mater: Einst hatten die Deutschordensritter ihre Maria – die Maria der Marienburg in Ostpreußen – gegen die Maria der Russen als Vorkämpferin und Schutzherrin ihres Ostkampfes gewählt. Adolf Hitler will der Mutter Germania-Deutschland den alten Ostraum wiedergewinnen.
„Das Recht auf Grund und Boden kann zur Pflicht werden, wenn ohne Bodenerweiterung ein großes Volk dem Untergang geweiht erscheint."
Es geht um Deutschland, „um die germanische Mutter all des Lebens, das der heutigen Welt ihr kulturelles Bild gegeben hat. Deutschland wird entweder Weltmacht oder überhaupt nicht sein." – „Damit ziehen wir Nationalsozialisten bewußt einen Strich unter die außenpolitische Richtung unserer Vorkriegszeit. Wir setzen dort an, wo man vor sechs Jahrhunderten endete. Wir stoppen den ewigen Germanenzug nach dem Süden und Westen Europas und weisen den Blick nach dem Lande im Osten. Wir schließen endlich ab die Kolonial- und Handelspolitik der Vorkriegszeit und gehen über zur Bodenpolitik der Zukunft."

Bruno Walter und andere haben um 1920 im Aufstieg des magischen, uralten Zauberzeichens des Hakenkreuzes in München das Mal einer Rebarbarisierung und Rearchaisierung, einer Weckung uralter barbarischer und atavistischer Instinkte in den Massen gesehen. Die Weckung dieser Instinkte mit der religiöspolitischen Ausrichtung gegen den Osten, gegen den Slawen, den deutsche Christen im 9. und im 19. Jahrhundert nicht riechen können, sieht Adolf Hitler als eine vordringliche Aufgabe an. Er weiß selbst gar nicht, daß er hier in die Fußstapfen der von ihm hochgeschätzten deutschen Fürsten des 19. Jahrhunderts tritt, die im Ersten Weltkrieg ostpolitische Ziele verfochten, die seinen Zielen zutiefst verwandt sind.
„In den Dynastien lebte noch etwas vom alten Hader der Stämme und Geschlechter; frühere Demütigungen und ungesühnte Schmach waren unvergessen" (Karl-Heinz Janssen). Die Denkschrift des Kronprinzen Rupprecht von Bayern im Frühjahr 1915 hatte wörtlich für eine „großdeutsche Politik" plädiert, eine Revision des Westfälischen Friedens gefordert – wie später Hitler und Goebbels. Holland soll freiwillig ins Reich. So würde „der ganze germanische Volksteil in Nordwesteuropa, der lange dem alten Reiche angehört hat, zurückgewonnen".
Ich hielt an anderer Stelle fest: „Man beachtet noch heute viel zu wenig: Hitlers und Himmlers Germanomanie ist weit mehr in München und Bayreuth, in der Walhalla, in den Träumen bayerischer Könige, die an ihr Kaisertum denken, und in deutschösterreichischen und sudetendeutschen Deutschtümeleien zu Hause als etwa in preußischen Traditionen, die nichts von diesem Germanien wissen."
1916 blickt Sachsen nach dem Gewinn von Kurland, Livland, Litauen, Polen aus.

Um Polens Krone wirbt aber auch Bayern. König Ludwig III. empfängt in Warschau den Erzbischof von Warschau und bemüht sich um die Gewinnung des polnischen Klerus für die Kandidatur eines bayerischen Prinzen auf den polnischen Thron.

Am 14. April 1918 einigen sich Wilhelm II. und Hertling, der bayerische katholische Gelehrte, wittelsbachische Politiker und deutsche Reichskanzler, im Großen Hauptquartier in Spa endgültig auf folgende Kriegsziele: Litauen – Herzogtum unter einem sächsischen Prinzen; Kurland, Livland, Estland – Personalunion mit Preußen; Lothringen – zu Preußen; Unterelsaß – zu Bayern; Oberelsaß – zu Baden; Polen – ein Württembergischer Herzog als König. Vierzehn Tage vor dem Waffenstillstandsangebot, das Ludendorff erzwingt, hält die Reichsregierung noch an diesen ausschweifenden Kriegszielen fest.

Adolf Hitler steht gerade in seiner ausschweifenden Ostpolitik, wie er sie in „Mein Kampf" offen enthüllt, in besten konservativen Traditionen. Die Gelder, die ihm von baltischen und ostdeutschen Gönnern, von mit russischen Emigranten liierten Feudalherren und von Damen wie Gertrud von Seidlitz zufließen, weisen alle in diese Richtung: Gen Ostland wollen wir reiten!

Das hochkonservative Motiv seiner in „Mein Kampf" offen deklarierten Forderung, offensiv, auf den Spuren der deutschen Ordensritter in den Ostraum einzubrechen, erhält das religiös-politische Fundament durch seine dogmatische Überzeugung: „Das Riesenreich im Osten ist reif zum Zusammenbruch. Und das Ende der Judenherrschaft in Rußland wird auch das Ende Rußlands als Staat sein." Hier, in „Mein Kampf" steht das religiös-politische Dogma, in dessen Glaubensbanne Hitler 1941 sein „Unternehmen Barbarossa", seine Invasion der Sowjetunion, vorbereitet und durchführt.

Es gibt heute leider noch keine historische Darstellung der katholischen Traktate, Predigten, Schriften, die ab 1918 Jahr für Jahr, zunächst bis 1941, stereotyp wiederholen: Das Reich des Antichrist in Rußland steht unmittelbar vor dem Zusammenbruch. Vielleicht wird Gott es zuvor noch benutzen zur Züchtigung der Christenheit. Dann aber kommt sein verdientes Ende.

Die Fatima-Spekulation, die Auslegung, Ausdeutung und religiös-politische Propaganda um die Marien-Erscheinungen in Fatima 1917 ist in den Jahrzehnten zwischen 1920 und 1958 – bis zum Tode des Papstes Pius XII. – eng mit der Angst-Hoffnung europäischer Katholiken verbunden, die den Sturz des Teufelsreiches, des „jüdischen Bolschewismus", erwarten, erbeten, erhoffen. Eine „Bekehrung" Rußlands, wie es nach 1945 die Kreuzzugsprediger um einen holländischen Pater erhoffen, die gleich am Tage X, am Tage der militärischen Befreiung der von Satan beherrschten osteuropäischen Staaten, mit ihren geistlichen Waffen ins Ostland gehen wollen.

Adolf Hitler 1924 in „Mein Kampf": „Im russischen Bolschewismus haben wir den im 20. Jahrhundert unternommenen Versuch des Judentums zu erblicken, sich die Weltherrschaft anzueignen ..." Hier ist die alte Schlange, der Teufel, „die internationale Schlange", die sich auf Deutschland stürzen will, zugegen. Dieses Rußland ist eine Ausgeburt der Hölle; mit ihr gibt es kein Bündnis.
Wir verzichten darauf, die Varianten dieses religiös-politischen Dogmas, vertreten durch deutsche Politiker nach 1945, hier darzustellen. Diese christlichen und konservativen Politiker sind mit Adolf Hitler der Überzeugung: „Man kann nicht den Teufel mit dem Beelzebub austreiben." Oft scheinen diese Politiker gar nicht zu wissen, daß Adolf Hitler in „Mein Kampf" diesen Satz genau in diesem Zusammenhang anführt.
In fetten Lettern verkündet Adolf Hitler hier sein Glaubensbekenntnis: „... das heiligste Opfer (ist) das Blut, das man für diese Erde vergießt." – „Was der Himmel auch mit uns vorhaben mag, schon am Visier soll man uns erkennen."
Fassen wir kurz zusammen: Der österreichische Katholik Adolf Hitler veröffentlicht in seiner großangelegten Bekenntnisschrift „Mein Kampf" ein innen- und außenpolitisches, kulturpolitisches Programm, zu dem sich deutsche Christen, Konservative, und nicht zuletzt bayerische Katholiken voll und ganz bekennen konnten. Das gilt auch für Grundbezüge seines Antisemitismus: „Hitlers Antisemitismus war radikalkonservativ. Hinter seinen Argumenten, Behauptungen, Schimpfkanonaden und Haßtiraden stand eindeutig die Vorstellung, daß ‚die Juden' grundsätzlich zersetzend und hinterhältig umstürzlerisch wirken und infolge ihrer materiellen Eigennützigkeit und ihres großen Einflusses stets auf Revolutionen in Staaten hinarbeiten würden, die ihren Erwartungen nicht entsprächen" (Werner Maser).
Dieser Antisemitismus findet sich in nuce im konservativen „Vaterland" und in der Wiener „Kirchenzeitung" ein halbes Jahrhundert vor Hitler, findet sich in katholischen und evangelischen Kreisen, die gegen die „verjudete" Weimarer Republik stehen.
Adolf Hitlers Kulturprogramm in „Mein Kampf" könnte auf weiteste Strecken Satz für Satz in christlichen Predigten und Traktaten wider den Kulturbolschewismus, wider die Zersetzung der Sitte und Sittlichkeit, wider den Zerfall der ewigen Werte stehen.

Der Antibolschewismus in „Mein Kampf" stellt die breite Brücke her, die zu den führenden Politikern des Zentrums und nach Rom, zu Pacelli, führt.

Prälat Kaas, der Freund Pacellis und Führer der Zentrumspartei, tritt in den schicksalsschwangeren Jahren 1930–1932 für eine Koalition mit der NSDAP ein.

Selbst der Reichskanzler Brüning war keineswegs grundsätzlich einer Zusammenarbeit mit den Nationalsozialisten abgeneigt. Das erste Gespräch Brünings mit Hitler, Frick und Göring findet am 5. Oktober 1930 statt. „Die Herren schieden in der Erkenntnis gegenseitiger Hochachtung, zunächst aber absoluter Opposition ... und in der grundsätzlichen Feststellung gemeinsamer Kulturideale" (Tagebuchnotizen von Brünings Staatssekretär Pünder über dieses Gespräch, 7. Oktober 1930). Wenige Wochen später kam es zu einem zweiten Treffen Brüning–Hitler in der Privatwohnung von Treviranus.
Der große alte Mann der österreichischen Christlichsozialen, der *pater patriae*, der mehrmalige Bundeskanzler Prälat Ignaz Seipel, empfiehlt öffentlich einen Pakt zwischen Zentrum und Nationalsozialismus („Badischer Beobachter" – ein Zentrumsorgan – 30. November 1930; Seipel „Die Krise der Demokratie" in der „Berliner Börsenzeitung", Januar 1932).

Am 1. Dezember 1931 äußert sich Brüning dem polnischen Gesandten gegenüber über Hitler „eher lobend". Nach Hitlers Polenpakt tadelt der Emigrant Brüning Hitler ob seines, ihm, Brüning, für eine deutsche Nationalpolitik unerlaubt erscheinenden Entgegenkommens gegenüber Polen.
Am 7. Januar 1932 findet ein ausführliches Gespräch Brünings mit Hitler statt. Sensationelle Aussagen bringt der Gereke-Prozeß im Frühsommer 1933. Demokratisch-pazifistische Kreise erheben daraufhin den Vorwurf gegen Brüning, er habe innenpolitisch und außenpolitisch ein doppeltes Spiel getrieben und einem Kabinett Hitler-Hugenberg die Macht in die Hände spielen wollen.
Brüning will Hitler „den Donner stehlen" (Wheeler-Bennett). Das kann ebensowenig gelingen wie 1918–1934 der unglückliche Versuch der Lueger-Partei, der Christlichsozialen in Österreich, den nationalsozialistischen Antisemitismus durch den alten christlichen Antisemitismus aufzufangen und zu absorbieren. Die Zentrumsführer Brüning, Kaas und andere – nicht alle – sehen die eigentliche Drohung nicht im Nationalsozialismus, sondern im Kommunismus, und treten deshalb lieber für eine nationalsozialistische Regierungsbeteiligung ein. Gerade in den entscheidungsschweren Jahren 1930–1932 findet die antibolschewistische Propaganda konservativer, evangelischer und katholischer Provenienz reichen Widerhall. 1930 plädiert ein Ungenannter im „Ring" für einen offenen Angriff auf die Sowjetunion, wobei er die Ausrottung des russischen Volkes ziemlich ungeniert ins Auge faßt.
„Wer ist eigentlich der Antichrist?" Diese Frage stellt Karl Thieme 1931/32 in seiner Vierteljahrsschrift „Religiöse Besinnung". Thieme, nach 1945 wieder der einsame Vorkämpfer eines deutsch-jüdischen und eines christlich-jüdischen Gesprächs, ein Einsamer schon damals, hält fest: „Es ist leider Mode geworden,

christlicherseits alles, was einem nicht paßt, als – je nach Belieben – kulturbolschewistisch, satanisch oder als Ausgeburt des Antichrist zu bezeichnen."

Da erklärt in einer für ein breites christliches Publikum bestimmten Schrift „Satanisches in Politik und Wirtschaft" (München 1929) Hans Pförtner: Die Rationalisierung, der Schnelligkeitswahn, das Gelddenken, die Strafrechtsreform, die Demokratie, Paneuropa und der Völkerfriede, diese riesenhaften Komplexe und viele andere Zeitphänomene sind nichts anderes als Masken des Satanischen! Das Pamphlet wird auf das nachdrücklichste empfohlen in der sonst sehr ernst zu nehmenden Schrift von Alfred Jeremias „Der Antichrist in Geschichte und Gegenwart" (Leipzig 1930). Bedeutende deutsche Rußlandkenner, wie Karl Nötzel, verfassen Streitschriften gegen den Kulturbolschewismus.

„Kulturbolschewismus": Dieser pathologische Komplex, dieses Schlagwort, verbindet nationalsozialistische, konservative, deutschnationale, evangelische und katholische Politiker und breite Volksschichten, indem er ganz Unvereinbares, Unverbindbares verbindet: eine in Westeuropa und Nordamerika sich ausbreitende Kunst, Literatur, Malerei, Baukunst der Moderne, in wesentlichen Werken begründet im ersten Jahrzehnt des 20. Jahrhunderts – in Hitlers Jahren in Wien –, und einen russischen Bolschewismus, der zumindest seit 1920/22, dann verschärft durch Stalin, jene russischen Bahnbrecher der Moderne mit Stumpf und Stiel, mit Leib und Leben ausrottet, die von Nationalsozialisten und Christen in Deutschland und Österreich als „Kulturbolschewiken" angegriffen werden.

Christliche und konservative Kreise assoziieren um 1930–1933 mit Kulturbolschewismus nicht zuletzt den „Mammonismus", den Kapitalismus des Westens, wie schon Michael Faulhaber und Theodor Haecker in ihren Attacken gegen Versailles nach 1918. Hitlers Krieg gegen Frankreich und England wird ab 1939 von Kirchenblättern und in Predigten ganz in diesem Sinne als Kampf gegen den Plutokratismus, den Mammonismus, gegen den die erwachenden Völker mit Hungertod bedrohenden Kapitalismus dem katholischen Volk vorgestellt.

Es sind einzelne und recht einsame Stimmen im deutschen Katholizismus, die in aller Öffentlichkeit vor dem drohenden Bündnis zwischen Kirche und Nationalsozialismus warnen: so Walter Dirks in der „Rhein-Mainischen Volkszeitung" 1932.

In diesem Jahre erklärt Karl Thieme, daß der Nationalsozialismus „ein aus vielgründiger Verzweiflung erklärbarer Massenamoklauf ist, dem überhaupt keine direkte Predigt und Ansprache, sondern nur die unerschütterliche Ruhe und unbekümmerte Pflichterfüllung der nicht davon Befallenen vielleicht noch rechtzeitig Halt zu gebieten vermag, ehe er alles in den Abgrund reißt und den fundamentalen Neubau aus religiöser Besinnung heraus bei uns unmöglich macht".

1932, kurz bevor Hitler Reichskanzler wird, ist seine Partei „überreif“ – wie Hans Frank es ausdrückt – zum Zerfall. Die Partei sinkt von 230 Reichstagsmandaten im Juli 1932 auf rund 190 Mandate im Novemberreichstag 1932. Die Partei ist finanziell fast bankrott. Goebbels stellt düstere, fast verzweifelte Weihnachtsbetrachtungen in seinem Tagebuch an. „Zu Tausenden traten Mitglieder aus der Partei aus. Eine ernste Fäulniskrise trat ein. Die SA-Führung war vergiftet.“ – „Hitler war passiv, wie gelähmt schien er dem Volk“ (Hans Frank). Gregor Strasser verläßt Ende November/Anfang Dezember 1932 Hitler. Frank meint 1946: In Strasser verloren Hitler und die Partei „ein männliches Bollwerk, das ihnen später fehlte.“

Hitler wird „durch konservative und reaktionäre Kreise in die Macht geschoben“ (K. D. Blacher). Trotz aller Verführungen durch den österreichischen Katholiken Adolf Hitler, trotz zunehmender, seit 1925 offen sichtbar werdender Anfälligkeit einer katholischen akademischen Jugend und Jugendbewegung für totalitäre, antidemokratische Tendenzen hält das katholische Volk in Deutschland erstaunlich instinktsicher bis 1933 seinen alten katholischen, jedoch nicht nur von Katholiken gewählten Parteien die Treue: dem Zentrum und der Bayerischen Volkspartei. Dieses deutsche katholische Volk wird von seinen katholischen konservativen Führern verraten, vor allem von dem Prälaten Kaas und von Männern wie Franz von Papen, und in der entscheidenden Stunde von Rom aus, durch Pacelli, an Hitler preisgegeben. Analog war zehn Jahre zuvor das italienische Volk durch die Kurie an Mussolini preisgegeben worden. Adolf Hitler und kirchlich-katholische deutsche Nationalsozialisten weisen früh auf dieses erfreuliche Vorbild hin.

Zurück jedoch zu 1925: Im Sommer 1925 erscheint der erste Band von „Mein Kampf“. Adolf Hitler ist frei; der österreichische Staatsbürger ist nicht aus Bayern, aus Deutschland ausgewiesen worden. Er kann, mit einigen Beschränkungen, seinen Kampf wiederaufnehmen. In seiner Haftzeit ist ihm das Wichtigste gelungen: Er hat verhindert, daß ein anderer Führer die Partei übernimmt, indem er den ganz unfähigen Alfred Rosenberg mit der stellvertretenden Führung der Partei betraute. Diesem „Spinner“, wie ihn der Österreicher Hitler nennt, ordnen sich keine Männer unter.

Adolf Hitler hat eine lange Durststrecke seiner Bewegung vor sich – bis 1929. Er verbringt diese Jahre vorwiegend mit zwei Beschäftigungen: mit der Unterordnung aller gegen ihn rebellischen Persönlichkeiten in seiner Partei und mit der Wiederaufnahme seiner religiös-politischen Predigt.

Am schwierigsten wird für den österreichischen Katholiken Adolf Hitler die Unterwerfung der norddeutschen protestantischen und sozialistischen Elemente seiner Partei. Am 22. November 1925 berufen die beiden Brüder Gregor und Otto

Strasser die norddeutschen Gauleiter zu einem Parteikongreß in Hannover ein. Nur Ley und Feder treten auf diesem Kongreß für Hitler ein. Joseph Goebbels sagt erregt, als Feder im Namen Hitlers protestiert: „Unter diesen Umständen beantrage ich, daß *der kleine Bourgeois* Adolf Hitler aus der Nationalsozialistischen Partei ausgestoßen wird." Und Rust fügte hinzu: „Nationalsozialisten sind freie Männer und Demokraten. *Sie erkennen keinen Papst an, der sich für unfehlbar halten könnte.*"
Goebbels und Rust sprechen hier zwei charakteristische Merkmale Adolf Hitlers an: Er ist ein „kleiner Bourgeois", der nie die Lebensgewohnheiten seiner bürgerlich-konservativen Prägung aufgibt. Er ist aber auch ein „Papst", der für sich Unfehlbarkeit beansprucht.
Als Österreicher, Bourgeois, Konservativer verwendet Adolf Hitler allen Charme, um in seiner Partei seine Gegner für sich zu gewinnen und um außerhalb seiner Partei Gegner zu düpieren. Als „Papst" tritt er als Herr des Schrekkens auf, als ein *papa terribile,* wie ihn, Papst Julius II., den Moses des Michelangelo, an der Spitze seines Kriegsheeres Erasmus von Rotterdam tief erschrocken in Bologna einreiten sieht. Als religiös-politischer Volksprediger spricht Hitler die Massen verelendeter, entwurzelter Menschen an, die durch die Weltwirtschaftskrise 1929 in einen Abgrund von Verzweiflung geraten.
„In Deutschland stieg die Zahl der Arbeitslosen von 1 320 000 im September 1929 auf 3 000 000 im September 1930, auf 4 350 000 im September 1931 und 5 102 000 im September 1932. Ihre höchste Spitze, über 6 000 000, erreichte sie in den beiden ersten Monaten 1932 und später noch einmal im Jahre 1933. Es muß hinzugefügt werden, daß in diesen Zahlen nur die amtlich registrierten Arbeitslosen enthalten sind." – „Man muß hinter den Zahlen die Menschen sehen, die in den deutschen Industriestädten hoffnungslos an den Straßenecken stehen, die Häuser ohne Wärme und Essen, die Jungen und Mädchen, die aus der Schule entlassen sind und keine Möglichkeit haben, eine Lehrstelle zu finden. Dann ungefähr kann man sich etwas von der namenlosen Angst und Bitterkeit vorstellen, die in der Brust von Millionen arbeitender Männer und Frauen schwelten."
Alan Bullock weist in diesem Zusammenhang auf die verzweifelte Situation des deutschen Mittelstandes hin, der sich vor der Degradierung, vor dem Absturz in die Hölle des Proletariats fürchtet. „Der kleine Ladenbesitzer, Grundbesitzer oder Geschäftsmann – sie waren gezwungen, ihren Besitz zu verkaufen, und mußten zusehen, wie er von den Großen weit unter Preis angekauft wurde." Verzweifelte, ausgesteuerte Landwirte müssen ihre Höfe verlassen. „Wie in einer Stadt, die vom Erdbeben heimgesucht wird, sahen Millionen Deutsche das scheinbar solide Mauerwerk ihrer Existenz zusammenkrachen. In solch einer Situation sind die Menschen für Vernunftargumente nicht mehr zugänglich. Sie geben sich

Wahnvorstellungen, extremen Haßgefühlen, aber auch überspannten Hoffnungen hin. Und in solcher Situation begann Hitlers exaltierte Demagogie die Massen anzuziehen wie nie zuvor."

Wir haben hier ausführlich Alan Bullock zitiert. Der englische Historiker spricht mit gutem Recht von Hitlers „exaltierter Demagogie". So kann man aber auch die religiös-politische Predigt enragierter, wahrhaft in höllische, von ihnen selbst aber als heilig erachtete Wut geratener Feldprediger in Cromwells Heeren nennen. Die auf Vernichtung, Ausrottung ihrer Feinde drängenden radikalen Puritaner fordern den Kopf des Königs in London, fordern eine totale „Säuberung" Schottlands und Englands von allen teuflischen, papistischen, königskirchlichen, nichtenglischen, nichtschottischen Elementen. Sie vernichten die blühende höfische Kultur der elisabethanischen Zeit, vernichten das *merry old England* und die Theaterwelt Shakespeares.

Es gelingt dem englischen Genius, diese religiös-politische Revolution, die England und Schottland bis in die tiefsten Tiefen erschüttert, niederzuringen. Die größte Gefahr drohte in diesem Ringen, das Generationen hindurch währt, immer wieder von radikalen, vernichtungswütigen religiös-politischen Predigern.

Adolf Hitler, „eine Gestalt aus längst überwundener Vergangenheit" – Otto Dietrich, sein Reichspressechef, nennt ihn 1945 so –, der „Volksprophet", der „zweite Martin Luther", weckt in wohl Millionen Menschen eine wohl allen Menschen eingeborene Glaubenskraft, die jedoch bei den meisten Menschen zeitlebens nicht aktiviert, nicht mobilisiert wird. Glaubwürdig schildert Hans Frank die Glaubensinbrunst der von diesem Volksprediger ergriffenen Menschen. Ich habe sie selbst in vielen Menschen glühen sehen – und bin ihr wohl deshalb nicht verfallen, weil mein Innenraum durch einen anderen Glauben besetzt war.

Die Verehrung des einfachen Volkes, „gerade der allerärmsten Schichten", drängt ihm entgegen. Als ein Heiland tritt Adolf Hitler in seiner Kampfzeit, die er als Kampf um das Heil verkündet – deshalb: „Heil Hitler!" –, an das Sterbebett eines zwanzigjährigen Jungen, eines SA-Mannes in Leipzig, der im Kampfe tödlich verwundet wurde. Die Augen des Sterbenden verklären sich: „Nun ich Sie noch gesehen habe, sterbe ich gerne." Es sind gerade kleine Leute – „Galiläer" möchte man sie nennen –, die bis an sein Ende, bis an ihr eigenes Ende, an Adolf Hitler glauben.

Dieser Glaube stärkt den Glauben Adolf Hitlers. Er entwickelt sorgfältig ein Ritual zur Erneuerung dieses Glaubens: durch seine Reden, die er zu 80 % frei, ohne Manuskript in den Massenversammlungen hält, die für ihn und seine Gläubigen zur Kommunion werden: zur gegenseitigen Aufladung mit Glaubenskraft. Dieser Glaube führt ihn zum Erfolg, zum Sieg. Erfolg, Sieg sind Gaben des „Herrn", sind Bestätigung durch den „Herrgott", die „Vorsehung".

Das ist das erste Produkt seines Sieges in Deutschland: „Zunächst wuchs in zunehmenden Maße in ihm die Vorstellung seiner Unfehlbarkeit. Seine Prophezeiungen waren immer richtig.“

Der erste deutsche „Volksredner seit Luther“ (Ward Price) proklamiert 1932 im Neujahrsaufruf an seine Jünger, seine Parteigenossen: Uns steht ein „rotes antichristliches Deutschland“ gegenüber, verkörpert in der unzüchtigen Verbindung des Zentrums mit dem Marxismus: „Sie sind daher die fluchbeladenen Helfershelfer des Bolschewismus.“ Der Bolschewismus ist „das Ende ihrer Religionen“. Er bringt eine Vertierung des Menschen und eine barbarische Tyrannei. „... heute (ist) eine tausendjährige Kultur in ihren Grundfesten erschüttert.“ – „Das Bibelwort, das den Heißen oder Kalten anerkennt, den Lauen aber zum Ausspeien verdammt, sehen wir in unserem Volke in Erfüllung gehen. Die Mitte wird zerhauen und zerschlagen.“ Der Allmächtige will uns den Sieg geben! „Es wird ein *Fegfeuer* von Verleumdungen, Lügen, Fälschungen, Terror und Unterdrückung sein, durch das unsere Bewegung hindurch muß.“
Der österreichische Katholik Adolf Hitler verwendet den Bezug auf ein „Fegfeuer“: einen Begriff, eine Vorstellung, die den Millionen Protestanten und Nichtkatholiken völlig fremd ist. Wir wollen heute den Mut besitzen, „wie ein Ritter ohne Furcht und Tadel, zwischen Hölle, Tod und Teufel hindurch den Weg zum Siege und zur Freiheit zu wählen“! In vielen christlichen und konservativen Wohnungen, in Studentenbuden und christlichen Jugendheimen hing ein Abdruck des Albrecht-Dürer-Stiches, auf den Adolf Hitler hier anspielt. Der religiös-politische Prediger fordert zur Entscheidung auf: Wer nicht für mich ist, ist wider mich. Mit mir, mit meiner Bewegung, ist der „Allmächtige“.

Am 27. Januar 1932 hält Adolf Hitler eine Rede vor dem Industrieklub in Düsseldorf. Diese Rede ist eine der besten Reden seines Lebens. Sie öffnet ihm den Nibelungenschatz der Industrie, den Geheimfonds zur Bekämpfung des Bolschewismus. Diese Rede ist auch bedeutsam durch ihre die Industriellen tief beeindruckende Verbindung eines hohen Maßes von Rationalität mit einem irrationalen Glauben. Hitler weiß, wo den Industriellen der Schuh drückt. Er verspricht ihnen die Aufrüstung, den Schutz der Expansion der deutschen Industrie durch den Machtstaat: „Denn nicht die deutsche Wirtschaft eroberte die Welt und dann kam die deutsche Machtentwicklung, sondern auch bei uns hat erst der Machtstaat der Wirtschaft die allgemeinen Voraussetzungen für die spätere Blüte gebracht.“ Starker Applaus, Rufe: „Sehr richtig!“

Mit der rationalen Begründung verbindet Hitler die Verheißung, hinter ihm stehe der Glaube von Millionen Deutschen: „der Glaube von Millionen Menschen an eine bessere Zukunft, die mystische Hoffnung auf ein neues Deutschland".

Nie sieht Hitler den Bolschewismus so groß, als weltgeschichtliche Erscheinung, wie hier vor den Industriellen, deren Gelder er für sich mobilisieren möchte. Der Bolschewismus ist eine neue Religion. Viele ihrer Gläubigen verehren Lenin wie einen Buddha. „Der Bolschewismus wird, wenn sein Weg nicht unterbrochen wird, die Welt genauso einer vollständigen Umwandlung aussetzen wie einst das Christentum." Er wird sich über ganz Asien ausbreiten. Dreißig, fünfzig Jahre spielen für ihn keine Rolle. Adolf Hitler verweist auf die langsame Ausbreitung des Christentums in dreihundert, in siebenhundert Jahren, bis es Europa erreichte.

Angesichts dieser ungeheuren Weltgefahr, auf die Deutschlands Konservative und Christen fasziniert, entsetzt sehen, bekennt sich Adolf Hitler zur Unduldsamkeit – wie nur je ein römischer Integralist. „Ja, wir haben den unerbittlichen Entschluß gefaßt, den Marxismus bis zur letzten Wurzel in Deutschland auszurotten."

Ausrottung der Häresien bis zu den letzten Wurzeln: Das hatte der kurialrömische Integralismus den katholischen Massen im 19. und 20. Jahrhundert wieder vorgestellt, beginnend mit der Enzyklika *Mirari vos* von 1832. Genau einhundert Jahre nach dieser großen Verdammung der Neuzeit säkularisiert und politisiert Adolf Hitler diesen Vernichtungsglauben bis aufs letzte.

Am 1. April 1932 unterzeichnet Kronprinz Wilhelm von Preußen einen Werbeaufruf für Hitler. Hitler bestärkt preußische und norddeutsche Konservative in ihrem Glauben, daß er Wegbereiter einer Restauration der Monarchie sei. In Bayern bemüht er sich in verwandtem Sinne um Anhänger der Wittelsbacher. Am 13. April ruft er seine Gläubigen in der nationalsozialistischen Bewegung auf: „Verliert nicht den Glauben an die Zukunft unseres Volkes", an den Sieg unserer Sache. „Ihr werdet mir folgen. Denn trotz General Groener: Solange ich lebe, gehöre ich euch, und ihr gehört mir."

Das ist der johanneische Hitler, der eins ist mit den Seinen. „Es mag der Himmel über uns Qualen über Qualen schicken, unsre Bewegung wird auch mit dieser Regierung der Hinrichtung unsrer Mitkämpfer fertig werden" (23. August 1932).

Kurz zuvor hat er die sich in großen Prüfungen bewährende Glaubensgemeinde beschworen: „Über dreihundert niedergemetzelte, ja oft buchstäblich abgeschlachtete Parteigenossen zählen wir als tote Märtyrer." Das ist seine Apokalypse: Das Blut der geschlachteten Blutzeugen ruft den Himmel um Rache an.

Der Herrgott krönt die im Kampfe Ausharrenden mit Sieg. *Non coronabitur nisi qui legitime certaverit:* Nur wer in der rechten Schlachtordnung kämpft, wird vom Herrn mit der Krone des Sieges gekrönt. Viele Reden Hitlers modulieren dieses große paulinische liturgische Motiv.

Verheißung im Anbruch des neuen Jahres, das den Sieg bringen wird: „Die bürgerlichen Parteien würden froh sein, wenn sie nur einen Bruchteil des Glaubens, des Idealismus und des Opfersinns besäßen, der in unserer Bewegung ist. Wo wäre das Bürgertum heute, wenn nicht diese braune Armee, dieser braune Wall, diese braune Mauer sein würde!“ Diese Mauer allein schützt die Kirchen vor dem Bolschewismus (Detmold, 4. Januar 1933).

Tatsache ist: Die christlich-konservativen Parteien schätzen als autoritär geführte Honoratiorenparteien keine spontane politische Aktivität ihrer Anhänger. Diese folgen zumeist passiv, treu-gehorsam ihren religiös-politischen Führern, stellen die Männer wie Kaas nie in Frage oder auf die Probe. Sie folgen ihnen wie bei den Prozessionen und Kirchenfesten, so wie sie passiv in der Messe und in anderen liturgischen Feiern der heiligen Handlung beiwohnen.

Die deutsche Sozialdemokratie und die deutsche Gewerkschaftsbewegung hatten durch eine harte und ängstliche Zentralisierung den Eigenwillen einzelner Gruppen und einzelner Köpfe längst gebrochen. Nur Kommunisten, fast nur Kommunisten, mobilisierten in vergleichbarer Intensität den Kampfeswillen der einzelnen wie Adolf Hitler in seiner Bewegung.

Der Führer und Reichskanzler Adolf Hitler hält seine erste Rundfunkrede am 1. Februar 1933. Aufruf der Reichsregierung an das deutsche Volk: „Über vierzehn Jahre“ sind es her seit dem großen Zusammenbruch. „Seit diesen Tagen des Verrates hat der Allmächtige unserem Volk seinen Segen entzogen. Zwietracht und Haß hielten ihren Einzug.“ Deutschland bot „das Bild einer herzzerbrechenden Zerrissenheit“. Adolf Hitler sieht hier mit seinem inneren Auge nicht zuletzt die Millionen Frauen vor sich, die gläubig zu ihm aufschauen.

Die kommunistischen Lügenpropheten – gerne gebraucht Hitler dieses apostolische Bild, das in den Proklamationen der Päpste auf Häretiker, Freimaurer und Protestanten bezogen wird –, diese falschen Apostel im November 1918 haben das deutsche Volk zersetzt und sittlich verdorben. „Angefangen von der Familie, über alle Begriffe von Ehre und Treue, Volk und Vaterland, Kultur und Wirtschaft hinweg bis zum ewigen Fundament unseres Glaubens bleibt nichts verschont von dieser nur verneinenden, alles zerstörenden Idee.“

Der Satz könnte wörtlich in einem deutschen Hirtenbrief stehen. Der Bolschewismus wollte Deutschland in ein Chaos, in ein Trümmerfeld verwandeln. „Ein Jahr Bolschewismus würde Deutschland vernichten.“ Die nationale Regierung „wird das Christentum als Basis unserer gesamten Moral, die Familie als Keimzelle unseres Volks- und Staatskörpers in ihren festen Schutz nehmen". Der Führer und Reichskanzler – noch trägt er nicht diesen Namen, besitzt diese Machtfülle – ermahnt das deutsche Volk zur Ehrfurcht vor unserer großen Vergangenheit.

Am 2. Februar 1933 stellt sich Hitler dem Reichsrat, dem Organ der deutschen Länder, als Reichskanzler vor und bekennt sich zu der großen altösterreichischen Maxime, die er später in seinen Bunker-Gesprächen selbst als eine spezifisch österreichische Regierungsweisheit ansieht: Wir wollen „nicht in den Fehler verfallen, zu reglementieren" – beachten wir den altösterreichischen Begriff – „und zu zentralisieren, was man reglementieren und zentralisieren kann". – „Ich bin selbst aus dem Süden . . ."

Der Kunstmaler und Schriftsteller Adolf Hitler hält als Reichskanzler seine erste große Kulturrede am 10. Februar 1933 im Berliner Sportpalast. Er verkündet die „Wiederherstellung der Sauberkeit in unserem Volk", vor allem auch im Kulturleben. Seele, Seele, Seele: wie leibt und lebt sie doch in der deutschen Musik! Demütig beugen wir uns vor der Herrlichkeit der großen Vergangenheit. „Wir wollen unsere Jugend wieder hineinführen in dieses herrliche Reich unserer Vergangenheit. Demütig sollen sie sich beugen vor denen, die vor uns lebten und schufen und arbeiteten" und die ihr Leben hingaben.

Adolf Hitler beendet diese Rede im Stil des Vaterunsers evangelischer Lesart. Max Domarus meint dazu: Er wollte wohl hier als Katholik den evangelischen Christen imponieren: „Denn ich kann mich nicht lösen von dem Glauben an mein Volk . . ." – „. . . die Stunde kommt, in der die Millionen, die uns heute hassen, hinter uns stehen werden und mit uns dann begrüßen werden das gemeinsam geschaffene, mühsam erkämpfte, bitter erworbene neue deutsche Reich der Größe und Ehre und der Kraft und der Herrlichkeit und der Gerechtigkeit. Amen."

So baut Hitler die frühchristliche Doxologie, die in Luthers „Denn Dein ist das Reich und die Kraft und die Herrlichkeit in Ewigkeit, Amen" Aufnahme gefunden hatte, um in die Doxologie, in den Lob-, Preis- und Segensspruch der liturgischen Feier seines Reiches.

Ein großer Prophet ist aufgestanden in seinem, in Gottes Volk. Schon verkündigen ihn auch christliche Prediger von den Kanzeln. Die sozialdemokratische Presse hatte in den Jahren zuvor Hitler oft „Nazi-Prediger" genannt und in Karikaturen als Kanzelredner dargestellt.

Fünf Tage später erklärt Adolf Hitler in Stuttgart: „Heute sagen sie, das Christentum sei in Gefahr, der katholische Glaube bedroht. Darauf habe ich zu erwidern: Zunächst stehen heute an der Spitze Deutschlands Christen und keine internationalen Atheisten."

Das Kulturleben Deutschlands ist „zerrüttet und verseucht . . ." – „Es wird unsere Aufgabe sein, diese Fäulniserscheinungen in der Literatur, in Theater, in Schulen und Presse, kurz in unserer ganzen Kultur, auszubrennen und das Gift zu beseitigen, das in diesen vierzehn Jahren in unser ganzes Leben hineingeflossen ist." Adolf Hitler lebt ständig in der Angst, vergiftet zu werden, angesteckt zu werden. Dieser eigentümliche Puritaner, Zölibatär, auf seine Weise Asket, bezieht den alten Modus kirchlicher Ausbrennung ansteckender häretischer Krankheiten auf seinen Säuberungsprozeß.
Im katholischen München verzichtet Adolf Hitler auf sein Berliner „Amen". Er schließt seine erste große Münchener Rede als Reichskanzler mit einer Mischung aus Vaterunser und Engelsbotschaft in Bethlehem. „Aus Not und Elend und Jammer und Verkommenheit ist dann wieder entstanden ein Deutsches Reich, auf das wir stolz zu sein vermögen, das uns die Freiheit gegeben hat, unseren Menschen das tägliche Brot und damit den Frieden auf Erden."
Es wäre interessant, diesen religiös-politischen Redeschluß zu vergleichen mit den – zu allermeist schriftlich nicht erhaltenen – Predigtschlüssen in den Feldmessen der Heimkehrerverbände, der Südtirol-Vereine, der Veteranenbünde zumal im österreichischen und bayerischen Raum ab 1919.

Am Tage von Potsdam, der Preußens Glorie dem Manne aus Österreich zur Verfügung stellt, wartet in der katholischen Pfarrkirche ein Sessel vor dem Altar auf den katholischen Reichskanzler. Der Stuhl bleibt leer. Hitler besucht mit dem Katholiken Goebbels die Gräber von nationalsozialistischen Märtyrern zu dieser Stunde. Er gibt eine amtliche Erklärung für sein Fernbleiben aus. Es ist zu verstehen als Demonstration gegen die deutschen katholischen Bischöfe, die Angehörige seiner Bewegung exkommunizieren. Zwei Tage darauf, am 23. März 1933, erfolgt im „Bayerischen Kurier" die Antwort als eine Mitteilung „von maßgebender kirchlicher Seite": Die Nationalsozialisten werden nicht als Abtrünnige der Kirche angesehen, sie werden zu den Sakramenten zugelassen.
In seiner Potsdamer Rede erklärt Adolf Hitler in Gegenwart Hindenburgs und der Generalität und aller Würdenträger des Reiches: „Seit zwei Jahrtausenden" geht das deutsche Volk seinen Passionsweg, immer wieder ins Elend, in den Fall. Das ist ein Kreuzweg. Hitler gebraucht hier nicht das Wort Passion und Kreuzweg, er assoziiert aber offensichtlich den Leidensweg des deutschen Volkes mit dem Leidensweg Christi, mit der Passion des Christentums. Die zwei Jahrtausende europäischer, abendländischer christlicher Geschichte sieht er als Leidensgeschichte des deutschen Volkes.
Am Tag von Potsdam fehlt in der Garnisonskirche bei dem Staatsakt, der das Reich Hitlers als legitimen Erben des friderizianischen Preußen und des Bis-

marck-Staates der Welt präsentieren soll, ein Mann: Ludendorff. Er schrieb, als Hitler am 30. Januar 1933 Reichskanzler wurde, „unsagbar ernste Briefe“ an Hindenburg. Am 1. Februar 1933 hält Ludendorff Hindenburg vor: „Sie haben durch die Ernennung Hitlers zum Reichskanzler einem der größten Demagogen aller Zeiten unser heiliges deutsches Vaterland ausgeliefert. Ich prophezeie Ihnen feierlich, daß dieser unselige Mann unser Reich in den Abgrund stoßen, unsere Nation in unfaßbares Elend bringen wird, und kommende Geschlechter werden Sie verfluchen in Ihrem Grabe, daß Sie das getan haben.“

Bis heute ist nicht bekanntgeworden, ob vielleicht analoge Warnungen von seiten deutscher Katholiken den deutschen Episkopat, der schnell auf Hitler umschaltete, und die Römische Kurie, die es sehr eilig hatte, mit Hitler ein Konkordat abzuschließen, erreichten. Die Stimme der deutschen katholischen Emigranten, die in den Niederlanden, in Österreich, in der Schweiz, in Polen dieselbe Warnung wie Ludendorff aussprachen, haben offensichtlich die Ohren des Vatikans nicht erreicht.

Es ist angezeigt, von dieser Wasserscheide – Hitlers Bestallung zum Reichskanzler und seine Machtübernahme in den ersten Monaten seiner nationalen Regierung – kurz zurückzublicken auf eine katholische deutsche Auseinandersetzung mit dem Verfasser der Bekenntnisschrift „Mein Kampf“ in den der Machtübernahme vorangehenden letzten Jahren der Weimarer Demokratie.

„Ist Hitler ein Christ?“ Der Kapuzinerpater Ingbert Naab stellt sich in München 1931 dieser Frage in einer Schrift, die ebendiese Frage im Titel trägt, und beginnt: „Schon meine Fragestellung wird unbedingt für viele Anhänger Hitlers eine geradezu beleidigende Herausforderung sein. Sie sind ja felsenfest überzeugt, daß sie durch die nationalsozialistische Idee auch dem Christentum den besten Dienst erweisen.“ In seiner Kapuzinerpredigt an die deutschen Katholiken verweist Pater Naab auf bedeutsame Motive Hitlers in „Mein Kampf“, die sich mit dem Evangelium Jesu Christi nicht vereinen lassen: Der Mensch ist eine Tierrasse; die unchristliche Rassenlehre (der Jude wird nicht genannt. In keiner einzigen kirchlich-katholischen Auseinandersetzung dieser Jahre mit Hitler werden der Jude und das Judentum erwähnt) ein grundsätzliches Bekenntnis zur Lüge.

Pater Naab: „Ich behaupte nicht, daß Hitler lügt, ich sage aber, daß er der Lüge das Wort spricht, und zwar der vorsätzlichen, schwer schädigenden und damit qualifizierten Lüge.“ Hitler verherrlicht die englische Lügenpropaganda im Ersten Weltkrieg.

Naab stellt die Frage: Ist Adolf Hitler „ein Befürworter des Riesenkindermordes?“ Pater Naab bezieht sich auf eine Rede Hitlers auf dem Parteitag in Nürnberg 1929: Hitler beruft sich da auf Sparta als Vorbild Deutschlands in der Ausmerzung seiner lebensschwachen Kinder. Wenn Deutschland jährlich eine

Million Kinder bekäme und 700 000 bis 800 000 der schwächsten Kinder beseitigt würden, würde am Ende das Ergebnis vielleicht sogar eine Kräftesteigerung sein. Der bayerische Kapuziner Naab erklärt dazu und läßt diese Sätze fett setzen: „So ist es objektiv ein Unfug und eine Roheit ohnegleichen, den Mord von Hunderttausenden von Kindern als eine Möglichkeit zu diskutieren und dabei von positivem Christentum zu faseln." Dieser einfache Pater riecht, was viele Tausende Christenmenschen und andere rochen, die auf der Straße, in den katholischen Jugend- und Gesellenheimen von den braunen Schlägern mit den roten Blutfahnen zusammengeschlagen wurden: Hitler und seine Bewegung riechen nach Blut. Nach Menschenblut. Die feinen Nasen in Rom wollten diesen Geruch nicht wahrnehmen, auch nicht, als 1943 vor den Toren des Vatikans Roms Juden in den Tod geschleppt wurden.
Pater Naab zeigt den an Hitler glaubenden Katholiken: „Er (Hitler) will den blinden Glauben der Massen, einen fanatischen Glauben, der bis zur Hysterie getrieben wird, wie er sich in seinem Buch einmal ausdrückt. Hitler verstößt gegen die Grundlagen der christlichen Moral, und er vergewaltigte die Freiheit." „Wir Christen dürfen uns niemals blind irgendeiner menschlichen Macht verschreiben." Das ist hier bereits ein Notschrei, ein Flehen, eine Bitte. Pater Naab setzt diesen Satz fett.
Hitler will „allgemeine Entmündigung". Hitler ist kein Christ. Pater Naab bedauert: Weiteste protestantische Kreise beachten nicht den Widerspruch des Hitlerschen Rasseevangeliums mit den Grundlagen des Christentums: „Die katholische Kirche wird mit ihrer klaren Festigkeit auch die Wogen dieser Bewegung überwinden. Die Kosten wird der deutsche Protestantismus zahlen müssen, der nur die schwere nationale Not sieht und sich dabei das Fundament der christlichen Weltbetrachtung in vielen seiner Anhänger zertrümmern läßt." Pater Naab kann 1931 nicht die katholisch-kirchlichen Enunziationen der Jahre 1933 bis 1944 voraussehen. Ingbert Naab schließt: „Wir klagen an!" Er erhebt den schweren Vorwurf an die gebildeten Anhänger Hitlers: „Wo bleibt ihre Bildung? Ihr Wissen? Ihre Logik? Warum merken sie nicht die großen inneren Widersprüche?" Fehlt es ihnen nicht auch an Charakter? Rechnen sie damit, daß Hitler zur Macht kommt und wollen sich jetzt schon „einrichten"? „Wir wissen nicht, wie es mit unserem armen Vaterlande weitergeht. Aber das wissen wir: Wenn wir eine recht harte Katastrophe erleben müssen, dann trägt ein hoher Prozentsatz unserer gebildeten Welt einen guten Teil der Schuld. Und das Schuldkonto heißt: mangelndes Wissen, fehlende Logik, schwacher Charakter, Scheinchristentum."
Diese Kapuzinerpredigt von 1931 sieht also in Adolf Hitler bereits den potentiellen Mörder, sie nimmt eine jährliche Ermordung von 700 000 bis 800 000

Kindern an. Hitler läßt, neben Millionen Erwachsener, eine Million jüdischer Kinder ermorden.
Und nun folgt ein eigentümlicher Schlußsatz in dieser Kapuzinerpredigt: „Wir wollen ein freies Deutschland, das sich in seinem Innern reinigt von aller Zersetzung, von jeglichem Schmutz und jeder Form des Kulturbolschewismus, das nach außen seine Würde zu wahren weiß, ein Hort der Gerechtigkeit und des Friedens, ein Vaterland, auf das wir mit Recht stolz sein können."
Pater Ingbert Naab meint das 1931 anders als Adolf Hitler. Dieser Satz jedoch könnte auch Wort für Wort von Adolf Hitler selbst stammen. Er bildet das Leitmotiv vieler seiner Reden gerade im ersten Jahr seiner Regierung, 1933.
1931, also gleichzeitig mit Naabs Schrift, erscheint in Augsburg eine andere katholische Schrift, die ebenfalls dem steigenden Zustrom katholischer Wähler zu Hitler Einhalt gebieten möchte, Alfons Wild „Hitler und das Christentum". Das ist eine Auseinandersetzung mit der parteioffiziellen, im Parteiverlag der NSDAP erschienenen Schrift des Universitätsprofessors Dr. Johann Stark „Nationalsozialismus und Katholische Kirche", einer Schrift im Dienste eben jener nationalsozialistischen Werbung um katholische Wähler, die Friedrich Funder in Wien 1933 so beeindruckte: „Katholiken, wählt den Katholiken Adolf Hitler!"
Wild erklärt: Die Rassentheorien des nationalsozialistischen Führers widersprechen der christlichen Lehre. Hitler verneint das Recht, bekennt sich zur brutalen Gewalt. „Brutal" ist sein Lieblingswort bereits in „Mein Kampf". „Sind solche Gedankengänge Hitlers nicht geradezu eine Aufforderung an die Polen und Tschechen, doch möglichst die Enteignungs-Aktionen in ihrem Lande durchzuführen und Deutsche von Haus und Hof zu vertreiben?" Wild stellt fest: Adolf Hitler leugnet die Humanität. Hitlers Äußerungen über Christentum, Religion, Kirche, sind „nichtssagende Paradeworte". Das Christentum ist in den Augen Hitlers ein geistiger Terror. Der „religiöse Verputz der Hitlerischen Rassebotschaft" sollte nicht übersehen lassen: „Hitlers Weltanschauung ist kein Christentum, sondern die Botschaft von der Rasse, eine Botschaft, die nicht Frieden und Recht verkündet, sondern Gewalt und Haß. Dieses heidnische Denken aber ist christlich aufgeputzt." Aus taktischen Gründen will Hitler zur Zeit nicht den Kampf gegen die Kirche führen.
Wild bemerkt: „Jedes Volk hat seine Führer, die es verdient. Dieses Wort hat einen wahren Sinn." – „Wären wir politisch reifer gewesen, dann hätten wir vielleicht vor dem Kriege auch eher Einspruch gegen die allergrößten Dummheiten erhoben." – „Nur ein vernünftiges Volk kann auf die Dauer vernünftig geleitet werden!" – „Es gibt im Deutschen Reich offenbar sehr viele Leute, die gerne auf geistige Selbständigkeit verzichten, die gerne dumm bleiben und dafür gehalten werden wollen."

Alfons Wild bekundet hier eine katholische Selbstkritik, die selten ist in jenen Jahren. Zu den allergrößten Dummheiten vor 1914 und nach 1914, im Kriege, hatte ja die überwiegende Mehrheit der deutschen Katholiken ihre Zustimmung gegeben; der Verzicht auf geistige Selbständigkeit gehörte gerade in katholischen Massen zum kirchentreuen Ton. Gehorsam, nichtfragender Gehorsam erschien als erste und höchste Katholikenpflicht. Wild erklärt: Der Katholik ist verpflichtet, für seinen Glauben zu kämpfen. Er beruft sich auf Leo XIII.: „Die Christen sind ja für den Kampf geboren, und je heftiger er ist, desto sicherer ist mit Gottes Hilfe der Sieg."
„Katholischer Glaube und nationale Gesinnung widersprechen einander nicht." Mit diesem Satz ist ungewollt dem Einstrom eines antidemokratischen Denkens und Fühlens das Tor geöffnet. Auch Alfons Wild bezieht sich nicht auf die Menschenrechte, die Demokratie, die Weimarer Republik, die Juden, die Andersdenkenden. Hier, wie in allen anderen zeitgenössischen katholischen politischen Schriften, die den Katholiken abschirmen wollen gegen die nationalsozialistische Werbung um den Katholiken, kommen diese gerade in katholischen Kreisen sehr umstrittenen Dinge nicht vor.
Für nahezu alle diese katholischen Abwehrschriften gilt variiert, was 1932 Karl Thieme über das Buch von Karl Trossmann „Hitler und Rom", Nürnberg 1931, bemerkt, in einer dem Tag und der Stunde entsprechenden Form: „Saubere Materialsammlung, in der so ziemlich alles abgedruckt ist, was für den politischen Kampf der Bayerischen Volkspartei gegen die N.S.D.A.P. Mitte 1931 brauchbar erscheinen konnte."
„Hitler und die katholische Kirche", Graz 1933. Der Theologe Simon Pirchegger, den das Umschlagbild im Priesterrock mit dem Hakenkreuz zeigt, meldet im Vorwort zur zweiten Auflage triumphierend: „Am Tage des Erscheinens der ersten Auflage, Mittwoch, den 29. März, brachten die Wiener ‚Reichspost' und die Grazer ‚Tagespost' die Meldung, daß die Bischöfe Deutschlands auf der Fuldaer Bischofskonferenz die gegen die N.S.D.A.P. erlassenen kirchlichen Verbote aufgehoben haben." Der Grazer Dozent sieht sich also bestätigt: „Mein Streben war und ist, zur Versöhnung zwischen der katholischen Kirche und dem Nationalsozialismus Großdeutschlands beizutragen." Der junge und persönlich symphatische Priester und Theologe Pirchegger wendet sich gegen einen „Kadavergehorsam" in der Kirche, kritisiert die deutschen bischöflichen Verbote, der NS-Bewegung anzugehören, beruft sich auf Adolf Hitlers Rühmen der katholischen Dogmen in „Mein Kampf" und sagt, gut kirchlich, sein Ja zum Kampf gegen Internationalismus, Liberalismus und Marxismus.
Pirchegger beruft sich auf den „evangelischen Pfarrer Wilhelm Stapel" und seine „Sechs Kapitel über Christentum und Nationalsozialismus", Berlin 1931, auf die

parteioffiziöse Schrift des Professors Stark „Nationalsozialismus und katholische Kirche“ und auf eine Münchener Rede des österreichischen Justizministers Kurt v. Schuschnigg vom 29. November 1932: „Allen, die positives Christentum in sich fühlen, reichen wir die Hand zum Nutzen der Gesamtheit.“
Schuschnigg wußte nicht, wie weit seine – und schon Seipels – Anpassung an das „nationale Fühlen“ führen würde. Er dachte mit seinen „ostmärkischen Sturmscharen“ die „Ostmark“ der Nationalsozialisten bekämpfen zu können und war, wie er noch 1952 in einem Gespräch in Amerika versichert, auch durchaus nicht gegen einen Anschluß Österreichs an Deutschland; nur Hitler wollte er nicht.
Simon Pirchegger begrüßt die nationalsozialistische Judenpolitik und ihre Forderungen: „Es ist zu begrüßen, daß der Entrüstungsschrei von Millionen entrechteter, überlisteter und übervorteilter Deutscher, der so leicht in zügellose Wut und ungesetzliche Selbsthilfe ausbrechen könnte, hier auf eine klare und gerechte Gesetzesforderung gebracht ist.“ Pirchegger begrüßt die NS-Forderung der Ausweisung von Nicht-Deutschen. „Die Ende des 18. und anfangs des 19. Jahrhunderts schrittweise in den europäischen Ländern erfolgte ‚Emanzipation‘ (wörtlich Entsklavung) der Juden ist eine Folge des liberalen Geistes der Aufklärung, für den sich katholische Theologen sonst keineswegs begeistern. Eine ewige Schmach der damals verantwortlichen ‚aufgeklärten‘ Staatsmänner Deutschlands ist es übrigens, daß sie die Judenschaft früher ‚entsklavt‘ (emanzipiert) haben als die hörige deutsche Bauernschaft. Deutsche ‚Objektivität‘!“
Der Theologe Pirchegger berührt nicht das Thema, daß es vielleicht eine ewige Schmach der Christenheit sein könnte, bis ins 19. und 20. Jahrhundert in den Großkirchen nicht gegen die Sklaverei angekämpft zu haben. Er sieht es als eine kluge Schutzmaßnahme an, die Juden unter Fremdenrecht zu stellen, und darf sich einer weitgehenden Zustimmung der Katholiken zu folgender Feststellung sicher wissen: „Hitlers Nationalsozialismus kämpft seit seiner Entstehung gegen den internationalen Marxismus, den er unablässig als die ‚Pest‘ bezeichnet, von der das deutsche Volk stark durchseucht ist.“ Wir kommentieren: Im römischen Katholizismus besteht in diesen Jahrzehnten eine Phobie gegen alle „internationalen“ Bewegungen; im römischen Zentralismus wird jede Diözese an Rom gebunden und ängstlich auf internationale, nicht vertikal-direkt auf Rom alleinbezogene katholische Verbindungen gesehen. In diesem Kampf stellt Hitler eine natürliche Wertordnung auf, die der marxistischen Denkweise in allen Stücken widerspricht. „In den meisten angeführten Belangen kommt aber dem proletarischen Marxismus der jüdische bürgerliche Liberalismus zu Hilfe, der breite Schichten des deutschen Bürgertums vergiftet hat. Wie die Dinge zu Beginn der nationalsozialistischen Bewegung lagen, mußte ein Kampf gegen diese rote und gelbe Pest direkt als aussichtslos erscheinen.“

Dieser katholische Theologe und mit ihm viele andere Theologen und ein Großteil der katholischen politischen Publizistik sprechen von Haus aus dieselbe Sprache wie Adolf Hitler, der in seinen Reden mit denselben Worten ansagt, was lange zuvor über die rote und gelbe Pest, über den jüdischen Liberalismus, über den jüdischen Marxismus von Katholiken verkündet wurde.
Pirchegger beruft sich auf den angesehenen katholischen Philosophen Hans Eibl, dem in den Jahren 1933–1938 eine bedeutende Rolle als Verbindungsmann zwischen Kirche und Nationalsozialismus in Österreich zufallen sollte, der in der führenden Zeitschrift der katholischen Intelligenz, in „Schönere Zukunft" 1932 hohe Anerkennung der nationalsozialistischen Pflege der Schönheit und guten Rasse gezollt hatte: etwas, das, wie Eibl versichert, zu allen Zeiten innerhalb der christlichen Kultur die selbstverständliche Anerkennung fand. Eibl: „Indem die Nationalsozialisten im Bilde des germanischen Menschen das Ideal des gezüchteten und zuchtvollen Menschen hochhalten, füllen sie in der Wertordnung eine Lücke aus, welche in Mitteleuropa nach Abschaffung des Adels und der kriegerischen Ausbildung eingetreten war."
Pirchegger: Die Revolution (von 1918) war ein gewalttätiger Umsturz; sie appelliert an das *Untermenschentum*. Man vergleiche dazu eben jetzt die Vorgänge in Spanien, die von der katholischen Presse in gebührender Einseitigkeit gemeldet und denunziert wurden. Hitler dagegen appelliert an das Übermenschentum, an den „heldischen Helden".
Pirchegger warnt die Bischöfe: „Katholische Verständnislosigkeit und Teilnahmslosigkeit hat seinerzeit Tausende von katholischen Arbeitern dem Marxismus in die Hände getrieben, und nun ist man heute abermals bereit, Tausende von Katholiken durch doktrinäre Voreingenommenheit, durch Verleugnung der sozialen Gerechtigkeit und durch Verkennung der einfachsten Naturrechte von sich abzustoßen."
Pirchegger beruft sich auf August Maria Knoll, der die berühmt gewordene Erklärung des Prälaten und Bundeskanzlers Ignaz Seipel im „Correspondant" zitiert: *Ecclesia catholica vivit modo capitalistico* (Grazer Volksblatt, 25. Dezember 1932). Die katholische Kirche lebt kapitalistisch.
Pirchegger polemisiert gegen bischöfliche Strafandrohungen in Mainz, München, Köln, Paderborn, Freising. Die Katholiken wurden da – vor 1933 – gewarnt, der NS-Bewegung beizutreten, „solange der Nationalsozialismus kulturpolitische Auffassungen kundgibt, die nicht mit der katholischen Lehre vereinbar sind". Da die NSDAP aufgrund ihres Programms und der Erklärungen und Reden Hitlers nicht zu den glaubensfeindlichen Bewegungen gerechnet „und nicht mit dem von ihr bekämpften Liberalismus und Marxismus auf eine Stufe gestellt werden kann, so erübrigt sich der Nachweis, daß die Verhängung des Interdikts

über katholische Mitglieder der Hitlerbewegung rechtsungültig ist". Der Nationalsozialismus hat sich hohe Verdienste erworben. Er bekämpft die rote Pest, den Sozialismus und Marxismus, die unvereinbar mit der Kirche sind.
Kreuz und Hakenkreuz sind versöhnt! Wir kommentieren diese Versöhnung, die hier Pirchegger in Graz verkündet: Ende 1933 erklären die mit Recht hochangesehenen „Stimmen der Zeit", die bedeutende, von Jesuiten herausgegebene Monatsschrift in München: Das Hakenkreuz hat bewiesen, wie schöpferisch es sein könne. „Die Person Hitlers selber ist zum *Symbol des Glaubens der deutschen Nation* an ihren Bestand und ihre Zukunft geworden." Der Abschluß des Konkordats zeigt, daß es zwischen Kreuz und Hakenkreuz keine Feindschaft geben muß. „Im Gegenteil: Das Zeichen der Natur findet seine Erfüllung und Vollendung erst im Zeichen der Gnade."
Pirchegger: „Neulich wurde mir übrigens eine rotsamtene Palla gezeigt, die zu einem gleichfarbigen Meßgewand der Pfarrkirche Kogelhof bei Anger in Steiermark gehört; die gelbe Randleiste trägt abwechselnd rote Christuskreuze (in der Form von ‚Kruckenkreuzen') und blaue Hakenkreuze."
Wir kommentieren: Während Heinrich Himmler, der lebenslang gegen sein autoritär-katholisches Elternhaus geistig aufbegehrt, sich bemüht, hierarchische Formen der Kirche in den Dienst seines SS-Ordens zu überführen, bemüht sich hier in Graz ein katholischer Priester, liturgisch-kirchlich das Hakenkreuz zu legimitieren.
Das hier eben genannte Kruckenkreuz – an sich wie das Hakenkreuz alten Ursprungs – war übrigens der symbolschwache Versuch des christlichen Ständestaates in Österreich, politisch ein Gegenkreuz gegen das Hakenkreuz zu formieren. Pirchegger sieht selbst den Nationalsozialismus offen für einen Ständestaat und kann sich dabei auf „Mein Kampf" berufen.
Treffend und von seinem Standpunkt aus sehr zu Recht bezieht sich Pirchegger auf die Versöhnung zwischen Vatikan und Faschismus in Italien und stellt sie als vorbildlich für den deutschen Episkopat hin. Wie dieses Vorbild zeigt, kann man durchaus Fehler der – faschistischen – Theorie und Praxis verurteilen, jedoch „den guten Wesenskern des Faschismus" anerkennen. „Der einzige Platz für Katholiken, die im großdeutschen Sinne national handeln wollen, ist in der Hitlerbewegung." – „Die angeführten Erlässe zeigen, daß die Kirche keineswegs die Schonung der sogenannten ‚katholischen Parteien' verlangt."
Pirchegger verweist auf Italien und hat wieder recht, wie die Ereignisse in Deutschland zeigen sollten. „Als katholischer Priester rufe ich daher allen meinen Glaubensgenossen, die auch ihr deutsches Volk lieben und es vor dem Untergang bewahren helfen wollen, aus ganzem Herzen zu: Bekennet euch zu Adolf Hitler."

Am 23. März 1933 verkündet Adolf Hitler in seiner Regierungserklärung vor dem Reichstag zum Ermächtigungsgesetz: „Der durch die *marxistische Irrlehre*“ – wir kommentieren: Das ist das deutsche Kirchenwort für „Häresie“ – „systematisch herbeigeführte Verfall der Nation in weltanschaulich unvereinbare Gegensätze bedeutet die Vernichtung der Basis eines möglichen Gemeinschaftslebens.“ Wir kommentieren: Dieselbe Begründung geben bis heute spanische, italienische und südamerikanische Bischöfe in ihrer Verteidigung des „katholischen Staates“: Jeder Staat muß zerfallen, in dem „weltanschaulich unvereinbare Gegensätze“ die Basis eines Gemeinschaftslebens zerstören.
Hitler fährt fort: „Die Auflösung ergreift alle Grundlagen der Gesellschaftsordnung.“ – „Ausgehend vom Liberalismus des vergangenen Jahrhunderts, findet diese Entwicklung naturgesetzlich ihr Ende im kommunistischen Chaos.“ Deshalb ist die Autorität einer wirklichen Führung notwendig. Sie allein kann die „Reform des Reiches“ schaffen. „Ihr Ziel muß die Konstruktion einer Verfassung sein, die den Willen des Volkes mit der Autorität einer wirklichen Führung verbindet.“
Zu diesem Satz können sich in der Slowakei, in Österreich, Kroatien, Ungarn, Deutschland, Frankreich, Spanien, Portugal Konservative, Anhänger eines Ständestaates und Faschisten bekennen.

Der Reichskanzler bekennt sich im selben Atemzug zur Pflege der Kultur. „Dieser Entschluß verpflichtet zur dankbaren Bewunderung unserer großen Vergangenheit. Auf allen Gebieten unseres geschichtlichen und kulturellen Lebens muß die Brücke von dieser Vergangenheit zur Zukunft geschlagen werden. Die Ehrfurcht vor den großen Männern muß der deutschen Jugend wieder als heiliges Vermächtnis eingeprägt werden. Indem die Regierung entschlossen ist, die politische und moralische Entgiftung unseres öffentlichen Lebens vorzunehmen, schafft und sichert sie die Voraussetzungen für eine wirklich tiefe Einkehr religiösen Lebens.“
„Die nationale Regierung sieht in den beiden christlichen Konfessionen die wichtigsten Faktoren zur Erhaltung unseres Volkstums. Sie wird die zwischen ihnen und den Ländern abgeschlossenen Verträge respektieren.“
Der Reichskanzler bekennt sich zum aufrichtigen Zusammenleben zwischen Kirche und Staat. „Der Kampf gegen eine materialistische Weltanschauung, für eine wirkliche Volksgemeinschaft dient ebenso den Interessen der deutschen Nation wie dem Wohl unseres christlichen Glaubens.“ – „Ebenso legt die Reichsregierung, die im Christentum die unerschütterlichen Fundamente der Moral und Sittlichkeit des Volkes sieht, größten Wert auf freundschaftliche Beziehungen zum Heiligen Stuhl und sucht sie auszugestalten. Gegenüber unserem Brudervolk Österreich“ – wir kommentieren: Dieser Satz visiert die österreichischen und bayeri-

schen Katholiken besonders an – „empfinden wir das Gefühl der Anteilnahme an seinen Sorgen und Nöten." Pirchegger, Eibl und die nationalen Katholiken in Österreich hören dankbar diese Versicherung.

„Gegenüber der Sowjetunion ist die Reichsregierung gewillt, freundschaftliche, für beide Teile nutzbringende Beziehungen zu pflegen." In der Sowjetunion, in der römischen Kirche, im deutschen Katholizismus, in Österreich sieht man gespannt auf diese Beteuerungen der Freundschaft. Fünf Tage später, am 28. März, ruft Hitler alle Parteiorganisationen zum Boykott gegen die Juden auf.

„Deutschland erwache!" – so tönt es ihm in Sprechchören entgegen. Diese Chöre werden, ähnlich kirchlichen Responsorien, aufgelöst in einen Zuruf „Deutschland!", dem das gläubige Volk respondiert: „Erwache!".

Am 11. April übersendet Prälat Kaas, der Führer des Zentrums, der sich nach Rom abgesetzt hat und in enger Zusammenarbeit mit Pacelli das Konkordat mit Hitler vorbereitet, an Hitler aus Rom „aufrichtige Segenswünsche und die Versicherung unbeirrter Mitarbeit".

26. April. Der Reichskanzler empfängt Bischof Berning und Mgr. Steinmann zu einem eineinviertelstündigen Gespräch, das Berning als „herzlich und sachlich" bezeichnet. Berning versichert dem Reichskanzler: Die Bischöfe werden „die Gläubigen zum Gehorsam und zur Ehrfurcht anhalten". Sie erkennen freudig an, „daß durch den neuen Staat das Christentum gefördert, die Sittlichkeit gehoben und der Kampf gegen Bolschewismus und Gottlosigkeit mit Energie und Erfolg geführt werde. Die Bischöfe geben aber zugleich den Befürchtungen Ausdruck, die vielfach in den Kreisen des katholischen Volkes beständen und eine vertrauensvolle Mitarbeit mit dem Staate noch erschwerten."

In seinen langen Ausführungen der Antwort und Entgegnung bekundet Hitler seine Freude, einen katholischen Bischof persönlich zu sprechen. Der Vorwurf, er sei ein Feind des Christentums, habe ihn schwer getroffen. Leider aber seien die Kirchen zu schwach, die Feinde des Staates und des Christentums ohne fremde Hilfe zu überwinden. Sie glaubten irrtümlich, Liberalismus, Sozialismus und Bolschewismus – wir kommentieren: die ganze Neuzeit – könnten mit „geistigen Waffen" besiegt werden. Daher habe er sich entschlossen, der Kirche zu Hilfe zu kommen, und es auf sich genommen, Gottlosigkeit und Bolschewismus auszurotten.

Wir kommentieren: Hitler verspricht, die „Reform des Reiches" als großangelegte Gegenreformation zur Aufhebung der bösen Neuzeit durchzuführen. Ganz in diesem Sinne ruft Franz von Papen in Berlin in der ersten öffentlichen Versammlung von „Kreuz und Adler" zur Überwindung des Liberalismus auf und bezeichnet das entstehende Dritte Reich als „christliche Gegenbewegung zu 1789".

Der Reichskanzler bemerkt zu diesem Kampf der Ausrottung: Gelegentliche Härten sind da unvermeidlich. Bischof Berning bemerkt zu diesen Sätzen: „Er sprach mit Wärme und Ruhe, hie und da temperamentvoll. Gegen die Kirche kein Wort, nur Anerkennung gegen die Bischöfe."

Hitler kommt nun auf die Judenfrage zu sprechen und erklärt, in vollkommener Übereinstimmung mit der Kirche zu sein. Die Kirche habe die Juden schon immer als Schädlinge betrachtet und sie ins Getto verbannt. *Er tue nur das, was die Kirche schon seit 1500 Jahren getan habe.* Alles in allem sei er persönlich von der großen Macht und Bedeutung des Christentums überzeugt und werde daher auch nicht die Gründung einer anderen Religion zulassen. Darum habe er sich auch von Ludendorff getrennt, und auch Rosenbergs Buch gehe ihn nichts an. Da er selbst Katholik sei, werde er einen neuen Kulturkampf nicht dulden, und die Rechte der Kirche würden unangetastet bleiben.

Diese Erklärungen des Reichskanzlers an Bischof Berning und über ihn an die Adresse des deutschen Episkopats entsprechen durchaus dem, was Adolf Hitler im Wien Luegers und Schönerers als Erfahrungsschatz eingebracht, in München in den Gesprächen mit Dietrich Eckart bekundet und in seiner Absetzung gegen das München der Schwärmer in „Mein Kampf" und in der politischen Praxis dokumentiert hat. Auch seine Hochschätzung der Macht der Kirche erhält sich Hitler bis an sein Lebensende.

In dieser auf seine Weise durchaus aufrichtigen Aussprache kommt Hitler auf das zu sprechen, worauf es ihm vor allem ankommt: Er möchte sich das religiöspolitische Glaubenspotential des katholischen „Menschenmaterials" Deutschlands für seinen Krieg erhalten und nicht unnötig vorzeitig verschleißen.

So also erklärt er am 26. April 1933 den Vertretern des deutschen Episkopats: Wir müssen gläubige Menschen haben. „Es droht eine schwarze Wolke mit Polen. Wir haben Soldaten notwendig, gläubige Soldaten. *Gläubige Soldaten sind die wertvollsten. Die setzen alles ein.* Darum werden wir die konfessionelle Schule erhalten, um gläubige Menschen durch die Schule zu erziehen." Aber auch dies müssen die Bischöfe verstehen: Alle Überreste von Liberalismus und Marxismus müssen ausgerottet werden.

Wir kommentieren: Gerade mit dieser Säuberung Deutschlands von der Moderne in der Kunst- und Kulturpolitik Hitlers konnte sich die Führung der Kirche in Deutschland vollen Herzens einverstanden erklären.

Am 6. Mai bestätigt Kardinal Bertram einen Brief Hitlers vom 28. April und versichert: Die Kirche sei zu allen Zeiten „sich ihrer heiligen Pflicht bewußt . . ., in den Herzen der Gläubigen die Ehrerbietung und den Gehorsam gegen die Obrigkeit als religiöse Tugend zu vertiefen und zu opferwilliger Mitarbeit am Gemeinwohl alle Kreise des Volkes zu erziehen". Bertram schließt mit der Anerkennung

aller bisher getroffenen Regierungsmaßnahmen gegen den Bolschewismus und die Gottlosigkeit.
In einer Konferenz von Geistlichen in Beuthen teilt der Kardinal den Wunsch der neuen Regierung mit, daß die Kirche am Kampf gegen den Marxismus, den Atheismus und die Unmoral teilnehmen werde.
Unter diesen Pauschal-Denunziationen – „Marxismus, Atheismus, Unmoral und – immer wieder an erster Stelle genannt – Liberalismus" – ließ sich die gesamte Zivilisation der Moderne, der Menschenrechte, der seit 1789 entstandenen zivilen Gesellschaft aburteilen.
1. Mai 1933: „Kraft göttlicher Vollmacht erteilte Hitler Generalabsolution für alles, was in der Vergangenheit gesündigt wurde und erbat fast mit den gleichen Worten wie einst Jakob (1. Moses 32/26) den göttlichen Segen für den bevorstehenden Freiheitskampf des deutschen Volkes" (Max Domarus).
Hitler: „Wir bitten nicht den Allmächtigen: ‚Herr, mach uns frei!' Wir wollen tätig sein, arbeiten, uns brüderlich vertragen, gemeinsam ringen, auf daß einmal die Stunde kommt, da wir vor den Herrn hintreten können und ihn bitten dürfen: ‚Herr, Du siehst, wir haben uns geändert.' Das deutsche Volk ist nicht mehr das Volk der Ehrlosigkeit, der Schande, der Selbstzerfleischung, der Kleinmütigkeit und Kleingläubigkeit. Nein, Herr, das deutsche Volk ist wieder stark in seinem Willen, stark in seiner Beharrlichkeit, stark im Ertragen aller Opfer."
Wir kommentieren: Soeben hatten ihm die Bischöfe diese Opferwilligkeit *ihrer* Gläubigen versichert. *„Herr, wir lassen nicht von Dir!* Nun segne unseren Kampf um unsere Freiheit und damit unser deutsches Volk und Vaterland!"
Mit diesem Segenswunsch schlossen die Feldmessen, die Predigten und Reden bei den Fahnenweihen und Heldenehrungen der Heimkehrerverbände.
Am 7. Mai kommuniziert der johanneische Führer mit 45 000 SA-Männern in Kiel: „Ihr seid in mir und ich bin in euch" (vgl. Joh. 14, 20). „Ich glaube, wenn wir die vierzehn Jahre zurückblicken und das Wunder von heute ansehen, dann dürfen wir zufrieden sein!" Ganz unbewußt ist der Glaube an das deutsche „Wirtschaftswunder" der Erhard-Zeit – ein rasch sich verschleißender Glaube – ein Abklatsch dieser Wunderpredigt Hitlers.
„Kameraden! Wir gehen jetzt einer schweren Zeit entgegen. Das ganze Leben wird niemals etwas anderes sein als Kampf. Aus dem Kampf seid ihr gekommen, hofft nicht für morgen oder übermorgen auf Frieden."
Das war das große Motiv der Gegenreformation und der spirituellen Bewegung des spanischen Heldenzeitalters: „Schlaft nicht, schlaft nicht, es gibt keinen Frieden auf Erden!" (Teresa von Avila). Dort steht es im Dienste eines *deus militaris*, dem Dienste an der göttlichen Majestät geweiht. Hier fordert der Führer seine Gläubigen zu Opfer und Gehorsam auf.

Diesem Opferglauben widersagen die „zersetzenden" Intellektuellen. Am 10. Mai donnert der Führer anläßlich der Gründung der Deutschen Arbeitsfront gegen diese Intellektuellen: „Ich kenne dieses breite Volk und möchte unseren Intellektuellen immer nur eins sagen: Jedes Reich, das ihr nur auf den Schichten des intellektuellen Verstandes aufbaut, ist schwach gebaut." Hitler paraphrasiert hier die bekannte Evangelistenstellen von dem Reich, das in sich uneins ist. „Es ist kein Zufall, daß die Religionen stabiler sind als die Staatsformen. Sie pflegen zumeist ihre Wurzeln tiefer in das Erdreich zu senken; sie wären gar nicht denkbar ohne dieses breite Volk. Ich weiß, daß die intellektuellen Schichten nur zu leicht von dem Hochmut erfaßt werden" – gegen den „Hochmut" der Wissenschaft wettern Enzykliken des 19. und Predigten des 20. Jahrhunderts –, „dieses Volk nach den Maßstäben ihres Wissens und ihres sogenannten Verstandes zu messen; und doch gibt es hier Dinge, die oft der Verstand der Verständigen nicht sieht, weil er sie nicht sehen kann."
Max Domarus spricht in seiner hervorragenden Sammlung von Hitlers Reden und Proklamationen diese Bezüge, hier auf 1. Kor. 1, 19 und Isaias 29, 14, auf biblische Motive und biblische Worte, als „Parodie" an. Es handelt sich hier aber bei dem „Volkspropheten", dem „zweiten Luther", bei dem religiös-politischen Kanzelredner Adolf Hitler um bewußte Modulationen im Aufbau des Rituals und der Liturgie seiner Reden, mit denen er seine Gläubigen, zuallermeist auch Gläubige der alten Kirchen, religiös-politisch zu mobilisieren sucht.
1966 fordert sehr zu Recht in München Martin Faltermaier im Nachwort zu einem Büchlein „Sehnsucht nach der Nation?", das dem Wiedererwachen eines sehr fragwürdigen Nationalismus gilt, der zurückführt „in die Zeit vor der Aufklärung, zurück zu den Leitbildern einer patriarchalisch-autoritären Gesellschaftsauffassung": „Man muß als erstes die Prediger des neuen Nationalismus von ihrer Kanzel herunterholen auf das demokratische Forum, auf dem gleichberechtigte Bürger ihre unterschiedlichen Auffassungen austragen." Adolf Hitler hat jeden Ort, an dem er reden konnte, benutzt, seine Kanzel aufzuschlagen.
Zwei Tage später besucht er den sechsundsiebzigjährigen Abt Albanus Schachleitner, einen alt-ehrwürdigen kirchlichen Treuen seiner Bewegung, und gratuliert ihm zum fünfzigjährigen Ordensjubiläum.
Am 8. Juli wird das Konkordat unterzeichnet. Am selben Tage erläßt Hitler die Verfügung: „Durch den Abschluß des Konkordates zwischen dem Hl. Stuhl und der deutschen Reichsregierung erscheint mir genügende Gewähr dafür gegeben, daß sich die Reichsangehörigen des römisch-katholischen Bekenntnisses von jetzt ab rückhaltlos in den Dienst des neuen nationalsozialistischen Staates stellen werden. Ich ordne daher an ..." die Aufhebung von Auflassungen katholischer Organisationen, von Zwangsmaßnahmen gegen Geistliche.

„Rückhaltlos“: Katholiken haben zuallerletzt von dieser Stunde an – nachdem sie zuvor bereits durch ihre Bischöfe zum Gehorsam und Opferdienst auf Adolf Hitler verpflichtet wurden – auf dieser Erde auf keinen Rückhalt mehr zu hoffen. Bis zur letzten Stunde des Zweiten Weltkrieges verpflichtet sie Rom zu treuem Opfergehorsam dem Manne gegenüber, der sich selbst zum einzigen Schirmherrn der Kirchen gegen den Bolschewismus proklamiert.
Am 22. Juni weist Hitler von Bayreuth am Vorabend der evangelischen Kirchenwahlen im Rundfunk beide Kirchen zurecht: „Weder die katholische noch die evangelische noch die russische Kirche haben oder würden dem Bolschewismus Einhalt gebieten können.“ Das kann allein seine politische Kirche, die Partei. „Die Partei wird sich ihre Führungshierarchie aufbauen in einem Senat der ältesten, bewährtesten und treuesten Parteigenossen“ (Hitler am 6. August 1933 vor den Reichs- und Gauleitern).
Die rotledernen Stühle der Partei-Kardinäle im Braunen Haus in München gegenüber der Nuntiatur bleiben aber leer: Der unfehlbare Parteipapst braucht keine irgendwie gleichrangigen Berater als Rathelfer.
Der immer wandernde, von Ort zu Ort eilende Führer, der sich selbst mit den immer reisenden Kaisern des Mittelalters vergleicht, übt „Milte“, die vom Kaiser-Führer erwartete hohe Freigebigkeit. Er schenkt Hindenburg die preußische Domäne Langenau und den Staatsforst Preußenwald, aus denen er ein steuerfreies Hausgut Hindenburg-Neudeck bilden läßt.
Hindenburg war als junger Leutnant 1871 in Versailles bei der Reichsgründung mit dabeigewesen. Am 27. August 1933 spricht Hitler vor dem Niederwald-Denkmal, das an den herrlichen Sieg von 1870/71 erinnert. Der Führer memoriert zuerst sein Evangelium, die frohe Botschaft vom Zerfall 1918 und von der ihm folgenden Wiedergeburt. „Fünfzehn Jahre ist dieses Ziel unser Wunsch, unser Gebet, unsere Idee zugleich gewesen, und heute können wir sagen, *unser Gebet wurde erhört,* unser Wunsch erfüllt.“
Anfang September zelebriert Adolf Hitler zum erstenmal die liturgischen Feiern des Reichsparteitages als Führer und Reichskanzler in seinem Reich. Hitler spricht von der Partei, wie ein Priester von seiner „Mutter“, der Kirche, spricht (Hans Frank). Hans Frank erinnert an den Parteitag von 1938: „Über allem lächelte der Großmagier Hitler, und alles, alles bezauberte, beglückte, erschütterte er bis ins Herz.“ – „Der Parteitag war sein Hochzeitstag mit dem deutschen Volk. Er feierte ihn auf seine Art, aber mit demselben Grundmotiv, mit dem der Doge des alten Venedig jeweils die Brautschaft des Meeres feierte.“
Der müde, erschöpfte Mann sitzt nach den Feiern des Parteitages nachts allein im „Deutschen Hof“ in Nürnberg und lädt Frank ein, ihm Gesellschaft zu leisten: „Ah, Frank, Sie sind's! Bleiben Sie noch ein bisserl da! Ja?“

Bleiben Sie noch ein bisserl da? Der hier erschöpfte Österreicher zieht sich in den Jahren 1933–1939 immer mehr von seiner Partei, von seinen Parteigenossen zurück, um in Einsamkeit um seine unfehlbaren Entschlüsse zu ringen. Er möchte nur mehr mit der Gesamtheit der Partei kommunizieren, in den liturgischen Feiern des Reichsparteitages. Hier ähnelt er sehr einem anderen autoritären Typ, Pius XII., der vor den Beratungen mit seinen Kardinälen, die immer seltener werden, in die Öffentlichkeit der großen rauschenden Audienzen flieht.
Max Domarus bemerkt bereits zu den Festen des Reichsparteitages in Nürnberg 1933: Diese Feste erschienen ihm, Hitler, weit wichtiger als die eigentlichen Parteikundgebungen. „Hitler wußte dies wohl und war hier ebenso großzügig wie die katholische Kirche bei manchen Wallfahrten." Verlangte er bereits ein Minimum an Glauben, aber ein Maximum an Gehorsam?
Den politischen Leitern versichert er am 2. September, sie seien eine Führerhierarchie, die wie ein Fels unerschütterlich im Getriebe des Lebens stehe. Auf diesem Fels will er seine Kirche bauen. Am Tag darauf erteilt er als Feldprediger vor der SA und SS erneut Absolution, Generalabsolution für die Sünden der Vergangenheit; unser Volk trug selbst die Schuld für vierzehn Jahre ... „Der Himmel kann Zeuge sein: Die Schuld unseres Volkes ist gelöscht, der Frevel ist gesühnt, die Schande ist beseitigt."
Der oberste Hierarch weiht von jetzt an bis 1938 die neuen Fahnen und Standarten der SA und SS durch Berühren mit der „Blutfahne", die angeblich mit dem Blut der Märtyrer von 1923 getränkt ist; er weiht und feit sie damit gegen das Gift des Bolschewismus: Deutschland hat wieder „eine wahrhaft europäische Mission".
13. September. Erste Winterhilfsaktion gegen Hunger und Kälte. Hitler will der Welt zeigen, daß seine Caritas weit die Caritas der alten Kirche übertrifft. Er beschwört an diesem Tage die *Communio* des ganzen Volkes. Das ganze Volk ist eine einzige Opfergemeinde; es hält wie ein einziger Stahlblock zusammen. Reicher Segen fließt aus dieser Opfergemeinschaft für das Volk.
Das Volk braucht diesen Segen für den bevorstehenden Kampf. In seiner „Friedensrede" zur Verkündung der frohen Botschaft vom Austritt Deutschlands aus dem internationalen, jüdisch-freimaurerischen Völkerbund spricht Adolf Hitler im Rundfunk am 14. Oktober: „Wäre erst der rote Aufruhr als Feuerbrand über Deutschland hinweggerast ...", wäre alles verloren. „Seit acht Monaten führen wir einen heroischen Kampf gegen die kommunistische Bedrohung unseres Volkes, die Verrottung unserer Kultur, Zersetzung unserer Kunst und Vergiftung unserer öffentlichen Moral." Beachten wir hier die Ineins-Setzung: Kommunismus–Kulturverrottung–Kunstzersetzung-Vergiftung der Moral. „Der Leugnung von Gott, der Beschimpfung der Religion haben wir ein Ende gesetzt. Wir sind

der Vorsehung zu demütigem Dank verpflichtet, daß sie unseren Kampf gegen die Not der Arbeitslosigkeit, für die Rettung der deutschen Bauern nicht erfolglos sein ließ."

Die Demutsformel – demütiger Dank – gehört zum Ritual kirchlicher und weltlicher katholischer religiös-politischer Predigten und Reden bei Feldmessen und Kriegerfahnen-Weihen der Heimkehrerverbände, wie hier bei Adolf Hitler.

Hitler preist sein „Regiment" – Luthers Wort für das Regiment Gottes auf Erden –, es dient dem „Wiederaufbau einer heute seelisch unglücklichen Welt". Er führt seine Revolution unblutig durch und weist sein Volk – und nicht zuletzt die Führer beider Kirchen – wieder einmal auf die blutigen roten Revolutionen Frankreichs 1789, der Kommune von 1871, der Räterevolution 1919 hin.

Am Tag darauf, am 15. Oktober, legt er den Grundstein für den Bau des „Hauses der deutschen Kunst" in München und begrüßt als Ehrengast den Nuntius in Bayern, Vasello di Torregrossa, seinen Wohn-Nachbarn gegenüber dem Braunen Haus. Der päpstliche Nuntius versichert dem katholischen Reichskanzler herzlich: „Ich habe Sie lange nicht verstanden, aber ich habe mich darum bemüht. Heute verstehe ich Sie."

Tenor der Rede Hitlers bei dieser Weihehandlung: „Der Mensch lebt nicht vom Brot allein." Das Wort des Evangeliums wird auf die bedrohte Kultur, die Not der Seele, den Schutz der Nation vor den Elementen der Zerstörung bezogen.

9. November 1933: Zum ersten Male feiert Adolf Hitler das Allerheiligen- und Allerseelen-Fest seiner Partei – die entsprechenden kirchlichen Feiern finden am 1. und 2. November, eine Woche zuvor, statt – in seinem Reich.

Hans Frank erinnert an diese liturgischen Feiern, die, wie die entsprechenden kirchlichen, auf zwei Tage verteilt sind. Am 8. November findet die Erinnerungsfeier an die Ereignisse von 1923 statt als weltliches Memoria, abends als Versammlung der „Alten Kämpfer", die meist den Blutorden tragen. Eine einzige Frau, die Schwester Pia, nimmt an dieser Feier teil. Der Führer spricht im schlichten Braunhemd – seinem Priestergewand –, nur mit dem Eisernen Kreuz I. Klasse, dem goldenen Ehrenzeichen der Partei und dem Blutorden geschmückt, zu seinen alten Kameraden. Über sie äußert er sich in späteren Jahren: Eines Tages werden nur mehr „ein paar uralte Höckergreise" allein da zusammensitzen, und das Volk in der Stadt wird sich erstaunt fragen, was denn diese „spinnenden alten Tattel da wohl zusammengeheimnissen".

Hochaktuell aber ist die große Lichterprozession am 9. November. Nächtliche Wallfahrten, Anbetungen, Kundgebungen bilden wohl die eindrucksvollsten Feiern der römischen, aber auch der griechischen Kirche: so die Lichterprozession der Millionen am Karfreitag in Athen.

„In der Ordnung des 9. November 1923 zieht die alte Kämpferschar den gleichen Weg von damals. Düsterflammende Trauer-Pylonen standen am Weg. Von Lautsprechern wurde ernste Musik ins Freie übertragen, und die Namen der sämtlichen, während der ganzen Zeit von 1919 an für die Bewegung gefallenen, erschossenen, ermordeten oder an ihren Verletzungen gestorbenen Männer und Hitlerjungen wurden über die Sendeanlage in großen Pausen abgerufen. Es waren an vierhundert Namen."

In der römischen Kirche, in ihrer Liturgie, in ihrem Jahreskalender, im römischen Brevier, spielt das Martyrologium, das sakrale namentliche Gedenken an die Märtyrer und Heiligen der Kirche eine außerordentliche Rolle.

Der Führer tritt an der Feldherrnhalle genau von der Stelle zwischen Residenzwache und Feldherrnhalle, auf der er 1923 von Salven überschossen worden war, an den Gedenkstein: „Und Ihr habt doch gesiegt!" Nach der immer gleichen, ritual festgelegten Feier, zieht der Zug zum Königlichen Platz. Der Führer legt seine Kränze an den Erzsarkophagen der sechzehn Novembergefallenen nieder. Die „Ewige Wache" an den Ehrengräbern der NSDAP wird neu bezogen. Bei der ersten November-Feier in seinem Reich fordert der Führer am 9. November in dieser festlichen Nacht von den Rekruten der Leibstandarte den Eid, „daß ihr euer Leben hingebt, so wie die sechzehn (Märtyrer), die hier an dieser Stelle gefallen sind". Choralgesang beschließt die Feier.

Weihe des Lebens, in den Tod: Das will diese Allerheiligen- und Allerseelenfeier seiner Bewegung, die bewußt durch Hitler an die „Bluttaufe" vom 9. November 1923 gebunden wird. Die christliche Taufe, als Sakrament, ist auf ihre Weise Taufe in den Tod. Das Eintauchen des Täuflings in das Wasser bedeutet die Hingabe in den (spirituellen) Tod, der die Voraussetzung für die Wiedergeburt ist.

Hier ist der Ort, Hitlers liturgischen Jahreskalender kurz zu memorieren. Wir folgen Hans Frank, der für die religiös-politische Koinzidenz dieses Festkalenders ein feines Gespür hat. „Das Reich selbst feierte unter Hitler den Tag der Machtübernahme an jedem 30. Januar und den Gedächtnistag für die Gefallenen der Wehrmacht im Kriege jeweils am 18. März." An diesem Volkstrauertag singen in der feierlich ausgeschmückten Staatsoper in Berlin Soldatenchöre vor der alten Reichskriegsflagge mit großem eingewebten Eisernen Kreuz Weihelieder. Der Reichskriegsminister spricht. Dann folgt der 2. Satz aus der 3. Symphonie, der Eroica Beethovens.

Den Höhepunkt erreicht dieses „Kirchenjahr" in den Feiern am Reichsparteitag in Nürnberg. Riesenhafte Menschenmassen werden da im „Lichterdom" der Wehrmachtsscheinwerfer bewegt. „Man muß schon an jene Pilgermassen denken, die etwa zu heiligen Zeiten auf dem Petersplatz in Rom den Segen des Papstes erwarten, um zu Vergleichszahlen zu kommen." Hans Frank hätte auch auf die Stiftung des *Anno Santo,* 1300, durch Papst Bonifaz VIII. verweisen können. Dieser Papst, der sich eine religiös-politische Herrschaft über die Kaiser und Könige dieser Welt zusprach, wollte bewußt durch Stiftung des „Heiligen Jahres" die Massen der christlichen Völker zu sich nach Rom führen.

Hans Frank erinnert an die Reichsparteitage: In ihnen sieht Hitler den „jährlichen Erneuerungstag seiner Legitimation durch das deutsche Volk". – „Mit jedem Parteitag bekam er gleichsam eine neue Generalentlastung für das gesamte seit dem letzten Parteitag abgelaufene Jahr und eine Generalvollmacht bis zum nächsten Parteitag. Darauf waren auch seine persönlichen Reden deutlich abgestellt."

So schließt sich der Kreis: Der Führer erteilt dem Volke als Oberster Priester die Generalabsolution. Das Volk entlastet den Führer, der sich 1933, im Falle eines Versagens, zur Kreuzigung zur Verfügung stellt.

Das erste „heilige", sehr unheilige Jahr 1933 ist zu Ende.

Der Nuntius hat als Doyen des diplomatischen Korps dessen Neujahrswünsche beim Neujahrsempfang ausgesprochen.
Der Österreicher Adolf Hitler wird bereits in der Regierungserklärung bei der Reichstagssitzung am 30. Januar 1934 offensiv gegen seine Heimat. Er gibt der österreichischen Regierung die Schuld an den schlechten Beziehungen. Die „Ostmark" sei ein halbes Jahrtausend im Deutschen Reich gewesen, Wien war die „Residenz der deutschen Kaiser", das „österreichische Deutschtum" habe die nationalsozialistische Bewegung „in natürlicher Geistes- und Seelenverbindung mit dem ganzen deutschen Volk aufgegriffen". – „Im übrigen muß ich, der ich mich selbst mit stolzer Freude zum österreichischen Bruderlande als meiner Heimat und der Heimat meines Vaterhauses bekenne, Protest einlegen gegen die Auffassung, als ob die deutsche Gesinnung des österreichischen Volkes überhaupt irgendwelcher Aufreizungen aus dem Reiche bedürfe."
Die Wirklichkeit sieht anders aus: Ein Strom von Waffen, Sprengstoffen und Propagandamaterialien überflutet Österreich von Deutschland her, wobei dieses Material auch über die Tschechoslowakei, Jugoslawien, Ungarn eingeschmuggelt wird.
Am 29. Mai 1934 erläßt Adolf Hitler die 1000-Mark-Sperre, die den deutschen Reiseverkehr nach Österreich, eine der bedeutendsten Einnahmequellen Österreichs, lahmlegt. Am 25. Juli 1934 wird der österreichische Bundeskanzler Engelbert Dollfuß, ein Katholik von großer politischer Vitalität, von den nationalsozialistischen Putschisten erschossen.
In der Regierungserklärung vom 30. Januar steckt noch eine andere Morddrohung – neben jener, die an die Adresse Österreichs gerichtet ist: Hitler spielt auf das Gesetz zur Verhütung erbkranken Nachwuchses vom 5. Dezember 1933 an. „Lebensunwerte Menschen" erhalten den „Gnadentod", die Euthanasie. Am 17. Februar gibt Hitler Ward Price sein aufsehenerregendes Österreich-Interview, das unverhüllt drohend gegen Dollfuß gerichtet ist.
Es ist hier vielleicht der rechte Ort festzuhalten, wie sehr gerade in diesen Jahren, und bis zu seinem Ende, der Führer und Reichskanzler Adolf Hitler deutschen Volksgenossen als typischer Österreicher erscheint. Otto Dietrich, zwölf Jahre lang Hitlers Reichspressechef, sieht Hitlers Österreichertum vorwiegend durch folgende Züge bestimmt: Hitler verläßt zeitlebens nicht das kleinbürgerliche

Milieu seiner österreichischen Herkunft. „In zwei Eigenschaften trat Hitlers Österreichertum ganz unverkennbar zu Tage: erstens in der unverbindlich-liebenswürdigen, jovialen Art, die seine im Grundsätzlichen unerbittliche politische Härte im privaten Leben fast bis zur Unkenntlichkeit übertünchte und mit der er sich insbesondere Künstlern und Frauen gegenüber in fast übertriebener Höflichkeit zu geben wußte. Und zweitens in dem geradezu phänomenalen Mangel an Zeiteinteilung, durch den sich seine Lebens- und Arbeitsweise auszeichnete." – „In Österreich als Sohn eines Beamten der Donaumonarchie geboren und aufgewachsen, blieb Hitler von Hause aus – obwohl im großdeutschen Denken erzogen – innerlich immer irgendwie traditionsverwurzelt und von einem konservativen Grundzug gefühlsmäßig beeinflußt."
Eine Chefsekretärin Hitlers bemerkt: „Sein österreichischer Tonfall, seine Schlichtheit und die aufmerksame Herzlichkeit, mit der er mich empfing, waren mir eine angenehme Überraschung." Diese Frau meint nicht ganz unrichtig: sein Starrsinn stammte aus dem Waldviertel. Sie verlegt dieses Waldviertel allerdings in die Alpentäler und bezieht diesen Starrsinn auf alpenländische Bauern, die in harter Arbeit an ihrem Boden hängen. „Von Generation zu Generation vererbten sich dort Willenskraft und Starrköpfigkeit in auffallender Weise."
Nun, der Starrsinn und der religiös-politische Fanatismus zwischen Krems und Zwettl, der Heimat Georg von Schönerers, fiel bereits erschreckend einem Friedrich Funder auf. Die deutsche Sekretärin meint dann noch: „In seinen Adern floß leichtes Wiener Blut, das, verfeinert noch durch seine halbkünstlerischen Anlagen, ihm einen unbestreitbaren Charme verlieh." Immer zuvorkommend gegen Frauen, sehr höflich zu seinen Sekretärinnen, konnte seine „altösterreichische Galanterie" scharmant wirken.
Diesen österreichischen Charme bestätigen Frauen aus dem Hause Wagner, daran erinnert aber auch noch 1966 Albert Speer.
Die Sekretärin berichtet: Wie oft und gerne gibt Hitler in den langen nächtlichen Gesprächen „zündende Darstellungen von der österreichischen Geschichte", erinnert sich genau an Theaterstücke aus seiner Wiener Zeit, an die Namen der Schauspieler und wie diese von der Kritik abfällig behandelt wurden.
In diesem für Österreich so überaus kritischen Frühjahr 1934, in dem Hitler die Eroberung Österreichs sondiert, fährt Hans Frank mit dem preußischen Justizminister Dr. Kerrl und mit Dr. Robert Ley nach Wien, um an einer nationalsozialistisch inspirierten Feier teilzunehmen. Friedrich Funder berichtet über diesen der österreichischen Regierung sehr unpassend erscheinenden Besuch, den, wie Frank erzählt, Hitler selbst nicht genehmigt hatte.
Hitler empfängt den aus Österreich ausgewiesenen, dort als bayerischer Justizminister angemeldeten Hans Frank in Berlin in der Reichskanzlei. Frank er-

wartet ein Donnerwetter. Der Führer aber ist mild: „Meine Herren sind wie kleine Buben. Ich muß schon sagen: Ich müßte dauernd hinter euch her sein wie ein Hausvater, der seine Knaben unausgesetzt beaufsichtigen muß. Der eine steigt im Garten auf die Mauer, fällt herunter, der andere holt Äpfel beim Nachbarn, wieder ein anderer schneidet sich am Messer . . . Könnt ihr denn nicht endlich brav werden?"
Dann aber hört Adolf Hitler mit feuchten Augen Frank zu, wie er von Österreich erzählt. „Genug, Frank! Sehen Sie, es ist dann doch vielleicht gut, daß Sie drüben waren. *So sind wir Österreicher eben:* immer im Echtesten ewig sehnsüchtige Menschen. Mein Gott, meine schöne, liebe Heimat!"
1932 hatte Hitler geheim, aber mit Wissen der österreichischen Regierung, Wien besucht: den Zentralfriedhof, das Grab seiner Nichte Geli Raubal, die sich am 18. September 1931 in Hitlers Münchener Wohnung wahrscheinlich selbst erschossen hatte.
Hitler hängt in seiner Haßliebe an Wien. Er begrüßt seinen ersten Tag in Wien, am 13. März 1938, als größten Tag seines Lebens. Er erinnert gerne an die Schriften des Wiener jüdischen Denkers Otto Weininger, eines hochbegabten antisemitischen Juden, der sich in einem Beethovenhaus in Heiligenstadt erschoß, als „Belege für seine Argumentationen". Und beruft sich auf jüdische Selbstzeugnisse über, wie er sagt „ihre Raffgier um Geld, ihre Weltbetrügerei, ihre Unmoral, ihre sexuellen Verkommenheiten". – „Grauenhaft, was ich da in Wien erlebt habe." Das sagt Adolf Hitler beim Mittagessen am Parteitag 1937.
Hans Frank trifft den „Bunkergeist" Hitler, der ihn an einen alten Wiener Reichshofkriegsrat erinnert, bei seiner letzten Begegnung im Führerbunker als ein Wesen, alt, „geradezu gebrechlich, seine Art so verschwommen, vergeßlich-verträumt . . ." Hitler lobt Franks Rücksichtnahme auf die Polen und Ukrainer, wie sie Frank in einem Memorandum für eine Neugestaltung der Verwaltung Polens im Generalgouvernement fordert: „Die arbeiten fabelhaft. Ohne Ihr Gouvernement wären mir schon manchesmal größte Schwierigkeiten entstanden. Wissen Sie, was Sie da von den Prinzipien der alten österreichischen Verwaltung fremdvölkischer Gebiete schreiben, ist absolut richtig. Die österreichische Verwaltung war die beste der Welt. Der österreichische Bezirkshauptmann war der Monarch seines Bezirks. Das war ein echtes, väterliches Führerprinzip. Nach dem Krieg werde ich es in dieser Form auf Deutschland übernehmen."
Das ist ein Rückblick auf eine „besonnte Vergangenheit", auf ein Alt-Österreich, wie es tief ins Unterbewußtsein des Österreichers Adolf Hitler eingegangen ist, kurz vor seinem Selbstmord.
Jetzt aber, im Frühjahr 1934, holt der bewaffnete Prophet weit aus, um seine Machtübernahme im Inneren und Äußeren zu konsolidieren. Mit tränenerstickter

Stimme spricht er bei der Grundsteinlegung des Richard-Wagner-Nationaldenkmals in Leipzig am 6. März, begrüßt durch Leipzigs Oberbürgermeister Dr. Goerdeler. Goerdeler wird später ein führender Kopf der Bewegung, die zum 20. Juli 1944 führt, hält aber gerade als solcher an einem offensiven außenpolitischen Programm fest, das dem Hitlers in seinem Kriege nahesteht.

Am 1. Mai predigt Adolf Hitler nach der langen rituellen Parteierzählung, in dem liturgisch immer wiederholten Bericht vom Auszug des unbekannten Soldaten zur Rettung Deutschlands, seinem Volke Geschlossenheit, Einheit. Diese Einheitspredigt läßt an viele Ermahnungen von Kirchenfürsten an das katholische Volk denken, geschlossen zusammenzustehen und Spaltern und Kritikern nicht das Ohr zu öffnen.

Hitler hier: „Sowie aber Kritik Selbstzweck ist, muß das Chaos die letzte Folge sein." Auch diese Drohung mit dem Chaos klingt uns bekannt. Am 28. Juni nimmt Adolf Hitler im Dom zu Essen an der kirchlichen katholischen Trauung der Gauleiters Terboven teil. Ein Foto vom 29. Juni zeigt ihn „wirr, irr ... der Mörder vor der Tat". Am Tag darauf findet die „Bartholomäusnacht des Dritten Reiches" (Friedrich Funder) statt: die „rücksichtslose Aufräumung dieser Pestbeule", der SA-Führer; so wird die Ermordung Röhms und der SA-Führer in der von Hitler persönlich verfaßten Erklärung der Reichspressestelle der NSDAP genannt.

Dem Mord an politischen Gegnern fallen neben einigen angezielten Katholiken auch einige Menschen aus Versehen zum Opfer. „Diese Schweine haben meinen guten Pater Stempfle auch umgebracht!" Hitler ist empört. Wahrscheinlich waren es SS-Männer, die seinen alten publizistischen Mitarbeiter Pater Bernhard Stempfle mit ermordeten, den Mann vom „Miesbacher Anzeiger", der, wie man lange annahm, die erste Ausgabe von „Mein Kampf" redigierte.

In der Reichstagssitzung vom 13. Juli 1934 übernimmt der Ketzerrichter Adolf Hitler die volle Verantwortung für seine Bartholomäusnacht vom 30. Juni. „Der nationalsozialistische Staat wird in seinem Innern, wenn notwendig, in einem hundertjährigen Kriege, auch die letzten Reste dieser Volksvergiftung und Volksvernarrung ausrotten und vernichten." Hitler weiß: Die Kirche hat jahrhundertelang gegen ihre Ketzer gekämpft. In Frankreich währte der Krieg gegen die Hugenotten einhundert Jahre.

Hitler beschuldigt Röhm und die SA des Nihilismus; „erfüllt von Haß gegen jede Autorität", waren sie dauernd befaßt „mit der Zersetzung des jeweils Bestehenden". So spricht Gregor XVI. in der Enzyklika *Mirari vos* 1832 die „Belialssöhne", die Protestanten und andere teuflische Sektierer an.

Hitler: Dieses Gift begann sich in immer größeren Kreisen auszubreiten. „Das Schlimmste aber war, daß sich allmählich aus einer bestimmten gemeinsamen Veranlagung heraus in der SA eine Sekte zu bilden begann." Hitler spielt selbst auf die Bartholomäusnacht und die Sizilianische Vesper an: die SA wollte „die Nacht der langen Messer". Drei Jahre später gibt Hitler in kleinem Kreise eine nüchterne Erklärung für die Tat vom 30. Juni 1934: Er mußte sich gegen die SA und deren Volksmilizpläne entscheiden, für die Wehrmacht, die er für seinen Krieg brauchte.

Am 26. August spricht Adolf Hitler vor 400 000 Saarländern auf der Feste Ehrenbreitstein gegen zehn Prozent Häretiker, die bei der Saarabstimmung gewagt haben, gegen ihn zu stimmen. „Unter den zwölf Aposteln befand sich ein Judas. Wer will sich wundern, wenn auch wir solche Erscheinungen besitzen. Allein trotz dieses Judas hat das Christentum gesiegt, und trotz unserer Emigranten wird die Bewegung siegen."

Am Reichsparteitag dieses Jahres verkündet Adolf Hitler die frohe Botschaft vom „Ende der Neuzeit" – so ist man fast versucht zu sagen: „Das nervöse Zeitalter des 19. Jahrhunderts hat bei uns endgültig seinen Abschluß gefunden. In den nächsten tausend Jahren findet in Deutschland keine Revolution mehr statt." Nach 1918, nach 1945 wird diese frohe Botschaft oft von Katholiken vermeldet: Das 19. Jahrhundert mit seinem Liberalismus, seiner „Humanitätsduselei", seinem Fortschrittsglauben ist endgültig überholt.

Am 5. September predigt Adolf Hitler im Rahmen dieses Reichsparteitages den Frauen der NS-Frauenschaft: „Das Wort von der Frauenemanzipation ist nur ein vom jüdischen Intellekt erfundenes Wort, und der Inhalt ist von demselben Geist geprägt."

Wir erinnern: Georg von Schönerer hatte die Frau für „Kinder, Kirche und Küche" bestimmt und gegen die „Frauenstimmrechtstrottelei" gewettert. Pastor Josef Werners „Christlich-nationale Gruppe zur Bekämpfung der modernen Frauenemanzipation" und der „Deutsche Bund zur Bekämpfung der Frauenemanzipation", gegründet 1912, hatten im Namen der „christlichen Weltanschauung" gegen „die jüdische Frauenemanzipation" gekämpft.

Hitlers Predigt an die Frauen stimmt weitgehend mit der Auffassung katholischer Theologen und konservativer Politiker bis nahe ins Heute überein: Die Welt der Frau ist eine kleinere Welt als die des Mannes. „Denn ihre Welt ist ihr Mann, ihre Familie, ihre Kinder und ihr Haus." Die große Welt baut sich auf dieser kleinen auf. „Die Vorsehung hat der Frau die Sorgen um diese ihre eigentliche Welt zugewiesen." „Die beiden Welten" – Mann und Frau – sollen geschieden bleiben. *Mulier taceat in ecclesia*, die Frau schweige in der Kirche, im Rat der Männer. „In die eine gehört die Kraft des Gemütes, die Kraft der Seele. Zur anderen gehört die Kraft des Sehens, die Kraft der Härte, der Entschlüsse und die Einsatzwillig-

keit!" – „Was der Mann einsetzt an Heldenmut auf dem Schlachtfelde, setzt die Frau ein in ewig geduldiger Hingabe, in ewig geduldigem Leid und Ertragen."
Wir kommentieren: Diese Predigt an die NS-Frauenschaft könnte in weiten Passagen eine Predigt von der Kanzel zum Familiensonntag bilden. Der Frau wird, in geduldigem Leidertragen, jene gehorsame, passive Rolle zuerkannt, die Pius XII. in seinen Briefen an die deutschen Bischöfe 1939–1944 dem deutschen Katholiken zuweist.
Hitler predigt weiter: „Wir wehren uns dagegen, daß ein Intellektualismus verdorbenster Art das auseinanderreißen will, was Gott zusammengefügt hat. Das Programm unserer NS-Frauenbewegung kennt nur einen Punkt: das Kind." Das Programm der Ehe, wie es die katholischen Moraltheologen bis 1945 festhalten, kennt ebenfalls nur diesen einen Punkt, die Zeugung und Hütung der Kinder. Hitler prophezeit: Wenn Mann und Frau ihm dergestalt folgen, „dann wird auf ihrem gemeinsamen Lebenskampf der Segen des Allmächtigen ruhen"!
Am 12. September 1934 empfängt der Führer und Reichskanzler die akkredidierten Diplomaten. Nuntius Mgr. Cesare Orsenigo – behutsam weisen deutsche Bischöfe in ihren Briefen an Pius XII. auf das Hitler allzuweit entgegenkommende Verhalten des Nuntius hin! – bekundet als Doyen des Diplomatischen Corps die „Ehrerbietung" gegen Hitler, der eben nach dem Tode Hindenburgs Staatsoberhaupt geworden ist. Orsenigo: „Möge die göttliche Vorsehung diesen Wünschen und Hoffnungen Verwirklichung verleihen für die Größe Ihres teuren Vaterlandes, das Ihnen soeben das höchste Amt des Deutschen Reiches übertragen hat."
Hier berühren sich die beiden „Vorsehungen", die Vorsehung, von Hitler angerufen, und die Vorsehung der Führer der Kirche, so nahe wie Kreuz und Hakenkreuz in den Kirchen bei Staatsfeiern und in den Abhandlungen führender deutscher Theologen. Der päpstliche Nuntius bekundet seine Ehrerbietung und ruft die Vorsehung zum Segen des Mannes an, der eben zweieinhalb Monate nach seiner Bartholomäusnacht vor ihm steht. – Hitler im Frack dankt dem Nuntius: „In diesem Werke, das hoffen wir zuversichtlich, wird uns der Segen der göttlichen Vorsehung, den Sie, Herr Nuntius, in so warmen Worten für uns anrufen, nicht versagt sein."
Vor den Augen der Weltöffentlichkeit werfen sich die beiden hochpolitischen Ballspieler, der Nuntius und der Reichskanzler, den Ball zu. *Für Deutschlands Christen sind hier Hitlers Vorsehung und die Vorsehung der Kirche ein und derselbe Segen des Herrgotts.*
9. November 1934, Hitlers Allerseelen- und Allerheiligen-Fest in München. Er erhebt hier auch seine Opfer vom 30. Juni dieses Jahres zu Blutzeugen der Bewegung: auch sie sind für ihn gefallen – die von ihm ermordet wurden: „Das

Blut, das sie vergossen haben, ist Taufwasser geworden für das Dritte Reich."
Taufe in den Tod, Hingabe in den Tod, das bedeutet ja das Hinabtauchen in das Taufwasser im Taufsakrament der Kirche.

Im Herbst dieses Jahres rückt der Jahrgang 1914 als erster Wehrpflicht-Jahrgang in die Kasernen ein. 1914 war Hitlers Glaube an den Krieg, an die Heiligkeit des Krieges, an die göttliche Mission des Krieges, verfügt durch den Herrgott – der mit der „Vorsehung" und der „Natur" verschmilzt –, als unerschütterlicher Glaube seiner Person ein sein ganzes Wesen erfassendes Element geworden.

Hitler will das Jahr wie das Jahr der Kirche durch seinen Festkalender gestalten und ordnen: „Der Schlußkongreß in Nürnberg" – auf dem Reichsparteitag – „muß genauso feierlich und zeremoniell aufgezogen werden wie eine Handlung der katholischen Kirche." – Drei Jahre lang, von 1935 bis 1937, entwickelt sich dieser religiös-politische Jahres-Festkalender voll, dann gerät er durch die außenpolitischen Aktionen und die Vorbereitung des Krieges ins Wanken.

Die Heiligen Tage des Parteikalenders sind der 1. Januar; der 15. Januar: Gedenktag zur Erinnerung an die Landtagswahlen in Lippe-Detmold 1933, denen Hitler charismatische Bedeutung zumaß; 30. Januar: Tag der Machtergreifung; 24. Februar: Verkündung des Parteiprogramms 1920 – oft betont Hitler, daß dieses Programm ebensowenig geändert werden darf wie die Dogmen der Kirche: der Sonntag Miserere im März: als Heldengedenktag; der 20. April: Führergeburtstag; der 1. Mai: nationaler Feiertag der Arbeit; die erste Septemberhälfte bildet eine geschlossene Festzeit wie die Weihnachts- und Osterwoche der Kirche; sie ist den Feiern des Reichsparteitages in Nürnberg vorbehalten; der Sonntag nach Michaelis im September oder Oktober: Erntedankfest; der 8. und 9. November: Gefallenenehrung und Erinnerung der Lebenden an 1923.

Dieser Festkalender kennt also, wie der kirchliche, bewegliche und unbewegliche Feste. Er ist, wie jener, historisch, heilsgeschichtlich orientiert, erinnert an rituell heilsgeschichtliche Ereignisse der Vergangenheit und erneuert sie im Gegensatz zum vieltausendjährigen außerchristlichen Festkalender von Fruchtbarkeitsreligionen, die ihre heiligen Zeiten und heiligen Räume kosmisch orientieren.

Am 1. Januar 1935 verkündet der Führer seinen NS-Gläubigen: „Die große reformatorische Arbeit an Volk und Reich wird weitergeführt." In der im Wortlaut nicht erhaltenen Rede an die „Deutsche Führerschaft" am 3. Januar in der Staatsoper Unter den Linden soll Adolf Hitler, Augen- und Ohrenzeugenberichten zufolge, wie bei der Rede anläßlich der Strasser-Krise, öffentlich mit seinem Selbstmord gedroht haben. Der Führer gibt sein Leben für seine Gläubigen, die ihn noch nicht verstehen ... Göring gelobt hier für alle blinden Gehorsam.

Am 31. Januar betont Hitler in einem Interview, das er portugiesischen Journalisten gibt, daß Salazars Regime in vielem von denselben Prinzipien und Leitsätzen inspiriert ist wie seine nationalsozialistische Regierung. In vielen Reden der Jahre 1933–1939 kehrt diese rituelle Versicherung wieder: Gott hat mich durch meine Erfolge sichtlich bestätigt.

Am 1. März erhebt der Führer seine Hand: „Und Gott kann mein Zeuge sein: Diese Arbeit hat kein anderes Ziel, als Deutschland wieder frei und glücklich zu machen." Hier, in Saarbrücken, spricht er vor einer Hörerschaft, die fast vollzählig aus Katholiken besteht: Die Ahnung, daß die Hand des Herrn uns schlagen mußte, um uns reif zu machen für dieses größte Glück – die „Volksgemeinschaft", die Kommunion aller mit allen – „das es geben kann, das Glück des gegenseitigen Verstehens im eigenen Volke". Wir streben nach Vollendung in heißem Herzen. Das große Ziel ist noch lange nicht erreicht. „Aber wir streben ihm nach mit heißem Herzen, und der Himmel und die Vorsehung haben unser Streben gesegnet."

Der Führer erinnert seine Gläubigen in seinem Evangeliums-Bericht: Vor fünfzehn Jahren begann ich den Kampf um das Heil mit einer Handvoll Menschen; wenige Jünger waren um mich. Wie sehr muß ich „dem Himmel danken: er hat den Kampf gesegnet und immer wieder gesegnet". – „Wenn ihr in diesen fünfzehn Jahren nicht den Glauben gehabt hättet, wer hätte euch wohl geführt? Der Glaube kann Berge versetzen, der Glaube kann auch Völker befreien" (vgl. 1 Kor. 13, 2). – „Der Glaube kann Nationen stärken und wieder emporführen, und mögen sie noch so gedemütigt gewesen sein."

Hitler mobilisiert bewußt brachliegende Glaubenskräfte in Christen und Nichtchristen, in Theologen und Laien. Eben dieses Predigen, dieses Anrufen christlicher, kirchlich-gebildeter Glaubenskräfte durch Hitler bekämpfte Erich Ludendorff von 1926 bis 1932 in seiner Zeitschrift „Am heiligen Quell Deutscher Kraft".

April: Hitler nimmt als Trauzeuge an der kirchlichen Trauung Görings im Berliner evangelischen Dom teil.

1. Mai: „Wiederaufstehung der Völker dieses Abendlandes!" – Hitler moduliert gern die christliche Auferstehung in nahverwandten Worten. – Gegen Spenglers Untergangs-Pessimismus beruft er den Glauben. „Das ist die Kraft, die am Ende Berge des Widerstandes versetzen kann!" – „Als wir im Jahre 1919 zum ersten Male als Prediger der nationalsozialistischen Idee auszogen", da lag die deutsche Erde wüst und brach, glaubenslos da. „Mein Wille – das muß unser

aller Bekenntnis sein – ist euer Glaube! *Mein Glaube ist mir – genau wie euch – alles auf dieser Welt!* Das Höchste aber, was mir Gott auf dieser Welt gegeben hat, ist mein Volk. In ihm ruht mein Glaube. Ihm diene ich mit meinem Willen, und ihm gebe ich mein Leben." – Dieses Credo, dieses Glaubens- und Kommunionsbekenntnis erinnert unterschwellig an Kommunionlieder wie: „Jesus, dir leb' ich, Jesus dir sterb' ich, Jesus, dein bin ich, im Leben und im Tod."

Am 18. Mai nimmt der Führer und Reichskanzler am Requiem für Pilsudski in der katholischen St. Hedwigskathedrale in Berlin teil.

7. August: Adolf Hitler beruft sich auf den Segen der Vorsehung, der sichtbar auf seinem Werk ruht, in einer Formulierung, die stark an Kaiser Wilhelm II. erinnert, der Gott als „Alliierten Preußens" bezeichnet hatte, am 24. Februar 1892. Hitler hatte in diesem Juni in Hamburg Veteranen aus dem Kriege von 1864 begrüßt.

„Und heute prophezeie ich weiter: In 500 Jahren wird diese Fahne" – das Hakenkreuz – „das Herzblut der deutschen Nation geworden sein!" – Im Juni 1939 berät sich der deutsche Episkopat mit Pius XII. in Rom über die kuriale Anerkennung dieser Fahne.

Die Fahne: Sie ist für Hitler Blutfahne, Sakrament, sie weiht durch die Berührung anderer Fahnen, und sie wird selbst in der Wandlung – der Geschichte – zum Herzblut der Nation.

10. September, Nürnberg. Der Feldprediger seiner Bewegung predigt gegen den „politischen Klerus" der christlichen Kirchen und versichert gleichzeitig: „Wir werden auch diesen Kampf nie kämpfen als einen Kampf gegen das Christentum oder auch nur gegen eine der beiden Konfessionen."

Adolf Hitler polemisiert hier – ganz wie in „Mein Kampf" – gegen jene „Priester, die ihren Beruf verfehlt haben und Politiker hätten werden sollen, und nicht Seelsorger".

11. September, Nürnberg. Hitler weiß sich, so hier in seiner Rede über die Kunst, gerade in seiner Führung der Künste als Seelsorger des deutschen Volkes, berufen und verpflichtet, dieses Volk sittlich zu retten vor den zersetzenden Einflüssen einer entarteten Kunst. „Möge uns Gott die Größe geben, die Aufgaben so zu stellen" – für die Kunst! – „daß sie der Größe der Nation ebenbürtig sind." – „Was unser Volk in 2000 Jahren" – es ist christus-gleichaltrig, so alt wie das Christentum – „geschichtlich an heroisch Großem vollbrachte, gehört mit zu den gewaltigsten Erlebnissen der Menschheit."

In privatem Kreis und in den Gesprächen im Führerhauptquartier drückt sich der Österreicher Adolf Hitler anders aus. Da hält er nicht viel von den kulturellen Leistungen dieser alten Germanen und Deutschen, er sieht nur nach Rom und Griechenland.

13. September, Nürnberg. In seiner *Frauenpredigt* auf seinem Nürnberger Reichsparteitag 1935 verpflichtet der Führer seine NS-Frauenschaft wieder einmal auf den Adel und die Würde der Frau und wehrt von ihr die Versuchungen der falschen Gleichberechtigung und des Liberalismus ab.
15. September, Reichstagsrede. Wir sind heute: „das einige Volk der Brüder, frei von den gegenseitigen Vorurteilen und Hemmungen vergangener Zeiten!"
Ein einig Volk von Brüdern: Die pietistische Brüdergemeine, die verschworene Brudergemeinschaft eines Ordens, die große Kommunion der fratres in der Liturgie der Kirche – *orate, fratres* – wird hier unterschwellig beschworen.
Göring dankt dem Führer und Reichskanzler: „Das Hakenkreuz ist für uns ein heiliges Symbol geworden, und deshalb ist es ganz selbstverständlich, daß, wenn in Zukunft diese Flagge über Deutschland wehen soll, kein Jude dieses heilige Zeichen hissen darf. Die neue Flagge soll aber auch der Welt klarmachen, daß Deutschland für immer und für alle Ewigkeit unter dem Hakenkreuz stehen wird."
Hakenkreuzfahnen an den Türmen und Toren der Kirchen. In den Kirchen aber singen sie: „Heiliges Kreuz, sei hoch verehret." Das ist, noch, ein anderes Kreuz. Aber auch dieses Kreuz soll kein Jude mehr beflecken dürfen. Der Führer versichert am nächsten Tage: Die Partei (Kirche) wird weiterleben, wenn ich nicht mehr bin.
Am 6. Oktober dankt Hitler am Erntedankfest der Vorsehung für die Ernte. „Bitte an den Allmächtigen." – „Wir wollen das Rechte tun." – „Redeschluß im Stil katholischer Kirchengebete" (Max Domarus). Zwei Tage später: Wir wollen unser Volk erobern, daß es eines Sinnes wird. „Wenn das gelingt, dann wird uns die Vorsehung auch sonst den irdischen Lohn nicht versagen." – Dieses *do-ut-des*-Verhältnis – der Herrgott lohnt seine treuen Diener – bildet bekanntlich eine Achse der Meß-Liturgie.
Am 26. Oktober gedenkt Adolf Hitler in seiner Trauerrede in Dessau am Grabe des Reichsstatthalters Loeper dieses Mannes als eines „Apostels der Bewegung".
Hitlers Allerseelen- und Allerheiligentage 1935. Am 8. November gestaltet er vor seinen Blutordensträgern und Alten Kämpfern in München seinen Evangeliumsbericht besonders ausführlich. Er schildert den Weg der Heilsgeschichte, das Wunder der Entwicklung seiner Bewegung aus einem kleinen Häuflein von Jüngern. Aufstieg aus Nacht und Tod: „Dieses Wunder, das ist durch uns geschehen." Ich habe unsere Kameraden, die Märtyrer von 1923, aus dem Friedhof geholt, „habe sie in keine Gruft gelegt und in kein Gewölbe verbannt". Sie sollen „unter Gottes freiem Himmel liegen", für uns sind sie nicht tot, sie „wachen für unser Volk. Hier liegen sie als treue Zeugen unserer Bewegung."
Wie oft – so kommentieren wir – wurden im tausendjährigen Reich vor Hitler,

im christlichen Abendlande, die Translationen, die Überführungen der heiligen Reliquien von Märtyrern und anderen Heiligen zu hohen Feiern des Volkes gestaltet.

Der Führer weist auf die heilige Fahne, sie ist „Wimpel und Standarte für die deutsche Wiederauferstehung, für das neue Reich". Wir kommentieren: In vielen katholischen Kirchen und in Prozessionen trägt der auferstandene Christus die Reichsfahne, als Zeichen seines Sieges über Tod und Teufel.

Ende November erklärt Hitler in einem Interview für den Präsidenten von United Press, Baillie: Deutschland ist das „Bollwerk des Westens gegen den Bolschewismus". – „Die Notwendigkeit der Bekämpfung des Bolschewismus ist einer der Hauptgründe für die Judengesetzgebung in Deutschland."

In diesem so ruhigen, fast windstillen Jahre des Herrn 1935 war das Saargebiet im Januar an Deutschland zurückgekommen – wobei in der Propaganda für die Abstimmung gerade die Katholiken besonders mobilisiert wurden. Am 16. März war die allgemeine Wehrpflicht wiedereingeführt worden. Am 16. Juli wurde das Reichs-Kirchenministerium geschaffen, am 24. September das Gesetz zur Sicherung – das hieß: Gleichschaltung – der Deutschen Evangelischen Kirche veröffentlicht. Am 15. September wurden die „Nürnberger Gesetze" verkündet. Sie bedeuten die Aufhebung der Menschenrechte im Deutschen Reich. Sie bedeuten eine Legalisierung der Entrechtung der Juden, sie öffnen Tür und Tor für die Vorbereitung der „Endlösung".

In diesem fatalen Jahr 1935 erscheint in Dresden und Wien ein reichausgestattetes Sammelwerk, das die deutschen und österreichischen Katholiken für Hitlers Judenpolitik gewinnen soll. Bedeutsam hatte in der Kabinettsitzung vom 14. Juli 1933, in der Vizekanzler Papen über die erfolgreich abgelaufenen Verhandlungen in Rom bezüglich des Konkordats berichtet hatte, Hitler erklärt, daß das Konkordat „bei dem vordringlichen Kampf gegen das internationale Judentum besonders bedeutungsvoll wäre".

Hitler erklärte in diesem Zusammenhang: Er, der Reichskanzler, hätte es noch vor kurzer Zeit nicht für möglich gehalten, daß die Kirche bereit sein würde, die Bischöfe auf diesen Staat zu verpflichten. Daß das nunmehr geschehen wäre, sei zweifellos eine rückhaltslose Anerkennung des derzeitigen Regimes. Halten wir hier bereits fest: Die abgründige Verachtung Hitlers für die deutschen Bischöfe und Kirchenführer, die ab 1935 immer offener sichtbar wird – zumindest in seiner Umgebung – gründet sich auf seine sehr große Überraschung. Wie rasch, wie leicht waren diese Kirchenmänner politisch zu „haben", zu „nehmen", wie ein feiles Weib, wenn man ihnen ein Zuckerbrot und die Peitsche zeigte.

In diesem fatalen Jahr 1935 geschieht nun eben dieses Entgegenkommen katholischer Kreise Hitler gegenüber gerade im Zentrum jener Achse, um das Hitlers

ganzer Heils- und Unheilsglaube und seine radikale Politik kreisen: in der Bestimmung des Juden als des Teufels.
Der Münchener Kardinal Michael Faulhaber beglückwünscht den Reichskanzler mit einem handgeschriebenen Brief zum Abschluß des Konkordats: „Was die alten Parlamente und Parteien in 60 Jahren nicht fertigbrachten, hat Ihr staatsmännischer Weitblick in sechs Monaten weltgeschichtlich verwirklicht. Für Deutschlands Ansehen nach Osten und Westen und vor der ganzen Welt bedeutet dieser Handschlag mit dem Papsttum, der größten sittlichen Macht der Weltgeschichte, eine Großtat von unermeßlichem Segen."
Im Advent des Jahres 1933 verteidigt Kardinal Faulhaber in seinen Predigten die Heiligkeit des Alten Testaments. Der Kardinal arbeitet hier jedoch heraus, daß die Gläubigen unterscheiden müssen zwischen dem Volke Israel vor dem Tode Christi und den Juden nach dem Tode Christi, die ruhelose Wanderer auf dieser Erde wurden. Aber selbst dem jüdischen Volk der alten Zeit könne man die Weisheit des Alten Testaments kaum als Verdienst anrechnen. Diese Gesetze sind so einmalig, daß man sagen muß: „Volk Israel, das ist nicht als deine Pflanzung in deinem Garten gewachsen. Dieses Wehe über wucherischen Großgrundbesitz, dieser Kampf gegen die Überschuldung der Landwirtschaft, dieses Verbot, Zins zu nehmen, ist nicht Geist von deinem Geiste." – Der Kardinal sagt das ganz im Sinne des alten konservativen und christlichsozialen Kampfes gegen den „jüdischen Mammonismus", Wucher und Kapitalismus.
Im Sommer 1934 veröffentlicht eine sozialdemokratische Zeitung in Prag eine Predigt gegen den Rassenhaß, die Faulhaber angeblich gehalten hatte. Die Baseler „National-Zeitung" druckt Abschnitte dieser Predigt nach, der Weltkongreß der Juden lobt auf einer Tagung in Genf die mutige Haltung des Kardinals.
Diese Predigt war eine Erfindung. Kardinal Faulhaber protestiert – durch seinen Sekretär – in einem offenen Brief an die jüdische Organisation, „daß sein Name auf einer Konferenz genannt würde, die gegen Deutschland Handelsboykott, also wirtschaftlichen Krieg fordert". – „Kardinal Faulhaber hat in seinen Adventspredigten das altbiblische Schrifttum Israels verteidigt, nicht aber zur Judenfrage von heute Stellung genommen."
In einem Artikel im Klerusblatt, dem Organ des „Landesverbandes der Diözesanpriester Bayerns", rät ein Regensburger Domherr den katholischen Lehrern, die Schüler darauf hinzuweisen, daß die heiligen Schriften des Alten Testaments in direktem Widerspruch zur jüdischen Mentalität stehen. „Das größte Wunder der Bibel ist, daß sich die wahre Religion gegen die Stimme des semitischen Blutes behaupten und erhalten konnte." Beachten wir an dieser Blasphemie des Regensburger Domherren auch: Hier wird das Wunder in einem so dubiosen Sinne angesprochen, wie so oft von Adolf Hitler, wenn er vom Wunder seiner Bewegung spricht.

Dresden und Wien, 1935. Österreichische nationale Katholiken, katholische Nationalsozialisten und großdeutsche Antisemiten, die zu Luegers Zeiten und nach 1918 sich mehrfach zu einem Bündnis im Kampfe gegen „Juda“ gefunden hatten, geben einen Sammelband heraus: Dr. Robert Körber, freier Schriftsteller; der Mittelschulprofessor Dr. Theodor Pugel; der Regierungsrat Prof. Dr. Benno Imendörffer und der Rechtsanwalt Dr. Erich Führer, der zur nationalsozialistischen Prominenz in Österreich gehört. Dieses Werk trägt in Dresden den Titel: „Antisemitismus der Welt in Wort und Bild. Der Weltstreit um die Judenfrage“ und ist „Dem Frankenführer Julius Streicher gewidmet“. Dieses Buch trägt in Wien 1935 den Titel: „Israel und die Völker“, erscheint hier in der „Österreichischen Verlagsgesellschaft“, Wien VII, und trägt keine Widmung an eine Person; das Buch ist, wie sein ganzer Inhalt ausweist, dem katholischen Volke Österreichs gewidmet.

In der österreichischen Ausgabe fehlen natürlich einige Passagen, die den besonderen Verdiensten Hitlers und der nationalsozialistischen Bewegung gewidmet sind. Der Inhalt aber ist der gleiche.

Diese Dokumentation verdient hohe Beachtung: In dem „christlichen Ständestaat“, der sich in einem Kampf auf Leben und Tod mit dem Nationalsozialismus befindet, wobei junge Katholiken ihr Leben einsetzen und geben, in dem Staate, in dem die Zensur jede nationalsozialistische Propaganda untersagt und bereits verdächtige Anspielungen verfolgt, kann ebendies Werk in der Öffentlichkeit erscheinen, das nicht weniger fordert als eine enge Allianz aller Katholiken, zumal der deutschen und österreichischen Katholiken, zur Unterstützung des Kampfes gegen die teuflischen Juden.

Wir haben das Buch an anderer Stelle ausführlich gewürdigt. Hier müssen nur einige Grundbezüge in Erinnerung gerufen werden, da sie zeigen, wie nah hier, im fatalen Jahr 1935, über alle Grenzen politischer Feindschaft hinweg, österreichische und deutsche Katholiken sich dem religiös-politischen Glauben Adolf Hitlers an die „teuflische Weltgefahr des Judentums“ verbunden wissen. Im Jahr der „Nürnberger Gesetze“.

Motiv dieses Werkes: Christentum und Kirche müssen wieder zurückfinden zu Christus, dem Galiläer, dem „schärfsten Antisemiten aller Zeiten“, und zu der tausendjährigen ungebrochenen antisemitischen Tradition der Kirche. Hier wird gelehrt: Das Urchristentum und die frühen Päpste sind bewußte Antisemiten. Im Mittelalter tritt ein Bruch ein durch den verjudeten Karl den Großen. „Seine Physiognomie ist die eines bejahrten Juden.“ Er hat sein Reich mit Juden durchsetzt. „Die Gesichter vieler Südtiroler verraten in ihrem Gesichtsschnitt unleugbar jüdischen Bluteinschlag.“ Besonders bei den Grödnertalern ist das erkenntlich. Das ist eine sehr merkwürdige Unterstützung der seit 1920 von Hitler betriebenen, in seinem „Zweiten Buch“ von 1928 weitschweifig begründeten Preisgabe Südtirols an Italien.

„Papst Gregor VII. muß als der unentwegteste Antisemit des Mittelalters gewertet werden.“ Auch Innozenz III. „war ausgesprochener Antisemit“. Die 4. Lateransynode wird ausführlich gewürdigt. „Grauenvoll schildern die Bollandisten die Tötung des dreijährigen Knaben Andreas Oxner, geheißen das Anderle von Rinn.“ Bilder zeigen den „Ort Judenstein bei Rinn, wo der Mord geschah“. Johannes Capistranus, „der gewaltigste und unerschrockenste Antisemit im Priesterkleid“, erscheint in Wort und Bild. Er läßt in Breslau und Schweidnitz Juden hinrichten: er wird 1690 heiliggesprochen. „Hiermit ist der Beweis erbracht, daß radikaler Antisemitismus einem wahren Christentum nicht entgegensteht“. – „Die minderrassige Französische Revolution, die Ausgeburt der rassisch verseuchten südfranzösischen Menschenkloake, war für Juden eingetreten.“ – „Seit dem *unglückseligen Humanitätsdusel der Aufklärung* vermehrte sich die Hebreokratie wie der Sand am Meer.“

Hier fließen kirchliche, christlichsoziale und nationalsozialistische Verdammung des Liberalismus und der Französischen Revolution in einen Strom zusammen.

Heute sind England und Amerika – Frankreich schon seit langem – von Juden verseucht. Der Bolschewismus ist ein Produkt jüdischer Rachsucht und eines jüdischen Strebens nach Weltherrschaft.

Mehrfach wird die römische Jesuitenzeitschrift „La Civiltà Cattolica“ als Kronzeugin für die jüdische Mordsucht genannt. Breit wird der katholische und christlichsoziale Antisemitismus in Wien, im alten Österreich geschildert. Lueger bildet als „Führer“ einen Stab von Gesinnungsgenossen heran. Breit wird der Hirtenbrief des Linzer Bischofs Gföllner vom 21. Januar 1933 zitiert, „der in folgenschweren Worten zum Kampf gegen das Judentum aufruft“. – „Schönere Zukunft“, das vielgelesene Organ österreichischer und deutscher gebildeter Katholiken, erklärt dazu: „Österreich ist wohl das verjudetste aller deutschen Länder, und so war es nur gerechtfertigt, wenn ein österreichischer Bischof diesen Mißstand offen beim Namen nannte.“

Der Stephansdom – von Hitler gerne als Chiffre für „die deutschen Dome des Mittelalters“ hingestellt – wird im Bilde einem anderen Wien-Photo gegenübergestellt, das eine Großreklame für Präservative zeigt: „Die Christen haben ihrem Herrgott“ – das ist der von Hitler berufene Herrgott – „gotische Dome errichtet. Die Juden handeln in Gummiartikeln und schänden durch ihre aufdringliche Reklame das erhabene Stadtbild der uralten Nibelungenstadt Wien.“

Ausführlich wird der Kulturboschlewismus behandelt. Jüdische Kritiker zerren alle christliche Kunst in den Schmutz. In Presse, Kunst, Literatur herrscht dieser jüdische Kulturbolschewismus, zumal in Wien.

„Auf streng überparteilicher Grundlage“ wurde 1919 in Wien der „Antisemitenbund“ von dem christlichsozialen Abgeordneten Dr. Anton Jerzabek und dem nationalsozialistischen Schriftsteller und Mitautor dieses Buches Dr. Robert Körber gegründet und bis heute geführt.

„Das Beispiel im Deutschen Reiche, die Einführung des Numerus clausus in Ungarn, der praktische Antisemitismus in allen osteuropäischen Staaten sind wertvolle Quellen, aus denen eine antisemitische Gesetzgebung Österreichs reichlich gespeist werden kann.“

1848 bedeutet den „Durchbruch des Asiatentums“ – der Jude ist „ein Stück Asien“ – 1918 bedeutet den Dolchstoß durch das Judentum, durch seinen Pesthauch des Marxismus. – Die Ausführungen dieses Bandes über den Marxismus – „welch furchtbare Blutschande, welch gewissenlose Volksverhetzung, welch entsetzlicher Kulturbolschewismus“ – hier, 1935, könnten direkt in Hitlers Proklamationen der Jahre 1939–1944 stehen.

„Es drang der asiatische Feind zuerst ins deutsche Land, dann in die deutsche Wirtschaft und Kultur und schließlich ins deutsche Blut ein und verseuchte alles.“

Die „Judenrevolution von 1918“: „Alle Grundfesten einer deutschen und christlichen Weltanschauung wurden niedergerissen, und auf den Ruinen des deutschen Geistesdomes errichtete man das Satanswerk des jüdischen Kulturbolschewismus.“

Räteregierung in München: „Gustav Landauer trieb die jüdische Frechheit soweit, sich als Christkommunist zu bezeichnen. Bei der Befreiung vom roten Terror bekam er Gelegenheit, sich zu seinen hebräischen Ahnen zu versammeln.“ Hier wird der bestialische Mord an einem der edelsten deutsch-jüdischen Geister gefeiert, dem sein Freund Martin Buber ein unvergeßliches Denkmal gesetzt hat. Dasselbe gilt für die Ermordung der Rosa Luxemburg: „Diese abscheuliche Krüppelgestalt war die vergötterte ‚Führerin‘ deutscher Arbeiter“. – „Die asiatischen Literaten“ Feuchtwanger, Maximilian Harden, Werfel, Zweig, Kern, Toller haben dem Kulturbolschewismus die Wege bereitet.

Dem katholischen Österreich und dem bereits seit 1933 im Segensraum Hitlers lebenden deutschen Katholizismus wird hier eindringlich vor Augen geführt: Für Deutschland gab es 1932 nur zwei Wege: „Untergang im marxistisch-jüdischen Parteiensumpf, im rassenchaotischen Untermenschentum und in der entehrenden jüdischen Finanzsklaverei – oder Auferstehung aus Judenschmach, Rassenschande und Wirtschaftsnot durch Entmachtung des Judentums und Wiedergeburt des blutsdeutschen Menschen.“

In direktem Bezug auf die Judenpolitik des Dritten Reiches ab 1933 vermerkt R. Körber: „Wer die Geschichte der katholischen Kirche kennt, dem kann nicht unbekannt sein, daß der kirchliche Antisemitismus fast ebenso alt ist wie die Kirche des Heilands selbst." Wieder wird Bischof Gföllners Hirtenbrief vom 21. Januar 1933 bemüht: „Das entartete Judentum im Bunde mit der Weltfreimaurerei ist auch vorwiegend Träger des mammonistischen Kapitalismus und vorwiegend Begründer und Apostel des Bolschewismus." – Hitler nennt genauso die Juden „Apostel des Bolschewismus". – „Diesen schädlichen Einfluß des Judentums zu bekämpfen und zu brechen, ist nicht nur gutes Recht, sondern strenge Gewissenspflicht eines jeden überzeugten Christen, und es wäre nur zu wünschen, daß auf arischer und christlicher Seite diese Gefahren und Schädigungen durch den jüdischen Geist noch mehr gewürdigt, noch nachhaltiger bekämpft und nicht offen oder versteckt, gar nachgeahmt und gefördert würden!" Dieser Aufforderung von 1933 zur noch nachhaltigeren Bekämpfung des Judentums kommt man 1933–1944 nach.

Der Linzer Bischof Gföllner ist politisch – wie hier ergänzend bemerkt werden soll – österreichischer Legitimist, ein scharfer Gegner des Nationalsozialismus. Als einziger österreichischer Bischof veröffentlicht er 1938 nicht das Führerbekenntnis des österreichischen Episkopats.

„Es ist das große Verdienst des Wiener Privatgelehrten Anton Orel, erstmalig vom streng katholischen Standpunkt aus nachgewiesen zu haben, daß der Rassenantijudaismus aufgrund der Heiligen Schrift nicht nur erlaubt, sondern geradezu geboten ist; denn Christus hat uns gelehrt, Gottanbeter zu sein und die jüdischen Geldanbeter mit ihrer altererbten Diesseitsreligion wegen des Fluches, der auf ihnen erblich lastet, rücksichtslos zu bekämpfen."

Was fordert diese rücksichtslose Bekämpfung?

Die Lehre von der „Gleichberechtigung alles dessen, was Menschenantlitz trägt", muß „als naturwidriger Umsturzversuch einer gottgewollten Ordnung von jedem wahrheitsliebenden und verantwortungsbewußten Kulturmenschen, der noch sehen und hören kann, wie der Mensch aussieht und spricht, mit sittlicher Entrüstung abgelehnt werden." – „Ist vom christlichen Standpunkte aus die Todesstrafe für den Verbrecher gerechtfertigt, so kann wohl auch die ohne Lebenseinbuße vorzunehmende Sterilisierung von Personen mit verbrecherischen Anlagen vor unserem Herrgott vertreten werden." – „Soll dauernd ein Heer von Idioten, Geisteskranken und erblich belasteten Verbrechern in hygienischen Anstalten auf Kosten der Gesunden untergebracht werden, während letztere oft in Kellerlöchern hausen müssen?" Friedrich Funder und Adolf Hitler sahen entsetzt auf die „Wohnhöhlen" in Wien, an deren Tür Luegers Macht aufhörte, wie Funder berichtet.

„Ist also der Gedanke einer planvollen Auslese, Aufartung und Vermehrung der vom Weltenmeister Begünstigten und der *sinnvollen Verminderung, Unschäd-*

lichmachung und Ausmerzung der durch Ungnade des Schicksals oder Schuld der Eltern erblich Belasteten ‚unmenschlich', ‚unchristlich', ‚barbarisch'?" Nein! Das ist vielmehr „echtes Tatchristentum".

Wir kommentieren diese Sätze, die Offenbarungscharakter tragen: Österreichischen und deutschen Katholiken werden hier, 1935, die Gesetze und Maßnahmen der Reichsregierung ab 1933 schmackhaft gemacht, die von der Sterilisierung zur Euthanasie, zum Gnadentod, dann zur Ausmerzung schädlichen Menschenlebens führen. Besonders bedeutsam ist das hier: Genauso, wie in Hitlers Vorstellung, Weltbild und Reden der alte christliche „Herrgott" immer stärker mit der „Natur", mit dem erbarmungslosen Naturgesetz, verschmilzt, verschmilzt hier der Christengott mit dem „Weltenmeister", dem Schicksal, der manchmal ungnädig sich erweisenden Natur.

Wir stehen am „Sterbebett der deutschen Seele". Ganz ähnlich Adolf Hitler selbst: Die meistgelesenen Bücher im deutschen Lebensraume sind die Schundwerke jüdischer Literaten. Und: „Tanzt nicht die Mehrzahl unserer Frauen so, wie das sinnliche Wüstenvolk pfeift?" Der „jüdisch-asiatische Wollüstling" macht die deutsche Frau zu seiner Dirne, verführt sie zum Laster. Anselma Heine wird zitiert: Es ist dem Juden „eine rachsüchtige Wonne", durch Geschlechtsverkehr die Rasse „der Frauen der blonden Edelinge unterjocht zu haben". Ein Produkt jüdischen Selbsthasses aus dem „Literarischen Echo" von 1912 wird angeführt, um Hitlers von Geschlechtsangst, Geschlechtsneid, Teufelsangst bestimmte Juden-Vision in seinem Wien von 1908–1912 hier als Gegenwart zu präsentieren: für Wiens, für Österreichs Katholiken, für alle Christen in Deutschland.

1935 wird hier, in Wien und Dresden, allen deutsch-österreichischen und deutschsprachigen Katholiken die Alternative gestellt, sich entweder am Weltkampf Deutschlands gegen das Judentum zu beteiligen oder selbst Judas zu werden und Kirche, Christentum, Abendland, Deutschland dem jüdischen Satan zu übergeben.

„Jetzt liegt es nicht mehr am deutschen Volke als Mittelpunkt der Welt, ob das Abendland untergeht oder Auferstehung feiert. Lassen die anderen abendländischen Kulturvölker das deutsche Volk in diesem heldenhaften Ringen gegen die jüdische Weltmacht im Stiche, dann haben nicht die Deutschen, sondern die anderen arischen Völker die christliche und arische Idee in der Welt verraten und der furchtbarsten Tyrannei, dem jüdisch-mammonistischen und materialistischen Weltimperialismus kampflos zum Fraße hingeworfen!"

Adolf Hitler wiederholt rituell dieses Motiv 1941 bis 1945 in seinen Anklagepredigten wider London und Washington. Hier aber, 1935, wird die Hoffnung bekundet: „Wir wollen aber hoffen, daß auch alle übrigen arischen Kulturvölker den vom Judentume ihnen seit Jahrhunderten hingeworfenen Fehdehandschuh ergreifen, die vom imperialistischen Judaismus so arg bedrohte Freiheit, Unabhängigkeit und völkische Ehre verteidigen und so mithelfen werden, Europa in zwölfter Stunde von jüdischem Ungeiste und entehrender asiatischer Tyrannei zu befreien und an der Neugestaltung und Arisierung der Alten Welt den Anteil zu haben, den ein europäisches Kulturvolk haben müßte."

Der Kampf gegen Juda ist immer ein „Abwehrkampf": für Dr. Eberle, den Herausgeber der „Schöneren Zukunft" 1926, für die Bischöfe, für Adolf Hitler.

1935 werden hier die Völker Europas bereits mit derselben Begründung, wie sie Hitler ab 1939/41 formuliert, eingeladen, sich am Kampf, am kommenden Krieg gegen den jüdischen Bolschewismus zu beteiligen. Denn: „Es ist sittliche Pflicht, das durch Gnade des Schicksals" – beachten wir diese typische, ganz Hitler entsprechende Legierung der christlichen „Gnade" mit dem „Schicksal", in dem die „Vorsehung" und die „Natur" verschmelzen – „empfangene rassische Erbgut der arischen Völker auf dem mit Schweiß und Blut erkämpften Boden ihrer Vorfahren sorgsam zu hüten und gegen jede Fremdherrschaft, insbesondere aber gegen die jüdische Tyrannis im Frieden mit dem Gesetze und im Kriege mit dem Schwerte zu verteidigen!"

1935 werden hier, in Dresden und Wien, die österreichischen und deutschen Katholiken bereits vor-eingefordert für Hitlers großen „Abwehrkampf" gegen den westlichen jüdischen mammonistischen Kapitalismus und gegen den östlichen jüdischen Bolschewismus.

1936 ist es bereits der deutsche Episkopat, der die deutschen Katholiken auffordert, Hitlers Kampf gegen den Bolschewismus voll und ganz zu unterstützen.

1935 wird hier im Geiste dieses „Abwehrkampfes" an die Kirche appelliert: „Gerade die Kirche muß im eigenen Interesse auch am nordischen Gedanken mitarbeiten." – „Völker und Rassen haben nicht Menschen geschaffen, sondern der Weltenmeister, und es ist göttlicher Schöpfungswille, daß sie bestehen bleiben und nicht durch Schändung des Gotteswerkes zu einem germanisch-negroiden-mongolischen Köterbrei herabgewürdigt werden." – „Ist der auf den Wahnideen der Französischen Revolution aufgebaute liberaldemokratische Staat, dessen ‚heiliges Grundgesetz' die Lüge von der Gleichberechtigung alles dessen was Menschenantlitz trägt, nicht mehr und nicht weniger als eine interkonfessionelle" – wir kommentieren: Der Katholizismus der Pius-Päpste lehnte jede interkonfessionelle Zusammenarbeit ab –, „internationale und rassenchaotische Vermehrungsanstalt menschlicher Lebewesen, so ist der Rassenstaat die rechtliche Rüstung eines Volkes, mit der es gut bewehrt durch die Weltgeschichte schreitet." – „Deshalb wird in der Rassenethik die Vermischung Rassenfremder mit Recht als ‚Sünde wider das Blut', als ‚Blut-, Volks- und Rassenverrat' bezeichnet, denn wir wiederholen, alles kann ein Volk wiedergewinnen, was ein pflichtvergessenes Geschlecht verfallen ließ: Sprache und Boden, Geld und Gut; ist aber das rassische Erbe vertan und zu einem Rassenbrei geworden, dann muß dieses Volk darin ersticken und untergehen."

Der katholische Pfarrer Gaston Ritter („Das Judentum und die Schatten des Antichrist", Graz 1933) wird als Kronzeuge genannt, um die furchtbare Weltverschwörung des Judentums den Katholiken aufzuzeigen: „Ein katholischer Bischof – Fürstbischof von Seckau, Dr. Pawlikowski – gibt diesem Buch durch die Druckerlaubnis den Segen der Kirche."

„Nicht die Christen verfolgen die Juden, sondern die Juden die Christen." – „Soll die arische Intelligenz nicht ausgerottet werden und ein jüdisches Bildungsmonopol nicht widerstandlos anerkannt werden, so muß ehestens der sogenannte Numerus clausus eingeführt werden."

Zum Kampf gegen den jüdischen Weltfeind gehört hier, 1935, genauso wie für Hitler 1918–1945, der Kampf gegen den Kulturbolschewismus der Liberalen, der entarteten Kunst, gegen „Schmutz und Schund" jüdischer Literaten. Else Lasker-Schüler und Oskar Kokoschka, der Nicht-Jude, werden im Bild gezeigt.

„Wer uns mit Herz und Verstand gefolgt ist, wird mit uns erkannt haben, daß Deutschtum und Judentum unüberbrückbare Gegensätze sind, daß uns im Judentum ein Gegenvolk mit einem geheimen Gegenstaat und einer geheimnisvollen Gegenreligion als Gegenrasse gegenübersteht."

Die glaubensmäßigen religiös-politischen Grundlagen für Hitlers Außenpolitik, Kriegspolitik, Vernichtungspolitik sind in diesem religiös-politischen Katechismus für die österreichischen und deutschen Katholiken vollinhaltlich präsent.

Alle Motive kreisen hier, 1935, und bei Hitler 1920–1945 um diese eine Achse: *„Aber daß uns das Judentum vernichten will,* kann kein Ehrlicher mehr leugnen. Mitzuhelfen, auf daß es endlich anders werde, ist in der Gegenwart jedes Deutschen, jedes Christen, jedes Ariers höchste Pflicht und Aufgabe."

Noch einmal werden sie, in Bild und Wort, einander gegenübergestellt: der Kölner Dom als Bild aller gotischen Dome, auf die sich Hitler gerne bezieht – und die Klagemauer in Jerusalem: „Verfallene Heiligtümer, verlassene Heimat, preisgegebene Sprache sind weltgeschichtliche Beweise, daß das Judenvolk von ‚Treue und Glauben', ‚Heimat und Sprache' eine andere Vorstellung hat als wir."

Diese ungeheuerliche Anschuldigung des treuesten, glaubenstreuesten, heimattreuesten – und gerade in seiner Bindung an Spanien und Deutschland – sprachtreuesten Volkes dieser Erde wurzelt in einer altehrwürdigen christlichen theologischen Tradition, die längst das Glaubensgut des Alten Testaments, die Bibel, das Gebetsgut, die Psalmen und Jesus von Nazareth dem gottesmörderischen

Volke „rechtmäßig“ entwendet hat; wie Kardinal Faulhabers Fastenpredigten von 1933 zeigen.
Im Auslande sehen Christen aller Konfessionen entsetzt auf dieses Hineinschlittern deutscher Christen aller Kirchen in den Rassenwahn und die Judenverfolgung.

1935 erscheint in Luzern ein kleiner Sammelband, eine Art Gegengift (besser: Gegengabe) gegen die permanente Vergiftung nicht zuletzt auch der deutschen Katholiken durch eine katholische Presse, die Pater Muckermann im April 1936 in Holland als „ein widerliches Instrument der Lüge“ bezeichnet: „Die Gefährdung des Christentums durch Rassenwahn und Judenverfolgung.“
Das ist ein kleines interkonfessionelles Symposion! Wladimir Solowjow wird eingangs zitiert („Das Judentum und die Christenfrage“): „Die Juden haben sich von jeher jüdisch zu uns verhalten, wir aber, wir Christen haben ganz im Gegenteil bis jetzt noch nicht gelernt, uns zu den Juden in christlicher Weise zu verhalten.“ Nur durch die Tat, durch sein Leben, kann der Christ sein Christentum dem Juden beweisen: „Demnach ist die Judenfrage *die* Christenfrage.“
Der calvinistische Bischof von Debreczen Dr. Desider Balthazar zeigt hier auf: „Die Pest der inneren Zerrüttung nagt am Christentum, zersetzt es durch Rassenwahn und Judenverfolgung. Die christlichen Völker marschieren in den Tod! Ein Teil der theologischen Wissenschaft in Deutschland hat sich dazu erniedrigt, dem Rassenwahn und der Judenverfolgung zur Verfügung zu stehen.“
Erschütternd wirklichkeitsfremd und dann wieder wirklichkeitsnah meint dieser reformierte Bischof – von allen christlichen Großkonfessionen in Europa hält sich nur die reformierte, calvinistische Kirche im Geiste ihres Gründers von Antijudaismus und Antisemitismus fern –: „Vom neuen Heidentum des Rassenhasses braucht man für das Judentum nichts zu befürchten. Seine Leiden, seine Prüfungen sind Gegenstand des brüderlichen Mitleids der ganzen besonnenen christlichen Welt.“ – „Anders steht es um das Verhältnis von Rassentheorie und Christentum; diskreditiert und gefährdet doch das erschreckende Unwesen des Rassenegoismus und der Wahnsinn des Rassenhasses, da sie im Schoße des Christentums selbst entstanden sind, den göttlichen Ursprung und die welterlösende Bedeutung dieses Christentums selbst.“
Der ungarische reformierte Bischof sieht das Christentum bis ins Mark von der Gefahr totaler Zersetzung durch Rassenwahn und Judenverfolgung bedroht. Er wagt zu sagen: Gefährlicher als Nationalsozialismus und Bolschewismus ist für das Christentum diese christliche Selbstzersetzung. „Das bewußte Heidentum, zu dem ein Teil der deutschen Seele herabgesunken, und die nackte Gottlosigkeit, zu der der Grimm der russischen Seele entartet ist, gefährden Bedeutung und

Ansehen des Christentums nicht in dem Maße wie ein Pharisäertum, das bei Aufrechterhaltung des christlichen Scheines bereits mit allen sittlichen Forderungen des Christentums gebrochen hat; gefährden es nicht in dem Maße wie eine Glaubensqualität, die sich im Besitze des Taufscheins erschöpft, wie eine Deutung des Kreuzes, die ihren Bekenner dazu ermächtigen möchte, im Namen einer bis zur Bestialität entarteten völkischen Eigengesetzlichkeit den Menschen anderer Rasse an dieses selbe Kreuz zu schlagen. Der Brand im Innern ist immer gefährlicher als die Wunde, die von außen geschlagen wird. Verleumdung, so schwer sie auch sei, stürzt einen nicht so tief wie unsere eigene Sünde, und mag diese die Menschenkunst noch so sehr zur Tugend umzudeuten suchen." – „Es ist unsere Pflicht, jede geistige und gefühlsmäßige Verbundenheit zu verleugnen mit denjenigen, die den gesäuberten Tempel Jesu zu der ‚Synagoge des Satans' machen und unter dem Deckmantel des Christentums das Dogma des Heidentums in diesen Tempel schmuggeln wollen."

Wir kommentieren: Die calvinistische Theologie sieht das Alte Testament nicht aufgehoben durch das Christentum, sieht die Kirche nicht als die Aufhebung der Synagoge an, wie die katholische Theologie zumeist auch heute noch. Selbst in ihren fortschrittlichsten Vertretern, wie Yves Congar O. P., hält sie fest: Die Kirche als neues „wahres Israel" hat das alte Israel, die Synagoge restlos aufgehoben. Diese Theologie bildet, obwohl es die meisten Theologen nicht sehen und zugeben wollen, die theologische Vorbedingung der „Aufhebung" der Juden.

Der bekannte Dekan von St. Paul in London, W. R. Inge, Dean von 1911 bis 1934, beginnt seine Auseinandersetzung mit der Verfälschung der Grundsätze der christlichen Religion durch die evangelischen Kirchen in Deutschland mit dem Hinweis: „Die meisten von uns in England haben große Sympathie für die nationalsozialistische Bewegung in Deutschland."

Judenhaß – von Schottland aus gesehen: George Mackenzie macht darauf aufmerksam, daß Schottland und Skandinavien die einzigen christlichen Länder in Europa sind, in denen nie jüdisches Blut vergossen wurde. Die Deutsche evangelische Reichskirche ist eine offizielle christliche Kirche, die in allem, ausgenommen im Namen, aufgehört hat, christlich zu sein. „Die Geistlichkeit, die zur Gewalt greift, wie fromm auch gelegentlich ihr Wortschatz, wie laut und inbrünstig ihr Gesang: ‚Ein' feste Burg ist unser Gott' sein mag – ist antichristlich und muß früher oder später untergehen."

Der evangelische tschechische Theologe Emanuel Radl, Prag, fragt bestürzt: „Wie ist es möglich, daß einige Lutheraner einen so großen Nachdruck auf die Sünde legen und gleichzeitig z. B. sich so sehr gegen die Verantwortung für den Weltkrieg wehren?"

Das letzte Wort in diesem interkonfessionellen Symposium erhält der römisch-katholische Bischof von St. Gallen, Dr. A. Scheiwiler. Er behandelt das Verhältnis Jesu zum Judentum und stellt fest: „Charakteristisch für die ganze öffentliche Wirksamkeit Jesu Christi ist seine grenzenlose Liebe zum auserwählten Volke.“ – „Jesus wollte nicht etwas absolut Neues bringen. Das Neue Testament ruht vielmehr auf dem Alten, aus dem es sich organisch weiterentwickelt.“
Diese warnenden christlichen Stimmen erreichen nicht Herz und Ohr der deutschen Katholiken. Der äußeren Zensur durch das nationalsozialistische Regime entspricht oft eine innere Selbstzensur, die dem Ich verwehrt, unangenehme Wahrheiten zu vernehmen.
1935: Hans Frank ist der Überzeugung, daß 1933 ein „Einschachtelungsprozeß Hitlers bis zur totalen Isolierung seiner Person“ beginnt, der 1938 abgeschlossen ist. Von 1938 an „war die Tür zu Hitler praktisch jedermann versperrt“. Zugang hatten nur mehr Himmler, Bormann, Goebbels, Ribbentrop, Göring, Lammers und Keitel.
Der Reichspressechef Otto Dietrich hält die Jahre 1935 und 1936 für die bedeutsamsten in Hitlers Entwicklung vom innenpolitischen Reformer zum außenpolitischen Desperado. In diesen Jahren sieht Dietrich im persönlichen Auftreten und im Verkehr Hitlers einen gewissen Wandel sich vollziehen. Hitler wird immer zurückhaltender, er distanziert sich zusehends von seiner Umgebung.

In den Jahren 1932 und 1933/34 finden die „Gespräche“ Hermann Rauschnings mit Hitler statt. Es sind zumeist Selbstgespräche, in denen Adolf Hitler in kleinem Kreis der Getreuen Planspiele anstellt. Er läßt seine Phantasie schweifen, ausschweifen, in die Zukunft, in die Vergangenheit. Der Tagträumer, der Autist, der Spieler, der Vabanquespieler – Hitler bei Kriegsausbruch 1939 zu Göring: „Ich habe immer va banque gespielt“ – spricht sich hier aus. Diese „Gespräche“ wurden 1940 veröffentlicht, in einem Zeitpunkt also, in dem die in diesen Gesprächen offen bekundete Vernichtungspolitik in der Praxis noch nicht – oder eben erst in Polen – angelaufen war.
Hitler nimmt ein Motiv aus der „Götterdämmerung“ auf: „Wir werden nicht kapitulieren, niemals. Wir können untergehen, vielleicht. Aber wir werden eine Welt mitnehmen. Muspilli, Weltenbrand.“
Adolf Hitler befaßt sich oft mit der Frage des nationalen wie des individuellen Selbstmordes. So in öffentlichen Reden 1928, dann in seiner ersten Rede zur Außenpolitik nach der Machtergreifung am 17. Mai 1933, dann wieder am 1. Februar 1943 anläßlich der Kapitulation von Stalingrad. Hitler ist von dem Gedanken an Selbstmord, an Freitod fasziniert. Sein Glaube an den Krieg hat

sich vielleicht unterschwellig bereits auf den Schlachtfeldern von 1914–1918 mit diesem Glauben an den „Freitod“ verbunden.

„Ich spiele nicht Krieg. Den Krieg führe *ich*. Den geeigneten Zeitpunkt zum Angriff bestimme ich ... Ich werde meine ganze Energie darauf verwenden, ihn herbeizuzwingen ... Erzwinge ich das, dann *habe ich das Recht, die Jugend in den Tod zu schicken.*“

Dieses „Recht“, die Jugend in den Tod zu schicken, nimmt er – bewußt und unbewußt zugleich – aus seiner eigenen Todesbereitschaft – Freud würde sagen „Todestrieb“ – und stellt diese Todesbereitschaft sich und seiner Jugend jährlich eindringlich vor in der Todes-, Allerseelen- und Allerheiligenfeier der Nacht des 9. November in München. Mit dieser Todesbereitschaft legitimiert Hitler im Gespräch mit Rauschning sein Recht auf Grausamkeit: „Wir müssen grausam sein“. Gerade als Herr des Todes und des Schreckens erzeigt sich Hitler als – dekadenter – Sproß des Barock und der Gegenreformation.

Rauschning bemerkt in diesen Zusammenhängen den Österreicher Adolf Hitler: „Daß Hitler von Haus aus ein rührseliges, ein ausgesprochen sentimentales Temperament ist, mit Neigung zur Gefühlsschwelgerei und Romantik, weiß jeder, der ihn aus der Kampfzeit näher kennt. Seine Tränenausbrüche bei allen inneren Krisen waren keineswegs nur eine Nervensache. Der schluchzend-rührselige Ton, mit dem er etwa an seine Berliner SA appellierte, war echt und nicht Theater.“

Hitler stimmt Darré und dessen Stab zu, die eine „Neuordnung im Osten“ vorbereiten. Eine Entvölkerungspolitik soll einen großen „Befehlsraum“ im Osten frei-stellen. „Ohne die Herstellung einer gewissen modernen Form der Hörigkeit oder, wenn man will, des Sklaventums, könne die menschliche Kultur nicht weiterentwickelt werden.“

Hier spricht sich eine verwilderte Pubertät aus, die grausame Phantasie böser Buben, die verdorben ist durch die Lektüre grausam-sadistischer Räubergeschichten. Hitler liebt bekanntlich Karl May, liest ihn als Reichskanzler noch einmal. Eduard Frauenfeld, einer der frühen Führer der Wiener Nationalsozialisten, stellt in einer Denkschrift von der Krim Himmler 1944 die deutsche Ausrottungspolitik als eine Ausgeburt verwilderter Lektüre von Schund- und Abenteuerromanen vor und beruft sich darauf, daß er sich einen Sinn für Gerechtigkeit und Recht erhalten habe als Sohn eines altösterreichischen Richters und Hofrates.

Dieser Sinn fehlt Adolf Hitler vollständig. Er ergeht sich Rauschning gegenüber in pubertären Welteroberungs- und Weltveränderungsphantasien: Nie werde ich anderen Völkern das gleiche Recht wie dem deutschen Volke zuerkennen. Die Tschechen müssen aus Mitteleuropa hinaus – ein Wunschtraum bereits von deutsch-nationalen Politikern aus dem Kronland Böhmen, um 1880 und 1890 –;

sie sind hier ein Herd hussistisch-bolschewistischer Zersetzung. Sie sollen nach Sibirien oder in die wolhynischen Gebiete ausgesiedelt werden.
Vor dem innerlich entsetzten Rauschning schildert Adolf Hitler seinen Neuaufbau einer Gesellschaftsordnung. Zuoberst: die „hierarchisch" geordneten Parteimitglieder. Dann die große Masse der Anonymen, das Kollektiv der Dienenden, der „ewig Unmündigen". Darunter die moderne Sklavenschicht der unterworfenen Fremdstämmigen. Mit der Allgemeinbildung muß Schluß gemacht werden; sie ist das zersetzendste und auflösendste Gift, das der Liberalismus zu seiner eigenen Zerstörung erfunden hat. Es gibt nur eine Bildung für jeden Stand (Klerus) und in jedem Stand für jede einzelne Stufe.
Diese hierarchische Ordnung wäre im einzelnen zu vergleichen etwa mit den Plänen eines Pobjedonoszcev, des Oberprokurators des Heiligen Synods, eines persönlich atheistischen, „aufgeklärten" Mannes, der Rußland unifizieren möchte durch eine straffe Entbildungspolitik. Sie will jedem Bürger nur das Nötigste an Buchwissen zukommen lassen und rationiert selbst dem Klerus die Bibel. Die hierarchische Ordnung Hitlers wäre insonderheit zu vergleichen mit dem Gesellschaftsbild, das dem Mgr. Benigni und seinen römischen Integralisten um 1910 vorschwebt: Die Massen unmündiger Laien sollen von einem Klerus dirigiert werden, dem selbst sorgfältig je sein Maß an Bildung zugemessen wird.
Der deutsche Feldbischof Rarkowski, der Hitlers Krieg vorfeiert und ab 1939 hymnisch-liturgisch den katholischen Soldaten Hitlers verkündet, ist eine Kreatur dieses Mgr. Benigni, der in ganz Europa seine Hexenjagd gegen „Modernisten", gegen jene „verbrecherischen" Theologen und Denker der Kirche einrichtet, welche die Kirche mit der Demokratie, dem Liberalismus, der Neuzeit versöhnen möchten.
Der österreichische Katholik Adolf Hitler spricht sich in den Gesprächen mit Rauschning schonungslos offen über das Christentum aus: „Das Christentum ist ein jüdischer Schwindel. Man ist entweder Deutscher oder Christ. Man kann den Epileptiker Paulus zwar aus dem Christentum hinauswerfen, das nützt aber nicht viel. Wir wollen keine Menschen, die nach drüben schielen. Wir wollen freie Männer, die Gott in sich wissen und spüren." – „Den Jesus können Sie nicht zum Arier machen, das ist Unsinn." Dummes Zeug, was Chamberlain darüber geschrieben hat. „Die Massen werden nie wieder christlich werden." – „Der Film ist abgespielt ... Die Pfaffen sollen sich selbst ihr Grab schaufeln. Sie werden ihren lieben Gott an uns verraten." – Wir kommentieren: Dieser Verrat ist tausendfach gesehen: 1935–1945. – „Um ihr erbärmliches Gelumpe von Stellung und Einkommen werden sie alles preisgeben. Was wir tun sollen? Was die katholische Kirche getan hat, als sie den Heiden ihren Glauben aufgepfropft hat: erhalten, was zu erhalten geht und umdeuten."

Der evangelisch gebildete Hermann Rauschning sieht hier in Hitler den Antichrist. Hitler selbst lehnt dezidiert ab, ein Antichrist zu sein, wohl aber will er ein Anti-Lenin sein! Wer etwas hineinhört in diese Äußerungen Hitlers und selbst einige innerkatholische Erfahrungen besitzt, kann unschwer erkennen, daß Hitler hier nur brutal und etwas ordinär aussagt, was betrübte Christen und Seelsorger in unserem Jahrhundert in Deutschland, Frankreich, Italien, Spanien etc. beobachten: Breiteste Schichten oben, unten und in der Mitte der Gesellschaft glauben nicht mehr an das Christentum. Sie sind in den Tiefenschichten der Person nicht mehr christlich-existentiell ansprechbar und sehen, im intimen Gespräch, das Christentum für einen überholten Schwindel an. Das hindert sie jedoch nicht, zu den „heiligen Zeiten" in die Kirche zu gehen, Kirchensteuer zu zahlen, freundlich mit Bischöfen und Pfarrern zu reden und die Kinder am Religionsunterricht teilnehmen zu lassen.
Dasselbe gilt für Hitlers Urteil über die „Pfaffen". Ein weithin in die jeweiligen Machtverhältnisse eingepaßter christlicher Klerus stellte sich als Schalltrommel und Propagandist zur Verfügung für Hitlers Nürnberger Gesetze, für seinen Krieg, für die Verteidigung des Vietnam-Krieges der USA als eines „heiligen Krieges", für eine atomare Rüstungspolitik der Bundesrepublik Deutschland, die zu Recht führende ehemalige Wehrmachtsseelsorger übernommen hat.
Hitler sieht hier, wie so oft, sehr richtig das Alte, Gestrige und Vorgestrige. Daß sogar in der Kirche und im Christentum etwas Neues am Horizont heraufsteigen könnte, hielt er, wie viele Kirchenchristen, für unmöglich. Er möchte, getreu seinem Grundsatz „erhalten, was zu erhalten geht und umdeuten", die kirchlichen Feste in seinen Dienst stellen: Ostern als ewige Erneuerung unseres Volkes; Weihnachten als Geburt *unseres* Heilands – des Geistes der Heldenhaftigkeit und Freiheit unseres Volkes. „Meinen Sie, die werden nicht unseren Gott auch in ihren Kirchen lehren, diese liberalen Pfaffen, die keinen Glauben mehr haben, sondern nur ihr Amt? Ich garantiere Ihnen, so wie sie Haeckel und Darwin, Goethe und Stefan George zur Propheten ihres Christentums gemacht haben, *so werden sie das Kreuz durch unser Hakenkreuz ersetzen.* Sie werden anstatt des Blutes ihres bisherigen Erlösers das reine Blut unseres Volkes zelebrieren; sie werden die deutsche Ackerfrucht als heilige Gabe empfangen und zum Symbol der ewigen Volksgemeinschaft essen, wie sie bisher den Leib ihres Gottes genossen haben." Dann werden die Kirchen wieder voll werden.
Hier spricht sich nicht nur eine genaue Kenntnis intimster und offen sichtbarer Schwächen eines deutschen Kultur-Protestantismus aus, sondern auch eine spezifisch katholische Kritik zunächst an diesem protestantischen *aggiornamento*, an der Anpassung an geistige und politische Moden des Tages. Wie weit ein katholisch-theologisches *aggiornamento* in der Anpassung an die „ewigen Werte" von

Volk, Blut, Rasse in den Jahren ab 1933 selbst hervorragende Theologen in ihren Bann schlug, ist inzwischen mehrfach aufgezeigt worden.
Adolf Hitler fährt fort: „Die Schwarzen sollen sich nichts vormachen. Ihre Zeit ist um. Sie haben verspielt." – Denkt er hier unbewußt auch an seinen Religionsprofessor Franz Sales Schwarz in Linz? *„Ich bin Katholik. Das hat die Vorsehung schon so eingerichtet."* Beachten wir, wie Adolf Hitler im Intimgespräch seine Vorsehung, so wie er sie versteht und glaubt, mit seinem Katholik-Sein assoziiert. „Nur ein Katholik kennt die schwachen Punkte der Kirche. Ich weiß, wie man den Brüdern zu Leibe gehen muß. Der Bismarck ist blöd gewesen. Er ist halt Protestant gewesen. Die wissen eh' nicht, was Kirche ist. Da muß man mit dem Volk fühlen."
Der österreichische Katholik Adolf Hitler spricht ganz richtig, nämlich der Tiefenschicht dieser Aussage entsprechend, seine österreichische Mundart; seine Sprache ist hier mit ein Zeugnis für die existentielle Echtheit seines Glaubensbekenntnisses. Der Bub Adolf Hitler – wir sprechen ihn hier als Bub an, so wie ihn Alma Mahler-Werfel 1933 als Bub in Breslau erblickt – vergißt bis an sein Lebensende nicht seine Erlebnisse in der Passauer Dom- und Kirchenstadt, die Prozessionen und Wallfahrten des bayerischen Katholizismus, den Gottesdienst in Lambach und die Lueger-Katholiken in Wien. Und er erklärt hier wieder wie in „Mein Kampf": „Ich lass' mich auf einen Kulturkampf nicht ein."
Und nun sagt er, in einem Atemzuge: „Die katholische Kirche ist schon etwas Großes. Herr Gott, ihr Leut', das ist eine Institution und es ist schon was, an die zweitausend Jahre auszudauern." – Wir kommentieren: Es sind diese zweitausend Jahre der Kirche, die Hitler vor Augen schweben, wenn er in seinen Reden immer wieder von der zweitausendjährigen Geschichte des deutschen Volkes spricht. – „Davon müssen wir lernen. Da steckt Witz und Menschenkenntnis darin. Die kennen ihre Leute! Die wissen, wo sie der Schuh drückt. Aber nun ist ihre Zeit um! Das wissen die Pfaffen selbst. Klug genug sind sie, das einzusehen und sich nicht auf einen Kampf einzulassen." – Wir kommentieren: Wie richtig sieht hier Hitler die wahren Potenz-Verhältnisse in seiner Zeit in Deutschland; die deutschen Bischöfe wagten es tatsächlich nicht, es auf einen Machtkampf mit dem Glauben Hitlers ankommen zu lassen; sie fürchteten, daß die von ihnen patronisierten, nie als freie Menschen angesprochenen und nie in ihren Tiefenschichten mobilisierten Kirchen-Schafe ihnen davonlaufen würden, wie bereits hier und dort junge Kleriker. – „Tun sie es doch, ich werde bestimmt keine Märtyrer aus ihnen machen. Zu simplen Verbrechern werden wir sie stempeln."
Ein plebejischer, hämisch-bösartiger Zug steigt hier in Adolf Hitler hoch. Er möchte diese hohen Herren, die Bischöfe, demütigen, wie er seine Generalstäbler demütigen, als kleine elende Burschen entlarven möchte.

Hitler denkt an antikirchliche Propagandafilme. Er ist überzeugt: „Die Kirche könnte ich in wenigen Jahren vernichten. Hohl ist alles in ihr und brüchig; verlogen, für den Zusammenfall reif."
Dasselbe wissen – auf der anderen Seite – christliche Theologen wie Dietrich Bonhoeffer und der Jesuit Alfred Delp, die beide, der erstere in Flossenbürg, der zweite in Berlin-Plötzensee, hingerichtet werden. Dasselbe weiß der österreichische Klosterneuburger Chorherr und Widerstandskämpfer Karl Roman Scholz, der durch ein Dutzend Gefängnisse geschleppt und dann in Wien hingerichtet wird. Das wissen ergriffene einzelne wie Reinhold Schneider. Das ist doch höchst bemerkenswert und noch kaum in seiner Tragweite erkannt: Die wahren Antipoden, hier der österreichische Katholik Adolf Hitler, ein *prêtre malgré lui,* und dort diese einsamen Theologen und christlichen Denker, sie allein sehen die Tiefe eines christlichen Bankrotts, der auch ein Bankrott der Kirchen ist.
Die Offiziellen und Offiziösen wollen gleich nach 1945 über die Katastrophe hinweggehen in ihrem „Wiederaufbau", der den Bankrott einfach nicht wahrhaben will.
Scharf, mit einem Blick, der an den Blick Heinrich Heines auf den evangelischen und katholischen Klerus, in seinen „Bädern in Lucca", denken läßt, sieht Adolf Hitler auf seine „Schwarzen". – „Bei ihrem bewährten Profitgeist und Wohlleben werden wir sie schon zu fassen bekommen. Sie werden alles schlucken, um ihre materiellen Positionen halten zu können. Es kommt nicht zum Kampf. Die wittern schon, wo ein fester Wille ist. Darum brauchen wir bloß ein paar Mal den Herrn zu zeigen. Dann wissen sie schon, woher der Wind weht." – Wir kommentieren: Die ängstlichen Beratungen des deutschen Episkopats mit Pius XII. in Rom 1939 über die Glückwunschadresse an Hitler, über die kirchliche Politik ihm und dem Hakenkreuz gegenüber illustrieren makaber diese Überzeugung Hitlers.
Hitler fährt fort: „Dumm sind die nicht. Das war schon was, die Kirche. Jetzt sind wir die Erben. Wir sind auch eine Kirche. Der ihre Zeit ist abgetan. Sie werden nicht kämpfen. Mir kann es schon recht sein. Wenn ich schon die Jugend habe, die Alten sollen in die Beichtstühle hinken. Aber die Jugend, die wird anders. Dafür stehe ich."
Die besorgten Briefe des Papstes Pius XII. an die deutschen Bischöfe 1939–1944 sind von dieser Sorge vorrangig durchbebt. Es ist die Angst um die Jugend, nicht zuletzt um den jungen Klerus. Der Papst fürchtet nach zwei Richtungen: in bezug auf eine Verführung der katholischen Jugend durch den Glauben Hitlers den Elan seiner Bewegung; und in bezug auf eine Verführung des jungen deutschen Klerus durch reformerische Ideen, die längst in der Luft lagen, die zumindest seit 1832 – seit den Tagen des Lamennais – gegen die Versteinung der Kirche

und gegen die Papificatio Jesu Christi, die Verpäpstlichung Jesu Christi, wie es der bedeutendste deutsche katholische Denker im 19. Jahrhundert, Franz von Baader, nannte – aufstanden.
Der österreichische Katholik Adolf Hitler fährt fort: „Die Protestanten wissen überhaupt nicht, was Kirche ist. Man kann mit ihnen anstellen, was man will, sie werden sich drücken. Sie sind Kummer gewohnt. Sie haben es von ihren Landesherren und Kirchenpatronen gelernt, bei denen sie sonntags zum Gänsebraten geladen waren. Ihren Platz aber hatten sie unten an der Tafel bei den Kindern und Schulmeistern. Es war schon viel, daß sie nicht an der Bediententafel mitessen mußten."
Wir kommentieren: Heute neigen protestantische Theologen, die, als Rechtfertigungstheologen von den Machthabern der Welt eben erst zur theologischen Rechtfertigung ihrer Militärpolitik berufen, am Tisch weit „oben" sitzen, zur Ansicht, daß sie höhergestellt sind als ihre von Hitler so treffend porträtierten Vorväter.
Hitler: „Es sind kleine dürftige Subjekte, unterwürfig bis zum Handkuß, und sie schwitzen vor Verlegenheit, wenn man sie anredet. Sie haben schließlich gar keinen Glauben, den sie ernst nehmen, und sie haben auch keine große Herrschaftsmacht zu verteidigen wie Rom." Diese Sätze entsprechen sehr genau Heinrich Heines Bemerkungen über den protestantischen Klerus.
Hitler bekennt sich in den Gesprächen mit Rauschning zu dem religiös-politischen Glaubenssatz des Mgr. Benigni und aller Integralisten: „Die Welt wird nur mit Furcht regiert!" Grausamkeit imponiert: „Die Leute brauchen den heilsamen Schrecken. Sie wollen sich vor etwas fürchten." – „Die Masse will das. Sie braucht etwas zum Grauen." – „Der Terror ist das wirksamste politische Mittel."
Wir kommentieren: Christliche Höllen- und Teufelspredigt terrorisiert vom Spätmittelalter bis zum 19. Jahrhundert die Seelen. Groethuysen und andere führen den Zusammenbruch des Kirchenglaubens in Frankreich im 18. Jahrhundert in hohem Maße auf diese Terrorisierung zurück; der Glaube an den Teufel sog den Glauben an einen gütigen Gott auf.

Ein Zufall will es: Einige Tage, bevor ich diese Zeilen hier schreibe, hält in der Nähe, in einer Wiener Pfarre, ein aus Südtirol stammender Prediger eine Christ-Königs-Predigt, in der er den Christus-König als unbewegbaren Herrn des Schreckens, des totalen Gerichts, den teils ergriffenen, teils empörten Gläubigen vorstellt. Oktober 1966.
Adolf Hitler wendet sich Rauschning, dem Danziger gegenüber, Österreich zu. Österreich ist verjudet. Slawische Mestizen hausen in Wien. „Diese Wenzels müs-

sen raus!" Er sieht hier, in der Zeit seiner 1000-Mark-Sperre, nicht voraus, daß er kurz vor seinem Tode als einem seiner letzten Getreuen einem zwölfjährigen Hitlerjungen namens Czech die Hand segnend auflegen wird.
„Österreich braucht Auffrischung aus dem Reich." – „Man soll sich nichts vormachen. Es gibt kein Österreich mehr. Was sich so nennt, ist nur ein Leichnam. Österreich muß vom Reich aus neu kolonisiert werden." Hitler betrachtet es als „seine Herzensangelegenheit", Österreich zur Deutschheit zu erziehen. Es sei genug mit diesen Schlieferls. Sie sollen ihr bißchen Grinzing und Schlamperei schon noch ausschwitzen.
Der Wien-Haß des „Linzers" Adolf Hitler ergeht sich hier, an einer gemütlichen Kaffeetafel mit Kuchen und Schlagobers, in Rachevisionen. Hitler will Dollfuß den Prozeß machen. Rauschning bemerkt dazu: „Diese Kleinbürger sind ja nicht friedlich und bramarbasieren bloß, wie das so zu sein pflegt. Sie bersten vor innerem Haß und Neid, vor Mißgunst und Scheelsucht."
Wir erinnern: Pietistische Kleinbürger ersehnen in Weltgerichts- und Untergangsvisionen im 17. und 18. Jahrhundert eine Erfüllung ihrer Rachebedürfnisse, Rache und Ressentiment erfüllen deutsche, österreichische, christliche Bürger und Kleinbürger in Hitlers Jahrzehnten und finden in ihm den Erfüllungspolitiker. Der Vorwurf „Verzicht"-Politiker gilt, unterbewußt, nicht zuletzt dem diesen Menschen unmöglich erscheinenden Verzicht auf Rache: Rache für „Versailles", für ihre Frustrierung in einer neuen Gesellschaft.
Rache – und Sieg. An der Kaffeetafel, beim gemütlichen Beisammensein entwikkelt Adolf Hitler 1932 und 1933/34 vor Rauschning, dem Königsberger Gauleiter Koch und anderen hohen Parteigenossen seine Pläne: „Wir haben die Pflicht zu entvölkern, wie wir die Pflicht der sachgemäßen Pflege der deutschen Bevölkerung haben. Es wird eine Technik der Entvölkerung entwickelt werden müssen." Ganze Volksstämme sind auszurotten. Die Natur ist grausam, darum dürfen wir es auch sein. Ich schicke die Blüte der Deutschen in die Stahlgewitter des kommenden Krieges; „sollte ich dann nicht das Recht haben, Millionen einer minderwertigen, sich wie das Ungeziefer vermehrenden Rasse zu beseitigen?" Rauschning vermerkt: Das Gewitter der deutschen Bartholomäusnacht – der 30. Juni 1934 – zieht gerade jetzt, nach diesem Ausspruch Hitlers herauf.
Hitler sieht auf die Juden: „Wie die Juden erst aus der Zerstreuung heraus zu der allumfassenden Weltmacht werden konnten, die sie heute sind, so werden wir heute als das wahre Volk Gottes aus der Zerstreuung in alle Welt zu der allgegenwärtigen Macht werden, zum Herrenvolk der Erde."
Goethe – von Hitler nicht geschätzt – hatte das Schicksal der zerstreuten Juden und der zerstreuten Deutschen zusammengesehen. Hitler denkt an eine Ablösung des jüdischen auserwählten Volkes durch das deutsche auserwählte Volk, nach-

dem christliche Theologen in nahezu 2000 Jahren die heilsgeschichtliche Ablösung des jüdischen Volkes durch den *populus christianus*, das Christenvolk, und das neue Israel, die Kirche, verkündet hatten.
Analog wie viele christliche Polemiker gegen den Marxismus, erklärt Hitler: „Der Marxismus lehrt, daß mit einem ungeheuren Umsturz plötzlich die Welt anders ist. Das Tausendjährige Reich ist vom Himmel gefallen wie das himmlische Jerusalem. Danach hört die Weltgeschichte auf. Es gibt keine Entwicklung mehr. Alles ist nun geordnet. Der Hirt weidet seine Lämmer. Die Welt ist zu Ende." Diese Unterstellung eines primitiven Vulgärmessianismus erlaubt es christlichen Predigern, den Marxismus als eine „falsche Prophetie", als einen falschen, jüdisch inspirierten Aberglauben zu „entlarven".
Hitler sieht sich hier „nicht bloß als Überwinder", sondern auch als „Vollstrecker" des Marxismus an, „wenn man das, was er wollte und was berechtigt an ihm ist, der jüdisch-talmudischen Dogmatik entkleidet".
Als Integralist, auf seine Art, hält er selbst jedoch streng auf die Erhaltung seines Dogmas: Ich werde das Parteiprogramm nie ändern: „Es ist wie das Dogma der Kirche!"
Als Baumeister vergleicht er sich mit den großen frommen Dombaumeistern des Mittelalters, die Generation für Generation an ungeheuren Bauwerken arbeiten. „Mit unserer Bewegung ist erst das mittlere Zeitalter, das Mittelalter, abgeschlossen. Wir beenden einen Irrweg der Menschheit. Die Tafeln vom Berge Sinai haben ihre Gültigkeit verloren. *Das Gewissen ist eine jüdische Erfindung.* Es ist wie die Beschneidung eine Verstümmelung des menschlichen Wesens."
„Der Gedanke einer freien, voraussetzungslosen Wissenschaft konnte nur im Zeitalter des Liberalismus auftauchen. Er ist absurd." – Von Herzen können ihm hier kirchliche Integralisten im Stile von 1832 bis 1958 zustimmen. – „Mit dem Schlagwort von der objektiven Wissenschaft hat sich die Professorenschaft nur von der sehr nötigen Beaufsichtigung durch die staatliche Macht befreien wollen." Statt „staatliche Macht" setzt der kirchliche Integralist hier einfach „Kirche". „An die Stelle des Dogmas von dem stellvertretenden Leiden und Sterben eines göttlichen Erlösers tritt das stellvertretende Leben und Handeln des neuen Führergesetzgebers, das die Masse der Gläubigen von der Last der freien Entscheidung entbindet."
Die Führer der Kirche haben im Jahrhundert zwischen Gregor XVI. und Pius XII. wahrhaftig die Massen der Gläubigen von der Last der freien Entscheidung entbunden, entpflichtet; diese Last trug allein, im geistlichen Bereich, der Heilige Vater in Rom. Diese Last trugen im weltlichen, politischen Bereich zunächst die geistlichen Führer der christlichen Parteien, bis sie ihnen Rom abnahm und an Hitler übertrug. Durften sich diese Führer der Kirche wirklich

wundern, daß die dergestalt entlasteten Massen sich lieber zu einem Führergesetzgeber bekannten, der sie zum Leben und Handeln, nicht zum Leiden und Sterben einlud?

Und nun wendet sich Adolf Hitler in den Gesprächen mit Rauschning jenem Thema zu, in dem Christen und andere Antisemiten den Schlüssel zur Heils- und Unheilsgeschichte sahen, der „jüdischen Frage".

„Meine Juden sind mir ein kostbares Pfand, das ich von den Demokratien besitze." *In diesem einen Satz ist in nuce die ganze Judenpolitik Hitlers enthalten, bis zur Endlösung:* Hitler ist bereit, vor Kriegsbeginn, 1938, die Juden, seine deutschen Juden, gegen Devisen zu verkaufen (Angebot auf der Flüchtlingskonferenz von Evian, Juli 1938). Adolf Hitler glaubt, Europas Juden, soweit er sie bis 1940/41 in seine Mörderhände bekommen hat, als „kostbares Pfand" halten zu können, um von der jüdischen Weltregierung, die hinter London und Washington steht, die Beendigung des Krieges und die Annahme seiner europäischen Neuordnung erzwingen zu können.

Gemütlich, beim gemütlichen Kaffeekränzchen, erklärt Adolf Hitler Rauschning und seinen Getreuen: Der Antisemitismus ist das wichtigste Stück seines propagandistischen Arsenals. „... nur zwischen uns beiden wird der Kampf um die Weltherrschaft ausgefochten, zwischen Deutschen und Juden. Alles andere ist trügerischer Schein. Hinter England steckt Israel, hinter Frankreich und hinter den USA."

Der Jude soll *nicht* vernichtet werden, denn: „Dann müßten wir ihn erfinden. Man braucht einen sichtbaren Feind, nicht bloß einen unsichtbaren." Der österreichische Katholik Hitler fügt hinzu: Die katholische Kirche gibt sich auch nicht bloß mit dem Teufel zufrieden, auch sie bedarf sichtbarer Feinde, um nicht im Kampf zu erschlaffen.

Die Feind-Ansprache: Katholiken finden, erfinden sich im 19. und 20. Jahrhundert stets neue Feinde.In der Bundesrepublik Deutschland erscheint es in den zwanzig Jahren nach 1945 als Ausdruck höchsten politischen Könnens, Feinde recht kraß dem Volke sichtbar zu machen; an die Stelle des teuflischen Juden tritt, vorübergehend, der satanische Bolschewismus.

In diesen gemütlichen lockeren Gesprächen blitzt in Adolf Hitler eine Erkenntnis auf, die er sonst ständig in sich unterdrückt: „Der Jude sitzt immer in uns."

Man glaubt staunend, hier einen Tiefenpsychologen aus der Schule Freuds zu hören, und nicht Adolf Hitler. Diese blitzartige Erkenntnis macht auf eine charakteristische Eigentümlichkeit des Österreichers Hitler aufmerksam: Hitler weiß, anders als viele deutsche dürftige, lineare Existenzen, die stur auf ihrer Einbahnstraße denken und marschieren, daß der Mensch einen Innenraum besitzt, in dem sehr vieles Merkwürdige zugegen ist. Hitler hütet sich jedoch sorgfältig, sich selbst in die Karten zu sehen, zu tief in die Karten zu schauen, im Banne seiner Fixierung in pubertären Neurosen. Er lehnt es ab, selbst seine Tiefen und Untiefen zu analysieren, *er verbirgt sich vor sich selber und versöhnt sich nie mit sich selbst*, mit dem „Juden" in seiner Brust. Er ist wohl der Überzeugung, daß er diesen Teufel braucht, um sich ständig neu zu mobilisieren, anzuheizen.

Als Komödiant weiß er wie Nestroy um die Weiträumigkeit der Innenräume in seiner Person, „zu ebener Erd und im ersten Stock", er hütet sich aber, gewisse Räume in seinem Innenhaus zu betreten – und ist so überaus empfindlich gegen jede Kritik, weil er in ihr eine Vergewaltigung, eine Defloration, eine Übermachtung fürchtet: einen Eintritt und einen Eingriff in einige „schöne" Stuben in seinem Innenraum, deren Betreten er sich selbst verbietet.

Aufgelockert erinnert Hitler im Gespräch: Juden waren bereit, ihn zu unterstützen. „In den Anfängen unserer Bewegung haben mich einige Juden finanziell unterstützt. Ich brauchte nur den kleinen Finger auszustrecken und sie hätten sich alle um mich gedrängt. Sie wußten schon, wo etwas Neues und Lebendiges war." – „Ich habe mit Erschütterung die ‚Protokolle der Weisen von Zion' gelesen. „Ich erkannte sofort, daß wir dies nachbilden müßten, auf unsere Weise natürlich."

1936 erscheint in Karlsbad ein Buch, in dem Alexander Stein „Adolf Hitler, Schüler der Weisen von Zion" analysiert und in dieser Analyse Hitlers Vernichtungspolitik den Juden gegenüber und seine Kriegspolitik aufdeckt.

Wie viele Katholiken, für die die Frage der literarischen Fälschung der Protokolle der Weisen von Zion keine Rolle spielt, da sie von ihrer immanenten Echtheit überzeugt sind, erklärt auch Hitler: Die mögliche Fälschung interessiert mich nicht, *die innere Wahrheit* ist um so überzeugender. „Wir müssen den Juden mit seinen Waffen schlagen. Das stand für mich sofort fest, als ich das Buch gelesen hatte." Bis ins Detail habe ich mich von den „Protokollen" für „Mein Kampf" anregen lassen. „Ich habe aus diesen Protokollen enorm gelernt." Ich habe gelernt von den Marxisten, von der katholischen Kirche, von den Freimaurern. „Vor allem habe ich von dem Jesuitenorden gelernt." – Der Ministrant Heinrich Himmler wählt dessen Organisation, so wie er sie versteht, als Vorbild für seinen schwarzen Orden, die SS –. „Etwas Großartigeres als die hierarchische Ordnung der katholischen Kirche hat es bisher auf der Welt noch nicht gegeben. Ich habe vieles unmittelbar auf die Ordnung meiner Partei übertragen. Fast zweitausend Jahre Bestand unter den wechselnden Schicksalen, das will etwas bedeuten." – „Die katholische Kirche ist vor allem vorbildlich wegen ihrer weisen Einbeziehung menschlicher Schwächung (statt: Schwächen?) in die Führung der Gläubigen. So habe ich mich bei der Behandlung unseres Programmes strikte an die

Art gehalten, wie die Kirche ihre ehrwürdige Bekenntnisurkunde behandelt hat. Sie hat nie daran herummodeln lassen."

Hitler sieht, wie viele Katholiken, die Freimaurer als „eine Art Priesteradel" an. „Sehen Sie nicht, daß unsere Partei etwas ganz Ähnliches sein muß? Ein Orden, die hierarchische Ordnung eines weltlichen Priestertums?" Die katholische Kirche – so fügt Hitler hinzu – hat diese furchtbare Konkurrenz richtig verstanden in ihrem unerbittlichen Kampf gegen die Freimaurer: entweder sie oder die Maurer, das eine oder das andere – da gibt es nur ein Entweder-Oder!

„Johanneisch" – paulinisch, gnostisch, augustinisch, manichäisch – bekundet Adolf Hitler auch hier sein Glaubensbekenntnis: Zwei Welten stehen einander gegenüber! Der Gottesmensch und der Satansmensch! Der Jude ist der Gegenmensch, der Antimensch. „Der Jude ist das Geschöpf eines anderen Gottes."

In ebendieses religiös-politische Glaubensbekenntnis mündet mit einigen Nuancen der Appell der katholischen und nationalsozialistischen Autoren des Sammelbandes „Israel und die Völker" (Wien), „Antisemitismus der Welt in Wort und Bild, Der Weltstreit um die Judenfrage" (Dresden) 1935 aus.

Hitler und seine christlichen Glaubensgenossen sind der Überzeugung, die er 1928 in seinem unveröffentlichten „Zweiten Buch" so formuliert: „Das letzte Ziel des jüdischen Weltkampfes ist dabei die Versklavung produktiv tätiger Völker." – „Das Ende des jüdischen Weltkampfes wird daher immer die blutige Bolschewisierung sein, d. h. in Wahrheit die Vernichtung der mit den Völkern verbundenen geistigen Oberschichten so, daß er selbst *zum Herrn der führerlos gemachten Menschheit* aufzusteigen vermag."

Adolf Hitler deckt sich, soweit dies in seinem eigenen Willen und Vermögen liegt, rückhaltlos auf in seinen Gesprächen im kleinen Kreis, hier also mit Rauschning. Er deckt sich in seinen Reden und in „Mein Kampf" ebenso rückhaltlos auf. Das zeigt 1936 Alexander Stein in seiner Broschüre „Adolf Hitler, Schüler der Weisen von Zion". Dieses Büchlein ist in einer sozialdemokratischen Schriftenreihe erschienen.

Stein zitiert als Kronzeuge für Hitlers unveränderliche Maximen Joseph Goebbels, der in seiner Rundfunkrede zu Hitlers Geburtstag am 20. April 1935 sagt: „Seine Ziele haben sich nie geändert. Was er heute tut, hat er schon 1919 gewollt. Wandelbar aber waren immer, entsprechend den jeweiligen Situationen, die Methoden, die er zur Durchsetzung seiner Ziele in Ansatz brachte." Alexander Stein macht auf den Einfluß des sudetendeutschen Nationalsozialisten Rudolf Jung, der aus der Tschechoslowakei nach Deutschland floh, auf Hitler aufmerksam: „Jung war es vor allem, der Hitler von der mehr schöngeistigen Politisiererei Dietrich Eckarts zur handfesten Aufhetzung gegen Juden, Marxisten und Bolschewisten hinführte."

Die „Protokolle der Weisen von Zion“ sind die Bibel des Antisemitismus. Im November 1934 verfügt der Reichserziehungsminister Rust: Die „Protokolle“ sind, in der Ausgabe von Alfred Rosenberg, als Grundlage für den Schulunterricht über die Judenfrage, zusammen mit Theodor Fritsch und mit Günthers „Rassenkunde“ zu benützen. Im Berner Prozeß um die Echtheit der „Protokolle“ erklärte 1935 der gerichtliche Sachverständige C. A. Loosli: „Die ‚Protokolle‘ entsprechen nicht dem Geist des Judentums, sondern dem Geist des heutigen Deutschland.“ Loosli zeigte auf, daß die nationalsozialistische Regierung die Grundsätze der „Protokolle“ sehr genau befolgt. Hitler benützt das Kampfprogramm der „Weisen von Zion“, um selbst zur Weltherrschaft zu kommen.
Alexander Stein untersucht vor allem folgende Motive der „Protokolle“, auf die sich ihr Schüler Adolf Hitler bezieht: Gewalt geht vor Recht; Heil dem Führer!; Nieder mit der Demokratie!; Wege zur Machtergreifung; Staatsstreich und Diktatur; Triumph der Demagogie; der völkische Staat; Rechtsverfall und Schreckensherrschaft; Denunziantentum und Spitzelei; Presseknebelung und Meinungsfabrikation; Beseitigung der Lehr- und Lernfreiheit; streng abgeschlossene Erziehung der Jugend; Vorstoß zur Weltherrschaft; wir müssen einen Weltkrieg entfesseln; die Lehre von der jüdisch-marxistischen Weltherrschaft.
Die Anwendung der „Protokolle“ durch Adolf Hitler führt zu einer „Pogrompolitik in Permanenz“ im Deutschen Reich. „Das Endergebnis ist in Deutschland schlimmer als seinerzeit in Rußland, weil der *permanente kalte Pogrom* (fett im Original) zum Regierungssystem erklärt worden ist und die deutschen Juden offensichtlich als Geiseln betrachtet werden, deren sich die nationalsozialistische Regierung bei ihren innen- und außenpolitischen Aktionen bedient.“
Ein nüchterner Beobachter sieht da, 1935/36, von der nahen Grenze, von Karlsbad her, die planmäßige Vernichtungspolitik Hitlers. 1934–1936 war zu ersehen, was 1939–1945 realisiert wurde. Die Führer des deutschen Katholizismus und die christlichen Massen wollten dies nicht sehen, da sie den Juden längst dem Teufel überlassen hatten, wie so eindringlich die Oberammergauer Festspiele und so manches „volksfromme Brauchtum“ dem gläubigen Volke zeigten.
Alexander Stein zeigt auf: Auch die Außenpolitik des Hakenkreuzes wird in ihrer Konzeption von der manischen Idee Hitlers beherrscht, daß hinter allen Kräften der inneren und äußeren Politik als Herrscher die „alljüdische Hochfinanz“ stehe. In diesem Geiste bereitet Hitler seinen Weltkrieg vor und möchte dafür als Bundesgenossen England und Italien gewinnen. Hitler wird Krieg gegen Rußland führen, wird den polnischen Staat vernichten und bedroht schon jetzt gefährlich die Tschechoslowakei. Das bemerkt Stein 1936.
„Der Pogrom gegen Juden, Marxisten, Katholiken usw., der dem Leben des Dritten Reiches seinen Stempel aufprägt, wurde zum Ausgangspunkt eines Welt-

Pogroms gegen Freiheit, Menschlichkeit und Kultur, der unter Aufwendung riesiger Mittel vom Nationalsozialismus organisiert wird." – „Das Hitlertum, das vorgibt, Deutschland und die übrigen Länder von der Weltverschwörung des Judentums befreien zu wollen, organisiert selbst eine Verschwörung des kriegerischen Alldeutschtums zur Erringung einer Vormachtstellung in Europa und in der ganzen Welt." – „Sein (Hitlers) Traum ist der, den er dem jüdischen Dämon zuschreibt: Gold und Weltherrschaft." – „Deutschland ist jetzt ein bewaffnetes Heerlager, in dem das Volk für den kommenden Krieg gedrillt und mit Haß gegen die Umwelt erfüllt wird."

So Alexander Stein in Karlsbad, im Frühjahr 1936. Dieselbe Warnung sprechen 1935/36 deutsche katholische Emigranten in Holland, Polen, Österreich, in der Schweiz aus.

Am 9. September 1936 ruft Adolf Hitler in Nürnberg zum Kampf gegen die bolschewistische Gefahr auf. Am selben Tag spricht der Papst vor spanischen Flüchtlingen über dasselbe Thema. Am 4. November empfängt Hitler Kardinal Faulhaber in seinem Berghof. Der Kardinal verläßt begeistert den Führer und Reichskanzler, verpflichtet sich und dann, im gemeinsamen Hirtenbrief des deutschen Episkopats vom 24. Dezember 1936, die deutschen Katholiken auf den gemeinsamen „Abwehrkampf" gegen den Bolschewismus.

1. Januar 1936: Adolf Hitler dankt, im Ritual der Neujahrsaufrufe, der Vorsehung, dem Allmächtigen, für seinen Segen und spricht die „demütige Bitte" aus, uns in Zukunft nicht zu verlassen. „Das nationalsozialistische Ideal steht wie ein Polarstern über der Menschheit." – „Jahrhunderte werden wir am deutschen Volk bessern." Das verkündet der Reformator am 15. Januar.
Max Domarus: Adolf Hitler „hat das Bedürfnis, wieder einmal als Feldprediger bzw. Messias aufzutreten und zu seinen alten Kämpfern im biblischen Stil zu sprechen, so wie einst Christus zu seinen Jüngern". Er läßt am 30. Januar 30 000 SA-Männer nach Berlin kommen: „Ich habe euch kennengelernt. Ich weiß: Alles, was ihr seid, seid ihr durch mich, und alles, was ich bin, bin ich nur durch euch allein." (Vgl. Joh. 14, 21; Joh. 14, 3; Joh. 15, 5; Joh. 10, 14.)
Totenpredigt für den in der Schweiz ermordeten Landesgruppenleiter Wilhelm Gustloff, am 12. Februar: „Unsere Toten sind alle wieder lebend geworden." Die Cluniazenser hatten ihre Klöster vorbildlich liturgisch als Toten-Verbrüderung gestaltet. Totenehrung, Minne-Mahl, Minne-Trunk zu Ehren der toten Brüder spielen im Mittelalter und darüber hinaus eine bedeutende Rolle im Gemeinschaftsleben von Domkapiteln, Orden, Kongregationen. „Das sei unser heiliger Schwur in dieser Stunde, daß wir dafür sorgen wollen, daß dieser Tote in die Reihen der unsterblichen Märtyrer unseres Volkes einrückt. Dann wird aus seinem Tod millionenfaches Leben kommen für unser Volk. Das hat dieser jüdische Mörder nicht geahnt oder vorausgesehen."
Juden morden Christen, wie sie Christus ermordet haben. Eindringlich ist dies dem gläubigen Christenvolke vor Augen gestellt worden; Hitler spielt hier auf dieses alte „Wissen" an. „... nun hat jede Ortsgruppe des Auslandes ihren nationalsozialistischen Patron, ihren heiligen Märtyrer dieser Bewegung und unserer Idee. In jeder Geschäftsstelle wird nun sein Bild hängen." So hängen die Bilder der Ordensheiligen und anderer Schutzpatrone in Klöstern, Pfarren und überall in den Amtsstuben der katholischen Welt.
Reichstag, 7. März. Europa besteht aus „zwei Hälften". Die eine Hälfte besteht aus selbständigen Nationen; „eine andere Hälfte" wird von der bolschewistischen Lehre regiert, „die selbst den ewigen und uns heiligen Dies- und Jenseitswerten die Vernichtung predigt, um eine andere, uns in Kultur, Aussehen und

Inhalt abscheulich vorkommende Welt aufzubauen". Jedes Wort hier kann in einer kirchlichen Sonntagspredigt stehen.
Wahlrede, Hamburg, 20. März: „Aus dem Volke bin ich gewachsen, im Volke bin ich geblieben, zum Volk kehre ich zurück." Man vergleiche die Aschermittwochliturgie: „Gedenke, o Mensch, daß du aus Staub bist und zum Staub zurückkehrst." – „Heute nun, mein deutsches Volk, rufe ich dich auf, tritt du jetzt mit deinem Glauben hinter mich! Sei du jetzt die Quelle meiner Kraft und meines Glaubens. Vergiß nicht, wer sich selbst auf dieser Welt nicht preisgibt, den wird auch der Allmächtige nicht verlassen! Wer sich selbst hilft, dem wird auch der Allmächtige immer helfen ...!" – „Ich habe dich glauben gelehrt, jetzt gib du mir deinen Glauben!" Der johanneische Hitler weiß sich als Weinstock, das Volk der Gläubigen sind seine Reben.
Wahlrede in Essen, 27. März. Der johanneische Hitler predigt wider die „Welt", die böse Welt, die anders ist als er und die ihm keinen Glauben schenkt: „Der Welt unterstelle ich mich nicht: denn sie kann mich nicht richten." – Ich bin nicht von dieser jüdisch-kapitalistisch-bolschewistischen Welt. – „Nur dir unterwerfe ich mich, deutsches Volk! Urteile du über mich!" Das deutsche Volk tritt hier an die Stelle des „Vaters", den der johanneische Christus anruft.
Köln, 28. März. Hitler erinnert wieder daran, nirgendwo sei ihm so zugejubelt worden wie in Köln. Hitler beginnt mit einer langen „Parteierzählung", schildert die Geburt des Lichts in dem halberblindeten Soldaten im Lazarett in Pasewalk, diese wahre Weihnacht, November 1918: „Es schien, daß sich die Gnade des Herrn von unserem Volke abgewandt hatte. Millionen sahen keinen Ausweg mehr. Unter den damals Verzweifelnden befand auch ich mich: ein halberblindeter Soldat in einem Lazarett." – „Meine deutschen Volksgenossen, wir haben vor unserer eigenen Geschichte und auch vor unserem ewigen Herrgott sehr viel wiedergutzumachen. Die Vorsehung hatte uns ihren Schutz entzogen. Unser Volk ist gestürzt, so tief gestürzt, wie kaum ein zweites Volk je zuvor. In dieser schweren Not, da haben wir nun wieder beten gelernt, da haben wir gelernt, unseren Herrgott zu achten." Dieses Volk ist „anständiger, besser geworden. Und wir finden: Die Gnade des Herrn wendet sich jetzt uns wieder langsam zu. Und in dieser Stunde, da sinken wir in die Knie und bitten den Allmächtigen, er möge uns die Kraft verleihen, den Kampf zu bestehen für die Freiheit und die Zukunft und die Ehre und den Frieden unseres Volkes, so wahr uns Gott helfe".
Der Prediger hat, nach seinem „Evangelium", das Volk zur Buße aufgerufen, zur Reue und Zerknirschung, dann es wiederaufgerichtet, die Absolution verkündet und endet liturgisch mit einer Großen Doxologie, seiner großen Lobpreisung.
Im Frühjahr 1936 streckt Adolf Hitler seine Fühler nach Rom aus. Er sendet

Hans Frank, der gut italienisch spricht, zu Mussolini. Frank soll ihm auch gute Reproduktionen der Raffaelschen Fresken in der Villa Farnesina mitbringen. Frank fragt, ob er nicht bei dieser Gelegenheit versuchen solle, den Kardinalstaatssekretär Pacelli zu erreichen, um mit ihm kirchenpolitische Probleme zu erörtern. Hitler begrüßt diesen Vorschlag: „Ich muß Ruhe bekommen auf diesem Gebiet. Es ist zu scheußlich, daß der Unverstand immer wieder durchbricht. Sagen Sie den Kirchenherren, daß ich auch ihre Kirche in Deutschland vor den Bolschewiken gerettet habe, sonst wäre die Hedwigskathedrale vielleicht jetzt auch schon ein Gottlosenmuseum. Sagen Sie, daß das Reich viele Hunderte Millionen Reichsmark jährlich für die katholische Kirche bezahlt. Daß ich mich um das Innere der Kirchendienste überhaupt nicht kümmere ... Aber das hilft ja nichts. In den Augen des Vatikans bin ich eben ein Wotananbeter, ein Heide. Sehen Sie zu, was sich machen läßt! Ich bin zu allem bereit."

Am 4. April trifft Frank in Rom ein. Er ist der Überzeugung, daß die christlichen Kirchen „bei ruhiger, durchaus möglicher Duldung ihres jahrhundertealten traditionellen Eigenlebens geradezu zu einer Stütze seines Regimes geworden" wären, und hört erfreut von Mussolini: *Ich* habe die volle Unterstützung der Kirche. „Und was haben mir die Priester nicht jetzt geholfen in dem schweren Ringen! Ohne sie wäre es unendlich schwieriger gewesen!"

Mussolini spielt auf die bedeutende propagandistische Unterstützung seines Abessinien-Feldzuges durch den italienischen Episkopat und Klerus an: „Ich habe hier weder Antisemitismus noch Kirchenkampf." König Viktor Emanuel III. empfängt Hans Frank in Audienz und zeigt sich tief besorgt über Hitlers Kriegsvorbereitungen: „Sagen Sie mir, glauben Sie, daß Ihr Führer auf einen europäischen Krieg hinarbeitet?" – „Italien jedenfalls ist zu keinem neuen Weltkrieg willens oder auch nur entfernt dazu imstande! Wir brauchen jetzt endlich, endlich unsere Ruhe, um Jahrzehnte alte Wunden zu heilen. Die Nation schreit danach."

Hans Frank berichtet das seinem Führer. Der aber ist bereits auf dem Wege zu seinem Kriege. Am 7. März hat er das Rheinland in seine Remilitarisierung einbezogen, am 29. März läßt er sich in einer Volksabstimmung, die rituell-liturgisch als Kommunion des Volkes mit seinem Führer aufgezogen wird, mit 99 % Ja-Stimmen die Absolution für seine zukünftige Politik geben. Adolf Hitler legt Wert darauf, gleichzeitig durch kulturelle Weiheakte und Friedensfeiern seinen Kriegswillen zu verdecken.

Am 21. Mai übernimmt er die Walhalla-Gedenkhalle bei Regensburg in seine Obhut und bestimmt die Aufstellung einer Büste Anton Bruckners. Anton Bruckner, das ist für Adolf Hitler klingende Erinnerung an seine oberösterreichische katholische barocke Kindheit um Lambach und St. Florian.

Im Salonwagen hört er auf Platten, die ihm Goebbels geschenkt hat, Bruckners VII. Symphonie und bricht in Begeisterung aus: „Ja, da soll einer sagen, Österreich wäre nicht deutsch! Gibt es etwas Deutscheres als unser altes reines Österreichertum?! Das hält jedem Friesen des höchsten Nordens stand an Kraft und Gehalt. Ist ja auch eines Bluts. Was heißt das: ‚der katholische Bruckner'?! Gar nichts weiter, als daß der Oberösterreicher Bruckner katholisch, gläubig und deshalb barockfärbig, sonnig-warm, madonnenlieblich war und diszipliniert in aller Peterskirchen-Frömmigkeit . . ."

1935 besucht Hitler zum ersten Male die Münchener Universität und geht schweigend durch die Aula und die Mittelhalle. Dann sagt er: „So weihevoll dies auch alles ist: an Kirchenräume kommt es eben nicht heran. Aus dem Wissen kann nie die Kraft kommen, wie sie der Glaube mitbringt."

1936 ist der Kirchenkampf, vorgetragen durch Rosenberg, Himmler, SS-Gruppen, voll entbrannt. Hitler aber warnt auf einer Gauleitertagung in München die Parteiführer: „Ich wünsche keinerlei Kampf gegen die Kirchen oder Priester. Der Mythus des Herrn Rosenberg ist keine parteiamtliche Publikation. Im übrigen sage ich Ihnen, daß etwa die katholische Kirche jene Lebenskraft besitzt, die unser aller Leben, die wir hier zusammensitzen, überdauern wird."

1937 sagt er in einer Kabinettssitzung: „Ich weiß, daß gerade meine unchristlichen germanischen SS-Verbände in ihrem allgemeinen überkonfessionellen Gottesglauben ihre Pflicht für ihr Volk klarer erfassen können als die durch den Katechismus verdummten anderen Soldaten."

1936–1937 löst sich Adolf Hitler nach einem langen, inneren, umschwiegenen Ringen – wie er glaubt, vollständig – „von seiner bisherigen, im katholischen Religionsbild verankerten Vorstellung" und erklärt im kleinen Kreis: „Ich fühle mich jetzt frisch wie ein Füllen auf der Weide." Er ist 47 Jahre alt. Analoge Prozesse der Ablösung von religiösen Sedimenten, Relikten, Kindheitsglaubensformen kennen wir aus zahlreichen Erfahrungen bei vielen Menschen: nicht zuletzt bei Politikern, Theologen, Priestern.

In einem langwierigen, zähflüssigen Prozeß rinnt ein christlicher Glaube aus, der sich längst reduziert oder oft kaum geistig und seelisch je sich zur Reife entwickelt hat. Dieses Ausrinnen eines christlichen Glaubens ist nicht selten mit dem Bekenntnis zu einer Art Vitalismus verbunden, wie es denkerisch etwa ein Max Scheler philosophisch in einer gewissen Rechtfertigungsideologie zu meistern sucht. Schweigend, ohne viele Worte, vor allem, ohne daß mit den Kindern und Angehörigen darüber gesprochen wird, vollzieht sich dieser Prozeß einer Erosion, eines Zerbröckelns und Auflösens des petrinischen Gesteins des Kirchenglaubens. Das ist ein typisches Priester- und Theologenschicksal: erleben zu müssen, wie von Jahr zu Jahr die religiöse Substanz ausrinnt. Sensible Geister können in und

an diesem Prozeß zerbrechen. Das erlebt erschüttert der Pastorensohn Carl Gustav Jung an seinem Vater, der im Zerbrechen seines Christenglaubens auch als Mensch zerbricht und verzweifelt stirbt. Für C. G. Jung wird diese Erfahrung zur Wegmarke des eigenen Lebens; er hat ganz nah erlebt, wie wenig sehr oft Kirchenglaube die Individuation, das Reifen zur Persönlichkeit, zur Selbstverwirklichung fördert.
Was tun nun die allermeisten jener Theologen, Kleriker, Seelsorger, Priester, was tun nicht zuletzt jene christlichen Politiker, die den Erosionsprozeß und die Auflösung ihres Kinder- und Jugendglaubens in den Mannesjahren, in der Härte täglicher Konfrontation mit einer zutiefst ungläubigen Gemeinde und mit engen, menschlich dürftigen Seelen und in einer bösen Welt erfahren? Sie spielen ihre Rolle weiter: als Prediger, Priester, Seelsorger, als christliche Politiker.
Nicht vielen wohl gelingt es, diese Rolle so groß zu spielen, daß sie dem armen Volke, für das sie bestellt sind, als Heilige erscheinen: als Heilige der Nächstenliebe, wie „der Heilige" in Miguel de Unamunos berühmter Novelle über „El Santo" San Manuel Bueno Martir. Das ist ein armer Dorfpfarrer, der vorbildlich für seine Gemeinde, für arme, armselige Teufel, sorgt. Kein Mensch weiß bei seinen Lebzeiten, daß er persönlich keinen Christenglauben mehr hat.
Die Rolle wird weitergespielt. Eine jüngere Religionspsychologie hat aufgezeigt, welch ungeheure Rolle der „Rolle" zukommt, der Rolle, die ein König, Priester, Zauberer, Magier, Heilsmacher, Prophet, ein Gläubiger einmal übernommen hat. Wer einmal in Kirche, Staat, Gesellschaft, Gruppe, Partei, Familie, Bund, nicht zuletzt vor sich selbst eine Rolle übernommen hat, spielt diese Rolle zuallermeist bis an sein Lebensende weiter. Auch der Ex-Priester, der *prêtre malgré lui*, spielt als Kommunist, als atheistischer Klerikaler in atheistischen, gegenchristlichen Parteikirchen die alte Rolle weiter, bisweilen mit kaum verändertem Vokabular.
Der Priester spielt die Rolle weiter. Er tritt, längst nachdem er den Glauben an die Unsterblichkeit der Seele verloren hat, oder sich, mit Oscar Cullmann, für eine „evangelische" Auferstehung des Fleisches gegen eine „griechische" Unsterblichkeit der Seele entschieden hat, an das Grab eines Gemeindemitgliedes oder eines ihm unbekannten Christen und predigt einen Glauben, den er persönlich nie besaß oder längst zuvor in den Studienjahren an der Universität verloren hat. Der Pastor steigt Sonntag für Sonntag und zu allen heiligen Zeiten auf die Kanzel und verkündet seinen Gemeindemitgliedern eine „Frohe Botschaft", die für ihn längst keine frohe Botschaft mehr ist. Katholische Pfarrer, die längst den Glauben an die Wirksamkeit der Sakramente verloren haben, spenden diese weiter, jahrzehntelang, bis zu ihrem Tode. Prediger, die an die Wundergeschichten der Evangelien, an die Marienglaubigkeit ihrer Pfarrkinder, an den Papalis-

mus ihrer Vorgesetzten nicht glauben können, halten die orthodoxesten Predigten, die man sich nur vorstellen kann.
Perfekte Orthodoxie: Formal peinlich genau gespielt, im liturgischen Dienst, in der stereotypen, genau dem kirchlichen Jahreskalender mit stereotypen Predigtthemen entsprechender Predigt, erfüllt sie sehr oft das innere Vakuum. Je weniger existentiell der Rollenträger ergriffen ist, um so formal genauer, „sachlich" recht, spielt er seine Rolle als Pfarrer, Seelsorger, Religionslehrer, Prediger.
Massiven, robusten, rustikalen Naturen fällt dies naturgemäß besonders leicht. Dieselbe Leichtigkeit scheint intellektuellen Klerikern zu gelingen, denen in Anpassung und Anempfindung an unglaubwürdige Glaubensvorstellungen bereits im Priesterseminar ein hohes Maß von *sacrificium intellectus*, von Aufopferung der eigenen geistigen Überzeugung abverlangt wurde. Am schwersten tun sich oft Menschen in der Mitte: Pfarrer, Seelsorger, Prediger, die schmerzlich die Kluft zwischen ihrem existentiellen Unglauben, Sonderglauben, Privatglauben und dem offiziell zu lehrenden Kirchenglauben täglich erfahren.
Leicht fällt es zumeist christlichen Politikern; wenn sie einmal ihre Rolle übernommen und sich eingespielt haben, dann fließt der Bezug auf den „Herrgott", auf „unsere heilige Mutter, die Kirche", leicht, flüssig und recht glaubwürdig von ihren Lippen. Katholische Politiker dieses Schlages spielen gerade im Zeitalter Adolf Hitlers 1889–1945 im österreichischen und bajuwarischen Raum bedeutende Rollen.

Außenstehende, mit der Religionspsychologie, der Tiefenpsychologie, mit der inneren Weiträumigkeit der menschlichen Person nicht vertraute Beobachter neigen angesichts dieser überaus großen Bedeutung der Rolle, die gerade der Priester, Prediger, Kleriker täglich spielen muß – im liturgischen Dienst und im Amtsdienst seiner Gemeinde – zur Ansicht, daß in diesem Spielen der Rolle – bei existentieller, persönlicher Ungläubigkeit – ebendies, ja nur dies, zu ersehen sei: Scharlatanerie, falsches Spiel, Falschmünzerei, Betrügerei. In diesem Sinn haben Aufklärer aller Zeiten, in der hellenischen Spätantike und wieder seit dem Hochmittelalter und dann im 18. Jahrhundert, den Priester als Betrüger, als Erfinder der Religionen, Riten, Glaubensbekenntnisse bezeichnet und abgetan.
Diese Simplifikation entspricht nicht der riesenhaften geschichtlichen Bedeutung und Großräumigkeit des Phänomens.
Zwischen der Rolle und dem Rollenträger bestehen mehr Beziehungen, als der Spieler in seinem Bewußtsein selbst weiß und sich eingesteht. Die Rolle und das Ritual, der ständige Vollzug liturgischer, sakramentaler Handlungen, die ständige Wiederholung derselben Motive, Worte, Sätze, Schlüsse, Bilder, Angstansprachen und Hoffnungsverheißungen, influenzieren in dem Rollenträger

im Laufe der Jahre und Jahrzehnte innere Kraftfelder, die er bewußt nicht durchschaut und nicht einfach dirigieren kann.
Gar nicht so selten geschieht Folgendes: Ein jahrelang „ungläubiger", „glaubensloser" Prediger, Pfarrer, Seelsorger gewinnt durch den ohne Unterbrechung gepflegten Vollzug seiner Rolle den alten Glauben zurück oder, in einer Art seelischer Häutung, einen verjüngten Glauben. Auf diese Wirkung hoffen, nebenbei bemerkt, nicht wenige Pfarrer, Prediger, Seelsorger selbst. Sie vertrösten sich – mit einigem guten, psychischen Recht – auf eine Regeneration des Glaubens, wenn sie treu ihren Dienst, ihre Amtspflicht erfüllen.
Die Predigt neurotischer, persönlich ungläubiger Priester übt zudem bekanntlich nicht selten eine besonders faszinierende Wirkung auf bürgerliche, oberen Gesellschaftsschichten angehörende Menschen aus, die mit dem Glauben dilettierend verfahren. Sie glauben nicht, wollen aber glauben; sie genießen die Spannung zwischen ihrem Unglauben und einem „geistvollen" Glauben.
Die katholische Kirche, die in ihren besten Köpfen mehr über diese Zusammenhänge zwischen Glaube und Unglaube in der Existenz ihrer Priester und Prediger weiß, als sie verlautbaren läßt, hält zudem, systemimmanent im Rahmen ihres geschlossenen Weltbildes, zu Recht daran fest, daß auch die von unwürdigen Priestern gespendeten Sakramente wirksam und gültig sind.
Der siebenundvierzigjährige österreichische Katholik Adolf Hitler spricht 1936/37 offen im kleinen Kreise aus, daß er sich, wie er selbst sagt, nach langem innerem Ringen von den Resten seines Kirchenglaubens befreit hat und sich jetzt frisch wie ein Füllen auf der Weide fühlt. Der hier genannte Gewinn an Vitalität, an Spannkraft, an Tatwille ist charakteristisch für Befreiungserlebnisse verwandter Art. Der Bios, die Potenzfülle der Gesamtpersönlichkeit wird da in einer Art faustischen Osterns und Pfingstens – „Vom Eise befreit sind Strom und Bäche" – in einem Durchbruch zur vollen Individuation erfahren.
Adolf Hitler lebt ab 1933 in einem Erfolgsrausch. Sein Glaube hat gesiegt: 1918–1933. Sein Glaube wird weltgeschichtlich siegen, wie er in Deutschland gesiegt hat. Der Herrgott, sein Herrgott, die Vorsehung, seine Vorsehung, haben ihn sichtlich bestätigt; sie haben ihn geweiht. Der Führer braucht keine Weihe, keine Krönung durch Kirchenfürsten und Päpste, wie der König und Kaiser im Heiligen Römischen Reich; er „krönt sich selbst zum Kaiser und zum Papst", hier spricht das zum Bewußtsein seiner Sendung durchbrechende Selbst.
Warum hat Adolf Hitler diesen Durchbruch zu der – in seiner Selbsterfahrung, seiner Selbsttäuschung – geglückten Individuation nicht mehr im Raume seines Kindheitsglaubens erfahren können? Deutschlands Katholiken begannen sich an ihn zu schmiegen. Die Führer der Kirche begrüßen ihn als Retter des Abendlandes vor dem Bolschewismus. Nichts wäre, so scheint es, für ihn einfacher gewesen, als

jetzt, 1936/37, im Aufbruch zu seinem Kriege, sich als Katholik zu bekennen. Hatte er doch noch 1933 sich als katholischer Reichskanzler erzeigt.
Dieses Bekenntnis zum Katholizismus war Adolf Hitler 1936/37 innerlich nicht mehr möglich. Zu weit hatte er sich innerlich entfernt. Hier darf eine Mutmaßung ausgesprochen werden. Mit seiner Bartholomäusnacht vom 30. Juni 1934 hat Adolf Hitler sein Christentum wohl endgültig übersprungen. Er war Mörder und Mitmörder geworden. Die Erinnerung an Röhm und an die auf seinen Befehl hingeschlachteten SA-Führer – alles alte Kämpfer, alte Kameraden – verläßt ihn nicht. In der Zurüstung auf seinen Krieg flieht er – vor dem Gewissen als einer jüdischen Erfindung – nach vorne und rüstet Taten der Ausrottung, der Vernichtung, die wohl mit einem rassischen Blutglauben, aber niemals mit dem Glauben des Jesus Christus vereinbar waren.
Der große Spieler Adolf Hitler bemüht sich auf seine Weise – man erschrecke nicht vor diesem Bezug hier auf einen Begriff, den Goethe geprägt hat – intellektuell „redlich“ zu sein. Er weiß: Das, was er da in Europa vorhat, kann und soll zwar nachher seinetwegen auch von den Kirchen und Pfaffen sanktioniert werden; tun aber, vordenken und vorplanen muß er es auf eigene Faust. Da hilft ihm nur ein unerschütterlicher Glaube an sein Selbst.
Er verschließt sich in diesen beiden Inkubationsjahren seines Weltkrieges immer mehr in sich selbst und hält es gerade deshalb für außerordentlich wichtig, die alte Rolle in der Öffentlichkeit seines Volkes weiterzuspielen: die Rolle des religiöspolitischen Predigers, des Propheten. Die Rolle des Priesters, der in sorgfältig durchdachten und instinktsicheren Predigten sich bemüht, den christlichen Glauben seiner Volksgenossen umzuwandeln, in einer kaum bemerkbaren Mutation, in seinen Glauben.
8. September 1936: Es gelang mir mit Gottes Hilfe, die Wehrmacht des Reiches zu stärken und seine Sicherheit zu erhöhen.
9. September, Proklamation zum Reichsparteitag. Hitler spielt auf den spanischen Bürgerkrieg an. „Wir sehen um uns die Zeichen einer böse werdenden Zeit. Was wir jahrelang predigten über die größte Weltgefahr dieses endenden zweiten Jahrtausends unserer christlichen Geschichte, wird furchtbare Wirklichkeit.“ Der Bolschewismus rückt aus der jüdischen Revolutionszentrale Moskau heran.
Der Prediger wendet sich am 11. September an die politischen Leiter. Man vergleiche zum Folgenden (Joh. 20, 19–31, und Lk. 7, 22–23): „Wie fühlen wir nicht wieder in dieser Stunde das Wunder, das uns zusammenführte! Ihr habt einst die Stimme eines Mannes vernommen, und sie schlug an eure Herzen, sie hat euch geweckt, und ihr seid dieser Stimme gefolgt. Ihr seid ihr jahrelang nachgegangen, ohne den Träger der Stimme auch nur gesehen zu haben; ihr habt nur eine Stimme gehört, und seid ihr gefolgt. Wenn wir uns hier treffen, dann erfüllt uns

alle das Wundersame dieses Zusammenkommens. Nicht jeder von euch sieht mich und nicht jeden von euch sehe ich. Aber ich fühle euch, und ihr fühlt mich! Es ist der Glaube an unser Volk, der uns kleine Menschen" – der christliche Prediger spricht die Kleinheit des Menschen gerne an, in bezug auf den großen Gott; Hitler ist zutiefst überzeugt von der Kleinheit der „Menschenbazillen" im Makrokosmos – „groß gemacht hat, der uns arme Menschen reich gemacht hat, der uns wankende, mutlose, ängstliche Menschen tapfer und mutig gemacht hat; der uns Irrende sehend machte und der uns zusammenfügte!"

Der johanneische Prediger spricht zu diesen Mühseligen und Beladenen: „So kommt ihr aus euren kleinen Dörfern, aus euren Marktflecken, aus euren Städten, aus Gruben und Fabriken, vom Pflug hinweg an einem Tag in diese Stadt. Ihr kommt ... um einmal das Gefühl zu bekommen: Nun sind wir beisammen, sind bei ihm, und er bei uns, und wir sind jetzt Deutschland!"

An eine – auf seine Weise – verwandte Erfahrung erinnert Pius XII. in seinen Briefen an deutsche Bischöfe 1939–1944: wie er, der Nuntius Pacelli, bei den herrlichen Festtagen des katholischen Deutschland sich mit diesem treugläubigen Volke vereint erlebte.

Am nächsten Tage wendet sich der Volksprophet an die Jugend: „Ihr werdet eine andere Hingabe kennen an das ewige Reich und an das ewige Volk." Ihr werdet vor uns stehen, wenn die Stunde des Kampfes kommt: „Dann mag unser alter Widersacher" – wie oft hatte die christliche Predigt in tausend Jahren den „altboesen viant", den Teufel, beschworen – „versuchen, gegen uns anzutreten und sich wieder zu erheben. (Ist der alten Schlange nicht schon das Haupt zertreten?). Er mag sein Sowjetzeichen vor sich hertragen – wir aber werden in unserem Zeichen wieder siegen."

Das ist Hitlers Apokalypse: Der böse Drachen trägt seine Fahnen zum Sturme vor – ihm aber tritt siegreich *der neue Konstantin eines neuen Weltalters*, Adolf Hitler, entgegen, der weiß: *In hoc signo vinces.* Allein das Hakenkreuz besitzt die Glaubenskraft und Waffenkraft, diesen apokalyptischen Weltfeind zu zerschmettern.

13. September. Der Führer spricht zur SA und SS: „Das ist das Wunder unserer Zeit, daß ihr mich gefunden habt, unter so vielen Millionen! Und daß ich euch gefunden habe, das ist Deutschlands Glück!"

14. September. Der Feldherr spricht zu seinen Soldaten: „Es mögen Zeiten kommen, die ernst sind. Sie werden uns niemals schwankend, niemals mutlos und niemals feige antreffen! Denn wir alle wissen: das Himmelreich erringen keine Halben! Die Freiheit bewahren keine Feigen! Und die Zukunft gehört nur den Mutigen allein!" Adolf Hitler rechnet mit der Glaubens-, Opfer- und Leidenskraft sowohl seiner christlichen wie seiner nichtchristlichen Soldaten.

Schlußrede auf diesem Parteitag der inneren Aufrüstung und Ausrüstung zum heiligen Krieg, 14. September. Noch einmal schildert der Führer ergreifend die kommunistische Weltgefahr und schleudert dann den Ungläubigen sein Anathema, seinen Bannfluch entgegen: „Wehe dem, der nicht glaubt. Dieser versündigt sich am Sinn des ganzen Lebens." – „Es war das Wunder des Glaubens, das Deutschland gerettet hat. Heute ist es mehr denn je die Pflicht der Partei, sich an *dieses nationalsozialistische Glaubensbekenntnis* zurückzuerinnern und es wieder als *heiliges Zeichen* unseres Kampfes und unseres Sieges vorherzutragen."

Vexilla Regis prodeunt: Des Königs Fahnen ziehen einher: die siegreichen Standarten des Christuskönigs in der Karfreitagsprozession. Adolf Hitler lädt sein Volk zu seinem Karfreitag, zum Opfertod auf dem Schlachtfeld, und zur Wiederaufstehung an seinem Welt-Ostertag ein.

17. September: „Soldaten des V. Armeekorps!" – „Und an die Spitze dieser Pflichterfüllung werdet ihr stellen unser Deutschland, unser heiliges Reich!"

4. November: Drei Stunden lang weilt Kardinal Faulhaber beim Führer auf dem Berghof. Volle Einigkeit über den gemeinsamen Abwehrkampf gegen den Bolschewismus. Faulhaber versichert Hitler, daß er seit Jahren vor der roten Gefahr warnte, und erinnert daran, daß Papst Pius XI. 1933 den Kanzler des Deutschen Reiches als den ersten Staatsmann bezeichnete, der wie er, der Papst, die bolschewistische Gefahr klar erkannte.

Tief beeindruckt berichtet Faulhaber den deutschen Bischöfen über seinen Besuch: „Der Führer beherrscht die diplomatischen und gesellschaftlichen Formen mehr, wie ein geborener Souverän sie beherrscht." Offensichtlich hat den Kardinal auch der österreichische Charme des Führers beeindruckt: er rühmt Hitlers schlichte Art.

8. November, Bürgerbräukeller, Hitlers Allerseelen- und Allerheiligenfeier. Er erinnert die allzeit Getreuen: Meine Prophezeiungen von 1923 sind in Erfüllung gegangen. Der Opfertod hat sich gelohnt. „Ich glaube, wenn sie auferstehen würden, sie würden selig sein, wenn sie sähen, was nun entstanden ist. Es mag manchen geben, der sagt: Sie machen förmlich Märtyrer aus ihnen! Ja, das will ich. Ich will aus diesen Toten die 16 ersten Märtyrer der nationalsozialistischen Bewegung machen."

Wir kommentieren: Franco, dessen Krieg Hitler, Mussolini und die römische Kirche unterstützen, baut nach seinem Kriege für seine Märtyrer-Gefallenen ein riesenhaftes Heiligtum als Kloster und Sakralmal und möchte gern die kirchliche Heiligsprechung seiner Märtyrer durchsetzen.

Adolf Hitler begründet die Heiligsprechung seiner Märtyrer: Sie haben in der Zeit der tiefsten Erniedrigung Deutschlands „an eine strahlende Wiederauferstehung geglaubt".

Im Ausklang des Jahres 1937 kündigt Adolf Hitler seinen Generalen die Verwirklichung der außenpolitischen Ziele von 1919 und damit den Krieg an. Am 1. Januar sendet er ein Beileidstelegramm zum Ableben des von ihm hochgeschätzten Erzherzogs Friedrich Maria Albrecht von Österreich-Ungarn, des Feldmarschalls der österreichisch-ungarischen und der preußischen Armee, nach Budapest. Die alte Waffenbrüderschaft aus dem Ersten Weltkrieg soll in neuen, wirksameren Formen erneuert werden. Das ist der rituale Sinn dieses Telegramms.

30. Januar, Reichstag. Der Führer und Reichskanzler predigt gegen die „Pest“ des Bolschewismus. Er weist auf die Greuel der Verwüstung in Spanien hin. Der Bolschewismus will ganz Deutschland zur Wüste machen. „Ich halte die bolschewistische Lehre für das größte Gift, das einem Volke gegeben werden kann. Ich wünsche daher, daß mein eigenes Volk mit dieser Lehre in keine Berührung kommt.“

Die *contagio*, die ansteckende Berührung mit Ketzern ist mit allen Mitteln zu verhindern. Deshalb gräbt man im Mittelalter Leichen von Menschen aus, die manchmal Jahrzehnte nach ihrem Tode als Ketzer erkannt wurden, und verbrennt sie.

Der Führer dankt der Vorsehung. Er schließt seine Rede am 1. Mai in Berlin vor 120 000 Jungen und Mädchen in der Art lateinischer Meßorationen – *et nunc et semper et in saecula saeculorum* –: „. . . jetzt und bis an das Ende aller Tage.“

Max Domarus bemerkt: „Hitler wollte den 1. Mai geradezu zum nationalsozialistischen Osterfest erheben.“ An diesem 1. Mai spricht Hitler dann noch im Lustgarten und erklärt, nachdem er die Kirchen auf ihre geistlich-seelsorgerische Tätigkeit rückverwiesen und die Intellektuellen abgekanzelt hat: „So ist denn dieser 1. Mai der glanzvolle Feiertag der Auferstehung des deutschen Volkes aus seiner Zerrissenheit und Zersplitterung.“ Es folgt eine Erneuerung des Glaubensbekenntnisses – analog bei katholischen Festmessen und Jugendfeiern – so, „daß wir vor allem gerade an diesem Tage wieder den Glauben an unser Volk erneuern wollen“. In der Kirche singt die gläubige Gemeinde zur Erneuerung des Taufgelübdes: „Fest soll mein Taufbund immer stehen, ich will die Kirche hören . . . und gläubig folgen ihren Lehren.“

Adolf Hitler kann sich wahrhaftig mit seiner gläubigen Gemeinde vor der Kirche sehen lassen. Der Papst hatte am 4. März in seiner Enzyklika „Mit brennender Sorge“ zu den Sorgen der Kirche in Deutschland Stellung genommen. Diese Enzyklika wurde später fälschlich als eine Proklamation gegen Hitler und den Nationalsozialismus ausgegeben. In ihr steht jedoch kein Wort gegen Hitlers Regime, gegen die Verletzung der Menschenrechte andersdenkender Menschen; kein Wort, das Hitlers Kriegsvorbereitung auch nur antasten würde.
Am 20. Mai erklärt Adolf Hitler Abel Bonnard die großen Aufgaben seines Regimes und der Organisation „Kraft durch Freude“: „Kurz ich sage, der Mensch soll sowohl in seiner Seele, als auch in seinem Beruf wieder erfaßt werden ... Es handelt sich nicht nur darum, ihm ein Haus zu bauen, sondern man muß darin auch ein Licht erstrahlen lassen.“ In Österreich hatte Jahre zuvor der Prälat Bundeskanzler Seipel von der notwendigen „Seelensanierung“, analog der Sanierung der Währung, gesprochen.
Eine ganze Reihe von Äußerungen zeigt, wie sehr Adolf Hitler im Jahre 1937, in dem er am 5. November seinen Generalen seine Kriegspläne enthüllt (Hoßbach-Niederschrift), sich innerlich mit religiösen Problemen auseinandersetzt. Am 6. Juni legt er vormittags einen Kranz für Anton Bruckner in der Walhalla nieder und spricht dann in Regensburg zum erstenmal von Gottgläubigkeit. „Ich werde niemals zugeben, daß man dieses Volk wieder zerreißt in einen sich bekämpfenden religiösen Streithaufen.“ Die Vorsehung hat dem deutschen Volk den Weg gewiesen. „So gehen wir auch mit der tiefsten Gottgläubigkeit in die Zukunft. Wäre das, was wir erreichten, möglich gewesen, wenn die Vorsehung uns nicht geholfen hätte? Ich weiß es, alles Menschenwerk ist schwer und vergänglich, wenn es nicht gesegnet wird von dieser Allmacht. Wenn aber diese Allmacht ein Werk segnet, so wie sie unseres gesegnet hat, dann können Menschen es auch nicht mehr zerstören.“
Hitler spricht hier verborgen mit sich selbst: er spricht mit seiner „Vorsehung“; segnet sie seinen Krieg?
Am 20. Juni ordnet er ein Staatsbegräbnis für seinen treuen Gefolgsmann Abt Schachleitner an. Alle Welt soll sehen, wie er sich zu kirchlichen Würdenträgern bekennt, die ihm treu ergeben sind.
Würzburg, 27. Juni. „Wir deutsche Nationalsozialisten glauben auf dieser Erde außer an unseren Herrgott im Himmel zunächst an unser deutsches Volk.“ Wir handeln gehorsam dem Willen des Allmächtigen. „So schwach der einzelne Mensch in seinem ganzen Wesen und Handeln am Ende doch ist gegenüber der allmächtigen Vorsehung und ihrem Willen, so unermeßlich stark wird er in dem Augenblick, in dem er im Sinne der Vorsehung handelt! Dann strömt auf ihn jene Kraft hernieder, die alle großen Erscheinungen der Welt ausgezeichnet hat.

Und wenn ich auf die fünf Jahre, die hinter uns liegen, zurückblicke, dann darf ich doch sagen, das ist nicht Menschenwerk allein gewesen. Wenn uns nicht die Vorsehung geleitet hätte, würde ich diese schwindelnden Wege oft nicht gefunden haben ... So sind wir Nationalsozialisten auch im tiefsten Herzen gläubig!"
Adolf Hitler erbittet hier in der alten Bischofsstadt Würzburg den Segen der Vorsehung für die Zukunft und schließt mit einem Hinweis auf die „Wiederauferstehung der ganzen Nation". Adolf Hitler, der sich selbst mit den ewig reisenden Kaisern des Heiligen Römischen Reiches im Mittelalter vergleicht, besucht auf seinen vielen Reisen in der Vorkriegszeit gerne Stätten des alten katholischen und christlichen Deutschland und alte Kaiserpfalzen. Gerne weilt er im Kloster Banz über dem Maintal, gegenüber der Wallfahrtskirche „Vierzehnheiligen", hält Mittagsrast im Garten der Klosterkirche und führt hier einmal ein dreistündiges religiöses Gespräch mit dem Kirchenminister Kerrl. In Regensburg hört er gerne den kirchlichen Knabenchor, die „Regensburger Domspatzen", und fördert sie auch finanziell. Bei Pforzheim besucht er fast regelmäßig das alte Kloster Maulbronn. In Stuttgart wohnt er im „Christlichen Hospiz". Gerne weilt er in der alten Kaiserpfalz Wimpfen. In Neumarkt in der Oberpfalz besucht er regelmäßig das Grab seines unvergeßlichen väterlichen Freundes Dietrich Eckart. „Er war Hitlers bester Freund, und man kann ihn als seinen geistigen Vater bezeichnen", sagt sein Pressechef Otto Dietrich. Bei seinem triumphalen Einzug in Österreich im März 1938 besucht er Stift Lambach, wo der Knabe, der Ministrant und Chorsänger Adolf einst im Abt einen erstrebenswerten hohen Beruf sah.
Unterhaltung am Kamin auf seinem Berghof. Vom Kaminsims blickt die Madonna eines unbekannten Italieners auf den vor seinen Gästen mit sich selbst sprechenden Mann. Links sieht Feuerbachs „Nana" und König Heinrich der Städtegründer, ein Bild der deutschen Romantik, rechts sehen ein Akt Botticellis und die Meeresnixen aus Böcklins „Spiel der Wellen" dem Monolog des konservativen Kulturpolitikers zu. Im Dunkel glänzt die Bronzebüste Richard Wagners.
Am 19. Juli spricht er zur Einweihung des Hauses der Deutschen Kunst in München. Er weiht dieses Haus ein, so wie das 19 Jahrhundert seine „Tempel der Kunst" sich selbst geweiht hatte. „Und wenn einst einmal auch auf diesem Gebiet wieder die heilige Gewissenhaftigkeit wieder zu ihrem Rechte kommt, dann wird, daran zweifle ich nicht, der Allmächtige aus der Masse dieser anständigen Kunstschaffenden" – die, wir kommentieren, Adolf Hitler selbst zumeist so wenig schätzt wie die Schwärmer um Rosenberg – „wieder einzelne emporheben zum ewigen Sternenhimmel der unvergänglichen, gottbegnadeten Künstler großer Zeiten." – „Amen" ist man versucht, hier zu sagen.

Am 31. Juli kommunizieren mit Sang und Festfreude, nahezu orgiastisch – die Sudetendeutschen übertreffen alle anderen an Glaubensinbrunst – die Sangesbrüder in Breslau beim Deutschen Sängerbundesfest mit ihrem Deutschland, mit ihrem Führer. Der Führer spricht über das zum religiös-politischen liturgischen Heilssang gewordene Deutschland-Lied: „Dieses Lied ist zugleich auch ein Bekenntnis zum Allmächtigen. Zu seinem Willen und zu seinem Werk: denn nicht Menschen haben dieses Volk geschaffen, sondern jener Gott, der über uns allen steht. Er hat dieses Volk gebildet, nach seinem Willen ist es geworden, und nach unserem Willen soll es bleiben und nimmermehr vergehen!" Hitler identifiziert hier den Willen Gottes mit seinem Willen, analog wie einem berühmten kirchlichen Selbstverständnis zufolge, Gott dem Priester am Altar zu Willen ist, zu Willen sein muß.

Reichsparteitag 1937, Nürnberg. In seiner Proklamation zur Eröffnung verkündet der Führer: „Die eine beruhigende Gewißheit kann ... die deutsche Nation ihr eigen nennen: Es mag um uns die ganze Welt zu brennen beginnen, der nationalsozialistische Staat wird wie Platin aus dem bolschewistischen Feuer herausragen." Hier verschmelzen für Hitler zwei alte Glaubensvorstellungen: der apokalyptische Weltbrand, von vielen Christen im Bolschewismus gesehen, und die alte Verheißung: Israel und die Frommen werden im Schmelzofen Gottes erprobt, geprüft, erwählt. Adolf Hitler denkt zudem weiter. Er will möglichst bald sein kostbares Menschengut, seine Armee, im Feuerofen des Krieges erproben.

An diesem selben Tage erklärt er in seiner Kulturrede, im Blick auf die großen Bauwerke der Vergangenheit, des Mittelalters und des Barock: „Niemals wurden in der deutschen Geschichte größere und edlere Bauwerke geplant, begonnen und ausgeführt als in unserer Zeit." – „Deshalb sollen diese Bauwerke auch nicht gedacht sein für das Jahr 1940, auch nicht für das Jahr 2000, sondern sie sollen hineinragen gleich den Domen unserer Vergangenheit in die Jahrtausende der Zukunft." Kaiserliche ewige Bauten möchte Adolf Hitler in seinem Reichsstil bauen; seine eigenen Bauskizzen und Entwürfe kreisen jedoch um die Fassaden der Wiener Ringstraße.

Drei Tage später spricht der Führer hier seine Politischen Leiter als seine „Jünger" an und apostrophiert sie im Stil des Johannesevangeliums, wie früher nur die SA und SS bei seinen Allerseelen- und Allerheiligenfeiern am 8. und 9. November. Am 12. September weist er die „Männer der nationalsozialistischen Kampfbewegung" auf die Symbole heiliger Kraft hin: „Der Mensch benötigt auf seinem irdischen Lebensweg äußere, sichtbare Symbole, die ihm vorangetragen werden und denen er nachzustreben vermag. Das heiligste Symbol ist für den Deutschen immer die Fahne gewesen." Domarus bemerkt dazu: „Die Betonung von Symbolen, von Fahnen usw., die Hitler aus den Gebräuchen der katholischen Kirche übernommen hatte, wurde immer stärker, je mehr er sich innerlich von echter Religiosität löste." – „Echte Religiosität": Kirchlich, christlich, vor allem evangelisch-christlich verstanden, scheint echte Religiosität eng verbunden mit einer bestimmten Ethik, Moral, kirchlich besonders mit Gehorsam einer kirchlichen Hierarchie gegenüber. Der Glaube des Adolf Hitler löst sich hier, 1936/37, endgültig von seinen christlichen Eierschalen und nimmt archaische und „amoralische" Züge an. Dabei soll daran erinnert werden, daß Glaube und Religiosität an sich nichts mit Moral und Ethos zu tun haben müssen. Spezifisch jüdisch und dann judenchristlich, dann wieder „evangelisch" ist die an eine Identifikation heranreichende Berührung der beiden Pole „Glauben" und „Ethik", die in vielen Kulturen und Religionen an gegensätzlichen Polen einer Ellipse geortet sind.

Domarus bemerkt des weiteren: „Als er (Hitler) im Jahre 1937 den endgültigen Bruch mit den alten Kindheitsvorstellungen vollzogen hatte, trat noch ein ausgesprochener Fetischismus hinzu: der Glaube an die stärkende Wunderkraft eines Gemäldes, das Friedrich den Großen darstellte und ihn bis zu seinem Tode im Bunker der Reichskanzlei überallhin begleiten mußte." Nun, gerade dieser „Fetischismus", dieser Glaube an sein Heiligenbild, entspricht durchaus einer atavistischen, spätarchaischen Seelenlage, die sich in Räumen des bayerischen und österreichischen Katholizismus vortrefflich bis zur Gegenwart konserviert erhält.

Schlußrede am Parteitag, 13. September. Der Prediger Adolf Hitler macht sein Volk wieder einmal darauf aufmerksam, daß ein Sieg 1914 ein Unglück für das nichtgeläuterte deutsche Volk gewesen wäre. „Manchmal äußert sich die tiefste Liebe der Vorsehung zu ihren Geschöpfen auch durch eine Züchtigung." Die Züchtigung durch Gott: Im Denken des Papstes Pius XII. spielt sie eine bedeutende Rolle. 1958 weist der Bischof von Passau in seiner Predigt zum Jahresende darauf hin, daß Gott vielleicht schon einen neuen Krieg zur Züchtigung für sein ungetreues Menschenvolk verhängt hat.

Der Prediger Adolf Hitler führt am 13. September 1937 des weiteren aus: Seit dem Aufkommen des Christentums, dem Siegeszug des Islams, dann der Reformation, hat die Weltgeschichte keinen ähnlichen Vorgang wie den jüdischen Bolschewismus erlebt. „Was andere behaupten, nicht sehen zu können, weil sie es einfach nicht sehen wollen" – wir kommentieren: das ist ein in vielen Predigten beliebter Modus –, „das müssen wir leider als bittere Tatsache feststellen: Die Welt befindet sich im Zustande eines sich ständig steigernden Aufruhrs, dessen geistige und sachliche Vorbereitung und Führung ohne Zweifel von den Machthabern des jüdischen Bolschewismus in Moskau ausgeht." Der Bolschewismus ist „ein jüdisches Problem". Die Feuerzeichen in Ungarn, in Spanien mahnen. „Wir besitzen daher ein ernstes Interesse daran, daß sich diese bolschewistische Pest nicht weiter über Europa ausbreitet."

Adolf Hitler predigt gegen diese „unzivilisierte jüdisch-bolschewistische internationale Verbrechergilde", zur geistigen Aufrüstung für seinen Krieg und verkündet die frohe Botschaft: Das „germanische Reich deutscher Nation" hat seinen Anfang genommen. Das ist *sein* Heiliges Römisches Reich deutscher Nation.

Der Führer sammelt sein Volk um sich, um der inneren und äußeren Not zu wehren. Er begrüßt die sammelnden Mädchen des Winterhilfswerkes am 5. Oktober als „Apostel eines Christentums", eines „Christentums der Tat". „Das alte kleine Weibchen, das in Moabit fünf oder zehn Pfennig opfert, tut viel mehr als mancher, der 100 oder 1000 oder vielleicht 10 000 Mark gibt." Das Scherflein der Witwe (Lk. 21, 4, Mk. 12, 44) ist ein wahres Opfer, Gott und der Nation wohlgefällig, nicht so die Pflichtgaben der Kapitalisten.

In den Geheimreden des Oktobers und Novembers 1937, die er nicht zur Veröffentlichung preisgibt, bricht der johanneische Prediger öfters mit ähnlichen Worten ab wie Christus bei Johannes: „Noch vieles hätte ich euch zu sagen, aber ihr könntet es nicht ertragen" (Joh. 16, 13).

An der Monatswende vom Oktober zum November kündigt er in einer Geheimrede vor Propagandaleitern den Krieg an. Er habe sich nach schweren inneren Kämpfen von noch vorhandenen religiösen Kindheitsvorstellungen frei gemacht: „Ich fühle mich jetzt frisch wie ein Füllen auf der Weide."

Am 5. November spricht er vor seiner Generalität über den Krieg. Am 8. November verkündet er im Bürgerbräukeller bei seiner Allerseelenfeier: Gegen alle „Versuche unseres alten Widersachers", der geheimen jüdischen Weltregierung und des Bolschewismus, werden wir uns siegreich durchsetzen. „Die NSDAP ist die größte Organisation, die jemals Menschen aufgebaut haben": 21. November, Augsburg. Diese wahre Kirche wird den Kampf im Außen ebenso siegreich durchfechten wie den Kampf in Deutschland im Innern. An diesem Dogma hält Adolf Hitler bis kurz vor seinem Selbstmord fest.

Bei der Einweihung der Ordensburg in Sonthofen im Allgäu ergreift er am 23. November die willkommene Gelegenheit, sein inneres Streitgespräch über Gott, Kirche, Glauben einem auserlesenen Kreis von Gläubigen vorzutragen: „Über den deutschen Menschen im Jenseits mögen die Kirchen verfügen, über den deutschen Menschen im Diesseits verfügt die deutsche Nation durch ihre Führer." Wir kommentieren: Das entspricht genau der dualistischen, im Grunde manichäisch eingefärbten Konzeption des Papstes Pius XII., der die deutschen Katho-

liken im Diesseits der Reichsregierung Adolf Hitlers übergeben hat und auch nach 1945 daran festhält, daß er den Gehorsam dieser 30 Millionen deutscher Katholiken nicht verwirren wollte, etwa durch eine Erklärung zur Judenfrage. Die Kirche kämpft nur für das „ewige Heil", für das Jenseits ihrer Gläubigen.
Adolf Hitler fährt fort: „Wir Nationalsozialisten sind in unserem tiefsten Herzen gottgläubig. Eine einheitliche Gottesvorstellung hat es im Laufe vieler Jahrtausende nicht gegeben." Die Menschheit beugt sich aber vor einem ungeheuren Gewaltigen, vor einer Allmacht. Das ist gut so, das bringt Trost für den Menschen und wehrt Oberflächlichkeit ab und Eigendünkel. Der Mensch ist „eine ganz kleine Bazille auf dieser Erde, in diesem Universum".
Das ist, darwinistisch erweitert, die alte manichäisch tangierte pessimistische Anthropologie, die sich bei dem Autokraten Innozenz III. in seiner Ansprache des Menschen als Sündenaas bekundet. Diese pessimistische, augustinisch vorgeprägte Anthropologie bildet die Grundlage im politischen und im religiös-politischen Credo aller Integralisten. Im katholischen Europa führt sie von Donoso Cortes zu Charles Maurras, dem atheistischen Katholiken.
Adolf Hitler erklärt in direktem Bezug auf diese Ortung des Menschen als „kleine Bazille": „Daher möchten wir, daß unser Volk demütig bleibt und wirklich an einen Gott glaubt. Also ein unermeßliches Feld für die Kirchen, sie sollen daher auch untereinander tolerant sein!" – „Unser Volk ist nicht von Gott geschaffen, um von Priestern zerrissen zu werden." Hitler sieht beunruhigt auf die zunehmende Unruhe im katholischen und evangelischen Kirchenvolk, auf den Kirchenkampf. Den Kirchen stellt er seine Kirche gegenüber: die NSDAP, die größte Organisation der Welt, wie er hier sagt. Sie verfügt über 25 Millionen Menschen und 300 000 Funktionäre, ihre Priester!
„Wir haben hier den Grundsatz des absoluten Gehorsams und der absoluten Autorität." – „Auch die Volksführung früher, die Kirche, kannte nur dieses eine Lebensgesetz: blinden Gehorsam und absolute Autorität." Adolf Hitler spricht hier vor SS-Führern und einem SS-Führer-Nachwuchs. Er – und Heinrich Himmler – erhoffen sich die Bildung einer ordensähnlichen, hierarchischen Kampfgemeinschaft, die an Gehorsam und Glaubenskraft der „SS der Kirche", der Gesellschaft Jesu, nicht nachstehen soll.
Bedeutsam für die innere Persönlichkeitsstruktur des österreichischen Katholiken Adolf Hitler, der sich zur Heimkehr nach Österreich rüstet und gleichzeitig seinen österreichischen Kindheitsglauben endgültig abstreifen möchte, ist gerade in diesem Zusammenhang die Tatsache, daß er nie ein Bedürfnis gehabt hat, sich mit den jüngeren und jungen SS-Intellektuellen um Heydrich, um Gunther d'Alquen und sein „Schwarzes Korps", zu treffen. Er meidet diese jungen Hechte und Haifische, die nach Macht streben, ebensosehr, wie er sich in den Münchener

Jahren von 1919 bis 1933 die deutschvölkischen Apostel eines Germanenglaubens, die Anhänger Rosenbergs und diesen selbst vom Leibe hält. Adolf Hitler möchte diese Menschen gebrauchen, einsetzen; persönlich möchte *er* mit diesen „Gottgläubigen“ nichts zu tun haben.

„ERLÖSUNG" ÖSTERREICHS ALS „OSTMARK"

Das Jahr beginnt mit der Entlassung der Generäle von Blomberg und von Fritsch, mit der Bildung des Oberkommandos der Wehrmacht unter Hitlers oberster Führung. Im März fällt Österreich an Hitler. Am 29. September bringt ihm die Münchener Konferenz den Anschluß der sudetendeutschen Gebiete. Genau einen Monat später ordnet der neue Kaiser Adolf Hitler mit seinem Freunde Mussolini von Wien aus die Grenzstreitigkeiten zwischen Ungarn und der Tschechoslowakei. Am 9. November zeigt die „Reichskristallnacht", der große, von oben her organisierte Judenpogrom, was den Juden, den Deutschen, was Europa bevorsteht.

Hitlers Gebet am 1. Januar, im Neujahrsaufruf an die Nationalsozialisten: „Daß die Gnade des Herrgotts auch im kommenden Jahre unser deutsches Volk auf seinem Schicksalsweg begleiten möge, sei unsere tiefste Bitte . . ." Der päpstliche Nuntius Orsenigo spricht als Doyen des Diplomatischen Corps dessen Glück- und Segenswünsche dem Führer und Reichskanzler aus. Adolf Hitler, im Frack, dankt, und beruft sich auf die Vorsehung.

Festlicher Auftakt des Jahres: Am 22. Januar eröffnet Hitler in München im Haus der Deutschen Kunst die Deutsche Architektur- und Kunsthandwerksausstellung. „Seit der Entstehung unserer Dombauten sehen wir hier zum erstenmal eine wahrhaft große Architektur ausgestellt." – „Es gibt Dinge, über die nicht diskutiert werden kann. Dazu gehören alle Ewigkeitswerte. Wer könnte sich vermessen, an das Werk der ganz großen gottgesegneten Naturen seinen kleinen Alltagsverstand anlegen zu wollen!" Das ist ganz der konservative Kulturpolitiker.

Am 12. März hört Hans Frank im Rundfunk die Nachricht vom Anschluß Österreichs. Frank weint vor Glück: „Ich betete ein paar Dankvaterunser für unseren lieben Herrgott, der uns nach so vielen Jahren entsetzlichsten Elends so offensichtlich gesegnet hatte." Adolf Hitler selbst weint, selig, ergriffen, in Linz, bei der ihn selbst fast überraschenden Verkündigung des Anschlusses, zu dem er sich im Hotel Weinzinger plötzlich entschließt; vielleicht auf englische Zeitungsmeldungen hin. Er unterzeichnet am 13. März auf dem Neurenaissance-Schreibtisch des Herrn Weinzinger das „Gesetz über die Wiedervereinigung Österreichs mit dem Deutschen Reich".

Alle Kirchenglocken läuten, als Adolf Hitler in seine Stadt Linz einfährt. Alle Kirchenglocken läuten, als Adolf Hitler am 14. März in Wien einzieht.

Das Vorspiel des 12. März 1938
Seipel, Dollfuß, Schuschnigg: drei österreichische Katholiken

Plädoyer des öffentlichen Anklägers, des 1. Staatsanwaltes Dr. Mayer-Maly im Hochverratsprozeß gegen Dr. Guido Schmidt vor dem Volksgericht in Wien 1947: Eine kleine Zahl von Menschen in Schlüsselpositionen „waren die Totengräber Österreichs“. Ein entscheidender Teil wichtiger wirtschaftlicher Positionen und staatlicher Schlüsselstellungen war in den Händen von Männern „im Solde des deutschen Imperialismus“. – „Der Untergang der ersten Republik und die Okkupation Österreichs durch Deutschland ist vor allem diesem Umstande zuzuschreiben.“

Hier sind nicht das Drama und die persönliche Tragödie der drei österreichischen Katholiken Seipel, Dollfuß, Schuschnigg zu schildern. Drei ehrenwerte Männer, zu deren politischem Kurs, soweit er in der Öffentlichkeit sichtbar erschien, sich der Autor dieses Buches, wenn auch als Student mit kritischem Vorbehalt und in großer Sorge, bis zum bitteren Ende Österreichs im März 1938 bekannte. Hier ist nur von einem einzigen Bezug und einigen seiner Komplexe zu handeln: von der (unfreiwilligen) Vorleistung zu Hitlers Machtübernahme in Österreich, die diese drei österreichischen Katholiken erbrachten. Sie alle drei glaubten an Deutschland in einem spezifischen, unverkennbaren Sinne, Seipel am wenigsten, Schuschnigg vielleicht am stärksten. Alle drei schufen mit einen „Konkurrenzfaschismus“ (Lajos Kerekes), der dem originären Faschismus in Italien und dem Nationalsozialismus als Primärphänomenen ebensowenig gewachsen war wie der „Konkurrenzantisemitismus“, der, wohldosiert und nuanciert, zunächst im Dienste der Christlichsozialen den Antisemitismus der Nationalsozialisten überholen sollte. Alle drei sahen auf Rom: auf das Rom der Päpste, von dem sie sich nicht zuletzt ein politisches Heil erhofften. Alle drei haßen sie den Marxismus, von dem sie ideologisch und bildungsmäßig buchstäblich ebensowenig wußten wie die Päpste Pius XI. und Pius XII. Alle drei empfanden die Demokratie als „wesensfremd“, ihrer autoritären Bildung nach, und trennten sich – so Seipel und Dollfuß – nach einer Liaison in jungen Jahren leichten Herzens von ihr. Alle drei bemühten sie sich, mit Deutschland, konkret mit Hitler, zu einem Abkommen, ja, im Falle Seipels und Dollfuß', zu einer Zusammenarbeit zu gelangen.

Im Dezember 1938 schreibt Seipel an einen deutschen Kollegen: „Lieber hochw. Herr Kollege! ... Die große Zukunftsaufgabe ist die *Neuformierung der deutschen Seele!* Unser Volk muß unter unserer Führung entgiftet werden, es muß sich auf die wahren Wurzeln seiner Größe besinnen, um im Erstreben der ihm eigenen Ideale wieder glücklich zu werden ..."

Hier wird jener „Tic", jene spezifische Idiosynkrasie deutsch-österreichischer Katholiken sichtbar, die bis 1938 die schimärische politische Hemisphäre eines Seipel, Dollfuß, Schuschnigg durchtränkt. Die Reden des gesamtdeutschen Katholikentages in Wien 1933, zu dem aber Hitler die erwarteten Scharen der „deutschen Brüder" aus dem Reich nicht mehr kommen ließ, die Ideologie des „zweiten deutschen Staates", nämlich Österreich, sind von dieser hochbedeutsamen Einbildung durchseelt: am österreichischen Wesen soll die deutsche Welt genesen! Von Österreich aus, das echter, unverfälschter das Wesen des Heiligen Römischen Reiches bewahrt hat, soll die große „Sanierung der Seelen" ausgehen, die Seipel gleichzeitig mit der Sanierung der Währung verheißt und fordert.

Der „österreichische Katholik" Adolf Hitler – sein Katholizismus sei gerade hier unter Gänsefüßchen gesetzt, da er nicht mit dem Katholizismus dieser drei Unglücklichen identifiziert werden soll – will Österreich heimholen ins Reich. Diese Österreicher wollen, zeitweise unbewußt, zeitweise sehr bewußt, die Deutschen heimholen nach Österreich, in das Land, in dem sich „Das Reich" unversehrt erhalten habe.

In dem eben zitierten Brief macht aber Seipel dann aufmerksam: „Endlich muß auf die Ansicht weitester Kreise Rücksicht genommen werden, die uns seit jeher prophezeiten, Deutschland werde sich im Falle eines unglücklichen Kriegsausganges durch Angliederung österreichischer Gebiete schadlos halten." Brutal hatte dies alldeutsche Propaganda im Reich und in der Donaumonarchie lange vor 1914 gefordert. Ludendorff fordert am 14. Oktober 1918 – der Brief Seipels stammt vom 17. Dezember 1918 – die Einverleibung von „Deutsch-Österreich" als Kriegsentschädigung. Adolf Hitler folgt, wie in vielen Punkten seiner Kriegs- und Friedensziele, auch hier alten konservativen deutschen Aspirationen. Die Deutsch-Österreicher aber wollen nicht „genommen", derb, wie ein Weib genommen werden, sondern sie wollen aus heißen Herzen und aus wirtschaftlichen und politischen Gründen ins Reich aufgenommen werden. Offizieller Beschluß des sozialdemokratischen Parteitages November 1918: „Deutsch-Österreich ist, auf sich selbst gestellt, kein wirtschaftlich lebensfähiges Gebilde." Daher Anschluß an Deutschland, gewünscht als Sonder-Bundesstaat. Führende österreichische Sozialisten, wie Otto Bauer, sind bis zu ihrem Lebensende glühende Großdeutsche.

Der Deutschlandglaube deutsch-österreichischer Katholiken, in der Führung am stärksten bei Schuschnigg und Dollfuß, am wenigsten in Seipel virulent, weiß sich als Träger einer heiligen Mission des Heiligen Römischen Reiches, das durch die Reichsreliquien in der Schatzkammer der Hofburg in Wien präsent ist. Ein untrennbares Band verbindet die Protagonisten des österreichischen Staates mit

jenen in der „zweiten Garnitur“ und im Hintergrund stehenden österreichischen Katholiken, die früh und sehr direkt das Heil von Hitler erhoffen.
Hier nur ein Beispiel für viele: Arthur Seyß-Inquart bietet Dr. Guido Schmidt, Schuschniggs Staatssekretär für Auswärtige Angelegenheiten, dann Außenminister, am 11. März 1938 an, in seiner Regierung das Außenministerium zu übernehmen. Schmidt lehnt zugunsten seines Freundes Dr. Wilhelm Wolf ab. Der Neuländer Dr. Wilhelm Wolf wird erster und letzter Außenminister der einzigen nationalsozialistischen Regierung Österreichs; er wurde im Unterrichtsministerium als Ministerialrat hochgeschätzt von Schuschniggs Unterrichtsminister Dr. Pernter, dem Manne eines integralen österreichischen Kurses.

Dr. Ignaz Seipel, Dollfuß, Schuschnigg: Ernst Karl Winter hat im Rückblick vermerkt: „Die christlichen Massen ... folgten diesen christlichen Politikern wie die Schafe zur Schlachtbank.“ Dasselbe hat lange vor dem Vollzug der Tragödie der christlichsoziale Demokrat Joseph Scheicher um 1910 festgestellt. Die politische Selbstentmannung der Christlichsozialen hat lange vor Seipel begonnen; sie datiert aus den Jahren Luegers, des unbestrittenen „Führers“. Wegweisend für die Jahre bis 1938 hat sie ab 1920 Ignaz Seipel vollzogen. Er vergewaltigt ständig die Partei, ja er zerstört schließlich seine Partei, indem er mit Hilfe von Industriellen und Banken eine feindliche, außerparlamentarische, antidemokratische Macht aufbaut: die Heimwehren. Mit „ihrer Hilfe glaubte er“, wie Karl Renner feststellt, „die Sozialdemokratie bis zur Hilflosigkeit eingeschüchtert zu haben, bis zu einem Zustand, in dem sie, wie er selbst sagte, lieber Selbstmord begehen als sich niederschlagen lassen werde“.
Gegen die „Feinde Jesu Christi“ ist Seipel jedes Mittel recht. Auch der Bürgerkrieg. Canisiusrede, 17. Oktober 1927: „Wenn wir die Feinde Jesu Christi in besser organisierten und bewaffneten Gruppen marschieren sehen, dann müssen wir alles dazu tun, um die Mängel in unserer eigenen Bewaffnung und Organisation zu beheben. Die wahre Liebe für das Volk muß sich darin ausdrücken, daß wir dem entscheidenden Kampf im Volk und für das Volk nicht aus dem Wege gehen.“
Die wahre Liebe: „Wahr“ ist ein Wort, das für Seipel immer einen antidemokratischen Bezug hat; er feiert die Heimwehr als wahre Demokratie, wirbt in Deutschland für die wahre Demokratie, in Ablösung der parlamentarischen Demokratie. Seipel drängt das Zentrum, mit Hitler handelseinig zu werden. Waldemar Pabst, beteiligt am Kapp-Putsch und an der Ermordung der Rosa Luxemburg, Organisator der österreichischen Heimwehr, ist Seipels Duzfreund. Seipel bekennt sich gerade auch zum radikalsten Flügel der österreichischen Heimwehren, zu den steirischen Heimwehren, die früh zu Hitler stoßen.

Im berühmten Korneuburger Eid der Heimwehr vom 18. Mai 1930 heißt es: „Wir wollen Österreich von Grund aus erneuern. Wir wollen den Volksstaat des Heimatschutzes." – „Wir wollen nach der Macht im Staate greifen ..." Wir wollen „der Gemeinschaft des deutschen Volkes dienen". – „Wir verwerfen den westlichen demokratischen Parlamentarismus und den Parteienstaat! Wir wollen an seine Stelle die Selbstverwaltung der Stände setzen und eine starke Staatsführung." – „Wir kämpfen gegen die Zersetzung unseres Volkes durch den marxistischen Klassenkampf und liberal-kapitalistische Wirtschaftsgestaltung." Ende des Eides: „Jeder Kamerad fühle und bekenne sich als Träger der neuen deutschen Staatsgesinnung; er sei bereit, Gut und Blut einzusetzen, erkenne die drei Gewalten: den Gottesglauben, seinen eigenen harten Willen, das Wort seiner Führer."
Das Wort seiner Führer: Ignaz Seipel hat die Heimwehr geschaffen zum Kampf gegen den Marxismus. Er hat als ein „Puppenspieler" (Viktor Reimann) so lange mit seinen christlichsozialen und anderen nichtsozialistischen Puppen gespielt, bis „die Puppen rebellieren". Er hat die eigene Partei zerstört und die größte Partei Österreichs, die Sozialdemokraten, die in entscheidenden Momenten durchaus bereit waren, in eine Koalitionsregierung einzutreten, zunächst terrorisiert und ständig als marxistische Staatsverderber denunziert, bemüht, sie in die Verzweiflung, zur Erhebung zu drängen.
Ignaz Seipel wird in sehr jungen Jahren – geboren in Wien am 19. Juli 1876, der Vater ist Fiaker und Theaterportier – Minister in der letzten Regierung des Kaisers Karl, Ende Oktober 1918. Der ehrgeizige junge Theologieprofessor wird bereits 1920 Obmann der Parlamentsfraktion der Christlichsozialen und im Juni 1921 Parteiobmann. 1922–1924 bildet Seipel mit den Großdeutschen drei Koalitionskabinette. 1926/27 leitet er sein viertes und 1927–1929 sein fünftes Kabinett, 1928 wird er Vizepräsident des Völkerbundes, 1930 noch einmal kurz Außenminister. Am 2. August 1932 stirbt er.
Seipel hinterläßt Österreich als ein Trümmerfeld; am 5. November 1927 schreibt er: „Wenn ich heute abberufen würde, so bliebe auf allen Gebieten ein Trümmerfeld unvollendeter Arbeit übrig." Das ist eine Vorschau auf seinen Tod.
Der schwerkranke Mann sieht nach dem Heil aus; er sieht es in den Kohorten der jungen Nationalsozialisten herankommen. Was für eine begeisterungsfähige Jugend! Am 26. September 1930 erklärt er im Stockholmer „Aftonbladet": „Ich bin viel in der Welt gewesen und habe besonders unter jungen Menschen geweilt. Ich kenne Hitler nicht, aber ich bin überzeugt, daß er und viele andere junge Leute, die sich für ihn erklärt haben, ideell veranlagte Menschen sind." In diesem Sinne drängt er unablässig seine Freunde im deutschen Zentrum, sich mit Hitler zu verständigen. Bis zu seinem Tode.

Woher diese ungeheure Verkennung der Wirklichkeit? Ignaz Seipel war ein Mensch, der sich selbst durchschaut hat. Er spricht in seinen Tagebüchern von seiner „phantastischen Eitelkeit", erkennt seinen Ehrgeiz, sein Nichtloskommen von der Politik, vom Streben nach Macht – bis knapp ans Sterben heran. Wie konnte dieser Mann, der hochqualifiziert, eine der begabtesten politischen Persönlichkeiten Europas war, sich so versehen?
Die Erklärung ist relativ einfach. Der Prälat Dr. Ignaz Seipel, der auf höchste hierarchische Ämter seiner Kirche mit Recht Anspruch hatte – er hätte Erzbischof und Kardinal von Wien werden können – weiß sich zuerst und zuletzt als einen Mann der Kirche. Seipel behandelt Parteien, politische Gruppen, Bewegungen, behandelt Kapitalismus und, in seinen Anfängen, Sozialisierungsbestrebungen nach einem „Ewigkeitsmaß", das seiner engen, scholastischen, doktrinären theologischen Bildung entspricht. Dem widerspricht nicht, daß er sich gelegentlich, so im katholischen Literaturstreit, liberal geben kann. Seine erste und letzte Frage ist: Nützt es der Kirche?
Von der Kirche denkt er sehr ähnlich wie Pacelli-Pius XII. Diese beiden Persönlichkeiten sind sich wahrhaft kongenial. Beide besitzen eine an sich enge, rationalistische Bildung, beide sind Politiker durch und durch, beide sehen fasziniert auf das Faschistischwerden Europas – beide mit einigem Bangen und einigen Erwartungen. Beide übersehen riesenhafte Bezüge der neuzeitlichen industriellen Großgesellschaft. Sie denken an Stände, an einen wahren Staat, an eine Ordnung, die jenseits der Wirklichkeit schwebt. Beide fürchten sehr den Marxismus, den Bolschewismus, die Bolschewiken. Beide sehen nach „Führern" aus. Lieber wären ihnen Führer in einer Mischung von Franco und Salazar. Wenn es aber nicht anders geht, dann eben: Mussolini und Hitler.

Beide hinterlassen ein Trümmerfeld: Pacelli-Pius XII. im Weltkatholizismus, Seipel in Österreich. Engelbert Dollfuß wird sein Testamentvollstrecker: Kampf zur Ausschaltung der Sozialdemokraten; Bemühung um Deutschland, um Hitler.
Im Guido-Schmidt-Prozeß erklärt Wilhelm Miklas, Bundespräsident bis zum 12. März 1938: „Das größte Unglück in der Geschichte Österreichs entstand durch die Umrennung des Parlaments." Ebendiese von Dollfuß bis zur Liquidierung vollbrachte „Umrennung" des Parlaments hatte Seipel faktisch ausgeführt, indem er eine totale Opposition gegen die Sozialdemokraten aufbaute, im Parlament und außerhalb des Parlaments. Dollfuß verhandelt zwar 1933 mit den Führern der Sozialdemokratischen Partei. Als diese Verhandlungen aber im Dezember einen Erfolg versprechen, erklärt er: „Das wäre sehr schön, aber wenn ich das tue, wirft mich Mussolini Hitler in den Rachen."

Tatsächlich drängt Mussolini, stark von seinen ungarischen Freunden unterstützt, Dollfuß ständig, die „Marxisten“ zu liquidieren. Wir wissen erst seit kurzem, wie sehr und wie geschickt Mussolini auch in Deutschland tätig war: bei der Gründung der Harzburger Front, bei der Unterstützung Hitlers in den Jahren knapp vor, dann während der Machtübernahme. Die italienisch-ungarisch-hitlersche Falle für Dollfuß aber hatte Seipel vorbereitet. Für den faschistoiden Staat blieben nur mehr faschistische Nachbarn als hochgefährliche Partner.
Im Februar 1932 ist Starhemberg, der umstrittene Heimwehrführer, bei Hitler. Ende 1933 trifft Schuschnigg, Unterrichtsminister in der Regierung Dollfuß, als dessen Beauftragter Himmler und Heß in München. Dollfuß proklamiert einerseits einen betont österreichischen Kurs, bemüht sich aufrichtig, vital, und von seiner eigenen Mission überzeugt, einen österreichischen Patriotismus und ein österreichisches Staatsbewußtsein aufzubauen: mit autoritären Mitteln. Andererseits bemüht er sich emsig um Fühlungnahmen mit führenden Nationalsozialisten. Er möchte an Hitler persönlich herankommen.
Die beiden ungleichen Österreicher haben sich nie persönlich kennengelernt. So unverwandt sie in vielen Bezügen sind, sosehr Engelbert Dollfuß charakterlich Hitler überragt, verwandt sind sie zumindest als Sprößlinge einer bäuerlich-kleinbürgerlichen Welt, voll rascher Auffassungskraft, voll vitalen Instinktes für Macht und für politische Spiele. Beide besitzen, jeder sehr auf seine Weise, einen „Charme“, ein „Charisma“, wie es nach Weber dem politischen Führer zusagt. „Charisma“ muß hier in einem sehr weiten, ganz amoralischen Sinne verstanden werden; so, wie es Zauberer besitzen. Der „Zauber der Persönlichkeit“ erinnert noch in etwa an diesen oft nicht ungefährlichen Charme.
Adolf Hitler – der sich als „den getreuen Ekkehard Österreichs“ sieht, so am 16. Juli 1936 zu österreichischen Nationalsozialisten – sendet Dollfuß am Tage seiner Bestallung zum Bundeskanzler ein ungewöhnlich freundliches Grußtelegramm. Engelbert Dollfuß antwortet ebenso freundlich. Die beiden Regierungschefs haben dies gemeinsam: „Kampf gegen links“ und außenpolitisch Rom zu.
Dann aber setzt sich schnell in Hitler der österreichische Nationalsozialist durch. Er macht Politik in Österreich als Führer der nationalsozialistischen Opposition. Hitler verlangt im März 1933 Neuwahlen in Österreich. Die österreichischen Nationalsozialisten hatten dies bereits im April 1932 verlangt. Hitler übernimmt eine Doppelrolle. „Seit dem 30. Januar 1933 war er als Führer der NSDAP deutscher Regierungschef und österreichischer ‚Oppositionsführer‘ in Personalunion“ (Dieter Ross). Gewohnt, den Staat und das Reich seiner Partei, besser, sich selbst unterzuordnen, fällt Hitler diese Doppelrolle nicht schwer.
Nun beginnt, von Dollfuß aus, ein langes mühsames Spiel. Er versucht über Papen in Rom an Hitler persönlich heranzukommen. Er trifft den Gau-Inspek-

teur Habicht allein. Im April 1933 drängt ihn Mussolini in Rom, „so schnell wie möglich ein enges Einvernehmen zwischen den Christlichsozialen, der Heimwehr und den Nationalsozialisten herbeizuführen“.
Die Propagandareise des Reichsjustizkommissars Hans Frank in Österreich endet mit einem Eklat. Frank wird ausgewiesen. Am 26. Mai tobt Hitler im Reichskabinett: Herrscher über Österreich seien „das Wiener Halbjudentum und die Legitimisten“. Es drohe die Gefahr eines „Verschweizerungsprozesses“ in Österreich. Durch die Tausendmarksperre für Urlauber und andere schwere wirtschaftspolitische Pressalien hofft Hitler, die Wiener Regierung zum Zusammenbruch zu zwingen. Bombenterror der extremen Nationalsozialisten in Österreich. Die NS-Landtagsabgeordneten Frauenfeld und Riehl bedauern im Bundeskanzleramt die Anschläge. Nach dem schweren Attentat in Krems – Schönerers Krems! – verbietet die Regierung am 19. Juni 1933 die NSDAP in Österreich.
Dollfuß aber möchte mit Hitler verhandeln; in diesem Sinne spricht er in London mit dem deutschen Botschafter. Von Rom her drängt Mussolini auf eine Verständigung. Am 25. September erklärt Dollfuß in Genf dem deutschen Außenminister Neurath; er wolle „so schnell wie möglich zur Regelung dieses Konfliktes zwischen den deutschen Bruderstämmen gelangen“.
Während Dollfuß jede nur in der Luft liegende Möglichkeit wahrzunehmen sucht, an Hitler oder zumindest an einige führende Nationalsozialisten heranzukommen, bemühen sich hinter seinem Rücken Heimwehrführer – die auch ihrerseits zerstritten sind – im Wettlauf um Verbindungen zu Nationalsozialisten. Starhemberg und Fey, die beiden Rivalen, suchen Kontakte bis knapp an die Zeit heran, in der Dollfuß ermordet wird.
Im Februar 1934 freundet sich Hitler mit dem Gedanken einer Fühlungnahme mit Dollfuß an. Die Reaktion der Westmächte auf den Terror in Österreich macht ihn vorübergehend vorsichtig. Am 10. April 1934 erklärt sich Hitler in einer Besprechung über die deutsche Österreich-Politik, an der Neurath, Blomberg, Bülow und Hassell teilnehmen, bereit, „Österreich auf Jahre hinaus abzuschreiben“.

Am 25. Juli wird Engelbert Dollfuß ein Opfer des nationalsozialistischen Putsches. Vergebens hat die SA-Führung von München her, in scharfer Gegnerschaft zur SS in Berlin, die Wiener Regierung zu warnen versucht. Hitler erfährt die Nachricht in Bayreuth. Er kann anfangs „die Freude in seinem Gesicht kaum verbergen“ (Friedelind Wagner).
Dollfuß ist tot. Ein vitaler Gegenspieler, über dessen „Gefährlichkeit“ sich Hitler rasch klar geworden war. Nachfolger als Regierungschef wird Kurt von Schuschnigg.

Der Nestor der österreichischen christlichsozialen Presse und Mentor der Partei, Friedrich Funder, erklärt als Zeuge im Guido-Schmidt-Prozeß 1947 über Schuschniggs „deutschen Weg“: Schuschnigg wandelte „in den Fußstapfen Seipels“. Seipel: Man darf in Österreich nie eine Politik gegen Deutschland machen, sondern müsse sie immer mit Deutschland machen.
Franz von Papen berichtet über eine lange Aussprache mit Friedrich Funder im November 1935. Ergebnis: Ein Artikel in der „Reichspost“ fordert Zusammenarbeit des Katholizismus mit dem Nationalsozialismus gegen den gemeinsamen bolschewistischen Feind. 1935 erscheint in Wien, gedruckt ebenfalls in der Strozzigasse, in der die „Reichspost“ beheimatet ist, der Prachtband „Israel und die Völker“, gleichzeitig in Dresden unter dem Titel „Antisemitismus der Welt in Wort und Bild“ (hier dem Frankenführer Julius Streicher gewidmet): ein voluminöses Manifest an die Katholiken, an alle Christen deutscher Zunge, am Weltkampf gegen das Judentum teilzunehmen.
Nach Seipels Tod 1932 legen die Christlichsozialen ein Programm vor, das daran erinnert: „Der Antisemitismus ist seit den Uranfängen der Bewegung ein Stück des christlich-sozialen Wesens. Kein bloßes Agitationsmittel, sondern ein Teil des Programms, des geistigen Inhalts der Partei ... *Niemals aber ist der Antisemitismus in der Christlich-Sozialen Partei erstorben gewesen.* Dafür sorgten die Juden selbst, die als Führer der Sozialdemokraten bei jeder Gelegenheit und als Herren der liberalen Presse wenigstens in der Kulturpolitik die Christlich-Sozialen immer wieder an seine Notwendigkeit erinnerten.“ Ausführlich wird dann der „zersetzende, revolutionäre umstürzende“ jüdische Einfluß in Handel und Industrie, Presse, Literatur, Theater etc. gewürdigt. Abgelehnt wird ein „gewalttätiger“ und ein „Rassenantisemitismus“.
Am 2. Februar 1934 ließ Dollfuß durch den österreichischen Gesandten Dr. Rintelen die italienische Regierung konsultieren. Er möchte sich gegen den deutschen Terror mit einer Beschwerde an den Völkerbund wenden. Der italienische Staatssekretär Suvich rät dringend von diesem Schritt ab, empfiehlt aber eine verstärkte Bekämpfung der Sozialdemokraten und „eine leichte Nuance (tinta) von Antisemitismus“.
Eine leichte Färbung von Antisemitismus: Konkret war das glatter Hohn. Sollte diese *tinta* den massiven Antisemitismus überspielen, der auf beiden Feuern seit achtzig Jahren gekocht worden war, auf einem christlichen und einem nationalen Feuer?
Es geht um Größeres: um die gemeinsame antibolschewistische Front. Papen berichtet am 12. Februar 1936, am zweiten Jahrestag also der militärischen Niederwerfung der Sozialdemokraten, an Hitler über ein Gespräch mit Fürst Starhemberg: Er fände, daß die Staaten des autoritären Regimes sich hinsichtlich des

Ansturmes der jüdisch-freimaurerischen Front gegen den Faschismus in der gleichen bedrohten Lage befänden. Starhemberg plädiert für eine Einheitsfront zwischen Italien, Österreich, Deutschland, Ungarn. Papen stimmt aus vollem Herzen zu in „der Auffassung über die gemeinsame Bedrohung seitens der jüdisch-freimaurerisch-bolschewistischen Front".

Franz von Papen hält an seinem Kreuzrittergedanken als Botschafter in der Türkei während des Zweiten Weltkrieges fest und möchte gerne über den Nuntius Roncalli das päpstliche Rom von der Notwendigkeit des deutschen Kreuzzuges gegen den Bolschewismus überzeugen.

1933 befand sich Dollfuß in einem Wettlauf mit Papen in Rom. Es ging darum, wer schneller ein Konkordat heimbringe. Freundlich-ernster Vorwurf Pacellis an Friedrich Funder: Österreich möge sich beeilen, nachdem die Reichsregierung schon so weit gekommen sei.

Das also ist der österreichische Gegenspieler gegen Hitler: Die drei österreichischen Katholiken Seipel, Dollfuß, Schuschnigg bilden im Großen keinen geschichtsmächtigen Gegenspieler: nicht, weil Österreich klein war, wohl aber, weil der Wurm des Verderbens im Ansatze saß. Es gab keine echte großangelegte „geistige Landesverteidigung". Allzu viele ideologische und politische Elemente wiesen verdächtige Verwandtschaft mit Strukturen der NS-Ideologie und -Praxis auf. So kam es nur zu einem Hinhalten, einem taktischen Manövrieren, einem Ausweichen, einem Sichanpassen, zu vielen Manipulationen, die die innere Übergabe vorbereiteten.

Offen haben 1947 führende Männer des Regimes von 1933 bis 1938 im Guido-Schmidt-Prozeß einbekannt, daß sie nicht an einen wirklichen Widerstand Österreichs gegen Hitler-Deutschland glaubten.

An die Pflicht und Aufgabe dieses Widerstandes glaubten breite Schichten des Volkes: Katholiken, Sozialdemokraten, Liberale, Kommunisten und Legitimisten. *Diese Massen wurden nicht zum Kampfe geführt.* Vor der Masse, vor dem Volk hatte Schuschnigg ebenso Angst wie Pius XII. Beklemmend erinnert der Nicht-Widerstand des kleinen katholischen Führer-Staates Österreich gegen Hitler an den Nicht-Widerstand des großen Führer-Regimes Roms unter Pius XII. gegen denselben Mann. In beiden Fällen wollte man nicht ernsthaft kämpfen. Betrogen wurde – ungewollt – in beiden Fällen gerade das katholische Volk in Österreich, in der Welt. Während man in Österreich lauthals Schulkinder und Beamte auf österreichischen Patriotismus verpflichten wollte, unterband man jede religiöse und politische Aufklärungsarbeit über die Greuel in Hitler-Deutschland. Antinationalsozialistische Bücher und Schriften wurden 1933–1938 verboten. Schuschnigg reagierte nicht auf Berichte von den Konzentrationslagern im Dritten Reich.

Im Guido-Schmidt-Prozeß fragt der Staatsanwalt den ehemaligen Unterrichtsminister Pernter: „Lebte Schuschnigg im Lande Utopia? Hat Schuschnigg die politische Welt so gesehen, wie sie war oder so, wie er sie sehen wollte?“ Dieselbe Frage war an Pius XII. zu richten. Der Papst und der österreichische Bundeskanzler übersehen, was sie nicht sehen wollen. In seinem Plädoyer weist der öffentliche Ankläger darauf hin: „Leider hat im autoritären System das österreichische Volk nichts zu reden gehabt.“ Im römischen System, wie es Pius XII. bis zu seinem Tode aufrechterhält, haben in den großen Dingen: Staat, Krieg, Kirche nur die führenden Männer das Wort und die Tat zu ergreifen.
Der öffentliche Ankläger 1947: Der „deutsche Weg“ Schuschniggs führte schnurgerade nach Berchtesgaden, zur Übergabe an Hitler am 20. Februar und am 11./12. März 1938. Diesen deutschen Weg waren Seipel – mit großer Vorsicht – und, schwankend, Dollfuß und Schuschnigg gegangen. Der römische Weg führt von 1929, seit den Verträgen mit Mussolini, auf die Konkordate von 1933 mit Österreich und Hitler-Deutschland – und auf das Debakel zu.
Kämpfen wollten 1938 in Österreich ein hoher Prozentsatz der Arbeiterschaft und integre Teile der Bauernschaft. Kämpfen wollte der Chef der Verteidigung, Feldmarschalleutnant Alfred Jansa. Er hatte alles für den Kampf vorbereitet. Er erfährt im Januar 1938, daß er zurücktreten muß. Er gibt als Zeuge im Guido-Schmidt-Prozeß zu Protokoll: Das österreichische Heer war nicht nationalsozialistisch durchsetzt. Von den Offizieren waren etwa fünf Prozent illegal organisiert; auch die illegalen Offiziere hätten 1938 für Österreich gekämpft. Dies wurde mir mitten im Zweiten Weltkriege von nationalsozialistischen österreichischen Offizieren der Wehrmacht bestätigt. „Ich dachte, Hitler durch innerdeutsche Kräfte zum Sturz zu bringen.“ Der bewaffnete Widerstand Österreichs hätte Anlaß zur innerdeutschen Erhebung sein können. Jansa traf sich mit dem deutschen Generalstabschef Beck in Budapest. „Zwei Tage Widerstand hätten viel bedeutet.“
Als es ernst wurde, im März 1938, fehlte eine politische und militärische Führung, es fehlte Munition, es fehlte am Willen zum Widerstand. Analog war bereits die Situation im zunächst deutschsprachigen Katholizismus 1933; es fehlt die Führung, die geistige und politische Munition, es fehlt am organisierten Widerstand. Prälat Kaas begab sich nach Rom zu Pacelli. Schuschnigg, ehrenwerter, begab sich in Hitlers Gefangenschaft.

Viele Katholiken in Österreich jubeln *nach* dem Anschluß Adolf Hitler zu. Das Gesetz der ersten – und letzten – nationalsozialistischen österreichischen Bundesregierung über die Wiedervereinigung ist von Katholiken unterzeichnet, von denen einige eine angesehene Stellung in katholischen Verbänden und Gesellschaftskreisen eingenommen hatten: Seyß-Inquart, Glaise v. Horstenau, Wolf, Menghin; mit Abstand sind Hueber, Jury, Neumayer, Reinthaler, Fischböck zu nennen.

Der Taumel der Begeisterung im März 1938 sollte jedoch nicht übersehen lassen, daß österreichische Katholiken bis zu diesen fatalen Märztagen einen energischen Kampf gegen Adolf Hitler und gegen den Nationalsozialismus geführt haben. Eine überwiegende Mehrheit des österreichischen Volkes stand gegen Hitler. Die von Schuschnigg in allzu später Stunde angekündigte Volksabstimmung hätte ein zahlenmäßig überwältigendes „Ja" für ein freies, unabhängiges Österreich ergeben. Hitler fürchtete diese Abstimmung mit Recht und entschloß sich zum militärischen Eingreifen. Das Unternehmen trug den Decknamen „Otto", bezogen auf Otto von Habsburg.

Die illegalen sozialdemokratischen Gewerkschaften erbrachten allein, in einer Vorabstimmung, eine Million Arbeiterstimmen für ein freies, nichtnationalsozialistisches Österreich. Zwei große Blöcke waren bis 1938 intakt geblieben: die christlichsoziale Bauernschaft mit Zentren in Niederösterreich und Oberösterreich und die sozialdemokratische Arbeiterschaft mit Zentren in Wien und im steirischen Industriegebiet. Die steigende nationalsozialistische Terrorwelle, verbunden mit der Anwendung des Rezepts „Zuckerbrot und Peitsche", hatte gerade in den Jahren 1935–1937 zum Erwachen eines ganz neuartigen österreichischen Patriotismus geführt. In der österreichischen nationalsozialistischen Partei und Bewegung zeigten sich seit 1934 in zunehmenden Maße in den folgenden Jahren bedeutende Spaltungen und Zersetzungserscheinungen. Schon die in München zentrierte Führung der SA lehnte den Putsch im Juli 1934 und die Ermordung des Bundeskanzlers Dr. Engelbert Dollfuß ab und versuchte, die Regierung in Wien zu warnen; sie stand damit gegen die in Berlin zentrierte österreichische SS.

Das im Ernstfalle der militärischen Bedrohung so rasche Erliegen Österreichs im März 1938 fällt zu einem hohen Maße der Unfähigkeit der Regierung Schuschnigg, die zum Kampfe verfügbaren Kräfte zu sammeln, zur Last.

Der *politischen* Abwehrbereitschaft österreichischer Katholiken entsprach jedoch nicht die weltanschauliche Geschlossenheit. Hier gab es allzuviel Affinitäten zur autoritären, deutschen konservativen und nationalsozialistischen Weltanschauung. Ein schleichender, ja von geistlichen und publizistischen Sprechern offen bekannter Antisemitismus, der sich bisweilen schamhaft als „Antijudaismus" gewandete, war dem radikaleren nationalsozialistischen Antisemitismus nicht gewachsen, ja bereitete ihm vor allem in der Jugend die Wege. Gegen Aufklärung und Liberalismus – und damit bereits implizite gegen die westlichen Demokratien – berief sich nicht nur das Vorwort zur Ersten Sozialen Woche, die in Wien vom 12. bis 17. März 1935 von der Katholischen Aktion veranstaltet wurde.

Mussolinis faschistisches, mit der Kirche versöhntes Italien und der „Heldenkampf“ der „spanischen Märtyrer“ im Alcazar von Toledo, der Kampf Francos gegen den Bolschewismus, fanden reiche Sympathien gerade im politischen Katholizismus Österreichs.

Am 24. Juni 1933 steht in Rom der Mentor der christlichsozialen Partei, ihr bedeutendster Publizist, der Chefredakteur der „Reichspost“, Friedrich Funder vor dem Kardinalstaatssekretär Pacelli. Es geht um den für September dieses Jahres nach Wien einberufenen „Allgemeinen Deutschen Katholikentag“, der ein festliches Treffen aller deutschen Katholiken, zu denen sich ja die meisten österreichischen Katholiken zählten, werden sollte. Hitler hat durch die Tausendmarksperre die Teilnahme der deutschen Katholiken aus seinem Reiche unmöglich gemacht. Damit entfiel die vom Heiligen Stuhl geplante Entsendung des Kardinals Faulhaber als Kardinallegat Roms zu diesem Kongreß.
Dieser „Allgemeine Deutsche Katholikentag“ sollte der sinnvollen Erinnerung an das große historische Ereignis für die abendländische Christenheit geweiht sein, an die vor 250 Jahren erfolgte Befreiung Wiens und Mitteleuropas von der „Türkennot“. Unter „Türkennot“ wurde um 1933, und dann wieder nach 1945, die „rote Gefahr“, der Bolschewismus und seine Trabanten verstanden. In diesem Sinne appelliert 1938, am Vorabend von Hitlers Krieg, Pacelli selbst als Kardinallegat des Papstes in Budapest auf dem Eucharistischen Kongreß an die katholische Christenheit, sich gegen diese drohende Gefahr im Abwehrkampf zu sammeln. Ganz in diesem Sinne bezieht sich der Papst Pius XII. in seiner Rundfunkbotschaft an das österreichische Volk nach 1945, anläßlich der Wiederherstellung des Stephansdomes und des von Hunderttausenden begrüßten feierlichen Einzuges der „Pummerin“, der großen Glocke des Stephansdomes in Wien, auf die Türkennot und den Abwehrkampf der christlichen Völker gegen die Türken.
An diesem 24. Juni 1933 kommt in Rom das Gespräch sehr bald auf das am 5. Juni von Österreich mit dem Heiligen Stuhl abgeschlossene Konkordat, das jedoch noch nicht ratizifiert ist. Dollfuß und Minister Schuschnigg als Unterrichtsminister haben den Vertrag unterschrieben. „Der große Staatsmann der Kirche“, Pacelli, weist Friedrich Funder auf das Versäumnis hin: Österreich möge sich nicht an dieser Stelle durch das nationalsozialistische Deutschland beschämen lassen.
Der betroffene Funder macht darauf aufmerksam, daß der nationalsozialistische Staat das Konkordat wohl nicht einhalten werde. Pacelli wischt diesen Einwand weg: „Die Aussicht auf einen Eventualfall kann aber doch nicht Veranlassung sein, auf einen wichtigen Vertrag zu verzichten, weil der Konkordatspartner vielleicht das Abkommen nicht einhalten wird. Nun wohl, tritt ein solcher Fall ein,

so wird der Partner, der auf dem Rechtsboden verbleibt, moralisch der Stärkere sein und sich immer auf sein Recht stützen können."
Pacelli vermag von seiner geistigen und kirchenpolitischen Position her nicht einzusehen, daß der Heilige Stuhl sich durch diesen Konkordatsabschluß selbst entmachtet, und – was deutsche emigrierte Katholiken mit als erste erkannten – moralisch disqualifiziert hatte. Pacelli denkt aber an die „Türkennot", an den Abwehrkampf gegen den gottlosen Bolschewismus. Da war Hitler wichtiger als das kleine, innerlich zerrissene Österreich.
Gegen die innere Zersetzung des österreichischen Katholizismus konnte also Rom keinen Rückhalt bieten. Nach dem Dollfuß-Mord arbeitet der neue Gesandte Hitlers, Herr von Papen, systematisch auf diese innere Zersetzung hin. Er spricht vor kirchentreuen österreichischen Katholiken als treuer Sohn der Kirche und spricht vor österreichischen Nationalsozialisten gegen den Klerikalismus. Kardinal Innitzer empfängt Papen nicht. Nationale, großdeutsche, für Hitler anfällige österreichische Katholiken gewinnen, fast subkutan, Einfluß rund um den Ballhausplatz. Da sitzt neben Friedrich Funder im Staatsrat Edmund Glaise-Horstenau, der in der Katholischen Akademikervereinigung Vorsitzender geworden war. Der Offizier des Weltkrieges, Direktor des Heeresarchivs Glaise v. Horstenau nimmt an dem Abkommen vom 11. Juli 1936, das den ersten gefährlichen Vergleich der Wiener Regierung mit Hitler bringt, bedeutenden Anteil; er wird Minister der ersten nationalsozialistischen Regierung 1938, im Zweiten Weltkriege deutscher militärischer Bevollmächtigter im Staate Kroatien, erschrickt hier über die Greuel der Ustascha und begeht 1945 Selbstmord.
In diesen katholisch-nationalen Kreisen, die auf ihre Weise den Anschluß an Hitler-Deutschland vorbereiteten und sich von dessen Greueln keine Vorstellungen machen konnten, da ihr religiös-politischer, katholisch-deutschnationaler Glaube das nicht zuließ, spielen der Ministerialrat Dr. Wilhelm Wolf und die Universitätsprofessoren Menghin und Hugelmann eine nicht unbedeutende Rolle. Hugelmann ist nach 1945 zu einer bedeutenden akademischen Stellung in der Bundesrepublik aufgerückt. Der Südtiroler Oswald Menghin wurde Unterrichtsminister in der kurzlebigen nationalsozialistischen österreichischen Regierung im März 1938, Wilhelm Wolf wurde ihr erster und letzter Außenminister. Dieser hochbegabte, persönlich reine und integre Mensch, Wilhelm Wolf, kam ein Jahr später unter nicht aufgeklärten Umständen auf einer Fahrt nach Preßburg ums Leben, beauftragt mit der Vorbereitung eines katholischen, slowakischen, an Hitler gebundenen Satellitenstaates unter Führung des Mgr. Tiso.
Der erste und letzte nationalsozialistische Bundeskanzler Österreichs, Arthur Seyß-Inquart, der dann als Hitlers Generalbevollmächtigter, als Reichsstatthalter in Holland eine so sinistre Rolle spielen sollte, prangt an dem Tage, an

dem er in Schuschniggs Staatsrat berufen wird, mit seinem Namen als Referent der Katholischen Aktion auf dem Schwarzen Brett seiner Pfarre. Adolf Hitler gedenkt in seinem privaten Testament kurz vor seinem Tode seiner Stadt Linz, der Gemäldegalerie in seiner zweiten Vaterstadt. In seinem politischen Testament setzt er Arthur Seyß-Inquart als Außenminister ein. Auch das ist eine – die letzte – Heimkehr des verlorenen Sohns Adolf Hitler in sein Österreich.

Adolf Hitler traut gerade seinen österreichischen illegalen Nationalsozialisten nicht. Er fürchtet sie, er befürchtet, daß ihr Österreichertum in ihnen durchschlagen und die Vergewaltigung Österreichs als „Ostmark", seine Teilung in Reichsgaue, seine Ausplünderung nicht einfach hinnehmen würde. Hitler verwendet seine österreichischen Nationalsozialisten, indem er sie nach Polen, ins Altreich, in die Niederlande, nach Rumänien und auf den Balkan schickt und einsetzt.

Am 12. November 1938 schreibt der frühere Führer der stärksten radikalen Gruppe der österreichischen NSDAP, Gauleiter Josef Leopold, einen langen Beschwerdebrief an Adolf Hitler. Leopold stammt aus der politischen Schule Georg von Schönerers, aus „dem niederösterreichischen Waldviertel, einer Landschaft, die in den letzten Jahrzehnten des 19. Jahrhunderts die Domäne eines überhitzten Nationalismus gewesen war. Ein fast krankhafter Bismarck- und Hohenzollern-Kult, Abneigung gegen den alten österreichischen Staat, Feindseligkeit gegen alles Katholische" regierten die Herzen vor allem der akademischen Jugend. Das ist die Ahnenheimat des Führers.

In seiner Klageschrift an den Führer Adolf Hitler klagt der entmachtete Führer der illegalen österreichischen Nationalsozialisten Leopold: „Ich besaß eine Volkstümlichkeit, wie sie seit Schönerer kein nationaler Führer der Ostmark mehr besessen hatte." – „Ich selbst glaubte, und ich darf es wohl sagen, ganz Österreich erwartete es, daß ich als Führer der Nationalsozialisten in Österreich nun Ihr Beauftragter für die Ostmark werde. Indessen wurde Seyß-Inquart Reichsstatthalter und Bürckel Reichskommissär." Die lange Klage klingt in die Sätze aus: „Ich wuchs durch 18 Jahre mit der Bewegung heran und empor, ich war und bin ein Teil von ihr." Heute bin ich ein Verbannter. „In mir wurde auf diese Weise der Glaube an die Gerechtigkeit der Partei erschüttert. Nun sitze ich hier, ein Verbannter förmlich im Altreich, und muß in Untermiete und Hotels einmal da und einmal dort wie ein Reisender durchs Leben wandern. Mein Führer, beenden Sie diesen Zustand ..."

Adolf Hitler antwortet nicht. Der Hauptmann Leopold meldet sich an die Front. Sein einziger Sohn fällt vor ihm in Rußland, er selbst fällt als Oberstleutnant am 24. Juli 1941, einen Monat nach dem Beginn der Operation „Barbarossa", Hitlers Invasion in Rußland.

„Ein Zug seines Wesens war die tiefe Heimatliebe, die auch in den Zeiten seiner größten Verfangenheit im Nationalsozialismus des Dritten Reiches nicht entwurzelt wurde." Aus seinem Brief an Hitler hört man sein Herz schlagen, „das in allen gewaltsamen Wandlungen seiner Umgebung und seiner Irrungen doch ein österreichisches Herz geblieben ist". Das schreibt Friedrich Funder, mein väterlicher Freund, in dem Kapitel, das er in seinen Lebenserinnerungen dem Hauptmann Leopold zu ehrendem Gedächtnis gewidmet hat.
Es ist hier nicht der Ort, die Dramen und Tragödien österreichischer katholischer Nationalsozialisten zu schildern, in denen ihr Glaube an die Kirche, ihr Glaube an Deutschland, an den Führer Adolf Hitler und, in Tiefenschichten, ihr Glaube an Österreich nahtlos verschmolz, bis das Tauwetter von 1938 nicht wenigen von ihnen die Augen öffnete.
Friedrich Funder wurde am 13. März verhaftet und kam im Mai mit dem zweiten Gefangenentransport, mit vielen österreichischen Katholiken, Juden, Sozialisten, nach Dachau. Ich war, mit vielen anderen Jugendlichen, schon am 11. März in Wien erstmalig verhaftet worden.
In den Hitler zujubelnden Massen stehen viele Menschen, die bestürzt, überrascht, in tiefer Angst um ihre gefährdeten Familienmitglieder sich in den Strom der altgläubigen und neugläubigen Anhänger Hitlers mischen, um in ihm ein- und unterzugehen. Sie waren bereit gewesen, an dem 12. März, bei der Volksabstimmung, für ein freies und unabhängiges Österreich ihr „Ja" zu geben. Sie geben ihr „Ja" in dem besetzten, vergewaltigten Österreich am 10. April Adolf Hitler.

Am 12. März 1938 gewandet sich Adolf Hitler in München neu: er trägt einen Ledermantel von militärischem Schnitt. Ein neues Symbol ziert drohend die Mütze: eine Kokarde, umgeben vom goldenen Eichenlaub der Wehrmacht. Adolf Hitler betritt als Feldherr die Bühne der Weltgeschichte, gerüstet zum Einmarsch in Österreich. „Wer Hitler und seine Symbolgläubigkeit kannte, wußte, was die Stunde geschlagen hatte!"
Seine Proklamation vom 12. März endet: „Die Welt" – wir kommentieren: es ist die böse, ungläubige, johanneisch konzipierte Welt – „aber soll sich überzeugen, daß das deutsche Volk in Österreich in diesen Tagen Stunden seligster Freude und Ergriffenheit erlebt. Es sieht in den zu Hilfe gekommenen Brüdern die Retter aus tiefster Not! Es lebe das nationalsozialistische Deutsche Reich! Es lebe das nationalsozialistische Deutsch-Österreich!"
Als Führer, Retter, Heiland, als Lohengrin, Siegfried, Erlöser fährt der Feldherr Adolf Hitler in Österreich ein. Auf dem Balkon des Linzer Rathauses verkündet er die Frohe Botschaft: „Wenn die Vorsehung mich einst aus dieser Stadt heraus zur Führung des Reiches berief, dann muß sie mir damit einen Auftrag

erteilt haben, und es kann nur ein Auftrag gewesen sein, meine teure Heimat dem Deutschen Reich wiederzugeben." Im Hotel Weinzinger erklärt er Ward Price, dem journalistischen Wegbereiter Hitlers in England, das Hitler reiche Sympathien entgegenbringt und Österreich früh abgeschrieben hat – ich selbst erinnere mich an englische, für Hitler schwärmende Studenten in Wien 1933–1938 –: „Lange habe ich darunter gelitten, das Volk, zu dem ich durch Geburt gehöre, unterdrückt und leiden zu sehen."

In Wien läuten, wie zuvor in Linz, alle Kirchenglocken am 14. März, als der Führer einzieht. Am 15. März erscheint Kardinal Innitzer bei Hitler im Hotel „Imperial", durchaus würdig, wie Hitler später in seinen Bunkergesprächen erwähnt. Am 25. März spricht Adolf Hitler im fernen Königsberg, das in seinem Namen an seinen Gründer, König Přemisl Ottokar, erinnert, von Österreich mit Worten, die wohl unbewußt an das berühmte Loblied auf Österreich in Grillparzers „König Ottokars Glück und Ende" anklingen: „Es ist ein schönes Land ... Ich wollte es nicht vernichten lassen."

Graz, 3. April. Wahlrede Adolf Hitlers: „Der Herrgott hat die Völker geschaffen. Was aber der Herrgott einigt, sollen die Menschen niemals trennen!" Man vergleiche Matth. 19, 6.

Wahlrede im Salzburger Festspielhaus, 6. April: „Im Anfang stand das Volk, war das Volk, und dann erst kam das Reich." (Joh. 1, 1: „Im Anfang war das Wort, und das Wort war bei Gott.") – „Ich glaube, daß die Zeit, in der ich Deutschland führe, eine geschichtliche Zeit deutscher Größe ist." – „Ich sehe in Herrn Schuschnigg eine jener Kräfte, die selbst Böses schaffen wollen, aber im Walten der Vorsehung bestimmt sind, doch am Ende zum Guten zu wirken!" Sehr sinnig wird da in Salzburg, wo Goethes „Faust" in Festspielaufführungen zauberhaft-magisch in der Walpurgisnacht präsentiert wurde, auf Faust I hingewiesen: „Ein Teil von jener Kraft, die stets das Böse will und stets das Gute schafft." Hitler bereitet sich bereits auf seine Salzburger Festspiele vor.

Empfang im Wiener Rathaus, am Vorabend seiner Volksabstimmung in Österreich. Bürgermeister Dr. Neubacher – der später, positiv, wie er es meint, Hitler mit Dschinghis-Khan vergleicht – empfängt den Führer. Dieser antwortet: „Seien Sie überzeugt, diese Stadt ist in meinen Augen eine Perle. Ich werde sie in jene Fassung bringen, die dieser Perle würdig ist." Tatsächlich beginnt sich Hitlers inneres Wien-Bild nach seinem siegreichen Einzug zu erhellen. Der alte Haß des in Wien 1907–1912 gescheiterten Kunstschülers glimmt zwar unter der Asche weiter, wird aber in den folgenden Jahren vielfach überdeckt durch ein freundliches Gedenken an die Größe der Kaiserstadt.

In seinen dreizehn Wahlreden in Österreich präsentiert sich Adolf Hitler als Gottgesandter. Ein „Gottesgericht", ein „Wunder" hat sich vollzogen, ein Osterwunder! „Gott ist es, der geholfen hat", er hat heilige Zeichen gesetzt; in seinem Namen ruft er zur heiligen Wahl auf. Die Wahl wird zur „Wallfahrt der Nation." Gläubig-ergriffen in diesem Glauben sehen viele österreichische Katholiken und evangelische Christen in Adolf Hitler ihren Erlöser in dieser bösen Welt. Als sein eigener Evangelist verkündet Adolf Hitler am Vorabend der Volksabstimmung in Wien: Gottes Wille war es, von hier aus einen Knaben – wie das Kind Jesus – ins Reich zu schicken als Werkzeug der Vorsehung. Er dankt dem Allmächtigen: „Möge am morgigen Tage jeder Deutsche die Stunde erkennen, sie ermessen und sich in Demut verbeugen vor dem Willen des Allmächtigen, der in wenigen Wochen ein Wunder an uns vollzogen hat."

Im Mai ist Hitler in Rom. Ein Empfang durch den Papst kommt nicht mehr in Frage: Pius XI. hat demonstrativ Rom verlassen, sich nach Castel Gandolfo zurückgezogen. Unter diesen Umständen kann der Kardinalstaatssekretär Pacelli, der stets bemüht ist, den Zorn des Heiligen Vaters auf Hitler zu mindern und ihn mit der Reichsregierung zu versöhnen, nicht selbst in Aktion treten. Als Papst kann er, Pacelli, erst 1939 seine erste Grußbotschaft, in deutscher Sprache, an Adolf Hitler übersenden.

Hitler in Italien und in Rom. Er steht, wie er sagt, „hier auf diesem ehrwürdigsten Boden unserer Menschheitsgeschichte". Das ist seine lebenslange Überzeugung. Hitler hatte in Wien Rom für sich entdeckt, in der Architektur der Karlskirche und ihrer trajanischen Säulen, in architektonischen Elementen der Ringstraßenbauten, dann in seinem Wittelsbach-München und in den von ihm geliebten Kunstbüchern. Jetzt fährt er nachts in Rom ein. „Zu beiden Seiten der Straßen standen die Menschen in dichten Reihen, die Hitler jubelnd aufs herzlichste begrüßten. Rotflammende große Pylonen waren von hundert zu hundert Meter paarweise gegenüber aufgestellt. Durch dieses magisch-geheimnisvolle Licht – die Straßenlampen waren ausgelöscht – erhielten die Gebäude des alten Rom, an denen wir vorüberfuhren, wie etwa die Triumphbogen Konstantins oder das Kolosseum eine ungewöhnliche Verlebendigung. Wie überirdische Phantasiegebilde zuckten ihre Konturen, und die Pylonen wirkten wie riesige Fackelträger einer unwirklichen Urwelt." Weder Mussolini, der Veranstalter dieser höllisch-himmlischen Opernverkleidung Roms, noch Hitler werden auf dieser Fahrt gedacht haben, daß hier ihr gemeinsamer Marsch in die Hölle programmiert wurde.

Am 6. November 1937 war Italien dem Antikominternpakt beigetreten, am 22. Mai 1939 wird der „Stahlpakt", das deutsch-italienische Militärbündnis, abgeschlossen. Das nächtliche Rom im Schein der rotflammenden Pylonen: Es ist vorgebildet bei Dante in seiner „Göttlichen Komödie"; in der im düsteren Glanze ihrer Feuer-Pylonen aufflammenden Citta Dite, der Höllenstadt.

Hans Frank, der Begleiter, freut sich „über die ruhige, weich-höfische Art, die Hitler überzeugend zur Schau trug“, ganz österreichisch hier im kaiserlichen und königlichen Rom. Der König von Italien ist ja auch Kaiser, Kaiser von Abessinien. Adolf Hitler besucht die Sehenswürdigkeiten Roms eingehend, legt Kränze nieder im Pantheon und am Grab Raffaels. Mussolini zeigt dem Führer „die älteste Kopfplastik Jesu Christi, etwa aus dem Jahre 100“. Der Führer: „Das ist wirklich der schönste Jesuskopf, den ich als Plastik je gesehen habe.“ – „Wir standen auch ziemlich lange davor. Plötzlich sagte der Führer: ‚Wenn das wirklich eine der ältesten, also dem Leben Christi nach verhältnismäßig ›nächsten‹ Darstellungen Jesu ist, dann ist anzunehmen, daß er wohl auch ziemlich ähnlich ist. Vielleicht stützte sich der Künstler sogar noch auf Aussagen von Menschen, die Jesus gesehen hatten?‘ “ – „Der Duce hielt das durchaus für möglich. ‚Dann aber‘, fuhr Hitler fort, ‚wäre doch diese Plastik der leuchtendste Beweis, daß Jesus kein Semit war.‘ “

Jesus, der Arier, der Antijude und Antisemit: Der spanische Theologe und Erzbischof Siliceo hat im 16. Jahrhundert zum ersten Male in großem Stil den Nachweis versucht, Jesus Christus als blutsmäßigen „Arier“, als Nichtjuden aufzuzeigen. Die österreichischen katholischen Autoren des Sammelbandes „Antisemitismus der Welt in Wort und Bild“ hatten 1935 den ersten Antisemiten, den arischen Weltheiland Jesus Christus und den Führer Adolf Hitler als Erlöser und Befreier von der jüdischen Weltgefahr beschworen. Adolf Hitler ringt, gerade in seiner inneren Absage an das Christentum, immer noch um die Möglichkeit, Jesus Christus selbst doch vielleicht noch für *seinen* Glauben gewinnen zu können: als einen nichtjüdischen Christus. Für *seine* Vorsehung.

Hans Frank spricht von Hitlers Glauben, ein Werkzeug der Vorsehung zu sein. „Zwei Sätze dazu sind mir aus seinem Munde in Erinnerung: ‚Als ich damals blind im Lazarett lag, sagte ich zur Vorsehung: Wenn ich wieder gesund werde, dann will ich es als Zeichen nehmen, daß ich Politiker werden soll. Und als ich dann sehend wurde, einige Zeit darauf, war ich geradezu erschüttert und nahm es als einen Berufungsakt des Himmels für mich.‘ “

Wir wissen heute, daß Hitlers Erblindung die Folge einer Hysterie war. Zu diesem hysterischen, übererregten Zustand paßt sehr gut die gläubige Hoffnung des Erblindeten, von der Vorsehung durch ein Wunder sehend und berufen, auserwählt zu werden. „Dann sagte er in einer müden Abendstunde 1938 in der Reichskanzlei: ‚In den Evangelien riefen die Juden dem Pilatus zu, als dieser sich weigerte, Jesus zu kreuzigen: ‚Sein Blut komme über uns und unsere Kinder.‘ Ich muß vielleicht diese Verfluchung vollstrecken.‘ “

Das sind *ipsissima verba* Hitlers: Ausbrüche aus seinen Tiefenschichten. Die Leben-Jesu-Forschung versteht bekanntlich unter *ipsissima verba* Worte, die mit

hoher Wahrscheinlichkeit direkt von Jesus gesprochen wurden und sich von den Klitterungen und Selbstinterpretationen des späteren Gemeindeglaubens in den Evangelien abheben, ja ablösen lassen. Als *ipsissima verba* Hitlers dürfen wir Aussagen bezeichnen, die nicht einfach der wohlüberlegten Rede entsprechen, sondern in Momenten der Übermüdung oder höchsten Spannung aus ihm ausbrechen und Wünsche, Hoffnungen, Ängste im Untergrund seiner Person an die Oberfläche befördern, wie manche Seebeben Tiere der Tiefsee hochtreiben.
Himmler und Bormann bemühen sich eifrig, Hitler auf ihre gegenchristliche Linie öffentlich festzulegen. Bormann läßt unter anderem einmal den Satz in einem Parteierlaß verlautbaren: „Das Christentum ist mit dem Nationalsozialismus nicht vereinbar." Hitler befiehlt die sofortige Zurücknahme und läßt die bereits verschickten Erlaßexemplare von den Adressaten zurückfordern. Adolf Hitler fühlt sich in Rom, in Neapel, im mediterranen Italien überaus wohl und sehnt sich in seinem Kriege aus Ostpreußen nach Rom zurück.
Proklamation zum Reichsparteitag, Nürnberg, 6. September: „Drohender denn je erhebt sich über dieser Welt die bolschewistische Gefahr der Völkerzerstörung. Tausendfach sehen wir das Wirken des jüdischen Erregers dieser Weltpest." Hitler weist gerade in diesem Zusammenhang Rosenberg und Himmler zurück, wendet sich gegen das „Einschleichen mystisch veranlagter okkulter Jenseitsforscher", die ihre Kulträume, Kultplätze, Kultheime, Kultspiele kreiern – als, wie Hitler sagt, gefährliche Spiele.
„Der Mystizismus des Christentums forderte in seiner verinnerlichtesten Periode eine architektonische Gestaltung der gestellten Bauaufgaben, die dem Zeitgeist nicht nur nicht widersprach, sondern die im Gegenteil mithalf, jenes geheimnisvolle Dunkel zu erzielen, das die Menschen bereiter sein ließ, der Weltvereinigung zu gehorchen." Wir erinnern an das geheimnisvolle Dunkel des Stephansdomes, des wohl dunkelsten aller gotischen Dome – vor seiner Erhellung 1936 – in Hitlers Wiener Jahren.
„Der Nationalsozialismus ist eine kühle Wirklichkeitslehre schärfster wissenschaftlicher Erkenntnisse" – das hätte auch Stalin für seinen Kommunismus sagen können, in Hitler spricht hier jedoch ein altösterreichischer aufgeklärter Josephiner – „und ihrer gedanklichen Ausprägung. Indem wir für diese Lehre das Herz unseres Volkes erschlossen haben und erschließen, wünschen wir nicht, es mit einem Mystizismus zu erfüllen, der außerhalb des Zweckes und Zieles unserer Lehre liegt. Vor allem ist der Nationalsozialismus in seiner Organisation wohl eine *Volksbewegung, aber unter keinen Umständen eine Kultbewegung.*" Der josephinische Volksaufklärer Adolf Hitler betont: „Wir haben daher auch keine Kulträume, sondern ausschließlich Volkshallen, auch keine Kultplätze, sondern Versammlungs- und Aufmarschplätze. Wir haben keine Kulthaine, sondern

Sportarenen und Spielwiesen." Wir sind für Helligkeit und Licht, nicht für ein mystisches Dunkel in unseren Versammlungsräumen. „Das Einschleichen mystisch veranlagter Jenseitsforscher darf daher in der Bewegung nicht geduldet werden." Der neue Kaiser Joseph – dem Kaiser Joseph II. haben die alldeutschen Österreicher in Hitlers Linzer und Wiener Zeit ihre Denkmale gebaut – Adolf Hitler fordert „das klare Erkennen und damit das offene Bekenntnis" zur „Fortsicherung eines von Gott geschaffenen Wesens", des Volkes. So „dienen wir damit der Erhaltung eines göttlichen Werkes und damit der Erfüllung eines göttlichen Wesens, und zwar nicht im geheimnisvollen Dämmerschein einer neuen Kultstätte, sondern vor dem offenen Antlitz des Herrn".
„Unsere Demut ist die bedingungslose Verbeugung vor den uns Menschen bekanntwerdenden göttlichen Gesetzen des Daseins und ihrer Respektierung. Unser Gebet heißt: Tapfere Erfüllung der sich daraus ergebenden Pflichten. Für kultische Handlungen aber sind nicht wir zuständig, sondern die Kirchen!" Kaiser Joseph II. hätte das nicht klarer sagen können.

In diesem September spricht Adolf Hitler nicht mehr von „Österreich", sondern nur mehr von der „Ostmark". Er spricht nicht mehr von den Männern der „Österreichischen Legion". Seinen sehr österreichischen Haß gegen die Tschechei bekundet er aber bereits am 26. September im Berliner Sportpalast in Haßliturgien gegen Benesch, den „Vater der Lüge" (johanneisch auf den Teufel und die Juden bezogen): „Ich kann hier versichern: Als wir Österreich besetzt hatten" – offen wird hier ausgesprochen, daß Hitler Österreich mit Waffengewalt besetzt hat – „war mein Befehl, kein Tscheche braucht, ja darf im deutschen Heer Dienst tun. Ich habe ihn nicht vor einen Gewissenkonflikt gestellt." – „Niemals wird sich bei uns ein November 1918 wiederholen. Das geloben wir Ihnen, so wahr uns Gott helfe!" Nach dieser Kriegskundgebung singen die Massen das Lied der kaiserlichen Zeit: „Der Gott, der Eisen wachsen ließ, der wollte keine Knechte." Hier bereits, im September 1938, will Hitler einen Kriegsglauben und eine Kriegsbegeisterung inszenieren, wie sie ihn selbst 1914 beseelte.
2. November 1938: Im Schloß des Prinzen Eugen, im Belevedere, im Schloß des Erzherzog-Thronfolgers Franz Ferdinand – seine beiden hochgewachsenen Söhne, die Herzöge Hohenberg, schreiten aufrecht als Gefangene durch das KZ Dachau – wird der 1. Wiener Schiedsspruch über die Abtretung slowakischer Gebiete an Ungarn unterzeichnet. Am 30. August 1939 wird hier der 2. Wiener Schiedsspruch unterzeichnet: die Abtretung eines Teils von Siebenbürgen an Ungarn. Bei der Aufnahme von Ungarn, Bulgarien und Rumänien in den Dreimächtepakt 1940/1941 ist hier im Belvedere Adolf Hitler persönlich anwesend. Der neue Kaiser ordnet von Wien aus den alten Raum der Donaumonarchie neu.

1939 trägt er den Rock des Kaisers von Österreich, den weißen Waffenrock.
8. November, Bürgerbräukeller München: Hitlers Allerseelen. Er versichert seinen Alt-Gläubigen: „Ein Zusammenbruch, wie ihn Deutschland damals dank seiner Gutgläubigkeit erlebt hat, wird sich im *nächsten Jahrtausend* nicht mehr wiederholen."
Jahrtausende: Hitler denkt ständig an die Jahrtausende des Christentums, Roms, der Kirche – und will diese Jahrtausende durch sein Jahrtausend beerben. In diesem Sinne stellt er sich seine Riesenbauten der Zukunft vor und vergleicht mit ihnen in seiner Kulturrede zur Eröffnung der 2. Deutschen Architektur- und Kunsthandwerkausstellung in München am 10. Dezember 1938 den deutschen protestantischen Dom in Berlin. Er selbst wird Hallen für 150 000 oder 200 000 Menschen bauen. Der deutsche protestantische Dom faßt jedoch nur 2450 numerierte Sitzplätze für die hervorragendsten protestantischen Familien des Reiches. „Meine Volksgenossen! Das geschieht in einem Zeitalter der sogenannten demokratischen Entwicklung. Dabei sollten die Kirchen selbst am meisten demokratisch sein, denn sie haben ja mit Seelen zu tun und nicht mit Berufsständen oder gar mit Klassen! Es ist nun schwer einzusehen, wie in einer solchen Zentralkirche von 2450 Sitzplätzen der Seelennot von ungefähr dreieinhalb Millionen Menschen abgeholfen werden soll." Adolf Hitler kritisiert die „kleinliche und gedankenlose Baugesinnung". – „In Wirklichkeit müßte dieser Dom 100 000 Menschen fassen. Man wird mir freilich sagen: Glauben Sie, daß da 100 000 Menschen hineingehen? Das zu beantworten ist nicht meine Sache, sondern wäre Sache der Kirche!"
Hitlers beißender Spott gegen eine deutsche evangelische Upper-Class-Kirche vornehmer Familien ist unterschwellig katholisch inspiriert. Der österreichische Katholik Adolf Hitler stellt einer katholischen Massenbewegung und Volkskirche die hier exklusive protestantische Klassenkirche als minderwertig und geschichtsunmächtig gegenüber. Seiner Kritik am Berliner evangelischen Dom und an der deutschen protestantischen Kirche entspricht zwanzig Jahre später die Kritik an dem protestantischen amerikanischen Klassenkirchenwesen aus der Feder eines in Wien geborenen jungen Juden, der in England und Amerika lutherischer Christ und Soziologe wurde. Peter L. Bergers „The Noise of Solemn Assemblies" (deutsch 1962 „Kirche ohne Auftrag") kann als ein merkwürdiges unbeabsichtigtes Echo auf diese Kritik Hitlers vernommen werden.
31. Dezember 1938. Neujahrsaufruf an die Nationalsozialisten. „Die nationalsozialistische Bewegung hat dieses Wunder vollbracht. Wenn der Herrgott dieses Werk gelingen ließ, dann war die Partei sein Werkzeug." Man hat sich später noch in christlichen Kreisen über Hitlers häufigen Bezug auf ein „Wunder" entrüstet – und übersieht dabei, wie oft in den Reden christlicher Kirchenmänner,

Politiker und Publizisten ihrerseits ein Wunder genannt wird, das recht fragwürdig ist. So zum Beispiel in bezug auf das „Wunder" von Lengede 1963, nämlich die Errettung einiger Bergleute, die verschüttet waren. Von den nicht geretteten Männern spricht man nicht.

„Sie (die Partei) hat mir nun bald zwei Jahrzehnte lang in unverbrüchlicher Treue als Instrument geholfen." Als Instrument: Für die Kleruskirche gilt der Laie als „Instrument", wie der klassische, aristotelisch inspirierte Ausdruck für den Sklaven lautet. Adolf Hitler geht nun daran, jenes kostbare Instrument in Dienst zu nehmen, das er seit 1918 vorgedacht, seit 1934 aufgebaut hat: „seine" Wehrmacht.

Diplomatenempfang am 12. Januar. Adolf Hitler hat den Neujahrsempfang vom 1. Januar verlegt; er möchte das Jahresende gerne gemütlich auf seinem Berghof und in München verleben, nicht in dem auf ihn ungemütlich wirkenden, ihm zutiefst fremden Berlin. Der Nuntius Orsenigo spricht die Glückwünsche des Diplomatischen Corps aus. Adolf Hitler erscheint mit goldddurchwirkter Feldbinde. Das ist eine Nachbildung der Feldbinde der altösterreichischen Feldmarschälle und hohen Offiziere.
Am Abend dieses Tages besucht er „Die lustige Witwe" im Deutschen Opernhaus, Berlin-Charlottenburg. Meister Léhar dirigiert persönlich, der alte ungarische Militärkapellmeister der k. u. k. Armee. Sein Bruder, der General Léhar, gehörte zu den Allzeitgetreuen des Kaisers Karl, er hatte ihn bei seinem Versuch, sich als König von Ungarn in Ungarn durchzusetzen, begleitet.
Reichstag, 30. Januar 1939. In seiner Rede kündigt Adolf Hitler die Vernichtung der jüdischen Rasse in Europa an. Später erklärt er, er habe diese Drohung am 1. September 1939, zu Kriegsbeginn, ausgesprochen, so am 30. Januar 1941 und am 30. Januar 1942: in seinen Neujahrsbotschaften der Vernichtung. Diese Fehlleistung seines außerordentlich guten Gedächtnisses ist charakteristisch; er sieht die Vernichtung der Juden in engem Zusammenhang mit seinem Kriege.
Auf der Internationalen Flüchtlingskonferenz in Evian im Juli 1938, auf der 32 Staaten, nicht aber Deutschland, vertreten sind, hat die Reichsregierung durch einen jüdischen Mittelsmann, den weltbekannten Wiener Nierenspezialisten Professor Heinrich Neumann, diesen Staaten eine halbe Million Juden zum Preise von 125 Dollar pro Stück angeboten. Menschenware, Menschenmaterial. Das Reich brauchte dringend Devisen, um kostbares Rüstungsmaterial einkaufen zu können. Dieses Motiv der kommerziellen Ausbeutung des jüdischen „Menschenmaterials" erhält sich in jenen SS-Kreisen, die sich eine große eigene Industrie aufbauen und die Konzentrationslager als wirtschaftliche Unternehmungen verstehen, die mit Sklavenarbeit hochrentabel arbeiten können. Diesem Prinzip, das hier hochrational denkende Bürokraten und intellektuelle SS-Funktionäre vertreten, die ihrerseits selbst Hitler und Himmler für Phantasten halten und sich ihren Kunststaat aufbauen wollen, widerstreitet jedoch ein anderes Prinzip, das siegt: der Vernichtungswille.

In Adolf Hitler selbst sind beide Motive spannungsreich vereint. Er sieht „seine" Juden als sein Faustpfand an, wie er bereits 1932–1934 Rauschning erklärt hatte. Er bietet seine Juden der jüdischen geheimen Weltregierung – über die Adressaten Washington und London – noch in den ersten Kriegsjahren an, um sich vom Kriege loszukaufen, um einen ihm genehmen Friedensschluß von dieser jüdischen Weltregierung zu erpressen.

In dem religiösen Fanatiker Adolf Hitler siegt jedoch das andere Motiv: der Vernichtungswille. Dieser durchaus pathologische Vernichtungswille kleidet sich bei ihm wie bei mittelalterlichen und nachmittelalterlichen Ketzertötern religiös ein. 1938 sagt er in einer späten Abendstunde zu Hans Frank: „In den Evangelien riefen die Juden dem Pilatus zu, als dieser sich weigerte, Jesus zu kreuzigen: ‚Sein Blut komme über uns und unsere Kinder.' Ich muß vielleicht diese Verfluchung vollstrecken."

„In den gemeinsamen Gottesdiensten der wenigen unserer Konfession", nämlich der römisch-katholischen Konfession, sind im Nürnberger Justizgefängnis von den Hauptangeklagten Seyß-Inquart, Kaltenbrunner, Papen und Hans Frank zugegen. Frank, der Altkatholik, ist im Gefängnis konvertiert. Er ist der einzige, der ein wirkliches Schuldbekenntnis in Nürnberg ablegt. Im Angesicht des Galgens grübelt er über Hitlers Vernichtungswillen gegen die Juden nach und bezieht sich auf Hitlers letztes Testament, in dem sich Hitler dazu bekennt, er wollte das ganze jüdische Volk „auf menschliche Weise" vom Leben zum Tode bringen. Hans Frank sieht zu Recht: „Hier sind wir in den schauerlichsten, tiefsten, wesensechtesten Zonen Hitlers angelangt." Hier bekundet sich der Vernichtungswille eines religiösen Fanatikers. Frank selbst verweist auf ältere Kollektivurteile dieser Art: „Der Beschluß, alle Ketzer, alle Protestanten, alle Katholiken zu richten – er ist ein verbrecherisches Kollektivurteil", wie dieser Entschluß Hitlers.

Hochbedeutsam ist nun: Diese erste Ankündigung der Vernichtung der Juden wird der Weltöffentlichkeit in einer Neujahrsreichstagsrede übermittelt, in der Hitler einen großen Bericht über die Leistungen seiner Regierung für die Kirchen gibt! Rechte Sorge für die Kirchen – bei Abwehr politisierender Priester –, Kampf gegen den jüdischen Bolschewismus und gegen das Weltjudentum werden der christlichen Welt von Hitler als Einheit seines „positiven Christentums", seines „Christentums der Tat", vor Augen geführt.

Das ist ein in Hitlers Augen großartiger, ja einzigartiger Leistungsbericht. „Der nationalsozialistische Staat hat seit dem 30. Januar 1933 an öffentlichen Steuererträgnissen durch seine Staatsorgane folgende Summen den beiden Kirchen zur Verfügung gestellt: im Rechnungsjahr 1933: 130 Millionen RM, im Rechnungsjahr 1934: 170 Millionen RM, im Rechnungsjahr 1935: 250 Millionen RM, im

Rechnungsjahr 1936: 320 Millionen RM, im Rechnungsjahr 1937: 400 Millionen RM, im Rechnungsjahr 1938: 500 Millionen RM; dazu noch jährlich rund 85 Millionen RM aus Zuschüssen der Länder und rund 7 Millionen RM aus Zuschüssen der Gemeinden und Gemeindeverbände.
Abgesehen davon sind die Kirchen der größte Grundeigentümer nach dem Staate. Der Wert ihres land- und forstwirtschaftlichen Besitzes übersteigt einen Betrag von rund 10 Milliarden Reichsmark. Die Einkünfte aus diesem Grundbesitz sind auf über 300 Millionen jährlich zu schätzen. Dazu kommen noch die zahllosen Schenkungen, testamentarischen Übereignungen und vor allem die Ergebnisse ihrer Kirchensammlungen. Ebenso ist die Kirche im nationalsozialistischen Staat auf verschiedenen Gebieten steuerbegünstigt und besitzt für Schenkungen, Vermächtnisse usw. Steuerfreiheit. Es ist daher – gelinde gesagt – eine Unverschämtheit, wenn besonders ausländische Politiker sich unterstehen, von Religionsfeindlichkeit im Dritten Reich zu reden.
Wenn aber wirklich die deutschen Kirchen diese Lage für sie unerträglich ansehen sollten, dann ist der nationalsozialistische Staat jederzeit bereit, eine klare Trennung von Kirche und Staat vorzunehmen, wie dies in Frankreich, Amerika und anderen Ländern der Fall ist. Ich möchte mir nun die Frage erlauben: Welche Beträge haben im selben Zeitraum Frankreich, England oder die USA an ihre Kirchen durch den Staat aus öffentlichen Mitteln abgeliefert?"
Hier trifft Adolf Hitler ins Schwarze: Die Kirchen sind auf Gedeih und Verderb durch die goldene Fessel der staatlich eingetriebenen Kirchensteuer an ihn gebunden. Diese Fessel raubt heute noch den Kirchen in der Bundesrepublik Deutschland jede wirkliche Bewegungsfreiheit; ihre Repräsentanten sind wörtlich außerstande, etwa gegen Rüstungs- und Kriegspolitik zu protestieren oder gar aufzutreten, da sie materiell gänzlich von diesem Staate abhängig sind. Der österreichische Josephiner und Katholik Adolf Hitler wußte sehr wohl, daß es vollauf genügte, die Kirchen an diesem materiellen Bande zu halten.
Max Domarus macht darauf aufmerksam, daß diese Zahlenangaben nach Hitlerscher Manier übertrieben und frisiert sind. „Andererseits ist nicht zu leugnen, daß Hitler, der in geldlicher Beziehung bekanntlich stets großzügig war, auch die Kirchen in dieser Hinsicht nicht zu kurz hielt. Dies zeigte u. a. die erhebliche Zahl von Kirchen, Klöstern usw., die während des Dritten Reiches in Deutschland gebaut wurden." Die Verfolgung traf denn auch fast nur niedere Kleriker, wobei der Anteil ausländischer Priester in den Konzentrationslagern unvergleichlich größer ist als der deutsche. Die höhere Geistlichkeit blieb so gut wie ungeschoren. Nur der Bischof Sproll erhielt ein Aufenthaltsverbot für seine eigene Diözese. „Die Lehrfreiheit der Kirchen, ihre Liturgie und ihre Dogmen wurden dagegen im Dritten Reich nicht angetastet. Man kann sogar sagen, daß sich z. B.

die bayerischen Könige im 19. Jahrhundert mehr Eingriffe in das Gefüge der katholischen Kirche erlaubt haben, als dies Hitler tat.“
Wir dürfen ergänzen: Im Heiligen Römischen Reich haben in ihrem „Kirchenkampf“ Kaiser und Könige ihre Reichsbischöfe abgesetzt, vertrieben, verfolgt. Im 19. Jahrhundert ging der evangelische preußische Staat in den „Kölner Wirren“ rüde gegen den Kölner Erzbischof vor. Bismarck scheute im Kulturkampf nicht vor Einkerkerungen geistlicher Würdenträger zurück. Im 20. Jahrhundert scheuen katholische Staatsführer wie Franco und Salazar nicht vor der Verhaftung und Absetzung von Bischöfen – so in Angola – zurück.
Gut josephinisch erklärt Hitler in dieser Reichstagsrede, sein Staat wird Priester, die auf „die Zerstörung des Staates“ hinarbeiten, zur Verantwortung ziehen, so wie jeden anderen Staatsbürger. „Es muß aber hier festgestellt werden, daß es zehntausende und zehntausende Priester aller christlichen Konfessionen gibt, die ihren kirchlichen Pflichten genauso oder wahrscheinlich besser genügen als die politischen Hetzer, ohne daß sie jemals mit den staatlichen Gesetzen in einen Konflikt geraten sind. Diese zu schützen, sieht der Staat als seine Aufgabe an. Die Staatsfeinde zu vernichten, ist seine Pflicht.“ – „Den deutschen Priester als Diener Gottes werden wir beschützen, den Priester als politischen Feind des Deutschen Reiches werden wir vernichten.“
Vernichtung: Hitler droht hier also sowohl den Juden wie auch einem politisch Widerstand leistenden Klerus Vernichtung an. Diese letztere Drohung ist jedoch eingepackt in die große Verheißung, in die Garantie: Schutz und Schirm und reiche materielle Unterstützung für den staatstreuen Klerus. Diese Verheißung mußte in den Augen der Kirchenführer und vieler deutscher Katholiken um so wirkungsvoller erscheinen, als sich Adolf Hitler in dieser Reichstagsrede zum ersten Male der Weltöffentlichkeit als tatkräftiger Kämpfer gegen den gottlosen Bolschewismus präsentierte. Er verkündete, daß er – was er bisher sorgfältig umschwiegen hatte – Franco durch deutsche „Freiwillige“ unterstützt hatte; er tat das, „als in Spanien Zehntausende von Priestern und Nonnen in viehischster Weise abgeschlachtet oder bei lebendigem Leibe dem Feuer übergeben wurden“. – „... auf diese Metzeleien hin (haben) sich zahlreiche nationalsozialistische und faschistische Freiwillige dem General Franco zur Verfügung gestellt, um eine weitere Ausdehnung dieses bolschewistischen Blutrausches über Europa und damit über den Großteil der gesitteten Menschheit verhindern zu helfen!“
Die deutsche katholische Presse hatte seit 1936 diesen „bolschewistischen Blutrausch“ in Spanien dem deutschen katholischen Volke blutrünstig genug geschildert. Bis zum heutigen Tage wissen wahrscheinlich die meisten deutschen Katholiken nichts von den Hintergründen der Atrocitäten in Spanien: wie da ein von einem indolenten Hochklerus verlassenes, übersehenes Volk in Kirchen-

haß aufbricht – ähnlich wie heute in Südamerika. Wie da, bis zum letzten Kriegstage ein katholischer Klerus aus dem Volke auf republikanischer Seite steht und mitkämpft in Katalonien und im Baskenlande. Der erschütternde Bericht des Kanonikus von Barcelona, Carlos Cardo, über den vielhundertjährigen Kampf der „beiden Spanien", hat, wie so viele andere Nachrichten über die Greuel von Francotruppen, nie das Ohr dieser deutschen Katholiken erreicht. Im Vorblick auf seinen Krieg, den er als Abwehrkampf gegen die jüdischen westlichen Plutokratien – wir erinnern an die Reden Faulhabers von 1920 bis 1922 – und gegen den jüdischen Bolschewismus vorbereitet, präsentiert sich Adolf Hitler am 30. Januar 1939 als Schirmherr der Kirchen in Deutschland und als siegreichen Kämpfer gegen den Bolschewismus, an der Seite des katholischen Caudillo Franco.

Heldengedenktag, 11. März 1939. Adolf Hitler läßt an den Gräbern der Heerführer des 1. Weltkrieges Kränze niederlegen: in Tannenberg für Hindenburg, in Tutzing für Ludendorff, in Wien für Feldmarschall Conrad – der noch heute das Mißgeschick hat, in deutschen Publikationen nicht nur verkannt, sondern auch in seinem Namen falsch gesehen zu werden. Conrad ist nicht sein Vorname, „Conrad von Hötzendorff", sondern sein Familienname. Adolf Hitler wird als Nachfolger des Prinzen Eugen – dem eben ein Schlachtschiff geweiht wird – vom Schloß Belvedere aus die Kriege der Donaumonarchie siegreich beenden, von Tannenberg aus in den Osten vorstoßen und von Tutzing aus die alten wittelsbacher und westdeutschen fürstlichen Kriegsziele des 1. Weltkrieges erreichen.

„Kinder, das ist der größte Tag meines Lebens. Ich werde als der größte Deutsche in die Geschichte eingehen!" Der charmante Österreicher – so sehen ihn seine Sekretärinnen – fordert sie auf, ihn zu küssen, auf die Wange. Staatspräsident Hácha, ein altösterreichischer tschechischer Beamter, hat eben am 15. März die Übergabe der verhaßten Tschechei unterzeichnet. Hitler im kaiserlichen Prag. Am 1. April begründet er vor den Werftarbeitern in Wilhelmshaven – bald geht es „gegen Engelland" – sein Recht auf Prag: Deutsche Künstler und Handwerker haben den Hradschin und den Veitsdom gebaut.

Vierzehn Tage später erläßt er das „Gesetz über den Aufbau der Verwaltung in der Ostmark". Österreich wird ausgelöscht. Das Land wird in „Reichsgaue" aufgeteilt. Oberösterreich und Niederösterreich, die „Stammlande des Führers", werden zu Oberdonau und Unterdonau – dem geographischen Prinzip der Departement-Aufteilung der historischen Lande Frankreichs in der Französischen Revolution unbewußt folgend. Wien wird ein Reichsgau, verliert seine Stellung als Landeshauptstadt.

Adolf Hitler lebt in einer mindestens dreifachen Angst vor Österreich in den Jahren 1939–1945. Er hat Angst vor den österreichischen Nationalsozialisten; er traut einigen von ihnen und einigen nichtnationalsozialistischen Österreichern mit Recht zu, ihn zu töten. Der erste, nicht geglückte Versuch, ihn zu töten, wurde von katholischen Freunden während der ersten Anwesenheit Hitlers im März 1938 in Wien unternommen.

Hitler erfährt stündlich durch Gestapoberichte, wie gering die Zahl seiner bleibenden Anhänger in Österreich vom Spätherbst 1938 an ist. Er hat Angst, Österreichs fatales militärisches Geschick – in den Niederlagen auf dem Schlachtfelde – erben zu müssen, wenn er sozusagen auch im sakral-fatalen Namen Österreichs seinen Zweiten Weltkrieg führt. Er hat Angst vor Wien, vor der verführerischen Anziehungskraft dieser unvergleichlichen Stadt. Droht nicht schon sein Reichsstatthalter Baldur von Schirach früh zu „verwienern"?

Die Österreicher sind unzuverlässig: Sie müssen deshalb an die „Reichskandare genommen werden". Der Name Österreich soll ausgelöscht werden. Das ist eine sakrale, religiös-politische Namenslöschung, ähnlich wie in der römischen, chinesischen, vorkolumbianisch-südamerikanischen Antike.

Im Banne eines Wiederholungszwanges, der ihn im Laufe seines Weltkrieges auf die Wiederholung politischer und militärischer Fehler im 1. Weltkrieg fixiert, schlägt Adolf Hitler am 19. April England vor, mit ihm die Welt zu teilen. Wilhelm II. hatte Eduard VII. und Joseph Chamberlain den Vorschlag gemacht, die Welt in eine englische und eine deutsche Einflußsphäre zu teilen. Kronprinz Wilhelm meint 1910 zu Außenminister Sir Edward Grey, es wäre für den Frieden der Welt am besten, „wenn Deutschland und England, die *beiden großen germanischen Nationen*, die stärkste Landmacht und die stärkste Seemacht, zusammengingen".

Adolf Hitler ist in seinen politischen Schichtungen Josephiner, Wilhelminer, Wittelsbacher. In seinen atavistischen Tiefenzonen ist er spätarchaisch bajuvarisch, und waldviertler-österreichisch. Ist er ein Verräter an Österreich? Hat er sich an Österreich versündigt? Diese Frage bewegt ihn untergründig bis nahe an sein Lebensende in den Jahren seines Krieges. Er ringt mit ihr gerade in diesem Frühjahr. Vierzehn Tage nach seinem Gesetz zur Tilgung des Namens Österreich aus seiner Heilsgeschichte sagt er im Reichstag (28. April): „Österreich! Ich selbst bin ein Kind der Ostmark." – „Ich hätte mich an meiner Berufung durch die Vorsehung versündigt, wenn ich in dem Bestreben, meine Heimat und mein deutsches Volk der Ostmark an das Reich und damit zur deutschen Volksgemeinschaft zurückzuführen, zum Verräter geworden wäre." Er dreht den Spieß um – und weiß sehr genau, daß er lange Jahre, von 1920 an und jetzt bald wieder, nach seinem Abkommen mit Mussolini, als „Judas" angesprochen wird: als Judas von Tirol, als Verräter an Südtirol, so wie die Tiroler Judasse von 1809.

Hitler richtet in dieser Reichstagsrede wieder den Blick auf Spanien, sein Vorbild, seine Vorübung für seinen Krieg. „Die bolschewistische Vernichtung der europäischen Kultur“ drohte in Spanien. Das spanische Volk wird dem siegreichen nationalen Heer zujubeln „als dem Erlöser von einem unsagbaren Grauen“. Dieser Erlöser will er selbst werden in der Weltgeschichte. „Der Sieg des bolschewistischen Untermenschentums in Spanien“ hätte das Christentum und alle Gesittung der Menschheit vernichtet.

Am 9. Mai bespricht sich Adolf Hitler mit Speer über den Bau eines Opernhauses in Linz. Am 22. Mai erscheint er am Abend der Unterzeichnung des deutsch-italienischen Freundschafts- und Bündnisaktes im weißen Waffenrock. Am 11. Juni besucht er in Wien das Burgtheater; Nestroy: „Einen Jux will er sich machen.“

Der weiße Waffenrock. Erstaunt sehen ihn die deutschen Generale. Der konservative, aus dem Kronland Böhmen stammende Publizist Emil Franzel veröffentlicht in Wien 1964 in einem Essayband einen Essay „Die weißen Waffenröcke“. Ein Foto zeigt Kaiser Franz Joseph im weißen Waffenrock mit der Legende: „Der alte Kaiser im weißen Waffenrock, mit dem sich die Tradition der k. u. k. Armee und die Erinnerung an so viele Siege verband – so wird Altösterreich im Gedächtnis späterer Geschlechter als unvergängliches Bild fortleben.“

Emil Franzel bemerkt: „Wie furchtbar Österreich durch Königgrätz getroffen wurde, ermißt man erst an den Akzidenzien der Niederlage, den scheinbaren Nebensächlichkeiten, an den Imponderabilien, dem Umwägbaren, das in der Geschichte so schwer wiegt. Dazu gehört in erster Linie der Verzicht auf die ruhmreich getragenen österreichischen Waffenröcke. Die alten europäischen Armeen hatten alle ihre besonderen Farben: die Briten das Scharlachrot, die Russen Russisch-Grün, die Preußen Preußisch-Blau und die Österreicher eben Weiß. Die Weißröcke waren immer die Soldaten des Kaisers gewesen.“

1866, Königgrätz: Der Verzicht auf die weißen Waffenröcke hängt für Emil Franzel eng zusammen „mit dem Schmerz und dem dumpfen Groll, von dem die österreichischen Patrioten nach Königgrätz erfüllt waren. Damals begannen die Österreicher gegen sich selbst zu wüten und mit ihrer eigenen Tradition, mit ihrer Staatsidee und ihrem eigenen Wesen zu hadern. Das drückte sich darin aus, daß sie die Farben des Siegers übernahmen und ihre Armee in preußischblaue Waffenröcke steckten“.

Adolf Hitler ist ebenfalls ein gegen sich selbst wütender Österreicher, der durch sein Deutschland ständig sein ihm verunglückt erscheinendes Österreich sich selbst verdecken möchte. Jahre nach Königgrätz erinnert, huldigend, ein preußischer Offizier, der die Österreicher als Gegner auf dem Schlachtfelde in Königgrätz schätzengelernt hatte, in einer friedlichen Sommerlandschaft an die bei Königgrätz stürmenden Österreicher. Es ist Detlev von Liliencron:

„Und unter mir, ein weißes Meer,
Des Feindes wundervolles Heer."

Emil Franzel erhoffte für 1966: „Was wäre es doch für ein schönes Symbol der Überwindung eines hundertjährigen Irrtums, wenn 1966 die Wiener Garnison in weißen Waffenröcken auf dem Heldenplatz aufmarschierte, unter den Klängen des Radetzky-Marsches, und wenn bei der Feldmesse die Haydnsche Hymne wieder ertönte, die der Österreicher heute nur bei deutschen Staatsbesuchen oder Fußballgastspielen hören darf, und nur in jener denaturierten Klanggestalt, die man ihr in Deutschland gegeben hat! Zu österreichisch, um wahr zu werden ..." Der Österreicher Adolf Hitler im weißen Waffenrock 1939, in dem Jahre, in dem er seinen Krieg beginnen wird. „Wenn ich der Kaiser wär!" Der Führer der Alldeutschen, Heinrich Class, hatte 1912 unter dem Pseudonym „Daniel Fryman" dieses Buch veröffentlicht, dem das Programm der NSDAP wohl die Punkte 3, 4, 5, 6, 14 und 23 entnimmt. Class trat für die bundesrechtliche Vereinigung Österreichs mit dem Deutschen Reich ein. Adolf Hitler beruft Class 1933 in seinen Reichstag. „Wenn ich der Kaiser wär": Adolf Hitler weiß sich als Nachfolger und Erbe der Kaiser des Heiligen Römischen Reiches und als einzigen von der Geschichte legitimierten Thronfolger des Kaisers von Österreich. Deshalb verfolgt er die Habsburger mit besonderem Haß. Er läßt die Söhne des Erzherzog-Thronfolgers Franz Ferdinand nach Dachau bringen und gibt der militärischen Operation – Besetzung Österreichs – im März 1938 den Namen „Sonderfall Otto", um den Kaisersohn und jungen Chef des Hauses Habsburg, Otto, geschichtlich endgültig zu entmachten. Als Erbe der alten Kaiser beginnt Hitler seinen Ostfeldzug als „Fall Barbarossa".

Otto Dietrich erinnert an eine sehr merkwürdige Szene aus der Endphase der „Kampfzeit", kurz vor dem Siege in Deutschland. Der übermüdete Adolf Hitler nickt während des mecklenburgischen Wahlkampfes im Gutshaus des Gutes Severin ein, schreckt dann auf und sagt unvermittelt, aber in vollem Ernst zu dem verdutzten Goebbels: „Aber ich bitte mir aus, daß ihr mich dann nicht zum Kaiser oder König macht!" Das ist ein Aufbruch aus einer Tiefenschicht, die Hitler sorgsam überdeckt. Er will sich nicht zum Kaiser krönen lassen, von wem auch? Eine kirchliche Krönung kam für ihn nicht in Frage. Die Erinnerung an die Selbstkrönung Napoleons mußte fatale Assoziationen erwecken, gerade jetzt, 1939, als er an die Vorbereitung seines Krieges geht, der ihn an dem Tage, an dem Napoleon seinen Rußlandfeldzug begann, in den Osten führen sollte. Hitler fürchtet nichts so sehr wie eine Blöße, ein Sich-aufdecken, ein Lächerlich-werden. Otto Dietrich bemerkt: Man hatte bei Hitler oft das Gefühl, daß er gewisse Minderwertigkeitskomplexe besaß und sie bei gesellschaftlichen und diplomatischen

Anlässen mühsam verdeckte. Wie sollte er vor seine SA und SS, vor seine altgläubigen Mitkämpfer an seinem Allerseelen-Allerheiligentag in München hintreten, wie vor die Massen seiner gläubigen und ungläubigen, in jeder Stunde neu zu überzeugenden Volksgenossen als ehrwürdiger Kaiser! Emil Franzel selbst hätte 1938 gerne eine Kaiserkrönung Hitlers im Wiener Stephansdom gesehen.
Dieser Mann Adolf Hitler, der sich vor seinem Kammerdiener versteckt und nie sich vor ihm entkleidet – er schläft hinter verschlossenen Türen –, der davor zurückscheut, sich mit der Brille in der Öffentlichkeit zu zeigen, und bei dem es ganz undenkbar gewesen wäre, daß er sich – wie Mussolini, der bei einem Staatsbesuch des Bundeskanzlers Dollfuß neben dem hochoffiziell gekleideten Staatsgast sich in der Badehose photographieren läßt – nackt hätte abbilden lassen, scheut davor zurück, sich als Kaiser proklamieren zu lassen. Das wäre ihm als offen bekundeter Verrat an seiner Weltrevolution erschienen. Adolf Hitler verdeckt also seinen Willen, Kaiser zu sein. Wer es sehen will, kann es sehen: hier, an seinem Auftritt im weißen Waffenrock des Kaisers von Österreich. Wer es nicht sehen, einsehen kann, wer es nicht sehen soll, dem bleibt dieser Kaiser-Wille verborgen.
Ein kaiserlicher Revolutionär war der Kaiser Joseph gewesen. Adolf Hitler versucht in diesem letzten Vorkriegssommer 1939, „Kaiser“ und Revolutionär in einem zu sein: in einem kaiserlichen Lebensstil, der einem Barockkaiser – in seiner Vision – entsprach. In der alteuropäischen großen Welt gehören Kriegsspiel, Fest, Feier, gehören barocker Bauwille und die Planung des „Kriegstheaters“, der kunstvollen Schlachten auf dem „Kriegs-Schauplatz“ eng zusammen. Prinz Eugen hatte so noch kunstvoll seine Schlachten und seine Schlösser geplant.
Adolf Hitler hält am 16. Juli die letzte Kulturrede seines Lebens in München. In München hat vor drei Jahren „die Reinigung eingesetzt“: in der Baukunst, Malerei, Plastik. „Der ganze Schwindelbetrieb einer dekadenten oder krankhaften, verlogenen Modekunst ist hinweggerafft.“ Nun schaffen seine Bildhauer, Breker und Thorak, barockistische triumphale Helden, Heroen, Rosse. Am 25. Juli ist er in Bayreuth zur Eröffnung der Festspiele und sieht den „Fliegenden Holländer“, am nächsten Tag den „Tristan“. Am folgenden Tage, am 27. Juli, gibt er wahrscheinlich die Anweisung zur militärischen Besetzung der Freien Stadt Danzig. In diesem Juli erscheint sein letzter Aufsatz als Schriftsteller in der Zeitschrift „Die Kunst im Dritten Reich“: „Die Reichskanzlei.“ In diesem Kunstaufsatz verbindet er, kaiserlich – wie er es versteht – Reichskunst und Reichspolitik: „Ich hatte mich in den Dezember- und Januartagen 1937/38 entschlossen, die österreichische Frage zu lösen und damit ein Großdeutsches Reich aufzurichten.“ – „Großdeutsch“ ist hier eine spezifisch österreichische Formulierung. „Das Gebäude der Reichskanzlei“ ist „vom Jahre 1950 ab übrigens für einen anderen Zweck vorgesehen.“ Der kaiserliche Führer plant seine Reichs-

bauten und seinen Reichskrieg in einem Atemzuge. Am 9. August besucht er die Salzburger Festspiele: „Don Giovanni". Fünf Tage später spricht er vor seinen Oberbefehlshabern über den kommenden Krieg. „England wird nicht wieder wie 1914 in einen jahrelangen Krieg hineintappen." Abends besucht er wieder die Salzburger Festspiele: „Die Entführung aus dem Serail".
Der plebejische Revolutionär brütet seinen Krieg aus. Seine brutale Rauf- und Mordgesinnung spricht er offen gegenüber seinen Kreisleitern aus: „Ich will ja nicht gleich einen Gegner zum Kampf fordern. Ich sage ja nicht Kampf, weil ich kämpfen will, sondern ich sage: *Ich will dich vernichten,* und jetzt, Klugheit, hilf mir, dich so in die Ecke hineinzumanövrieren, daß du zu keinem Stoß kommst, und dann kriegst du den Stoß ins Herz hinein!" So bereits am 29. April 1937 in Vogelsang vor Kreisleitern. Jetzt, im hohen Sommer 1939, setzt er zum Stoß an.
Eine Photographie vom 13. August zeigt ihn im weißen Waffenrock zwischen den beiden mit verdrossenen Gesichtern dastehenden Männern, die er eben aufeinander losgelassen hat, Ciano und Ribbentrop. Gerade der Verbündete, Italien, muß ja in seinen Krieg mit hineinmanövriert werden.
Am Tage darauf erklärt Hitler bereits: „Daher nähert sich das ganze große Theater dem Abschluß."
Ludi caesaris: Kaiserliche Kriegsspiele, das waren im hohen Barock in Wien die kaiserlichen Kriegs-Festspiele vor dem kaiserlichen Hofe. Ein Roßballett und kriegerische Spiele, in denen Turnier, Oper, festlicher Aufzug, Prozession ineinander verschmolzen. Den Feldherrn des Kaisers und dem Reichshofkriegsrat oblag es gleichzeitig, den Zweifrontenkrieg gegen die Türken im balkanischen Osten und gegen den Sonnenkönig im Westen sorgfältig zu planen und durchzuführen.
Hitler will als *Künstler* und *Feldherr* dasselbe große Spiel auf seine Art spielen. In der großen Auseinandersetzung mit Henderson am 25. August, in dem es endgültig um Krieg oder Frieden geht, erklärt er emphatisch: Ich bin „Künstler von Natur und nicht Politiker", ich will mein Leben als Künstler beschließen – nach der Lösung der polnischen Frage. Ich will Deutschland nicht in eine große Kaserne verwandeln.
Adolf Hitler ist kein kaiserlicher Kriegs- und Festspieler. Das Wesen dieser Kriegsspiele und Festspiele des kaiserlichen und königlichen Alteuropa bestand darin, daß beide an feste Regeln gebunden waren und jederzeit abgebrochen werden konnten. Adolf Hitler spielt va banque. Betroffen sagt ihm das am 31. August 1939 Göring: „Wir wollen doch das Vabanquespiel lassen." Der Spieler Hitler entgegnet: „Ich habe in meinem Leben immer va banque gespielt."

Betroffen schreibt Mussolini am 25. August an Hitler: „Bei unseren Begegnungen war der Krieg für nach 1942 vorgesehen, und zu jener Periode wäre ich zu Lande, zur See und in der Luft fertig gewesen gemäß den verabredeten Plänen." Mussolini fordert nun, um Hitler zu bremsen, riesige Materialmengen, lenkt aber dann ein, da, wie er selbst sagt, „selbst der liebe Gott nicht in der Lage wäre, in wenigen Tagen derartige Quantitäten hierher zu transportieren".
Großes Theater nach Mitternacht in der Nacht vom 26. zum 27. August für Dahlerus, den mit Göring in Verbindung stehenden Mittelsmann zu englischen Kreisen. Hitler läßt für diesen fragwürdigen Mann, der ihm so spät nachts gemeldet wird, in Kürze eine Festbeleuchtung der Reichskanzlei arrangieren und eine Ehrenkompagnie aufziehen. Ihm sagt er da, er habe „als unglücklicher Freier" um England geworben. Es ist, wie wenn er aus einer Oper käme. Dann bricht es durch: „Gibt es Krieg, dann werde ich U-Boote bauen, U-Boote, U-Boote." Er schreit: „Idioten, habe ich je in meinem Leben die Unwahrheit gesagt?" – Wer von euch kann mich einer Sünde zeihen?" (Joh. 8, 16.) Dieser entflammte Mann wirkt in der von ihm aufgezogenen mitternächtlichen Szene auf den Schweden Dahlerus „wie ein Gespenst der Sage".

Am 27. August unterzeichnet Adolf Hitler zwei Erlasse: Über die „Neuregelung des Ehrensoldes für Träger höchster Kriegsauszeichnungen" und über die „Gewährung eines Veteranensoldes für Frontkämpfer" für die Teilnehmer des Krieges 1870/71 und der Feldzüge der kaiserlichen und königlichen Armee in Bosnien 1878 und Süddalmatien 1882. Als Oberster Kriegsherr sorgt „der Kaiser für seine Soldaten". Hitler denkt bereits jetzt an den Kriegsschauplatz, auf dem 1914 – in Sarajewo – der große Brand entstanden war. Er will nicht, daß die Polen sein Angebot annehmen. Er will, vielleicht unterbewußt, genauso vorgehen wie der k. u. k. Minister des Äußeren Graf Berchtold 1914 mit seinem Ultimatum an Serbien – das Hitler in „Mein Kampf" voll und ganz billigte. Obwohl Serbien fast vollständig das Ultimatum am 25. Juli 1914 annahm, bricht Österreich-Ungarn am selben Tage die Beziehungen ab.
Am 2. September 1939 fordern deutsche Zeitungen die „Züchtigung des Friedensstörers" Polens. So war 1914 in Österreich der Krieg gegen Serbien als eine „Züchtigung" bezeichnet worden. Adolf Hitler zieht in seinen Krieg 1939 – nachdem er einen ersten schweren Schock über den ihm unerwartet kommenden Eintritt Englands in den Krieg überwunden hat – mit seinem Kriegsglauben von 1914. Diesen Kriegsglauben will er im deutschen Volke wiedererwecken. Und scheitert von Anfang an. Entsetzen, Beklemmung, schwere Sorge ergreift bis tief in hitlergläubige Volksschichten hinein dieses zum neuen „Opfergang" aufgerufene Volk.

Erlaß am ersten Kriegstag, am 1. September: Unheilbar Kranken kann der „Gnadentod“ gewährt werden. Als ein Todesgott teilt hier Hitler seine Gnade aus.

Vor dem eilfertig mit Statisten aufgefüllten Reichstag – die über Danzig mit abstimmen – verkündet er an diesem Tage: Es ist mein „heiliger Ernst“, die Neutralität neutraler Staaten zu achten. Kein Krieg gegen Rußland. Der Pakt mit der Sowjetunion ist eine endgültige Entscheidung. „Wenn ich nun vom deutschen Volk Opfer, und wenn notwendig, *alle Opfer* fordere, dann habe ich ein Recht dazu“, denn ich bin bereit, „jedes persönliche Opfer zu bringen“. Er will nur „der erste Soldat des Deutschen Reiches“ sein. „Ich habe damit wieder jenen Rock angezogen, der mir selbst der heiligste und teuerste war. Ich werde ihn nur ausziehen nach dem Sieg – oder ich werde dieses Ende nicht mehr erleben!“ – „Mein ganzes Leben war nichts anderes als ein einziger Kampf für mein Volk, für seine Wiederauferstehung, für Deutschland, und über diesem Kampf stand nur ein Bekenntnis: der Glaube an dieses Volk!“ Hitler beruft sich auf Friedrich den Großen, der sich gegen die größten feindlichen Koalitionen behauptete, „weil er jenes gläubige, starke Herz besaß, das auch wir in dieser Zeit benötigen. Der Umwelt aber möchte ich versichern: Ein November 1918 wird sich niemals mehr in der deutschen Geschichte wiederholen“.

Adolf Hitler beruft Friedrich den Großen als Schutzpatron für seinen Krieg. Sein Friedrich der Große saugt den Kaiser Joseph II., der selbst bewundernd als Jüngling zu Friedrich aufsah, auf. Von ihm wird 1945 das große Wunder erwartet – ein echtes magisches Analogiewunder: Dem „gläubigen starken Herzen“ wird der Endsieg zuteil. Nach dem Tode Roosevelts „muß“ die große Koalition der Feinde zerfallen, wie nach dem Tode der Zarin Elisabeth die Koalition gegen das friderizianische Preußen zerfiel.

Hitler lebt ganz im Banne des Analogiezaubers. Genauso wie er seine inneren Feinde „vernichtete“, wird er seine äußeren Feinde, die Engländer, „diese Hugenberger“, und die Sowjetrussen, die er mit den deutschen „Roten“ identifiziert, vernichten. Am 3. September bietet Adolf Hitler zunächst genau dasselbe klägliche Bild wie der Reichskanzler Bethmann Hollweg am 4. August 1914, der bis zuletzt behauptet hatte, England werde an der Seite Deutschlands stehen oder zumindest neutral bleiben. Hitler hatte fest geglaubt, England werde nicht in den Krieg gehen.

Hitlers Aufruf an das deutsche Volk an diesem 3. September gleicht in manchen Zügen dem Aufruf Wilhelms II. an das Deutsche Volk am 6. August 1914. Beide betonen die Friedensliebe ihrer Regierung und ihr Vertrauen auf ihren „Herrgott“. Wilhelm II.: „Vorwärts mit Gott, der mit uns sein wird, wie er mit den Vätern war!“ Hitler: „Wenn unser Volk in solchem Sinne seine höchste Pflicht

erfüllt, wird uns auch jener Herrgott beistehen, der seine Gnade noch immer dem gegeben hat, der entschlossen war, sich selbst zu helfen."
Hitler kann diesen „Herrgott" des Krieges legitim berufen: An diesem Kriegsgott halten 1933 bis 1945 die Kirchen fest, wie 1914.
Die Kriegsproklamationen Hitlers am 3. September erhalten ihre Krönung im Aufruf an seine Partei: „Unser jüdisch-demokratischer Weltfeind hat es fertiggebracht, das englische Volk in den Kriegszustand gegen Deutschland zu stellen." Hitler glaubt, hier die geheime jüdische Weltregierung am Werk zu sehen. Er verpflichtet seine Gläubigen zur bedingungslosen Einigkeit. „Wer sich den Gemeinschaftsanforderungen widersetzt, aus der Gemeinschaftsleistung sich entfernt, oder wer glaubt, sie gar sabotieren zu können, wird dieses Mal unbarmherzig vernichtet." Der Führer hat sein Anathema und seine Androhung der Großen Exkommunikation verkündet und allen Ketzern die Vernichtung verheißen.
Sieg über Polen. Alle deutschen Kirchenglocken läuten. Die Siegeskundgebungen deutscher Bischöfe und des Wehrmachtsbischofs wurden von uns an anderer Stelle gewürdigt. Am 19. September sieht Hitler in Danzig auf den zerschmetterten polnischen Staat und vergleicht ihn mit der Donaumonarchie. „Polen selbst war ein Nationalitätenstaat, man hatte in ihm das geschaffen, was man dem alten österreichischen Staat als Schuld vorwarf." Ähnlich hatte er sich zuvor über die Tschechei ausgedrückt. Er fühlt sich in jeder Weise als Liquidator der Donaumonarchie. Ihre „positiven" Leistungen setzt er fort, ihre ihm negativ erscheinenden Prozesse „liquidiert" er endgültig.
„Und so wie die Nationalsozialistische Partei diesen Kampf auf sich nahm, Jahre hindurch, und ihn endlich siegreich bestand, so nimmt heute das nationalsozialistische Deutsche Reich, so nimmt das deutsche Volk diesen Kampf ebenfalls auf." Das sind magische Gleichungen, Rituale, die er nun bis 1945 beschwört; er steht im Banne eines Wiederholungszwanges und glaubt, daß „die Geschichte" seine magischen Gleichungen erfüllen, einlösen muß. „Wir haben dabei nur den einzigen Wunsch, daß der allmächtige Gott, der da jetzt unsere Waffen gesegnet hat, vielleicht die anderen Völker erleuchten und ihnen die Einsicht schenken möge, wie zwecklos dieser Krieg, dieses Völkerringen sein wird." Die Liturgie der Kirche betet in der Messe immer wieder um „Erleuchtung" der Sünder, der unbotmäßigen Heidenvölker, die heute sich dem Licht des wahren Glaubens und der „sanften Herrschaft" des Christuskönigs verwehren.
„Ich weiß, ihr seid zu allem bereit im Glauben an Deutschland": Proklamation an die Soldaten der Wehrmacht im Osten, 5. Oktober. – Reichstag, 6. Oktober. Adolf Hitler kündet: „Unter Glockenläuten feiert das deutsche Volk einen großen, in seiner Art geschichtlich einmaligen Sieg." Friede und Freundschaft mit der

Sowjetunion. „Man hat seit vielen Jahren der deutschen Außenpolitik Ziele angedichtet, die höchstens der Phantasie eines Gymnasiasten entspringen könnten." Tatsächlich entsprechen Hitlers Kriegsziele den Zielen der Gymnasiastenphantasie in Hitlers Linzer Realschulzeit. Er begütigt nun, hebt sozusagen sich selbst auf. Die deutsch-russischen Abmachungen zeigen, „daß alle diese Behauptungen eines Strebens Deutschlands nach dem Ural, der Ukraine, Rumänien usw. nur eine Ausgeburt ihrer erkrankten Marsphantasie waren".
Hitler stellt sich hier sein erstes, älteres Ich gegenüber und lehnt sein Spiegelbild ab, seine „Marsphantasie". Diese hatte sich 1904 mit dem Deutsch-Französischen Krieg und mit dem Russisch-Japanischen Krieg – von daher stammt seine Bewunderung für die Japaner –, dann, vermittelt durch alldeutsche, in Österreich weitverbreitete Programmschriften, mit einem weit nach Osteuropa und Kleinasien ausholenden deutschen Vorstoß befaßt. Jetzt erklärt er: Deutschland und Rußland übernehmen gemeinsam „diese Sanierungsarbeit" in Polen. „Sanierung", politisch, religiös – Sanierung der Seelen – war ein spezifisch österreichischer Begriff.
Das deutsche Volk hat im Nationalsozialismus „seine Wiederauferstehung erhalten". – „Der Versuch, dieses mein Handeln vom Katheder einer internationalen Rechthaberei herab zu kritisieren, zu beurteilen oder abzulehnen, ist unhistorisch und läßt mich persönlich eiskalt." Gar köstlich entspricht diese Zurechtweisung, die Hitler einer „unhistorischen" Kritik seiner *gesta Dei per Hitler* zuteil werden läßt, der steten Zurückweisung, die konfessionelle Historiker einer „unhistorischen" Kritik der Inquisition und anderer totalitärer Praktiken der Kirche zukommen lassen. Hitler kündigt hier den „Versuch einer Ordnung und Regelung des jüdischen Problems" an. Und dankt dem Herrgott, der uns „so wunderbar gesegnet hat". – „Vor uns steht ein ewiges Leben unseres Volkes." Wir werden alles einsetzen und das „wiedergutmachen, was die Heimat in den Jahren 1914 bis 1918 am deutschen Volk und seinen Soldaten gesündigt hat." Hitler im Berliner Sportpalast. 10. Oktober.
Allerseelen-Allerheiligen, 8. November im Bürgerbräukeller in München. Der Führer: Der Krieg kann dauern, so lange er will. Ich habe die Vorbereitung für fünf Kriegsjahre am Tage der britischen Kriegserklärung getroffen. Wir werden auch in fünf Jahren nicht kapitulieren. Die vier Jahre 1914–1918 schweben als riesenhafte Schatten bereits um ihn. Das Attentat im Bürgerbräukeller in dieser Nacht erreicht ihn nicht. Adolf Hitler erfährt dies als wundersame Rettung, als Segen der Vorsehung, als sichtbares Zeichen des Herrgotts, der ihn erwählt hat.

Am nächsten Tage erhält er neben vielen anderen Glückwünschen den Glückwunsch des Papstes Pius XII. Am 23. November spricht der seelisch neugestärkte

Führer zu den Oberbefehlshabern der Armee, Luftwaffe, Marine. Den ersten Entschluß zu seinem großen Werk faßte er 1919. Die Vorsehung war mit ihm. Wenige Gläubige folgten ihm 1933, 1935. „Die Zahl derer, die an mich glaubten, war sehr gering": dies zur Zeit der Rheinlandbesetzung. „Der Entschluß zum Schlagen war immer in mir." Dieser Entschluß war in dem Realschüler in Linz, in Steyr, der an der Klassentüre die Mitschüler ausmustert, ob sie Arier oder Nichtarier sind. – Deshalb Aufbau der Wehrmacht! „Kriege werden immer beendigt nur durch Vernichtung des Gegners. Jeder, der anders denkt, ist unverantwortlich. Die Zeit arbeitet für den Gegner. Jetzt ist ein Kräfteverhältnis, das sich für uns nicht verbessern, sondern nur verschlechtern kann."
In seinen Tiefenschichten weiß Adolf Hitler sehr früh, daß dieser Krieg für ihn nicht zu gewinnen ist. Gegen diesen allerletzten Nicht-Glauben in seiner Brust, der mit seinen Minderwertigkeitsgefühlen und mit seiner panischen Angst vor Ansteckungen zusammenhängt, mobilisiert er seinen Glauben an sich selbst. – Er könnte auf sich beziehen, was in einer viel höheren spirituellen Dimension ein großer deutscher Christ von sich bekennt, Reinhold Schneider: „Der Zweifel nährt den Glauben, der Glauben nährt den Zweifel." Hitler hier also: „Das Schicksal des Reiches hängt nur von mir ab." – „Ich will den Feind vernichten." – „In den letzten Jahren habe ich viele Beispiele der Vorsehung erlebt. Auch in der jetzigen Entwicklung sehe ich die Vorsehung."
Dieses dialektische Wechselspiel von Glaube und Unglaube, von Glaube an seinen Sieg und Wissen um seine Katastrophe, erzeugt in Adolf Hitler 1939–1945 ein Spannungsfeld stärksten Ausmaßes. Wer in dieses Kraftfeld gerät, in dem unablässig, Tag und Nacht, der Glaube den Nichtglauben zu übermachten, täglich niederzukämpfen, ja zu „vernichten" sucht – Selbstvernichtung, Selbstmord steht im Untergrund des Mörders und Vernichters Hitler immer präsent vor ihm –, wird überwältigt. Das geschieht sogar so starken Persönlichkeiten wie Manstein, der Hitler zum Rückzug aus Stalingrad bewegen möchte, aber bekennt, gegen „die Suada" dieses Mannes – dieses Österreichers – ohnmächtig zu sein.

DER „ERSEHNTE KREUZZUG GEGEN DEN BOLSCHEWISMUS“

Dieser tiefe Unglaube in Hitlers eigener Brust – er kennt ja vielfach die wahren Kräfteverhältnisse besser als seine Offiziere – wird jedes Jahr im Neujahrsaufruf durch ein Ritual aufgehoben: durch die prophetische Ankündigung des endgültigen Sieges. 1940 heißt es: Wir treten jetzt in das „entscheidendste Jahr der deutschen Geschichte“. 1941: „Das Jahr 1941 wird die Vollendung des größten Sieges unserer Geschichte bringen.“ 1942: „Das Jahr 1942 soll, darum wollen wir alle den Herrgott bitten, die Entscheidung bringen zur Rettung unseres Volkes und der mit uns verbündeten Nationen.“ 1943: „Einmal wird dann in diesem Kampf eine Macht als erste stürzen. Daß dies nicht Deutschland ist, das wissen wir.“ 1944: „Das Jahr 1944 wird harte und schwere Forderungen an alle Deutsche stellen. Das ungeheure Kriegsgeschehen wird sich in diesem Jahr der Krise nähern. Wir haben das volle Vertrauen, daß wir sie erfolgreich überstehen.“ 1945 legt Adolf Hitler als „Sprecher Großdeutschlands gegenüber dem Allmächtigen das feierliche Gelöbnis ab, daß wir treu und unerschütterlich unsere Pflicht auch im neuen Jahr erfüllen werden, des festen Glaubens, daß die Stunde kommt, in der sich der Sieg endgültig demjenigen zuneigen wird, der seiner am würdigsten ist: dem Großdeutschen Reich.“

Diese Neujahrsbeschwörungen zeigen, daß mit der Last des Krieges die Last des Glaubens von Jahr zu Jahr schwerer geworden ist. Dieser Glaube fordert immer größere Opfer. Adolf Hitler ist entschlossen, als ein Gegengewicht gegen die Opfer seines Volkes dem Herrgott ein Brandopfer zu errichten durch die Vernichtung des Gegenvolkes der Christenheit, der arischen lichten Menschheit. Durch die Vernichtung der Juden.

Zum 1. Januar 1940 verkündet er bereits: „Die jüdisch-kapitalistische Welt wird das 20. Jahrhundert nicht überleben!“ – „Wir können am Beginn des Jahres 1940 den Herrgott nur bitten, daß er uns weiterhin segnen möge im Kampf um die Freiheit, die Unabhängigkeit und damit um das Leben und die Zukunft unseres Volkes.“ – „Wenn Herr Chamberlain heute mit der Bibel einhergeht und seine frommen Kriegsziele predigt, dann kommt mir das so vor, als wenn sich der Teufel mit dem Gebetbuch einer armen Seele nähert“ (Hitler im Berliner Sportpalast, am 30. Januar). Das ist „katholische“ Predigt im Ton eines volksfrommen Brauchtums.

Der Führer ermahnt kurz darauf bei der Feier im Hofbräuhaus München zur Erinnerung an das eben zwanzig Jahre alt gewordene Parteiprogramm seine altgläubigen Parteigenossen, am 24. Februar: „Im übrigen glaube ich eines: Es gibt einen Herrgott! Dieser Herrgott schafft die Völker. Er gibt grundsätzlich allen Völkern das gleiche Recht. Wir Deutsche haben uns vor 20, vor 22, 23 Jahren sehr schlecht in der Geschichte benommen." Da tut Buße, Umsinnung not. Der Führer erinnert an das Walten der Vorsehung; sie hat ihn 1939 vor dem Attentat gerettet. „Die Vorsehung hat bisher diesen Kampf gesegnet, tausendfältig gesegnet." Adolf Hitler beruft sich auf Martin Luther, diesen „gewaltigen Deutschen", um den er in München 1922/23 im Gespräch mit Dietrich Eckart rang: „Und wenn die Welt voll Teufel wär, es muß uns doch gelingen!"
9. März, Heldengedenktag. Adolf Hitler gedenkt der 2000 Jahre Opfer des deutschen Volkes, das er mit dem Christentum identifiziert. Die Vorsehung führt. Auch heute. „Als einstiger Soldat des großen Krieges aber habe ich an die Vorsehung nur eine einzige demutvolle Bitte zu richten, möge sie uns alle der Gnade teilhaftig werden lassen, das letzte Kapitel des großen Völkerringens für unser deutsches Volk in Ehren abzuschließen. Dann werden sich die Geister der gefallenen Kameraden aus ihren Gräbern erheben und alle ihnen danken ..." – „Allerseelen-Allerheiligen" hat sich hier – im Opfergang des Kriegsjahres – auf das ganze Jahr ausgedehnt.
Am Tag darauf sendet Adolf Hitler ein Glückwunschtelegramm an Papst Pius XII. zum Krönungstag. Am folgenden Tage, am 11. März – am 11. März 1938 war die Regierung Schuschnigg in Wien dem deutschen Ultimatum gewichen – weilt Ribbentrop in Audienz bei Pius XII. Der Reichsaußenminister erklärt dem Papste, dessen innige Anteilnahme am Schicksal Deutschlands und dessen Zuneigung zu den Deutschen von niemandem, auch von der SS und von Hitler nicht bestritten wird: Der Führer ist der Ansicht, daß eine grundsätzliche Einigung zwischen Nationalsozialismus und katholischer Kirche durchaus möglich ist. Eine säkulare Regelung sei aber erst nach Kriegsende möglich. Bis dahin soll der bestehende Burgfriede aufrechterhalten bleiben. Die katholische Geistlichkeit muß sich jeder politischen Tätigkeit enthalten. Von deutscher Seite seien in dieser Hinsicht sehr erhebliche Vorleistungen gemacht worden. Der Führer habe nicht weniger als 7000 Prozesse gegen katholische Geistliche niedergeschlagen. Auch dürfe nicht vergessen werden, daß der nationalsozialistische Staat jährlich eine Milliarde Reichsmark zugunsten der katholischen Kirche verwende, eine Leistung, deren sich kein anderer Staat rühmen könne.
Die Aufzeichnung im Auswärtigen Amt über diese Audienz hält fest:
„Der Papst brachte diesen Ausführungen des Herrn RAM (Reichsaußenminister) durchaus Verständnis entgegen und gab die dabei erwähnten konkreten Tat-

sachen unumwunden zu. Er suchte zwar das Gespräch auf bestimmte Einzelprobleme und Beschwerden der Kurie zu bringen, wie auf die Schließung vieler Klöster usw., insistierte aber nicht weiter, als der Herr RAM erneut die Notwendigkeit einer erst später möglichen grundsätzlichen und umfassenden Klärung des Gesamtverhältnisses zwischen Staat und Kirche betonte." Ribbentrop weist den Papst endlich „auf die historische Tatsache" hin, daß es „letzten Endes nur der Machtübernahme des Nationalsozialismus zu verdanken (sei), daß nicht in Europa ein bolschewistisches Chaos ausgebrochen und damit das kirchliche Leben überhaupt vernichtet worden sei".

Papst Pius XII. ist hilflos gegenüber den Pressionen Adolf Hitlers. Er hat ihm im Konkordat die Körper – und damit auch die Seelen – der deutschen Katholiken übergeben. Sein Vorgänger Pius XI. hatte ihn bereits als Kämpfer gegen den Bolschewismus anerkannt – als Mitkämpfer in Spanien. Er selbst hat keinen Einspruch erhoben, als 1939 ein italienischer Bischof feierlich predigte, daß die katholische Kirche nie die Juden verteidigt habe. Der Papst weiß, daß die deutsche Kirche von Hitlers Geldern lebt.

Pius XII. fürchtet vor allem – und mit ihm fürchten deutsche Bischöfe, Ordensobere, Äbte, Prälaten „die siebentausend Prozesse". Sie bilden Hitlers Geheimwaffe gegen den deutschen Episkopat, gegen die Kirche in Deutschland. In Österreich erzählte man sich 1938/39 in kirchlichen Kreisen, daß der ominöse Aufruf des österreichischen Episkopats für Hitlers „Volksabstimmung" am 10. April 1938 durch seine Drohung erpreßt worden sei, die Gerichte in Sittlichkeitsprozessen gegen Kleriker sprechen zu lassen und dergestalt die Öffentlichkeit gegen die Kirche zu mobilisieren. Man darf ruhig annehmen, daß die ominöse Zahl „7000" eine der von Hitler geliebten magischen Zahlen ist. Die Zahl der möglichen Sittlichkeitsprozesse gegen Kleriker, vor allem gegen Mönche, war auf jeden Fall erschreckend groß. Kirchlicherseits wurde nach Aufdeckung einiger Fälle, die eine Kettenreaktion von Enthüllungen auslösten, von Rom aus eine ganze Provinz der Franziskaner aufgelöst.

Was aber steckt, historisch, hinter diesen Sittlichkeitsdelikten? Hinter den Verführungen von Jugendlichen durch Kleriker zu Päderastie, hinter der Homosexualität, hinter der Sodomie, hinter den Verführungen von Ehefrauen und Mädchen, die im französischen Mittelalter das Sprichwort aufkommen ließen, daß schon der Schatten eines Franziskanerklosters die ganze Umgebung schwängere? Den historischen und den spirituellen Hintergrund dieser Affären, die Hitlers Geheimwaffe gegen die Kirche in Deutschland bildeten, vermochte Papst Pius XII. aufgrund seiner eigenen manichäisch tangierten monastisch-dualistischen Spiritualität in keiner Weise zu durchschauen und so auch nicht zu bewältigen. Seit Jahrhunderten hatte man, im Zuge spätmittelalterlicher Tendenzen und im Banne gewisser neumonastischer Gründungen der Gegenformation, gerade auch den Weltklerus monastisch zu prägen gesucht. Dies vor allem durch die von der Gegenreformation geschaffenen Seminare. Hier wurde als spirituelles Ziel ein gehorsames, den „süßen Seelenbräutigam Jesus", und, als „Marienkind", die Jungfrau und Gottesmutter Maria „innig liebendes", immer jungfräuliches Priester-Kind erzogen und gebildet. Jede wahrhaft männliche Aktivität wurde verdrängt, jede schöpferische, freie und freiheitliche Einsatzfreude männlicher Priesternaturen wurde ungern gesehen und wenn vorhanden, auf nicht-geistliche Nebenbeschäftigungen abgelenkt.

So wurde ein debiler, infantiler, oft von Mutterkomplexen besessener, homoerotischer, tief unmännlicher, weibischer monastischer Typ gezüchtet, der bisweilen eben die latente homoerotische Struktur in offene Homosexualität aufbrechen ließ: wehrlose Opfer einer spirituellen Fehlentwicklung. Innerlich brüchige Priester- und Mönchstypen dieser Art, ständig gequält von ihren sexuellen Versuchungen, boten jedoch den kurialen und kirchlichen Bürokratien und Hierarchien ein besonders geeignetes „Material": besonders geeignet zu Gehorsamsleistungen aller Art, zu denen geschlechtlich ungebrochene Männer sich nie hergeben würden. Das vielberufene *sacrificium intellectus,* das Opfer des Geistes, der Vernunft, der eigenen wissenschaftlich erarbeiteten Erkenntnis, ist viel leichter zu leisten von einem in seiner Geschlechtlichkeit gebrochenen Priester und Mönch als von einem geschlechtlich ungebrochenen, aufrecht seiner Mannes- und Priesterwürde bewußten Menschen.

Eben diese spirituelle Fehlentwicklung, die zage, brüchige, infantile weibische und für homosexuelle Verführungen anfällige Mönchs- und Priestertypen produzierte, wurde nun gerade in Deutschland mindestens seit dem 19. Jahrhundert mit tiefer Sorge von einem seelisch reifen, gegenwartsoffenen Klerus beobachtet. Eine Reihe mutiger Männer aus diesem Klerus wiesen auf die unheilbare Wunde hin: auf die Praktiziernug des Zölibates in der Neuzeit der Kirche. Im deutschen Mittelalter hatte nicht selten ein Dorfpfarrer einen seiner Söhne als seinen Nachfolger angelernt.

Nichts jedoch vermochte den Zorn und Grimm kurialer Kirchenmänner, gerade um Pius XII., aber auch noch in der Gegenwart, mehr zu erregen als eine Berührung dieses Tabus: des Zölibats. Geschlechtsangst, Angst vor der bösen – weiblichen – Welt, Angst vor der Moderne, vor der Revolution, vor dem Aufbruch freiheitlicher, schöpferischer Energien in Kirche und Welt, verbinden sich zudem in autokratischen Naturen zu einem anthropologischen, theologischen und politischen Pessimismus, der die innerste Allianz solcher Naturen in der Kirche mit Diktatoren in der „Welt" bereits psychologisch vorbereitet.

Pius XII. war seelisch und seiner ganzen Spiritualität nach ganz außerstande, diesen Hintergrund der von Hitler angedrohten „7000 Prozesse" zu durchschauen. Durch seine Briefe an den deutschen Episkopat 1939–1944 bebt die große Angst, daß sich ein junger deutscher Klerus zu Hitlers Blut- und Boden-Mystik verführen lasse. Der Papst vermag nicht zu sehen, daß sich gerade in dem Hineinscheitern junger weltlicher und geistlicher Katholiken in den erdhaften Glauben eines gewissen Nationalsozialismus ein gefährlicher innerer Vitaminmangel in der Kirche bekundete und eine spirituelle Fehlentwicklung. Bis heute gibt es nur Ansätze einer „Theologie der irdischen Wirklichkeiten".
Ribbentrop spricht im Anschluß an seine Audienz bei Pius XII. noch mit dem Kardinalstaatssekretär Maglione, der auf die Lage der Kirche in Polen und die prekäre Situation der Bekenntnisschulen in Deutschland hinweist. Der RAM. weicht aus, stellt jedoch ein Vorgehen der Reichsregierung gegen die kirchenfeindlichen Ludendorff-Schriften in Aussicht.
Das entsprach genau Hitlers Antipathie gegen die „völkischen Schwärmer", bekundet in „Mein Kampf", wiederholt in vielen Reden. Mit antikirchlichen Schriften von Wirrköpfen wie Oskar Panizza befassen sich Papst Pius XII. und die deutschen Bischöfe mehrfach ab 1939. Sie wagen es nicht, die unendlich größeren Gefahren für die Kirche, die sie selbst mitgeschaffen beziehungsweise sanktioniert hatten, anzusprechen: die Preisgabe der deutschen Katholiken, ja ihre Verpflichtung zum bedingungslosen Gehorsam in Hitlers Krieg; und die spirituelle und gesellschaftlich-politische Fehlleitung von Klerus und Laienvolk.
13. Juni: Einmarsch in Paris. Der Führer befiehlt das Läuten aller Kirchenglocken für die Dauer einer Viertelstunde. Reichstag, 19. Juli. „Die nationalsozialistische Bewegung hat in ihrem Programm neben der inneren Erlösung aus den jüdisch-kapitalistischen Fesseln einer pluto-demokratischen dünnen Ausbeuterschicht nach außen hin den Entschluß zur Befreiung des Reiches aus den Versailler Diktatfesseln verkündet." – „Die blutbefleckten jüdisch-kapitalistischen Kriegshetzer werden ihr Ziel nicht erreichen." – „Das internationale jüdische Völkergift, Juden und Freimaurer, werden unser Reich nicht zersetzen können." Diese Sprache gegen Versailles und die westlichen Plutokratien hatte Faulhaber nach 1918 gesprochen; sie beherrschte eine gewisse katholische Publizistik in der Weimarer Republik und findet sich jetzt, im Kriege, in den Kirchenblättern wieder. Gewiß: Die „Sprachregelung" war jetzt von oben her, vom Reichspropagandaministerium auch verfügt; sie entsprach jedoch einer Sprache, die lange zuvor erlernt worden war. Adolf Hitler klagt hier: „Jedes Jahr dieses Krieges beraubt mich dieser Arbeit", nämlich „einen neuen Sozialstaat von höchster Kultur aufzubauen. Und die Ursache dieses Raubes sind lächerliche Nullen, die man höchstens als politische Fabrikware der Natur bezeichnen kann."

Das ist allein seine Sprache! Mit fast denselben Worten verhöhnte er am 15. März 1932 seine innnenpolitischen Gegner. In den Reden dieser Kriegsjahre, in diesen Selbstgesprächen vor der Welt finden sich des öfteren Worte *ad se ipsum*, Bruchstücke einer Konfession, die in der Aussage sich zu verdecken sucht. So bemerkt Hitler etwa am 4. September in einer Sportpalastrede: „Denn wir alle sind irgendwie belastet mit Überlieferungen der Vergangenheit, der Herkunft, des Standes, des Berufes usw." Er leidet immer noch an seinen christlichen „Belastungen".

Am 2. Oktober erörtert Hitler in seiner Reichskanzleiwohnung mit Bormann, Frank und Schirach die künftige Behandlung der Polen. Polnische „Herren" sollen umgebracht werden. Das polnische Arbeitervolk im Reich soll mit sich selbst im Lager machen, was es will; „kein protestantischer Eiferer soll in diese Dinge seine Nase stecken". Die Polen sollen ihren Katholizismus behalten; „die polnischen Pfarrer bekämen von uns ihre Nahrung, und dafür hätten sie ihre Schäfchen in der von uns gewünschten Weise zu dirigieren". – „Die Pfarrer müßten die Polen also ruhig dumm und blöd halten, dies läge durchaus in unserem Interesse ..."

Diese Kirchenpolitik ist gegen-josephinisch, insofern sie nicht Aufklärung, sondern ein Niederhalten möglicher Volksbildung anstrebt. Diese „Bildungspolitik" entspricht jedoch der reaktionären Schulpolitik, wie sie klerikale Reaktionäre in Frankreich um 1870 – man schlug vor, die Universitäten zu schließen und die Druckereien strikt einzuschränken –, in Rußland um 1890, in Spanien und Südamerika noch im 20. Jahrhundert betrieben. Hitlers plebejische Ausdrucksweise hier sollte diese „erlauchte" Tradition, Völker dumm, nämlich bewußt ohne Schulkultur und Bildung zu halten, nicht übersehen lassen.

Große „Allerseelen-Allerheiligenrede" am 8. November vor den alten Parteigenossen in München. Hitler prophezeit den Endsieg und verkündet wieder seine magische Gleichung: „Ich bin fest davon überzeugt, daß dieser Kampf um kein Haar anders ausgeht als der Kampf, den ich einst im Innern ausfocht!" Hitler greift hier Woodrow Wilson als „einen amerikanischen Zauberpriester" an, auf dessen Wort das deutsche Volk 1918 hereinfiel. Er hält sich selbst für den richtigen Zauberer und Beschwörer: „Ich bilde mir nun nicht nur ein, daß ich der härteste Mann bin, den das deutsche Volk seit vielen Jahrzehnten, vielleicht seit Jahrhunderten gehabt hat, sondern ich besitze außerdem die größte Autorität. Vor allem aber glaube ich an meinen Erfolg, und zwar bedingungslos glaube ich daran." Ebendieser „bedingungslose" Glaube mußte, aber stets erneuert, wiedergeboren werden: in der Kommunion, durch seine Rede. „Ich bin überzeugt, daß mich die Vorsehung bis hierher nur geführt hat und alle Fährnisse von mir fernhielt, um mich diesen Kampf des deutschen Volkes führen zu lassen." – „Jeder Soldat weiß es und muß es wissen, daß die Armeen, die heute unter unserem Banner marschieren, die Revolutionsarmeen des Dritten Reiches sind! Sie tragen im Herzen nicht nur den Glauben an ein Deutschland, das uns allen in der Zukunft vorschwebt, für das wir so lange gekämpft haben, den Glauben an ein besseres Reich, in dem die großen Ziele unserer nationalen und sozialen Bewegung verwirklicht werden." Das verdanken wir „vor allem auch denjenigen, die damals als erste Blutopfer für die Bewegung gefallen sind. Diese sechzehn Toten sind eben mehr als nur sechzehn Tote. Sie sind die Kronzeugen einer neuen Wiederauferstehung unseres Volkes geworden."

Der Führer schildert, wie eine kleine Schar von Gläubigen, alles kleine Leute – wie die Galiläer um Jesus – sich um ihn damals sammelte. „Sie wußten nur: Es wird einmal besser sein. Es wird einmal besser sein, es wird einmal ein neues Reich aufgebaut, und in diesem Reich wird vieles von dem dann verwirklicht, was auch unsere Gegner im tiefsten Inneren doch ersehnen, ohne es zu wissen, daß es auf ihrem Weg nie zu erreichen sein würde. Dafür sind diese Menschen eingetreten, und dafür haben auch diese sechzehn damals ihr Leben gegeben."

Hier, in diesem „Evangelium", im Bericht vom Siege seines Glaubens, ringt sich Hitler einmal – einzigartig – zu einer Art Feindesliebe durch in Anerkennung dessen, „was auch unsere Gegner im tiefsten Innern doch ersehnen".

„Es war jahrelang, fast ein Jahrzehnt lang ein einziger Weg von Märtyrern, am stärksten vielleicht in der Ostmark und im Sudetenland ... Wie konnten diese kleinen Leute den Lauf der Geschichte ahnen, wie er sich nun wirklich vollzog? Wie konnten sie das Wunder vorausahnen, daß sie eineinhalb oder zwei Jahrzehnte später ein großes Reich glorreich heimholen würde? Sie haben trotzdem gekämpft, gläubigen Herzens, ohne im einzelnen genau zu wissen, daß es zu ihren Lebzeiten noch so kommen wird." Adolf Hitler spricht hier einen religiös-politischen Glauben an, der in den „gläubigen Herzen" von österreichischen und sudetendeutschen Katholiken christliche und nationale Glaubenselemente verschmolz.

Vor der Messe schreitet der Priester mit dem Weihwasserwedel durch das Volk und besprengt es: *Asperges me.* Gott wäscht die Sünden ab. Der Oberste Priester seines Glaubensvolkes, Adolf Hitler, verkündet hier: Wir tilgen die Schande unseres Volkes von 1918. „Das werden wir wieder wegwaschen! Wir werden wiederaufrichten ein Deutschland der Macht und der Kraft und der Herrlichkeit." Die große Doxologie, der große Lobpreis zu Ehren Gottes, wird hier auf Deutschland übertragen. „Deutschland muß wiederauferstehen, so oder so ..." – „In diesem Geist sind sie gefallen."

Wien, 20. November, ein „welthistorisches Ereignis", wie er es nennt: Ungarn tritt dem Dreimächtepakt bei. Adolf Hitler gibt ein Bankett im Schloß Belvedere. Von hier, von Wien aus, hatte der Herr dieses Schlosses, Prinz Eugen, die kaiserlichen Heere siegreich gegen die Türken geführt. Hitler wird seine Heere gegen die neuen Türken, die Bolschewiken, führen. Er hat an diesem festlichen Abend Tränen in den Augen, er leuchtet Ciano an: „Vom selben Wien habe ich einmal Mussolini ein Telegramm geschickt." Er meint das Danktelegramm an den Duce, Dank für seine Zustimmung zur Besetzung Österreichs. De facto hat Hitler dieses Telegramm von Linz aus gesandt. Heute aber erstrahlt ihm Wien in kaiserlichem Glanze, also mag es von hier ausgegangen sein.

Hitler liebt die Ungarn nicht. Sie sind ihm so unsympathisch, wie nur je zuvor den alten Wiener Christlichsozialen, die viel lieber mit Kroaten, Italienern, Tschechen sich vertrugen als mit den „hochmütigen" und „verlogenen" Ungarn.

Am 10. Dezember erläßt Hitler die Weisung für das „Unternehmen Attila": die Besetzung der freien Zone Frankreichs. Der Zug Attilas nach Gallien wird hier im Namenszauber beschworen. Hitler denkt bereits an das „Unternehmen Barbarossa", an seinen Ostzug. An diesem selben Tage spricht er vor Arbeitern eines Berliner Rüstungsbetriebes. Die Rede wird im Rundfunk übertragen: Zwei Welten stehen sich gegenüber – der Kapitalismus und der Nationalsozialismus. „Mammon" und „Gott" hieß es zuvor in katholischen Predigten. „Wie kann auch ein bornierter Kapitalist sich mit meinen Grundsätzen einverstanden erklären? Eher kann der Teufel in die Kirche gehen und Weihwasser nehmen!" Und wieder *ad se ipsum:* „Nur ein Wahnsinniger kann sagen, ich hätte ein Minderwertigkeitsgefühl dem Engländer gegenüber. Die sind wohl verrückt! Ich habe niemals ein Minderwertigkeitsgefühl gehabt!"

Vor Arbeitern spricht also Adolf Hitler hier über sein Minderwertigkeitsgefühl. Er weiß, daß viele deutsche Arbeiter ihren harten Herren gegenüber Minderwertigkeitsgefühle haben, und er weiß, daß er selbst Minderwertigkeitsgefühle hat. Eineinhalb Monate später kommt er wieder auf seine innere Last zu sprechen, am 30. Januar 1941: „... bilden sich die Engländer vielleicht wirklich ein, daß ich England gegenüber etwa einen Minderwertigkeitskomplex hätte?"

In England, in London, war am 23. September 1939 um drei Uhr morgens Sigmund Freud gestorben. Am 3. Juni 1938 hatte er Wien verlassen und sich in London eingerichtet, 39 Elsworthy Road, in einem Haus im Grünen: „Es ist also so, als ob wir in Grinzing lebten, wo jetzt der Gauleiter Bürckel uns gegenüber eingezogen ist" (Brief Sigmund Freuds an Max Eitingon, 6. Juni 1938). Hitler weiß wenig von Freud; er kennt aber jenen leibseelischen Untergrund – in sich selbst und in Wien – den Sigmund Freud in seinen letzten Lebensjahren vor allem im „Todestrieb" manifest werden sieht.

16. Dezember. Adolf Hitler erläßt die Weisung Nr. 21: „Fall Barbarossa". Das ist sein Nibelungenritt in den Osten, in den Tod. In Linz 1904, in der „Nibelun-

genstadt Wien“ 1907–1912 träumt er in Tagträumen von dieser Götterdämmerung. 18. Dezember. Adolf Hitler spricht vor Offiziersanwärtern im Berliner Sportpalast. Wenn sich das deutsche Volk durchsetzen kann, „dann gehört diesem Volk die Zukunft Europas. Wenn nein, dann wird dieses Volk vergehen, dann wird es zurücksinken, und es wird nicht mehr lohnend sein, in diesem Volk dann zu leben!“ Hitler fordert die jungen Offiziere auf, sich zum Sterben bereit zu machen.

So spricht er am Ende seines ersten Kriegsjahres. Vom ersten Tage seines Krieges kämpft in seiner Brust sein Glaube mit seinem Unglauben, mit der panischen Angst, daß die Katastrophe von 1918 sich wiederholt. Eben deshalb beschwört er diese Katastrophe immer wieder in seinen Kriegsreden – und will alle jene Menschen vernichten, die seinen eigenen Unglauben in sich tragen oder gar wagen, ihn zu bekunden.

Ungläubig sehen, das weiß Hitler genau, seine hohen Offiziere seinem Ostkrieg entgegen. Raeder äußert am 27. Dezember 1940 „äußerst schwere Bedenken gegen Rußlandfeldzug vor Niederringung Englands". Göring und Ribbentrop wünschen keinen Krieg gegen Rußland. Halder, sein Generalstabschef, der die Pläne für den „Fall Barbarossa" ausarbeiten muß, sagt 1945, er habe dieses Projekt für Wahnsinn gehalten.

Ein einziger Mann zeigt sich begeistert: der katholische Konservative Franz von Papen. Mitte November 1940 sagt er zu Hitler: „Sind wir nicht schließlich am 30. Januar 1933 zusammengetreten, um Deutschland – und damit Europa – vor dem Bolschewismus zu bewahren?" In Ankara versucht Papen als deutscher Botschafter im Juni 1941 durch Mittelsmänner den britischen Botschafter zu beinflussen, „die europäischen Streitigkeiten zu begraben, um einmütig gegen die Macht zusammenzustehen, deren Programm die Vernichtung des Abendlandes" sei.

Das entsprach einer evangelischen und katholischen religiös-politischen Predigt und Polemik gegen den gottlosen Bolschewismus von 1918 bis 1945 – und entsprach den Bemühungen von Kreisen im Vatikan und in Spellmans Amerika 1944–1945, den Krieg umzupolen, um durch einen Friedensschluß mit Hitler die deutschen Kräfte für einen gemeinsamen Krieg gegen die Sowjetunion zu gewinnen. Ich habe im „Jahrhundert der Barbarei" auf diese Zusammenhänge aufmerksam gemacht.

Jodl erklärt am 15. Mai 1945: Hitler weiß, daß nach der Winterkatastrophe 1941/42 kein Sieg mehr errungen werden konnte. Kurz vor seinem Ende sagt Hitler zu Jodl über seinen nun endgültigen Entschluß zum Selbstmord: „Ich hätte diesen Entschluß, den wichtigsten meines Lebens, schon im November 1944 fassen sollen und das Hauptquartier in Ostpreußen nicht mehr verlassen dürfen!"

Der Selbstmord als der wichtigste Entschluß seines Lebens. Adolf Hitler ist ein *permanenter Selbstmörder* – offen ab 1939. Er begeht Selbstmord in Raten – und bekundet das in der immer noch härteren „Abtötung", der er sich unterzieht. Die *ars moriendi,* die Kunst des hohen Sterbens, war im Mittelalter, dann wieder im Barock, vor allem in der Aszetik, hoch entwickelt worden als eine *mortificatio,* eine Abtötung der Sinne, des Fleisches, der Augenlust vor allem. Der Quasi-Zölibatär Adolf Hitler raucht nicht, trinkt nicht, schränkt sich im Kriege immer noch mehr ein, lebt wie ein Büßermönch, schläft auf einem Feldbett wie Kaiser Franz

Joseph. Hitler versagt sich nicht nur die gula, die Gaumenfreude, mit Ausnahme der Wiener Mehlspeisen, sondern vor allem die Augenfreude. Er, ein Liebhaber des Theaters und des Kinos, des leichten Spielfilmes, geht nicht mehr ins Theater und verläßt in seinem Hauptquartier nach der Wochenschau, die er selbst zensuriert, den Raum, in dem seine Offiziere sich noch einen Spielfilm ansehen. Unablässig tobt – so dürfen wir sagen – in ihm, in seinem Innenraum das Streitgespräch zwischen Glaube und Unglaube. Er deutet das selbst einmal am 23. Mai 1939 in einem Gespräch mit Großadmiral Raeder an. Er habe drei Arten der Geheimhaltung: „die erste, wenn wir beide unter vier Augen sprechen; die zweite, die behalte ich für mich; die dritte, das sind Probleme der Zukunft, die ich nicht zu Ende denke".

Diese Probleme der Zukunft, die er nicht bewußt zu Ende denken will – zu ihnen gehören die Völkervernichtungen im Osten –, werden 1941/1945 von dem einen Problem überlastet, ja aufgesogen: Wie kann der Glaube an den Sieg, an das „Wunder des Sieges" den Unglauben, das Vorwissen der Katastrophe, überwinden, besiegen, „vernichten"? Zuerst in der eigenen Brust, dann in den ungläubigen Generalstabsoffizieren – die er mehr als selbst die „ungläubigen Juden" zu hassen bekennt –, im deutschen Volk, in seinen Soldaten, in seinen Parteigenossen? Alle diese Glaubenszweifel werden rituell beschworen und „überwunden" in den Liturgien seiner siegverheißenden, den Segen des Allmächtigen beschwörenden Kriegsreden.

1. Januar 1941: rituelle Anrufung des „Herrgotts". Neujahrsaufruf an die Parteigenossen: „Die demokratischen Kriegsinteressenten" – man beachte den österreichischen Jargon –, „die seit vielen Jahrzehnten die Welt in Unruhe versetzen und die Völker in immer neue Krisen stürzen, müssen vernichtet werden. Es ist unser unerbittlicher Entschluß, dieses Gericht stattfinden zu lassen, auf daß Europa wieder seinen inneren Frieden finde." Wir erinnern an Pfarrer Gaston Ritter 1933. „Jede Macht, die von diesen Demokraten ißt, wird daran sterben." Hitler wendet hier das alte Wort: „Wer von der Kirche ißt, stirbt daran", auf seine Feinde an. Die Demokratien würden als Sieger „mit der ganzen kapitalistischen Grausamkeit wüten, der diejenigen fähig sind, deren einziger Gott das Gold ist". Als religiös-politischer Prediger prophezeit er: Die Zeit ist vorbei, „in der das Gold die Welt regiert". Auf uns ruht der Segen der Vorsehung. „Der Herrgott hat bisher unserem Kampf seine Zustimmung gegeben. Er wird uns, wenn wir treu und tapfer unsere Pflicht erfüllen – auch in Zukunft nicht verlassen!"

Rituale Wiederholung dieser Bitte und Verheißung am 30. Januar im Sportpalast. Hier bekundet er auch: Das Ringen der NS-Bewegung um die Macht „war der größte Seelenkampf, der vielleicht je in unserer Geschichte ausgefochten wor-

den war". In ihm siegte der Glaube gegen den Unglauben einer ganzen Welt. Adolf Hitler droht in diesem Zusammenhang die Ausrottung der Juden an. Max Domarus bemerkt dazu: „Wenn er nun den Juden in Europa die totale Ausrottung androhte, mußte dann nicht die geheime jüdische Weltregierung die von ihr abhängige englische Regierung schleunigst zum Frieden mit Deutschland veranlassen, um die europäischen Juden zu retten?"
Hitler sieht seinem Ostfeldzug entgegen. Ein höherer SS-Führer sagte mir 1941, Hitler habe während seiner Rede auf dem Heldenplatz in Wien am 14. März 1938 vom Balkon der Hofburg eine riesenhafte Vision gehabt – eine Lichtfigur am Himmel, die ihn mit dem Speer gegen Osten wies – und, ganz erschüttert, in kleinstem Kreise darauf im Hotel Imperial davon gesprochen. „*Wenn Barbarossa steigt*, hält die Welt den Atem an" (Hitler am 3. Februar 1941).
24. Februar: Rituelles Gedenken an die Parteigründung im Münchener Hofbräuhaus. Er ist seit 1918 unerschütterlich überzeugt gewesen, daß, wenn das ganze Volk sich einem großen Ideal zuwenden würde, „dann einmal die Stunde kommen wird, da der Herrgott diese Prüfung als beendet erklärt". Jetzt steht die zweite große Prüfung durch den Herrgott bevor ...
16. März. Heldengedenktag, Berlin. Adolf Hitler wird vor dem Zeughaus von dem österreichischen Feldmarschall des 1. Weltkrieges, von Böhm-Ermolli, begrüßt, der 1915 Lemberg erobert hatte und 1918 Oberbefehlshaber in der Ukraine gewesen war. Eduard Freiherr von Böhm-Ermolli wurde 1856 in Ancona geboren. Hitler verkündet: „Die ewige Vorsehung läßt nicht jene siegreich sein, die nur für die Herrschaft ihres Goldes das Blut von Menschen zu vergießen gewillt sind."
25. März, Wien. Im Schloß Belevedere wird Jugoslawien in den Dreimächtepakt aufgenommen. Was ist das für ein Erfolg gegenüber 1914, wo Belgrad ein Vorspann der Russen war!
30. März: Hohe Offiziere stimmen ihm zu, die Russen sind Verbrecher, sie stehen im Kriege außerhalb aller Kriegsgesetze zivilisierter Nationen. An diesem Tage spricht Adolf Hitler in der Reichskanzlei vor seinen Generalen und Befehlshabern: Der Krieg gegen Rußland steht bevor. Das ist ein „Kampf zweier Weltanschauungen gegeneinander". Der Führer spricht ein vernichtendes Urteil über den Bolschewismus: „Er ist nichts als ein soziales Verbrechertum." – „Es handelt sich um einen Vernichtungskampf."
6. April. Überfall auf Jugoslawien und Griechenland. Proklamation an das deutsche Volk: „Diese Vorgänge (in Belgrad) wurden von den gleichen Kreaturen inszeniert, die schon im Jahre 1914 durch das Attentat von Sarajewo die Welt in ein namenloses Unglück gestürzt hatten." – „Der jetzt angegriffene Staat ist nicht das damalige Österreich, sondern das heutige Deutsche Reich!" Der Alt-

österreicher Adolf Hitler schickt sich an, mit der „serbischen Verbrecherclique" abzurechnen. Er spricht die Sprache der österreichischen Presse vom Juli 1914. Er führt diesen spezifisch „österreichischen" Feldzug von einem Sonderzug aus, der in Mönichkirchen am Wechsel steht. Die Lokomotive ist unter Dampf, um bei Luftgefahr den ganzen Zug in einem Tunnel zu bergen. Vom 10. bis 25. April leitet Adolf Hitler in Mönichkirchen seinen Balkankrieg.

Mönichkirchen: Der Dichter Österreichs, der Verkünder einer Mission des österreichischen Menschen, Anton Wildgans (1881–1932) hatte dieses Mönichkirchen in seinem großartigen Hexameterepos „Kirbisch, der Gendarm, die Schande und das Glück" 1927 verewigt: ein apokalyptisches Bild der inneren Zersetzung einer österreichischen Welt von Bauern und Kleinbürgern im Ersten Weltkrieg.

Am 20. April, an seinem Geburtstag, bestellt Adolf Hitler den ihm äußerst unsympathischen Rosenberg zum Beauftragten für die zentrale Bearbeitung der Fragen des osteuropäischen Raumes. Das war ein „Himmelfahrtskommando" eigener Art, wie er es dem ihm nahezu ebenso unangenehmen Hans Frank, den er nach Krakau kommandierte, zugedacht hatte. Seine Absicht ist dabei: Mögen diese Narren dort im Osten im Blut ertrinken, das sie selbst vergießen müssen.

29. April. Im Sportpalast versichert der Führer seinen Offiziersanwärtern: „Ein Wort kenne ich nie und werde es nie kennen als Führer des deutschen Volkes und als euer Oberster Befehlshaber, es heißt wieder Kapitulation, d. h. Ergebung in den Willen eines anderen – niemals, niemals!" Dieser Satz hat Offenbarungscharakter, gibt Einblick in seine leib-seelische Intimstruktur. Adolf Hitler kennt – neurotisch und pubertär verklemmt – keine Hingabe: keine Hingabe an eine Frau, an einen anderen Menschen. Er identifiziert Hingabe mit Kapitulation, mit einer „Ergebung in den Willen eines anderen". Jede Kritik an seiner Person, an seinem Werk wird von ihm als Versuch einer Notzüchtigung erfahren und muß deshalb sofort mit allen Mitteln gebrochen werden. Er hebt 1942 seine Tischgemeinschaft im Führerhauptquartier auf, als ihm eine solche Kritik entgegentritt. An das Wort, das er nie und niemals kennt, denkt er Tag und Nacht: an die Kapitulation.

4. Mai. Der Führer berichtet dem Reichstag über seinen Triumph im Balkanfeldzug. Das deutsche Volk weiß, „daß der Krieg dieser Welt nur die Folge der Habgier einiger internationaler Kriegshetzer und des Hasses der dahinter stehenden jüdischen Demokratien ist. Diese Verbrecher haben jede deutsche Friedensbereitschaft abgelehnt, weil sie ihren kapitalistischen Interessen widerspricht. Wer aber dann zu einem so satanischen Beginnen sich auch noch untersteht, das Wort ‚Gott' in den Mund zu nehmen, der lästert die Vorsehung und kann nach unserem tiefsten Glauben nichts anderes ernten als die Vernichtung." – Wir kommentieren: Der satanische Jude und der Ketzer sind zu vernichten. – „So kämpfen wir heute

darüber hinaus nicht nur um unsere eigene Existenz, sondern um die Befreiung der Welt von einer Verschwörung" – wie sie die Protokolle der Weisen von Zion bekunden –, „die in skrupelloser Weise das Glück der Völker und Menschen ihrem gemeinen Egoismus unterordnet."
Hitler schließt als „Joseph II." und Prophet: „Im Zeitalter des jüdisch-kapitalistischen Gold-, Standes- und Klassenwahns steht der nationalsozialistische Volksstaat wie ein ehernes Denkmal sozialer Gerechtigkeit und klarer Vernunft. Er wird nicht nur diesen Krieg überdauern, sondern das kommende Jahrtausend!"
In schwarzem Umhang – es ist das Schwarz der Faschisten und Ustascha-Männer – empfängt Adolf Hitler am 6. Juni auf dem Berghof den Poglavnik Dr. Ante Pavelić, der ihm eine friderizianische Fahne aus dem Siebenjährigen Krieg und ein Schachspiel Friedrichs des Großen überreicht, das die kaiserlichen Kroaten der Maria Theresia erbeutet hatten. Pavelić ist eine der unheimlichsten Mörderfiguren unseres Jahrhunderts: Er ist mitschuldig an dem Mord von 600 000 bis 700 000 Serben durch seine orthodoxen Kroaten. Die Greuel seiner zum Teil von Priestern kommandierten Banden entsetzten selbst Hitlers „Schwarze", die SS. Pavelić flieht 1945 von Kloster zu Kloster, als Priester verkleidet, und stirbt 1954 mit dem Segen des Papstes Pius XII. in Madrid.

17. Juni: Hitler läßt durch Baldur von Schirach in Wien einen Kranz am Grab des Staatsrats a. D. Karl Hermann Wolf, gewidmet dem „Vorkämpfer der großdeutschen Idee", niederlegen. Wolf gehört dem Schönerer-Kreis an. Sein Enkel ist illegaler SS-Mann, SS-Offizier im Kriege und ein praktizierender Katholik, eine persönlich reine, integre Gestalt.
Am 22. Juni beginnt Adolf Hitler das Unternehmen, an das er seit 1919 denkt. Proklamation an das deutsche Volk, Hitler spricht „als verantwortungsbewußter Vertreter der europäischen Kultur und Zivilisation". – „Die Aufgabe dieser Front ist daher nicht mehr der Schutz einzelner Länder, sondern die Sicherung Europas und damit die Rettung aller." West und Ost haben ein Komplott gegen das Reich und Europa geschmiedet.
Viele Christen, weit über Deutschland hinaus, glauben Hitler, daß dies der große notwendige Abwehrkampf gegen den Bolschewismus sei.
Mussolini aber sagt am 1. Juli zu Ciano: „Ich hoffe nur eines, daß die Deutschen bei dem Krieg im Osten viele Federn lassen. Es ist eine falsche Vorstellung, von einem antibolschewistischen Kampf zu sprechen. Hitler weiß, daß der Bolschewismus schon seit einiger Zeit nicht mehr besteht ... Er soll lieber zugestehen, daß er eine große Kontinentalmacht besiegen will, die Tanks von 52 Tonnen zur Verfügung hat und sich vorbereitet, die Rechnung auszugleichen." Zwei Welten stehen sich hier gegenüber. Trotzdem läßt Mussolini italienische Divisionen auf

Wunsch Hitlers am Ostkrieg teilnehmen. Hitler läßt diesen Krieg durch seine Presse als „ersehnten Kreuzzug gegen den Bolschewismus“, als heiligen Krieg darstellen.
In Rußland schart sich die russische Kirche um die Rote Armee und mobilisiert das Volk gegen den „Antichrist“ Hitler, wie 1812 gegen den westlichen „Antichrist“ Napoleon. Der Moskauer Metropolit Ananij läßt predigen wie der Metropolit Platon 1812. 1942–1945 halten Feldgeistliche bei der Roten Armee Gottesdienste vor der Schlacht.
1242 schlägt der Großfürst Alexander Nevskij, dem, als Heiligen, die Nevskij-Kathedralen von Rußland bis Bulgarien geweiht sind, den deutschen Ritterorden auf dem Eis des Peipus-Sees. Siebenhundert Jahre später, 1942, stellt die russische orthodoxe Kirche aus ihren Geldern die Panzerbrigade „Alexander Nevskij“ auf. Am 22. Juni hält Churchill seine große Rede, in der er sich zum Bündnis mit der Sowjetunion bekennt, ohne, wie er sagt, etwas von dem zurückzunehmen, was er gegen den Kommunismus früher gesagt hat und noch denkt. Churchill nennt Hitler einen „blutdürstigen Straßenjungen“. Etwas von einem solchen pubertären Jungen hat Alma Mahler-Werfel 1934 in Leipzig an ihm gesehen. „Niemand war ein folgerichtigerer Gegner des Kommunismus als ich in den letzten 25 Jahren. Ich nehme kein Wort von dem zurück, was ich gesagt habe. Aber dies alles verblaßt vor dem Schauspiel, das sich nun abspielt. Die Vergangenheit mit ihren Verbrechen, ihren Narrheiten und ihren Tragödien verschwindet im Nu. Ich sehe die russischen Soldaten an der Schwelle des Landes stehen, das ihre Väter seit undenklichen Zeiten bebaut haben. Ich sehe sie ihre Heimstätten schützen, in denen Mütter und Frauen beten – es gibt Zeiten, in denen jeder betet – für die Sicherheit ihres Landes, für die Heimkehr des Ernährers, des Kämpfers und Verteidigers. Ich sehe die zehntausend Dörfer Rußlands, in denen die Existenzmittel dem Boden so hart abgerungen werden, in denen aber noch immer die ursprünglichsten Freuden des Menschen herrschen, in denen Mädchen lachen und Kinder spielen. Über sie hinweg sehe ich die Nazi-Kriegsmaschine ihren scheußlichen Angriff vortragen, mit ihren säbelrasselnden, Hacken zusammenschlagenden stutzerhaften preußischen Offizieren, ihren geschickten Fachleuten, die eben erst ein Dutzend Länder eingeschüchtert und in Fesseln gelegt haben . . .“
Diese Offiziere: Wir werden sie sehen, wie sie in Pelz und mit Monokel und feinen Lederkoffern in Stalingrad die Wagen besteigen werden, die sie in die Gefangenschaft abführen. Nach 1945 und zumal in den letzten Jahren wurde in Deutschland sorgsam ein Mythos der Generale aufgebaut. Von sehr wenigen bedeutenden Ausnahmen abgesehen, waren sie nicht mehr als persönlich enge Fachmänner, seelisch dürr und zutiefst gewissenlos. Voll Überhebung berechneten

Generale des Oberkommandos 1941, die russischen Steppen seien ein ideales Panzergelände, nach vier Wochen heftiger Grenzschlachten sei das Ende des Rußlandfeldzuges abzusehen.
Adolf Hitler haßt und verachtet diese Generale nicht weniger als Churchill. Er haust sich nun in seinem Führerhauptquartier ein, das Jodl in Nürnberg „ein Mittelding zwischen Kloster und Konzentrationslager" nennt und das zuvor Goebbels in seinen Tagebüchern mit einem Konzentrationslager vergleicht. Hier haust, gefangen in sich selbst, als erster und höchster Gefangener seines Reiches, Adolf Hitler sich ein und flieht vor der ihm amusisch, ungebildet, menschlich schmal erscheinenden Schar seiner Offiziere in seine Tag- und Nachtmonologe. In diesem Selbstgespräch sieht er Traumreiche: im mediterranen Süden, in Hellas und Rom, in der Baukunst und Malerei Alteuropas und im alten Österreich.
Nachts, 21. Juli 1941 in der Wolfsschanze. Hitler hatte sich einst selbst den Decknamen „Wolf" gewählt und benennt seine diversen Kriegsquartiere gerne mit Wolfsnamen. „Im Grunde müssen wir dem Jesuitismus dankbar sein. Wer weiß, ob wir ohne ihn von der Bauweise der Gotik zu der leichten, offenen und hellen Architektur der Gegenreformation gekommen wären. Gegenüber der Bemühung Luthers, das bereits völlig verweltlichte Kirchenfürstentum zur mystischen Verinnerlichung zurückzuführen, hat der Jesuitismus an die Sinnesfreude appelliert." Der Barock ist Österreicht Schicksal; das Schicksal nicht zuletzt seines Katholizismus – bis nahe an die Gegenwart. Hitler kennt diesen Barock und hört ihn – mit Recht – in Anton Bruckners Symphonien Musik geworden. Seine Gedanken schweifen, wie 1922/23 in den Gesprächen mit Dietrich Eckart in München, weiter zu Luther, zu Dante, zu Italien. „Auch der Protestantismus hat Hexenverbrennungen gekannt, während man sie in Italien so gut wie nicht findet." – „Es ist auffallend, wie verwandt die Entwicklung Deutschlands und Italiens verläuft. Die Sprachschöpfer standen gegen die Universalherrschaft des Papstes: Dante und Luther." Hitler rühmt den Duce und rühmt liebenswerte Eigenschaften der Italiener. „Der Zauber von Florenz und Rom, Ravenna und Siena oder Perugia, wie schön die Toscana und Umbrien. Jeder Palast in Florenz oder Rom ist mehr wert als das ganze Windsor Castle." – „Um Moskau ist es nicht schade, und leider wäre es heute auch bei Berlin kein Verlust." Er bekräftigt in diesen Monaten, Juni bis September, mehrfach seinen Entschluß, Moskau und Leningrad dem Erdboden gleichzumachen. Am 24. September erklärt er in Borisow: er will „Moskau vernichten, ertränken, auslöschen", er will in seiner Sintflut diese Sündenmetropole des jüdischen Bolschewismus ertränken. Diesem Vernichtungswillen korrespondieren seine Lichtvisionen: Was ist Paris gegen Rom: „Was ich auch in Paris gesehen habe, es gleitet an mir ab, Rom dagegen hat mich richtig ergriffen."

In der Nacht darauf, am 22. Juli, spricht er über die riesenhaften schöpferischen Kräfte, die im europäischen Raume schlummern. „Was sind daneben die amerikanischen Möglichkeiten?“ Und er spricht über die Ostmark. „Für den Bereich der Ostmark war es das Richtige, den Zentralstaat auf Kosten von Wien zu zerschlagen und die Kronländer wiederherzustellen.“ Hitler meint damit die Bildung der Reichsgaue Kärnten, Steiermark, Oberdonau usw. „Mit einem Schlage ist damit eine Unzahl von Reibungsflächen verschwunden: Jeder der Gaue ist glücklich, sein eigener Herr zu sein.“

Sein rastloses Denken wendet sich der Kirche zu: „Die Definition der Kirche ist ein Mißbrauch der Schöpfung für irdische Zwecke. Die wirkliche Frömmigkeit ist dort, wo das tiefste Wissen über die Unzulänglichkeit des Menschen wohnt. Wer Gott nur in einer Eiche oder in einem Tabernakel sieht und nicht im Gesamten, der kann nicht tiefinnerlich fromm sein, er bleibt im Äußeren stecken, und wenn es blitzt und donnert, so fürchtet er, erschlagen zu werden zur Strafe dafür, daß er das oder jenes Gebot übertreten hat.“ Das geht gegen Wotan, gegen Luther, gegen kirchliches „volksfrommes Brauchtum“. Der neue Joseph II., der Aufklärer Adolf Hitler, fährt fort: „Liest man Streitschriften aus dem französischen 17. oder 18. Jahrhundert oder die Unterhaltungen Friedrichs des Großen mit Voltaire, dann muß man sich schämen über den Tiefstand unserer heutigen Gespräche.“

Die Kirche wird sich dem Fortschritt der Naturwissenschaften beugen müssen. Bleiben aber werden die zehn Gebote: „Die zehn Gebote sind Ordnungsgesetze, die absolut lobenswert sind. Da durchdringen sich Kirche und Religion. Die Kirchen sind dadurch entstanden, daß die Religion eine organisatorische Vertretung erhielt. Was das Unterbewußtsein fühlt, ist so ziemlich bei allen Menschen gleich, es formuliert sich aber bloß verschieden.“

Adolf Hitler spürt das Arbeiten seines eigenen Unterbewußtseins aufs stärkste ... Dieses „Es“ denkt immer wieder an den Tod. „Der normale Mensch sieht ungern dem Sterben des anderen zu. Haben zwei Menschen sich gern, und es spricht einer vom Tode, heißt es: ‚Geh, hör auf!‘ “

Geh, hör auf: Hitler hat auf seine Weise Wiens „fröhliche Apokalypse“, das bewußte Übersehen des Todes, erlebt. Wieder kreist sein Denken um die Kirche, ihre Dogmen; sie werden sich gegen die Wissenschaft und gegen den riesenhaften Wandel aller Verhältnisse nicht halten können. „Wir brauchen uns nur vor Augen zu halten, daß 1. wir Menschen von heute einen Blick in die Tiefe der Vergangenheit haben, wie er vor eintausend Jahren den Vorfahren nicht gegeben war, und daß 2. wir einen Blick in die Weite besitzen, wie ihn das Altertum nicht gehabt hat. Bei den zweieinhalb Milliarden Menschen auf der Erde finden wir 170 größere Glaubensbekenntnisse, von denen jedes behauptet, die allein richtige Vorstellung vom Jenseits zu besitzen ... Von den Religionen, die wir heute haben, ist dabei keine älter als höchstens 2500 Jahre." Die jüdische Religion erkennt er nicht als Religion an. Als „Nachfolger" Friedrichs des Großen und seines Kaisers Joseph meint da Adolf Hitler: „Ob wissenschaftliche Erkenntnisse den Menschen glücklicher machen? Ich weiß es nicht. Aber mit ganz verschiedenen Bekenntnissen sind die Menschen glücklich. Gut, so muß man eben darin auch tolerant sein."

Aus diesem Traumreich der Toleranz, aus dem Geistergespräch mit den humanen Aufklärern des 18. Jahrhunderts tritt Adolf Hitler an den Tag, auf die hart gefrorene russische Erde. Am 2. Oktober beginnt die große Offensive in Richtung Moskau. Hitlers Proklamation an die Soldaten der Ostfront stellt ihnen die Größe des teuflischen Gegners vor: „Gnade Gott unserem Volk und der ganzen europäischen Welt, wenn dieser barbarische Feind seine Zehntausende an Panzern vor uns in Bewegung hätte setzen können. Ganz Europa wäre verloren gewesen. Denn dieser Feind besteht nicht aus Soldaten, sondern zum großen Teil nur aus Bestien." In Rußland habt ihr jetzt „eine Armut gesehen, wie sie für uns Deutsche unvorstellbar ist. Dies ist das Ergebnis einer nunmehr bald 25jährigen jüdischen Herrschaft, die als Bolschewismus im tiefsten Grund nur der allergemeinsten Form des Kapitalismus gleicht. Die Träger dieses Systems sind aber auch in beiden Fällen die gleichen: Juden und nur Juden!"
Am Tag darauf verkündet Hitler in einer Volkskundgebung im Sportpalast: „Die Verschwörung von Demokraten, Juden und Freimaurern hat es damals vor zwei Jahren fertiggebracht, zunächst Europa in den Krieg zu stürzen. Es mußten die Waffen entscheiden. Seitdem findet nun ein Kampf statt zwischen der Wahrheit und der Lüge, und, wie immer, wird auch dieser Kampf am Ende für die Wahrheit siegreich ausgehen."
Ein Kampf zwischen der Wahrheit und der Lüge: Am anderen Pole der manichäischen Ellipse steht Papst Pius XII. Auch er glaubt, daß die Weltgeschichte „ein Kampf des Glaubens mit dem Unglauben" ist, wie Gottfried Arnold, als Lehrmeister Goethes, gut manichäisch, augustinisch, johanneisch meinte. In diesem Kampfe durfte man das Gewissen der deutschen katholischen Soldaten nicht verwirren.
Am 13. Oktober wird ein Glückwunschtelegramm Francos an Hitler veröffentlicht: „Im eigenen Namen und im Namen des spanischen Volkes spreche ich Euer Excellenz meinen begeisterten Glückwunsch zu den letzten und endgültigen Erfolgen der ruhmreichen deutschen Wehrmacht über den Feind der Zivilisation aus."
Manichäer glauben an „Endsiege" über den Teufel, über diesen „Feind des Menschengeschlechts, der Zivilisation"; über die roten, gelben, gelb-roten Teufel.

Hitlers „Allerseelen- und Allerheiligentag", München, 8. November. Er predigt vor seinen Altgläubigen, vor seinen Alten Kämpfern: Die Rassenfrage ist der Schlüssel der Weltgeschichte. „Ich habe diese Juden als die Weltbrandstifter kennengelernt. Man sah ja, wie sie in den Jahren vorher über den Umweg von Presse, von Rundfunk, von Film und Theater usw. langsam die Völker vergiftet hatten, man sah, wie diese Vergiftung weiterlief." Stalin ist „nichts anderes ... als ein Instrument in der Hand dieses allmächtigen Judentums". Hinter ihm stehen Kaganowitsch „und alle diejenigen Juden, die in einer zehntausendfachen Verästelung dieses gewaltige Reich führen". – „Ich kann wirklich sagen, daß im Osten vielleicht zum erstenmal in einer gemeinsamen Erkenntnis ganz Europa kämpft; so wie einst gegen die Hunnen, so diesmal gegen diesen Mongolenstaat eines zweiten Dschingis Khan."
Der Linzer Realschüler Adolf Hitler sah einst so begeistert im Lichtbildervortrag seines Geschichtsprofessors die Nibelungen. Als ein Kaiser Joseph und als ein Friedrich der Große versichert jedoch Hitler: Bei uns kann jeder nach seiner Fasson selig werden. Bei uns ist nie ein Priester „wegen seiner Glaubensgrundsätze verfolgt worden, sondern nur dann, wenn er von den Glaubensgrundsätzen weg sich in Staatsgrundsätze einmischte. Das haben aber immer nur sehr wenige getan. Die große Mehrzahl steht in diesem Kampfe hinter dem deutschen Staat. Sie weiß ganz genau, daß, wenn dieser Kampf für das Deutsche Reich verloren würde, unter dem Protektorat von Stalin die Religion schlechter fahren würde als unter unserem."
1942–1944 versucht Stalin mit der Kurie in Verhandlungen zu kommen – die sowjetischen Armeen betreten Gebiete, in denen Millionen römischer Katholiken leben. Rom antwortet nicht.
Hitler fährt fort: „Unser großes Ziel im Osten ist im Grunde genommen nur die letzte Auswertung unseres Programms, nach dem wir einst angetreten sind, dieses nüchternen Programms." Er hat recht: Dieser Ostkrieg stand in seinem Programm, in „Mein Kampf", und gegen diesen Programmpunkt hatten weder die Konservativen von 1925 in München noch die „Verschwörer" um Goerdeler 1944 etwas einzuwenden. „Wir dürfen keinen Zweifel darüber haben, daß in dieser Zeit jetzt das Schicksal Europas für die nächsten 1000 Jahre entschieden wird." Die Allerseelen-Rede geht zu Ende: „Ich blicke jetzt fast wie erlöst in diesem Jahr zu den Gräbern unserer Parteigenossen hin"; es war damals derselbe Kampf wie heute.
11. November, abends in der Wolfsschanze. Stundenlang kreist sein Selbstgespräch um den Problemkreis Kirche, Christentum, Frömmigkeit. „Die Partei tut gut, sich von der Kirche fernzuhalten. Lieber – sage ich mir – lasse ich mich eine Zeitlang exkommunizieren oder verbannen. Die Freundschaft der Kirche

kommt einen teuer zu stehen. Denn habe ich Erfolg, so muß ich mir nachher sagen lassen: durch den Segen der Kirche hast du es erreicht. Da mache ich die Sache schon lieber ohne Segen, und es wird mir keine Rechnung vorgelegt." – „Heute kann niemand mehr die Lehre der Kirche ernst nehmen, der mit der Naturforschung vertraut ist. Was im Widerspruch steht zu den Naturgesetzen, kann nicht von Gott sein, und der liebe Gott macht mit dem Blitzstrahl auch vor der Kirche nicht halt. Die ganz wesentlich auf die antiken Anschauungen aufgebaute religiöse Philosophie steht unter dem Niveau (der Wissenschaft) der heutigen Menschheit." Wir kommentieren: So ungefähr sagen das heute, um 1968, aufgeklärte kirchliche Theologen auch. „In Italien und Spanien endet das mit dem Gurgelabschneiden." – „Ich weiß nichts über das Jenseits und bin ehrlich genug, das zu bekennen. Andere behaupten, davon etwas zu wissen, ohne daß ich ihnen nachweisen kann, es sei anders."
„Nachdem alle Erschütterungen von Übel sind, erachte ich es für das Schönste, wenn wir die Einrichtung der Kirche allmählich durch eine geistige Aufklärung überwinden und schmerzlos machen könnten. Das Allerletzte könnten Frauenklöster sein." Adolf Hitler behält zeitlebens einen hohen Respekt vor der selbstlosen Opferarbeit von Nonnen als Krankenschwestern.
Er beruft sich hier ausführlich auf Friedrich den Großen und dessen Randbemerkungen zu Eingaben von Pastoren. „Jeder General sollte dies in die Hand bekommen. Man schämt sich, wie langsam die Menschheit vorwärtsgeht. Das Haus Habsburg hat in Joseph II. einen schwachen Nachahmer Friedrichs des Großen hervorgebracht." – „Die Zeitenwende des Untergangs der Kirche ist gekommen. Es dauert noch einige Jahrhunderte, dann geschieht durch Evolution, was nicht durch Revolution geschieht. Jeder Gelehrte, der etwas entdeckt hat, haut ein Stück von der Basis weg. Es tut einem oft leid, daß man in einer Zeit lebt, in der einem noch nicht bewußt ist, wie die neue Welt aussieht."

1. Dezember, nachts in der Wolfsschanze. Hitlers Selbstgespräch kreist um die Juden, um die von ihm eingestandenen „großen Härten unserer Rassengesetzgebung". Der Jude scheint von Natur geschaffen, „durch seine Dekomposition andere Völker in Bewegung" zu bringen. „Dann sind Paulus und Trotzki die achtungswürdigsten Juden, weil sie dazu am meisten beigetragen haben." – „Dietrich Eckart hat mir einmal gesagt, er habe nur einen anständigen Juden kennengelernt, den Otto Weininger, der sich das Leben genommen hat, als er erkannte, daß der Jude von der Zersetzung anderen Volkstums lebt."
Otto Weininger, der junge, hochbegabte Jude aus einer jüdischen Wiener Patrizierfamilie, hatte sich am Tage seiner Promotion taufen lassen und nahm sich

am 4. Oktober 1903 im Beethovenhaus in Heiligenstadt das Leben. Sein Schüler und geistiger Nachfolger Arthur Trebitsch, der in Wien bis zu seinem Tode 1927 seinen (jüdischen!) antisemitischen Geistesgängen folgt, meinte: Weininger hätte sich nicht das Leben genommen, wenn er *einen* Arier gefunden hätte, der ihm seine Neugeburt zum Arier – durch die Taufe – geglaubt hätte.
Wieder wendet sich das Selbstgespräch den Kirchen zu: „Wir haben nur das Unglück, eine Religion zu besitzen, welche die Freude am Schönen ertötet. Ein gewisses evangelisches Muckertum ist da noch schlimmer als die katholische Kirche. Jede der Kirchen hat ihre Bedeutung; aber in dieser Hinsicht ist die evangelische eine nordische Gletschererscheinung, während die katholische, um tausend Jahre Erfahrung reicher und vom jüdischen Intellekt unmittelbar genährt, mit Klugheit zuwege gegangen ist: man läßt den Menschen im Fasching sündigen – man weiß, abbringen läßt er sich davon nicht, um ihm vom Aschermittwoch an mit der Schilderung der Höllenqual den Beutel zu öffnen zum Wohle der Kirche, bis wieder die Zeit kommt, in der er sich ausleben mag!"
Was mögen die protestantisch erzogenen Offiziere, die dem Selbstgespräch dieses österreichischen Katholiken mit seiner eigenen nie bewältigten Vergangenheit lauschen, gedacht haben? Unendlich fremd ist er ihnen, unendlich fremd sind sie ihm. Am folgenden Tage sagt er in Poltawa zu seinem Diener Linge: „Linge, ich bin froh, daß Sie hinter mir sitzen anstatt eines Obergruppenführers, der mir mit der Pistole in den Rücken schießen könnte." Adolf Hitler hat Angst vor den Führern der SS und SA. Seine Offiziere, seine Generale fürchtet er nicht. Er verachtet sie als Banausen.
Am 11. Dezember spricht er im Reichstag als Verteidiger, als Retter des Abendlandes. „... Denn, meine Abgeordneten, was ist Europa? Es gibt keine geographische Definition unseres Kontinents, sondern nur eine volkliche und kulturelle. Nicht der Ural ist die Grenze dieses Kontinents, sondern jene Linie, die das Lebensbild des Westens von dem des Ostens trennt." Europa geht von Hellas aus, von dem griechischen Eiland; dort wurde zum erstenmal ein Licht angezündet, „das seitdem langsam aber stetig die Welt der Menschen zu erhellen begann". – „Und dann wanderte Europa von Hellas nach Rom." Hitler rühmt Rom, rühmt römisches Denken und römische Staatskunst. „Aus Hellas und Rom entstand das Abendland, und seine Verteidigung war nunmehr für viele Jahrhunderte nicht nur die Aufgabe der Römer, sondern vor allem die Aufgabe der Germanen."
Weite Strecken dieser Reichstagsrede entsprechen im Tenor jenen Abendland-Vorlesungen, wie sie unter der Devise „Antike, Christentum, Germanentum" die katholischen Salzburger Hochschulwochen bis 1938 und nach 1945, etwa Vorträge der „Abendländischen Akademie" in Bayern, zierten. Und schon ist hier auch Adolf Hitler bei der Lechfeldschlacht angelangt und rühmt sie als eine Ab-

wehrschlacht gegen den Osten, wie sie 1955 bei den Tausendjahrfeiern in Augsburg und Umgebung von kirchlicher Seite wieder verstanden wird.
Hitler entschuldigt sich bei den Reichstagsabgeordneten für die Länge seiner Abendland-Vorlesung. Er hat seine guten Gründe: „Denn so wie einst die Griechen gegenüber den Karthagern nicht Rom, Römer und Germanen gegenüber den Hunnen nicht das Abendland, deutsche Kaiser gegenüber den Mongolen nicht Deutschland, spanische Helden gegenüber Afrika nicht Spanien, sondern alle Europa verteidigt haben, so kämpft Deutschland auch heute nicht für sich selbst, sondern für unseren gesamten Kontinent." Riesenhaft ist die Gefahr, die der bolschewistische Angriff gegen dieses Europa bedeutet: „Angesichts der uns vielleicht im ganzen Umfang aber wirklich erst heute bewußt gewordenen Größe der Gefahr kann ich dem Herrgott nur danken, daß er mich zur richtigen Stunde erleuchtet hat und mir die Kraft schenkte, das zu tun, was getan werden mußte; es verdanken ihm nicht nur Millionen deutscher Soldaten ihr Leben, sondern ganz Europa ihr Dasein." Adolf Hitler sieht die Scharen europäischer Freiwilliger ihm zuströmen, „die dem Kampf der verbündeten Mächte der Achse im wahrsten Sinne des Wortes den Charakter eines europäischen Kreuzzuges geben".
Der „Verbrecher" Roosevelt flieht in den Krieg, aus Angst vor einem wirtschaftlichen Zusammenbruch Amerikas. „Er wurde darin bestärkt durch den Kreis der ihn umgebenden Juden, die aus alttestamentarischer Habsucht in den Vereinigten Staaten das Instrument zu sehen glaubten, um mit ihm den europäischen, immer antisemitischer werdenden Nationen einen zweiten Purim bereiten zu können. Es war der Jude in seiner ganzen satanischen Niedertracht, der sich um diesen Mann scharte und nach dem dieser Mann aber auch griff."
1966 spricht man in Österreich, etwa in christlichen und nationalen Kreisen, von der „alttestamentarischen Rachsucht" jener Juden, die noch zwanzig Jahre nach dem Krieg Prozesse gegen die Mörder ihrer Frauen, Väter, Mütter, Kinder fordern. „Alttestamentarisch" ist ein abwertendes Beiwort der alten christlichen antijüdischen Predigt.
„Wir wissen, welche Kraft hinter Roosevelt steht. Es ist jener ewige Jude, der seine Zeit als gekommen erachtet, um das an uns zu vollstrecken, was wir in Sowjetrußland alle schaudernd sehen und erleben mußten. Wir haben das jüdische Paradies auf Erden nunmehr kennengelernt." Wir kommentieren: Eine christliche und konservative Predigt unterstellt dem jüdischen Marxismus immer wieder, das Paradies auf Erden schaffen zu wollen.
Der Prediger Adolf Hitler gelobt hier vor dem Reichstag dem deutschen Volke, „mitleidlos hart" zu sein. In den zweitausend Jahren seiner bekannten Geschichte ist unser Volk niemals einiger gewesen. „Der Herr der Welten hat so Großes in den letzten Jahren an uns getan, daß wir in Dankbarkeit uns vor

einer Vorsehung verneigen, die uns gestattet hat, Angehörige eines so großen Volkes sein zu dürfen." Die Reichstagsabgeordneten dürfen ihr „Amen" sagen.
Der Österreicher Adolf Hitler gibt sich in diesem ersten Herbst seines Ostfeldzuges in seinen Tischgesprächen gerne gemütlich. Beim Essen fliegt eine Nußschale beim Aufknacken von dem Gesandten Hewel, einem gemütlichen Rheinländer, den Hitler wegen seiner Witze gern hat, an die rechte Schläfe Hitlers. Hitler: „Werfen's Ihre Nußschale doch in eine andere Richtung, Herr Hewel!" Dann liest er weiter vor. Zu Speer und Milch: „Ihnen pressiert's wohl recht sehr?"
Er beklagt die Überzentralisierung der Verwaltung in der Wehrmacht und meint, sehr österreichisch: „Der Deutsche hat sich überall in der Welt dadurch verhaßt gemacht, daß, wo er auftrat, er den Lehrer zu spielen anfing." Seine Gedanken gehen in seine Kindheit zurück. Schon als Schuljunge habe er den Widerstreit der Kirche mit der freien Forschung empfunden und dem Professor der zweiten Stunde, in Naturkunde, um 11 Uhr vorgehalten, was in der ersten Stunde der Religionsprofessor (wohl der unglückliche Franz Sales Schwarz in Linz) sagte. Heute hilft sich die Kirche mit einer sinnbildlichen Darstellung der Bibel aus. Wenn das vor 400 Jahren einer behauptet hätte, „wäre er unter frommen Gesängen geröstet worden".

13. Dezember, mittags in der Wolfsschanze. „Der Krieg wird ein Ende nehmen. Die letzte große Aufgabe unserer Zeit ist dann darin zu sehen, das Kirchenproblem noch zu klären. Erst dann wird die deutsche Nation ganz gesichert sein." – „Ich kümmere mich nicht um Glaubenssätze, aber ich dulde auch nicht, daß ein Pfaffe sich um irdische Sachen kümmert." In der Jugend wollte er die Sache mit Dynamit lösen, dann sah er ein, „daß man das nicht übers Knie brechen kann. Es muß abfaulen wie ein brandiges Glied. So weit müßte man es bringen, daß auf der Kanzel nur lauter Deppen stehen und vor ihnen nur alte Weiblein sitzen. Die gesunde Jugend ist bei uns." Das ist die große Angst des Papstes Pius XII. in seinen Briefen an die deutschen Bischöfe in diesen Jahren: eine deutsche Jugend glaubt an Hitler.
„Christus war ein Arier. Aber Paulus hat seine Lehre benutzt, die Unterwelt zu mobilisieren und einen Vor-Bolschewismus zu organisieren. Mit dessen Einbruch geht die schöne Klarheit der antiken Welt verloren." Hitler erinnert hier, ohne sie direkt anzusprechen, an seine Gespräche mit Dietrich Eckart 1922/23 über den „Bolschewismus von Moses bis Lenin" und vielleicht an seine Begegnung mit dem „arischen" Christuskopf in Rom 1938.
„Der Mohammedanismus könnte mich noch für den Himmel begeistern. Aber wenn ich mir den faden christlichen Himmel vorstelle!" Diesen „faden christ-

lichen Himmel" beklagen auch kirchenfromme Katholiken zu Recht, so der Prälat Ludwig Wolker, Führer der katholischen Jugend, auf seinem Totenbett, so ein französischer Jesuit, der nach 1945 Tausende Katholiken nach ihrem Himmelsbild befragt und feststellt, das ist ein Meisterwerk der Langeweile, ein *chef d'œuvre d'ennui.* „Dreihundert Jahre kämpfen die Deutschen nun schon, ob man (im Abendmahl) den lieben Gott in einerlei oder zweierlei Gestalt zu sich nimmt. Unsere religiöse Ebene ist schon die schmählichste, die es überhaupt gibt." – „Wenn es einen Gott gibt, dann gibt er nicht nur das Leben, sondern auch die Erkenntnis. Reguliere ich auf Grund der mir von Gott gegebenen Einsicht mein Leben, dann kann ich mich irren, aber ich lüge nicht. Das körperlich gedachte Jenseits der Kirche scheitert schon daran, daß jeder, der herunterzuschauen gezwungen ist, ein Martyrium hätte; er müßte sich zu Tode ärgern über die Fehler, welche er die Menschen immerfort begehen sieht." – „Ich strebe einen Zustand an, in dem jeder einzelne weiß: er lebt und stirbt für die Erhaltung seiner Art. Die Aufgabe ist, den Menschen zu erziehen, daß er der größten Verehrung würdig ist, wenn er Besonderes tut zur Erhaltung des Lebens seiner Art. Es ist gut, daß ich die Pfaffen nicht hineingelassen habe in die Partei. Am 21. März 1933 – Potsdam – war die Frage: Kirche oder nicht Kirche? Ich hatte den Staat gegen den Fluch beider Konfessionen erobert. Wenn ich damals angefangen hätte, mich der Kirche zu bedienen – wir sind an die Gräber gegangen, während die Männer des Staates in der Kirche waren –, so würde ich heute das Schicksal des Duce teilen." Hitler besuchte damals mit Goebbels während der Festgottesdienste am Tage von Potsdam die Gräber der „Alten Kämpfer", seiner Märtyrer, auf dem Luisenstädter Friedhof.

„Ich würde im Vatikan einmarschieren und die ganze Gesellschaft herausholen. Ich würde dann sagen: ‚Verzeihung, ich habe mich geirrt' – aber sie wären weg!" Diese Gedanken erwägt Adolf Hitler spielend im Selbstgespräch vor seinen andächtig zuhörenden Tischgenossen im Ausklang des Jahres 1941. SS-Kreise um Himmler erwägen später im Kriege, den Vatikan auszuheben und den Papst nach Deutschland zu verbringen. Karl der Große hatte bereits daran gedacht, seinen Papst bei sich in Aachen zur Residenz zu behalten. Französische Könige haben ihre Päpste nach Avignon gezwungen. Napoleon holt sich den Papst nach Paris. Hitler hate es in seinem Kriege nicht nötig, den Vatikan auszuheben. Der rührt sich nicht in der Weltöffentlichkeit, als vor seinen Fenstern die Juden verschleppt werden, und verpflichtet bis Kriegsende die deutschen Katholiken auf Leben und Tod zum Gehorsam gegen die Regierung des Adolf Hitler.

Neujahrsaufruf am 1. Januar. „So steht nunmehr eine gewaltige Front nationaler Staaten, die vom Kanal bis nach Ostasien reicht, im Kampf gegen die jüdisch-kapitalistisch-bolschewistische Weltverschwörung. Das erste Jahr dieses Kampfes liegt hinter uns. Es ist das Jahr der größten Siege der menschlichen Geschichte." Der Endkampf des Lichtes gegen die Mächte der Finsternis. Hitler prophezeit: „Der Jude aber wird nicht die europäischen Völker ausrotten, sondern er wird das Opfer seines eigenen Anschlages sein. Großbritannien und die USA können nicht Europa durch den Bolschewismus vernichten, sondern ihre eigenen Völker werden früher oder später dieser Pest zum Opfer fallen." Dieser Ansicht sind auch amerikanische Katholiken um McCarthy und konservative Christen in Europa, auch nach 1945, die, wie hier Hitler, Churchill und Roosevelt als zwei Gotteslästerer ansehen. Bitte an den „Herrgott", an den Allmächtigen, den Sieg zu geben.

Tischgespräche, im Januar 1942. Der Österreicher Adolf Hitler lobt die Tschechen. „Die Tschechen waren besser als die Ungarn, die Rumänen und die Polen. Es hatte sich ein fleißiges Kleinbürgertum gebildet, das seiner Grenzen sich bewußt war." – „Ihr Minderwertigkeitsgefühl hätten die Tschechen verloren, wenn sie sich im Laufe der Zeit den übrigen österreichischen Randvölkern überlegen gesehen hätten." Adolf Hitler ist ein Fachmann für Minderwertigkeitsgefühle; er trägt sie in seiner eigenen Brust.

„Nach Jahrhunderten einer Selbstbeschau müssen wir lernen, aktiv vorzugehen. Das dauert fünfzig bis hundert Jahre. Wir hatten es gekonnt, andere zu beherrschen. Österreich ist das beste Beispiel dafür. Hätten sich die Habsburger nicht mit der Gegenseite verbündet, so wären die neun Millionen Deutschen mit den fünfzig Millionen anderen fertig geworden! Wenn man sagt, für die Engländer kämpfen Inder: ja, die anderen Völker haben auch für die Deutschen in Österreich gekämpft."

Immer eindrucksvoller steigt nun von 1942 an in dem einsamen Mann die Erinnerung an das alte große Österreich herauf. Nacht vom 25. zum 26. Januar. Das Selbstgespräch kreist um das große, wahrhaft einzige Thema der österreichischen Dichtung und Literatur, die Hitler so gut wie gar nicht kennt, um das Verhältnis von Mann und Frau. „Gewiß, man braucht nicht immer beisammen hocken." Aber doch: „Was gibt es für schöne Frauen!" Im Ratskeller in Bremen, in Braunschweig ... „Auch in meiner Zeit in Wien bin ich vielen schönen Frauen begegnet.“

„Ich neige der Welteislehre von Hörbiger zu. Vielleicht hat um das Jahr 10 000 vor unserer Zeitrechnung ein Einbruch des Mondes stattgefunden.“ Hitler läßt sich gerne faszinieren durch kosmogonische Theorien; kosmische Katastrophen, „Götterdämmerungen“ sprechen sein düster-dunkles Lebensgefühl an. Der österreichisch-ungarische Ingenieur Hanns Hörbiger, der Vater der Burgschauspieler Attila und Paul Hörbiger, hatte 1912 durch seine Glazial-Kosmogonie gerade in Hitlers München zahlreiche Anhänger gewonnen.

Von der Kosmogonie greift das Selbstgespräch auf die Anfänge „unserer“ Religion über. „Verfolgt man unsere Religion in ihre Anfänge zurück, so findet man sie menschlicher.“ – „Die Zeit von der Mitte des 3. bis zur Mitte des 17. Jahrhunderts, das ist sicher die grausamste Epoche menschlichen Tiefstandes überhaupt gewesen. Blutdurst, Gemeinheit und Lüge haben diese Zeit beherrscht. Ich bin nicht der Meinung, daß etwas bleiben muß, was einmal war. Die Vorsehung hat dem Menschen die Einsicht gegeben, damit er nach seiner Einsicht handle. Die Einsicht zeigt mir, daß die Herrschaft der Lüge gebrochen werden will. Sie zeigt mir aber auch, daß man das jetzt nicht kann. Um die Lüge nicht mitmachen zu müssen, habe ich die Pfaffen aus der Partei herausgehalten. Ich schrecke vor dem Kampfe nicht zurück, den ich, wenn es darauf ankommt, auszufechten habe, und werde sofort handeln, falls die Prüfung ergibt, daß es geschehen kann.“

Die Vorsehung: Adolf Hitler glaubt, wie gerade diese Sätze zeigen, nicht nur rhetorisch, um der Publikumswirkung willen, an eine „Vorsehung“. Diese Vorsehung verpflichtet ihn, die Aufklärung weiterzutreiben und, wenn die Stunde gekommen ist, die Kirchen der „Lüge“ zu überführen. Selbst seine „Aufklärung“ stammt aus einem katholischen Milieu. Thomas von Aquin hatte einen sechshundertjährigen katholischen Glauben an die Kraft der Vernunft mit dem Satz begründet: „Aller Freiheit Wurzel ist in der Vernunft eingegründet“ – *totius libertatis radix est in ratione constituta.* Hier wurzelt im Letzten der „Kaiser Joseph“ Hitlers.

Der aber fährt fort: „Gegen meinen Willen bin ich Politiker geworden ... Der soll der schönste Tag meines Lebens werden, wenn ich aus dem politischen Leben ausscheide und alle die Kümmernisse, die Plage und den Ärger hinter mir lasse.“

Tags darauf sinniert er: „Durch das Christentum ist Rom gebrochen worden, nicht durch Germanen und Hunnen. Was der Bolschewismus heute auf materialistisch-technischer Grundlage in Szene setzt, hat das Christentum auf theoretisch-metaphysischer Grundlage vollbracht.“ Hier dämmert, sofort verdrängt beziehungsweise abgewertet, als „jüdisch“ verdammt, in Hitler eine Erkenntnis: Marxismus und Bolschewismus wurzeln in biblischen Glaubenstiefen.

„Es ist ein eiskaltes Vernunftproblem: Wer ist fähig zu führen?" Hitler ist überzeugt: kein Deutscher, kein Binnendeutscher. „Ich bin auch hier eiskalt; wenn das deutsche Volk nicht bereit ist, für seine Selbsterhaltung sich einzusetzen, gut: dann soll es verschwinden!" Er ist fest entschlossen, diesen Test zu machen. Er testet auf dem Schlachtfelde das deutsche Volk, von dessen letzter Minderwertigkeit er überzeugt ist, bis zur Zerreißprobe.

Vor diesem Volke und vor der Weltöffentlichkeit spielt er am 30. Januar in einer Sportpalastrede seine letzte weltpolitische Trumpfkarte aus: die Drohung mit dem Judenmassaker. Die geheime jüdische Weltregierung wird tödlich erschrecken, und die Regierungen in London, Washington und Moskau veranlassen, sich Hitlers Willen zu fügen, um den Millionen Juden das Leben zu retten.

Der Prophet prophezeit dann die Vernichtung des Judentums. „Zum erstenmal wird diesmal das echt altjüdische Gesetz angewendet: Aug um Aug, Zahn um Zahn." – „Und es wird die Stunde kommen, da der böseste Weltfeind aller Zeiten wenigstens auf ein Jahrtausend seine Rolle ausgespielt haben wird." Für ein Jahrtausend schleudert Adolf Hitler als Engel der Apokalypse den jüdischen Teufelsdrachen in den Abgrund ...

Nie wieder ein 1918! „Die Front wird dann stehen ... und das Gebet dieses teuflischen Priesters" – Hitler spielt auf das Gebet des anglikanischen Erzbischofs von Canterbury für die Russen an –, „der wünscht, daß Europa durch den Bolschewismus bestraft werde, wird sich nicht erfüllen, sondern ein anderes Gebet wird in Erfüllung gehen: Herrgott, gib uns die Kraft, daß wir uns die Freiheit erhalten." Hitler kämpft „für die ganze zivilisierte Menschheit".

Fünf Tage später, abends in der Wolfsschanze. Adolf Hitler denkt an den sonnigen Süden, an die alten Kaiser und an das Elend der Germanen. „Karl der Große war einer der größten Menschen der Weltgeschichte, da er es fertiggebracht hat, die deutschen Querschädel zueinander zu bringen. Heute weiß man, warum unsere Vorfahren nicht nach dem Osten, sondern nach dem Süden gezogen sind: Das ganze ostelbische Gebiet war damals nicht um ein Haar anders, als es heute für uns Rußland ist. Umsonst hat es die Römer nicht gegraut, über die Alpen zu steigen, und ohne Grund sind die Germanen da nicht hinunter." – „Die Versetzung nach Germanien war für den Römer etwas ähnliches wie für uns eine Zeitlang die Versetzung nach Posen." – „In einer Zeit, wo die anderen schon Steinstraßen besaßen, hat unser Land Zeugnisse einer Kultur nicht aufzuweisen. Zur Kultur haben nur die Seegermanen etwas beigetragen. Die Germanen, die in Holstein geblieben sind, waren nach zweitausend Jahren noch Lackel, während ihre Brüder, die nach Griechenland ausgewandert waren, zur Kultur emporstiegen." Die Germanen „waren auf keiner höheren Kulturstufe wie (heute) die Maori". –

„Lieber gehe ich zu Fuß nach Flandern als zu Rade nach dem Osten. Nur die Vernunft gebietet uns, nach dem Osten zu gehen." – „Wenn ich heute eine wirkliche Kultur nach dem Norden und Osten verbreiten will, muß ich zunächst dazu die Leute aus dem Süden nehmen. Wollte ich einen stockpreußischen Regierungsbaumeister zur Neugestaltung Berlins heranholen, dann könnte man Berlin nicht bauen." – „Eines ist jedenfalls sicher: Wenn wir überhaupt einen Weltanspruch erheben wollen, müssen wir uns auf die deutsche Kaisergeschichte berufen. Die Kaisergeschichte ist das gewaltigste Epos, das – neben dem alten Rom – die Welt je gesehen hat."

Hitler besingt die Kaiser des Heiligen Römischen Reiches. Hier darf erwähnt werden, daß ebendiese Kaisergeschichte hundert Jahre lang in Wien, im Institut für österreichische Geschichtsforschung, das sich lange Zeit weit mehr mit dieser Kaisergeschichte als mit spezifisch österreichischer Geschichte befaßte, ein Forschungszentrum gehabt hat. Über die Kaisergeschichte kamen junge Generationen deutschnationaler Studenten ins Dritte Reich ... Der Österreicher Adolf Hitler fährt fort: „Wenn mir die Führer der anderen Stämme des germanischen Raumes begegnen, so bin ich in einer wunderbaren Lage durch meine Heimat: Ich kann darauf hinweisen, daß sie ein großes mächtiges Reich war mit einer Kaiserstadt – durch fünf Jahrhunderte –, daß ich aber keinen Augenblick gezögert habe, meine Heimat dem Reichsgedanken zu opfern."

Die Heimat dem Reichsgedanken opfern: Das entsprach genau dem Glauben meiner nationalsozialistischen österreichischen katholischen Kommilitonen an der Wiener Universität und im Institut für österreichische Geschichtsforschung in den Jahren 1933–1938.

Vier Tage später, 8. Februar. Erbittert wendet sich der „Aufklärer" Adolf Hitler gegen die Pfarrer beider Kirchen, die er als Lügengebäude, zum Einsturz reif, sieht. „Der größte Volksschaden sind unsere Pfarrer beider Konfessionen. Ich kann ihnen jetzt die Antwort nicht geben, aber alles kommt in mein großes Notizbuch." Wir kommentieren: Dieses Notizbuch besteht allein in seinem Hirn; Hitler hat Angst, sich in schriftlichen Aufzeichnungen über seine „Letzten Dinge" zu äußern. „Es wird der Augenblick kommen, da ich mit ihnen abrechne ohne langes Federlesen."

In zehn Jahren hoffte er so weit zu sein. „Glaubt man, daß es notwendig ist, die menschliche Gesellschaft auf einer Sache aufzubauen, die man als Unwahrheit erkannt hat, so ist die Gesellschaft gar nicht erhaltenswert. Glaubt man, daß die Wahrheit genügend Fundament sein kann, dann verpflichtet einen das Gewissen, für die Wahrheit einzutreten und die Unwahrheit auszurotten. Jedes Jahrhundert, das sich mit dieser Kulturschande weiterhin belastet, wird von der Zukunft gar nicht mehr verstanden werden. Wie der Hexenwahn beseitigt werden mußte, so muß auch dieser Rest beseitigt werden! Dazu ist aber ein gewisses Fundament notwendig."

Hitler steht hier in einer großen Tradition radikaler Kirchenreformer und Aufklärer. Kaiser Joseph II. und andere katholische Aufklärer, wie Pombal, hatten begonnen, die Kirche vom Aberglauben zu „säubern". Klöster und ganze Ordensgemeinschaften wurden aufgehoben, Liturgien und Feste vernichtet. Die Pfarrer wurden verpflichtet, von nützlichen Dingen, wie Ackerbau und Viehzucht, zu predigen und sich abergläubischer frommer Sprüche zu enthalten. Hitler steht gerade mit seinen radikalen Plänen des Umbaues der Kirche zu einer deutschen Volkskirche, die seine Frohe Botschaft von der Erhaltung der Rasse predigen sollte, in alten aufklärerischen Traditionen. Gerade in seiner Verkehrung (Perversion) wird das viel ältere Motiv einer Reinigung der Religion von „Aberglauben und Hexenwahn" wieder sichtbar.

Am 14. Februar erklärt Adolf Hitler Goebbels seine Entschlossenheit, „rücksichtslos mit den Juden in Europa aufzuräumen. Hier darf man keine sentimentalen Anwandlungen haben. Die Juden haben die Katastrophe, die sie heute erleben, verdient. Sie werden mit der Vernichtung unserer Feinde auch ihre eigene Vernichtung erleben. Wir müssen diesen Prozeß mit einer kalten Rücksichtslosigkeit beschleunigen, und wir tun damit der leidenden und seit Jahrtausenden vom Judentum gequälten Menschheit einen unschätzbaren Dienst." Dieser Überzeugung sind sehr viele Christen beider Konfessionen. Kein Widerspruch gegen die Endlösung, weder von seiten der hohen Reichsbeamten in der Wannsee-Konferenz noch von seiten der 250 Generale und Offiziere, die Himmler am 25. 1. 1940 in diesem Sinne „aufklärt".

Am nächsten Tag spricht Adolf Hitler vor 9883 Offiziersanwärtern im Berliner Sportpalast. „Meine jungen Kameraden! Einst sind deutsche Kaiser und Reiter zu Roß die gleichen Wege geritten. Sie sind bis in das Gelobte Land, bis Palästina, sie sind unzählige Male über die Alpen. Was wir tun, ist nichts einmaliges in der Geschichte. Unsere Vorfahren haben es genauso getan!" Kreuzzug also! Die Kreuzfahrer erschlugen im 12. Jahrhundert unterwegs in den Rheinlanden gelegentlich die Juden. Hitler weist nicht darauf hin, sagt jedoch direkt: Der Jude muß ausgerottet werden. Die Beseitigung dieses Parasiten ist notwendig.

Drei Tage später, nachts in der Wolfsschanze. Erinnerungen an die Bubenzeit, an die frühe Pubertät, an den Religionsunterricht in der Volksschule steigen bitter in ihm auf. „Wenn unsere Schweinepfaffen ein siebenjähriges Kind im Beichtstuhl nach Sünden ausfragen: dadurch wird das Kind erst darauf hingewiesen. Genauso ist es, wenn sie die Eingeborenen belehren." – „In Rom messen die Pfaffen, ob die Kleider und Ärmel der Mädchen eine vorgeschriebene Länge und ob die Frauen etwas auf dem Kopf haben. Wenn der liebe Gott das nicht so haben wollte, wie es ist, hätte er doch den Menschen etwas mitgegeben. Nur die Pfaffen ärgert das, weil sie durch ihre Erziehung pervers sind." Denkt er an die „7000 Prozesse", an die Sittlichkeitsdelikte deutscher Mönche und Kleriker, die er durch Ribbentrop dem Papste Pius XII. diskret vorstellen ließ?

„Wenn nicht die Gefahr bestanden hätte, daß der Bolschewismus auf Europa übergreift, hätte ich der Revolution in Spanien keinen Einhalt getan: die Pfaffen wären ausgerottet worden. Würden die Pfaffen bei uns zur Herrschaft kommen, so verfiele Europa wieder in finsterstes Mittelalter." Auch dies entspricht „Kaiser Joseph". Hitler betont des öfteren, wie sehr er gegen Prüderie sei. Sein Wettern gegen eine mönchische und klerische manichäische Leibfeindlichkeit und Geschlechtsangst erfüllt in seinem seelischen Haushalt psychologisch die Funktion der Verdrängung und Verdeckung seiner eigenen Geschlechts- und Leibesangst. „Nackt" kann er sich selbst nicht vorstellen; weder in der Badewanne, noch beim Umkleiden vor seinem Diener.

24. Februar. „Der Sohn vom alten Roller ist gefallen." Der alte Alfred Roller war als Bühnenbildner in Hitlers Wiener Jahren von Gustav Mahler in Wien entdeckt und gefördert worden. Daran erinnert Hitler hier, 1942, nicht, weiß es wohl selbst nicht. Über den jungen Roller äußert er: „Ein solcher Mann ist nicht zu ersetzen." Nicht zu ersetzen als Bühnenbildner in der Ostmark. Ich sah den „Friedenstag" von ihm im Burgtheater. „Warum hat mir Schirach das nicht berichtet? Ich hätte ihn anderwärts eingesetzt." Die Generale und die Sekretärinnen hören in diesen Kriegsjahren immer wieder Adolf Hitler stundenlang über Schauspieler und Stücke seiner Wiener Zeit erzählen.

In ebendiesen Tagen berät sich Adolf Hitler in Geheimkonferenzen mit Heinrich Himmler über die Judenvernichtung. Juden und Bolschewiken sind ja keine Menschen, sondern „Tiere und Bestien". Ein Reflex dieser Geheimgespräche, über die der Diener Linge – nur als Faktizität – berichtet, findet sich in den Tagebüchern von Joseph Goebbels. Noch am 7. März denkt er an eine Umsiedlung der Juden, etwa nach Madagaskar. Am 27. März berichtet er bereits von der Vernichtung. „Der ehemalige Gauleiter von Wien, Odilo Globocnik, der diese Aktion durchführt, tut das mit ziemlicher Umsicht und auch mit einem Verfahren, das nicht allzu auffällig wirkt. An den Juden wird ein Strafgericht vollzogen, das zwar barbarisch ist, das sie aber vollauf verdient haben. Die Prophezeiung, die der Führer ihnen für die Herbeiführung eines neuen Weltkriegs mit auf den Weg gegeben hat, beginnt sich in der furchtbarsten Weise zu verwirklichen." Wie Pfarrer Gaston Ritter 1933 meint Goebbels hier: „Die Juden würden, wenn wir uns nicht ihrer erwehren würden, uns vernichten. Es ist ein Kampf auf Leben und Tod zwischen der arischen Rasse und dem jüdischen Bazillus." Hitler erfüllt hier

seine Verheißung in „Mein Kampf": „Indem ich mich des Juden erwehre, kämpfe ich für das Werk des Herrn."
Am 27. Februar, in der Wolfsschanze. „Die Schöpfung oder Vorsehung ist doch sicherlich ein Unvergängliches. Der Begriff, welchen sich die Menschen davon machen, (ist) aber doch etwas sehr Schwankendes." – „Horizontal gesehen, wissen die Gebildeten heute, daß die Gottesvorstellung des Katholizismus noch nicht einmal zehn Prozent der Menschheit hinter sich hat. Im gleichen Zeitraum haben die von der gleichen Vorsehung geschaffenen Menschen tausenderlei verschiedenen Glauben."
Das Christentum umfaßt „eine ganz kurze Epoche der Menschheit". – „Gott schafft die Menschen. Zu Menschen wurden wir durch die Todsünde. Die Voraussetzung dazu hat Gott den Menschen gegeben. 500 000 Jahre sieht er zu, wie sie da reinrasseln. Da fällt es ihm ein, seinen eingeborenen Sohn zu schicken. Ein Mordsumweg, kolossal beschwerlich der ganze Vorgang. Die anderen glauben das nicht. Mit Gewalt muß ihnen das aufgezwungen werden. Wenn der liebe Gott an der Erkenntnis ein Interesse hätte, wozu dann die Knieschienen und Daumenschrauben?"
Wir kommentieren: Das sind Bedenken, wie sie wohl jedem Christen, und auch Katholiken kommen, der im Laufe seines Lebens sich mit der Weltgeschichte und Weltwirklichkeit auseinandersetzt. Der Kinderglaube, der Glaube der Kindheit, zersetzt sich, vereitert wohl auch in Geschwüren unter der Haut, rinnt aus, deformiert sich.
Hitler fährt fort: „Nun kommt dazu, daß unter diesen Katholiken der größte Teil das selber gar nicht glaubt." An der Erhaltung dieser Fiktionen ist nur der „Verein", der Klerus, interessiert. „Wird da nicht der Gott in der frechsten Weise verspottet? Ein Götzendienst, der geradezu entsetzlich ist." Ein Blick durch ein Teleskop oder Mikroskop macht den Menschen demütig vor der Schöpferkraft. „Wird diese Schöpferkraft mit einem Fetisch identifiziert, dann bricht die Gottesvorstellung zusammen, wenn der Fetisch versagt." In etwas rüder, plebejischer Form sagt hier Hitler, was in der Gegenwart katholische und evangelische Theologen in Fragen einer Entmythologisierung und Entmagisierung des Glaubenslebens und der Glaubensvorstellungen der Christen in gewählter und vorsichtiger Formulierung ausdrücken.
„Warum überhaupt kämpfen, wenn es mit Gebet zu machen ist? Im spanischen Konflikt hätte die Kirche sagen müssen, wir verteidigen uns durch die Kraft des Gebets. Sie hat aber die Heiden (die Marokkaner) finanziert, mittels deren die heilige Kirche sich am Leben erhalten hat." Der „spanische Konflikt": Entsetzt sieht ein Mann der katholischen Rechten, Georges Bernanos in diesem Bürgerkriege, wie spanische Bischöfe sich an die Seite von Mördern stellen. Dreißig

Jahre nach dem Ausbruch dieses Bürgerkrieges, der heute noch nicht positiv liquidiert ist, protestieren in Spanien junge spanische Kleriker gegen das Heulen der spanischen Kirchenführung mit (den Wölfen) dem Regime, gegen das ihnen als widerchristlich erscheinende Bündnis mit der Diktatur.
Der Mann da in der Wolfsschanze sieht im Kirchenglauben „einen so satanischen Aberglauben! Dafür hat man Hunderttausende gefoltert! Und das mit der Heuchelei der Liebe!" Der jüngere Hitler hat sein volles Ja zum konstantinischen Christentum, zum Sichdurchsetzen mit Feuer und Schwert und zum starrem Festhalten an den Dogmen gesagt. Der späte Hitler, der in seinem Unterbewußtsein sehr wach seinem Ende entgegensieht, verdammt dieses konstantinische Christentum und die Gegenreformation, deren später Erbe er selbst ist. Die Verdammung eines totalitären Christentums ist implicite, verdeckt, eine Verdammung seiner eigenen Terrorherrschaft, nicht zuletzt der Pressionen eines Bormann und Himmler.

Adolf Hitler rühmt hier also die antike Toleranz, den Verzicht auf Bekehrung zu den eigenen Göttern. „Ich kann mir vorstellen, daß es auf dem Gebiet ein Zeitalter der absoluten Toleranz geben wird." – „Ich gehe nicht in die Kirche, um den Gottesdienst zu hören. Ich sehe mir die Schönheit des Bauwerks an." Er ist froh, mit der verlogenen Gesellschaft der Kirchenchristen „keine innere Verbindung" zu haben. „Ich fühle mich wohl in der geschichtlichen Gesellschaft, in der ich mich befinde, wenn es einen Olymp gibt. In dem, in den ich eingehe, werden sich die erleuchtetsten Geister aller Zeiten finden."
Am Tag von Potsdam, am 21. März 1933, hat er die Trennung von der Kirche vollzogen, indem er nicht in den offiziellen Gottesdienst hineinging. „Ich möchte auch nicht, wenn ich beerdigt werde, im Umkreis von zehn Kilometern einen Pfaffen sehen. Wenn mir ein solcher helfen könnte, dann würde ich an der Vorsehung verzweifeln."
Hitlers „Vorsehung" hat hier in der Wolfsschanze, im Februar 1942, einen langen Weg hinter sich. Seine Vorsehung war um 1905, um 1910, noch um 1923 auf weite Wegstrecken identisch mit jener Vorsehung und jenem Herrgott, den in den Feldmessen und Fahnenweihreden der Heimkehrerverbände Feldkuraten, Dorfpriester und christliche Politiker anriefen. Hitlers Vorsehung neigte sich, im Frack, beim Neujahrsempfang der Vorsehung zu, die der päpstliche Nuntius ab 1933 für ihn berief.
Seine Vorsehung war längst verschmolzen mit dem, was er als Natur, als „Schöpfung", als einen riesenhaften, für den Menschen im Letzten undurchschaubaren und also zur Demut verpflichtenden kosmogonischen Prozeß ansah. Seine Vorsehung spielt gleichzeitig in seinen öffentlichen Reden und Proklamationen bis zu

seinem Ende die alte Rolle weiter, die sie in den Predigten und Reden von Priestern und christlichen Politikern spielte.
Hitler erklärt: Ich verzichte auf das Gebet der Kirchenchristen. „Ich bin aufgrund höherer Gewalt da, wenn ich zu etwas nötig bin. Abgesehen davon, daß sie mir zu grausam ist, diese seligmachende Kirche. Ich habe noch nie Gefallen gefunden daran, andere zu schinden, wenn ich auch weiß, daß es ohne Gewalt nicht möglich ist, sich in der Welt zu behaupten." Hitler weiß sehr wohl, daß unter dem Schutz und Schirm seiner Terrorherrschaft Tausende seiner Gläubigen Gefallen daran finden, andere zu schinden. Im Bild der grausamen, menschenschindenden intoleranten Kirche stellt er – unterbewußt – sich sein eigenes Regime vor. Er sieht in die Zukunft, wie Moses: „Die Zeit, in der wir leben, ist die Erscheinung des Zusammenbruchs dieser Sache (des kirchlichen Christentums). Es kann 100 oder 200 Jahre noch dauern. Es tut mir leid, daß ich wie Moses das Gelobte Land nur aus der Ferne sehen kann. Wir wachsen in eine sonnige, wirklich tolerante Weltanschauung hinein. Der Mensch soll in der Lage sein, die ihm von Gott gegebenen Fähigkeiten zu entwickeln. Wir müssen nur verhindern, daß eine neue, noch größere Lüge entsteht: die jüdisch-bolschewistische Welt. Sie muß ich zerbrechen."
Hitler weiß, daß der brutale Männerbund seiner Parteigenossen, das männische harte, so leicht für Unmenschlichkeiten anfällige Wesen seiner SS-Bünde wie zuvor seiner männischen SA-Rabauken, wesenhaft konträr sind einer toleranten, mitmenschlichen „sonnigen" Weltanschauung. Es klingt wie ein Reflex seiner inneren Auseinandersetzung mit diesem amusischen männischen Wesen – das „Amusische" wirft er besonders Himmler vor –, wenn er wenige Tage später, am 1. März, gegen einen Männerstaat polemisiert. „Wenn es einmal einen Männerstaat gibt, dann geht es wieder bergab mit der Menschheit. In der Vorzeit gab es sicher mehr Staaten mit dem Mutterrecht. An dem Verlust an Männern stirbt ein Volk nicht aus. Nur, wenn es an Frauen fehlt."
Und wieder Kindheitserinnerungen aus dem oberösterreichischen katholischen Lande und Landvolk. Er polemisiert gegen die Oberen Zehntausend, gegen die Prüderie der ihn hier umgebenden protestantisch-wohlerzogenen Herren, gegen den Moralkodex dieser Gesellschaft. Auf dem Lande, daheim, wirkt zu Recht der Vorwurf gegen einen Pfarrer, daß er Umgang mit einer Frau hat, gar nicht. Das Dorf ist beruhigt, wenn der Pfarrer seine Kathl hat, die anderen Frauen haben Ruhe vor ihm: „Beim Hirn kann er's auch nicht herausschwitzen!" sagen die Frauen. Das ist das heitere volksbarocke Leben, das er in dem oberösterreichischen Katholiken Anton Bruckner sich aussingen spürt.
Wieder einige Tage später, am 7. März, wendet sich der Antigermane, Antipreuße, Antipuritaner Adolf Hitler gegen die in seinem Regime Oberwasser er-

spürenden Sprachreiniger: „Seien wir doch froh, über möglichst viele Ausdrucksmittel zur Nuancierung zu verfügen! Seien wir doch dankbar für die Klangfarben der uns zu Begriffen gewordenen Fremdworte." – Wir kommentieren: Hier nimmt Adolf Hitler Worte in den Mund, die, wie die „Nuancierung" und die „Klangfarbe" das Sprachmittel der von ihm ganz übersehenen österreichischen Schriftsteller um Schnitzler, Hofmannsthal und Altenberg sind. – „Man stelle sich vor, wenn wir damit anfingen, Fremdworte auszumerzen, wo sollten wir dann aufhören!"
11. März. Am 11. März 1938 hatte er seinen „Sonderfall Otto" zur Besetzung Österreichs gestartet. Jetzt jammert er in Selbstbemitleidung über seine Frühzeit in Wien. „Mir ist es doch so schlecht gegangen lange Zeit in Wien!" Dreizehn Kreuzer für Zigaretten, 25 bis 40 hat er täglich geraucht. Wie schwer war es da, mit den paar Kronen durchzukommen!
Vier Tage später steht er wieder, ganz Führer und Oberster Befehlshaber der Wehrmacht, in Berlin, im Lichthof des Zeughauses, er spricht zum Heldengedenktag in einem Staatsakt. „Und heute erst erkennen wir das ganze Ausmaß der Vorbereitungen unserer Feinde. Heute sehen wir das Zusammenspiel der jüdischen Drahtzieher über eine ganze Welt verteilt, das im gemeinsamen Angriff einer Verschwörung die Demokratie und Bolschewismus zu einer Interessensgemeinschaft vereinte, ganz Europa vernichten zu können hoffte. Daß die Vorsehung uns dieser Koalition des jüdischen Marxismus und Kapitalismus gegenüber auf allen Schlachtfeldern siegreich standhalten ließ, läßt uns aus tiefstem Herzen jenem danken, ohne dessen Schutz und Schirm alle menschliche Kraft, aller Fleiß und aller Mut vergeblich sein würde!" Die andächtigen Zuhörer sind – still – gebeten, „Amen" zu sagen. „Wir wissen aber eines schon heute: Die bolschewistischen Horden ... werden von uns im kommenden Sommer bis zur Vernichtung geschlagen sein. Der bolschewistische Koloß, den wir in seiner ganzen grausamen Gefährlichkeit erst jetzt erkennen" – damit gibt Hitler seine Selbsttäuschung zu –, „darf ... die gesegneten Gefilde Europas nie mehr berühren."
Um den 20. März sagt er zu Goebbels, er beabsichtige, eventuell im Osten eine riesenhafte Verteidigungslinie aufzubauen. „Eventuell kann es im Osten zu einem hundertjährigen Krieg kommen, der uns dann aber keine besonderen Sorgen mehr zu bereiten braucht." Denkt Adolf Hitler da an den hundertjährigen Konfessionskrieg in den deutschen Landen und in Frankreich, der nur einige Male ausbricht in Schlachten, und eben auch in einer Bartholomäusnacht?
Am 22. März ordnet Adolf Hitler an, daß gegen den Hirtenbrief der deutschen Bischöfe vom 15. März, der am 20. März in den Kirchen verlesen wurde, nicht öffentlich polemisiert werden darf. Die Presse soll die Verbundenheit des ganzen Volkes mit der Ostfront herausstellen. Dieser Hirtenbrief hatte die Nicht-

einhaltung des Konkordats beklagt und gleichzeitig herausgestellt, daß zahllose Katholiken ihre Kraft zum Heldentum in vorderster Front, für das sie mit Orden ausgezeichnet wurden, aus ihrem Glauben schöpfen.

Am Tag darauf beklagt er in seinem Quartier das Absinken des Niveaus der deutschen Kunst um 1930. Noch um 1910 besaß sie ein hohes Niveau. In seiner Zeit in Wien ... An Stalin ist hochzuschätzen, daß er die Juden an die Kunst nicht heranlasse. Tatsächlich verbindet ein gemeinsamer „konservativer" Kunstgeschmack die beiden Diktatoren, die sich persönlich recht hochschätzen, wie Hitler seinerseits des öfteren in seinem Selbstgespräch bekundet.
Am folgenden Tage spricht sich Adolf Hitler für das System der österreichischen Lotterien aus. Der Spieler muß ein Jahr warten, bis er seinen Gewinn oder Verlust erfährt, kann also ein ganzes Jahr lang glücklich Pläne schmieden. Da der österreichische Staat das bewußt und geschickt ausgenutzt habe, habe es in ihm auch in den schlechtesten Zeiten so viele glückliche Menschen gegeben. Erinnerung an *felix Austria*, an das glückselige Österreich. Adolf Hitler weiß, daß es in seinem Staate auch in seinen besten Zeiten sehr viele unglückliche Menschen gegeben hat, ganz zu schweigen von der Gegenwart im März 1942. Der Österreicher Adolf Hitler erinnert an die Kaiserlich-königliche Donaudampfschiffahrtsgesellschaft und das politische Proporz-System der Besetzung ihrer Aufsichtsräte mit je zwei Männern einer jeden der größeren Parteien.
27. März. Er klagt, daß die Krebskrankheit nicht erforscht ist. „Aber die Herrlichkeit des Jenseits mit Himmel und Hölle und allen Schikanen sei ergründet." Tief sitzt in ihm der Groll über die Himmel und Höllen der Kirche. Am 29. März dankt er telegrafisch den Wiener Philharmonikern für eine Grußbotschaft anläßlich ihrer Hundertjahrfeier. Im Selbstgespräch wettert er gegen die Juristen, die er als defekte Menschen ansieht. Die Lebenserinnerungen von Hans Frank sind von diesem Leitmotiv durchzogen: von seiner Klage über Hitlers Animosität, ja Haß gegen die Juristen. In dieser Phobie steckt, etwas pervertiert, eine altösterreichische Abwehrhaltung, ein tiefes Mißtrauen gegen eine formale, menschenfeindliche Richter- und Gesetzeswelt.

„Von allen Worten, die die Sprache nennt
ist am verhaßtesten mir das vom Recht
denn Recht ist nur der ausgeschmückte Name
für alles Unrecht, das die Erde trägt."

Franz Grillparzer

Schnitzler, Wildgans, Ernst Lothar und andere Wiener Dichter und Schriftsteller kreisen um das alte Problem: *summum jus, summa injuria.*

Im selben Atemzug rühmt hier Hitler die Ehrsamkeit als Grundlage der alten gewerblichen Wirtschaft; diese ist erschüttert worden durch die Juden, „dieses verkommenste Sauzeug, das zusammengeschlagen gehöre“. Ein alter Wiener Christlichsozialer von 1890 hätte sich nicht anders ausgedrückt.

Am 30. März rühmt er Köln, das ihm auf seinem letzten Empfang vor Kriegsbeginn die größten Ovationen seines Lebens gebracht hat – das alte katholische Köln. Das Schönste ist der Gesang des Kölner Männergesangvereins, der das „Niederländische Dankgebet“ zu Gehör brachte. Als er, der Führer, die Rheinlandhalle verläßt, läuten sämtliche Kölner Kirchenglocken: „wunderbar ...“

Am 31. März rühmt er im Tischgespräch wieder einmal die Kaiser des Heiligen Römischen Reiches. Das alte Deutsche Reich sei aus Gewalt, Christentum und antiker Idee entstanden. Große Vorzüge des Wahlkaisertums gegenüber der Erbmonarchie. „Er selbst werde immer nur Führer bleiben, sich niemals zum Herzog oder sonstwas machen lassen.“ – „Vorbild für die Führerwahl: Papstwahl. Die katholische Kirche sei in ihrer Organisation sehr groß, in ihrem Dogma lächerlich. Wenn sie damit habe 2000 Jahre bestehen können, warum sollte dann der nationalsozialistische Staat nicht lange Zeit dauern?“ Lob der Schwaben, die so lange am Kaisertum festhielten. Er habe Rosenberg gewarnt wegen seiner Angriffe gegen „Karl den Sachsenschlächter“. Nach 1000 Jahren wird vielleicht ein Einfaltspinsel ihn, Hitler, als „Ostmarkschlächter“ bezeichnen, „weil er bei der Heimführung des deutschen Österreich alle an die Wand habe stellen lassen, die das Unternehmen zu hindern versucht hatten“.

In seinen Tiefenschichten bezieht Adolf Hitler alle weltgeschichtlichen Fakten, Phänomene, Personen, die er im Selbstgespräch beruft, immer analogisch auf sich und sein Werk. Seine Ausfälle gegen den Terror und das Terrorsystem der Römischen Kirche richten sich immanent auch gegen das von ihm selbst geschaffene Terrorsystem. Hitler rühmt in diesem Zusammenhang in ebendiesem Selbstgespräch jene zwei Verfassungen, die sich allein im Laufe der Geschichte bewährt hätten: das Papsttum und die Verfassung von Venedig. Wir dürfen kommentieren: Die französischen Hochaufklärer um Voltaire hatten die Verfassung von Venedig gerne als Modell hingestellt. Aufgrund dieser Vorbilder habe er folgende Schlüsse für die deutsche Staatsführung gezogen: Das Deutsche Reich müsse Republik sein. Der Führer sei zu wählen. Er sei mit absoluter Autorität auszustatten. Wahl des Führers durch einen Senat, hinter verschlossenen Türen, wie bei der Papstwahl. Eine solche, auf der Vernunft aufgebaute Staatsform könne sich auch nicht ewig halten, wohl aber 200 bis 300 Jahre. Denn sie sei auf Erwägungen der Vernunft gegründet, während die tausendjährige Organisation der katholischen Kirche auf Unsinn als Grundlage aufgebaut sei. Das ist radikale Spätaufklärung.

4. April, in der Wolfsschanze. Hitler, gegen Brauchitsch und Halder, die beiden Abwesenden, gerichtet: Politiker dürfen nie Pessimisten sein. „Überhaupt wäre es am besten, man könnte alle Pessimisten umbringen." – „Gott sei Dank seien die Optimisten in unserem Volk in der Überzahl. Darauf hätte ja auch die Kirche ihr Geschäft aufgebaut. Denn ihre Lehre sei ja letzten Endes nichts anderes als der Hinweis für den Optimisten, daß nach diesem Leben noch ein noch hoffnungsreicheres Leben komme, wenn er sich beizeiten bei der richtigen Konfession, fast habe er gesagt: Fraktion, verschreibe." Dieser Satz weist vor auf ein bekanntes Wort Konrad Adenauers: Für das Jenseits habe er sich bei der bestrenommierten Firma für solche Sachen, bei der Kirche, eingekauft.
Am Tag darauf wiederholt Adolf Hitler seine Verheißung: Leningrad muß vernichtet werden, muß „verfallen". Auch die Leningrader Häfen und Werftanlagen müssen verfallen. Heinrich Himmler ist diesmal Tischgenosse; er erzählt über seine Erfahrungen mit dem holländischen Nationalistenführer Mussert, der seine holländischen Legionäre in Holland behalten und nicht für die Ostfront freigeben möchte. Der Chef (Hitler) bemerkt dazu: er selbst habe einmal Mussert gefragt, „ob er glaube, daß es ihm, dem Chef, leichtgefallen sei, seine Heimat Österreich in viele kleine Gaue aufzuteilen, um sie frei zu machen von separatistischen Tendenzen und sie leichter ins germanische Reich eingliedern zu können. Österreich habe ja schließlich auch eine mehr als 500jährige eigene Geschichte, die nicht ohne wahrlich große Höhepunkte sei". – „Er, der Chef, habe 1938 den Österreichern auch nicht erklärt, daß er sie nun Deutschland eingemeinden wolle: er habe vielmehr immer darauf hingewiesen, daß er sie mit Deutschland zusammen zum Großdeutschen Reich vereinigen wolle."
Adolf Hitler hier, 1942, als Gegner des Anschlusses. Er weiß sehr wohl, wie sehr gerade auch viele seiner nationalsozialistischen Österreicher unter dem Anschluß leiden. Der Österreicher Adolf Hitler benutzt diese Gelegenheit, um hier seinen Deutschen einen Nachhilfekurs in österreichischen Erfahrungen zu geben. Besonders vorsichtig müsse man im Umgang mit Polen und Tschechen sein, die aus halbtausendjährigen Erfahrungen wissen, „wie man am besten den Untertanen spiele, ohne Mißtrauen zu erregen. Wie viele Tschechen hätten sich in seiner Jugend in Wien herumgetrieben, dort sehr bald den Wiener Dialekt erlernt – den er selbst nie erlernt – und sich dann geschickt in maßgebliche Positionen des Staates, der Wirtschaft und so weiter hineingeschlängelt."
7. April, abends, in der Wolfsschanze. Wenn heute irgendwo im Reich eine Meuterei ausbreche, dann werde er sofort „alle leitenden Männer gegnerischer Strömungen, und zwar auch die des politischen Katholizismus, aus ihren Wohnungen heraus verhaften und exekutieren und alle Insassen von Konzentrationslagern innerhalb von drei Tagen erschießen lassen".

Im Blick auf die Kaiser des Mittelalters und ihre Bedrängnis durch die Kirche, die „Pfaffen“, über die nicht nur Walther von der Vogelweide klagte, entwickelt Adolf Hitler hier ein Zukunftsprogramm für seine Behandlung der Kirche nach dem Kriege. Er will sie finanziell äußerst kurzhalten. Heute bekomme sie noch jährlich 900 Millionen RM. Nach dem Kriege möchte er ihr nur einen Höchstbetrag von 50 Millionen zuwenden, und zwar direkt an die Kirchenfürsten. „Da die Kirchenfürsten über sie nach eigenem Gutdünken verfügen dürften, würden sie nach den geschichtlichen Erfahrungen ihm dieses Betrages wegen die Stiefel ablecken. Und wenn man sich die Kirchenfürsten mit Geld kaufen könne, soll man es tun. Er stehe auch auf dem Standpunkt, daß man jeden Kirchenfürsten, der sein Leben genießen wolle, um Gottes willen nicht stören solle. Gefährlich seien nur die hohläugigen fanatischen Asketen.“
Adolf Hitler weiß wahrscheinlich nicht, daß diese letztere Maxime bereits in der Gegenreformation angewendet wurde, als Rom und die Jesuiten bereit waren, den hohen adeligen Reichsbischöfen und Kirchenherren, den Wittelsbachern und anderen, ihre Mätressen und Hofhaltungen zu belassen, und nur die Unterstützung eben der Partei der Kirche und der religiös-politischen Gegenreformation erbaten.
Nach dem Kriege möchte Adolf Hitler, wie er hier sagt, der Kirche vor allem die Nachwuchsgewinnung außerordentlich erschweren. Dem geistlichen Beruf dürfe sich dann nur zuwenden, wer das 24. Lebensjahr vollendet und Arbeitsdienst und Wehrdienst hinter sich habe. Dies wäre, ungewollt, ein Beitrag zur Reform des Klerus geworden. „Wer dann noch das Zölibat auf sich nehmen wolle, der möge mit Gott Priester werden. Es gäbe ja auch Verrückte, die ihm für die Parteiführerschaft den Unsinn des Zölibats vorgeschlagen hätten.“
Adolf Hitler verdeckt hier seine eigenen zölibatären Tendenzen. Der junge Adolf Hitler wußte 1924 in München das Zölibat noch als eine besondere Kraftquelle der Kirche zu schätzen. Jetzt drückt er sich anders aus, sieht aber seine eigenen Klosteraufhebungen direkt zusammen mit den Klosteraufhebungen in Österreich unter Kaiser Joseph II.: „Im früheren Österreich habe man auf diese Weise an die 1000 Klöster aufgelöst.“ Der Katholik Adolf Hitler bedauert, wie sehr die Vertreter der evangelischen Kirche in der Repräsentation abfallen gegenüber dem Nuntius und dem ihn begleitenden Bischof beim alljährlichen Diplomatenempfang. Diese evangelischen Kirchenmänner sind Spießer, ohne Format und „nicht einmal ehrlich“. Beim Abendessen kommt er an diesem Tage wieder auf Wunden seiner Kindheit zu sprechen. Offensichtlich hat ihm, wie vielen Jungen, der Beichtzwang große Ängste bereitet. Dies und die Predigt von der Hölle, „das ständige Ausmalen von Höllenqualen“. – „Schon bei einem Kind könne man im Alter von drei Jahren Angstvorstellungen erzeugen, die es im Leben nicht

wieder verliert." – „Ebenso wie derartige Angstgefühle schwer aus den Menschen wieder herauszubekommen seien, sei es auch schwer, einen Menschen von all den Qualvorstellungen wieder zu befreien, die die Katholische Kirche in jungen Jahren in ihn hineingehämmert habe. Dabei müsse jeder vernünftige Mensch, der der Sache einmal auf den Grund gehe, feststellen, daß diese ganzen Kirchenlehren ein einziger großer Blödsinn seien. Denn wie sei es möglich, daß der Mensch in der Hölle gestochen, gebraten und sonstwie schikaniert werde, obwohl doch der Körper an einer Auferstehung allein schon aufgrund des ganz natürlichen Verwesungsvorganges unmittelbar nicht teilhaben könne."

Offensichtlich laboriert hier Adolf Hitler immer noch an seiner unbewältigten Kindheit. Das Stechen und Braten in der Hölle spielte da in einer vulgären Predigt und „Volksmission" und im Religionsunterricht in der Schule oft noch eine überwältigende Rolle. Hitler verliert diese Höllenangst nie; er formt sie aus in seinem Glauben an den „satanischen Juden". Er sieht auf diese (Kindheits-)Hölle und nicht auf den Himmel, wie er gepredigt wurde: einen „faden Himmel". „Und wie könne es einen Menschen reizen, im Himmel nur unansehnliche und geistig fade Frauen zu finden."

Hitler glaubt dem Klerus seinen Glauben nicht. Kein Geistlicher will in jungen Jahren aus dem Leben scheiden, und „selbst die 60jährigen Kardinäle versuchen noch, ihr diesseitiges Leben soweit als irgend möglich zu verlängern". – „... ein gebildeter Geistlicher könne doch unmöglich den Unsinn glauben, den die Kirche verzapfe. Der beste Beweis dafür sei ja, daß die katholische Kirche heute den ganzen Ablaßschwindel und dergleichen nicht mehr wahrhaben wolle beziehungsweise totzuschweigen suche. Viele vernünftige Menschen hielten heute an der Kirche nur deshalb fest, weil sie auf dem Standpunkt ständen, der Mensch brauche einen Halt im Leben und – bevor kein Ersatz für die Kirche da sei – sei die Kirche trotz aller ihrer Mängel doch immer noch besser als gar nichts."

Die Kirche habe „ihre Sittengesetze durch größte Brutalität – unter anderem durch Tausende von Verbrennungen wertvoller Menschen – durchgesetzt. Wir seien heute viel menschlicher als die Kirche. Das Gebot: ‚Du sollst nicht töten!' setzten wir durch, indem wir den Mörder hinrichten, während die Kirche, solange sie die Exekutivgewalt hatte, ihn in der gräßlichsten Weise zu Tode marterte, ihn vierteilte und dergleichen mehr. Die Moral eines Volkes zu erhalten, sei eine Aufgabe, die der Staatsmann ebensogut wie jede Kirche lösen könne. Er müsse nur die dem Volk in seiner gesündesten Schicht innewohnenden sittlichen Auffassungen zum Gesetz erheben und hinter diese Gesetze klar und eindeutig die Macht stellen."

Dieses Selbstgespräch – in Form eines Tischgesprächs – auch seine Reden sind im letzten Kern Selbstgespräche – zeigt wieder: Adolf Hitler ist tief fixiert an seine

katholische kirchliche Kindheit und an seine spezifisch katholisch bestimmten religiösen Probleme. Gerade der Zerfallsprozeß seines Christentums zeigt, von Dekade zu Dekade, spezifisch *die katholischen Strukturen seiner psychischen Mentalität auf*, so wie auch sein Antiklerikalismus spezifisch katholischer Herkunft und Artung ist. Ein Mussolini, Katholik wie Hitler, macht sich innerlich früh ganz frei von kirchlichen und religiösen psychischen Bindungen und tritt als „Freigeist“ ganz anders, unbefangen, der Kirche als Verhandlungspartner gegenüber, was Hitler innerlich nie möglich war, da er immer noch der Kirche zu „nahe“ stand in seiner innersten Fixierung. Erst als bei Mussolini der Zerfallsprozeß seiner Person immer mehr fortschreitet, ab 1936, wird auch er zum Antikatholiken und beginnt einen ganz unsinnigen Kampf mit „Rom“.
Zugleich zeigt gerade dieses Selbstgespräch Hitlers: In der Kirche, die ihm jetzt, 1942, als Terrormacht erscheint, die Hunderttausende Menschen zermalmt hat, spricht er verdeckt sein eigenes Terrorregiment an, das eben Hunderttausende zu Tode schindet. 1923–1925, in München, war das noch nicht für ihn vorauszusehen. Damals rühmt er unbefangen die große Zuchtmacht der konstantinischen tausendjährigen Herrschaftsmacht der Kirche.
10. April; das war der Tag seiner Volksabstimmung in Österreich 1938. Am 10. April 1942 sendet er ein Glückwunschtelegramm zum 1. Geburtstag des Kroatischen Staates an den Poglavnik Pavelić, den katholischen Massenmörder der orthodoxen Serben. Dank an das kroatische Volk, „das an der Niederringung des Bolschewismus und dem Aufbau der europäischen Neuordnung so tatkräftigen Anteil nimmt“.

Abends darauf in der Wolfsschanze, 11. April. Adolf Hitler kritisiert heftig Rosenbergs „Mythus des 20. Jahrhunderts“. Er habe es seinerzeit bereits abgelehnt, „diesem Buch parteipäpstlichen Charakter zu geben, da schon sein Titel schief sei“. Man müsse als Nationalsozialist „den Glauben und das Wissen des 20. Jahrhunderts gegen den Mythos des 19. Jahrhunderts“ stellen. Das Buch sei von Altparteigenossen wenig gelesen worden, erst infolge der Reklame, die der Münchener Kardinal Faulhaber durch seine Angriffe gegen Rosenbergs „Mythus“ machte, wurde eine zweite Auflage möglich. „Und als dann von der Katholischen Kirche all die Kampfschriften gegen die Rosenbergschen Gedankengänge mit all ihren Erwiderungen herausgekommen seien, sei die Auflagenziffer auf 170 000 beziehungsweise 200 000 hinaufgeklettert. Er freue sich immer, wenn er feststellen müsse, daß eigentlich nur unsere Gegner in dem Buch richtig Bescheid wissen. Ebenso wie viele Gauleiter habe auch er es nämlich nur zum geringen Teil gelesen, da es seines Erachtens auch zu schwer verständlich geschrieben sei.“
Hitler spricht hier von einem Phänomen, das eine tragische Fehlentwicklung der

kirchlichen Abwehr gegen den Nationalsozialismus in sehr charakteristischer Weise zum Ausdruck brachte. In Köln, wo im 14. Jahrhundert ein Erzbischof die kirchliche Verurteilung des Meisters Eckhart durchgesetzt hatte, war ein kirchlich patronisiertes Werk veröffentlicht worden, das den unseligen „Schüler" des Meisters Eckhart, Rosenberg, und sein pantheistisches Neuheidentum aufs Korn nahm. Man nahm Rosenberg kirchlicherseits viel zu wichtig. Statt sich mit den fundamentalen Verletzungen und Schändungen der Menschenwürde durch den Nationalsozialismus auseinanderzusetzen – an den man sich in Gröbers „Kirchenlexikon" anpaßte –, begann man kirchlicherseits eine Attacke gegen diese „Narren" Rosenberg, den Hitler und Himmler und die hohen SS-Führer nicht ernst nahmen und den die Massen der Hitlergläubigen nie lasen.
In diesem Nachtgespräch um Rosenberg kommt Hitler fast zwangsläufig auf die religiöse „Betreuung" der eroberten Osträume zu sprechen. Er stellt als Maxime auf: Auf jeden Fall ist die Bildung einheitlicher Kirchen für größere russische Gebietsteile zu verhindern. Jedes Dorf soll seine eigene Sekte haben, die ihre eigenen Gottesvorstellungen entwickeln mag. Vielleicht erinnert hier Hitler unterschwellig an die Unterwanderung seiner oberösterreichischen und Waldviertler Ahnenheimat durch zahlreiche Sekten und dissidente katholische Gruppen, die den Boden auflockerten für eine antiklerikale, antirömische politische Bewegung.
Tags darauf kommt er auf Linz zu sprechen. Er kaufte für das Linzer Museum tausend Bilder alter Meister; ein Hauptraum wird mit Defreggerbildern, Nebenräume werden mit Bildern seiner Schüler ausgestattet. Dazu kommen alte Holländer, Flamen, ein Leonardo da Vinci, einige Schwind (Moritz von Schwind, der Wiener Romantiker). Das ist eine Art Selbstporträt seines künstlerischen, konservativen Geschmacks. Ein anderes Selbstporträt zeichnet er eine Woche später im Selbstgespräch. Man muß das deutsche Volk, wenn es wie die Engländer eine Weltstellung einnehmen soll, so erziehen, daß es nur sich selbst gegenüber ehrlich ist, anderen Völkern gegenüber, wie z. B. den Tschechen, soll es lernen, „ebenso treuherzig zu heucheln wie die Engländer, statt sich durch seine Ehrlichkeit überall unbeliebt zu machen". Das ist eine Moral des „kleinen Mannes", eine Bedientenmoral, eine Kellnermoral: Als Oberkellner hat Adolf Hitler seinen Konservativen in Norddeutschland um 1933 hohenzollernsche Wunschgerichte, seinen bayerischen Legitimisten wittelsbacher Gerichte und seinen katholischen Pappenheimern katholische Wunschgerichte serviert.
Und wieder kreist sein ruheloses Denken um „seine" Kirche, am 23. April in der Wolfsschanze. Er polemisiert gegen die kirchliche Entsagungsmoral. „Ein vernünftiger Mensch könne ja auch sowieso nur lächeln, wenn ein Heiliger der katholischen Kirche wie St. Antonius die Möglichkeit der höchsten Freude den Menschen durch Selbstkasteiung mit Hundepeitschen nehmen wolle." – „Nur, wer

ganz strenggläubig sei, solle auf irdische Genüsse gar keinen Wert legen, sondern fasten und sich – da die Erde ja ein ‚Jammertal' sein solle – nur von dem einen Wunsch leiten lassen, möglichst rasch aus ihm zu entkommen. Aber im Gegenteil: die hohe Geistlichkeit bleibe je länger desto lieber in diesem Jammertal."
Adolf Hitler erinnert an kirchliche Bräuche seiner Heimat, das „Ablecken einer Peters-Büste in Linz", „um Ablaß zu erhalten".
In diesem selben Gespräch rühmt er wieder das alte Österreich. In ihm allein sei ausschließlich seit dem 15. Jahrhundert die alte deutsche Staatsgeschichte als Reichsgeschichte gelehrt worden, in allen anderen Ländern sei sie bewußt zugunsten der Geschichte einzelner Dynastien und ihrer Landesinteressen der Vergessenheit anheimgegeben worden. Adolf Hitler weiß sehr gut, daß Österreich ein Zentrum der Pflege der Reichsgeschichte war.
Zwei Tage später erklärt er in der Reichskanzlei Goebbels, er wolle gleich nach dem Kriege das Problem des Fleischessens, das „für die Menschheit schädlich ist", lösen. Voll Ekel sieht er auf seine fleischessende Umgebung. Sind das nicht alles degenerierte „Deppen", diese protestantischen preußischen Offiziere?
Tags darauf „Großdeutscher Reichstag" in der Krolloper, Berlin. Der Prophet eines neuen Weltzeitalters verkündet: „Das Jahrtausend eines neuen Zeitabschnittes" wird eingeleitet. Die Juden haben alle seine Friedensangebote abgelehnt. Sie stehen hinter Englands „Erzkapitalismus" und hinter den englischen Erzbischöfen, welche „die blutigen Bestien des bolschewistischen Atheismus ... so innig umarmen". Hitler beruft sich auf den „britischen Juden Disraeli", der die Rassenfrage als Schlüssel der Weltgeschichte erklärte. „Die verborgenen Kräfte, die England schon im Jahre 1914 in den ersten Weltkrieg hetzten, sind Juden gewesen. Die Kraft, die uns selbst damals lähmte, war eine jüdische. Juden zettelten in unserem Volke die Revolution an." Er erklärt weiter, er habe im vergangenen Winter den „schlimmsten Kampf" seines Lebens hinter sich gebracht und weiß sich dergestalt als „zu Höchstem berufen". – „Wenn die Götter nur jene lieben, die Unmögliches von ihnen fordern, dann gibt der Herrgott seinen Segen auch nur dem, der im Unmöglichen standhaft bleibt."
Im November 1918 hat das deutsche Volk „unter Einwirkung jener jüdischen Rasse, die nun hoffte, im Herzen Europas dem Bolschewismus ein sicheres Bollwerk errichten zu können", die Waffen niedergelegt. Er schildert das jüdischbolschewistische Satanswerk über Europa. „Schwer lastete der Fluch dieses Satanswerkes auf Ungarn. Auch dort gelang es nur mit nationaler Gewalt, die Macht der jüdischen Gewalt zu brechen." – „Wenn nun auch das bolschewistische Rußland das plastische Produkt dieser jüdischen Infektion ist, so darf man doch nicht vergessen, daß der demokratische Kapitalismus die Voraussetzung dafür schafft. Hier bereiten die Juden das vor, was die gleichen Juden im zweiten Akt

dieses Prozesses vollenden." 1. Akt: Versklavung der Massen. 2. Akt: Ausrottung der nationalen Intelligenz; übrig bleibt das Tier im Menschen und eine jüdische Parasitenschicht.
Diese zwei Akte, die Adolf Hitler dem Weltjudentum unterstellt, führt er selbst in Polen und den Ländern der Sowjetunion in einer furchtbaren Tragödie auf: Ausrottung der nationalen Intelligenz, Versklavung der Massen.
Der Führer, Reichskanzler und Oberbefehlshaber der Wehrmacht, stellt hier in seinem „Großdeutschen Reichstag" seinem Volk das schaurige Bild einer riesenhaften satanischen jüdischen Weltmacht vor. Sie manifestiert sich im Westen im „jüdischen Kapitalismus"; an seiner Seite „der bolschewistische Staat, d. h. jene Masse einer vertierten Menschheit, über die der Jude wie in Sowjetrußland seine blutige Geißel schwingt". – „Wir Deutsche haben in diesem Ringen um Sein oder Nichtsein nur alles zu gewinnen, denn der Verlust dieses Krieges würde ohnehin unser Ende sein." Wir kommentieren: Um diesen Verlust kreist tagsüber und nachts sein Denken, tobt der Kampf zwischen „Glaube" und „Unglaube" in seiner Brust. „Die innerasiatische Barbarei würde über Europa kommen wie zu Zeiten der Hunnen- oder der Mongolenstürme." – „Daß mich die Vorsehung ausersehen hat, in einer so großen Zeit das deutsche Volk führen zu dürfen, ist mein einziger Stolz." – „Ich habe an den Allmächtigen keine andere Bitte zu richten, als uns in Zukunft genauso wie in der Vergangenheit zu segnen und mir das Leben so lange zu lassen, als es für den Schicksalskampf des deutschen Volkes in seinen Augen notwendig ist."

Nachdem sich Adolf Hitler dergestalt vor Volk und Reich entlastet und an seinen Herrgott gebunden hat, den er in dieser Liturgie für sein Werk eingefordert hatte, gibt er an diesem Tage einen gemütlichen Abend in der Reichskanzlei. Speer, Gauleiter Forster und andere Getreue hören dem Führer aufmerksam zu, der stundenlang über Kunst, Bildergalerien und über seine künftige „Weltstadt Linz" spricht. Der Österreicher Adolf Hitler verbreitet sich hier über seine Prinzipien bei der Auswahl von in Wien aus jüdischem Besitz angefallenen Gemälden für Wiener und für andere Galerien, wie in Linz und Innsbruck. Er weiß, daß diese Entscheidung es seinen „lieben Wienern", die er im Laufe dieses gemütlichen Abends mehrfach so anspricht, „durchaus nicht in den Kram gepaßt habe"; er konnte dies um so leichteren Herzens durchführen, da „in Wien aufgrund des halbtausendjährigen Wirkens des Habsburger Kaiserhauses so viele Kunstschätze zusammengetragen seien, daß man allein mit den in den Kellern und auf Böden abgestellten Sachen drei weitere Museen voll" ausfüllen könnte.
Adolf Hitler spricht mit Professor Speer über die Planungen in Linz. Heute sei Budapest die weitaus schönste Donaustadt – sein Linz soll Budapest, die alte

Rivalin Wiens und der zisleithanischen Reichshälfte der Donaumonarchie, übertreffen und deshalb durch großartige Anlagen an beiden Donauufern zu einer Donaustadt ausgebaut werden. Am jenseitigen Donauufer soll ein Gebäude aufgeführt werden, „das insbesondere der katholischen Pseudowissenschaft zum Trotz die drei Weltbilder des Ptolemäus, des Kopernikus und der Welteislehre (Hörbigers) enthalten soll". – „In spätestens zehn Jahren nach Kriegsende müsse Linz, die neue Weltstadt an der Donau, stehen." Hitler rühmt, wie er sagt, als Künstler „die einmalig schöne Lage" von Linz. „Wenn die Wiener sich daran störten, daß sie dadurch in ihren Monopolstellungen und in den Möglichkeiten zur gouvernantenhaften kulturellen Betreuung der Alpen- und Donaugaue beschränkt würden, so sei das unberechtigt. Wiens Stellung zu schmälern, liege ihm, soweit sie auf einer soliden Grundlage aufgebaut sei, völlig fern."

Am nächsten Tag unterbricht Adolf Hitler seine Fahrt zum Obersalzberg in seinem geliebten München und trifft sich da in der „Osteria" mit Hermann Esser und dem Architekten Professor Giesler.

30. April. Selbstgespräch über die Wiener Oper. Hitler wendet sich gegen den „Bruno-Walter-Schwindel". Bruno Walter, 1934–1936 Direktor der Wiener Staatsoper, sei an der Wiener Oper als eine absolute Null bekannt gewesen, nur die Judenpresse Münchens habe ihn zum „genialsten" Dirigenten Deutschlands hinaufgelobt. „Den Schaden habe die Wiener Oper davon gehabt." Adolf Hitler kennt gut die antisemitische völkische Pressepolemik gegen Bruno Walter, weiß aber nicht, daß dieser große Künstler und Humanist bereits in seiner eigenen Wiener Zeit unter der Direktion Mahlers an der Wiener Oper erfolgreich als Kapellmeister gewirkt hat. Hitler beklagt den Mangel an guten Dirigenten; so habe man 1938 Hans Knappertsbusch nach Wien holen müssen, der mit seinen blonden Haaren und blauen Augen zwar Germane sei, aber ohne jedes wirkliche Gehör. „Sich eine Opernaufführung Knappertsbuschs anzuhören, sei seine Strafe."

2. Mai. Martin Luther, oft berufen in den Gesprächen mit Dietrich Eckart 1922, wird beschworen. Wie einst die Bibelübersetzung Luthers die Verbreitung der deutschen Schriftsprache besorgte, so müsse heute der Großdeutsche Rundfunk die Aufgabe übernehmen, das klassische Deutsch vorzusprechen. Am folgenden Tage kommt Adolf Hitler auf ein anderes altes Thema, das ihm sehr nahegeht, zu sprechen, auf seine große Angst vor Attentaten. Wie ungenügend ist da der Polizeischutz, etwa auf seiner Fahrt von Wien nach Nikolsburg und Preßburg. „Jeder Bazi" kann auf den ersten Blick Kriminalbeamte erkennen. Es ist nicht zu vermeiden bei Menschenanhäufungen, „daß Idealisten mit Zielfernrohren ... auf ihn schössen". Gefährlich seien besonders „die von den Schwarzen im Beichtstuhl aufgeputschten Attentäter oder nationalgesinnte Leute aus den von unseren

Truppen heute besetzten Gebieten". Er erwähnt den Rathenau-Mord und zieht aus ihm seine Konsequenzen.

Idealisten mit Zielfernrohren: Adolf Hitler weiß in seiner Angst vor Attentätern den Glauben von Menschen, die ihn aus Glaubensgründen töten wollen, durchaus zu schätzen, zu würdigen. Erstaunlich sachbezogen würdigt er in dieser Hinsicht nach dem Attentat vom 20. Juli 1944 seine Gegner, wirft ihnen fast nur vor, daß sie so stümperhaft ans Werk gingen. Wünscht sich der permanente Selbstmörder Adolf Hitler, der durch eine im Krieg gesteigert-widervernünftige Lebensweise sich selbst ruiniert, in einer Art Todeswunsch, durch ein Attentat als Blutzeuge seines Glaubens in die Erinnerung und politische Willensbildung seines Volkes einzugehen? Diese Vermutung läßt sich nicht beweisen. Sein Umkreisen des Selbstmordes und seine ständige Angst vor einem Attentat stehen doch wohl in einem inneren psychischen Zusammenhang.

In ebendiesem Selbstgespräch kommt er wieder auf Wien zu sprechen. „Er habe auch Vorsorge getroffen, daß nicht eine Stadt wie Berlin versuche, aufgrund der Kriegsverhältnisse und der durch sie bei anderen Städten bedingten Bau- und sonstigen Schwierigkeiten alles an sich zu reißen." – „So habe Wien jahrhundertelang alle Kunstschätze in seine Mauern geholt und auf diese Weise die ganzen Alpen- und Donaugaue auf dem Gebiet der Kunst ausbluten lassen." Dasselbe gelte heute für Linz. So schön auch Berlin sei, als Kunstmetropole sei es ganz ungeeignet. Hierzu fehlt ihm allein schon die Atmosphäre.

In diesen Maitagen 1942 zeigen die erhaltenen Aufzeichnungen über seine Selbstgespräche und Reden besonders deutlich, wie Adolf Hitler eine dunkle Mitte – Tod, Zusammenbruch im Kriege, Selbstmord – von zwei elliptischen Polen her umkreist. Der eine Pol: Erinnerung an dunkle und besonnte Vergangenheit – Wien, Linz, Altösterreich. Der andere Pol: leuchtende Zukunft; der Künstler Adolf Hitler als Welt-Baumeister, der die Gotik des Heiligen Römischen Reiches und den kaiserlichen Barock der Habsburger überholt durch seine Entwürfe, Projekte, Bauten.

6. Mai: Er unterschreibe heute die Schuldanweisungen für das Reich im festen Vertrauen auf den Sieg, in der Überzeugung, „daß, wenn dieser Krieg nicht erfolgreich ausgehe, sowieso alles hin sei". Am 8. November 1923 hatte er abends im Münchener Bürgerbräukeller gesagt: „Der Morgen findet entweder in Deutschland eine nationale Regierung oder uns tot." Am 8. Dezember 1932 sagt er: „Wenn die Partei einmal zusammenfällt, dann mache ich in drei Minuten mit der Pistole Schluß."

Am 8. Mai 1942 sagt er: „Die Erde ist wie ein Wanderpokal, sie habe das Streben, immer in die Hand des Stärksten zu kommen." – „Seit Jahrzehntausenden werde auf dieser Erde hin- und hergezogen." Wird er diesen Pokal erwerben, wird er ihn halten können?

Zwei Tage darauf, beim Mittagessen in der Wolfsschanze. „Wie befangen sei er in seiner Wiener Zeit gewesen, obwohl er auf den verschiedensten Gebieten damals schon recht genau Bescheid gewußt habe. An einen großen Mann heranzutreten, habe er ebensowenig gewagt, wie etwa vor fünf Menschen zu reden. Wenn der Krieg nicht gekommen wäre, wäre er sicher Architekt geworden", vielleicht doch der erste Architekt Deutschlands! Seine Eltern wollten ihn mit dreizehn Jahren für die Beamtenlaufbahn begeistern und schleppten ihn zu diesem Zweck ins Linzer Hauptzollamt, in „einen wahren Staatskäfig", in dem die alten Herren dicht aufeinander hockten, so dicht wie Affen. Adolf Hitler schildert diesen schockartigen Eindruck da so plastisch, wie wenn sie hier vor ihm „hockten", diese alten Herren im Linz von 1902.

12. Mai, abends. Hitler spricht über die schlechten, kitschigen deutschen Denkmäler – den Künstlern fiel nichts Besseres ein, als die Potentaten hoch zu Roß mit wallendem Helmbusch darzustellen – und erwähnt „als Ausnahmen, die wirklich imposante Kunstwerke seien", Zauners Wiener Denkmal Josephs II., das Denkmal Maria Theresias zwischen den beiden Hofmuseen in Wien, Fernkorns Denkmal des Prinzen Eugen, das Denkmal Kaiser Friedrichs III. im Stephansdom; dazu je ein Denkmal in Berlin und München. Dann kommt er auf seine Ostpolitik zu sprechen: Ziel ist ihm, für etwa einhundert Millionen germanischer Menschen in diesem Raum ein Siedlungsgebiet zu erschließen.

Die Tschechen sind keine Slawen, sondern Abkömmlinge mongoloider Stämme – damit begründet er wohl seine Umsiedlungspläne. Ein Besuch im Grazer Zeughaus bezeugt ihm die Richtigkeit seiner Aufnordungspläne. In diese tausend kleinen Ritterrüstungen paßt heute kein Steiermärker und Kärntner mehr hinein. Diese Menschen seien wohl aufgenordet worden durch rassisch stärkeres Blut. Hitler nimmt seine Aufnordungspolitik – durch Belegung rassisch schwacher Landschaften mit rassisch hochwertigen Militäreinheiten, wie z. B. der Waffen-SS, zum willkommenen Anlaß für einen Ausfall gegen die „verlogene Moral der Oberen (protestantischen) Zehntausend, insonderheit der preußischen Prinzen. Wie gesund sei demgegenüber die Moral in unseren Alpenländern gewesen, in denen auch die Katholische Kirche die sogenannte ‚Probier' duldete und der Pfarrer erst, wenn die Geburt des Kindes nahe rückte, den künftigen Kindesvater auf seine Pflicht zur Heirat hingewiesen habe".

Am nächsten Tage, am 13. Mai, wird Adolf Hitler die unzensurierte Rede des Papstes Pius XII. am Vortage seines 25jährigen Bischofsjubiläums vorgelegt. Der Papst sagt da: „In Wahrheit ist das Christentum von heute kein anderes als das der Frühzeit. Ewig ist die Jugend der Kirche. Sie altert nicht." Wie in der Ur-

kirche kämpft sie heute an vielen Orten um Sein und Nichtsein. Kein Kommentar zu dieser Rede von Adolf Hitler.
Die „zeitlose" Mystik des Papstes Pius XII. erreicht nicht die sehr zeitgebundene Kirche und die auf Hitlers Schlachtfeldern elend verderbenden Millionen deutscher Katholiken. Wofür sterben sie? Sie sterben jedenfalls nicht als Blutzeugen der Kirche. Ihr Tod bringt keine Frucht, wie der Same der Märtyrer. Das heutige Konsum- und Prestige-Christentum ist auch in diesem Bezug wurzellos.
20. Mai. Das Selbstgespräch kreist wieder um Wien, um seine Wiener Erfahrungen. Wie grundlegend hat sich heute die Lehrlingsausbildung gewandelt! „Derselbe Lehrling, der früher ein ‚Watschenbua' gewesen ist für Meister und Geselle, ist heute nach einer halbjährigen Grundausbildung ein selbstbewußter junger Mann."
Ja, die Wiener! Sie machen „in ihrer konzilianten Art gewisse Dinge besser als jeder sonst. Als Diplomaten zum Beispiel seien sie besonders wertvoll". Hitler weist auf Seyß-Inquart in Holland hin – den er dann in seinem letzten Testament als Reichsaußenminister einsetzt. „Die Art des Wieners, geschichtlich zu denken, sei ebenso bemerkenswert. So hätte ihm Seyß-Inquart bezüglich der künftigen Behandlung Belgiens ohne viel Nachdenken gesagt: ‚Aber es war doch vor 150 Jahren noch unsere Provinz.' " – 1713–1794 war das spätere Belgien als „Österreichische Niederlande" ein Teil der Habsburger Monarchie. – „Und alle Wiener seien davon überzeugt, daß er lediglich das von ihnen hochgezüchtete Ungarn zurückbringen müsse, und verstünden nicht, wie er Italien Einfluß auf Kroatien einräumen könne." Adolf Hitler macht sich hier jedoch keine Illusionen über seine Wiener; er beobachtet ihre innere Auflehnung gegen seinen Krieg, gegen die von ihm in Wien eingesetzten deutschen Oberherren.
Von Wien geht sein innerer Blick weiter nach Prag. Die Tschechoslowakei war „auch in ihrem Wesen ein alter österreichischer Nationalitätenstaat geblieben". „Sonst hätte auch Hacha nicht wie ein alter österreichischer Beamter die Geschichte der selbständigen Tschechoslowakei empfunden und aus innerster Überzeugung den Weg zu ihm (Hitler) getan." Der tschechoslowakische Staatspräsident Hácha war tatsächlich ein alter Beamter der Donaumonarchie gewesen.

29. Mai. Beim Mittagessen spricht „der Chef" über Berlin und Wien. Eine der wichtigsten Aufgaben des Dritten Reiches sei es, in Berlin eine wirklich repräsentative Hauptstadt zu schaffen. „Man könne es dem nach Berlin kommenden Wiener nicht verargen, wenn er im Hinblick auf das grandiose Stadtbild seiner eigenen Heimatstadt von Berlin enttäuscht sei. Sogar ihm gegenüber hätten Wiener einmal erklärt, Berlin sei doch keine Hauptstadt; denn kulturell sei ihm Wien sowieso überlegen, und in seinem Stadtbild könne es doch auch nicht an Wien

heran. An dieser Bemerkung sei insofern viel dran, als kaum eine andere Stadt in Deutschland über so zahlreiche kulturelle Schätze verfüge wie Wien." Adolf Hitler bezieht sich auf die Pflege der Reichsgeschichte, der Kaisergeschichte in Wien, auf die Wiener Museen, auf die Technik, die Wiener Kunstinstitute und Theater. Wien erscheint ihm als „ein kultureller Mittelpunkt, der ein ungeheuerliches, geradezu kolossales Fluidum ausströme". Schwer werde es sein, Linz und Graz demgegenüber zur Geltung zu bringen und Wiens Vormachtstellung zu brechen. „Eines könne man natürlich nicht künstlich erzeugen; das sei der ungewöhnlich eindrucksvolle Stimmungsrausch, den Wien in vergangenen Jahrhunderten ebenso wie heute biete und der wie ein immerwährendes Biedermeier anmute. Denn dieser Stimmungsrausch, den man bei jedem Gang durch die Anlagen von Schönbrunn und so weiter erlebe, sei einmalig." Am Tag darauf steht Adolf Hitler vor seinen Offiziersanwärtern im Berliner Sportpalast. „Der Zusammenbruch der antiken Welt brachte tausend Jahre Chaos. Der Zusammenbruch Europas würde vielleicht zwei- bis dreitausend Jahre Chaos bringen." Selbst hier kreist sein inneres Selbstgespräch um diese dunkle Mitte: Tod, Untergang, Verlust seines Krieges. Aus dem Opfer und dem Tod wächst Leben für Hunderte Millionen in der Zukunft. „Und es wird sich dann das alte Wort bewahrheiten, daß das Blut gesegnet ist, das vergossen wird, damit später die Erde gepflügt werden kann und das Leben bringt für kommende Geschlechter."
Hier fließt in Hitlers Predigt, die zum Opfertod auffordert, ja verpflichtet, das Wort des Evangeliums vom (Menschen) Samen, der in die Erde fallen muß, um Frucht zu bringen, zusammen mit dem Matthäuswort 26, 28, von dem Blut, das vergossen wird zur Vergebung der Sünden.
Am Abend ebendieses 30. Mai kommt er wieder auf seine Kunst und auf die Wiener zu sprechen. „Die Wiener haben Mozart verhungern lassen, und sie hätten auch Bruckner und Haydn verhungern lassen, wenn diese nicht – der eine im Bischof von Linz, der andere im Fürsten von Esterhazy – Förderer gefunden hätten." Den Wienern ist wie den Münchnern die Kunst nur „durch das Wirken der Herrscherdynastie ... aufoktroyiert" worden. Ja, aber das Wiener Kaffeehaus! „Ihm sei am liebsten die Wiener Art des Kaffeehauses als Restauration. Denn das Wiener Café sei eine Quelle der Ruhe, Beschaulichkeit und Belehrung." Das Wiener Café. Es war die wahre Heimat der Wiener Literaten, Künstler, Politiker, nicht zuletzt der Wiener Juden. Adolf Hitler denkt nicht daran, daß er auch der Mörder des Wiener Cafés ist: Fünftausend Cafés müssen schließen, beziehungsweise gehen in seiner Welt ohne Pressefreiheit ein.
Eine Woche später, am 5. Juni, kommt er auf die Bibel zu sprechen. 1923 hat er von ihr im Gespräch mit Dietrich Eckart als von einer Fundgrube weltgeschichtlicher Weisheit, gerade in bezug auf die Juden, geredet. Jetzt meint er, wobei

unterschwellig wohl eine alte Abneigung des bibelfremden Katholiken gegen das „protestantische" Lesen der Bibel durchklingt – mit Bezug auf die bibellesenden protestantischen Finnen, diese seien durch das Bibellesen geistig verkrüppelt. Kein Wunder, daß es in Finnland so viele Geisteskrankheiten gibt. „Denn sie seien ja gezwungen, in dieses jüdische Machwerk einen Sinn hineinzubringen, obwohl keiner da sei." Ein Jammer, daß die Bibel ins Deutsche übersetzt wurde. – Das ist – von ihrer Seite her – auch lange die Überzeugung katholischer Kirchenmänner. – „Judengeschmeiß und Priestergeschwätz" verführen zum Wahnsinn. Er, Hitler, möchte zur Volksaufklärung in allen größeren Städten Sternwarten bauen lassen; sie sind das beste Mittel, das Weltbild der Menschen zu vergrößern und damit geistigen Verkrümmungen vorzubeugen.
Adolf Hitler selbst krümmt sich in dieser Zeit, 1942, immer mehr in sich selbst ein und mauert sich auch innerlich ein, um einerseits in Haß und Wut gegen seine „Deppen", seine Generale, diese Nichtskönner und Kulturbarbaren, auszubrechen und andererseits in Tag- und Nachtträumen sich Visionen einer freien, aufgeklärten, kultivierten Zukunftsmenschheit in seinem Reich vor-einzubilden.

Zwei Tage später spricht er sehr ausführlich über Spaniens Kirche, über das abergläubisch-fetischistische Wesen des spanischen Katholizismus. – Richard Wright schlägt in seinem bekannten Spanienbuch diese Themen als amerikanischer aufgeklärter Neger an. – In diesem Zusammenhang kommt Hitler, wie er es sieht, auf das listige Sichanschmiegen der Kirche an ihn zu sprechen. „Wie geschickt es die Kirche, insbesondere die katholische Kirche, verstehe, sich beim Träger der politischen Macht ein harmloses Ansehen zu geben und sich einzuschmeicheln, das habe er beim ersten Besuch des Bischofs Bertram nach der Machtübernahme erlebt. (Es handelt sich um Kardinal Bertram von Breslau.) Bertram habe nämlich in seiner Ansprache in so feierlicher Weise demütige Grüße der Kirche überbracht, daß man, wenn man es nicht am eigenen Leibe erfahren hätte, hätte glauben können, es sei nie ein Nationalsozialist seiner Überzeugung wegen von der Kirche ausgeschlossen, verfolgt oder in seiner Totenruhe beeinträchtigt worden. Mit solch einem demütigen Getue habe sich die Kirche stets in die Macht eingeschlichen und sich auch bei den deutschen Kaisern, von Karl dem Großen an, eingeschmeichelt."
Tags darauf erklärt Adolf Hitler: Berlin wird in „Germania" umbenannt werden. Daß eine solche Umbenennung Berlins auch technisch keine Schwierigkeiten mache, zeigt ihm die Verdeutschung Gdingens in Gotenhafen und die Umbenennung von Lodz in Litzmannstadt. Adolf Hitler, der sich so gerne auf die Geschichte und auf historische Traditionen beruft, stellt das ihm zutiefst unsympathische Berlin mit Gdingen und Lodz auf eine Stufe und denkt wohl auch unter-

schwellig an eine gewisse Kompensation für seine Wiener, deren Österreich er in seiner „Ostmark“ ausgelöscht hatte.

24. Mai. Wieder kreist sein Denken um das alte Wahlkaisertum im Heiligen Römischen Reich, das eine ideale Form der Reichsführung darstellte; leider scheiterte es, weil die Kurfürsten erbliche Lehensherren waren.

29. Mai. Beim Mittagessen erwähnt er, „daß seine Wiener Landsleute immer wieder fragten, ob wir denn auch diesmal Belgrad wieder aufgeben wollten. ‚Nachdem wir es nun zum dritten Male hätten erobern müssen‘, sollten wir es doch endlich behalten!“ Prinz Eugen hatte 1717 Belgrad erobert, im Ersten Weltkrieg fiel Belgrad 1915.

Der Österreicher Adolf Hitler nimmt diese Vorschläge sehr ernst. Die Wiener Nationalsozialisten um Hermann Neubacher beteiligen sich an den Plänen für eine „Reichsfestung Belgrad“, und einen „Prinz-Eugen-Gau“; ein großes Wasserkraftwerk an der unteren Donau soll diesen Raum auch wirtschaftlich erschließen. Das ist fast ein k.-k.-österreichisch-ostmärkischer Nationalsozialismus.

In diesem Gespräch berichtet Adolf Hitler, die Klosterbrüder vom Athos hätten ihn zum Nachfolger der byzantinischen Kaiser erklärt. Dieses Dokument ist aufzubewahren. Barocke kaiserliche Deckenfresken, etwa im Stifte Klosterneuburg, zeigen den „Bürgermeisterhabit“ von Konstantinopel, als dem Kaiser in Wien gebührend. Kaiser Maximilian I. hatte bereits nach Konstantinopel geblickt und sich als legitimen Erben der oströmischen Kaiserkrone betrachtet. Die beiden Erben des byzantinischen Doppeladlers, der Zar und der Kaiser in Wien, waren im Ringen um dieses Erbe auf dem Balkan im 19. Jahrhundert wieder zusammengestoßen. Das ist ein Vorspiel zu 1914.

30. Juni. Hitler freut sich, wie der Marschall von Küchler „mit der Miene eines Biedermannes“ von den schweren Wolchow-Kämpfen erzählt: „Zehntausend russische Verwundete werden gar nicht gemeldet, da sie doch eingingen.“ – „Die Russen kämpfen wie die Tiere, müssen Mann für Mann erledigt werden.“ Als gelehrige Schüler schmiegen sich hier deutsche Generale bis in die Sprache hinein an ihren Führer an.

Abends, in der Wolfsschanze am 2. Juli. Der Führer freut sich, mit Bezug auf Friedrichs des Großen theologische Schriften, daß er mit seinen „ketzerischen“ Gedanken nicht allein dastehe. Für das Verhältnis Staat–Kirche seit der Verrat der Freiheitsheldin Jeanne d’Arc durch einen theologischen Klüngel eine ewige Lehre.

Adolf Hitler rühmt wieder einmal die habsburgische Monarchie. Wenn man wisse, wie schnöd die diversen deutschen Staaten „die großen Belange des deutschen Gesamtvolkes“ behandelt hätten, „müsse man es der habsburgischen Monarchie hoch anrechnen, daß sie den deutschen Gedanken auch in der Zeit, in der sich das Reich in Einzelstaaten aufgelöst habe und von dynastischen Interessen förmlich auseinandergerissen worden sei, hochgehalten habe".

Diese Schau der Habsburgermonarchie ist diametral entgegengesetzt der kleindeutschen preußophilen deutschen Geschichtsschau eines nationalen 19. Jahrhunderts, die das Haus Habsburg als nur von dynastischen „Hausmacht"-Interessen besessen dem deutschen Preußen gegenüberstellte. Der Österreicher Adolf Hitler kann die Hohenzollern nicht leiden. Er erhöht die Pensionen für sozialdemokratische Minister der Weimarer Republik nach seinem Rombesuch 1938, da er ihre Verdienste jetzt erst erkenne: sie haben ihn von den Hohenzollern befreit. Er ist wütend, als er erfährt, daß ein Hohenzollernprinz die Führung eines Regiments in seinem Kriege erhalten soll, und verbietet kategorisch (1940) jede derartige Bestallung der Hohenzollern in seinem Heere.

In diesem Abendgespräch plaudert er lobend über eine Denkschrift des Gauleiters Frauenfeld über die Lösung der Südtiroler Frage. Eduard Frauenfeld macht den Vorschlag, die Südtiroler geschlossen nach der Krim zu verbringen. Frauenfeld war einst Führer der NSDAP in Wien gewesen, ist nun Gauleiter von „Taurien", wozu die Krim jetzt gehört. „Taurien" war in der kaiserlichen Reichsmystik des Barock ein Bezug, der dem Erzhaus Österreich zugeeignet erschien. Eduard Frauenfeld schreibt 1944 den von uns bereits erwähnten Brief an Himmler, in dem er in bezug auf seinen Vater, den kaiserlichen Hofrat, sich auf sein Rechtsbewußtsein beruft, angesichts der grauenhaften Schändungen des Menschen in ebendiesen Ostgebieten.

4. Juli. Adolf Hitler: „Mein Kampf" hat wohl nach der Bibel die höchsten Auflagenziffern der Welt. So finanziere ich meine Stiftungen für Galerien, Museen, für Städte wie Linz. Er gedenkt seiner Linzer Jugendzeit. Immer habe er Angst vor dem Wasser, vor dem Meer gehabt. Eine mißglückte Kahnfahrt auf der Donau bei Linz – er war ein schlechter Schwimmer, zu mager, zu dürr – ist ihm unvergeßlich. Der unglückliche Wiener Dichter Josef Weinheber hat eine verwandte panische Angst vor dem „großen Wasser", er vergißt nie eine Fahrt zu einer Insel vor der dalmatinischen Küste. Hitler ist durch und durch Kontinentalmensch. Das Meer ist ihm eine fremde, feindliche Wirklichkeit.

Das Selbstgespräch wendet sich an diesem Tage den Beziehungen zum Vatikan zu. Das Konkordat darf nur für die alten Reichsgebiete gelten, nicht auf die neugewonnenen Lande ausgedehnt werden. Adolf Hitler sieht die Kurie als eine gefährliche Macht, die immer und überall dort, wo in der Geschichte der Staat sich als schwach oder anfällig zeigt, zu eigener Machtübernahme vorstößt.

Hitler lobt „in diesem Zusammenhang" die Amerikaner. Ihre Staatsmänner hätten die Arbeit der Kirche wirklich auf eine vernünftige Basis gestellt, indem sie ihr im Rahmen der üblichen Vereinsmöglichkeiten ihren Lebensbereich zugewiesen hätten. Da sie der Kirche außerdem aus Staatsmitteln keinen Pfennig zahlten, kröche die gesamte Geistlichkeit hinter ihnen her und sänge ihr Loblied. Wenn der Pfaffe keinen Rechtsanspruch auf Staatszuwendungen habe, „müsse er sie durch ein dem Staat wohlgefälliges Verhalten verdienen". – „Wenn wir einmal nicht mehr jährlich eine Milliarde an die Kirchen zahlten, würden unsere Pfaffen ihre Frechheit auch sehr bald ablegen und statt auf uns zu schimpfen und uns unverschämt zu kommen, uns aus der Hand fressen."

Adolf Hitler entwickelt hier in nuce sein Nachkriegsprogramm für die Kirchen: geringe Zuwendungen an einzelne Pfaffen, an die Bischöfe durch den Reichsstatthalter – nach Kündigung des Konkordats. „Er werde sich persönlich das Vergnügen machen, der Kirche alle jene Fälle vorzuhalten, in denen sie das Konkordat gebrochen habe." Wieder bemerken wir Hitlers eigentümliches Umdrehen des Spießes. Er schiebt seine eigenen hundertfältigen Konkordatsbrüche der Kirche in die Schuhe, so wie er im Bilde der Terrorherrschaft der Kirche sein eigenes Schreckensregime konterfeit. Als Beispiel für den Konkordatsbruch der Kirche nennt er „die enge Zusammenarbeit der Kirche mit den Mördern Heydrichs", die in einer Kirche Unterschlupf gefunden hatten.

Sein Motiv, hier und immer: Man kann als Staatsmann gar nicht vorsichtig genug sein im Umgang mit der Kirche. Warnendes Vorbild: die Kaiserkrönung Karls des Großen 800 in Rom. „Als Karl der Große Weihnachten 800 in der Peterskirche in Rom im Gebet gehockt habe, habe der Papst ihm ... schwupp: eine Krone aufs Haupt gesetzt." Adolf Hitler erinnert an das würdige, selbstbewußte Auftreten des Kardinals Innitzer ihm gegenüber nach seinem Einzuge in Wien; „er habe ein schuldbewußtes, niedergedrücktes Pfäfflein erwartet. Statt dessen sei ein Mann von selbstbewußtem Auftreten erschienen".

Er meide bewußt jeden persönlichen Kontakt mit dem Vatikan, so auch mit dem Nuntius in Berlin. Rosenbergs Angriffe gegen die Kirche sind jedoch falsch und sinnlos. Mit der Kirche darf man sich nicht in eine Diskussion einlassen. „Denn gewinnen habe Rosenberg dabei sowieso nichts können, da die aufgelockerten Katholiken dem Standpunkt der Kirche von sich aus schon innerlich kritisch gegenübergestanden hätten. Bei den strenggläubigen Katholiken hingegen habe er für seine ‚ketzerischen Ausführungen' kein Verständnis erwarten dürfen."

Das Verhalten des Bischofs von Galen werde mit ein Grund sein, das Konkordat sofort nach Kriegsende aufzuheben; an seine Stelle werden regionale Regelungen treten. Die Kirche ist durch Geld zu beherrschen. „Da die Kirche, wenn sie auf Spenden angewiesen sei, keine drei Prozent des heutigen Reichszuschusses einscheffele, werde jeder Bischof seinem Reichsstatthalter nachkriechen, um nach Beseitigung des Konkordats und damit des rechtlichen Zahlungstitels Geld zu bekommen."

Am nächsten Tage spricht Adolf Hitler im Selbstgespräch seinen Dank an die Sozialdemokraten aus: er erhöhte die Pensionen der sozialdemokratischen Minister. „Es hieße ihr geschichtliches Verdienst verkleinern, wollte man der *Hohenzollern-Brut* – jetzt zum Beispiel als Offizieren der Wehrmacht – wieder Einfluß einräumen!"
5. Juli. Eine unserer wichtigsten Aufgaben: die kommenden Geschlechter vor dem Schicksal von 1918 zu bewahren – deshalb muß „das Bewußtsein der jüdischen Gefahr in ihnen" wachgehalten werden. „Allein schon aus diesem Grunde müßten die Oberammergauer Festspiele unbedingt erhalten werden."
1966 entschließt man sich kirchlicherseits, die von einem antisemitischen Geist erfüllten Oberammergauer Festspiele theologisch überprüfen zu lassen. Dieser Geist entsprach einer tausendjährigen Tradition. Adolf Hitler ist mit Recht von diesen Festspielen begeistert und rühmt besonders die „Darstellung des Pontius Pilatus bei diesen Festspielen, erscheine dieser doch als ein rassisch und intelligenzmäßig überlegener Römer, daß er wie ein Fels inmitten des jüdischen Geschmeißes und Gewimmels wirke. In der Anerkennung der ungeheuren Bedeutung dieser Festspiele für die Aufklärung auch aller kommenden Geschlechter sei er ein absoluter Christ".
Der österreichische Katholik Adolf Hitler läßt hier tief in seine Brust hineinblicken. Sein christlich eingewurzelter Judenglaube, sein Teufelsglaube sind die in allen Wandlungen seines Lebens sich unerschütterlich erhaltenden Fundamente seines religiös-politischen Denkens und Handelns.
Er schiebt in diesem Selbstgespräch die Schuld an der Zerstörung der antiken Tempel im 4. Jahrhundert den Judenchristen zu; „auch die Zerstörung der Bibliothek von Alexandria sei ja ein jüdisch-christliches Werk". Den rasend antijüdischen christlichen ägyptischen Mob, der immer wieder von ägyptischen militanten Mönchshorden, die an die SS denken lassen, aufgehetzt wurde, kennt Adolf Hitler nicht oder übersieht ihn.
Das aber sieht er in diesem Selbstgespräch: Die eigentlichen Kulturträger in den letzten Jahrtausenden vor Christus und auch im 1. Jahrtausend nach Christus sind die Mittelmeerländer.
22. Juli. Adolf Hitler wiederholt sein politisches Dogma: Dieser Krieg ist ein genauer, getreuer Abklatsch der Verhältnisse der Kampfzeit – sie ist *die* Heilszeit, in ihr wird *der* Heilssieg errungen. „Was sich damals bei uns als Kampf der Parteien im Inneren vollzogen habe, vollziehe sich heute als Kampf der Nationen draußen."
Dieses Grunddogma seines politischen Glaubens ist auch ein Reflex seiner Wiener Erfahrungen. Der Krieg der Nationen fand im Reichsrat der Vereinigten Königreiche und Länder statt, der *Bürger*krieg der *Nationen* im Hause Österreich

formt sich dann mit aus als Weltkrieg. Innen- und Außenpolitik vergleiten ineinander.
Der Österreicher Adolf Hitler äußert sich in diesem Zusammenhang wieder einmal hämisch über die Juristen. Rechtsanwalt sein, das ist kein anständiger Beruf, „ein ganzes Leben lang Bazis zu verteidigen". Vielleicht denkt er dabei an Wiener Winkeladvokaten aus der Zeit von 1910. Niemand komme dem Juristen näher als der Verbrecher, auch in ihrer gemeinsamen Internationalität.
„In den Fehler des ewigen Reglementierens dürften wir in den besetzten Ostgebieten unter keinen Umständen verfallen. Wenn wir die einheimische Bevölkerung nicht unnötig gegen uns aufbringen wollten, dürften wir Beschränkungen ihrer individuellen Lebensäußerungen nur in dem durch unsere Interessen unabweisbar notwendigsten Umfang verfügen." An diese altösterreichische Maxime, zu der er sich da bekennt, haben sich bekanntlich Hitler und seine Reichsleiter, Gauleiter, Kommissare nicht gehalten.
Am Tage darauf gratuliert er Bruno Brehm, dem österreichischen Romancier, der den Untergang der Donaumonarchie in seinen Romanen gestaltet, zum 50. Geburtstag.
Abendessen im „Werwolf" am 24. Juli. Weltfeind Nr. 1 ist das Weltjudentum. „Die Beseitigung der Juden aus Wien sei am vordringlichsten, da in Wien am leichtesten gemeckert werde." Die Deportationen der Juden aus dem Reichsgebiet begannen im Oktober 1941. „Auch in München müßten die letzten anderthalbtausend baldmöglichst verschwinden. Er freue sich, daß wenigstens Linz bereits heute schon ganz judenfrei sei."
Adolf Hitler kommt auf den Antisemitismus bei den Anglo-Amerikanern und in Sowjetrußland zu sprechen. Stalin habe Ribbentrop gegenüber gesagt, „daß er nur den Augenblick des Heranreifens genügend eigener Intelligenz in der UdSSR erwarte, um mit dem heute noch von ihm benötigten Judentum als Führungsschicht Schluß zu machen".
Adolf Hitler sieht, besessen von seinem Glauben an den „satanischen Juden", in den Deportationen der Juden aus dem Reichsgebiet und dem von ihm besetzten Europa kriegswichtige, ja kriegsentscheidende Aktionen: bedeutsam wie die Schlachten auf dem Schlachtfelde. Deshalb stellt er für die „Endlösung" noch 1944 ein Waggon-Material, das für den Nachschub an die Front unersetzlich war, zur Verfügung.
Am Abend des nächsten Tages wird ihm eine Depesche des Deutschen Nachrichten-Büros aus Stockholm über das Anwachsen des Antisemitismus in England und eine Bemühung des Erzbischofs von Canterbury, der antijüdischen Stimmung entgegenzuwirken, überreicht. Bormann notiert: „Bemerkung des Chefs: Und dafür hat sich Jesus Christus von den Juden ans Kreuz schlagen lassen."

Der österreichische „Konservative“ Adolf Hitler plädiert am folgenden Abend, am 26. Juli, für die Privatinitiative, die der NS-Staat nicht behindern dürfe. Nur kein überspannter Zentralismus! Da müßte ja sonst „in jedem Dorf ein Reichskontrolleur oder Reichsinspekteur sitzen“. – „Wenn dieser Zentralismus, den er beim Reichsinnenministerium seit langem bekämpfe, sich ausbreite, dann würde das Reich bestimmt in 50 oder 100 Jahren bereits wieder zerfallen. Zwangsläufig ersticke nun einmal jeder Zentralismus die Initiative draußen im Lande. Die wirklich brauchbaren Köpfe, die man in der Reichsverwaltung benötige, könnten sich nur entwickeln und zeigen, wenn das Reich dem einzelnen – sei er Beamter oder Unternehmer – möglichst weitgehend freie Hand zur Entwicklung eigener Initiative lasse.“ – „Würde ein Arbeitsgebiet ausschließlich von Berlin aus gegängelt, dann schälten sich in der betreffenden Verwaltung keine Talente mehr heraus, dann verfalle alles einer stumpfen Ministerialbürokratie, und das Reich sei auf die Kräfte angewiesen, die sich vielleicht im Ministerialwege herausschälten.“

Das sind goldene Worte – die Praxis zeigt das Gegenteil. Sie sind Reflexe jener hohen Kunst altösterreichischer Gouverneure und hoher Beamter, die in fremdsprachigen Gebieten mit einem Minimum an Weisungen von Wien her auskamen. Altösterreichische Maximen der Staatsverwaltung und des Regierens steigen da in dem sich immer noch mehr nach innen einhausenden Manne in den engen Gemächern seiner Führerhauptquartiere leuchtend als Vorbilder herauf.

Und wieder kehrt er in diesem Abendmonolog bei seinen geliebten alten Kaisern ein: Wir müssen in unserer Geschichtswissenschaft an das römische Weltreich und die griechische Antike anknüpfen. Das Format der deutschen Kaiser war doch ein anderes als das des Kleinsiedlers Heinrichs des Löwen – der hier zum Kleinhäusler degradiert wird, dieser große hochgemute Welfe! Noch heute bemerkt man in der Lombardei den deutschen Einschlag. Die Kaiser gingen nach dem Süden, weil Deutschland damals so beschaffen war, wie es heute für uns Mittel- und Nordrußland ist. „Noch zur Zeit Karls des Großen dürfte eine Versetzung eines kaiserlichen Beamten nach Deutschland ebenso gewertet worden sein wie um 1900 die berüchtigte Strafversetzung nach Posen!“

Die Masse will ein Idol. Auch die Bedeutung des alten Kaisers Franz Joseph sei in erster Linie auf die Verehrung zurückzuführen, die ihm als Greis und Staatsoberhaupt entgegengebracht wurde.

Am Kaisergeburtstag, am 18. August, an diesem höchsten religiös-politischen Festtage der Donaumonarchie, an dem auch der Vater Alois Hitler in die Kirche ging, veröffentlicht Adolf Hitler in diesem Jahre 1942 einen Erlaß über städtebauliche Maßnahmen im Reichsgau Wien. Eine neue Ringstraße gehört zu seinen Wiener Großbauprojekten.

Adolf Hitler kreist in seinem Gespräch weiter um seine besonnte Vergangenheit. Er gedenkt des kaiserlichen altösterreichischen Katholizismus mit dem Prunk seiner Gottesdienste, der Orgelmusik, der „Stimmung", die ganz im Vordergrund steht. Und wieder denkt er an Wien – in Norddeutschland. Das oldenburgische Roggenbrot habe ihn an das österreichische Kommißbrot erinnert, das ebenso wohlschmeckend war. Dieses Brot wurde von zwei Wiener Firmen hergestellt, die leider dann in der Systemzeit in jüdische Hände kamen ... Er gedenkt der „Anker"- und „Hammer"-Brotwerke.
Zwei Tage später kritisiert er die stur-gleichmäßige Verteilung der Lebensmittelmengen im Reich jetzt im Kriege. Man solle doch vernünftig sein und den Schwaben ihre Spätzle, den Münchnern ihr Bier, den Wienern etwas mehr echten Kaffee und vor allem weißes Brot, den Berlinern mehr Aufschnitt geben. Die Stimmung der Bevölkerung hängt davon ab.
Die von Henry Picker im Auftrage Bormanns und mit Billigung Hitlers aufgezeichneten Tischgespräche im Führerhauptquartier umfassen nur einen relativ schmalen Zeitraum 1941–1942, den wir hier skizziert haben. Hitler hebt dann bekanntlich die gemeinsame Tafel auf. Im kleinsten Kreise der Besucher, die er noch empfängt, und vor seinen Sekretärinnen, die er nachts als Zuhörer seiner Selbstgespräche kaum wachhalten kann, spricht er bis zu seinem Tode von denselben Themen, die ihn nicht loslassen; es ist die besonnte Vergangenheit, in vergangenen Jahrtausenden, im alten Österreich, in Wien, und es ist die leuchtende Zukunft. Adolf Hitler flieht in seine Vergangenheit und seine Zukunft, um der dunklen Mitte zu entgehen: der Gegenwart des Todes, dem Näherrücken der Katastrophe.
Seine Sekretärin berichtet: Nach Stalingrad kann er keine Musik mehr hören, hält aber an denselben Gesprächsthemen fest: seine Jugendzeit in Wien, die Kampfzeit in München, in Deutschland; die kosmische Geschichte der Menschheit im Makrokosmos, im Mikrokomos. „Während einige tausend Kilometer weiter die Wehrmacht unter den wütenden Angriffen der russischen Armee verblutete, sprach Hitler unablässig über Kunst und Literatur."
Er bewundert den Barock und steht noch im März 1945 endlos lange vor einem Holzmodell, das den Auf- und Ausbau der Stadt Linz zeigt. Er denkt an Großsiedlungen für Arbeiter und Angestellte und an seinen Siegeskongreß in Nürnberg. „Der Schlußkongreß in Nürnberg muß genau so feierlich und zeremoniell aufgezogen werden wie eine Handlung der katholischen Kirche."
Ritus und Liturgie: Sie haben seit Jahrtausenden die Funktion, große Ängste und Unsicherheiten des Menschen zu bannen in der sakralen Form des Rituals, in der Festordnung, die nicht geändert werden darf. Adolf Hitler verwendet in seinen letzten Jahren aufwendig viel Zeit für sein Bedenken und Gestalten

ritualer Akte, Orden und Ehrenzeichen, Anordnungen für Ehrenbegräbnisse des Staates beziehungsweise der Partei, Namensgebungen für Aktionen, Pläne, Truppen, Organisationen.

Kehren wir noch kurz in das Jahr 1942 zurück. Adolf Hitler verkündet die Hissung der Hakenkreuzfahne auf dem Elbrus am 21. August als ein außerordentlich wichtiges Unternehmen. Wie viele Tage hat er in München 1920/22 für die Erfindung seiner Heilsfahne, seiner Standarten, seiner Uniformen verwendet! Die Fahnenhissung bei Parteifeiern, die Fahnenweihen durch Berühren mit der Blutfahne stellt er als sakrale, liturgische Akte seiner Heilsbewegung heraus. In diesem Sinne hat er 1933 die Hissung der Hakenkreuzfahne auf der Zugspitze und 1938 auf dem Großglockner als Verkündung seiner Heilsherrschaft proklamiert: „von den Bergen, von denen uns das Heil kommt", wie der Psalm singt.

Am 1. September 1942 kündet Adolf Hitler in seinem Aufruf für das Winterhilfswerk 1942/43 den „weltentscheidenden Sieg der Habenichtse" an. Der „größte Teil der europäischen Nationen und auch Völker des fernen Ostens" haben sich „in einem Treuebund gefunden, der verhindern wird, daß unsere Länder der bolschewistischen Barbarei oder einer jüdisch-angelsächsisch-kapitalistischen Ausbeutung verfallen". – „Der internationale Weltjude führt Bolschewismus und Plutokratie nicht nur mit dem Ziel der Vernichtung der europäischen Kulturstaaten, sondern vor allem zur Ausrottung aller Träger einer selbständigen Existenz."

Am 30. September spricht er im Sportpalast über das Kriegswinterhilfswerk. Als Kämpfer des Lichts wider die Kinder der Finsternis sieht er auf das „im Morast geborene" russische Volk. Der Russe ist „eben eine Art Sumpfmensch und kein Europäer". Er kündigt die Ausrottung des Judentums an. Die Juden haben den Weltkrieg zur Ausrottung der arischen Völker angezettelt. „Die Juden haben einst auch in Deutschland über meine Prophezeiungen gelacht." – „Es wird ihnen das Lachen überall vergehen. Und ich werde auch mit diesen Prophezeiungen recht behalten." Dasselbe gilt für den „barbarischen Gegner" im Osten, „von dem man weiß, daß er sich nicht aus Menschen, sondern tatsächlich aus Bestien rekrutiert".

Nahezu dieselbe Sprache spricht Erzbischof Jäger von Paderborn in seinem Hirtenbrief zur Fastenzeit, 11. Februar 1942. Er bezeichnet Rußland als ein Land, dessen Menschen „durch ihre Gottfeindlichkeit und durch ihren Christushaß fast zu Tieren entartet sind". Der Hirtenbrief Erzbischof Gröbers zum Volkstrauertag am 15. März 1942, den Bischof Galen im Wortlaut übernimmt, preist die deutschen Soldaten, deren Kampf ein Kreuzzug gegen den Bolschewismus sei, mit dem sie Europa vor der roten Flut bewahrten. „Laß ihre Waffen siegreich sein im Kampf gegen den gottlosen Bolschewismus": so erfleht ein vom erzbischöflichen Ordinariat Breslau im Mai 1942 herausgegebenes Gebet Gottes Segen für Hitlers Soldaten.

Das schwere Jahr geht seinem schweren Ende zu. Am 15. Oktober schafft Adolf Hitler die Duellforderungen im deutschen Offizierskorps ab. Diese Abschaffung war ein Herzensanliegen des Kaisers Karl 1916 gewesen.

Allerseelen-Feier, 8. November im Löwenbräukeller. 1914 und heute wurde Deutschland durch „die andere Welt“ – die böse „Welt“ bei Johannes – eingekreist. „Damals war es das kaiserliche Deutschland, jetzt ist es das nationalsozialistische. Damals war es der Kaiser, jetzt bin ich es.“ Die Identifikation wird hier gleichzeitig geleugnet, denn ich, Adolf Hitler, bin stärker, willensstärker als damals der Kaiser und bestätigt. Der Führer ruft im Kreise seiner Altgläubigen Friedrich den Großen als seinen Heilspatron, seinen Schutzheiligen an. „Das ist heute das Wunderbare, daß wir nicht mehr vereinsamt als Prediger in der Wüste stehen.“ Die Heilsankündigung endet: „Es kommt die Stunde, da schlage ich zurück.“

1943 kündigt er das Endgericht an: „Gott möge mir die letzten vierzehn Tage des Krieges verzeihen, denn sie werden schrecklich sein.“ Diese Ankündigung seines letzten, Jüngsten Gerichts, wird in Offizierskreisen und von der Goebbels-Propaganda verbreitet.

In Mailand sprechen im Januar 1945 Wehrmachtsoffiziere von einem „Uraniumbombardement“ und zitieren ein Hitler-Wort: „Gott verzeihe mir die letzten fünf Minuten dieses Krieges!“

Dieses Jahr bringt den Zusammenbruch des Faschismus. Damit bricht Hitlers These von 1919, die er zu seinem politischen Dogma erhoben hatte, von der für Deutschland heilsgeschichtlichen Bedeutung eines Bündnisses mit Italien zusammen. Hitler läßt den widerstrebenden, körperlich, seelisch, moralisch verfallenen Mussolini befreien und macht ihn faktisch zu seinem Gefangenen, um seine Bündnistheorie von 1919 vor der Welt aufrechtzuerhalten.

24. Januar. Hitler an Paulus in Stalingrad: „Verbiete Kapitulation. Die Armee hält ihre Position bis zum letzten Soldaten und zur letzten Patrone und leistet durch ihr heldenhaftes Ausharren einen unvergeßlichen Beitrag zum Aufbau der Abwehrfront und der Rettung des Abendlandes."

Die Rettung des Abendlandes: 1918–1945, und wieder nach 1945, kehrt diese Chiffre in Predigten und Reden christlicher, konservativer, kirchlicher Sprecher wieder. Die Katastrophe in Stalingrad hängt, wie alle Katastrophen der deutschen Armeen in Rußland vom Wintereinbruch 1941 bis zum Zusammenbruch der Ostfront 1945 mit Adolf Hitlers psychischem Unvermögen zusammen, „nachzugeben". Er hält jede Preisgabe von Raum, jedes Aufgeben eines Stück Bodens – und damit jede elastische Verteidigung – für eine ihm persönlich angetane Vergewaltigung, für eine Art Notzucht, für eine Verführung zu der von ihm so gefürchteten „Hingabe in den Willen eines anderen". Im Banne dieser seelischen Verklemmung, die sich häufig bei konservativen Menschen findet – die etwa in der Kirche des 20. Jahrhunderts noch nicht Rechte und Territorien aufgeben wollten, die sie im 16. und 17. Jahrhundert während des Dreißigjährigen Krieges im Reichsraum verloren hatten –, verbietet sich Adolf Hitler eine Verteidigung, die durch strategische Rückzüge den deutschen Armeen 1942–1944 Bewegungsraum hätte schaffen können.

Am 30. Januar läßt Adolf Hitler Hermann Göring die Gedenkrede zum 10. Jahrestag der Machtergreifung halten. Diese Rede ist auch in Stalingrad zu hören. Als wahrer Lügenprophet verkündet Göring: „Müde Greise und 16jährige Jungen" greifen als die Truppen der Sowjetunion an. „Ich bin der Überzeugung: Das ist auch das letzte Aufgebot, die letzte Reserve, die nur herausgequetscht werden konnte, weil eben diese Härte schon keine Härte mehr ist, sondern reine Barbarei; weil eben der Bolschewist das Menschenleben überhaupt nicht mehr achtet."

Das ist Hitlers eigene Methode; dem Gegner wird unterstellt, was man selbst tut.

Hitler selbst läßt an diesem 30. Januar seine Proklamation verlesen: „Die größte Auseinandersetzung der Geschichte" ist im Gange. „Der wunderbare Weg unserer Bewegung von den wenigen Männern der ersten Zeit bis zum Tage der Machtübernahme und seitdem bis heute ist nur denkbar und begreiflich als ein Ausdruck des Willens der Vorsehung." – „Einst zogen deutsche Ritter in weite Ferne, um für das Ideal ihres Glaubens zu streiten, heute kämpfen unsere Soldaten in der Unendlichkeit des Ostens, um Europa vor der Vernichtung zu bewahren."

Treibende Kraft in der „Verschwörung von internationalem Kapitalismus und Bolschewismus" ist „das internationale Judentum". Es wird das „Ferment der Dekomposition der Völker und Staaten" – Hitler verwendet ein von Theodor Mommsen als positiv bezogenes Wort negativ – „so lange bleiben, als nicht die Völker die Kraft finden, sich dieses Krankheitserregers zu entledigen. In diesem gewaltigsten Kampf aller Zeiten dürfen wir nicht erwarten, daß die Vorsehung den Sieg verschenkt. Es wird jeder einzelne und jedes Volk gewogen, und was zu leicht befunden wird, muß fallen." – „Der Allmächtige wird der gerechte Richter sein. Unsere Aufgabe aber ist es, unsere Pflicht so zu erfüllen, daß wir vor ihm als dem Schöpfer aller Welten nach dem von ihm gegebenen Gesetz des Kampfes um das Dasein zu bestehen vermögen."

„Schöpfer aller Welten, Herr, du wirst vergelten" – so singt das Kirchenlied in der Messe.

Adolf Hitler erwartet von seinen Generälen in Stalingrad den Opfertod. Heinrich Graf von Einsiedel, ein Urenkel Bismarcks, schildert den Einzug der Stalingrad-Generäle in das Lager 27 bei Krasnogorsk, in dem er im Lazarett liegt. Ihm „bietet sich ... ein Anblick, der gespenstisch und grotesk zugleich ist – die Generäle beim Einzug in ihre Quartiere. Blitzende Monokel und Orden, Pelzmäntel und Spazierstöcke, leuchtend rote Generalsaufschläge und wunderbare, mit Leder abgesetzte Filzstiefel, energische Gesten, weitausholende Handbewegungen, strahlendes Lachen. Und nur selten in diesem bunten und eleganten Bild ein grauer Fleck: die gebeugte Gestalt eines der alten Lagerinsassen in zerlumpten russischen Wattejacken oder zerfetzten deutschen Uniformen, an Stelle des Schuhwerks Lappen mit Bindfaden um die Füße gewickelt – das ausgemergelte, leblose Gesicht ständig zum Boden gesenkt.

Wie wir hören, soll der Transport der Generäle und jener 300 Offiziere von Stalingrad nach Krasnogorsk in einem Schlafwagen-Sonderzug mit weiß bezogenen Betten vor sich gegangen sein. Mit ungläubigem Staunen hören wir Alt-Gefangenen von der Kondensmilch, von Butter, Kaviar und Weißbrot, die es auf diesem Transport als Verpflegung gab ... Mein Blick erhascht noch einen Stapel von

riesigen Gepäckstücken, darunter einige Spezial-Rohrplattenkoffer, wie sie in den eigens für höhere Kommandeure konstruierten Mercedeswagen gebräuchlich waren. Die armseligen dürren Gestalten der Gefangenen, die diese Gepäckstücke in die Zimmer der Generäle schleppen, brechen fast unter ihrer Last zusammen."
Adolf Hitler hat diese Lebens-Bilder nicht gesehen; sie entsprachen aber sehr genau seinem Bild, das er sich als österreichischer Gefreiter im Ersten Weltkrieg gemacht hat, unangenehm seinen Offizieren als „Meckerer" und als sehr österreichischer „Kritikaster" auffallend. Dieses Bild von 1915–1918 tritt in den letzten Lebensjahren wieder in den Vordergrund.

Die Verachtung, die Hitler seinen hohen Offizieren entgegenbrachte, entbehrte also nicht einer gewissen realen Grundlage. Seine Marschälle nehmen gerne die reichen Sonderdotationen, jeweils viele hunderttausend Mark, die er ihnen schenkt. Sie schimpfen im Offizierskasino über das Regime, kritisieren ihren „Führer" und stehen wenige Stunden später vor ihm stramm, überwältigt durch seine – österreichische – „Suada", wie Manstein gesteht.

„Was heißt das ‚Leben'? Das Leben, das ist das Volk; der einzelne muß ja sterben. Was über den einzelnen leben bleibt, ist ja dies Volk. Aber wie einer davor Angst haben kann, vor dieser Sekunde, mit der er sich aus der Trübsal (befreien kann, wenn ihn nicht) die Pflicht in diesem Elendstal zurückhält." So spricht Adolf Hitler bei der Mittags-Lagebesprechung im Hauptquartier Wolfsschanze am 1. Februar 1943. Das Leben als „Trübsal", als „Elendstal"; das katholische Kirchenlied, die Predigt und die Erbauungschriften sehen es so. In Adolf Hitler wird die Angst vor der Sekunde, in der er selbst Schluß macht mit seinem eigenen Leben – wenn er diese Angst überhaupt hatte – immer geringer.

Am 8. März notiert Goebbels in sein Tagebuch: „Über die Generalität fällt der Führer nur negative Urteile. Sie beschwindele ihn, wo sie nur könne. Außerdem sei sie ungebildet und verstehe nicht einmal ihr eigenes Kriegshandwerk ... Daß die Generalität keine höhere Kultur besitze, dürfe man ihr zwar nicht zum Vorwurf machen, denn dafür sei sie nicht erzogen, aber daß sie auch in den rein materiellen Fragen des Krieges so schlecht Bescheid wisse, das spreche absolut gegen sie. Ihre Erziehung sei seit Generationen falsch gewesen."

Der „Künstler, Schriftsteller, Maler, Architekt", der Österreicher Adolf Hitler sieht in der einseitigen Potsdamer und preußischen Offizierserziehung – Hindenburg rühmt sich, kein einziges Buch seit seiner Offiziersausbildung gelesen zu haben – ein menschliches Manko. Er sendet am 24. Februar zur Parteigründungsfeier nach München eine Proklamation. Darin heißt es: „Das Sturmlied unseres unvergeßlichen, alten treuen Dietrich Eckart erweist sich in diesen Monaten wieder als eine Fanfare, die die Menschen aufwecken kann, um ihnen den Blick zu öffnen für das Schicksal, das uns in der Gegenwart und unseren Kindern in der Zukunft – und darüber hinaus allen europäischen Völkern – drohen würde, wenn es nicht gelänge, den teuflischen Plan der jüdischen Weltverbrecher zum Scheitern zu bringen."

Adolf Hitler hat die Gespräche der beiden Katholiken – als solche bekennen sie sich – Dietrich Eckart und Adolf Hitler in München 1922/23 über den „Bolschewismus von Moses bis Lenin" nicht vergessen. Nun erinnert er wieder an das Jahr 1920: „Den paar Anhängern" – beachten wir die österreichische Formulierung –, „die sich mir damals anschlossen, stand eine geradezu erdrückende Übermacht der Feinde gegenüber." Diese „paar Anhänger" empfingen von ihm den „Fanatismus" und den „Glauben". – „Auch den Glauben habt ihr von mir empfangen, und seid versichert, daß auch dieser Glaube heute in mir noch stärker als je zuvor ist. Wir werden die Macht der jüdischen Weltkoalition zerbrechen." – „Ich habe ein Recht zu glauben, daß mich die Vorsehung bestimmt hat, diese Aufgabe zu erfüllen, denn ohne ihre Gnade hätte ich nicht als unbekannter Mann den Weg aus diesem Saale antreten können." – „Ich habe aber von der Vorsehung auch das Glück erhalten, in solchen Stunden um mich stets eine verschworene Gemeinschaft zu besitzen, die mit hingebender Gläubigkeit ihr Schicksal als ein einziges gemeinsames ansah und mir als Führer in diesem Kampf immer treu zur Seite stand und stehen wird."

Hitler verpflichtet die Partei, „die deutsche Nation unentwegt aufzurütteln, ihr die Größe der Gefahren klarzumachen, den heiligen Glauben an ihre Überwindung zu stärken, schwachen Naturen Kraft einzuflößen, Saboteure aber rücksichtslos zu vernichten". – „Dieser Kampf wird ... nicht, wie man es beabsichtigt, mit der Vernichtung der arischen Menschheit, sondern mit der Ausrottung des Judentums in Europa sein Ende finden." Adolf Hitler verheißt noch mehr: „Die Gedankenwelt unserer Bewegung" wird „Gemeingut aller Völker werden" ... „und damit wird sich auch die Erkenntnis von dem fluchbeladenen verbrecherischen Wirken des Judentums gerade durch diesen Krieg über alle Völker hinweg verbreiten."

1962 fordert der allen Vätern des II. Vatikanischen Konzils übersandte Sammelband katholischer Autoren „Verschwörung gegen die Kirche" eine weltweite Propaganda in Presse, Armee, Arbeiterschaft, in der Kirche, durch die Kirche, in und durch die Orden und Kongregationen der Kirche, um die Menschheit über das „fluchbeladene verbrecherische Wirken des Judentums", das hinter allen Revolutionen und hinter dem Bolschewismus steht, aufzuklären.

21. März. Heldengedenktag. Im Lichthof des Berliner Zeughauses spricht der Führer und Oberbefehlshaber. „Die Steppen des Ostens haben noch einmal ihre Millionenmassen sich gegen Europa wälzen lassen. Vorwärtsgepeitscht von der

gleichen Macht, die seit altersher Kriege organisiert, an ihnen profitiert und damit gerade im heutigen Zeitalter kapitalistische Interessen und bolschewistische Instinkte dem gleichen Ziele dienen läßt." – „Ein mitleids- und erbarmungsloser Krieg wurde uns von dem ewigen Judentum aufgezwungen, der, wenn man nicht vor den Grenzen Europas den Elementen der Zerstörung Einhalt zu gebieten vermöchte, diesen Kontinent in ein einziges Ruinenfeld verwandeln würde." – „Neben dieser aus dem Osten drohenden Welt der Barbarei erleben wird nicht weniger die satanische Zerstörungswut des mit ihm verbundenen sogenannten Westens."

Diese doppelte Frontstellung beziehen auch deutsche Hirtenbriefe und Predigten. Noch im Januar 1945 ruft Erzbischof Jäger die Katholiken auf, ihren Beitrag im Kampf gegen die beiden größten Feinde Deutschlands – „Liberalismus und Individualismus auf der einen, der Kollektivismus auf der anderen Seite" – zu leisten. Diese Front gegen einen „gottlosen" Westen und einen „gottlosen" Osten wird in Fastenhirtenbriefen und Predigten der Gegenwart mit maßvolleren Worten aufrechterhalten, als sie der Kriegsprediger Adolf Hitler ausspricht. Im April 1945 lehnt Bischof Galen es ab, britische und amerikanische Reporter zu empfangen. In seiner ersten Verlautbarung nach dem Einmarsch der Alliierten, zu Ostern 1945, sagt er, sein Herz habe geblutet beim „Anblick der durchziehenden Truppen unserer Kriegsgegner".

Adolf Hitler sieht in seiner Märzrede 1943 Engländer, Amerikaner, Bolschewiken in eins zusammen: Alle wollen sie Europa zerstören. Und „die letzte treibende Kraft ist ohnehin der ewige Haß jener verfluchten Rasse, die seit Jahrtausenden als wahre Gottesgeißel die Völker so lange züchtigt, bis sich diese in Zeiten der Selbstbesinnung ihrer Peiniger wieder erwehren".

„Die verfluchte Rasse": Es ist das Volk des Gottesmordes, die Juden. Als Endzeit-Prediger kündigt Adolf Hitler den Untergang aller Völker an, die sich in die Hand des Juden begeben haben. „Die Sünde gegen das eigene und gleiche Blut wird sich verwandeln in ein einst zum Himmel schreiendes Elend und Unglück in diesen Ländern selbst." Der Allmächtige, „der uns durch alle Prüfungen hindurch seinen Segen nicht versagt", möge uns seinen Beistand geben.

Im Frühjahr zieht sich Adolf Hitler in diesen Kriegsjahren gerne auf seinen Berghof zurück und veranstaltet die „Salzburger Schattenspiele", wie es sein Dolmetscher Dr. Schmidt in seinen Memoiren nennt. In der sonnigen, friedlichen Salzburger Landschaft gibt Adolf Hitler Empfänge für die Staatsmänner seiner Satellitenstaaten. Schloß Klessheim bietet ja einen wunderschönen Rahmen für diesen Liebhaber des heiteren, sonnigen österreichischen Barock. Am 16. und 17. April empfängt er hier Nikolaus von Horthy und versucht ihn über die Notwendigkeit der Ausrottung der Juden aufzuklären. Die Juden sind wie Tuberkelbazillen zu behandeln. „Weshalb sollte man die Bestien, die uns den Bolschewismus bringen wollten, mehr schonen?“ Am 22. April drückt er auf dem Berghof Speer seine Sorge über Schirach aus. Er fürchtet, daß dieser in Wien „verwienert“, daß er „in die Fangarme der Wiener Reaktion geraten sei“. Er fürchtet den verführerischen Charme Wiens.

In Gegenwart des deutschen Bevollmächtigten Generals in Kroatien, Glaise v. Horstenau, der nach 1918 und bis 1938 eine so bedeutende Rolle in Wien als „nationaler“ Katholik gespielt hatte, empfängt Adolf Hitler am 27. April im Schloß Klessheim den Poglavnik Ante Pavelić – welch ein festlicher Raum und Rahmen für diesen Massenmörder!

Am 7. Mai wiederholt Adolf Hitler in Berlin vor seinen Reichsleitern und Gauleitern wieder einmal seine alte magische Formel, seine sakrale Gleichung: Alles wiederholt sich heute in weltgeschichtlichem Rahmen, was wir in unserer Kampfzeit bis 1933 erlebt haben. Es sind die gleichen Gegner – Engländer, Deutschnationale, Russen, deutsche Kommunisten. Es wird der gleiche Sieg sein! Goebbels bemerkt dazu: „Alles von damals wiederholt sich heute, und wie wir im Jahre 1932 nur durch Sturheit, die manchmal geradezu wie Wahnsinn aussah, zum Siege gekommen sind, so wird das auch heute wieder der Fall sein.“

Das ist magische Beschwörung. In der Messe zwingt der Priester in der Wandlung Gott auf den Altar herab – wie ein Salzburger Hirtenbrief von 1905 eindrucksvoll ausführt. Die ständige Wiederholung des genau gleichen Rituals zwingt Gott, „dem Priester zu Willen zu sein“. Adolf Hitler spricht in sakraler Schelte Wilson als „Zauberpriester“ an, versucht jedoch selbst ständig zu zaubern durch permanente rituelle Wiederholung seiner Heilsformeln, Heilsgleichungen, Heilsgeschichten.

Am 1. Juni verleiht Adolf Hitler der neu aufgestellten 44. Infanteriedivision – die alte, zumeist aus Wienern bestehend, war in Stalingrad aufgerieben worden – den Namen „Reichsgrenadierdivision Hoch- und Deutschmeister“. Diese Verfügung gibt Schirach bei einer Feier im Wiener Konzerthaussaal bekannt. Das ist Namenszauber. Der Glanz und Ruhm der altgeliebten Wiener „Deutschmeister“ soll an die neue militärische Einheit gebunden werden. Und ist natürlich auch ein „Trostzuckerl“ für die Wiener, die gerne ihr „k. und k. Infanterieregiment Hoch- und Deutschmeister Numero vier“, den Deutschmeistermarsch mitsingend, durch die Straßen Wiens begleiteten.

Mitte Juni sagt Adolf Hitler auf dem Berghof zu dem zum Botschafter am Vatikan ernannten bisherigen Staatssekretär Weizsäcker: Bismarck mußte im Kulturkampf unterliegen, weil er nicht wie der Priester das Ohr des einfachen Mannes hatte. Nach dem Kriege wolle er, Hitler, die Kirche als Werkzeug des Staates fortexistieren lassen, anders nicht. Von den drei Männern in Rom – König, Duce,

Papst – ist der Papst entschieden der stärkste. Hitler beendet sein Gespräch: „Eigentlich beneide ich Sie. Jetzt muß ich wieder in mein Hauptquartier im Osten. Drei Monate in einem Kulturzentrum wie Rom, das würde mir passen."
In Rom wird am 24. Juli dieses Jahres Benito Mussolini durch einen Staatsstreich des Großen Rates der faschistischen Partei gestürzt. Am 25. Juli – am 25. Juli 1934 war Mussolinis Freund und Schützling Engelbert Dollfuß in Wien durch Nationalzosialisten ermordet worden – fegt ein Staatsstreich des Königs das faschistische Regime hinweg.
Am 21. März hatte Hitler in Berlin erklärt: „Nicht vom nationalsozialistischen oder vom faschistischen Regime werden keine Fetzen mehr übrigbleiben, sondern ein altes Weltreich wird sich in Fetzen auflösen." Am 25. Juli löst sich in wenigen Stunden das faschistische Regime in Fetzen auf. Eiligst entfernt man die alten Fetzen, die faschistischen Fahnen. Die Kaufleute zerreißen schnell die Mussolinibilder in ihren Geschäftsauslagen. „In wenigen Stunden hatte sich der Faschismus, dessen Führer verschwunden war, sozusagen in nichts aufgelöst." – „Es gab kein Handgemenge, keinen Toten und keinen Verletzten" (Georges-Roux). – „Im Verlauf einer halben Stunde hat ein ganzes Volk den Lauf seiner Gedanken, seiner Gefühle und seiner Geschichte verändert." So schildert Mussolini selbst das unmittelbare Ergebnis seines Rücktritts.
Ein Jahr später, im Juli 1944, erhebt sich eine deutsche Verschwörung gegen Adolf Hitler; sie nährt sich von nahverwandten Motiven, wie die beiden Verschwörungen in Italien, die sich da kreuzen: eine faschistische und eine monarchistische Verschwörung. Diese Motive sind das Wissen um den nahen Zusammenbruch der Kriegsfront und das Wissen um den moralischen Bankrott des Regimes.
Zwei Katholiken, zwei unverwandte Naturen: Ein kurzer Vergleich der beiden Unvergleichbaren kann einige Schlaglichter auf den jüngeren der beiden Männer werfen.
Der italienische Katholik Benito Mussolini wurde am 29. Juli 1883 in Predappio geboren. Der österreichische Katholik Adolf Hitler wird knapp sechs Jahre später in Braunau am Inn geboren. Mussolini wird am 28. April 1945 erschossen, wenn er nicht zuvor Selbstmord begangen hat, wie ein italienischer Historiker in jüngster Vergangenheit annimmt. Adolf Hitler erschießt sich zwei Tage später, am 30. April 1945.
Benito Mussolini ist der Sohn eines Schmiedes und einer Lehrerin. Bauern sind seine Vorväter. Mussolini weiß sein bäuerliches Erbgut als stärkstes, vitalstes Element seines Lebens. Als ein Sohn italienischer Bauern möchte er in der Familiengruft ruhen, die er zu seinen Lebzeiten in San Cassiano in der Romagna bauen ließ. Die Inschrift hat er selbst verfaßt: „Hier ruhen die Generationen des Bauern

Mussolini." *E figlio di madre:* Er ist der Sohn einer Menschenmutter. Damit sagt dieses italienische Sprichwort das wesentliche Element italienischer bäuerlicher Humanität an: Jeder Mensch ist aus Erde, humus, und hat als Sohn einer Menschenmutter Anrecht auf eine unschändbare Menschenwürde, mag er sonst auch ein Gauner, Verbrecher, Schurke sein. Mussolinis Humanität, die ihn bis zum Zerfall seiner Persönlichkeit nicht verläßt und fundamental von Hitler unterscheidet, wurzelt in dieser humilen, erddemütigen Menschlichkeit italienischer Bauern, die unendlich viel Leid durch fremde Herren in eineinhalb Jahrtausenden ertrugen, nicht zuletzt durch Herren der Kirche.

Die Mutter Mussolinis, Rosa Maltoni, ist eine einfache Frau wie seine Gattin Donna Rachele. Seine Mutter ist bäuerlich-fromm, kirchlich-katholisch. Von ihr erbt der Sohn Benito eine elementare religiöse Grundhaltung, die ebenso echt ist wie sein lebenslänglicher Antiklerikalismus.

Der Vater, der Schmied Alessandro Mussolini, ist revolutionärer Sozialist. Er gibt seinem erstgeborenen Sohn den Namen des mexikanischen Indianer-Revolutionärs Benito Juarez, der sich siegreich gegen Kaiser Maximilian und die Truppen Napoleons III. durchgesetzt hat. Dieser Benito ließ den Kaiser Maximilian, den Bruder des Kaisers Franz Joseph, erschießen. Seinem zweiten Sohn gibt der Schmied Alessandro den Namen Arnaldo zu Ehren des Arnold von Brescia, des bedeutenden oberitalienischen Reformpredigers, den Kaiser Friedrich Barbarossa dem Papst zur Tötung auslieferte.

Mussolini ist ein Sohn der Romagna. Die „Marken", die Romagna, stehen seit Jahrhunderten als ein Teil des Kirchenstaates immer wieder im Aufruhr, zumindest im Widerstand gegen die Herrschaft der Päpste. Mussolinis Antiklerikalismus ist ein spezifisch italienischer katholischer politischer Antiklerikalismus.

Die Kirche: Das ist für die italienischen Stadtstaaten, Fürsten, Condottieri in nahezu einem Jahrtausend der Papst-Herrscher in Rom und ein parteipolitischer Klerus. Argwöhnisch und voll Sorge blickt die Serenissima, also die freie Adelsrepublik Venedig, blicken Mailand, Florenz, Bologna auf den gefürchteten, gehaßten, verachteten Papst, der in Italien große Politik machen möchte und dem man große Ambitionen zutraut. Will er nicht ganz Italien unter sein politisches Joch beugen? Politik betreiben heißt in diesem Italien, mit dem Papst kämpfen, und gelegentlich mit ihm einen Pakt, ein politisches und militärisches Bündnis schließen.

Der Condottiere Mussolini wird so 1929 nach vielen hundert Verhandlungen mit dem Papst seinen Pakt schließen, der ihn als sein einziges Werk überlebt: das Konkordat und die Versöhnung des laizistischen Staates mit der Kurie, die hier noch einmal, ein letztes Mal vielleicht in der Weltgeschichte, den Status eines Staates erhält. *Città del Vaticano.*

Die Kirche: Das ist die gefürchtete und gelegentlich politisch umworbene Papstmacht, die mit Feuer und Schwert, mit ihren von Päpsten persönlich – so von Julius II. – und von Kardinälen, päpstlichen Nepoten wie Cesare Borgia und von weltlichen Condottieri geführten Armeen in Italien um Stadt und Stadt, Fürstentum und Fürstentum kämpft.
Die Kirche: Das ist die reißende Wölfin und babylonische Hure. Das italienische Wort *lupa,* Wölfin, umfängt beide Begriffe. Als *lupa* schildert Dante, der größte Dichter Italiens, die Papstkirche. Dante versetzt die ihm feindlich erscheinenden Päpste in die Hölle, so Bonifaz VIII., als *gran bestia nera,* als großes schwarzes Untier. *Lupa feroce,* wilde Wölfin ist die Papstkirche bei antipäpstlichen Minderbrüdern und Fraticellen. *Lupa feroce* heißt diese Papstkirche bei Mussolini in seinem Roman „Claudia Particella, die Geliebte des Kardinals“, den Cesare Battisti 1909 in seinem „Popolo“ in Fortsetzungen veröffentlicht.
„Die Laien sind Feinde des Klerus.“ Mit diesem Satz eröffnet Bonifaz VIII. um 1300 eine berühmte Bulle. Diese seltsame Definition des Laien sagt eine tausendjährige politische Wirklichkeit in Italien an.
Zum Heiligen Jahr 1950 sollte mit amerikanischen Geldern ein großer Film zur Verherrlichung des Papsttums in Rom gedreht werden, in dem dieser Papst Bonifaz VIII. als Oberherr und Richter der Kaiser und Könige dieser Welt, als Prototyp päpstlicher Würde herausgestellt werden sollte. G. W. Pabst sollte Regie führen, Emil Jannings den Papst Bonifaz VIII. spielen. Durch zwei Gutachten zu diesem Film-Sujet habe ich damals ein klein wenig dazu beigetragen, dieses Großprojekt zu Fall zu bringen.
Pius XII. träumte davon, in der Nachfolge eines Gregor VII. und der Innozenz-Päpste des Hochmittelalters, zumindest als eine Art Metternich des 20. Jahrhunderts die Völker Europas in einem Friedenskongreß als Mittler und Schiedsrichter in Rom zusammenzuführen.
Die Kirche: Das ist für den Laien, für den politischen Kämpfer in Italien neben der gefürchteten, gehaßten, verachteten und umworbenen Papstmacht ein Klerus, der sich gerne hochpolitisch und leidenschaftlich engagiert. Gregor VII. mobilisiert einen Niederklerus und Reformmönche gegen „simonistische“ Bischöfe, gegen den König-Kaiser in Deutschland. Gegen den „Antichrist“ Friedrich II. predigen italische Mönche und Priester auf den Plätzen und Märkten um 1240. Gegen den Papst steht ein politischer Klerus im Dienste seiner Fürsten und Stadtherren, im Dienste vor allem Venedigs. Gegen den Papst stehen Fraticellen, die im 14. Jahrhundert einen „Duce“, einen weltlichen Heilsführer ersehnen und vorpredigen, einen Zwingherrn zur Einheit. Dieser Heilsführer, der *novus dux,* der „Duce“ wird im Königreich Neapel aus dem Geschlecht der Anjou, wird in anderen Landen Italiens aus dem Geblüt anderer Fürstenhäuser erwartet. Dante

hofft bekanntlich in seinem *alto Arigo,* in seinem „Hohen Heinrich“, in Kaiser Heinrich VII. den Zwingherrn zur Einigung Italiens, zur Züchtigung der weltgeilen Papstkirche, zur Reform der Kirche, zur Stiftung des großen römischen Friedens gewinnen zu können.

Benito Mussolini sieht lebenslang die Kirche als eine politische Macht, mit der man sich in Italien arrangieren muß. Mussolini bleibt lebenslang antiklerikal, freisinnig auf seine Art, liberal und laizistisch. Religiöse Skrupel, religiöse Probleme belasten diese Vollblutnatur nicht. Eine Welt trennt ihn in dieser Hinsicht von dem religiös-politischen Prediger Adolf Hitler, der ständig, bis an sein Ende, um religiöse Fragen kreist, sich mit ihnen schlägt und abquält. Für Mussolini ist die Kirche eine Macht, mit der er sich in den Jahren seines Aufstieges arrangiert und in den Jahren seines Abstieges verfeindet.

Der Condottiere Mussolini, eine Art *Giovanni delle bande nere,* erobert mit seinen faschistischen Banden die Lande. Wohlwollend beobachtet die Kirche seinen Aufstieg. „Mussolini hat uns sagen lassen, daß er ein guter Katholik ist und daß der Heilige Stuhl nichts von ihm zu fürchten hat. Um dies zu beweisen, hat er verlangt, daß alle Minister und auch der König selbst an der Messe teilnehmen, die am 4. November in der Kirche Santa Maria d'Aracoeli für den Unbekannten Soldaten gelesen wurde. Vor dem Monument ordnete er an, daß alle eine Minute lang knien und beten sollten.“ Hocherfreut sagt dies der Kardinal-Staatssekretär Gasparri dem belgischen Gesandten, der es sofort in einer Depesche seiner Regierung mitteilt.

1926 hält der integralistische Kardinal Merry del Val in Assisi eine Lobrede auf das Regime. Der Ministerpräsident Mussolini hatte bereits 1923 den „Banco di Roma“, eine Bank, an der die Kirche stark beteiligt war, mit Staatsgeldern vor dem Bankrott gerettet. Der Vatikan kommt bereits 1923/24 Mussolini entscheidend entgegen, indem er die katholische Partei fallenläßt und deren Führer, den Priester Don Sturzo, zum Rücktritt veranlaßt. In der Matteotti-Krise 1924, in der alle Welt und sehr viele Menschen in Italien den Sturz Mussolinis erwarten – Faschisten hatten den hochangesehenen sozialistischen Politiker Matteotti ermordet – hält der Vatikan seine Hand über Mussolini.

„Mussolini wurde uns von der Vorsehung gesandt“, erklärte Papst Pius XI. am 20. Dezember 1926. Im Spätherbst dieses Jahres hatte Mussolini begonnen, durch den bedeutenden Jesuiten Tacchi Venturi Geheimverhandlungen mit dem Vatikan aufzunehmen. Die Kurie wurde durch den Rechtsanwalt Pacelli, den Bruder des Kardinals Pacelli, des späteren Papstes, vertreten. Anfang 1929 nimmt Mussolini die Verhandlungen selbst in die Hand. Er trifft sich mit Pacelli, später mit dem Staatssekretär Kardinal Gasparri. Das berühmte Vertragswerk des 11. Februar 1929 besteht aus drei Verträgen. Der erste, politische Vertrag bringt die

Anerkennung Roms als Hauptstadt des Königreichs Italien durch den Heiligen Stuhl und die Bildung des *Stato della Città del Vaticano,* des Vatikanstaates. Der zweite Vertrag ist ein Finanzabkommen. Der dritte Vertrag ist ein Konkordat zwischen dem Königreich Italien und dem Heiligen Stuhl. Es schafft der Kirche eine offizielle und privilegierte Stellung. Dem italienischen Volke wird die Bedeutung des Konkordats täglich sichtbar durch das in ihm verankerte gesetzliche Verbot einer Ehescheidung. Dieses Konkordat sichert der Kirche nicht zuletzt eine gewisse Oberhoheit über die Hohen Schulen, die Universitäten. Einer der bedeutendsten religiösen Denker Italiens, der Religionshistoriker Ernesto Buonaiuti, verliert, aufgrund des Konkordats exkommuniziert, seinen weltlichen Lehrstuhl an der Universität Rom. Roncalli gedenkt noch als Papst Johannes XXIII. würdigend seines Kameraden im Priesterseminar Buonaiuti.

Für den „guten Katholiken" Mussolini ist dieses Vertragswerk der größte Erfolg seiner politischen Laufbahn. Die Kirche ist für ihn nahezu ausschließlich eine politische Macht. Kaum drei Monate nach der Unterzeichnung des Lateranvertrages, am 13. Mai, erklärt er in einer Rede in der Kammer, das Christentum verdanke seine Verbreitung in der Welt nur Rom und wäre eine unbedeutende hebräische Sekte geblieben, wenn es nicht als Nachfolger der Cäsaren aufgetreten wäre.

Durch das Konkordat wird der „Klerus in den italienischen Staat eingebaut und in einen Teil der Staatsmaschinerie verwandelt" (Georges-Roux). Mussolini rühmt „seinen" Klerus als unersetzliche Stütze seiner Macht im Inneren und als Werkzeug seiner politischen Propaganda, bedeutsam gerade in seinen Verhandlungen mit Hitlers Abgesandten Hans Frank. Er stellt ihm seine guten Beziehungen zur Kirche, das heißt für ihn, zum Vatikan und zu seinem Klerus, als ein Vorbild für das Regime Hitlers dar.

Hitlers „Vorsehung" und die „Vorsehung" des Papstes treffen sich direkt nur einmal jährlich, nämlich beim Neujahrsempfang des Diplomatischen Korps, bei dem der Nuntius Orsenigo die göttliche Vorsehung in seinen Glückwünschen an den Führer und Reichskanzler Adolf Hitler beruft. Der Mann der Vorsehung Benito Mussolini hat die kirchliche Vorsehung direkt an seiner Seite stehen bis in die Jahre seines Verfalls.

Am 13. Februar 1929 nennt Pius XI. den Duce den Mann, „den uns die Vorsehung gesandt hat" und läßt alle Priester im Anschluß an die tägliche Messe, jede Messe in Italien, ein Gebet *Pro Rege et Duce,* für König und Duce, beten. Am 9. März 1929 versichern auch die Kardinäle in einer Botschaft an den Papst, Mussolini regiere „im Auftrag der göttlichen Vorsehung". Die Kinder beten in der Schule das kirchliche Gebet: „Duce, ich danke dir, daß du es mir ermöglicht

hast, gesund und kräftig aufzuwachsen. O lieber Gott, behüte den Duce, damit er dem faschistischen Italien lang erhalten bleibt."
Die Kirche unterstützt Mussolinis Vorbereitungen für seine Eroberung Abessiniens. Am 27. August 1935 erklärt Pius XI., ein Verteidigungskrieg zum Zweck der Expansion einer wachsenden Bevölkerung könne gerecht sein. Vier Wochen vor Kriegsbeginn senden 19 Erzbischöfe und 57 Bischöfe ein im „Osservatore Romano" veröffentlichtes Telegramm an Mussolini: „Das katholische Italien betet für die wachsende Größe seines geliebten Vaterlandes, das durch Ihre Regierung einiger denn je ist." Der Erzbischof von Tarent liest auf einem U-Boot eine Messe und bezeichnet den Abessinienkrieg als „einen heiligen Krieg, einen Kreuzzug". Die „schismatischen", gegen die Rom-Kirche rebellischen Abessinier sollen missioniert, der römischen Kirche und dem italienischen Staat unterworfen werden.
Die Große Mutter Italiens, die italienische Muttergottes, zieht mit in den Krieg, wie im 13. Jahrhundert die Maria der Marienburg-Ritter, des deutschen Ritterordens, gegen die Maria von Nowgorod zu Felde mitgezogen war. Sie wird auf Flugblättern genannt, die Militärflugzeuge abwerfen, sie thront auf dem Turm eines Panzerwagens. Kardinal Schuster, der Erzbischof von Mailand, segnet im Herbst 1935 die ins Feld rückenden Truppen und vergleicht Mussolini mit Caesar, Augustus und Konstantin und sagt der italienischen Schuljugend, durch das Werk des Duce habe „Gott vom Himmel geantwortet".
Am 24. April 1945 küßt ein zerbrochener Mann die Hand des Kardinals. Kardinal Schuster hat Mussolini in sein Palais aufgenommen, hier die Verhandlungen mit den Führern der Widerstandsbewegung arrangiert und will Mussolini in seinem Palais beherbergen, bis die Alliierten in Mailand einmarschieren. Mussolini flieht jedoch und fährt in seinen Tod.
In den Jahren seiner triumphalen Herrschaft in Italien wird Mussolini gerade von der deutschen katholischen Publizistik gerne rühmend genannt als ein leuchtendes Beispiel, wie gut eine von Gott erleuchtete Einmann-Herrschaft im Bündnis mit der Kirche, leidenschaftlich unterstützt vom Klerus, für die Katholiken sein kann. Ein Vorbild für den katholischen Führer und Reichskanzler, eine Mahnung an die Adresse der nationalsozialistischen Feinde der Kirche.
Das angesehenste Organ im deutschen Katholizismus, die von den Jesuiten in München redigierten „Stimmen der Zeit" berichten über den Eucharistischen Kongreß in Tarent im Mai 1937: „Der Kardinal ging mit dem Allerheiligsten an Bord eines Kriegsschiffes, das die päpstliche Flagge gehißt hatte. Die höchsten Befehlshaber waren um ihn versammelt, und auf anderen Schiffen der Kriegsflotte gaben die übrigen Behörden dem eucharistischen Gott das Ehrengeleit. Auf allen vor Anker liegenden Kriegsschiffen stand die Besatzung in Parade, um den

Segen des vorbeifahrenden Allerheiligsten zu empfangen. An der Torpedostation stieg der Kardinal mit der Monstranz in ein prachtvolles Altarautomobil und zog, begleitet von glänzenden Abordnungen der kirchlichen und weltlichen Verwaltung, unter den Klängen der Musik und dem Wehen der Fahnen durch die phantastisch mit Lichtern und bunten Tuchgehängen geschmückte Stadt."

Am 12. Januar 1938 geloben 72 Bischöfe und 2340 Pfarrer im Palazzo Venezia dem Duce Treue und Gefolgschaft für seinen Krieg. Der Erzbischof Nogara bittet Gott, dem Duce in allen Schlachten beizustehen zum Gedeihen des christlichen Italien. Am 3. Mai 1938 empfängt Mussolini überaus glanzvoll Hitler in Rom. In Neapel zeigt er ihm die italienische Flotte. Am 8. August 1938 sagt Mussolini zu seinem Schwiegersohn Ciano, er sei „leidenschaftlich gegen den Papst" und werde zum „Antikatholiken". Am Vorabend seines Todes sagt Pius XI., daß er „zutiefst enttäuscht" sei von Mussolini. „Warum muß Italien Deutschland nachäffen?"

Der späte Mussolini äußert sich antiklerikal wie der junge Mussolini, der sich in der Schule der Salesianer in Faenza wie ein Gefangener vorkommt. Jetzt ist er ein Gefangener Hitlers, will das aber vor sich selbst nicht wahrhaben und flieht in Reaktionen gegen die Kirche. Am 24. Dezember 1938 beklagt sich Papst Pius XI. vor dem Collegium der Kardinäle bitter über diese Rückkehr zu einer Haltung, die man als überholt angesehen hatte. Dieser Papst denkt sogar daran, das Konkordat zu kündigen, und bereitet eine Enzyklika gegen Faschismus und Nationalsozialismus vor.

Am 24. April 1940 beschwört Papst Pius XII. in einem handschriftlichen Briefe Mussolini, auf den Kriegseintritt zu verzichten und „dem italienischen Volk dieses Unglück zu ersparen". Der Duce antwortet am 1. Mai: „Die Geschichte der Kirche hat mich gelehrt, daß man den Frieden nie um des Friedens willen, nie um jeden Preis akzeptieren soll." Die Geschichte der Kirche ist für den italienischen antiklerikalen Katholiken Mussolini eine Geschichte von Kämpfen um die Macht, eine Geschichte, die starke Männer machen, die es wagen, alle Mittel in ihrem Machtkampf einzusetzen.

Starke Männer: Als Mussolini am 1. Mai 1940 dem Papste Pius XII. gegenüber seinen Willen zum Krieg bekundet, ist er ein schwerkranker, verfallener Mann. „Die allzulange Gewöhnung an eine zu große Macht hatte Mussolinis Charakter deformiert. Er hatte die Selbstbeherrschung, den klaren Willen und die kühl berechnende Entschlußkraft verloren, die seinen Aufstieg ermöglicht und seine Größe begründet hatten." Am 9. März 1943 schreibt Mussolini an Hitler: „Ich bin noch nicht völlig wiederhergestellt. Ich glaube, daß dies der nervlichen Anspannung der letzten Zeit zuzuschreiben ist. Man kann nicht dreiundvierzig Jahre Politik betreiben, ohne daß sich dies irgendwie auf die Gesundheit auswirkt."

Am 20. April, am Geburtstag Hitlers, notiert Goebbels: „Der Duce ist ein Greis geworden. Er sieht krank und schwach aus und macht den Eindruck eines müden und verbrauchten Mannes." Der Duce, noch nicht sechzigjährig, wirkt wie ein Siebzigjähriger und befindet sich, als er nun auch direkt Hitlers Gefangener wird, im Stadium körperlichen, seelischen, moralischen Verfalls. Er ist ein Opfer jener Krankheit, in einer fortschreitenden Paralyse, die Adolf Hitler seit seiner Wiener Frühzeit in panischer Angst fürchtet.

Die Syphilis! Kaiser Karl V. schaut empört nach Paris, auf den König Franz I., der seine Gattin, eine Schwester des Kaisers, syphilitisch infiziert hat. Die unglückliche Wittelsbacherin in Wien, die Kaiserin Elisabeth, bricht innerlich mit ihrem Gemahl, Kaiser Franz Joseph, als sie sich von ihm mit einer – leichteren – venerischen Krankheit, die er sich wohl von einer polnischen Gräfin geholt hat, angesteckt weiß. Mussolinis schwere Krankheit ist nicht ein Magengeschwür, an dem er auch leidet, sondern die von Hitler so panisch gefürchtete Syphilis. (Diese Krankheit wird mir auch bestätigt von meinem verehrten Freunde Graf Richard Coudenhove-Kalergi, der bis heute dem Duce ehrendes Angedenken bewahrt. Mussolini hatte im März 1938 Graf Coudenhove und übrigens auch Alwine Dollfuß, der Witwe des Bundeskanzlers Engelbert Dollfuß und ihren beiden Kindern bei der Flucht vor den Schergen Hitlers geholfen.)

„Wir werden Österreich verteidigen": Das war Mussolinis Wille und Entschluß bis 1935. Mussolini hatte bei seiner ersten Begegnung in Venedig am 14. Juni 1934 den denkbar schlechtesten Eindruck von Hitler empfangen und sich bemüht, eine westliche Abwehrfront gegen ihn zu errichten. Diese Bemühungen scheitern vor allem an England. Der Abessinienkrieg bildet die große Wende. Im Jahre 1936 wird der körperliche Verfall Mussolinis sichtbar. In diesem Jahr beginnt er in die Fänge Hitlers zu geraten. Vergeblich sucht er 1938 Hitler vom Kriege abzuhalten, zumindest bis 1942 hinzuhalten.

Am 22. Juni 1941 erhält Mussolini in Rom einen Brief Hitlers vom Vortage, in dem dieser ihm „die wichtigste Entscheidung" seines Lebens mitteilt, den Entschluß zum „Kreuzzug gegen den Bolschewismus". Mussolini ist entsetzt. Er sagt seinem Schwiegersohne Ciano, daß es ein Unsinn ist, „vom Kampf gegen den Bolschewismus zu sprechen". Mussolini hält sich – wie auch Ungarn und Finnland – im Kriege mit der Sowjetunion an die Haager Kriegsrechtsordnung. Hitler und seine Feldmarschälle halten sich nicht an diese vor allem für die Gefangenen wahrhaft lebenswichtige Ordnung, da sie fälschlich erklären, die Sowjetunion habe diese Ordnung nicht anerkannt und nicht unterzeichnet.

Am 7. Oktober 1942 notiert Ciano: „Mussolini sagte mir: ‚Wenn wir den Krieg verlieren, so ist dies der politischen Dummheit der Deutschen zuzuschreiben, die keinen gesunden Menschenverstand haben, kein Maß kennen und Europa in einen speienden Vulkan verwandelt haben'."

Am 15. Dezember 1942 ersucht Mussolini in einem langen Brief Hitler, so bald wie möglich mit Rußland einen Separatfrieden zu schließen. „Man kann gegen die ungeheuren Weiten Rußlands keinen Krieg gewinnen." Betroffen hatte er bereits zuvor bei einem Besuch im deutschen Hauptquartier in Wjasma in Gegenwart Hitlers den Rußlandfeldzug kritisiert: „Das ist ein ideologischer Krieg ohne praktischen Vorteil." Jetzt meint er Hitler gegenüber, daß der Augenblick gekommen sei, „entweder mit England im Westen oder mit der Sowjetunion im Osten Frieden zu schließen".

Am 9. März 1943 schildert Mussolini in einem langen Brief an Hitler die katastrophale Situation Italiens. „Unsere Tragödie besteht darin, daß wir gezwungen sind, den Krieg als Proletarier zu führen, mit Waffen, die Restbestände aus den Jahren 1915–1918 darstellen." Wieder bittet er Hitler, den Abnützungskrieg im Osten zu beenden. „Es sei denn, daß Sie völlig sicher sind, Rußland ein für allemal zu vernichten, frage ich mich, ob Sie nicht ein zu großes Risiko eingehen, denn Sie kämpfen gegen ein ungeheuer großes, praktisch unzugängliches Land, während im Westen die angelsächsische Gefahr immer größer wird." Am 25. März bittet er noch einmal Hitler: „Ich bin überzeugt, daß die Vernichtung Rußlands wegen der ungeheuren Weite des Landes unmöglich ist ... es ist daher notwendig, das russische Kapitel so oder so zu schließen."

Adolf Hitler kann als Gefangener seines Vernichtungsglaubens – „der jüdische Weltfeind muß vernichtet werden" – diese Bitten nicht einmal hören.

Am 25. Juli ist Mussolini ein Gefangener, zunächst des Königs. Am 10. September spricht Adolf Hitler im Rundfunk über seine Besetzung Italiens. Mussolini, „der größte Sohn des italienischen Bodens seit dem Zusammenbruch der antiken Welt", wurde schnöde verraten. Hitler rühmt die bedingungslose Treue Mussolinis. Er dankt dem deutschen Volke für seine „Opferbereitschaft". – „Ich selbst bin unendlich stolz, der Führer dieses Volkes sein zu dürfen, und dem Herrgott dankbar für jede Stunde, die er mir schenkt, durch meine Arbeit den größten Kampf unserer Geschichte zu einem erfolgreichen gestalten zu können." Liturgisch schließt er, in Abwandlung der Oration *non coronabitur nisi qui legitime certaverit* (die Krone des Sieges wird nur dem zuteil, der in der rechten Schlachtordnung kämpft): „Das Schicksal Italiens selbst aber mag für alle auch eine Lehre sein, um in Stunden der härtesten Bedrängnis und der bittersten Not ... treu zu unseren Bundesgenossen zu stehen und gläubigen Herzens das zu erfüllen, was die Pflicht zu tun uns auferlegt. Dem Volke, das diese Prüfungen vor der Vorsehung besteht, wird am Ende der Allmächtige als Lohn den Lorbeerkranz des Sieges und damit den Preis des Lebens reichen."

Zwei Tage später gelingt die Entführung Mussolinis vom Gran Sasso. Der Duce wird zunächst nach Wien gebracht; er telefoniert hier vom Hotel „Imperial" aus mit Hitler. Von diesem Tage an ist Benito Mussolini faktisch ein Gefangener Hitlers. Er macht keinen Versuch, sich zu befreien. Seine letzten Jahre bis zum Tode am 28. April 1945 sind ein permanenter, unterschwelliger Selbstmord in Raten. Mussolini weicht allen Bemühungen aus, ihn, sein Leben zu retten. Nur obere, flächige Schichten seines Verstandes beteiligen sich an Versuchen, sein Leben zu retten. In den letzten Monaten, noch in den letzten Wochen und Tagen vor dem 28. April 1945, hätte er Dutzende Gelegenheiten gehabt, sich zu den Alliierten, oder zumindest in den Schutz der Kirche zu retten und, zuallerletzt, eines Freundes, der ihn verbergen wollte. Mussolini wollte, in den Tiefenschichten seines Wesens, den Bankrott seiner Politik nicht überleben.

Adolf Hitler, der auf seine Weise ständig innerlich sich mit seinem Bankrott und seinem bevorstehenden Selbstmord auseinandersetzt, gerät durch die Befreiung seines „großen Freundes" in eine euphorische Stimmung. Als Stimulans verwendet er auch diesmal sakrale, magische Gleichungen, die das Schicksal beschwören und die Unheilsgeschichte zur Heilsgeschichte wenden sollen. Mussolinis Rettung beweist ihm die Richtigkeit seiner Prophetie von 1919: Italien ist der richtige, heilsgeschichtlich richtige Verbündete für Deutschland. Da muß jetzt doch auch der zweite von ihm heilsgeschichtlich ersehene Verbündete Deutschlands sich besinnen: England. Zu seinem Diener Linge sagt er jetzt: „Wenn diese Befreiung herauskommt, wird es die Welt" – wir kommentieren: es ist die böse, ungläubige, feindliche, johanneische Welt – „wie eine Bombe treffen – am meisten die Engländer. Das wird den Engländern zeigen, daß ich niemals einen Freund fallenlasse, daß ich ein Ehrenmann bin. Dann habe ich mein Wort gehalten. England wird sagen: ‚Er ist ein wahrer Freund'."

8. November, Hitlers Allerseelentag. Das ist seine letzte öffentliche Rede, die, auf Tonband aufgenommen, im Rundfunk übertragen wird. Der Führer spricht: In kommenden Jahrhunderten wird die Geschichtsschreibung diese Jahre kritisch überprüfen und feststellen, „daß es sich hier um den wunderbarsten Sieg des Glaubens gegenüber den vermeintlichen Elementen des sachlich Möglichen gehandelt hat".

Der Prophet kündet die Unheilsgeschichte: Die jüdische plutokratische Demokratie des Westens endet selbst im jüdischen Bolschewismus des Ostens.

Der Prediger mahnt die altgläubigen Parteigenossen – sie erhalten die Aufgaben des Heiligen Geistes im Pfingsthymnus der Kirche – und einige andere Aufgaben dazu: „Sie müssen dem Schwachen helfen, den Verzagten stützen, den Unwürdigen aber zur Vernunft rufen und – wenn notwendig – ihn auch vernichten." – „Schließlich will ich denjenigen Menschen, die mir ständig von Religion spre-

chen", – wir kommentieren: Er selbst spricht ständig von Religion, mit sich selbst – seine stummen Gesprächspartner in den Lagebesprechungen und die wenigen Zuhörer bei seinen nächtlichen Monologen sprechen nie von Religion, sie hüten sich dieses Thema anzuschneiden – „etwas sagen: Auch ich bin religiös, und zwar tief innerlich religiös, und ich glaube, daß die Vorsehung die Menschen wägt und denjenigen, der vor der Prüfung der Vorsehung nicht bestehen kann, sondern in ihr zerbricht, nicht zu Größerem bestimmt."
„Wir haben von der Vorsehung nichts als Segen empfangen: Was hat sie uns nicht an Erfolgen gegeben, was hat sie uns nicht an großartigen Siegen erringen lassen." – „Wie hat diese Vorsehung nicht unsere Armeen weit über die Reichsgrenzen hinausgeführt. Wie hat sie uns auch fast aussichtslose Situation, wie den italienischen Zusammenbruch, meistern lassen." Adolf Hitler nennt hier sein „italienisches Kind" beim rechten Namen: er spricht nicht von „Verrat", sondern von Zusammenbruch! „Und dann wollen wir so erbärmlich sein und an dieser Vorsehung trotzdem verzagen oder verzweifeln? Ich beuge mich in Dankbarkeit vor dem Allmächtigen, daß er uns so gesegnet hat und daß er uns nicht schwerere Prüfungen, den Kampf auf deutschem Boden, geschickt hat, sondern daß er es fertigbringen ließ, gegen eine Welt der Übermacht diesen Kampf erfolgreich weit über die Grenzen des Reiches hinauszutragen."

Mahnend erinnert der Kriegsprediger, der hier den Glauben seiner Altgläubigen stärken will, an die „Undankbarkeit" des deutschen Volkes Gott gegenüber, 1918. Er erinnert an die großen Siege des Ersten Weltkrieges im Westen, Osten, Süden, überall in Europa – zitiert sich, um den eigenen Glauben zu stärken, selbst aus der Frühzeit seines Heilskampfes. „Und dann ist unser Volk undankbar geworden. Trotz dieser Siege hat es dann schließlich seine Haltung, seinen Glauben verloren und ist schwach geworden. Damit hat es die Gnade des Herrn nicht mehr verdient. Und ich habe so oft – Sie werden sich dessen erinnern – gesagt, daß die Vorsehung uns geschlagen hat, und zwar mit Recht geschlagen hat. Sie hat uns das zugefügt, was wir verdient haben."
Diese Allerseelen-Allerheiligenrede vom 8. November 1943 hält also streng am motivischen Aufbau der liturgischen Frömmigkeit der Kirche, in vielen Gebeten in der Messe vorgestellt, fest. Gott prüft seine Gläubigen, er züchtigt die Sünder mit der Rute seines Zorns, er nimmt die um seine Gnade und seinen Schutz Flehenden gnädig wieder in seine Huld und Gnade auf.
1916–1918 hatten die Priester und Prediger der Großkirchen in vielen Durchhaltepredigten auf den Kanzeln in der Heimat und in Feldmessen an der Front das verzagende Volk aufzurichten gesucht. Jetzt ist Adolf Hitler der erste und vorzüglichste Prediger seiner Großkirche: aller jener gutwilligen Menschen, die

sich im „Glauben an Deutschland“, im Glauben an die allein ihm von der Vorsehung übertragene Führer-Sendung vereinen.
Noch eines mag hier erwähnt werden, in diesem Jahre, in dem sich das Schicksal seines, wie er ihn seinem Volk zeigt, ihm gläubig verbündeten Freundes Mussolini zu erfüllen beginnt: Mussolinis Reden sind rein weltliche Reden. Wohl sprach auch er von *credere*. Dieses „glauben“ hat aber bei ihm einen rein weltlichen, metallischen Klang. Wohl hatte er versucht, eine kirchliche Hierarchie in seiner Hierarchie, seiner *Gerarchia* zu imitieren. „Gerarchia“ hieß auch die Monatsschrift, die er im Februar 1922 vor allem für Intellektuelle gegründet hatte, wobei die Idee zu dieser Gründung wohl von seiner jüdischen Geliebten Margherita Sarfatti, einer hochgebildeten Frau, stammt. Wohl verkündete er: „Alle Autorität kommt von oben“, und seine Artikel über den Faschismus in der Großen italienischen Enzyklopädie zeigen diese Imitation kirchlicher Autorität und Ordnung sehr deutlich. Ein einziger Blick auf seine Reden und dann auf die Reden Hitlers zeigt jedoch den fundamentalen Unterschied. Mussolini, dieser welthungrige, weltsüchtige, genußfreudige Mann, der die Frauen nach Tisch nimmt wie eine reife Frucht, wie ein Stück Obst, ist ein perfekt säkularer Weltmann, ein Vollblutpolitiker, der sich bemüht, möglichst keimfrei von metaphysischen und religiösen Spekulationen, Insinuationen, Anmutungen hart und klar seine politischen Parolen und Forderungen auszusprechen. Unendlich fern sind ihm die selbstquälerischen und seine Zuhörer quälenden religiösen Anmutungen Hitlers, die nicht einfach ein Zierat sind, sondern wesentlich und strukturell zu diesem Manne gehören.
Mussolini hütete sich, an die Stelle der religiös-politischen Prediger der Kirche zu treten. Er hatte dies auch nicht nötig. Sie verkündeten von hundert Kanzeln das Heil aus dem Faschismus, sie riefen zu seinem Krieg, zumindest 1936, auf und beteten die Gebete um Sieg und Eroberung dem gläubigen Volke vor.
Adolf Hitler tritt als religiös-politischer Prediger, der um Glauben wirbt, vor „sein Volk“. Dankbar gedenkt er gerade in dieser Rede zur Glaubensstärkung, am 8. November 1943, der gläubigsten Schicht seines Glaubensvolkes, der Frauen. Er zitiert eine amerikanische Zeitschrift, die meint, das Schlimmste am Nationalsozialismus sind die Frauen. Hitler: Ja! „Ich weiß, daß ich die ganzen Jahre hindurch gerade in den Frauen meines Volkes meine fanatischesten Anhänger besitze.“ Frauen hatten ihn in München seit 1920 beschirmt, gefördert, finanziell unterstützt. Frauen sitzen und stehen als Gläubigste seiner Gläubigen in seinen Versammlungen und lauschen seinen „Ekstaseformeln“ (Hans Frank). Frauen sind bereit, für ihn in den Tod zu gehen.
Ausklang des Jahres. Am 21. Dezember ernennt Adolf Hitler Arthur Seyß-Inquart zum Präsidenten der Deutschen Akademie, als Nachfolger des verstor-

benen bayerischen Ministerpräsidenten Siebert. Der österreichische Katholik Seyß-Inquart ist einer der wenigen Menschen, denen Hitler bis zuletzt sein Vertrauen schenkt, an die er selbst glaubt. Er bestellt ihn in seinem Testament zum Reichsaußenminister. In seiner Nürnberger Zelle debattiert Seyß-Inquart mit dem amerikanischen Gerichtspsychologen G. M. Gilbert. Seyß-Inquart spricht da, unter anderem, über die Ursachen der Fanatisierung des deutschen Volkes in Nord und Süd, in Bayern und in Preußen. Er meint, das System Hitlers „verschmolz den süddeutschen emotionalen Antisemitismus mit dem preußischen gedankenlosen Gehorsam. Übrigens erzielt der autoritäre Katholizismus die gleiche Wirkung wie der preußische Militarismus. Man braucht sich als Beispiel dafür nur die Jesuiten anzusehen. Wenn fanatische Ideologie mit autoritärer Staatsform kombiniert ist, dann gibt es keine Grenze für die Exzesse, zu denen es kommen kann – genau wie bei der Inquisition". Das sagt Arthur Seyß-Inquart in einem Gespräch zu Ostern, in den Tagen zwischen 19. und 22. April 1946 im Nürnberger Gefängnis.
Am 17. Juni setzt in der Vormittagsverhandlung des Nürnberger Gerichtshofes Franz von Papen seine Verteidigung fort. In der Pause und in der Mittagspause diskutieren die Angeklagten über die Haltung der Katholischen Kirche zum Antisemitismus. „Seyß-Inquart bemerkte, daß 85 Prozent der Rechtsanwälte in Wien Juden seien. Er erklärte dann die Verknüpfung zwischen der Priesterschaft und dem Antisemitismus. Er sagte, die meisten Priester seien tatsächlich im Grunde antisemitisch eingestellt, vor allem in Polen, wo es seit Jahrhunderten Judenpogrome gegeben habe – bis zum heutigen Tage" – Hans Frank stimmt zu und führt weiter aus: „Ja, die Priesterschaft ist seit der Inquisition im wesentlichen immer judenfeindlich gewesen. Hahaha! Sie folterten Menschen in ganz Europa aus religiöser Intoleranz; später kamen dann die Hexenverbrennungen."
Frank: „Die Vorgänger von Auschwitz waren die Folterkammern der Inquisition." – „Frick und Rosenberg stellten fest, Hitler sei im Vergleich mit der Inquisition ein Unschuldslamm gewesen." Frank bestreitet das. „Rosenberg und Kaltenbrunner erzählten weitere Einzelheiten über die Folterungen der Inquisition, die Abenteuer von Torquemada."
Gewiß: Diese Gefangenen in Nürnberg suchen sich zu entlasten. Einige von ihnen fühlen sich als Kreuzträger, die jetzt die Last der Schuld der anderen aufgelastet erhalten. Keiner drückt es so offen aus wie der primitive Hitlergläubige Julius Streicher, der erklärt: Ich muß mein Kreuz tragen, jetzt kreuzigen sie mich, die Juden. Streicher ist immer noch ganz sicher, daß Jesus Christus kein Jude war. Diese Gefangenen, die intellektuell, bildungsmäßig und weltanschaulich von Haus aus sehr verschiedener Prägung und Herkunft sind, wissen gemeinsam, daß Adolf

Hitlers religiös-politische Predigt gerade in seiner beschwörenden Anrufung der Glaubenskraft, in seiner Weckung des Glaubenspotentials in seinem Volke riesige Massen eines in Jahrhunderten angestauten Hasses mobilisieren konnte.
Zum Jahresende prophezeit der Prophet noch einmal in einer Lagebesprechung am 27. Dezember den baldigen Zusammenbruch Rußlands. „Man darf doch nicht annehmen, daß das ein antiker Riese ist, der jedesmal, wenn er auf die Erde fällt, stärker wird. Einmal muß ihm ja auch der Atem ausgehen." Der antike Riese ist Antaios, Antäus. Adolf Hitler weiß nicht, daß Stalin, der ehemalige Seminarist, der gerne – unbewußt – liturgische Formulierungen der Ostkirche in seinen großen Reden gebraucht, lange Jahre zuvor im schweren innenpolitischen Kampf bereits die kommunistische Partei der Sowjetunion mit dem Riesen Antäus verglichen hatte: jede Berührung mit der Erde mache sie stärker, bringe ihr Wiedergeburt.
In dem nun kommenden Jahre rüsten sich die Millionen russischer Bauern, die zur Verteidigung ihrer heiligen Mutter Erde aufgebrochen sind, um den Krieg auf den Boden, auf die Erde des Todfeindes zu tragen.

1. Januar. „Unser einziges Gebet an den Herrgott soll nicht sein, daß er uns den Sieg schenkt, sondern daß er uns gerecht abwägen möge in unserer Tapferkeit, in unserem Fleiß und nach unseren Opfern." – „Unsere Opferwilligkeit, unser Fleiß werden ihm nicht verborgen bleiben. Wir sind bereit, alles zu geben und alles zu tun, um dem zu dienen. Seine Gerechtigkeit wird uns so lange prüfen, bis er sein Urteil sprechen kann. Unsere Pflicht ist es, dafür zu sorgen, daß wir vor seinen Augen als nicht zu leicht erscheinen, sondern jenen gnädigen Richterspruch erfahren, der ‚Sieg' heißt und damit das Leben bedeutet."

Der Gott des Alten Testaments prüft die Seinen im Feuer, in der Esse. Der Gott Adolf Hitlers, die „Vorsehung", die „Natur" prüft die Stärke, gibt den Sieg den Stärkeren und überführt in ihren Dienst die alten Worte der alten Religion, des Christentums. Adolf Hitlers Überführung der frommen Sprüche, der Sprache der christlichen Religion und der Sprache der Kirche in seine Dienste ist ein spätes Gegenphänomen zu der überaus folgenreichen Überführung der Sprache antiker Kulte und Liturgien in die Sprache und Liturgie der christlichen Kirche. In ihr wurde der Kyrios, der Gott-Kaiser der Spätantike, zum Kyrios Christus, wurde die *domus aurea,* das goldene Haus des Nero zum goldenen Haus St. Peters in Rom.

Neben diesem Neujahrsaufruf an sein Volk erläßt Adolf Hitler am 1. Januar 1944 einen langen „Tagesbefehl an die Soldaten der Wehrmacht und des Heeres". Hitler schildert den Verrat des italienischen Königs, den Verrat der französischen Generale in Nordafrika: Eine Welt von Feinden hat sich gegen das wahre Europa, das er verteidigt, erhoben. Er prophezeit: „Das Jahr 1944 wird ein sehr hartes sein." Unsere Aufgabe ist es, so lange zu kämpfen, „bis endlich die Stunde kommt, da die Vorsehung dem Volke den Sieg geben kann, das ihn am meisten verdient". – „Wenn daher die Vorsehung das Leben als Preis demjenigen schenkt, der es am tapfersten erkämpft und verteidigt, dann wird unser Volk die Gnade vor demjenigen finden, der als gerechter Richter zu allen Zeiten immer noch dem den Sieg gab, der seiner am meisten würdig war. In diesem Kampf um Sein oder Nichtsein wird am Ende Deutschland siegen!"

Die Vorsehung kann – das ist Hitlers Glaube –, da sie identisch ist mit dem „Gesetz der Natur", nur dem Volke den Sieg geben, das ihn am meisten verdient. In diesem Satz ist gleichzeitig, kaum verhüllt, Hitlers großer Zweifel, ja sein Gegen-

glaube enthalten: Sind nicht die Russen das stärkere Volk, das verdient den Sieg erringt? Im Jahre 1944 wird dieser Glaube in ihm immer stärker durchbrechen und ihm 1945 den – lange erwogenen – Selbstmord schenken.
Am 9. Januar beglückwünscht Adolf Hitler den österreichischen Feldmarschallleutnant Karl Freiherr Czapp von Birkenstetten zum 80. Geburtstag, ernennt ihn zum General der Artillerie a. D. und verleiht ihm das Recht zum Tragen der Uniform der deutschen Wehrmacht. Rituell wird hier wieder einmal die k. und k. Armee in die neue Wehrmacht eingebunden.
Die Todesgedanken, die in den beiden Neujahrsaufrufen durchschimmern, die ein waches Ohr in ihnen zu hören vermag, spricht Adolf Hitler am 27. Januar vor den Generalfeldmarschällen und Oberbefehlshabern in der Wolfsschanze recht offen aus: „Meine Herren, wenn es jemals eine letzte Stunde gibt, dann hoffe ich, daß Sie, meine Herren Generale, zusammen auf den Barrikaden stehen und daß Sie, meine Herren Generale, mit gezogenem Degen bei mir sind!" Das ist Romantik, Götterdämmerung, Untergangszauber. Adolf Hitler denkt zudem daran, seinen Tod zu stilisieren, sein Sterben zu ritualisieren: als Vorbild für künftige Generationen, die den ewigen Weltkampf gegen den satanischen Weltfeind, das Judentum, weiterkämpfen müssen.
Am 28. Januar telegraphiert er an den Generalfeldmarschall Kesselring, den Oberbefehlshaber Südwest: „In den nächsten Tagen wird der ‚Kampf um Rom' entbrennen. Er entscheidet über die Verteidigung Mittelitaliens und über das Schicksal der 10. Armee." Dahns „Kampf um Rom": Der Knabe Adolf Hitler hat sich an diesem Buch und an romantischen Kriegsbüchern berauscht, die den Deutsch-Französischen Krieg von 1870/71 und den Russisch-Japanischen Krieg von 1904 begeisternd darstellten. Der todmüde Hitler kehrt heim zu seinen frühesten Kriegsspielen im Wachtraum.
Rundfunkansprache in seinem Hauptquartier am 30. Januar: „Eines ist ... ganz sicher: In diesem Kampf kann es nur einen Sieger geben, und der wird entweder Deutschland oder Sowjetrußland sein!" In diesem *einen* Satz steckt sein ganzer Gegenglaube, der innerlich seinen Glauben an Deutschland aufzehrt. „Der Sieg Deutschlands bedeutet die Erhaltung Europas, und der Sieg Sowjetrußlands seine Vernichtung." Zwanzig Jahre später sucht man diesen Glauben wieder jungen Deutschen in katholischen Wehrmacht-Katechismen einzuimpfen.
Prediger des Spätmittelalters hatten gegen Pest und Judentum, spätere Prediger gegen die lutherische und – oder – papistische Pest gepredigt. Adolf Hitler predigt gegen die Pest des Judentums und prophezeit hier England, dieser Pest zu erliegen: „Es sei denn, der englische Staat rafft sich in letzter Minute noch auf und entfernt mit Gewalt diese Bakterien aus seinem Körper." Kein menschlicher Körper ist in der Lage, „auf die Dauer auch Pestbazillen zu assimilieren". –

„... und es ist erst recht ohne Belang, ob man in dem einen oder anderen Lande glaubt, durch untertäniges Streicheln die selbstgezüchteten jüdischen Bakterien vielleicht entgiften zu können."
Geschlechtsangst, Angst vor einer Infektion – durch Syphilis, aber auch durch Bakterien im Fleisch; Hitler möchte gleich nach Kriegsende gegen das Fleischessen vorgehen –, Angst vor einer Ansteckung durch den Teufel, den Juden, verschmelzen hier, 1944, wie bereits um 1910 in Wien. Wenn der jüdische Bolschewimus siegen würde, würde spätestens in zehn Jahren die mehr als zweieinhalbtausendjährige Kultur Europas ausgelöscht sein. Die Repräsentanten seiner Kultur „würden irgendwo in den Wäldern oder Sümpfen Sibiriens, soweit sie nicht durch Genickschuß ihre Erledigung gefunden hätten, verkommen. Der verwüstete jüdische Ahasver aber könnte dann das zerstörte Europa in einem zweiten triumphierenden Purimfest feiern". In seinen letzten Worten vor dem Galgen in Nürnberg nennt Julius Streicher die Nürnberger Hinrichtungen ein Purimfest.
„Ohne den 30. Januar 1933 und ohne die nationalsozialistische Revolution, ohne ihre gewaltige innere Reinigungs- und Aufbauarbeit gäbe es heute keinen Faktor in Europa, der dem bolschewistischen Koloß entgegenzutreten in der Lage wäre. Denn das ehemalige Deutschland war selbst so krank, durch die zunehmende jüdische Infektion so geschwächt ..." Der Bolschewismus ist eine jüdische Infektionskrankheit, ist die politische Syphilis.
Wieder beschwört Adolf Hitler seine alte magische Gleichung: Die Heilsgeschichte der Vergangenheit weist auf den Sieg der Zukunft. „Der Weg von der Vision des halbblinden Soldaten" – diese Vision des durch eine Hysterie erblindeten Mannes hat wohl denselben krankhaften Ursprung wie so viele Visionen im hysterischen, wundersüchtigen 19. und 20. Jahrhundert – „vom Jahre 1918 bis zur Realität des nationalsozialistischen Staates im Jahre 1944 war ein gewaltigerer und sicher schwierigerer als der Weg des heutigen Reiches zum endgültigen Siege." – „Der Versuch unserer Gegner, durch Spreng- und Brandbomben das deutsche Volk und Reich zum Zusammenbruch zu bringen, wird diese am Ende immer mehr in ihrer sozialistischen Einheit festigen und jenen harten Staat schaffen, der von der Vorsehung bestimmt ist, die Geschichte Europas in den kommenden Jahrhunderten zu gestalten." Wir kommentieren: Die Brandbomben des Feindes erfüllen die Funktion, Esse, gottgewollte Esse zu sein, in der Gott sein Volk schmiedet. „Daß sich dieser gewaltige, die Welt erschütternde Prozeß unter Leid und Schmerzen vollzieht, entspricht dem ewigen Gesetz einer Vorsehung, die nicht nur alles Große im Kampf entstehen, sondern sogar den einzelnen Erdenbürger unter Schmerzen das Licht der Welt erblicken läßt."
Den Millionen deutscher Christen, Katholiken und Protestanten, die auf Hitlers Schlachtfeldern bluten, leiden, elend sterben, wird auch von ihren Kirchen nur

dieser Trost mitgegeben: daß ihr Leiden eine Prüfung durch einen gnädigen Gott ist, daß ihr Tod ein Opfertod für Volk und Vaterland und die Rettung des Abendlandes sei. „Je größer deshalb auch heute die Sorgen sind, um so größer wird dereinst der Allmächtige die Leistung derjenigen wägen, beurteilen und belohnen, die gegenüber einer Welt von Feinden ihre Fahne in treuen Händen hielten und unverzagt vorwärtstrugen."

Der katholische Militärbischof Franz Josef Rarkowski, am 20. Februar 1938 zum *episcopus castrensis* geweiht, und seine katholische Militärgeistlichkeit, rund 560 Priester, und die letzten Kirchenblätter, die noch erscheinen, können sich nicht besser ausdrücken als hier Adolf Hitler. „Was diese Zeit fordert an Mühen, Blut und Tränen, was der Führer und Oberste Befehlshaber euch Soldaten befiehlt und die Heimat erwartet: Hinter all dem steht Gott selbst mit seinem Willen und seinem Gebot" (Rarkowski im August 1942). – Adolf Hitler schließt: „Dieser Kampf wird deshalb am Ende trotz aller Teufeleien unserer Gegner zum größten Sieg des deutschen Reiches führen."

Aus den düsteren, von Schnee – Hitler haßt den Schnee als ein Todeszeichen – Eis, Kälte, Nebel umwobenen Landschaften seiner nordöstlichen Bunker flieht Adolf Hitler auch in diesem Jahr für die Monate des Frühlings und beginnenden Sommers nah an seine alte Heimat heran. Auf dem Berghof und im Schloß Klessheim fühlt er sich wohl. Da, hoch droben in seinen Bergen, fühlt er sich „seinem Gott näher", und dem „Jammertal" der irdischen Verhältnisse entrückt.

Am 18. März empfängt er wieder einmal in Schloß Klessheim Nikolaus von Horthy. Adolf Hitler ist empört, daß in Ungarn fast eine Million Juden noch frei leben dürfen. Am 9. Mai telegraphiert er Hans Pfitzner zum 75. Geburtstag. Pfitzner, glühender Antisemit – auch im Verkehr mit Juden – war einer seiner frühesten gläubigen Verehrer gewesen. Am 13. Mai findet ein Telegrammwechsel mit Seyß-Inquart statt. Der Deutsch-Österreichische Alpenverein, seit 1938 „Deutscher Alpenverein", feiert seinen 75. Geburtstag.

Am 4. Juni veröffentlicht das Oberkommando der Wehrmacht seinen Befehl zur Räumung Roms: „Da sich die Front im Zuge der Kampfhandlungen immer mehr der Stadt Rom näherte, bestand die Gefahr einer Einbeziehung dieses ältesten Kulturzentrums der Welt in direkte Kampfhandlungen. Um dies zu vermeiden, hat der Führer die Zurücknahme der deutschen Truppen nordwestlich Roms befohlen."

Der kulturpolitische Romglaube Adolf Hitlers ist zumindest unterschwellig durch seinen österreichischen Katholizismus mitbestimmt. Die Zerstörung Berlins im Kriege berührt ihn überhaupt nicht. Im Platterhof auf dem Obersalzberg hält Adolf Hitler am 4. Juli seine letzte Rede vor Zivilisten. Speer hat eine Tagung von Wehrwirtschaftsführern einberufen. Hitlers Rede im Industrieklub in Düsseldorf 1932 war eine der besten Reden seines Lebens gewesen. Es gelang ihm, führenden Männern der deutschen Wirtschaft seinen Glauben an die Notwendigkeit des Kampfes gegen den Bolschewismus rational darzustellen. Hitlers letzte Rede vor Nichtmilitärs, hier vor den Führern der deutschen Wehrwirtschaft – die er damals, 1932, aufzubauen versprochen hatte – ist eine schwache Rede, die wenig Beifall findet, ist aber ein eindrucksvolles Dokument seines Glaubens.

Adolf Hitler bemüht sich zunächst, die Sorge der deutschen Wirtschaftsführer vor einer Umstellung auf eine Friedenswirtschaft zu zerstreuen: „Wenn morgen der Friede ausbrechen sollte . . .“– „Wenn der Krieg verlorenginge, meine Herren, dann brauchen Sie keine Umstellung vorzunehmen. Dann ist nur (noch notwendig), daß jeder einzelne seine private Umstellung vom Diesseits zum Jenseits sich überlegt, ob er das persönlich machen will oder ob er sich aufhängen lassen will oder ob er sich einen Genickschuß geben lassen will oder ob er verhungern will oder in Sibirien arbeiten will, das sind die einzigen Überlegungen, die dann der einzelne machen kann.“

Der in seinen Tiefenschichten unablässig an seinen eigenen Tod und an seinen Selbstmord denkende Adolf Hitler zeigt hier breit den Männern der deutschen Wirtschaft einige Modelle des Selbstmordes. Er erzählt ihnen eine Story, die er schon mehrmals erzählt hat, so am 10. November 1938: Ein Mann sagte ihm, Deutschland werde zusammenbrechen, wenn er, Hitler, so weitermache. Hitlers Antwort auf diese von ihm selbst unablässig in seinem Inneren sich vorgestellte Frage lautet: Das deutsche Volk hat die Kriege mit den Römern, die Völkerwanderung, die Mongoleneinfälle, den Dreißigjährigen Krieg etc. überstanden, „es wird auch dies überdauern“, in der Fassung von 1938: „es wird auch mich überstehen!“.

Diese Story enthält also ebenfalls eine fast spielerische Befassung mit dem Selbstmord und mit der Katastrophe des Zusammenbruchs im Kriege.

Adolf Hitler, der Mann, in dessen Brust der Kampf zwischen seinem Glauben und seinem Unglauben nun im Übermaß der Spannung zusammenzubrechen droht – Hans Frank über Hitler: Er war „so unendlich innenbelastet“ – spricht vor den Männern seiner Wirtschaft, seiner Kriegswirtschaft, von den großen Schwierigkeiten der gegenwärtigen Lage, durch den Luftkrieg und die heikle Situation an den äußeren Fronten, als „Prüfungen“. Wie oft hat er von den durch die Vorsehung verhängten Prüfungen für das deutsche Volk gesprochen. Jetzt spricht er von Prüfungen durch den Teufel. „Wir werden diese Zeit auch überstehen. Und oft kommt es mir vor, als wenn wir durch alle Prüfungen des Teufels und des Satans und der Hölle hindurch müßten, bis wir endlich dann doch den endgültigen Sieg erringen.“

Im Alten Testament, wo an einigen bedeutenden Stellen der Satan an die Stelle Gottes als Prüfer des Gotteshelden tritt, im Mönchstum der Väter in der ägyptischen Wüste, im Mittelalter, im lutherischen Deutschland, im religiösen Leben vieler Frommer spielt diese große innere Ungewißheit eine bedeutende Rolle: Ist das, was jetzt erscheint, auf die eigene Person zukommt, eine Prüfung, eine Versuchung durch Gott, oder stammt sie vom Teufel?
„Ich bin vielleicht kein sogenanntes Kirchenlicht – ein Frömmling, das bin ich nicht. Aber in meinem Innern bin ich doch ein frommer Mensch, d. h. ich glaube, daß, wer den Naturgesetzen, die ein Gott geschaffen hat, entsprechend auf dieser Welt tapfer kämpft und nie kapituliert – daß *der dann auch von dem Gesetzgeber nicht im Stich* gelassen wird, sondern daß endlich er doch den Segen der Vorsehung bekommt."
Bei den von uns hervorgehobenen Worten klopft Hitler mit dem Mittelknöchel der rechten Hand auf die Pultplatte, um seiner Erklärung hörbaren Nachdruck zu verleihen. Er hat in dieser Stunde den führenden Männern der deutschen Kriegswirtschaft nur dies eine mehr anzubieten: seinen Glauben. In diesem Glauben Adolf Hitlers ist unterschwellig der alte deutsche Glaube an den *deus semper fidelis,* an den „gôt der ist triuwe", erhalten, an den treuen Gott, der Luther und noch Bismarck beseelt und der 1914–1918 und wieder seit 1936 von vielen christlichen Kriegspredigern berufen wird.
Adolf Hitler dürfte in seinem Wissen und Oberflächenbewußtsein nicht das Korrelat gekannt haben, das zu diesem Glauben an den „treuen Gott", zu seiner emphatischen Verkündigung gehört: der andere Glaube, der Glaube an die Untreue Gottes: Gott selbst als der erzböse Feind, der den Menschen „feige", das heißt im Altdeutschen todverfallen, da gottverlassen, macht. Der den Menschen verlassende Gott setzt den Menschen einer „Lage" aus, einem Hinterhalt, bereitet durch einen bösen Feind, einen Dämon, einen Gott.
Vierzehn Tage nach dieser Rede sieht sich Adolf Hitler einer solchen Lage ausgesetzt: Am 20. Juli findet der bekannte Anschlag auf ihn im Führerhauptquartier statt. Vier Monate lang hatte er bis dahin sein Führerhauptquartier in Ostpreußen gemieden und sich in der intim-gemütlichen Atmosphäre des Berghofes eingehaust und weilte gelegentlich in Salzburg und in Schloß Klessheim. Am 13. Juli sendet er dem Poglavnik gute Wünsche zum Geburtstag. Das mörderische Regime dieses kroatischen Katholiken ist im Zusammenbruch, den nicht zuletzt die Italiener und die Deutschen, die seinen Mord an orthodoxen Serben, Kindern, Frauen, Männern, nicht mehr ansehen wollen, ihm herzhaft wünschen.
20. Juli 1944. Wir haben hier nicht die hohe Problematik einiger Verschwörer des 20. Juli darzustellen. Das außenpolitische Programm Goerdelers war nicht besser, nicht zukunftsoffener als das Hitlers. Nur wenige Männer der Verschwö-

rung, so Graf Stauffenberg, der Attentäter, gehen in ihrem politischen Wollen – von einem großzügigen politischen Vorplanen kann wohl kaum die Rede sein – über Tagträume, fromme Wünsche und ein konservativ-restauratives Denken hinaus.

Hitlers Diener Schneider erklärt später: „Ich bin der Meinung, daß es einem entschlossenen Manne, der Zutritt zu Hitler hatte, jederzeit möglich gewesen wäre, ihn zu ermorden. Ich habe mich in der Zeit, in der ich Diener bei Hitler war, oft gefragt, was ich wohl tun würde, wenn einer der Gäste bei Tisch eine Pistole ziehen würde. Nirgendwo standen baumlange SS-Männer herum."

Adolf Hitler lebt ständig in Furcht vor Attentaten, benützt gesicherte Automobile und schreibt solche für seine Parteiführer vor, hält lange vor Kriegsbeginn seine Abfahrts- und Ankunftszeiten möglichst geheim, ist von tiefem Mißtrauen erfüllt. Er befürchtet ein Attentat aus den Kreisen von Männern, die ihren Glauben an ihn verloren haben, oder die in sich einen anderen Glauben haben. Er denkt an SA- und SS-Führer, an militante Katholiken und andere Idealisten. Vor seinen Offizieren fürchtet er sich nicht. Er glaubt nicht, daß sie einen wirklichen religiös-politischen Glauben haben.

Inmitten der Trümmer sitzen sich auf einer Kiste im arg mitgenommenen Raume nach dem Attentat Hitler und der eben eingetroffene Mussolini gegenüber. Hitler spricht mit leiser Stimme von seiner „wunderbaren Errettung", zeigt sich ergriffen, „besonders da es ja nicht das erstemal ist, daß ich auf wunderbare Weise dem Tode entronnen bin. Nach meiner heutigen Errettung aus der Todesgefahr bin ich mehr denn je davon überzeugt, daß es mir bestimmt ist, nun auch unsere gemeinsame große Sache zu einem glücklichen Abschluß zu bringen." Mussolini, der in der eigenen Brust um die Gewinnung eines Glaubens an gute Zukunft ringt, bestätigt ihm: „Nachdem ich das hier gesehen habe, bin ich absolut Ihrer Meinung. Das war ein Zeichen des Himmels."

Christen neigen dazu, sich über diesen Wunderglauben des in höchster Spannung und Überspannung lebenden späten Adolf Hitler zu mokieren, ihn zu belächeln. Vergessen wir hier aber nicht: Wie viele kirchengläubige Menschen, nicht nur etwa mental primitive Nonnen, sehen in diesem und jenem Zufall oder in einem ihnen sehr eigentümlich erscheinenden Geschehen in ihrem Leben eine wunderbare Fügung, einen Akt persönlicher Zuneigung Gottes zu ihrer privaten Person. Die Propaganda um „das Wunder von Lengede", um die Errettung einiger Bergleute nach einigen Tagen der Eingeschlossenheit – viele andere gingen elend zugrunde – steht auf keinem anderen Niveau als Hitlers Glaube an seine „wunderbare Errettung". Hitler glaubt auch, der Kronprinz Wilhelm stehe hinter dem Attentat. Er fürchtet auch die deutschen Prinzen, die Männer der Monarchie, denen er in Berlin und Norddeutschland 1932 die Restauration versprochen hatte.

Das mißglückte Attentat wird von ihm hochbewußt als Injektion zur Stärkung seines tiefinnerlich angegriffenen Glaubens benützt. „Ich ersehe daraus auch einen Fingerzeig der Vorsehung, daß ich mein Werk weiter fortführen muß und daher auch weiter fortführen werde.“ Am 31. Juli drückt der Österreicher Adolf Hitler, der die alte Abneigung zisleithanischer Österreicher gegen die Ungarn teilt, seine Sorge über die Entwicklung auf dem Balkan in der Lagebesprechung aus. „Und bei den Ungarn dürfen wir uns nicht wundern; wenn wir solche Deppen oder Verbrecher bei uns haben ...“

Am 2. August besucht Adolf Hitler die bei dem Attentat verletzten Offiziere; er sagt zum General Bodenschatz: Ich lehne den politischen Mord nicht hundertprozentig ab. „Ich weiß, Stauffenberg, Goerdeler und Witzleben haben geglaubt, das deutsche Volk durch meinen Tod zu retten. Aber bisher hat man nur das eine ermitteln können: diese Leute hatten überhaupt keinen festen Plan darüber, was sie nachher tun wollten.“

Eine solche Einsicht in den Glauben der eigenen präsumptiven Mörder, dieser Glaube an den – berechtigten – Glauben derer, die das deutsche Volk durch seinen Tod retten wollten, entstammt jener Tiefenschicht Hitlers, in der er selbst längst zum Selbstmord entschlossen ist. Nur in Oberschichten führt er, gereizt, zornig, wütend, den Kampf weiter: den Kampf um sein Überleben. In seinen Tiefenschichten dürfte er „ja“ gesagt haben zu dem Attentat.

Am 4. August sagt er offen seinen Reichs- und Gauleitern in der Wolfsschanze: Wenn das deutsche Volk in diesem Kampf unterliegen würde, sei es zu schwach gewesen für diese Probe vor der Geschichte und wäre zum Untergang bestimmt.

In einer Besprechung mit drei Generalen sagt er am 31. August, wenn sein Leben durch das Attentat beendet worden wäre, wäre es für ihn persönlich eine Befreiung von Sorgen und Leiden gewesen. „Es ist nur (der Bruchteil) eine Sekunde, dann ist man von allem erlöst, (und hat seine) Ruhe und den ewigen Frieden. Daß ich (am Leben geblieben) bin, dafür bin ich der Vorsehung dankbar.“

Hitlers „Allerseelen-Allerheiligen“-Proklamation zum 9. November wird in diesem Jahr am 12. November veröffentlicht. Der alte Glaube soll durch die rituelle, liturgische Wiederholung gestärkt werden. Also predigt er: Das deutsche Volk „wird aus dem Ringen seiner großen Männer die einzige richtige Lehre für die Gegenwart zu ziehen vermögen, nämlich die Erkenntnis, daß die Vorsehung am Ende nur demjenigen hilft, der selbst unverzagt starken und gläubigen Herzens den Kampf mit den Widerwärtigkeiten der Zeit aufnimmt und dadurch am Ende zum Herrn seines Schicksals wird. Soweit uns der Allmächtige das Auge geöffnet hat, um in die Gesetze seines Waltens nach unserem schwachen menschlichen Vermögen einen Einblick zu gewinnen, erkennen wir die unbestechliche Gerechtigkeit, die das Leben als letzten Preis nur denjenigen zuspricht, die gewillt und bereit sind, Leben für Leben zu geben." *Non coronabitur nisi qui legitime certaverit.*

„Die Welt kennt keine leeren Räume!" Völker, die zu schwach sind, „erhalten im günstigsten Falle eine Reservation, die ihrem Wert und ihrer Größe entspricht. Anderes Leben aber wird in die freigewordenen Räume strömen, andere Völker – und leider sehr oft primitivere Rassen – werden dann, dem Gebot der Vorsehung entsprechend, den Kampf aufnehmen.

... So standen wir im Jahre 1919 vor der Erkenntnis, daß nur eine Reform unseres Volkes an Haupt und Gliedern es auf die Dauer befähigen würde, den Kampf um das Dasein wieder erfolgreich aufzunehmen."

Eine Reform der Kirche an Haupt und Gliedern: Konzile und große Reformer hatten darum gerungen. Eine Reform des Heiligen Römischen Reiches an Haupt und Gliedern: Reichstage und Reformprogramme von Einzelgängern hatten darum gerungen. Adolf Hitler sieht seine Regierungsarbeit seit 1933 als eine große Reform, Reinigung, Säuberung zur Wiedergeburt Deutschlands an. Als Prediger fährt er fort: Das Judentum hat mit seinem satanischen Verfolgungs- und Zerstörungswillen den Krieg entfacht. Der Jude ist „ebensowohl der Drahtzieher der Demokratie als der Schöpfer und Antreiber der bolschewistischen Weltbestie." Wir kommentieren: Der Jude wird hier, wie bei manichäischen Theologen der böse Weltgott, als Schöpfer einer teuflichen Gegenwelt, Gegenrasse, Gegenmenschheit, angesehen. Die göttliche Vorsehung läßt die Menschen antreten „zur Erprobung ihrer letzten Werte und damit zur Entscheidung über die Berechtigung ihres Seins oder über ihr Nichtsein". – „Daß Monarchen in einer völligen Verkennung ihrer eigenen, heute nur noch als prähistorisch anzusehenden Position den Mut verlieren und zu Verrätern werden, liegt in ihrer, durch jahrhundertelange Inzucht hervorgerufenen geistigen und moralischen Unzulänglichkeit begründet."

Adolf Loos hatte die Schwierigkeiten Wiens und der Donaumonarchie um 1900 darin erblickt, daß hier Menschen aus prähistorischen Epochen mit Menschen aus anderen historischen Perioden zusammenleben. Adolf Hitler ist selbst in vielen Bezügen eine „prähistorische", tief atavistisch gebundene Erscheinung, „eine Gestalt aus längst überwundener Vergangenheit" (Otto Dietrich).

Sein langjähriger Reichspressechef erinnert an ihn 1946, im britischen Lager Fallingbostel – er ließ seine Erinnerungen erst nach seinem Tode veröffentlichen, um sich nicht der Verdächtigung einer Selbstreinigung auszusetzen – „Hitler war als Politiker im Leben der Völker eine Gestalt der Vergangenheit, nicht der Zukunft. Er lebte in mittelalterlichen Vorstellungen von Heroismus und Herrentum und in den machtpolitischen Ideen der deutschen Kaiserzeit. Sein Lebensraum war die Geschichte, die Zukunft blieb seinem Geiste verschlossen." Wir fügen

hinzu: Gerade diese atavistische, der Vergangenheit zugewandte Seelenlage des Konservativen Adolf Hitler schuf ihm eine breite Resonanz in deutschen Bevölkerungsschichten, die heute noch in verwandten Seelenlagen eingehaust sind.
An seinem letzten 9./12. November stellt sich Adolf Hitler noch einmal als ein Herzog der Frühzeit, der sein Volk durch Not und Tod führt, diesem Volke vor: „Denn da ich diesen Willen besitze und mein Volk in treuer Gefolgschaft hinter mir sehe, zweifle ich keinen Augenblick, daß am Ende die Zeit der Prüfungen von uns erfolgreich bestanden werden wird und die Stunde sich dann nähert, da uns der Allmächtige wieder seinen Segen genauso schenken wird wie in langen Zeiten vordem."
„Genauso": Das ist Hitlers sakrale Analogie, seine rituelle Formel, die magisch Wiederholung (des Sieges) herbeiruft, beschwört, herbeizwingt – mental verwandt einer alten Auffassung der „Wandlung" in der Messe.
Adolf Hitler beruft sich auf treue Mitkämpfer: auf Mussolini, Szálasi, Tiso, Pavelić. Das sind alles „gute Katholiken", was er nicht sagt, aber weiß. Am 15. November läßt er bei der Trauerfeier für den gefallenen Fliegermajor Walter Novotny, der einen gut-wienerisch tschechischen Namen trägt, in der Wiener Hofburg einen Kranz niederlegen. Er stimmt Baldur von Schirachs Bemühungen zu, altösterreichische Traditionen einzuschmelzen in das Ritual der Fest-, Feier- und Kriegsgesellschaft des Großdeutschen Reiches.
Späte Fest-, Feier-, Kriegsgesellschaften bemühen sich besonders, ihre Decadence, ihre Todesangst und Lebenssucht durch kunstvolle Festgestaltungen, durch Stiftung von Ritterorden, durch Ehrenzeichen zu verkleiden. Das spanisch-habsburgische Hofzeremoniell, das Kaiser Franz Joseph bewußt als „letzter Monarch der alten Schule", wie er es zu dem vormaligen Präsidenten Theodore Roosevelt 1910 ausdrückt, in seiner Hofburg, in seinem Hause Österreich aufrechterhält, stammt aus Burgund. Die Herzöge von Burgund bauten einen kunstvoll-künstlichen Staat und wollten diesen Staat durch ihre Orden – Goldenes Vlies und andere Orden – und Festrituale der sie argwöhnisch beobachtenden, auf den Untergang dieses Staates arbeitenden feindlichen Umwelt als höchst ehrwürdig und lebensfähig präsentieren.
Am 29. Dezember 1944 veröffentlicht Adolf Hitler einen Erlaß über die Stiftung des Ritterkreuzes des Eisernen Kreuzes mit dem Goldenen Eichenlaub mit Schwertern und Brillanten. Dieses höchst glanzvolle Ehren- und Siegeszeichen wird nur zwölfmal verliehen. Zwölf Apostel hatte der Galiläer. Zwölf Paladine hat, in der höfischen Epik, Karl der Große. Zwölf edle Helden umgeben, in stilisierten Darstellungen, den König Artus, und in höfischen Festen den todnahen Herzog von Burgund, Karl den Kühnen, den bald darauf, im Eiswasser liegend, von Wölfen bereits angenagt, sein italienischer Knappe findet, nachdem die

Schweizer in mörderischer Schlacht sein kunstvolles Fürstentum zerschlagen haben, das sich nicht zwischen dem Westen, dem herandrängenden Königtum in Frankreich, und dem Osten, dem näheren Reiche, behaupten konnte. Heinrich Himmlers Lieblingsidee im Westen war die Schaffung eines neuen burgundischen Staates als eines Pufferstaates gewesen. Zuvor dachte bereits Kaiser Wilhelm II. an die Wiederaufrichtung eines großburgundischen Staates.

LETZTE PROPHEZEIUNGEN UND LETZTER ZUSAMMENBRUCH

1. Januar 1945. Höchst feierliche, weitausholende Proklamationen Adolf Hitlers an seine Gläubigen, dann, gesondert, an seine Soldaten, läuten das neue Jahr ein. In seinem Appell an sein Volk verkündet er: Das „heutige Deutsche Reich, wie alle großen Staaten der Vergangenheit" ist „auf seinem Weg Rückschlägen ausgesetzt", es wird aber nie diesen Weg verlassen. Dieses Deutsche Reich wird den Krieg gewinnen. „Denn für was unsere Feinde kämpfen, wissen sie außer ihren Juden selbst nicht." Wir kämpfen für unsere zweitausendjährige Kultur, für die „Kinder und die Kindeskinder unseres Volkes". – „Daher entwickelt dieses Volk auch jenen Geist und jene Haltung, die es berechtigen, an seine eigene Zukunft zu glauben und eine gnädige Würdigung seines Ringens von der Vorsehung zu erbitten." Unsere Feinde haben die Absicht, „unser Volk auszurotten", unsere Frauen und Kinder zu töten, „die Dokumente unserer tausendjährigen Kultur zu beseitigen, denen sie Ebenbürtiges gleichzusetzen nicht in der Lage sind".
Getreu der Sündenbock-Theorie und -Praxis einer mittelalterlichen Christenheit, die dem Juden ihre eigene Aggressivität und Tötungslust, ihren eigenen Unglauben an Christus – in der Legende der Hostienschändung – zumaß, unterstellt Adolf Hitler seinen Feinden das, was er und seine Befehlsempfänger in Osteuropa selbst getan haben. Männer, Frauen und Kinder wurden getötet, und, was noch heute gerne übersehen wird, planmäßig wurden auch bedeutende Werke der Kunst und Kultur in den Ländern der Sowjetunion vernichtet.
„Das Jahr 1944 war das Jahr der schwersten Belastungen in diesem gewaltigen Ringen." Es zeigte, daß die bürgerliche Gesellschaftsordnung „nicht mehr in der Lage ist, den Stürmen der heutigen oder gar der kommenden Zeit zu trotzen". – „Das liberale Zeitalter ist gewesen." Wir kommentieren: Das verkündeten in Wien Christlichsoziale um 1890, verkünden nach 1945 christliche Konservative in Deutschland, die „das Ende der Neuzeit" predigen. „Die Meinung, durch parlamentarisch-demokratische Halbheiten diesem Völkersturm begegnen zu können, ist kindisch, genauso naiv wie Metternichs Methoden es waren gegenüber den sich durchringenden nationalen Einigungsbestrebungen des 19. Jahrhunderts."
Fürst Metternich: In den letzten Jahren des Zweiten Weltkrieges und nach 1945 denken konservative Kreise in Deutschland und in Rom, wo Papst Pius XII. gerne als Friedensstifter einem neuen „Wiener Kongreß", wohl in Rom selbst

tagend, präsidiert hätte, an Metternichs Ringen um eine Ordnung der europäischen Staaten.

Adolf Hitler spricht sodann den Staatsmännern des von ihm abgefallenen Italien, Finnland, Rumänien, Bulgarien und Ungarn einen Minderwertigkeitskomplex ihm und seinem Regime gegenüber zu. Wie oft denkt er wohl an seinen eigenen Minderwertigkeitskomplex gegenüber den von ihm so arg beschimpften Staatsmännern Englands. Zweimal zuvor hatte er es in öffentlicher Rede sich verbeten, eines Minderwertigkeitskomplexes geziehen zu werden.

Der deutsche Geist und der deutsche Wille werden die große Wende in diesem Kriege erzwingen. „Das, meine Volksgenossen, wird einmal eingehen in die Geschichte als das Wunder des 20. Jahrhunderts." Er stellt dieses rational erkämpfte Wunder unterschwellig dem verachteten „Mythus des 20. Jahrhunderts" Rosenbergs entgegen. Das so sehr geprüfte deutsche Volk „wird aus diesem Glutofen von Prüfungen sich stärker und fester erheben als jemals zuvor in seiner Geschichte. Die Macht aber, der wir dies allein verdanken, der jüdisch-internationale Weltfeind – er wird bei diesem Versuch, Europa zu vernichten und seine Völker auszurotten, nicht nur scheitern, sondern sich die eigene Vernichtung holen." Wir kommentieren: Dieses „allein verdanken" ist doppelsinnig. Der Jude ist, wie Mephisto im „Faust", hier auch der Teufel, der gegen seinen Willen das Gute schafft. „Im übrigen will ich euch, meine Volksgenossen, so wie in den langen Jahren des Ringens um die Macht, auch heute aufs neue versichern, daß mein Glaube an die Zukunft unseres Volkes unerschütterlich ist. Wem die Vorsehung so schwere Prüfungen auferlegt, den hat sie zu Höchstem berufen."

Mit liturgisch-geprägtem Dank schließt dieser Appell. „Ich kann diesen Appell nicht schließen, ohne dem Herrgott zu danken für die Hilfe, die er Führung und Volk hat immer wieder finden lassen, sowie für die Kraft, die er uns gegeben hat, stärker zu sein als die Not und Gefahr. Wenn ich ihm dabei auch danke für meine eigene Rettung, dann nur, weil ich glücklich bin, mein Leben damit weiter in den Dienst meines Volkes stellen zu können. In dieser Stunde will ich daher als Sprecher Großdeutschlands gegenüber dem Allmächtigen das feierliche Gelöbnis ablegen, daß wir treu und unerschütterlich unsere Pflicht auch im neuen Jahr erfüllen werden, des felsenfesten Glaubens, daß die Stunde kommt, in der sich der Sieg endgültig dem zuneigen wird, der seiner am würdigsten ist: dem Großdeutschen Reiche."

In diesem letzten Satz: Sieg für den, der seiner am würdigsten ist, steckt Adolf Hitlers geheim-offener Zweifel, der geheime, verborgene Sieg seines Gegenglaubens über seinen „unerschütterlichen Glauben". Die Geschichte demonstrierte ihm, indem sie ihm aus Ost und West mit den Armeen der Alliierten näherrückt, wer der Würdigste in diesem weltgeschichtlichen Ringen ist: *nicht er.*

Außerordentlich lang ist auch der Neujahrstagesbefehl an die deutsche Wehrmacht an seinem letzten 1. Januar, 1945.
Der jüdisch-östliche Bolschewismus und der jüdisch-westliche Kapitalismus wollen freie Völker zu Sklaven machen.
Meine Soldaten! Ich habe schwerste Aufgaben ... „Ich trage dieses mein Los mit dem schuldigen Dank der Vorsehung gegenüber, die mich für würdig gehalten hat, eine ebenso harte, wie für die Zukunft entscheidende Arbeit in der Geschichte unseres Volkes übernehmen zu müssen." Wir kommentieren: Wie oft klingt in seinen sakralen Demutsformeln das katholische Meßlied durch: „O Herr, ich bin nicht würdig ... Du aber machst mich würdig, erhör mein heißes Flehen!"
„Die Demokratie ist unfähig, auch nur die kleinste Aufgabe auf diesem Kontinent zu lösen." Wir kommentieren: Zu dieser Überzeugung hatten sich um 1932 auch bedeutende katholische Politiker, und in Österreich zuvor bereits Ignaz Seipel durchgerungen. „Ihrem politischen Anarchismus folgt das wirtschaftliche Chaos, und neben beiden einher schreitet die Not."
Anarchismus, Chaos, Not: Auch diese Worte entstammen dem alten antidemokratischen Vokabular konservativer autoritärer Politiker, wiederbelebt 1933 bis 1945 in der Slowakei, in Ungarn, Italien, Spanien, Portugal, Frankreich und, zeitlich und räumlich, darüber hinaus.
Liturgischer Dank, rituelle Bitte: „Der Allmächtige, der unser Volk in seinem bisherigen Lebenslauf geleitet und nach Verdienst gewogen, belohnt oder verurteilt hat, soll dieses Mal eine Generation vorfinden, die seines Segens würdig ist."
„Oder verurteilt hat": Wieder bricht, knapp aber offenbarend genug, Adolf Hitlers Glaubenszweifel durch. Hat die Vorsehung nicht bereits dieses deutsche Volk verurteilt, das, von unfähigen Generalen geführt, sich als zu schwach erweist, um den jüdischen Weltfeind niederzukämpfen?
17. Januar. Adolf Hitler befiehlt, Warschau um jeden Preis zu halten. Hitler zu Guderian: „Nein, ich will nicht Sie treffen, sondern den Generalstab. Mir ist unerträglich, daß eine Gruppe von Intellektuellen sich anmaßt, ihre Ansichten ihren Vorgesetzten aufzureden. Das aber ist das System des Generalstabes, und mit diesem System will ich aufräumen." Gegen die jüdischen Intellektuellen hatte sich der junge Adolf Hitler in Wien empört. Jetzt haßt er die preußischen Intellektuellen im Generalstab als glaubensunfähige, total ungläubige, an ihn nicht glaubenwollende Menschen so wie „seine" Juden.
30. Januar. Adolf Hitlers letzte Rundfunkansprache aus der Reichskanzlei, die er bereits im Sommer 1939 für andere Zwecke ab 1950 vorgesehen hatte. Noch einmal rezitiert er sein „erstes Evangelium" im Ritual seiner Rede-Liturgie, die Parteierzählung, die frohe Botschaft vom Sieg in den schweren Jahren der

Kampfzeit, dann in den Friedensjahren seiner Regierung. „Das Entscheidende aber war, daß es in diesen sechs Jahren gelang, mit übermenschlichen Anstrengungen den deutschen Volkskörper wehrmäßig zu sanieren ...“ Der Bundeskanzler Prälat Ignaz Seipel wollte die Seelen im österreichischen Volkskörper und die Finanzen „sanieren“. Deutschland ist das „Opfer dieser jüdisch-internationalen Weltverschwörung“. – „Längst ehe der Nationalsozialismus zur Macht gekommen war, tobte bereits der unerbittliche Kampf gegen diesen jüdisch-asiatischen Bolschewismus.“ Sein – Hitlers – Kampf ist nur eine Fortsetzung dieses Weltkampfes. Vor ihm und nach ihm kämpfen christliche Theologen, Propagandisten und Militärs diesen Kampf weiter ...

Das Judentum begann „mit der planmäßigen inneren Zersetzung unseres Volkes“ und hatte dabei als „die besten Bundesgenossen“ den Liberalismus. Europa muß heute diese „schwere Krankheit“ jüdisch-liberaler Zersetzung überwinden. Dem deutschen Volk wird seine „seelische Wiedergeburt“ gelingen. „Der Allmächtige hat unser Volk geschaffen. Indem wir seine Existenz verteidigen, verteidigen wir sein Werk.“ Dieser religiös-politische Glaubenssatz hier ist eine Variation seines ihm „altehrwürdigen“ Glaubenssatzes in „Mein Kampf“. – „Indem ich mich des Juden erwehre, vollbringe ich das Werk des Herrn.“

„Ich wiederhole ... meine Prophezeiung: England wird nicht nur nicht in der Lage sein, den Bolschewismus zu bezähmen, sondern seine eigene Entwicklung wird zwangsläufig mehr und mehr im Sinne dieser auflösenden Krankheit verlaufen.“ Immer noch sieht er den „jüdischen Bolschewismus“ als eine politische Syphilis an, die zu paralytischer Zersetzung des Volkskörpers führt.

Der Völkerapostel Paulus rühmte sich vor seinen ungläubigen Volksgenossen, wie oft er, ein schwacher Mensch, geschlagen, verfolgt wurde, bis ihn die Gnade zum Sieger im Herrn machte. Adolf Hitler, der Prophet seines Endsieges, verkündet: „Ich möchte an diesem Tag aber auch über etwas anderes keinen Zweifel lassen: Einer ganzen feindlichen Umwelt zum Trotz habe ich einst im Innern meinen Weg gewählt und bin ihn als Unbekannter, Namenloser gewandert bis zum endgültigen Erfolg. Oftmals totgesagt und jederzeit totgewünscht, abschließend doch als Sieger.“ – „Von dieser Pflicht (für sein Volk zu arbeiten und zu kämpfen) kann mich nur der entbinden, der mich dazu berufen hat. Es lag in der Hand der Vorsehung, am 20. Juli durch die Bombe, die eineinhalb Meter neben mir krepierte, mich auszulöschen und damit mein Lebenswerk zu beenden. Daß mich der Allmächtige an diesem Tag beschützte, sehe ich als eine Bekräftigung des mir erteilten Auftrages an.“

Er gelobt, auf seinem Weg weiterzuwandeln, „durchdrungen von der heiligen Überzeugung, daß am Ende der Allmächtige den nicht verlassen wird“, der sein ganzes Leben für sein Volk kämpfte. Er will am Ende „den Toten dieses gewaltigen Ringens den Kranz mit der Schleife auf das Grab legen: ‚Und ihr habt doch gesiegt!' " Diesen Kranz hatte er seinen Märtyrern in München an der Feldherrnhalle geweiht. Nach seinem Endsieg sollen alle gefallenen Soldaten in die Schar dieser Protomärtyrer aufgenommen werden.

„Indem wir so eine verschworene Gemeinschaft bilden, können wir mit Recht vor den Allmächtigen treten und ihn um seine Gnade und seinen Segen bitten." – „Es wird auch in diesem Kampf nicht Innerasien siegen, sondern Europa – und an der Spitze jene Nation, die seit eineinhalbtausend Jahren Europa als Vormacht gegen den Osten vertreten hat und in alle Zukunft vertreten wird: unser Großdeutsches Reich, die deutsche Nation!" Adolf Hitler hätte als Ehrengast bei gewissen Feiern zum tausendjährigen Gedenken an die Lechfeldschlacht von 955 im kirchlichen Augsburg 1955 teilnehmen können.

24. Februar. Proklamation an die Parteigenossen und Parteigenossinnen – wie viele Frauen glauben ja immer noch an den Führer, am 25. Geburtstag des Programms der NSDAP. Sakrale Analogie, rituelle Gleichung weist den Weg aus dem Unheil zum Heil: „Dieselbe Koalition unversöhnlicher Feinde war schon damals im Kampf gegen das deutsche Volk vereint wie jetzt. Das unnatürliche Bündnis zwischen ausbeuterischem Kapitalismus und menschenvernichtendem Bolschewismus, das heute die Welt zu ersticken versucht, war der Feind, dem wir am 24. Februar 1920 zur Erhaltung der Nation den Kampf ansagten. So wie in diesen Jahren war es auch damals ... Das internationale Judentum bedient sich seit langem beider Formen zur Vernichtung der Freiheit und des sozialen Glücks der Völker." Wir kommentieren: Die kirchliche Ansprache der Ketzer im Mittelalter und wieder in den neueren Jahrhunderten – so vor allem im 19. Jahrhundert – sucht diese namhaft zu machen, indem sie die Neuerer als Wiedergeburt der alten großen Erbfeinde der Orthodoxie, als Pelagianer, Lutheraner etc. bezeichnet. Dadurch verfallen diese bereits derselben Verdammung wie jene, werden wie jene zuvor zur „Ausrottung" bestimmt.

Hitler: „Als wir uns am 24. Februar 1920 in München zum ersten Male getroffen haben, besaßen wir schon ein klares Bild von der Tendenz und den Folgen des Kampfes beider Angreifer." Analog wie Gregor XVI. in der Enzyklika *Mirari vos* von 1832 die „teuflischen Feinde des Menschengeschlechts", die Lutheraner und andere Belialssöhne, die Freimaurer und Liberalen beschuldigt, die gesamte sittliche und politische Ordnung des Menschengeschlechts vernichten zu wollen, verkündet hier Adolf Hitler: „Die niederträchtigste Verschwörung und blutigste Tyrannei gegen die Freiheit der Menschen aller Zeiten versucht sich zu erheben und eine jahrtausendelange europäische Kulturentwicklung zu beenden."

Er blickt zurück auf die fünfundzwanzig Jahre seines *Glaubenskampfes*. „Welch eine Unsumme von Arbeit, Kampfeswillen und Glaubenskraft enthalten diese

Jahre des Ringens um die Macht!“ – „Und deshalb war dieser Kampf für uns ein genau so heiliger, wie er es heute ist.“
Die Kirche hat den heiligen Abwehrkampf gegen die Ketzer im 4., 13., 14,. 16. und 19. Jahrhundert geführt. Adolf Hitler verkündet: Wir kämpfen denselben Abwehrkampf des Abendlandes, den das Abendland im Hunnensturm gegen die Mongolen, gegen die Türken gekämpft hat. „Nicht in einer Völkerbundversammlung, sondern in der Schlacht auf den katalaunischen Gefilden ist Etzels Macht gebrochen worden.“
König Etzel: In Lichtbildervorträgen hatte Hitlers Geschichtsprofessor Poetsch in Linz die Knaben für die Nibelungen begeistert. Diesem Linzer König Etzel, Attila, stellt sich Adolf Hitler jetzt noch einmal, kurz vor seinem Ende.

Die Ketzer erschienen der alten Kirche in ihrem tausendjährigen Abwehrkampf als die „Pest“, hinter der nicht selten „die Juden“ als Verbündete stehen. Die Juden führen den Erbfeind, den Türken, ins Abendland; so hieß es im Spätmittelalter, auch im Wien des Abraham a Sancta Clara um 1683. Adolf Hitler ruft zum Endkampf gegen die „jüdische Pest“ auf: „Dieser jüdisch-bolschewistischen Völkervernichtung und ihren westeuropäischen und amerikanischen Zuhältern gegenüber“ – wir kommentieren: Im Zeitalter der Glaubenskriege beschuldigen sich römische Katholiken, Lutheraner und Calvinisten gegenseitig, verräterische Verhältnisse mit dem Erbfeind der Christenheit, dem Türken, zu haben – „gibt es deshalb nur ein Gebot: mit äußerstem Fanatismus und verbissener Standhaftigkeit auch die letzte Kraft einzusetzen, die ein gnädiger Gott den Menschen in schweren Zeiten zur Verteidigung seines Lebens finden läßt. Was dabei schwach wird, fällt, muß und wird vergehen.“ In dieser Androhung der Vernichtung ist immanent der ganze eigene Glaubenszweifel und der Blick auf den Selbstmord enthalten.
Der religiös-politische Prediger, der zum Endkampf aufruft, prophezeit eine Vernichtung allen jenen „bürgerlichen Staaten, deren bornierte Vertreter glauben, mit dem Teufel ein Bündnis abschließen zu können in der Hoffnung, listiger zu sein, als er satanisch ist. Es ist eine schaurige Wiederholung des einstigen innerdeutschen Vorganges in der gewaltigen weltpolitischen Ebene des heutigen Geschehens. Aber genauso wie wir damals ..., so werden wir heute den Sieg erringen und ihn mit der Vernichtung des Bolschewismus krönen“. Hitler beruft sich auf Rom: auf das altheilige Rom, das nach der Schlacht von Cannae seine schwersten Stunden erlebte und in drei punischen Kriegen siegte.
Wieder beschwört er liturgisch, in sakraler Gleichung, in altmagischem Wiederholungszauber seine Heilsgeschichte: „Als der größte König unserer Geschichte, Friedrich II., in seinem siebenjährigen Kampf der Übermacht einer Weltkoalition

zu erliegen drohte, war es ebenfalls ausschließlich seiner heroischen Seele zu verdanken, wenn die Keimzelle und der Kern eines kommenden Reiches abschließend dann doch Sieger blieben. Was wir über das Wesen der uns feindlichen Koalition einst im Innern so oft gepredigt haben, ist heute bestätigt: ein teuflischer Pakt zwischen demokratischem Kapitalismus und jüdischem Bolschewismus." Der Prediger kündigt sodann „die geschichtliche Wende" noch in diesem Jahre an. „Keine Macht der Welt wird uns im Herzen schwach machen. Sie haben uns so viel an Schönem, Erhabenem und Heiligem zerstört."

In diesen Schreckensjahren sieht „die Stimme des deutschen Gewissens", Reinhold Schneider, den Sturz der Deutschen Dome in eins zusammen mit dem Bankrott der Kirchen in diesem Kriege, den sie mitzuverantworten haben.

Der Prediger beruft die Vorsehung. „Wenn aber ein ganzes Volk sich in einer solchen Pein so bewährt wie unser deutsches, dann kann und wird die Vorsehung ihm am Ende das Recht zum Leben nicht abstreiten, sondern – wie immer in der Geschichte – seine Standhaftigkeit mit dem Preis des irdischen Daseins belohnen."

Er predigt noch einmal den Haß – wie viele andere Prediger haben vor ihm den Haß gepredigt: „Und aus diesem Haß kann uns nur ein heiliger Wille erwachsen: Mit allen Kräften, die uns ein Gott gegeben hat, diesen Vernichtern unseres Daseins entgegenzutreten und sie am Ende niederzuschlagen."

Sakraler Schluß. „So wir wir daher vor fünfundzwanzig Jahren ausgezogen sind, so kämpfen wir heute wieder ..." Nach dem Kriege werden wir eine Kultur, einen „wahrhaften Volksstaat" aufrichten, „durchdrungen von der Überzeugung, daß die ewigen Werte eines Volkes in den besten Söhnen und Töchtern liegen, die ohne Rücksicht auf Geburt und Herkunft, so wie sie ein gnädiger Gott uns gab, zu erziehen und einzusetzen sind. Meine Parteigenossen! Vor fünfundzwanzig Jahren verkündete ich den Sieg der Bewegung! Heute prophezeie ich – wie immer durchdrungen vom Glauben an unser Volk – am Ende den Sieg des Deutschen Reiches!" Adolf Hitler spricht hier nicht mehr vom „Großgermanischen Reich", sondern vom Deutschen Reich. Für dieses war er, erfüllt von seinem Kriegsglauben, 1914 ins Feld gezogen.

In diesem Monat Februar denkt Adolf Hitler des öfteren laut über die Ursachen der katastrophalen Kriegslage nach und sieht sie im Verrat der Verbündeten. Kaiser Wilhelm II. erklärt nach dem Ende des Ersten Weltkrieges: „Der Abfall Ungarns und Österreichs hat die Krisis für uns gebracht. Hätte Kaiser Karl nur drei Wochen länger die Nerven behalten, dann wäre vieles anders gekommen."

Am 10. März sagt Adolf Hitler bei einer Lagebesprechung: Ich brauche jetzt allein 800 000 Arbeiter zusätzlich, um die Eisenbahn in Ordnung zu bringen. „Wenn ich das nicht (in Ordnung) kriege, dann lasse ich überhaupt alles liegen und stehen. Letzten Endes ist Arbeitskraft heute mit einer der entscheidendsten

Faktoren: ob Mädchen oder Frauen, ist ganz wurscht: eingesetzt muß alles werden."
Nebel draußen auf den vereisten Straßen. Ein Spieler steht auf vom „Stoß", vom (verbotenen) Hasardspiel, in einem „Beisl", in einem Vorstadtcafé in Hernals. In einem jener kleinen Wiener Beisl, die ein Josef Weinheber und ein Heimito von Doderer so geliebt haben. Der Spieler haut verärgert die Karten auf den von blutrotem Wein überströmten Tisch: „Habt's mich gern, ihr alle könnt's mich ..." So wirft Adolf Hitler in seinem Endstadium seinen Generälen, die er als Falschspieler und Gauner ansieht, die Karten hin. Er droht, das Spiel abzubrechen. Sein Kriegsspiel, an das er seit 1918 gedacht und das er 1938 mit dem Einmarsch in Österreich begonnen hatte.
Für seine Deutschen aber spielt er in dieser Endzeit, die er als Zeit des Endsieges verkündet, innerlich als seine eigene Endzeit weiß, rituell Friedrich den Großen. Sein Leibarzt Morell bezeichnet die Leiden Hitlers in den Gliedern, das Nachschleifen des linken Beines, als hysterisch. In die Hysterie war er bereits 1918 geflüchtet, in seine „Kriegsblindheit". Jetzt kommt noch dieses Ritual des Wiederholungszaubers, der sakralen und magischen Analogie hinzu, die er in seinen Predigten beschwört und nun auch körperlich darstellt: „Er spielte den gehbehinderten Fridericus Rex, den von Sorgen um sein Volk gebeugten und zerfurchten königlichen Greis, um dadurch seiner Umgebung die ... Parallele zwischen seinem eigenen und Friedrichs II. Schicksal deutlicher zu machen. Je schlechter das körperliche Befinden, um so näher die Rettung: das Wunder der göttlichen Vorsehung!"
Der Traditionalist Stalin erinnert gegen Kriegsende in seinen Reden, Methoden, Gesten und Launen auf das lebhafteste an Alexander I. am Ende der Napoleonischen Kriege. – „Diese Nachahmung war großenteils echt; es muß darin aber auch eine Dosis bewußter Nachahmung gesteckt haben. Dies wurde besonders offenkundig, als man Stalin feierlich von dem Krieg als dem ‚Vaterländischen Krieg' sprechen hörte, unter diesem Begriff war das Epos des Jahres 1812 in die russische Geschichtsschreibung eingegangen" (Isaac Deutscher). Am Beginn dieses Krieges beschwor Stalin am 7. November, am Tag nach dem Jahrestag der Revolution, auf dem Dach des Lenin-Mausoleums die Truppen, die direkt von der Parade an die Front in den Außenbezirken Moskaus abrückten: „Der Teufel ist nie so furchtbar, wie man ihn an die Wand malt ... Deutschland kann eine solche Belastung nicht lange ertragen." Stalin beschwört die Geister der Heiligen und Krieger des heiligen alten Rußland. „Laßt die großen Bilder unserer großen Vorfahren Alexander Nevskij, Dimitrij Donskoj, Kusma Minin, Dimitrij Posharski, Alexander Suworow und Michael Kutusow vor eurem inneren Auge aufleben. Sie sollen eure Führer in diesem Kriege sein."

Für Stalin wie für Hitler war der Kreml das Symbol des Kampfes geworden. Hitler möchte den Kreml als „das Heiligtum des Bolschewismus" vernichten. Stalin bleibt 1941 im Kreml: „Hätte er den Kreml verlassen, so hätte er sich dieses Zaubers begeben" (Deutscher).

Hitler und Stalin: Die beiden Diktatoren weisen eine Reihe verwandter und eine ganze Reihe unverwandter Züge auf. Beide aber wissen: Dieser furchtbare Krieg fordert so ungeheure Opfer, daß sie ihre Völker in den letzten, atavistischen Tiefenschichten ihres Glaubens, ihres Urvertrauens ansprechen müssen, sollen diese Völker das Entsetzliche durchstehen. Beide beschwören deshalb den alten Glauben und die alten sakralen Zeichen heiliger Vergangenheit.

Stalin spricht am 7. November 1941 in seiner Hauptstadt Moskau, vor der der Feind steht. Hitler richtet am Heldengedenktag, am 11. März 1945 – am 11. März 1938 hatte er den Einmarsch in Österreich befohlen – seine Proklamation an die Wehrmacht in seiner Hauptstadt Berlin, vor der der Feind steht. Hinter Stalin stehen jene unermeßlichen Weiten des russischen Raumes, von denen Mussolini seinen Freund Hitler zuletzt noch 1943 und 1944 beschwörend abzuhalten sucht. Hinter Hitler stehen schmale Streifen deutschen Landes im Bombenhagel, steht bald nur mehr der Bunker seiner Reichskanzlei.

In dieser Situation, in der ihm die Zeit zur Endzeit und der Raum – der Großraum seines Großdeutschen Reiches – zur schmalen Zelle in seinem Bunker, zum Todesraum wird, beschwört Adolf Hitler noch einmal mit sakralen Gleichungen, mit magischen Analogien seine Soldaten. Er erinnert an „Versailles": Deutschland rüstete ab, die Feindmächte rüsteten auf. An ihrer Spitze die Sowjetunion, „mit dem nie abgeleugneten Ziel, eines Tages das durch das Judentum wehrlos gemachte Europa von Osten her schlagartig zu überfallen." – „Hätte sich Deutschland nicht gewehrt, würde ganz Europa heute schon dem Bolschewismus verfallen sein, d. h. der Ausrottungskrieg gegen die europäischen Völker wäre schon seit langem im vollen Gange." Deutschland, „von den meisten seiner Verbündeten schmählich verraten" – wie Jesus von Judas und seinen Jüngern am Ölberg –, „kämpft seit fast sechs Jahren und wird siegen: so wie Rom im zweiten punischen Krieg gegen die Karthager, wie Preußen im Siebenjährigen Krieg gegen Europa".

Diese sakralen Exempla seiner Heilsgeschichte haben für ihn die zwingende Kraft der Überzeugung, der Mobilisierung der Glaubenskraft. „Das Jahr 1918 wird sich deshalb nicht wiederholen." Zum guten Wiederholungszauber gehört die ständige Abwehr des schlechten, bösen Wiederholungszaubers, der das alte Böse wiedererweckt. „Heute, da sich zum zehnten Male die Zeit der Einführung der allgemeinen Wehrpflicht jährt, gibt es nur ein Gebot: die Wende wieder herbeizuführen." – „Ebenso groß muß aber unser Fanatismus in der Vernichtung derjenigen sein, die sich dem zu widersetzen versuchen. Wenn eine große Nation wie die deutsche mit einer fast 2000jährigen Vergangenheit sich niemals den Glauben an den Erfolg nehmen läßt, sondern fanatisch ihre Pflicht erfüllt, ganz gleich, ob gute oder schlechte Zeiten kommen" – hier wieder die Ankündigung des Unheils – „dann wird am Ende der allmächtige Herrgott seinen Segen nicht versagen." – Wir kommentieren: In diesen 2000 Jahren sind Antike, Christentum, Germanentum „aufgehoben". – „Es fällt in der Geschichte nur, was als zu leicht befunden wird, und der Gott der Welten hilft nur dem, der sich selbst zu helfen entschlossen ist!"

Hilf dir selbst, dann hilft dir Gott, das war die letzte Spruch- und Lebensweisheit des Volkes, das in archaischen Tiefen gleichzeitig tief gläubig und tief ungläubig ist. So konnte man das russische Volk als gläubigstes und als ungläubigstes Volk bezeichnen.

„Der Gott der Welten": Hitlers nachkopernikanischer Gott, der die Menschen als „Planetenbazillen" ins Leben ruft und vergehen läßt, eben wie winzige Bakterien und Bazillen, verschmilzt hier noch einmal mit dem „Allmächtigen", den er so oft beschworen hat, in jenem „Herrgott", den das gläubige Volk und den die Kriegsprediger 1914–1918, 1939–1945 und die Festprediger bei den Fahnenweihen der Kriegerverbände angerufen haben.

20. März. Im Garten der Reichskanzlei stehen „kampfbewährte Hitlerjungen" vor dem Führer. Der Jüngste ist der zwölfjährige Alfred Czech mit dem EK I. Eine letzte ungewollte Erinnerung an die „Tschechei", aus der so viele alldeutsche, großdeutsche, nationalsozialistische Gläubige ihm, Adolf Hitler, zugeströmt waren; deutsche Männer, so oft mit tschechischem Namen, in seinem Wien um 1910.

April, sein Geburtsmonat, jetzt der letzte Monat seines Lebens. Am 12. April sendet er ein Glückwunschtelegramm an den Poglavnik anläßlich des kroatischen Staatsfeiertages. Dieser Staat hat sich in ungeheuerlichen Metzeleien aufgelöst. Seine Maxime war gewesen: „Wir töten einen Teil der Serben, wir vertreiben einen anderen, und der Rest, der die katholische Religion annehmen muß, wird in das kroatische Volk aufgenommen werden" (Minister für Erziehung Dr. Milo Budak).

Der Poglavnik Pavelić zeigt dem italienischen Schriftsteller Malaparte bei einem Interview in Zagreb einen Weidenkorb, der neben ihm steht: „Ein Geschenk meiner treuen Ustaschen. Vierzig Pfund menschlicher Augen!" Fanatisierte Priester, allen voran kroatische Franziskaner, waren zur Ausrottung der Serben aufgebrochen. „Es ist keine Sünde mehr, ein siebenjähriges Kind zu töten, wenn es gegen die Gesetzgebung der Ustaschen verstößt. Obwohl ich das Kleid eines Priesters trage, muß ich oft nach dem Maschinengewehr greifen" (der Priester

Dionis Juričev). Franziskaner, wie der „Bruder Teufel", Miroslaw Filipović-Majstorović, sind Leiter von Todeslagern, in denen 120 000 Serben umkommen. Der Franziskaner-Stipendiat Brzica köpft in der Nacht des 29. August 1942 1360 Menschen mit einem Spezialmesser.
Der Poglavnik Pavelić verabschiedet sich am 4. Mai 1945 im erzbischöflichen Palais von Erzbischof Stepinać, der im Januar 1942 vom Vatikan zum Militärvikar der Ustaschen ernannt worden war, die rund 150 Priester als Feldkapläne erhielten, und hinterläßt ihm Dokumente und Kisten mit Gold, Edelsteinen und Uhren. Am nächsten Tag flieht der Poglavnik, mit ihm fliehen an die fünfhundert Priester, unter ihnen der Erzbischof von Sarajewo, Ivan Šarić, der 1960 in Madrid stirbt. Pavelić flieht über ein österreichisches Kloster, als Priester verkleidet, nach Rom in ein Kloster. Dann weiter nach Argentinien, dann nach Spanien in ein Madrider Franziskanerkloster. Er stirbt im deutschen Krankenhaus in Madrid am 26. Dezember 1954 und hat auf dem Totenbett den Segen des Papstes erhalten.
Archaischer Fanatismus aus fast prähistorischen Zeiten, in denen Stamm gegen Stamm bis zur Ausrottung kämpfte, verbindet sich in diesen kroatischen Priestern und militanten Laienkatholiken mit einer „gegenreformatorischen" Ausrottung der „schismatischen" Serben.
Adolf Hitler sieht, von den Österreichern Hermann Neubacher als Sonderbevollmächtigten des Auswärtigen Amtes für den Südosten und Edmund Glaise v. Horstenau als deutschem bevollmächtigten General in Kroatien aufmerksam gemacht, persönlich mit Widerwillen auf dieses Treiben, wendet sich jedoch dagegen, „dem Treiben der Kroaten gegen die Serben in den Arm zu fallen". Er selbst möchte ja auf seine Weise, in seinem „Fanatismus" verwandte archaische Haßkräfte und geschichtlich jüngere Glaubenskräfte in seinen „Glaubenskämpfen" verschmelzen.

Am selben Tage, an dem er den Poglavnik beglückwünscht, erfährt er den Tod des Präsidenten Roosevelt. Diese Nachricht bestärkt ihn und Goebbels in ihrem Glauben an Analogie-Zauber: „Das Wunder der Vorsehung" wiederholt sich; so wie der Tod der Zarin Elisabeth Friedrich den Großen rettete, so wird jetzt der Tod Roosevelts den Führer retten.
Am Tag darauf, am 13. April, wird Wien von Marschall Tolbuchin erobert. Hitler wendet sich mit einer Prophezeiung an die Soldaten der deutschen Ostfront: „Zum letzten Mal ist der jüdisch-bolschewistische Todfeind mit seinen Massen zum Angriff angetreten. Er versucht, Deutschland zu zertrümmern und unser Volk auszurotten." Das Unheil hat sich in seiner ganzen Furchtbarkeit geoffenbart – jetzt *muß* das Heil nahe sein – also verkündet Adolf Hitler:

„Berlin bleibt deutsch. Wien wird wieder deutsch, und Europa wird niemals russisch."

„Wien wird wieder deutsch": 1910, 1918, 1933, 1938 hat sich Adolf Hitler diesen Tagtraum – als Befreiung Wiens von den Juden – vorgestellt. Vater unser: „Unser Hitler!" Mit seiner Vater-Unser-Bitte läßt Joseph Goebbels am Vorabend von Hitlers letztem Geburtstag, am 19. April, seine Rundfunkrede ausklingen. Der rheinländische Katholik Joseph Goebbels zeigt hier, wie tief er sich in den religiös-politischen Glauben seines Herrn und Meisters Adolf Hitler eingelebt hat. Goebbels beschwört die Feindmächte, die sich gegen Hitlers Werk verschworen haben: die perverse Koalition zwischen Plutokratie und Bolschewismus; „satanische Mächte" sind hier am Werk, an diesem „Teufelswerk". Schon aber ist die Erlösung nah: Luzifer wird abermals in die Hölle gestoßen. Die Vorsehung arbeitet für Deutschland. „Das Haupt der feindlichen Verschwörung – Roosevelt – ist vom Schicksal zerschmettert worden."

Der Duce gratuliert telegraphisch zum Geburtstag am 20. April. Hitler dankt: „Mit unbeschränktem Materialeinsatz setzen der Bolschewismus und die Truppen des Judentums" – wir kommentieren: sie sind Gog und Magog, die apokalyptischen Völker der Endzeit – „alles daran, ihre zerstörerischen Kräfte in Deutschland zu vereinen und so unseren Kontinent in ein Chaos zu stürzen." Das ist seine Sprache von 1918, von 1922, von „Mein Kampf" 1924. Noch immer will er seinen Glauben aufrechterhalten, daß im Kampf um Berlin die apokalyptische Endzeitschlacht geschlagen wird. An diesem Geburtstag sagt er zu Koller: „Sie werden sehen, der Russe erleidet die größte Niederlage, die blutigste Niederlage seiner Geschichte vor den Toren der Stadt Berlin."

In den frühen Morgenstunden des 29. April diktiert Adolf Hitler sein persönliches und sein politisches Testament. In seinem politischen Testament erinnert er ein letztes Mal daran: „Seit ich 1914 als Freiwilliger meine bescheidene Kraft im ersten dem Reich aufgezwungenen Weltkrieg einsetzte, sind nunmehr über dreißig Jahre vergangen."

In diesen dreißig Jahren hat er sich seinen Glauben an das Heil aus dem Krieg, seinen Glauben von 1914, der 1918 vorübergehend zusammenzubrechen drohte – daher die hysterieverursachte Erblindung – erhalten. Zu diesem Glauben gehört sein Glaube an den Teufel: an das Judentum. Das Judentum, so verkündet er hier ein letztes Mal, hat beide Weltkriege angestiftet. Und er prophezeit: In den kommenden Jahrhunderten wird sich aus den Ruinen unserer Städte und Kunstdenkmäler der Haß gegen das internationale Judentum „immer wieder erneuern". Und dieses Volk wird zur Verantwortung gezogen werden: die Juden. Aus dem Opfer aber seiner Soldaten und aus dem Opfer seines Lebens, „aus meiner eigenen Verbundenheit mit ihnen bis in den Tod wird in der deutschen

Geschichte so oder so" – auch diese österreichische Lieblingsphrase behält er bis zuletzt – „einmal wieder der Samen aufgehen zur strahlenden Wiedergeburt der nationalsozialistischen Bewegung".

Der österreichische Gefreite in einem bayerischen Infanterieregiment hatte im Ersten Weltkrieg die deutschen Offiziere und Generalstäbler als unfähig und feige kritisiert. Der Oberbefehlshaber der Wehrmacht Adolf Hitler kritisiert in seinem Testament die deutschen Offiziere, die zu feige sind, ihren Soldaten vorzusterben, und nicht verstehen, „daß die Übergabe einer Landschaft oder einer Stadt unmöglich ist".

Der Führer exkommuniziert sodann in seinem politischen Testament Göring und Himmler, stößt sie aus der Partei und aus allen Staatsämtern aus. Er ernennt eine neue Reichsregierung: Admiral Dönitz wird zum Reichspräsidenten, Kriegsminister und Obersten Befehlshaber der Wehrmacht bestellt. Der Wiener Arthur Seyß-Inquart, der erste und letzte nationalsozialistische Bundeskanzler Österreichs, wird zum letzten Außenminister des nationalsozialistischen Deutschen Reiches ernannt.

Adolf Hitler fordert sodann das deutsche Volk für sein Glaubensbekenntnis ein: „Vor allem verpflichte ich die Führung der Nation und die Gefolgschaft zur peinlichen Einhaltung der Rassengesetze und zum unbarmherzigen Widerstand gegen den Weltvergifter aller Völker, das internationale Judentum." In diesem Satz ist sein manichäischer Glaube enthalten, daß bis ans Ende der Menschheit der Kampf zwischen lichten und dunklen Mächten, zwischen den Völkern und dem Judentum als *dem* Gegenvolk toben wird.

In seiner letzten Botschaft an die Wehrmacht fügt Adolf Hitler dem hinzu: „Das Opfer ist gewaltig gewesen. Aber mein Vertrauen ist von vielen mißbraucht worden. Treulosigkeit und Verrat haben während des ganzen Krieges den Widerstandswillen unterhöhlt. Deshalb war es mir nicht vergönnt, mein Volk zum Siege zu führen." Verraten wie Siegfried geht er in den Tod. Der Rundfunk bringt die Nachricht von seinem Heldentod am Abend des 1. Mai, umrahmt von den Klängen der „Götterdämmerung" und der Siebten Symphonie Anton Bruckners. Diese Stilisierung seines Selbstmordes und seiner Flucht vor der Verantwortung entspricht seinem letzten Willen.

Der Österreicher Adolf Hitler erklärt in seinem privaten Testament, daß er sich „nunmehr vor Beendigung dieser irdischen Laufbahn" – beachten wir: Adolf Hitler hält sich selbst mit diesen Worten, die in vielen christlichen Grabpredigten wiederkehren, die letzte Predigt – entschlossen hat, jenes Mädchen, das ihm so lange die Treue hielt, zu heiraten. Beide gehen gemeinsam in den Tod: „Er wird uns das ersetzen, was meine Arbeit im Dienst meines Volkes uns beiden raubte."

Der Tod als Erlöser: Er bringt „die ewige Ruhe". So suchen ihn viele Christen zu verstehen. Adolf Hitler glaubt nicht an eine persönliche Unsterblichkeit, wie heute auch sehr viele Christen nicht mehr daran zu glauben vermögen. Was also soll der Tod ihm ersetzen? Was hat seine Arbeit ihm und seiner Frau „geraubt"? Wir dürfen antworten: das Glück, zu dem er unfähig war, und den inneren Frieden, den er, der ruhelose Knabe, sich nie zu erwerben vermochte.
Das österreichische Kind sagt im Spiel: „Gib Frieden!" Adolf Hitler konnte sich selbst keinen Frieden geben, raubte sich selbst den Frieden und wurde als friedloser Mann zum Friedensräuber, zum Friedenstöter.
Der Österreicher gedenkt seiner „Heimatstadt Linz a. d. Donau" – um vielleicht doch einer Verwechslung mit Linz am Rhein vorzubeugen –: „Ich habe meine Gemälde in den von mir im Laufe der Jahre angekauften Sammlungen niemals für private Zwecke, sondern stets nur für den Ausbau einer Galerie in meiner Heimatstadt Linz a. d. Donau gesammelt. Daß dieses Vermächtnis vollzogen wird, wäre mein herzlichster Wunsch." Er gedenkt seiner Geschwister, der Mutter seiner Frau, seiner „treuen Mitarbeiter und Mitarbeiterinnen, an der Spitze meiner alten Sekretärinnen, Frau Winter usw., die mich jahrelang durch ihre Arbeit unterstützten".
Seine Sekretärinnen hat er in der letzten Zeit seines Lebens oft in der Nacht bei sich behalten, er, der Schlaflose, der Friedlose, um ihnen von seinem Leben zu erzählen: von Wien, von seiner Kindheit, von seiner Jugend. Im Bunker gedenkt er seines Berghofes: „In der majestätischen Ruhe des Gebirges sind meine besten Entschlüsse gereift. Ich habe dort oben das Gefühl, turmhoch über dem irdischen Elend zu stehen, über den unvergleichlichen Prüfungen, die mein Volk betroffen haben . . ."
Seine Sekretärin bemerkt dazu: „Von Zeit zu Zeit blieb er, in Gedanken versunken, vor einem Bismarckbild stehen und betrachtete es träumerisch wie im Gebet."
Adolf Hitler vermacht das Fridericus-Rex-Bild von Lenbach „an dessen magische Gewalt er die ganzen Jahre über geglaubt hatte" (Max Domarus), seinem Flugzeugführer Baur, kurz vor dem Selbstmord.
„Es ist sowieso egal, wer das tut": Mit diesen Worten billigte er am Abend des 23. April Görings Mitteilung, daß er die Kapitulationsverhandlungen führen wolle.
Am 29. April erhält er die Nachricht vom Ende Mussolinis. Am Tag darauf erschießt er sich.
Der italienische Katholik Benito Mussolini und der österreichische Katholik Adolf Hitler hatten im April 1945 längst den Glauben an sich selbst verloren. In den Jahren ihres Machtglanzes hatten sie die Glaubenskräfte von vielen Mil-

lionen Menschen, nicht zuletzt von Katholiken, für sich zu mobilisieren vermocht. Die Mobilisierung von so gewaltigen Glaubenskräften durch diese beiden Männer macht auf eine Krise, einen Zusammenbruch im europäischen Christentum aufmerksam, der hier, im Epilog, in einer Teilfrage skizziert werden soll.
Adolf Hitler traf weder im deutschen Katholizismus noch in Rom, im Vatikan, auf einen Gegenspieler, der ihm gewachsen war.

KATHOLIZISMUS OHNE FÜHRUNG
DIE TRAGÖDIE DES EUGENIO PACELLI

Der österreichische Katholik Adolf Hitler kam 1933 in einem Lande zur Macht, das den blühendsten, volkreichsten, lebensmächtigsten Katholizismus Europas, ja der Welt besaß: Deutschland.

Der Papst Pius XII. hängt mit all der Liebe, deren dieser feinsinnige, sensible, in sich eingehauste Mensch fähig ist, an diesem deutschen Katholizismus, der sich ihm, als Nuntius in Bayern 1917–1920, als Nuntius bei der Reichsregierung 1920–1930, in einer überwältigenden Fülle von Kundgebungen, bei kirchlichen Festen und Feiern, in der Kraft des Gemüts, in der Schönheit und Zucht des liturgischen Gesanges, in der Reinheit geistlicher Menschen geoffenbart hatte.

Deutscher Katholizismus in der Mitte, im Herzen Europas. Werfen wir einen kurzen Blick auf die nationalen Katholizismen in Europa um 1930. Diese nationalen Katholizismen besitzen untereinander und miteinander keine bedeutenden Lebensverbindungen in der Horizontale. Sie sind vertikal auf Rom ausgerichtet. Der kuriale Zentralismus des 19. Jahrhunderts und der Pius-Päpste des 20. Jahrhunderts wünscht keine intensiveren Querverbindungen internationaler Art in seiner Kirche. Seiner Pyramidenmentalität, wie der Pole Tadeusz Breza die Mentalität der Kurialen um Pius XII. nennt, entsprechen als legitime Ausdrucksformen „kindlichen Gehorsams“ dem Heiligen Vater in Rom gegenüber nur straffe vertikale Unter-Ordnungen. Der europäische Katholizismus besteht in diesen Jahrzehnten vor 1933 aus einigen Großgettos und vielen kleinen Gettogebilden, in denen sich in den Diözesen, in Orden und Kongregationen, in religiösen Vereinen und Gruppen – die sich nicht selten heftig befehden oder gegenseitig nicht zur Kenntnis nehmen – die nationalen und nicht selten sehr nationalistischen Katholiken je ihres Landes einhausen.

Der volksmäßig stärkste osteuropäische Katholizismus ist der polnische. Nach 1918 beginnen in ihm einige mutige Priester, vor allem im altösterreichischen Krakau, sich um eine Reform, um eine gewisses *aggiornamento,* um eine bessere intellektuelle Bildung des Klerus, um die religiöse Erziehung gebildeter schmaler Mittelschichten zu bemühen. Die überwiegende Masse des polnischen Landvolkes, seiner Volkspriester, aber auch seines Hochklerus, seiner Bischöfe, ruht massiv in einem fast archaischen „volksfrommen Brauchtum“, in einer marianischen Muttergottes-Religion der „Großen Mutter“ Polens, der Schwarzen Madonna von Tschenstochau. Dieser erdgebundene polnische Katholizismus ist xenophob, fremdenfeindlich; er haßt die Juden, die Deutschen, die Ukrainer, die Russen. Dieser Katholizismus ist leidensstark, und freudenreich in seinen farbigen Kirchenfesten. In diesem Katholizismus erhebt sich nicht eine einzige Stimme eines Bischofs, der das polnische katholische Volk 1939–1945 aufmerksam macht, daß auf polnischer Erde die Juden Europas getötet werden, daß sich hier die Gasöfen der „Endlösung“ der Judenfrage erheben.

Qui vengono questi Ungaresi capitalistici: da kommen diese ungarischen Kapitalisten! Diese Worte soll heiter-ironisch Papst Pius XI. gesagt haben, als er den korporativen Einzug des ungarischen Episkopats in ein römisches Luxushotel anläßlich eines ad-limina-Besuches in Rom erfuhr. Der ungarische Katholizismus besitzt in dieser Zeit einen feudalen und halbfeudalen Hochklerus und Adel. Der kleinste Landpfarrer ist jedoch noch seinem Landvolke gegenüber, das zumeist aus Analphabeten besteht, eine Standesperson, eine Respektsperson, die Gehorsam verlangt, mit der man nicht debattieren kann. Dieser ungarische agrarische Katholizismus ähnelt in seiner mentalen Struktur, in seinem Nationalismus, in seiner marianischen Frömmigkeit, in seiner Xenophobie sehr dem polnischen Katholizismus. Nach 1918 bilden sich in einigen Städten, vor allem in Budapest, Zentren einer inneren Reformbewegung. Der Universitäts-Seelsorger und spätere Bischof Prohaska erlangt europäischen Ruf, nicht zuletzt in Deutschland. Sein Antisemitismus entspricht dem älteren christlichsozialen Antisemitismus.

Der litauische, lettische, rumänische Katholizismus bildet nur kleine Diasporagebilde. In der Tschechoslowakei stehen sich bitter-feindlich tschechische und slowakische Katholiken gegenüber. Letztere bilden unter Führung national-slowakischer Priester und Laien ab 1939 einen Satellitenstaat Hitlers. Der tschechische Katholizismus leidet mit dem ganzen tschechischen Volke bis heute an einer nicht ausgeheilten Wunde, an der Verbrennung des Jan Hus – dem Mussolini ein Frühwerk widmet –, an der Ausrottung der radikalen Hussiten – Kardinal Beran spricht offen über diese Verwundung auf dem II. Vatikanischen Konzil – und an der Austreibung der tschechischen Intelligenz sowie an der radikalen Übermachtung des Landes nach der Schlacht auf dem Weißen Berge. Rom und Habsburg erschienen da als verbündete Feinde des tschechischen Volkes. Der deutschsprachige Katholizismus in Böhmen, Mähren und im Sudetenland blickt nach Wien, dann nach München. Diesem Katholizismus entstammen so verschiedenartige Persönlichkeiten wie der Wiener Kardinal Innitzer, der Abt Schachleitner, Hitlers Freund, und Arthur Seyß-Inquart.

Westlich des Deutschen Reiches gibt es einen blühenden holländischen Katholizismus, in dem große ehrwürdige Traditionen der *Devotio moderna* der Erasmianer und einer hochbarocken geistlich-humanistischen Gelehrsamkeit leben und nach 1918 wagemutig kleine Reformgruppen entstehen, die sich jedoch im

harten römischen Klima nicht im Weltkatholizismus einwurzeln können. Die 1928 gerade auch von holländischen Bischöfen patronisierte „Gesellschaft der Freunde Israels" wird im Jahr darauf von der Kurie aufgelöst. Der holländische Reformkatholizismus birgt die schmale Schar deutscher katholischer Flüchtlinge aus dem Reich Hitlers, kommt für Europa und die Weltkirche aber erst nach 1958 zu bedeutende Wirkung.
Die allertreueste Tochter der römischen Kirche, Frankreichs Kirche und Katholizismus – der belgische Katholizismus nimmt nicht nur geographisch, sondern auch spirituell eine Mittelstellung zwischen dem holländischen und französischen Katholizismus ein – bilden um 1933 ein zerklüftetes Gelände. Mit der Heiligsprechung der Jeanne d'Arc 1920 hatte die Kurie Frankreichs Blutopfer im Kampf gegen das protestantische deutsche Kaiserreich „honoriert" und Frankreichs Katholiken mit der Republik versöhnt. Dennoch bleiben bedeutende Gruppen im französischen Katholizismus unversöhnt; sie sehen in der Demokratie, in den Juden, Freimaurern und Deutschen den Antichrist. Eine katholische Jugend und Intelligenz erliegt dem fatalen Zauber der „Action Française" um Charles Maurras, der sich selbst als „atheistischen Katholik" bezeichnet. Tausende Kleriker und viele Bischöfe sind Anhänger der antidemokratischen, antideutschen, antisemitischen Action Française. Ihr Strahlraum ergreift selbst junge Männer, die wie Georges Bernanos und Jacques Maritain später berufen sein sollten, die mörderischen Gefahren des katholischen Integralismus zu durchschauen.
Der junge Adolf Hitler dürfte zuerst in Wien, dann in München mit dem antisemitischen Schrifttum älterer katholischer französischer Publizisten bekannt geworden sein. Eine militante katholische antidemokratische Rechte stellt sowohl eine „Elite" – wenn man das so nennen darf – von Kollaborateuren für Hitler wie für den Vichy-Staat – der nicht einfach mit der totalen Kollaboration identifiziert werden sollte.
Der hochintellektuelle, hochbegabte Charles Maurras, ein Schriftsteller von hohen Graden, ist ein neurotischer Politiseur, der seine Anhänger zum Terror, zum Pogrom, zur Ermordung von religiös-politischen Feinden aufruft. Sehr ähnlich wie Adolf Hitler erklärt dieser französische Katholik, der Generationen junger Franzosen, nicht zuletzt von Priestern, verführt hat: Frankreich erliegt einer weltweiten Verschwörung von Todfeinden; es sind das Weltjudentum, die Deutschen, die angelsächsische Freimaurerei und ihre Bundesgenossen in Paris, in den demokratischen Regierungen.
Charles Maurras stirbt nach dem Zweiten Weltkrieg hochbetagt im Gefängnis. 1953 erscheint in dem hochangesehenen Verlag Plon sein posthumes Werk „Le Bienheureux Pie X., Sauveur de la France". Maurras besingt da den seligen Papst Pius X. als Retter-Heiland Frankreichs. Dieser Papst habe Frankreich gerettet

durch seine Verurteilung des „Sillon", der christlich-sozialen Bewegung um Marc Sangnier, die den französischen Katholizismus dazu verführen wollte, sich der Demokratie zuzuwenden.

Um 1933 gibt es in Paris, Lyon, Toulouse, Straßburg, in einigen Ordenszentren der Dominikaner, Jesuiten, Karmeliter einige an Zahl schmale, aber geistig rege Gruppen von katholischen Reformern, die alle erst nach 1944, nach der „Libération", innerkirchlich und international wirksam werden. Dazu kommen beziehungsweise gehören schmale Gruppen katholischer Intellektueller, die vom „Renouveau Catholique" herkommen, von der katholischen Literaturbewegung, die an sich aus einzelnen solitären Sternen besteht und von Hello und Bloy über Péguy zu Maritain, Claudel, Bernanos führt.

Eine katholische christlich-republikanische Linke sammelt sich um die dominikanische Zeitschrift „Sept" und bildet den Zellkern der nach 1944 auftretenden politischen Gruppen und Parteien, die sich um eine christlich-demokratische Mitte gruppieren.

Breiteste Schichten und weite Landschaften Frankreichs sind jedoch um 1933 kirchlich leer, bilden einen Leerraum, ja eine Wüste, wie sie 1942 erschrockene Priester um Abbé Godin wahrnehmen, die Frankreich als Missionsland erklären. Ein armer, proletarisierter, überalterter Klerus, der von den spärlichen Gaben seiner Pfarrschäflein leben muß, haust in verwahrlosten Pfarren. In Paris und anderen Städten bilden reiche, großbürgerliche Pfarren Gettogebilde im Stil von Saint-Sulpice.

Mit dem französischen konservativen und reaktionären Katholizismus – konservativ und reaktionär sind nicht identisch – ist der englische Katholizismus um 1933 vielfach verbunden. Frankreichs Jesuiten werden in England ausgebildet, da die Republik die Ordenshäuser auf französischem Boden aufgehoben hat. Der englische Katholizismus nährt sich von der französischen liturgischen Bewegung um Sollesmes; er ist streng konservativ, sehr national, da er sich seit den Tagen der Königin Elisabeth I. immer noch von protestantischen Kreisen als Hoch- und Landesverräter an König und Volk verdächtigt weiß. Er ist oft antisemitisch und schließt die Tore der Kirche gegen alle Öffnungen der Neuzeit zu. Der größte spirituelle Kopf des englischen Katholizismus, Newman, ist in diesem englischen katholischen Milieu der große Unbekannte. Dieser englische römische Katholizismus kann sich nicht messen mit der Weltoffenheit und ökumenischen spirituellen Weite anglikanischer Theologen und Kirchenführer.

Der spanische Katholizismus besitzt um 1930 im Baskenland und in Katalonien einige schmale Gruppen reformoffener Mönche, Weltpriester und Laien, besitzt einige heftig miteinander streitende politische Gruppierungen monarchistischer – bourbonischer und karlistischer Prägung –, republikfreundlicher, konservativer und rechtstotalitärer Art. Der spanische Hochklerus und Episkopat ist durch Abgründe von dem niederen Pfarrklerus in den Städten, vom proletarisierten Landklerus und vom spanischen Volk getrennt und sieht im Bürgerkrieg seine einzige Rettung in den Generalen um Franco. Breite Landschaften sind ohne Priester, ohne religiöse Erziehung. In einigen Städten ist die religiöse Nichtbetreuung der Massen, die religiöse Unbildung so groß wie im Rom des Papstes Pius XII.

Wenige Jahre vor seinem Tode erhält Pius XII. aus der Hand seines hervorragenden deutschen Mitarbeiters, Pater Robert Leiber SJ, eines außerordentlichen Mannes, ein Heft der Mitteilungen des „Germanicum", das von jungen deutschen Theologen redigiert wurde. Es enthält eine Studie italienischer Priester über die Seelsorge in Rom. Nüchtern wird hier festgehalten, daß in der Heiligen Stadt breite Massen von Katholiken ohne jede kirchliche Betreuung leben. In manchen stadtrömischen Pfarren herrscht ein Mangel an Priestern, die Seelsorge betreiben, wie in Afrika und Südamerika.

Der Bischof dieser Stadt Rom ist Pius XII.

Cristo si é fermato a Eboli: Christus ist nur bis zur Stadt Eboli, nicht bis zu den Bauern und Landproletariern des italienischen Südens gekommen, die in elend-primitiven Verhältnissen dahinvegetieren, ohne Hoffnung auf eine bessere Zukunft, ohne Bildungschancen, ohne Aufstiegschance. Der Autor dieses in viele Sprachen übersetzten Buches, der Arzt, Maler, Schriftsteller Carlo Levi hat in den Jahren seiner politischen Confinierung im Süden die nahezu steinzeitlichen Verhältnisse eines Landvolkes kennengelernt, das „gottverlassen", von Kirche, Staat, Grundherrschaft übersehen, in ganz Süditalien und in Sizilien dem frühen Tode zulebt.

In Ober- und Mittelitalien hatte sich im 18. Jahrhundert unter habsburgischer Herrschaft ein Reformklerus bilden können, der im 19. Jahrhundert mit den von der französischen Aufklärung über Piemont einströmenden Ideen sich angereichert hatte und der im frühen 20. Jahrhundert in Mailand, Turin, Genua, Venedig, Bologna, Florenz Zellen eines italienischen Reformkatholizismus bildet, die bis zum heutigen Tage unter dem Damoklesschwert kurialer Verfolger leben. Das letzte Mal fiel dieses Damoklesschwert auf die Zeitschrift „Adesso" in Mailand. Kardinal Montini war der Exekutor.

Ohne theologische Fakultäten an den Universitäten, also geistig wenig gebildet, arm an Mitteln – viele Geistliche müssen eine große Familie von Anverwandten unterhalten –, erblickt ein italienischer Volksklerus in dem großen Freund der kleinen Leute, im Duce, eine Art Erlöser des armen, verdemütigten italienischen Volkes. Wie oft sieht da ein armer Landpfarrer, aber auch ein in dürftigsten Verhältnissen lebender Geistlicher in der Stadt – er lebt in Verhältnissen wie die proletarisierten „Gesellpriester“ und „Laypriester“ in Deutschland am Vorabend der Reformation –, wie da, stattlich, wohlgenährt und wohlgemut, geistliche Herren aus Deutschland mit festem Schritt, hocherhobenen Hauptes durch die Kirchen in italienischen Dörfern und Städten schreiten.

Unvergleichbar in der Fülle seiner Volkskraft ist der deutsche Katholizismus am Vorabend von 1933. Wohlgeordnete Pfarren in den deutschen Bistümern, hochangesehene Klöster als Bildungsstätten spiritueller Kultur, wie Beuron und Maria Laach, Ettal und viele andere, gerade auch in Nonnenklöstern ... Mächtige Blöcke, gefestigt in „volksfrommem Brauchtum“ (Prälat Schreiber), in einer tausendjährigen Tradition der karolingischen Reichskirche eingewurzelt, bilden mit den Türmen ihrer Dome, mit den Mauerkronen ihrer Stifte. mit den immer offenen Toren ihrer Wallfahrtskirchen je der bayerische, südwestdeutsche, rheinländische, westfälische Katholizismus. Diesem südlichen und westlichen deutschen Katholizismus antwortet vielstimmig ein mittel- und ostdeutscher Katholizismus in Thüringen und Sachsen, mit Zentren in Dresden und Leipzig, im katholischen Schlesien mit dem Zentrum in Breslau und in kirchlich sehr lebensstarken Enklaven im deutsch-polnischen Grenzland und in Ostpreußen.

In Berlin hat sich, nicht zuletzt durch das Wirken Carl Sonnenscheins, ein spezifisch großstädtischer Berliner Katholizismus gebildet, der über zahlreiche Konvertiten aus Bürgertum, Intelligenz, Künstlerschaft verfügt.

Dieser deutsche Katholizismus besitzt den gebildetsten Klerus der Welt. Angesehene theologische Fakultäten, allen voran Tübingen, wo die stete Konfrontation mit der evangelischen Schwesterfakultät die eigene Leistung anspornte und steilte, vermitteln eine gründliche theologische Ausbildung und eine mit anderen Ländern unvergleichbar hohe Einführung in die Seelsorge. Um 1933 ruht die innere Kraft dieses deutschen Katholizismus ebensosehr auf der Ungebrochenheit seiner alten Volkskirchen und Volkstümer wie auf einem vielfältigen geistigen und religiösem Aufbruch in jüngeren Generationen, die nach 1918 heraufkommen. Katholische Studenten- und Akademikerbewegungen, katholische Jugend- und Frauenbewegungen, alle in machtvollen Organisationen stattlich ausgerüstet, führen diesen deutschen Katholizismus in die Gegenwart.

Dieser deutsche Katholizismus bildet, trotz starker innerer politischer Spannungen, zwischen einer rechtskonservativen Mehrheit und christlich-demokratischen Minderheiten, wobei erstere sich in Bayern und Norddeutschland, letztere an Rhein und Main und in Mitteldeutschland stark fundieren, am Vorabend der Machtübernahme durch den österreichischen Katholiken Adolf Hitler einen politischen Block, ein Bollwerk, das der Nationalsozialismus bei keinen Wahlen erstürmen kann. Nirgends erzielt der Nationalsozialismus bedeutende Einbrüche in die treu um ihre Bischöfe und ihre Parteiführer gescharten katholischen Massen. In keinem katholischen Kerngebiet gelingt ein starker Einbruch wie in den vorwiegend evangelischen Ländern und Landstrichen der Weimarer Republik. Wohl zeigen sich Gruppen der katholischen Jugendbewegung, der Akademikerschaft, einzelne Theologen und vor allem, aus taktischen Gründen, politische Führer des Zentrums und der Bayerischen Volkspartei anfällig für nationalsozialistische Verbindungen. Die breiten Massen des deutschen katholischen Volkes folgen nicht den Aufrufen, die auf Handzetteln an Häusern, Briefkästen, Telegraphenmasten am Vorabend der für den 13. März 1932 angesetzten Reichspräsidentenwahl zu lesen sind:

„Katholiken!
Wählt den gläubigen Katholiken
Adolf Hitler!"

Die deutschen Bischöfe hatten vielfach, und immer wieder, ihr deutsches katholisches Volk vor dem Nationalsozialismus gewarnt.

Über Nacht kam es dann anders. Adolf Hitler wurde durch konservative Kreise „in die Macht geschoben" (K. D. Bracher). Die deutschen Katholiken wurden durch ihre Bischöfe und durch Rom Adolf Hitler übergeben. Der nahezu blinde Gehorsam, der allzulange als erste Tugend den Katholiken gelehrt wurde, wurde diesem deutschen Katholizismus zum Verhängnis.

Gehorsam als erste Christenpflicht des römischen Katholiken: Ein tausendjähriger Katholizismus hatte diesen Primat des Gehorsams nicht gekannt. Erst im nachtridentinischen gegenreformatorischen Katholizismus beginnt er jene große Rolle zu spielen, die ihm der kuriale Integralismus und Zentralismus des 19. Jahrhunderts und der Pius-Päpste bis zu Pius XII. feierlich zuerkennt. Römischer Katholik ist ein Christ, der in treuer Gefolgschaft, gehorsam, in „kindlichem Gehorsam" dem Papst in Rom, den hochwürdigsten Herren Bischöfen und Hochwürden dem Herrn Pfarrer ergeben ist.

Diese Gehorsamsverpflichtung kam in Deutschland einem gewissen inneren Bedürfnis des katholischen Volkes entgegen. Dieses katholische Kirchenvolk war um 1933 in breiten Schichten mental noch nicht im 20. Jahrhundert angekommen. Die Aufklärung hatte es nicht erreicht. Unsicher sieht dieses Volk auf die – protestantische – Bildung und intellektuelle Hochkultur. Das um 1960 beklagte Bildungsdefizit der deutschen Katholiken hat nicht zuletzt soziologische Ursachen. Das wilhelminische Deutschland hatte die höheren Beamtenposten seinen evangelischen Preußen vorbehalten. Das katholische Kirchenvolk in Deutschland hat seine Stärke im Landvolk und in klein- und mittelbürgerlichen Schichten, die mental spätarchaisch und politisch konservativ gebunden sind.

1966 erinnert Franz Greiner, der neue Herausgeber des „Hochland", der Spitzenzeitschrift der gebildeten deutschen Katholiken, daran, daß der Gründer dieser

Zeitschrift, Carl Muth, ihr 1903 die Aufgabe stellte: „Teilnehmen soll der für seine Zeit Verantwortliche am Gang der Geschichte, weil nur auf diesem Wege der Enge, Selbstgenügsamkeit und Ängstlichkeit der Katholiken vor der modernen Welt von damals ein Ende bereitet werden konnte.“ Diese Erweckung zur geistigen und seelischen Selbständigkeit hatte um 1933 einige Spitzenschichten im Klerus und im gebildeten Bürgertum erreicht. Die Massen der deutschen Katholiken besaßen „die Scheu vor selbständiger Entscheidung, die Tendenz, nur auf Weisung zu handeln“. Diese Tendenz beklagt 1954 der bekannte Tübinger Theologe Franz Xaver Arnold in einem Aufsatz, der den signifikanten Titel trägt: „Bleibt der Laie ein Stiefkind der Kirche?“ Und dieser wackere deutsche Theologe meint da, in dieser Spätzeit der Herrschaft Pius' XII. – in der gerade um 1954 ein Pius-Gewitter über Dominikaner, Jesuiten, Arbeiterpriester in Frankreich seine Blitze ergoß –: „Was uns heute nottut, das ist Mut zum Wagnis. Die Kirche will und darf nicht sein eine Gesellschaft, in der das Schema, das Büro, der Apparat, der Funktionär herrscht, nicht eine ‚Masse‘ der servil Dienstbeflissenen, der Ängstlichen, der Flüsterer und Abwarter, sondern eine Gemeinde der Freien, der Mutigen und Wagenden. Vielleicht hat die straff gehandhabte Disziplin in der Zeit des vordringenden Laizismus manche Christen des Gebrauchs, ja des Bewußtseins ihrer christlichen Freiheit über Gebühr entwöhnt.“

Die straff gehandhabte Disziplin: Sie war der größte Stolz des katholischen Kirchenvolkes in Deutschland. Ergriffen sieht der päpstliche Nuntius Pacelli, wie dieses Kirchenvolk wie ein Mann sich um seine Bischöfe bei den großen Prozessionen und kirchlichen Feiern schart, so etwa bei der Verehrung des „Heiligen Rocks“ in Trier. Diese straff gehandhabte Disziplin schuf sich spirituell einen spezifisch deutschen Ausdruck in den liturgischen Feiern, besonders in der Gestaltung der Messe. Die Italiener bewundern bereits im hohen 12. Jahrhundert, wie die Herren der deutschen Reichskirche machtvoll und hochdiszipliniert den Feierglanz einer Messe gestalten: bei den Feiern der Versöhnung zwischen Kaiser Friedrich Barbarossa und Papst Alexander III. in Venedig. In der straff disziplinierten Kultfeier, in der Messe, findet das Verlangen deutscher Katholiken, Treue, Gehorsam dem treuen Gott, der Mutter Maria, der Mutter Kirche, dem Heiligen Vater in Rom und seinen Bischöfen zu bezeugen, die eindrucksvollste Möglichkeit der Selbstdarstellung.

Diese Liturgie entrückt aus der schlimmen, wirren Welt in ein ewiges Reich. Der liturgische Jesus Christus hat nichts zu tun mit dem Jesus, der gottverlassen, menschenverlassen am Kreuze dahinstirbt und die Sterbegebete seines Volkes betet. „Der eucharistische Gott“ hat nichts zu tun mit den Menschenrechten, mit den arg verpönten Idealen der Französischen Revolution, mit Freiheit, Gleichheit, Brüderlichkeit. Die an die hohen Feiern der Weihnacht anschließende Feier der unschuldigen Kinder des Bethlehemitischen Kindermordes hat nichts zu tun mit der Million jüdischer Kinder, die in der „Endlösung der Judenfrage" ermordet werden (Heinrich Spaemann).

Diese Liturgie kam dem starken Drang deutscher Katholiken entgegen, aus der Gegenwart – der Weimarer Republik –, aus der Verantwortung zu entfliehen. Die politische Verantwortung übernahmen die Führer der von der Kirche empfohlenen politischen Parteien. Die religiöse Verantwortung besaßen, herrscherlich, die Bischöfe, zuoberst der Heilige Vater in Rom.

Die deutschen Bischöfe des Zweiten Weltkrieges wurden im Glanz des Kaiserreiches geformt. Volk, Vaterland, Heimat, Krieg für das Vaterland haben für sie um 1933 noch denselben Klang wie vor 1914. Nach dem Zweiten Weltkrieg erwähnt Kardinal Faulhaber, als die Wiederaufrüstung der Bundesrepublik beginnt, froh, dankbar, seine Militärdienstzeit im Königreich Bayern als Empfehlung für die Rekruten der Bundeswehr.

1952 bemerkt Franz Josef Schöningh in seinem Nachruf für Michael Faulhaber: „Die Menschenströme, die an seinem aufgebahrten Leichnam vorüberzogen, mochten in diesem Zeitalter der Massen vielleicht nicht nur von ehrfürchtiger Liebe getrieben sein. Aber die Gebete, die ihm von Unzähligen an seinem Grabe . . . nachgesandt werden, bezeugen deutlich genug, daß er in gewissem Sinn noch mitten unter uns weilt: seine hochragende Gestalt, die, mehr als achtzigjährig, etwa zu einer Priesterweihe in den Dom von Freising durch die fast erschauernde Menge einzog und stets die bezwingende Mitte großer kirchlicher Prachtentfaltung und Formensprache war."

Rex et sacerdos, König und Priester „in der Ordnung des Melchisedech". Als König und Priester, als wahrer Führer, schreitet der deutsche Bischof alten Stils durch die erschauernde Menge. Er ist Hierarch, Verwalter der hochheiligen Geheimnisse, Herr der Sakramente, er ist Vater und Führer des Volkes. Das katholische Volk in Deutschland blickt auf diese Bischofs-Führer. Und es blickt auf seinen obersten Führer in Rom, auf den Heiligen Vater, in einem religiös-politischen Gehorsam, in einem Treueglauben, in dem es tausend Jahre zuvor dem „Truchtin", dem Herzog Christus in die Schlacht folgte, die angeführt wurde von den Herren Reichsbischöfen und Reichsäbten, vom Hochklerus des Reiches, die mit geistlichen und weltlichen Waffen den Heerbann des Königs und Kaisers ausrüsteten.

Nach 1945 wird der Weltöffentlichkeit besonders klar sichtbar, wie dieses deutsche Volk in dem Papste Pius XII. seinen Schutzherrn vor der Feinde Wut, seinen Führer, Vater, Fürst sieht und sucht und verehrt. Auf Rom blicken die deutschen Katholiken, auf Rom die geistlichen Führer des Zentrums und der Bayerischen Volkspartei.

„Die Verantwortung eines Bischofs ist schwer wie ein Mühlstein." Dieser Satz steht im geistlichen Testament des Kardinals Michael Faulhaber, das am Feste der Apostel Petrus und Paulus 1952 von den Kanzeln seiner Erzdiözese verlesen wurde. Dieser Mühlstein zieht das deutsche Volk mit in den Abgrund des Krieges, und zuvor der politischen und moralischen Katastrophe.
Die deutschen Bischöfe wissen nicht, was sie tun, als sie 1932–1933 ihr deutsches Kirchenvolk Adolf Hitler übergeben, dann feierlich auf ihn verpflichten. Sie sind politisch ungebildet, beziehungsweise verbildet. Ein einziger deutscher Bischof besitzt politisches Format: das ist Konrad von Preysing, der Bischof von Berlin. Er stammt aus einem alten bayerischen Adelsgeschlecht, hat als einziger deutscher Bischof auch ein weltliches Studium absolviert und war erst in reiferem Alter Priester geworden; „er war der einzige Bischof, der die totalitären Machtbestrebungen des nationalsozialistischen Regimes durchschaute" (Guenter Lewy).
Die Blicke der deutschen Bischöfe, der deutschen Katholiken gingen 1933 nach Rom. Dort hatte als Kardinalstaatssekretär Eugenio Pacelli 1930 mit fester Hand die Führung der päpstlichen Politik übernommen. Seit 1930 bestimmt er „in Rom den politischen Kurs der Kurie, auch gegenüber dem Hitlerreich" (August Franzen). Dieser Kirchenfürst hatte die für sein Werden entscheidenden Jahre 1917–1930 in Deutschland verlebt, er kannte und liebte die deutschen Katholiken wie wohl kaum je ein Papst vor ihm. Er war in Freundschaft mit dem Führer der Zentrumspartei, Prälat Ludwig Kaas, verbunden, der seit 1928 als Vorsitzender die Partei führte, der die meisten deutschen Katholiken ihre Stimme gaben. Darin bestand zuallermeist ihre ganze Mitarbeit in der Partei, als Wähler ihr die Stimme zu geben; ihr politischer Treuedienst war so passiv strukturiert wie ihr religiöser Gehorsam. „Nachdem Mgr. Kaas auf den Parteithron erhoben worden war, folgten viele andere Kleriker seinem Beispiel und nahmen leitende Positionen an. Dadurch verstärkte sich die in jeder konfessionellen Partei latent vorhandene Tendenz, ein organisatorisches Bollwerk für die Vorrechte der Kirche zu werden, statt eine politische Partei zu sein, die sich der Verteidigung von Recht und Demokratie, den Voraussetzungen jeder freien politischen Tätigkeit, verschrieben hat."
Eugenio Pacelli verbringt gelegentlich seinen Urlaub mit Mgr. Kaas in der Schweiz. Das Konkordat von 1933, das Hitler weltpolitisch salonfähig macht, europäisch aufwertet und innenpolitisch stärkt, ist in eminentem Sinne das persönliche Werk der beiden Männer Pacelli und Kaas. Ohne sie wäre es nie zustande gekommen.
Pacellis Zuneigung zu autoritären Systemen blieb in diesen Jahren gerade aufmerksamen christlich-demokratischen Politikern nicht unbekannt und erweckte ihre Besorgnis. Der österreichische Bundespräsident Wilhelm Miklas, ein auf-

rechter Mann der alten christlichsozialen Bewegung, der den autoritären Kurs der Dollfuß-Regierung 1933 ablehnte, äußert sich über die Mitverantwortung dieses Mannes für den Gang der Dinge in Deutschland: „Auch die kirchlichen Stellen sind mitschuldig. Pacelli war damals in Deutschland Nuntius, als dort das Gewaltsystem eingeführt wurde. Der Papst war zur Pilsudski-Zeit in Polen. Pacelli drängte in diese Richtung. Jetzt haben wir das Ergebnis dieses Systems."

Eugenio Pacelli (1876–1958) stammt aus einer Juristenfamilie, die seit Generationen im Dienste der Kurie stand, als Beamte. „Sein Bruder hatte als päpstlicher Justitiar entscheidenden Anteil an der Ausarbeitung der Lateranverträge 1926 bis 1929." Pacelli steht seit seiner Priesterweihe 1899 im diplomatisch-juristischen Dienst der Kurie. Er ist nie Seelsorger gewesen. Er hat nie mit dem „Volk" zu tun gehabt. Tadeusz Breza bemerkt als polnischer Diplomat in Rom in seinem Tagebuch am 1. September 1957 bei der Lektüre eines Buches über die Apostolischen Nuntiaturen von 1800 bis 1956 von Mgr. Giuseppe de Marchi, Professor für Geschichte der Diplomatie an der *Pontificia Academia dei Nobili Ecclesiastici:* „Es stellt sich heraus, daß fast alle Kurienkardinäle gewesene Diplomaten sind." – „Pius XII. hat denselben Entwicklungsgang durchgemacht." Siebenundzwanzig Jahre war er als Diplomat der Kirche tätig. „Diese siebenundzwanzigjährige Sicht auf die Welt, die Kirche und die Religion in vorwiegend diplomatische Kategorien tut das Ihre! Um so mehr, als auch seine Umgebung auf Kirche, Religion und Welt fast ihr ganzes Leben lang aus dem nämlichen Blickwinkel schaut."

Diese Situation „hat einen entscheidenden Einfluß auf die *Verformung des Menschen.* Ich hebe das deshalb hervor, weil wir es nicht mit weltlichen Personen, sondern mit geistlichen zu tun haben. Mit Personen, die infolge ihrer Berufung der Religion dienen wollten, d. h. der Verbindung der Menschen mit Gott oder sogar, wenn es sich um Ordensleute handelte, der Verbindung ihrer selbst mit Gott. Es kann nichts Zersetzenderes für dieses Wollen und diese Berufung geben als die Arbeit in der Diplomatie. Jemand wird sagen, ich habe unrecht, weil das psychische Leben eines Menschen sich gleichzeitig auf vielen Ebenen vollzieht. Gewiß ist dem so. Die Arbeit in der Diplomatie jedoch ... birgt eine ganz besondere Gefahr für das geistige Leben in sich, die in der Herausbildung einer starken Leidenschaft für kleine Teilerfolge, Erfolge um jeden Preis, und in der Herausbildung eines inneren, ständig aktiven Systems der Parteilichkeit besteht. Mir scheint, daß diese furchtbare Verformung der Kurie eine der wesentlichsten Tragödien der modernen Kirche ist".

„Eine gewisse Beunruhigung über diese Situation soll sich selbst bei Pius XII. bemerkbar gemacht haben. Als er Papst wurde und rings um sich nur Diplomaten erblickte, erbebte er förmlich, wie man berichtet." – „Der ganze Arbeitsrhythmus im Vatikan war von politischen Geschäften determiniert. Sie hatten die Priorität bei der Planung und Aufstellung des päpstlichen Arbeitskalenders. Zur Magd der Politik und Diplomatie wurde selbst die Theologie, derer man sich lediglich dann im Vatikan entsann, wenn es galt, politische oder diplomatische Thesen theoretisch zu fundieren."

Die Tragödie, das fatale weltpolitische Scheitern Pacellis-Pius' XII. ist zunächst, in der ersten Dimension, die Tragödie eines Diplomaten, der mit der ganzen Leidenschaft seines Intellekts an seinem Beruf hängt. Pacelli sieht seine Konkordate als die Meisterstücke seines Lebens an und ist deshalb nicht bereit, sie – so etwa in Österreich nach 1945 – zu modifizieren.

Pacelli wächst in „eine neue Konkordatsära" (Franzen) hinein, die der ihm in manchen Zügen nicht unverwandte Pius XI. begonnen hatte. „Wie ein Bergsteiger sich durch Kletterhaken absichert, so suchte er durch Konkordate und Verträge feste Grundlagen zu schaffen." Dieser Vergleich des angesehenen katholischen Theologen und Kirchenhistorikers August Franzen trifft unbewußt den „Haken" aller dieser Konkordate. Diese Konkordate konnten eben nicht Kletterhaken sein, sie konnten sich nicht in einem petrinischen Fels eingießen oder einschlagen lassen; sie wurden in hochkomplexe, oft sehr fragwürdige politische, gesellschaftliche Gebilde eingetrieben und konnten und werden noch heute von diktatorischen Regimen als Wandschirme zur Verdeckung sehr unsittlicher Verhältnisse benützt, von Lüge, Mord, Gewalttat, von täglicher Verletzung der Menschenwürde.

Wie unterschiedlich waren doch bereits die Regime, mit denen unter der Regierung des Papstes Pius XI. Konkordate abgeschlossen wurden: 1922 das Konkordat mit Lettland, 1924 mit Bayern, 1925 mit Polen, 1927 mit Rumänien und Litauen, 1929/31 mit Italien, 1929 mit Preußen, 1932 mit Baden, 1933 mit Hitler-Deutschland, 1933/34 mit Österreich.

Mit Ausnahme der deutschen Länderkonkordate in Preußen, Baden, Bayern handelt es sich um Konkordate mit Diktaturen oder Semidiktaturen. Das ist kein Zufall: Diktatoren sind leichtere Verhandlungspartner als demokratische Regierungen, die auf mehrere Parteien und auf sehr verschiedenartige weltanschauliche Partner Rücksicht nehmen müssen.

Dem Berufsdiplomaten und Juristen Eugenio Pacelli, der leidenschaftlich Jahre und Jahrzehnte lang seine Konkordate vorbereitet, unermüdlich, zäh, sorgsam, leuchtet der tief unsittliche, unmoralische Faktor so mancher Konkordate nie ein. Er kann eben nicht die Implikation sehen, die Verflechtung des Konkordats mit der gesamten politischen, gesellschaftlichen, innenpolitischen und außenpolitischen Situation des Regimes, mit dem ein Konkordat abgeschlossen wird. Nie

vermochte er einzusehen, daß allein schon durch den Konkordatsabschluß bereits seit 1933 der Vatikan, der Heilige Stuhl weltpolitisch und innenpolitisch in Deutschland mitverantwortlich wurde für alles das, was das Hitler-Regime gegen die Menschenwürde tat.
Die polnische katholische Regierung ist das erste Opfer des Hitler-Konkordats, das für sie und für eine Welt, die sich gerne täuschen läßt, Hitlers Regime als glaubwürdigen Vertragspartner qualifiziert. Der Berufsdiplomat übersieht von Berufs wegen die Zustände in dem Lande, mit dem er für seine Regierung Verträge abschließt. Ihn gehen buchstäblich die mörderischen Verhältnisse in südamerikanischen Republiken, in asiatischen Despotien nichts an.
Der Berufsdiplomat ist von seiner Regierung her, für die er einen politischen Vertrag, einen Wirtschaftspakt, ein Militärabkommen aushandelt, angehalten, alles das zu übersehen, was ihn nichts angeht. Er hört nicht die Schreie in den Kellern der politischen Polizei, er sieht nicht die vor seiner Haustüre weggeschleppten Kinder, er vernimmt nicht das laute Schweigen einer geknebelten, verkrüppelten Presse. Zeichnet diese hohe Qualifikation des berufsmäßigen Übersehens auch den kirchlichen Diplomaten der Kurie aus?
Der Theologe und Kirchenhistoriker August Franzen – er sei hier als ein Modell für viele andere konfessionelle Rechtfertigungsversuche zitiert – meint zum Abschluß des Reichskonkordats vom 20. Juli 1933: „Niemand wußte damals, wie heimtückisch, unwahrhaftig und verlogen die deutsche Politik in Wirklichkeit war.“ Nun, andere Menschen, Christen und Nichtchristen, hatten damals bereits zwölf Jahre lang, seit 1921, den braunen Terror auf der Straße und die brutale Mordpraxis der braunen Schlägerbanden und das offizielle Bekenntnis Adolf Hitlers zu politischen Mördern aus den Reihen seiner Partei erschrocken erfahren.
Eugenio Pacelli hat als Berufsdiplomat diese Unmenschlichkeiten übersehen, und er hat als Kardinalstaatssekretär und dann als Papst die Massenerschießungen, die politischen Morde der Rechten in Spanien, in Kroatien, in Großdeutschland, in Polen übersehen. Er hat den Judenmord, das Abschlachten politischer Gegner, das Zu-Tode-Quälen der Frauen, Kinder, Männer und Greise in Kroatien übersehen: Vorgänge, die anderen Beobachtern seiner Kurie, wie dem Kardinal Tisserant, Entsetzen verursachten.
Dieses Übersehen des Eugenio Pacelli wurzelt neben der ersten Dimension, auf der Ebene des Diplomatenberufes, dem er mit hoher Begabung siebenundzwanzig Jahre seines Lebens gewidmet hatte, in mindestens drei anderen Dimensionen:
1. in seiner Auffassung, in seinem Verständnis der Römischen Kirche;
2. in seiner religiös-politischen Weltanschauung;
3. in der spezifischen existentiellen Struktur seiner Persönlichkeit.

Diese vier Dimensionen, Schichten, Bezüge bilden in der Geschichte seines Lebens, im Anteil und Nichtanteil, den dieser Papst an der Weltgeschichte seiner Zeit nimmt, ein untrennbares Gewebe, bilden ein Substrat, das sein Reden und Schweigen, sein Handeln und Nichthandeln bestimmt.
Siebzehn dicke Bände umfassen die Reden und Enunziationen des Papstes Pius XII. Die Eingriffe ins innerkirchliche Leben, die 35 Heiligsprechungen, die er vornahm, seine kirchenpolitischen und staatspolitischen Aktivitäten weisen diesen Kirchenfürsten als den alle anderen Päpste der Weltgeschichte in Rede und Aktivität überragenden Papst aus.
Spät nachts sitzt er noch über seine weiße Schreibmaschine gebeugt, korrigiert dann mehrfach, immer wieder sich verbessernd, seine Arbeit. Asketisch lebend, bürdet er sich einen Arbeitstag auf, der kaum Stunden für wirkliche Muße freigibt. Dieser „Kaiser Franz Joseph der Kirche" kennt keine wirkliche Rast und Ruhe, bis in den schweren Todeskampf hinein. Er ist der Erste Beamte, der Erste Lastträger seines Gottesstaates. Um ihn ist eine große Leere, die er sich selbst geschaffen hat. Weiß er, daß er der letzte Throninhaber eines tausendjährigen Reiches ist, das in dieser Form mit ihm vergeht, durchaus vergleichbar mit dem Reich seiner Apostolischen Majestät in Wien, des Kaisers und Königs Franz Joseph, der am Gründonnerstag seinen zwölf Armen in seiner Hofburg die Füße wäscht wie der Papst in Rom und für dessen Reich die Römische Kirche noch das alte tausendjährige Fürbittgebet für den Kaiser im Karfreitagsgebet erhalten hatte?
Pacelli-Pius XII. glaubt an die Ewigkeit des Reiches, das ihm vom Christ-König, dem sein Vorgänger Pius XI. 1925 das Christkönigsfest geschaffen hatte, zur Führung in dieser Welt übertragen wurde. Mit seinem Kirchenglauben hängt bereits die erregende Tatsache zusammen, daß der meistredende Papst der Weltgeschichte, der vom Zwang zu reden bessessene Papst Pius XII. der schweigendste Papst der Weltgeschichte ist. Der meisttätige Papst der Weltgeschichte ist der vielleicht untätigste Papst der Weltgeschichte, wenn man die zeitliche Länge seiner Tätigkeit als Diplomat und Papst in Rechnung stellt.

Die Ewigkeit der Kirche: Pacelli-Pius XII. glaubt, daß die Kirche auf Erden ewige Wahrheiten, ewige Werte in einer unveränderlichen heiligen Lehre, in einem unveränderlichen hierarchischen Amt zu verwalten hat. Man hat oft beobachtet, wie geschichtsfremd, ja wie geschichtsfeindlich Juristen sein können, die kein rechtshistorisches Bewußtsein haben. Wirklich wichtig für Gott, Kirche, Seele ist – für einen Kirchenglauben im Geiste Pacellis – nur die Heilsgeschichte: Könige, Fürsten, Diktatoren der Welt vergehen. Es bleibt ewig unveränderlich der in seiner Kirche auf Erden präsente Christus. Wirklich ist nur diese Heilsgeschichte. Alle andere Geschichte betrifft nur Historien, „Geschichten" dieser hinfälligen Welt. Die Kirche hat die einzige ganz ernst zu nehmende Aufgabe, die Verkündigung dieser ewigen Wahrheiten und Werte zu sichern durch das Ringen um ihre Rechte: auf Schule, Erziehung, Gottesdienst, Seelsorge, Sakramentenverwaltung. Alles andere geht sie grundsätzlich nichts an – im Letzten nichts an.

Diese statische, im Letzten platonistische, ganz unevangelische und unbiblische Auffassung hat als Selbstverständnis der Kirche ein dreifaches Übersehen zur Folge:

1. ein Übersehen der „rein weltlichen" Belange. Was auf politischer Ebene Herrscher, Fürsten, Regierungen mit ihren Untertanen machen, geht die Kirche nichts an, insoweit als nicht ihre ewigen Rechte verletzt werden. Die Kirche ist befugt und berechtigt, ihre treuen Kirchenschafe, die Katholiken, weltlichen Herrschern und Machthabern für diese weltlichen Belange zu übergeben. Die Konkordate mit Hitler-Deutschland, Italien, Spanien, Portugal, um nur vier besonders für die europäische Gegenwart signifikante Konkordate zu nennen, übergeben die Millionen Katholiken in das Untertanenverhältnis, verpflichten sie zu treuem Gehorsam auf Hitler, Mussolini, Salazar, Franco.

2. ein Übersehen aller anderen, nicht zur Römischen Kirche gehörenden Menschen. Bis zum Tode des Papstes Pius XII. gehört es zum Selbstverständnis der Römischen Kirche, als Kirche keine Rücksicht zu nehmen auf Andersdenkende und Andersgläubige. Juden, Sozialisten, Demokraten, Liberale, Atheisten etc. gehen sie als Kirche buchstäblich nichts an. Dieses Übersehen muß nicht eine gelegentliche, situationsbedingte karitative Sorge ausschließen um verfolgte Andersgläubige. Als Kirche übersieht man jedoch konstitutiv und faktisch alle Andersdenkenden, mit denen man auch keine Beziehungen unterhält. Pius XI. weigert sich 1931, Gandhi zu empfangen, Pius XII. weigert sich 1939, mit dem anglikanischen Erzbischof von Canterbury in Bemühungen zur Erhaltung des Friedens zusammenzuarbeiten, lehnt auch nach 1945 eine Beteiligung der Römischen Kirche an protestantischen ökumenischen Kongressen, an den Feiern der nichtkatholischen Weltchristenheit zu Ehren des Apostel Paulus in Korinth ab, und er verbietet katholisch-jüdische und katholisch-evangelische Vereinigungen.

3. ein Übersehen jener Theologen und innerkirchlichen Bestrebungen und Gruppen, die diese statische ungeschichtliche „Ewigkeit" der Kirche und ihrer hierarchischen Strukturen leugnen oder zumindest in Frage stellen und ein historisches Verständnis der Kirche als eines geschichtlichen Prozesses fordern, in dem auch die Dogmen und alle Selbstbekundungen der Kirche nur geschichtlich, gesellschaftlich, entwicklungsgeschichtlich verstanden werden können.

Pius XII. kämpft den härtesten Kampf seines Lebens an dieser inneren Front. Hier verzehrt er seine besten Kräfte. Neben dem „Aufstand der Massen“ beunruhigt ihn am tiefsten die Heraufkunft neuer Generationen von Priestern, Theologen und Laien, die sich ein ihm zutiefst fremdes Verständnis von Kirche, Christentum, Evangelium, Papsttum in einem schmerzensreichen Prozeß des eigenen Lebens erarbeiten.
Pius XII. hat diesen Kampf nicht gesucht, sondern aus der Tradition des 19. Jahrhunderts übernommen, die von Gregor XVI. über die Pius-Päpste eine lückenlose, nur durch Leo XIII. und Benedikt XV. leicht gemilderte Tendenz aufzeigt: „Ausrottung“ der „Neuerer“ in der Kirche. Das weltgeschichtliche Debakel Pius' XII. wurzelt bei allen seinen politischen, innerkirchlichen und spirituellen Implikationen in seiner Struktur: Pius XII. ist Traditionalist. Er wagt es nicht, die Mauern der „ewigen Stadt“ zu überschreiten. Sein Übersehen der Juden, Protestanten, Nichtchristen, sein Kirchenkampf gegen theologische Neuerer, gegen die Ostkirche, gegen den Bolschewismus entspricht seiner traditionalistischen Grundhaltung, entspricht tausendjährigen „ehrwürdigen“ Traditionen.
Die „Neuerer“: Die Päpste betrachteten sich seit 1871 als Gefangene in Rom. „Diese Gefangenenmentalität war so extrem, daß es Pius XI. schwerfiel, am Tage seiner Wahl auf den Balkon der Peterskirche hinauszutreten und dem Volk seinen Segen zu geben“ (Michael Serafian, das ist der irische Jesuit Martin). Der Abschluß der Lateranverträge 1929 befreite die Pius-Päpste in etwa aus dieser äußeren Gefangenschaft. Dennoch wagten es Pius XI. und Pius XII. als Päpste zeitlebens nicht, frei hinauszutreten, zu fahren, zu fliegen in eine offene Welt. Die internationale Gefangenschaft blieb erhalten. Fixiert durch das I. Vatikanische Konzil, hatten sich die Päpste in die Gefangenschaft der Integralisten an der Kurie, in den Orden und Kongregationen, in der Theologenschaft begeben. Diese verkündeten als „unfehlbar“, was sie für unfehlbar hielten: die totale Konservation der statischen, „ewigen“ Wahrheiten, der Dogmen und Traditionen der Kirche. Sie führten gegen Neuerer, gegen Modernisten und gegen sehr verschiedene Gruppen und Einzelpersönlichkeiten von reformoffenen Theologen und Professoren einen Kampf, der 1890–1914 die Formen einer Hexenjagd annahm, pausenlos weiterging, durch den Ersten und Zweiten Weltkrieg nicht gebrochen und um 1950 in neuen, harten Formen durchgeführt wurde.
Mit allen Mitteln eines geistlichen, disziplinaren, kirchenrechtlichen und personalen Terrors sollte die Schaffung eines Klerus erzwungen werden, der in totalem Gehorsam sich kritiklos um den Papst und um seine Verteidigung der heiligsten Güter der Kirche und der Tradition in „kindlichem Gehorsam“ schart. Im Jahrzehnt vor dem Ausbruch des Zweiten Weltkrieges hatte sich, zumal in Frankreich, Holland, Belgien und Deutschland ein Klerus gebildet, der in seinen

Spitzenpersonen vorsichtig Fragen anvisierte, die in der evangelischen Wissenschaft seit einem Jahrhundert diskutiert wurden. Gleichzeitig versuchten andere Angehörige des Klerus, die Liturgie und die Frage des Zölibats zur innerkirchlichen Aussprache zu bringen.

Diese Kleriker wagten nicht, was Katholiken heute offen auszusprechen wagen, daß die volksfremde lateinische Klerikermesse das Produkt einer tausendjährigen Deformation ist, die sich im 7. und 8. Jahrhundert durchsetzte, und – fremd, ja feindlich der frühchristlichen liturgischen Gemeinschaft von Priester und Volk – bewußt durch eine fremde, magische, abschreckende Zaubersprache das Volk fernhält von den Mysterien. An die Stelle einer brüderlichen Liebesgemeinschaft ist ein streng tabuierter Gottesdienst von klerischen Herren getreten.

Diese Kleriker wagten nicht, was Theologen heute offen auszusprechen wagen, daß der Zölibat nur eine zeitbedingte kirchenrechtliche Sache ist, daß er sehr oft autoritäre, ängstliche, herrschsüchtige Typen bildet. Daß mit der Ausgliederung des zölibatären Klerus aus Volk, Zeit, Geschichte die Konstituierung des Papstes und der Bischöfe als Herren zusammenhängt, die, im Besitze einer als magisch empfundenen Zauberkraft, als Herren der sakralen Schreckensmacht die Laien als Sklaven, „Instrumente“ wie zu Zeiten von Innozenz III. und Bonifaz VIII. und ihren Klerus als dienende Handlanger ansehen und verwenden wollen.

Die jungen und bewegten Geistlichen, Seelsorger und Theologen wagten, eingeschüchtert durch die ununterbrochen arbeitende, durch keinen Weltkrieg erschütterte Maschinerie der Indizierung und kirchenrechtlichen Disziplinierung, im Jahrzehnt vor 1939 und im Zweiten Weltkrieg das alles nicht, was längst bereits heranstand an Reform, an Öffnung der Römischen Kirche, als einer Großsekte, zur Welt. Sie wagten aber immerhin einige bedeutsame Lockerungsversuche in liturgischen Bewegungen, die das Volk der „Laien“ in einer „deutschen Messe“ näher an den „eucharistischen Gott“ heranbringen sollten. Sie wagten vorsichtig, im Anschluß etwa an Newman, gewisse Möglichkeiten einer Dogmenentwicklung aufzuzeigen.

Sie wagten an die Mündigkeit des Christenmenschen in der Kirche zu denken in einem System, das auf die totale Entmündigung angelegt war, wobei der geistigen und geistlichen Entmündigung des Klerus die politische Entmündigung der Laien, in Übergabe in die Herrschaft totalitärer Weltherren, entsprach.

„Der mündige Christ“: Ein deutscher Priester, Josef Thomé, wagt es, unter diesem Titel bescheiden vorsichtig, doch offen, für etwas mehr Freiheit und Menschlichkeit in der Kirche zu plädieren. Er wird 1954 indiziert. 1968 fällt seine Verurteilung. Die Messe, volksnah gestaltet: Der Klosterneuburger Chorherr Pius Parsch, der als Militärkurat im Ersten Weltkrieg die totale religiöse Unbildung breitester Schichten des Kirchenvolkes in den Armeen seiner Apostolischen Majestät erlebt hat, hatte es gewagt, eine volksliturgische Bewegung zu gründen. Sie wird eingegrenzt, ständig denunziert und kann sich nur in sehr reduzierten Formen entfalten. Ein französischer Dominikaner berichtet 1966: Mitten im Kriege, 1942, erfuhren wir durch den Rundfunk – der von den Deutschen im besetzten Frankreich kontrolliert wird –, „daß unser verehrter Professor und Rektor auf den Index gekommen war wegen eines niemals im Handel erschienenen Schriftchens aus dem Jahre 1937". – „Diese Verurteilung traf uns alle, und wir empfanden ihre Ungerechtigkeit sehr schwer. Dennoch mußte Chenu, dem keine Gelegenheit zu einer Erklärung gewährt wurde, seine Lehrtätigkeit aufgeben." Chenu, das ist M. D. Chenu, einer der bekanntesten führenden französischen Dominikanertheologen.

Während die deutschen Bischöfe 1933–1945 sich bemühen, ihre Kirchenschafe vor Ansteckungen durch Rosenberg und andere nationalsozialistische Schwärmereien und Wahnideen zu bewahren, und gleichzeitig in Hirtenbriefen und durch die gesamte kirchliche Presse die deutschen Katholiken zu treuem, kritiklosem, nicht aufmuckendem Gehorsam auf Adolf Hitler verpflichten, geht ein Strom von Denunziationen aus Deutschland nach Rom. Eine deutsche Zentralstelle für Denunziationen junger Kleriker und auch alter Theologen befindet sich in Freiburg im Breisgau bei Erzbischof Dr. Konrad Gröber, dem „braunen Konrad". Seiner Anfälligkeit für den „braunen" Totalitarismus entspricht genau seine Verbundenheit mit einem integralistischen „schwarzen" Autoritarismus. Eine Gegenstelle, die in Rom entgiftend diese Denunziationen zurückzuweisen versucht, befindet sich in Wien bei Kardinal Dr. Theodor Innitzer, der sich auf Theologen wie Karl Rahner stützen kann.

Die schweigende Kirche: Nach dem Zweiten Weltkrieg, als man im Rom des Papstes Pius XII. und im Amerika des Kardinals Spellman an den Dritten Weltkrieg denkt, spricht man gerne von der „schweigenden Kirche" und meint damit die von den „teuflischen Bolschewiken" verfolgte Kirche in den kommunistischen Oststaaten. Man übersieht damit bewußt und unbewußt die schweigende Kirche im Westen. Ihr gehört in den Jahrzehnten von 1918 bis 1958, bis zum Tode Pius' XII., eine Elite wacher Theologen und Laien an, die erschrocken sehen, daß sich die Kirche nicht als ein fossiler Block, eingemauert in das System der Spätscholastik, abgeschirmt gegen eine Welt der Wissenschaft und gegen alle Andersdenkenden und Andersgläubigen, in selbstgewählter Gefangenschaft und Selbstfesselung behaupten kann.

Pius XII. übersieht diese schweigende Kirche, erkennt ihr kein Lebensrecht zu. Er hält streng an der Ausgliederung, an der tabuierten Entfremdung des Klerus und Mönchtums aus der Welt, an der Forderung bedingungsloser Unterwerfung unter sein Lehr- und Hirtenamt und an der Nichtdiskutierbarkeit jener brennenden

Fragen fest, die seit einem Jahrhundert in der Kirche zur Erörterung anstanden. Pius XII. will und kann im Banne seiner traditionalistischen Auffassung der Kirche nicht sehen, was der österreichische Katholik Adolf Hitler roh, vulgär, plebejisch und brutal ausspricht: Die Kirchen sind unglaubwürdig geworden; sie betreiben heute vielfach nur mehr „falschen Zauber"; ihre Lehren sind veraltet, ihre Forderungen sind oft weltfremd, ja lebensfeindlich.

Hundert Jahre vor Adolf Hitler befassen sich in Wien Franz Grillparzer und Friedrich Hebbel mit dem Ausrinnen der religiösen Substanz aus den Kirchen, mit der inneren Glaubenslosigkeit betont konfessionell engagierter Christen, die anderen Menschen den Glauben aufdrängen wollen, an den sie in ihren Tiefenschichten existentiell selbst nicht mehr glauben können. Friedrich Hebbel stellt die Frage: Kann es sechstausendjährige Irrtümer geben?
Adolf Hitler drückt plebejisch und vulgär den Zusammenbruch einer mindestens sechstausendjährigen sakralen Gesellschaft aus, in der, in der *urbs diis hominibusque communis,* Götter, Menschen und Tiere unter der Herrschaft von Priestern, Königen und Kriegern sich eingehaust hatten in den Wällen von heiligen Städten, die sich selbst für den Nabel der Welt, des Kosmos, hielten. Pius XII. hält streng an dieser vorkopernikanischen Weltschau fest: Rom, die goldene Stadt, ist das Zentrum des Kosmos. Es hütet die ewigen Wahrheiten, und die Pforten der Hölle werden die Mauern der Kirche, als der Stadt Gottes, nicht überwinden.
Pius XII. erfuhr viele Enttäuschungen, Bitternisse, Niederlagen. Die für ihn härteste Niederlage blieb ihm erspart: die russische Weltraumrakete. Johannes XXIII. begrüßt sie als ein Zeichen der vom Schöpfer gewollten Schöpferkraft des Menschen.
Der hochsensible Mann in Rom, Pacelli-Pius XII., spürt natürlich die tiefe Unruhe, die nicht nur durch die feindliche Welt, sondern auch durch die Kirche geht. Sind nicht überall in ihr Aufrührer, Rebellen, gottlose Schwärmer am Werk? Infiziert nicht die protestantische Wissenschaft – die er persönlich in Berlin in der Gestalt Adolf von Harnacks relativ schätzengelernt hat – die „jungen Theologen"? Sind nicht andere Katholiken anfällig für den „gottlosen Marxismus", für den Sozialismus, für den Kommunismus, für viele gefährliche Ideen der gefährlichen Moderne?
Der Gefangene im Vatikan, der das Gespräch mit der Welt nicht wagt und in einem unermüdlichen Monolog nächtlich in sich kreist – wieder ist hier an den ihm persönlich so unverwandten Adolf Hitler zu denken –, stellt sich den Massen in einer hieratisch stilisierten Gestalt vor: als Christus auf Erden, als Petrus. Die vielberufenen und vielverdächtigten Selbststilisierungen des Papstes Pius XII.

sind von seiner theologischen Kirchenschau her zu verstehen. Wenn Rom das sakrale Zentrum der Welt, wenn die Rom-Kirche die „Stadt Gottes“ ist, dann muß sich der Stellvertreter Christi, der Nachfolger des heiligen Petrus auch in einer so gefährdeten Zeit sakral-hierarchisch dem Volk präsentieren, um die Gehorsamskraft, den „kindlichen Gehorsam“, als die Glaubenskraft, deren die Massen allein fähig erscheinen, zu mobilisieren. Pius XII. spielt im sakralen Spiel *den* Papst. Er grüßt huldvoll, mit genau berechneter Dankesgeste die Hochrufe der Massen – man vergleiche Adolf Hitlers berechnetes Abwinkeln der zum Gruß erhobenen Rechten – durch ein vertikales Schwenken der Arme, mit nach oben gedrehten Handflächen. Er steht statuarisch in der Haltung würdevoller Billigung, „eine Hand über die andere gelegt, den Körper ein wenig zur Seite gedreht, feierliche Miene“.
Nach seinem Tode kritisieren ältere Monsignores im Vatikan seine „pharaonisch-hieratischen Posen. Soweit man zurückdenken konnte, hatte keiner der Statthalter Christi so wie Pius XII. eine antike Gottheit gemimt. *Proprio un nume* wird heute laut im Vatikan geäußert“ – geradezu eine Gottheit (Breza, Rom, 22. Oktober 1958). – Diese Kritik übersieht die theologische Konzeption, die hinter dieser sakralistischen Darstellung des Stellvertreters Christi im Hirtenamt und Richteramt des Christ-Königs steht. Das war nicht einfach „ungesunder Kult um seine Person“. Pius XII. hatte für den „Osservatore Romano“, dessen freimütigen Herausgeber und Chefredakteur, Conte Dalla Torre, er nie empfing, einen eigenen Redakteur für die Stilisierung aller seine Person betreffenden Berichte, Cesidio Lolli, bestimmt. Die Zelebrierung des Papstes Pius XII. im „Osservatore Romano“, die den Eindruck erwecken will, der Papst ist etwas Höheres als die Kirche, wurzelt letztlich in einer Konzeption der Kirche, wie sie in der Enzyklika *Mystici Corporis Christi* zum Ausdruck kommt. Die Kirche ist der mystische Leib Christi auf Erden. Der Papst ist das Haupt dieses mystischen Körpers. Als solches stellt er sich im Strahlenglanz der Mitra, der dreifachen Krone des Weltenherrschers, den gehorsamen Söhnen und Töchtern, den Gläubigen, den „Rebellen“ in der Kirche und einer satanischen Welt.
Im Herbst 1960 hält der Kardinal Pizzardo eine Reihe von öffentlichen Vorlesungen unter den Auspizien der Lateran-Universität, dieses geistlichen Bollwerks des römischen Integralismus. Pizzardo vergleicht die Stadt Gottes auf Erden, Rom, die Römische Kirche, mit der Stadt des Teufels; diese Teufelsstadt verkörpert sich eindrucksvoll im Kommunismus. Das ist das neue Babel, es erhebt sich in Blut und Tränen der vom Kommunismus zu Herden versklavten Menschen. Die Stadt des Teufels erhebt sich auf der Basis des rohen Materialismus und blinden Determinismus. Sie kämpft gegen die Stadt Gottes. Das ist politischer Augustinismus, 1960 bewußt gegen Johannes XXIII. vorgetragen.

Mit der theologischen Konzeption der Kirche als einer ewig-unveränderlichen Hüterin ewig-unveränderlicher Dogmen und anderer ewiger Güter und Werte ist in Pius XII. seine religiös-politische Weltanschauung untrennbar verbunden. Sie ist reinster politischer Augustinismus.

Augustin bedeutet einerseits die Kapitulation der Kirche vor den weltlichen Machthabern: Ihnen wird der Abwehrkampf zur Ausrottung, zur Vernichtung der Ketzer von der Kirche anvertraut. Augustin bedeutet zum anderen religiös-politisch vor allem die Überzeugung, daß die Weltgeschichte ein Kampf des Glaubens gegen den Unglauben ist. Gottesstaat und Teufelsstaat, Gottesstadt und Teufelsstadt kämpfen gegeneinander. *Civitas Dei* und *civitas diaboli*. Augustin selbst identifizierte nicht einfach die Gesellschaft der Gottgläubigen mit der *ecclesia*, mit der Kirche seiner Zeit. Er sah die konkrete Kirche als ein Mischwesen, ein *corpus permixtum* an. In ihr leben Teufelsdiener und Gottesdiener nebeneinander, ja miteinander. Im germanischen Mittelalter, im Kampf der gregorianischen Kirchenreformer, im Ringen der Papst-Kaiser mit den Kaiser-Königen, die selbst beanspruchen, sakralen Geblüts und sakralen Rechts zu sein, wurde jedoch im tausendjährigen Mittelalter der Kirche, das mit dem Barock-Papst Pius XII. endet, ein religiös-politischer Augustinismus herausgebildet, der festhält, daß die Römische Kirche die *civitas Dei* auf Erden sei. Unter Führung des obersten Heerführers auf Erden, des Papstes, kämpfen mit geistlichen und politischen Waffen der Klerus, die Orden, allen voran die Gesellschaft Jesu den Kampf Christi auf Erden wider die *civitas diaboli*. In diesem Kampfe sieht sich die Gottesstadt gezwungen, gelegentlich sehr unpassende Partner als Mitkämpfer anzunehmen: protestantische Fürsten – gegen den Kaiser Karl V. –, islamische Fürsten – gegen Ostrom und im Mittelmeer gegen den spanischen König –, protestantische Reichskanzler wie Bismarck – der den Christus-Orden erhält, gegen den politischen Führer der deutschen Katholiken, Windthorst –, englische und amerikanische protestantische Staatsmänner – gegen den Bolschewismus –, französische Freimaurer – zur Förderung der Mission in den Kolonien.

Im Rahmen dieser durch Zeitnot, durch spezifische historische Situationen bedingten Partnerschaft der *civitas Dei* mit ungläubigen politischen Genossen ist das so merkwürdige Verhalten des Papstes Pius XII. zum Regime des Adolf Hitler zu verstehen. Pius XII. billigt bewußt die Anwendung „äußerer Machtmittel gegen die bolschewistische Gefahr". Er sieht in einer Kapitulation Hitlers „ein Unglück". Am 25. Dezember 1939 erklärt er beim feierlichen Empfang des Kardinalkollegiums: „Beenden wir diesen Bruderkrieg und vereinigen wir unsere Kräfte gegen den gemeinsamen Feind, gegen den Atheismus!"

„Vom Herbst 1942 bis 1944 fanden im Vatikan laufend Verhandlungen mit dem Ziele eines Sonderfriedens statt. Am 5. Januar 1943 beschwor Pius XII. brieflich

Präsident Roosevelt, die Beendigung des Krieges zu beschleunigen, wofür er seine Mitarbeit anbot, was zweifellos Hilfe für Deutschland bedeutete."
Die theologische, augustinische Grundlage dieses religiös-politischen Glaubens des Papstes Pius XII. spricht in schöner Offenheit in einer Predigt bei einem Festgottesdienst Anfang August 1941, zwei Monate nach dem Beginn von Hitlers „Kreuzzug gegen den Bolschewismus", der Sekretär der Kongregation *De propaganda fide*, Erzbischof Constantini an: „Gestern auf spanischem Boden, heute im bolschewistischen Rußland selbst, in jenem unermeßlichen Land, wo Satan in den Oberhäuptern der Republiken seine Stellvertreter und besten Mitarbeiter gefunden zu haben schien" – wir erinnern an die gleichlautenden Reden Hitlers 1941–1945 – „schlagen jetzt tapfere Soldaten auch unseres Vaterlandes die größte Schlacht." Wir kommentieren: Wie bei Hitler schimmerte hier die augustinische Konzeption eines Endkampfes zwischen Gut und Böse deutlich durch. „Wir wünschen von ganzem Herzen, daß diese Schlacht uns den abschließenden Sieg und den Untergang des auf Verneinung und Umsturz gerichteten Bolschewismus bringen möge."
Constantini ruft den Segen Gottes auf die italienischen und deutschen Soldaten herab, die „in dieser entscheidenden Stunde das Ideal unserer Freiheit gegen die rote Barbarei verteidigen!"
Sein augustinischer religiös-politischer Glaube an die Notwendigkeit eines mit allen geistlichen und weltlichen Waffen zu führenden Kampfes der *civitas Dei* der Kirche, gegen die *civitas diaboli,* die vorrangig, nicht ausschließlich, durch den „gottlosen Kommunismus" verkörpert wird, gab Pacelli-Pius XII. die Kraft – das ist hier nicht ironisch zu verstehen, sondern tragisch – zum Übersehen der Grausamkeiten, der Morde, der Schändungen der Menschenwürde, die katholische Staatsmänner, Volksführer, Diktatoren und Generale wie Pavelić, Tiso, Mussolini, Franco, Salazar, Synghman Ree, Trujillo, viele andere kleine Diktatoren und eben auch Adolf Hitler begingen.
Das alles war zudem das kleinere Übel. Das größere Übel war allein die Verkörperung des Teufelsstaates durch den Bolschewismus.
Pius XII. verharrt im Banne dieses Glaubens, den er bis zu seinem qualvollen Tode voll aufrechterhält, auch nach 1945. Er wollte den Kampfwillen der 30 Millionen deutscher Katholiken nicht schwächen, ihr Gewissen durch ein öffentliches Auftreten gegen das Regime Hitlers nicht verwirren.
Die Tragödie des Papstes Pius XII. ist der monumentale Abschluß und der *Zusammenbruch einer eineinhalbtausendjährigen theologischen, ecclesiologischen, christologischen, anthropologischen Tradition,* der ein spezifischer religiös-politischer Glaube entspricht. Der Weltpolitik und der Kirchenpolitik des Papstes Pius XII. entsprechen ein theologischer Traditionalismus, eine Ecclesiologie der

Roma aeterna, eine Christologie des Christkönigs und Weltenrichters, wie ihn Michelangelo in der Sixtinischen Kapelle – in der die Papstwahl stattfindet – darstellt; die Anthropologie eines augustinischen, von Innozenz III. eindrucksvoll dokumentierten Pessimismus, der die *massa damnata,* die riesige Masse der Verdammten der kleinen Masse der Auserwählten gegenüberstellt und im Menschen als „Sündenaas" ein schwaches, hinfälliges, der strengen Führung von oben bedürftiges Geschöpf sieht. Erlauchteste Traditionen im römischen Katholizismus vereinigen sich hier mit einem religiös-politischen Glauben, der zur Rede und Tat und zum Schweigen und Nichttun führt.

Wie jeder echte Glaube wurzelt sich der Glaube des Eugenio Pacelli in persönlichen, intimen, existentiellen Erfahrungen ein; in einem bestimmten Milieu. Dieses Milieu ist im deutschen Katholizismus gegeben.

Papst Pius XII., der römische kuriale Beamtensohn – sein Adel ist ganz junger kurialer Beamtenadel – liebt die Römer nicht. Er umgibt sich sorgfältig in seiner frei gewählten Gefangenschaft im Vatikan mit Deutschen. Da sind vorzüglich die hervorragenden Männer Pater Robert Leiber SJ, sein Privatsekretär, und im Staatssekratriat Bruno Wüstenberg zu nennen. Da hat er seinen alten Freund Kaas nach Rom geholt. Deutsche Jesuiten nehmen in der *Università Pontificia Gregoriana* bedeutende Stellungen ein. Pius XII. wird von der deutschen Ordensschwester Pasqualina Lehnert betreut. Die Kanarienvögel, die er behutsam auf seinem Schoß hält, wenn er nach Castel Gandolfo fährt, haben, wie auch seine beiden Perserkatzen „Peter" und „Mieze", und die anderen Vöglein, die er, wie Kaiser Maximilian, der letzte Ritter, liebt, deutsche Namen. Er lebt in seinem Gefängnis, im Vatikan, „auf einer deutschen Insel" (Pallenberg), er ist der „Papst der Deutschen", der „deutsche Papst".

Immer größer wird die Leere, die er bewußt um sich schafft. Immer seltener empfängt er die Kurienkardinäle. Unter anderem empfängt er nie den Chefredakteur des „Osservatore Romano", Conte Dalla Torre (wie dieser mir selbst berichtete). Er empfängt nie den alten Führer der Democristiani, Alcide de Gasperi, auch nicht, als dieser anläßlich seines dreißigjährigen Hochzeitsjubiläums und der Ablegung der Ewigen Gelübde seiner älteren Tochter um die einzige Privataudienz seines Lebens 1952 ansucht. Der italienische Ministerpräsident de Gasperi, einer der großen Männer der christlichen Demokratie in Europa, muß 1952, kurz vor seinem Tode, noch erfahren, daß kuriale Kreise ihn stürzen, seine demokratische Partei zerschlagen und durch ein „heiliges Bündnis", eine *unione sacra* der Katholiken mit den Faschisten ersetzen wollen.

Die Zeit von 1922–1924 scheint da, um 1952/1953, wiederzukehren. De Gasperi hatte am 3. Juni 1909 seine erste Auseinandersetzung mit Mussolini gehabt und ihn und die Mannen seinesgleichen als „die Gewalttätigen“ (i violanti) entlarvt. De Gasperi hatte früh die Gefährlichkeit der Konkordatspolitik der Kurie für die Kirche selbst durchschaut. Er mußte zusehen, wie die Lobeshymnen auf den Faschismus im „Osservatore Romano“ die katholische Jugend vergifteten. Im November 1938 erhielt er eine kleine Stelle als Sekretär in der Vatikanischen Bibliothek. Hier sieht er erschrocken zu – mit seinem inneren Auge –, wie wenige Tage vor Kriegsbeginn 1939 der Prinz von Hessen dem Papste Pius XII. eine alte Madonna als Geschenk Adolf Hitlers überreicht. Und er erfährt, daß Ribbentrop dem Papst erklärt habe: 1940 werden alle unsere Gegner zu unseren Füßen liegen.

„Der deutsche Papst Pius XII.“: Deutsche Katholiken haben ein gutes Recht, Pius XII., den Papst, der 1944 de Gaulle erklärt, daß er mit besonderer Rücksicht auf Deutschland im Kriege so gehandelt habe, wie er es tat, besonders zu verehren. Diese Ehrung könnte jedoch für sie selbst sinnvoller, fruchtbringender und für den Papst würdiger sich gestalten, wenn sie, die deutschen Katholiken, darin die Tragödie des Papstes und das Drama ihrer eigenen deutschen Katholizität wahrnehmen würden.

Der junge päpstliche Diplomat war von Benedikt XV. mit einer Friedensmission in Deutschland bei Kaiser Wilhelm II. betraut worden. Sie scheitert. Die Intransigenz des Kaisers, eines Gefangenen des Großen Generalstabs, und das Wunschdenken einer Führungsschicht, die bis fünf Minuten vor zwölf ausschweifenden Plänen für einen Siegfrieden anhängt und fünf nach zwölf zu diesen Plänen – ab 1919 – zurückkehrt, verhindern einen politischen Erfolg des jungen päpstlichen Diplomaten, dessen glänzende Erscheinung jedoch vom Kaiser gewürdigt wird.

Der junge Eugenio Pacelli sieht ein Deutschland in Hunger, Not und Elend. Dieser Eindruck und der Schock, den er durch das Scheitern seiner ersten großen Mission erlitt, prägen sich tief in ihm ein.

Der große, für sein Leben entscheidende politische Eindruck wird ihm in München zuteil, wo er in der dem späteren Braunen Haus gegenüberliegenden Nuntiatur residiert. In den auch für Adolf Hitler entscheidungsschweren Münchener Jahren nach Kriegsende 1918 sammelt Eugenio Pacelli unvergeßliche Erfahrungen und Erlebnisse. Jacques Nobécourt und andere Historiker haben diese Münchener Erfahrungen Pacellis gebührend unterstrichen.

Es ist das wittelsbachische, royalistische, weiß-blaue München, in dem gleichzeitig der päpstliche Diplomat mit den führenden Männern der Kirche um Michael Faulhaber und mit den Männern jener bayerischen Rechten politische Gespräche und persönliche Kontakte gewinnt, die zur selben Zeit Adolf Hitler auf seine Weise umwirbt. Dieses konservative und reaktionäre München sieht feindselig

auf Berlin, auf die „Weimarer Judenrepublik“, auf den „plutokratischen Westen“ und auf die bösen, teuflischen „Roten“.
In München hat Eugenio Pacelli ein Schockerlebnis, das bis an sein Lebensende in ihm in Kettenreaktionen auseitert. Eine Episode in den stürmischen Tagen der Münchener Räterepublik. (Werner Maser hat glaubwürdig gezeigt, daß da der junge Adolf Hitler die rote Armbinde trug.) Revolutionäre Sozialisten, „Bolschewiken“ drängen den päpstlichen Diplomaten – der eine panische Angst vor persönlicher Berührung, vor einem „Zunahetreten“ hat oder vielleicht erst erwirbt – in eine Ecke. Werden sie ihn insultieren? Werden sie ihn verhaften? Wird ihm noch Schlimmeres zustoßen? Körperlich ist Eugenio Pacelli hier nichts passiert. Seelisch jedoch sehr viel. Der Papst Pius XII. leidet, immer noch, an schweren Angstträumen: Da dringen unheimliche, teuflisch-bösartige Wesen, Untiere, Unmenschen in sein Zimmer ein und bedrohen ihn. Diese Angstträume erschöpfen ihn so sehr, daß er seinen Leibarzt konsultiert. Der ist eine an scharlatanesken Zügen reiche Natur, ähnlich wie Hitlers Leibarzt Morell. Ein Augenarzt mittlerer Güte, der bei Pius XII., der kein Menschenkenner ist, zu Rang, Würde, Reichtum, als Hausarzt für alles, aufsteigt. Galeazzi-Lisi behauptet später, er habe diese Unheilsträume und Angstzustände durch eine tiefenpsychologische Analyse zu behandeln versucht.
Sigmund Freud denkt einmal ironisch-melancholisch darüber nach, was geschehen würde, wenn er den Zaren Nikolaus II. behandeln könnte. Es ist sehr unwahrscheinlich, daß der Augenarzt Galeazzi-Lisi, der selbst keine tiefenpsychologische Ausbildung erhalten hat, bei seinem hohen Kranken eine solche auch nur versucht hat. Vielleicht hat er sich bemüht, im ärztlichen Gespräch in etwa die psychischen Ursachen dieser panischen Angst des Papstes, von in das Zimmer des in sich gefangenen Mannes eindringenden Untieren-Unmenschen vergewaltigt zu werden, zu erhellen. Tatsache ist nur: Pius XII. bleibt ein Gefangener dieser Angst. In dieser Angst verschmilzt wahrscheinlich der Münchener Schock, die Angst vor den bösen Roten, mit der Geschlechtsangst des asketisch zölibatär lebenden Mannes. Die Angst vor den Roten, vor den Bolschewiken, und die Angst vor einem Hochdringen „schmutziger, schändlicher, unreiner“ Triebe bilden eine Einheit, die eindringlich symbolisiert wird durch die Farbe rot – Geschlecht, Leidenschaft, Blut, Blutschmutz der Frau – und die Chiffre „Materialismus“.
Angst vor der Frau, vor der „trägen Masse“, vor der „schmutzigen Materie“ und die ebenso panische Angst vor den „Roten“ bilden in Pius XII. eine untrennbare Einheit. Seine unantastbare, undiskutierbare Auffassung der Virginität, der heiligen Verpflichtung des Priesters zum Zölibat, sein Marienglaube, seine Auffassung der Heiligkeit der Ehe – in der das Kinderzeugen den Primat hat, die „fleischlichen“ Beziehungen der Ehegatten nur geduldet erscheinen – wurzeln in

derselben psychischen Verklemmung wie sein innerkirchlicher Autoritarismus, sein politischer Antidemokratismus und Antikommunismus. Zu seinem Marienglauben: Mönche und zölibatäre Naturen berufen Maria als Schutzherrin für die „Reinheit“ des Mannes. Sie, die Unbefleckte, soll den Mann in allen Stürmen fleischlicher Versuchung schirmen – und sie ist die mächtige Vorkämpferin gegen die „Roten“: in Spanien, in Fatima, in Rom, in Polen, in Ungarn, in Deutschland. Ein gewisser Marianismus ist gerade auch in Deutschland politisch extrem antikommunistisch und antibolschewistisch engagiert.

Eugenio Pacelli hat das Gespräch in den Tiefenschichten seiner eigenen Person nie gewagt. In ihr bleiben die Gemächer des seelischen Innenraums zeitlebens versperrt, werden nie betreten. Der Abbruch, besser wohl, die Weigerung, das „Gespräch der Feinde“ in der eigenen Brust zu führen, hat die Verweigerung des Gesprächs mit den „anderen“ zur Folge. Der Untergrund der eigenen Person wird von Pius XII. durch straffste Selbstdisziplinierung überherrscht. Dies ist die psychische Grundlage seiner Darstellung des Papstes, als „lebendiger Petrus“, in den genau berechneten Haltungen seiner Photos, die ihn kniend, betend, segnend zeigen. Pius XII. kann nicht frei angelehnt an den Rücken eines Stuhles sitzen. Er vermag nicht in der Öffentlichkeit zu essen. Fluchtartig verläßt er den Empfang nach der Hochzeit eines seiner Neffen, als die Diener die ersten Speisen bringen.

Unvollziehbar ist für ihn die Lebensweisheit, Gottesweisheit, Menschenweisheit Goethes, die in seinem freien Liebesleben wurzeln: „Welch eine seltsame Gemeinde: An Gottes Tisch sitzen Freund und Feinde“. Goethe weiß, wie sehr das Gespräch im Innenraum der eigenen Person mit der Fähigkeit, das Gespräch im Außenraum zu führen, zusammenhängt. In seinem „West-Östlichen Diwan“, der im Zusammenleben und Zusammenarbeiten mit einer Frau, der Linzerin Marianne von Willemer, entstanden ist, verkündet er die frohe Botschaft: „Wer sich selbst und andere kennt, wird auch dies erkennen: Orient und Okzident sind nicht mehr zu trennen.“

Pius XII., der Mann ohne Gespräch im Inneren, in der eigenen Brust, in „seiner“ Kirche und ohne Gespräch im Außen, verkündet zur Weihnacht 1956: „Wir unsererseits als Haupt der Kirche enthielten uns und unterließen es, sowohl jetzt als auch bei allen vorangegangenen Anlässen, das ganze Christentum zu einem neuen ‚Kreuzzug‘ aufzurufen. Möge uns das zugute gehalten werden.“ Wir kommentieren: Pius XII. weiß 1956 längst, daß ihm seine merkwürdige Neutralität Hitler und den faschistischen Kreuzfahrern gegenüber immer weniger „zugute“ gehalten wurde. Bei sorgfältiger Vermeidung des Wortes „Kreuzzug“ hatte er als Kardinalstaatssekretär, als Legat auf dem Eucharistischen Kongreß in Budapest, dann als Papst in Ansprachen alles getan, was in seiner Macht lag, um die

Achsenmächte und die Alliierten zum gemeinsamen „Kampf gegen den Atheismus“ zusammenzuführen.
Unmittelbar fährt der Papst fort: „Doch die Meinung, daß der Konflikt zwischen Ost und West ohne Schaden für die höchsten menschlichen Werte lösbar sei, werden wir nie teilen.“ Das ist das religiös-politische Credo, das der Papst Pius XII. bis zu seinem Tode bekennt. Eugenio Pacelli hat es in München seit 1918 so einbekannt. Kein „Gespräch der Feinde“! Weder in der eigenen Kirche noch in der bösen Welt. Der *Ost-West-Konflikt ist unlösbar* – so wie der Konflikt in der eigenen Brust unlösbar ist. Also mahnt der Papst: „Bei dieser Gelegenheit müssen wir mit größtem Schmerz“ – wir kommentieren: das ist keine Phrase, sondern existentielle Erfahrung des gequälten, sich selbst quälenden Mannes – „unserem Bedauern darüber Ausdruck geben, daß von seiten verschiedener Katholiken, weltlicher und geistlicher, gewissen taktischen Versuchen, die Wesensunterschiede in beiden Lagern“ – es sind die Heerlager des Christ und des Antichrist – „zu verdunkeln, immer wieder Unterstützung zukommt. Wie können sie nicht bemerken, daß eben jenes Verdunkeln“ – beachten wir: Dieses Verdunkeln entspricht dem Verdunkeln-Verdrängen in der eigenen Person! – „der einzige Zweck des unlauteren Lavierens ist, das sich ‚Gespräche und Begegnungen‘ nennt.“ – „Was können das denn überhaupt für Gespräche und Begegnungen sein, bei denen eine jede Seite eine andere Sprache spricht – die eine in Anerkennung der höchsten für alle Menschen verbindlichen Werte, die anderen in Verneinung eben dieser Werte?“ Wir kommentieren: Diese ungeheuerliche Denunziation ist nicht einfach das Willkürwort eines Mannes, der nie ein Werk von Karl Marx, von einem atheistischen Humanisten gelesen und die Leidensgeschichte der Völker der Sowjetunion nur sehr einseitig gesehen hat, sondern Ausdruck seines religiös-politischen augustinischen Glaubensbekenntnisses: In den „beiden Lagern“ stehen sich Christ und Gegenchrist gegenüber.
Pius XII. fährt fort: „Allein der Achtung wegen, die man vor sich selbst als Christ hat, sollte man die Teilnahme an jenem Spiel vermeiden, denn wie uns der Apostel Paulus sagt, kann man nicht gleichzeitig am Tisch des Herrn und am Tisch seiner Feinde sitzen. O unvernünftige Geister!“
„Allein der Achtung wegen, die man vor sich selbst als Christ hat“: Pius XII. glaubt nicht an ein lauteres Gespräch in der Person, hält ein solches für unmöglich; deshalb kann es kein lauteres Gespräch mit den „Feinden“ geben. Der Papst übersieht im Banne, in der Fixierung dieser Nicht-Gesprächs-Lage in seiner eigenen Brust – die ihn zwingt, in Monolog-Reden vor der Öffentlichkeit und in schriftliche Monologe in seinen Enzykliken und anderen Enunziationen zu fliehen – nichts weniger, als daß Jesus selbst die Tischgemeinschaft seiner „Feinde“ gerne aufgesucht hatte, um sich ihnen zu stellen. Die echte missionarische Arbeit

der Kirche ist, in Jahrtausenden, ein Aufsuchen der Tischgemeinschaft der „Feinde Christi". Die Gesellschaft Jesu steigt zu weltgeschichtlicher Bedeutung auf, weil sie dieses Gespräch der Feinde in der Tischgemeinschaft der „Feinde Christi", der „Feinde der Kirche" sucht: im Gespräch mit den deutschen Protestanten, mit „Ketzern" sehr verschiedener Herkunft in Europa; in der Tischgemeinschaft mit „atheistischen" Chinesen und „heidnischen" Indern.

Papst Pius XII., die verkörperte Verneinung des „Gesprächs der Feinde", mußte auf den deutschen autoritären, paternalistischen Führer-Katholizismus faszinierend wirken. Hier kam diesem deutschen Katholizismus ein Mann, ein Kirchenfürst entgegen, der genau jene psychische Struktur besaß, die man selbst aufs höchste schätzte.

Unvergeßlich schöne Erinnerungen des Nuntius Pacelli in Deutschland! Tausende Arme strecken sich dem schönen, majestätisch erscheinenden jungen Fürsten der Kirche entgegen; die Männer neigen sich, die Frauen und Männer jubeln stürmisch. Hier hat das katholische Volk seinen Führer gefunden! Nirgends auf dieser Erde hat Eugenio Pacelli so viel opferwillige, gebildete, gutmütige, gehorsamswillige, diensteifrige, kindlich ergebene Schafe der Kirche gefunden wie hier in Deutschland. Als Hirt will er sie weiden, sie behüten. Seine Sorge gilt vorrangig diesem deutschen katholischen Volke, das ihm 1917 bis 1930 so viele glühende Beweise seiner Liebe, seines Gehorsams, seiner Treue geboten hat.

„Die deutsche Frage ist mir die wichtigste. Ich werde mir ihre Behandlung vorbehalten." Das erklärt Pius XII. gegen Ende der ersten Konferenz mit den deutschen Kardinälen am 6. März 1939. Seine Briefe an die deutschen Bischöfe 1939 bis 1944 bezeugen seine unerschütterliche Liebe zu dem deutschen katholischen Volke, zu Deutschland. „Wir sind mit Unseren Gebeten, Sorgen und Hoffnungen täglich und stündlich bei Unseren Söhnen und Töchtern in Deutschland, nicht zuletzt bei Unseren Kindern in der norddeutschen Diaspora" (28. Juni 1940). Der Segen des Papstes gilt nicht zuletzt den „Kindern, Jugendlichen und Frontkämpfern".

Der Papst erinnert an die Feier der deutschen Weihnacht, „an Krippe und Christbaum" (8. Dezember 1939), erinnert an das Heilige Römische Reich, an „das heilige Kaiserpaar" Heinrich II. und Kunigunde, auf ihre Jubiläumsfeier im „majestätischen Dom von Bamberg" (17. Januar 1940). Der Sohn eines bayerischen Prinzenerziehers, der junge Meßministrant Heinrich Himmler erwählt sich gegen diesen Heiligen Heinrich II. der Kirche für sich und seinen SS-Orden, den er in Zucht und Gehorsam der Gesellschaft Jesu nachbilden will, seinen König Heinrich I. und gestaltet den Dom von Quedlinburg zu seiner Heilsstatt aus.

„Wir sind Uns ... bewußt, gerade wegen der kirchlichen Not, in der ihr lebt, in Unserem Verhalten den kriegerischen Auseinandersetzungen gegenüber auf niemand soviel Rücksicht genommen zu haben wie auf das deutsche Volk" (8. Dezember 1940). Pius XII. stellt sich oft die bange Frage: Übersieht er zugunsten seines geliebten deutschen Volkes nicht doch andere Mitglieder der „katholischen Völkerfamilie?" Seine Antwort: „Wir selber stehen ... allen Völkern ohne jegliche Ausnahme gleich nahe. Wir können aber hinzufügen, daß, wenn Wir in der Kriegszeit einem Land gegenüber besondere Rücksicht haben walten lassen, es Deutschland war, und daß es geschehen ist, um den deutschen Katholiken vermeidbare Erschwerungen ihrer an sich schon so leidvollen Lage zu ersparen" (25. Mai 1942).

Den ganzen deutschen Episkopat erinnert Pius XII. am 25. Oktober 1942 anläßlich der Segenswünsche, die dieser ihm zum 25jährigen Bischofsjubiläum dargebracht hat: „Haben wir doch ungefähr die Hälfte Unserer Bischofsjahre in eurer Heimat zugebracht und in so langjährigem Umgang das edle deutsche Volk schätzen und besonders lieben gelernt."

Mit besonderer Liebe hängt Pius XII. an seinem München, das ihm – wie Hitler – zur deutschen Schicksalsstadt wurde. „Wir beten viel und beten täglich für die Stadt München wie für alle Orte, die unter den Luftangriffen so schwer zu leiden haben" (31. Januar 1943). „Was ihr erwähnt habt, haben wir ja nie vergessen, daß Wir nämlich unmittelbar nach Unserer Bischofsweihe in euer Land gesandt wurden, um dort das Amt des Apostolischen Nuntius anzutreten. Nie werden wir die Verehrung und Freundlichkeit vergessen können, deren Wir Uns während Unseres langen Aufenthaltes dort erfreuen durften" (25. Mai 1942).

Pius XII. erwähnt „die innigen persönlichen Beziehungen ... die Uns seit so langen Jahren mit Dir verbinden und die Unseren teuersten Lebenserfahrungen zählen. Ihr alle, in deren Namen Du mir geschrieben hast, wißt, wie gerne Wir an München zurückdenken." So schreibt er an Kardinal Faulhaber am 12. Februar 1941. „Wir, die Wir seit langen Jahren und aus nächster und liebender Erfahrung heraus Dein starkes Apostelherz kennen" – so grüßt er Faulhaber am 10. Juli 1939. Die Briefe des Papstes Pius XII. an die deutschen Bischöfe sind wahre Liebesbriefe. Wenn dieser Mann eine irdische Liebe gehabt hat, dann war es Deutschland.

Aus Hitler-Deutschland versorgt den Papst sein Berliner Nuntius Orsenigo ständig mit einem Strom von Fehlinformationen, die diesen Nuntius fast als einen Agenten Hitlers erscheinen lassen. Der Nuntius möchte den deutschen Episkopat noch mehr Hitler zuwenden. Er leitet päpstliche Briefe einfach nicht weiter. Er macht am 13. April 1940 nach Rom die gefährliche Falschmeldung: Das deutsche Volk ist „fast in seiner Gesamtheit für seinen Führer begeistert", für seinen Führer und seinen Krieg. Da nimmt aber nun ein Teil des Klerus eine „fast offen feindselige Haltung gegenüber dem im Kriegszustand befindlichen

Deutschland“ ein ... „Diese Einstellung des Klerus, die leider nicht verborgen bleibt, weckt nicht nur das Mißfallen der Regierung, sondern allmählich auch des ganzen deutschen Volkes, da das Volk fast in seiner Gesamtheit für seinen Führer begeistert ist; und deshalb fürchte ich, daß eines Tages eine schmerzliche Reaktion folgen wird, die den Klerus und sogar die Kirche vom Volk isoliert.“

Der Nuntius Orsenigo sieht wahrscheinlich mit seinem inneren Auge hier die Tausende italienischer Priester, und die Hunderte Bischöfe und die Kardinäle, die Mussolini zujubeln. Am 10. Juli 1940 meldet er nach Rom: „Ich erlaube mir mitzuteilen ..., daß bisher kaum ein katholischer Pfarrer, im Gegensatz zu den protestantischen Pfarrern, es für notwendig gehalten hat, einen Dankgottesdienst für die vielen und großen Blitzsiege der deutschen Wehrmacht oder einen Gottesdienst für die Gefallenen abzuhalten.“ Kein Zweifel: das ist Verführung von oben! Das Gros des deutschen katholischen Kirchenvolkes und seine Pfarrer und Priester verhielten in stiller, stummer Abwehr gegen das Regime Hitlers. Es fiel Rom und den Bischöfen zu, dieses Volk zum Gehorsam auf Hitler zu verpflichten.

Am 6. und 9. März 1939 hält Pius XII. in Rom eine Konferenz mit den deutschen Kardinälen Bertram, Schulte, Faulhaber und Innitzer ab. Es geht um die Formulierung eines Papstschreibens an Hitler. Am 4. März hatte Kardinal Bertram, Breslau, dem Papst eine Denkschrift überreicht. Motive dieser Denkschrift sind: „... alles zu vermeiden, was als bewußte Hervorrufung neuer Spannungen erscheinen kann. Auch ist der vielverbreiteten Auffassung vorzubeugen, als wenn der deutsche Klerus den jetzt bestehenden Staat und seine staatliche Kompetenz nicht anerkenne oder dem Aufsteigen deutscher Macht unter dem herrschenden Regime mit innerem Mißbehagen gegenüberstehe.“ Bertram erörtert dann die NS-Maßnahmen gegen die Lehrtätigkeit der Kirche, die Unterdrückung katholischer Vereine, den Druck auf den Religionsunterricht an den Schulen, und macht einige praktische Vorschläge zur Bereinigung der angespannten Lage.

Am 5. März unterbreitet Kardinal Faulhaber seine Denkschrift dem Papst. Faulhaber macht Vorschläge zur Entspannung der Beziehungen der Kirche zum Reich Hitlers. Er nennt als erstes das Problem des österreichischen Konkordats und als zweites das Hakenkreuz. Der „Osservatore Romano“ hatte anläßlich von Hitlers Rombesuch 1938 das Hakenkreuz als ein dem christlichen Kreuz feindliches Kreuz angesprochen. Faulhaber widerspricht aus seiner Kenntnis des österreichischen Katholiken Adolf Hitler: „Das Hakenkreuz war vom Führer nicht als Gegensatz zum christlichen Kreuz gewählt, wird vom Volk auch nicht so empfunden, auch nicht von den Bischöfen, die an den vorgeschriebenen Tagen die Hakenkreuzfahne aushängen.“ Faulhaber schlägt die stillschweigende päpstliche Anerkennung des Hakenkreuzes als Hoheitszeichen vor, „z. B. dadurch, daß solche, die dieses Abzeichen am Rockkragen oder auf der Armbinde tragen, nicht von der päpstlichen Audienz oder vom Besuch der vatikanischen Sammlungen zurückgewiesen werden". Faulhaber verteidigt Hitler: Dieser sei, durch kirchliche Angriffe gereizt, „den Einflüssen von Männern wie Rosenberg nach und nach unterlegen ..." Ein Schreiben des Papstes an Hitler sollte an die erste Rede des Reichskanzlers im März 1933 über die Pflege freundschaftlicher Beziehungen zwischen Staat und Kirche erinnern. Gelegenheit gäbe etwa der 50. Geburtstag des Führers am 20. April 1939. „Zu diesem Tage werden die deutschen Bischöfe, um das Friedenswerk Eurer Heiligkeit zu unterstützen, einen feierlichen Gottesdienst halten lassen und ein feierliches Geläute anordnen." – „Das Vorurteil vom politischen Katholizismus, von politischen Absichten der Katholischen Aktion will nicht verstummen." Faulhaber schlägt dem Papst vor, zu erklären, „daß die Katholische Aktion keinerlei politische Absichten habe".

Die politische Entmannung der deutschen Katholiken, ihre Verpflichtung, sich als Katholiken nicht politisch zu betätigen, wird hier also noch einmal sanktioniert. Motto und Motiv: Hitler die Erde, der Kirche den Himmel. Faulhaber schlägt neue Verhandlungen des deutschen Episkopats mit der Reichsregierung vor und erklärt, persönlich zur Resignation als Erzbischof von München bereit zu sein.

Eine Aufzeichnung des Privatsekretariats Pius' XII., offensichtlich aus der Feder des überaus umsichtigen Paters Robert Leiber, vermerkt am 5./6. März: „... das Gutachten von Em. Faulhaber läßt vielleicht auch etwas zuviel Optimismus durchscheinen". Vielleicht wäre zu erwägen, „ob eine päpstliche Enzyklika über Volk, Rasse, Nation usw., Rassenfrage und Nationalismus und kath. Kirche angebracht sei. Pius XI. hatte bereits dafür Vorbereitungen treffen lassen".

Diese für Millionen Menschen lebenswichtige, todernste Frage wird bei der Konferenz des Papstes mit den deutschen Bischöfen nicht behandelt. Ein einziger deutscher Bischof macht sich darüber große Sorgen, Konrad, Graf von Preysing, Bischof von Berlin. Energisch appelliert er an den Papst, sich für die deportierten Juden einzusetzen (6. März 1943). Preysing wendet sich gegen die befürchtete Bestallung Franz von Papens, „als Typ eines hochgestellten katholischen Nationalsozialisten", zum Botschafter Hitlers beim Heiligen Stuhl (1. Mai 1940). Preysing will, angeekelt durch die unterwürfige Haltung der meisten deutschen Bischöfe Hitler gegenüber, 1940 resignieren, um der Öffentlichkeit einen offen sichtbar werdenden Konflikt im deutschen Episkopat zu ersparen. Den letzten Stein des Anstoßes gab für ihn der Brief des Kardinals Bertram, den dieser im Namen aller deutschen Bischöfe Hitler zum Geburtstag am 20. April 1940 übersandt hatte. Die Bischöfe hatten den Inhalt dieses Briefes zuvor nicht zur Kenntnis erhalten.

Am 6. März sitzen also die deutschen Kardinäle mit dem Papst Pius XII. zu gemeinsamer Beratung beisammen. Der Papst erinnert eingangs daran, daß ihm der deutsche Botschafter beim Heiligen Stuhl „die wärmsten Glückwünsche des Führers und der Regierung" zu seiner Papstwahl überbracht hat. „Ich habe ihn gebeten, dem Führer und der Regierung seines Landes auszusprechen, daß ich tief dankbar bin für die mir erwiesene Aufmerksamkeit und auch meinerseits die besten Wünsche entbiete, auch für das deutsche Volk, das ich wie früher liebe." – „Wir sind nicht gegen Deutschland und auch nicht gegen irgendeine Regierungsform." Der Papst erwähnt in dieser Hinsicht seine Ansprache auf dem Eucharistischen Kongreß in Budapest am 29. Mai 1938.
Die Konferenz beschließt: Der Papst wird in deutscher Sprache an den Führer schreiben. Das ist eine einmalige und einzigartige Ausnahme. Der Papst ist zu hohem Entgegenkommen bereit. „Wir wollen sehen, einen Versuch wagen. Wenn sie den Kampf wollen, fürchten wir uns nicht. Aber wir wollen sehen, ob es irgendwie möglich ist, zum Frieden zu kommen." Und nochmals: „Lehnen sie (die Nationalsozialisten) ab, so müssen wir kämpfen. Ich fürchte mich nicht." – Zu diesem Kampf kommt es nicht.
Die Debatte wendet sich dann unter anderem der wichtigen Frage zu: Trennt der Führer zwischen Religion und Weltanschauung? Kardinal Schulte verweist auf eine Erklärung Hitlers ihm, im Gespräch, gegenüber: Für uns Nationalsozialisten ist Weltanschauung keine Religion. Faulhaber bemerkt richtig: „Hitler hat zweifellos früher die Auffassung gehabt, Weltanschauung sei keine Religion. Aber in der Weiterentwicklung ist die Weltanschauung des Nationalsozialismus Religion geworden. Wir können aber den früheren Standpunkt wieder hervornehmen." Kardinal Faulhaber erinnert sich hier in Rom im März 1939 sehr gut an seine Unterredung mit dem Katholiken Adolf Hitler in München und auf dem Berghof.
Gegen Ausgang der Konferenz erklärt der Papst: „Die deutsche Frage ist mir die wichtigste. Ich werde mir ihre Behandlung vorbehalten." Und, emphatisch, dreimal, als Faulhaber auf seinen Vorschlag einer Resignation zu sprechen kommt: „Ich müßte mich schämen vor der ganzen katholischen Welt, wenn ich darauf eingehen wollte."
Eine Aufzeichnung des Privatsekretariats des Papstes zur Vorbereitung der 2. Konferenz am 9. März schließt mit der Frage, einer Kardinalfrage (die als solche nicht erkannt wird): „Ist eine lehramtliche Behandlung der Rassenfrage, etwa durch eine Enzyklika, ratsam, erwünscht, besser zu unterlassen?"
In der 2. Konferenz am 9. März verteidigt der Papst seine diplomatischen Beziehungen zur Regierung Hitlers und erinnert daran, daß Pius XI. die Beziehungen abbrechen wollte. Er aber wiederriet als Kardinalstaatssekretär. Motiv: „Es geht nicht anders. Brechen ist leicht. Wenn aber wiederaufgebaut werden soll,

muß man weiß Gott was für Konzessionen machen." Pius XII. und der deutsche Episkopat glauben noch 1939 an eine lange Regierung Hitlers, an eine Stabilität seines Regimes, wohl auch an einen Sieg auf dem Schlachtfeld.
Der Jesuit Martin, 1963: „Es läßt sich nicht leugnen, daß seine nächsten Berater (die Berater Pius' XII.) eine Zeitlang die Panzerdivisionen Hitlers als die rechte Hand Gottes betrachteten, mit deren Hilfe die Prophezeiung Fatimas hinsichtlich eines bekehrten Rußland sich erfüllen würde."
Vom Krieg wird in dieser Konferenz jedoch nicht gesprochen, obwohl die deutschen Bischöfe längst von der Reichsregierung auf ihn vorbereitet und zur Vorpropaganda eingeladen worden waren. Das Gespräch kreist um eine Zensur des „Osservatore Romano", in dem Conte Dalla Torre, Hauptschriftleiter von 1920 bis 1960, zu „deutschfeindlich" (das heißt hitlerfeindlich!) schreibe.
Die Bedrückungen und Bedrängnisse der Kirche in Deutschland werden ausführlich erörtert. Dann liest der Heilige Vater den Entwurf seines Briefes an Hitler vor. „Hochzuverehrender oder Hochzuehrender?" Kardinäle: „Hochzuehrender!" Kardinal Schulte: „Hochzuverehrender ist zu viel. Das verdient Hitler noch nicht".Wir wissen nicht, was Schulte sich bei diesem „noch nicht" denkt. Nach einem Kriegssiege Hitlers wäre dieses „noch" wohl über Nacht weggefallen. Man einigt sich auf die Anrede „Sie" statt „Du" und freut sich, daß Hitler nicht als „geliebter Sohn" angeschrieben wird: „Das würde er nicht gerne hören" (Kardinal Bertram).
Kardinal Innitzer: „In den Schulen müssen die Geistlichen auch sagen: ‚Heil Hitler – Gelobt sei Jesus Christus.' " Kardinal Bertram: „Ich habe den Kindern gesagt: Heil Hitler – das geht auf das irdische Reich; Gelobt sei Jesus Christus – das ist die Verbindung zwischen Erde und Himmel."
Diese Erklärung an die Kinder enthält die Diastase, die schizoide, allerdings durch eine tausendjährige Tradition abgesicherte Maxime dieser kirchlichen Weltpolitik; der Christenmensch wird faktisch in zwei Teile geteilt. Mit seinem irdischen Teil dient er in bedingungslosem Gehorsam dem Führer auf allen Schlachtfeldern, auf die er sein katholisches Menschenmaterial sendet. Mit der Seele strebt der Katholik zum Himmel: mit den geistlichen Mitteln, welche die Kirche gerade noch dem Hitlerstaat abringen kann.
Die Konferenz schließt mit dem Bekenntnis zu einem weitgehenden Verzicht auf das bereits an den Diktaturstaat Verlorene. Kardinal Faulhaber: „Nun ist die Entwicklung über einige Dinge weggegangen. Die Gemeinschaftsschule z. B. bleibt Tatsache. Dann unsere Vereine! Sollen wir immer wieder protestieren? Oder mit den gegebenen Tatsachen rechnen?" Der Papst: „Die verhandelnden Bischöfe können wirklich annehmbaren Ersatz zu erreichen suchen." Faulhaber: „Sollen wir immer wieder auf das Verlorene zurückkommen? Viel wichtiger

wäre es, den Religionsunterricht jetzt für die Schule zu retten." Der Papst: „... Ein Vorbehalt wird wohl notwendig sein. Einfach preisgeben, das dürfen wir nicht. Im übrigen: retten, was man retten kann!"

Dieses „Retten, was man retten kann" bedeutet für den einzelnen, für den Katholiken in Deutschland, in Europa: Rette sich, wer kann. Erlaubt sind alle Mittel außer einem: Widerstand gegen die „legitime" Staatsgewalt, gegen die Reichsregierung.

Dem „Hochzuehrenden Herrn Adolf Hitler, Führer und Kanzler des Deutschen Reiches" übersendet am 6. März „Pius Papst XII." seine Mitteilung „von Unserer Erwählung". Hitler erhält den Vorrang vor allen anderen Staatsoberhäuptern der Welt. Ihm kommt die erste Selbstmitteilung des Papstes Pius XII. zu. Der Papst bekundet hier sein „inniges Wohlwollen" für das deutsche Volk, erinnert dankbar an die langen Jahre seiner Tätigkeit in Deutschland im Dienste eines hilfsbereiten Zusammenwirkens zwischen Staat und Kirche. Das ist sein Ziel, auch für die Zukunft. Der Papst erfleht „den Schutz des Himmels und den Segen des Allmächtigen Gottes" für Hitler und alle Deutschen.

In dieser März-Konferenz der deutschen Kardinäle – Pius XII. spricht hier übrigens in Kardinal Innitzer noch „Österreich" an – mit dem Papst Pius XII. werden die zwei vorrangigen Probleme nicht behandelt, obwohl sie in der Luft lagen und, was das erstere betrifft, in vorbereitenden Aufzeichnungen direkt aufgezeigt wurden: die Rassenfrage. Kein Wort über die Juden. Der Papst handelt hier ganz im Sinne einer tausendjährigen Tradition, die in diesem Jahre 1939 ein italienischer Bischof beschwört, der denn auch von antisemitischen Faschisten und deutschen Nationalisten vielfach zitiert wird: Die römisch-katholische Kirche hat nie das Gottesmördervolk der Juden verteidigt. Ganz stimmt das nicht: Päpste des Mittelalters hatten sich für verfolgte Juden eingesetzt. Dies aber stimmte nur zu sehr: Die in Rom und im ganzen *orbis catholicus* an der Macht befindliche traditionalistische Theologie, die mit großer Mühe auf dem II. Vatikanischen Konzil etwas zurückgedrängt, jedoch keineswegs überwunden wird, hielt es für etwas Ungeheuerliches, die Juden zu verteidigen.

Das zweite Problem hieß der kommende Krieg. Papst und Bischöfe wußten um sein Heraufziehen, wollten jedoch nicht von ihm reden. Das fiel dem Führer und Reichskanzler zu. Papst Pius XII. hatte zudem alle Weltpolitik der Kirche und die Politik aller Katholiken an sich genommen. Der politische Papst verpflichtete die Katholiken zu totaler politischer Abstinenz. Der politische Papst hatte zuvor – als Pius XI. – den politischen Katholizismus in Italien (1922–1924) und – in der Gestalt Pius' XII. – den deutschen politischen Katholizismus liquidiert.

Der Friede: Er ist allein eine Sache der Staatsführer; er geht den einzelnen Staatsbürger (der etwa durch Widerstand und Erhebung sich und seinem Volke selbst Friede schaffen könnte) politisch nichts an. An dieser Auffassung hält Pius XII. auch 1956 in seiner Weihnachtsbotschaft noch fest! Papst Pius XII. arbeitet während des ganzen Zweiten Weltkrieges auf einen Verständigungsfrieden zwischen Hitler und den Westmächten hin.

„In keiner Phase des Krieges sprach sich der Papst für einen Gewaltfrieden aus, er trat immer für einen gerechten Frieden der Verständigung ein, der allein die Gewähr der Sicherheit und Dauer in sich trägt."

Die gelehrten Herausgeber der Briefe Pius' XII. an die deutschen Bischöfe bewegen sich hier in denselben irrealen Regionen wie die Politik des Papstes selbst. Was hieß ein „gerechter Friede der Verständigung" zwischen Hitler und den Alliierten? Ein solcher Friede konnte nur einen Waffenstillstand bedeuten, dann eine Kapitulation der Alliierten vor Hitler.

Unermüdlich wiederholt Pius XII. in seinen Briefen an die deutschen Bischöfe sein Leitmotiv: „Wir erhoffen den Völkerfrieden, einen Frieden ohne Verletzung der Ehre oder der Selbstbestimmung irgendeines Volkes, unter Schaffung eines Ausgleichs, der unter Berücksichtigung des geschichtlichen Rechtes und der wirklichen Lebensnotwendigkeiten der Völker und Länder" – wir kommentieren: Deutsche Bischöfe hatten sich voll und ganz hinter Hitlers Forderung nach „Lebensraum" im Osten gestellt – „eine glückliche, von allen bejahte Lösung darstellt" (An Bischof Ehrenfried von Würzburg, 20. Februar 1941). Fast mit denselben Worten versichert dies Pius XII. dem Bischof Spohr von Mainz am 31. März 1941. Täglich, „fast stündlich" beschwört er „den allmächtigen Gott", er möge den Krieg „zu einem gnadenvollen Ende führen, zu einem Frieden des Ausgleichs und der ehrlichen Versöhnung" (An Faulhaber, 2. Februar 1942). Am 6. Januar 1944 – schon beginnen sich die Schatten des Gerichts über Adolf Hitler zu senken – erinnert der Papst Kardinal Bertram, Breslau, an seine Weihnachtsbotschaft von 1943, „die wesentliche Umrisse eines Friedensvorschlags enthält. Unsere Absicht dabei ging auf einen Verständigungsfrieden, der einerseits die Schuldfrage und die Forderung der Wiedergutmachung (so berechtigt in sich beide sein können) nicht zur Grundlage nimmt, andererseits alle Eroberungen zurückerstattet und keinem Volke den Verzicht auf substantielle Rechte oder Lebensnotwendigkeiten zumutet, den man auf das eigene Volk angewandt für undurchführbar halten würde. Der Vorschlag war Uns diktiert von der Kriegslage, wie sie in Wirklichkeit ist, und von der Sorge um die in den Krieg verwickelten Völker auf der einen wie der anderen Seite. Wir haben dabei weniger mit dem Widerhall in der amtlichen Propaganda gerechnet als mit der Zustimmung von Millionen auf beiden Seiten".

Der Papst schwebt in den Wolken. Er flieht nach 1945 auch immer mehr in eine Politik im Himmel – in den Aktionen seiner Heiligsprechungen, in seiner

Verkündigung des Mariendogmas 1950. Wem konnte er es Ende 1943 in dem von Hitler geschändeten Europa zumuten, mit diesem Kriegsverbrecher Frieden zu schließen, etwa durch ein neues Münchener Abkommen? Ein neues großes „Münchener Abkommen" – 1944? Am 22. Februar 1944 schreibt er an Kardinal Faulhaber wieder in bezug auf seine Weihnachtsbotschaft von 1943 über seinen Verständigungsfrieden. „Wir geben Uns aber keiner Täuschung darüber hin, wie äußerst gering, jedenfalls im gegenwärtigen Stadium des Krieges, die Aussichten auf einen solchen Verständigungsfrieden sind."
Der Papst schwebt jedoch nicht nur in den Wolken; er steht auch auf dieser Erde. Und empfängt in Rom Spellman, den späteren Kardinal, der als Sprecher einer antikommunistischen amerikanischen Rechten für ein „Umpolen" des Krieges, für eine Verbindung mit Hitler gegen die Russen eintritt. Französische, spanische, deutsche, italienische, amerikanische Katholiken sind für diesen Frontwechsel. Der Papst glaubt zudem noch im Herbst 1943 an einen deutschen Sieg im Osten. Er antwortet einem italienischen Publizisten auf die Frage, was er vom deutschen Volk halte: „Es ist ein großes Volk, das in seinem Kampf gegen den Bolschewismus nicht nur für seine Freunde, sondern auch für seine derzeitigen Feinde blutet. Ich vermag nicht zu glauben, daß die Ostfront zusammenbrechen wird!"
Im Banne seines augustinischen, im Letzten manichäischen, religiös-politischen Glaubens sieht Pius XII. in den Kämpfen der Gegenwart sich „das Geheimnis der Bosheit" erheben, so daß „der uralte Kampf zwischen Guten und Bösen noch schärfer und schwerer wird". Pius XII. bezieht das, in seinem Schreiben an den deutschen Episkopat am 25. September 1939, zunächst auf die Verfolgungen der Kirche in Deutschland. Gut scholastisch biegt er die wirkliche Geschichte nach seinem Heilskonzept zurecht. Er verkündet hier – seine Umpolung der wirklichen Geschichte ist mit Hitlers Geschichtsklitterung zu vergleichen: Die Kirche hat als „die Mutter, Lehrmeisterin und Führerin des Menschengeschlechts" die Germanen erzogen, ihnen das Kaisertum gegeben und ihnen nur Glück gebracht! „Die historische Wahrheit, der jeder ehrliche Mensch doch Ehrfurcht und Anerkennung zollt, stellt man auf den Kopf."
Pius XII. bemerkt nicht, wie sehr er hier seinerseits in seiner Geschichtsschau die historische Wahrheit auf den Kopf stellt. Welcher Betrachter der Geschichte des Heiligen Römischen Reiches, der mörderischen jahrhundertelangen Kämpfe zwischen Päpsten, Kaisern, Bischöfen im 11., 12., 13., 14., 16. und 17. Jahrhundert – bis zum Einspruch der Kurie gegen die Ratifizierung des Westfälischen Friedens – würde zu behaupten wagen, daß diese „Lehrmeisterin und Führerin des Menschengeschlechts" den Deutschen „nur Glück brachte"!
Tadeusz Breza bemerkt, Rom, 15. Dezember 1957, in seiner Betrachtung einer an

sich harmlosen Ansprache des Papstes über die Jagd, als „eine erhabene Mission“: „In dieser Ansprache wie auch in anderen, bei weitem ernsteren, stellt Pius XII. die einfachste, selbstverständlichste Sache auf den Kopf.“

Dieses „Auf-den-Kopf-Stellen“ kann man in vielen tausend Seiten in den Ansprachen und Enunziationen des Papstes beobachten. Er vermag die konkrete, gesellschaftliche, historische Wirklichkeit nicht wahrzunehmen. Die Fülle barocker Rhetorik, scholastischer Phrasen, erbaulicher Gemeinplätze umhüllt eine sehr enge Welt- und Wirklichkeitssicht: so wie sie spätscholastische augustinische Theologen der Kirche sehen. Pius XII. ist ein sehr enger Rationalist, kein Intellektueller, wie man ihn des öfteren ganz falsch bezeichnet hat. Ein Intellektueller ist unter anderem ein Mensch, der neugierig immer neue Fragen aufwirft und sich ihnen stellt. Ein enger Rationalist sieht nur, was im geschlossenen System seiner Werte, seiner Gründe und Rechnungen vorkommt. Alles andere existiert für ihn nur in einem schlechten, schlimmen, unvernünftigen, abwertigen Sinne.

Im Banne seiner hart dualistischen Weltschau verlangt Pius XII. vom deutschen Episkopat schlicht das Unmögliche (29. September 1940): „die Bewahrung und Verkündigung der ganzen und unverkürzten Wahrheit des Evangeliums und die besondere Förderung des christlichen Lebens in allen Bevölkerungsschichten“ und die Verpflichtung der Bischöfe, „die praktische Übereinstimmung zwischen Kirche und Staat, diese Voraussetzung des wahren Glücks und der rechten Ordnung, mit allen Mitteln, soweit die heiligen Rechte der Religion und eure Gewissensverpflichtung es zulassen, mit allem Eifer herbeizuführen.“

1940, in Hitlers Reich, die ganze und unverkürzte Wahrheit des Evangeliums zu verkünden und gleichzeitig auch die Gläubigen zum Dienst im Kriege an diesem Staat anzuhalten, das hieß nichts weniger, als gleichzeitig von den Priestern und Gläubigen zu fordern, Märtyrer und eventuell Mörder zu werden. Märtyrer im Inneren, in Hitlers Reich, Mörder als Soldat, als Polizist, als Handlanger Hitlers an seinen inneren und äußeren Fronten. Mörder? Nein, das will der Papst nicht. Der deutsche Katholik soll nur Soldat werden in diesem gerechten Kriege. Pius XII. hat auch später nach 1945 konsequent keinen Einspruch erhoben gegen deutsche Theologen, die sich für ihre Atombombentheologie auf ihn beriefen.

Das augustinische Geschichtsbild des Papstes ist einfach: Gott verhängt diese Drangsale des Krieges. Der auch von ihm angeschriebene Bischof von Passau, Simon Konrad Landersdorfer, predigt 1958: Gott werde wohl schon einen Dritten Weltkrieg als Strafe über die sündige Menschheit verhängen. „Vertraut darauf, daß Gott solche Drangsale nicht verhängt oder zugelassen hätte, wenn Er nicht Großes und Entscheidendes plante, und zwar zum schließlichen Besten, zum Heile der heutigen Menschheit“ (Entwurf eines Briefes an Bischof Galen, 20. März 1944).

Unermüdlich beschwört der Papst „die Vorsehung". Diese Anrufungen der Vorsehung wären Brief für Brief mit Hitlers Anrufungen der Vorsehung zu vergleichen. An die Adresse der beiden „Vorsehungen" muß die Frage erlaubt sein: Was ist das für eine Vorsehung, die Millionen Menschen in solche Gemetzel schickt? Auch Franco sieht sich selbst als Mann der Vorsehung.
Unermüdlich fordert der Papst zum Opfer auf, zum Opfer des Lebens auf dem Schlachtfelde. Die Geistlichen sollen als Militärseelsorger „vor allem darauf bedacht sein, daß die ihnen anvertrauten Soldaten im Stande der heiligmachenden Gnade leben und, wenn es so kommt, sterben, und sie mögen in der Hingabe für das Vaterland und im Ertragen der Mühsale nicht hintanstehen, sondern vorangehen" (An die deutschen Bischöfe, 29. September 1939).
„Wenn das Ergebnis eine Lage ist, die voraussichtlich noch schwerere Opfer erwarten läßt, so wollen wir uns darin den Fügungen und Zulassungen der göttlichen Vorsehung beugen" (An Bischof Bornewasser, Trier, 16. Februar 1941). Analog zu Hitler ruft der Papst zur Vorbereitung auf das Sterben und unermüdlich zum Opfer auf.
Erschüttert erfährt Pius XII. die Nachricht von der „Zerstörung der stolzen und reichen Hansestadt" Hamburg und über „das Massensterben dortselbst", er bekennt sich „bis in die Tiefen der Seele erschüttert". Er kennt sehr gut die schöne, prächtige Stadt an der Alster. „Wir gedenken der Toten und der Überlebenden im Gebet und beim Opfer. Unsere Söhne und Töchter in Hamburg mahnen Wir in väterlicher Liebe, sie mögen, wo jetzt die züchtende Hand des Herrn ihre Vaterstadt so überaus schwer getroffen hat, nicht irre werden an der göttlichen Vorsehung, sich vielmehr den unerforschlichen Ratschlüssen des Höchsten demütig beugen" (An Bischof Berning, 18. August 1943). Wie oft beschwört Adolf Hitler seine Kriegsgläubigen, nahezu mit denselben Worten ... „mögen Priester und Volk Euren Weisungen und Wünschen mit demütigem und kindlichem Gehorsam weiterhin Folge leisten".
Der Papst verheißt hier – im Schreiben an die deutschen Bischöfe am 25. Oktober 1942 – den standhaft ausharrenden Gläubigen den Endsieg. „Wenn die im Ratschluß der göttlichen Vorsehung bestimmte Zeit gekommen ist, wird Christus aufstehen als der allgerechte Verteidiger der eigenen Majestät sowie der Rechte der von ihm gestifteten Kirche und aller derer, die ihm angehören." – „Er wird die Guten zur Mehrung ihrer Tugend durch Bedrängnisse hindurchführen und seine Feinde zum Schemel seiner Füße legen und wird glorreich herrschen über die Völker und Frieden und Heil ihnen bringen."
Gewiß: Dieser apokalyptische Endsieg des Christkönigs ist nicht einfach identisch mit Hitlers „Endsieg". Wie viele Gläubige aber sahen doch nicht zuletzt im Banne der Fatima-Spekulationen, die auf eine große Züchtigung der Menschheit

und auf Rußlands „Bekehrung“ hinweisen, den militärischen „Endsieg“ über den Bolschewismus zusammen mit dem Siege des Christkönigs!
Maria, die „Herzogin der Franken“ (an Bischof Ehrenfried, Würzburg, 11. April 1943), ist immer noch die große Heerführerin gegen den Osten. „Maria erkannten die Ritter vom Deutschen Orden in seiner besten Zeit als ihre Herrin an.“ Liebend erinnernd beschwört der Papst die Marienheiligtümer des deutschen Ostens in einem Schreiben an die Katholiken der Diözese Ermland am 29. Juni 1943. Möge die „mächtige Jungfrau, die Königin des Friedens, von Gott ein baldiges Ende des blutigen Kampfes“ erwirken. Pius XII. erfleht die „überreichen Erbarmungen“ der göttlichen Gnade „über euch und das anbrechende achte Jahrhundert der Diözese Ermland“ für die Katholiken Ostpreußens. Knapp ein Jahr nach dieser Botschaft versinkt das schöne deutsche und auch katholische Ostpreußen.
Am 2. Februar 1943 schreibt der Papst erfreut an Bischof Bornewasser, Trier: „Daß die Immaculata, deren Standbild segnend über dem Trierer Tale ragt, seine Bischofsstadt bisher vor Fliegerschaden bewahrt hat, ist Uns eine liebe Kunde.“ Die gelehrten Herausgeber dieses Briefwechsels bemerken dazu: „Trier wurde 1944/45 durch Luftangriffe zu etwa 40 Prozent zerstört.“
Dieser Mystizismus paart sich in der Brust des Papstes mit seinem Rationalismus. Sehr oft verbinden sich in der europäischen Geistesgeschichte Mystizismus und ein harter Rationalismus, so im 13., 14., 15., 17. und 18. Jahrhundert, übrigens auch bei evangelischen Christen. Die Anrufungen Mariens in seinen Briefen haben zugleich jenen fast archaischen, beschwörenden Ton, mit dem der Kardinal Wyschinski die große Mutter Gottes von Tschenstochau als Schirmherrin Polens gegen die Kommunisten, Russen, Deutschen und der Primas von Ungarn, Mindszenty, von Haus aus ein deutsch-ungarischer Landpfarrer nahmens Bem, die Patronin Ungarns als letzte Waffe gegen die Bolschewiken beruft. Die „sachlichen“ Spanier hatten bekanntlich – worüber sich Adolf Hitler abfällig ausspricht – die Muttergottes von El Pilar zum Generalissimus der spanischen Armee bestellt, der alle Ehrenbezeigungen erwiesen werden, die einem Armeeführer zukommen.
Pius XII. wendet sich gegen einen „falschen Supernaturalismus“ (An den deutschen Episkopat, 6. August 1940). Er selbst steht jedoch, ohne es zu wissen und zu wollen, im Banne eines problematischen Supernaturalismus: Die radikale Trennung zwischen „Politik“ und „Seele“ – für die erstere ist Adolf Hitler, für das zweite, die Seele, ist die Kirche zuständig – ist nicht zuletzt Ausdruck einer gut scholastischen Schubladentheologie: „Oben“ ist der Himmel, sind die „übernatürlichen ewigen Werte“, „unten“ sind die „irdischen Dinge“. Es entsprach konsequent diesem menschengefährenden Supernaturalismus, daß der Zorn der

Kurie nach dem Ende des Zweiten Weltkrieges das große Werk des französischen Jesuiten Lubac traf, der nachwies, wie sehr diese fragwürdige Konzeption des Übernatürlichen ein Produkt der Scholastik des 12. und 13. Jahrhunderts ist: „Le Surnaturel".

Nicht-Politik wird Glaubens- und Liebesverrat: Das ist ein Grundmotiv des deutschen demokratischen Katholiken Walter Dirks, der 1932 vergebens die deutsche Kirche und die deutschen Katholiken beschworen hatte, sich nicht Hitler zu übergeben.

Pius XII., der den Rückzug der Kirche auf das rein Geistliche befohlen und durchgesetzt hat, wird im steten, täglichen Blick auf Deutschland in bezug auf seine deutsche Kirche, die seine Prägung trägt, von zwei großen Sorgen gequält. Da ist einmal der Abfall und Zerfall des Glaubens. Überläufer zum Nationalsozialismus finden sich auch im Klerus. Am 9. Februar 1944 schreibt er an Bischof Landersdorfer nach Passau: „Leider bist Du nicht der einzige, der für die Zukunft des christlichen Glaubens in Eurem Volke dunkel sieht." Der Papst scheint nicht einzusehen, daß diese gefährdete Zukunft des christlichen Glaubens vielleicht mit der Tatsache zusammenhängt, die er zuvor in diesem Briefe ausspricht: „Die Notwendigkeit für den Heiligen Stuhl, sich in vorsichtiges Schweigen zu hüllen, wo an sich energisches Handeln geboten wäre, dauert schon einige Jahre an."

Das Schweigen des Papstes entstammt nicht einer persönlichen „Feigheit" dieses Mannes, sondern seiner traditionalistischen theologischen, scholastischen Konzeption der Kirche. Ebendiese Konzeption wurde von nicht wenigen jungen und seelisch junggebliebenen Klerikern, von Priestern und Seelsorgern in Deutschland, die das ganze Elend eines führungslosen, beziehungsweisen verführten katholischen Kirchenvolkes wahrnahmen, in Frage gestellt.

Das weiß der Papst. Seine zweite große Sorge gilt diesem jungen Klerus, dem es geistig und seelisch unmöglich ist, sich total dem ihm abverlangten totalitären „kindlichen Gehorsam" zu weihen. Am 22. Februar 1944 spricht Pius XII. diese Sorge in einem Brief an Kardinal Faulhaber aus, am 12. März 1944 bedankt er sich bei Erzbischof Kolb, Bamberg, für dessen „Warnung vor gewissen Klippen im Denken und Streben gerade des jüngeren Klerus". Der junge Klerus soll nicht zweifeln an dem Vertrauen, das die oberste kirchliche Leitung zu seinem guten und besten Wollen hat; er soll aber seinerseits „den von Gott gesetzten Oberhirten" offenes Vertrauen entgegenbringen; „dem aus der kirchlichen Vergangenheit Überkommenen und auch noch für heute Bewährten in Leben und Frömmigkeit der Gläubigen; der reifen Erfahrung und den gütigen Mahnungen derer, die in der Liebe zur Kirche und in ihrem Dienst ergraut sind. Treues, festes Zueinanderhalten, sichere Überzeugungen ohne Schwanken und Verschwommenheit,

unverdrossenes Mühen und Arbeiten, das ist es, wessen gerade der Klerus zur Stunde bedarf." Diese schönen, rechten und guten Worte verdecken – unbewußt und ungesehen – die Tragödie dieses Mannes, des Papstes Pius XII.
„Sichere Überzeugungen ohne Schwanken und Verschwommenheit": Pius XII. will nicht sehen, kann nicht sehen, daß hinter dem, was er als „Schwanken und Verschwommenheit", als „Ungehorsam", als „gefährliche Irrtümer" 1939–1958 ansieht, bis zu seinem Tode, nichts weniger steht als der Beginn einer längst fälligen Totalrevision der Kirche und des Katholizismus. Diese Revision war um 1830 klar und deutlich von französischen und deutschen theologischen Denkern als Notwendigkeit gesehen worden. Sie wird heute, 1968, zart angedeutet in dem Bekenntnis katholischer Theologen zu dem alten evangelischen Satz: *ecclesia est semper reformanda.* Die Kirche bleibt nur lebendige Kirche, wenn sie sich im Prozeß der Weltgeschichte, im gesellschaftlichen Prozeß der Menschheitsfamilie einwurzelt. Einwurzelt nicht zuletzt in ihren jüdischen Quellgründen, in der Frömmigkeit des Alten Testaments, in der Frömmigkeit des Jesus von Nazareth. Diese Frömmigkeit galt keiner „Kirche", keinem Klerus, keinem übernatürlichen „Jenseits", sondern dem auf diese Erde kommenden Reich Gottes. Einem Reich der gelebten Gerechtigkeit, Brüderlichkeit, Mitmenschlichkeit.
Diese „offene Katholizität" konnte der einsame Mann im Vatikan, Pius XII., nicht wagen. Sie allein hätte eine Konzeption der Kirche und der Menschenpflicht jedes Katholiken ermöglicht, die dem fanatischen Glauben Adolf Hitlers gewachsen gewesen wäre. Die Weltgeschichte ist nicht ein Kampf des Glaubens gegen den Unglauben, sondern, in ihren tragischen Tiefen und Höhen, ein Kampf von Glauben gegen Glauben. Dem Glauben des österreichischen Katholiken wäre nur im Feld der Weltgeschichte ein Glaube gewachsen gewesen, der ihm auf dieser Erde entgegengetreten wäre. Ein Glaube des Lebens, nicht des Sterbens, des Todes. Ein Glaube der Verantwortung jedes Menschenlebens auf dieser Erde: Verantwortung für das Judenkind in Polen, für dessen Hütung primär die polnischen Bischöfe verantwortlich waren, für die orthodoxen Serben in Kroatien, für die Sozialisten in Österreich, für Marxisten, Juden, Liberale, Freimaurer etc. in Deutschland, für nichtfaschistische Staatsbürger in Italien. Einen solchen umfassenden Glauben vermochte Papst Pius XII. im Banne seiner theologischen traditionalistischen Fixierung nicht zu entwickeln, nicht zu mobilisieren.
Papst Pius XII. war aus diesem einzigen Grunde, in der tausendjährigen Enge und in der existentiellen Selbstverschließung seines Glaubens, dem Glauben des Adolf Hitler nicht gewachsen. Sein Bankrott kann jedoch nur gewürdigt werden als Ausdruck eines viel größeren Bankrotts, den Adolf Hitler auf seine ordinäre, plebejische Weise ansprach und den heute ziemlich offen katholische und evangelische Denker einsehen: Banco rotto, die Tafeln eines Geldwechslers, eines Ban-

kiers, der seinen Kredit verspielt hat, werden zerbrochen. Eine traditionalistische Fassung des Christentums in allen seinen Großkirchen hat sich als zu eng, zu lebensfeindlich, zu unbiblisch, zu unevangelisch, zu wenig katholisch im Sinne von allumfassend erwiesen.

Dreizehn Jahre nach dem Selbstmord Adolf Hitlers stirbt Papst Pius XII.

DREI TODE UND DAS STERBEN DER MILLIONEN

Drei Tode: Am 28. April 1945 stirbt Mussolini, am 30. April 1945 stirbt Hitler, am 9. Oktober 1958 stirbt Pius XII: drei Gefangene, die nie die Schönheit und den wahren Reichtum der nur in einer Fülle von Verschiedenheiten lebenden einen Menschheit wahrgenommen haben. Drei Gefangene: Sie haben nie die Schwelle der beginnenden Neuzeit übertreten. Hitler und Mussolini führten ihre Kriege im Geiste eines Kolonialzeitalters und eines Imperialismus, der sich im Ersten Weltkrieg verschlissen hatte. Pius XII. kämpfte für eine Mauerkirche und einen Konfessionalismus, der sich bereits im Dreißigjährigen Krieg blutig verbraucht hatte.

Es hat Sinn, angesichts der ungeheuren Enge dieser drei in sich gefangenen Männer, auch angesichts ihres Sterbens das Sterben von Menschen wahrzunehmen, an deren Tod Hitler die Hauptschuld trägt, Mussolini zum Teil mitschuldig ist und dem Pius XII. hilflos gegenübersteht.

Vielfalt des menschlichen Lebens, Vielfalt des Sterbens! Da sterben die Millionen Juden, Säuglinge, Kinder, Mädchen, Jungen, sterben schwangere Mütter, sterben Männer und Greise: erschlagen, erschossen, erstickt, vergast. Mütter scherzen mit ihren Kindern, um sie auf dem Wege in die Gaskammer abzulenken. Männer singen hocherhobenen Hauptes, so daß selbst die SS-Führer in ihrem Dienstbericht diese Haltung vor dem Tode staunend festhalten, die Psalmen, die einst auch die Sterbegebete des Jesus von Nazareth waren. Da sterben an den Fronten, verlassen, in Eis und Schnee, in Sand, Morast und Wüste, ertrinkend in den Weltmeeren, die Söhne des Menschen. Da sterben, verbrannt im Phosphorfeuer, im Bombenhagel, in den Städten Kinder, Frauen, Kranke, Hilflose, Menschen. Da sterben, bewußt auf ihre Hinrichtung wartend, europäische Patrioten aus fast allen Nationen.

Ein sechzehnjähriger Franzose, Henri Ferret, wird am 26. September 1943 in Besançon hingerichtet. Am Tage seiner Hinrichtung schreibt er an seine Eltern: „... Ich vermache meine kleine Bibliothek Pierre, meine Schulbücher Papa, meine Sammlungen meiner liebsten Mama. Ich sterbe für mein Vaterland, ich will ein freies und glückliches Frankreich und glückliche Franzosen, nicht ein stolzes Frankreich, erste Nation der Welt, aber ein arbeitsames Frankreich, arbeitsam und ehrenvoll ... ich habe keine Angst vor dem Tode, ich habe ein sehr ruhiges Gewissen." Keine Zeile, kein Wort über Gott in diesem Brief.

Eleftherios Kiossos, ein griechischer Student, neunzehn Jahre alt, wird am 5. Juni 1942 als Geisel erschossen. „Meine Geliebten, Mütterchen, Väterchen und Schwesterlein!

Heute, den 5. 6. 42, werden wir exekutiert. Wir sterben als Männer für das Vaterland." – „Ich zittere nicht, ich schreibe stehend. Ich atme zum letztenmal die duftende griechische Morgenluft. Wir haben kommuniziert und uns auch mit Kölnisch Wasser besprengt, das einer bei sich hatte. Sei gegrüßt Griechenland, Mutter von Helden!"

Nikola Waptzaroff, ein dreiunddreißigjähriger kommunistischer, bulgarischer Partisan, erschossen am 23. Juli 1942 in Sofia, schreibt vor der Hinrichtung an seine Frau ein Gedicht:

„Im Traum der Nacht, wenn ich erscheine zuweilen
Dir – ein Gast aus fremden Land – mit linden
Tritten von weither, unverhofft – dann möchte ich verweilen
dürfen, wisse: die Pforte laß mich dann geöffnet immer finden . . ."

Henricus J. F. M. Sneevliet, ein holländischer atheistischer Abgeordneter, 59 Jahre alt, erschossen am 12. April 1942 in Amersfoort, schreibt im Angesicht seines Todes: „Für uns waren Weltfriede und Brüderlichkeit keine Begriffe, die sich nicht verwirklichen lassen. Seit welchem Jugendalter diene ich dem Tempel der Solidarität, der lebendigen Kameradschaft von allen für andere?" – „Ich bin meinem Glauben treu geblieben, meinem Weg, meiner Berufung, und dem Priester, der zu mir kam, ist es nicht gelungen, mich auf einen Weg zu bringen, den ich nicht für den richtigen halte. So ist es gut!" – Dshek Moisewitsch Altausen, ein jüdischer bolschewistischer Kommissar, fünfunddreißigjährig gefallen im Mai 1942 bei Charkow, schreibt am 17. Mai: „Man darf nie die Hände sinken lassen. Bis zur letzten Stunde muß man an das Leben glauben und dafür kämpfen." – „Ich wünsche Dir Mut, lebe in Hoffnung und im Glauben an die herrliche Zukunft, die unserer Heimat bevorsteht." – Janus Korczak, Arzt und Pädagoge, Leiter eines Waisenhauses, geht als freiwilliger Begleiter eines jüdischen Kindertransportes mit diesem 1942 in den Tod in Treblinka. Er wollte seine Kinder nicht allein sterben lassen. Janus Korczak: „Das Kind hat eine Zukunft, es hat aber auch eine Vergangenheit." – „Wir kennen das Wesen des Kindes nicht" – „Das Herz des Kindes?"

Emanuel Ringelblum berichtet über sein Ende: „Dieses Bild werde ich nie und nimmer vergessen . . . Alle Kinder wurden aufgestellt zu vieren, an der Spitze hielt Korczak mit zum Himmel erhobenen Augen zwei Kinder an den Händen

und führte den Zug an.“ Der jüdische Ordnungsdienst stand in Habtacht-Stellung und salutierte. Die Deutschen fragten: ‚Wer ist dieser Mann?‘ “
„Hütet Euch vor jenen, die Angst vor ihrer Verantwortung haben: Seid stark, wie ich es im Augenblick des Sterbens sein werde.“ Das schreibt am 4. November 1941 der zum Tode verurteilte französische Widerstandskämpfer Felicien Joly, zweiundzwanzig Jahre alt, in der Zitadelle von Lille. Am Tage seiner Hinrichtung, am 15. November, schreibt er: „Ich wollte, daß die ganze Menschheit glücklich wäre; seht der Zukunft ins Gesicht, strahlend, sicher: Ihr werdet glücklich sein, und ich werde der Urheber Eures Glückes sein. Ich sterbe jung, sehr jung.“ – „Ich werde über den Tod lachen, denn ich werde nicht sterben, man wird mich nicht töten, man wird mich ewig leben machen; mein Name wird nach meinem Tode nicht wie eine Totenglocke läuten, sondern wie ein Aufschwung zur Hoffnung. Ich werde sterben, damit Frankreich frei, stark und glücklich werde.“
Julius Fucik, der bekannte tschechische Kommunist, Jahrgang 1903, wird am 8. September 1943 in Berlin-Plötzensee hingerichtet. Kurz vor seinem Tode schreibt er: „Der Winter bereitet sich den Menschen vor wie einen Baum. Glaubt mir: Nichts, gar nichts hat mir meine Freude genommen, die in mir ist und sich täglich mit irgendeinem Motiv von Beethoven meldet. Der Mensch wird nicht kleiner, auch wenn er um einen Kopf kürzer ist. Und ich wünsche mir brennend, daß Ihr, wenn alles vorbei ist, Euch meiner nicht in Trauer erinnert, sondern mit der gleichen Freude, mit der ich immer lebte.“
Irgendein Motiv von Beethoven: Im Sterbezimmer des Papstes Pius XII. wird Beethoven auf Platten gespielt; man glaubt, daß der Sterbende sie noch hören kann.
An Hitlers Front gegen den „gottlosen Bolschewismus“ begibt sich auch folgendes: bei Leskow, 1. Juli 1941. Beim Begräbnis von sowjetischen Bunkerbesatzungen, die sich bis zuletzt erbittert verteidigt hatten, kam ein katholischer Pfarrer vorbei. Er sieht die Toten, überlegt kurz, legt die Stola um und segnet das Grab ein. „Sind Sie verrückt geworden? Das kann Ihnen den Kopf kosten! Wie begründen Sie Ihr Verhalten?“ fragt ein Major aus Wien. Der Pfarrer antwortet: „a) Es sind Menschen. b) Beim Tode hat der Haß zu schweigen. c) Jedes Heldentum soll geehrt werden, zuerst das des eigenen Volkes, dann auch das des Gegners, der ebenso seine Heimat verteidigt.“ – „Ja, aber die Russen sind doch gottlos“, sagte der Major. „Sicher, die Staatsführung – ist auch das Volk gottlos?“
„Die SS ist uns Seelsorgern gegenüber freundlich, aufrichtig und nimmt dankbar Seelsorgearbeit an. Am Hauptverbandsplatz kann ich SS-Leuten beichthören, kommunizieren.“ – „Mit tiefer Ehrfurcht und Frömmigkeit empfängt der ‚Par-

teisoldat Adolf Hitlers' den Leib des Herrn." – „ ,Bitte, Herr Pfarrer', meint ein SS-Leutnant, ,kommen Sie recht bald wieder. Es tut einem wohl, wenn Sie zu Besuch kommen'. Deutsche Seelsorge im Kreise der SS." Das berichtet der katholische Wehrmachtseelsorger Herbert Burkert vom Brückenkopf von Dnjepropetrowsk.

Ein junger katholischer SS-Mann stirbt, Januar 1942. Er schreit dem Wehrmachtseelsorger entgegen: „Ich habe tausend schwere Sünden getan!" Als SS-Mann habe er in russischen Sumpfgebieten jüdische Frauen in großer Zahl zusammentreiben müssen. Diese mußte er dann in die Sümpfe oder in die von den Frauen selbst geschaufelten Gräber hineinschießen. „Diese Morde brennen mir auf der Seele, ich hätte mich weigern müssen, aber dann winkte mir selbst der sichere Tod!" Der deutsche Wehrmachtspfarrer Johann A. Hamm bemerkt dazu: „Wer kann als Priester nicht ein so junges Menschenleben verstehen, das weiterleben will. In welch ein furchtbares Dilemma, in welch grausame Seelenqual sind nicht junge Menschen durch den Krieg, durch die Führung, ja durch den obersten Führer hineingestoßen worden!"

Der oberste Führer der Kirche ist der Papst. Pius XII erklärt konsequent auch noch nach 1945, er habe das Gewissen der 30 Millionen deutscher Katholiken nicht durch einen öffentlichen Einspruch gegen Hitler verwirren wollen. Sein enges, scholastisch verbildetes Wissen und Gewissen – er erfährt seit 1939 von den Greueln im Osten – verstellen ihm den Blick auf die geschichtliche Wirklichkeit, auf das Leben und Sterben der Menschen in allen Lagern und Fronten. Im Angesicht des Todes fallen die Schranken, die Mauern, die dieser einsame Papst noch einmal um das Ewige Rom festigen wollte.

Im Osten, März 1942. „Es verlangt mich nach dem Alten Testament. Denn hier in Rußland gelten Maßstäbe wie im Alten Bund. So gewaltig ist das Sterben nicht nur der russischen Völkerschaften, sondern unsere eigenen Sippen verlieren vielleicht ihre letzten Söhne, die Familien ihre Ernährer. Der Mensch ist tatsächlich ein Nichts. Im Urtrieb der Menschheit sprang der heiße Teufel auf, und dem sind wir alle ausgesetzt" (Johannes Huebmer).

Robert Javelet, 1942 in deutscher Gefangenschaft, berichtet: Der Abbé Riquet „besteht darauf, daß für den protestantischen Gottesdienst ein Saal reserviert wird. Es kommt zuweilen vor, daß der Abbé in Abwesenheit des Pastors Ketzer auf die große Reise vorbereitet, wenn es nicht gar Israeliten, Mohammedaner oder Buddhisten sind. Der ,Camerade Curé' wird dann abwechselnd Pastor, Rabbiner, Marabut, tibetanischer Mönch, was weiß ich? Und die Seelen eilen Gott entgegen, unserem Vater, ganz hell von schlichter Liebe."

Frank H. de Tonge, ein Feldgeistlicher der Royal Air Force, betet in der ägyptischen Wüste in seinem Gottesdienst „öffentlich für Deutsche, Italiener und

Japaner ... Martin Niemöllers Name galt immer als Paß. So konnte man anfangen, den Leuten zu helfen, ihre Gedanken darauf zu richten, eine friedliche Welt aufzubauen".

Francis L. Sampson, US-Militärkurat, berichtet aus dem deutschen Gefangenenlager Stalag II-A: „Ein jüdischer Soldat, der mit einer Arbeitsgruppe auf dem Rangierbahnhof tätig war, fand nachts Zeit, für die Altarseiten eine schöne Madonna und einen heiligen Joseph zu malen. Ein deutscher Wachmann, den der Plan zu interessieren begann, beschaffte elektrischen Draht, so daß man hinter dem Baldachin eine Steckdose anbringen konnte."

Am 3. Februar 1943 befindet sich das amerikanische Kriegsschiff „Dorchester" auf dem Wege von der Neuen in die Alte Welt. An der Küste von Grönland wird es von zwei deutschen Torpedos getroffen und geht rasch unter. „In dem wilden Kampf ums Leben und den Schrecken der Todesangst blieben vier Männer ruhig und besonnen: vier Militärgeistliche, ein Rabbiner, ein katholischer Priester und zwei evangelische Pfarrer." – „Sie hatten sich aneinander gebunden, um auf dem schon schiefstehenden, schlüpfrigen Deck nicht zu fallen. Sie halfen denen, die nicht mehr rechtzeitig von Deck kommen konnten und nun die Gefahren vor sich sahen, in den Sog des untergehenden Schiffes zu geraten, im Gebete ihren Mut zu bewahren. Jeder von den vieren hatte eine Schwimmweste gehabt, aber jeder der vier Seelsorger hatte die seine einem Manne der Besatzung gegeben. Als die ‚Dorchester' sich noch einmal aufbäumte, bevor sie endgültig in den Fluten versank, sah man die vier zum letztenmal. Sie standen Arm in Arm, die Brust gegen die Reling gepreßt, und ihre Lippen bewegten sich in stummem Gebet."

Diese Episode im Zweiten Weltkrieg mag daran erinnern, daß sich die eine Menschheit heute auf einem Schiff befindet. Der Glaube jeder Kirche, jeder Konfession ist nur so viel wert, als er dem großen Ganzen dient: der Ökumene der Menschheit, der Verantwortung für das Leben des Menschen, der Verteidigung des Menschenlebens gegen die Mörder und Selbstmörder.

Das Sterben der drei Katholiken Adolf Hitler, Benito Mussolini, Pius XII. sagt das Ende eines Zeitalters an: Diese drei Gefangenen stehen für einen letzten Selbstbehauptungswillen der Nation, des Staates, der Kirche. Ihr Sterben sagt an: Jede Selbstverschlossenheit in der Person des einzelnen, in der sich selbst genügenden Nation, in dem sich selbst genügenden Staat, in der sich selbst genügenden Kirche führt in einen Engpaß, aus dem es auf der Erde keinen Ausweg gibt.

Drei Katholiken von sehr unterschiedlicher sittlicher, menschlicher, geistiger, seelischer Qualität. Aber doch drei Katholiken, die von ihrer Geburt bis zum Tode

der Römischen Kirche angehören innerhalb der 580 Millionen Katholiken dieser Erde. (Im Dezember 1963 veröffentlichte der „Osservatore Romano“ eine Statistik, derzufolge 584 869 340 Katholiken diese Erde bevölkern.) Alle drei sind getauft, haben, zumindest in ihrer Jugend, die Sakramente der Buße, das Altarsakrament, die Firmung empfangen. Benito Mussolini ließ sich 1925 kirchlich trauen. Keiner der drei Katholiken wurde exkommuniziert. Die katholische Kirche lebt in Deutschland und Italien heute noch rechtlich, wirtschaftlich, politisch und gesellschaftlich von den beiden Vertragswerken, die die beiden Katholiken Adolf Hitler und Benito Mussolini mit dem Heiligen Stuhl abgeschlossen haben: die Lateranverträge von 1929 und das Reichskonkordat von 1933.
Benito Mussolini und seine Geliebte Clara Petacci wurden wahrscheinlich am 28. April 1945 um sechzehn Uhr zehn an der Mauer der Villa Belmonte Nr. 14 am unteren Gardasee erschossen. Am nächsten Tag, am Sonntag, wurden die Leichen, zusammen mit den Leichen von sechzehn faschistischen Führern, auf der Piazza Loreto in Mailand zur Schau aufgehängt. Eine auf zwanzigtausend Personen geschätzte Menschenmenge sah sich die Toten an, bespie sie und verstümmelte die Leichen. Zwischen die verkrampften Hände Mussolinis hatte man zum Hohn ein Stück Holz geschoben, das einen Kommandostab darstellen sollte. Später hängte man den zerschlagenen Leib am Metallbalken einer Tankstelle auf, damit das Volk ihn besser sehen könne. „Am selben Abend wurde der einsame Leichnam aller seiner Kleider beraubt, welche die Mittäter unter sich verteilten. Der nackte Körper war aufgedunsen, geschwollen, von Quetschungen, Blutergüssen und Wunden übersät. Der Tote wurde weder gewaschen noch gereinigt. Bei einbrechender Nacht wurde er in einem Sarg aus Tannenholz ohne Aufschrift und Verzierung auf den Musocco-Friedhof außerhalb der Stadt gebracht und in eine eilig ausgehobene Grube geworfen. Die Totengräber hatten den Auftrag erhalten, die Erde sofort mit Gras zu bedecken.“
Das geschah am 29. April. Am 30. April zieht sich Adolf Hitler nach dem Mittagessen mit seiner Frau Eva in seine Privaträume zurück und verschließt die Tür. Kurz darauf fällt ein einziger Schuß. Hitler hatte sich in den Mund geschossen. Zu seiner Rechten lag Eva, geborene Braun. Sie hatte Gift genommen. Um 3 Uhr dreißig nachmittags.
Die Anweisungen Hitlers für die Verbrennung der Leichen wurden genau befolgt. Erich Kempka, Hitlers Chauffeur, hatte zweihundert Liter Benzin in den Garten der Reichskanzlei gebracht. „Günsche, Hitlers SS-Adjutant, nahm nacheinander die fünf Benzinkanister, goß ihren Inhalt über die beiden Körper und legte mit einem brennenden Stoffetzen Feuer an.“ Zeugen der beginnenden Verbrennung waren neben einigen SS- Männern Bormann, Goebbels, Burgdorf. Der SS-Brigadeführer Rattenhuber – welch unheimlicher Name! – ein Mann aus

Adolf Hitlers engerer Heimat, schiebt später die Leichenreste in einen Bombenkrater.
Unvergleichlich – wie in vielen Zügen die Gestalt des Eugenio Pacelli unvergleichbar ist mit den Gestalten Hitler und Mussolinis – ist das Sterben des Papstes Pius XII. Eine Welt hält den Atem an. Millionen Gebete bestürmen den Himmel. Um den Sterbenden ist die Größe Roms. In ihm ist die Würde eines großen Einsamen. Um dieses Sterben ist jedoch etwas Schauriges, Makabres – wie nicht selten um das Verscheiden einer Epoche.
Zwei Tage vor seinem Tode empfängt er aus den Händen Pater Leibers die Kommunion, speist sein karges Frühstück – wieder erinnert er an Kaiser Franz Joseph –, setzt sich um acht Uhr an seinen Schreibtisch. Er fällt in Ohnmacht. Gegen zehn Uhr früh gibt ihm Pater Hentrich die Krankenölung. Nachmittags gewinnt der Papst sein Bewußtsein wieder. Abends hört er seine Lieblingsmusik von Schallplatten, Verdi und Beethoven. In der Nacht treffen die Zeitungsleute in Castel Candolfo ein. „Am Vortag hatte man auf dem Dach des Magistrats große Jupiterlampen für Fernsehaufnahmen montiert. Auf der gegenüberliegenden Seite glänzten die Jupiterlampen der Wochenschauen."
Am nächsten Morgen erfolgt ein neuer, schwerer Anfall. „Der Vatikansender der Jesuitenpatres hatte seine technische Einrichtung inzwischen von der Kirche des hl. Thomas in den Innenhof des Schlosses verlegt. Immer wenn sich das Schloßtor öffnete, konnte man ihre Wagen sehen. Die Kameraleute und Radioreporter der Konkurrenzstationen betrachteten sie mit Neid."
Der Papst erwacht nochmals, bittet um die Zeitungen, läßt sich die Dokumentenmappe reichen, sagt erschöpft: „Vielleicht später". Seine letzten Worte: „Würde Ihnen, Pater Leiber, meine Bitte, mir die Kommunion zu reichen, Umstände bereiten?" Kurz darauf wird er ohnmächtig. Er stirbt am Tag darauf in der Morgendämmerung.

Eine ergriffene Christenheit und eine neugierige Weltöffentlichkeit erfährt das Ringen mit dem Tode aus nächster Nähe: Ein vatikanischer Radioreporter, der Jesuit Francesco Pelegrino, berichtet mit der Genauigkeit eines Fußballreporters. „Man war sich nicht mehr ganz sicher, ob es sich tatsächlich um ein Kommuniqué oder um eine Ringkampfreportage handelte, der man zuhörte. Der Jesuit war mit seinem Mikrophon fast bis zum Sterbezimmer des Hl. Vaters vorgedrungen und ging auf therapeutische und physiologische Details ein. Auf diese Weise sättigte er die Neugier der einen und schockierte die Gefühle der anderen." Der Atem des Papstes wurde, wie Pater Pelegrino der Welt mitteilt, „immer schnarchender." – „Im Zimmer betet man. Man spielte ganz leise die Platten mit den Lieblingssymphonien des Papstes, die Zweite und Sechste von Beethoven."
Der Leibarzt des Hl. Vaters, Galeazzi-Lisi, verkauft der Weltpresse die Auf-

nahmen, die er heimlich von dem Sterbenden gemacht hat. „Auf einer von ihnen sieht man einen ausgemergelten Mann mit dem Schlauch einer Sauerstoff-Flasche im Mund ... Auf einer anderen sieht man den Papst im Pyjama auf jener Dormeuse, auf die man ihn zur Erleichterung der Atmung gelegt hatte, mit weitgeöffneten blicklosen Augen die Decke anstarren." – „Es sind unendlich traurige, verletzende und durch die unglaubliche Roheit des Mannes, der sie gemacht und überdies der Presse verkauft hat, bestürzende Aufnahmen." – „ ,Paris Match' und andere Blätter drucken das Tagebuch ab, das Galeazzi-Lisi neben dem Sterbenden geschrieben hat und in dem er den Verfallsprozeß des Körpers schildert, in allen ,physiologischen Einzelheiten' ".

Als der Zug mit der Leiche des Papstes von Castel Gandolfo nach Rom fährt, umsäumen bei der Cinecittà Tausende von alten Römern in Togen und halbnackte Barbaren die Straße; es sind Schauspieler und Statisten aus der gerade gefilmten neuen Version des „Ben Hur". Dann hält der Zug vor der Lateranbasilika, der Bischofskirche des Bischofs von Rom, des Papstes. Die Kirche ist vollgepfropft mit Dutzenden von Fernseh- und Filmapparaten, deren Bedienung sich durch laute Zurufe in vielen Sprachen verständigt. „Schließlich mußte sie der Zeremonienpräfekt, Mgr. Enrico Dante, zur Ruhe anhalten."

Galeazzi-Lisi hat die Einbalsamierung durchgeführt. „An Hand von Zitaten aus dem Evangelium führte er den Beweis, daß Christus auf eine Weise einbalsamiert worden war, die der Praktik des Russen Worobiew ähnelt, dessen Erfahrungen man sich gegenwärtig im Kreml zunutze macht." Damit wollte der Leibarzt des Papstes „zart" andeuten, daß er Pius XII. so einbalsamieren wollte, wie man Lenin und Stalin einbalsamiert hat. Diese Einbalsamierung hält jedoch nicht lange. Bereits am Tage der Überführung bemerkt man, daß das Antlitz des Papstes Veränderungen, Schwellungen und Flecken aufweist. So mußte von der öffentlichen Ausstellung des Leichnams nach altem Brauch in der Sakramentskapelle der Basilika, mit den Füßen an dem Kapellengitter, so daß die vorüberziehenden Gläubigen die Füße küssen konnten, abgesehen werden.

Das päpstliche Begräbnis wird als Apotheose stilisiert.

Auf der Rückseite eines gebrauchten Kuverts hat Papst Pius XII. sein Testament geschrieben. Im Mai 1956.

„Erbarme Dich meiner, Gott, denn Deine Barmherzigkeit ist groß. Diese Worte, die ich in dem Augenblick aussprach, als ich in meine Wahl zum höchsten Hirten einwilligte, mit dem Bewußtsein, unwürdig zu sein und es nicht zu verdienen, wiederhole ich jetzt mit desto größerer Überzeugung, als mein Bewußtsein der Unzulänglichkeiten, Fehler und Versäumnisse, die in der Zeit eines so langen Pontifikats und dazu in einer schwierigen und verantwortungsvollen Epoche verübt worden sind, dazu geführt hat, daß mein Verstand noch klarer erkennt, daß ich ungeeignet und der Rolle nicht gewachsen war. Ich wende mich reumütig an alle, die ich beleidigt, denen ich Unrecht getan oder die ich mit Worten und Taten verletzt haben mag, um Vergebung. Ich bitte die, die dafür zuständig sind, sich nicht um mich zu kümmern und sich nicht um die Errichtung eines Denkmals zu meinen Ehren zu bemühen. Es genügt, daß meine armseligen sterblichen Überreste ganz gewöhnlich an einem geweihten Ort ruhen, je unansehnlicher der Ort, desto besser."

Das Testament schließt: „... Nachdem ich das bestimmt habe, ernenne ich zu meinem Universalerben die heilige apostolische Hauptstadt, von der ich so viel, wie von der liebsten Mutter, erhalten habe."

Das ist das Testament eines Christenmenschen. Nie zuvor in seinem Leben hat Papst Pius XII. solche Worte gefunden wie hier, angesicht seines Todes, den er lange bedenkt. Der Papst gedenkt seiner Mutter, der Ewigen Stadt Rom. Für ihre Ewigkeit und Unversehrtheit hatte er sein Leben lang gekämpft: würdig, mit dem ihm von der Scholastik, von einer augustinischen Weltschau und von der päpstlichen Diplomatie gegebenen Mitteln.

Adolf Hitler gedenkt in seinem persönlichen Testament seiner Heimatstadt Linz. In Linz hatte er seinen Glauben an die Nibelungen, an die Herrlichkeit des Heiligen Römischen Reiches empfangen und ihn in Wien einzementiert in seinem Glauben an den Teufel auf Erden, den „ewigen Juden".

Benito Mussolini denkt in seinen letzten Aufzeichnungen an Italien, an sein Volk, an sein Werk, an das er selbst nicht bis zum Tode glaubte, dem er jedoch eine unauslöschliche Bedeutung zumaß.

Das Reich – Adolf Hitler
Die Nation – Benito Mussolini
Die Kirche – Pius XII.

Reich, Nation, Kirche: Als typisch kontinentale, europäische, in sich geschlossene Gebilde waren sie von diesen drei Männern konzipiert und mit Mauern und Wällen verteidigt worden. Alle drei Mauergebilde wurden aufgebrochen.

Hitlers „Festung Europa" war ohne Dach: Die Luftflotten der Alliierten brachen sie zuerst auf, dann stürmte sie die Rote Armee. Mussolinis selbstgenügsame Nation Italien wurde durch die Landung der Alliierten in Sizilien, dann auf dem Festland, aufgebrochen. Die Mauerkirche des Papstes Pius XII. wurde durch Johannes XXIII. mit Fenstern versehen.

Eine Epoche ist mit diesen drei Männern zu Ende gegangen. Diese Tatsache wird allerdings von vielen Menschen noch nicht bemerkt. Also begann man nach dem Tode dieser drei Männer wieder Mauern zu bauen: um Nationen, um Staaten, in Kirchen.

Dieses Übersehen der Endzeitbedeutung Hitlers, Mussolinis und Pacellis könnte gegebenenfalls Nachfolger der drei Männer große Chancen in der Gegenwart und Zukunft finden lassen.

DIE KIRCHLICHEN GRUNDLAGEN DER TRAGÖDIE PACELLIS

Eugenio Pacelli, Papst Pius XII., besitzt das allerhöchste Selbstverständnis des römischen Papsttums. Er möchte das Papstum zur Rolle des Weltschiedsrichters zurückführen, die es einst hatte (Mgr. Purdy, Professor für Geschichte am Beda-College in Rom). „Der Papst ist durchaus der Gipfel der liturgischen Manifestation des mystischen Leibes.“ In diesem Sinne stilisiert Pius XII. sein gesamtes Auftreten in der Öffentlichkeit.

Dieses allerhöchste Selbstverständnis des römischen Papsttums war systematisch besonders im hohen 19. Jahrhundert kultiviert und im 20. Jahrhundert von allen Pius-Päpsten sorgsam gepflegt worden.

Sancta Dei civitas, quae est ecclesia: Die Kirche ist die heilige Stadt Gottes, der Staat und die Gesellschaft der einzigen Kinder Gottes. Leo XIII. betont dies besonders in seiner Enzyklika *Sancta Dei Civitas* vom 3. Dezember 1880, in der er sich gegen die teuflische protestantische Mission wendet. Diese „evangelische Mission“ verbreitet das Reich des Teufels.

Ewige Verdammnis der Häretiker. Pius IX. wendet sich gegen den sehr gefährlichen Irrtum mancher Katholiken (gravissimus error), die glauben, daß Menschen, die nicht katholisch sind, zum ewigen Leben gelangen können: Enzyklika *Quanto conficiamur*, 10. August 1863.

Das Reich der Kirche steht wider das Reich Satans. Diesem Reiche Satans gehören an: Liberale, Protestanten, Freimaurer, Juden, Sozialisten, Kommunisten und katholische Reformkatholiken, die als „Modernisten“ verdammt werden.

Als Stellvertreter Jesu Christi herrscht mit Gottes Vollmacht der Papst in Rom, der Stadt Gottes auf Erden, im wahren Neuen Jerusalem. Ihm gehören alle Getauften als *Untertanen* an. Papst Pius IX. schreibt am 7. August 1873 an Kaiser Wilhelm I.: „Ich rede mit Freimut, denn mein Panier ist Wahrheit ... Denn jeder, welcher die Taufe empfangen hat, gehört in irgendeiner Beziehung oder auf irgendeine Weise, welche hier näher darzulegen nicht der Ort ist, gehört, sage ich, dem Papste an.“ Der evangelische deutsche Kaiser Wilhelm I. weist in einem würdigen Schreiben am 3. September 1873 diese Anmaßung zurück.

Gottes Macht haben auf Erden, nach dem Papste, die Priester in ihren Händen. „Ehret eure Priester!“ Das ist das Motto des Hirtenbriefes des Fürstbischofs Johannes Katschthaler von Salzburg, Kardinalpriester, Primas von Deutschland,

Legatus natus des Apostolischen Stuhles, am 2. Februar 1905. Der Kirchenfürst des tausendjährigen „deutschen Rom“, führt aus: Wie würde ein Mensch (ein Weißer) staunen, wenn einer durch sein bloßes Wort einen Mohren weiß zu machen verstünde! „Was ist die Häßlichkeit eines Mohren“ – wir bemerken: Das ist auch ein Kommentar zur Rassenfrage – „im Vergleiche mit der Abscheulichkeit eines Sünders, der vor dem reinsten Auge Gottes und seiner Heiligen wirklich ein wahrer Greuel ist, was ist der Aussatz des Leibes im Vergleich zum schauerlichen Aussatz der Seele?“ Neger und Aussätzige werden hier verglichen.

Unvergleichliche Gottesmacht der Priester: „Gott hat gleichsam seine Allmacht für diesen Zweck, für diesen Augenblick an seinen Stellvertreter auf Erden, den bevollmächtigten Priester, abgetreten.“ Das Wort des Priesters macht, daß die Ketten, mit denen der Teufel die Seelen gebunden hatte, zerspringen, „ein Wort, auf das hin die Gerechtigkeit Gottes das Schwert in die Scheide steckt“. In ebendiesen Jahren kämpft Mgr. Joseph Scheicher gegen eine kirchliche Auffassung Gottes als Sultan, Scharfrichter, Bluttyrann.

„Geliebteste! Wo auf der ganzen Erde ist eine Gewalt, welche dieser Gewalt gleichkommt? Die Gewalt der Fürsten und Könige? Oh, die Gewalt des katholischen Priesters steht nicht hinter derselben, sondern übersteigt und übertrifft sie vielmehr. Die Macht der irdischen Kaiser und Könige erstreckt sich ja nur auf die Leiber ...“ Die Macht der Priester gilt auf Erden und im Himmel!

„Wo, Geliebteste, ist selbst im Himmel eine solche Gewalt?“ Die Scharen der Patriarchen, Propheten, Engel, Erzengel, können nicht unsere Sünden lösen. „Ja, noch mehr! Selbst Maria, die Gottesmutter, die Königin des Himmels, sie kann es nicht, obwohl sie die Braut des heiligen Geistes, die Herrin des Weltalls ist, sie kann für uns nur bitten, daß uns die Lösung der Schulden zuteil werde; selbst sie zu lösen, das vermag auch sie nicht.“

„Wo im Himmel ist eine solche Gewalt, wie die des katholischen Priesters? Bei den Engeln? Bei der Mutter Gottes? Maria hat Christum, den Sohn Gottes, in ihrem Schoß empfangen und im Stalle zu Bethlehem geboren. Ja. Aber erwägt, was bei der heiligen Messe vorgeht!“ – „Einmal hat Maria das göttliche Kind zur Welt gebracht. Und sehet, der Priester tut dies nicht einmal, sondern hundert und tausendmal, so oft er zelebriert. Dort im Stalle war das göttliche Kind, das durch Maria der Welt gegeben ward, klein, leidensfähig und sterblich. Hier auf dem Altare unter den Händen des Priesters ist es Christus in seiner Herrlichkeit, leidensunfähig und unsterblich, wie er im Himmel sitzt ...“

Der Priester tut „dasselbe“ im Meßopfer, was Christus auf Kalvaria vollbrachte. Christus hat an die Priester, seine Stellvertreter, „das Recht über Seine heilige Menschheit übertragen, ihnen gleichsam Gewalt über Seinen Leib gegeben. Der katholische Priester kann Ihn nicht bloß auf dem Altare gegenwärtig machen,

Ihn im Tabernakel verschließen, Ihn wieder nehmen und den Gläubigen zum Genusse reichen, er kann sogar Ihn, den Mensch gewordenen Gottessohn, für Lebendige und Tote als unblutiges Opfer darbringen. Christus, der eingeborene Sohn Gottes des Vater ... ist dem katholischen Priester hierin zu Willen." – „Die katholischen Priester sind höchst ehrwürdig, denn unbegreiflich hoch ist die Würde derselben."
Begeistert, ergriffen sieht der Nuntius Eugenio Pacelli im strahlenden Himmel deutscher Kirchentage und Katholikentage, wie in tiefster Ergebenheit, voll „kindlichen Gehorsams" sich deutsches Kirchenvolk vor dem Klerus neigt, verbeugt, niederkniet. Die „Tätigkeit Christi im Tabernakel" (Pius XII. 1956 an den Kongreß in Assisi) wird durch diesen Klerus ausgerichtet, der gleichzeitig als „Stellvertreter" Christi und Stellvertreter des Stellvertreters, des Papstes, die Weisungen Gottes für das gesamte Leben, gerade auch für das politische Leben, verkündet. Das katholische Volk fragt bei seinen Priestern an, wie es sich Hitler gegenüber verhalten soll.
Pius X., der wegweisende Pius-Papst des 20. Jahrhunderts, betont bereits in seiner ersten Konsistorialallokution am 9. November 1903: Politik ist mit dem päpstlichen Lehramt untrennbar verbunden. Der Papst besitzt als Haupt und Rektor der vollkommenen Gesellschaft, der Kirche, alle Rechte und Pflichten, weltpolitisch nach dem Rechten zu sehen.

Am 18. November 1912 empfängt Pius X. Priester aller Nationen und lehrt: „Der Papst ist der Hüter des Dogmas und der Moral; ihm sind die Prinzipien anvertraut, welche die Nationen groß und die Seelen heilig machen. Er ist der Ratgeber der Fürsten und Völker. Er ist der Vater im eigentlichen Sinne des Wortes, der in sich all das vereinigt, was auch liebenswert, geheiligt und göttlich sein kann. Liebet den Papst! Man zieht der Autorität des Papstes nicht die Autorität anderer, auch noch so gelehrter Personen vor, die mit dem Papste nicht übereinstimmen und die, wenn sie auch gelehrt sind, doch nicht heilig sind, weil derjenige, der heilig ist, mit dem Papste nicht verschiedener Meinung sein kann."
Grandios übersieht der Papst – typisch römisch und kurial – die Weltgeschichte. Wie viele Heilige, Frauen und Männer, waren da mit dem Papste nicht einer Meinung! Geistliche Einkehr im Vatikan, 29. November bis 5. Dezember 1959. „Bei Tisch ließ ich mir von Mgr. Loris ein paar Seiten aus dem Buch ‚De Consideratione' vorlesen, das der heilige Bernhard an Papst Viktor richtete. Es gibt für einen armen Papst wie mich und für die Päpste aller Zeiten nichts Passenderes und Nutzbringenderes. Manches, was dem Klerus von Rom im 12. Jahrhundert nicht zur Ehre gereichte, ist noch immer vorhanden. Darum heißt es wachsam

sein, verbessern und ertragen.“ Das trägt Johannes XXIII. in sein geistliches Tagebuch ein.
Der heilige Bernhard von Clairvaux fordert im 12. Jahrhundert seinen Papst Eugen IV. auf, Nachfolger Christi, nicht Cäsars zu sein, seine Pfauenfedern, seine Überhebung, all seinen Pomp abzulegen und sich nackt als nackten Adam, als Mensch der Sünde zu sehen.
Nicht weniger grandios und idealtypisch für ein Selbstverständnis der Pius-Päpste in der Nachfolge eines Innozenz III. und Bonifaz VIII. ist die Erklärung: Der Papst ist der Ratgeber der Fürsten und Völker. Diese Ratgeberschaft hatte das Papsttum zuerst im Hochmittelalter, dann am Ende des Dreißigjährigen Krieges weltgeschichtlich verspielt, als es Einspruch erhob gegen die Ratifizierung des Westfälischen Friedens, der ein ungeheures Gemetzel beendet hatte.
Zu Beginn des Ersten Weltkrieges ist die Stimme des Papstes sprachlos, spruchlos, ohne weltgeschichtliches Gewicht. Tausende seiner „Stellvertreter“ segnen als deutsche, französische, italienische, österreichische etc. Bischöfe, Priester, Feldgeistliche je ihre Truppen. In Paris wettert man gegen den „deutschen Papst“ Benedikt XV., dem eine Begünstigung der Mittelmächte vorgeworfen wird. Seine Friedensbotschaft an die Oberhäupter der kriegführenden Staaten vom 1. August 1917 erreicht nicht die Völker, die ja, päpstlicher Doktrin zufolge, ihren Regierungen allzeit gehorsam sein sollten.
Gespenstisches Schauspiel in Rom, am Vorabend dieser Friedensbotschaft. An der Vigil des Peter- und Paulfestes, am 28. Juni 1917, überreicht Kardinalstaatssekretär Pietro Gasparri in feierlicher Audienz in Anwesenheit von 26 Kardinälen, vielen Bischöfen und Prälaten dem Papst ein kostbar gebundenes Exemplar des neuen Gesetzbuches der Kirche, des *Codex iuris canonici*. Dieser wird zu Pfingsten 1917 editiert, tritt Pfingsten 1918 in Kraft als ein pfingstliches Ereignis, Ausgießung des Heiligen Geistes als Geist der Kirche.
Gasparri führt aus: „Dank der Zusammenarbeit aller ... kann Euere Heiligkeit heute, während die Menschheit sich in einem Kriege zerfleischt, der seinesgleichen in der Kirche nicht kennt, der Kirche ein Gesetzbuch geben, das sie von nun an zu beachten hat. Wieder ein glänzender Beweis für die geschichtlich erwiesene Tatsache: Die Kirche, von der göttlichen Vorsehung mitten in die ruhelosen Kämpfe dieser Welt gestellt, setzt heiter und unberührt ihre Mission der Liebe und des Wohltuns fort und läßt sich in ihr nicht beirren durch alle irdischen Stürme.“
Lebt die Kirche auf dem Monde? Lebt sie auf dem Saturn? So mag ein Außenstehender fragen angesichts dieser ungeheuren Rede. Millionen Katholiken verenden, verrecken unter himmelschreienden Verhältnissen. Hunderte Millionen von Christenmenschen und anderen sind von Hunger und Elend zersetzt. Der

österreichische Feldkaplan Pius Parsch sieht in russischer Kriegsgefangenschaft mit Entsetzen, wie die katholischen Truppen seiner k. u. k. apostolischen Majestät kaum etwas vom Evangelium wissen. Verwahrlost an Leib und Seele, gehen sie in den Tod, kehren als Kriegsversehrte, Haß und Not im Herzen, in ihre Heimat zurück, die in Ruinen gesunken ist.

„Heiter und unberührt setzt die Kirche ihre Mission der Liebe und des Wohltuns fort": Diese Kirche ist nicht von dieser Welt.

Der *Codex iuris canonici* (CIC) schließt sich an die Institutionen des Gajus beziehungsweise Justinians an. Das bedeutet hartes römisches Herrenrecht, Kaiserrecht. Der Papst ist der Nachfolger der römischen Cäsaren. Pius XII. legt auf diesen Zusammenhang allergrößten Wert.

Der Geist des CIC ist der Geist Eugenio Pacellis, des Papstes Pius XII., wie wir bald sehen werden.

„Vor der Geschichte und nach dem in ihm waltenden Geist ist der Kodex ein Werk des absoluten Papsttums", er stellt sich „als Werk der durch das Vatikanum zu höchster Machtfülle gesteigerten Primatialgewalt dar" (Ulrich Stutz). Die römische Kirche hat in ihr eine „neue Rüstung" erhalten. „Neues bringt der Kodex im Grund genommen nur wenig." Der große evangelische Kirchenrechtler Ulrich Stutz bemerkt 1918 bedeutsam: „Möge das neue Gesetzbuch von vielen recht eifrig gelesen und studiert werden, nicht bloß von unsereinem, der mit dem Katholizismus von Amts und Berufes wegen und gewissermaßen als dessen Biolog zu tun hat, sondern auch von solchen, die sich mehr zu Pathologen desselben berufen fühlen."

„Die katholische Kirche ist die Kirche des Klerus." Die Laien sind Schutzgenossen, allein die Kleriker sind Vollgenossen. „Das Recht der katholischen Kirche ist fast ausnahmslos Geistlichkeitsrecht." Nil novi. Nichts Neues. Ein einziger Kanon (can. 682) spricht den Laien ein Recht zu: die Befugnis, vom Klerus nach Maßgabe der Kirchenordnung geistliche Güter und die nötigen Heilsmittel zu empfangen. Die Laien sind als Läufer und Diener bei den geistlichen Gerichten zugelassen. Laien dürfen nicht in der Kirche predigen; auch Laienbrüder nicht. Aus den Kirchen dürfen keine Zugänge oder Fenster nach Häusern von Laien hin gehen, so daß diese sich durch sie zum Gottesdienst begeben oder von ihren Behausungen aus ihm beiwohnen können (can. 1164, § 2). Kelch und Patene und, vor der ersten Waschung durch einen Kleriker höherer Weihe, die bei der Meßfeier gebrauchten Tücher (Altartücher, Korporalien etc.) sollen Laien nicht berühren oder gar zum Reinigen erhalten (can. 1306 § 1).

Laien sind unrein. Unrein wie die „Welt" – über die, wie man ziemlich verwirrt auf dem II. Vatikanischen Konzil feststellt, es noch immer keine kirchliche Theologie gibt – wie die Frau: „Frau Welt".

„Sogar über den Tod hinaus dauert der Unterschied. Die Gräber der Priester und Kleriker sollen möglichst von denen der Laien geschieden und an passenderen Stellen angelegt werden“ (can. 1209 § 2). „Und eines Laien Leichnam, mag der Verstorbene im Leben noch so hochgestellt, also etwa Landesherr oder sonst fürstlichen Geblüts gewesen sein, sollen Kleriker unter keinen Umständen zur letzten Ruhe tragen“ (can. 1233 § 4). Angst vor Befleckung, Verunreinigung durch das „Fleisch“, durch den „Laien“, den „Menschen des Fleisches“.
Stutz vermerkt in seinem Kommentar: „Aber auch darin bleibt alles beim alten, daß die Kirche im Interesse ihrer Selbstbehauptung, in erster Linie in Wahrung ihres Glaubensbestandes, jedoch auch behufs besserer Verteidigung ihrer Machtansprüche ihre Gläubigen von der Außenwelt abzuschließen und von der Berührung mit den Anders- und Ungläubigen nach Kräften fernzuhalten bemüht ist.“

Bis zum Tode Pius' XII. 1958 fließt ein nie abbrechender Strom aus Rom: Warnungen vor Begegnungen, Gesprächen, Treffen, Kongressen mit nichtkatholischen Christen. Im Kodex bleiben die nichtkatholischen Christen, namentlich die Evangelischen, wegen Ketzerei exkommunizierte Katholiken, aber „geduldete Exkommunizierte“ (can. 2258).
Mischehen – Ernst Wilhelm Eschmann, „Einträge“ 1967, nennt Mischehe und Laie „Schmutzworte“ – sind, des bösen Beispiels wegen, möglichst totzuschweigen und in der Stille, ohne Feierlichkeiten, abzuschließen (can. 1026).
Als *societas perfecta* hat die Kirche göttliche Machtansprüche. „Der Kirche steht unabhängig von irgendwelcher bürgerlichen Gewalt das Recht und die Pflicht zu, alle Völker das Evangelium zu lehren; dieses aber und die wahre Kirche Gottes anzunehmen, sind alle durch göttliche Vorschrift gehalten“ (can. 1322 § 2).
Stutz: Der CIC bringt eine Entwicklung zum Abschluß, die, von der Französischen Revolution ansetzend, „den Gipfelpunkt im Vatikanum in der Verrechtlichung des Dogmas und der Dogmatisierung des Rechtsprimats erklomm.“
Ein früher, glänzender Kommentar zum neuen Kodex steht in der Deutschen „Literaturzeitung“ 1917. Er stammt von dem katholischen Kirchenrechtler Ludwig Kaas. Kaas wird der enge Freund des Nuntius Eugenio Pacelli und bringt das Zentrum als dessen Führer zur totalen politischen Hingabe an Adolf Hitler.
Am 13. Mai 1917 wird Eugenio Pacelli in der Sixtina zum Bischof geweiht, am 25. Mai betritt er deutschen Boden, am 26. Juni ist er bei Bethmann Hollweg in Berlin, am 29. Juni bei Kaiser Wilhelm II. im Großen Hauptquartier in Bad Kreuznach. Der kirchenrechtlich hochgebildete, hochgemute junge Kleriker hat seine erste Gelegenheit, die hohe Mission des Papsttums als „Ratgeber der Fürsten und Völker“ selbst zu praktizieren.

Ein Debakel. Ein totales Debakel. Das „Wie“ dieses Debakels ist hier jedoch entscheidend, denn hier wird bereits die ganze Hilflosigkeit, Ängstlichkeit, Gebrechlichkeit dieses hochgemuten Mannes Eugenio Pacelli sichtbar: eine Hilflosigkeit und Angst, die sich in formvollendete Höflichkeit gewandet.
Der Nuntius Pacelli möchte gerne, seinem Auftrage gemäß, Kaiser Wilhelm II. im Sinne einer Friedensdemarche bewegen. Er bittet auch auftragsgemäß um Einstellung der Deportationen belgischer Arbeiter. Der Kaiser redet, redet, redet. Der Nuntius hört höflich schweigend zu. Dies faßt der Kaiser – darf man ihm das übelnehmen? – als Zustimmung auf. Pacelli läßt am 19. Oktober 1922, vier Jahre nach Beendigung des Krieges, im „Osservatore Romano“ eine Richtigstellung erscheinen. Der Kaiser hat seine Auffassung von 1917 in seinen Memoiren festgehalten.
Die kurialen Herausgeber deutschsprachiger Reden und Sendschreiben Pacellis-Pius' XII., Bruno Wüstenberg und Joseph Zabkar, kommentieren diesen hochcharakteristischen Vorfall 1956 so: „Die durch Höflichkeit gebotene Abstandnahme von positivem Widerspruch seitens des Nuntius führte den Kaiser zu der irrigen Auffassung, der Nuntius Pacelli habe seine Ausführungen in allen Punkten gebilligt.“ Wohin wird diese Höflichkeit Pacelli führen? Nun zunächst einmal zu jenen beiden Konferenzen vom 6. und 9. März 1939 in Rom, bei denen Pius XII. mit den deutschen Kardinälen sein Handschreiben an den Führer und Reichskanzler berät. Als Eugenio Pacelli Ende 1929 aus Deutschland abberufen wird, meldet die „Frankfurter Zeitung“ (10. Dezember): „Die Entente zieh ihn einer leidenschaftlichen Deutschfreundlichkeit, und diese Anklagen wurden noch lauter nach seiner Ernennung zum Nuntius in München.“
1917–1929: Das sind Schicksalsjahre Europas, die vom Ersten zum Zweiten Weltkrieg führen, sind unvergeßliche Jahre für Pacelli. Nirgendwo, außer in Rom, hat er sich so wohlgefühlt wie in Deutschland. Da wäre die Frage erlaubt: Ist Pacelli in Deutschland geistig geformt, entscheidend beeinflußt worden? Nein. Dieser junge Mann bringt alles, was er ist und sein wird, bereits mit sich. Er spricht in Deutschland als der Repräsentant des Papstes. Als Lehrender, als Mahnender, als Schönredner auch, wie so gerne später in Rom. Er spricht zu einem kindlich-gläubigen Volk, das er zu kindlichem Gehorsam seinen kirchlichen und politischen Führern gegenüber ermahnt; ein deutsches Volk, das er bei jeder Gelegenheit aufmerksam macht, daß alles Gute nur von Rom kommt. Vom Papst. Von der römischen Kirche.
So lehrt der Nuntius am Katholikentag, Hannover, 31. August 1924: „Der tiefste Grund des Unglücks der modernen Welt“ – beachten wir das charakteristische Pauschalurteil – „liegt in ihrer Abkehr von den heiligen Gesetzen Christi. Das einzige Rettungs- und Erneuerungsprogramm für die seelisch verwahrloste

Menschheit ist die Rückkehr zu Christus.“ Das sind schönklingende, aber gefährliche Phrasen, die die gesamte deutsche und weltpolitische Situation von 1924 übersehen.

Verurteilung der „modernen Welt“, Forderung der „Rückkehr zu Christus“. War die Menschheit im 4., 12., 16., 18. Jahrhundert Christus näher?

Nach acht Jahren übersiedelt Pacelli, Nuntius bei der Reichsregierung und Nuntius in Bayern, von München nach Berlin. Abschied am 14. Juni 1925 im Münchener Odeon. Pacelli stimmt einen Hymnus auf das „hochgemute Bayernvolk“ an, auf die bayerische Staatsregierung, gedenkt Münchens als seiner zweiten Heimat. Pacelli besingt das Bayernvolk, „dieses Volk, das jeder liebgewinnen muß, der ihm nicht nur ins Auge, sondern auch in die Seele blicken durfte, dieses Volk mit einem Sinn, so stark und fest wie die Felsen seiner Berge, mit einem Gemüt, so tief wie die blauen Wasser seiner Seen“.

Alle Freunde des Bayernvolkes gönnen ihm, mit dem Autor, alles Gute. Wird hier aber – 1925 – in Hitlers und Helds München, nicht eine ungeheuer große Gefahr und eine hochgefährliche explosive Situation übersehen? Dieses Übersehen und Verschönen prägt jedoch den Stil dieses hochbarocken Mannes bis zu allerletzt. In seinem Rom wird er einen korrupten, verkommenen römischen Adel als ein Licht der Welt feiern.

Bonifatiustag, Fulda, 6. Juni 1926. Pacelli: Die Geschichte des heiligen Bonifatius ist vorbildlich für die Geschichte der katholischen Kirche in Deutschland. „Jedesmal, wenn die Kirche dort vor schweren Entscheidungen stand, war es Rom, von wo die Rettung kam.“

Der Historiker, der Freund geschichtlicher Wahrheit, mag fragen: An welches Jahrhundert mag Pacelli wohl noch gedacht haben, nach dem 8./9. Jahrhundert? Wahrscheinlich an die Zeit der Gegenreformation. Wie viele Jahrhunderte übersieht er einfach? Pacelli aber kommt es nur auf eines an, auf den „gläubigen Gehorsam Rom“ gegenüber.

Beglückt erlebt Pacelli „die Heerschau der deutschen Katholiken“: die deutschen Katholikentage. „Heerschau“ ist sein Lieblingsausdruck; hier fühlt er, wie die riesigen Massen ihn umwallen, ehrerbietig sich beugen, wie die See vor Jesus. Beglückt erfährt er, daß es einen Massengottesdienst wie beim Magdeburger Katholikentag im September 1928 mit eucharistischer Prozession daselbst seit Jahrhunderten nicht mehr gegeben hat.

Gehorsames, diszipliniertes Kirchenvolk, das sind die deutschen Katholiken. So grüßt er sie hier: „Die Katholische Aktion will die apostolische Tätigkeit der Laien ... zu einer *acies bene ordinata* in der Hand der Bischöfe und des Stellvertreters Christi auf Erden machen.“ Die Katholische Aktion will „dem katholischen Volke Führer geben“. – „Sie kämpfen für Christus und seine Kirche. Der

Sieg wird Ihnen sicher sein, wenn Sie sich deren Leitung anvertrauen, durch die Christus Sie leiten will."

Führer, Sieg, sicher: Das war ein Modellfahrplan für die Fahrt der deutschen Katholiken in den Abgrund; bis zuletzt auf Führung und Siegverheißung von oben wartend, blieben sie jene Hammelherde, als die Mgr. Joseph Scheicher sie in Wien 1900–1912 ansah.

Der Nuntius warnt 1929 in Berlin die katholische Jugend vor falschen Propheten: „Viele falsche Propheten predigen ein neues Evangelium." Diese falschen Propheten werden nicht namhaft gemacht; es sind offensichtlich Versucher von links. Kein Wort gegen die seit 1918 ununterbrochen laufende nationalistische Vergiftung dieser katholischen deutschen Jugend.

Pacelli erlebt sich selbst als „Führer". Er spricht deshalb auch gerne von Führer und Führertum. So etwa am 8. Mai 1929 in Berlin, im Adlon-Hotel, vor der Presse: „Führertum hebt und adelt. Führertum verpflichtet aber auch. Das Führertum des Wortes ebenso wie das Führertum der Tat. Der Fehlgriff des Staatslenkers, in dessen steuernder Hand die politischen Geschicke eines Volkes gegeben sind, bedeutet Tragik und Leid, Unglück und Niedergang für die Massen, die hinter ihnen stehen." Pacelli spricht im demokratischen Berlin, im Mai 1929. An welche Führer denkt er da in Deutschland? Denkt er an Mussolini und Pius XI., die beiden Führer, die eben in Rom ihren Pakt miteinander machen, unter starker Mitarbeit eines anderen verwandten Pacelli?

Letzter deutscher Katholikentag Pacellis, Freiburg 1929. Pacelli rühmt den „seelischen Reichtum der Volksgenossen": „In den deutschen Katholiken lebt so viel heiliger Idealismus, so viel brennend guter Wille, so viel Aufgeschlossenheit und Weite, daß die heilige Kirche und ihr Oberhaupt von Ihrer Mitarbeit mit den Glaubensbrüdern der ganzen Welt für den Kampf um die katholischen Ideen im Familien- und Völkerleben Großes erwarten dürfen."

Was darf der deutsche Katholizismus dieser Massen von Rom erwarten, von seinen eigenen Kirchenfürsten 1929, 1933? Was heißt das konkret: „Kampf um die katholischen Ideen im Familien- und Völkerleben?"

Abschied von Deutschland in der Krolloper, Berlin, 10. Dezember 1929. Pacelli appelliert an das deutsche Volk und seine Führer. Nach dem Weltkrieg haben starkmütige Führer „im Vertrauen auf ihre Kraft und die Treue ihrer Gefolgschaft" Großes geleistet. Pacelli ist überzeugt, „daß in der Führerschaft und in der Gefolgschaft des katholischen Gedankens in Deutschland immer noch der heldische Wirkungs- und Gestaltungswille lebendig ist, dem eine noch unvergessene Vergangenheit ihre Erfolge und Siege verdankte".

Pacelli erlebt sich selbst als den katholischen Führer des deutschen Volkes. Nach 1945 wird er mit Recht von deutschen Katholiken an die Stelle des Führers geschoben. Ernster Abgesang: „Meine deutsche Mission ist zu Ende. Eine größere, umfassendere am geistigen und übernatürlichen Brennpunkt der universalen Kirche hebt an. Ich kehre zurück, wovon ich ausgegangen bin, zu dem Grab des Felsenmannes unter der Kuppel Michelangelos, zu dem lebendigen Petrus im Vatikan. Nahe bei Petrus stehen, heißt nahe bei Christus sein. Nahe bei Christus sein, nicht um Ehren zu empfangen, sondern um inniger teilzunehmen an seinem Kreuz und an seinem Leid, um der Seelen willen." – „Vor meinem geistigen Auge steht mahnend und weckend der Gedanke, daß der Kreuzesdruck sich nicht mindern, sondern mehren wird."

Das ist ein Papstglaube in der allerhöchsten Potenz. Das ist gleichzeitig, in höchster Rhetorik, die Vorankündigung letzter Nachfolge Christi. Unheimlich.

Papst Pius XII. spricht in Rom am 23. April 1939 zu deutschen Pilgern, zehn Jahre nach seinem Abschied aus Deutschland. In dieser Zeit hat er als Kardinalstaatssekretär alles getan, was ihm möglich war, um Pius XI. mit dem Regime Mussolinis ein leidliches Auskommen ohne Bruch, wozu sein Vorgänger vielleicht neigte, schmackhaft zu machen. Und er hat alles getan, was in seinen Kräften stand, um mit der Regierung des Führers und Reichskanzlers Adolf Hitler freundlich-ehrerbietige Beziehungen zu unterhalten.

Pius XII. sagt seinen Deutschen nun: „Es geht den Katholiken in ihrem Ringen nur um die Rechte Gottes und der Kirche Jesu Christi. Niemand sage Uns nach, daß Wir nicht ein Deutschland in Glück und Blüte ersehnen. Gerade weil Wir dies ersehnen, stehen Wir ein für die religiösen Güter. Denn nur auf ihnen lassen sich dauernde Größe, Wohlstand und Volksglück aufbauen."

„Nur um die Rechte Gottes und der Kirche Jesu Christi": Die Sorge um das Weltliche hat der Papst in die Hände jener Führer gelegt, denen die Kirche in ihren Konkordaten die Führung der Völker anvertraut hatte. „Treue Gefolgschaft", viel berufen von Pacelli in seinen Reden und Ansprachen in Deutschland, damals bezogen auf sich und die Kirche: sie hatte in allen weltlichen Belangen vom katholischen Volke diesen Führern gegenüber geleistet zu werden im Zweiten Weltkriege – und in einem möglichen Dritten Weltkriege, auch in einem Atomkriege. Pius XII. visiert diesen neuen Krieg unablässig seit 1945 an. Kaum daß die Waffen schwiegen. Seine Worte an die Deutschen sind bis zu seinem Tode durch diesen Grundton moduliert.

9. Mai 1945. Der Waffenstillstand tritt in Kraft. Radiobotschaft Pius' XII. an alle Völker der Erde: Der Krieg war „diese ungeheure Züchtigung", verstanden von Gott her. Wenige Jahre später wird der Bischof von Passau in einer Jahresendansprache einen Dritten Weltkrieg als verdiente Züchtigung der Menschen durch Gott anrufen. Diese schlechte Metaphysizierung des Krieges als „ungeheure Züchtigung" der Völker durch Gott schiebt die ganze konkrete Wirklichkeit und

ihre grauenvollen Tatsachen ins Nichts. Da sind alle Menschen gleich vor Gottes strafender Rute. Alle Menschen sind Sünder. In dieser „Züchtigung“ gehen die Millionen der Geschändeten, der unschuldig Getöteten unter. Es entsprach ganz dieser Perspektive, daß päpstliche Hilfswerke seit Kriegsende 1945 begannen, die fliehenden Mörder als Fluchthelfer zu decken, die Männer um Pavelić, um Eichmann, um die KZ-Schergen.
Der Papst verkündet hier: „Friede kann nur in einer Atmosphäre sicherer Gerechtigkeit und vollkommener Redlichkeit blühen und gedeihen, verbunden mit gegenseitigem Vertrauen, Verstehen und Wohlwollen.“ Hier wird von der ersten Nachkriegsstunde an der „Schwarze Peter“ der Sowjetunion zugeschoben. Denn – so wird hier unterstellt – das weiß doch aus hunderttausend Predigten die ganze katholische und christliche Welt seit 1918: Von den Bolschewiken kann man kein gegenseitiges Vertrauen, Verstehen und Wohlwollen erwarten, keine Atmosphäre sicherer Gerechtigkeit und vollkommener Redlichkeit.
Konsequent hat Pius XII. die Ansuchen Stalins, eine Verbindung aufzunehmen, seit den letzten Kriegsjahren unbeantwortet gelassen. Die Katholiken der Welt – und die anderen Nichtkommunisten – werden über die historische Lage völlig unaufgeklärt gelassen. Auch eine antikommunistische Regierung im Kreml hätte angesichts der 80 000 zerstörten Städte und Dörfer, angesichts der Ergebnisse der deutschen Invasion und angesichts der harten Tatsache, daß in Amerika einflußreiche, nicht zuletzt katholische Kreise den Krieg gleich weiterführen wollten – auch im Bündnis mit den Deutschen – gegen die Sowjetunion, sich kein „gegenseitiges Vertrauen, Verstehen und Wohlwollen“ leisten können.
Pius XII. droht auch sofort, der Herr möge diesen neuen Geist in den Herzen jener erwecken, denen die Sorge anvertraut ist, den künftigen Frieden zu errichten: „Dann, und nur dann wird die neuerstandene Welt die Wiederkehr der furchtbaren Geißel verhüten.“ Das ist, kaum verhüllt, eine Drohung mit dem Dritten Weltkriege. Unterstellt wird wieder: Alle „Gutgesinnten“ wissen, daß die Bolschewiken diesen Gottesgeist des „wahren Friedens“ nicht haben, sie, die „Gottlosen“, die bei der erstbesten Gelegenheit denn auch feierlich exkommuniziert werden.

Am 2. Juni spricht der Papst vor dem Kardinalskollegium über die Kirche und den Nationalsozialismus: „das satanische Gespenst des Nationalsozialismus“. Wieder wird metaphysiziert, wird aus der Geschichte und aus der Verantwortung für die Geschichte entrückt, werden die Katholiken ihrer Verantwortung entbunden, enthoben. Für ein „satanisches Gespenst“ kann kein Mensch verantwortlich gemacht werden, höchstens ein Exorzist, ein Teufels- und Dämonenbeschwörer berufen werden. Der Papst übersieht ganz, daß dieses „satanische Gespenst“ eine sehr konkrete menschliche, unmenschliche Wirklichkeit war, die vor allem in seinem geliebten München, aber auch andersorts durch sehr namhafte und bekannte Männer und konkrete Mittel aufgezogen und in die Macht befördert worden war.

„Das satanische Gespenst des Nationalsozialismus“: das deutsche Volk hat es von sich geworfen! Das erklärt hier der Papst. Er „entnazifiziert“ damit vor der Weltgeschichte das deutsche Volk, stellt ihm einen „Persilschein“ aus. Die Wirklichkeit sieht 1945 und 1968 anders aus. Das deutsche Volk hatte nicht das „satanische Gespenst“ von sich geworfen, es würde heute noch von ihm geritten werden, wenn „Adolf“ sich gehalten hätte – Berliner Bürger demonstrieren 1968 gegen Studenten mit Parolen wie: „Unter Adolf wäre das nicht geschehen!“ – Sprache, Denken, geistiges und seelisches Leben, politische Mentalität sind bis auf den heutigen Tag tief durch dieses „Gespenst“ mitbestimmt, das kein Gespenst war, sondern eine auf reichen Traditionen beruhende massive gesellschaftliche, mentale, politische Wirklichkeit, greifbar, konkret faßbar 1933, 1945, 1968.

Der Papst erinnert an das Konkordat von 1933 – und ringt sich angesichts der Tatsache, daß 1945 doch noch viele Opfer dieses Konkordats von 1933 lebten, *katholische Opfer*, zu dem Eingeständnis durch: „Der Gedanke fand die Zustimmung auch des Episkopats und wenigstens des größeren Teiles der deutschen Katholiken.“ Woher weiß das der Papst? Vom „Führer“? Von Herrn von Papen und von seinem Freunde Kaas? Niemals wurden die deutschen Katholiken selbst in dieser Frage, in der es um ihre gesamte Existenz ging, selbst befragt. Dieses Fragen steht ja auch einer Gefolgschaft nicht zu, die eben auf ihre Führer angewiesen ist, wie es der Nuntius Pacelli seit 1918 seinen Deutschen so oft versichert hatte.

„Immerhin muß man zugeben, daß das Konkordat in den folgenden Jahren verschiedene Vorteile brachte oder wenigstens größeres Unheil verhütete.“ Es konnte kein größeres Unheil geben als die Überantwortung der deutschen Katholiken und aller deutschen Menschen mit Leib und damit auch Seele an Hitler. Die schizophrene Teilung des Menschen läßt sich ja in der Wirklichkeit nicht aufrechterhalten: Du bekommst den Leib meiner Katholiken, ich behalte ihre „Seele“. Der Stärkere nahm mit dem Leib das Leben, die Seele, alles.

Pius fragt: „Wären rechtzeitige Vorbeugungsmaßnahmen möglich gewesen?“ – „Niemand wird wagen, hier ein sicheres Urteil zu fällen.“ Die Tatsachen: Die „rechtzeitigen Vorbeugungsmaßnahmen“ wurden in vielen Bezügen schon seit 1918, gerade in Pacellis München, unterlassen. Deutschlands Katholiken wurden weder national, noch demokratisch, noch human-mitmenschlich aufgeklärt. „Jedenfalls aber könnte niemand der Kirche den Vorwurf machen, sie habe nicht rechtzeitig den wahren Charakter der nationalsozialistischen Bewegung und die Gefahr, der sie die christliche Kultur aussetzt, klar aufzeigt.“ Pius XII. bezieht

sich auf die Enzyklika „Mit brennender Sorge“ vom 14. März 1937. In diesem März 1937 lief bereits Hitlers Kriegsmaschine auf Volldampf, auf den März 1938, Einmarsch in Österreich, auf seinen Krieg zu. Aufrüstung, Wehrpflicht, kriegsdrohende Reden gegen die „Bolschewiken“, Ausmerzung der inneren Gegner: das System des Terrors hatte 1937 bereits einen Höchststand erreicht.
Die Enzyklika hätte im Jahre 1932 Deutschland mit retten können. In diesem schwankenden Jahre, an dessen Ausgang selbst ein Goebbels der Verzweiflung nahe war. Pius XI. hätte, beraten von Pacelli, nur das tun müssen, was Seipel, Dollfuß und Schuschnigg in Wien hätten tun müssen, um Österreich zu retten: die Katholiken zur demokratischen Zusammenarbeit mit den Sozialisten und anderen Demokraten zu führen. Hier wäre „Führung“ nötig gewesen.
Die Enzyklika vom März 1937 kam in jeder Weise zu spät. Zudem beklagt sie sich nur über den Leidensweg der Kirche in Deutschland. Kein Wort über die Verfolgung der „Anderen“. Sie stellt in keiner Weise den Nationalsozialismus als Ganzes und die Reichsregierung in Frage. Sie bekennt sich voll und ganz zum Konkordat und erklärt feierlich: „Niemand denkt daran, der Jugend Deutschlands Steine in den Weg zu legen, der sie zur Verwirklichung wahrer Volksgemeinschaft führen soll, zur Pflege edler Freiheitsliebe, zu unverbrüchlicher Treue gegen das Vaterland.“ Was war das für eine Volksgemeinschaft, wie sah die Freiheitsliebe, wie die unverbrüchliche Treue gegen das Vaterland 1937 aus? Alle diese Ideale wurden nur mehr in tiefbrauner Farbe und blutrot geduldet.
„Und darum rufen Wir dieser Jugend zu: Singt eure Freiheitslieder“ – welche Freiheitslieder durften 1937 noch gesungen werden? Nur nationalsozialistische Sänge –, „aber vergeßt über ihnen nicht die Freiheit der Kinder Gottes. Laßt den Adel dieser unersetzbaren Freiheit nicht hinschwinden in den Sklavenketten der Sünde und Sinnenlust.“ – „Die Sklavenketten der Sünde und Sinnenlust“: Sie bleiben das einzige Objekt, um das in den Seelen der deutschen katholischen Soldaten die Wehrmachtseelsorger noch kämpfen können, sollen, wollen.
Der Papst sieht an diesem 2. Juni 1945 doch: „Aus den Gefängnissen, aus den Konzentrationslagern, aus den Zuchthäusern strömen jetzt zusammen mit den politischen Gefangenen“ – kein Wort des Trostes, nie, für diese! – „auch die Scharen von Priestern und Laien, deren einziges Vergehen“ – wir kommentieren: im Gegensatz zu den politischen Gefangenen – „in der Treue zu Christus und zum Glauben der Väter oder in der mutigen Erfüllung der priesterlichen Pflichten bestand.“
Pius XII. entschuldet die Deutschen und entschuldet, entbindet gleichzeitig damit die Kirche und sich selbst von der Mitverantwortung für das furchtbare Geschehen. Diese doppelte Motivierung durchzieht viele Sendschreiben und Reden an die Deutschen bis an sein Ende.

13. September 1952: „Wir haben zu wiederholten Malen darauf bestanden: Man ziehe möglichst die Schuldigen zur Verantwortung; man scheide jedoch gerecht und sauber zwischen ihnen und dem Volk als Ganzem. Massenpsychosen sind auf beiden Seiten vorgekommen . . ."
Ein Moral-Patt also, hier wird gleichgezogen: „Massenpsychosen" gab es auf beiden Seiten. Die Schuldigen bilden den Kriminalfall, den kriminellen Betriebsunfall „Drittes Reich". Das deutsche Volk aber ist sauber, integer. Der Papst übersieht völlig, wie sehr das „Volk als Ganzes" zutiefst infiziert ist durch das, was 1933 bis 1945 in tätigster Mitarbeit von Millionen geschah. Pius rühmt die deutschen Katholiken – dieses Rühmen ist immer auch ein Selbstrühmen –: Millionen Katholiken haben in Deutschland „mit den dämonischen Gewalten tapfer gerungen". Die Mythisierung verdeckt den sehr anderen Tatbestand.
Es ist unrichtig, „wenn man der ganzen Nation zuschreibt, was die Partei begangen hat". Wieder die falschen Chiffren! „Die Partei" wird hier zum Sündenbock gemacht für das, was sowohl Parteigenossen wie Nichtparteigenossen mit getan haben. – Handschreiben, 1. November 1945 zur 1. Konferenz des deutschen Episkopates nach dem Kriege in Fulda. „Wir wußten recht gut – und es muß öffentlich zu eurem Lob gesagt werden –, daß ihr aus der Verantwortung eures Amtes heraus euch mutig den unheilvollen Lehren und Methoden eines zügellosen Nationalismus entgegengestellt und sie bekämpft habt, und auch, daß ihr dabei den besseren Teil eures Volkes hinter euch gehabt hattet."

Von 1918 bis 1945 hatte ein „zügelloser", nämlich ganz uneinsichtiger Nationalismus, ungezügelt, nie belehrt von den deutschen Bischöfen, die deutsche katholische Jugend und Intelligenz durchseucht. Die Ergüsse der Bischöfe, Theologen, Kirchenblätter seit 1933 stehen in dieser langen Kontinuität.
Am 2. Juni 1946 fordert Pius XII. „daß man endlich einmal Schluß mache mit dem System der Gefangenen- und Konzentrationslager". Der Papst hatte nie gegen die katholischen kroatischen Konzentrationslager, in denen Hunderttausende ermordet wurden, protestiert. Er hat nie gegen die nationalsozialistischen, gegen die francistischen, gegen die portugiesischen Lager protestiert. Jetzt protestiert er gegen die Lager im Osten.
1. Dezember 1947 an die deutschen Bischöfe. „Wir glauben zu wissen, was sich während der Kriegsjahre in den weiten Räumen von der Weichsel bis zur Wolga abgespielt hat." Nie spricht er jedoch davon, nie stellt er seinem *orbis catholicus*, dem Weltkatholizismus, und seinen Deutschen das Meer des Todes und der Qualen vor, das von der Weichsel bis zur Wolga reichte. Wer die Weltgeschichte dieser Zeit nur aus den tausend Reden und Veröffentlichungen Pius' XII. erfahren wollte, würde nie etwas von Auschwitz, Treblinka, Majdannek, Mauthausen,

von der Ausrottung der polnischen Intelligenz, von den Martyrien der Ostvölker und der Juden vernehmen.

„War es jedoch erlaubt, im Gegenschlag zwölf Millionen Menschen von Haus und Hof zu vertreiben und der Verelendung preiszugeben?“ Das waren alles „Unschuldige“. Der Papst übersieht die Nemesis der Weltgeschichte, da er sie zutiefst nicht wahrhaben will, da sie nicht in sein Schema vom Kampf zwischen Gut und Böse paßt. Er übersieht zudem hier eilfertig, daß durchaus rational und national die Möglichkeit bestand, die zwölf Millionen Vertriebenen der Verelendung zu entreißen.

Der Papst beschwört in den folgenden Jahren die deutschen Katholiken, sie sollen treu und gehorsam zu ihren „Führern“ stehen. Sie sollen einen geschlossenen Block gegen den „Materialismus“ bilden: „Einen Damm gegen den Materialismus zu bilden ist Aufgabe der Katholiken auf der ganzen Welt.“ – „Materialismus“, das ist ein Sammel- und Dachbegriff, unter dem die Hinneigung zur bösen Welt, zur schmutzigen Materie, der „gottlose Materialismus“ des Ostens und der „Materialismus“, die Genußsucht im Westen, vereinnahmt werden.

Der Papst macht die deutschen Katholiken stolz. Groß ist die Macht der Katholiken! „Und mit den Katholiken steht, Wir wagen es zu sagen, immer noch auf seiten Gottes die Mehrzahl der Menschen.“ Diese frohe Botschaft „Gegen den Materialismus“ verkündet Pius XII. an die Adresse des 74. Deutschen Katholikentages 1950 in Passau. In Passau hatte das Kind Hitler seine ersten, lange nachwirkenden Eindrücke vom Tausendjährigen Reich der Kirche erhalten. Der Papst bemerkt mit Recht: „Mit Betonung sprechen Wir von der ‚altehrwürdigen Bischofsstadt‘. Die Stadt ist so alt wie das Christentum, wenn nicht noch älter. Das Bistum Passau schaut auf eine mehr als zwölfhundertjährige Geschichte zurück und kann sich rühmen, einstmals die spätere Kaiserstadt Wien in seine Grenzen eingeschlossen zu haben.“

Juli 1952, Bonn. Generalversammlung des Katholischen Deutschen Frauenbundes. Pius XII. erklärt: „Man spricht so viel von der europäischen Kultur ... Man sei sich nur über eines klar: Diese europäische Kultur wird entweder unverfälscht christlich und katholisch sein, oder aber sie wird verzehrt werden vom Steppenbrand jener anderen materialistischen, der nur die Masse und die rein physische Gewalt etwas gelten.“

Hitler erklärt den NS-Frauen und den Massen bei den Reichsparteitagen in Nürnberg und in vielen Kulturreden, daß nur seine Kultur die gesittete Menschheit vor dem Steppenbrand aus dem Osten retten kann. Die Alternative des Papstes ist nicht weniger falsch und schief als die Hitlers. Die christlichen und katholischen Elemente können bestenfalls einen positiven Beitrag zu einer europäischen, zu einer globalen Menschheitskultur leisten. „Rein materialistisch“ –

„nur die Masse und die rein physische Gewalt": Wer darf im Ernst wagen, die kulturellen Leistungen und Wirklichkeiten der Oststaaten mit diesen Hetzworten einer lückenlosen politischen und religiösen Predigt von 1918 bis 1958 abzustempeln?

Angeregt durch die Vereinigung *Fides Romana* während des 75. Deutschen Katholikentages in Berlin 1952, wird eine Gedenktafel an den Trümmern der ehemaligen Apostolischen Nuntiatur in Berlin errichtet zur Erinnerung an das Wirken Pacellis. Nun, die Apostolische Nuntiatur in Berlin hatte ihre Trümmer historisch verdient: Der Nuntius Orsenigo war ein selbst den deutschen Bischöfen nicht geheurer Gefolgsmann Hitlers gewesen.

Handschreiben Pius' XII. 10. August 1952 nach Berlin: „Ihr kommt, geliebte Söhne und Töchter, Tag für Tag in Berührung mit der Weltanschauung des Materialismus; ihr steht in Nahkampf mit ihr. Für sie ist die Materie das einzige und das letzte." Das ist nicht nur ein prächtiges Dokument des Kalten Krieges, sondern auch eine ungeheure Simplifizierung einer hochkomplexen Wirklichkeit. Der Kleriker Pius XII., der keine Kenntnis des weltanschaulichen, philosophischen, aber auch politischen Materialismus hat, malt hier leidenschaftlich sein Schreckgespenst an die Wände, Trümmer, Mauern Berlins: Der Materialismus würdigt den einzelnen zur Nummer im Kollektiv herab. Der Glaube verteidigt den Persönlichkeitswert des Menschen bis zum Letzten. – Heute, 1968, ist das Ringen um die Achtung des Persönlichkeitswertes, der Menschenwürde, erstmalig auf einer Weltfront in der römischen Kirche entbrannt. Die Epoche der Pius-Päpste kennt keine Achtung dieser Personenwürde. „Der Materialismus kann als Höchstes nur Macht und Gewalt gelten lassen, der Glaube setzt das Recht über die Macht, vor allem die Menschenrechte, bestimmte Rechte des einzelnen und der Familie."

Ein Blick auf den Kirchenstaat im 19. Jahrhundert, der bis zuletzt gegen die Menschenrechte gekämpft hatte, ein Blick auf einen vielhundertjährigen kirchlichen Kampf gegen die Menschenrechte, die sich aus zahlreichen, auch christlichen, zum Teil auch katholischen Wurzeln nähren, in der geschichtlichen Wirklichkeit jedoch gegen die Großkirchen erkämpft werden mußten, enthüllt diese Worte des Papstes als das, was leider sehr, sehr viele seiner Worte sind: Rechtfertigungsideologie, ohne jede Rücksicht auf die geschichtliche, geistige, spirituelle Wirklichkeit.

Pius XII. fährt fort: „Das Gemeinschafts- und Gesellschaftsleben sackt im Materialismus zwangsläufig ab zum machtmäßig beherrschten Kollektiv." – „Der Materialismus ist endlich seelische Heimatlosigkeit." – „Der Materialismus macht aus der Heimatlosigkeit wieder einen Grundsatz und fügt zur irdischen die seelische. Ihm ist der Mensch ja nur ein Quentchen Materie. Die Materie kann man aber umsetzen und vertauschen, wie und wo man will. Wie viele von euch haben die Praxis dieser Grundsätze erschüttert an sich erfahren müssen."

Da ist ein böses Spiel in Anspielung an die Vertreibung der Ostdeutschen. Der Papst übersieht, daß in den weiten Landes des Ostens, von der Weichsel bis zur Wolga und weit, weit darüber hinaus eine sozialistische „materialistische" Jugend heranwächst, die voll Glauben, Lebensglauben, Seelenkraft, Opferkraft ist – gerade auch in ihrem Kampfe gegen ihre kommunistischen Staatskirchen. Pius XII. erklärt die aus staatspolitischen Gründen erfolgte Aussiedlung der Ostdeutschen – Zaren hätten nach 1945 nicht anders gehandelt – als Produkt des „gottlosen Materialismus".

Der Blick des Papstes bleibt, wie alle Jahrzehnte zuvor, fixiert auf die „gefährlichste Verfolgung der Kirche heute": „innerhalb des bolschewistisch-kommunistischen Bereichs" (An die deutschen Bischöfe, 15. Februar 1954). Dagegen will er geistig, kirchlich, politisch, militärisch „die stolze Nation der Germanen" aufrüsten (5. Juni 1954, Bonifatius-Enzyklika). Er sieht mit Recht die Parole des 75. Katholikentages in Berlin 1953, „Gott lebt", als eine Kampfansage an den äußeren Feind, den gottlosen Materialismus an.

Diese Kampfansage zu erneuern, bietet sich 1955 eine vorzügliche Gelegenheit dar. Westdeutschland feiert die Tausendjahrfeier der Lechfeldschlacht im August in Augsburg. Handschreiben Pius' XII. an Bischof Dr. Josef Freundorfer. Der Papst gedenkt gleichzeitig der 400. Wiederkehr des Augsburger Religionsfriedens (25. September 1555) als des „schwersten Verhängnisses", das die religiöse Spaltung Deutschlands und Europas besiegelte.

Der Papst übersieht hier unter anderem, daß es ohne die großen geistigen, wissenschaftlichen, schulischen und auch spirituellen Leistungen gerade des deutschen Protestantismus keine erneuerte katholische Theologie gäbe. Das II. Vatikanische Konzil ist undenkbar ohne Generationen katholischer Theologen, die sich in steter Konfrontation mit ihren „evangelischen Brüdern", wie es heute heißt, geistig gebildet haben. Pius XII. aber könnte uns mit Recht entgegnen: Dieses Konzil hätte ich nie einberufen.

Der Papst plädiert hier gegen jede „Koexistenz" mit dem Osten und wiederholt das in seiner Weihnachtsbotschaft 1955. Dann holt er groß aus: „In Tagen abendländischen Bekenntnisses – heute, wo die abendländische Kultur unter schwerster Bedrohung steht, ist die Erinnerung an die Schlacht auf dem Lechfelde wie geschaffen." – „Der Sieg des Königs und nachmaligen Kaisers Otto des Großen über die Ungarn ... hat das christliche Abendland vor einer unheimlichen Gefahr aus dem heidnischen Osten gerettet." Der Papst zieht, analog wie viele andere „Verteidiger des Abendlandes" in diesen Jahren eine große direkte Linie von

Karl Martells Sarazenensieg 732 über die Lechfeldschlacht zum Sieg über die Türken vor Wien 1683. – Im Jahr darauf fliehen bereits ungarische Bauern vor dem harten Joch ihrer christlichen Herren zu den Türken.

Die Stadt Augsburg hat 1955, als ein gewisses Gegengewicht zu diesen kirchlichen, religiös-politischen Feiern, die ihr die vielleicht doch nicht ganz willkommene Ehre hätte einbringen können, heiliges Fanal eines Dritten Weltkrieges im Blick eben auf die Lechfeldschlacht vor tausend Jahren zu sein, damals als Redner zu einer städtischen Feier der Lechfeldschlacht drei andersdenkende Katholiken und einen evangelischen Christen eingeladen: Reinhold Schneider, Walter Dirks, Friedrich Heer, Benno Reifenberg.

Ich führte in meiner Lechfeldschlachtrede unter anderem aus: „Christen sind am Vorabend der Lechfeldschlacht die beiden mächtigsten Fürsten der Ungarn, Gyula in der Theißgegend, der sein Volk durch griechische Priester und Mönche bekehren will, und der direkte Gegner Ottos I. auf dem Lechfelde: der Horka Bulcsu, der, wie Gyula, in Konstantinopel getauft worden war und den hohen Ehrentitel eines Patricius des byzantinischen Reiches trug. Bulcsu und Lil, die beiden Feldherrn der Ungarn, waren auch durchaus wohlbewandert in den diplomatischen Formeln des werdenden Abendlandes. Ende Juli 955 hatten sie noch Gesandte an Otto I. gesandt und sich auf ‚die alte Freundschaft' mit den Deutschen berufen und um Frieden gebeten. Otto entläßt sie mit geringen Geschenken. Manche Historiker haben in dieser Berufung der Ungarn auf die alte Freundschaft nur eine Art Hohn und eine Anspielung auf die Tribute Heinrichs I. an die Ungarn gesehen. Diese diplomatische Formel drückt aber einen einfachen Tatbestand aus: Die Ungarn waren jahrzehntelang Verbündete deutscher, zumal bayerischer Herren gewesen." – „Liutolf, der Sohn Ottos I., gibt dem Horka Bulcsu Führer nach Franken mit, weist dem ungarischen Heerführer der Lechfeldschlacht den Weg in die Machtzentren des Vaters."

Die päpstliche Geschichtsklitterung um die Lechfeldschlacht zeigt besonders augenfällig, daß für Pius XII., der hier in einer tausendjährigen kurialen Tradition steht, die Geschichte nur Material ist, Material für seine Ideologie: die immer Rechtfertigungsideologie ist und immer aufzeigen möchte, daß alles Heil der Welt nur von Rom kommt. In Rom sitzt Christus, der Führer der Menschen. Dies unterstreicht seine Weihnachtsbotschaft ebendieses Jahres 1955: „Christus beabsichtigte, sich zum Führer der Menschen und zu ihrer Stütze in der Geschichte und Gesellschaft zu machen." Der politische Christus: Hier steht er vor uns! Es ist die Pflicht des Menschen heute, „sich Christus, dem König der Geschichte, unterzuordnen". So sieht die Parole „Führer befiehl, wir folgen" jetzt hier ins Papalistische gewandet aus. In der nächsten Weihnachtsbotschaft, 1956, verpflichtet der Papst die Katholiken, gerade auch ihren weltlichen Führern zu folgen. Auch in einem Atomkriege! Ohne Widerrede! Der Papst übergibt also noch einmal, analog wie 1933, die Massen des zu Gefolgschaft und Gehorsam verpflichteten katholischen Volkes den „Führern“. Wobei er selbst sich als geistlichen und politischen Führer der weltlichen Führer weiß.

Begründung, 1955: Der Papst lehnt scharf ein „falsches Träumen“ von einer möglichen echten Koexistenz zwischen Westen und Osten ab: „Wir weisen den Kommunismus als gesellschaftliches System zurück kraft der christlichen Lehre und müssen dabei in besonderer Weise die Grundlagen des Naturrechts betonen.“ Ganz ohne Maske präsentiert sich Pius XII. hier als der politische Führer der antikommunistischen Welt!

Vom gesellschaftlichen System des Kommunismus verstand Pius XII. so gut wie nichts. In den vielen tausend Seiten seiner Äußerungen findet sich keine einzige, die eine sachbezogene, sachkundige Auseinandersetzung mit Materialismus, Sozialismus, Kommunismus, Marxismus auch nur andeutet. Das „Naturrecht“ wurde im Laufe der Jahrtausende verwendet, um nahezu alle Formen der Sklaverei, der Unterdrückung anderer Rassen, Klassen, Völker, der Frauen, und nahezu alle Formen autoritärer und diktatorischer Herrschaftsstrukturen zu rechtfertigen.

Pius XII. nimmt in sein Dankschreiben an Konrad Adenauer, „die Antwort auf dessen Gratulation zum 80. Geburtstag des gleichaltrigen Papstes“, Sätze Adenauers wörtlich auf: „Sie fügen bei, daß die Völker, die über ihr Schicksal selbst bestimmen können, bereits bemüht sind, in Zusammenarbeit jenes Friedensziel zu erreichen. Möge es so sein, und möge es vor allem so bleiben.“

Die Kirche setzt zum „Gegenstoß“ gegen die Gottlosigkeit an. So sieht Pius XII. die „Heerschau“ der deutschen Katholiken auf dem 77. Deutschen Katholikentag in Köln vom 29. August bis 2. September 1956. Er kämpft gegen das „Trugbild einer falschen Koexistenz, in dem Sinne, als ob es zwischen dem katholischen Glauben ... und jenem System zu einem Ausgleich, einer inneren Angleichung kommen könnte“.

Was bleibt dann als letzter Ausweg? Der Krieg. Auf ihn weist Pius XII. in seiner Weihnachtsbotschaft 1956 hin, in der er den Katholiken das Recht der Kriegsdienstverweigerung abspricht.

Der spanische Priester José y Antonio Almeida hat seine umsichtige Untersuchung „Das Menschheitsproblem des Atomkrieges. Pius XII. und die Atomwaffen“ (Essen 1961, mit Imprimatur erschienen) mit Recht gewidmet: „Dem Land und Volk der Deutschen, die ich bewundere und liebe.“ Almeida zeigt auf, wie die Lehre Pius' XII. über den Atomkrieg in der jahrhundertelangen Tradition der katholischen Moraltheologie steht. Der Krieg ist an sich nicht unsittlich; das sagt Pius XII. am 21. Mai 1958 dem Vorstand des italienischen katholischen

Frauenverbandes für die geistige Betreuung der Soldaten. Pius XII. kann sich auf die Lehren der Kirchenväter über den Krieg, von Chrysostomus und Athanasius, von Augustin herauf stützen. Im Banne dieser Tradition lehrt Pius XII.: Der atomare Krieg ist unter eng gezogenen Grenzen sittlich gerechtfertigt. Diese Stellungnahme entspricht den traditionellen Bedingungen für einen „gerechten Verteidigungskrieg".

Diese Stellungnahme entspricht einer totalen Illusion. Der Großkrieg mit nuklearen Waffen, aber auch bereits ein „Kleinkrieg" mit konventionellen Waffen, die bereits alle Konventionen der früheren Kriege brechen, wie in Vietnam, enthüllt sich als Genocid, als Völkermord. Pius XII. hat, als Hitler zusammenbrach, den Großen Krieg auf seine Weise weitergeführt, zunächst als permanenten Kalten Krieg gegen den „Materialismus" und „gottlosen Kommunismus". Er hat sich nicht verändert, geistig, seelisch, mental, seit jenen Tagen in München, in denen er in der kurzlebigen Räterepublik „das Gespenst" des Kommunismus zu sehen glaubte.

Almeida betont: An der Kriegslehre Pius' XII. ist nichts neu. „Er gibt die Lehre der Kirche vom Krieg wieder."

Der Krieg ging also weiter, von Rom aus, 1945 bis 1958, bis zu seinem Tode. Dies gilt auch für den anderen großen Krieg, den Katholiken und Kirchenmänner seit Jahrtausenden führten: gegen die Juden.

ROM GEGEN JERUSALEM: GESTERN UND HEUTE

„Das Hitlertum war die Nemesis für das Christentum, weil dieses seine jüdischen Wurzeln abgeschnitten hatte." – „Auschwitz war einfach Anus Mundi, das Letzte im Ausscheiden des Übels, das die Christenheit bis zum Völkermord hatte anwachsen lassen." Diese Sätze entsprechen Grundmotiven meines Buches „Gottes Erste Liebe". Sie stehen in dem Buche von Pinchas E. Lapide „Rom und die Juden", 1967. Ich habe dieses Buch erst nach dem Erscheinen meines Buches in die Hand bekommen.

Lapide macht aufmerksam: „Origenes, Tertullian, Chrysostomus, Augustinus und Thomas von Aquin wären vermutlich vor den Gaskammer zurückgeschreckt, doch ihre antijüdischen Schriften wurden, ob sie es wollten oder nicht, zu Meilensteinen an der jahrhundertelangen scharlachroten Straße des Hasses, der Unterdrückung und Verfolgung der Juden, die schließlich in Auschwitz endet." – „Als dann unausweichlich das Blutbad kam, war es zu spät, die Sintflut der Gottlosigkeit mit ein, zwei Päpsten namens Pius einzudämmen. Was zweihundert Vorgänger geduldet oder ermuntert hatten, vermochten zwei Päpste nicht rückgängig zu machen." Lapide bezieht sich auf Pius IX. und Pius XII.

Der jüdische Autor Lapide hat in einer kirchlichen Presse hohes Lob erhalten. Er erklärt, daß die katholische Kirche unter Pius XII. die Rettung von 700 000 oder 800 000 Juden ermöglicht hat. In kirchlichen Presseorganen sieht das so aus: „Jüdischer Autor weist nach: Pius XII. rettete 800 000 Juden."

Diese „Rechnung" soll mit einem Blick beachtet werden: „Die Gesamtzahl der Juden, die Hitler *mindestens teilweise dank christlicher Hilfe*" – Hervorhebung von mir – „in dem von Nationalsozialisten besetzten Europa, ausschließlich Rußlands, überlebten, beträgt ungefähr 945 000. Ihnen muß man die reichlich 85 000 zuzählen, denen es Christen ermöglichten, während des Krieges in die Türkei, nach Spanien, Portugal, Andorra und Lateinamerika zu entkommen. Von dieser Gesamtzahl, über einer Million überlebender Juden, habe ich alle glaubhaften Rettungsansprüche abgezogen, die von den protestantischen Kirchen, den orthodoxen Kirchen erhoben wurden, sowie jene, die von Kommunisten, Menschen, die sich selbst als Agnostiker bezeichnen, und anderen nichtchristlichen Gentilen gerettet wurden. Die verbleibende Zahl von Juden, *zu deren Rettung die katholische Kirche beigetragen hat*, ergibt also mindestens 700000 Seelen, wahrscheinlich liegt sie jedoch näher dem Maximum von 860000."

Wer diese „Rechnung" langsam liest, mag die Imagination bewundern. Nun zeigt Lapide tatsächlich auf, wie päpstliche Hilfswerke unter Pius XII. sich karitativ um die Rettung einzelner Juden bemühten. Er zeigt vor allem auf, wie hervorragende einzelne, wahrhaft Freischärler Gottes in ihrer Kirche, Hervorragendes auf eigene Faust zur Rettung von Juden unternehmen. Französische und italienische Ordensmänner und Weltpriester stehen hier im Vordergrunde. Deutsche fehlen sehr. Das von Haus aus nicht antisemitische italienische Volk, das eine glückhafte Affinität zu gewissen als jüdisch angesehenen phänomenologischen Charakteristika gewisser Typen besitzt – wie schwer fällt es, manche süditalienischen und sizilianischen Typen von jüdischen Typen zu unterscheiden –, bot einen günstigen Mutterboden der Bergung. Italienische und römische Klöster nahmen denn auch am meisten Juden zur Bergung auf. Öfter erhielten sie von der Kirche eine Unterstützung.

Kein Zweifel: Wenn der Papst nichts anderes als ein Caritas-Direktor wäre, dann wäre die karitative Leistung des Papstes Pius XII. sehr in den Vordergrund zu stellen. Ebendies würde aber das eine und alles übersehen, worauf er selbst in seinem Selbstverständnis als Papst allergrößten Wert legte: Als Stellvertreter Christi fühlte er sich berufen, *rector mundi* zu sein, Regent des Christkönigs auf dieser Welt über die Fürsten, die Führer und die Völker. So hat Innozenz III. sich verstanden, so verstehen sich Pius XII. und auch Paul VI.

Es ist historisch richtig, recht und billig, es ist nicht zuletzt römisch-katholisch, den Papst Pius XII. mit dem Maße zu messen, mit dem er sich selbst gemessen hat in der Stunde seines Abschiedes von Deutschland, 1929, in seiner ersten Kundgebung als Papst, und, so oft, hierarchisch und hieratisch stilisiert, vor den Augen und Ohren der Weltöffentlichkeit, *urbi et orbi*: *als der Christus auf Erden*. Ausgerüstet mit der Vollgewalt, zu urteilen, zu richten.

Pinchas E. Lapide urteilt bewußt als Jude: „Wäre ich Katholik, dann hätte ich vielleicht erwartet, daß der Papst als der anerkannte Stellvertreter Christi auf Erden laut und deutlich für die Gerechtigkeit und gegen den Mord gesprochen hätte – ohne Rücksicht auf die Folgen. Doch für mich als Jude sind Kirche und Papsttum menschliche Institutionen, ebenso schwach und fehlbar wie wir alle ..." „Der 261. Papst war schließlich nur der erste der vielen Katholiken, Erbe vieler Vorurteile von seinen Vorgängern und vieler Mängel seiner nahezu 500 Millionen Gläubigen."

Katholische Historiker und Theologen, wie W. A. Purdy und andere, haben ausführlich aufgezeigt, wie sehr Pius XII. ein „Gefangener des Vatikans" war, mental, theologisch, politisch. Dieser feinfühlige, hochsensible Mann, der keiner Fliege ein Haar krümmen und keinem Menschen weh tun wollte, wagte es vor allem nicht, eben der nahezu zweitausendjährigen erlauchten Tradition der Kirche auch nur in geringen Dingen entgegenzutreten. Der kirchliche Antisemitismus betraf nicht eine „Kleinigkeit". Hier ging es um ein Selbstverständnis Roms, der Papstkirche. Sie hatte früh ihren Frieden mit Pilatus und den Cäsaren geschlossen.

Rom steht gegen Jerusalem! Das päpstliche Rom steht gegen das „gottesmörderische Volk der Juden". Hier weicht Pius XII. keinen Fußbreit zurück. Bis zu seinem Tode nicht.

In Deutschland hatte 1947 die Seelisberger Konferenz, eine Gemeinschaftsarbeit von Theologen verschiedener Bekenntnisse, organisiert von Jules Isaac, den tausendjährigen Vorwurf des Gottesmordes und des Kollektivfluches zurückgewiesen und begann nun zu versuchen, diese neuen Erkenntnisse den Führungen der Kirchen und den Seelsorgern zu vermitteln. 1949 steht Jules Isaac vor Pius XII. und bittet ihn, „die die Juden verletzenden Stellen aus katholischen Gebeten entfernen zu lassen. Pius XII. gestand neue und weniger verletzende Übersetzungen zu, wollte die Originalfassungen aber nicht geändert sehen" (W. A. Purdy).

Rom und der Kirchenstaat sind bis 1870 das letzte Bollwerk staatlicher Judenunterdrückung in Europa. 1873 erklärt ein bedeutender Kirchenmann: Voraussetzung einer möglichen Versöhnung mit dem italienischen Staate sei die Wiedereinrichtung des Gettos in Rom, das die „Eroberer" aufgelöst hatten.

Die hochpäpstliche – man kann auch päpstlicher als der Papst sein – römische „Civiltà Cattolica" greift im Ausgang des 19. Jahrhunderts immer wieder „die widerliche Rasse" der Juden an, wird 1936 ausführlich vom „Stürmer" und während der ganzen Periode des Dritten Reiches von der NS-Presse zitiert.

Sprecher des Vatikans unterrichten Vertreter der zionistischen Bewegung 1921, noch während des Pontifikats Benedikts XV., daß der Heilige Stuhl nicht wünsche, „der jüdischen Rasse, die von einem revolutionären und rebellischen Geist erfüllt ist", dabei zu helfen, die Herrschaft über das Heilige Land zu gewinnen.

„Seit 1920 ist der Ausdruck ‚jüdischer Bolschewismus' ein Gemeinplatz in der Zeitschrift der Jesuiten und in einer beträchtlichen Zahl von offiziösen katholischen Publikationen in Italien, Österreich, Deutschland und anderswo. Einige dieser Äußerungen brachten den ‚jüdischen Bolschewismus' mit dem Zionismus in Verbindung; so gelangte man zu dem Warnruf ‚Die jüdische Gefahr bedroht die ganze Welt', um die Überschrift des Leitartikels zu zitieren, den das Sprachrohr des Vatikans, der ‚Osservatore Romano', am 27. 11. 1929 brachte."

Unter Pius XI. betreibt der Vatikan eine heftige antizionistische Politik. In einem aus vatikanischen Kreisen stammenden Memorandum an die italienische Regierung und an den Völkerbund zeigt man sich erschüttert, daß „das schmutzige Judengeschmeiß, das Geschlecht der Mörder des Herrn" beginne, in das Heilige Land einzudringen.

Während der ersten fünf Jahre des Hitler-Regimes spricht der Vatikan mit zwei Stimmen: mit jesuitischem Antisemitismus, durch die „Civiltà Cattolica", und mit einem päpstlichen Antirassismus (Lapide).

In der Enzyklika „Mit brennender Sorge" von 1937, auf die sich Pius XII. 1945 beruft als Alibi der Abwehr des Nationalsozialismus, wird der Antisemitismus nicht erwähnt, wohl aber wird in dieser Enzyklika eine antijüdische Theologie vertreten. Die Theologie des „gottesmörderischen" Volkes der Juden findet sich gerade auch in dieser Enzyklika an die deutschen Katholiken, die hier vor „heidnischen Irrlehren" gewarnt werden sollen: „Wer die biblische Geschichte und die Lehrweisheiten des Alten Bundes aus Kirche und Schule verbannt sehen will, lästert das Wort Gottes. Er verneint den Glauben an den wirklichen, im Fleisch erschienenen Christus, der die menschliche Natur aus dem Volke annahm, das ihn ans Kreuz schlagen sollte." Der große Freund Pacellis, Kardinal Faulhaber in München, hatte immer wieder unterstrichen – und Kirchenblätter waren ihm darin gefolgt –, daß zwischen den Hebräern des Alten Testaments und den heutigen Juden ein Abgrund gähnt. Er ist durch den Gottesmord an Christus aufgerissen worden.

Rom steht gegen Jerusalem: Rom ist tödlich, todfeindlich eifersüchtig auf Jerusalem. Bis zum heutigen Tage.

Rom: Die altitalische *Roma quadrata* weiß sich als *die* heilige Stadt. Heilige Städte früher Jahrtausende halten sich für den Weltnabel: von Babylon bis Peking. Die quadrierte Stadtfläche repräsentiert die vier Viertel des Universums. „Die Aufgabe des Architekten ist es, das Bild des Universums wiederherzustellen" (Werner Müller).

Das antike Rom kämpft unbarmherzig seine Rivalinnen nieder. Dagobert D. Runes bemerkt 1968 in seinem leidenschaftlichen Buch über den tausendjährigen Krieg der römischen Kirche gegen die Juden, „The War Against the Jew": Das antike Rom verwüstet Städte, die ihm als Konkurrentinnen erscheinen, von Syrakus bis Alexandrien, von Karthago bis Athen. Es bleiben nur zwei heilige Städte, die Rom nicht unterwerfen kann: das Zweite Rom, Konstantinopel, und Jerusalem.

Es ist weltgeschichtlich kein Zufall, sondern von höchster Bedeutung: Die größten Völkermorde, die im Zweiten Weltkriege begangen wurden, stehen in engstem Zusammenhange mit Roms letztem, verzweifelten Versuch, sich als Nabel der Welt, als einziges Heilszentrum der Erde, als Achse des Weltalls *urbi et orbi* zu

behaupten: der Mord an den orthodoxen Serben und die „Endlösung" der Judenfrage.
Der Mord an den Serben in den kroatischen und von Ustaschabanden besetzten serbischen und bosnischen Gebieten: Bis zum Kleinkind herab wurden etwa 600 000 bis 850 000 orthodoxe Serben abgeschlachtet. Römisch-katholische Priester und Ordensleute, Franziskaner, haben als Mörder und KZ-Kommandanten dieses Morden mitgemacht, nicht selten begonnen. Dieses Morden geschah unter den Augen Roms. Der kroatische Staat des Ante Pavelić gab sich als streng katholisch; er hatte seine Repräsentanten in Rom sitzen und war ganz auf die Unterstützung der katholischen Italiener und der Deutschen angewiesen. Die italienischen und deutschen Befehlshaber wandten ihre Augen mit Entsetzen ab. Rom schwieg.
Das kuriale Rom Pius' XII. wollte gewiß diesen Mord nicht. Es übersah diesen Genocid, diesen Völkermord aber, da es hoffte, endlich den Balkan erobern und Konstantinopel, die Ostkirche, mit einem entscheidenden Schlag niederzwingen zu können. Römischer und griechischer Geist sind in der Kirche bis heute unversöhnt. Römischer Haß wider den griechischen Osten und die griechische Geistigkeit und Theologie läuft lückenlos von Augustinus – der kaum mehr griechisch kann – bis zu de Maistre, dem Ideologen des absoluten Papsttums im frühen 19. Jahrhundert.
Rom, die Romkirche, drangsaliert die „Uniierten", die orientalischen Kirchen, die sich der römischen Kirche unterworfen haben, bis aufs Blut. Noch auf dem II. Vatikanischen Konzil ist bei uniierten Vätern der Schmerz über jahrhundertelange Schändungen hellwach. Die Epoche der beiden letzten Pius-Päpste hatte, zumal kirchenrechtlich, versucht, die Gleichschaltung der Uniierten weiterzutreiben. Die byzantinischen Kaiser im Zweiten Rom, in Konstantinopel, ihre Theologen und ihre Intelligentsia, fürchten in der Epoche der Kreuzzüge immer wieder mit Recht, daß die von den römischen Päpsten geführten Kreuzzügler, diese „Franken", viel weniger Jerusalem als das reiche Byzanz erobern wollen. Die Plünderung und Brandschatzung Konstantinopels im IV. Kreuzzug 1204 wird für die Russen vom 13. zum 20. Jahrhundert der Beweis für die „Kriegswütigkeit" der Rom-Christen, der Franken.
Hep, Hep, Hep! So schreien nationalsozialistische Stürmer beim Eindringen in jüdische Geschäfte und Häuser. HEP, das bedeutet: *Hierosolima est perduta.* Jerusalem ist gefallen. Ein Ruf der Kreuzfahrer, die nicht selten früh in Europa Pogrome veranstalteten und die bei der ersten Eroberung Jerusalems dort die ganze jüdische Gemeinde massakrierten.
Jerusalem: Das irdische Jerusalem und das himmlische Jerusalem ist als mittelalterliche Idealstadt, als staufische Kreuzwegsiedlung, das große Ziel germanischer

Endzeitträume. Der staufische Endkaiser wird in Jerusalem seine Weltkrone niederlegen und dem Christkönig übergeben. Mittelalterliche Weltkarten zeigen Jerusalem, nicht Rom, als Nabel der Welt, als die Kosmos-Stadt. Rom nimmt früh entschieden den Kampf gegen den ihm furchtbar erscheinenden Gegner auf. Rom, die Romkirche, ist die Verkörperung des himmlischen Jerusalems auf Erden. 1954 legt einer der bedeutendsten lebenden römischen Theologen, Yves Congar, sein Werk über das „Geheimnis des Tempels" vor. Er zeigt auf, daß allein die Romkirche Erbe, Nachfolger, Liquidator Jerusalems ist. Sehr anders denkt die calvinistische Theologie, die keinen Rom-Kult braucht und will.

Der Jerusalem-Haß Roms, des papalistischen Rom, hat wahrhaft weltpolitische Gründe. In der Hochrenaissance hatten die Päpste planmäßig und außerplanmäßig begonnen, das verluderte, verelendete, verwahrloste spätmittelalterliche Rom als Kosmos-Stadt aufzubauen. Da kamen ihnen fatal Kopernikus und Galilei – persönlich ganz wider ihren Willen – in die Quere. *Nur in einem vorkopernikanischen Weltbild kann eine Heilige Stadt, als urbs quadrata, Richtmaß aller Kräfte und Perspektiven im Himmel und auf Erden sein.*

Das absolutistisch werdende Papsttum versucht bis zu Pius XII., und hier noch einmal grandios, hochbarock, dieses vorkopernikanische Weltbild aufrechtzuerhalten. Rom macht da große Politik im Himmel und auf Erden. Jede Heiligsprechung im Petersdom zeigt *urbi et orbi*, dem ganzen Erdkreis, wie der groß in den Himmel auffahrende Heilige seinen Platz in der Himmelskirche einnimmt, in der Himmelskirche, die ein Abbild der Kirche auf Erden ist und faktisch nach dem Bilde der Kirche auf Erden, die sich ihrerseits als Abbild des „himmlischen Jerusalem" weiß, ideologisch gebaut ist: sanktioniert durch den Urteilsspruch des römischen Papstes. Erst im Zeitalter der in den Weltraum vorstoßenden Raketen wird, sehr langsam, das in den allermeisten Katholiken tief eingewurzelte kopernikanische Welterlebnis in etwa gebrochen. Mit den Raketen hat Pius XII. nicht gerechnet. Dieser Papst versucht noch einmal Rom als *caput mundi*, als Hauptstadt der Erde und des Heilskosmos darzustellen und rechtlich durchzusetzen.

Da tritt nun der Zionismus auf. Er wird seit seinem ersten Auftreten von Rom als eine ungeheure Herausforderung angesehen. Mit Recht. Er stellt ja die tausendjährige erlauchte Tradition jener Theologie in Frage, die seit Augustin – dem Hasser der Griechen und der Juden – die Praxis und Ideologie des Antijudaismus bestimmt hatte: Die Juden sind verflucht, auf Erden haben sie als *servi*, als Sklaven, als Knechte, als untertäniges Volk von Elenden im Elend zu leben als Erweis der Herrlichkeit jenes Gottes, den sie ans Kreuz geschlagen haben. Durch ihre Existenz im Elend liefern sie jenen Erweis der Wahrheit des Christentums, den sie „verstockt" leugnen.

Der reiche, der erfolgreiche Jude war auch von diesem theologischen Hauptmotiv her, nicht nur aus soziologischen und individualen Neid- und Ressentimentmotiven, ein entsetzenerregender Anstoß für „gute (Kirchen)-Christen". *Den Elenden, den Gottesmördern, darf es auf diese Erde nicht gut gehen!* Die Herrlichkeit des Gekreuzigten, des von den Juden Ermordeten, erweist sich auf Erden in der Notdürftigkeit, in der Miseria der Miserablen. Die Juden haben die Elenden zu bleiben bis ans Ende der Tage, bis zur Erscheinung des Messias. Wenn nun „diese Elenden" sich anschicken, Jerusalem in Besitz zu nehmen, dann fällt die gesamte augustinische und nachaugustinische Theologie in einem Achsenpunkt zusammen!

Das ist die erste und die letzte Grundlage der römisch-katholischen und genau der vatikanischen Politik gegen den Zionismus, gegen Israel. Bis heute hat der Vatikan Israel nicht anerkannt und strebt eine „Internationalisierung" Jerusalems an, da bis heute in Rom an der augustinischen Theologie festgehalten wird.

Der deutsche Botschafter von Bergen berichtet 1922 aus Rom über die antizionistische Haltung der Kurie. Da hält etwa der schmucke Patriarch von Jerusalem, Mgr. Barlassina, einen stark besuchten Vortrag, in dem er ausführt, der Zionismus habe dem Lande bereits schwere Schädigungen zugefügt. Es gebe jetzt öffentliche Häuser der Prostitution – und z. B. allein in Jerusalem lebten 500 Dirnen. – Wir kommentieren: Sehr geschmackvoll ist dieser Hinweis im päpstlichen Rom, in dem, wie unser katholischer Patriarch bei gut kirchlichen Historikern jederzeit nachlesen könnte, es in der Renaissance und in der Hochblüte der Gegenreformation ein Vielfaches an Dirnen gab im Vergleich zu seinem Jerusalem, vom Rom des Jahres 1922 ganz zu schweigen. Auch lebten einige der neugegründeten Ansiedlungen nach kommunistischen Grundsätzen extremster Art, die er nicht näher erläutern wolle.

Hier wird der seit dem Mittelalter und der Spätantike gegen Sektierer gerne erhobene Vorwurf eines Sexualkommunismus – den Karl Marx entschieden abgelehnt hat – gegen diese Zionisten erhoben. 1922–1927 „legen die kurialen Amtsbrüder Pacellis dem Völkerbund zwei Denkschriften vor, in denen die ‚zionistischen Ränke' und die zionistische Gefahr offiziell angeprangert wurden, weil sie die legitimen katholischen Interessen gefährdeten, und in denen jüdische Einwanderer nach Palästina als ‚schmutzige Judenbanden', *luride accozzaglie giudaiche*, bezeichnet wurden. Außerdem wurden um die gleiche Zeit weit über ein Dutzend heftig antizionistische Artikel in der katholischen Presse Italiens und Frankreichs veröffentlicht." Wir ergänzen: Auch die englische katholische Presse ist wütend antizionistisch, antisemitisch und sympathisiert schon früh mit Hitler.

Im Mai 1922 besucht Chaim Weizmann, der Leiter des Weltzionismus, Rom und versucht, Kardinalstaatssekretär Gasparri die römischen Befürchtungen bezüglich des Zionismus auszureden. Gasparri läßt sich in diesem Gespräch zu einem Geständnis herbei, dessen Tragweite er selbst sicher nicht gesehen hat. Er meint, daß ihm die jüdische Siedlungsarbeit keine Sorgen mache: „Ich fürchte Ihre Universität." Mit Recht! Die jüdische historische, theologische, archäologische, geisteswissenschaftliche Arbeit, die hier, wie Gasparri fürchtet, eines Tages beginnen würde, wird und muß die römische Theologie und die religiös-politischen Ideologien des papalen Rom bis ins Letzte hinein in Frage stellen. Sie wird eines Tages die längst fällige Generalrevision dieser römisch-katholischen Ideologien, die sich ihre bibelfremde, ja bibelfeindliche Theologie, als Rechtfertigungsideologie, geschaffen haben, mit provozieren. Analog hat heute bereits der Zwang zur Konfrontation mit den evangelischen Theologien und Wissenschaften einen unübersehbaren Druck auf das II. Vatikanische Konzil ausgeübt im Sinne einer Öffnung der katholischen Ideologien für die Bibel.
1922 übersendet der Vatikan dem Völkerbund ein offizielles Memorandum zur Ratifizierung des englischen Mandats in Palästina seitens des Völkerbundes. Der Vatikan erhebt Protest. Er sieht in der Erfüllung der Balfour-Deklaration eine Minderung der Rechte der Katholiken und aller Christen in Palästina. Der politische Zionismus ist für den Vatikan unannehmbar. Der „Osservatore Romano" kommentiert dieses Memorandum: Es sei „die geistreiche und authentische Interpretation des Denkens der Katholiken der Welt zu diesem zionistischen Weltproblem". Heute sei die öffentliche Meinung der Katholiken in der ganzen Welt alarmiert. Auf diesem Boden könnte sich die geplante katholische Internationale verwirklichen im Zusammenschluß aller Katholiken der Welt zum Schutze der heiligen Stätten „gegen das bolschewistische Judentum im Heiligen Land".
Seit 1922 wird der Katholik Adolf Hitler bei führenden katholischen Politikern Bayerns in München als Katholik eingeführt. In „Mein Kampf" nimmt er sorgfältig Rücksicht auf Kirche und Katholiken. 1933 bestätigt ihm der Kuratus Kascha, „als ehemaliger Kaplan von Pasewalk, wo ich gleichzeitig Garnisons- und Lazarettseelsorger war, und zwar in der Zeit von August 1918 bis August 1920, ... daß der damalige Gefreite, Herr Adolf Hitler, andächtig dem kath. Gottesdienste beigewohnt hat und ich ihn aus dieser Zeit als gläubigen Katholiken kenne".
Roma locuta, causa finita est. „Der Papst hat mit der neuen Regierung einen Vertrag geschlossen. Das ist eine Tatsache, die für uns Katholiken bindend ist. Roma locuta, causa finita est. Für uns ist damit die Diskussion über manche Fragen erledigt. Mit dem Konkordat ist ein neues gesetzliches Fundament für das Verhältnis Staat-Kirche gelegt." Der Präses fordert die katholische Jugend auf:

befaßt euch ernsthaft mit dem „Gedankengut der neuen Bewegung. Beste Quellen sind nach wie vor: Hitler, Mein Kampf, 2 Bände, 5,70 RM ..." („Jugendpräses" 1933).

Im Kampf gegen das „Weltjudentum" können Rom und Hitler-Deutschland durchaus zusammengehen. Am 2. April 1938 fordert die „Civiltà Cattolica" in einem ungezeichneten Artikel, der, wie von Bergen, der deutsche Botschafter, in seinem Bericht an Berlin zu Recht hervorhebt, die Ansicht höchster Stellen wiedergibt: Der Gedanke eines jüdischen Staates in Palästina ist verfehlt. „Das einzig richtige wäre es deshalb, daß die Juden alle ihre Ansprüche auf Palästina aufgäben und das Land, wenn möglich, wieder verließen." Dieser fromme Wunsch wird im April 1938 in Rom ausgesprochen. Im März hatte die große Judenjagd im besetzten Österreich begonnen. Juden irren an die rasch sich schließenden Grenzen der europäischen Staaten und versuchen, der Todesfalle zu entrinnen. Da schlägt Rom vor: Am besten ist es, wenn die Juden Palästina so bald als möglich verlassen!

1945, gleich nach Kriegsende, setzt die Kurie diese Politik wieder fort. Es ist Zeit, bei Pacellis-Pius' XII. Romglauben und Jerusalem-Phobie einzukehren. Der junge Diplomat Pacelli ist in Deutschland durchaus nicht antizionistisch eingestellt; er verkehrt höflich und interessiert mit Vertretern des Zionismus. Anders verhält er sich in Rom. 1943 erscheint dort, hervorragend ausgestattet, herausgegeben vom Königlichen Institut für Römische Studien, *Reale Istituto di Studi Romani,* betreut von C. Galassi Paluzzi, das Buch: *Roma onde Cristo è Romano nella parola di Pio XII.* Das ist eine einzigartige Dokumentation des Romglaubens Pacellis-Pius' XII. Im hochbarocken Vorwort feiert der Herausgeber und Kommentator den Pastor Angelicus, wie einst der barocke Kaiser in den Texten einer Barockoper glorifiziert wurde. Pius XII. besitzt „das unveränderliche Gewissen, der Schirmherr und Rächer der Wahrheit und der Gerechtigkeit sein zu müssen". Dieses „alleredelste Herz eines Menschen; Stellvertreter des Mensch-Gottes; beseelt von jenem Gleichgewicht, das ganz natürlich das Göttliche mit dem Menschlichen verbindet; die menschliche Weisheit mit der übernatürlichen Klugheit".

„Ein Papst ist *immer* durch Wahl und Bildung Römer. Man steigt nicht zum Thron des Petrus auf ohne tief verrömert – romanizati – zu sein." Pius XII., dieser *Augusto Oratore,* feiert in seinen Reden die Glorien jenes Rom, das mit Christus sich in den Himmel erhebt – *le glorie di quella Roma che con Cristo s'inciela.*

Illustrieren wir diese Verhimmelung Roms zunächst durch die Reden des Kardinals Pacelli.

Zu beachten ist: Pacelli kämpft mit seiner papalistischen Rom-Mystik ständig gegen die Rom-Mystik des „zweiten Diktators“ neben dem Papste, Mussolini, und gegen eine spezifische Rom-Mystik faschistischer Ideologen an – und berührt sich oft mit ihnen. Die beiden Rom stehen sich geistig-strukturell, tektonisch und architektonisch sehr nahe. Dem geist- und seelenlosen Baukitsch des faschistischen Rom entspricht genau der geist- und seelenlose Baukitsch des kirchlichen Rom der Ära der beiden letzten Pius-Päpste. Ein hervorragender Kenner dieser beiden Rom, Mgr. W. A. Purdy, Professor am Beda-College in Rom, hält zu Recht fest: „Vielleicht ist es bezeichnend, daß gerade Rom in der vergangenen Generation das Langweiligste, Unentschlossenste, ja Abstoßendste an Kirchenbauten hervorgebracht hat, was in der ganzen Welt zu finden ist.“ Das ist der wahre Stil Roms.
Um so höher schwingt sich der Romglaube Pacellis in seine römischen Himmel auf. Roma, *caput mundi.* Rom ist das Haupt des Erdkreises, ist der „Triumph der civiltà di Cristo“, der geistlichen Kultur Christi. Pacelli ruft am 24. April 1931 bei der Eröffnung des neuen päpstlichen Kollegs der Propaganda Fide den Zöglingen zu: Erhebt euch wie römische Adler, beseelt von jener *Romanità,* die sich bis in den Himmel erhebt. Als römische Adler, an den Spitzen der päpstlichen Kohorten, sollen sie in alle Welt zu Sieg, zu Triumph ausziehen.
Dieses heilige und sakrale christliche Rom ist „unbefleckt von jedem Irrtum“, *immacolata d'ogni errore*, unbefleckt wie die Immaculata, wie die Schutzgöttin Roms, Maria – die, Jahrtausende vielleicht, zumindest viele Jahrhunderte zuvor ihr Urbild in einer großen vorchristlichen Schutzgöttin Roms hatte. Dieses unbefleckte Rom trägt jenes Diadem aus Blut, mit dem es sein göttlicher Eroberer in seiner Jugendzeit gekrönt hat (18. IV. 1932). Mit Vorliebe besingt Pacelli die „göttliche Kuppel“ von Sankt Peter, die den himmlischen Triumph bezeugt; sie verheißt die goldene Krone ewigen Sieges. Die Worte der Gegenreformation und ihres Triumphalismus, *aurea corona, vittoria* – Maria Vittoria, Maria, als Siegerin in der Schlacht am Weißen Berge 1621, in allen Schlachten der Gegenreformation – quellen wie ein silberner Quell aus dem Munde des erlauchten Redners.
Pacelli beschwört hier in St. Peter die weibliche Jugend der Katholischen Aktion: Ihr habt euch auf die Knie niedergeworfen vor der weißen Gestalt eines *Augusto Pontifice,* der mit seinem Geiste herrscht weit hinaus über die Grenzen, die einst der Flug der römischen Adler eroberte, und wenn er seine Hand zum Segnen erhebt, läßt er in Ehrfurcht erschauern jede Augenbraue und sänftigt jeden Sturm. Nach dem Bilde dieser Vision seines Augustus-Papstes stilisiert Pius XII. später sein eigenes Auftreten als Papst. Und stellt sich in dieser Pose den Photographen.
Ja, diese Kuppel von St. Peter zeigt die enge Verbindung des antiken und des christlichen Rom auf, welches das Imperium der Cäsaren in Christo erneuert

(6. November 1932). Dieses Rom macht euch zu Bürgern des Himmels: Hier *ist Christus selbst Römer* (*Roma ..., della quale Cristo stesso è Romano,* 7. Mai 1934). Dieser römische Christus wird gegen den griechischen Christus, gegen den deutschen Christus der Protestanten und zuerst und zuletzt gegen den „Rabbi Christus" – wie Johannes XXIII. Jesus nennt – verteidigt. Dieser Christus ist in seinem Rom enge verbunden mit dem Rom der Cäsaren. Pacelli hält eine der für seinen Romglauben und sein gesamtes Weltbild charakteristischen Reden bei der Eröffnung des 3. Internationalen Juristentages in Rom am 12. November 1934. Beachten wir das Datum. Die Konkordate mit Hitler-Deutschland und Österreich haben soeben seine römische Rechtsherrlichkeit *urbi et orbi* gezeigt. Pacelli singt einen leidenschaftlichen Hymnus auf die Vereinigung des Codex Justinians mit dem Kirchenrecht der päpstlichen Dekretalen. Er feiert Konstantin und Justinian und wendet sich gegen jene Autoren, die behaupten, das Christentum habe das alte römische Recht zersetzt. Pacelli: Unter dem Zeichen des kaiserlichen Rechts wurde das Christentum geboren. Pacelli liebt es, hier und des öfteren, die hochherrliche priesterliche Vermählung, *l'eccelso connubio sacerdotale,* zwischen einem Kaiser und einem Papste zu feiern: diese Rechts-Vermählung Cäsars und des heiligen Petrus.
Die Vermählten sind Justinian und Gregor IX. Im Tempel des kaiserlichen Rechts sind auch die Juristen Priester. Berufung auf Ulpian: Jeder Rechtsgelehrte ist Priester der Gerechtigkeit. Die Juristen sind Priester. Seit dem 12. Jahrhundert drängen immer mehr Juristen, wie Bernhard von Clairvaux klagt, in die führenden Ämter der Kirche in Rom. Die *ecclesia judicatrix,* die Richter-Kirche, erhebt ihr fürchterliches Haupt. Ihre Gerichte erwecken den Zorn der erwachenden Völker vom 13. Jahrhundert an in besonders hohem Maße.
Pacelli: Diese Vermählung des Kaiserrechts und des Papstrechts bedeutet die Übereinstimmung der Vernunft mit dem Glauben, des Imperiums mit dem Papsttum, der antiken und der neuen Kultur, des Rom am Tiber und des Rom am Bosporus mit jenem ewigen Rom, das von Christus die Schlüssel des Himmels erhalten hat. Der Codex Justinians und die kanonistische Jurisprudenz mit den Dogmen sind zwei Flammen, die sich in einem Lichte aufgipfeln. Oder, um es besser auszudrücken, sie bilden einen Regenbogen, einen Bogen des Friedens und des Bündnisses zwischen der Vernunft und dem Glauben, zwischen der Erde und dem Himmel.
Pacelli übersieht hier nicht nur die tausendjährigen Kämpfe zwischen dem Rom am Tiber und dem Rom am Bosporus, die Kämpfe zwischen Imperium und Sacerdotium, zwischen Kaiser und Papst im Abendlande, sondern primär, daß das harte Herrenrecht Justinians, das Juden und Häretiker rechtlich entmenscht, dem Evangelium des „Rabbi Jesus" und der Bibel unendlich fern ist. Das Kirchen-

recht der Dekretalen und des Codex juris Canonici von 1917 sind der Bibel nicht minder fern: Herrenrecht und Klerikerrecht haben tatsächlich gemeinsam historisch oft eine Flamme gebildet, um „Ketzer“ und viele andere Christen und Nichtchristen gemeinsam zu verbrennen.

Kaiser Barbarossa übergibt Arnold von Brescia einem Papste zum Verbrennen. Der junge Montini geht auf Wunsch seines Vaters in ein weltliches Gymnasium „Arnaldo da Brescia“, das also den Namen dieses von den „beiden Flammen“, um mit Pacelli zu sprechen, verzehrten Christen des 12. Jahrhunderts trägt. Jeder Heilige ist Römer, weil jeder Heilige die natürlichen Tugenden des antiken Rom und die übernatürlichen Tugenden jenes Rom, in dem Christus Römer war, besitzt. Dies sagt der Kommentator zur Erläuterung einer Rede Pacellis zur 700-Jahr-Feier der Heiligsprechung des heiligen Dominikus, in der er ausführt: Ich zweifle nicht daran, Dominikus von Guzman als römischen Bürger zu proklamieren, Römer der *Romanità* Christi, der *Romanità* des Petrus, der *Romanità* des Paulus. (Die Juden Jesus, Petrus, Paulus sind Römer geworden – Jerusalem hat kein Recht mehr auf sie.)

Im selben Jahre 1935 führt Pacelli bei der 1200-Jahr-Feier des Todes des Beda Venerabilis näher aus: Alle Heiligen sind Römer, sind Sterne des lateinischen Himmels, *astri del firmamento latino*. Es gibt nur einen lateinischen, römischen Himmel! Beda lernt von Augustinus: Wo Rom gesprochen hat, ist die Causa, die Rechtssache, erledigt. Kein Satz ist geschichtlich falscher als dieser; er entspricht aber genau dem Rechtsglauben Pacellis. Der geschichtliche Prozeß läßt sich durch römische Gerichtssprüche und Urteile nicht aufhalten. An dem II. Vatikanischen Konzil nehmen als Gäste Waldenser und andere „Ketzer“ teil, die längst „endgültig“ von Rom abgeurteilt und triumphalistisch in „Endsiegen“ vernichtet worden waren.

Der Kommentator: Gregor der Große und Julius Cäsar sind beide römische Römer, *romani di Roma*. Römischer Römer, das ist die hohe Würde des Papstes Pius XII. Am 26. Februar 1936 spricht Pacelli im Istituto di Studi Romani zur Eröffnung des Vorlesungszyklus über *Roma onde Cristo è Romano*.

Dante (Purg. 32, 102) spricht von jenem himmlischen Rom, in dem Christus Römer ist. Dieses Dante-Wort ist für Pius XII. und die kurialen Romgläubigen *das* sakrale Motto ihres Romglaubens geworden. Sie übersehen hier zunächst: Dante, der jahrhundertelang auf dem Index stand, da er im Romglauben und in der imperialen Ideologie und Praxis der Cäsaren-Päpste seiner Zeit die gottes- und menschenlästerliche Anmaßung sah, die Rom zur Hure und Wölfin – im italienischen bekanntlich ein Wort, *lupa* – macht, die Kirche und Reich und gerade auch Italien, den „schönen Garten des Reiches“, *il bel giardin del impero*, verdirbt, wäre entsetzt und empört gewesen, wenn er diese Verwendung seines

Romglaubens erlebt hätte. Er hätte dann wahrscheinlich in seiner „Göttlichen Komödie“ zu den sieben Päpsten, die er da in die Hölle versetzt, noch einen oder den anderen Papst hinzugesetzt. Dazu kommt, daß italienische Kommentare, wie der von Palmieri, in dem ominösen Vers das Komma setzen, um ihm „einen vernünftigen Sinn“ abzugewinnen. Wenn ein Komma vor „romano“ gesetzt wird, ergibt sich wohl folgender Sinn: Du, Dante – es ist ja Beatrice, die zu ihm spricht – wirst mit mir Römer sein in jenem Rom, in dem Christus ist, also im himmlischen Rom, nicht im irdischen Rom.

Für papalistische Romgläubige ändert das nicht viel, da für sie das Rom auf Erden und das Rom im Himmel eins sind. Pfarrer Alfons Beil, Heidelberg, macht mich in diesem Zusammenhang noch darauf aufmerksam, daß Paul VI. in Bethlehem denselben Bezug gebraucht. Ich kommentiere: Das ist der weitest ausholende Vorstoß des Papsttums, Jerusalem „auszulöschen“, für den römischen Christus zu beschlagnahmen.

Christus in Bethlehem als Römer gefeiert von einem römischen Papste! Das bedeutet eine Zernichtung aller „jüdischen Ansprüche“ auf Jerusalem, auf Jesus, auf die Bibel.

Dasselbe intendiert Pacelli in der eben bezogenen Rede 1936. „Rom ist ein Wort des Mysteriums, so wie das Schicksal Roms, der ewigen Stadt, ein Mysterium ist. Das ist die Stadt, die ihren Fuß in die heidnischen Erdschollen des Tibers und in die heiligen Mäander der Katakomben einsenkt und ihr Haupt erhebt und zwischen den Sternen verbirgt, um es vor dem Throne Gottes zu neigen ...“ Die uralte römische Urgöttin, dann Maria Immaculata, die jüngere Patronin der Heiligen Stadt, verschmelzen hier mit der Heiligen Stadt selbst. Pacelli beruft sich auf Livius und Dante.

„Im Rom Christi seht ihr das neue Jerusalem“, Berufung auf Ephes. 4, 4: eine ganz unbiblische Berufung. Rom ist Jerusalem, das wahre Jerusalem. Wir kommentieren: Das Rom des Pilatus hat Jesus und viele Tausende andere Juden ans Kreuz geschlagen. Das Rom der Cäsaren hat Jerusalem vernichtet. Das Rom der Cäsaren und Päpste „liquidiert“ nochmals, „in einem unblutigen Opfer“, das alte Jerusalem der Juden.

Pacelli feiert in diesem Zusammenhange die Lateran-Verträge von 1929. Vision des Friedenspapstes als Regenten der Welt. Rund um die gütige väterliche Würde des Stellvertreters Christi, zusammen mit der pupurnen Würde der Fürsten der Kirche, versammelt sich die Mannigfaltigkeit des Episkopats und Klerus, verneigen sich ehrerbietige Könige und Regierende – wie die Heiligen Drei Könige vor dem Jesuskinde –, Adelige und Menschen aus dem Volke, Gelehrte und Ungebildete, Große und Kleine ... aus vielerlei Ländern und Nationen, von diesseits und jenseits der Weltmeere.

Pacelli malt hier ein Andachtsbild wie Renaissance- und Barockmaler, die rund um die Madonna und das Jesuskind Fürsten, Kanzler, Könige, Bürger kniend darstellten. Eine Paradieseswelt, getaucht in himmlische Andacht, himmlische Harmonie: „Sie kommen, um von der Lippe und von der Hand des gemeinsamen Vaters ein Lob zu erhalten, eine Ermutigung, einen Rat, einen Trost, eine Weisung, ein Lächeln, einen Segen. Sein Wort überschreitet die Berge und die Meere; mit seiner apostolischen Stimme lehrt er, mahnt er, spornt er zum Guten an, verurteilt er die Korruption und die Ungerechtigkeit." – Wann geschah das in diesem Jahre 1936, in dem Rom dahinsiecht in der Korruption durch das faschistische Regime, Mussolini sich auf Abessinien stürzt und, ohne von der Kirche angesprochen zu werden, bald an einem Karfreitag Albanien überfällt? – Er verteidigt die Familie und den Staat, versöhnt Arbeitgeber und Arbeiter, mäßigt die Mächtigen und tröstet die Armen; und mit der Weite seines Herzens umarmt er alles menschliche Unglück und Elend, und leidet, kämpft und betet inmitten der Kämpfe und Verfolgungen der Kirche. – Es sind natürlich die Kämpfe der Kirche im Osten gemeint.
Pacelli führt in der Ausmalung seiner Vision des Friedenspapstes, der Himmel und Erde versöhnt und beide in seinen heiligen Händen hält, des weiteren aus: „Dem Stellvertreter Christi beugt sich die Bestimmung Roms; in ihm verdichtet es sich und wendet sich zu einem Ziel, das nicht von dieser Welt ist. Keine Stadt besiegt oder wird jemals besiegen die Bestimmung Roms. Jerusalem und sein Volk sind nicht mehr die Stadt und das Volk Gottes. Rom ist das neue Sion, und römisch ist jedes Volk, das den römischen Glauben lebt." Es gibt volkreichere Städte als Rom, aber nur eine Stadt Gottes, Rom, auserwählt von Christus.

Stellen wir dieser entscheidungsschweren Proklamation Pacellis Rede zum Besuch der Sieben Kirchen Roms vom 17. April 1937 an die Seite. Der Kommentator: *La romanissima visita alle Sette Chiese,* der allerrömischeste sakrale Besuch der Sieben Kirchen Roms inspiriert sichtlich den Redner: Die Kreuzespartikel in Santa Croce in Gerusalemme – das wahre Jerusalem ist hier, in dieser Kreuzes-Kirche in Rom. Er macht darauf aufmerksam: „Beugt die Stirne, christliche Brüder, vor diesen heiligen Altären und denkt, daß ein gekreuzigter Gott aus uns das auserwählte Volk machen wollte und daß er, zerstörend den einzigen Tempel, der dem alten gottesmörderischen Volke zugestanden war – *distruggendo l'unico tempio concesso all' antico popol' deicida* –, die Unendlichkeit seiner Großmut offenbarte, indem er sein Entzücken findet, inmitten von uns und mit uns zu sein – *col trovare le sue delizie nello stare in mezzo a noi e con noi*" – wir kommentieren: Die faschistischen Massen schreien Mussolini zu, und er schreit ihnen zu: *A noi,* mit uns, zu uns, nur mit uns! – „mit uns zu sein bis zum Ende der

Zeiten, als verborgener Herr und Gast in Tabernakeln ohne Zahl, in tausend und tausend Tempeln."

Dem gottesmörderischen Volke war nur ein einziger Tempel zugestanden. Ihn hat der gekreuzigte Gott zerstört. Wir aber haben diesen Gott in Tausenden Tempeln zur Verfügung!

Schrei des Triumphes ist das! Und Ruf der Vernichtung. Hier offenbart sich die römische, papalistische, tausendjährige Verdammung des Gottesmördervolkes der Juden ohne Maske. Hier triumphiert Rom hemmungslos über Jerusalem. Es gibt nur mehr ein Jerusalem: Rom. Es darf kein anderes Jerusalem mehr geben. Diese Sorge klingt auf in Pacellis Drohung: Keine Stadt wird Rom besiegen.

Hier offenbart sich die theologische Grundlage des „Schweigens" Pius' XII. angesichts der Verfolgungen der Juden. Das gottesmörderische Volk der Juden erlebt hier die gerechten Gerichte Gottes. Nach 1945 kommentiert so ein Professor der päpstlichen *Università pontificia Gregoriana,* P. Hertling SJ, die Ereignisse der nahen Vergangenheit. Diese Universität ist, wie mit Recht der römische Kommentator dieser Reden Pacellis-Pius' XII. ausführt, eine der mächtigsten Zentralen der Verrömerung, der Romanisation, *romanisazione.*

Eine fast archaische Tiefe seines Romglaubens wird in Pius XII in seinem Kult der Großen Mutter Roms, Maria, sichtbar. Der vielbeachtete politische Marianismus Pius' XII. offenbart hier seine personale Basis.

Feierliche Krönung des Marienbildes in Aracoeli auf dem Kapitol am 22. Juni 1938. Das ist das Palladium Roms; bewußt gebraucht Pacelli das antike Kultwort. Maria, die Braut des Hohen Liedes der Liebe, „die Himmelskönigin triumphiert jetzt auf dem Kapitol; sie ist das Palladium Roms und des Glaubens, der auf dem vatikanischen Hügel seine unfehlbaren Orakel – *oracoli infallibili* – besitzt; es ist der Pontifex Maximus". Dieser hat die Nachfolge der römischen Zauberpriester und Orakel hier offen übernommen.

Pacelli: „Nein, das römische Volk täuschte sich nicht, als es all sein Vertrauen auf Maria setzte und ihr verehrtes Bildnis auf dem Kapitol zum Banner des Schutzes der geheiligten Stadt des Christentums erhob." – „Auf diesem Hügel des Kapitols ist das hochherrliche Heiligtum der himmlischen Patronin Roms, das diese Steine und diesen Felsen heiligt." Die vorchristlichen Zauberpriester der uralten Schutzgöttin Roms hätten dieselben Worte gebrauchen können. Pacelli möchte auf seine Weise – wie Hitler auf eine andere Weise – archaische Glaubenstiefen in den Massen mobilisieren und zeigt sich selbst von ihnen ergriffen. Er beruft sich gerade hier zu Recht auf die heilige Vesta der Römer und zitiert die Oden des Horaz. Er rühmt dieses *grande spettacolo,* dieses große Schauspiel: wie da das Volk von Rom und die Würdenträger der Stadt Rom – in Wirklichkeit erbärmliche faschistische Schranzen – vereint sind. Er rühmt den „heiligen Hochmut“, den *orgoglio santo*, den Mussolini ständig in seinen Römer anheizte – Roms, des „Zentrums der Zivilisation der Welt“. – „Hier, unter den Augen Mariens, begegnen und finden sich die Religion und der römische Magistrat. Diese beiden Gewalten, die so verschiedener Ordnung sind, die eine sieht zum Himmel, die andere sieht auf die Erde, sind jedoch im Herzen des Menschen durch ein unlösbares, von Gott geformtes Band verbunden.“ Pacelli weiß, wie sehr diese römische Kirche in Italien an den Faschismus gebunden ist. Und nun wird Pacelli auch politisch impressiver und pressiver, eindrucksvoller und drängender. In diesem Juni 1938 steht nach der Besetzung Österreichs, Abessiniens, Albaniens – die deutsche und italienische Rüstung und die Propaganda laufen auf hohen Touren – der „Abwehrkampf gegen den Bolschewismus im Osten“ bereits in der Tür. Pacelli: Diese heilige Ikone Mariens hat zu ihren Füßen gesehen Paul III., Sixtus V., Gregor XIV., Alexander VII., Pius IX., diese Päpste, die hier um den himmlischen Schutz Mariens gegen die Feinde des christlichen Namens flehten, die auch den Kommandostab übergaben an die römischen Fürsten für einen Kreuzzug gegen die Häretiker!

Es besteht in den Massen kein Zweifel, wer heute diesen Kommandostab allein in die Hand nehmen kann: Mussolini und Hitler, der wieder im Tore Roms steht.

Pacelli erinnert an den heiligen Johannes Capistrano, den lautstarken Wortführer im Krieg gegen den Halbmond. Der durch seine wahrhaft mörderischen Judenhetzen bekannte Capistrano wird 1935 in Wien und Dresden und 1963 den Vätern des Vatikanischen Konzils – „Verschwörung gegen die Kirche“ – als einzigartiges Vorbild eines antijüdischen Propagandafeldzuges und entsprechender Praxis vorgestellt.

Pacelli: Maria ist die Vertilgerin jeder Häresie, sie ist schrecklich wie ein Kriegsheer. Sie ist die Siegerin von Lepanto. Diese Schlacht wird als „große Abwehrschlacht“ gegen den Osten jetzt wieder beschworen. Pacelli wendet sich gegen die Französische Revolution – Goebbels und Papen feiern den Nationalsozialismus als Überwindung der Französischen Revolution, die es gewagt hat, Maria zu entkrönen. Gott ließ es zu. Das war die Stunde und die Macht der Finsternis – die Französische Revolution und ihr großer Sohn Napoleon hatten selbst in Rom die Juden befreit. Das war das Toben der Rebellion und des Furors elender Massen, war „die Verführung der Freiheit und Gleichheit“.

Pacelli, der große Reaktionär, sieht in der Liberté, Egalité und Fraternité, in den Proklamationen der Menschenrechte nur Worte des Truges, der Verführung: *la seduzione della libertà e della egualanza.* Nach dieser Schilderung des ungeheuerlichen Verderbens – man hatte der Ikone auf dem Kapitol die Krone geraubt! – folgt ein seitenlanger ungeheurer Rom-Hymnus.

Der römische Kommentator zu dieser Rede: „Das Kapitol ist nach Golgotha und dem Vatikan der heiligste Hügel der menschlichen staatsbürgerlichen und stadtbürgerlichen Gesittung", *il colle piu sacro alla umana civiltà.*

Im Jahr darauf ist Pacelli Papst. Er hat dieses höchste Amt der Römischen Kirche wohl mit allen Fibern ersehnt und schreckte vielleicht gleichzeitig zurück vor der hohen Verantwortung. Von seinem Totenbett her gesehen, auf dem er auf einer Karte seine Schuld, sein Versagen bekennt, wäre ihm ein anderes besser bekommen: lebenslang Staatssekretär zu sein, Verträge zu schließen und so groß zu sprechen wie hier in seinem Rom, ohne selbst die letzte Verantwortung für seine großen Worte tragen zu müssen.

Beginn des Pontifikats. Der Papst spricht die Römische Kurie an, 5. April 1939, und feiert die Kurie als Kranz und Krone, lebendige Krone: „strahlend im Golde Eures auserwählten hohen Ranges, strahlend von den Edelsteinen Eurer Tugenden, von den Blumen Eurer Wissenschaft und Klugheit, Eures arbeitsreichen Dienstes, Eures hochwürdigen Opfers". Diese *Sacra Romana Curia*, diese heilige Römische Kurie war zuerst eine Kurie der Quiriten, Consuln und Cäsaren, dann die Kurie des römischen Imperiums. Jetzt ist sie die Kurie Christi. Sie gleicht einem Diamanten, der in vielen Farben funkelt.

Hochbedeutsam wieder die Verbindung seiner römischen Kurie mit der Kurie des antiken, vorchristlichen Rom. Und dann die Feier dieser *Curia Romana* von 1939, die im *orbis catholicus* Ströme des lebendigen geistigen und spirituellen Lebens abwürgte und durch untergeordnete Kurienbeamte Bischöfe abfertigen ließ wie Bediente.

Der Papst rühmt weiter: Die Kurie ist die heilige Kohorte an der Seite des Papstes zum Schutze des Glaubens und der Kirchenzucht. Unser römischer Kommentator erläutert: Die Kurie ist der römische Senat der Kirche. Er betont die *intima romanità* der Kurie, die intime Römerschaft der Kurie, und gesteht treuherzig, 1943: Das ist für uns Italiener ein großer Trost, daß Gott uns dies anvertraut hat; durch die Kurie ist das größte geistige Werk der Weltgeschichte auszurichten. „Die Italiener sind die wunderbarsten Organisatoren der zivilen und zivilisierten Welt gewesen." Heilig ist diese ihre Mission in der Antike und heute!

Am 2. Oktober 1939 feiert Pius XII. den römischen Gerichtshof, die *Sacra Rota Romana* – auf deren Orakel, nämlich ihre Urteilssprüche, verzweifelt so viele Eheleute jahrzehntelang warten – als „Frucht der Ehe zwischen der juridischen Vernunft der Römer und dem Glauben der Kirche". – Nur ein ganz weltfremder und liebesfremder Zölibatär kann eine Gerichtsbehörde als Frucht einer Ehe bezeichnen. – Am 5. Januar 1941 bespricht der Papst in Zauberworten, der *romanis-*

simo Eugenio Pacelli, wie unser römischer Kommentator erläutert, den Patriziat und römischen Adel: In Eurer Mitte fühlen wir uns mehr Römer durch die Gewohnheit des Lebens, durch die Luft, die wir geatmet haben und atmen, durch dieselben Ufer des Tiber, auf denen Eure Wiege ruhte, durch diesen heiligen Boden, heilig bis in die entlegensten Eingeweide, aus dem Rom für seine Söhne die Verheißungen einer Ewigkeit zieht, die sich in den Himmel erhebt. Pius XII. feiert diesen „römischen Adel der Tugenden und der Ahnen". In Wirklichkeit war dieser Adel, was der Stadt und der Welt durchaus bekannt war, ein sehr fragwürdiges Gemenge unbedeutender Playboys, Dolce-Vita-Freunde und massiver Korruptionisten und eben ganz unbedeutender Individuen. Rund um den Wilma-Montesi-Prozeß entlud sich 1953–1955 ein lang gestauter Zorn gegen diese „Gesellschaft". Pacelli drängt zeitlebens in den Adel. Er selbst ist ein echter Snob. Das Wort kommt von „s. n." *sine nobilitate*, ohne Adel. Pacelli, der Abkömmling eines sehr jungen kurialen Beamtenadels, stellt sich gerne in die Mitte eines alteuropäischen Adels.

29. Juni 1941. Rundfunkrede des Papstes. Seit einer Woche hat die Invasion der Sowjetunion durch Hitler und seine Satelliten und Verbündeten begonnen. Der Papst stellt Betrachtungen an über die göttliche Vorsehung, die in allen Dingen wirkt. – Unermüdlich beruft Hitler seinerseits seine göttliche Vorsehung. – Der Papst spricht von der Glückseligkeit Roms, einer Glückseligkeit des Blutes und des Glaubens, *felicità di sangue et di fede*. Er segnet das ganze italienische Volk und seine göttliche Mission. Dieses ganze italienische Volk steht mitten in einem Kriege, den es zutiefst verabscheut.

3. Oktober 1941. Der Papst feiert wieder einmal die *Sacra Romana Rota*, den päpstlichen Gerichtshof: In einer turbulenten Welt geht die Kirche immer fest und heiter – ferma e serena – ihren Weg der Gerechtigkeit. Diese Proklamation entspricht genau der Pfingstproklamation bei der feierlichen Übergabe des ersten Exemplars des neuen kirchlichen Rechtskodex 1917 an Benedikt XV. Damals wird die Heiterkeit der Kirche angesichts der sich im Ersten Weltkriege ausblutenden europäischen Menschheit und Christenheit froh berufen. Jetzt, im Oktober 1941, in dem die Massen der Westchristen, von Hitler geführt, in den Tiefen Rußlands verbluten und bald zu erfrieren beginnen werden, beruft der Papst selbst den heiteren Weg der Kirche.

Kriegsweihnachten, 24. Dezember 1941. Weihnachtsrundfunkrede an die Welt: eine Hymne auf Rom als Mutter der Gerechtigkeit, als Leuchtturm der Zivilisation, als Mutter der christlichen Liebe, als Geschenk Christi an die Welt. Rom ist groß durch sein Blut. Pius XII. denkt da wohl an das Blut der Märtyrer. Die auf den Schlachtfeldern sterbenden und von Hinrichtungskommandos getöteten Hunderttausende, bald Millionen Katholiken und Nichtchristen erfahren keine

Erlösungskraft, kein Heil von diesem Rom, von diesem römischen Blut, das der Papst in dieser Kriegsweihnacht 1941 als heilbringend beschwört.
Und wieder die Neujahrsansprache an den römischen Adel am 5. Januar 1942: Adel und Rom gehören zusammen, sind in der *grandezza romana* vereint. Pius XII. bezieht sich auf die Glorie des Imperiums, des Livius, des antiken Pontifex Maximus und des ewigen Pontifikats des Petrus. Der Papst spricht diesen debilen, dekadenten römischen Adel, der keinerlei wahre Verdienste um Kirche und Menschheit in dieser Zeit mehr aufweisen kann, so an: Ihr seid von der göttlichen Vorsehung hoch gestellt, auf daß Eure Würde im Angesicht der Welt widerstrahle, in der Verehrung des Stuhles Petri, als Beispiel staatsbürgerlicher Tugend und christlicher Grandezza.
4. Juli 1943. Der Papst dankt dem italienischen Nationalkomitee, gegründet zur Feier seiner fünfundzwanzigjährigen Bischofsweihe: Rom ist der Leuchtturm der Welt! Europa hat sein Zentrum in Rom. Geschützt durch diesen geistlichen Wall wird das italienische Volk den glühenden Eifer der ersten Jahrhunderte der Kirche wiederbeleben und sich von jeder Berührung mit dem Irrtum zu bewahren wissen. Wenn die Stürme, die gegenwärtig die Welt beunruhigen, sich wieder legen werden, wird die Kirche, die Hüterin der Gerechtigkeit und des Friedens nicht nur zwischen den Völkern, sondern auch zwischen den Klassen eines Volkes, ... wieder ihre übernatürliche Mission ausüben.
Der Papst spricht in einem geschichtsleeren Raum. Weder 1943 noch zuvor und auch nicht nachher konnte sich diese römische Kurien-Kirche, stark nur innerhalb ihrer Apparate, als „Hüterin der Gerechtigkeit und des Friedens zwischen den Völkern, zwischen den Klassen" erzeigen. Diese Herrschaftskirche, die ganz ohnmächtig ist, da sie alles „von oben" her machen möchte und nicht den Untergrund, die seelischen Tiefenschichten der Völker erreicht, erzeigt sich 1943 so ohnmächtig im Weltkonflikt wie 1968: hier auch ohnmächtig in der Lösung von Konflikten innerhalb katholischer Staaten und Gruppen. Der Südtirol-Konflikt und der Konflikt zwischen den Wallonen und Flamen an der größten katholischen Universität Europas, in Löwen, sind für diese Kirche unlösbar.
Und nun geschieht das Entsetzliche, das Furchtbare, das Mörderische, das, was nie hätte geschehen dürfen: Die heilige Stadt der Welt, die Unberührbare, die Immaculata, der Nabel und Kranz der Welt, die Krone der Schöpfung und der Zivilisation, Rom, bekommt einige Bomben ab. San Lorenzo fuori le mura wird arg beschädigt. Amerikanische Bomben – von den „gottlosen Freimaurern und Juden" um Roosevelt, gegen den amerikanische und europäische Katholiken einen Propagandafeldzug bis weiter über seinen Tod hinaus führen.
Der Papst ist zutiefst erschüttert. Er klagt die Klagen des Jeremias über diese Freveltat. Etwas Ungeheuerliches ist geschehen. Seinen Brief an den Kardinal-

vikar der Stadt Rom nach dem Luftangriff am 20. Juli 1943 kommentiert ergriffen unser römischer Kommentator: „In künftigen Jahrhunderten wird dieses ergreifende Dokument, dieser so übernatürliche Brief, *questa lettera cosi sopranaturale*" – er kommt wie ein mittelalterlicher „Himmelsbrief" als himmlische Tröstung zu den Sterblichen – „noch die Menschheit ergreifen." Dieser Brief stellt sicher das allerchristlichste römische Wort dar, das die Menschen – alle Menschen des Erdkreises – seit dem Ausbruch des großen Konflikts gehört haben. Nochmals betont er: Nicht nur die Italiener, die Römer, sondern alle Wesen, die noch würdig sind, Mensch genannt zu werden, können dieses Dokument nicht ohne tiefe Ergriffenheit lesen.

Rom ist der Nabel, das heiligste Zentrum der Welt. Diese Welt mag in tausend Wunden ausbluten, Tausende Städte und Hunderttausende Orte und Millionen Menschen mögen als ein zerschundener Großleib der Menschheit vernichtet werden, so daß oft nicht einmal eine Spur der Erdentage dieser Gotteskinder mehr wahrnehmbar ist: Das alles verblaßt hier als nichtig vor dieser in den Relationen der wirklichen Geschichte, der wahren Weltgeschichte sehr kleinen Lädierung der Heilsstadt.

Im Banne dieses Romglaubens ist die Fortsetzung des Kampfes gegen Jerusalem sofort nach Kriegsende, 1945, zu sehen. 1945 versucht der Zionistenführer Moshe Sharet vergeblich, Pius XII. zum Verständnis für die Juden in Palästina zu bewegen. Der Papst verweist auf die Araber. Am 3. August 1946 rühmt er den „großmütigen Charakter" des arabischen Volkes in einer Ansprache an eine Delegation des Hohen Arabischen Palästinakomitees, des Hauptgegners der zionistischen Bestrebung.

Am 14. Mai 1948 wird Israel ein Staat. Der „Osservatore Romano" kommentiert: „Der moderne Zionismus ist nicht der wahre Erbe des biblischen Israel, sondern ein säkularer Staat; deshalb gehören das Heilige Land und seine geheiligten Stätten der Christenheit, dem wahren Israel."

Die Jesuiten der „Civiltà Cattolica" beziehen uralte Motive des mittelalterlichen mörderischen Judenhasses auf die Gegenwart: Zionisten haben die städtischen Brunnen in Gaza vergiftet, sie haben Typhus- und Ruhrkeime in mehrere Tränkstellen geworfen. „Dem Gerücht nach verlassen sich die Juden für ihren Sieg auf die gesundheitliche Verheerung der arabischen Staaten. Solche Tatsachen würden ihren guten Ruf gewiß nicht erhöhen." Das ist mörderischer Hohn, Rufmord und Todeshetze: 1948 in der alten römischen Tradition der „Civiltà Cattolica".

Das offizielle Bulletin des französischen Katholizismus „La documentation catholique" bringt im Anschluß an die Veröffentlichung der Enzyklika *In Redemptoris nostri* vom 15. April 1949 einen Appell, der durch kirchliche Nachrichtenagenturen an Tausende von Klerikern, Lehrern und Staatsmännern verschickt wurde. Hier heißt es unter anderem: „Wenn auch die Orthodoxen (Juden) dem Zionismus anhängen, wobei sie die Person des Messias mit dem ganzen Leib des jüdischen Volkes identifizieren, wird eine hebräische Elite in den Kibbuzim geschaffen, wo sie unter einem kollektivistischen Materialismus, der mit den Leistungen des Kommunismus wetteifert, eine neue Rasse ‚züchten' und erziehen. Inmitten semitischer Unordnung und dem arroganten Überschwang triumphierender Rache werden Schocktruppen und Mörder ohne Skrupel geschaffen ... Wir, die Wir, nachdem Wir viele Monate lang systematisch geblendet und getäuscht worden sind, durch sorgfältige Nachforschungen mindestens teilweise zur Wahrheit gelangt sind, können uns nur einer Überzeugung anschließen, die bereits häufig geäußert worden ist: *Der Zionismus ist ein neuer Nazismus* ... Nur feste und entschlossene Opposition kann Israel aus seinem Delirium wecken und die Errichtung toleranter gegenseitiger Beziehungen ermöglichen. Unserer Ansicht nach ist es lediglich christliche Liebe, den Wahnsinnigen in seiner Wut zu binden."

Das ist blanker Haß. Dahinter steht ein langsam auftauendes schlechtes Gewissen, das ungewollt vernimmt: Der zweitausendjährige Krieg von Christen gegen die Juden (Dagobert Runes 1968) ist in eine neue entscheidende Phase getreten. Da dieses Gewissen aber verdeckt bleibt, kann es sich nur verkehrt ausdrücken; das wöchentliche Bulletin der Kongregation für die Verbreitung des Glaubens im Vatikan, „Fides", erklärt am 9. Mai 1949, daß der Zionismus „geistlich von einer zweitausend Jahre alten Rache gegen das Christentum inspiriert" sein könne.

„Diese beharrliche Unversöhnlichkeit des Heiligen Stuhls" (Lapide) hält an. Das bedeutet unter anderem: Die Vergiftung der Millionen katholischer Kinder durch antijüdische Katechismen und Religionsbücher geht weiter. Pater Paul Démann legt 1952 eine Untersuchung von zweitausendundachtzig katholischen Schulbüchern, Katechismen und anderen erzieherischen Texten aus Frankreich, Belgien, Kanada und der französischen Schweiz vor, die voll von Darstellungen des mörderischen, verlogenen, verräterischen Juden sind. Analoge Untersuchungen in den USA und Brasilien kommen zu demselben Ergebnis.

Pius XII. bleibt hart, obwohl ihm Démanns Buch vorgelegt wird. Hart bis zu seinem Tode. Vergebens bemüht sich Jaques Maritain – nicht, wie Lapide irrtümlich meint, François Mauriac – als französischer Botschafter am Heiligen Stuhl, im Sinne einer Revision zu intervenieren. „... bis 1958 waren alle Versuche zur Entgiftung an der Haltung des Heiligen Offiziums gescheitert."

Pius XII. wußte, daß sein ganzes Lebenswerk, seine ganze Politik fundamental in Frage gestellt wären, wenn er diese Revision zulassen würde. Und er wußte auch, daß seine Rom-Kirche, sein Romglaube zutiefst verbunden sind mit der

Lehre der Kirchenväter: Der Verlust der jüdischen Souveränität, die Zerstörung des Tempels und die Zerstreuung der Juden sind ein notwendiger Teil der göttlichen Strafe für das jüdische Verbrechen des Gottesmordes. Pius XII. hat den Zweiten Weltkrieg eine Züchtigung der Menschheit durch Gott genannt, und er hat in dem, was den Juden in diesen Jahren zustieß, ein Werk der Vorsehung gesehen.

DEUTSCHE UND CHRISTLICHE PATHOLOGIEN

Der Glaube des Adolf Hitler entspricht in breitesten Schichtungen und Strukturen dem Glauben breitester Schichten des deutschen Volkes. Daraus resultiert nicht zuletzt die massive Basis seines Erfolges. Beide, Hitler und die Mentalität dieses Volkes, wurzeln lückenlos in einer Kontinuität, die sich vom Anfang des 19. Jahrhunderts bis heute entfaltet.

Einer depressiven und aus der Fülle von Depressionen aggressiv werdenden, immer wieder zu Regressionen in infantile Haltungen neigenden „Hetzmasse", „Verbotsmasse", „Umkehrungsmasse" und „Meute" – diese Begriffe hat Elias Canetti geprägt – kommen christliche Massen entgegen – faktisch sind es sehr oft dieselben Menschen, die beiden Massen angehören –, die gerade im 19. und 20. Jahrhundert immer wieder dazu angeleitet und verführt wurden, infantil, regressiv und aggressiv zu werden. Die Erfolge des Glaubens des Adolf Hitler sind nicht zuletzt Ergebnisse der Verbindung zweier geballter Ladungen: einer deutschen und einer christlichen, genauer kirchlichen, Ladung.

Eine spezifisch deutsche und eine spezifisch kirchliche pathologische Situation verbinden sich. Beide sind bis heute unaufgelöst, bilden mit die Krise der Gegenwart. Kein Wunder, daß die Betroffenen, die immer noch im Bannkreis alter Komplexe, zutiefst unheiler geistiger und seelischer Situationen leben, gereizt reagieren.

Ein Buch kann eine jahrelange, eine lebenslange psychotherapeutische Behandlung nicht ersetzen, es kann aber auf einige Momente aufmerksam machen, die eine künftige politische, gesellschaftliche, ärztliche, psychologische, religiöse Leib-Seelsorge, wenn sie sich selbst ernst nimmt, berücksichtigen muß.

Eineinhalb Jahrhunderte monotones Rotieren in einem spießbürgerlichen Deutschland um dieselben Lebenslügen: In Fichte steckt schon ein NS-Professor, in Menzel ein NS-Studentenführer, in Hitler stecken ein Dutzend Gartenlaube-Autoren und ein Rassen-Ganghofer. Hitler wurde schon früh, 1931, von Weigand von Miltenberg als ein Wilhelm III. und ein „kgl. bayerischer Künstler" bezeichnet. Schulen und Gymnasien bereiten Hitler vor. Die Berliner Universität bildet ein Zentrum der Kreuzzüge gegen die Demokratie. Die „evangelische Allianz von Bethlehem und Potsdam" ist weit älter als „der Tag von Potsdam". „Der konservative Mensch denkt an das Dritte Reich" (Moeller van der Bruck).

Das gesamte Vokabular des Goebbelschen „Reichs“ ist um 1927 bei konservativen Autoren volltönend zugegen.
Die NSDAP gedieh im nationalistischen Klima der Weimarer Republik. Der große Troeltsch aber machte schon darauf aufmerksam, daß die radikalen Nationalisten des Wilhelminischen Reiches „im Stile assyrischer Deportationen“ denken.
Früh im 19. Jahrhundert wurde auch „die Bibel zur Arierbibel, das Kreuz eine Art Hakenkreuz“. Der völkische Antisemitismus saugt den christlichen Antisemitismus auf. Vergeblich erklärt Lueger: Nur der christliche Antisemitismus ist vernünftig und wirksam, so wie ihn die Kirche seit 1800 Jahren pflegt. Streichers pornographischer Antisemitismus und Hitlers „obszöner Judenhaß“ (Golo Mann) sind weit wirksamer, da sie die unbefriedigten Tiefen des Bürgers und Kleinbürgers ansprechen. Im „Juden“ als Gegensymbol wird bekämpft, was man innerlich selbst genießen möchte.
Vernichtungs- und Ausrottungswünsche von Klopstock und Kleist bis heute. „Die Verdummung des Volkes war institutionalisiert“ (Hermann Glaser). Die Partei und ihre Propaganda treffen sich auch hier, konvergierend, mit jener kirchlichen Verdummung, die wir noch gesondert behandeln wollen.
Die Ausrottung der Juden im besonderen wird von Ernst Moritz Arndt bis zu einem Antisemitenkongreß in Hamburg Anfang der neunziger Jahre des 19. Jahrhunderts gefordert. Der verklemmte Exkatholik Himmler bereitet die Massentötung aus „religiöser“ Überzeugung vor. Höß, der Kommandant von Auschwitz, beschließt sein Tagebuch: „Durch alle Höhen und Tiefen hat mich mein Schicksal geführt ... Hab' nie verzagt. Zwei Leitsterne hatte ich, die meinem Leben Richtung gaben, seit ich aus dem Kriege als Mann zurückkam, in den ich als Schulbub gezogen: mein Vaterland und dazu meine Familie.“
„Der Deutsche läßt sich zum Massenmord erziehen“ (Dietrich Strothmann). Diese Erziehung hat eine lange Vorgeschichte und wird heute noch betrieben. In diesem Zusammenhang spielt gestern und heute folgendes Phänomen eine hervorragende Rolle: „Die aggressive Besetzung von Vorurteilen läßt sich aus dem Zusammenhang von repressiver Erziehung, repressivem Gehorsam und der daraus resultierenden Bereitschaft zu aggressivem Verhalten verstehen.“
Vorurteil: Es ist bereits ein Vortöten. So, wie immer das Vordenken des Krieges und des „Ausrottens“ der Tat vorangeht. „Am Anfang ist das Wort“; das gilt gerade auch für die Mordtat. In diese unheimliche Situation spricht und schweigt heute eine Kirche hinein, die, wie der Theologe Eberhard Stammler feststellt, heute in der deutschen Öffentlichkeit mehr Autorität genießt, als ihr ihrer Substanz nach zukommt. Dazu kommt: „So sprechen die Kirchen für 90 % Christen, die es nicht gibt“ (Hans Hugelmann).

Nun hat im steten Blick auf die pathologische Situation gerade im mitteleuropäischen Raume Sigmund Freud, der einzige große Antipode Hitlers, der bis an die Wurzeln des Elends vorstieß, diese Miseren der Fehlerziehung und permanenten Verführung durch mörderisch aggressive Vorurteile zu Objekten einer Weltdiskussion und auch Heilbehandlung gemacht. Die Rezeption Freuds fand jedoch in Deutschland nicht statt. Die heute 35- bis 60jährigen deutschen Wissenschaftler wissen nichts von Freud (Tobias Brocher). Freud wird ebensosehr verdrängt wie das, was er offen aufbereitet hat. 1953 will ein Stadtrat einer westdeutschen Industriestadt etwas gegen den „Jugendverderber" Freud unternehmen, den er als einen lebenden Untäter ansieht. 1966 sendet ein deutsches pharmazeutisches Werk Post an Sigmund Freud.

Kein Wunder, daß unter diesen Verhältnissen die Reinfantilisierung der Gesellschaft heute in Deutschland weiterbetrieben wird. Erwachsene werden unter Druck, unter Bevormundung gehalten. Wieder wird „Führung" angestrebt. Wir erinnern an die vielen Appelle Pacellis-Pius' XII. an die Deutschen, ihren „Führern" zu gehorchen. „Es gilt immer noch fast als anstößig, traditionelle Autorität zu prüfen und kritisch in Frage zu stellen. Sie anzugreifen ist ein Sakrileg. Schlimmer noch: Die der Prüfung unterzogene Autorität stellt sich nicht etwa, sondern weicht in die Berufung auf verliehene Macht und Selbstgewißheit aus, um sich so gegen jede konstruktive Kritik durch Verdächtigung, Abwertung und Diffamierung wenden zu können." Diese Autoritäten praktizieren „eine Erziehung zur Selbsttäuschung und zu idealisierter Unwahrhaftigkeit" (Tobias Brocher).

Mächtige Institutionen erzeugen Angst durch Drohung. Die Reinfantilisierung wird dadurch mächtig gefördert, besser ausgedrückt: Die „Kinder" werden nie wirklich selbstbewußte, verantwortungsfrohe, reife Menschen: Menschen mit einem Gewissen, das andere wirklich wahrnimmt.

In diesem Zusammenhang hat Hans Heigert „Deutschlands falsche Träume oder: Die verführte Nation" untersucht. Auch er sieht die lückenlose einhundertfünfzigjährige Kontinuität bis ins Heute. Er sieht „die laszive Lust ..., sich einem Überstaat zu unterwerfen – zweifellos die tiefste Gefahr in Deutschland. Die politische Selbstverstümmelung, die Selbst-Amputation der eigenen Souveränität und Würde bleibt die rätselhaft makabre Sehnsucht vieler Deutscher". Wir kommentieren: Die politische Selbstverstümmelung und die Selbst-Amputation beginnt in der eigenen Person, die, verführt, verzogen, verbildet, nicht reifen kann.

Die Infantilen rufen nach dem Führer. Im Stile von 1820 heißt das, mit Oken: „Wir müssen nach nichts rufen als nach einem Kaiser. Nicht nach Verfassung, nicht nach Einteilung, nicht nach Handels-, Denk- und Gewissensfreiheit, nicht nach Wegschaffung despotischer Einrichtungen, Studienzwang, Posterpressung, unerschwinglicher Steuer, nichts nach alldem müssen wir fragen. Mit dem Kaiser ist dies alles gegeben." Der Infantile sehnt sich nach „Einheit", „Autorität" und „Geschlossenheit" – Zauberworte der heutigen Demokratie-Kritik –: nach einer „heilen" Mutterschoßwelt. Das ist das „Mutterland", das „Vaterland", das besessene Gymnasiasten und Studenten hundert Jahre vor Hitlers Linzer Schulzeit bereits als ebenso fanatische, pubertäre, religiös-politische Sektierer, wie Hitler 1904–1912, inbrünstig besingen.

Talleyrand beobachtet bereits diese pubertäre politische Religiosität der „jungen Deutschen": „Die Einheit des deutschen Vaterlandes ist ihr Geschrei, ihr Glaube, ihre bis zum Fanatismus erhitzte Religion." Als offizieller Agent des Zaren beobachtet Kotzebue diesen religiös-politischen Fanatismus. Seine Ermordung durch den Studenten Sand wird als eine Heilstat für das ewige Deutschland gefeiert – wie die Fememorde und andere politische Morde, zu denen sich früh, auch vor den Gerichten der Weimarer Republik, Adolf Hitler bekennt.

Analog wie um 1930 bilden um 1820 junge Theologen und Theologensöhne sich eine deutsch-christliche Religion, in der Gott zum Patron der Deutschheit ernannt wird. „Alles wahrhaft Christliche ist auch deutsch, alles echt Deutsche ist in Wahrheit christlich." Das proklamiert 1817 Professor Riemann in seiner Eröffnungsrede zum Wartburgfest. Das verkünden inbrünstig die deutschen Christen in Hitlers Linzer und Wiener Jahren wie Ernst Hladny. Das künden aber auch die Führer der katholischen deutschen Jugend um 1925. Und natürlich seit 1933.

Religion und politisierendes Schlagwort und „Weltbild" werden zu den mächtigsten Verführungsgebilden der „deutschen Seele". Beide ersticken die Ansätze zur Person-Bildung, zur Bildung eines offenen Wissens und Gewissens. Beide ersticken jene „kollektive Scham", die Theodor Heuss gefordert hat, verdrängen bereits die Keime ihrer Bildung.

1967 erinnert resignierend Karl Jaspers („Von Heidelberg nach Basel") an die Entscheidung in Deutschland, die er 1946/47 fallen sieht: keine Umkehr. Es soll alles beim alten bleiben! Jaspers schildert das geistige Klima an der Heidelberger Universität: „... in dieser Zeit nach den zwölf Jahren der Verbrechen in der durch eigene Verantwortung herbeigeführten Katastrophe trat doch fast nur der egoistische Daseinswille in Erscheinung, ohne Teilnahme an irgendeinem Willen zur Umkehr. Von den Nazi-Massenmorden an Juden wollte man nichts wissen oder interessierte sich nicht dafür. Was da grundsätzlich mit uns Deutschen durch uns geschehen war, kam nicht zum Bewußtsein. Man nahm nicht Abstand von dem totalen Verbrecherstaat, zu dem wir geworden waren." – „Es war, als ob Stimmung und Charakter der Menschen sich überhaupt nicht geändert hätten. Sie wollten leben, aber sich nicht besinnen, sich nicht ändern, sich nicht für den Gang der Dinge, und was wir darin tun könnten, interessieren. Alle Nazis schoben die Schuld auf Hitler: ‚Wir sind mißbraucht worden.‘ Es gab selten eine Würde, aber hier und da geheime Wut und Bosheit. Das wurde mit den Jahren schlimmer.“

Masse und Macht: Elias Canetti untersucht die Bildungen von Massen in verschiedenen Kulturkreisen, Zeiten, ethnologischen Sphären. Sein durch viel Leiderfahrung geschärfter Blick fällt da auf „Hetzmassen“, auf „Verbotsmassen“ und auf „Klagemeuten“: Verfolger bilden Meuten, indem sie sich selbst als Verfolgte erleben. Religiös-politische Klagemeuten werden im 19. und 20. Jahrhundert in unseren Räumen vor allem durch deutsche und christliche Massen infantiler, hilfloser Einzelner gebildet. Deutsche Klagemeuten fühlen sich von Slawen, Franzosen, Juden verfolgt – die sie selbst angreifen möchten. Christliche Klagemeuten fühlen sich von Freimaurern, Liberalen, Juden, Sozialisten verfolgt. Adolf Hitler vereinigt beide Klagemeuten.

Canetti: 1914 wurde das ganze deutsche Volk eine „offene Masse“. Die ersten Augusttage des Jahres 1914 „sind auch der Zeugungs-Moment des Nationalsozialismus“. Hier wird Hitler zu Hitler. Zu diesem Aufbruch-Erlebnis der deutschen Masse gehört Versailles. Hier wird Hitler zum Erlöser; er verkündet das Heil, das aus dem Tod, aus der Niederlage wächst. Ostern des deutschen Volkes! „Die Niederlage, die zum Sieg werden soll!“ Hier hat das Heilszeichen, das Hakenkreuz, seine unersetzliche Bedeutung. „Seine Wirkung ist eine zwiefache: die des Zeichens und die des Wortes. Das Zeichen selbst hat etwas von zwei verbogenen Galgen. Es bedroht den Betrachter auf eine etwas hinterhältige Weise, als wolle es sagen: Warte, du wirst staunen, was da noch hängen wird.“ – „Das Wort hat sich vom christlichen Kreuz die grausamen und blutigen Züge geholt, so *als wäre es gut zu kreuzigen*“ (Hervorhebung von Elias Canetti).

Was verhaftet, was bannt deutsche Menschen an das Hakenkreuz? Was macht diese Menschen zu einer Masse, die an den mörderischen Haken dieses Kreuzes hängenbleibt? Was entbindet in ihnen die Lust, unterdrückt zu werden und als Unterdrückte andere zu unterdrücken?

Wir münden in unser großes Thema ein. Jede Masse dieser Art ist unterdrückte Sexualmasse. Die unterdrückten Triebe stauen sich und werden, wenn sie können, aggressiv. Aggressiv nach außen und aggressiv nach innen. Das deutschbürgerliche 19. Jahrhundert hat das Triebleben ungeheuer gestaut: Kirchen, Schulen, Kasernen, Gerichtshöfe, Gesellschaft haben sich da in einer in ihren Augen heiligen Allianz verbunden.

„In der Ehe ist kein Platz für den Geschlechtstrieb“ (Hermann Glaser). 1968 wird ein Gymnasiallehrer abgeurteilt, der in einer südwestdeutschen Stadt seine Frau umgebracht hat; sie hatte ihn jahrzehntelang gequält, geschunden, erniedrigt und beleidigt und mit anderen Männern betrogen. Geschlechtlich ganz unerfüllt, hatte sie von diesem Manne sexuelle Handreichungen verlangt, die dieser, auf den Rat seines Beichtvaters hin, ihr verwehrte. Die unerfüllte Frau wurde zur aggressiven Megäre gegen ihren Mann. Der Mann wurde zum Mörder.

Adolf Hitler, Heinrich Himmler sind Produkte einer neurotischen und frustrierten Gesellschaft. Es führen direkte Wege vom Schlafzimmer dieser Wahnwelt, die sich in Tagträumen, in aggressiven Wunschbildern – die sofort verdrängt werden – in Plüsch und Kitsch einhüllt, „letztlich zu den Krematorien von Auschwitz" (Hermann Glaser). In dieser Welt wird der Mythus der Reinheit, der Sauberkeit und der „Reinigung" und „Säuberung" gepflegt. Die gute Stube der Nation, die Wohnung, muß von unsauberen Elementen, von Bazillen, Bakterien gesäubert werden. Heinrich Himmler, der pedantische Sauberkeits-, Sittlichkeits- und Reinheitsapostel, immer noch der pubertäre Ministrant seiner Knabenjahre, unternimmt es, Sauberkeit zu schaffen. Und Deutschland und die Welt von Juden zu „reinigen".

Himmler, der Sohn eines sehr pedantischen, streng katholischen Gymnasialprofessors, schwärmt für eine Frau, eine „Gattin, der man die Füße küssen muß, die einem Kraft gibt durch ihre kindliche Weichheit und kindlich reine Heiligkeit, in den härtesten Kämpfen nicht zu erlahmen, und einem in idealen Stunden der Seele Göttlichstes gibt".

Der SS-Staat bot im KZ seinen Mitgliedern die Möglichkeit, alle Aggressivität ihres gestauten, verdrängten Trieblebens in den „Reinigungs"-Aktionen, in den „Säuberungen" auszutoben. Die Handelnden sind normale deutsche Bürger und Kleinbürger. „Für uns seid ihr alle keine Menschen, sondern nur ein Misthaufen ... mit wirklichem Behagen jagen wir euch alle durch die Roste der Krematoriumsöfen hindurch ... Hier werdet ihr wie Hunde verrecken." Das sind Worte aus der Begrüßungsansprache des Obersturmbannführers Karl Fritsch an eine Gruppe polnischer Gefangener in Auschwitz.

Woher kommt es, daß heute, 1960–1968, immer wieder mit Behagen Lehrer, Schulmänner, Jugendliche, in Wien und Berlin, von Verfeuern, Vergasen, Verbrennen in KZ-Öfen sprechen und ihren selbstgewählten Gegnern androhen? Die Erziehung dieser Menschen ist heute nicht weiter fortgeschritten als die repressive Erziehung um 1920, um 1930.

Aufhängen neben dem Weihnachtsbaum. Töten durch Baum- und Pfahlhängen; Kreuzigungen kopfunter; Daumenschrauben, damit die „Vögel" zum Singen gebracht werden: Die mörderische Phantasie dieser Männer und Frauen von 1939 bis 1945 ist sichtbar angeregt durch Marterbilder in zumal ländlichen Andachtsstätten und Wahlfahrtsorten im bayerischen und österreichischen Raum.

Frauenhaß und Judenhaß, Frauenangst und Judenangst, Geschlechtsneid und Neid auf den Juden hängen enge zusammen. Der „Stürmer“ des „Frankenführers“ Julius Streicher ist ein moderner „Hexenhammer“. Es lag auch gar nicht so weit zurück, als in Würzburg und andern deutschen Bischofsstädten junge, schöne Mädchen und Frauen als Hexen verbrannt wurden.
Sadismus des Staates, von Bürokratien, Schulen, Gerichten, Gefängnissen; eine triebfeindliche „Kultur“ hat die Kräfte der Zerstörung gestaut. Adolf Hitler hat sich zunächst bei Makart und bei Karl May abreagiert. Makart ersetzte ihm die Sexbilder der Gegenwart, Karl Mays sadistische Schilderungen ersetzten ihm James Bond, den Mörder im Dienst. Der aggressive sadistische Kleinbürger in Waffen wird heute reprivatisiert und auch wieder schon politisch aufgeladen. Die gegnerischen mörderischen Geheimagenten sind Gelbe, Rote, zeitweise auch Deutsche.
„... die Geschichte des 20. Jahrhunderts eröffnet sexualpathologische Abgründe ungeheuren wie ungeheuerlichen Ausmaßes; es scheint, daß ein jahrhundertelanges Unbehagen in der Kultur nun in das endgültige Versagen der Kultur umschlägt; die Kollektivneurosen enden in absoluter Verwirrung und die Kollektivpsychosen in den schrecklichsten Wahnideen.“
Millionen unbefriedigter und unerfüllter deutscher Frauen sehen inbrünstig brünstig zum „Führer“ auf: Er ist ihnen der Mann, der Supermann, der Phallus-Gott, dem sie ihre Männer und ihre Söhne opfern. Für frustrierte Männer wird 1914 das Schlachtfeld zum Altar des Vaterlandes, zum Ort des Orgasmus. Die Männerbanden und Männerbünde sind hoch aggressiv geladen mit homosexueller und bisexueller Neurotik. Der innere Krieg – das Niederschlagen der Gegner, das Schlagen, Foltern, Töten – und der äußere Krieg werden zum Sexualobjekt. „Feuer und Blut“ – Feuer ist immer uraltes psychisches Sexualmal –, durch „Feuer und Blut“ soll gezeugt werden (Ernst Jünger). In den Niederungen sieht diese Zeugung, im Kot der Folter, furchtbar aus.
Die Sexualangst, Sexualsucht und Sexualnot werden von Hitler und seiner Propaganda geschickt manipuliert. Massen sind am besten neurotisch zu steuern, zu führen. Hitler folgt auch hier, wie so oft, kirchlicher Praxis. Geben wir hier einem Manne das Wort, der in der Epoche Pius' XII. dies schmerzhaft am eigenen Leib und Geist erlebt hat.

1967 tritt der englische Jesuit Charles Davis aus der römischen Kirche aus. Als einen wesentlichen Grund seines Austritts nennt er die Schändung der Menschenwürde in einem „korrupten System“. Davis hat seine Worte in dem Buche „A Question of Conscience“ dargestellt. Am 21. April 1952 flieht der italienische

Jesuit Alighiero Tondi aus der Gesellschaft Jesu und seiner Kirche in Rom, verfolgt von der politischen Polizei, die ihn in ein Irrenhaus bringen möchte.
Der Fall Tondi ist heute noch nicht abgeschlossen, ebensowenig wie der Fall Davis. Tondi hat 1953 in Florenz seine Erlebnisse veröffentlicht; sehr persönlich, sehr subjektiv. Fetischistische Verehrer des Objektiven übersehen gerne, daß alles Menschliche nur subjektiv zu erfahren ist. Die Entmenschung des Menschen beginnt mit einer „Objektivierung", die bereits eine Sezierung darstellt. Tondi war bereits Architekt, als er sich 1936 entschloß, ins Noviziat der Gesellschaft Jesu einzutreten; ein innerlich freier Mensch, geliebt von einer Frau. Kein Knabe mehr, wie die meisten Seminaristen in Italien, die als Kinder, ähnlich wie im Mittelalter die *pueri oblati*, die von ihren Eltern Gott geweihten Knaben, der Zucht der Kirche übergeben werden.
Dieser junge italienische Intellektuelle schwärmt für eine frühchristliche Kirche, eine freie Brudergemeinde, für das Reich Gottes. Er findet eine Zwangsanstalt vor, die, wie er überzeugt ist, fest entschlossen ist, ihre Zöglinge total „umzubauen", zu anderen Menschen zu machen durch das Zerbrechen ihrer Person, durch die Zerschlagung ihres geistigen, seelischen Kernes.
Zum Folgenden eine Vorbemerkung meinerseits: Ich halte die Gesellschaft Jesu für eines der hervorragendsten Phänomene der Geschichte der Menschheit und der Kirche. Ich habe ihr in diesem Sinne in allen meinen einschlägigen Arbeiten meine höchste Achtung bezeugt. Am ausführlichsten wohl in „Die Dritte Kraft. Der europäische Humanismus zwischen den Fronten des konfessionellen Zeitalters". Ich sehe dankbar auf die *Università Pontificia Romana*; einigen ihrer deutschen Professoren verdanke ich unvergeßliche Romerlebnisse. Es wäre mir lieber gewesen, wenn ich das Folgende an einem anderen Beispiel hätte erläutern können. Doch Tondi schildert mentale, kirchliche und politische Verhältnisse, die für das römische Klima in der Epoche Pius' XI. und Pius' XII. hoch signifikant sind.
Der Ordensgeneral der Gesellschaft Jesu, der ihm da entgegentritt, ist der polnische Hochadelige Vladimir Ledochowski, bekannt und gefürchtet als dritter Diktator seiner Zeit in Rom, neben Pius XI., Pius XII. und Mussolini. Ledochowski, der auf Hitler setzte, ist unter anderem der Mann, der autoritär Pater Muckermanns warnende Stimme gegen Hitler zum Schweigen brachte.
Eines Tages liest der Novize Tondi gerade „La ginestra" von Leopardi, ein klassisches Poem der italienischen Literatur. Da tritt der Ordensgeneral ein, wird blaß, dann rot: „Dichtungen liest man nicht; Er (Tondi) wird nie mehr solche Sachen lesen."
Tondi erfährt, daß Ledochowski terrorisierend hochangesehene Jesuiten zwingt, ihm weinend die Hand zu küssen, um Verzeihung bittend. Gehorchen! Ohne zu zögern. Nur vollkommener Gehorsam kann vor der Hölle retten. Diese Novizen

erfahren nie, daß dieser „Gehorsam" nie im Neuen Testament auch nur mit einem Wort genannt wird. Die Novizen werden ganz im Seminar eingeschlossen und ständig terrorisiert. Alles dreht sich nur um das eigene Seelenheil, das ständig bedroht ist: „Die Welt, das Licht, die Leute auf den Straßen sind höchst gefährliche teuflische Realitäten."

„Ich erfuhr, daß der Priester fast immer alle Nichtpriester als geborene Feinde ansieht: Sie leben so ganz anders als er; das irritiert ihn sehr. Der Priester ist ein schwacher Mensch, er möchte auch das haben, was die anderen haben. Aus Angst bleibt er Sklave des Systems! Deshalb möchte er den anderen verbieten, was ihm selbst verboten ist: der Genuß der Freuden des Lebens!" Aufgabe der Exerzitien und des Noviziats: Das Individuum soll wie ein Handschuh ganz umgedreht werden.

1953 schreibt Tondi: Hinter mir liegen sechzehn Jahre täglicher Seelenkampf, um das Heil der Seele. Täglich der Versuch, mich zu vergewaltigen. Am 7. Februar 1936 ist er in Galloro, dreißig Kilometer von Rom entfernt, in das Noviziat aufgenommen worden. Er findet hier eine Atmosphäre vor, die voll dumpfen Aberglaubens, voll Angst und Brutalität ist. „Wenn ein Geist sich einmal in höhere Regionen erhoben hat, erträgt er nicht mehr Sitten und Gebräuche von Wilden oder von zurückgebliebenen Völkern. Der Versuch, ihn zu dieser Regression zu zwingen, brutalisiert und barbarisiert ihn. In diesem Sinne ist der so verfaßte Mensch eine Gefahr für eine höherentwickelte Gesellschaft, in der er lebt. Er ist tatsächlich ein Primitiver und handelt als ein Primitiver: dergestalt stellt er einen Faktor des Rückschrittes, des Regresses, dar, auch in den Augen der anderen. Mehr aber noch: Er ist ein künstlicher Primitiver, denn er ist ein aus der Bahn gebrachter Mensch, und der Keim des Rückschrittes, den er in seine Umgebung einführt, hat unnatürliche und gefährliche Charaktermerkmale."

Hier erfahren wir, wie die geistig-seelische Konstitution der Männer beschaffen ist, die 1936, 1939, im Zweiten Weltkrieg und nachher den Juden und anderen mittelalterliche Pest-Mord-Legenden ansinnen. „Der Jesuit" – wir müssen kommentieren: diese römischen Jesuiten der Pius-Ära – „führt wirksam in seine Umwelt eine fetischistische, heidnische, mittelalterliche Frömmigkeit ein, von einer inferioren Qualität, angepaßt an Primitive, an zurückgebliebene Völker, in schneidendem Gegensatz zum kulturellen Niveau, zur Bildung und zum Gewissen des gegenwärtigen Menschen. Eben das produziert offensichtlich einen Rückschritt der Gesellschaft ..." Tondi: Eben das benutzt der Vatikan, der jeden Fortschritt der Person zu einem Selbstbewußtsein und einer Selbstentwicklung verabscheut.

Hier wird eine Verkindischung, *rimbambimento*, eine Reinfantilisierung erzeugt! Die Novizen erhalten primitive Teufelsbücher und Devotionalien als Lektüre im

Seminar, Berichte über Versuchungen heiliger Jesuiten, etwa durch Legionen nackter Frauen. Der Anblick von Frauen ist zu fliehen wie der Blick des Basilisken: das Leben Berchmans von Cepari.

Tondi fällt die brutale, lieblose Behandlung von Kranken auf. Sie werden gedrängt, die Gesellschaft zu verlassen. „In keiner Organisation, nicht einmal bei der Armee, habe ich so viele Kräfte verschwenden gesehen, um kleinste Dinge und lächerlichste Resultate zu erreichen wie bei der Gesellschaft Jesu." Dieselbe Klage äußert vielfach Mgr. Scheicher in Österreich 1900 bis 1912, bezogen auf die ganze Verwendung des Klerus durch die Kirchenführung.

11. Februar 1938: Ablegung der ersten Gelübde. Pater Chagnon, Professor der Moralphilosophie und Soziologie an der Gregoriana, sagt zu Tondi: „Wenn die katholische Philosophie das wirkliche, pulsierende Leben reflektieren würde, wenn sie das Leben verstehen und schätzen würde, wenn sie, alles in allem, selbst Leben wäre, würde sie das Leben, ihre Existenz, verlieren." Tondi fragt erstaunt: „Warum?" Chagnon: „Weil sie aufhören würde, eine Waffe in der Hand der Kirche zu sein. Dann müßten der Vatikan und die Gesellschaft Jesu auf ihre Macht und Herrschaft über die Geister verzichten!"

Tondi erlebt als Student an der Gregoriana die primitive Abfertigung der großen Philosophen in seinem Studienkursus. Da wird auf neun Seiten der Idealismus und auf zweieinhalb Seiten der Sozialismus und Kommunismus abgefertigt. Die Enzykliken und Hirtenbriefe, die sich mit letzterem befassen, sehen auch danach aus. Der Geist wird zu einem verkümmerten Sektenwesen deformiert. Es ist unmöglich, mit den Professoren an der Gregoriana zu diskutieren; ihre Mentalität ist versiegelt. Alle philosophischen Gegner werden als böse, pervers etc. verdammt. Tondi sieht auf seine Professoren – sein Blick gleicht merkwürdig dem heutiger Studenten in aller Welt auf ihre sehr weltlichen Professoren – an dieser hochberühmten päpstlichen Universität: „Mittelmäßige Menschen, ohne Weisheit und Wissenschaft des Lebens, ohne Liebe, nicht geliebt und nicht liebend. Wesen mit gebrochenem Herzen, engherzig, beschränkt, farblose Gelehrte, ohne Enthusiasmus, trockene Logiker, bewegten sie sich auf den Kathedern, sprechend in einer armseligen Weise, ohne Bilder, ohne einen Hauch lebender Farben oder ein lebendiges Beispiel, ... ohne einen Blick auf „das wirkliche" Leben zu werfen ..."

Ein weißer Rabe in dieser grauen Schar: der Pater Chagnon. Der sagt ihm offen: Unsere Philosophie ist ein Nichts, das sich um ein Nichts bewegt. Die ganze katholische Soziologie reduziert sich auf ein Nichts.

Diese Professoren leben in einer furchtbaren Angst. Ständig fürchten sie, in den Vorlesungen etwa Unerlaubtes zu sagen und ihre Stellung zu verlieren. Sie scheinen jenen sowjetischen Lehrern in stalinistischen Seminaren zu gleichen, wie sie Wolfgang Leonhard erlebt hat. Francesco Morandini gesteht ihm, seit sechzehn Jahren von Tag zu Tag seine Entlassung zu befürchten. – Ständiger Kampf aller gegen alle. Ausspitzelung und Denunziation als einziges Mittel, sich selbst zu behaupten.

Tondi: Diese scholastische Philosophie der Gregoriana ist „ein trockener Ast eines vorsintflutlichen Baumes". Der berühmte Kirchenhistoriker Joseph Grisar SJ sagt zu Tondi: „Die katholische Theologie ist ein Kerker, in dem sich die Kirche selbst eingekerkert hat, und sie hat die anderen eingekerkert und dann die Schlüssel in den Fluß geworfen"! Ist dieser Fluß der heilige Tiber, von dem Pacelli psalmodierend spricht? Tondi: Die Kirche ist also an erster Stelle ihre eigene Gefängniswärterin, und dazu ist sie die Gefängniswärterin der andern. Er erinnert an den Index der verbotenen Bücher, in der Ausgabe unter Pius XII.: Todsünde, wer ohne zu bereuen, solche Bücher liest, er kommt in die Hölle. Tondi zitiert indizierte Bücher. Hauptwerke der italienischen Literatur finden sich da neben Montaigne, Montesquieu, Descartes, Kant (Kritik der reinen Vernunft), alle Werke von Balzac, und natürlich alle die großen katholischen Reformer des 19. und 20. Jahrhunderts. „Dieses Panorama liefert eine Vorstellung von der Einkerkerung des Geistes durch die Kirche."

Oft befaßt sich Tondi mit dem Gedanken: Das kirchliche Lehramt hat seit frühen Zeiten durch waghalsige Definitionen und dogmatische Bindungen die Zukunft monopolisiert und sich das eigene Wachsen versperrt.

Ein Jesuit sagt zu Tondi: Die Menschheit liegt seit zwanzig Jahrhunderten im Schlafe und will nicht geweckt werden. Vielleicht sind es schon sechzig Jahrhunderte, daß sie so versklavt und unglücklich ist. – Hundert Jahre früher erwägt in Wien Friedrich Hebbel in seinen Tagebüchern, ob es nicht 6000jährige Irrtümer der Menschheit gäbe? – Niemand will denken! Alle sind müde! Das katholische Christentum hat leider alles „gelöst", geregelt und hat so diesen Schlaf vermehrt. Die Kirche hat vielleicht übertrieben ... Denn das Evangelium ist Leben, Selbstbewußtsein, Kampf des Lebens.

Tondi setzt in fetten Lettern die These seiner Überzeugung, die er sich als Professor der Gregoriana erarbeitet hat: „Die herrschende, dirigierende Kirche fürchtet, daß sie, wenn sie nicht alle Mittel anwendet, um die Intellekte zu unterjochen, die Herrschaft über die Geister, und dem folgend, die politische Herrschaft über die Welt verliert."

Vom Juli 1945 bis zum 21. April 1952 ist Alighiero Tondi Professor an der Gregoriana, der *Università Pontificia Gregoriana*. Er erlebt schmerzlich, daß die große Mehrheit der Professoren eine marmorne, kalte Bürokratie bildet, einige wenige ausgenommen. „Mit dem Blick auf den Altar habe ich mir hunderte Male gesagt: diese Leute glauben nicht." Ähnlich wie Joseph Scheicher um 1900 meint

Tondi: Wer dürfte es wagen, den Allmächtigen, die „unendliche Liebe“, zu reduzieren auf einen Polizisten, einen Kerkermeister, der sich mit den elenden Kleinlichkeiten des Individuums befaßt und fixiert auf die geringsten Regungen der geschlechtlichen Aktivität sieht. Tondi erlebt die ständige Höllendrohung und Teufelsängstigung mit dem Geschlecht. Und er erlebt die sexuelle Fixierung einer Moraltheologie, die sich in peinlicher Besessenheit und Ausführlichkeit mit sexuellen Praktiken befaßt. „Diese Moraltheologie ist geschlechtsbesessen, sie vergiftet Priester und Laien, sexualisiert beide. Sie erregt ständig die Sinne und die Phantasie.“

Tondi: Es gibt nichts Schamloseres als diese Werke der Moraltheologie. Ihr Großmeister ist Alfons Maria de Liguori. Seine vierbändige „Theologia Moralis“ (ich zitiere nach der Grazer Ausgabe von 1954) befaßt sich unter anderem mit Hexerei und Zauberei (stützt sich dabei auf alterprobte Hexenhammer-Werke von Delrio und Elbel und andere), mit der Folter. *Nicht gefoltert werden* dürfen: Männer in hohen öffentlichen Stellungen, hohe fürstliche Beamte, Bürgermeister, Ritter, Doktoren und ihre Kinder, Unmündige und schwangere Frauen. Die Folter darf wiederholt werden, wenn der Beschuldigte nach der ersten Folter sein Geständnis während der Folter widerruft. Nur wenn er dreimal nach der Folter widerruft, darf er nicht weiter gefoltert werden.

Liguori befaßt sich mit der Pflicht zur Denunziation, zur Anzeige von Häretikern und von Blasphemien. Sehr ausführlich befaßt er sich mit dem Sexus. Ob und wieweit sind Küsse, Berührungen, Umarmungen, obszöne Worte etc. außerhalb und innerhalb der Ehe Sünde, Todsünde. Der Autor entschuldigt sich beim Leser, daß er so ausführlich diese Dinge behandelt, und seufzt fromm auf: Wenn ich mich doch kürzer und dunkler ausdrücken dürfte! Das geht nicht, da es ein sehr oft vorkommendes Beichtmaterial – er hätte ruhig schreiben können: ein fast exklusives Beichtmaterial – bildet und da der größere Teil aller Seelen wegen sexueller Sünden in die Hölle kommt.

Neugierige mögen bei Liguori, der für viele Generationen von Klerikern eine Sexliteratur der Gegenwart ersetzt, die damals dem Klerus vorbehalten war, selbst nachlesen, was er über verschiedene Formen des Geschlechtsverkehrs, mit und wider die Natur, Berührungen, geschlechtliche Praktiken zu sagen hat. Was für eine Art Sünde bildet der Geschlechtsverkehr mit einer toten Frau? Der Geschlechtsverkehr mit Tieren! Zu beachten ist der Unterschied im Geschlechtsverkehr mit männlichen oder weiblichen Tieren. Der Geschlechtsverkehr mit dem Teufel, succubus, incubus, ist gleichrangig mit dem Geschlechtsverkehr mit Tieren.

Ist es Verlobten und Witwen gestattet, sich über einen zukünftigen oder vergangenen Beischlaf zu freuen? Dürfen sich Eheleute über den Beischlaf freuen, auch wenn der Ehegemahl abwesend ist? In welchen Gesinnungen, Haltungen, Stellungen, Lagen ist der Coitus in der Ehe erlaubt, ist er Todsünde oder nur läßliche Sünde?

Alfons von Liguori ist in den letzten eineinhalb Jahrhunderten schon des öfteren attackiert worden. Die Grazer Neuausgabe von 1954 hat einen sehr konkreten Anlaß; daran erinnert in Rom am 2. August 1953 M. Sampers. Pius XII. hat mit Breve vom 26. April 1950 – noch ist Tondi Professor der Gregoriana – Liguori zum himmlischen Schutzpatron aller Beichtväter und Moraltheologen erhoben. Pius XII. beruft sich hier auf frühere päpstliche Erhebungen zu Schutzpatronen. So wurde Albert der Große zum Patron der Naturwissenschafter, Franz von Paula zum Patron der italienischen Seeleute, die heilige Katharina von Siena und Katharina von Genua zu Patroninnen für die italienischen Hebammen, die Gottesgebärerin Maria zur Patronin der italienischen Carabinieri, der Erzengel Michael zum Patron der italienischen Polizei erhoben.

Vielleicht wird hier meine These verständlich, daß Pius XII. der letzte Papst eines Barock ist, einer vorkopernikanischen Himmels- und Weltpolitik. Liguori war 1871 zum Kirchenlehrer erhoben worden. Die sich verschließende Papstkirche schirmt sich mit Heiligen dieser Art gegen „die böse Welt" ab. Tondi bemerkt zu dieser Art Moraltheologie: Hier herrscht absolut ein integraler Katholizismus. Der Priester lenkt und regiert alles im integralen Katholiken; auch die Küsse, auch den Coitus.

Integraler Katholizismus, das bedeutet nicht zuletzt: die Kirche macht große Politik.

Der aus der Gesellschaft Jesu ausgeschiedene Tondi veröffentlicht im Mai 1952 eine Reihe von Zeitungsaufsätzen als Entgegnung zu den politischen Radiopredigten des Paters Lombardi, der die Jungfrau Maria im italienischen Wahlkampf zur Abwehr des Kommunismus beschwört. „Vatikan und Neufaschismus", unter diesem Titel erscheinen die erweiterten Aufsätze Tondis als Buch im Rom desselben Jahres. Sie kreisen um das große Thema, das die letzten Lebensjahre und Lebenstage des großen italienischen Europäers de Gasperi verdüstert und zu seinem Tode beigetragen hat. Seine Tochter und Sekretärin beschreibt dokumentarisch diese Ereignisse in dem Bande „De Gasperi uomo solo". De Gasperi, ein Mensch allein.

Katholische Rechtskreise, dem Vatikan nahestehend, hatten versucht, die Partei der italienischen Christlichsozialen, der Democristiani, zu zerschlagen und eine „heilige Allianz" der italienischen Katholiken mit den Alt- und Neufaschisten zustande zu bringen. Diese Bemühungen erinnern makaber an die Zerschlagung der Partei Don Sturzos, der alten Christlichsozialen 1923, um damals Mussolini alle katholischen Hindernisse aus dem Wege zu räumen.

Ich gebe gerade in diesem Zusammenhang Tondi gerne das Wort, da die von ihm miterlebten Vorgänge – bedeutsame Verhandlungen fanden in seinem Zimmer in der Gregoriana statt – auf ein außerordentlich wichtiges Phänomen aufmerksam machen: Unsere Gegenwartsgeschichte illustriert, erhellt, erläutert, dokumentiert die Geschichte der Epoche Hitlers und Pius' XII. in hohem Maße durch das, was unsere Zeitgenossen tun, nicht tun, reden, schweigen, übersehen. Das Verhalten vatikanischer Kreise den Juden, Faschisten, Sozialisten, katholischen Christlichsozialen gegenüber in den Jahren 1945 bis 1958, bis zum Tode Pius' XII., erläutert in praxi das Verhalten derselben Kreise den Juden, Faschisten, Sozialisten, katholischen Christlichsozialen, nicht zuletzt dem Krieg gegenüber in den Jahren 1922 bis 1945.
Tondi bemerkt bereits in „I Gesuiti nella storia di una crisi die coscienza", Florenz 1953: Die Kirche zwang den Partito Populare, die Partei Don Sturzos, zum Selbstmord, als Mussolini sich durchkämpft. Am 21. Juni 1924 tadelt die „Civiltà Cattolica" hart diese Christlichsozialen wegen ihrer Opposition gegen den Faschismus. Als Matteotti umgebracht wurde, befand sich Mussolini am Rand des Abgrundes. Darüber ist sich heute alle Welt klar. Es hätte nur einer starken katholischen – wir ergänzen, und gesamtdemokratischen – Opposition bedurft, um Italien zu befreien. Ein Wink des Königs oder des Vatikans hätte genügt, ihn abzuschieben. In dieser für Italien bis 1943 entscheidenden Situation setzt sich die „Civiltà Cattolica" für Mussolini ein und verspottet „Krokodilstränen" für Matteotti – für einen reinen, integren, humanistischen Politiker, der von Faschisten ermordet worden war. 1929 nennt Pius XII. Mussolini den Mann der Vorsehung. Kardinal Vannutelli, der Dekan des Hl. Kollegs, bekennt sich als großen Bewunderer des Duce. Klerus und Jesuiten feiern den Krieg in Abessinien als „gerechten Krieg". Kardinal Schuster von Mailand – der 1945 Mussolini das letzte Asyl anbietet – segnet die ausziehenden Truppen, sieht in diesem Krieg den Triumph des Kreuzes Gottes in Abessinien und vergleicht 1937 Mussolini mit Augustus und Karl dem Großen. Am 12. Januar 1938 rufen 72 Bischöfe und 2340 Pfarrer im Palazzo Venezia dem Duce zu: A Noi! Duce! Duce! Duce!
Juni 1951: Luigi Gedda, Vizepräsident der Katholischen Aktion, ruft Tondi. Hohe Kirchenführer wollen eine neue politische Partei schaffen anstelle der Democristiani: aus Faschisten, Monarchisten, Liberalen. De Gasperi sei für den Papst nicht mehr ein genügend starkes Instrument zur Verteidigung der Interessen der Kirche in Italien.

Nun, de Gasperi war ein glühender Gläubiger. Er glaubte an den Gekreuzigten, lebte als ein weltoffener Katholik. Nie hielt er sich für ein „Instrument". Pius XII. war deshalb recht böse auf ihn und verwehrte ihm als italienischem Ministerpräsidenten, als er um die einzige Audienz seines Lebens beim Papst bat anläßlich der ewigen Gelübde, die seine ältere Tochter in einem strengen Orden ablegte und anläßlich seines 30jährigen Ehejubiläums, diese Audienz.
Tondi hat öfters gehört, wie in geistlichen Kreisen illustre Prälaten die Atombombe priesen. Der Krieg sei die einzige Hoffnung für die Kirche. Dem entspricht eine amerikanische Atombombentheologie, zuerst bezogen auf die Sowjetunion, dann auf China und Vietnam, und eine von namhaftesten deutschen Theologen zumal um 1956 vertretene Atombombentheologie.
Am 6. Dezember 1951 findet in der Gregoriana – im Büro Tondis – ein großes Treffen von Vertretern des Vatikans mit Gedda und Faschisten wie Salmieri, Graf Vanni-Teodorani – Schwiegersohn von Arnaldo Mussolini – statt. Salmieri war der rechte Arm Grazianis. Gedda schwärmt hier für die auf die Rasse begründete italienische Nation. Ende März 1952 erfolgt das bedeutsame Treffen Geddas mit Graziani. Man einigt sich auf eine Allianz Faschisten – Katholiken. Italien muß aufrüsten, sich für den Krieg bereit machen. Deshalb muß die Erziehung im militärischen Geiste forciert werden.
Dieser Anschlag ist bekanntlich gescheitert. Gedda, lange ein Günstling Pius' XII. und des faschistoiden Padre Lombardi, kann sich nicht halten. Im April dieses Jahres verläßt Tondi die Gregoriana und die Gesellschaft Jesu. Flüche, Verwünschungen, Verleumdungen folgen ihm nach. In seinem Erinnerungsband zitiert Tondi ein interessantes Gespräch mit Pater Leiber, der sein Leben als Privatsekretär Pacelli-Pius' XII. verbracht hat und eine Professur an der Gregoriana – er ist Historiker – als offizielles Amt innehatte.
Robert Leiber sagt zu Tondi: „Die USA sind in Zukunft vielleicht gefährlicher als die Kommunisten, da diese eine *idea humana* haben, die sie antreibt, während Amerika nur seine Interessen kennt. Jetzt aber scheint dem Papst die kommunistische Gefahr bedrohlicher. Leider brauchen wir das Geld der USA. Es wäre besser, die Kirche wäre frei, sowohl von Amerika wie auch von Rußland. Das ist heute aber nicht möglich."
Tondi: Warum ist das nicht möglich?
Leiber: „Da müßte man Glauben haben, Glauben an die Verheißung Jesu Christi und wahrscheinlich auf das Kreuz steigen, wie er es getan hat. Heutzutage aber möchte niemand mehr an diese Dinge glauben. Und auf das Kreuz will keiner steigen."
„Ein unbedankter Diener." Am 28. Februar 1967 erinnert Mario von Galli, weitbekannt durch seine mutigen Kommentare zum II. Vatikanischen Konzil,

ein Jesuit aus altösterreichischem Geschlecht, in der Zeitschrift der Schweizer Jesuiten, „Orientierung“, an das Leben und Werk des Paters Robert Leiber. 1924 ist er Pacelli begegnet und wurde im Dienste von diesem verzehrt.
Mario von Galli: Leiber war ein entschiedener Gegner der Heiligsprechung von Pius XII. Er kannte die Grenzen seines Papstes. „Der Mangel an Vertrauen und persönlicher Wärme war es, der Pater Leiber erschauern ließ.“ Robert Leiber dürfte auch noch vor anderen undurchsichtigen Zügen erschauert sein.
Weihnachtswunsch der „Orientierung“ 1966: Wir brauchen nach dem Konzil vor allem den „Mut, der wirklichen Menschheit zu begegnen“, wie der neue Bischof von Straßburg, Léon Artur Elchinger, einer der mutigsten Sprecher auf dem Konzil, sagt. Pius XII. und die führenden Kirchenmänner seiner Epoche hatten nie den Mut, dem wirklichen Menschen zu begegnen. Daher ihr Übersehen sowohl der Katholiken – als lebendige Menschen, nicht nur als „Instrument“ der Kleruskirche –, der Juden und aller anderen. An die Stelle von lebendigen Menschen traten Klischees: „die Kommunisten“, „der Jude“, „die Freimaurer“ – und Monstren. Gerade auch „heilige“ Monstren. Eines dieser Monstren haben wir eben in Alfons von Liguori etwas betrachtet. Ein anderes Monstrum, typisch für die mit Pius XII. zur Vollendung und zum Ausklang kommenden Epoche sei hier kurz vorgestellt: der heilige Antonius von Padua.
Pius XII. verleiht 1946 in einer „enthusiastischen Bulle“ (Jacques Toussaert) Antonius die Kirchenlehrerwürde. Der wirkliche Antonius war ein kleiner dicker Mann, von dessen Leben wir sehr wenig, fast nichts wissen. Er bleibt, wie sein wissenschaftlicher Biograph sagt, „für immer ein nahezu Unbekannter“. Antonius lebte ein normales Menschenleben. Als Prediger ist er der kluge und gebildete Vertreter einer einfachen Tradition. Die Erhebung zum Kirchenlehrer verzerrt die nüchterne und einfache Wirklichkeit ins Ungeheuerliche. Das Wort Nächstenliebe oder Bruderliebe kommt kein einziges Mal in den erhaltenen, ihm zugeschriebenen Predigten vor. Sie lösen übrigens das Christentum öfter in Stories auf. Jesus ist das Kitz der Hirsche, ein Hirschkalb. Der Sünder muß mit den Hammerschlägen der Reue auf sein Herz einhämmern, es mit dem Schwert des Schmerzes in Stücke hauen. Das ist früher Vorbarock, der wohl das Gefallen Pacellis-Pius' XII. gefunden haben mag.
Dieser einfache Mann Antonius, ein Portugiese des 13. Jahrhunderts, von dessen wirklichem, konkreten Leben wir fast nichts wissen, wird früh in der kirchlichen Mythenbildung zu einem rächenden und schrecklichen Halbgott erhoben. *Die Entmenschlichung Christi und des Christentums* (so sein gelehrter Biograph Toussaert 1967) bekundet *sich in der Deformierung der „Heiligen“ der Kirche.* Es ist sehr fraglich, ob der wirkliche Antonius, der Franziskanerbruder, je zum Priester geweiht wurde. Er predigt in Ländern, die von Katharern, Albigensern,

Waldensern wimmeln; so in Südfrankreich und Oberitalien. Kein Wort gegen die Ketzer in seinen Predigten. Die Kirche macht in ihrer Litanei aus ihm einen „Hammer der Häretiker“. In Padua ist Antonius ein Fremder und Gast. Die Massen in dem trägen, provinziellen, ungeistigen, pharisäischen Padua – für seine ganze Zeit gilt: „Die religiöse und sittliche Bildung ist gleich null“ – lechzen nach einem neuen Messias. „Für die Masse wird Antonius zum Messias.“ Der alte Christus hat alle seine Kraft verloren.

Kampf um seinen Leichnam. Schnelle Heiligsprechung aus politischen Gründen. Ein neuer Heiliger bringt Geld in die Stadt. Antonius wird nun für die Jahrhunderte bis zu Pius XII. das „Opfer eines kollektiven Deliriums“. Ungeheure und ungeheuerliche Wunder werden ihm angedichtet. Der Historiker, der sehr fromme Katholik Toussaert fragt: „Ist die geistige Lauterkeit eine Eigenschaft, die ein Christ strenggenommen noch praktizieren könnte?“ Die Antonius zugeschriebenen Wunder sind „ein Haufen bewußt verlogener Erfindungen, von Unredlichkeit und Betrug erzeugt“ (Kerval). Eine der wenigen ursprünglichen Legenden protestierte sogar gegen diese falschen Wunderberichte. „Man erfindet ganz schamlos Wunder, um sie Antonius in die Schuhe zu schieben.“ Antonius wußte selbst, daß er kein Wundertäter war. Viele magische Wunder. Im faschistischen Italien bemüht sich die Kirche besonders im Konkurrenzkampf mit dem „faschistischen Glauben“, Volksheilige zu feiern. So wird 1931/36 der Geburtstag dieses „Italieners“ der ein Portugiese war und nur kurz zu Gast in Padua weilte, kirchlich groß herausgestellt und der Papst mit der Bitte um seine Erhebung zum Kirchenlehrer bedrängt. „... die Sensationslust eines unwissenden und schlecht erzogenen, ungebildeten und daher oft fetischistischen Volkes“ hat den Antoniuskult provoziert. Geschaffen wurde er von bedenkenlos fälschenden Klerikern. „Der Antoniuskult war noch nie und nirgends dergestalt, daß ein Katholik stolz darauf sein könnte.“

Pius XI. läßt 1936 den Akt, die Verleihung der Kirchenlehrerwürde für den Menschen, von dem man kaum etwas Geschichtliches wußte, in seiner Schreibtischlade liegen. Pius XII. führt 1946 diese Verleihung durch. Das Volk, das „in kindlichem Gehorsam“ demütig kniende Volk, soll seinen Wundertäter bestätigt erhalten. Der Betrug, die Betrügereien von über sechs Jahrhunderten, besonders im 19. und frühen 20. Jahrhundert munter fortgesetzt, werden von höchster kirchlicher Seite sanktioniert.

Pius XII., persönlich ein Skeptiker, wagt es nicht, diese längst notwendige Liquidierung durchzuführen. Auf dem II. Vatikanischen Konzil plädiert der Spanier Garcia für ein Begräbnis und Vergessen von Reliquien wie der Milch oder des Schleiers der Jungfrau Maria oder der Sandalen des hl. Joseph. Pius XII. wagt es nicht, der längst fälligen Liquidierung nahezutreten. Sie allein kann aus einer neurotisierten Angstmasse, Hetzmasse, Meute (Elias Canetti) von Katholiken gewissenhafte, weltverantwortliche Personen machen.

„Gottes Erste Liebe" schließt mit der Einladung zu einer solchen Liquidierung tausendjähriger kirchlicher Fehlleistungen und Traditionen, die es nicht zuletzt Hitler so leicht gemacht und es dem Papst so schwer gemacht haben, wirklich ein Gegenspieler Hitlers zu werden. Ich möchte im Ausklang dieses Buches dasselbe Thema in etwa erläutern.

Liquidieren ist ein altes Wort der Theologie. „Das Untertauchen im Taufbad meint die Verflüssigung des in der Seele Erstarrten, der Sünden und der überkommenen Gewohnheiten und des alten Adams überhaupt..." In der Alchemie bedeutet liquidieren das Verflüssigen der Materie. Ärzte bezeichnen noch ihre Rechnung als Liquidation. Dann wird das Wort negativ. Man „liquidiert" Juden und Völker.

Ernst Wilhelm Eschmann bemerkt in diesem Zusammenhang 1967: „Es hieße wohl zuviel erhoffen, daß es einmal eine Rückwärtsbewegung in Sinn und Wert dieses Wortes geben könnte, zurück zu der inneren Liquidität, der schöpfungsbereiten Flüssigkeit der Wasser, über denen nicht nur am Anfang der Geschichte, sondern an jedem Tag der Geist schwebt."

Es kommt auf die *Tat* der positiven Liquidierung an. Hierzu einige Bemerkungen:

Die Angst vor dem lebenden Menschen, die die Kirchenführer der Hitler- und Pacelli-Zeit zum Übersehen des Menschen bewog, ist ursprünglich Angst vor dem lebendigen Gott. In den Kirchen wurden die Evangelien einem riesigen Verschüttungsprozeß unterworfen. Dergestalt nimmt sich „die Geschichte des Christentums ... wie ein ungeheueres Mißverständnis, wie eine Krankheitsgeschichte des Christentums" aus, wie der Theologe, Arzt, Psychotherapeut und Freund Sigmund Freuds, Oskar Pfister, 1944 vermerkt. Der evangelische Arzt Theodor Bovet fordert in seiner „Allgemeinen Pathologie der Religion" 1950 eine „Religionshygiene".

„Jeder Mensch hat eine elementare Angst, er selbst zu sein oder er selbst zu werden." Der Mensch verschanzt sich hinter Riten und Gottesbildern, um nicht in die Hände des lebendigen Gottes zu fallen. Sehr viele Christen bewahren in sich ein lebloses, totes Gottesbild und geben es an die kommenden Generationen weiter; „damit wird die religiöse Krankheit übertragen". – „Die ganze christliche Religionsphilosophie, von der Gnosis über die Scholastik bis in unsere Zeit, könnte man als *eine große Entwicklungskrankheit, als Pubertätskrise* oder als Selbstreinigung des Christentums auffassen."

Die „Pubertätskrise“ der Kirchen steigert sich in unserem Jahrhundert zu dramatischen Höhepunkten. Seelisch pubertäre, verhemmte „Kirchenfürsten“ stellen die falsche Alternative: Gehorsam oder Ungehorsam? Der Versuch, den Willen zur Selbstbehauptung und den Geschlechtstrieb abzutöten, macht beide Triebe dämonisch.

Flucht in die Gesetzlichkeit. „Die Gesetzlichkeit (erzeigt sich) als eine Regression oder ein Stehenbleiben des erwachsenen Menschen auf der Stufe des Kleinkindes.“ Der Schweizer Arzt Bovet schildert die Phänomene, die Tondi in Rom erlebt. „Darüber hinaus ist die Gesetzlichkeit überhaupt eine Regression auf eine primitive Stufe oder ein Stehenbleiben auf ihr. Denn die primitive Religion ist großenteils Gesetz, Observanz, peinliche Beachtung der Tabuvorschriften.“ Nimmt es wirklich wunder, daß so viele junge, streng katholisch erzogene deutsche Katholiken dieser Gesetzlichkeit in der Hitlerzeit entlaufen wollten?

„... gerade im Zusammenhang mit der Machtgewinnung durch Triebe muß darauf hingewiesen werden, daß das Gesicht der Macht durchaus nicht immer brutal sein muß, sondern wohl noch häufiger der Liebe täuschend ähnlich sieht.“ Wir sehen jene keep-smiling-Gesichter von Kirchenfürsten vor uns, die, tief repressiv, eine „Menschenfreundlichkeit“ demonstrieren, die sie menschlich nicht leisten können, da sie zutiefst neurotisch verkrampfte, verhemmte Wesen sind.

„Verdrängt man den Eros, dann kommen nur die ichhaften Triebe, der Machttrieb, Verschlingungstrieb, Sadismus und andere Triebe zum Vorschein.“ Verzweifelt hatte sich Joseph Scheicher, der Volksmann und Volksseelsorger, in seinem Österreich um 1900 gefragt: Woher kommt der Sadismus, die Herrschsucht, die Nicht-Rücksichtnahme auf den konkreten Menschen in der Kirche? Die Tiefenpsychologie und eine historische Pathologie des Christentums antworten heute: „Die Askese tötet nicht den Sexus, sondern den Eros; den Sexus kann sie nicht töten. Daher ist die Geschichte der Askese eine Geschichte sterbender Erotik und zugleich ein Verzeichnis schwelender Begierden“ (Schubart). Im Eros ist Gottes Liebe in die Sprache des Fleisches übersetzt. „Das gilt aber nur, solange er von anderem, wie Macht, Askese, Moral, nicht verunreinigt wird, sondern in seiner ganzen Größe und Tiefe bejaht wird.“

Der kirchliche Neurotiker kann diese Bejahung nicht leisten. In einem kirchlichen Lexikon von 1927 kommt das Wort „Leib“ nicht vor. Er verdrängt „die verschiedenen Äußerungen des Geschlechtstriebes, und dadurch werden die ungeheuren Energiemengen, die seiner Betätigung hätten dienen sollen, in primitivere Triebformen wie Verschlingungs- oder Zerstörungstriebe investiert“.

Die Höllendrohung und Höllenpraxis, die seelische Grausamkeit – wir erinnern an Joseph Scheicher und Tondi –, die stete Drohung mit der nächsten „Züchtigung“ der Menschheit durch einen Zweiten, Dritten Weltkrieg, das Wüten gegen den eigenen, leibeigenen Klerus, das alles setzt in dieser fatalen neurotischen Seelenlage an.

Bovet: „Diese Verdrängung (ist) wohl eine der folgenschwersten Sünden der christlichen Kirche“, die „damit auch ein durchaus unbiblisches Element aus dem Hellenismus und den östlichen Religionen in das Christentum eingeführt hat“. – „Wenn diese selben Christen heute über den Materialismus und die Ungeistlichkeit der Welt klagen, dann sollen sie den Fehler allein bei sich suchen, weil sie den richtigen Gebrauch des Leibes verlernt haben, von dem im Mosaischen Gesetz doch soviel die Rede ist.“ – „Hier fängt ein eigenes Kapitel der religiösen Pathologie an, indem sich der Mensch ebenso hartnäckig gegen diese Neuschöpfung wehrt, wie er es gegen die natürliche Entwicklung tut.“

Wer in der eigenen Brust keine Neuschöpfung erfährt, zuläßt, kann sie auch in seiner Kirche und in der Menschheit nicht ertragen, nicht zulassen: das ist die Tragödie Pacellis.

Der dergestalt Frustrierte flieht ins Magische, erliegt einer „Sucht nach dem Magischen“. Er mag intellektmäßig noch so hochstehend sein. Er flieht dann in Heiligenkulte von der Art des Antoniuskultes und sehnt sich in archaische Tiefen zurück in einem Marienkult, der eine Religion innerhalb der Kirche bildet, „eine Religion, die mit ihren fünftausend“ – ich ergänze: vielleicht 10 000 und mehr Jahren – „weit älter ist als die der Kirche und heute lediglich mit biblischen Gestalten die Urrollen ausfüllt, die von den alten Mythologien überliefert sind.“

Mythos, Magie, Reinfantilisierung: Adolf Hitler möchte die Massen zurückbinden in germanische, deutsche, archaische Bezüge. Pacelli-Pius XII. möchte die „zweitausend Jahre“, auf die sich Adolf Hitler so oft bezieht, für seine Kirche, seine Wunder- und Kleruskirche allein besetzen.

Der in München lehrende Psychotherapeut Paul Matussek ist vorsichtig-optimistisch der Ansicht, daß die *Gewissensfähigkeit* und die *Gewissenssensibilität* größerer Menschengruppen heute vielleicht im Wachsen begriffen sind. Das Fehlen einer auf den anderen, auf den Nächsten, in tieferen Schichten aber bereits auch auf die eigene Person bezogenen Gewissensfähigkeit und Gewissenssensibilität deutscher und anderer Katholiken hat die Katastrophen unseres Zeitalters mit verschuldet. Es ist heute noch oft ebenso schwer, mit „streng erzogenen“ Katholiken dieser Art über Vietnam, Spanien, USA, die Sowjetunion, die „Roten“ zu sprechen, wie 1936 über den „gottlosen Bolschewismus“, die „Juden“, die „Liberalen“.

1964/65 fand an der Universität München eine Reihe öffentlicher Diskussionen über Grenzfragen zwischen Moraltheologie und Psychotherapie zwischen dem Moraltheologen Richard Egenter und Paul Matussek statt. Der Moraltheologe weiß, daß die Psychoanalyse für viele Christen ein Buch mit sieben Siegeln ist.

Der Psychotherapeut weiß, daß die Hälfte der deutschen Bevölkerung heute von einer psychotherapeutischen Behandlung profitieren könnte.
Der Widerstand der Kirche ist oft immer noch bedeutend. Egenter beruft sich auf Pius XII., der seine eigenen Widerstände theologisiert und ideologisiert (Ansprache am 13. April 1953). Ihm zufolge darf der Patient sich nicht alles einfallen lassen und darf vor allem nicht alles aussprechen, was ihm einfällt. Pius XII.: „... es gibt Geheimnisse, die man unbedingt verschweigen muß, auch dem Arzt gegenüber, auch auf die Gefahr schwerer persönlicher Schädigung hin". Mit dieser Forderung wird jede in die Tiefe gehende Behandlung fundamental abgewürgt. Von „oben" her. Pius XII. erklärt in diesem Zusammenhang: „Mit Rücksicht auf die Sittlichkeit, in erster Linie auf das Allgemeinwohl, kann der Grundsatz der Diskretion bei Anwendung der Psychoanalyse nicht stark genug unterstrichen werden."
Diese Sittlichkeit kann so enge gefaßt sein, wie sie die Bischöfe in der Weimarer Republik und unter Hitler verstanden, dem sie oft und gerne für seine Fürsorge für Sitte und Volkswohl dankten. In der außerordentlichen deutschen Krisen- und Katastrophenzeit von 1923 fordern die deutschen Bischöfe, daß die Kleiderärmel der Frauen und Mädchen über die Ellbogen reichen müßten ...
Pius XII. schreibt Gott vor, denkt Gott vor, was Gott billigen kann: „Sie (die Psychotherapie) muß wissen, daß Gott jenes Tun nicht billigen kann ... Es darf nie zu einem bewußten Tun geraten werden, das eine Entstellung, kein Bild der göttlichen Vollkommenheit wäre". Worauf Matussek mit Recht erwidert: „Der Arzt wird sich im allgemeinen kein Urteil darüber erlauben, ob Gott das Tun seines Patienten billigt oder nicht. Selbst der gläubigste Arzt kann das nicht. Ich bezweifle auch, ob der Theologe die Ansicht Gottes über einen konkreten Fall so genau kennt, wie es aus dem Wort des Papstes, daß ‚Gott jenes Tun nicht billigen kann', hervorzugehen scheint."
Matussek bemerkt: Gerade katholische Patienten weigern sich häufig am allerheftigsten, sich selbst in den Tiefenschichten kennenzulernen. „Bei katholischen Patienten beobachten wir daher auch oftmals eine völlige Unfähigkeit, die eigenen Untugenden, beispielsweise Hartherzigkeit, Eitelkeit, Selbstgefälligkeit, zu erleben." – „Der konventionelle oder der ideologische Christ hat kein Gespür für den ontologischen Bezug seiner Sünde. Sein Blick nach oben macht das Sehen der vorhandenen Wirklichkeit unmöglich."
Diese Katholiken sind ganz unfähig zu echter Reue, zu einem persönlich erfahrenen Confiteor. „Wir Psychotherapeuten erleben nicht selten bei Christen die Unfähigkeit zu einer echten Reue, weil der innere Bezug zur sittlichen Wirklichkeit fehlt." – „Da er aber durch seine christliche Erziehung oft nicht in der Lage ist, den eigentlichen Sinn hinter den Geboten aus seiner Gewissensmitte zu er-

fassen – er bereut bestenfalls die Übertretung eines Gesetzes –, ergibt sich hier das Phänomen einer routinemäßigen, veräußerlichten Reue ohne Umkehr."

Das hat eine große politische und gesellschaftliche Bedeutung. Ein hoher Prozentsatz von Katholiken und anderen Kirchenchristen hat heute noch nicht die geistigen Mittel zur Verfügung, um zu verstehen, was sie gestern, unter Hitler, getan und nicht getan haben, was sie heute mitzuverantworten hätten, wenn sie Menschen einer höheren Gewissensfähigkeit und Gewissenssensibilität wären.

Albert Görres macht in seiner „Pathologie des katholischen Christentums" (Handbuch der Pastoraltheologie II/1, 1966) darauf aufmerksam: „Ein Grundproblem der Pathologie des Christentums: Man kann die meisten der von der Kirche vorgelegten Glaubenssätze inhaltlich bejahen, ohne ein wirklich glaubender Christ zu sein." – „Die Christen verhalten sich Jesus Christus gegenüber nicht selten wie der Soldat Schweyk zu seinen Vorgesetzten, sie sabotieren durch Buchstabengehorsam den Geist des Befehls."

Görres: Katholiken besitzen eine hohe Unfähigkeit, sich selbst wahrzunehmen in einer psychotherapeutischen Behandlung. „Bei Theologen und Ordensleuten erreicht diese Unfähigkeit und Unwilligkeit zu unvoreingenommener Selbstwahrnehmung oft erstaunliche Grade. Sie wollen und dürfen nicht wissen, was wirklich in ihnen vorgeht." – „Der Geistliche ist gesprächsunfähig, weil er sich schon der psychologischen Erfahrung im Umgang mit sich selbst verschließt, weil er seine eigenen tiefsten Sorgen und Probleme nicht zu Wort kommen läßt."

Frage: Wie sollten Theologen und Kirchenführer als Gefangene dieser Selbstverschlossenheit die Tiefenschichten und die geschichtliche Realität der Welt von 1933, 1939, 1945, 1968 wahrnehmen können? Hier stellt sich in ihrer ganzen Schwere die Fragwürdigkeit der „sicheren Führung der Kirche" (Algermissen 1946). Hier wurzelt jener falsche Loyalismus: „Man darf Innozenz III., Paul IV. ungestraft kritisieren, nicht erwünscht ist es, Kritik auf Pius X., XI., XII. auszudehnen" (Görres).

Der in manchen Bezügen bereits relativ aufgeschlossene Richard Egenter braust auf, als Paul Matussek „die Empfindlichkeit der Kirche gegenüber konkreter Kritik" zur Debatte stellt und Hochhuth beruft. Für Egenter ist Hochhuth ganz indiskutabel, als „ein historisch mehr als bedenkliches Machwerk".

Unbefangen erzählt Hannah Arendt im Nachwort zu der Herder-Edition des „Geistlichen Tagebuches" Johannes' XXIII. (1968) die römische Anekdote: Man gab Johannes XXIII. in den Monaten vor seinem Tode Hochhuths „Stellvertreter" zu lesen und fragte ihn, was man dagegen tun könne. Worauf er geantwortet haben soll: „Dagegen tun? Was kann man gegen die Wahrheit tun?"

Paul Matussek bringt das Problem der häufigen Verwendung von Killerphrasen in der kirchlichen Abwehr von Kritik zur Sprache. In der Kreativitätsforschung versteht man unter Killerphrasen Argumente, die „an sich“ richtig sind und daher in gewisser Hinsicht unangreifbar, da nur ganz allgemein gehalten. „Sie werden aber letzlich nicht gebraucht, um die Wahrheit beziehungsweise eine bessere Lösung zu finden, sondern um das unbequeme Argument des anderen mit allgemeinen Richtigkeiten zuzudecken“. Wie etwa: „Das hat die Kirche schon immer gelehrt.“ – „Die Kirche ist keine Kirche der Märtyrer.“ – „Wir sind alle Sünder.“

Der sehr kluge Richard Egenter fechtet hinhaltend in der Verteidigung. Er gibt zu, daß die Kirche vielleicht allzulange eine Glasglocke zum Schutze über das Kirchenvolk stülpte. – Nicht zugeben könnte er die Erkenntnis, daß diese Glasglocke die Gläubigen sowohl gegen die Wirklichkeit Jesu, des Kreuzes, wie der Kreuzigungen der Mitmenschen abschirmte. Er bekennt offen: Die Kirche hat *die unmündigen Menschen* abzuschirmen. Und er wendet sich gegen die heutige „Formal-Demokratie“.

Damit ist in concreto das Recht der Kirche auf weitere Entmündigung der Menschen verfeinert und versüßt aufrechterhalten. In diesem Sinne spricht Pius XII. Weihnachten 1956 dem Laien, dem Staatsbürger, dem Christen das Recht ab, Kriegsentscheidungen seiner Regierung in Frage zu stellen, etwa durch eine Kriegsdienstweigerung.

Matussek aber betont: Die Mutter Kirche – Egenter betont gerne diese höchst fragwürdige Mutterfunktion der Kirche, die durch das Verhalten der *Ecclesia judicatrix*, der Richterkirche gerade vom 13. zum 20. Jahrhundert selbst so tief in Frage gestellt wurde – kann auch irren und schlecht erziehen! Und er zeigt dies besonders an der ganz irregehenden Geschlechtserziehung auf.

Albert Görres sieht in ebendiesem Zusammenhang in der Hemmung des Freimuts ein Grundübel kirchlicher Erziehung. Masochismus, Sadismus und Rigorismus ergreifen die durch Terror und Geschlechtsängstigung mißbildeten Christenmenschen. „... oft (begegnet uns) ein Eindringen offener und verborgener Grausamkeit in das christliche Leben und in die Erziehung. Sie wird verbot- und strafsüchtig.“ Sadistische Höllenphantasien werden immer noch gepflegt. Die Höllen- und Teufelsbücher gerade im deutschen Katholizismus 1920 bis 1940 und von 1946 bis heute spielen in der politischen und religiösen Pathologie dieses Katholizismus eine große Rolle!

„Es gibt eine spezifische Aggressivität und Gehässigkeit der ‚Frommen‘, die direkte Abkömmlinge ihrer Grundhaltung der Welt gegenüber darstellen.“ Die ängstliche Verkürzung des Freiheitsraumes durch diese Erziehung schafft eine Infantilisierung, eine Regression in eine Kleinkindhaltung. Görres beobachtet sie besonders bei Ordensfrauen und Geistlichen, aber auch bei Laien. „Wenn man Generationen mit der Maxime erzieht: der Eigenwille muß gebrochen werden, dann darf man sich nicht wundern, wenn die große Mehrzahl der Katholiken unter dem Autoritätsdruck einer Diktatur unterwürfig und gehorsam die größten Verbrechen mitgeschehen läßt, sich zumindest zuwenig wehrt, ja viele ‚Mitläufer' sind."

Eben dies konnte Pacelli-Pius XII. nie begreifen: Die Massen, die sich ihm auf deutschen Katholikentagen, so etwa in Köln – wir nennen Köln, da Hitler und seine führenden Parteigenossen selbst erstaunt gerade in Köln einmalige, einzigartige Huldigungen erfahren – kniend, um Segen bittend, huldigend, handküssend zu Füßen werfen, waren eine Herde, die eben auch einem anderen Hirten nachlaufen, zumindest „folgen" konnte: dem „Führer". Unermüdlich beschwört Pacelli als Nuntius und als Papst die Führung und die Gefolgschaft der deutschen Katholiken. 1933 ist er mitbeteiligt an der Übergabe der politischen Führung an den „Führer" Adolf Hitler, nach 1945 möchte er sie gerne selbst an sich ziehen.

Die Verweigerung der Brüderlichkeit hat politisch und innerkirchlich schwerwiegende Folgen. Joseph Scheicher stellt das 1900–1912 in Österreich fest, Albert Görres 1966 in Deutschland, in der Weltkirche: „Die überlieferte patriarchalisch-maskuline Struktur der Kirche hat ihre Brüderlichkeit in den Schatten gestellt. Es gibt eine weitverbreitete Unzufriedenheit unter Priestern, die sich von ihren vorgesetzten Behörden herzlos, unhöflich und bürokratisch behandelt fühlen."

Das Hineinscheitern katholischer Priester in den Nationalsozialismus hängt eng mit dieser Tatsache zusammen. Sie suchen eine neue Bergung im Schoß der „deutschen Volksgemeinschaft", in der Mutter Deutschland – eine Bergung, die sie im Schoße der Stiefmutter Kirche nicht gefunden haben.

Görres: Die Bischöfe „lassen ein ungeheures Potential an Intelligenz und Erfahrung, das sie zu Rat und Hilfe heranziehen könnten, nicht selten weitgehend brach liegen. Viele Pfarrer setzen diesen Stil in der Gemeinde fort".

Auf dem II. Vatikanischen Konzil stellt man fest: 1200 Jahre einer falschen Entwicklung kann man nicht in zwei Jahren bereinigen. So Erzbischof Edelby, die rechte Hand des Patriarchen Maximos. Bischof Mendez Arceo fordert die Berücksichtigung der Psychoanalyse zur Lösung der schweren Komplexe, die sich gerade im Klerus so häufig finden. Nach dem Zweiten Weltkrieg hat der Nestor der österreichischen Psychotherapie, Ritter von Stransky, im Blick auf Hitler und die Mitverantwortlichen regelmäßige psychotherapeutische Behandlungen aller im öffentlichen Leben führenden Persönlichkeiten gefordert. Dies gilt besonders auch für die „Fürsten" und „Führer" der Kirche.

Auf dem II. Vatikanischen Konzil wird offen ausgesprochen: Die Behauptung, die Wahrheit zu besitzen, ist Gotteslästerung. Pius XII. ist im Banne einer tausendjährigen Tradition genau der entgegengesetzten Überzeugung. Die Kirche muß endlich einmal „die bittere Wahrheit“ anerkennen (Elchinger). Allzulange wurde die Bibel nur als Illustrationsmaterial für die Lehre der Kirche verwendet. Allzuoft mußte die Bibel der Theologie – der Ideologie der Kirche – dienen, statt umgekehrt. Die Bibel war ein Nachschlagebuch für theologische Argumente (Boillon).

Im Angesicht des Konzils thronte die Petrus-Statue im päpstlichen Ornat. Es meldeten sich auch immer noch Konzilsväter, für die Petrus eine Art römischer Kaiser im Priesterrock war (dagegen Edelby; wir erinnern an die Reden Pacellis-Pius' XII. rund um den Römer Christus).

Immer wieder stelle Ottaviani die Frage: Hat die Kirche früher geirrt? Vielfältig ist die Antwort: Ja! Man möchte es nicht so direkt heraussagen, erläutert dieses tausendjährige Irren aber mannigfaltig; an der Verachtung der Frau, des Körpers, der Welt; an der Nichtachtung der Menschenrechte; an einer „trostlosen Kriegstheologie“ (Kardinal Alfrink).

Im Problemkreis „Kirche und Politik“ zeigt sich an der Hilflosigkeit der Konzilsväter, die nicht alle die Unverfrorenheit jenes USA-Bischofs besitzen, der offen erklärt, es sei die Pflicht der USA, in Vietnam zum Schutze der katholischen Schulen Atombomben zu werfen, daß es sich hier entweder um „Mangel an Interesse oder Mangel an Kenntnissen handelt – oder um zweitausenddreihundert gebrannte Kinder, die das Feuer scheuen“ (Gunnel Vallquist; diese schwedische Katholikin hat das beste Buch über das Konzil geschrieben).

Kardinal Alfrink spricht es in Entgegnung auf den optimistischen Situationsbericht des Kardinals Agagianian, der ein *romanissimo* ist, ein ganz verrömerter Orientale, offen aus: „Nach zweitausend Jahren stehen wir vor dem Volk in schiefem Lichte da . . .“ Nicht allen, aber immerhin einer nicht unbedeutenden Anzahl von Konzilsvätern dämmert die Erkenntnis auf, daß es so wie bisher nicht weitergeht. Jahrtausende stehen zur Liquidierung heran.

„So wie es war, wird es niemals wieder sein.“ Diese Äußerung des bekannten evangelischen Theologen Heinz Zahrnt wird von dem holländischen Ordensmann und Theologen Van de Pol in seinem Buch „Das Ende des konventionellen Christentums“ zitiert. Van de Pol bezeichnet behutsam als „konventionelles Christentum“, was faktisch und ideologisch das Christentum der römischen Kirche bis heute war und vielfach noch ist. „Das konventionelle Christentum ist mehr als fünfzehn Jahrhunderte alt“ und geht dem unwiderruflichen Ende zu.

Van de Pol weiß um die Schwierigkeiten der großen Liquidierung, die notwendig geleistet werden muß: „Man zertrümmert leichter ein Atom als ein Vorurteil“ (Allport). Viele Jahrhunderte lang herrschte in der Kirche eine ungeheure Tyrannei über die Seelen. Zu beklagen ist „jahrhundertelang das völlige Fehlen des Sozialbewußtseins“.

Viele Katholiken leben völlig schizophren. Sie gebrauchen zum Beispiel geweihte Hubertusbrötchen gegen Tollwut und gehen gleichzeitig zum Arzt. In der Kirche leben viele Menschen ihr Christsein wie Stammesangehörige der Frühzeit – wichtig für die Einschmelzung in der archaistischen „Volksgemeinschaft" Hitler-Deutschlands. Von Tausenden Kanzeln wurden ohne Kenntnis, nach bloßem Hörensagen, andere Religionen, Parteien, Kirchen abgeurteilt. Der Fanatismus gegen Andersdenkende und die Verfolgung Andersgläubiger sind „letztlich ... Versuche einer Selbstverteidigung gegen die existentielle Angst, in der eigenen Religion nicht wirklich sicher und geborgen zu sein". Gott befreit uns heute aus den Händen der Abgötter, gerade auch der von den Kirchen manipulierten Götter. „Die ganze Wirklichkeit ist heilig", nicht nur ein Getto mit seinen geschlossenen heiligen Räumen, Zeiten, Lokalen. Die alte Antithese „natürlich-übernatürlich", „diesseitig-jenseitig", die für die Theologie und Politik Pius' XII. und in allen seinen Reden an die Deutschen eine hervorragende Rolle spielt, ist ohne Sinn für Menschen von heute.

„Wir erleben in unserer Zeit den Zusammenbruch eines Pantheons der verschiedensten christlichen und kirchlichen Abgötter. So wird der Weg für den Gott der Bibel freigelegt, wie Bonhoeffer sich ausdrückte. ... Bei dieser Umkehr, die sich vollzieht, ist es das Wichtigste, daß Kirche und Theologie den Weg nicht versperren, sondern für jenen Gott offenhalten, auf dessen Kommen wir warten." Diese letzten Sätze Van de Pols entsprechen den letzten Sätzen von „Gottes Erster Liebe".

Ein letzter Blick hier auf den österreichischen Katholiken Adolf Hitler, auf seinen Glauben. Dieser Glaube wächst mitten heraus aus dem Zerfall eines mitteleuropäischen Katholizismus, der nach „rechts" und nach „links", nach sehr verschiedenen Richtungen in verschiedenen Elementen und Zerfallszeiten zerfällt. Dieser Glaube des Adolf Hitler vermochte sich propagandistisch sehr geschickt den Glaubensformen gerade auch „streng erzogener" Katholiken anzuempfinden, da er mit jenen mehr gemeinsam hatte, als er, Hitler, und als die kirchlichen Gläubigen wissen mochten.

Diesem Glauben und vor allem dem Handeln des Adolf Hitler erstanden in dem Nuntius Pacelli, dem Papst Pius XII. und seinem Freunde, dem Kirchenrechtler Kaas als Führer des deutschen Zentrums, keine geschichtsmächtigen Gegenspieler. Das „Jenseits", das diese Gegenspieler verhießen, war farblos trotz aller barocken Rhetorik, in die Pius XII. die Madonna, seine Heiligen und seine Verheißungen gewandete. Dieser Himmel war so fade, so langweilig, wie es ein französischer Jesuit in den Himmelsvorstellungen französischer Katholiken aufgezeigt hat. Und dieses Rom war in der harten Realität jenes Rom, wie es Mgr. Purdy architektonisch schildert: „Vielleicht ist es bezeichnend, daß gerade Rom in der vergangenen Generation das Langweiligste, Unentschlossenste, ja Abstoßendste an Kirchenbauten hervorgebracht hat, was in der ganzen Welt zu finden ist."

Der Bau der Kirche faszinierte nicht mehr. Die Himmel, die er vorstellte, verblaßten hinter den „Lichterdomen" der Scheinwerfer der Wehrmacht auf den Nürnberger Reichsparteitagen. Das „Diesseits" aber, das diese Festungskirche präsentierte, war kirchlicherseits geprägt durch ein autoritäres System, das täglich Opfer der Menschenwürde erzwingt. Das erörtert ausführlich Donald P. Warwick (Harvard) 1967 auf dem Kongreß der *Canon Law Society of America,* der amerikanischen Gesellschaft für Kirchenrecht. Dieses autoritäre, die Menschenwürde täglich brechende System konnte sich geschichtslogisch richtig, wie führende deutsche katholische Theologen und Kirchenhistoriker zu Recht in der Hitlerzeit feststellen, mit dem System Adolf Hitlers verbinden. Adolf Hitler, Mussolini, Franco, Salazar, Pétain, Tiso in der Slowakei, Pavelić in Kroatien konnten nur in katholischen Ländern zur Macht kommen.

Ante Pavelić, einer der größten Mörder unseres Jahrhunderts, ist 1954 mit dem Segen des Papstes in Madrid gestorben. In Franco-Spanien – Franco trägt den Christus-Orden – einem Diktaturstaate, der in einem Pius-Konkordat der Kirche und dem „katholischen Staat" sehr weitgehende Rechte zusichert, werden in der Gegenwart unliebsame Kleriker abgeschoben, wie der Abt von Montserrat, andere eingesperrt, erhalten katholische Schriftsteller und Publizisten 1968 langfristige Gefängnis- und Kerkerstrafen für je eine Äußerung oder einen Aufsatz, den sie im Inland oder Ausland in angesehenen katholischen Organen veröffentlichten.

Diese Selbstfesselung einer autoritären Kirche heute beleuchtet noch die Selbstfesselung einer autoritären Kirche in der Epoche Hitlers und Pacellis.

Ein historischer Epilog oder ein möglicher Prolog:
DER FEHLENDE JESUS CHRISTUS IN DER PETERSKIRCHE

St. Peter in Rom: Pius XII. besingt hymnisch, mit einer Rhetorik, die keiner seiner Vorgänger erreicht hat, die Kuppel des Petersdomes. Hier, in St. Peter, feiert er die letzten Hoch-Feste des Barock. Die kirchlichen Feiern der Seligsprechung, vor allem der Heiligsprechung von Heiligen, die zur Ehre der Altäre erhoben werden, sind hochbarocke Gesamtkunstwerke, wie sie selbst ein Richard Wagner nicht erreicht hat. „Himmlische Musik", „übermenschlich süßer Gesang", Weihrauch umschwebt die Riesengemälde, die auf dem Höhepunkt der Feier entrollt werden und die „Himmelfahrt", etwa der Francesca Cabrini, der schaugierigen Masse offenbaren. Umgeben von den beiden mächtigen Pfauenfederwedeln thront Pius XII. auf dem Apsisthron unter der Cathedra während der Lesung der Homilie bei dieser Heiligsprechung.

Die *Cathedra Petri;* der Hochaltar in der Apsis der Tribuna trägt die hochheilige Reliquie der Cathedra, des Stuhles Petri. „Der Heilige Stuhl": *Ex Cathedra* verkündet der Papst unfehlbare Glaubenswahrheiten. Die Cathedra Petri ist das sichtbarste Allerheiligste des Papsttums. Das Grab des heiligen Petrus konnte man ja nicht sehen, bis Pius XII. den Auftrag gab, es zu finden. Mit der Problematik der historischen Position dieses Apostelgrabes können wir uns hier nicht befassen. Bedeutsamer für das Selbstverständnis der Papstkirche, der Pius-Kirche ist hier ein anderes. Dieser Hochaltar gipfelt sich in einer goldenen Wolke auf zu einer Engelsglorie, die ein Nichts umgibt: einen Leerraum. Fenster, durch die das Licht des physikalischen Himmels eindringt. Der Hochaltar in der Apsis der Tribuna des Petersdomes trägt kein Christusbild, keine Darstellung Christi. Diese Lücke in der Apotheose des Papsttums wird seit Jahrhunderten kritisiert.

„Während die Künstler des Barock und des Rokoko vor allem den illusionistischen Effekt der Glorie bewundert und nachgeahmt hatten, ertönte seit dem späten 18. Jahrhundert die Frage nach dem geistigen Gehalte des Altarwerkes. Zweifel wurden laut, ob man nicht bei der Schaustellung der Reliquie über der Apotheose des goldenen Thrones das Bild Christi vernachlässigt habe."

Die Päpste der Gegenreformation, die ja bis zum Tode Pius' XII. ihre Triumphe feiert, übersahen ohne Schwierigkeit diesen Ausfall des „fehlenden Zielbildes des Petersdomes". Da der Papst auf dem Stuhle des heiligen Petrus voll und ganz

der Stellvertreter Christi war, konnte auf eine gesonderte bildliche Erscheinung Jesu Christi füglich verzichtet werden.
Die Peterskirche in Rom ist die größte Selbstdarstellung des römischen Papsttums. Zwei Gewaltnaturen, Gewalttäter, Bramante und Julius II., der *Papa terribile,* der Papst-Herr des Schreckens, der in voller Rüstung in die Schlacht reitet, haben im frühen 16. Jahrhundert den gigantischen Bau begonnen. Diese beiden Macht-Herren im Reich der Kunst und der Kirche wollten ganz Rom umbauen. An die Stelle einer wirr verbauten und mit weiten Ödflächen und Wüsteneien besetzten mittelalterlichen Stadt sollte repräsentativ die Heilige Stadt der Christenheit, als Raumkörper des Reiches Gottes, Rom als der Heilsraum der Menschheit, im Glanz herrlicher, herrscherlicher Bauwerke erstehen. Die machtpolitischen Krisen des Papsttums im 16. und 17. Jahrhundert, der Kampf Luthers gegen den Ablaß, der den Bau von St. Peter mit finanzieren soll, der Kampf der Königreiche und Fürstentümer gegen den Peterspfennig, die Kämpfe der Künstlercliquen und Parteien in Rom um den weiteren Ausbau von St. Peter modifizieren zwar die Entwürfe, verändern aber nicht seinen Grundcharakter.
St. Peter in Rom: Dieser Riesenraum hat für den Menschen kein Maß. Der einzelne, das Individuum, die Person ist hier verloren, es sei denn, sie gäbe sich ganz hin, verschmelzend in den Massen, die dem auf hohem Throne einziehenden Papste zujubeln. Menschliche, auf Menschenmaß und Menschenleben bezogene Räume haben in Höhe und Breite und Tiefe, in der Größe und Lage der Fenster, Türen, Decken und Böden genaue Beziehungen zur Gestalt der menschlichen Person. Die Riesenmaße des Petersdomes löschen den einzelnen, die Person aus. Skulpturen und Bilder, die am Maße des Menschen festhalten, wirken hier verloren wie Spielzeuge: Riesenspielzeuge. Der Riese, der Gigant möchte mit Größerem, mit Großmaterial spielen: mit dem „Menschenmaterial" der Masse. Verloren sitzt die Pietà des Michelangelo mit dem toten Sohn auf ihren Knien in ihrer abseitig wirkenden Kapelle des Domes.
St. Peter verkörpert die *Ecclesia triumphans,* wie sie besonders die Pius-Päpste und ihre Theologen im 19. und 20. Jahrhundert in ihrer neubarocken Theologie sehen. Die nie irrende, nie sich verändernde, keiner Neuerungen, keiner Reform bedürftige Kirche zieht unter Führung ihrer Helden und Heiligen, ihrer erlauchten Kirchenfürsten und leuchtenden Theologen in einem einzigartigen Siegeszug durch die Weltgeschichte. Sie ist die Heilsgeschichte. Schon deshalb kommt es auf die Beachtung der irdischen Geschichte nicht an.
„Ecclesia triumphans": So nennt sich heute eine in den USA erscheinende Zeitschrift, herausgegeben von integralistischen Katholiken.
Ecclesia triumphans: Auf dem II. Vatikanischen Konzil verkünden mitten in St. Peter Konzilsväter aus West und Ost „das Ende des Triumphalismus", er-

klären die Kirche als eine immer reformbedürftige Kirche. In dem neuen, geistig freieren und religiös offeneren Klima stellt der holländische Augustinerprior Robert Adolfs 1967 die Kardinalfrage: „Wird die Kirche zum Grab Gottes?" Er fordert in Übereinstimmung mit bedeutenden Konzilstheologen: Die Kirche muß sich selbst „entäußern", sonst hat sie keine Zukunft, keinen guten Sinn mehr. „In ihrer Sackgasse bleibt nur eine Möglichkeit: Rückkehr." – „Will die Kirche noch Zukunft haben, so muß sie auf alle Machtansprüche verzichten, auf allen Machthunger, auf alle Ehre, auf Ansehen und Prunksucht. Um Christi willen muß sie ‚arm' werden im tiefen evangelischen Sinn dieses Wortes."
Stellen wir uns vor: Um das Jahr 2000 besucht der „Rabbi Jesus", wie ihn Johannes XXIII. nennt, die Peterskirche. Dieser Mann, dieser Mensch hätte sich hier niemals zu Hause gefühlt.
Robert Adolf schlägt in seinem mit kirchlichem Imprimatur erschienenen Buch vor: „Auch würde ich vorschlagen, daß der Papst den Vatikanischen Palast verläßt und eine einfachere Wohnung in der Stadt sucht. Er könnte sich dann auch eine schlichtere Petruskirche zur Bischofskirche wählen. Den ‚alten' St. Peter würde man vielleicht als Museum einrichten, als Denkmal aus einer Zeit, in welcher die Kirche noch eine andere Gestalt hatte."
1967 legt ein österreichischer Kunsthistoriker, Kurt Rossacher, eine Untersuchung vor über „Das fehlende Zielbild des Petersdomes – Berninis Gesamtprojekt für die Cathedra Petri".
Die *Cathedra Petri*: Der hochheilige Stuhl soll dem heiligen Petrus im Hause des Senators Cornelius Prudens als Lehrstuhl gedient haben. Die mehrfach restaurierte Reliquie ist wohl tatsächlich eine *Sedia Gestatoria* eines römischen Senators der Kaiserzeit.
Berninis Altarwerk wurde von dem greisen und verbitterten Meister nicht vollendet. Das Fenster in der Glorie blieb leer. Kurz vor der Weihe des Altarwerkes am 16. Januar 1666 malt der Tiroler Johann Paul Schor – Gian Paolo Tedesco – inmitten des Fensters die Taube, die da heute noch ruht, und fügte um sie einen Kranz von gemalten Engelsköpfchen. Dieses Provisorium hielt sich bis zur Gegenwart. Rossacher weist nach, daß Bernini diesen Leerraum mit einer Darstellung der Verklärung Christi schließen und damit den Hochaltar krönen wollte. 1966 wurde in England ein Terrakottamodell Berninis gefunden, in dem Rossacher überzeugend Berninis Konzeption, in eigenhändiger Arbeit, für die Glorie nachweist. Dem verklärten Christus stehen hier Moses und Elias zur Seite; Moses mit den Gesetzestafeln, Elias mit dem Buch des Alten Testaments.
Rossacher schließt seine Arbeit: „Die Erwägung, ob das 20. Jahrhundert es wagen dürfte, diese unvollendete Schöpfung des 17. Jahrhunderts nach dem wiedergefundenen Modell zu vollenden, liegt nahe." Der Autor zeigt in einer Foto-

montage die Vollendung. „Der Gedanke ist erregend, gälte es doch, in Berninis Werk den Schlußstein zu setzen, in der Basilika Petri das fehlende Zielbild zu errichten. Möge die Sacra Congregazione wie zu den Zeiten Gianlorenzo Berninis darüber entscheiden."

„Das fehlende Zielbild", Jesus Christus, in der Peterskirche. Die Sprache der Bilderwelt spricht hier mit ihren Mitteln und Formen aus, was die Sprache der geschichtlichen Wirklichkeit blutig in den Fakten aussagt: Eine Kirche, die den biblischen Jesus „übersehen" konnte und eine Herrschaftsideologie an die Stelle der Schrift setzte, mußte permanent der Versuchung erliegen, den Menschen, die Menschwerdung des Menschen und die Menschwerdung Gottes zu übersehen und dieses Übersehen jahrhundertelang nicht wahr-zu-nehmen.

NACHWORT: DIE GLÄUBIGEN DES ADOLF HITLER

Der Glaube des Adolf Hitler ruft nach Gläubigen. Er hat sie in Millionen getaufter Christenmenschen in Deutschland gefunden, in Millionen auch von Kirchgängern. Die Gläubigen des Adolf Hitler verdienen eine besondere Behandlung. Ihnen soll ein eigener Band gewidmet werden. Hier soll nur daran erinnert werden: Adolf Hitler hat Potentiale einer Glaubensbereitschaft, eines Willens zum Glauben, zum gläubigen Einsatz der ganzen Existenz für sich zu mobilisieren vermocht, die brach lagen.

Wer in die theologischen Traktate, in die Handbücher der Moraltheologie, in die nichtexistierenden theologischen Werke über Weltverantwortung, Liebe, Sexus, Brüderlichkeit, politische Partnerschaft, nationale und internationale Verantwortung, Humanität, universale Menschlichkeit blickt, wird eines riesenhaften Leerraumes gewahr, den Hitler ohne Widerstand, ja nicht selten von Theologen selbst eingeladen, besetzen konnte.

Wer die Praxis eines Religionsunterrichts, in dem den jungen Menschen der Glaube an Gott ausgetrieben wird, bis nahe ins Heute beobachtet – Religionslehrer, unglückliche Figuren wie jener Franz Sales Schwarz, der Religionsprofessor Hitlers in Linz, sind keine Seltenheit –, wird sich nicht wundern über die Tatsachen, daß eine begeisterungsfähige, glaubenswillige Jugend diesen „Jugendführern“ entlief, soweit sie nicht in der Jugendbewegung direkt auf den „Führer“ vorbereitet wurde.

Wer die Praxis der Sonntagspredigt kennt, wird nicht verblüfft sein, daß Massen sich durch die religiös-politische Predigt eines Volkspredigers wie Hitler in tieferen Schichten angesprochen fühlten als durch die Wundermären, Sentimentalitäten und leicht erkennbaren Anempfindungen an den Zeitgeist, der Tausende Predigten charakterisierte und nicht selten noch heute prägt.

Adolf Hitler ist gestorben. Der religiöse Leerraum, in den er eindrang, ist geblieben trotz jenes „Anfanges eines Anfanges“, den das II. Vatikanische Konzil und Bewegungen in den evangelischen Kirchen anzeigen mögen. Die geistige, religiöse und politische Krise, die durch Hitler erstmalig in ungeheurem Umfange sichtbar wurde, entfaltet sich heute immer mehr. Die studentischen Unruhen, die neuen „Jugendbewegungen“ in aller Welt sind Vorzeichen der Brände, die bevorstehen; die nicht erlöschen werden, bevor sie eine bankrotte Welt verzehrt haben.

ANMERKUNGEN
MIT EINEM EXKURS ÜBER JÖRG LANZ-LIEBENFELS UND ADOLF HITLER

Kursive Seitenangaben bedeuten Seiten des vorausgegangenen Textes. Zusätzlich zu diesen Anmerkungen benütze man das Register. Dort verweisen die kursiv gedruckten Seitenzahlen auf die vollständige Quellenangabe.

S. 11 Die Auseinandersetzung: P. E. Schramm, in: Picker, 29.
Mitverantwortlich für den Aufstieg Hitlers: vgl. F. Heer: Von der Paulskirche nach Bonn, 1848–1963 (in: Die Ära Adenauer, Frankfurt 1964), 84 ff; F. Heer: Die Kriege und ihre Folgen (Das Jahrhundert der Barbarei, München 1966), 43 ff; F. Heer II, 364 ff, 392 ff, 401 ff; 434 ff: wegzudichten.
Zum deutschen Versuch, ... Hitler ... dämonisierend ...: Karl Alpheus; 20. II. 1965: Leserreaktionen auf die Veröffentlichung des Gedichts „Wir suchen Hitler" in der F. A. Z. vom 30. I. 1965 (in Erinnerung des 30. I. 1933) im Gedichtband „Wir suchen Hitler", München 1965, 72 ff. Es sind fast alles Akademiker, die sich hier wütend äußern!
Zur Finanzierung Hitlers durch nichtdeutsche Gelder: F. Heer V, 501 f; Hans Frank, a.a.O., W. Maser I, 369 ff, 397 f, 401, 408. Xaver Schwarz verbrannte am 24. IV. 1945 die Belege (Maser I, 399). Zum Vertrag NSDAP-Deterding: J. J. Heydecker, Joh. Leeb, 131.

S. 12 Was Hitler gedacht hat, entsprach auf weite Strecken: Heer II, 399 ff, Heer V, 43 ff, 83 ff.
Lakonisch erinnert Hans Urs von Balthasar, einer der bedeutendsten Theologen und Geisteswissenschaftler unserer Zeit (in: Bernanos, Köln-Olten 1954, 486), an Bernanos' „immer neue Entlarvung der Rechtstotalitarismen, die nun einmal eine Spezialität der katholischen Länder sind, die oft nur um Haaresbreite neben dem katholischen Gehorsam ihre grauenvollen Karikaturen ansetzen, mit denen deshalb eine Verständigung immer wieder aussichtvoll erscheint". (Anmerkung 26: „auch Hitler ist katholischer Herkunft, und die Hauptstadt der Bewegung ist eine katholische Stadt".)
Der „Charme" des Österreichers Hitler: Hans Frank, 33, 288 f, 320 f, 422 f; Otto Dietrich, 149 ff; Albert Zoller 14, 29, 103 f; Ribbentrop in Nürnberg (bei: G. M. Gilbert, 67, ebenda 341 f: Schirach über den handküssenden Hitler); im Nürnberger Gefängnis auch Keitel und H. Frank über Hitler als Österreicher: Gilbert, 377. Hitler konnte „bezaubernd" sein: A. Bullock, 377, vgl. ebenda 387: seine österreichischen Eigenschaften. 1933 sagt Göring zu Schacht: Hitler ist ein Landstreicher aus dem Wiener Caféhaus: G. M. Gilbert, 279. Der „Charme" des Österreichers Hitler: vgl. die Photos, die den „typischen Österreicher" zeigen, in: E. Leiser, 28, 35, 39, 41 f, 54, 58 f, bes. 62, 97 f.
Hitler richtet sich in seiner Reichskanzlei, besonders in seinem Arbeitszimmer, in

Berlin in einem klassizistischen Riesenbarock ein; mit „ostmärkischem" Marmor und Wiener Lobmeyer-Glas, vgl. Faksimile-Querschnitt VB, 170.

Der Österreicher Hitler: T. Stolper, die Weltkriege und ihr Jahrhundert in anderer Sicht (in: Neue Perspektiven aus Wirtschaft und Recht, Festschrift für Hans Schäffer zum 80. Geburtstag, 11. April 1966, Berlin 1966, 482 ff).

P. E. Schramm über die österr. und kathol. Elemente in Hitler: Picker, 111, 112 f. Zu Hitlers katholischen Grundlagen ist immer zu bedenken „die autoritäre Geneigtheit des Katholizismus": G. Hirschauer, 45 ff.

S. 13 F. Heer, Gespräch der Feinde, Wien 1949.

S. 15 Der junge Hitler: A. Bullock, 19 ff, Jetzinger, 79 ff, Maser I, 52 ff.

Hitler-Reliquien: Jetzinger, 86.

S. 16 Die „Ahnenheimat des Führers": R. Koppensteiner, a.a.O., A. Reich, a.a.O.

Hitlers Waldviertler Starrsinn: A. Zoller, 28. Religiös-politische Leidenschaft im Waldviertel: F. Funder II, 273. – In Horn, unweit von Zwettl, erscheint 1907 als Zeitschrift „Die Freialldeutschen und der Antisemitismus".

Georg von Schönerer: A. Wandruszka (SA), 299 ff, 307; vgl. ebenda R. Kann, 102, 162, 173, 206. 162 (W. Lorenz), 173 (H. Hantsch), 206 (R. Kann); J. Moser, 31 ff; K. Eder, 238 ff; P. G. Pulzer, 148 ff; Imendörffer, 166 ff. – E. Wengraf: St. Georg von Zwettl, Wien 1887; A. G. Whiteside, a.a.O.

Lindl, Gossner, Boos, Langermaier: F. Heer I, 596.

Katholischer Antiklerikalismus: A. Böhm, Über den innerkirchlichen Antiklerikalismus (in: Wort und Wahrheit, Sept. 1953).

Die Mutter Klara Pölzl: Jetzinger, 53 ff; der Vater Alois Hitler: Jetzinger, 43 ff, W. Maser I, 54 ff.

Tiefenpsychologische Bemühungen um eine Erhellung Hitlers und des NS-Phänomens: J. P. Sartre, a. a. O., F. Bernstein, a. a. O., J. Gabel, a. a. O., A. Rüstow III, 1958.

Die Photographie des Alois Hitler 1893: Jetzinger nach S. 16.

S. 17 Hitlers Ehr-Furcht vor seinem Vater: A. Zoller, 46 f.

Gottesschrecken und Kaiser, Kirchen, Könige als Amtswalter des Schreckens: F. Heer, Sieben Kapitel aus der Geschichte des Schreckens, Zürich 1953 (erweit. als Terror religioso, Terror politico, Barcelona 1965); vgl. auch A. Böhm (KÖ), 194: „Der Triumph der Kaisermacht über die Ketzer ... und die Türken verschmolz mit dem Triumph des Himmels über die Hölle, Gottes über Satan und der Geborgenheit in der Fürsorge des Fürsten mit der Verheißung des immerwährenden Sieges der Kirche über die bösen Gewalten in der Welt." Nachruf für Alois Hitler: Jetzinger, 73.

S. 18 Deutschnationale Kaiser-Joseph-Verehrung: E. Kandl, 8 f.

Josephinismus in Österreich: F. Valjavec, a.a.O., K. Eder, 44 ff, 58 ff, 130, 170, E. Winter, a.a.O. „Unvergänglicher Josephinismus 1750–1850": W. Lorenz (SA), 86 ff, vgl. ebd. 96 ff: „Unvergänglicher Liberalismus – 1850 bis zur Gegenwart". Zu Joseph II. ferner die Beiträge in: Spectrum Austriae: 87 ff, 128 ff, 132 f, 137 ff, 144–149, 185.

Ende des Josephinismus in der Gegenwart: Am 23. Juni 1960 hält der ÖVP-Abgeordnete Dr. Ludwig Weiss (1966 Verkehrsminister) im Parlament eine große Rede nach dem Abschluß der neuen Verträge mit dem Vatikan: mit dem heutigen Tage ist das josephinische Staatskirchentum, oder zumindest seine letzten Reste, überwunden; „Die Kirche ist nun nicht mehr Dienerin des Staates, sie ist nicht mehr die sogenannte schwarze Gendarmerie." Vgl. A. Kostelecky (KÖ), 215 f, ebenda O. Schulmeister, 219: der österr. Josephinismus und das gegenreformatorische Erbe bestimmten die Ausgangsposition in Österreich von 1918/1919 an.

Der Bauer Mayrhofer: Jetzinger, 70 f. – Zum Herrgottsglauben des Vaters Alois Hitler und seines Sohnes Adolf: 1966 bemerkt Otto Mauer (KÖ, 389): Viele Typen von Herr-Gotts-Gläubigen mit einer Religiosität des Aufklärungszeitalters und viele andere Typen von Katholiken, auch völlig indifferente Menschen und Atheisten, gehören zu den österr. Katholiken. „Sogar die Gottesdienstgemeinde des Sonntags beherbergt noch viele glaubensmäßige Halbchristen."

Ebenda plädiert Monsignore Mauer (400) für die Liquidierung des christlichen Antisemitismus, „dessen Latenz immer noch zu fürchten ist": „Kampf gegen Antisemitismus ist Aufgabe der österreichischen Kirche und für ein Ursprungsland der NS-Ideologie eine Ehrenpflicht." Vgl. ebenda 401: heute noch ist in Österreich stark vertreten die alte aufklärerische Herrgottsreligion; „daß in diesen Kreisen die Personalität Gottes bald von vagen Vorstellungen apersonaler Natur des Absoluten oder ‚Höheren' abgelöst wird, ist naheliegend".

Der tapfere Wiener Stadtpfarrer Joseph Ernst Mayer bemerkt da (95): 70–90 % aller Getauften sind „Fernstehende": „Das Gerede vom ‚katholischen Österreich' verstummt." „Die Kirche verschwindet fast in der Stadt, akustisch, optisch und geistig." „Die überwiegende Mehrheit der getauften Katholiken sind Schismatiker, wenn nicht Häretiker." „Ja, die Häretiker erhalten mit ihren Beiträgen Kirche und Seelsorge der ‚Orthodoxen'. Der Kirchenbeitrag ist die Steuer der Ungläubigen für die Bedürfnisse der Gläubigen." Die Bekehrung dieser Katholiken ist ebenso schwierig wie die der Juden und Mohammedaner. Auch das ist ein Kommentar zum Österreich des Adolf Hitler.

S. 19 Der dreijährige Hitler in Passau: Jetzinger, 86 f.

S. 20 Hitler erlernt nie die Wiener Sprache: Mein Kampf, 135.

S. 21 Hitler in Lambach: MK (Abkürzung für Adolf Hitler, „Mein Kampf"), 4; Jetzinger, 89 f. Hitler als Ministrant: O. Dietrich, 167 f.
Ansichtskarten, der Führer als Ritter, etc.: J. Wulf II, Bild 63.
Der kleine Adolf als „heiliger Franziskus": Jetzinger, 90.
Kitscherzeuger als Verbrecher: H. Broch, 348.
Das Ornament als Verbrechen: A. Loos, 276 ff, 280.

S. 22 Hitler in der Linzer Realschule: Jetzinger, 99 ff, E. Kandl, 11 ff.
Der jüdische Professor Jonas Groag: E. Kandl, 46.
Hitler erzählt seiner Sekretärin über seinen Vater: A. Zoller, 46.
Das Linz des Adolf Hitler: E. Kandl, 4 ff.
Hitlers Testament: A. Bullock, 795 f.
Linzer SS-Schergen etc. mit der „Endlösung" der Judenfrage befaßt: Simon Wiesenthal: Dokumentationszentrum des Bundes jüdischer Verfolgter des Naziregimes, Memorandum an die österreichische Bundesregierung, Wien, 12. Oktober 1966, S. 11, 13 u. a.

S. 23 Der Südmarkkalender 1904: E. Kandl, 4 f.
Hitlers Umsiedlungs-, Unbildungs- und Ausrottungspolitik: F. Heer V, 98 ff und 501 ff. – Anatomie des SS-Staates II, 129 ff.
Jan Kubelik und Pater Jurasek in Linz: E. Kandl, 6 f.

S. 24 Kult des Kaisers Joseph II. in Linz: E. Kandl, 8.

Sedan-Feier Linz 1906: E. Kandl, 8. Am 24. II. 1965 erinnert Konrad Korth an ein Gedicht, das er als Sextaner zur Sedanfeier 1914 aufsagen mußte. Es beginnt: „Nun denn, mein Sohn, so zieh mit Gott / in diesen heil'gen Krieg / Und mach der Feinde Trug zu Spott / denn unser ist der Sieg." Schluß: „Kein Seufzer und kein Klageton soll meinen Mund entweihn / Fürs Vaterland den letzten Sohn / der Sieg muß unser sein." – In: „Wir suchen Hitler", 1965, 83 f. – Die letzten Verse enthalten ein Motiv, das Hitler 1942–1945 oft wiederholt!

Deutsche Warnungen vor der Verewigung der Sedanfeiern: Heer II, 434. Der von Hitler gerne falsch zitierte Mommsen (mit seinem durch Fritsch „überlieferten" Wort über die Dekomposition durch die Juden) trat 1900 für die Abschaffung des Sedantages ein. Theodor Mommsen sieht das deutsche Volk „vergiftet" (1895), „angefault" (1892), da der „Einzelne, auch der Beste, über den Dienst im Gliede und *den politischen Fetischismus* nicht hinauskommt" (Testamentsklausel 1899). Die Verwilderung der deutschen Phantasie spricht bereits Franz Grillparzer in seinem bekannten Spruch „Den Deutschen" („Da eure Phantasie verwildert") an; vgl. J. Strelka, 30 f. Sedan-Feiern, Hitlers Begeisterung für den Deutsch-Französischen Krieg 1870/71: die Verwilderung der deutschen (gerade auch der konservativen und katholischen) politischen Phantasie bezeugt sich besonders hier im Aufbau des „roten Gespenstes" der Pariser Kommune. Wie diese wirklich beschaffen war, vgl. A. Horne, 253 ff; sie wird bis heute als Urbild des „roten Terrors" dargestellt. In Wirklichkeit übertraf der Blutterror der Regierungstruppen bei weitem 1793 und 1917 in Petersburg (Horne, 353 ff). Ein mörderischer Haß der Provinzler gegen Paris tobte sich aus (Horne, 271 f). Vgl. den bayerischen Haß gegen Berlin 1918 ff.

Weniger als 500 Hinrichtungen von seiten der Kommune stehen 20 000 bis 25 000 Hinrichtungen von seiten der Regierung gegenüber. 1871 sieht man 1914 voraus (Horne, 393, 394). So der Reverend Gibson am 15. Juni 1871: kommende französische Rache an Preußen. Neujahrspredigt eines sächsischen Divisionspfarrers 1871 in Versailles: „Wir sind eine Rasse, ein Volk, und jetzt sind wir auch eine Nation." Das ist Stimmungsmusik für den jungen Hitler!

Hitlers Japan-Verehrung durch Linzer Zeitungsberichte und Hausbücher über den russisch-japanischen Krieg erweckt: O. Dietrich, 84.

Der deutsche „Blitzkrieg" 1870–71 vergiftet die deutsche politische und militärische Phantasie: Heer II, 393 ff, 399 ff. Mit Hitlers brutaler Frankreich-Politik ist die schamlose und leichtsinnige wilhelminische Politik zu vergleichen, wie sie Ernst-Otto Czempiel, Das deutsche Dreyfus-Geheimnis, 1966, enthüllt. Die deutsche Regierung möchte da bereits Frankreich ruinieren (40 f). Brutalisierung Österreichs durch Berlin (143 f). Wilhelm II. hält sich als Monarch und rassisch (!) der „gallischen" Republik überlegen (64 ff); er verhält sich anachronistisch (99 ff). Die deutsche Regierung bemerkt die deutsch-französische Annäherung 1899–1902 gar nicht (96 ff). Hitler: Ich wurde Nationalist: MK, 8 f.

S. 25 Der große Heldenkampf: MK, 4.

Die Linzer Realschule in der Steingasse: E. Kandl, 11 ff; W. Maser I, 53 ff, F. Jetzinger, 99 ff.

Das Linzer Programm von 1882 (1885): P. G. J. Pulzer, 149 ff; Adam Wandruszka (in: Benedikt, aa.O.) und in Spectrum Austriae (SA).

Der „Dunkelmann" Franz Ferdinand: E. Kandl, 15 f; zu Franz Ferdinand: H. Hantsche (SA), 174, 177, 191 f; R. Kann (SA), 213 ff; F. Engel-Janosi (SA), 229.
Hitler in München 1914: MK, 174.
Der Evangelist Johannes und die Juden: G. Baum, 145 ff; der Augustinermönch Gregory Baum, dessen Mutter in Berlin 1943 starb, als die Vernichtung aller Juden befohlen wurde, sieht Johannes vor Wut schäumen (193). Alle Menschen dienen bei Johannes im Reich des Teufels oder des Lichts (173). Zum Geschichtsbegriff des Johannes; ebenda, 179 ff, 184, 186. Der Jude als „gottesmörderisches Volk": 200.

S. 26 Kaiser Joseph und der Deutschlandglaube der Linzer Realschüler: E. Kandl, 16.
Die Lehrer an der Linzer Realschule: E. Kandl, 18 ff. Dr. Leopold Poetsch: ebenda 25 ff.
Hitler rühmt die altösterreichische Pflege der Reichsgeschichte oft in den Jahren 1941–1944; vgl. diese Jahre, unten!
Noch heute erinnere ich mich: MK, 12.

S. 30 Der junge Hitler – Darwin in der Schule: A. Zoller, 47.
Franz Sales Schwarz: E. Kandl, 44 f.

S. 31 Den Knaben interessieren in der Kirche mehr die Frauen: A. Zoller, 48.
Ing. A. Estermann, am 29. Dez. 1962: E. Kandl (= E. K.), XXXV.

S. 32 Hitlers Firmung: F. Jetzinger, 115 f.
Der angebliche Hostienfrevel: F. Jetzinger, 104 f; Hans Frank, a.a.O.
Zur christlichen Anschuldigung gegen Juden – Hostienfrevel: Heer, Gottes Erste Liebe, 1967.

S. 33 Die Kämpfer, die Lauen und die Verräter: MK, 10.
Vernichtung Österreichs: MK, 14.
Hitlers Bartholomäusnacht: F. Funder II, 254; O. Strasser, a.a O.
Adolf zu Keplinger: E. Kandl, 57. Das Schuljahr in Steyr: E. Kandl, 50 ff.

S. 34 Frühe Begeisterung für Richard Wagner: W. Maser I, 72, 177, 477.
Zu Richard Wagner: Heer II, 275, 375, 411, 414, 439, 463, 473 ff, 482, 485–489; G. Masur, 231 ff.
Die künstlerischen Phantasien und Baupläne des jungen Hitler: Jetzinger, 194 f.

S. 35 Ein Linzer Kreis von Kunstbeflissenen: F. Jetzinger, 167.
Zeichnungen und Aquarelle Hitlers: J. Wulf II, 272 f und Bild 2 f.
Der „Künstler" Adolf Hitler: A. Bullock, 386 ff.
Im Gerichtssaale zeichnet Hitler gerne Männer, Frauen, Ritterhelme, mittelalterliche Rüstungen, Normannenboote: Hans Frank, 80. – Seine künstlerische Phantasie befaßt sich um 1930, um 1944, ebenso wie seine politische Phantasie mit den Linzer Themen von 1904 und den Wiener Themen von 1910.
Hitlers Verhältnis zu Frauen: Max Domarus (II, 2), 2219 ff. Zu Ward Price sagt Hitler: „In meinem politischen Leben hab' ich freilich immer Glück gehabt, aber in meinem Privatleben bin ich unglücklicher gewesen als irgendein Mensch, den ich jemals kennengelernt habe."
Geli Raubal begeht am 18. 9. 1931 Selbstmord. Eva Braun unternimmt 1932 einen Selbstmordversuch. Maria Reiter („Mimi", „Mizzi", „Mizzerl") macht 1927 einen Selbstmordversuch. Unity Walkyrie Mitford schießt sich 1939 in die Schläfe; vgl. auch Otto Dietrich, 203.

Hitlers starke Wirkung auf Frauen als gläubigste Anhänger Hitlers: Hans Frank, 300; A. Zoller, 103 ff.

Das deutsche Volk soll mannbar werden: Walther Rathenau, 316 ff. Vgl. ebenda die infantile Welt der europäischen Dynasten, 238 ff. „Der Pogrom wäre die eigentliche Ausdrucksweise unseres primitiven politischen Wollens", 280 f. Rathenau: Wir Deutschen stehen politisch auf der Stufe ostslawischer Bauernvölker. Dies wurde grauenhaft realisiert in der Zusammenarbeit der SS etc. mit ukrainischen und anderen östlichen Hilfstruppen!

G. Bychowski, 116 ff; 139 ff. „Irgendwann in seiner Jugend übertrug Hitler seine Minderwertigkeitsgefühle auf sein Vaterland Österreich, das unter den unfähigen Habsburgern seine deutsche Seele verraten habe. Zugleich richteten sich seine Vorstellungen von Größe auf Deutschland" (ebenda 141). Vgl. ebenda 162 ff: Impotenzerscheinungen Hitlers verdecken homosexuelle Züge (so in seiner Bewunderung der Männer des deutschen Heeres). „So kann vom psychoanalytischen Standpunkt aus Hitlers Streben, seine von fremden Elementen unterdrückte Heimat Österreich in die Gewalt zu bekommen, aus seiner infantilen Mutterbeziehung stammen (194). Vgl. E. Hladny, Der heilige Judas, unten.

Zu Hitlers lebenslangem Infantilismus: E. Nolte, 168, 494 f, 499 f (Knabenträume, infantile Phantasien werden Wirklichkeit); 358: „Der infantile Grundzug im Wesen Hitlers ist der beherrschendste von allen." 361 f: sein Glaube. H. Glaser I, 181: Hitlers erotisch verklemmte Jugendzeit; die pubertäre Normalkrise bleibt ungelöst. Vgl. H. Glaser II, 134 ff, 138 ff, 205 ff.

Hitlers pubertäre psychopathische Verfassung wird geschildert in dem Roman von Ernst Weiss, Ich, der Augenzeuge (1939, ediert München 1963, Vorwort von Hermann Kesten): 134 ff, 140 ff, 144 ff, 186 ff, 190 ff, 195. („Auf dem Grunde seiner Haßgesänge und seiner Tugendgewitter lag oft etwas wie Verzweiflung. Sein Hassen war eine Quelle ungeheurer Kraft.")

Eine visionäre Einführung in die pubertäre religiös-politische Inkubationszeit des Nationalsozialismus bietet der Roman „Das Reich ohne Raum" von Bruno Goetz, 1919, Neuaufl. 1962; vgl. das Vorwort von W. R. Corti und den Kommentar von M. L. Franz, bes. 34, 38 ff, 43 f, 47, 226 f.

S. 36 Hitlers jüdischer Hausarzt Bloch: F. Jetzinger, 150 f; W. Maser I, 58.

Zu Georges Bernanos: Bernanos, Les enfants humiliés (sein brasilianisches Tagebuch von 1940), Paris 1949. Vgl. die Nachrufe für Bernanos von Albert Beguin und Bertrand d'Astorg, in: Esprit, XVII, Dez. 1948, 508 ff und 761 ff.

H. U. v. Balthasar, Georges Bernanos, 1954; H. Böll: Der Zorn und das Mitleid des Georges Bernanos (in: Werkhefte, Okt. 1960), 331 f.

Gute Bemerkungen zu Hitlers pubertärer psychischer Verfassung, seiner pathologischen Situation, in der er sich mit einem pathologischen neurotisierten Deutschland identifiziert: Robert Merle, in: Les Temps Modernes, Juin 1951, 2249 ff.

Alma Mahler-Werfel über Hitler: Alma M.-W., 235 (ebenda 98: Werfel über Alma). Die Wiener Frauen, kniend, Blumen bringend: Alma Mahler-Werfel, 272. Hitler bietet 7500 Dollar: Alma Mahler-Werfel, 335.

S. 37 Das tausendjährige österreichische benediktinische barocke Stifts-Reich: Heer III, 106 ff.

Bruno Walter und Bruckner: Bruno Walter, 370.

Hitler als Kanzelprediger: Karikatur von Erich Schilling 1927, bei: Bracher I, 51.

S. 39 Der völkische Kampf: A. Harpf, 7 ff. Harpf-Hagen war Mitarbeiter der von Hitler gelesenen Zeitschrift „Ostara“ des Lanz-Liebenfels, vgl. W. Daim, 279.
Die Slawenführer: Harpf, 28.
Nur Verdrängung: Harpf, 33.
S. 40 Die Slawen von Haus aus: Harpf, 55 f.
Furchtbare Stürme: Harpf, 64.
Der Deutsche taugt nicht: Harpf, 69.
Im Fall des Zerfalls Österreichs: Harpf, 82.
Völkerbrei: Harpf, 85.
Alles sittliche Leben ist Kampf: Harpf, 91 f.
Von Reval bis zur Adria: Harpf, 94.
Das Übervolk: Harpf, 100 f.
Solche Kriege werden aber: Harpf, 158 f.
Religionskriege: Harpf, 160.
S. 41 Gegen Slawenversöhnung: Harpf, 162.
Der Pfaffe aber sackt: Harpf, 126.
Alles Heil der Zukunft: Harpf, 215.
Karl König in den „Wartburgstimmen“: Harpf, 150.
S. 42 Was wir in unseren Religionsbüchern: Hladny, 21. Zu Ernst Hladny: K. Adel, 285.
Wodan und Thor: Hladny, 30 f.
Nur nicht berühren lassen: Hladny, 61.
Durch eine der Gassen: Hladny, 75.
S. 43 Offenbarung: Hladny, 76 f, 80 f.
Glauben Sie, Herr Pfarrer: Hladny, 88.
Die Mutter: Hladny, 92, 94 f, 97.
Du liebe, selige Frau: Hladny, 100.
Ich habe eine Bewegung eingeleitet: Hladny, 130.
S. 44 Wahlpredigt im Wirtshaus: Hladny, 131 f.
Meine schöne, jungfräuliche Mutter: Hladny, 140 f.
Meine deutsche Allmutter: Hladny, 152.
Was wollen Sie von meinem Mädchen: Hladny, 165.
Deutsch-Gladinica: Hladny, 192 ff, 209 ff.
Das Köstlichste aber: Hladny, 225.
Eine pangermanistische Zeitschrift in Österreich nach 1918 heißt „Mutterland“. Vgl. „Die österr. Nation zwischen zwei Nationalismen“, hg. von A. Massiczek, 170.
S. 45 Der kommende Heldenkaiser: Hladny, 246.
Der späte Hitler erstrebt altösterreichische Ziele: E. Nolte, 301, 438.
Ich geriet: Hladny, 248.
Graz: Hladny, 263 ff.
S. 46 Martinus Echterhauser: Hladny, 286.
Und Martin: Hladny, 294.
Kampf um Wien: Hladny, 298 ff.
Man brennt sie mir zusammen: Hladny, 304.
Diese Erkenntnis ging mir in Wien auf: Hladny, 311.
12. März in Marburg: Hladny, 317 ff.

Eine goldene Sonne: Hladny, 322. Selige Auserwählte: Hladny, 324.

S. 47 So redet ein Größerer: Hladny, 326 f.

Trutz-Klein: Hladny, 331 ff.

In Österreich war damals: Hladny, 340 ff.

Bardolff erinnert 1026 an deutsche Vorfahren: Bardolff, 127.

Vertreter der jüdischen Presse: Bardolff, 123.

S. 48 Jetzt konnte nur eines mehr helfen: Hladny, 342.

Die Zuflucht der letzten Männer: Hladny, 350.

Martin: Hladny, 351.

Aller Jammer in Wien: Hladny, 357 ff.

Wenn wir nicht untergehen sollen: Hladny, 361.

S. 49 Frühling in Österreich: Hladny, 376 f.

Vgl. in diesem Zusammenhang den rabiaten, zum politischen Mord entschlossenen Frühnationalsozialismus in Wien in den zwanziger Jahren: G. Botz, Die Hinrichtung von Hugo Brettauer (in: Aktion für Kultur und Politik, März 1967, 8 ff).

S. 51 Hitler in Wien: A. Bullock, 25 ff; F. Jetzinger, 184; W. Maser I, 112 ff.

Hitler über Wien: MK, 19 ff, 135, 137.

S. 52 Kaiser Franz Joseph in der Fronleichnamsprozession – eines der meistphotographierten Themen seines Lebens: Hans Pauer, 114, 216, 218, 228 f, 235, 289 und oft. Vgl. auch Kirchengeschichte Österreichs (KÖ), 86: ein Lied beim 33. Internat. Eucharist. Weltkongreß in Wien, 12.–15. Sept. 1912, besingt den Leib des Herrn als „Talisman" für das Haus Habsburg (Hitlers Talismanen werden wir noch begegnen). Vgl. auch A. Kostelecky, KÖ, 223. – Zu Franz Joseph: Alex. Spitzmüller (der letzte in unseren Tagen lebende Minister des Kaisers): Kaiser Franz Joseph als Mensch und Staatsmann (Spitzmüller, 174 ff); Oberst Heller sieht Franz Joseph als „Monarch, Priester und Retter": Ed. Heller, Kaiser Franz Joseph I., Wien 1934, 158. Zu Franz Joseph ferner: H. Benedikt, Spectrum Austriae = SA, 135 ff, 140, 149 f; H. Hantsch (SA), 153, 156, 161, 178, 191 f. F. Engel-Janosi (SA), 233, 239 f, 244 ff.

Zu Sigmund Freud: mein Freud-Kapitel in Gottes Erste Liebe, 1967.

S. Freud, 14. IV. 1898: Freud, Briefe, 232.

S. 53 Wien als magna mater 1958: Wien, Mitte des XX. Jahrhunderts, 491 ff.

Wien historisch: Wien um die Mitte, 5, 14, 43, 268 ff, 283; E. Zöllner, 56, 59, 62, 64 f, 175 ff.

Wien–Vindobona: Zöllner, 22, 25 ff, 29 f; Wien–Vindonia: Zöllner, 36.

Lit. zu Wien: Zöllner, 590 ff.

Das Phänomen Wien: A. Böhm (SA), 646 ff.

Wien als Raum österreichischer Kultur: Heer III, 49 ff; G. Baumann: Österreich als Form der Dichtung (SA), 583 ff; F. Torberg: Selbstgericht in der Literatur, (SA), 614 ff.

S. 54 Zur Kontinuität der Wiener und österr. Literatur vom 12. zum 20. Jahrhundert: Heer, Perspektiven österr. Gegenwartsdichtung (in: Deutsche Literatur unserer Zeit, hg. v. W. Kayser, Göttingen 1959), 139 ff.

Hugo von Hofmannsthal und Wien: Hofmannsthal III, 85, 179, 206 f, 214, 225 ff, 254 ff, 403 ff. Zu Hofmannsthal: G. Masur, 139 ff; F. Engel-Janosi (SA), 189 ff; ebenda Baumann und Torberg: 230 ff, 584 ff, 590 ff, 594 ff, 598 ff, 604 ff, 610 ff, 625 ff.

S. 55 Internationales Wien 13.–17. Jahrhundert: Ernst Fischer, 20 ff.

S. 56 Zum österr. Barock und kaiserlichen Weltbaustil: H. Sedlmayr, Epochen und Werke II, Wien 1960, 140 ff; ebenda 174 f; die Schauseite der Karlskirche in Wien; 257 ff: das Werden des Wiener Stadtbildes; H. Sedlmayer (SA) 570 ff.

Heer, Heiliges Römisches Reich, 1967; Heer III, 26 ff und 106 ff.

Der größte österreichische Romancier der Gegenwart (er starb am 23. Dez. 1966) Heimito von Doderer, lebte aus der Fülle des österr. Barock. Seine „Strudlhofstiege" ist „postbarockes Welttheater": Karl Hopf (in: Neue Wege, Wien, Okt. 1966, 5). „Immer noch hat der Wiener typische Barockkonflikte": A. Böhm (SA) 670. Vgl. A. Böhm, KÖ, 192 ff; G. Rombold, KÖ, 159.

Hitlers Architekturzeichnungen: altes Burgtheater etc.: W. Maser II, 108.

Zu seiner Kunstauffassung: J. Wulf II, 12, 18, 23, 34 und oft; vgl. Register 453.

Der 27. April 1879: „Der *costumirte* Festzug der Reichshaupt- und Residenzstadt Wien anläßlich der Silbernen Hochzeitsfeier Ihrer Majestät am 27. April 1879" (reiches Bildmaterial im Bildarchiv der Österr. Nationalbibliothek, geschaffen durch Hofrat Hans Pauer).

Diese Bilder zeigen u. a.: Herolde und Bannerträger, Mechaniker, Schmiede, Spengler, Wagenbauer, Gastwirte, Weber, Fleischselcher, Tischler, Glaser, Hafner, Binder, Gerber, Goldschmiede, Buch- und Steindrucker, Buchhändler und Buchbinder; dazu Hinweise auf Jagd, Bergbau, Gartenbau, Schiffahrt, Eisenbahn, Handel und die Bildenden Künste. Ein vorindustrielles, handwerklich-gewerbliches, bürgerlichbleinbürgerliches Wien.

Die Wiener Ringstraße: Wien um die Mitte, 347 ff; H. Sedlmayr (SA), 576 f; A. Böhm (SA) 688 ff. Kritik an der Ringstraße: Adolf Loos I, 153 ff.

S. 57 Der Kaiser-Jubiläums-Festzug von 1908 (Bilder im Bildarchiv der National-Bibliothek, Wien) zeigt im ersten, historischen Teil, angeführt vom berittenen Festzugskomitee (der Adel! Noch im September 1933 führen Reiter die nächtl. Prozession beim Allgem. Deutschen Katholikentag in Wien an), König Rudolf von Habsburg mit dem deutschen Heerbann, dann Heereszüge aus der Zeit vom 13. zum 19. Jahrhundert, also bis zu den Franzosenkriegen und dem Tiroler Landsturm von 1809; außerdem Feldmarschall Radetzky mit seinem Stabe 1848. Im zweiten Teil ziehen die Nationalitäten-Gruppen auf (ohne die Völker der ungarischen Reichshälfte), also die Nieder- und Oberösterreicher, dann Salzburg, Steiermark, Tirol, Vorarlberg, Mähren, Böhmen, die Iglauer deutsche Sprachinsel (aus ihr stammt Arthur Seyß-Inquart), Schlesien, Krain, Galizien, Bukowina, Krakau, Istrien, Dalmatien.

Stundenlang konnte ich: MK, 19.

Vor den Palästen: MK, 23.

S. 58 Das Wohnungselend des Wiener Hilfsarbeiters: MK, 28.

Kinderreiche Familien der Arbeiter: F. Funder I, 257 ff.

Nächtelang schritten wir: F. Funder I, 260.

Hitler sieht Wien als Verkörperung der Blutschande: MK, 135 f.

S. 59 Judentum und Prostitution: MK, 63 f. Gab es da einen Unrat: MK, 61.

Sozialdemokratie und Judentum: MK, 39 ff, 64 ff.

Marxismus-Bolschewismus, diese „Judenkrankheit": MK, 277.

Der Marxismus als jüdische Krankheit, als politische Syphilis: endlos wiederholt Hitler dieses Motiv in seinen Reden und Proklamationen 1940–1945!

Vgl. Nolte, 485 (der Kern des Nationalsozialismus: die Lehre von der Weltheilung durch die Beseitigung der krankheitsstiftenden Juden), 486 ff; Hitlers tiefe Angst: „Die Mikroben stürzen sich auf mich"; vgl. dazu unten Felix Prohaska über Arthur Trebitsch: 502 ff. Weltkampf um „Gesundung". Hitler vergleicht sich mit Christus und seinem Kampf gegen das jüdische Weltgift (503).
Im März 1968 spricht die Wiener „Aktion gegen den Antisemitismus" mit Recht den Antisemitismus als „Hitlers Wunderwaffe" an.
So aber mußten die Urheber: MK, 68.
Der schwarzhaarige Judenjunge lauert: MK, 357; vgl. W. Maser II, 206 f.
Zu Hitlers Wiener Schau der Juden: F. Jetzinger 242 ff; W. Maser I, 66 ff.

S. 60 Der „Sozialismus des dummen Kerls" von Wien: Kronawetter; G. W. Pulzer, 269.
Hitler über Lueger: MK, 58 f; beim Leichenzug Luegers: MK, 132 f.
Die Totenfeier: F. Funder I, 449.
Weine, christliches Österreich, dein Führer ist tot: F. Funder I, 448.

S. 63 Wien und seine Juden: Hans Tietze, a. a. O.; J. Moser, 1 ff; P. Stiegnitz, 7 ff; P. G. J. Pulzer, 162 ff; H. T.: Österreichisches Judentum (in: Bulletin für die Mitglieder der Ges. der Freunde des Leo-Baeck-Institutes, Nr. 10, Juli 1960), 77 ff; K. Eder, 222 ff.
Fanny Arnstein: Hilde Spiel, a. a. O.

S. 64 Friedrich Gentz: H. Spiel, 275, 279 ff, 287 f; zu Friedrich Gentz auch: Heer II, 105 f, 365, 462, 570.
Noch nie hat ein Jude an Gott geglaubt: H. Spiel, 287.
Von den reichgedeckten Tischen der Juden: hier nur ein „Modell" nach F. Gentz aus unseren Tagen: Rudolf G. Binding.
Der Fürst von Ligne: H. Spiel, 254, 262, 286, 288, 291 f.
Zum Fürst von Ligne 1797: Hilde Spiel, 255.

S. 65 Die Urbanisation der Juden: P. G. J. Pulzer, 10 ff, 346 ff; H. Tietze, a. a. O.; K. Eder, 224 ff.

S. 66 Zu 1848: R. Kiszling: Ursache, Anlaß und Auswirkung der Revolution von 1848 in Österreich (in: Österreich in Geschichte und Lit., 1951, Sonderheft), 20 ff.
Wien 1848 und die Juden: K. Eder, 223 f; P. Klein, 6 ff; F. Funder I; J. Moser, 2 ff; Stiegnitz, 21 ff.
Die Geißel 1848: P. G. J. Pulzer, 130; P. Klein, 21 ff. Zum folgenden: Pulzer, 130 ff.

S. 67 Sebastian Brunner: F. Funder I, 275, 339; Imendörffer, 165; J. Moser, 5 f.
Albert Wiesinger: J. Moser, 12 f.
Johannes Capistrano 1962 in „Complotto contro la chiesa": Heer, Gottes Erste Liebe.
Königgrätz 1866: An die tiefe Verwundung durch Königgrätz erinnert Emil Franzel 1964, 34: „Damals begannen die Österreicher gegen sich selbst zu wüten und mit ihrer eigenen Tradition, mit ihrer Staatsidee und ihrem eigenen Wesen zu hadern." Adam Wandruszka (Schicksalsjahr 1866) zeigt in seiner Auswahl-Edition der Memoiren des österr. Brigadegenerals Karl Moering, der aus der Altmark stammt, wie durch die Katastrophe von Königgrätz ein Österreich-Haß ausgelöst wird, der „Habsburg" mit „ultramontan", papistisch, antigermanisch identifiziert. Moering: „In Wien hört man die Leute offen sagen: Wenn wir nur preußisch würden, damit wir von dieser dummen Regierung wegkommen ..."

Das „Dritte Deutschland“ zwischen Habsburg und Hohenzollern schildert Roland Krug von Nidda in seinem Buch von 1966: „1866 – Königgrätz“.
Kardinalstaatssekretär Giacomo Antonelli: E. Winter, Rußland und das Papsttum II, 320 ff, 328 ff, 350 f.
Bismarck läßt seinen jüdischen Bankier Gerson Bleichröder für seine Verdienste um die finanzielle Kriegführung 1866 und 1870/71 adeln: M. Klesse, 183 f.

S. 68 Hitler als „die Rache für Königgrätz“: Ernst Niekisch wird zustimmend zitiert von P. G. J. Pulzer, 333.
Der Börsenkrach von 1873 in Wien und Berlin: Pulzer, 76 ff; ausführlich M. Klesse, 183 ff; J. Moser, 16 ff.

S. 69 Zum „Vaterland“ 1873: Pulzer, 131 f.

S. 70 Alois Schrott SJ, 1966 (in: Academia, 17. Jg., 12. H., Sept. 1966, Wien, S. 5): „Im Ersten Vaticanum hat die Kirche die Restauration kirchlich rezipiert. Im Zweiten Vaticanum hat sie die Französische Revolution rezipiert. Sie betont Menschenwürde, Freiheit, Religionsfreiheit, Gewissensfreiheit, Toleranz und das Gespräch miteinander, wofür das Konzil das Wort ‚Dialog‘ gebraucht. Mit diesem in der Kirche neuen Begriff ist auch eine neue Konzeption, überhaupt eine neue Anthropologie verbunden.“ Ich mache hier bereits aufmerksam: Pius XII. wurzelt zur Gänze in der vorgängigen tausendjährigen Anthropologie!
Alois Prinz von und zu Liechtenstein: vgl. E. Weinzierl-Fischer: Der rote Prinz (in: Neues Forum, Okt. 1966), 598 ff.
Karl von Vogelsang: Pulzer, 132 ff; F. Funder I, 92, 94 f, 99, 115 ff, 120 ff, 187 ff, 304, 311 ff, 600; F. Funder III; J. Moser, 115 ff; J. Chr. Allmayer-Beck: Vogelsang – Vom Feudalismus zur Volksbewegung, Wien 1952.
Josef Deckert: Funder I, 121; Pulzer, 132 f; „der tapfere Gottesstreiter“: Imendörffer 1935, 291 (mit Bild!); J. Moser, 131 f.
Werke von J. Deckert: „Juden raus“, Wien 1896; „Der ‚wahre Israelit‘ vor den Wiener Geschworenen“, Wien 1896.
Ernest Schneider: F. Funder I, 95, 123 ff, 131, 340; J. Moser, 120 f.
August Rohling, „der Talmudjude“: Pulzer, 163 f.
Der Ritter Zerboni di Sposetti: P. Stiegnitz, 81 ff; Imendörffer, 166 f.
Zur französisch-deutschen-österreichisch-ungarischen antisemitischen Internationale: Heer, Gottes Erste Liebe.
Otto Karbach: Die politischen Grundlagen des deutsch-österreichischen Antisemitismus (Zeitschrift für die Geschichte der Juden, Tel-Aviv, 1965), 1 ff, 103 ff, 169 ff.

S. 71 Der „Verein zur Abwehr des Antisemitismus“: P. Stiegnitz, 29 f.
Zu Heinrich Coudenhove-Kalergi und seinem Buch „Das Wesen des Antisemitismus“ vgl. Richard Coudenhove-Kalergi, „Mein europäischer Vater“ in: „Ein Leben für Europa“, Köln 1966, 41 ff.
Der „schleichende Antisemitismus“ bei den Christlichsozialen 1918–1938: O. Günther, a.a.O.; Alma Mahler-Werfel, 238, 242 f, 252. Wiener Beamte sagen 1947 zu Alma: „Wie konnten Sie, eine Tochter unseres großen Schindler, einen Gustaf Mahler und einen Franz Werfel heiraten“ (367). In ihr selbst west tief unter der Haut ein gewisser Antisemitismus, vgl. 328. – Zum schleichenden Antisemitismus noch O. Karbach (in: Zeitschrift für die Gesch. der Juden, 1965), 169 ff.
Georg von Schönerer: Pulzer, 149 ff; F. Funder I, 48, 95, 122, 196, 209, 219,

225 ff; J. Moser, 31 ff; Imendörffer, 166 ff; O. Karbach, 5 ff; Diehl, a.a.O.; Wandruszka, 289–297, 374–382; Jenks, 227.
Heinrich Friedjung: J. Moser, 72 ff; F. Funder I, 187, 323, 443, 536.
Schönerer und die Burschenschaften: Imendörffer, 173 ff; Pulzer, 253 f. Schon in den 70er Jahren Trinkspruch in Wiener burschenschaftlichen Kreisen: Contra Romam et Austriam: H. Drimmel, K. Ö., 338.

S. 72 Schönerianische Propaganda-Industrie: Imendörffer, 167 f.
Zu Schönerer ferner noch die Beiträge in Spectrum Austriae, 102, 162, 173, 206, 299 ff, 307.

S. 73 Germanische Motive bei Schönerer: Pulzer, 208 ff.
Wotanglaube auf dem Deutschen Volkstag, Wien 1897: F. Funder I, 222 f.
Wie in neurotischen Personen ein katholischer Christusglaube in einen Wotanglauben umschlagen kann, zeigt J. Jacobi („Das Religiöse in den Malereien von seelisch Leidenden") an Bildern und Gedichten eines dreißigjährigen katholischen Mädchens 1952 (bei Rudin, 145 ff) auf. Dieses Mädchen besingt das Verröcheln des blassen sanften Gottes aus Nazareth und die Wiederkehr Wotans. Motiv: „Befreit vom Himmel / Darf ich wieder hassen ... / Heil Dir, starker ... glühender Gott."

S. 74 Propaganda des „Evangelischen Bundes" um 1910: F. Funder I, 219 ff.
Die Kriegsziel-Wünsche deutscher Dynasten 1914–1918: Karl-Heinz Janssen, Macht und Verblendung, Göttingen 1963; dazu Heer V, 63 ff und 497 ff.

S. 75 Pastor Bräunlich: F. Funder I, 222 f.
Die Vorprägung durch einen hugenottischen Pfarrer: Heer I, 380 ff.
Siegesjubel in den Straßen Wiens: F. Funder I, 151 ff.

S. 76 Wie kein anderer verstand er: Imendörffer, 177 ff; hier auch ganzseitig ein Bild Luegers.
Die christlichsoziale Bewegung in Wien: F. Funder I, 93.

S. 77 Zu Lueger im folgenden: F. Funder I, an vielen Stellen; Kurt Skalnik, a.a.O.; Pulzer, 162 ff und 177 ff (Der Kampf um Wien); O. Karbach, 110 ff; diverse Beiträge in SA: 103, 172, 206, 213, 240, 295, 299, 300 ff, 312 f, 653 f, 660 ff.
Zum Kampf um Wien: F. Funder I; Pulzer, 177 ff; Imendörffer, 166 ff.
Lueger beginnt als Liberaler: Pater Abel bezeugt, daß Lueger noch 1888 nichts von Kirche und Religion hören will: Pulzer, 204 f.

S. 78 Zum christlichsozialen und katholischen Kampf gegen den Liberalismus: F. Funder I, 89 ff; Pulzer, a.a.O.
Ernst Vergani: F. Funder I, 122 ff, 128 ff, 213; Imendörffer, 169.
Graf Kasimir Badeni: Funder I, 83, 152 ff, 198 ff, 201–209.
Albert Geßmann: F. Funder I, 52, 80, 95, 99 ff, 268 ff, 450 ff.
Hermann Bielohlawek: Pulzer, a.a.O. Robert Pattai: F. Funder I, 148, 185.
Josef Gregorig: F. Funder I, 124; Gregorig fordert am 6. Mai 1898 im Reichsrat, daß „einmal die Juden alle in Kunstdünger vermahlen" werden (O. Karbach, 111) – eine prophetische Vision!

S. 79 Franz Schindler: F. Funder I, 54, 66, 72, 79, 95 ff, 114–122, 131 ff; Funder III;
Alois Prinz von und zu Liechtenstein: F. Funder I, 52, 83 ff, 92 ff, 100, 106 ff; er ist 1910 bis 1918 „Führer" der Partei der Christlichsozialen.
Abraham a Sancta Clara: Robert A. Kann, 59 ff, 82 ff, 110 ff.
Pater Heinrich Abel: F. Funder I, 72, 98, 106, 110–114, 306; Pulzer, 178 f; A. Böhm, Spectrum Austriae, 608; Kirchengesch. Österreichs (= KÖ), 85 f.

S. *80* Luegers Rede 1894: F. Funder I, 102 ff.

S. *81* Der österr. Hochklerus gegen die Christlichsozialen: F. Funder I, 131 ff; Pulzer, 181 ff; J. Moser, 132 ff.

Die französischen Arbeiterpriester um 1950/54: Jean Anlage, Les greffeurs d'orties – l'église et le prolétariat, Paris 1958. Motto-Vorwort: Modo capitalistico vivit ecclesia catholica: Mgr. Seipel, chancelier d'Autriche, 1931 (!). Dazu: Les prêtres – ouvriers, Les éditions de minuit, Paris 1954 (eine erschütternde Dokumenation); André Collonge, Die Kirche und das Proletariat – das Drama der französischen Arbeiterpriester, Darmstadt 1958; A. Dansette, Tragödie und Experiment der französischen Arbeiterpriester, Graz 1959 (Auszüge aus: Destin du catholicisme française, 1926–1956, Paris 1957); ebenda 239: die Stellungnahme Pius' XII.; G. Siefer, Die Mission der Arbeiterpriester, Essen 1960, hier Lit. 308–326.

S. *82* „Seelsorge": Heinrich Swoboda, Großstadtseelsorge, 1910; dazu Karl Rudolf, 389; vgl. auch J. E. Mayer, KÖ, 87 f.

Klage über die heute noch fehlende Theologie der irdischen Wirklichkeiten: K. Erlinghagen, 38 ff, 43 ff, 157 ff.

S. *83* Die Entdeckung Goethes für die deutschen Katholiken um 1906 ist das Verdienst des Jesuiten P. Friedrich Muckermann, der 30 Jahre später ein einsamer Warner vor Hitler wurde!

Der Kampf der Wiener Christlichsozialen in Rom und um Rom: F. Funder I, 131 ff; Pulzer, 182 ff; F. Engel-Janosi I und II.

S. *84* Nuntius Antonio Ugliardi: F. Funder I, 137 ff, 142, 144, 147 ff; J. Moser, 136 ff. Kardinalstaatssekretär Mariano Marchese de Rampolla: F. Engel-Janosi I, II; F. Funder I, 129 ff, 137 ff, 144, 146; Rampollas Welt- und Ost-Politik: E. Winter II, 399 ff, 408 ff, 415 ff, 441 ff, 445 ff, 458 ff.

S. *85* Kuriale Weltpolitik beruft sich im 19. und 20. Jahrhundert auf Gregor VII.: E. Winter II, 204, 219; schon 1824 berichtet Italinsky aus Rom, der Vatikan sei nur von dem Wunsche beseelt, das goldene Zeitalter Gregors VII. wiederzuerrichten; noch Pius XII. beruft sich den orthodoxen Serben gegenüber auf Gregor VII.!

Die Trübung der Beziehungen der Kurie zum Haus Österreich in den letzten Jahrzehnten des 19. Jahrhunderts: F. Engel-Janosi I, II; E. Weinzierl-Fischer, Die Lage der Kirche in Österreich zwischen 1848 und 1918 (in: Österreich in Geschichte und Lit., 1959, Sonderheft), 107 ff.

Zum denunziatorischen Klima in Rom 1890–1914 ff: Heer II, 563 ff, 645 ff, 716 ff; kuriale Kreise um Pius X. für einen österr. Präventivkrieg gegen Serbien vor 1914: K. Deschner I, II.

S. *86* Kirche gegen Freimaurerei im 19. Jahrhundert: Heer II, 653 ff.

Die hier im Kapitel „Päpstliche Urteilssprüche über das 19. Jahrhundert" zusammengestellten kirchlichen Erklärungen sind mit Hitlers Predigten zu vergleichen. So auch Leos XIII. Enz. „Humanum genus" vom 20. April 1884: Heer II, 652 ff.

Zu Leo Taxil: Heer II, 342, 606, 691; F. Funder I, 172–177.

Komplott-Ängste von Katholiken im 19. und 20. Jahrhundert: Heer II, 568 ff; vgl. ebenda 626 ff: Katholiken suchen Diktatoren.

S. *87* Seipels „modo capitalistico vivit ecclesia catholica": E. K. Winter, 64; Die christlichsoziale Partei wird solange unterliegen: O. Günther, 9 f; Katholiken, wählt den gläubigen Katholiken Adolf Hitler: F. Funder II, 89.

Der Lueger-Kult: O. Günther, 9.

Der Antisemitismus und die christlichsoziale Partei: O. Günther, 15–24.
O. Karbach erinnert 1965 an sein Gespräch mit E. Czermak (Pulzer, 205): Zeitschrift für Geschichte der Juden, Tel Aviv 1965, 109.
Zu E. Czermak: F. Funder II, 81 ff, 103, 108, 117 ff; sein Tagebuch 1937 ff: E. Jedlicka in: Österreich in Gesch. und Lit., 8. Jg., 1964, Heft 6 ff; sein Antisemitismus: Heft 7, 325 f, 331 f.

S. 89 Zu Bahr: Selbstbiographie; dazu: O. Breicha – G. Fritsch, 5, 12 f, 17, 183, 246, 273.
Von der Keltenzeit bis zur Gegenwart: Bahr, 9 ff.
Lustfrevel: Bahr, 8.
Der Wiener ist: Bahr, 9.
Heute würde man sagen: Bahr, 37.
Kein Charakter: Bahr, 40 f.
Man kennt keinen Wiener: Bahr, 70.

S. 90 Man kann nie sicher sein: Bahr, 71.
Die merkwürdige Wiener Art: Bahr, 71.
Lasterkataloge Wiens: Bahr, 78 ff.
Österreich eine Art Asien: Bahr, 113 f.
Die Wiener – Mestizen: Bahr, 112.
Eine europäisch-asiatische Grenzstadt: Bahr, 116.
Der „Traum" Ferdinand Kürnbergers: Bahr, 121 f.
Es gibt keinen österreichischen Staat: Bahr, 125.

S. 91 Der Wiener und der Jude: Bahr, 69.
Bahr zitiert 1905 Freud: Bahr, 49.

S. 93 E. Wengraf, 1. I. 1900: J. Hannak, 70 ff.
Das Brünner Programm: Hannak, 83 ff.

S. 94 Lenin sendet Stalin nach Wien: Hannak, 95 ff.
Karl Renner: Hannak, 15 ff.
Der Brief Franz Ferdinands, 4. III. 1901: Hannak, 74 ff.

S. 95 Aurel Popovici: J. Hannak, 73, 100 f, 118, 137, 190; V. Dedijer, 231.
Joseph Scheichers Autobiographie wird im folgenden hier als S I ff (die römischen Zahlen bezeichnen die sechs Bände) zitiert.
Kindheit: S I, 113 ff.
Alle prügeln: S I, 156; vgl. 220 und 234 f.
Ich hasse das Unrecht: S I, 161.
Die christliche Religion hat nur: S I, 170 f.
Zauberei, Hexerei: S I, 171 ff, 251 ff, 256 ff, 263 ff.
Demokrat, da Elend der Bauern: S I, 161 ff; III, 1. T., 317 ff; III, 2. T., 383 ff.
Studieren heißt: Geistlicher werden: S II, 15 ff.
Fürs Leben bedeutete: S II, 52 ff.
Rechtlosigkeit des Priesters: S II, 85 ff.

S. 96 Ich will kein Hund sein: S II, 85.
Ich habe es nie begriffen: S II, 86.
Willkür der Ämter: S II, 88 ff.
Die Geistlichen – Wettlauf der Gemeinheit: S II, 90.
Das Seminarleben: S II, 95.
Junggermanenpolitik: S II, 105 f.
Ich bin ein deutschvölkischer Geistlicher: S II, 111.

1859: S II, 115; Garibaldi: S II, 116.
Schwarzrotgoldene Mützen: S II, 117.
Dr. Peinlich: S II, 211.
Ihre Zöglinge durften: S II, 276.
S. 97 Germanen seid stark: S II, 302.
St. Pölten: S II, 330 ff.
Das Jahr sechsundsechzig: S II, 438.
Zwei Millionen Germanen: S II, 442.
Wie das enden wird: S II, 458.
Christliche Freiheit: S II, 459.
Debatten im Augustineum: S II, 478 ff.
Der Bischof von St. Pölten, Fessler, als Generalsekretär des 1. Vatikan. Konzils: vgl. C. Butler – H. Lang, Das I. Vat. Konzil, München 1961, 136 ff.
Dogmenfabriken: S II, 509 f.
Da jedoch nicht Roms wegen: S II, 510.
Man hat die Kirche freilich: S II, 511.
Ob ein Nuntius zu einem Balle: S II, 512.
S. 98 Zöglinge – Sträflinge: S II, 518.
Waidhofen an der Ybbs: S. III, 1. T., 1 ff.
Die ganze Welt zittert: S III, 1. T., 108.
Eine gerechte Nemesis: S IV, 1. T., 56.
Die Geistlichen gegeneinander: ebenda 110.
Erschütternde Fälle: ebenda 110 ff.
Ich glaubte damals noch nicht recht: ebenda 135.
Der Priester als Grammophonplatte: ebenda 150.
Kirche als Büttel des Staates: sehr oft, etwa S I, 8 f, 12 ff, 39 f, 49 f; ferner: S II, 41, 383; V, 225 ff, 290 ff.
14. Dez. 1894 im Reichsrat: S V, 225 ff.
Das Priestertum – kein Bruderreich: S I, 12 und oft.
S. 99 Größenwahn der Oberen: S I, 39 f.
Kirche absolutistischer als Ludwig XIV: S I, 98.
Priester soll Wachs sein: S I, 100.
Erst wenn die Kirche frei sein wird: S II, 41; vgl. II, 384.
Priester, so furchtsam: S II, 481.
Fast jeder Geistliche als Absolutist: S III, 1. T., 214 ff, 216 f.
Jahrhundertelanger Patriarchalismus: S III, 1. T., 249 f.
Mit den guten einfachen Leuten: S III, 1. T., 270.
Bischof Binder: S III, 1. T., 367 ff.
Professor in St. Pölten: S III, 2. T., 15 ff.
Allein als Demokrat: S III, 2. T., 39.
Herdenerziehung: S III, 2. T., 22.
2000 Jahre Christentum: S III, 2. T., 44.
Die Priesterheranbildung: ebenda 53 ff.
Es genügt eben nicht: ebenda 62.
Das „Korrespondenzblatt“ und Scheicher: ebenda 80 ff.
S. 100 Die oberen Kreise: ebenda 81.
Die Bibel ist bekanntlich: ebenda 83.

Pater Abel: ebenda 83; zum folgenden: ebenda 89–96, bes. 90, 94, 96.
Im Nationalitätenschwindel: S III, 2. T., 96.
Ich könnte nachweisen: ebenda 99 f.
S. 101 Staatsbischöfe freilich: ebenda 403.
So viel Freiheit: ebenda 104.
In trüber Stunde: ebenda 198 ff.
Clericus clerico diabolus: ebenda 200.
Ich habe beobachtet: ebenda 203.
Omne malum ex clero: ebenda 205.
Wie in allen Jahrhunderten: ebenda 206 f.
Professor Commer: S III, 2. T., 226 ff.
Der 1. Österreichische Clerustag 1902: S I, 44 f.
S. 102 Die wie Sklaven behandelten Brüder: S I, 47.
Scheichers politisches Leben: S IV und S VI.
Scheicher als deutscher Priester: S IV, 9 f.
Hunnenschlacht: S IV, 18; Schmerz über Terror: S IV, 97 ff.
Wer lebt, wird es sehen: S IV, 100.
A. M. Knoll, 82 f.
S. 103 Das christlich-soziale Evangelium: S IV, 117.
Wir Antisemiten: S IV, 153.
Schönerer könnte heute: S IV, 168.
Die Geistlichen waren: S IV, 170.
Hohes Lob für Schönerer: S V, 496 ff.
Schönerer-Zeus: S V, 503.
Sein Kometenkopf: S V, 508.
Die „deutschen Brüder": S V, 443 ff.
Die „Unzucht" von Geistlichen: S V, 198 ff, 211 ff, 227 ff, 515 ff.
Eine Periode sittlicher Pest: S V, 516.
Stank es im hohen Hause: S V, 415; vgl. VI, 211 ff, 227 ff.
Das Mißjahr 1901: S VI, 198 ff.
Hinabsinken eines Partikels: S VI, 211 ff.
S. 104 Die Juden: S I, 95, 107; II, 303; III, 1. T., 95 f, 287 ff, 316 f; III, 2. T., 263 ff, 314; IV, 34 ff, 58, 132, 150, 344, 370; V, 7, 140 ff, 425; VI, 110.
S. 105 Die kleinen Juden: S V, 425.
Falls nicht eine Völkerkatastrophe: S VI, 110.
Victor Adler: S VI, 24 ff.
Vielleicht, ja offen gesagt: S VI, 426 f.
S. 106 Die Christlichsozialen: S V, 280 ff.
Lueger: S IV, 410 ff.
Lueger liebte es: S IV, 415.
Partei wie Ruine: S IV, 417.
Albert Geßmann: S V, 105 ff.
S. 107 Zwang und Terror in der christlichsozialen Partei: S V, 266 f, 428 ff.
Das Debakel von 1911: S VI, 1 ff, 7 f, 18 ff, 368 ff.
Wir litten im Klub: S VI, 359.
Ausgiebiger Pogrom der Zukunft: S VI, 379.
Scherbengerichte: S VI, 405 f.

Kunschak: S V, 320.
Miklas: S V, 427 f.
Götterdämmerung: S VI, 437 ff.
Auch die religiösen Parteien: S VI, 444.
Welt-Götterdämmerung: S VI, 437 ff.
Nur die alten Götter: S VI, 447.

S. 108 In seiner Wiener Wohnung: S IV, 156.
Lanz-Liebenfels: S V, 328 f; VI, 68.
Im Michaeler Bierhaus – die Vereinigten Oststaaten: S I, 194 f, S II, 112; III, 2. T., 378 ff; IV, 20 f; V, 18 ff, 22 ff, 29 ff, 40 f, 57 („Die Oststaaten bestehen aus lauter Übermenschen", zwar ironisch gemeint ..., aber), 58 (meist Junggesellen); VI, 64, 91 f, 105 („Das Vaterland muß das Gewand der Vereinigten Oststaaten anziehen"), 112 f, 155 f, 255 ff.
Ich zitiere Joseph Scheichers „Aus dem Jahre 1920" als: 1920; Österreich gibt es nicht mehr: 1920, 6.

S. 109 Luegerstadt: 1920, 11.
Die Welt kann sehr arm werden: 1920, 17.
Die Machtübernahme: 1920, 21 ff.
Wien gehört uns allen: 1920, 39 f.

S. 110 Schlimme Gesichter: 1920, 37.
Ein wirklicher Volksstaat: 1920, 47.
Die Soci: 1920, 150 f; Abschaffung des Zinses: 1920, 56 f.
Wir haben aufgeräumt: 1920, 61. Hängen Sie viele?: ebenda 62 f.

S. 111 Einige tausend Galgen: 1920, 63.
Wir Arier: 1920, 64.
Die Priester: 1920: 64 f.
Neubildung – ein christlichsozialer Klerus: 1920, 66.
Vegetarisch: 1920, 69.
Die Auswanderung der Juden: 1920, 69 ff.
Die Parteien als Judenschutztruppen: 1920, 73.
Die Juden benahmen sich: 1920, 75.
Haben sich seit Christus nicht geändert: 1920, 76.
Die Plattfüße: 1920, 78.
Wien als Neusamaria: 1920, 82.

S. 112 Da erwacht endlich: 1920, 83.
Leider wanderten nur: 1920, 85.
Eine sittliche Wiedergeburt: 1920, 88.
Heil uns: 1920, 89.
Scheicher bekennt sich zu Ernest Schneider: S III, 2. T., 288 ff; IV, 188, 413; V, 181 ff. Kritisch zu Bielohlawek: S V, 115.
Scheicher selbst glaubt an Ritualmorde: S IV, 342 f.

S. 113 Hitler in Wien: F. Jetzinger, 172 ff, 184 ff; W. Maser I, 66 f; E. Kandl, 62 ff.

S. 114 Hitlers Schilderung der Angst des Bürgers vor dem Arbeiter: MK, 22 f.
Das „Alldeutsche Tagblatt" in der Stumpergasse: E. Kandl, 66 ff.
Hitler über Joseph II.: MK, 79.

S. 115 Hitlers Ungarnhaß: vgl. unten seine Tischgespräche 1941–1944.
Abwägen der zwei Führer: MK, 107.

Schönerer ohne Menschenkenntnis: MK, 108.

S. 116 Ebenso war er geneigt: MK, 109.

Faulhaber auf dem Berghof 1936: G. Lewy, 229 ff.

Faulhaber gegen die Weimarer Republik: H. Lutz, 83 f; der katholische Historiker H. Lutz erwägt: Das „Frageverbot" bezüglich der „politischen Gestalt und Wirkung des Kardinals von Faulhaber" „wird zweifellos überwunden werden", a.a.O., 137.

Heute sehe ich in dem Manne: MK, 59.

S. 117 Mich bedrückte die Erinnerung an gewisse Vorgänge des Mittelalters: MK, 56.

Die Macht aber: MK, 116.

Falsch war der alldeutsche Kampf gegen Rom: MK, 118 ff.

Hohe Anerkennung für einen disziplinierten Klerus: MK, 120 ff.

Die protestantische Erziehung zum Deutschtum: MK, 123.

S. 118 Wer über den Umweg einer politischen Organisation: MK, 124 f.

Auf einen Unwürdigen treffen tausend: MK, 126. Vgl. später dazu die Drohung, in Rom 7000 Prozesse gegen Geistliche führen zu lassen (1941).

Dem politischen Führer: MK, 127.

Wohl gelang es, der Kirche einige 100 000 Menschen zu entreißen: MK, 128. Vgl. dazu die Tabelle der Kirchenaustritte unter dem Regime Hitlers 1932–1942 bei G. Lewy, 402. Die jährlichen Zahlen bewegen sich zwischen 26 376 und einer einmaligen Höchstzahl von 108 054 im Jahre 1937. Insgesamt rund 600 000 Austritte. 1937–1939 erreicht die Welle ihren Höhepunkt, um im Kriege abzusinken.

Die Fehler des christlichsozialen Antisemitismus: MK, 130 ff.

Verlust einer inneren und höheren Weihe: MK, 132.

S. 119 Hitler beim Leichenzug Luegers: MK, 132.

Ignaz Seipel: außerordentlich bedeutsam, nicht zuletzt für eine künftige Erhellung der scholastischen Implikationen der Politik Pacellis–Pius' XII., ist die 1930 verfaßte, 1966 erstmals in Wien erschienene Studie Ernst Karl Winters, Ignaz Seipel als dialektisches Problem. Der bedeutende Einzelgänger E. K. Winter, einer der einsamen politischen Denker im deutschsprachigen Katholizismus in der 1. Hälfte des 20. Jahrhunderts, untersucht Seipels Weg von „links" nach „rechts", von einer Akkomodation an die Republik zur „wahren Demokratie", von der Sozialisierung zur Entsozialisierung; das ist sehr Hitler nahe (Seipel und Hitler: vgl. die Einführung von Klemens von Klemperer, 11 f); Winter, 112 ff: im Zusammenhang mit seiner scholastischen und klerischen Position. Vgl. auch Kl. v. Klemperer: Seipel und Winter–Gegner und Brüder (in: Neues Forum, Okt. 1966, 658 ff). Zu Seipel ferner: V. Reimann II, bes. 54 ff (Massa damnata); 78 ff: Seipel rüstet zum Bürgerkrieg; 84 ff: der Plan zur Gegenreformation; 120 ff: Der Puppenspieler. J. Hannak, 425 ff, 511 ff, 523 ff, 529 ff; E. K. Winter II, 401 ff, 408 ff („Man muß schießen, schießen, schießen!").

Seipel empfiehlt früh dem Zentrum die Zusammenarbeit mit Hitler: E. K. Winter, 124 ff; J. Becker (HZ 196, 1963), 84 f; Clemens Wildner erinnert (Wildner, 152 f): 1927 beim Deutschen Katholikentag in Dortmund rät Seipel Marx, die Nationalsozialisten in die Regierung aufzunehmen, er selbst würde es in Österreich ebenso machen; ebenda 166: Seipel für den Anschluß.

Zu Seipel ferner: die Beiträge in Spectrum Austriae (= SA): 203, 213, 218, 220 ff, 306–315, 324 ff, 331 ff, in: Kirchengesch. Österreichs (= KÖ), 89, 202 ff, 221, 271 f

(Seipel als Richelieu der Ersten Republik). Seipel in der Sicht seines treuen Gefolgsmannes F. Funder: Funder I, 89, 183, 334 ff, 588, 601 ff und oft; Funder II, 11, 21–31, 33, 40 und oft.
Aber hier hörte die Macht eines Lueger auf: F. Funder I, 261 f.
Victor Adler: F. Funder I, 558, 582; diverse Beiträge in SA: 102, 172, 206, 213, 297, 299–302, 304–307; J. Hannak, 52 ff, 271 ff, 299 ff.
Die österr. Sozialdemokratie: A. Wandruszka (in: Benedikt, Gesch. d. Rep. Öst., 1954, 292 ff); R. Prantner, Die Gesch. der polit. Parteien 1848–1918 (Österr. in Gesch. und Lit., 3. Jg., 1959, Sonderheft), 95 ff; Karl Renner: An der Wende zweier Zeiten, Lebenserinnerungen, Wien 1946; Oskar Pollak, Bruno Pittermann, Der Weg aus dem Dunkel – Bilder aus der Gesch. der österr. sozialist. Bewegung, Wien 1958; A. Gulik, a.a.O.; E. Zöllner, 428 ff; J. Hannak, a.a.O., Reimann II, 253 ff.
E. Zöllner, 428 ff; A. Wandruszka (SA), 287 ff; W. Goldinger (SA), 315 ff.
S. 120 Der Prince of Wales 1936 in Wien: persönliche Mitteilung von Richard Schmitz an mich.
Bielohlawek (bei Funder: Biehlolawek): „Wann i a Büachl sieh, dös hob i scho' gfressen": Pulzer, 283. Dazu der Altmeister der kathol. Lit. in Österreich, Rudolf Henz 1966 (KÖ, 357 ff: die Katholiken und die Literatur) zu Bielohlawek: „Literatur ist, was ein Jud vom anderen abschreibt." Dieser Ausspruch „ist vielen Verantwortlichen aus der Seele gesprochen" (358).
S. 121 Hitler über die österr. Sozialdemokratie: MK, 39 ff; Jetzinger, 233 ff.
Zu Karl Marx: F. Heer I, 507 ff, 609–627; Heer II, 211 ff, 308 ff, 378 ff, 754 ff, 796.
Ich hatte beschlossen: L. Trotzki, 135 f.
S. 122 Trotzki in Wien: Trotzki, 135 ff. Als Mitglied der österr. Sozialdemokratie: 197.
Zu Trotzki: Heer II, 781 f, 800 ff, 821 ff.
Trotzki gibt in Wien die „Prawda" heraus: Trotzki, 207.
S. 123 Trotzki über den „Chauvinismus" der österr. Sozialdemokraten: Trotzki, 196 ff, 199. Vgl. Karl Kraus über die „Anschlußdummheit" der österr. Sozialdemokraten: F. Jenaczek, 71. Zum Zusammenbruch der sozialistischen Internationale vgl. G. Haupt, 83 ff, 145 ff. In Wien sollte 1914 der Kongreß der Internationale stattfinden. Karl Renner feiert in der Festschrift „Die heilige Allianz der Völker". Aber bereits 1912 sehen Kundige: „Die Genossen fressen einander auf" (61). Die sozialistische Illusion von 1914: Haupt, 97 ff. Zerspaltene Sozialisten 1900–1914: Haupt, 117 ff. Vom Kriege völlig überrascht: Haupt, 151 ff, 219 ff.
Die soz. Internationale regte sich nicht über Sarajewo auf: Haupt, 147 ff. Sie war auf ein Handeln gar nicht vorbereitet: ebenda 155 f. Die führenden deutschen, französischen, englischen Sozialisten (nicht aber die österreichischen und russischen Sozialisten) glauben an den Friedenswillen ihrer Regierungen: 164 ff.
Trotzki 1914 in Wien: Trotzki, 218 ff.
Das Photo: Hitler in München am Odeonsplatz 1914: K. D. Bracher I, 10, Bild: E. Leiser, 26.
S. 124 Hitler auf dem „Bau" in Wien: F. Jetzinger, 221, hält diese Behauptung Hitlers für ein Märchen.
Terror gegen roten Terror, Brutalität gegen Brutalität: MK, 44. Hitler wählt die rote Farbe, um zu reizen: MK, 402.

S. 125 Das beste Mittel, das Schlagwort: O. Günther, 1932, 100.
Die Sozialdemokratie als Pestilenz: MK, 40.
Die Urheber dieser Völkerkrankheit: MK, 70.
Siegt der Jude: MK, 69 f.
Indem ich mich des Juden erwehre: MK, 70.
1935 erscheint in Wien und Dresden der Sammelband „Antisemitismus der Welt in Wort und Bild" (in Wien als: „Israel und die Völker"), vgl. ebenda 271 ff, 282 f, 287 f, 290!

S. 126 Zur „Ostara": vgl. unseren Exkurs über die „Ostara" und Hitler.
Der schwarzhaarige Judenjunge: MK, 357.
Die Religion wird lächerlich gemacht: MK, 358.
Vergiftung der Seele: MK, 278 ff.
Man muß mit dem Unrat: MK, 279 f. Fatal erinnern gutgemeinte heutige Polemiken gegen die „entartete Literatur" an Hitlers Kultur-Predigten, vgl. Emil Staiger, Zürich, Dez. 1966 (in: FAZ vom 24. Dez. 1966; ebenda die Entgegnung von Max Frisch).

S. 127 Die Sünde wider das Blut ist die Erbsünde dieser Welt: MK, 272 (ganz so zuvor Lanz-Liebenfels.).
Wien 1968: vgl. das Memorandum an die österr. Bundesregierung über Maßnahmen zur Bekämpfung des Antisemitismus, Oktober 1966, herausgegeben vom Präsidium der Aktion gegen den Antisemitismus in Österreich.
Hitler gegen Richard Coudenhove-Kalergi und Wien: Hitler II, 131 f.
Statistische Zahlen über die Juden an der Wiener Universität etc.: J. Moser, 20 ff, Pulzer, 10 ff.

S. 128 Die Rede Erich Schmidts 1881: J. Moser, 25.
Juden in akademischen Berufen in Wien: K. Eder, 225 f.
Max Graf 1925: F. Funder I, 186 f.

S. 129 Jüdischer Pangermanismus: vgl. Heer, Gottes Erste Liebe, 1967; ferner: Gershom Scholem: Juden und Deutsche, in: Neue Rundschau, Nr. 77, 1966, 547 ff; Golo Mann, ebenda 563 ff.

S. 130 Arthur Freud: Um Gemeinde und Organisation. Zur Haltung der Juden in Österreich, in: Bulletin des Leo-Baeck-Instituts, Tel Aviv 10, 1960, 81 ff.
Hakenkreuzler und Hakennäsler: vgl. A. Freud, 100.
Zu Karl Kraus (der von Lanz-Liebenfels als Gesinnungsgenosse begrüßt wird!): F. Jenaczek, 33 (Taufe in der Karlskirche, Taufpate: Adolf Loos); 49 (1922 Austritt aus der kath. Kirche); Kraus und Juden, Judentum: Jenaczek, 30, 50, 52, 153. Er widmet 6700 Arbeitsstunden dem Fall Bekessy (55); 97, 101, 108. Kraus und der Rabbiner Bloch: 148. „Der Führer", das Gedicht gegen Otto Bauer: 67 ff; der Antisemit Kraus: M. Brod, 91 ff, 93 ff, 153 ff; vgl. diverse Beiträge in: Spectrum Austriae (= SA): 13, 479, 507, 517 ff, 578, 604, 634–639, 641 ff, 645.
Zu Otto Weininger und Arthur Trebitsch: Heer, Gottes Erste Liebe.
Joseph Samuel Bloch: A. Freud, 85 f.

S. 131 Zu Hermann Bahr: K. Eder, 238; Felix Braun, 157 ff; SA: 318, 501, 506 ff, 617, 624, 631, 638, 642.
Zwölfstimmig murmeln: Heer III, 61 ff (Humanitas Austriaca); zum folgenden ebenda: Judentum und österreichischer Genius (293 ff); O. Schulmeister, 85 ff.
Andrian: „Dem Dichter Österreichs": Walter H. Perl, Hofmannsthal und An-

drian, in: Die Neue Rundschau, Nr. 73, 1962, 517. Über Andrian: Chanan Benseew: Leopold von Andrian, in: Bull. d. Leo-Baeck-Inst. 10. 1960, 123 ff. Andrian gehörte um 1930 dem Kreis der „Österreichischen Aktion" um E. K. Winter an: E. Hoor, 72 f.

S. 132 Zu Joseph Roth: J. Strelka, 105 ff; Manès Sperber: Rebell oder Revolutionär? in: Neues Forum, Okt. 1966, 625 ff; Ernst Lothar, Das Wunder des Überlebens, Wien 1960, 139, sieht Roths „Radetzkymarsch" als „das österreichischeste Buch, das ich kenne".

Joseph Roth fordert Arthur Seyß-Inquart 1938 zum Duell: Mitteilung von F. Th. Csokor an mich.

Das Höhlenkönigreich Ich in Wien: Heer III, 49 ff, 61 ff, 73 ff; vgl. auch Heer, das Sigmund Freud-Kapitel in „Gottes Erste Liebe", 1967.

Zu Sigmund Freud: Sigmund Freud, „der berühmteste Österreicher" (H. G. Wells), sagt zu Ernst Lothar (Das Wunder des Überlebens, 40 f): „Ich habe wie Sie eine unbändige Zuneigung zu Wien und Österreich, obschon ich, vielleicht nicht wie Sie, seine Abgründe kenne." Zu Sigmund Freud ferner: D. Stafford-Clark, 65 ff, 145 ff; M. Robert, 26, 31, 139, 218 (Freuds Wien), 289, 310 f. 1914 Freud: „Meine ganze Libido gehört Österreich-Ungarn" (289).

Zu Freuds Religionskritik: A. Wucherer-Huldenfeld, Postulatorischer Atheismus, in: Wort und Wahrheit, 2/XXII. Jg., März 1967, 193 ff, Lit.: 202. Reiche angelsächsische Literatur zu Freud und die Religion: H. Sundén, 235 ff, 251 ff, 262 ff.

Freud zeigt Lothar eine Notiz: „Österreich–Ungarn ist nicht mehr. Anderswo möchte ich nicht leben. Emigration kommt für mich nicht in Frage." Zu Freud ferner: G. Masur, 319 ff.

S. 133 Freud an Romain Rolland: Briefe, 4. III. 1923, 341 f.

Freud 1913: „Alle bösen Geister": Briefe, 297.

S. 134 Freud warnt Richard Dyer-Bennet: Briefe, 380.

Im Oberstock hohe Herrschaften (Religion etc.), im Parterre und Souterrain das Niedervolk der Triebe (vgl. Nestroy): Freud, Briefe, 424. Vgl. dazu die beiden Wien, Wien als „doppelgesichtige Stadt", der janusköpfige Wiener in der Lit. von heute: Hilde Spiel, FAZ 23. Dez. 1966, 28. Die Rossebändiger vor dem Parlament in Wien sollen die Bändigung der unteren Massen und der Triebe darstellen. Vgl. P. R. Hofstätter, Einführung in die Tiefenpsychologie, 75; ebenda 106: im Neurotiker geht es zu wie in einem autoritären Staate.

Der schwer neurotische Hitler (vgl. Robert Merle, Les Temps Modernes, Juin 1951, 2249 ff) neurotisiert weiter eine bereits hochneurotisch aufgeladene deutsche „Gesellschaft". Schuschnigg schlägt vor, man solle statt eines Diplomaten einen Psychiater zu Hitler senden, um über die österreichische Frage zu verhandeln (G. M. Gilbert, 376). Im Sept. 1935 richten 350 Psychiater ein Memorandum an die Staatsmänner der Welt und machen auf die Kriegspsychose und auf Kollektivneurosen aufmerksam: „Völker können ebenso wie Individuen neurotisch werden"; vgl. P. J. Bouman, 323.

S. 135 Freud an Enrico Morselli: Briefe, 362.

An Marie Bonaparte: Briefe, 465 f.

Theodor W. Adorno: Neue Musik und Wien, in: Forum, Heft 73, Jan. 1960, 27 f.

Kurt von Schuschnigg und die Familie Mahler-Werfel: Alma Mahler-Werfel, 238, 242 f. Vgl. ebenda 1934 über den „gefährlichen, schleichenden Antisemitis-

mus in Österreich", der „viel ärger als der deutsche" ist: 242. In Nürnberg liest Hans Frank begeistert Werfels „Lied der Bernadette" (G. M. Gilbert, 514).
Zu Gustav Mahler: H. Tramer, Ungenannte und Umgetaufte – Gustav Mahler und seine Zeit, in: Bull. d. Leo-Baeck-Inst. 10, 1960, 130 ff; Bruno Walter, 103 ff.
Der Abschiedsbrief Mahlers 1907: R. Specht, Gustav Mahler, Berlin 1913, 61; H. Tramer, 149.

S. 136 Oskar Kokoschka: als Muster entarteter Kunst wird er angegriffen im Dritten Reich, vgl. J. Wulf II, 86, 88, 305 f, 325, 339 f, 366, 383, 390. Der große österreichische Künstler Oskar Kokoschka ist ein großer politischer Humanist, vgl. seine Schriften und Manifeste (OK: Schriften 1907–1955, hg. v. Hans Maria Wiggler, München 1956) und OK: Die Wahrheit ist unteilbar; Schriften des Museums des 20. Jahrhunderts, Wien 1966; Carl Zuckmayer, 299, sieht Kokoschka als den großartigsten Künstler seiner Zeit.
Sigmund Freud an Arthur Schnitzler: Freud, Briefe, 338 f.
Freud an Stefan Zweig: Briefe, 330 ff.

S. 137 Schnitzlers „Leutnant Gustl": J. Strelka, 56 f. Vgl. auch Carl E. Schorske, Schnitzler und Hofmannsthal. Politik und Psyche im Wien des Fin de siècle, in: Wort und Wahrheit, 17. Jg., 1962, 367 ff. Zum literarischen Wien in Hitlers Jahren sind noch zu vergleichen: Arthur Schnitzlers „Zum großen Wurstel" 1904 („Im Reigen / der Tod").
Weininger, Realität und Geschlecht, 1902. Otto Weininger und Karl Kraus wirken faktisch antisemitisch (vgl. Breicha-Fritsch, 15 f).

S. 138 1907 erscheint Kubins „Die andere Seite" (verfaßt 1903). 1906 veröffentlicht Musil „Die Verwirrungen des Zöglings Törleß": Visionen eines Terrors pubertärer übererregter Jugendlicher; vgl. ebenda bei Breicha-Fritsch, 98 ff: Die Geheimkammern.
Karl Kraus, Die chinesische Mauer, 1910: 2000 Jahre sind zu Ende; „auf einem Krater, den wir erloschen wähnten, haben wir unsere Hütten gebaut. Der ausgehungerte Eros ist nicht wählerischer geworden, aber kriegerischer" (ebenda, 82 ff). Die Sündenmoral bringt die Pathologie zur Welt (88). Die christliche Zivilisation hat Panzerschiffe gebaut, aber den Tanz um den Fetisch einer Jungfernhaut aufgeführt (93). Die große chinesische Mauer der abendländischen Moral wankt (94). Vgl. das Schlußkapitel unseres Buches.
Am Bahnhofe fraß der Sumpf (Kubin, 1910; ebenda, 120 ff).
Die neue Wiener Architektur 1895–1900 ff: ebenda, 170 ff.
Die Kunst beginnt, „apokalyptisch zu reden" (Gütersloh): 184.
1908–1913 baut Otto Wagner die Lupusheilstätte.
Otto Wagners Projekt für das Wiener Kriegsministerium 1907/8 ist eine Planung für drei Weltkriege. (216).
Die Musik: 1911 verläßt Schönberg Wien, verbittert nach langem publizistischem Rufmord. 1913: Skandalszenen und Tumulte gegen Berg und Webern.
Reaktionäre Kunstpolitik und religiöser Kitsch hängen eng zusammen: In der Hofoper ist die „Salome" verboten, dafür wird jahrelang der „Gaukler unserer lieben Frau" (eine Muttergottesstatue wird lebendig) aufgeführt.
J. P. Gütersloh erinnert 1964 an „die mit Leidenschaft reaktionäre Wiener Welt". Die Künstler, „kämpfend im Schatten der vergifteten Pressepfeile".
Hitler als Schriftsteller und Maler in Wien: F. Jetzinger, 195 ff.

S. 139 Die Herbstgedichte im letzten Jahrzehnt des 19. Jahrhunderts: Hanns Arens (Stefan Zweig), 9 ff.
Wenn ich versuche: Stefan Zweig I, 13.
Flucht ins Geistige: St. Zweig I, 23; vgl. ebenda 23 ff über Wien.
S. 140 Das Burgtheater: St. Zweig I, 25 ff.
S. 141 Wiener Judentum, Judentum in Spanien: St. Zweig I, 30 ff; vgl. Heer, Gottes Erste Liebe, 1967.
Dies Österreich ist ein Gebilde des Geistes: Hofmannsthal III, 214.
Zu Hofmannsthal: H. Broch, Hofmannsthal und seine Zeit (Essays I, 43 ff); St. Zweig I, 52 ff; Felix Braun, 165 ff.
S. 142 Isaak Löw Hofmann 1788: H. Broch, 107.
Vater und Sohn Hofmannsthal: H. Broch, 130 f, 119.
S. 143 Das „Volk" – eine kollektive Märchengestalt: H. Broch, 137. Vgl. Broch, 139: Österreich ist für Hofmannsthal ein sich selbst dichtendes Symbolgebilde.
Hofmannsthal 1915 an die Deutschen: Prosa III, 225–231; vgl. 403 ff: die österreichische Idee.
Zum Deutschlandglauben Prager Juden: Max Brod, 179 f; Brod in seiner Jugend als „fanatischer Österreicher": 128. Über Kafka: 135. „Der alte Prochazka": 121.
Kafkas jüdischer Selbsthaß: B. B. Kurzweil, Franz Kafka – jüdische Existenz ohne Glauben, in: Neue Rundschau, 77. Jg., 1966, 426 ff.
Prag ab 1914: Max Brod, 117 ff. Moritz Bloch 1914: Max Brod, 155.
S. 144 Kronprinz Rudolf ist nicht gestorben: Hofmannsthal–Schnitzler, Briefwechsel, 1964, 55.
Die österreichische Idee: Hofmannsthal III, 403 ff.
Das Wiener Café: St. Zweig I, 46 ff; E. Franzel, 113 ff.
Monomanie des Kunstfanatismus: St. Zweig I, 61 f, 64.
Man bekämpfte sich im alten Österreich: St. Zweig I, a.a.O., H. Arens, 19 f.
Das damalige Haus hatte Redner: F. Funder I, 185; vgl. m. Scheicher-Kapitel.
S. 145 Hitler über den Reichsrat: MK, 39 f, 80 ff. Hitlers Ausdruck „Parlamentswanzen": MK, 72; vgl. Pater Leppich über die Zeugen Jehovas als „Ungeziefer".
Stefan Zweig über Lueger: Zweig I, 34, 66 ff.
Die blaue Kornblume: St. Zweig, 67 ff.
S. 146 Kampf der Nationalitäten in Wien: F. Valjavec, Die Nationalitätenfrage in Österreich nach 1848, in: Österreich in Gesch. und Lit., 1959, Sonderheft, 33 ff; 44 f: die Badeni-Unruhen. Valjavec, ein Sachkenner ersten Ranges, kommt zum Urteil: In den letzten Jahrzehnten des Bestandes der Monarchie begann die nationale Erregung bereits nachzulassen, der Sprachenhader hatte seinen Höhepunkt überschritten: 45; J. Hannak, 83 ff, 208 ff; V. Dedijer, 107 ff, 753 ff.
Hitler über die Syphilis: MK, 269 ff, anschließend, 277, über den Bolschewismus als „diese Judenkrankheit". Zu Hitlers Angst vor Geschlechtskrankheiten und Hitler als „der Mönch, der sein Leben Gott geweiht" (Kubizek): F. Jetzinger, 215 f.
Stefan Zweig als Patient Freuds: Hermann Kesten (bei H. Arens, 170).
Freud, der wahre Führer: Zweig, Worte am Sarge S. Freuds, 26. Sept. 1939, in London: H. Arens, 291 ff.
Da vereinigten sich alle Instanzen: St. Zweig I, Eros Matutinus, 70 ff; das folgende: ebenda 73, 78 f, 82 f.

S. 147 Die Prostitution in Wien: St. Zweig I, 84 ff.

S. 148 Gustav Kubizek über Freund Adolf in Wien: Kubizek, 282; dazu kritisch F. Jetzinger, 215 f.

S. 149 Die Angst vor der Infektion: St. Zweig I, 88 f.

Adolf Hitler verkehrt in Wien mit Juden, die u. a. seine Kunden sind: W. Maser I, 69 f, 173 f.

S. 150 Liebe zur österr. Lebensart: Bruno Walter, 116 f.

Burgtheater: B. Walter, 96.

Wien: B. Walter, 134 f, 175 ff.

Die welttröstende österreichische Freundlichkeit: B. Walter, 176.

Radetzkymarsch: B. Walter, 177. Zum folgenden: 178 ff.

Das Wiener Café: E. Franzel, 13; Bruno Walter, 178 ff.

S. 151 Freundschaft, Mit-Freude, Mit-Leben: B. Walter, 195.

Das andere Wien: B. Walter, 180 f.

Die Quellen jener hassenden Gesinnung: B. Walter, 181.

11. März 1938: B. Walter, 419 f; vgl. die Schilderung des 11. März bei Carl Zuckmayer, Als wär's ein Stück von mir, 1966, 70 ff.

Odilo Globotschnik (Globocnik) erhält Bruno Walters Cadillac: B. Walter, 423. Zu Globocnik und zu den Linzer und oberösterr. SS-Führern: S. Wiesenthal, Memorandum an die österr. Bundesregierung, 12. Okt. 1966, 7, 8, 11, 13. Zu Globocnik: Heydecker-Leeb, 195, 368, 446, 457 ff, 471, 473 ff, 477. Dazu: Anatomie des SS-Staates I, 147 ff; II, 419. Der Großvater Globocniks war vermutlich Slowenenführer in Klagenfurt, vgl. A. Massiczek, Wieder Nazi?, Wien 1962, 38. Diese Schrift des Wiener Historikers und Publizisten ist die beste psychologische Einführung in die Mentalität österreichischer Nationalsozialisten.

S. 152 Gab es da einen Unrat: MK, 61. Die Mörder leben, 376 ff.

Hitler: Witze auf Kosten anderer: H. Frank, 406 f.

S. 153 Hitler vor dem Prachtbau am Franzensring: MK, 80 ff.

In Musik, Baukunst war Wien der Brunnen: MK, 76.

Der Deutschösterreicher dachte mehr als groß: MK, 75.

Hitler war als Architekt theatralisch. Es stand alles wie für eine illustre Barockoper als Requisit bereit: Hans Frank, 93, vgl. 267.

Die Ringstraße: MK, 19 f. Zur Ringstraße: Wien um die Mitte des XX. Jahrhunderts: E. Dobrawa, Die Ringstraße, 347 ff, 357 f, 363 f; K. Zens, Österreichs kulturelle Bedeutung in der franzisko-josefinischen Zeit, in: Österr. in Gesch. u. Lit., 1959, 67 f.

S. 154 Otto Wagner: Otto Wagner, das Werk des Architekten. Histor. Museum der Stadt Wien, 12. Sonderausstellung, Juni–Sept. 1963, 11 ff; O. A. Graf: Otto Wagner, ebenda 19 ff: Ertrinken in Wiener Kitsch, 24 f: Wagner sagt 1889 (im Geburtsjahr Hitlers) dem Historismus und „der weltflüchtigen Gettoarchitektur der Ringstraße" den Kampf an. Diese Beiträge in Spectrum Austriae (= SA), 521, 578, 694; Breicha-Fritsch, 184 ff. Die Angst vor dem Zerfall der Kunst, der Monarchie: O. A. Graf, 24 f.

Otto Antonia Graf hat „Die vergessene Wagnerschule" (Mss. Wien 1965) wiederentdeckt. Studenten Otto Wagners, Jahrgänge zwischen 1870 und 1891, durchdenken als erste eine dynamische und mobile Verbindung zwischen Architektur und Gesellschaft, sie veröffentlichten ihre Stadtplanungen, Entwürfe für Flughäfen (1903!) ab 1898 in den Heften des „Architekt“: Alfred Roller, Hans Kestranek, Marcell Kammerer, Maurice Balzarek, Fritz Pindt, Christoph Stumpf (1904: Flugfeld mit Leuchtturm aus Eisenbeton). Alfred Fenzl entwirft einen Plan für einen Weltfriedenspalast auf der Insel Lacroma vor Ragusa. 1911 lädt die Columbia-University Wagner nach New York ein. Le Corbusier weilt in Wien. Unter den 200 abgewiesenen Bewerbern aus allen Ländern, die um Aufnahme in die Wagner-Schule nachsuchen, ist der Sohn Frank Lloyd Wrights, der selbst Wagner als „Herr Professor Wagner of Viena, a great architect“ apostrophiert. In den Jahren 1898 bis 1906 begibt sich diese einzigartige europäische Explosion einer neuen Baugesinnung in Wien. Hitler bemerkt sie nicht. Vgl. besonders den Entwurf für die Stadt Greytown, 1899–1900, von Oskar Felgel, bei O. A. Graf.

Wien als die potemkinsche Stadt: Adolf Loos I, 153 ff; zu Loos: SA, 519, 521, 575 f, 644, 694.

Jede stadt hat jene architekten: A. Loos, 154.

Ornament und Verbrechen: A. Loos, 276 ff.

Das tempo der kulturellen entwicklung: A. Loos, 280 f.

S. 155 Der moderne ornamentiker: A. Loos, 283.

Die zeitgenossen des künstlers: A. Loos, 354; vgl. auch den Aufruf an die Wiener, geschrieben am Todestage Luegers, 1910: Loos, 291 ff: „Mit Lueger wird der schutzherr der karlskirche zu grabe getragen. In ihm lebte die idee Karls VI.“ „Der bau der ringstraße hat diese idee vereitelt.“

Interessant, daß ein Mann wie Lanz-Liebenfels in seinen Ostara-Heften sich für Loos und Otto Wagner begeistert (Ostara, Nr. 85, 1916, 14, 15).

Kritik an Adolf Loos heute: Th. W. Adorno, Funktionalismus heute, Vortrag auf der Tagung des Deutschen Werkbundes, Berlin 23. Okt. 1965, in: Neue Rundschau, 77. Jg., 1966, 385 ff, bes. 589 f. „Man trifft bei Loos, dem geschworenen Feind der Wiener Backhendlkultur, auf erstaunlich Bürgerliches.“ Loos führt die Ornamente auf erotische Symbole zurück. Er empört sich über Ornamentiker wie über Sittlichkeitsverbrecher. „Aber der mensch unserer zeit, der aus innerem drang die wände mit erotischen symbolen beschmiert, ist ein verbrecher oder ein degenerierter“ (Loos 277). Dazu Adorno, 589: „Das Schimpfwort Degeneration rückt Loos in Zusammenhänge, die ihm unlieb gewesen wären.“

Lanz-Liebenfels, der germanomane Puritaner, kämpft für „Sauberkeit“ und „Reinheit“ ähnlich wie der Zölibatär, Mönch, Puritaner Adolf Hitler. Das Anschmieren von Klosettwänden hat auch Stefan Zweig verstört: St. Zweig I, 78.

S. 156 Wien als „Metropole des Kitsches“: H. Broch, 105.

Zum folgenden: H. Broch, 43 ff, 76 ff, 84 ff, 96 ff.

Wien als Welt-Unstadt: H. Broch, 82 f. Vgl. Broch in diesem Zusammenhang: Kitschkunst und Richard Wagner als „unmusikalisches Musikgenie“ und als „ein undichterisches Dichtergenie“: 71 ff, voll von einem „geradezu untrüglichen Epoche-Instinkt“.

Das Böse im Wertsystem der Kunst: H. Broch, 311 ff.

Das Böse im Dogmatischen: H. Broch, 336 f.

Die verabsolutierte Kirche: H. Broch, 340.

Man könnte von einem Imitationssystem sprechen: H. Broch, 339.

S. 157 Zum Zusammenhang: Propaganda des Schreckens und der Freude vom Barock bis zur Gegenwart: F. Heer IV.

Wer Kitsch erzeugt: Broch, 348. Der Kitsch: Broch, 342 ff. „Kitschromantik": Broch, 345 f. Zum Vergleich: Der kathol. Moraltheologe Richard Egenter urteilt: „Die Herrschaft des Kitsches war im christlichen Leben der letzten hundert Jahre eine fast totale. Sie trägt wohl ein nicht geringes Stück Schuld an dem Abfall der Massen von den Kirchen." Vgl. G. Rombold, KÖ, 154. Katholischer Kitsch in der Literatur in Österreich: Rudolf Henz, Die Katholiken und die Literatur (KÖ, 357 ff, bes. 358 f). Ebenda 361 f: Lit. zum Literaturstreit zwischen dem „Gral", der Zeitschrift der österreichischen Integralisten um Richard von Kralik („Dichter", die eine Kitsch-Poesie mit harter aggressiver integralistischer Dogmatik verbanden), und Carl Muth und seinem „Hochland" in München.

Joseph Goebbels: „Stalingrad ist wie ein Gemälde", am 2. II. 1943 im Hotel Kaiserhof vor Kommandeuren: Kunrat Hammerstein, Höhere Führer ohne Befehlsnotstand, in: Die Neue Rundschau, 73. Jg., 1962, 471.

Zu Hitlers manichäischem Kunstglauben, der so gut zum Spießertum seiner Bewegung paßte, vgl. die Dokumentation bei Joseph Wulf II. Daselbst über Kunstbolschewismus: 58, 84, 156, 161, 219, 252, 301, 351, 359 f. Judentum: 55, 131.

S. 158 Hitler über Kunst: Wulf II, 64 f, 190 f, 203 f, 227, 246 f, 271 f, 331, 337, 360 f.

S. 161 Richard von Kralik: reiche Lit. bei A. M. Knoll, der Kralik als Student nahestand. Ferner: K. Adel, 211, 244, 250–254, 270, 285, 347, 428.

Hans Eibl: Kralik, 85, 87.

S. 162 Es gibt im Geistesleben eines Katholiken keine neutrale Kulturzone: Kralik XII; ihm zustimmend: A. Baumgartner SJ, Stimmen aus Maria Laach, 1909, H. 9, 357 ff.

Oberammergau und Athen: Kralik, 5.

Was Aischylos, Homer: Kralik, 22.

Zersetzende Kritik: Kralik, 25 ff.

Den aufstrebenden nationalen Künstler: Kralik, 83.

S. 163 Kralik und der Brief Pius' X. an den Gralsbund: A. M. Knoll, a.a.O.

Mag unsre Akropolis, unsre Walhall: Kralik, 128.

Muth auf verlorenem Posten: Kralik, 126.

Eine Einladung zum 174. Kralik-Dienstag der Kralik-Gesellschaft Wien, 9. I. 1968, bringt Texte aus Kraliks „Gold. Legende der Heiligen von Joachim und Anna bis auf Constantin den Großen". Hier, S. 4: „Gar alte Zeiten weckt mein Sang / Er ist voll Blut, voll Sturm und Drang / Jedoch, wer weiß, ob nicht gar bald / Sich wieder hebt des Feinds Gewalt / Und gleiche Kämpfe sich entzünden."

S. 165 Tausendjähriger europäischer Manichäismus und seine politischen Implikationen: vgl. Heer, Europ. Geistesgeschichte; Europa, Mutter der Revolutionen. Permanenter bosnischer Neo-Manichäismus nährt den Glauben an permanente Revolte: Dedijer, 480.

Bosnische Bogumilenkirche: Dedijer, 44 f.

Die „Jungen Bosnier": Dedijer, 335 ff, 491 ff.

Die Familie Princip aus dem Grahovo-Tal: Dedijer, 43 ff.

Bosnien-Herzegowina: Dedijer, 65 ff.

S. 166 Hitler bei Lanz-Liebenfels: W. Daim, 20 ff.

Internationales Lanz-Leserpublikum: W. Daim, 25 ff.

Der Rassenkult als Mutterbesitzkult: Daim, 218.

S. 167 Burghard Breitner 1951: Daim, 172; ebenda, 173, der Nachruf auf Lanz 1954.

S. 168 Zum politischen Johanneismus: Der einzige Christ unter den Knaben, die am Attentat 1914 in Sarajewo beteiligt sind, liest vor seiner Hinrichtung das Evangelium Johannes, national-politisch bezogen: Dedijer, 634.
S. 171 Unsere Geister schleichen durch Wien: Dedijer, 668.
Ilić, 28. Juni 1914: Dedijer, 589, 630.
Alle sechs Attentäter: Dedijer, 38, 496.
Franz Ferdinand und seine vielen Feinde: Dedijer, 137 ff, 269 ff.
Max Hohenberg: deutsche Mitschuld an Sarajewo: Dedijer, 29, 286, 790.
S. 172 Franz Ferdinand und Schönbrunn – Hofburg: Dedijer, 166, 210 (Renner).
Attentatsversuch 1902 bei Regensburg: Dedijer, 754 f.
Anschlag 1910 in Sarajewo: Dedijer, 447 ff.
Angst vor Kindern: Dedijer, 769.
Das Fürchten ist immer: Dedijer, 765.
Der Allmächtige rettete zunächst: Dedijer, 607. Die Sicherheitsvorkehrungen am 28. Juni „liegen in der Hand der Vorsehung": Dedijer, 770.
Franz Ferdinands Amulette: Dedijer, 21.
Das katholische Dogmengebäude: Bardolff, 133.
Franz Ferdinand und der Antisemitismus: Bardolff, a.a.O.; Dedijer, 183 ff., 871 f.
Gegen Juden, Protestanten, Freimaurer, Liberale, Marxisten: Dedijer, 187 ff.
Graf Anton Galen: Dedijer, 200 ff.
S. 173 Pius X. an Franz Ferdinand: Dedijer, 204 f.
Aufgabe der Armee: Dedijer, 207 f.
Nie Krieg gegen Rußland: Dedijer, 276 f.
Pathologischer Zustand Preußens: Dedijer, 277.
Österreich wird immer abhängiger: Dedijer, 270 ff.
Österreich als Satellit Deutschlands: Dedijer, 765; im Prozeß: Dedijer, 612.
Franz Ferdinand und Preußen, Wilhelm II.: Dedijer, 279 ff.
Wilhelm II. 1913 zu Berchtold: Dedijer, 304.
Carte blanche: Dedijer, 309 f.
S. 174 Franz Ferdinand und J. W. Burgess: Dedijer, 266 ff.
Reich und Reichskanzler etc. bei Franz Ferdinand: Dedijer, 230 ff.
Reichsland: Dedijer, 242 f.
Dedijer über Bardolff: Register, 916.
Hitler wiederholt 1941: Dedijer, 27.
S. 175 Die Sippen des Grahovo-Tals: Dedijer, 43 ff.
Die Kinder lernen von den Priestern hassen: Dedijer, 60 f. So wieder 1934–1944 in Kroatien.
Schiller: Dedijer, 311, 440; Sand: ebenda 315 f; Mazzini: 341 f.
1911 – das kritische Jahr des Princip: Dedijer, 367.
Der Vaterkomplex der jungen Revolutionäre: Dedijer, 396 ff.
Čabrinović: Dedijer, 375 ff und Register.
S. 176 Gaćinović: Dedijer, 338 ff, 346 ff, 523 ff, 567.
Die habsburgischen Bordelle: Dedijer, 398 ff.
Syphilis und Klerikalismus: Dedijer, 400 ff.
Wien – Gosse: Dedijer, 401.
Der Glaube an die Nation – B. Grabež: Dedijer, 405 f.
Selbstopferung: Dedijer, 407.

S. 177 1911 Treffen in Wien: Dedijer, 416 ff.
Der Gott Perun: Dedijer, 422. Gymnasiasten der 4. Klasse: Dedijer, 467 f.
Der Kosovo-Mythus: Dedijer, 476 f (und Friedrich Schiller!).
Dučić 1915: Dedijer, 477.

S. 178 Traumwelt der Dichtung: Dedijer, 40 ff, 433 ff.
Ich ließ meine Schulbücher liegen: Dedijer, 558.
Endlicher: Dedijer, 566. Scheffer: ebenda 567; Behr: 584.
Heil unserer Hoffnung: Dedijer, 568.
Der Vater hißt die Kaiserfahne: Dedijer, 573.
Apis und Deutschland: Dedijer, 789 ff.
Pijemont: Dedijer, 778 ff, 793 ff (Hymnen auf Deutschland); die deutsche Druckmaschine: 792. Germania-Hall: Dedijer, 509.

S. 184 Elias Canetti, 204 ff, sieht in Hitlers Kriegsbegeisterung 1914 das Zeugungsmoment des Nationalsozialismus.
Hitler in München 1913–1914: F. Jetzinger, 247 ff; W. Maser I, 115 f; P. J. Bouman, Hitler selbst: MK, 139 ff.
Der Himmel möge endlich: MK, 173.
Sarajewo, Hitlers Erschrecken: MK, 174 f.
Ich schäme mich auch heute nicht: MK, 177.

S. 186 Nackte Gewalt, die Ungeziefer vertilgen: MK, 186.
Nirgendwo sonst: W. Maser II, 113 ff.
Gnade, im Gottesgericht als Zeuge auftreten zu dürfen: MK, 179.
Gottesgericht?: C. Barnett (1963) im Vorwort: „... der Krieg ist der große Rechnungsprüfer der Institutionen. Der Erste Weltkrieg enthüllt beispielsweise erbarmungslos die wirtschaftliche und gesellschaftliche Überalterung Frankreichs, die Kluft zwischen technologischer Differenziertheit und politischer Primitivität in Deutschland, den industriellen Niedergang Großbritanniens." (Beide Weltkriege enthüllen den Bankrott der Kirchen!) Im 1. Weltkrieg gleichen die Armeen ungeschickten Dinosauriern (Barnett, 88). Am 8. September 1914 weiß Moltke bereits: „Wir müssen ersticken in dem Kampf gegen Ost und West" (Barnett, 114/16). Die Politiker und Militärs werden Spieler (ebenda 120 f) – wie später Hitler Spieler wird. Viele Züge in Ludendorff erinnern an Hitler (Barnett, 400 f, 402, 404 ff, 415 ff). Vgl. auch Wilhelms II. Siegesrausch im März 1918 (Barnett, 475).
Zur Kriegsschuldfrage jetzt auch: Hermann Kantorowicz, Gutachten zur Kriegsschuldfrage 1914, hg. v. I. Geiss, Frankfurt 1968; die Veröffentlichung wurde 1918 ff vom Auswärtigen Amt hintertrieben.

S. 187 Clemenceau und die Deutschen: F. Heer V, 78 f, 499 f.
Hitler an Hepp, Febr. 1915: W. Maser II, 113 f.

S. 188 Das EK I auf Vorschlag eines jüdischen Offiziers: W. Maser I, 125.
Hitler und der Generalstab: H. Frank, 243 f; vgl. ebenda 253 ff.
Der Weltkrieg war für ihn das größte Bildungselement: H. Frank, 238.

S. 189 Ein alter bayerischer Offizier über Hitler: H. Frank, 237.
Hitler als „Bunkergeist": H. Frank, 382.
Kriegsglauben kathol. (und evangel.) Theologen in der Gegenwart: Ich habe nach meinem „Gespräch der Feinde" (1946, veröffentlicht Wien–Zürich 1949) 20 Jahre Erfahrungen in Auseinandersetzungen mit dem obstinaten Kriegsglauben von Theologen.

Zum Kriegsglauben katholischer Theologen: J. Douglass, in: Cross Currents, Winter 1967, XVII, 107 ff. Dazu: Militärpfarrer in der Bundeswehr der Bundesrepublik Deutschland: Werkhefte, München 8/9, 1967, 26 ff, 10/67, 309 ff, 11/67, 343 ff; vgl. ebenda 6/67, 187 ff: Moraltheologie als Gefälligkeitsseelsorge und „Napalm? Ja und Amen!“

Kriegsglaube und Predigt evangelischer Theologen 1914 ff und nach 1945: H. W. Bartsch (in: Die Zeit, 23. II. 1968) zu W. Pressel.

Hitler: Der ewige Frieden: H. Frank, 46 f.

S. 190 Hofprediger Dr. Vogel 1918: Walter Tschuppik, 215 f; jetzt bes. W. Pressel, a.a.O.

S. 191 Ich hatte das Glück: MK, 217.

Hitler immer ein Mann der Vergangenheit: O. Dietrich, 86 f.

S. 193 Hitler in München ab 1918: W. Maser, 132 ff.

Katholische konservative Politiker halten ihre Hand über Hitler: W. Maser I, 312 ff; 362, 378–396; E. Nolte, 397 f, ebenda 394:

Faschistische Bewegungen sind leicht zu besiegen, wenn der Staat es wirklich will. Neben der politischen Gewissenlosigkeit führender Schichten und Männer, die Hitler in München fördern, ist ein lange übersehenes Phänomen zu beachten: eine hohe kriminelle Anfälligkeit führender Wirtschaftskreise, die u. a. (Steuer-)Verbrechen begehen, die ein geltendes Strafrecht nicht oder kaum berücksichtigt. Vgl. F. Bauer: Von der Kriminalität der ‚Weißen Kragen‘ (in: Neue Rundschau, Nr. 77, 1966, 282 ff). Vgl. ebenda, 283, Präsident Truman über die Kriminalität der USA-Kriegsindustrie und 291 ff über deutsche Verhältnisse. 292: „Bei den großen Gesellschaften begegnen wir ... dem Begriff der Schreibtischtäter, der uns von den Massenverbrechen des nazistischen Unrechtsstaates bekannt ist.“ „Jeder schiebt die Schuld auf den anderen ... Wie in den NS-Prozessen pflegt dann die Schuld an den Tätern der niedersten Rangstufen hängenzubleiben, die in Wahrheit nur ausführende Organe gewesen sind und den geringsten Vorteil hatten.“ Die Geschichte der „Schieber“, die Hitler bereits ab 1922 in die Macht schoben, ist noch nicht geschrieben worden.

Hitler als „König von München“: W. Maser I, 350.

Röhm ist bayerischer Monarchist: W. Maser I, 291.

Zu Dietrich Eckart: W. Maser I, 179 ff; E. Nolte, 390 f, 402 ff, 467, 475, 490 ff.

Hitlers antisemitische Predigten in München 1920 ff: G. Brendel, Der Führer über die Juden, München 1943, 15 ff, 33 f, 67 f, 79 f.

Hitler über die Juden ferner: W. Maser I, 97 ff; 1921 stellt er sich dem Münchener Rabbiner Dr. Baerwald zur Diskussion und unterliegt: W. Maser I, 285.

Pacellis Münchener Erlebnisse: W. Maser I, 39; J. Nobécourt, a.a.O., analysiert den Münchner Schock Pacellis.

Pacelli für Kahr: W. Maser I, 297, 300.

Juden in der frühen NSDAP: W. Maser, 303, 316.

Entfernung von Juden aus der NSDAP: W. Maser I, 369.

Der Jude strebte: Hitler am 13. IV. 1923: „Weltjude und Weltbörse“, bei G. Brendel, 33.

Hitler in München: Ungeheuerlichkeiten der höchsten deutschen Gerichte bestätigen Hitler vor 1924 und danach: H. u. E. Hannover, 263 ff. Der bayerische Polizeipräsident Pöhner 1923 im Hitler-Prozeß: „Hochverrat ist das Geschäft, das ich seit fünf Jahren treibe“ (ebenda 112).

Vgl. ebenda 157 ff: die Fememörder Höß und Bormann. Frühe Aufhebung des Verbots des „Stürmer" (252). Der Oberstaatsanwalt Nürnberg schützt 1926 Streicher und den „Stürmer" (268 ff). Vgl. ebenda 274 ff: Justiz und Nationalsozialismus. 283 ff: der Kurfürstendamm-Pogrom vom 12. Sept. 1931. Er bedeutet nach dem „VB" das Produkt eines „wahrhaft christlichen Zorns" (285).

Das katholische braune München 1944: am 25./26. Nov. 1944 bringt der „Völkische Beobachter" Bilder aus dem ausgebombten Münchener Dom: „Das geschändete Heiligtum." Ein großer Christus-Corpus liegt auf den Trümmern (Facsimile-Querschnitt „VB", 202/203). Nemesis Divina!

E. Nolte, 408, betont zu Recht: Hitlers „Antisemitismus gehört eindeutig zum radikal-konservativen Flügel"; Hitlers 1. politisches Dokument (1919!) ist ein Brief über Antisemitismus (Nolte, 389 f).

Vgl. auch Facsimile-Querschnitt VB, 31 ff, 35, 64 ff.

S. 194 Es ist unsere höchste Pflicht . . . damit nicht auch Deutschland den Kreuzestod erleidet: G. Brendel, 64 f.

Sowjetstern und Stern Davids: Hitler, München 1923; G. Brendel, 67 f.

Der Sohn Adolf Eichmanns, Horst Adolf Eichmann, hält heute noch an Hitlers und Eichmanns Glauben an die jüdische Weltverschwörung fest: „Rheinische Post", 29. I. 1966.

Der antisemitische Popenschüler Stalin (Wiesel, 72, 76, 129 ff) pflegt den alten russischen Antisemitismus in der UdSSR. Antijüdische Presse und Lit. in der UdSSR: Wiesel, 139 ff; besonders in der Ukraine: 48 ff, 108, 141 f. Der Paß der sowjetischen Juden hat den Vermerk „Jude". Vgl. auch Fejtö, 15 ff, 91 ff (Sowjetunion), 59 ff (Tschechoslowakei), 63 ff (Polen), 79 ff (Ungarn).

Es gibt nur zwei Möglichkeiten: Hitler am 12. IV. 1922, bei G. Brendel, 79.

Hitler am 14. V. 1921 von Kahr empfangen: W. Maser I, 289.

Faulhaber 1936 auf dem Berghof: G. Lewy, 229 ff.

S. 195 Faulhaber 1915 über den Krieg: M. Faulhaber, Der Krieg im Lichte des Evangeliums, München 1915, 4; vgl. H. Lutz, 41.

Giesberts am 7. Mai 1919: H. Lutz, 77 f.

Haecker 1921 über Versailles: Th. Haecker, Satire und Polemik, 233 ff.

„Allgemeine Rundschau" 1920: H. Lutz, 79 f.

Faulhabers Fastenhirtenbrief 1920: H. Lutz, 82 f; zu Faulhaber: H. Müller, 27 ff, 130 ff, 377.

Die 62. Generalversammlung der Katholiken Deutschlands: H. Lutz, 95 ff.

Stegerwald, Spahn und Brüning planen bereits 1920 die Auflösung des Zentrums und die Gründung einer großen Rechtspartei; vgl. K. Buchheim, Das Zentrum und die Republik, in: Hochland, Dez. 1966, 126.

S. 196 Faulhaber und Adenauer: H. Lutz, 98 f.

S. 197 Joseph Joos: H. Lutz, 101.

Der Gegensatz zwischen Bayern und dem Reich: W. Maser I, 464; vgl. Th. Eschenburg, 176 ff.

Hitler bis 1925 österr. Staatsbürger: F. Jetzinger, 278 ff.

S. 198 Hitler trägt die bayerische Lederhose: H. Frank, 57 f.

Parteiname und Hakenkreuz von den österr. Nationalsozialisten: W. Maser I, 22 ff, vgl. ebenda 323.

Die mörderische Sprache der Tiroler und Vorarlberger Nationalsozialisten

19. Dez. 1922: W. Maser I, 360.
Pater Stempfle: W. Maser I, 320; W. Maser II, 22; A. Bullock, 130, 304.
Der „Miesbacher Anzeiger“: W. Maser I, 320 ff.

S. 199 Demütigungen, Überlastungen: H. Frank, 27 ff.
Über allen lag der Massendunst: H. Frank, 39. Vgl. Carl Zuckmayer, 383 ff. Hitler nah, von Zuckmayer als heulender Derwisch und Medizinmann ersehen: 384 f.
Hitler, „der geborene Österreicher“: H. Frank, 33, „der einmalige deutsche Volksredner“: H. Frank, 40.
Warum das Schicksal: H. Frank, 55.

S. 200 Hitlers „Hostienfrevel“ in München propagandistisch verwertet: H. Frank, 81 f.
Hitler: „Die Partei muß aus sich selbst leben können“: H. Frank, 91.
Braunes Haus und Nuntiatur: H. Frank, 92 f.
Hitlers „Österreichisch-Wienerisch“: H. Frank, 95.

S. 201 Dietrich Eckart: W. Maser I, 179 ff, 214 ff; W. Maser II, 71, 80 ff.
Zu Eckarts Schrift „Der Bolschewismus von Moses bis Lenin“: F. Heer, Gottes Erste Liebe, 1967.
Theodor Haecker kritisiert Faulhaber: Haecker, 210: Diese „Staatschristen wie der tüchtige Erzbischof Faulhaber – faul aber auch nicht: ‚kein fauler Verzichtfriede‘ – würden Christus die Pickelhaube aufsetzen und in den Schützengraben stecken!“ Gegen Kriegschristentum ebenda 216 ff, 354 f.
Gegen dieses Scheinchristentum vgl. Ludwig von Ficker 1913 ff: 23 f, 35: Die christliche Welt, die diesen Weltkrieg auf dem Gewissen hat, ist ins letzte Stadium ihrer irdischen Vermessenheit getreten (1919); ebenda 41: deutscher Heiland und Tiroler Antisemitenbund; 58 f, 64: das orthodoxe Christentum in seiner konfessionellen Dämonie.

S. 202 Gegen „Versailles“: Haecker, 233 ff.
Gegen Wien: Haecker, 155; gegen jüdische Literaten: Haecker, 28, 34 f, 38 f, 41 f, 48, 54, 56, 85 f, 92 f, 104, 136 ff, 152.
Die „Syphilisation Française“: Haecker, 240, vgl. 261.
Es wird aber den Deutschen: Haecker, 245.

S. 203 Der Tag des göttlichen Gerichts: Haecker, 253.
Drei Erniedrigte und Beleidigte: Haecker, 256.
Kardinal Mercier: Haecker, 254 f.

S. 204 Die jüdisch-mammonistischen Demokratien des Westens: Haecker, 44 ff, 58 ff: die westeuropäischen Völker sind dem Judentum verfallen.

S. 206 Gregor VII., bei Imendörffer, 78: „Papst Gregor VII. muß als der unentwegteste Antisemit des Mittelalters gewertet werden.“
Ein Trebitsch (bei Eckart–Hitler): Arthur Trebitsch, dem Theodor Lessing in seinen sechs Porträts jüdischer Selbsthasser ein Denkmal gesetzt hat; vgl. Heer, Gottes Erste Liebe.

S. 207 Evangelische Kirchenmänner scheiden Judenchristen aus der Kirche aus: D. Goldschmidt, H. J. Kraus, Der Ungekündigte Bund, 90 f, 112 ff, 183 ff.
K. Deschner I, 461 f.
Zu Luther: F. Heer, Gottes Erste Liebe; Goldschmidt–Kraus, 83 f (Luther und Julius Streicher); 110 ff, 216; populär aktuell R. Friedenthal (Luther), 55 ff, 141, 368, 433, 520 ff.

Zu Matthias Erzberger: Friedrich Naumann zu Erzberger: „In wenigen Monaten werfen wir sie weg": H. Lutz, 75; Lutz, 63 f; K. D. Bracher II, 143, 469, 561, 565 f.

Hitler stellt in seinem „Zweiten Buch", 104, die unwahre Behauptung auf, Erzberger sei der uneheliche Sohn einer Dienstmagd mit einem jüdischen Dienstherrn. Knapp drei Jahre später erfährt Hitler, daß diese Anspielung auf seinen eigenen Vater paßt! Vgl. auch Nolte, 139, 381, 579.

S. 208 Faulhaber läßt dementieren: K. Deschner II, 168 ff; vgl. auch G. Lewy, 301 f.

Ein italienischer Bischof 1939: F. Heer, Gottes Erste Liebe.

Zum Sammelband „Verschwörung gegen die Kirche": Heer, Gottes Erste Liebe.

Die italienische Ausgabe (Complotto contro la Chiesa) wird nahe dem Vatikan in einer Druckerei gedruckt, die für kirchliche Organisationen arbeitet: Carlo Falconi, Pope John, 314 f.

S. 209 Die „Verjudung der Gesellschaft Jesu": vgl. „Verschwörung gegen die Kirche" und die römischen Pamphlete gegen Kardinal Bea; genauso bei Lanz-Liebenfels in seinen Ostara-Heften, so z. B. Ostara, Nr. 72, 1913, 4 f: „Juden- und Jesuitentum sind desselben rassentümlichen, nämlich tschandalischen Ursprungs". Lanz-Liebenfels verweist auf Lainez.

Zu Moses Mendelssohn: Heer, Gottes Erste Liebe.

Der jüdische Geist verkörpert das Böse: ein Leitmotiv der Ostara-Hefte des Lanz-Liebenfels, z. B. Nr. 74, 1914: „Rassenmetaphysik oder die Unsterblichkeit und Göttlichkeit des höheren Menschen".

S. 210 NS-Ausgaben der „Protokolle der Weisen von Zion"; W. Maser I, 184 ff.

S. 211 Warum ist Israel: G. Ritter, 11. Zum folgenden: G. Ritter, 12 f.

Der Fluch dieses Volkes: Ritter, 19.

Das Gold der Welt: G. Ritter, 19 ff.

Die Börse: G. Ritter, 20; zu Versailles: Ritter, 21.

Zu Bischof Ferdinand Pawlikowski, der Ritter das Imprimatur gab: E. Weinzierl-Fischer in: KÖ, 27, 61.

S. 212 Die Presse: G. Ritter, 24 f, 27 ff.

Berufung auf Graf Eudoxius: G. Ritter, 29 f.

O wir arischen Toren: G. Ritter, 31.

Der Ausdruck unseres geistigen Lebens: G. Ritter, 35.

S. 213 Die Judenpresse verhetzt die Arbeiter: G. Ritter, 37 ff.

Ohne Erbarmen: G. Ritter, 43.

Der Adel: G. Ritter, 45. Gegen Agrar- und Bodenreform: ebenda 46 f.

Wir wissen: G. Ritter, 47 f. Ein geändertes kirchliches Verständnis für die Freimaurer bietet das mit dem kirchlichen Imprimatur derselben Diözese, die Gaston Ritter das Imprimatur gab, nun 1963 erschienene Werk von Alec Mellor, Unsere getrennten Brüder – die Freimaurer, Graz 1964. Vgl. ebenda die päpstlichen Bullen der Verdammung der Freimaurer: 171 ff, 191 ff, 324 ff: Leo XIII.

M. Steffens (Stefan Zickler), 21 ff, 48 f. Pachler SJ., 1878 gegen Freimaurer: „Der stille Krieg gegen Thron und Altar" sieht die Freimaurer als „blutrote Weltrepublik", als „sozialdemokratische Universalrepublik", in Verbindung mit der Pariser Kommune und mit Weibergemeinschaft. Hitler gegen die Freimaurer: ebenda 19, 50 f und oft. 253 ff: Kirche und Freimaurer. 1951 erscheint ein katholischer Bericht, wie ein Freimaurer seine Seele dem Teufel verschrieb (254). 1779

predigt in Aachen ein Dominikaner: Die Juden und Judas um Jesus waren Logenbrüder! Langsam sich ändernde kirchliche Einstellung: Steffens, 280 ff (Kardinal Innitzer); Alec Mellor: In deutschen Logen herrschte lange eine sehr nationalistische, auch antisemitische Gesinnung (291 ff, 346, 361, 383). Deutsche Maurer kämpfen 1931 gegen den „Kulturbolschewismus": 362.
Im Februar–März 1968 gingen Nachrichten durch die Weltpresse: Rom habe seine Einstellung zu den Maurern geändert. Rom dementierte. Man kann sich hier nicht leicht von den schrecklichen Kundmachungen der Päpste trennen (so noch der 93jährige Leo XIII. 1902 gegen diese „finstere Sekte", vgl. Steffens, 277 f).
Die Civiltà Cattolica gegen die Juden: Lapide, 49 f, 63 ff, 250 ff, 257 f, 264 f.
An der Spitze: G. Ritter, 49.
Dieses Blutbad: G. Ritter, 53.
Die Juden zerstören die Religion, erbauen die Civitas Diabolica: G. Ritter, 157 ff in Berufung auf die Civiltà Cattolica. Zu dieser vgl. auch M. Serafian (der Jesuit Martin), 48: die Civiltà Cattolica April 1938 gegen die Juden.

S. 214 Berufung auf „Der Katholik": G. Ritter, 60.
Die Riesenkreuzspinne: G. Ritter, 65.
Darum können wir aus dem Strome: G. Ritter, 67. Zwei Welten, hie Christus, hie Satan: Ritter, 72.
Satanischer Terrorismus: G. Ritter, 75 ff.
Denkmale für Luzifer und Judas: G. Ritter, 76.
Johannes, der Seher von Patmos: G. Ritter, 81 f.
Diesmal noch nicht: G. Ritter, 85 ff.
Plutokratischer Westen und bolschewistischer Osten arbeiten zusammen: G. Ritter, 87.

S. 215 Berufung auf Wichtl, ebenda. Franz Kafka, der nicht frei ist von jüdischem Selbsthaß (Deutschland verdankt seinen Antisemitismus den Juden: Brief an Max Brod, Mai 1920; Briefe, 274), überlegt in Meran, April–Mai 1920, an Felix Weltsch einen Leitartikel „des hiesigen katholischen Blattes" über das in Wien erschienene Buch von Wichtl zu senden (Briefe 1958, 273). Friedrich Wichtl, Freimaurerei – Zionismus – Kommunismus – Spartakismus – Bolschewismus, Hamburg–Wien 1920. Zu Wichtl: H. Steffen, 50 f.
Um diese Zeit wird in Deutschland kein Jude mehr sein: G. Ritter, 91.
Im Materialisten-Kommunismus: G. Ritter, 96.
Als katholischer Priester: S. Pirchegger, 48.

S. 216 Ottokar Kernstocks Gedicht „Das Hakenkreuz" steht hier am Schluß dieser Schrift. J. Lanz-Liebenfels nennt in seiner Ostara, Nr. 88, 1916, S. 18, Ottokar Kernstock den „größten lebenden deutschen Poeten", diesen „ritterlich-geistlichen Liedersänger!" Kernstock war der Dichter der Bundeshymne der 1. Republik Österreichs!
Bruno Walter erinnert: B. Walter, 266.
Das alte Zauberzeichen des Hakenkreuzes: B. Walter, 305; vgl. E. Canetti, 207.

S. 217 Hitler erinnert an die Geschichte der Hakenkreuzfahne: W. Maser I, 324 f. Hitler, MK, 556 f.
Seit dem Salzburger Tag im August 1920: W. Maser I, 325.
Hitler weiht die ersten 4 Standarten: W. Maser I, 376.

S. 218 Die Drohung des Rudolf von Sebottendorff: W. Maser, 146.

Zur religiös-politischen Propaganda Hitlers: K. D. Bracher II, 118, hat, in Berufung auf Waldemar Gurian, beont: „Die erstaunliche Wirkung der nationalsozialistischen Propaganda" ist „ganz wesentlich ein religionspsychologisches Phänomen" (W. Gurian: Totalitarian Religions, in: The Review of Politics 14, 1952); vgl. H. J. Gamm, a.a.O.

Der 8.–9. November 1923: W. Maser I, 443 ff; A. Bullock, 103 ff. Göring in Nürnberg über das Mitwirken der bayerischen katholischen Regierung 1923 beim Hitlerputsch: G. M. Gilbert, 186.

Hitler als „Apostelnatur": MK, 532; vgl. W. Maser II, 212.

S. 219 Zeitweilig empfing er täglich 6 Stunden: W. Maser II, 17 f.

Knilling am 30. Oktober: W. Maser I, 463; vgl. ebenda, 378, Knillings Stellungnahme am 9. November 1922.

Bibelformat von „Mein Kampf": W. Maser II, 27.

Hitler über Südtirol: MK, 707 ff; Hitlers Zweites Buch, 189–216.

S. 220 Das München der Romantik und des Joseph von Görres: Heer II, 595 ff.

Das München Rilkes, Hitlers, Eckarts: P. J. Bouman, 239 ff; E. Nolte, 385 ff.

Heinrich Himmler: Der ehemalige Ministrant Himmler fühlt sich als „Ketzer" und möchte seine SS in die große europäische Ketzertradition einreihen: Anatomie des SS-Staates I, 289 f. Nach seinem Tode beraten englische Militärgeistliche, ob er ein christliches Begräbnis erhalten soll. Im Hauptquartier Montgomerys erwägt man ein militärisches Begräbnis in Anwesenheit hoher deutscher Offiziere, vgl. Heydecker–Leeb, 59; zu Himmler: Nolte, 425.

Maria Hermann (Leserbrief, Spiegel, 14. Nov. 1966, S. 17) kannte gut den jungen Himmler und erinnert: „Für mich steht fest, daß Verdrängungen, hervorgerufen durch das betont streng katholische Elternhaus, seine Entwicklung bestimmten. Unendliches Leid wäre unterblieben, wenn ein Seelenkundler oder Arzt sich seiner angenommen hätten."

S. 221 Eine portugiesische Ausgabe von „Mein Kampf" heute: W. Maser II, 35.

Alfred Rosenberg: G. M. Gilbert, 259 ff. Keiner der Hauptangeklagten im Nürnberger Prozeß hat Rosenbergs „Mythus des XX. Jahrhunderts" gelesen, vgl. Gilbert, 339; zu Rosenberg: Nolte, 403 ff, 412, 421, 436.

Rudolf Heß: Heydecker–Leeb, 30, 65 ff, 71 ff, 76 f, 138, 344 ff; G. M. Gilbert, 213 ff.

Heinrich Himmler: Heydecker–Leeb, 9, 49 ff, 54 ff, 78, 94, 148, 370 ff, 497. Anatomie des SS-Staates I, 136 f, 207 ff, 288 ff, 294ff, 316 ff, 351ff; II, 40 ff, 116 ff, 122 ff, 150 ff, 369 ff, 429 ff; G. M. Gilbert, 284 ff, 338 ff, 346.

Die Demokratie des heutigen Westens: MK, 85.

Die patriotische Leistung des Klerus: MK, 120 ff.

Dem politischen Führer: MK, 127.

Kampf gegen die Vergiftung der Seele: MK, 278.

S. 222 Verpestung des Sexuallebens: MK, 271, 279 f.

Die Ehe kann nicht Selbstzweck sein: MK, 275.

Katholische Theologen verteidigen die Nürnberger Rassengesetze: G. Lewy, 101, 307, 312, 315.

Bolschewismus, diese Judenkrankheit: MK, 277.

Bolschewismus in der deutschen kirchlichen Propaganda: H. Müller, XX, XXIII, 22 f, 49, 61 und Register. Lapide, 254 f.

Kulturbolschewismus in der kirchl. Propaganda: Müller, 106 f, 130 ff.
Man vergleiche in diesem Zusammenhang und mit Hitlers religiös-politischen Kulturpredigten Pater Leppich (Pater Leppich spricht: 3 × Satan, Düsseldorf 1957, 61.–81. Tausend. Mit Kölner Imprimatur von 1957!). Leppich: diese drei Teufel sind: Materialismus (östlicher und westlicher Materialismus), Sexualismus und Liberalismus (16). Der Sozialismus hat durch den Klassenkampf „nur das soziale Tier geweckt, das nimmersatte Tier". „Nie war Geist bei den Sozialisten!" Leppich beruft 60 f die Muttergottes als Hilfe gegen den „bolschewistischen Bluthund", gegen die „bolschewistische Bestie". Bolschewisten fielen wie reißende Tiere über unsere Frauen und Mädchen her. Die Französische Revolution kämpfte für „satanische Freiheit". Unter dem Stichwort „Liberalismus" behandelt Leppich den spanischen Bürgerkrieg: Verbrecher und Pöbel brachen die Gräber der Bischöfe und Nonnen auf, suchten Ringe aus Gold: „Gold und Goldeswert sind ja das erste aller Motive dieser Liberalisten" (68). Vgl. 72 ff gegen Schmutz und Schund. Christus bringt das Schwert: gegen die FDP! „Die liberale Platte ist veraltet." „In der Wahrheit gibt es keine Toleranz, keinen Kompromiß" (79). Auf dem Fundament der Liberalen entstand der Bolschewismus: 80. Gegen den „Altar eines Humanismus, der seit Jahrhunderten versagt und im Blut der Menschheit badet" (!): 85. Aus der Retorte der Liberalen springt das Raubtier in Stiefeln oder Lackschuhen: 87. Es geht darum, daß der politische Liberalismus, „seine unverbindliche Ethik, sein von Katastrophen zerfressener Humanismus" als Teufelswerk entlarvt werden (90).
Vgl. auch Anton Böhm, Die Epoche des Teufels, 1955, 11 f, 58 ff (Luziferische Humanität), 72 (Sartres Ziele sind auch Satans Ziele!), 100, 111 ff, 143 ff; dazu auch A. Winklhofer, Traktat über den Teufel (Imprimatur Passau), Frankfurt 1961, 81 ff, 88 ff, 112 f (die moderne Welt: „Wie ein Gestank breitet sich in ihr eine vielleicht mit dem Parfüm der Humanität noch mühsam verdeckte Vertierung des Menschen aus"); 132: Der Teufel in den Parlamenten und Parteigremien, in unseren Zeitungsredaktionen und Fernsehstudios, 139 ff, 187 ff (diese Welt als Hausmacht des Teufels, der sich die Schöpfung früh aneignete). Die Höhe unserer Zeit, der Moderne, ist im Grunde die Tiefe Satans (144). Etwas kritisch zu Böhm: 265 ff.
Kulturbolschewismus: MK, 283 ff; vgl. J. Wulf I, 136 f (Gottfried Benn als „Kulturbolschewist"); J. Wulf II, 58, 60, 84, 156, 161, 219, 252, 301, 351, 359.
Der Bolschewismus der Kunst: MK, 283; ebenda über Kubismus und Dadaismus. J. Lanz-Liebenfels kämpft in seiner Ostara (u. a. in Nr. 86, 1916, 16) gegen das Untermenschentum, den „Tschandalismus des kindisch-primitiven Kubismus, Futurismus" etc.!
Auch evangelische Theologen wie Helmut Thielicke (Fragen des Christentums an die moderne Welt, Tübingen 1947, 193) sehen „entartete Kunst" zusammen mit Marxismus, mit den Menschenrechten der Französischen Revolution.
Die falschen Apostel der Zukunft: MK, 287. Vgl. Imendörffer, 284 ff.
Akropolis, Pantheon: MK, 291.
Warenhaus und Stephansdom: Imendörffer, 312.
S. 223 Bemerkenswert ist auch: MK, 293.
Zu Gregors XVI. Enzyklika „Mirari vos": F. Heer II, 647 ff.
Zu Charles Maurras: vgl. R. Rouquette, Charles Maurras et la Papauté, in: Etudes, Juin 1953, 392 ff; und E. Weber, Action Française, Stanford, Calif. 1962.

Zu Maurras: Nolte, 92 ff. Maurras gegen den „hebräischen Christus" (100). „Ich war zur Politik gekommen wie zu einer Religion" (102). Vgl. Hitler! Sein Bündnis mit der integralistischen Kirche: 106 ff. Sein Antisemitismus rückt dem NS-Antisemitismus immer näher: 112 f. Terrorismus der Camelots du Roi: 132 ff. Die Angst als Ursprung des Maurras-Denkens: 142 ff. Man vergleiche damit die Ängste Hitlers und der Katholiken.

„Die Demokratie ist das Böse, die Demokratie ist der Tod": 152. Der Jude Jesus ist ein anarchistischer Schwärmer; der Jude ist der Agent der Revolution: 108. Die jüdische Lepra (Hitler sagt: Syphilis): 171.

Nolte über Maurras: „Sein Katholizismus ist antichristlich, aber er verschließt ihm nicht ganz das wirkliche Rom" (172). Ich bemerke dazu: ebenso finden Hitler und Mussolini offene Türen im Vatikan.

Hitler und Maurras: Nolte, 491, 508; Maurras: 491, 507: „Er (Maurras) mythologisierte die Furcht der herrschenden Klassen vor dem Bolschewismus – und hatte für diese Schichten doch wieder nichts als Haß oder Verachtung."

Atheistische neofaschistische Katholiken in Rom in Allianz mit Ottaviani: Robert Kaiser, Inside the Council. The Story of Vatican II, London 1963.

Am ärgsten aber sind: MK, 294.

S. 224 Vorzüge der monarchischen Staatsführung: MK, 305.

Der „Deutsche Tag" in Nürnberg Sept. 1923: W. Maser I, 421.

Josef Roth: G. Lewy, 18, 298, 375, 424; Roth wird Ministerialdirigent und Leiter der katholischen Abteilung im Reichskirchenministerium, er bricht 1935 mit der Kirche. Mit ihm verhandelt Bischof Rohracher am 16. Mai 1940 über staatliche Eingriffe in das kirchliche Leben in Österreich und berichtet dem Papst: Die Briefe Pius' XII., 97; vgl. ebenda 321 und 339 (Debatte der deutschen Kardinäle mit Pius XII., Rom, März 1939).

Das Heer, eine unersetzliche Schule: MK, 307 f.

Arier und Jude: MK, 329 ff.

S. 225 Scheinkultur der Juden: MK, 331 f.

Der Jude immer nur Parasit: MK, 334. Zur Judenpolitik Hitlers und der NSDAP vor 1933: Anatomie des SS-Staates II, 305 ff.

Die Kirche allein ist das „wahre Israel": vgl. Yves M. Congar, Lubac und andere; Heer, Gottes Erste Liebe.

Der Jude ganz diesseitig: MK, 336.

S. 226 Auf dieser ersten Lüge: MK, 337.

Werdegang des Judentums in der Geschichte: MK, 338 ff.

Der Zionismus ist eine Lüge: MK, 356.

Katholische Verspottungen der jüdischen Palästinasiedler: Heer, Gottes Erste Liebe, vgl. unser Kap. über Pius XII. u. Lapide, unten.

Die Religion wird lächerlich gemacht: MK, 358.

Zur Ausrottung im Osten 1939–1944: F. Heer V, 99 ff, 501 ff.

S. 227 Das furchtbarste Beispiel, Rußland: MK, 358.

Mit Hitlers dogmatischem Glauben an den teuflischen Juden ist Rudolf Franz Ferdinand Höß, der Kommandant in Auschwitz, zu vergleichen: er wollte Priester werden. Höß: „Wie ein Katholik an sein Kirchendogma glaubt, glaubte ich an den Antisemitismus" (G. M. Gilbert, 260). Höß ist in streng katholischer Tradition erzogen (Gilbert, 261).

Der tiefe latente Wille zum Selbstmord in Hitler: vgl. Gerhard L. Weinberg (Hitlers Zweites Buch), 202.
Wer Führer sein will: MK, 379.
Die rote Farbe: MK, 402.
Hitler bereit, sich kreuzigen zu lassen: so am 24. II. 1933 (Völkischer Beobachter vom 25./26. Februar 1933); Parallel-Aussagen bei W. Maser I, 251.
Antidemokratische französische, italienische, deutsche Katholiken im 19. und 20. Jahrhundert: Heer II, 16 ff, 283 ff, 429 ff, 568 ff, 609 ff, 626 ff, 632 ff, 645 ff.
Für streng dogmatisch fixierten Glauben: MK, 416 f.
Ohne den klar begrenzten Glauben: MK, 417.

S. 228 Die Linie von Gregor XVI. bis Pius XII.: Heer II, 647 ff. Mit Recht betont der hervorragende katholische Kirchenhistoriker Joseph Lortz diese Linie von Gregor XVI. bis zu „dem Katholiken Adolf Hitler": Lortz, Katholischer Zugang zum Nationalsozialismus, 5 f (2. Aufl. 1934). Der bedeutende katholische Theologe Carl Eschweiler (zeitweise in den Nationalsozialismus hineingescheitert) bekennt sich zu dem „für jedes liberale Gemüt so widerwärtigen Syllabus Pius' IX." (Religiöse Besinnung IV, 1931–1932, 75). Die katholischen „Schildgenossen", Guardinis junge Mannschaft, erklären 1933: Die Unfehlbarkeitserklärung des Papstes 1870 ist die geschichtliche Vorwegnahme der Führer-Autorität von 1933 (vgl. H. Lutz, 121).
Wenn ihre Parteidogmen: MK, 418.
Diese Umsetzung: MK, 419.
Marx, mit dem sicheren Blick des Propheten: MK, 420.
Marx' Aufhebung des utopischen Kommunismus: Heer I, 597 ff, 608 ff; Heer II, 308 ff, 630 ff.
Wer die Hand an das höchste Ebenbild: MK, 421.
Die organisatorische Erfassung: MK, 422 ff.
Die Partei als politische Kirche: MK, 422 ff; vgl. auch Hans Frank, 123: Hitler spricht von der Partei, wie ein Priester von seiner Mutter, der Kirche, spricht. Das Hineinschlittern einer deutschen fehlgeleiteten Frömmigkeit in den Nationalsozialismus schildert Horst Krüger in „Das zerbrochene Haus. Eine Jugend in Deutschland", München 1966. Zu dieser Autobiographie einer Generation vgl. K. H. Bohrer, in: Neue Rundschau, Nr. 77, 1966/2, 312 f: „... man bediente sich noch der Symbole der alleinseligmachenden Kirche, aber der Oberpriester dieser Handlungen war schon der Führer."
Partei-Frömmigkeit und nationale Religion: W. Pressel, H. J. Gamm, J. Kessler, W. Künneth; vgl. Facsimile-Querschnitt VB, 13 (Auferstehung, Vorsehung, heiliger Krieg); 20 (Goebbels: Horst Wessel als Christus-Sozialist), der Nationalsozialismus als Hüter der christlichen Weihnacht (23). „Unsere christliche Seele" (34); Jesus, Hitler, „unser neues Evangelium", 1928, bezogen auf Rathenau, Erzberger etc.: 66.
Hitlers Antipathie gegen die Wotans-Apostel spiegelt der VB u. a. in einem Roman „Gehetzte Menschen", in dem Wotan- und andere Germanengläubige lächerlich gemacht werden: 1937! (152).
Hitlers Imitation der Kath. Kirche: W. Künneth, 142 ff.
Krügers Satz „Rausch und Verklärung sind die Schlüsselworte für den Faschismus, für seine Vorderseite, wie für seine Rückseite Terror und Tod die Schlüsselworte

sind", zeigen (wohl unbewußt) den dekadent-barocken und dekadent-gegenreformatorischen Charakter der „Bewegung" an.
Der Staat: MK, 425 ff.

S. 229 Der große Fehler der Alldeutschen: MK, 428.
Hitlers Polen- und Tschechenpolitik ab 1939: Heer V, 98 ff, 501 ff.
Minderwertige Slawen: H. G. Adler, Pogrome und Konzentrationslager, in: Das Jahrhundert der Barbarei, 301 f.
Der Staat ist ein Mittel zum Zweck: MK, 433.
Hitler geht als Spieler und als Bohemien mit dem Staat um: vgl. Otto Dietrich, 149 ff.
Ein Friede, gestützt: MK, 438.
Ein völkischer Staat wie: MK, 444 f.
Die Nürnberger Gesetze, von Theologen verteidigt: G. Lewy, 101, 307, 312, 315.
Evangelische Kirchenmänner: D. Goldschmidt, H. J. Kraus, 235 ff: die evangelische „Entjudung der Kirche".
Appell an die christlichen Kirchen: MK, 446.
Das Mädchen soll seinen Ritter: MK, 458.

S. 230 Das Heer als höchste Schule: MK, 459 f.
Für humanistische Schulbildung: MK, 469 f.
Wer sein Volk liebt: MK, 474.
Predigten und Festansprachen bei der Einweihung von Kriegerdenkmalen, bei Fahnenweihen und Festmessen von Heimkehrerverbänden: ich stütze mich hier auf unvergeßliche eigene Erlebnisse 1925–1937 in Österreich. Eine köstliche Schilderung vitaler volkhafter Feiern dieser Art gibt Carl Zuckmayer in Erinnerung einer Feldmesse und Fahnenweihe in Henndorf bei Salzburg (in: Als wär's ein Stück von mir, 30 ff). Die Predigt hielt hier aber, ausnahmsweise ohne Kriegspathos, sein väterlicher Freund, ein deutscher Prälat.
Denn die größten Umwälzungen: MK, 475.
Hier kann die katholische Kirche: MK, 481.

S. 231 Der Zölibatär Adolf Hitler: A. Zoller, 86: „Gelübde des Zölibats" bis kurz vor seinem Tode.
Hitler hat später keinen Respekt mehr vor der deutschen Kirchenführung: Hitler im Mai 1937 zu Glaise v. Horstenau: aus dem polit. Tagebuch Emmerich Czermaks, 12. Mai 1937, in: Österreich in Gesch. und Lit., Heft 7, 1964, 326.
Wer diese Zeit: MK, 485.
Preisung der Persönlichkeit: MK, 492 ff.
Der Marxismus verneint den Persönlichkeitswert: MK, 499 f.
Der völkische Staat gliedert: MK, 502.

S. 232 Seipel und der Ständestaat: E. K. Winter, 109 ff („die wahre Demokratie"); Christus als Vorbild des „Führers": ebenda 113; ganz nah an Hitler: 115 ff.
Seipel und Carl Schmitt: 118 ff. Seipels Kritik an den Parteien: E. Hoor, 101 f.
A. M. Knoll, Ignaz Seipel, Wien 1956; V. Reimann II, 142, 156 f, 171 ff.
Dollfuß und der Ständestaat: E. Hoor, Österreich 1918–1938, Wien 1966, 110 ff; KÖ, 226 f (O. Schulmeister); 271 (A. Burghardt); G. Shephard, a.a.O., L. Kerekes, a.a.O.
Die europäische faschistische Umwelt der Tiso, Franco, Salazar etc.: International Fascism 1920–1945, Journal of Contemporary History, vol. 1, nr. 1, 1966.

Th. Eschenburg (Die improvisierte Demokratie, 90 f) betont: Der katholische Klerus bereitet Diktaturen vor in Österreich, Portugal, Spanien, Slowakei, Kroatien. E. Lapide, 82 (11 kath. Diktatoren).
Weltanschauung immer unduldsam: MK, 506.
Politische Parteien: MK, 507.
Das katholische Frankreich und das katholische Spanien im 19. Jahrhundert: Heer I, 286 f; Heer II, 609 ff, 626 ff.
Das Wesentliche darf: MK, 512 f.

S. 233 Die reformfeindlichen Kardinäle und Bischöfe auf dem II. Vaticanum: vgl. Tadeusz Breza, a.a.O.; Robert Kaiser, a.a.O.; Michael Serafian (der Jesuit Martin), a.a.O.; G. Vallquist, 65, 69, 88, 193, 223, 307, 488; 465 und oft.
Hitler über Brest-Litowsk: MK, 519 ff; zu Brest-Litowsk: Heer II, 799 ff; Heer V, 74 f, 498 f.

S. 234 Die Humanität des einen Vertrages: MK, 524.
Millionen Katholiken können nicht glauben, daß dieser Krieg verloren ist: H. Lutz, 73 ff.
Die Kurie und der Westfälische Friede: F. Heer, Das Heilige Römische Reich, 1967.
In dieser Zeit: MK, 518.
Die Rede wirkungsvoller als die Schrift: MK, 527.
Apostelnatur: MK, 532.

S. 235 Für heilige Symbole, Reichsflagge etc.: MK, 542.
Die rote Farbe: MK, 542.
Auch schwarz kam in Vorschlag: MK, 555.
Die konfessionelle Zwietracht: MK, 629 f.
Die Herren, die im Jahre 1924: MK, 632.
Ludendorffs Kampf gegen den „Pfaffenknecht" Hitler: H. Frank, 50 f.

S. 236 Und während die völkische Bewegung überlegt: MK, 633.
Denn Führen heißt: MK, 650. Durchschlagendster Erfolg: MK, 654.
Alle großen Bewegungen: MK, 657.
Denn unterdrückte Länder: MK, 689.
Deutsche Außenpolitik treiben: vgl. Hitlers Zweites Buch, 159 ff.
So ist der Jude: MK, 702 f; vgl. Hitlers Zweites Buch, 89 f, 124, 221.
Dieses an sich der Vernegerung anheimfallende Volk: MK, 707; sehr ähnlich über das vernegerte und verjudete Frankreich: Theodor Haecker, a.a.O.
Rassenschande, die Erbsünde der Menschheit: MK, 705; ganz so bereits J. Lanz-Liebenfels in seinen Ostara-Heften, z. B. Nr. 78, 1915 („Rassenmystik"), 14: „‚Erbsünde' und ‚Todsünde' sind Rassensünden, Vergehen gegen die Rassenethik."
Golo Mann spricht mit Recht von Hitlers „obszönem Judenhaß" (in: Neue Rundschau, 77. Jg., 1966, 569): dieser ist immer sexualpathologisch eingefärbt.

S. 237 Wir wollen wieder Waffen: MK, 715.
Zur religiös-politischen Propaganda des Barock, vgl. Heer IV und Heer, Heiliges Römisches Reich, 1967.
Gegen den bösen Feind der Menschheit: MK, 724 f.
Die heilige Pflicht: MK, 725.

S. 238 Germania, magna mater: MK, 741 f.

Die deutsche Muttergottes beruft Pius XII. zum Schutz: Die Briefe Pius' XII., 15, 221, 231 (Maria, Herzogin der Franken); 244 ff (Maria, Herrin der Deutschordensritter); 246, 285.

Das Recht auf Grund und Boden: MK, 741 f.

Deutsche Christen können seit dem Mittelalter keine Slawen „riechen“: F. Heer, Mittelalter von 1100 bis 1350, Zürich 1961, 587 ff.

In den Dynastien lebte: K. H. Janssen, Macht und Verblendung, Göttingen 1963, 38 f; dazu Heer V, 63, 479.

Man beachtet auch heute noch viel zu wenig: Heer V, 64; zum folgenden ebenda 64 ff.

S. 239 Baltische, ostdeutsche und andere östliche Emigranten-Gelder für Hitler: W. Maser I, 405 ff.

Gertrud von Seidlitz: W. Maser I, 260, 282, 396, 408, 460.

Das Riesenreich im Osten: MK, 743; vgl. Hitlers Zweites Buch, 145 ff, 159.

Fall Barbarossa: J. Heydecker – J. Leeb, 307 ff.

Wie stark mit Hitlers Ostlandritt 1925 in „Mein Kampf“ katholische Ostland-Ritte der Zeit harmonisieren, dafür hier nur ein Beispiel, sozusagen Hitler auf katholisch, in: Deutsche Akademische Blätter für das junge katholische Deutschland, 2. Jg. Nov.–Dez. 1925, 2./3. Heft: „Nach Ostland geht unser Ritt!“ 30 ff: F. Exner: Nach Ostland! „Die Ostfrage ist die Schicksalsfrage unseres Volkes“ ... „jahrhundertelang schon tobt hier der Kampf zwischen Slawen und Deutschen“. Wir müssen uns „anspornen zu neuem Sieg“. Gegen den „polnischen Vampyr“! „Viel Brüder und Schwestern schmachten in fremder Fron“ (31). Unsere Ostfront ist die „große völkische Not des Heute“. 32: „Vorbedingung einer friedlichen Zusammenarbeit Deutschlands und der kleineren Völker Mitteleuropas: daß wir zuvor die geraubte deutsche Ostmark zurückerhalten. Noch ist es nicht so weit“. Ebenda 32 ff, E. Rosikat: Das Ostsiedlungsproblem: 1000 Jahre Kampf mit Polen! 35 ff: O. Wachs: Die Weichsel – für eine neue Teilung Polens – denn: „Gelernt hat der Pole aus den Katastrophen nichts“ (39). Diese Frage wird nicht gestellt: Haben die deutschen Katholiken aus der Katastrophe von 1914–1918 gelernt? „Was werden wir für Aufbauarbeiten leisten müssen, wenn wir einmal unsere Heimat wieder übernehmen!“ (Diese Sorge hat diesen Katholiken ab 1939 die SS abgenommen.) 50 ff: M. Gase: Völkische Not in Danzig und Memel (!). 53 ff: Ernst Leibl: Ein offener Brief an den Präsidenten Masaryk. Er beginnt: „Mit tiefer Trauer und wachsender Erbitterung vernehmen wir außerhalb unserer Heimat lebenden tschechoslowakischen Staatsangehörigen deutscher Nation von den furchtbaren Bedrückungen und Entrechtungen, denen unsere Landsleute in der Heimat von seiten der tschechischen Behörden ausgesetzt sind.“ Leibl beschuldigt Masaryk, „die Einführung balkanischer Zustände in Mitteleuropa“ geschaffen zu haben (so Hitler 1938–1939 an „Herrn Benesch“). 55: Leibl prophezeit hier den Untergang des tschechoslowakischen Staates. 55 ff: Walter Flex (der Sänger der frühnationalsoz. Jugend): Ostlandfahrt. 61 ff: P. Dominik Prokop OSB, Braunau in Böhmen (Hindenburg verwechselt bekanntlich dieses Braunau mit Hitlers Braunau am Inn): Katholische Wiedergeburt unter den Sudetendeutschen. – Eingelaufene Schriften: Deutscher Wehrmachtskalender 1926, ferner u. a.: Deutsche Soldatenzeitung für Heer, Marine und deren Freunde; Die Deutsche Wehrmacht in Wort und Bild.

S. 240 Im russischen Bolschewismus: MK, 751.
Ausgeburt der Hölle: MK, 752; ebenda „Man kann nicht den Teufel ..."
Das heiligste Opfer: MK, 755; vgl. Hitlers Zweites Buch, 77 (1928): „Wir kämpfen heute gegen eine feindliche Front, die wir durchbrechen müssen und durchbrechen werden. Wir ermessen die eigenen Opfer, wägen ab die Größe des möglichen Erfolges und werden zum Angriff schreiten, ganz gleich, ob er 10 oder 1000 Kilometer hinter den heutigen Linien zum Stehen kommen wird. Denn wo immer auch unser Erfolg endet, er wird stets nur der Ausgangspunkt eines neuen Kampfes sein." Himmler denkt bekanntlich an einen hundertjährigen Krieg im Osten, hinter dem Ostwall am Ural.
Judentum = Bolschewismus: Diese fatale Gleichung wird Hitler in München auch durch baltische Emigranten nahegebracht, vgl. Walter Laqueur, Deutschland und Rußland, Berlin 1965; vgl. P. E. Lapide zu dieser röm. Gleichung: 254; E. Nolte, 175 (Maurras), 408, 485 ff.
Was der Himmel auch: MK, 758.
Hitlers Antisemitismus: W. Maser II, 203.
Kaas – Brüning – Hitler 1930/2: J. Becker, HZ 196, 1963, 74 ff. Hier reiche Lit. Zu Kaas: K. D. Bracher II, 92, 289, 389 ff, 530 f, 535 f, 621 f, 659 f.

S. 241 Prälat Seipel empfiehlt dem Zentrum einen Pakt mit den Nationalsozialisten: J. Becker, 84 f; E. K. Winter, 124; Seipel u. NS: V. Reimann II, 234 ff.
Zu Brüning: F. W. Foerster, Erlebte Weltgeschichte 1869–1953, Nürnberg 1953, 367, 470, 560, 621, 660; K. D. Bracher II, 287 ff, 303 ff, 335 ff, 377 ff, 415 ff, 435 ff, 481 ff.
K. Buchheim, Heinrich Brüning und das Ende der Weimarer Republik, in: Hochland 6, 1966, 501 ff: hier die Riesenschuld Hindenburgs.
Dokumente zu: Katholische Kirche und Nationalsozialismus 1930–1935: H. Müller: Die Haltung der Hirtenbriefe ist „in gottgewolltem Gehorsam gegenüber der kirchlichen und staatlichen Autorität" (355). Ihre Sorge gilt einzig der Kirche in eigenster Sache: da wagen Klerus und Bischöfe manchmal recht viel (z. B. 343 ff: Galen gegen Rosenberg etc., 364 ff: Denkschrift der deutschen Bischöfe an Hitler 1935, Berufung auf „Mein Kampf", 365 ff), 280 ff.
„Der Antisemitismus der Partei wird fast in keinem Fall eindeutig verurteilt (7 und 10). „Hitler ... ein überzeugter, tiefgläubiger und frommer Katholik": 11. Schamlose hetzerische katholische Presse – vor 1933: Müller, 45 f.
Zur Wandlung über Nacht 1933: Die Kirche schätzt blindes Gehorchen selbst in nebensächlichen Dingen höher als selbstverantwortliches Handeln (51 ff). Kein Wort gegen den Terror, das Ende des Rechtsstaates, die Judenverfolgung: 56 f. Verrat von oben: 69, 71.
Vergebens warnt Konrad Algermissen, 31. III. 1933, Kardinal Bertram: das katholische Volk ist enttäuscht über seine kirchliche Führung (84 f). Beglückt erleben die Kirchenführer „die Abkehr vom modernen Geist, dem innersten Feind des katholisch-kirchlichen Geistes" (231, vgl. 242).
Eine ernste Warnung an die deutschen und österreichischen Katholiken hat 1933 Ignaz Zangerle (Zangerle, 34 ff), ein führender katholischer Publizist der Gegenwart, ausgesprochen, vgl. Zangerle, 7 ff, 11, 20 f, 45 ff, 55. „Es gibt eine weitverbreitete Angst der Christen vor der Tragik der Geschichte", 66 ff, 68 (Laien als Heerbann, aber der Befehl von oben blieb aus), 84 ff, 148 (von 1688–1932 die Ka-

tholiken einseitig als Verteidiger der Autorität schlechthin), vgl. noch 12, 17, 21 ff, 26, 31, 39 ff, 45, 49 (Kreuz und Hakenkreuz), 64, 70, 74, 111.

Der Gereke-Prozeß 1933: J. Becker, 97.

1930 ein Ungenannter im „Ring", S. 869; dazu K. Thieme, Religiöse Besinnung, Vierteljahresschrift, Stuttgart IV. 1931/32, Heft 2, 66.

Wer ist eigentlich der Antichrist?: K. Thieme, 108 ff.

Kulturbolschewismus, katholisch: K. Thieme, 108 ff.

S. 242 Hitlers Kampf und Krieg gegen West und Ost, Plutokratismus und Marxismus, wird von Kirchenblättern und in Predigten vertreten; vgl. G. Lewy, 164 ff, 180 ff, 227 ff, 254 ff; Gordon C. Zahn, 78 f, 91 f, 106, 126 ff, 154 f, 202.

Der Nationalsozialismus ist „ein aus vielgründiger Verzweiflung ...": K. Thieme, 99 f.

Die Warnungen des Walter Dirks: Rhein-Mainische Volkszeitung 1932, Nr. 13, 14, 27, 42.

S. 243 Die Krise der NSDAP Ende 1932: H. Frank, 105 ff, 109.

Hitler wird in die Macht geschoben: K. D. Bracher, Deutschland zwischen Demokratie und Diktatur, Bern 1964, 77 ff, 139 ff, 157 ff, 164 ff.

Die Kurie gibt die italienischen Katholiken an Mussolini preis: Maria Romana Catti de Gasperi: De Gasperi uomo solo, 86 ff, 99, 135. Kuriale Kreise wollen 1952–1953 wieder eine „unione sacra" mit den Faschisten und de Gasperi stürzen: 327 ff; vgl. A. Tondi I und II.

Kurie-Faschisten auch: K. Deschner II, 22 ff; A. Tondi I und II.

S. 244 Goebbels und Rust am 22. Nov. 1925: A. Bullock, 132; zu Goebbels: K. D. Bracher II, 107 ff, 112 ff, 121 ff, 475 ff, 547 ff und oft.

Erasmus von Rotterdam und Papst Julius II.: Erasmus von Rotterdam, Auswahl und Einleitung Friedrich Heer, Frankfurt 1962, 19.

In Deutschland stieg die Zahl der Arbeitslosen: A. Bullock, 147 f.

S. 245 Die Säuberungs-Politik englischer Puritaner, die religiös-politische Haßpredigt englischer und schottischer Puritaner und Dissenter: Heer I, 436 ff.

Es gelingt dem englischen Genius: Heer I, 438 f.

Hitler „eine Gestalt aus ... Vergangenheit": O. Dietrich, 86, 121 f.

Hitler als „Volksprophet": Hans Frank, 77.

Hitler wird oft als ein „zweiter Luther" angesprochen. Interessanterweise auch vom Chefideologen des österr. Bundeskanzlers Kurt von Schuschnigg, dem Moraltheologen Prof. J. Hollnsteiner; vgl. Alma Mahler-Werfel, 236 und 239.

Hitler tritt als „ein Heiland" an das Sterbebett eines 20jährigen Jünglings: H. Frank, 103 f. Werner Krauß vergleicht Hitler mit Jesus und seinen Jüngern (Carl Zuckmayer, 46). 1955 vergleicht in Westdeutschland die Zeitschrift „Widerhall" Hitler mit Jesus, seinen Tod mit dem Opfertod Christi und dem Verrat der Jünger: K. D. Bracher III, 308.

Hitler hält seine Reden zu 80 Prozent frei: O. Dietrich, 156.

Wachsender Glaube an seine Unfehlbarkeit: H. Frank, 109.

S. 247 Neujahrsaufruf 1932: Max Domarus, 59 ff.

Rotes antichristliches Deutschland: Domarus, 60.

Der Bolschewismus „Ende ihrer Religionen": Domarus, 61 (im folgenden: *D* für Domarus). Es bestand 1933 keine kommunistische Gefahr in Deutschland: E. Nolte, 415.

Es wird ein Fegfeuer: D, 62.
Die Rede vor dem Industrieklub in Düsseldorf: D, 68 ff; vgl. A. Bullock, 192 ff.
Der Glaube von Millionen Menschen: D, 71.

S. 248 Der Bolschewismus wird: D, 77.
Ja, wir haben den Entschluß gefaßt: D, 88.
Ausrottung der Häresien, der kuriale Integralismus: Heer II, 647 ff.
Kronprinz Wilhelm unterzeichnet: D, 103.
Verliert nicht den Glauben: D, 106.
Es mag der Himmel: D, 131.
Über 300 Niedergemetzelte: D, 130.

S. 249 Die bürgerlichen Parteien: D, 175.
Die deutsche Sozialdemokratie: vgl. K. D. Bracher II, 70 ff; F. W. Foerster, 287 ff, 413, 631.
Über 14 Jahre: D, 191 ff. Angefangen von der Familie: D, 192.

S. 250 Nicht in den Fehler verfallen: D, 195.
Wiederherstellung der Sauberkeit: D, 206. Max Domarus dazu: D, 208.
Heute sagen sie: D, 211.

S. 251 Aus Not und Elend: D, 215.
Der Tag von Potsdam: D, 225 ff.

S. 252 Ludendorff am 1. II. 1933 an Hindenburg über Hitler: H. Frank, 51 f; K. Deschner II, 111 f.
Die Stimme der deutschen katholischen Emigranten wird in Rom nicht erhört, ja die bedeutendste Stimme, die Friedrich Muckermanns, wird zum Schweigen verurteilt. Rom läßt durch den (überaus integralistischen) Ordensgeneral Ledochowski Pater Muckermann verstummen. Pius XII. nennt das in seinem Brief an Preysing am 7. III. 1940 (Die Briefe Pius' XII., 64) so: „In der Angelegenheit von H. P. Friedrich Muckermann hat sein Ordensgeneral mit Erfolg Ordnung geschaffen." Pater Muckermann war zuvor in Wien ein Berater Schuschniggs: A. Spitzmüller, 395 f.
Ein ergreifendes Zeugnis der Verlassenheit des Katholiken im Dritten Reich: Gordon C. Zahn, Er folgte seinem Gewissen. Das einsame Zeugnis des Franz Jägerstätter, Graz 1966 (In solitary Witness). Dieser österr. Bauer aus der Geburtslandschaft Hitlers wurde 1943 hingerichtet, weil er sich geweigert hatte, in Hitlers ungerechtem Krieg Militärdienst zu leisten. „Kein Priester, auch nicht sein Bischof, billigte seine Entscheidung." Auch nach 1945 nicht! – Priester wurden gelegentlich von langjährigen Freunden denunziert, vgl. Benedicta Maria Kempner, Priester vor Hitlers Tribunalen, München 1966.
Die Stimme der katholischen Emigranten vor Hitler hat heute noch nicht das Ohr deutscher Katholiken erreicht, vgl. Karl Josef Hahn, Katholischer Widerstand gegen den Nationalsozialismus in den Niederlanden, in: Hochland, 57., Jg. 1965, 232 ff, bes. 237, 242 f. Zu F. Muckermann: Der deutsche Weg. Aus der Widerstandsbewegung der deutschen Katholiken 1930–1945, Zürich 1946, 244 f: 1950 urteilt der katholische Priester Wilhelm Sahner in seiner Diss. „Katholische und evangelische Seelsorge des Deutschtums in Holland", mit einem Geleitwort von Dr. Dr. Georg Schreiber (dem bekannten Zentrumspolitiker), Lechte, Emsdetten, 1950, mit einem Satz Muckermanns Werk ab: „Die seit August 1934 erschienene Wochenzeitschrift ‚Der deutsche Weg' wurde von allen maßgeblichen Stellen auf

das entschiedenste abgelehnt." Der deutsche Priester Sahner schildert ausführlich, wie Seyß-Inquart und der Reichsjugendführer ein HJ-Heim in Holland einweihen. Kein Wort von der Verfolgung und Unterdrückung der Holländer.
Ist Hitler ein Christ? I. Naab zum folgenden: 3, 6 ff, 10 ff.
Ich behaupte nicht: I. Naab, 27.
Ist Hitler ein Befürworter des Riesenkindermordes?: I. Naab, 21 ff.

S. 253 So ist es objektiv: I. Naab, 23.
Er will den blinden Gehorsam der Massen: Naab, 33.
Wir Christen dürfen uns niemals: Naab, 39.
Hitler will allgemeine Entmündigung: Naab, 41.
Die katholische Kirche: Naab, 46. Wir wissen nicht: Naab, 47.

S. 254 Sind solche Gedankengänge: A. Wild, 20.
Hitlers Weltanschauung: A. Wild, 46.
Jedes Volk hat seine Führer: A. Wild, 57.
Es gibt im Deutschen Reich: A. Wild, 62.
Katholischer Glaube: A. Wild, 84.

S. 255 Karl Thieme über Karl Trossmann: Religiöse Besinnung, 1931–1932, letzte Umschlagseite.
Mein Streben war und ist: S. Pirchegger, 6.

S. 256 Berufung auf Schuschnigg: S. Pirchegger, 16.
Zu Kurt von Schuschnigg: E. Hoor, 117 (Schuschniggs „nationales Dilemma"). F. W. Foerster, 235, 277, urteilt: In Schuschnigg saß der Verrat selber. Das Gespräch wurde 1952 in Amerika mit Leonhard Reinisch (Bayer. Rundfunk) geführt und mir von diesem mitgeteilt. Schuschniggs erbarmungswürdige Schwäche, die F. W. Foerster offen ausspricht, schildert auch Alma Mahler-Werfel, 238, Mai 1933: „Unser armes Österreich hängt im Netz Hitler-Deutschlands. Schuschnigg ist ein schwaches kultiviertes Männchen." Vgl. 242, 243; vgl. auch das Urteil des erfahrenen österr. Diplomaten Clemens Wildner, 173 ff, 187 ff. Und diverse Beiträge in KÖ, 283, 312, 326 ff, 339, 342 ff.
Zu Schuschnigg: Zum 11. März 1968 haben der „Spiegel" und „L'Express", Paris, eine Erklärung Schuschniggs vom 11. Juni 1938 abgedruckt (RFSS Geheim 6303), Original im Prager Staatsarchiv, geborgen 1964 aus dem Schwarzen See in Böhmen, in der er Hitler eine Loyalitätserklärung abgab. Dazu Schuschnigg, „Spiegel", 18. III. 1968. Das Fatale ist nicht diese „Erklärung", die Schuschnigg unter schwerem Druck abgab: nicht, was er nach dem März 1938 schrieb oder unterschrieb, sondern was er vor dem März 1938 als Staatschef tat und nicht tat, sagte und nicht sagte, verbot und nicht verbot, lenkte Österreichs Weg in den Abgrund.
Zu Schuschnigg noch: J. Hannak, 55 f, 399, 625 f, 637 f, 640 ff.
Ein persönliches Zeugnis: In den allerletzten Tagen vor dem Ende Österreichs fand eine Art Vergatterung junger studentischer katholischer „Führer" und Vertreter der Vaterländischen Front abends in einem Schloß in NÖ statt, bei der Schuschnigg sprach; er monologisierte. Ich und auch andere hörten entgeistert zu: Schuschnigg sprach – über Fichtes Reden an die deutsche Nation!
Zu Dollfuß ferner: E. K. Winter, Erinnerungen an Dollfuß (Christentum und Zivilisation, 370 ff); Hannak, 385 f, 399, 430, 551–563, 570 ff, 574–591, 613 ff. Karl Kraus hat Dollfuß einen anerkennenden Nachruf gewidmet, vgl. dazu W. Kraft, Gespräche mit M. Buber, 151.

Zum religiösen und politischen Klima der Dollfuß-Schuschnigg-Zeit: O. Schulmeister, 85 ff, 134 ff.
Blick auf das durch den Nationalsozialismus zutiefst versehrte Wien heute: G. Anders, 127, 148 ff, 160, 179.
Zum Klero-Faschismus in Österreich um 1933 ff. („Jeder Pfarrer muß Führer sein"), vgl. M. Liebmann, Laie und Hierarchie, in: Academia, 18. Jg., H. 9, Juni 1967, 14 ff, hier über die faschistisch geführte Katholische Aktion. Die „Academia" ist das Verbandsorgan des österr. CV.
Dollfuß (eine unvergleichlich stärkere Persönlichkeit als Schuschnigg) und Schuschnigg beide „volksdeutsch": O. Schulmeister, KÖ, 229, V. Reimann II, 24 ff, 86 f, 148 ff, 355 ff, 364 ff.
Es ist zu begrüßen: S. Pirchegger, 18 f.
Eine sehr gute Einführung in das religiös-politische Glaubensgut österreichischer und sudetendeutscher Nationalsozialisten und seiner psychologischen Grundlagen gibt, aus eigenem Miterleben, Albert Massiczek, Wieder Nazi?, Wien 1962. Ebenda, 20, ein sudetendeutsches Führer-Gebet von 1919 („Wir heben unsere Hände / aus tiefster bittrer Not / Herr Gott, den Führer sende / der unsern Kummer wende / mit mächtigem Gebot"). Ebenda, 21 ff: Flucht in den Mutterschoß, in das „Mutterland" Deutschland, in die „Volksgemeinschaft" (so fliehen infantile Katholiken in den „Schoß" der Mutter Kirche), gegen den bösen Vaterstaat Österreich. Die Angriffslust steigert sich mit der Angst und mit den Minderwertigkeitsgefühlen. Österr. Heimkehr in den deutschen Mutterschoß: 32 ff. Ebenda, 60: österr. NS-Studenten für Vergasung der Juden heute! Der NS-Gläubige braucht den Juden, wie der Christ den Teufel braucht: ebenda, 24 ff. Hitler als „zweiter Heiland" in Österreich 1938 verehrt: 20.
Hitlers Nationalsozialismus: S. Pirchegger, 20.

S. 257 Hans Eibl in „Schönere Zukunft", 1932, Nr. 34, 790.
Die Revolution von 1918 appelliert an das Untermenschentum: S. Pirchegger, 25.
Katholische Verständnislosigkeit: s. Pirchegger, 26.
Solange der Nationalsozialismus: S. Pirchegger, 35.
Der Nationalsozialismus bekämpft die rote Pest: Pirchegger, 38. Hitlers Lieblingswort „Pest" findet sich auch 1925, im Jahr des Erscheinens von „Mein Kampf", in der Enzyklika „Quas primas" des Papstes Pius XI. vom 11. Dez. 1925, welche die Einführung des ominösen Christkönigsfestes proklamiert: Dieses Fest will der Papst als „ein wirksames Heilmittel jener Pest entgegenstellen, die die menschliche Gesellschaft heute erfüllt. Die Pest unserer Zeit ist der sogenannte Laizismus mit seinen Irrtümern und seinen gottlosen Zielen".
Dazu Armin Tschoepe, Werkhefte 1/67, 15.

S. 258 Kreuz und Hakenkreuz versöhnt: S. Pirchegger, 39; vgl. dazu deutsche Parallel-Phänomene: G. Lewy, 131, 152, 180–182; P. E. Lapide, 82: sechs antisemit. europ. Parteien tragen das Kreuz als Symbol; drei sind von Priestern gegründet.
Kreuz und Hakenkreuz gehören zusammen: ebenda.
Vatikan und Faschismus: S. Pirchegger, 41 ff.
Der einzige Platz für Katholiken: S. Pirchegger, 47.

S. 259 Der durch die marxistische Irrlehre: Domarus, 230 (= D).
Dieser Entschluß verpflichtet: D, 232.
Der Kampf gegen eine: D, 233.

Ebenso legt die Reichsregierung: D, 236.

S. 260 Der 28. März 1933: D, 248.

Deutschland erwache: D, 254.

Zu Prälat Kaas: J. Becker, HZ 196, 74 ff; G. Lewy, 32, 34, 74 ff, 81 ff, 93 f, 103, 386 ff; Th. Eschenburg, 217 ff; K. D. Bracher II, 389 f, 530 f, 535 f, 621 f, 659 f, 703 f.

Sehr gut über die Hilflosigkeit des Zentrums und der Sozialdemokratie Hitler gegenüber: der österr. Diplomat Clemens Wildner, 175 ff.

Hitler empfängt Berning und Steinmann: G. Lewy, 65 ff; vgl. Cl. Wildner, 181 ff; die deutsche Kirche stellt sich rasch ganz auf Hitler um.

Franz von Papen: das Dritte Reich als christliche Gegenbewegung gegen 1789: Papen, Appell an das deutsche Gewissen, Reden zur nationalen Revolution, Neue Serie, Oldenburg 1933, 71.

S. 261 Kardinal Bertram am 6. Mai: G. Lewy, 69 f. Die deutsche katholische Kirche ist dem Nationalsozialismus einfach nicht gewachsen: Cl. Wildner, 201 f.

S. 262 Der 1. Mai 1933: D, 264; 7. Mai: D, 266.

Zu Teresa von Avila: Heer I, 58 f, 281 f, 314–322, 326 f.

S. 263 Ich kenne dieses breite Volk: D, 268.

Kirchenfürsten gegen den „Hochmut" der Wissenschaft im 19. Jahrhundert: Heer II, 687 ff (zu Loisy und anderen), bes. 692 f.

Man muß als erstes die Prediger: M. Faltermaier, 116; vgl. ebenda E. Stammler (Versuchung der Vergangenheit), „Das Wunder als Mittel der Politik", 54 ff; über Hitlers Sprache 1960 (58); wenn Hitler gesiegt hätte (64); Hans Heigert über „Die Neigung zur politischen Magie" (93).

Hitler besucht Abt Schachleitner: D, 269; zu Abt Schachleitner: G. Lewy, 18 f, 120, 175, 401 f.

Das Konkordat: G. Lewy, 73 ff; die Briefe Pius' XII., 81, 120, 144, 172, 301, 307, 315 f, 324 f; K. Deschner II, 109 ff; W. A. Purdy.

Konkordat: Mgr. W. A. Purdy, 210 ff macht auf Binchy aufmerksam, der früh die Problematik des Konkordats von 1929 erkennt. Vgl. Purdy, 59 ff. Purdy zu Lewy: 265 ff.

H. Müller zum Reichskonkordat: Register 431. Im Geheimanhang zum Konkordat kalkuliert der Heilige Stuhl bereits den Vertragsbruch Hitlers (gegen Versailles) und die Einführung der allgemeinen Wehrpflicht mit ein: Werkhefte, 4/67, 120 (H. Bittner).

Kardinal Döpfner gesteht 1954: viele von uns erschraken 1933 tief über den Abschluß des Konkordats: Purdy, 267.

Zum Konkordat von evangelischer Seite: W. Künneth, 179 ff.

Das offizielle Photo von der Unterzeichnung des Konkordats am 20. VII. 1933 im Vatikan zeigt u. a. neben Kaas, Papen, Pacelli, Bergen auch Montini (stehend), den späteren Papst Paul VI.; Leiser, 90 f (Montini wird hier gezeigt, aber nicht erwähnt).

Neuere Dokumentationen und Lit. zu: Kirche und Nationalsozialismus: E. Weinzierl-Fischer, Neues Forum, XIV, H. 167/168, Nov. Dez. 1967, 903 ff, bes. 907.

Rezension Vatikanischer Dokumente zum Zweiten Weltkrieg: A. Verdross, Österr. Zeitschrift für öffentliches Recht, XVI, 1966, 176 ff.

Zum deutschen Katholizismus in der Situation von 1933 und heute vgl. H. Böll,

Spiegel, 15. Mai 1967, 142: nicht das katholische Volk hat den Nationalsozialismus gefördert. „Es waren die Herren Hirten und Oberhirten, die den Verrat begingen. Die große, die übergroße Schuld der Katholiken fängt erst 1948 an, wo auch die zweite Anpassung, der zweite Verrat der Oberhirten begann."

Durch den Abschluß des Konkordats: D, 288.

S. 264 Weswegen die katholische: Domarus, 291.

Die Partei wird sich: D, 292.

Die rotledernen Stühle der Partei-Kardinäle: H. Frank, 92.

Hitler vergleicht sich mit den reisenden Kaisern des Mittelalters: O. Dietrich, 163.

Hitler schenkt Hindenburg: Domarus, 293 ff.

15 Jahre ist dieses Ziel: D, 295.

Hitler spricht von der Partei: H. Frank, 123.

Über allem lächelte: H. Frank, 320.

Ah, Frank, Sie sind's!: H. Frank, ebenda.

S. 265 Max Domarus zu den Festen des Reichsparteitages: D, 296.

Führerhierarchie: D, 298.

Unser Volk trug selbst die Schuld: D, 299.

13. Sept.: D, 300 ff.

14. Oktober: D, 310. Zum Austritt aus dem Völkerbund: A. Bullock, 320 f.

S. 266 15. Oktober: D, 315.

9. November 1933: D, 329 f.

Hans Frank über die liturgischen Feiern des Hitlerschen Festkalenders: H. Frank, 301 f, 305 ff.

S. 267 Düsterflammende Trauer-Pylonen: H. Frank, 302.

Daß ihr euer Leben hingebt: D, 329.

Das Reich selbst feierte: H. Frank, 303.

Man muß schon an jene Pilgermassen: H. Frank, 305.

S. 268 Zu Bonifaz VIII.: Heer, Mittelalter, 543 f.

S. 269 Der 30. I. 1934: D, 358.

Im übrigen muß ich: D, 360.

Zu Dollfuß: E. Hoor, 110 ff; F. Funder II, 70 ff, 80 ff; Cl. Wildner, 184 ff; diverse in Spectrum Austriae: 103, 233, 312, 326 ff, 337 ff, 662; Hannak, a.a.O.

S. 270 In zwei Eigenschaften: O. Dietrich, 149; vgl. ebenda 51.

In Österreich als Sohn: O. Dietrich, 244.

Eine Chefsekretärin erinnert: A. Zoller, 14.

Starrsinn aus dem Waldviertel: A. Zoller, 28.

In seinen Adern: A. Zoller, 29.

Zündende Darstellungen von der österr. Geschichte: A. Zoller, 37.

Der Frank-Besuch in Österreich 1934: F. Funder II, 92 ff; D. Voss, a.a.O.

S. 271 Meine Herren sind wie kleine Buben: H. Frank, 288.

Geli Raubal: A. Bullock, 19 f, 45, 392 f.

Hitler, 13. März 1938: D, 822 ff; H. Frank, 289 f.

Hitler beruft sich auf Otto Weininger: H. Frank, 313. Zu Weininger: Heer, Gottes Erste Liebe. Dieselben jüdischen Selbstzeugnisse (z. T. Produktionen eines jüdischen Selbsthasses) über jüdische „Geilheit" etc. beruft J. Lanz-Liebenfels in seinen Ostara-Heften, z. B. die „rachsüchtige Wonne, über die Frauen Macht zu zeigen"; aus dem „Lit.Echo" von 1912; bei Lanz-Liebenfels, Ostara, Nr. 66. 1913,

12. Hitler-Eckart berufen sich darauf 1922-1923 in den Gesprächen „Von Moses zu Lenin".
Grauenhaft, was ich in Wien erlebte: H. Frank, 313.
Der „Bunkergeist" Hitler: H. Frank, 382.
Die arbeiten fabelhaft: H. Frank, 422.
Die österreichische Verwaltung: ebenda.

S. 272 Leipzig, 6. März 1934: D, 369. – Das außenpolitische Programm Goerdelers und der Widerstandsbewegung: D, 1021. Zu Goerdelers Friedensplan vom 30. 5. 1941: G. Ritter, Carl Goerdeler und die deutsche Widerstandsbewegung, Stuttgart 1954, 569 ff; vgl. auch D, 1224. – Vgl. damit bereits Stresemanns außenpolitisches Programm: Th. Eschenburg, 222. – Goerdeler hat dieselben primitiven Vorstellungen von den Engländern wie Hitler: D, 1377.
Am 1. Mai predigt Hitler: D, 378 ff.
Der 28. Juni: D, 394.
Die „Bartholomäusnacht des Dritten Reiches": D, 395 ff; F. Funder II, 254; A. Bullock, 299 ff.
Diese Schweine haben meinen guten Pater Stempfle: D, 409.
Der nat.soz. Staat wird: D, 411.
Erfüllt von dem Haß gegen jede Autorität: D, 412.

S. 273 In der SA eine Sekte: D, 415.
Die Nacht der langen Messer: D, 418.
Drei Jahre später: D, 424.
26. August 1934: D, 446.
Das nervöse Zeitalter des 19. Jahrhunderts: D, 448.
Das Wort von der Frauen-Emanzipation: D, 450. Schönerer gegen „Frauenstimmrechtstrottelei": P. G. J. Pulzer, 222.
Pastor Josef Werner: Pulzer, 222.
Lanz-Liebenfels vertritt in seinen Ostara-Heften durchgängig dieselbe Auffassung der Frau wie Hitler. Jedes Heft trägt auf dem inneren Umschlag fett die Warnung: „Damenbesuche, wenn auch in Herrenbegleitung, grundsätzlich abgelehnt."
Denn ihre Welt ist der Mann: D, 450.
Die beiden Welten: D, 451.

S. 274 Nur ein Programmpunkt: das Kind: D, 452.
Geduldiges Leid-Ertragen im Kriege: die Briefe Pius' XII., an vielen Stellen, z. B. 61 f, 114, 136, 161, 165, 207.
Orsenigo am 12. Sept. 1934: D, 455.
Das Blut, das sie vergossen haben: D, 458.

S. 277 Der Schlußkongreß in Nürnberg: A. Zoller, 193.
Die Heiligen Tage des Partei-Kalenders: D, 467.
Die heiligen Zeiten und Räume der außerchristl. kosmischen Religionen: M. Eliade, Das Heilige und Profane, Hamburg 1957, 13 ff, 40 ff, 68 ff. – Dagegen christliche Heils-Zeit: vgl. O. Cullmann, Christus und die Zeit, Basel 1946.
Die große reformatorische Arbeit: D, 466.
Zur Rede am 3. I. 1935: D, 468.

S. 278 Am 31. Januar: D, 479 f.
Und Gott kann mein Zeuge sein: D, 485.
Die Ahnung, daß die Hand des Herrn: D, 486.

Wenn ihr in diesen 15 Jahren: D, 487.
Hitler Trauzeuge bei der kirchlichen Trauung Görings: D, 500.
1. Mai, Wiederaufstehung der Völker: D, 502.
Mein Wille: D, 503.
S. 279 Requiem für Pilsudski: D, 504.
7. August: D, 520.
Und heute prophezeie ich weiter: D, 521.
Im März 1939 beraten sich die deutschen Kardinäle: Die Briefe Pius' XII., 307 ff.
Wir werden auch diesen Kampf nie kämpfen: D, 526.
Möge uns Gott die Größe geben: D, 528.
Die Frauenpredigt am 13. Sept.: D, 530 ff.
S. 280 Das einige Volk der Brüder: D, 535.
Hakenkreuzfahnen an den Kirchen: G. Lewy, 244 f; Glockenläuten für den Führer: Briefe Pius' XII., 309 f.
Die Partei wird weiterleben: D, 541.
6. Oktober, Bitte an den Allmächtigen: D, 544.
Apostel der Bewegung: D, 547.
Dieses Wunder: D, 554.
Ich habe unsere Kameraden: D, 555.
S. 281 Deutschland, Bollwerk des Westens: D, 557 f.
Noch 1938 sehen in England weite Kreise Hitler als Bollwerk gegen den Kommunismus (wie ihn Lord Rothermere gefeiert hatte) an: persönliche Erinnerungen. Vgl. jetzt auch Carl Zuckmayer, 117.
Hitler in der Kabinettsitzung am 14. Juli 1933: G. Lewy, 95 f.
Faulhaber: „Was die alten Parlamente": G. Lewy, 123.
Dokumente zu Faulhaber: H. Müller XX und an vielen Stellen. Lapide, 57, 59 ff, 72; Volk (Stimmen der Zeit, 177, 1965/66).
Die Adventspredigten Faulhabers 1933: G. Lewy, 301 f; vgl. ebenda: deutscher Katholizismus und die Judenfrage: 294 ff; F. Vonessen, Kardinal Faulhabers Adventspredigten 1933 und die Juden, in: Werkhefte 10, 1965, 312 ff.
S. 282 Faulhabers Protest 1934: K. Deschner II, 168 ff.
Das größte Wunder der Bibel ist: G. Lewy, 302.
Kirchliche Verteidigung der Nürnberger Gesetze: G. Lewy, 307 ff.
S. 283 „Antisemitismus der Welt in Wort und Bild", Dresden 1935, „Israel und die Völker", Wien 1935: ich zitiere diesen „Prachtband" unter I (für Imendörffer) I, 6. Christus, der schärfste Antisemit aller Zeiten: I, 45 ff. Schon für Lanz-Liebenfels ist Jesus der Arier schlechthin. Lanz geht noch weiter: er sieht „Moses als Darwinist" (Ostara Nr. 46, 1911), als Antisimit, d. i. als Bekämpfer der Affenmenschen und Dunkelrassen (Ostara, Nr. 48, 1911); außerdem sieht er Moses, Ezechiel und Jeremias als Verherrlicher der Goten und Germanen (Ostara, Nr. 50, 1911). „Moses als Prediger der Rassenauslese und Rassenmoral" (Ostara, Nr. 54, 1912). Christus ist „der Typus des gottmenschlichen Ariers", Ostara, Nr. 78, 1915. Der Teufel ist der Repräsentant des Dunkelrassentums: Ostara, Nr. 83, 1916. Hitler dürfte in seinen Gesprächen mit Dietrich Eckart über Moses-Lenin diese Arisierung der Bibel implicite bekämpft haben.
Zu dem Erscheinen des Buches „Israel und die Völker", Wien 1935, ist beachtenswert: Am 13. Nov. 1934 sagt Mussolini Nahum Goldmann in Rom eine vertrau-

liche Intervention zugunsten der österr. Juden beim österr. Bundeskanzler Schuschnigg zu: Oskar Karbach, 175 (Schuschnigg hat dies selbst K. 1958 mitgeteilt!).
Der verjudete Karl der Große: I, 69 ff.

S. 284 Papst Gregor VII.: I, 78.
Grauenvoll schildern die Bollandisten: I, 80 f.
Capistranus: I, 89 f.
Die minderrassige französische Revolution: I, 104.
Der jüdische Bolschewismus: I, 153 ff.
Berufung auf „La Civiltà Cattolica": I, 148 und oft.
Der christlichsoziale Antisemitismus in Wien: I, 167 ff.
Lueger: I, 177 f.
Zu Bischof Gföllner: Hirtenbrief vom 21. I. 1933: I, 185, 245; heute: KÖ, 24, 34, 51 ff, 229 f (andere Diözesen druckten Gföllners Hirtenbrief nach).
Der Stephansdom: I, 189.
Kulturbolschewismus: I, 194 ff.
Auf streng überparteilicher Grundlage: I, 202.

S. 285 Das Beispiel im Deutschen Reiche: I, 204.
1848: Durchbruch des Asiatentums: I, 219; ganz so auch bereits Lanz-Liebenfels, Ostara, über 1848 und 1918.
1918: I, 220 f.
Es drang der asiatische Feind: I, 229.
Die Judenrevolution von 1918: I, 230 f.
Gustav Landauer: I, 231.
Rosa Luxemburg: I, 232.
Für Deutschland 1932 nur zwei Wege: I, 236.
Wer die Geschichte der katholischen Kirche kennt: I, 243.

S. 286 Bischof Gföllner: I, 244 f; KÖ, 24, 34, 51 f.
Anton Orel: I, 245; SA, 302; KÖ, 223, 365; A.-Orel-Festgabe 1952, hg. v. Görlich, Knoll, Stachelberger.
Die Lehre von der Gleichberechtigung alles dessen: I, 254.
Ist vom christlichen Standpunkt aus die Todesstrafe: I, 264.

S. 287 Am „Sterbebett der deutschen Seele": I, 282.
Tanzt nicht die Mehrzahl unserer Frauen: I, 283.
Literar. Echo, Wien 1912, H. 3, hier bei I, 283; bei Lanz-Liebenfels, Ostara Nr. 66, 1913, S. 12 (Anselma Heine über Jakobowski).
Jetzt liegt es nicht mehr am deutschen Volk: I, 249 f.

S. 288 Es ist sittliche Pflicht, das durch Gnade des Schicksals: I, 250.
Abwehrkampf gegen Judentum: I, 246.
Der deutsche Episkopat und Klerus 1936 für Hitlers Kampf gegen den Bolschewismus: G. Lewy, 227 ff; H. Müller, 18, 169, 174, 242, 302, 378.
Gerade die Kirche muß: I, 299.
Völker und Rassen: I, 254.
Ist der auf den Wahnideen der französischen Revolution: I, 270.
Deshalb wird in der Rassenethik: I, 272 f.

S. 289 Pfarrer Gaston Ritter als Kronzeuge: I, 302.
Nicht die Christen verfolgen die Juden: I, 304 f.
Soll die arische Intelligenz nicht ausgerottet werden: I, 282. – J. Lanz-Liebenfels'

Ostara-Hefte tragen auf der 2. Seite des Umschlages ein Manifest, in dem es heißt: „Die ‚Ostara' ist . . . in einer Zeit, die das Weibische und Niederrassige sorgsam pflegt, und die blonde heldische Menschenart rücksichtslos ausrottet . . ."
Kulturbolschewismus; Else Lasker-Schüler, O. Kokoschka: I, 284 ff.
Wer uns mit Herz und Verstand: I, 287 f.
Aber daß uns das Judentum vernichten will: I, 290.
Verfallene Heiligtümer, verlassene Heimat: I, 312.
Die deutsche katholische Presse ein widerliches Instrument der Lüge: P. Friedrich Muckermann SJ.; G. Lewy, 163; P. E. Lapide, 220.

S. 290 Ich zitiere die Autoren des Buches „Die Gefährdung des Christentums durch Rassenwahn und Judenverfolgung", Luzern 1935, als „Gef".
„Die Pest der inneren Zerrüttung": Gef., 1.
Ein Teil der theologischen Wissenschaft: Gef., 14.
Vom neuen Heidentum: Gef., 20.
Das bewußte Heidentum: Gef., 21.

S. 291 Zu Yves M. Congar, Le mystère du temple, Paris 1958, bes. 178 f, 181 ff, 340 f; vgl. Heer, Gottes Erste Liebe.
Die meisten von uns in England: Gef., 35 f.
Die Geistlichkeit, die zur Gewalt greift: Gef., 41.
Wie ist es möglich: Gef., 46.

S. 292 Charakteristisch für die öffentliche Wirksamkeit: Gef., 56.
Einschachtelungsprozeß Hitlers: H. Frank, 335 f; O. Dietrich, 44.
Wir werden nicht kapitulieren: Rauschning, 11 (Rauschning als R zitiert).
Hitler über Selbstmord: zusammengestellt bei G. L. Weinberg, Hitlers Zweites Buch, 202 f.
Ich spiele nicht Krieg: R, 16.

S. 293 Wir müssen grausam sein: R, 22 f.
Für „Entvölkerungspolitik": R, 38 ff. Die Praxis dieser Entvölkerungspolitik 1939–1945: Heer V, 103 ff, 502 ff.
J. Lanz-Liebenfels forderte bereits eine Ausrottung der „tschandalischen" Untermenschen, eine Entbildungspolitik für die „Dunkelrassigen", vgl. Ostara, Nr. 72, 1913 (Rasse und äußere Politik), 74; 191 (Rassenmetaphysik).
Versklavung der Nichtarier (Nr. 80, 1915), Verbrennung der Niedermenschen als Opfer (Himmlers Holokaust in Auschwitz!) Nr. 82, 1915! „der Niederrassige als das erste Haustier": Nr. 87 (Rasse und innere Politik), 1916. Viele Reflexe dieser Gedankenwelt hier, um 1934, bei Darré, Hitler, Himmler.
Eduard Frauenfeld an Himmler von der Krim: bei R. M. W. Kempner, 285 ff; vgl. Heer V, 113, 503.
Die Tschechen nach Sibirien: R, 42.

S. 294 Die hierarchisch geordneten Parteimitglieder: R, 45.
Zu Pobedonoscev: Heer II, 728 f, 780 ff.
Zu Monsignore Benigni: (der große Denunziant Benigni zeichnete unter zwölf verschiedenen Namen, vgl. O. Schroeder, Werkhefte 10/1966, 325): Heer II, 646, 664, 696, 722, 724, 727.
Spanische Entbildungspolitik folgt dem Motiv: keine Schulen für Arbeiter, denn: „Wir brauchen keine Menschen die denken, sondern Ochsen, die arbeiten können", so Bravo Murillo; vgl. K. Deschner II, 55.

Der Feldbischof Rarkowski ist eine Kreatur Benignis: Gordon C. Zahn, 166 ff.

Das Christentum ein jüdischer Schwindel: R, 50.

Den Jesus können Sie nicht zum Arier machen: R, 51. Hitler setzt sich hier ebenso von Lanz-Liebenfels ab wie von den „völkischen Schwärmern" um Ludendorff.

S. 295 Die Einpassung des katholischen Klerus in die Propaganda Hitlers: Gordon C. Zahn, 49 ff, 60 ff, 217 ff; G. Lewy, 119 ff, 197 ff, 247 ff, 294 ff. – Erzbischof Gröber spricht 1937 im „Handbuch der religiösen Gegenwartsfragen" das Todesurteil „als eine der erhabensten Lebensäußerungen des Staates" an (vgl. Werkhefte 1–65, 2). 1937 war bereits jedes Todesurteil de facto ein politisches Urteil! Zur Einpassung noch: W. A. Purdy, a. a. O., H. Müller, a. a. O., P. E. Lapide, 217 ff.

Die Einpassung der evangelischen Kirchenmänner: D. Goldschmidt, H. J. Kraus, Der ungekündigte Bund, 29 f, 44 ff, 65 ff, 99 ff und oft; 183 ff, 216 ff, 234: „Aber die Kirche schwieg."

Die Einpassung der evangelischen Kirche in den USA: Peter L. Berger, Kirche ohne Auftrag, Stuttgart 1962, 39 ff, 62 ff (als politische Religion), 71 ff (Militärpfarrerwesen), 76 (die amerikanische Ehe von Thron und Altar), 77 ff; 105 ff (Autoritätsglaube, Nationalismus, relig. Konformismus); Gott als Opium, als tranquilizer (133), 137 (Gott als ideologische Waffe im Weltkonflikt).

Zum Grundsatzproblem vgl. auch die Auseinandersetzung mit Weihbischof Kampe in den Münchener Werkheften: Die Katholiken und der Nationalsozialismus, WH 8/61, 253 ff; 2/62, 70 ff; 4/62, 152 ff und 5/62, 196 ff.

Meinen Sie, die werden nicht unseren Gott: R, 50.

Die Schwarzen sollen sich nichts vormachen: R, 52.

S. 296 Die katholische Kirche ist schon etwas Großes: R, 53.

S. 297 Die Schriften und Dokumentationen Bonhoeffers und Delps sind heute bekannt. Die (nichtveröffentlichten) Aufzeichnungen des österreichischen Widerstandskämpfers, des Klosterneuburger Chorherrn Karl Roman Scholz, der auch ein Dichter von hohen Graden war (veröffentlicht: Gedichte und der Roman „Goneril"), durfte ich im Ms. seines Mitgefangenen, des Burgschauspielers Fritz Lehmann, einsehen.

Reinhold Schneider: Dieser große Leidende war sich, wie alle seine Freunde wissen, über den Bankrott eines europäischen Christentums restlos und schmerzlich klar geworden. Er lebte von 1945 bis zu seinem Tode in Agonie, täglich im Angesicht dieses ungeheuren Zusammenbruchs. „Winter in Wien" ist ein Reflex dieser seiner Erfahrung. Dieses Buch ist eines der ganz wenigen existentiell bedeutenden Dokumente, die das deutsche Christentum nach 1945 herausgebracht hat: Bericht einer Agonie!

Zu Heinrich Heine: Heer II, 444 ff.

Die Beratungen der deutschen Kardinäle mit Pius XII. März 1939: Die Briefe Pius' XII., 317 ff. Zu Pius XII.: unsere Schlußkapitel.

Lamennais: Heer II, 277 ff, 609 ff, 750 f.

Franz von Baader: Heer II, 574 ff.

S. 298 Die Welt wird nur mit Furcht regiert: R, 79; ganz so Benigni zu Ernesto Buonaiuti, vgl. O. Schroeder, Werkhefte 9/63 und 10/63.

Grausamkeit imponiert: K, 81.

Kirchliche Terrorpredigt (Höllenpredigt etc.): Heer, Sieben Kapitel aus der Ge-

schichte des Schreckens, Zürich 1956, span. erweitert: Terror religioso, Terror politico, Barcelona 1965.
Österreich ist verjudet: R, 84 f.
S. 299 Hitler will Dollfuß den Prozeß machen: R, 86.
Diese Kleinbürger sind ja nicht friedlich: R, 87.
Die Weltgerichts-Visionen deutscher pietistischer u. verwandter Kleinbürger im 17. und 18. Jahrhundert: Heer I, 541 ff.
Wir haben die Pflicht, zu entvölkern: R, 129. Die Praxis: Anatomie des SS-Staates II, 129 ff, 163 ff, 208 ff, 340 ff, 389 f.
Das Gewitter der deutschen Bartholomäusnacht: R, 139.
Wie die Juden erst: R, 139.
S. 300 Der Marxismus lehrt: R, 175.
Hitler als „Überwinder" und „Vollstrecker" des Marxismus: R, 274.
Es ist wie das Dogma der Kirche: R, 177.
Mit unserer Bewegung: R, 210.
An die Stelle des Dogmas: R, 212.
S. 301 Meine Juden sind mir ein kostbares Pfand: R, 222.
Die Flüchtlingskonferenz von Evian hat Hans Habe in seinem Roman „Die Mission", München 1965, dargestellt. Habe nahm an ihr als Korrespondent des „Prager Tagblatts" teil, 6.–15. Juli 1938. Vgl. auch Anatomie des SS-Staates II, 343 f: der österr. NS. Finanzminister Dr. Fischböck entwickelte im November 1938 mit Schacht und Rublee den Evian-Plan weiter.
Evian: Evian wirft ein Licht auf die nahe Schweiz, vgl. A. A. Häsler, der aufmerksam macht: Großartig hält sich in der Frage der jüdischen Flüchtlinge die Zwingli-Kirche (91 ff, 147 ff), hart abwehrend sind Konservative und katholische Kreise, vgl. das „Manifest der Mitleidlosen" 1942 (211 ff). Katholischer Schweizer Antisemitismus: 222 f. Zeugnisse katholischer Inhumanität: 255 ff. Was Schweizer im Osten 1943 sahen, wird erst 1945 zur Veröffentlichung freigegeben: 84 ff. Dennoch: 100 000 Schweizer hören Berichte über die Vergasungen (85, 135, 141 ff). Man ist sich 1942 in manchen evangelischen Kreisen klar: „Eine Kirche, die schweigt zu den vier Millionen toter Juden, schweigt ein unheimliches und unheilvolles Schweigen." Dieser Pfarrer Vogt predigt 1943: „Ein Christentum, in dessen Kälte das Judentum zu Tode erstarrt, ist ebenfalls todgeweiht. Es wird furchtbar gerichtet werden" (Häsler, 151).
Auf das Schweigen Roms in diesen Jahren fällt hier von der Schweiz her ein offenbarendes Licht! Vgl. auch 321. 1942 berichten Schweizer Zeitungen über die Todestransporte in den Osten. Am 27. August 1942 berichtet sogar die katholische „Schweizerische Kirchenzeitung" über die Ausrottung der Juden (157).
Die antisemitischen konservativen Katholiken leben auch hier in einem sacro egoismo, hart gegen „unerwünschte Elemente": 174 ff.
Seit 1941/42 wissen die Schweizer über die Vergasung etc., auch aus den BBC-Reden Thomas Manns: 71 ff.
Nur zwischen uns beiden: R, 223.
In der Bundesrepublik Deutschland tritt nach 1945 vorübergehend an die Stelle des teuflischen Juden der „Bolschewismus": vgl. D. Goldschmidt – H. J. Kraus, 19, 124.
Der Jude sitzt immer in uns: R, 223.

S. 302 In den Anfängen unserer Bewegung: R, 224.
Ich habe aus diesen Protokollen enorm gelernt: R, 225; das Folgende: ebenda.
S. 303 Zwei Welten stehen einander gegenüber: R, 227.
Das letzte Ziel des jüdischen Weltkampfes: Hitlers Zweites Buch, 221.
Goebbels am 20. IV. 1935: A. Stein, 8.
Rudolf Jung: A. Stein, 9.
S. 304 Die „Protokolle der Weisen von Zion": zu ihrer Entstehungsgeschichte: Heer, Gottes Erste Liebe; ihre Bedeutung für Hitler und den Nat.soz.: A. Stein, 11 ff; W. Maser I, 184 ff; E. Lapide, a.a.O.
Der Berner Prozeß 1934–1935: A. Stein, 23 ff.
Pogrompolitik in Permanenz: A. Stein, 103 ff.
Das Endergebnis ist in Deutschland: A. Stein, 105.
Außenpolitik des Hakenkreuzes: A. Stein, 107 ff.
Der Pogrom gegen die Juden: A. Stein, 115. Dazu: die Juden als Faustpfand 1939: Max Domarus, 1004.
S. 305 Sein Traum ist der: A. Stein, 116.
Die Warnungen deutscher kath. Emigranten: G. Lewy, 233 f; H. Müller, 318 ff.
Am 9. September 1936: G. Lewy, 229 f: der „Deutsche Weg"!
Faulhaber auf dem Berghof: G. Lewy, 229 f; der Hirtenbrief vom 24. Dez. 1936: G. Lewy, 232 f.
S. 307 1. Januar 1936: D, 562.
Wie ein Polarstern: D, 564.
Ich habe euch kennengelernt: D, 570, vgl. ebenda 569.
12. II. 1936: D, 575. Die Totenliturgien der Cluniazenser: Heer, Aufgang Europas, Wien 1949, 396 ff.
Europa besteht aus zwei Hälften: D, 588.
S. 308 Aus dem Volke bin ich gewachsen: D, 608 f.
Der Welt unterstelle ich mich nicht: D, 613.
Es schien, daß sich die Gnade des Herrn: D, 614.
Meine deutschen Volksgenossen: D, 616.
Hitler sendet Hans Frank zu Mussolini: H. Frank, 222 ff.
Mussolini zu Frank: Frank, 230.
Mussolini, der Faschismus und der Vatikan: K. Deschner I, 524 ff; K. Deschner II, 22 ff; Maria Romana Catti de Gasperi, 86 ff, 97 ff, 119, 122, 135, 137 f, 143.
S. 309 Sagen Sie mir, glauben Sie: H. Frank, 232.
21. Mai, Walhalla: D, 623.
S. 310 Ja, da soll mir einer sagen: H. Frank, 213.
So weihevoll dies auch alles ist: H. Frank, 179.
1936: Ich wünsche keinerlei Kampf: H. Frank, 204, ebenda 1937: Ich weiß, daß gerade meine unchristlichen germanischen SS-Verbände . . .
Ich fühle mich jetzt frisch wie ein Füllen auf der Weide: D, 745.
S. 311 C. G. Jungs Erlebnis mit seinem Vater: Erinnerungen, Träume, Gedanken von C. G. Jung, hg. v. Aniela Jaffé, Zürich 1962, 97 ff.
Die „Rolle" in der Religion: Hjalmar Sundén, Die Religion und die Rollen, Berlin 1966.
Die „Rolle" wird weitergespielt: ich beziehe mich da auf mehr als 30 Jahre eigene Erfahrungen mit Theologen und Priestern.

Zu Dantes „Per ch'io te sopra te corono e mitrio" (Purg. 24, 142): Heer I, 220 f.

S. 314 8. September 1936: D, 636.

Wir sehen um uns die Zeichen: D, 638.

Wie fühlen wir nicht wieder: D, 641.

S. 315 Pius XII. erinnert an die herrlichen Tage in Deutschland: Die Briefe Pius' XII., 42, 45, 85, 185, 190 (Trier), 251; besonders München: 182, 214.

Ihr werdet eine andere Hingabe kennen: D, 642.

Hitler, der neue Konstantin: In Italien feiert der Klerus offen Mussolini als neuen Konstantin, vgl. K. Deschner I, 527. Faulhaber vergleicht Mussolini 1929 mit Christus: K. Deschner II, 33 f; A. Tondi I und II.

Das ist das Wunder unserer Zeit: D, 643.

Es mögen Zeiten kommen: D, 644.

S. 316 Wehe dem, der nicht glaubt: D, 647.

Vexilla regis prodeunt (hier anklingend bei Hitler) übersetzt J. Lanz-Liebenfels in seine arische Religion, Fr. Jörg: Ostara, Nr. 88, 1916, 11.

Soldaten des V. Armeekorps: D, 648.

Der Führer beherrscht die diplomatischen: G. Lewy, 230.

Ich glaube, wenn sie auferstehen: D, 654.

S. 317 Telegramm 1. I. 1937: D, 661.

Ich halte die bolschewistische Lehre: D, 671.

Im Mittelalter werden Ketzerleichname noch nach Jahrzehnten ausgegraben und verbrannt: vgl. die Geschichte des seligen Armanno Pungilupo, dessen Seligsprechungsprozeß nach 30 Jahren als Inquisitionsprozeß endet (im Jahre 1300), im ersten Anno Santo; er war 1269 gestorben: Heer, I, 137.

Jetzt und bis an das Ende aller Tage: D, 689.

So ist denn dieser 1. Mai: D, 691.

S. 318 Zur Enzyklika „Mit brennender Sorge": vgl. G. Lewy, 150, 176–179.

Zur Enzyklika „Mit brennender Sorge": sie erwähnt den Antisemitismus nicht, ja in der Enzyklika selbst findet sich eine antijüdische Theologie, vgl. Lapide, 66 f.

Eine Note Pacellis an Diego von Bergen betont den unpolitischen Charakter der Enzyklika – diese ist nicht gegen das NS-Regime gerichtet: vgl. M. Mourin, 82.

Kurz, ich sage: D, 694.

Ich werde niemals zugeben: D, 698 f.

So gehen auch wir: D, 700.

Wir deutsche Nationalsozialisten: D, 704 f.

S. 319 Hitler vergleicht sich mit den ewig reisenden Kaisern des Mittelalters: O. Dietrich, 163.

Kloster Banz: O. Dietrich, 168. Die Regensburger Domspatzen: O. Dietrich 177.

Kloster Maulbronn: O. Dietrich, 180.

Das Grab Dietrich Eckarts: O. Dietrich, 178.

Wieder in Stift Lambach, 1938: O. Dietrich, 194.

Botticelli und Böcklin: die Bilder im Berghof: O. Dietrich, 229. J. Lanz-Liebenfels feiert besonders Böcklin und Botticelli (Ostara, Nr. 86, 1916: Rasse und Malerei) und bringt zwei Abbildungen. Lanz stellt Defregger und Lenbach als „schöne heroische Typen" (16 f) heraus. Hitler sieht für seine Linzer Galerie zwei Defregger-Säle vor. Sein Lenbach-Bild Bismarcks: vor ihm steht er oft „träumerisch, wie im Gebet" (A. Zoller, 16).

Und wenn einst einmal: D, 705 ff. Vgl. wieder Lanz-Liebenfels, der „die alten deutschen Meister" um Dürer und Altdorfer wie Hitler besingt (Ostara, Nr. 86, 1916, 12 ff), den süddeutschen und österr. Barock lobt (13 f), sich für „künstlerische Ansichtskartenmalerei" einsetzt (hat er Hitlers Wiener „Kunstwerke" gekannt?). Ebenda, 17, gegen den „untermenschlichen kindisch-primitiven Kubismus und Futurismus".

S. 320 Dieses Lied ist: D, 712.

Gott ist dem Priester zu Willen, auf dem Altare: so ein Hirtenbrief des Fürsterzbischofs von Salzburg, 2. II. 1905 (K. Mirbt, Quellen zur Gesch. des Papsttums, 401); dazu Heer II, 569, 953: „Wo im Himmel ist solche Macht wie die des katholischen Priesters ... Einmal hat Maria das göttliche Kind zur Welt gebracht, und siehe, der Priester tut dies nicht einmal, sondern hundert- und tausendmal, sooft er zelebriert."

Mit dieser Zaubermacht ausgerüstet, zelebriert der Zauberpriester Hitler (er selbst spricht Wilson als „falschen Zauberpriester" an!) seine Liturgien, zwingt die „Vorsehung", ihm zu Willen zu sein!

In einem Betrachtungsbuch für junge Kleriker heißt es: „Moses' Macht war groß. Josuas Wort gebot sogar der Sonne. Doch waren das nur einzelne Fälle ... Aber der Priester hob sich (wunderbare Gewalt über die Natur) über das leblose Geschöpf und über den Schöpfer selbst, und zwar dann, wenn er will. Ein Wort aus seinem Munde zwingt den Schöpfer des Weltalls und des Himmels auf die Erde herab, entkleidet ihn seiner Größe und verbirgt ihn unter die Gestalt des Brotes."

Diese sakrale Rolle übernimmt Hitler für seinen „Gottesdienst" in der liturgischen Predigtbeschwörung mit seinem Volke.

Die eine beruhigende Gewißheit: D, 716.

Niemals wurden in der deutschen Geschichte: D, 719.

Die politischen Leiter als seine „Jünger": D, 721 f.

Der Mensch benötigt: D, 725.

S. 321 Die Betonung von Symbolen: D, 726.

Manchesmal äußert sich: D, 727.

Der Krieg als Strafe, Züchtigung, Prüfung durch Gott: Die Briefe Pius' XII., 200 und oft: Gott verhängt die Drangsale des Krieges! Die Predigt des Bischofs Simon Konrad Landersdorfer im Passauer Dom (Hitlers Kindheits-Dom) zum Jahresende 1958: Münchener Merkur, 2. I. 1959; vgl. Heer II, 543, 948. Bischof Landersdorfer als Empfänger von Briefen Pius' XII.: Die Briefe Pius' XII., 10, 17, 42, 58, 77, 142, 267. – Im Dezember 1941 erklärte Landersdorfer: die Kirche unterstütze den Kampf gegen den Bolschewismus und hoffe, daß es möglich werde, „diese Pest ein für allemal unschädlich zu machen": G. Lewy, 282.

Was andere behaupten: D, 728.

S. 322 Unzivilisierte Verbrechergilde: D, 731.

Das „germanische Reich deutscher Nation": D, 733.

Das Mädchen als „Apostel des Christentums": D, 742.

Geheimreden, Okt.–Nov. 1937: D, 745.

Am 5. November: das Hoßbach-Protokoll, vgl. J. Heydecker – J. Leeb, 169 ff.

Alle Versuche unseres alten Widersachers: D, 757.

NSDAP, die größte Organisation: D, 760.

Über den deutschen Menschen im Jenseits: D, 762. Kardinal Bertram hält in seiner

Denkschrift, Rom, 4. März 1939, als 3. Punkt der von den NS-Führern der Volksbildung verbreiteten weltanschaulichen Ideen fest: „daß die Kirche nur für die jenseitige Welt – das Leben nach dem Tode – zu sorgen, aber keine Bedeutung für das Diesseits – für das reale Volksleben – habe" (Die Briefe Pius' XII., 301). Aus diesem „Grundirrtum" entspringe die Ausschließung der Kirche von aller Erziehung der Jugend. Diesem „Grundirrtum" war aber Rom durch den Abschluß des Konkordats entgegengekommen, in dem es die deutschen Katholiken Hitler übergab. 1964 hält Walter Kerber SJ fest: „Die Aufgabe der Kirche als solcher ist streng jenseitig, d. h. sie führt das Heilswerk Christi fort, das absolutes Geschenk ‚von oben' ist. Die welthaften Aufgaben sind den Christen, aber nicht der Kirche als solcher aufgetragen" (Deutscher Katholizismus nach 1945, hg. v. Hans Maier, München 1964, 72). Das aber ist eine fragwürdige „Entlastung" der Kirche von jeder Verantwortung für den Menschen – nicht zuletzt von der Verantwortung für die nukleare Rüstung und Vorbereitung des Genocids, der heute bereits u. a. in Vietnam praktiziert wird.

Zur pessimistischen augustinischen Anthropologie als Grundlage autoritärer und totalitärer „Menschenführung": Heer II, 22, 322, 332, 341, 450, 494, 543, 576, 647, 714, 763.

S. 323 Auch die Volksführung früher, die Kirche: D, 763.

S. 325 Daß die Gnade des Herrgotts: D, 774.

Orsenigo: D, 775.

Seit der Entstehung unserer Dombauten: D, 779.

Ich betete ein paar Dankvaterunser: H. Frank, 283.

Hitler weint in Linz: H. Frank, 292. Zum folgenden Frank, 287 ff, 292 ff.

S. 326 Der Hochverratsprozeß gegen Dr. Guido Schmidt: abgekürzt „HVS".

Eine kleine Zahl von Menschen: HVS, 516, vgl. 4.

Konkurrenzfaschismus: Kerekes, 114, 132.

Dollfuß fängt sich selbst in der Falle seines „Deutschtums": Kerekes, 165 ff; vgl. ebenda 105, 114, 132 (die Seipel-Linie), 137 f, 149 f, 152.

E. K. Winter II, 401 (dies sah schon früh F. W. Foerster): Seipel, Dollfuß, Schuschnigg-Hitler; Hannak, 551 ff.

Zur Problematik eines österreichischen Nationalbewußtseins: Die österreichische Nation – zwischen zwei Nationalismen, ed. Massiczek, 9 ff, 22 ff, 31 ff, 43, 49 ff. (Erziehung zum Deutschtum in der Schule), 54 f, 123 ff; „Deutschland, du gefährliches Traumland hinter den Wolken": 137.

E. K. Winter II, 401 (dies ersah schon früh F. W. Foerster): Seipel, Dollfuß, Schuschnigg haben dem österreichischen Katholizismus den Geist des Anschlusses eingeimpft.

Österreichs wunder Punkt, die Konzeption Österreichs als „Zweiter deutscher Staat" von Seipel, Dollfuß, Schuschnigg: HVS, 7 ff.

Seipel: Winter II, 408 ff, Winter I, Kerekes, a.a.O.

Die Hitler- und Dollfuß-Konkordate: Winter II, 392 f.

Dollfuß: V. Reimann II, 34 f, 41 ff, 48 ff, 63 ff; Kerekes, 105, 114, 132 (die Seipel-Linie), 137, 149 f, 152, 156.

Seipels „Rote-Flut"-Komplex: Reimann II, 59 ff, 63 ff; vgl. Hannak, 349 ff, 412 ff, 425 ff, 479 ff, 516, 523 ff, 529 ff; Knoll, 88 f.

Seipel im Dezember 1918: Reimann II, 176 ff.

S. 327 Der Österreicher Adolf Hitler: Reimann II, 14 f, 21, 367; Schulmeister, 82–105; Schulmeister betont: Hitler ist ein Produkt der österreichischen Krankheit; 87: „Auch die Kirchen werden es sich in diesem Prozeß gefallen lassen müssen, als Angeklagte zu erscheinen." 105 f: Österreichs Mitschuld an Hitler.
Ludendorff, 14. Okt. 1918: Hannak, 324 f, vgl. 328.
Sozialdemokratischer Parteitag, November 1918: Hannak, 344.
Österreichische Sozialdemokraten, wie Otto Bauer, als „Großdeutsche": Hannak, 328 ff, 337 ff, 346 ff, 381 ff; Reimann II, 271 ff, 282 ff, 293 ff.

S. 328 Seyß-Inquart – Guido Schmidt: HVS, 2 ff.
Wilhelm Wolf: HVS, 70, 81, 88, 98, 150, 262; Reimann I, 155 f, 159 f, 165, vgl. ebenda über Menghin, 81, 128.
Pernter: HVS, 70, 88.
Guido Schmidt beruft sich in seinem Hochverratsprozeß auf seine Förderung durch Seipel: HVS, 23 ff, beruft sich auf Seipel: Österreich gehört zum deutschen Volke (28). 37: Schuschnigg glaubt noch an Hitler, als Schmidt selbst schon skeptisch ist.
Die christlichen Massen folgten: E. K. Winter I, 389.
Ende 1930 beklagt der oberösterreichische Landeshauptmann Schlegel den Selbstverrat der Christlichsozialen: Reimann II, 156.
Seipel vergewaltigt und zerstört seine Partei: Hannak, 516 ff, 523, 525; Reimann II, 120 ff.
Seipel rüstet zum Bürgerkrieg: Reimann II, 79 ff.
Seipel und die Heimwehren: Hannak, 511 ff; Reimann II, 28 f, 31 f, 62 f, 78 f, 135, 211; Kerekes, 29 ff, 32 ff.
Gegen die „Feinde Jesu Christi": Hannak, 433 (Canisius-Rede 1927).
Seipel feiert die Heimwehr als „wahre Demokratie": Kerekes, 32 f.
Seipels „wahre Demokratie": Reimann II, 17 ff; Kerekes, a.a.O.
Waldemar Pabst: Hannak, 511 f; Kerekes, 33, 65, 75, 85, 224; Reimann II, 145, 151, 153; H. u. E. Hannover, 21, 76 ff, 200, 203 ff, 213 f.
Pabst ein Duzfreund Seipels: Kerekes, 65.
Korneuburger Eid: Hannak, 528 ff; Kerekes, 71 f.

S. 329 Seipel als Puppenspieler: Reimann II, 120 ff; 130 ff, 163 ff.
Seipel drängt die Sozialdemokratie: Hannak, 433 ff, 474 ff, 478 ff.
Seipels Leben: Reimann II, 238 ff.
Seipel hinterläßt ein Trümmerfeld; Seipel am 5. Nov. 1927: Reimann II, 171–175.
Seipel und der Nationalsozialismus: Reimann II, 324 ff.

S. 330 Seipel über seine „phantastische Eitelkeit": Reimann II, 49.
Seipel als Mann der Kirche: E. K. Winter II.
Seipel-Pius XII.: Hannak, 430.
Seipel setzt politisch vor aller Welt auf das faschistische Europa: Hannak, 529 ff.
Seipel ruft nach starken Männern: Reimann II, 171 f; er liebt Condottieri-Naturen: Reimann II, 154 f.
Seipels großer Gegner Otto Bauer, ein bedeutender Mensch und Patriot (Reimann II, 331 ff), ist viel menschlicher als Seipel: Reimann II, 253 ff. Sein letzter Aufsatz erscheint an seinem Todestag, am 5. Juli 1938, in News Chronicle: ein Appell an das Weltgewissen, die Juden zu retten, die in Österreich von der Ausrottung bedroht sind. Reimann II, 374.
Miklas im Schmidt-Prozeß: HVS, 263.

Dollfuß verhandelt 1933 mit den Sozialdemokraten: Winter I, 380 ff; ferner Hannak, 571 ff; Kerekes, 137 ff. Otto Bauer war 1933 bereit, sogar den „christlichen Ständestaat" anzuerkennen und ein Bündnis mit der Kirche gegen den Nationalsozialismus zu schließen, vgl. Reimann II, 360.

S. 331 Mussolini drängt Dollfuß: Kerekes, 156, 158, 163, 173 und oft.

Die Ungarn drängen Dollfuß: Kerekes, 147 ff, 165 ff.

Früh fordert Bethlen die „Ausräucherung" des roten Wien: Kerekes, 52, 70.

Starhemberg im Februar 1932 bei Hitler: Kerekes, 100.

Schuschnigg in München, 31. Okt. 1933: Ross, 117.

Hitler als „getreuer Ekkehard Österreichs": HVS, 9.

Telegrammwechsel Hitler-Dollfuß 1933: Ross, 14.

Hitler als Oppositionsführer in Österreich: Ross, 27, 252 f.

Dollfuß-Papen, Rom 1933: Ross, 31 f.

Dollfuß-Habicht: Ross, 34 f und oft.

S. 332 Franks Reise nach Österreich: Ross, 38 ff.

Zum folgenden: Ross, 46 ff; Dollfuß-Neurath in Genf: Ross, 95 f.

Heimwehrführer suchen Kontakte mit Nationalsozialisten: Ross, 100 ff, 119 f, 199 f.

Hitler, Februar 1934: Ross, 174.

Der 25. Juli 1934: Ross, 231 ff; Jedlicka (Hg.), 90 ff, 131 ff (die SA tut nicht mit), 213 f, 238 ff: mit Wissen offizieller deutscher Stellen (Neurath) über die Putschvorbereitungen. Oberst Rendulic sagt im Januar 1934 in Paris den Tod von Dollfuß voraus: 227 f.

Erinnert sei hier an ein letztes Streitgespräch des sterbenden Dollfuß – es spricht für seine Persönlichkeit: der todwunde Mann sagt zu seinen Mördern, die ihn bedrängen und beschimpfen, u. a.: „Kinder, das versteht ihr nicht, ich habe es von jeher mit euch gut gemeint und für euch gesorgt" (Jedlicka, 102 f).

Hitler in Bayreuth: Jedlicka, 274 f. Friedelind Wagner: F. Wagner, 98 f.

S. 333 Funder im Schmidt-Prozeß: HVS, 212.

Papen-Funder, November 1935: HVS, 396 f.

Vgl. K. H. Sailer im Schmidt-Prozeß, HVS, 267: „Weder Dollfuß noch Schuschnigg haben mit einem Wort ideologisch den Kampf gegen den Nationalsozialismus geführt."

Programm der Christlichsozialen 1932: Reimann II, 231 ff.

2. Februar 1934, Rintelen in Rom: Kerekes, 178 (Suvich: una tinta ...) Papen, 12. Februar 1936: HVS, 5 f.

S. 334 Funder über sein Vatikan-Gespräch 1933: HVS, 208.

Kein Glaube an Widerstand bei den führenden Männern des Regimes von 1933 bis 1938: HVS, 166 ff, 192 (Schmitz), 196, 208, 210 (Funder).

Bekenntnis zum Widerstand: HVS, 217 ff (Jansa), Liebitzky (222 ff), 227 ff (Otto Horn, Kommunist), 264 ff (revolutionäre Sozialisten), 268 ff (Hillegeist, Sozialdemokrat), 217 ff (Widmayer, Sozialdemokrat).

Das Regime unterband in Österreich jede politische und ideologische Aufklärungsarbeit über Deutschland: Matejka im Schmidt-Prozeß: HVS, 275 ff. Ich knüpfe hier an eigene reiche Erfahrungen von 1934 bis 1938 an. Schuschnigg reagiert nicht auf Berichte über die Konzentrationslager: HVS, 276. Ähnlich verhalten sich Schweizer Konservative und Katholiken: A. A. Häsler, a. a. O.

S. 335 Lebte Schuschnigg im Lande Utopia: HVS, 89.
Leider hat im autoritären System, HVS, 616 ff.
Der deutsche Weg Schuschniggs nach Berchtesgaden: HVS, 620.
Feldmarschalleutnant Jansa: HVS, 217 ff, 220 ff, 622 f.
Schuschnigg gegen Jansa: HVS, 603. Schuschnigg hält 1968 an seinem phantastischen Glauben von 1934 bis 1938 fest; vgl. seine Interviews und die Leserbriefe im Spiegel, März 1968.
Die Einsamkeit der österreichischen Widerstandskämpfer 1938–1945: M. Szecsi-K. Stadler, 11 ff, 37 ff.
Österreichisches NS-Unwesen heute; vgl. F. Hacker, Nachwort zum Tagebuch der Maria Rolnikaite, 252 f, 257 f; ebenda Franz Murer, der Mörder von Wilna: 40, 52, 54, 67 ff, 88, 91, 250 ff. Murer ist heute eine hochgeachtete, auch politisch tätige Persönlichkeit in Österreich.
Hitler und Österreich: Spectrum Austriae, 13 f, 104, 300, 312 ff, 326, 328, 338 ff, 341–345, 372, 379 ff, 385 f, 524, 648, 660, 663.
Eine im März 1938 nach dem „Anschluß" in Wien und Österreich aufbrechende plebejische Bestialität, die in vielem niederen Zügen in Hitler selbst entspricht, offenbart unter anderem eine ältere Seite „des Januskopfes österreichischer Eigenart", die ein Vierteljahrhundert zuvor Karl Kraus im Henkersantlitz, das die Maske österreichisch-gemütlicher Gewalt trägt, enthüllte. „Weit infernalischer als das Antlitz des schrecklichen, bösen, wirkt da das Gesicht des fidelen Scharfrichters" (Joseph Strelka, 96). Karl Kraus: „Das österreichische Antlitz": „Aus Tod wird Tanz / Aus Haß wird Gspaß / aus Not wird Pflanz / was ist denn das? / Ist alles stier / is's einerlei, / denn mir san mir / und a dabei /. Ein guter Christ / sagt: Kinder bet's / und Henker ist / man nur aus Hetz." Etwas von diesem „österreichischen Antlitz" trug Hitler in seinen Gesichtern.
Zum österr. Faschismus vgl. L. Jedlicka, The Austrian Heimwehr, in: Journal of Contemporary History, vol. 1, 1, 1966, 127 ff.
Die Rückschrittlichkeit der österr. „Nationalen" 1933 ff: J. Strelka, 8 ff. Christlicher Antifaschismus in Österreich: L. Reichold, Opposition gegen den autoritären Staat, Wien 1965.

S. 336 Zum „Taumel der Begeisterung" vgl. die andere Seite, wie sie Carl Zuckmayer ergreifend in seiner Autobiographie, 70 ff, schildert.
Zum „Anschluß" Österreichs im März 1938, der heute noch von binnendeutschen Historikern merk-würdig gesehen wird, vgl. E. Hoor (der mit Recht die Verteidigungsbereitschaft aller österr. Patrioten betont), Österreich 1918–1938, 127 f; vgl. auch E. Zöllner, 519 ff (der polnische Gesandte in Wien arbeitet eng mit Papen zusammen; Ward Price glorifiziert in der „Daily Mail" die österr. Nationalsozialisten), 522 ff; W. Goldinger, Spectrum Austriae, 342 ff. Interessant in diesem Zusammenhang die Lebenserinnerungen des österr. Diplomaten Clemens Wildner (Von Wien nach Wien) über Schuschnigg: Anfang 1933 spricht Schuschnigg bei einer Kölner CV-Veranstaltung, zeigt sich da den deutschen katholischen Nationalsozialisten nicht gewachsen (173 f, 187 ff). Schuschnigg spricht noch in seinem „Requiem in Rot-Weiß-Rot" die großdeutsche, dem NS nahe Sprache (190 f). USA, England, Frankreich sind früh bereit, Österreich an Hitler zu opfern: Wildner, 202 f.
Am 22. Juni 1937 wird mit andern der letzte Führer (Obmann) der Christlich-

sozialen, Emmerich Czermak, von Hitler in Berlin empfangen. Czermak: „Der Besuch verlief ähnlich, aber viel kürzer als beim Papst" (Österr. in Gesch. und Lit. 1964, H. 7, 330). Die Selbstauflösung der Christlichsozialen Partei: F. Funder II, 107 ff.

Dollfuß: F. Funder II, 18 ff, 60 ff, 70 ff und oft. Alexander Spitzmüller, 376 ff: Ende des Rechtsstaates. Spitzmüller, Minister des Kaisers Franz Joseph und des Kaisers Karl, sieht „das austrofaschistische Regime eher als einen Wegbereiter denn als eine Schutzwehr gegen den Nationalsozialismus" an: 396; vgl. auch Clemens Wildner, 184 ff. — Der österreichische CV: F. Funder II, 96 ff.

1933 beruft der österr. Episkopat die Priester aus der Politik ab: KÖ, 35 und öfter.

Das Vorwort zur 1. Sozialen Woche der Kath. Aktion Wien, März 1935: Funder II, 192.

S. 337 Am 24. Juni 1933: Funder II, 240. Zum österr. Konkordat: A. Kostelecky: Kirche und Staat (KÖ, 201 ff). Das Wettrennen Papen-Dollfuß nach Rom: 209 f.

Pacelli auf dem Eucharist. Kongreß in Budapest 1938: 29. Mai 1938: Pacelli, Discorsi, 738 f. Während da der Kampf gegen den „Bolschewismus" abgesprochen wurde, wurde im nahen besetzten Österreich eine Elite österr. Katholiken zu Tode geschunden.

Zur Rundfunkbotschaft Pius' XII. an das österr. Volk anläßlich der Wiederherstellung des Stephansdomes etc.: F. Abendroth, Hochland, August 1952, 564.

S. 338 Kardinal Innitzer empfängt Papen nicht: F. Funder II, 257. Zu Papen ebenda 16 ff, 236, 242, 250 ff, 261 ff, 267 ff.

In diesem März 1938 beginnt bereits der Neuaufbau einer vielfach großartigen neuen Seelsorgearbeit in Österreich, in Wien betreut durch Kardinal Innitzer, vgl. Karl Rudolf, Aufbau im Widerstand, 17 ff (Finis Austriae), 26 ff, 81 ff, 194 ff, 267 ff, 296 ff, 350 ff (Innitzer).

Zu Innitzer: Spectrum Austriae: 90, 104, 364, 451 (Kirchengesch. Österreichs = KÖ): 22, 229 f, 375 f; V. Reimann I.

Näher stand zeitweise dem NS der Bischof Hefter, ein gebürtiger Deutscher: vgl. KÖ, 59.

Zu den österr. katholischen nationalsozialistischen Akademikern (Menghin, Wolf, etc.) vgl. Heinrich Drimmel in KÖ, 340 ff. Der langjährige österr. Unterrichtsminister und prominente kathol. Kulturpolitiker Drimmel hält zu Recht hier 1967 fest (341): es führt in diesen kathol. Akademiker- und Intellektuellenkreisen „ein dünner aber unzerreißbarer Strang von der Anschlußideologie der Ära Seipel in das Anschlußkabinett Seyß-Inquart".

Vgl. KÖ, 373 ff, W. Lesowsky: Die Katholikentage. 1933 ruft Innitzer anläßlich der Einladung zum Allgem. Deutschen Katholikentag in Wien am 1. 1. 1933 zu einem „Heiligen Jahr der Deutschen" auf. Im Hauptausschuß des Katholikentages saßen Glaise v. Horstenau und Leopold Figl (der letztere kam 1938 ins KZ, der erstere wurde Vizekanzler). Im Programmausschuß: Rudolf, Funder, Schmitz, Anton Böhm, Borodajkewicz. Ein Mitglied dieses Ausschusses forderte, der Katholikentag solle die Friedensverträge von 1919 bis 1920 als Verbrechen brandmarken (vgl. den Münchener Katholikentag 1922.). Die schweren politischen Gegensätze zwischen den österr. Katholiken ließen die geplanten 16 Arbeitsgemeinschaften nicht zustande kommen. Bei der 1. Großveranstaltung am 8. Sept. vor der Karlskirche spricht der prominenteste Sprecher der nationalen österr. Katholiken, Anton Böhm, der heutige Chefredakteur des „Rhein. Merkur", Köln, über „Österreich und seine katholische und deutsche Sendung": Österreich soll die Idee des Reiches retten! „Österreich kann eine Weltmacht sein, wenn es will." „Dann gehört zu dieser Aufgabe auch die Errichtung einer christlichen, autoritären, einer ständischen Ordnung. Dafür zu arbeiten ist praktisches Christentum."

Dollfuß am 9. Sept. im Stadion: „Wir wollen einen christlich-deutschen Staat in unserer Heimat errichten." Schuschnigg spricht über die Sendung des deutschen Volkes im Abendland: Aufgabe der Deutschen war es, „die Kulturfackel des Christentums dem Abendland zu entzünden" (in Deutschland hatte man eben Fackeln entzündet, um zuerst Bücher, dann Menschen zu verbrennen). Dazu Lesowsky 1966: Ein barocker und mystizistischer Grundzug prägt diese Katholikentagsveranstaltungen (u. a. eine nächtliche Männerprozession mit Fanfarenbläsern hoch zu Roß) und „ein gewisser Reichs- und Volksmystizismus geistert durch die Mehrzahl der Reden" (KÖ, 376).

Innitzer bei der Schlußfeier im Stephansdom: „Es ist eine besondere Fügung Gottes, daß wir solche Führer des Staates in solch inhaltschwerer, bedeutsamer Zeit haben" (378). Der Katholikentag von 1952 bringt eine „Absage an das Geschwätz des Kulturkatholizismus über Abendland, Reich und Volk".

Zu Edmund Glaise v. Horstenau: F. Funder II, 236, 247–250, 293, 307, 310. Alex. Spitzmüller sieht Glaise v. Horstenau als österr. Patrioten: 396, 402 f; vgl. auch C. Wildner, 150.

Ich stütze mich in meiner knappen Skizze einiger Verhältnisse in Österreich 1934–1938 vor allem auf eigene Erlebnisse.

Wilhelm Wolf: F. Funder II, 309.

S. 339 Arthur Seyß-Inquart als Referent der Kath. Aktion: F. Funder II, 251 f. Das letzte Wort dieses österr. Katholiken vor der Hinrichtung (Seyß-Inquart, H. Frank, Kaltenbrunner beichten und kommunizieren in Nürnberg, vgl. G. M. Gilbert, 516): „Ich glaube an Deutschland" (Gilbert, 562). Vgl. dazu heute ein Bekenntnis des deutschen kathol. Politikers Rainer Barzel: „Als Hitler kam, war ich acht Jahre alt. Ich wurde später Soldat und Offizier ... denn ich glaube an Deutschland" (dazu H. Proß, Neue Rundschau, Nr. 77, 1966, 615). Josef Leopold: F. Funder II, 269 ff. „Mein Führer", ebenda 378 ff. Schuschnigg ließ an Leopold Geld aus Deutschland überweisen: E. Czermak, Tagebuch, 12. Mai 1937, in: Österr. in Gesch. u. Lit. 1964, H. 7, 326.

Heißer Nationalismus im Waldviertel: F. Funder II, 273.

S. 340 Ein Zug seines Wesens: F. Funder II, 284 ff.

Wer Hitler und seine Symbolgläubigkeit: Domarus, 814 (= D).

Die Welt aber: D, 817.

Wenn die Vorsehung: D, 817.

S. 341 Hitler zu Ward Price: D, 819; zu Ward Price: E. Zöllner, 520.

England hat Österreich früh abgeschrieben: F. Funder II, 260 ff.

Innitzer bei Hitler: D, 825.

Es ist ein schönes Land: D, 835.

Der Herrgott hat: D, 844.

Im Anfang stand das Volk: D, 845.

Ich sehe in Herrn Schuschnigg: D, 846.
Seien Sie überzeugt: D, 848.
Hitler als „Gottgesandter", „Gottesgericht", „Wunder": D, 849 f.

S. 342 Möge am morgigen Tage: D, 850.
Hitler in Rom: D, 860. Vgl. H. Frank, 293 ff; Georges-Roux, 242 f.

S. 343 Das ist wirklich der schönste Jesuskopf: H. Frank, 294.
Erzbischof Siliceo: Heer, Gottes Erste Liebe.
Zwei Sätze dazu sind mir in Erinnerung: H. Frank, 315; ebenda das folgende.

S. 344 Bormann: „Das Christentum ist ...": H. Frank, 333.
Drohender denn je: D, 892.
Der Mystizismus des Christentums: D, 893.

S. 345 Benesch als Vater der Lüge: D, 927.
Ich kann hier versichern: D, 928.
Niemals wird sich: D, 933.
Die Wiener Schiedssprüche im Belvedere: D, 962, 1623, 1670, 1676.

S. 346 Ein Zusammenbruch: D, 967.
Meine Volksgenossen: D, 983.
Peter L. Berger, Kirche ohne Auftrag, bes. 77 ff (Klassenkirchen); 89, ferner: 62 ff, 76, 105 ff, 133 f.
Die nat. soz. Bewegung: D, 1021.

S. 349 Der Diplomatenempfang, 12. 1. 1939: D, 1036.
Hitler kündigt Vernichtung der jüdischen Rasse an: D, 1058, vgl. 1829.
Die Flüchtlingskonferenz in Evian: Hans Habe, 365 ff (Dokumentation).
SS-Industrie und KZ-Konzerne: Heer V, 113 ff, 503 ff; Anatomie des SS-Staates I, 129 ff, 144 ff.

S. 350 Die Juden als Faustpfand: D, 1004. Alexander Stein sieht das in Karlsbad 1935–1936 voraus.
In den Evangelien riefen die Juden: H. Frank, 315.
In den gemeinsamen Gottesdiensten: Franz von Papen, Der Wahrheit eine Gasse, München 1952, 632.
Hier sind wir in der schauerlichsten: H. Frank, 391.
Der nat. soz. Staat: D, 1059.

S. 351 Domarus kommentiert: D, 1059 f.

S. 352 Es muß aber hier festgestellt werden: D, 1060.
Deutsche u. a. Katholiken heute und der spanische Bürgerkrieg: K. Deschner I, 528 ff, K. Deschner II, 51 ff. Der Sieger Franco läßt 100 000 Bibeln beschlagnahmen (Deschner II, 93). Vgl. die erschütternde Dokumentation bei Thomas P. Anderson, The Spanish Rehearsal, in: Continuum II, 1964, 193 ff; der spanische Klerus verhält sich wie der kroatische Klerus 1941–1944. Vgl auch Heinrich Böll, Werkhefte 14, 1960, 331 ff.
Carlos Cardo: Histoire spirituelle des deux Espagnes, Genf 1946; dazu Heer I, 324 f.

S. 353 Ein Kranz für Feldmarschall Conrad: D, 1090.
Kinder, das ist der schönste Tag: D, 1095.
1. April, Wilhelmshaven: D, 1122.
Gesetz über den Aufbau: D, 1136.

S. 354 Hitler am 19. April: D, 1144.

Österreich! Ich selbst bin ein Kind der Ostmark: D, 1150.

S. 355 Die bolschewistische Vernichtung: D, 1164.

9. Mai: D, 1188.

22. Mai: D, 1193.

11. Juni: D, 1213.

Hitler im weißen Waffenrock, zum 13. Aug. 1939: Bild XXXIII bei Domarus.

Die weißen Waffenröcke: E. Franzel, 34 ff. Gewiß: der weiße Rock war vielleicht auch ein Entgegenkommen den weißgewandeten faschistischen Italienern gegenüber, ähnlich wie der Kaiser Franz Joseph und die alten Könige und Fürsten Alteuropas bis 1914 beim Empfang ausländischer Gäste die Generalsuniform der preuß., russ., engl. Regimenter trugen, deren Inhaber sie waren. Auch hier aber ist bei Hitler ein altösterr. Zug unverkennbar.

Der Österreicher Hitler: O. Schulmeister, 82 ff, 105 f; E. Nolte, 438: Hitler tritt im Laufe seines Krieges immer entschiedener in die Bahn der Habsburger; vgl. Nolte, 301: der späte Hitler tritt unverkennbar in die Nachfolge Österreichs.

Österreich und Königgrätz: R. Nick: 1866 in der österr. Geschichte, in: Österr. in Gesch. und Lit., H. 10, 1966, 287 ff.

S. 356 Emil Franzel erhofft für 1966: Franzel, 37.

Zu Heinrich Class: W. Maser I, 93–96, 151, 208, 239, 328, 397; Heer II, 400 f.

Die Aufzeichnungen von H. Class (im Anhang zur engl. Ausgabe von Fabian von Schlabrendorff: The Secret War against Hitler, New York 1965) von 1936. Class sieht Hitler 1923 als „Homo afidelis“, glaubt aber, mit Hugenberg und Lehmann, ihn für die nationale Sache einspannen zu können.

Sonderfall Otto: A. Bullock, 427 ff; Heydecker-Leeb, 181 ff.

Fall Barbarossa: Bullock, 630 ff; Heydecker-Leeb, 307 ff.

Aber ich bitte mir aus: O. Dietrich, 244.

Minderwertigkeitskomplexe: O. Dietrich, 263.

S. 357 Die letzte „Kulturrede“, am 16. Juli 1939: D, 1218 ff.

25.–27. Juli: D, 1220.

Hitlers letzter Aufsatz als „Schriftsteller“, Juli 1939 in „Die Kunst im Dritten Reich“: D, 1032 ff.

S. 358 14. August: D, 1229.

Ich wollte ja nicht gleich: D, 1234.

Daher nähert sich: D, 1285; vgl. D, 1229.

Ludi Caesaris, kaiserliche Kriegs-Spiele: Heer, Heiliges Römisches Reich, 1967.

Ich bin „Künstler von Natur“: D, 1257.

Wir wollen doch nicht: D, 1298.

Mussolini an Hitler, 25. August: D, 1260. Vgl. Georges-Roux, 262 ff, 272 ff.

S. 359 Selbst der liebe Gott: D, 1265.

Großes Theater für Dahlerus: D, 1269 f.

Idioten: D, 1271.

27. August: D, 1277.

Hitler wie Graf Berchtold 1914: D, 1293.

Eine Notiz zu 1914–1939 in österreichischer Sicht: Hugo Hantsch, Leopold Graf Berchtold, Grandseigneur und Staatsmann, Graz 1962, 2 Bände; vgl. bes. I, 133 f, 136, 156 ff (Wilhelm II. äußert sich), 204 (Staatschefs unterhalten sich wie siebenjährige Kinder. Walther Rathenau hat diese Infantilisierung in europäischen

Herrscherhäusern früh beobachtet); „Berchtold besaß keine schöpferische politische Phantasie“ (260). Vgl. Franz Kafka 1916: Weltkrieg aus Mangel an Phantasie entstanden!
Berchtold gibt immer wieder dem Drängen Berlins, der Wilhelmsstraße, nach: 256 ff, 352 f.
Deutschland verfolgt eine andere Außenpolitik als Österreich: 272 f, 297 f, 352, 423 f, 440. Der deutsche Botschafter in Wien, Tschirschky, als „Raubvogel“: Berchtold, 311 ff. Josef Redlich hat am 28. Okt. 1912 den Eindruck: die *erste* Teilung Österreichs ist vielleicht schon in Berlin, Rom, Petersburg verabredet (348). „Berlin aber versagt vollkommen“ (Berchtold 1913), 441; vgl. 460 f, 465 f, 477 f. Kaiser Franz Joseph und Berchtold wissen: Österreich besitzt keinen einzigen verläßlichen Freund in schwierigster Lage: 447 f. Das wiederholt sich 1936–1938 und dürfte auch für die Gegenwart zutreffen.
Kunstgespräche Berchtold-Franz Ferdinand über barocke Wiederherstellung des Schlosses Eckartsau und der Hofburg: 435.
Germanentum gegen Slawentum: Kaiser Wilhelm II. (506, 530).
583 ff: das Ultimatum; Baron Musulin (der Vater von Janko von Musulin) arbeitet den Text des Ultimatums aus: 613 f.
Die Note an Belgrad geht ab, bevor sie vom Kaiser genehmigt ist: 604.
Die Kriegserklärung: 617 ff; Halt in Belgrad: 632.
Die Angst Kaiser Karls 1918: „Vielleicht werden wir von Deutschland ukrainisiert“ (825). „Der Krieg war ... Auswirkung eines konservativen Prinzips“: 792. Der greise Graf Berchtold unterschreibt mit drei Kreuzen und stirbt am Todestag des Kaisers Franz Joseph (21. Nov. 1916), am 21. November 1942, mitten in Hitlers Krieg.
Züchtigung Polens: D, 1309 f.

S. 360 Auffüllung des Reichstages mit Statisten: D, 1310.
Heiliger Ernst: D, 1314.
Ich habe damit wieder: D, 1316.
Hitler am 3. Sept. 1939 – Bethmann Hollweg am 4. Aug. 1914: D, 1333.
Vgl. Kronprinz Wilhelm, Erinnerungen, Stuttgart-Berlin 1922, 137. Mit Hitlers politisch-militärischen Terrorwaffen (Stuka und Panzer) ist die politisch-militärische Bedeutung der deutschen Flotte vor 1914 zu vergleichen: vgl. Jonathan Steinberg: Yesterday's Deterrent – Tirpitz and the Birth of the German Battle Fleet, London 1965, 31 ff, 46 ff, 56 ff.

S. 361 Unser jüdisch-demokratischer Weltfeind: D, 1342.
Sieg über Polen. Die deutsche Kirche zu diesem Sieg: Gordon C. Zahn, 106 f, 126 ff, 130 f, 154 f; G. Lewy, 247 ff.
Polen selbst war ein Nationalitätenstaat: D, 1355 f.
Und so, wie die nat. soz. Partei: D, 1363.
Wir haben dabei: D, 1365.
Ich weiß, ihr seid: D, 1376.
Man hat seit vielen Jahren: D, 1383.

S. 362 Seine Wiederauferstehung: D, 1385.
Versuch einer Ordnung des jüdischen Problems: D, 1391.
Wunderbar gesegnet: D, 1393.
Vor uns steht: D, 1396.

Wiedergutmachen: D, 1397.
8. Nov. 1939: D, 1413.
Die Glückwünsche Pius' XII.: D, 1417.
23. Nov.: D, 1421 ff.
S. 363 Der Entschluß zum Schlagen: D, 1423.
Kriege werden immer: D, 1423.
Vgl. Reinhold Schneider, Winter in Wien, Freiburg 1958, 72, 114, 219 f, 261.
Ich will den Feind vernichten: D, 1426.
Manstein über die „Suada" Hitlers: K. Hammerstein, Höhere Führer ohne Befehlsnotstand, in: Die Neue Rundschau, Nr. 73, 1962, 470.
S. 365 Die Rituale der Neujahrsaufrufe 1940–1944: D, 1441 ff.
Die jüdisch-kapitalistische Welt: D, 1443.
Wenn Herr Chamberlain: D, 1455.
Im übrigen glaube ich eines: D, 1469.
9. März: D, 1477 f.
S. 366 Als einstiger Soldat: D, 1479.
Ribbentrop bei Pius XII.: Akten zur Deutschen Auswärtigen Politik, VIII, 704 ff (Nr. 668); dazu D, 1486 ff.
S. 367 Pius XI. anerkennt Hitler als Kämpfer gegen den Bolschewismus: K. Deschner I, 553 f; Deschner II, 104; H. Müller, a. a. O.; W. A. Purdy, a. a. O.
S. 368 Spirituelle und andere menschliche Fehlentwicklungen durch Zölibat: Zölibat und Autoritarismus: Father Joseph Smith, The Demands of Honesty, in: Continuum II, Summer 1964, 215; ebenda 210 ff: eine autoritäre, platonistische kritikfeindliche Hierarchie; vgl. auch G. Hirschauer, 256 ff.
Zum Zölibat: Catholicus (1966), 32 ff, 41, 49 ff, 91 ff, 180 ff.
S. 369 19. Juli, Reichstag: D, 1540 ff.
Jedes Jahr dieses Krieges: D, 1557.
S. 370 4. September: Denn wir alle sind belastet: D, 1581.
2. Oktober: D, 1591.
Reaktionäre Entbildungspolitik in Frankreich um 1825: Heer II, 610; in Rußland um 1890: Heer II, 780 f.
8. November: D, 1591 ff.
Ich bin fest überzeugt: D, 1603.
Wilson als amerikanischer Zauberpriester: D, 1602.
Die Vorsehung: D, 1603.
S. 371 Jeder Soldat weiß es: D, 1607; das folgende: D, 1608.
Wien, 20. November: D, 1623.
S. 372 Hitler liebt die Ungarn nicht: D, 1624. Zur Antipathie der alten Wiener Christlichsozialen gegen Ungarn: F. Funder I, 364 ff. „Los von Ungarn", der „wahre Franz Kossuth": Funder I, 397 ff.
Unternehmen Attila: D, 1626.
Zwei Welten: D, 1628.
Nur ein Wahnsinniger: D, 1629.
Sigmund Freud an Max Eitingdon, 6. Juni 1938: Freud, Briefe 1873–1939, 438 f.
Weisung Nr. 21, Fall Barbarossa: D, 1635.
S. 373 18. Dezember: D, 1638 ff.
Wenn nein . . .: D, 1639.

S. 375 Raeders Bedenken: D, 1641.
Göring: Aussage Milchs in Nürnberg, 8. 3. 1946, vgl. JMT Blue Serie Band IX, 59 f. Göring selbst: JMT Blue Serie IX, 386.
Halder: vgl. D, 1644.
Papen: Sind wir nicht: F. v. Papen, Der Wahrheit eine Gasse, 529. Dönitz sieht noch in Nürnberg Hitlers Krieg als Kampf „gegen den asiatischen Osten" und „für den christlichen Westen"; vgl. Heydecker-Leeb, 29.
Zu Papen: K. Deschner II, 100 f; Papen als „katholisches trojanisches Pferd": G. M. Gilbert, 385 ff.
Vatikan und Sowjetunion: M. Mourin, 72 ff, 98, 162 ff, 225–273 (bis zum Tode Pius' XII.) bes. auch 118 ff, 125 ff, 132 ff, 138: Pius XII. 1942 ff, für „gerechten Frieden", Kompromiß zwischen Hitler und den Westmächten. Der Papst will einen autoritären Block gegen Rußland 1943: Mourin, 134; 135: Weihnachtsbotschaft 1942: die europäischen Kreuzfahrer in Hitlers Ostheeren; 136: Pius XII.–Kaas–Spellman; vgl. auch Purdy, 91 ff, 151 ff.
Zu den Bemühungen Spellmans (der bis zu seinem Tode an seiner Kriegstheologie festhielt) und kurialer Kreise in Rom 1943–1945, den Krieg umzupolen gegen die Sowjetunion: Heer V, 128 ff („Operation Sonnenaufgang" u. a.) und 508 ff.; K. Deschner II, 214 ff. Zur Weihnacht 1966 feiert Spellman die US-Soldaten als „Soldaten Christi" in Vietnam und fordert Kampf bis zum „totalen Sieg" (Wiener Kurier, 29. Dez. 1966, 2); gegen ihn nehmen französische Bischöfe Stellung, die Kurie ist nicht erfreut.
Jodl, 15. Mai 1945: P. E. Schramm (bei Picker), 36.
Hitler über seinen Selbstmord zu Jodl kurz vor dem Ende: P. E. Schramm, 108.
S. 376 Hitlers Verlangen nach Wiener Mehlspeisen: O. Dietrich, 215.
Hitler am 23. Mai 1939 zu Raeder: P. E. Schramm (bei Picker), 117.
Hitler im Kriege: P. E. Schramm, Hitler als militärischer Diktator, Göttingen 1961.
1. Januar 1941: D, 1649.
Die demokratischen Kriegsinteressenten: D, 1650.
Die Demokraten würden: D, 1651.
Die Zeit ist vorbei: D, 1652.
Der größte Seelenkampf: D, 1658.
S. 377 Wenn er nun den Juden: D, 1663.
Wenn Barbarossa steigt: D, 1646.
24. 2. 1941: D, 1670.
16. März: D, 1673: zu Böhm-Ermolli: F. Funder I, 530.
25. März: D, 1676.
30. März: D, 1682. Zur Führung dieses „Vernichtungskampfes": Heer V, 98 ff, 501 ff.
6. April: D, 1689.
Österreich und Serbien 1914: H. Hantsch, 498 (die „starken Männer", Tisza, Burian, Conrad für Krieg gegen Serbien), 583 ff, 617 ff.
S. 378 Hitler in Mönichkirchen: D, 1691.
29. April: D, 1695.
4. Mai: D, 1697 ff.
Daß der Krieg dieser Welt: D, 1708.

S. 379 Im Zeitalter des jüdisch-kapitalistischen: D, 1709.
6. Juni: D, 1723. Zu Pavelić: C. Falconi, Il silenzio di Pio XII, 335 ff, 352 ff; K. Deschner II, 231 ff. Der Segen des Papstes für den sterbenden Pavelić: Deschner II, 251; vgl. auch Deschner I, 582 f.
17. Juni: D, 1724.
22. Juni: D, 1725 ff.
Als verantwortungsbewußter Vertreter: D, 1730.
Die Aufgabe dieser Front: D, 1731.
Mussolini am 1. Juli: Georges-Roux, 308.

S. 380 Die katholische Presse zum Ostfeldzug: Gordon C. Zahn, 78 ff, 91 ff, 126 ff, 172 ff, 202 f; G. Lewy, 227 ff; K. Deschner II, 158 ff.
Der Metropolit Ananij: D, 1746; Feldgeistliche in der Roten Armee: Die Neue Zeitung, München, 1946.
Churchills Rede am 22. Juni 1941: D, 1737 ff.
Die Fehlkalkulationen der deutschen Generale 1941: D, 1741.

S. 381 Jodl in Nürnberg über das Führerhauptquartier: D, 1743.
Goebbels: Tagebücher, 126.
Im Grunde müssen wir: Picker, 133 (Picker als „P" zitiert).
Hitler bewundert den Barock: A. Zoller, 55.
Der Zauber von Florenz: P, 134.
Moskau und Leningrad vernichten: P, 134; 24. Sept. 1941: D, 1754 f; vgl. P, 134.

S. 382 Für den Bereich der Ostmark: P, 146.
Die Definition der Kirche: P, 148.
Geh, hör auf: P, 148.
Bei den zweieinhalb Milliarden Menschen: P, 149.

S. 383 Gnade Gott unserem Volk: D, 1756.
Die Verschwörung von Demokraten: D, 1760.
Franco, 13. Oktober: D, 1768; zu Franco: K. Deschner II, 53 ff, 64 ff, 87 ff.
Zu Franco heute: Im Franco-Staat heute wiegt eine Beleidigung des Regimes schwerer als Gotteslästerung, vgl. den Arrabal-Prozeß 1967: FAZ, 28. Sept. 1967, 24. Neuauflagen von Hitlers „Mein Kampf" heute in Spanien: FAZ, 5. September 1967.

S. 384 8. November: D, 1771 ff; Ich habe diese Juden: D, 1772.
Kein Priester bei uns verfolgt: D, 1779.
Stalins Versuche, mit Pius XII. in Verbindung zu treten: K. Deschner II, 216, 293.
Unser großes Ziel im Osten: D, 1780.
Die Partei tut gut: P, 150.

S. 385 1. Dezember nachts: P, 152 f.
Otto Weininger und Arthur Trebitsch (und Theodor Lessing über beide): F. Heer, Gottes Erste Liebe.

S. 386 Linge, ich bin froh: D, 1788.
11. Dezember: D, 1794 ff.
Denn, meine Abgeordneten: D, 1796.
Hitler über die Lechfeldschlacht 955: D, 1797. Die Feiern von 1955: Ich habe mich in Augsburg bei den von der Stadt Augsburg veranstalteten Gedenkfeiern mit diesen Ideologien historisch auseinandergesetzt: Heer, Deutsche und europäische Perspektiven der Lechfeldschlacht, in: Tausend Jahre Abendland, Augs-

burg 1956, 19–49. – Die Verteufelung des Feindes ist eine notwendige Folge der Heiligung des Krieges, der zum Kreuzzug wird. Dazu gehört der Mythos der „barbarischen Horden“, vgl. G. S. Windass, The Consecration of Violence, in: Cross Currents, XV, Nr. 1, 1965, 15 ff; ebenda 17, die Assoziation Mongolen–Hunnen–Magyaren. Vgl. auch Elias Canetti: „Von allen Religionen des Menschen ist der Krieg die zäheste; aber auch sie läßt sich auflösen“: Neue Rundschau, Nr. 76, 1965, 55.

S. 387 Angesichts der von uns: D, 1798.
Aus alttestamentarischer Habsucht: D, 1804.
Mitleidlos hart: D, 1810.
In den 2000 Jahren: D, 1811.

S. 388 Werfen's Ihre Nußschale: P, 126.
Ihnen pressiert's: P, 129.
Gegen Überzentralisierung: P, 137.
Der Deutsche hat sich überall: P, 143.
Schon als Schuljunge: P, 147.
Der Krieg wird ein Ende nehmen: P, 154.

S. 389 Der Prälat Wolker: Freunde berichteten mir, daß der sterbende Prälat einen Stoß theologischer Bücher über das Jenseits auf seinem Nachttisch beiseite schob und milde lächelnd sagte: „Wenn der Himmel eine so fade Geschichte ist“. Der französische Jesuit Roger Troisfontaines: vgl. Heer II, 264. Inzwischen hat er selbst ein Buch über das Jenseits geschrieben: R. Troisfontaines, Ich werde leben. Was erwartet uns nach dem Tode? Luzern–München 1965 (J'entre dans la vie, Paris 1964), das vorsichtig einige Jenseitsspekulationen in Kirche und Katholizismus korrigiert, so etwa: die „Parusie“ ist nicht eine Wiederkunft Christi, sondern die Erkenntnis, daß wir ihm ähnlich geworden sind (113 f). Troisfontaines bemerkt hier auch: wir verstehen die religiöse Symbolsprache des Krieges nicht mehr im Glauben. Gott kämpft – aber niemals gegen sein Geschöpf! (115).
Wenn es einen Gott gibt: P, 155.
Ich strebe einen Zustand an: P, 155.

S. 391 So steht nunmehr: D, 1820 f.
Der Jude wird nicht: D, 1821.
Amerikanische und europäische Katholiken um Dulles etc. nach 1945 über Roosevelt, Hitler: vgl. Heer V, 129 ff, 507 ff.
Die Tschechen: P, 162.
Mann und Frau; gewiß, man braucht: P, 164.
Mann und Frau – das große Thema der österreichischen Dichtung: Felix Braun, Die Idee der Liebe in der Dichtung Österreichs (Das musische Land, 1952), 29–54.
Familie und Frau bei Hitler: P. E. Schramm, 43 ff.

S. 392 Die Welteislehre Hörbigers: P, 167.
Die Zeit von der Mitte: P, 167.
Durch das Christentum: P, 168.

S. 393 Es ist ein eiskaltes Vernunftproblem: P, 171.
30. Januar 1942: D, 1829.
Die Front wird dann stehen: D, 1833 f.
Karl der Große: P, 173.

S. 394 Lieber zu Fuß nach Flandern: P, 174.

Die Kaisergeschichte: über die Kaisergeschichte kamen ...: vgl. E. Hoor (Österreich 1918–1938, 73), der Richard von Kralik 1914 erinnert: „Ich habe ... die Überzeugung, daß uns ein paar Bücher österreichischer Historiker mehr geschadet haben als alle verlorenen Schlachten" (Kralik, Österr. Geschichte, 3. Aufl., Wien 1914, IX).

Der größte Volksschaden: P, 176.

S. 395 Josefinische Kirchengesetzgebung: Ed. Winter, Der Josefinismus und seine Geschichte, Brünn 1933, 127 ff: Joseph, der „Glaubensfeger", 146 ff: Klosterreform (und Klösteraufhebungen), 271 ff: der französische Nachjosefinismus; 389 ff: Spätjosefinismus; 431 ff: das Jahr 1848; 460 ff: die letzten Josefiner.

Pius XII. bespricht mit den deutschen Kardinälen in Rom am 6. März 1939 die ihm zugekommenen Informationen über die Ausarbeitung eines neuen Kirchengesetzes in Deutschland, wobei die vorbereitenden Kommissionen die Karolingische und die Josephinische Kirchengesetzgebung durcharbeiten müssen (!): Die Briefe Pius' XII., 326.

Am 14. Februar erklärt Hitler Goebbels: Goebbels, Tagebücher, 87 f.

Himmler vor 250 Generalen: K. Hammerstein, in: Die Neue Rundschau, 1962, 471.

Meine jungen Kameraden: D, 1842.

Beseitigung dieser Parasiten: D, 1844.

Wenn unsere Schweine-Pfaffen: P, 179; vgl. J. Scheicher, a. a. O.

S. 396 Der Sohn vom alten Roller: P, 182; zu Alfred Roller, einem Schüler von Otto Wagner (siehe O. A. Graf): Bruno Walter, 187, 220; Alma Mahler-Werfel, 41 f.

Geheimkonferenzen mit Himmler: Kronzeuge Linge, United Press (und: Revue, Folge II); D, 1846.

Goebbels, Tagebücher, 114–143.

S. 397 Indem ich mich: MK, 70; vgl. D, 1920, 1847.

Die Schöpfung oder Vorsehung: P, 185.

Georges Bernanos sieht entsetzt: Thomas P. Anderson, in: Continuum II, 1964, 194–202.

S. 398 Junge spanische Kleriker 1966 gegen das „Heulen" der Kirchenfürsten mit dem Regime: Actio Catholica, Wien, Nov. 1966, 5; vgl. auch FAZ vom 13. Dez. 1966, 6; 22. Dez. 1966, 2.

Ich kann mir vorstellen: P, 186.

S. 399 Ich verzichte: P, 186.

Wie Moses: Dieser überraschende Selbstvergleich mit Moses ist möglicherweise ein Reflex, späte Erinnerung an Lanz-Liebenfels, der Moses als ersten Antisimiten, d. h. Bekämpfer der Affenmenschen und Dunkelrassen sah; Ostara, Nr. 48, 1911. Stalin sieht sich als neuen Moses, vgl. Isaac Deutscher, Stalin, 349.

Wenn es einmal einen Männerstaat: P, 188.

Gegen die „oberen Zehntausend": P, 189.

S. 400 Seien wir doch froh: P, 192.

Mir ist es doch: P, 195.

Und heute erst: D, 1849.

Wir wissen aber: D, 1850.

Um den 20. März: Goebbels, Tagebücher, 133.

Gegen den Hirtenbrief: P, 199; vgl. G. Lewy, 282.

S. 401 Absinken des Niveaus der Kunst: P, 200.
Da der österreichische Staat: P, 204.
Der k. k. Donaudampfschiffahrtsgesellschaft: P, 205.
Aber die Herrlichkeit: P, 217.
Wiener Philharmoniker: D, 1859.
Gegen die Juristen: P, 223, 225.
S. 402 Dieses verkommenste Sauzeug: P, 226.
Hitler rühmt Köln am Rhein: P, 227.
Lob der Kaiser: P, 228 ff.
Vorbild für die Führerwahl – die Papstwahl: P, 228.
Er habe Rosenberg gewarnt: P, 230.
Ostmark-Schlächter: P, 230 f.
Papsttum und Verfassung von Venedig: P, 235.
Republik, Wahl des Führers: P, 236.
S. 403 Gott sei Dank: P, 248.
Leningrad muß vernichtet werden: P, 251; vgl. Leon Goure, The Siege of Leningrad, Stanford Univ. Press 1962.
Der Chef bemerkt: P, 254.
Wie man am besten: P, 256.
7. April abends: P, 258.
S. 404 Da die Kirchenfürsten: P, 259.
Im früheren Österreich: P, 260.
Das ständige Ausmalen: P, 266.
S. 405 Und wie könne es: P, 267.
Ihre Sittengesetze durch größte Brutalität: P, 267.
S. 406 An den Poglavnik: D, 1861.
Gegen Rosenberg: P, 269.
Kölner Erzbischof im 14. Jahrhundert gegen Meister Eckhart: Heer, Meister Eckhart, Frankfurt 1956, 17 f.
Die deutsche katholische Kirche gegen Rosenberg: H. Müller XII, 118, 196, 306 f, 310 f, 343 ff, 384 f.
Zur kirchlichen Auseinandersetzung mit Rosenberg: Briefe Pius' XII., 308, 350 f.
S. 407 Jedes Dorf soll seine Sekte: P, 271.
Defregger und Leonardo da Vinci: P, 277.
Ebenso treuherzig heucheln: P, 280.
Ein vernünftiger Mensch: P, 288.
S. 408 Rühmung des alten Österreich: P, 289.
Das Problem des Fleischessens: D, 1865.
Das Jahrtausend: D, 1865.
Die blutigen Bestien: D, 1866.
Wenn die Götter: D, 1867.
Schwer lastete der Fluch: D, 1868.
Zum folgenden: D, 1869.
S. 409 Wir Deutsche: D, 1876.
Gemütlicher Abend in der Reichskanzlei: P, 297 ff; D, 1878.
Die Planungen für Linz: P, 298. „Wenn die Wiener": P, 299.
S. 410 Der „Bruno Walter Schwindel": P, 302.

Martin Luther: P, 305.
Jeder Bazi: P, 306 f.

S. 411 Hitler würdigt die Attentäter vom 20. Juli: Interview Bodenschatz 1954; D, 2137.
Er habe auch Vorsorge getroffen: P, 309.
Sowieso alles hin: P, 318.
Die Erde ist wie ein Wanderpokal: P, 320.

S. 412 Wie befangen sei er: P, 323.
Das Linzer Hauptzollamt: P, 324.
Wiener Denkmale: P, 329.
Etwa 100 Millionen Menschen: P, 330.
Tschechen keine Slawen: P, 333.
Preußische Prinzen: P, 334.
Die Rede Pius' XII.: P, 339 f.

S. 413 Derselbe Lehrling: P, 356.
Die Wiener als Diplomaten: P, 360.
Hácha als altösterreichischer Beamter: P, 362.
Berlin und Wien: P, 377 f.

S. 414 Der Zusammenbruch der antiken Welt: D, 1887.
Und es wird sich: D, 1888.
Auch Bruckner und Haydn: P, 379.
Das Wiener Café: P, 380.

S. 415 Denn sie seien ja gezwungen: P, 387 f.
Wie geschickt es der Kirche: P, 395.
Kardinal Bertram: vgl. G. Lewy, 20 f, 58 ff, 67 ff, 107 f, 123 ff, 139 ff, 154 ff, 198 ff, 250 ff, 285 ff, 316 ff, 384 ff, 393 ff, 412 ff; Gordon C. Zahn, 66 f; die Briefe Pius' XII., 40, 46, 99, 105, 317 ff, 330 ff; H. Müller (oft).
Berlin wird zu „Germania“: P, 398. Nicht uninteressant: die nationalen Kreise des Zentrums hatten sich lange zuvor ihre Zeitung „Germania“ geschaffen, die dann im Besitz von Franz von Papen zum Sprachrohr dieser nationalen Steigbügelhalter Hitlers wurde.

S. 416 Der 24. Mai: P, 412.
29. Mai: P, 419. Vgl. H. U. Wekler, Reichsfestung Belgrad–nationalsozialistische „Raumordnung“ in Südosteuropa, in: Vierteljahrshefte für Zeitgeschichte 1963, 72 ff. K. u. k. österreichische Nationalsozialisten: Alexander Spitzmüller über Glaise v. Horstenau, 396 f, über Hermann Neubacher als NS-Bürgermeister von Wien, der Lueger fortsetzen will: 399.
Die Klosterbrüder vom Athos: P, 420. Heinrich Himmler entdeckte ein Faible für den Athos, sandte eine SS-Expedition dorthin, wo diese Hitlers Bilder froh entdeckte.
Barocke kaiserliche Deckenfresken: Heer, Österreichs imperiale Kunst: Weltbaukunst – der Reichtum der barocken Stifte (in: Land im Strom der Zeit, 107 ff). Maximilian I.; Heer, Heiliges Römisches Reich, 1967.
Küchler mit der Miene eines Biedermannes: P, 421.
Ketzerische Gedanken: P, 429. Die habsburgische Monarchie: P, 429.

S. 417 Sozialdemokraten und Hohenzollern: P, 440.
Frauenfeld und Südtirol: P, 429. Frauenfeld an Himmler 1944: R. M. W. Kempner, SS im Kreuzverhör, München 1964; Heer V, 113 f, 503.

„Mein Kampf" und die Bibel: P, 432.
Zu Josef Weinheber (dem Wystan H. Auden in einem Gedicht ein Denkmal setzt): F. Heer, Josef Weinheber aus Wien, in: Land im Strom der Zeit, 272 ff.
Lob der Amerikaner und: wenn der Pfaffe: P, 436.
S. 418 Innitzer: P, 438.
Zu Galen: P, 439; Gordon C. Zahn, 83 ff; G. Lewy, 143, 148, 256, 345 ff, 396 ff; Die Briefe Pius' XII.: XXXVIII, 8, 28, 75, 119, 154, 226, 294.
S. 419 Die „Hohenzollernbrut": P, 440.
5. Juli: P, 442 f.
Oberammergau: P, 442 f. Oberammergau kontra Konzilsbeschluß. Passionsspieler haben sich für Judenhatz entschieden: Die Gemeinde, Wien, 14. Dez. 1966, S. 9; Hitler subventioniert Oberammergau 1942: P. E. Lapide, 43.
Die Kulturträger: die Mittelmeerländer: P, 446.
Was sich damals bei uns: P, 465.
Innen- und Außenpolitik sind dasselbe: vgl. J. Lanz-Liebenfels, Ostara, Nr. 87, 1916: Rasse und innere Politik.
S. 420 Ein ganzes Leben lang Bazis: P, 467.
In den Fehler des ewigen Reglementierens: P, 471.
Bruno Brehm: D, 1899.
Die Beseitigung der Juden aus Wien: P, 471 f.
Und dafür hat sich Jesus Christus: P, 475.
S. 421 Für Privatinitiative: P, 476.
Stumpfe Ministerialbürokratie: P, 477.
Die alten Kaiser; Kaiser Franz Joseph: P, 478.
Am 18. August: D, 1904.
S. 422 Das österr. Kommißbrot: P, 480.
Den Wienern etwas mehr echten Kaffee: P, 488.
Altösterreichische Themen vor seinen Sekretärinnen: A. Zoller, 37 ff.
Nach Stalingrad: A. Zoller. 146.
Noch im März 1945: A. Zoller, 57.
Der Schlußkongreß in Nürnberg: A. Zoller, 193.
S. 423 Hissung der Hakenkreuzfahne: D, 1905.
Sieg der Habenichtse: D, 1906.
Das „im Morast geborene" russische Volk: D, 1913. Hier schlägt wieder sein pathologischer manichäischer Komplex durch (Angst vor „Schmutz").
Ausrottung des Judentums: D, 1920.
Bestien: D, 1921.
Erzbischof Jaeger, 11. 2. 1942: G. Lewy, 255; H. Müller, a.a.O., Register 430.
Erzbischof Gröber, 15. 3. 1942: G. Lewy, 255; H. Müller.
S. 424 Duellforderungen: D, 1927.
Damals war es: D, 1935.
Das ist heute das Wunderbare: D, 1943.
Gott möge mir die letzten 14 Tage: A. Zoller, 173.
In Mailand, Januar 1945: Georges-Roux, 401.
S. 425 Verbiete Kapitulation: D, 1974.
Stalingrad: Angesichts der riesenhaft angeschwollenen Literatur über Stalingrad möchte ich an die kleine, aber substantielle Schrift von Heinrich Maria Waasen

(Janko von Musulin) erinnern: Was geschah in Stalingrad – wo sind die Schuldigen?, Salzburg 1950.
Müde Greise und 16jährige Jungen: D, 1975.
30. Januar 1943: D, 1976 ff.
S. 426 Der Allmächtige wird: D, 1979.
Heinrich Graf von Einsiedel, Tagebuch der Versuchung, Stuttgart 1950, 42. Vgl. auch Edgar Snow, People on Our Side, 1944; D, 1983.
S. 427 Was heißt das: ‚Leben'?: D, 1984.
Goebbels über die Generalität: Tagebücher, 254 ff.
Das Sturmlied: D, 1990.
S. 428 Ich habe von der Vorsehung: D, 1991.
Zu dem Buche „Verschwörung gegen die Kirche": F. Heer, Gottes Erste Liebe.
Die Steppen des Ostens: D, 2000.
S. 429 Noch im Januar 1945 ruft Erzbischof Jaeger: G. Lewy, 255.
Im April 1945 lehnt Bischof Galen ab: G. Lewy, 255 f.
Zu Galen: G. C. Zahn, 88–95.
Der ewige Haß jener verfluchten Rasse: D, 2001.
Der Allmächtige, der uns: D, 2002.
Die „Salzburger Schattenspiele": Paul Schmidt (Statist ...), 563 ff.
S. 430 Weshalb sollte man die Bestien: D, 2005.
„Die Fangarme der Wiener Reaktion: D, 2007.
Glaise-Horstenau und Pavelić: D, 2008; dazu Goebbels, Tagebücher, 316.
Die alte magische Formel: alles wiederholt sich heute: D, 2012.
Goebbels, Tagebücher, 328 ff.
Der Priester zwingt Gott, ihm in der Messe zu Willen zu sein: Heer II, 569, 953.
Die Hoch- und Deutschmeister: D, 2018.
Hitler zu Weizsäcker: D, 2019.
S. 431 Keine Fetzen: D, 2000 f.
In wenigen Stunden: Georges-Roux, 366.
Im Verlauf einer halben Stunde: Georges-Roux, 361.
Hier ruhen die Generationen: Georges-Roux, 215.
Zu Mussolini: E. Nolte, 193 ff. Noltes hervorragende Arbeit betont die marxistischen und sozialistischen Wurzeln und Anfänge Mussolinis, 200 f; im engen Zusammenhang unseres Themas sind bedeutsam: Mussolini als Erlöser, Salvatore (Nolte, 322); die Eröffnungsmesse zum Campo Dux, 1938: Nolte, 337. 15 000 Bajonette stechen gen Himmel, zur Wandlung in der Messe. Starace ministriert (337).
Faschismus als Gegenreformation (315). Der Appello dei martiri (326) ist mit Hitlers Allerseelen-Allerheiligen-Feiern am 8./9. November zu vergleichen.
Mussolini 1940: „Für die Orthodoxie der Partei sorgen" (298); analog Hitler in „Mein Kampf". Faschistische Rassenpolitik ab 1938: 293 ff. Papst und König helfen Mussolini in der Matteotti-Krise: 277 f. Begegnung der Totalitarismen von Kirche und Faschismus: 281 ff. Mussolini: der Faschismus ist nicht nur ein Glaube, sondern Religion: 286. Mussolini: der Faschismus als „Kirche aller Häresien" (Nolte, 245; vgl. Himmler über die Aufgabe seines SS-Ordens als Sammlung aller alten großen Häresien), gegen die Christianismen von Jesus bis Marx, gegen die beiden Vatikane Rom und Moskau!

S. 432 Die Eltern Mussolinis: Georges-Roux, 12 ff.
Italien im Mittelalter, in Renaissance und Reformation: vgl. Heer, Mittelalter, 119 ff, 528 ff; Heer I, 137 ff, 220 ff, 332 ff.

S. 433 Dante: Heer I, 220 ff, 235 f, 240 f; Heer, Mittelalter, 598 ff.
Claudia Particella: Georges-Roux, 27; vgl. Nolte, 214 („alte Hure Vatikan“).
Bonifaz VIII.: Heer I, 146, 172 f, 175, 180, 218–222; Heer, Mittelalter, 120, 250, 331, 420, 542 f, 545, 548, 560.

S. 434 Mussolini hat uns sagen lassen: Georges-Roux, 158.
Merry del Val: Georges-Roux, 159.
Mussolini und der Vatikan: K. Deschner I, 524 ff; Deschner II, 22 ff; Georges-Roux, 90 f, 108, 118, 131, 159. Romana Catti de Gasperi: 86 ff, 99 ff, 122 ff, 135 ff, 138: hier die große katholische Kritik des großen Staatsmannes Alcide de Gasperi am Konkordat von 1929!; 145 (der Katzenjammer im Vatikan), 154 ff, 175; E. Nolte, 115, 294; 330, 336 f.
Die Matteotti-Krise: Georges-Roux, 125 ff; K. Deschner II, 28 f; E. Nolte, 268 ff.
Mussolini von der Vorsehung gesandt: K. Deschner I, 525; Deschner II, 33 f.
Padre Tacchi Venturi: Dieser wichtigste Mittelsmann zwischen der Kurie und Mussolini weigert sich einmal, einen Brief von de Gasperi an Mussolini zu übermitteln, da in diesem Brief die nötige Ehrerbietung und der schuldige Dank an Mussolini fehle: de Gasperi, 123.
Die Verträge von 1929: Georges-Roux, 156 ff; K. Deschner II, 30 ff; der Rechtsanwalt Pacelli: K. Deschner II, 30 f; Pius XI. empfängt ihn einhundertfünfzigmal!; Nolte, 330 f.
Zu den Verträgen von 1929: Alexander Spitzmüller, Freiherr von Harmersbach, der letzte von mir noch persönlich erlebte Minister des Kaisers Franz Joseph, erinnert in seinen Lebenserinnerungen im Kapitel „Ende des Rechtsstaates“ (in Österreich 1933) an den „schweren Gewissenskonflikt“, in den ihn der Abschluß des Lateranvertrages 1929 stürzte, „als ein unerlaubtes Paktieren der höchsten moralischen Autorität mit einem rechtsbrecherischen Regime“. Kardinal Piffl, Wien, stimmt ihm zu (Spitzmüller, 377 f). Seipel berichtet ihm in diesem Zusammenhang die Sorgen etlicher Kardinäle bei den letzten Beratungen über den Abschluß mit Mussolini.
Zum italienischen Faschismus im Rahmen und Milieu des europäischen Faschismus vgl. E. Nolte, 23 ff, 193 ff, 515 ff; außerdem International Fascism 1920–1945, in: Journal of Contemporary History, I, 1, 1966, hier G. L. Mosse: The Genesis of Fascism (14 ff); A. Lyttleton: Fascism in Italy, the Second Wave (75 ff); ebenda über den französischen Faschismus: R. J. Soucy (27 ff), den rumänischen Faschismus: E. Weber (101 ff), den russischen Faschismus: E. Oberländer (158 ff), den spanischen Faschismus: H. Thomas (174 ff).

S. 435 Ernesto Buonaiuti: Heer II, 690, 716, 721 f.
Mussolini am 13. Mai 1929: Georges-Roux, 163.
Der Mann der Vorsehung: K. Deschner I, 525 f; vgl. Nolte, 336 ff.

S. 436 Die Kirche und der Abessinienkrieg: Georges-Roux, 185 ff; K. Deschner II, 38 ff.
Pius XI. am 27. August 1935: K. Deschner II, 41.
Maria zieht für Mussolini in den Krieg: K. Deschner II, 48 f.
Mussolini als zweiter Konstantin: de Gasperi, 153; K. Deschner II, 44 (Kardinal Schuster).

S. 437 12. Januar 1938: K. Deschner II, 527.
3. Mai 1938: Hans Frank, a. a. O.; Georges-Roux, 242 f.
8. August 1938: Georges-Roux, 245.
Mussolini in der Schule der Salesianer: Georges-Roux, 15 f.
Pius XI. „zutiefst enttäuscht", denkt an Kündigung des Konkordats: Georges-Roux, 255.
Pius XII. – Mussolini, April – Mai 1940: Georges-Roux, 284.
Die allzulange Gewöhnung: Georges-Roux, 300.
9. März 1943: Georges-Roux, 325; vgl. 324.

S. 438 Der Duce als Greis: Goebbels, Tagebücher, a. a. O.; Georges-Roux, 244 f.
Karl V. und Franz I.: Heer, Heiliges Römisches Reich, 1967.
Kaiserin Elisabeth und die Krankheit des Kaisers Franz Joseph: Joan Haslip, Elisabeth von Österreich, München 1966; das außereheliche Liebesleben des Kaisers hatte auch erfreulichere Folgen: Helene Berg, die Gattin Alban Bergs, ist eine Frucht des Kaisers Franz Joseph mit einer Korbflechterin (vier Uhr morgens ein Spaziergang im Park von Schönbrunn): vgl. Alma Mahler-Werfel, 171.
Wir werden Österreich verteidigen: Georges-Roux, 178 ff, 182 f.
1936 ist die große Wende: Georges-Roux, 185 ff; E. Nolte, 287 ff.
22. Juni 1941: Georges-Roux, 308 ff; E. Nolte, 291 ff.
Der 7. Oktober 1942: Georges-Roux, 316.

S. 439 15. Dezember 1942: Georges-Roux, 323.
9. März 1943: Georges Roux, 325; die Republica di Salò: Nolte, 300 ff.
24. Juli 1943: Georges-Roux, 344 ff; der 25. Juli: ebenda 352 ff.
Der größte Sohn des italienischen Bodens: D, 2036.
Das Schicksal Italiens: D, 2039.

S. 440 Mussolini will nicht mehr: Georges-Roux, 408 ff.
Hitler zu Linge: Kronzeuge Linge, Folge III; D, 2040.
In kommenden Jahrhunderten: D, 2050 ff.
Die jüdische plutokratische Demokratie: D, 2051.
Sie müssen den Schwachen helfen: D, 2054.
Schließlich will ich: D, 2057.

S. 441 Wie hat die Vorsehung: D, 2058.

S. 442 Gerarchia: Georges-Roux, 84.
Margherita Sarfatti: Nolte, 293, 571; Georges-Roux, 74, 84, 152, 209, 300; 1928 unterhält sich in Rom Alma Mahler-Werfel mit Margherita Sarfatti über den Faschismus und den Antisemitismus: Alma Mahler-Werfel, 191. Als Flüchtling trifft die Sarfatti Alma in Paris 1938 und 1939: 191.
Alle Autorität kommt von oben: Georges-Roux, 140.
Der italienische Klerus für Mussolini: Georges-Roux, 160 ff; K. Deschner I, 525 f; Deschner II, 42 ff; Maria Romana Catti de Gasperi, 154–157.
Der 8. November 1943: D, 2058.

S. 443 21. Dezember: D, 2065.
Das Oster-Gespräch Seyß-Inquart–G. M. Gilbert: G. M. Gilbert, 278; zum folgenden: ebenda 388 ff.
Julius Streicher: jetzt kreuzigen die Juden mich: G. M. Gilbert, 47; vgl. 78, 127, 295 f.

S. 444 27. Dez. 43: D, 2067.
Stalin und seine Antaios-Rede: Heer II, 733 f, 806 f, 815 ff.

S. 445 Unser einziges Gebet: D, 2074.
Zur Überführung der Sprache der antiken Kulte ins Christentum: R. Hernegger, Macht ohne Auftrag, Die Entstehung der Staats- und Volkskirche, Olten, 1963, 125 ff, 146 ff, 254 ff.
Der Verrat: D, 2074.
Wenn daher die Vorsehung: D, 2076.

S. 446 Czapp von Birkenstetten: D, 2079.
Felix Dahns „Kampf um Rom" wird Hitler zum Vorbild für seinen „Kampf um Berlin": P. E. Schramm, Hitler als milit. Diktator, 57 f, vgl. 38 f.
Eines ist ganz sicher: D, 2083.

S. 447 Purim-Fest: D, 2084; Streicher in Nürnberg: G. M. Gilbert, 295 f.
Der Weg von der Vision: D, 2086.

S. 448 Franz Josef Rarkowski: G. Lewy, 260 ff, 272 ff, 417 f; Gordon C. Zahn, 143 ff.
18. März: D, 2091.
9. Mai, Pfitzner: D, 2098. Zu Hans Pfitzner vgl. Bruno Walter, 119 f, 134, 156 f, 222 f, 280 ff, 289 ff; Alma Mahler-Werfel, 37 ff, 68 ff, 74 f, 171 f, 176, 192 ff.
13. Mai: D, 2101.
Da sich die Front: D, 2103.

S. 449 Wenn morgen der Friede: D, 2115.
Hitlers „Story": D, 975, 2115.
So unendlich innenbelastet: Hans Frank, 140.
Die Prüfungen des Teufels: D, 2115; vgl. 1007, Anmerkung 25.

S. 450 Ich bin vielleicht kein Kirchenlicht: D, 2117.
Der 20. Juli 1944: Der lautlose Aufstand, hg. v. G. Weisenborn, Hamburg 1953, 140 ff, 304 ff, 341; 20. Juli 1944, 3. Aufl. (H. Royce, E. Zimmermann, H.-A. Jacobsen, Bonn 1960), 110 ff; ebenda 50: der Friedensplan Goerdelers vom 30. V. 1941, zur Übermittlung an die engl. Regierung bestimmt); 182 ff: Verfolgung, Prozeß, Hinrichtung; E. Zeller, Geist der Freiheit, der zwanzigste Juli 1944, München o. J. (1954), 132 ff; Fabian v. Schlabrendorff, Offiziere gegen Hitler, Zürich 1946 (engl. Ausgabe 1965 in New York: The Secret War against Hitler): mehrfach umgearbeitet! „Negative Bewertungen einzelner Generale, die in der 1. Auflage enthalten waren, fehlen in der zweiten und dritten", M. Boveri, FAZ, 11. Mai 1966.
Stauffenberg (Claus und Berthold v. Stauffenberg): Zeller, 132 ff; Claus Schenk Graf v. Stauffenberg: 20. Juli 1944, 110 ff, 120 ff, 152 ff, 178 ff.

S. 451 Ich bin der Meinung: Kronzeuge Linge, Folge III; D, 2117.
Wunderbare Errettung: D, 2124.
Das „Wunder" von Lengede: Ende Nov. 1966 entscheidet die Strafkammer Hildesheim, daß das Grubenunglück in Lengede-Broistedt am 24. Okt. 1963, das von einer gewissen Presse als „Wunder" ausposaunt worden war, da einige Bergleute nach Tagen noch gerettet wurden, kein gerichtliches Nachspiel haben wird (FAZ, 1. Dez. 1966, 7).
Hitler glaubt; Kronprinz Wilhelm: D, 2127.

S. 452 Ich ersehe daraus: D, 2129.
Und bei den Ungarn: D, 2135.

Hitler zu Bodenschatz: Interview Bodenschatz 1954; D, 2137.
Wenn das deutsche Volk: D, 2139.
31. August: D, 2146.
9. (12.) November: D, 2160 ff.
Wird aus dem Ringen: D, 2161.

S. 453 Der Jude, Drahtzieher der Demokratie: D, 2163.
Daß Monarchen: D, 2164.
Adolf Loos: Sämtl. Schriften I, 280, 354.
Eine Gestalt aus ... Vergangenheit: O. Dietrich, 86.

S. 454 Denn da ich diesen Willen besitze: D, 2167.
Trauerfeier für Walter Novotny: D, 2167.
Späte Fest-, Feier- und Kriegsgesellschaften, Burgund: Heer, Heiliges Römisches Reich, 1967.
29. Dezember 1944: D, 2172 ff.

S. 457 Das heutige Deutsche Reich: D, 2182.
Das Jahr 1944: D, 2183.

S. 458 Das, meine Volksgenossen: D, 2184.
Ich kann diesen Appell: D, 2185.

S. 459 Ich trage dieses mein Los: D, 2186.
Die Demokratie ist unfähig: D, 2187.
Der Allmächtige, der: D, 2188.
17. Januar: D, 2190.
30. Januar: D, 2194 ff.

S. 460 Das Entscheidende aber war: D, 2195.
Ich wiederhole meine Prophezeiung: D, 2197.

S. 461 Indem wir so eine verschworene Gemeinschaft: D, 2198.
24. Februar: D, 2203 ff.
Welch eine Unsumme: D, 2204.

S. 462 Endkampf gegen „die jüdische Pest“: D, 2204; Pius XI. spricht in seiner Christkönigsfest-Enzyklika 1925 von der „Pest des Laizismus“!

S. 463 Bündnis mit dem Teufel: D, 2205.
So wie wir: D, 2206.
Der Abfall Ungarns: Wilhelm II., Ereignisse und Gestalten, 1878 bis 1918, Leipzig–Berlin 1922, 234; D, 2208.

S. 464 Ist ganz wurscht: D, 2210.
Morell über die angeblichen Krankheiten Hitlers: D, 2211.
Zu Stalin: Diese Nachahmung: Isaac Deutscher, Stalin, 554 f, 559 f.
Der Teufel nie so furchtbar: Isaac Deutscher, 495.

S. 465 Hätte er den Kreml verlassen: I. Deutscher, 496 f.
11. März: D, 2212.

S. 466 Menschen als „Planetenbazillen“: Hitler am 22. Juni 1944; Anatomie des SS-Staates I, 299. Schon Lagarde „lehrt“: mit Trichinen und Bazillen wird nicht verhandelt, sie werden so rasch als möglich vernichtet; ebenda II, 291. Ebenso Himmler, Anatomie des SS-Staates I, 1336.
Menschen als Bazillen, Insekten, etc., die auszurotten sind: Hitler: vgl. Nolte, 487 f, 502 ff; in der deutschen Tradition des 19. Jahrhunderts: H. Glaser I, 242.
Der uralte Wunsch, Menschen in Tiere zu verwandeln: E. Canetti, 441; ebenda

416: Verwandlung der Massen in Insekten, Bazillen, kleine Tiere (im Delirium tremens, dann in der Vorstellungen von Machthabern); 209 ff: Hitler.
Alfred Czech: D, 2215.
Kroatischer Staatsfeiertag, 12. 4.: D, 2219.
Die kroatischen Greueltaten: Carlo Falconi, 352 ff, 386 ff (der Vatikan ist gut informiert über diese Massenmorde); K. Deschner I, 583 f; K. Deschner II, 234 ff.
Wir töten einen Teil: K. Deschner II, 234.
Pavelić zeigt Malaparte: K. Deschner II, 238.
Es ist keine Sünde: K. Deschner II, 243.

S. 467 Kroatische Franziskaner als Mörder: K. Deschner II, 244 ff; vgl. C. Falconi.
Der „Bruder Teufel“: K. Deschner II, 246; Brzica: ebenda.
Pavelić verabschiedet sich: Deschner II, 250; zum folgenden: 251 f.
Der Segen des Papstes für den sterbenden Pavelić: ebenda 251.
Neubacher, Glaise-Horstenau und andere Deutsche erschrecken über die Greuel in Kroatien: Deschner II, 238 ff.
So wie der Tod der Zarin: D, 2222.
Zum letzten Mal: D, 2223.

S. 468 Unser Hitler!: DNB-Text vom 19. IV. 1945; D, 2225.
Mit unbeschränktem Materialeinsatz: D, 2226.
Sie werden sehen: D, 2350; vgl. auch Karl Koller, Der letzte Monat, Mannheim 1949.
Die beiden Testamente Hitlers: A Bullock, 794 ff.
Die letzten Tage Hitlers: A. Bullock, 784 ff.
Hitlers Kampf um sein Überleben 1941–1945 wird beleuchtet durch die Reflexionen Canettis über „Der Überlebende“ (Canetti, 259 ff). „Die niedrigste Form des Überlebens ist die des Tötens.“ 264 ff: Der Machthaber als Überlebender. 275 f: die Täuschung aller Führer: sie geben vor, als Führer ihren Leuten in den Tod vorauszugehen, in Wirklichkeit senden sie jene in den Tod, um selbst länger zu leben.
Vgl. auch hier über die schreckengebietende Absonderung der Herrschenden, 461; „Der Löwe ißt immer allein“ (487).
Zur Problematik von Hitlers Selbstmord vgl. Ch. Zwingmann (Hg.), Selbstvernichtung, XII: Selbstvernichtung ist „eine einzigartige Konzentration der Machtbefugnisse. Der Mensch ist hier Ankläger, Richter und Urteilsvollstrecker in einer Person. Er ist vollkommen souverän in seiner Verfügungsgewalt“. Vgl. ebenda XVII, 55, 161 (geringer Einfluß der Konfession auf Selbstmordhemmung). 204 ff: Selbstmord als „Wunsch zu töten“; 249: „Mordimpulse“ bei erweitertem Selbstmord!

S. 469 Vor Beendigung dieser irdischen Laufbahn: A. Bullock, 795.

S. 470 Turmhoch über dem irdischen Elend: A. Zoller, 24.
Wie im Gebet: A. Zoller, 16.
Das Fridericus-Rex-Bild: D, 2244.
Es ist sowieso egal: Zeugenaussage Speers in Nürnberg, Nürnberger Prozeß, Teil XVII, 57; vgl. A. Bullock, 787.

S. 473 Pyramidenmentalität: T. Breza, Das eherne Tor, Berlin 1961.
Die knappe Skizze des europäischen Katholizismus faßt eigene Erfahrungen des Autors zusammen.

S. 475 Die „Gesellschaft der Freunde Israels" 1928/29: Heer, Gottes erste Liebe.
Zu Charles Maurras: R. Rouquette, Etudes, Juin 1953, 393 ff; Thomas P. Anderson, Continuum II, 1964, 199; E. Nolte, 95 ff.

S. 478 Zu Carl Sonnenschein: Th. Eschenburg, 110 ff; Sonnenschein ist wie Pacelli und Adenauer im Jahre 1876 geboren. Brüning hatte zeitweise im Sonnenschein-Büro in Berlin gearbeitet. Sonnenschein ist vom italienischen Reformkatholizismus um Toniolo und Murri beeindruckt (Eschenburg, 112 f). „Zwischen dem konservativen Nuntius Eugenio Pacelli ... und ihm scheint ein distanziertes, wenn nicht gar zeitweise gespanntes Verhältnis bestanden zu haben": Eschenburg, 141.

S. 480 Zum kurialen Integralismus, Zentralismus, Absolutismus im 19. Jahrhundert vgl. Heer II, 568 ff, 645 ff, 656 ff, 666 ff. Im 20. Jahrhundert: G. Hirschauer, 41 ff, 105 ff; Döllinger-Acton I, 288; II, 346: der Papst als Terrorist, als Zwingherr zur Lüge; hier auf Pius IX. bezogen.
Franz Greiner: Hochland, Nr. 59, 1966, 1.
Die Scheu vor selbständiger Entscheidung: F. X. Arnold, Bleibt der Laie ein Stiefkind der Kirche, II; Hochland, Nr. 46, 1954, 531; Mut zum Wagnis: 532.
Die Italiener bewundern im 12. Jahrhundert die deutsche Meß-Feier in Venedig: Heer, Aufgang Europas, 1949, 648 ff.

S. 481 Die Feier der unschuldigen Kinder hat nichts zu tun mit der Million ermordeter jüdischer Kinder im Bewußtsein der heutigen Katholiken: großartig darüber H. Spaemann, Die Christen und das Volk der Juden, München 1966.
Die deutschen Bischöfe des 2. Weltkrieges wurden im wilhelminischen Kaiserreich geformt: Gordon C. Zahn zitiert darüber einen deutschen Theologen, a. a. O., 188.
1952 erinnert Franz Josef Schöningh: Hochland, Nr. 44, 1952, 559 f.
Der Herzog, Truchtin, König Christus: Heer, Aufgang Europas, 103 ff: die politische Religiosität des 12. Jahrhunderts; 133 ff: der Mensch in der Gefolgschaft des Christuskönigs; 151 ff: Gottkönig gegen Teufelskönig. Helmut Thielicke, Fragen des Christentums an die moderne Welt, Tübingen 1947, hält gut lutherisch an dieser mittelalterlichen Theologie fest: „Letzten Endes ist das menschliche Leben nur eine Gefolgschaftsfrage." „Der Christus hat das Schlachtfeld, und ich gehöre auf seine Seite" (190); vgl. ebenda 176 ff: der Teufel; 181: der Feind (der Teufel) ist ins Land gebrochen.

S. 482 Die deutschen Bischöfe sind politisch ungebildet: G. Lewy, 24 ff; Gordon C. Zahn, 60 ff.
Zu Pius XII.: Heer II, 571, 577, 647, 663, 723 f, 727, 729, 819; Lit. zu Pius XII.: ebenda 782; J. Nobécourt, Le Vícairé et l'histoire, Paris 1964; John Lukacs: The Roots of the Dilemma, in: Continuum II, 1964, 183 ff; Pacellis Germanophilie trägt ihn auf den Papstthron: ebenda 185. Vgl. ebenda Gordon C. Zahn, The Church and Totalitarianism (153 ff); Edward T. Gargan: The Catholic Capitulation (166 ff); F. Joseph Smith; The Demands of Honesty (210 ff); Carlo Falconi, Il silenzio di Pio XII, 19 ff, 33 ff, 54 ff, 107 ff. Nikolaus Koch; Hochhuths Papstkritik und die ökumenische Kirchenkritik, in: Evangelisch-Katholisches Forum, H. 4., 1964, 138 ff; G. Hirschauer, 281.
Zur katholischen Auseinandersetzung um Pius XII. gilt heute noch, was der Jesuit Karl Erlinghagen (Katholisches Bildungsdefizit, Freiburg 1965) über katholische Angriffe gegen jene, die es wagen, die Wirklichkeit aufzuzeigen, festhält

(12 ff, 236). Hemmungen (197 ff, 202 ff), die Angst vieler Theologen vor katholischen Intellektuellen (210), eine tief verängstete Kirche, die unter historischen Schocks leidet (212 ff). Dazu kommt eine pathologische Selbstverteidigung der Bischöfe und Kirchenfürsten seit der Reformation, vgl. Robert W. Hovda, Prudence and Proclamation, Continuum II, 1964, 207. Letzte Grundlage dieser pathologischen Selbstverteidigung ist eine „angsthafte Flucht der Kirche und der Christen vor dem Kreuz“: „ein durch ihre Schuld verschobenes, verschrobenes Kreuz, ein Hakenkreuz, an dessen Widerhaken sie sich verfängt und hängenbleibt“: Hans Urs von Balthasar, Das Tragische und der christliche Glaube, Hochland 6/1965, 509.

In Rom den politischen Kurs der Kurie: A. Franzen, 365. Ich wähle Franzens Darstellung, die eine einzige Laudatio des Werkes Pius' XII. ist (365–368), für viele andere, die ich hier nicht namentlich nennen möchte.

Nachdem Mgr. Kaas auf den Parteithron: G. Lewy, 32.

Zu Kaas: G. Lewy, 32, 34, 40, 47 f, 50, 52, 59, 61 ff, 74 ff, 78, 81 ff, 94, 103, 135, 204 ff, 208, 262, 275, 345, 385, 386–390, 395, 407.

Das Konkordat von 1933: G. Lewy, 52, 59, 63, 71, 118, 284. Reaktionen: 122–126. Vgl. A. Spitzmüllers Bedenken dem Konkordat von 1929 gegenüber: Spitzmüller, 377. G. Hirschauer, 213 f, zum Niedersachsenkonkordat von 1965: für die Kurie steht der Hitlerstaat auf derselben Stufe wie die Bundesrepublik.

S. 483 Der österr. Bundespräsident Wilhelm Miklas über Pacelli, in: Neutralität, Kritische Schweizer Zeitschrift für Politik und Kultur, 1964/65, Nr. 6–7, 19. Die „Neutralität“ ist eine der mutigsten Zeitschriften im deutschsprachigen Raum, nicht nur in der Auseinandersetzung mit einem spätreifen schweizerischen Pharisäismus.

Sein Bruder hatte: A. Franzen, 365; vgl. Georges-Roux, 159.

Es stellt sich heraus: T. Breza, 274.

Eine gewisse Beunruhigung: T. Breza, 275.

S. 484 Wie ein Bergsteiger: A. Franzen, 364.

S. 485 Niemand wußte damals: A. Franzen, 364; der bedeutende deutsche Kirchenhistoriker wagt die Behauptung: „Politische Entscheidungen zu fällen ist nicht Aufgabe eines Papstes“ (366). Seit bald 2000 Jahren fällen die Päpste politische Entscheidungen! Gerade „rein kirchliche“, „rein spirituelle“ Urteile sind immanent bereits oft politische Entscheidungen! Die Päpste treiben Politik: sie müssen Politik treiben. Es fragt sich nur jeweils, ob sie gute oder schlechte Politik machen: von Gregor VII. bis zu Pius XII.

Pius XII. „übersieht“ die politischen Morde der Rechten in Spanien: K. Deschner I, 530 ff; K. Deschner II, 51 ff. Der bekannte deutsche Katholik Nikolaus Koch macht, in Berufung auf Bernanos, aufmerksam: „Die päpstliche Rezeption des spanischen Bürgerkrieges, das päpstliche Verhalten zum pseudokatholischen Serbenmord im faschistischen Kroatien des Zweiten Weltkrieges und in der damit zusammenhängenden Affäre Stepinac können jeden Tag eine Brisanz gewinnen, die Hochhuths Werk nicht nachsteht“ (Evangelisch-Kath. Forum 4, 1964, 143).

Charles Maurras (von Franco hochgeehrt) und die katholische klerische Rechte in Frankreich wollen Frankreich nach spanischem Vorbild „säubern“. Pius XII. hatte den kirchlichen Bann der Action Française 1939 aufgehoben. Vgl. E. Weber,

Action Française, Stanford, Calif., 1962, 250; Thomas P. Anderson, Continuum II, 1964, 199.

Zur spanischen Situation heute: A. Dieterich, Religionsfreiheit in Spanien?, Rheinische Post, 10. Dez. 1966; spanische Priester kritisieren das Zwangsklima: FAZ, 13. Dez. 1966; Actio Catholica, Wien, Juli 1966, 9. 1966 appelliert das Organ der kathol. Arbeiterbewegung Spaniens, HOAC, an die „kirchlichen Würdenträger", nicht „mit den wirtschaftlichen und politischen Machthabern unserer Gesellschaft mitzuheulen", die „unsere Menschlichkeit vernichten": Actio Catholica, Wien, Nov. 1966, 5.

Pius XII. „übersieht" die politischen Morde der Katholiken in Kroatien: C. Falconi; K. Deschner I, 564 ff (Pacelli droht 1937 Jugoslawien); K. Deschner II, 234 ff.

Pius XII. „übersieht" die Greuel in Polen: C. Falconi, 257 ff, 277 ff, 414 ff.

Tisserants Entsetzen: C. Falconi, 487 ff; zum berühmten Brief Tisserants vom 11. Juni 1940: Heer II, 723, 982.

Pius XII. „übersieht" die Ausrottung der Juden. Zu der durch Rolf Hochhuths Drama „Der Stellvertreter" ausgelösten Diskussion über das Schweigen des Papstes vgl. J. Nobécourt; William M. Harrigan, Hochhuth as Historian, Continuum II, 1964, 106, hier die Beiträge von Gordon C. Zahn (153 ff), E. T. Gargan (158 ff), John Lukacs (183 ff). N. Koch, Hochhuths Papstkritik, 1964, ist die weitsichtigste katholische Auseinandersetzung mit Pius XII, die bisher erschienen ist. Das erschreckendste Zeugnis für Pius XII. „Übersehen" der Ausrottung der Juden, über die er während des ganzen Krieges informiert wurde (vgl. C. Falconi und die beiden Deschner-Bände), gibt der letzte deutsche Oberbürgermeister von Dresden, Dr. Hans Nieland: im Herbst 1944 kam Prinz Friedrich Christian, Herzog zu Sachsen, Markgraf von Meißen, päpstlicher Kammerherr, zu Nieland: der Papst sei bereit, sich für einen für Deutschland ehrenvollen Frieden einzusetzen – er habe nichts gegen die Judenpolitik und die Behandlung der Freimaurer einzuwenden; Nieland solle die Sache dem Führer vortragen und Bescheid geben: Deutsche Hochschullehrerzeitung, Tübingen 1962, 11. Jg., Nr. 3, 31; dazu K. Deschner II, 220.

Das „Übersehen" der historischen Wirklichkeit ruht bei Pius XII. im letzten im „Übersehen" der Geschichte durch die Scholastiker und die Integralisten. Döllinger und Lord Acton sind im 19. Jahrhundert (bis zum Tode Pius' XII. lebt die Kirche im 19. Jahrhundert) tief erregt durch diese Fakten, vgl. ihren Briefwechsel II: „rücksichtslose Verwerfung der Geschichte" (499); Dogma gegen geschichtliche Wahrheit (151 ff, 209, 236), ebenda 452: Döllinger über die Geschichtsfeindlichkeit der Kurie. 454: der moderne Marienkult als eine Ursache des Abfalls von der Geschichte und Tradition (Pius XII. ist glühender Marianist, vgl. unten).

Übersehen der Geschichte: Mgr. W. A. Purdy (Rom 1966): Die Geschichte ist in den römischen kirchlichen Hochschulen die schwächste Disziplin (302): John Henry Newman glaubt, Rom durch historische Tatsachen überzeugen zu können und reizt dadurch Rom maßlos, vgl. H. Graef (Newman), 187; vgl. 235 ff. Newman sieht eine gewaltige Nemesis für die anmaßende Haltung Roms 1870 f voraus: ebenda 237.

Kirchlich und politisch weit rechtsstehend („das ekelerregende Wort ‚Reform'":

Lauth, 25) verficht heute Reinhard Lauth, München, einen totalen Integralismus (27 ff): „Das Wort soll nicht Fleisch werden", 46: „Die absolute Ungeschichtlichkeit der Wahrheit". Dialog ist für Lauth folgerichtig „Geschwätz" (50).
Marianismus heute: vgl. J. Goubert und L. Cristiani, 19 f, 48 (zu den Erscheinungen von La Salette: ein Bischof sagt, daß er persönlich die Dame kannte, die bei einem Ferienaufenthalt in den Bergen das ganze Schauspiel inszenierte), 63 ff, 137 ff, 173 (Portugal ist durch Fatima zu einem der bestregierten und glücklichsten Länder der Welt geworden!). „Übersehen" wird hier u. a.: das Landvolk verwest in Armut und Unbildung; 1966 protestieren 1000 katholische Intellektuelle gegen die religiöse Fassade des Salazar-Regimes. 178: Fatima ist das neue portugiesische Bethlehem (Portugiesischer Hirtenbrief 1931); 181: Pius XII. und Fatima. Sieg des Dogmas über die Geschichte: „Die Aufnahme Mariens in den Himmel sollte ein Dogma werden, ohne je ein besonderes Ereignis der Geschichte gewesen zu sein": 200. „Der Vatikan in Fatima umgewandelt" (Kardinal Tedeschini über Pius XII.): 226.
Congar, 407, vermerkt in bezug auf Marienfeste: die Tatsache eines liturgischen Kirchenfestes reicht nicht aus, um durch die Autorität der Kirche die historische Wahrheit der Ereignisse zu garantieren, vgl. Congar, 334.
Politischer deutscher und kurialer Marianismus als Antibolschewismus und Antisozialismus: H. Mohr, 75 f, 117, 127 ff, 137 f, 143 (Pius XII.), 158 ff: Mariologie und Militarismus; 185 ff: Antikommunismus und Corredemptrix Maria; 191 (Pius XII.); 197 ff, 200 f: „Gefolgschaft" und „Führerkorps"; 202 ff: Eschatologie und Antikommunismus; 207: „marianischer Faschismus"; 226 ff: marianischer Heldenkult und Militarismus; 318 ff: Literatur. Politische Mariologie auch: W. Daim, Der Vatikan und der Osten, 108 ff.
Vgl. auch Döllinger–Acton I: römische Hierarchie und Integralisten gegen wissenschaftliche Wahrheit: 289 ff, 327, 334 f, 340, 356. Döllinger und Acton, zwei der bedeutendsten Köpfe, die der Katholizismus des 19. Jahrhunderts hervorgebracht hat, sind überzeugt: die schrankenlose päpstliche Macht verdirbt alles: 477 f.
Acton über die Lügenhaftigkeit der Katholiken: I, 190, 196, 204, 210 f (die Civiltà Cattolica), 236, 274, 290 f, 295 f, 327 (die kirchliche Autorität darf Unwahres lehren), 334, 346, 376 f, 438, 532 f.
Römische Betrügereien und Fälschungen: Döllinger–Acton II, 13, 27, 59, 73, 78, 104, 112, 151 ff, 174, 183, 189, 210, 214, 235 f, 254, 261, 295, 315 f.
Die Geschichte wird von diesen kurialen Geschichtsklitterern „zurecht gesehen": was man als „wirklich", wichtig ansehen will, wird in sie hineingesehen, alles andere wird weggesehen und übersehen: vgl. Acton an Döllinger, Tegernsee, Okt. 1870: Er betont, daß „die Verachtung für die Geschichte, die nichts anderes ist als Verachtung der Wahrheit, das große Geheimnis der Zeit ist und erklärt werden muß" (II, 456).
Acton berichtet aus Rom, 13. 4. 1870: Oft hörte man in diesem Winter das „sehr bezeichnende Wort: Das Dogma mußte die Geschichte überwinden"! (II, 315).
S. 486 Der Glaube an die „Ewigkeit" des Reiches des Christkönigs, an die Kirche, wurde im 4. Jahrhundert, in diesem fatalen Jahrhundert der Christenheit und der Juden, entscheidend platonisiert, politisiert, liturgisiert; vgl. R. Hernegger, Macht ohne Auftrag, 218 ff: die Kirche als Abschluß der Menschheitsentwicklung; 257 ff:

die Sakralisierung der Gesellschaft; salus publica (das öffentliche Heil) und das Heil Christi verschmolzen (262); Christus als Kaiser (274 ff). Der „Christuskönig" von 1925 – Christkönigsfest – ist eine Renaissance des konstantinischen Christuskaisers in modifizierter und ganz klerisierter Form. Hernegger, 324 ff: die Auflösung der Brudergemeinde (die die französischen Arbeiterpriester neu beleben wollten.); 389 ff: die Bekämpfung der Ketzer mit staatlichen Zwangsmitteln; 409 ff: Augustins Rechtfertigung des Glaubenszwanges; 421: bellum deo auctore (Augustin; vgl. ebenda 476); Krieg als Missionsmittel bei Gregor dem Großen: 422.

Bischof Elchinger spricht auf dem 2. Vaticanum über den „dogmatischen Imperialismus" der Kirche: G. Hirschauer, 225, 240.

Konstantinische triumphalistische Auffassung der Kirche bei Pius XII.: Carlo Falconi, Pope John, 22 f. Totalitäre, ewig-unveränderliche Wahrheiten bei Paul VI.: G. Hirschauer, 41.

Die Kirche und die „ewigen Wahrheiten": Der Platonismus durchformt eineinhalb Jahrtausende nicht nur die Theologie, sondern auch das politische Denken und Fühlen der Hierarchen der Kirche. Kirchlicher Platonismus, Asketismus und Autoritarismus bilden eine enge Einheit, zementiert durch den Zölibat: vgl. Father Joseph Smith, Continuum II 1964, 211 ff; G. Hirschauer, 256 ff.

S. 487 Nikolaus Berdjajev sieht diese statische katholische platonistische Theologie: Sie will die ganze Weltgeschichte als eine Komödie darstellen, die im Hintergrund die „ewigen Werte" hat: N. Berdjajev, Cross Currents VII, Nr. 3, 1957, 252 f. Die Scholastik ist extrem geschichtsfeindlich, sie löst die konkrete Geschichte in eine (platonistisch-imaginäre) „Heilsgeschichte" auf. Ernst Karl Winter, der bedeutendste politische Denker des deutschsprachigen Katholizismus in der 1. Hälfte des 20. Jahrhunderts, der große österreichische Patriot („Aktion Winter" 1934/35, zuvor „Österr. Aktion„) hat als erster in seinem großangelegten Werk über die Sozialmetaphysik der Scholastik die Scholastik politisch durchleuchtet. In seinem genialen Buch von 1930 (das erst 1966 ediert wurde), über „Ignaz Seipel als dialektisches Problem" mit dem Untertitel „Ein Beitrag zur Scholastikforschung", zeigt er an der Persönlichkeit Seipels (der ein bedeutenderer Kopf als Pius XII. und auch eine stärkere Persönlichkeit als dieser Papst war) das Dilemma auf, in das der an die „ewigen Werte" seiner „ewigen" hieratisierten Kirche glaubende Priester als Führer der Kirche und Welt gerät. Seipel ist in diesem Ringen zerbrochen. Der gescheiterte Seipel, der als „Prälat ohne Milde" (Winter, 158) umkämpfte Kirchenmann, der die Last der Austritte aus der Kirche auf sich lasten fühlt, ringt sich zu der Auffassung durch: „Das Ideal ist bestimmt, daß sich die Geistlichen mit den Angelegenheiten der Kirche, die Laien mit denen des Staates befassen" (Winter, 160); vgl. ebenda 112 f: die Autokratie der Kirche. „Seipel ist ein tragisches Symbol des sozialen Katholizismus, der scholastisch verbildeten Kirche, die niemandem treu ist, mit allen Richtungen ihre wenig ernstgemeinten Bündnisse schließt, wie es ihr eng verstandenes Interesse gerade erheischt" (Winter, 161). Winters Buch über Seipel sollte als eine Einführung in die wahre Problematik des Lebenswerkes Pius' XII. studiert werden.

Wie eben Seipel, so hatte bereits der Vater des Investiturstreits, Kardinal Humbert von Silva Candida, gefordert: „Die Laien sollen nur ihre Dinge, nämlich das Weltliche, die Kleriker aber nur die ihren, nämlich die kirchlich-geist-

lichen, betreiben. Wie die Kleriker nicht Weltliches, so sollen die Laien nicht Kirchliches sich anmaßen." Dazu F. X. Arnold, Hochland Juni 1954, 408. Diese „säuberliche" Trennung führt konkret zu schizoiden Lebenshaltungen, zu einer Kirche, die sich in ecclesiogenen Neurosen zu einer in sich geschlossenen klerischen Getto-Kirche deformiert und zu einer wüst-weltlichen Welt.
Nach dem Bankrott der platonistischen triumphalistischen „ewigen Kirche" als einer autoritaristischen und totalitären Herrschaft versuchen jetzt mit Recht katholische Theologen, die Kirche mehr als „Volk Gottes" zu sehen. Vgl. die Beiträge in der 1. Nummer von „Concilium", Januar 1965: Yves M. J. Congar: Die Kirche als Volk Gottes (5 ff); E. Schillebeeckx: Kirche und Menschheit (24 ff), der feststellt: „Die Reaktion gegen den Getto-Katholizismus und das Getto-Christentum ist ... bei katholischen und reformatorischen Christen eine der Komponenten des heutigen Denkens und Fühlens."
Das „Übersehen" aller nicht zur Kirche gehörenden Menschen: In der Diskussion um Hochhuths „Stellvertreter" macht Weihbischof Kampe, Limburg, mit Recht aufmerksam: „Es gehört nicht zu den Gepflogenheiten kirchlicher Verlautbarungen, ausdrücklich sich für solche Gruppen einzusetzen, von denen man sich weltanschaulich unterscheidet" (Werkhefte, 2/1962; dazu Werkhefte 7/1963, 263).
Ein „Übersehen" jener Theologen: vgl. O. Schroeder, Die Kirche und der Modernismus, Ernesto Buonaiuti, Werkhefte 9/1963 und 10/1963, Sept. und Okt. 1963. Das Hl. Offizium „riet Buonaiuti: Sie sollten die Vorlesungen über die Geschichte des Christentums aufgeben. Die Materie ist zu delikat". „Warum vertauschen Sie, Professor, Ihren Lehrstuhl für Geschichte des Christentums nicht mit einem Lehrstuhl für Naturwissenschaft?" (ebenda 353). Das geschah unter dem Regime Pius' XI., wiederholt sich in bedeutenden Fällen unter Pius XII.
Zu Pius Parsch: Kirchengeschichte Österreichs, 90, 139 ff.
Unendlich fern ist dem fixistischen statischen Glaubensgebäude Pius' XII. die uralte Erfahrung, Calderons Wahlspruch: Creer es crear (vgl. G. Masur, 368): Glauben ist Schaffen (der sich auch umkehren läßt): schöpferisches Schaffen ist Glauben! Pius XII. wäre tödlich erschrocken über die Feststellung Karl Rahners: Das Dogma ist immer auch ein Anfang, ein gültiger, aber kein endgültiger Ausdruck der Wahrheit; vgl. H. Ebert, Hochland, Nr. 6, 1966, 490.

S. 488 Pius XII. ist Traditionalist: Robert Kaiser, Inside the Council, 88 ff. Pius remained a prisoner of the Church's past (245). Vgl. T. Breza, 102, 104, 105, 193, 213, 308, 573 und oft. T. Breza zitiert einen römischen katholischen Theologen, 600 ff, über die Tragödie dieser traditionalistischen versteinerten Kirche, die von allen alten Systemen zu retten sucht, was sich tout court noch retten läßt (603). Ebenda 604: „Im Verhältnis zu allen alten Systemen ist die Kirche ein loyaler Partner. Ihre ganze Autorität legt sie auf die Schale des Alten. Sie will keine Kontakte mit dem Neuen." „Neuerer" (Synonym für „Häretiker") erleiden immer wieder dasselbe Schicksal: „Früher oder später verlieren sie alle den Kopf unter der Guillotine des Hl. Offiziums und das kann gar nicht anders sein."
Zu Pius XII. in diesem Zusammenhang: Carlo Falconi, Pope John, 16, 22, 43, 65, 126, 163, 247, 295; T. Breza, 102, 150, 213, 499 ff, 559 ff.
Der Papst als Gefangener der Integralisten im Vatikan: Heer II, 655 ff, 966 ff.
Gefangenschaftsmentalität der Päpste im 19.–20. Jahrhundert: Michael Serafian (Martin SJ), 27.

Pius XII. als Gefangener des „Pentagon" der Kurie (Canali, Pizzardo, Micara, Piazza und Ottaviani): C. Falconi, Pope John, 163; vgl.: „Wer den Papst des Zweiten Weltkrieges kritisieren will, muß das etatistische Gehäuse, in welchem er gefangen war, mitkritisieren": Nikolaus Koch, 142, ebenda: die etatistische Selbstgefangenheit der Kurie.

Hexenjagd und Terror im 19.–20. Jahrhundert gegen „Modernisten" und andere Reformkatholiken: Heer II, 646 ff, 965 ff.

S. 489 Die volksfremde lateinische Klerikermesse als Produkt einer tausendjährigen Deformation: Paul Hacker, Zur Wiederherstellung der Eucharistie, Hochland, Nr. 59, 1966, 73 ff. Hier auch: der Priester-Sacerdos als Zauberer; Rückfall ins vorchristliche Mysterium. Der lateinische Meßkanon wird durchgesetzt, „damit das Volk den Kanon nicht verstehen sollte" (74). Kirchenlatein als Herrschaftsmittel: G. Hirschauer, 136 ff. „Der ungeheuerliche Bruch ... der sich zwischen dem 6. und 12. Jahrhundert ereignet hat und die gesamte christliche kirchliche Frömmigkeit deformiert": P. Dr. Willibrord Godel OSB: Die Entwicklung des römischen Kulturverständnisses vom Frühmittelalter bis zum II. Vat. Konzil, in: Una Sancta, 1966/2, 163; vgl. 162 ff, 169–171: erstarrte klerikale Theologie.

Der Zölibat – eine zeitbedingte kirchenrechtliche Sache: Kardinal Bea, 16. Okt. 1965 in Rom (FAZ, 22. Okt. 1965, 3); R. J. Bunnik: The Question of Married Priests, I und II, Cross Currents, XV, Nr. 4, 1965, 1467 ff und XVI, 1966, 81 ff. – Fast ein Drittel der USA-Priester möchte heiraten, wenn der Zölibat aufgehoben würde: eine SJ-Umfrage 1966; 3000 Priester wurden befragt, 63 % wollen sich die Entscheidung offenhalten; FAZ, 14. Dez. 1966, Die Kurie hält heute noch die Frau für unfähig, Priester zu werden, vgl. Osservatore Romano, 9. Nov. 1966. Vgl. auch Vilma Sturm: Eine Moral der Zölibatäre? Katholische Ehen im Konflikt mit der kirchlichen Lehre, FAZ, 30. Juli 1966.

Papst und Bischöfe heute noch als Herren der Schreckensmacht wie unter Innozenz III. und Bonifaz VIII., die Laien als „Sklaven": Father Joseph Smith, Continuum II, 1964, 214 f.

Sexualmoral-Seelsorge als Herrschaftsmittel: G. Hirschauer, 270.

S. 490 Ein französ. Dominikaner 1966 über Chenu 1937: Maurice A. Barth, M. D. Chenu, in: Tendenzen der Theologie im 20. Jahrhundert, 1966, 414 f.

Die schweigende Kirche im Westen heute: Gordon C. Zahn, Continuum II, 157; die schweigende Kirche im 19. Jahrhundert: Acton 1863, bei Döllinger–Acton I, 326. Die Angst Pius' XII. vor den Arbeiterpriestern hängt eng mit seiner Sorgen-Angst um das Zölibat und vor der „Ansteckung" durch den „roten" Kommunismus zusammen; vgl. auch die Begründung, die er den drei französischen Kardinälen für sein Verbot der Arbeiterpriester gibt: „Es ist besser, daß kein Apostolat geübt wird, als daß das Priestertum seinem Stande entfremdet wird": A. Dansette, Tragödie und Experimente der Arbeiterpriester, Graz 1959, 239. Pius XII. übersieht hier eine tausendjährige Wirklichkeit, in der geweihte Priester Fürsten, Krieger, Jäger, Höflinge etc. waren, zutiefst ihrem Stande entfremdet.

Die autoritär-totalitäre Herrschaftsübung Pius' XII. über „seine" Kirche hat die lange schwelende „Gehorsamskrise" überdeutlich sichtbar gemacht; vgl. jetzt Alois Müller, Das Problem von Befehl und Gehorsam im Leben der Kirche, Einsiedeln 1964 (mit kirchl. Imprimatur): ein Parallelphänomen zu Befehl und Gehorsam unter Hitlers Herrschaft. Vgl. ebenda, 91, den seligen Aufschrei des

Hilarius von Poitiers: glückseliger Papst, Himmelspförtner, dessen Willkür die Schlüssel der ewigen Pforte übergeben sind, dessen irdisches Urteil vorausentschiedener Machtspruch im Himmel ist! Dazu: Pius XII. als „lebendiger Petrus“: T. Breza, 274 f.
Zu Pius XII.: A. Müller, 22 ff, 29 f; 158 (das Recht zum Widerstand gegen den Papst); Widerstand im Gehorsam: 196 ff; absolute Vaterautorität hat nur Gott (214); 243 ff: der heutige katholische Christ und der Gehorsam in der Kirche; Angst von Theologen, „liquidiert“ zu werden: 247; Absolutismus und Totalitarismus in der Kirche: 266 ff; kommunistischer und katholischer Totalitarismus: 269 ff.
Dieser Schweizer Theologe fordert, die kirchliche Autorität soll Fehler zugeben, um wieder Vertrauen zu gewinnen: 265 ff. Ein solches „Zugeben“ war Pius XII. seelisch unmöglich, wie Hitler ein „Nachgeben“ und „Zugeben“ unmöglich war!
Zur Gehorsamskrise: Not des Priesterstandes heute: J. Duquesme, 29 f, 65 f, 87 f, 114 ff, 123, 133, 173 f, 203 ff, 172, 214 ff, 220 ff, 226 ff (Kadavergehorsam), 228 f (es gibt keinen echten Dialog), 231, 275. Ebenda über die Arbeiterpriester: 67 ff, 166, 266 ff, 339.
Eine theologische Grundlage des kirchlichen Kadavergehorsams: Die Spätscholastik hebt die Partnerschaft Gott – Mensch auf. Die totalitäre Übermacht Gottes fordert totalitären Gehorsam des Menschen, vgl. F. Morstein, 40.
Der Jesuit Martin (Michael Serafian, 72): Die römische Kurie bildete Unterdrückungsmethoden aus, die wir vom Nationalsozialismus und Faschismus her kennen.
„Pius XII. spielt in der Kirchengeschichte etwa die Rolle, die in der französ. Geschichte Ludwig XIV. gespielt hat. In ihm überschlägt sich der päpstliche Absolutismus“: Nikolaus Koch, 141. Innerlich starr und schwach, gerät dieser Autokrat faktisch unter die Herrschaft der Kurienkardinäle: C. Falconi, 163. Auch Papst Paul VI. weiß sich noch als rector mundi und Mittelpunkt der Welt, als vorkopernikanischer Papst in Rom; Heinemann zur 1. Enzyklika Pauls VI. „Ecclesiam suam“: Evangelisch-Katholisches Forum, 4, 1964, 167; Paul VI. sieht sich wie Innozenz III.: Martin SJ, 123 f.
Regettoisierung unter Berufung auf Paul VI.: G. Hirschauer, 235, 238.
Die Selbststilisierungen Pius' XII.: T. Breza, 213, 274 f, 559 ff (die römische Kritik an Pius XII.).
S. 492 Kindlicher Gehorsam: der Osservatore Romano schildert in der Regierungszeit Pius' XII. ständig so die Kundgebungen, Kongresse etc. in Gegenwart des Papstes. Kirchenfürsten verstehen noch heute den „Dialog“ als Gehorsam von Kindern: G. Hirschauer, 208.
Permanentes Pochen auf „die Rechte“ der Kirche: C. Falconi, Pope John, 295.
Proprio un nume: T. Breza, 565.
Die Zelebrierung Pius' XII. im Osservatore Romano: T. Breza, 559 ff.
Pizzardo im Herbst 1960: C. Falconi, Pope John, 126.
S. 493 Pius XII. – politischer Augustinismus: Robert Kaiser, 88 ff.
Augustin bedeutete bereits die Kapitulation der Kirche vor den weltlichen Machthabern: E. T. Gargan, Continuum II, 158, verweist auf Herbert A. Deane, The Political and Social Ideas of St. Augustine, 146; vgl. auch R. Hernegger, 409 ff.
Pius XII. billigt bewußt die Anwendung „äußerer Machtmittel gegen die bol-

schewistische Gefahr": K. Deschner I, 554 ff; Deschner II, 185 ff; G. Lewy, 267 ff. Vom Herbst 1942 bis 1944: K. Deschner II, 215, vgl. ebenda 214 ff.

S. 494 Constantini: „Gestern auf spanischem Boden": K. Deschner II, 209.

Das kleinere Übel: so Sir Alec Randall, The Pope, the Jews, and the Nazis, London 1963, 18 f; vgl. William M. Harrigan, a.a.O., 181.

Zum Bankrott einer tausendjährigen Tradition der Kirche: Nikolaus Koch, 138 ff; der führende englische katholische Theologe Charles Davis trat Dezember 1966 aus der Kirche aus, da er in ihr ein Hindernis für die Wahrheit, den Glauben, die Liebe sieht. „Die Kirche in ihrer existierenden Form scheint mir ein pseudopolitisches Gefüge der Vergangenheit. Es ist jetzt am Zusammenbrechen und eine andere Form der christlichen Präsenz in der Welt ist im Entstehen": FAZ, 22. Dez. 1966; Guardian, 21. Dez. 1966.

Die erschreckende Situation der Kirche–Kurie schildert M. Serafian (der Jesuit Martin), 34; 53 („Das Christentum steht hier hart am Rande der Selbstzerstörung"), 75, 213; er nimmt vorweg, was G. Hirschauer, Der Katholizismus vor dem Risiko der Freiheit, an vielen Stellen feststellt: 8, 20 f, 26 ff, 170 ff, 217. Hier entfaltet sich immer noch die katastrophale Situation, die im 19. Jahrhundert um 1870 ff durch den Integralismus geschaffen wurde, vgl. Lord Acton, Rom, 13. April 1870 (Döllinger–Acton, Briefw. II, 314 f): „Als Heilsanstalt, als Austeilerin der Gnadenmittel, hat es die Kirche hauptsächlich mit den Millionen von arbeitenden, leidenden, unwissenden Menschen zu tun." „Um diese Masse gegen den Protestantismus usw. zu verteidigen, bildete man eine Kirchenfabel, worin die Kirche im idealen Licht glänzt, alles Schwierige, Unbequeme, Schlechte, alles was piarum aurum offensivum ist, durch Sophismen und Tendenzlügen verheimlicht und verdeckt wird. Der Katholizismus, der auf diese Weise verherrlicht wird, ist ein Scheinkatholizismus; die Kirche ist nur ein Phantom der Kirche. Ihre Verkünder sind bei jedem Schritt gezwungen, zu schlechten Waffen zu greifen, um den Feinden keinen Sieg zu verschaffen, um die Gläubigen in ihrem von Irrtum und Wahrheit künstlich zusammengesetzten Glauben nicht zu stören." Heute wollen sich Millionen von Gläubigen durch ein gefährliches Gemisch dieser Art nicht stören lassen, vgl. Josef Ernst Mayer, Kirchengesch. Österr., 95 ff.

Bankrott des kirchlichen Christentums: „Wird die Kirche zum Grab Gottes?": Robert Adolfs, Augustinerprior, 12 („Das kirchliche Christentum befindet sich im Zerfall"), 32, 49, 81, 83 ff, 93, 107 f, 116, 120 f, 132 f, 139, 159. Der starre Dogmatismus der Kirche ist Ursache der Krise (36 f). Die Kirche muß sich selbst entäußern, sonst hat sie keine Zukunft und keinen Sinn (123 f). Bankrott der Kirche heute (in fetten Lettern) 140; vgl. 149, 156 f (gegen Congar). St. Peter in Rom am besten als Museum einzurichten (164); 188: mangelnde Vertrauenswürdigkeit der katholischen Kirche.

Vgl. auch G. Mainberger OP., 19 ff, 25 f (unglaubwürdige Kirche), 45 f, 50 ff, 64 f. Terror der kirchlichen Sprachregelung, 70 f, 80 ff, 102, 104 („Die Dogmen werden zu Asche"), 124 ff, 165 ff (Katholizismus als Vergangenheit), 170 (Magie), 172: Todesfarbe des erstarrenden religiösen Verbandes der Kirche; 175 f: die Kirche wird „modernistisch"; 177.

Zur Aufgabe der positiven Liquidierung der Kirche: G. Lehner, in: Bismarck–Dirks II, 65 f. Die Kirche predigt an der Wirklichkeit vorbei, achtet nicht auf das wahre Problem des Menschen: H. Maurier, 241.

Kirchlicher Fetischismus noch heute: Maurier, 276 ff, 285, 291.
Die Frage einer biblisch-christlichen Denkform ist katholischerseits erst in jüngster Zeit aufgegriffen worden: J. B. Metz, 97, vgl. 133.
Zur „Selbstauflösung des christlichen Glaubens": G. G. Grau, 9, 17, 52, 102 f, 147, 227 ff, 249: ein Lebensgeheimnis der Orthodoxie: Zutiefst in ihrer Gottesfurcht lauert die launenhafte Willkür, welche weiß, daß sie selbst den „Gott" hervorgebracht hat, den sie verkündet.
Ebenda 285: Das Christentum versucht immer wieder, das religiöse Gespräch abzubrechen und machtpolitisch zu erdrosseln.
Heftige deutsche Abwehr des Fortschritts und der Öffnung der Kirche: Bischof Graber gegen „wildgewordene Progressisten": Bismarck–Dirks II, 158. Vgl. dagegen ebenda G. Reidick, 161: „Auch ein Dogma bleibt lediglich ein Aussageversuch".
Zur Hebräisierung der Welt heute vgl. Schlette, Pannenberg, Moltmann, Hoekendijk, in: Kontexte 4, 1947, 53 f, 57 f, 77, 88, 131.
S. 496 Der Papst der Deutschen: J. Nobécourt, a.a.O.; T. Breza, a.a.O.; K. Deschner II, 183 ff; Nikolaus Koch, 145: „Für die deutschen Katholiken war Pius XII. der ideale Papst." „Er war der absolute Herr, Deutschland nahe, wie lange kein Papst mehr. Ihm gehorchte man gern bedingungslos unter Verzicht auf persönliche Verantwortung, auf eine Verantwortung, für die in untertänigen Gemütern sowieso kein Platz ist. Und für Pius war der deutsche Katholik der ideale Untertan."
Die Leere, die Pius XII. um sich schafft: T. Breza, 102, 104, 150, 499 ff; Carlo Falconi, Pope John, 16, 22, 162 f; der Papst spricht in ein anonymes Vakuum hinein: G. Hirschauer, 116.
Pius XII. weigert sich, de Gasperi zu empfangen: Maria Romana Catti de Gasperi, 335; de Gasperi hatte 1953 besorgt dem Papste geschrieben: 324 ff.
Die „unione sacra" der Katholiken und Faschisten 1953: de Gasperi, 327 ff.
De Gasperi 1909, 1922 ff, 1938: Maria Romana Catti de Gasperi, 43 f, 86 ff, 99, 118 ff, 122, 135, 137, 154, 156 f.
Hitler sendet eine Madonna an Pius XII.: de Gasperi, 173.
Pius XII. 1944 zu de Gaulle: daran erinnert de Gaulle in seinen Memoiren, dazu John Lukacs, Continuum II, 1964, 187.
Das Schockerlebnis Pacellis in München: J. Nobécourt, 136 f, 148; vgl. seinen Ost-Kreuzzug: Pius XII. habe ihm gesagt, daß die Gottesmutter in Fatima und Lourdes gesprochen hat, daß es immer schwieriger werde, die strafende Hand ihres Sohnes zurückzuhalten. Ganze Völker werden in Europa vernichtet werden: Werkhefte 6/62, 222.
Vgl. auch G. Hirschauer, 256: Die zölibatäre Psychose prägt das Denken und Handeln der Junggesellenhierarchie als unbewußte Struktur. Geschlechtsangst regiert die Kirche; Hirschauer, 257 f.
Maria als „Priesterkönigin": Waltraud Schmitz-Bunse, Hochland, Dez. 1966, 150 f.
Pius XII., der Mann ohne Gespräch: T. Breza, 104 f und oft; viele Kirchenfürsten verstehen auch heute noch den vielberedeten „Dialog" faktisch als Monolog: G. Hirschauer, 106 ff, als Gehorsam von Kindern (108).
S. 498 Pius XII. zu Weihnachten 1956: „Wir unsererseits": T. Breza, 150 f.

In dieser Weihnachtsbotschaft (Herder-Korrespondenz, Nr. 11, 1956/57, 178) erklärt der Papst, „daß ein katholischer Bürger sich nicht auf sein Gewissen berufen kann, um den Kriegsdienst zu verweigern"; dazu Nikolaus Koch, 143; er nennt das „die theologisch wie demokratisch unerlaubte Aussage der Weihnachtsbotschaft 1956".

S. 500 Die Gesellschaft Jesu: Heer I, 307 ff; Heer, Die dritte Kraft, 1959, 347 ff, 408 ff, 590 ff.
Die Gesellschaft Jesu und die Juden: Heer, Gottes Erste Liebe.
Die deutsche Frage: Die Briefe Pius' XII., 327.
Wir sind mit: Die Briefe Pius' XII., 81 (abgekürzt als „Briefe").
8. Dezember 1939: Briefe, 45.
Das heilige Kaiserpaar: Briefe, 53.
8. Dezember 1940: Briefe, 106.

S. 501 Wir selbst stehen: Briefe, 179.
25. Oktober 1942: Briefe, 205.
Wir beten viel: Briefe, 214.
Was ihr erwähnt habt: Briefe, 182.
Die innigen persönlichen Beziehungen: Briefe, 115.
Dein starkes Apostelherz: Briefe, 20.
Der Nuntius Orsenigo: Briefe XXXVI, 27, 67, 299, 319, 353 f.

S. 502 6. und 9. März 1939, Rom: Briefe, 317 ff.
Alles zu vermeiden: Briefe, 300.
Die Denkschrift Faulhabers: Briefe, 306 ff.

S. 503 Zu diesem Tage: Briefe, 309.
Das Gutachten von Faulhaber: Briefe, 315.
Ob eine päpstliche Enzyklika über Volk, Rasse, Nation: Briefe, 316.
Zu Preysing: Briefe XVII, XXXI, XXXIX.
Die große Angst Pius' XII. vor einer religiös bewegten und unruhigen klerischen Jugend in Deutschland: vgl. das Memorandum Gröbers 1943: J. Congar, 109, 279.
Preysing, 6. März 1943: Briefe, 239.
Preysing gegen Papen: Briefe XXXII; zu Papen: Th. Eschenburg, 270 ff.
Preysing will resignieren: Briefe, 74.

S. 504 Die wärmsten Glückwünsche des Führers: Briefe, 318.
Die Schlußansprache beim Eucharist. Kongreß in Budapest am 29. Mai 1938: E. Pacelli, Discorsi, 738 f, enthält einen Appell, kaum verhüllt, zum Krieg gegen den Bolschewismus. Dieser Kampf ist, natürlich, ein „Abwehrkampf", wie für Hitler, gegen die Juden und Roten.
Lehnen sie ab, so müssen wir kämpfen: Briefe, 322.
Hitler hat zweifellos: Briefe, 323.
Ich müßte mich schämen: Briefe, 327.
Ist eine lehramtliche Behandlung der Rassenfrage: Briefe, 330.
Es geht nicht anders: Briefe, 332.

S. 505 Es läßt sich nicht leugnen: M. Serafian (Martin SJ), 38.
Zum Conte Dalla Torre: Briefe, 332 f.
Hoch zu verehrender oder Hochzuehrender: Briefe, 338.
Heil Hitler – Gelobt sei Jesus Christus!: Briefe, 339.

S. 506 Retten, was man retten kann: Briefe, 340.

Pius XII. an Hitler: Briefe, 340 f.
Eine tausendjährige theologische Tradition gegen die Juden: Heer, Gottes erste Liebe; vgl. M. Serafian, 47 ff.
Die Kurie liquidiert den politischen Katholizismus in Italien: Maria Romana Catti de Gasperi (die Tochter und Sekretärin ihres großen Vaters), 86 ff, 93 f, 99, 119 (die Kirche verläßt die Besiegten), 135, 137 f.
Dasselbe in Deutschland: K. Deschner II, 107 ff; Th. Eschenburg, 90 f. Bereits 1887 will Bismarck das Zentrum mit Hilfe der Kurie vernichten: Karl Buchheim, Hochland, Dez. 1966, 118.
S. 507 In keiner Phase des Krieges: Die Briefe, XXXIII; vgl. 116, 120, 122, 126, 138, 163, 170, 266, 270, 274.
Wir erhoffen den Völkerfrieden: Briefe, 126.
31. März 1941: Briefe, 138.
An Faulhaber, 2. 2. 1942: Briefe, 163.
6. Januar 1944: Briefe, 266.
S. 508 Wir geben Uns aber: Briefe, 274.
Der USA-Klerus für Hitler: 1941: K. Deschner (Jahrhundert der Barbarei), 359; Spellman in Rom, kuriale Kreise für Frontwechsel 1943–1945: Heer V, 128 ff, 508 ff; der wohlinformierte Himmler will bekanntlich an der Westfront kapitulieren, hofft in drei Monaten an der Seite der Westmächte gegen die Russen weiterkämpfen zu können, vgl. Heydecker–Leeb, 48 ff.
Spellman auf dem Eucharist. Kongreß in München 1960: K. Deschner (Das Jahrh. der Barbarei), 41; vgl. auch Deschner II, 183 ff: Was wollte Pacelli?
Pius XII. glaubt noch im Herbst 1943 an deutschen Sieg: Belege bei Deschner II, 214 f.
Der uralte Kampf zwischen Guten und Bösen: Briefe, 32.
Die Kirche hat den Germanen „nur Glück gebracht“: Briefe, 33.
Interessant ist in diesem Zusammenhang die Erklärung des Papstes im Schreiben an den deutschen Episkopat am 8. September 1941 (Briefe, 153): „Laßt uns auch in eindringlichen Gebeten von Gott erflehen, daß die Gegner der Kirche endlich erkennen möchten, daß es nichts Häßlicheres gibt, als die eigene Mutter zu kränken, und daß sie in heilsamer Umkehr ihren verwerflichen Haß in Liebe verwandeln.“ Diese Erklärung läßt verschiedene Deutungen zu. Die Gegner der Kirche, die aufhören sollen, ihre Mutter, die Kirche, zu kränken, können sein: 1. die Millionen getaufter Katholiken, die Nationalsozialisten wurden unter Führung der Katholiken Hitler, Himmler, Goebbels und anderer, 2. als „Untertanen“ der „Mutter Kirche“ auch evangelische Christen, ja alle Menschen, wie zu den Zeiten Pius' X. noch proklamiert wurde, 3. vielleicht gar alle Menschen, hier eingefordert vom Stellvertreter Christi, des Königs aller Völker. Wie immer dem sei: Pius XII. scheint nie gewußt zu haben, daß seit dem Mittealter die mater ecclesia ihr Mutterantlitz für viele Millionen Menschen verloren hatte und zur harten ecclesia judicatrix wurde (wie Anton Mayer-Pfannholz aufgezeigt hat).
S. 509 Die Jagd als eine „erhabene Mission“: T. Breza, 308 ff.
Pius XII., 29. Sepetmber 1940: Briefe, 101 f.
Pius XII. erhebt keinen Einspruch gegen die sich auf ihn selbst ausdrücklich berufende Atombombentheologie seines Beraters, des Paters Gundlach; vgl. N. Koch, Pervertierte Theologie. Gegen Gundlachs Irrlehre vom Krieg, Witten

1959; vgl. Koch, in: Ev.-Kath. Forum 1964, 143; Heer II, 664, 969; E. W. Böckenförde, R. Spaemann, Die Zerstörung der naturrechtlichen Kriegslehre. Erwiderung an P. Gustav Gundlach SJ, in: Atomare Kampfmittel und christlicher Ethik, München 1960, 161 ff; Pius XII. und der Atomkrieg: K. Deschner I, 594 ff; G. Hirschauer, 278 ff, 281; R. Küchenhoff, in: Blätter f. deutsche und internat. Politik, 20. Juli 1958, 509 ff.

Bischof Landersdorfer predigt 1958: vgl. Heer II, 543, 948.

Vertraut darauf: Briefe, 295; vgl. ebenda, 292.

S. 510 Pius XII. beschwört die Vorsehung: Briefe, 12, 34, 49, 110, 112, 116, 122, 188 f, 206, 234, 250 f, 292.

Franco: „Ich bin das Werkzeug der Vorsehung": vgl. K. Deschner II, 87.

Unermüdlich fordert Pius XII. zum Opfer auf: Briefe, 61 f, 95, 114, 136 und oft.

Gott verhängt die Drangsale des Krieges: Briefe, 294 und oft.

Die Geistlichen sollen als Militärseelsorger: Briefe, 34 f.

16. Februar 1941: Briefe, 122.

18. August 1943: Briefe, 251.

25. Oktober 1942: Briefe, 207.

S. 511 Maria, Herzogin der Franken: Briefe, 231; Maria, Herzogin der Deutschordensritter: Briefe, 244 ff. Möge die Königin des Friedens: Briefe, 246; die Immaculata über Trier: Briefe, 221.

Falscher Supernaturalismus: Briefe, 95.

S. 512 Nichtpolitik wird Glaubens- und Liebesverrat: Walter Dirks; vgl. H. Th. Risse: Walter Dirks, in: Tendenzen der Theologie im 20. Jahrhundert, 1966, 462; ebenda 463: in diesem Sinne schließt Dirks die Kluft zwischen Profangeschichte und Heilsgeschichte.

Leider bist du nicht der einzige: Briefe, 271.

Vorsichtiges Schweigen: Briefe, 271.

22. Februar 1944: Briefe, 275.

12. März 1944: Briefe, 287.

S. 513 Diesen Bankrott eines kirchlichen Weltzeitalters hat am klarsten der deutsche Katholik Nikolaus Koch, 142 ff, dargestellt. Vgl. auch G. Hirschauer, 208: Die katholische Gettoerziehung liefert „eine formal blindgläubige Masse von real ungläubigen Menschen". Die vielbeklagte „kirchliche Scheinblüte nach 1945" (Karl Forster, in: Deutscher Katholizismus nach 1945, 40 ff) hat tiefere Ursachen, als man zu ersehen wagt.

S. 515 Vielfalt des menschlichen Sterbens: zum folgenden: H. W. Bähr, Die Stimme des Menschen; Letzte Briefe zum Tode Verurteilter aus dem europäischen Widerstand, hrsg. von P. Malvezzi u. G. Pirelli, Zürich 1955, Auswahl München 1962; W. Schabel: Herr, in Deine Hände – Seelsorge im Krieg, Bern 1963.

Ich vermache meine kleine Bibliothek: H. W. Bähr, 295 f.

S. 516 Meine Geliebten: H. W. Bähr, 215 f.

Im Traum der Nacht: H. W. Bähr, 261.

Für uns waren Weltfriede: H. W. Bähr, 240.

Man darf nie die Hände: H. W. Bähr, 161; vgl. 113: der russische Jude Benjamin Iwanter, gefallen am 5. Juli 1942, am 1. Dez. 1941: „Hitler kann nicht siegen, weil wir solche Menschen haben."

Das Kind hat eine Zukunft: H. W. Bähr, 221; Ringelblum: ebenda 223.

S. 517 Hütet euch vor jenen: H. W. Bähr, 114 f.
Julius Fucik: H. W. Bähr, 296 f.
Sind Sie verrückt geworden?: W. Schabel, 83; vgl. ebenda 88, 99 f, 163, 174.
Die SS ist uns Seelsorgern: W. Schabel, 70 f.

S. 518 Ich habe tausend schwere Sünden: W. Schabel, 137.
Pius XII. erklärt nach 1945: K. Deschner II.
Pius XII. wohlinformiert über die Greuel in Polen, Kroatien etc.: C. Falconi, 54 ff, 81 ff, 257 ff, 277 ff, 386 ff, 442 ff.
Es verlangt mich: W. Schabel, 142.
Der Abbé Riquet: W. Schabel, 143.
Frank H. de Tonge: W. Schabel, 118.

S. 519 Ein jüdischer Soldat: W. Schabel, 301.
In dem wilden Kampf ums Leben: W. Schabel, 234.
Der Tod Mussolinis: Georges-Roux, 426.

S. 520 Die Schändungen seiner Leiche: Georges-Roux, 428 ff.
Der Tod Hitlers: A. Bullock, 798; anderen Berichten zufolge vergiftete sich Hitler, befahl aber, ihn als Toten anzuschießen, um einen Kugeltod vorzutäuschen.
Zu Rattenhuber: D, 2248.

S. 521 Das Sterben des Papstes Pius XII.: T. Breza, 506 ff; vgl. ebenda 499 ff: „Eine Epoche geht zu Ende."
Würde Ihnen, Pater Leiber: T. Breza, 515.
Man war sich nicht ganz sicher: T. Breza, 518.

S. 522 Auf einer von ihnen: T. Breza, 554.
Alte Römer und halbnackte Barbaren: T. Breza, 522.
Schließlich mußte sie: T. Breza, 522. An Hand von Zitaten: T. Breza, 538.
Frühe Verwesung: T. Breza, 539.
Das päpstliche Begräbnis als Apotheose: T. Breza, 513, 522.
Erbarme Dich meiner, Gott: T. Breza, 569 f.
Zum Schlußsatz: in Nürnberg sagt Heß: „Warten Sie nur 20 Jahre ..." (G. M. Gilbert, 71); und Rosenberg: In 20 Jahren müssen Sie dasselbe tun (ebenda 68, vgl. 82, 136–138, 287). Ein Ja zum Führer und Reichskanzler Adolf Hitler heute: Blätter für deutsche und internat. Politik, Dez. 1966, 1140 f; Seebohm spricht wie Hitler: ebenda 1142, voll Haß gegen die „turanische Horde" der Ungarn! Ebenda 1143: Ustascha-Hetze heute gegen den Serben, der als „Asiate" denunziert wird.
Katholische theologische Anerkennung für Hitler nach 1945: Der Moraltheologe Rupert Angermair, München, schreibt 1952 in seinem Gutachten zum Remer-Prozeß: Hitler förderte zunächst jahrelang „das Gemeinwohl im gottgewollten (!) Sinne". Vgl. Joh. Fleischer: Der deutsche Episkopat und die Gewissensfreiheit im Dritten Reich (in: Blätter f. dt. u. intern. Pol., H. 9, 25. Sept. 1959, 767). „Katholische Kontinuität" heute: Der Erbauer der Krematorien in Auschwitz baute das neue Pfarrhaus in Reutte, Tirol; herzliche Anerkennung dafür von Bischof Paul Rusch (Werkhefte 4/66, 146 f).
Hitler wird noch heute – 1967 – in 26 Städten Westdeutschlands als Ehrenbürger geführt: Ehrenbürger und Ehrungen der Bundesrepublik, Verlag Spielmann, Dortmund.

S. 525 Pius XII. als Weltschiedsrichter: Purdy, 136 ff.
Der Papst ist: Purdy, 330. Papstmystik bei Paul VI.: J. Guitton, 37, 54 f, 57, 69, 90, 93, 108, 238.
Pius XI. als rex tremendae majestatis: Guitton, 53.
Magische päpstliche Autorität und infantile Katholiken: Hochland, 59. Jg., 4. H., 1967, 365.
Sancta Dei civitas: Mirbt, 476.
Ewige Verdammnis der Häretiker 1863: Mirbt, 450; vgl. die päpstlichen Dokumentationen, ebenda 514 und oft.
Zur Verdammung der Modernisten: Mirbt, 508 ff, 515 ff (vaferrimum hominum genus, modernistas). 1965 stellt Karl Rahner lakonisch fest: die Kirche hat „die Schlacht gegen den Modernismus verloren", vgl. Werkhefte, März 1968, 3/68, 91.
Pius IX., 7. August 1873: Mirbt, 469.
Die Antwort Kaiser Wilhelms I.: Mirbt, 470 f.
Johannes Katschthaler 1905: Mirbt, 497 ff.

S. 527 Die Tätigkeit Christi im Tabernakel 1956: Purdy, 334.
Pius X. 1903: Mirbt, 502.
18. November 1912: A. M. Knoll, a.a.O.

S. 528 Johannes XXIII., Dez. 1959: Geistliches Tagebuch, 321.
Zu Bernhard von Clairvaux: Heer, Aufgang Europas.
28. Juni 1917: Stutz, 31.

S. 529 Zum CIC: Stutz, 38 ff.
Vor der Geschichte: Stutz, 50.
Neue Rüstung: Stutz, 52.
Neues . . . nur wenig: Stutz, 157.
Möge das neue Gesetzbuch: Stutz, 78.
Die katholische Kirche – Kirche des Klerus: Stutz, 83.
Ein einziger Kanon: Stutz, 84. Problematik Laie–Klerus heute: A. Mirgeler, Hochland, 59. Jg., 6. H., 1967, 568 ff. Der Laie rechtlos gegenüber der Hierarchie: vgl. Actio Catholica, Wien, Juli 1967, 4, 8 f; 3 f: deutscher Episkopat gegen echte Laienvertretung.
Als Läufer und Diener: Stutz, 85; zum folgenden: 87 f.
Sogar über den Tod hinaus: Stutz, 88 f.

S. 530 Warnungen vor Begegnungen mit nichtkatholischen Christen: Mirbt, 492 f, 514 f, 527 und oft. Im CIC: Stutz, 104 (CIC can. 1325 § 3).
Geduldete Exkommunizierte: Stutz, 90.
Mischehen: Stutz, 95. Schmutzworte: E. W. Eschmann, 30, 63.
Die Kirche steht unabhängig: Stutz, 118.
Der CIC bringt Entwicklung zum Abschluß: Stutz, 160.
Die Dokumentation: Der Papst an die Deutschen, ed. Wüstenberg und Zabkar, hier abgekürzt als: Wü.

S. 531 FAZ, 10. Dez. 1929: Wü, 80.
Zum folgenden: reiche Belege bei Wü.
31. August 1924: Wü, 27.

S. 532 14. Juni 1925: Wü, 30.
6. Juni 1926: Wü, 32.
Heerschau: Wü, 46 und oft.

Magdeburg 1928: Wü, 65 ff.

S. 533 Viele falsche Propheten: Wü, 70.

8. Mai 1929: Wü, 71 ff.

Freiburg 1929: Wü, 75 ff.

10. Dez. 1929: Wü, 80 ff.

S. 534 23. 4. 1939: Wü, 90.

9. Mai 1945: Wü, 101. Sehr anders sieht Hugo Kuhn, Die verfälschte Wirklichkeit, Stuttgart 1946, 43 die Lage: „Als die Waffen siegten, haben die Kirchen nicht gesiegt."

Päpstliche Hilfswerke als Fluchthelfer von KZ-Schergen etc.: S. Wiesenthal, 155, 157 f (Eichmann), 317 (Hudal und Wächter).

Wiesenthal besitzt noch ein reiches unveröffentlichtes Material zu diesem makabren Kapitel.

S. 535 Pius XII. und die Sowjetunion: M. Mourin, 191 ff; ganz ähnlich wie Hitler sieht Pius XII. den Kommunismus als Folge des Liberalismus etc. (ebenda 212). Der Kalte Krieg der Kirche: 214 ff, 250 f, 254 ff; vgl. auch 125 ff, 132 ff, 144 f.

2. Juni 1945: Wü, 103 ff.

S. 536 Zum Konkordat in diesem Zusammenhang: Mourin, 74 ff.

S. 537 Pius XII. übersieht in seiner Erklärung „Mit brennender Sorge" 1945, daß er selbst als Pacelli an den deutschen Botschafter von Bergen eine Note über den unpolitischen Charakter der Enzyklika gerichtet hatte, vgl. Mourin, 82. Zur Enzyklika: Lapide, 66 f. Text von: „Niemand denkt daran" in: Mensch und Gemeinschaft in christlicher Schau, ed. Marmy, 1945, 231.

Aus den Gefängnissen: Wü, 108. Ein Bischof sieht die Priester in Dachau als „Märtyrer ihrer eigenen Dummheit" an: G. C. Zahn (Jägerstätter), 203.

S. 538 13. Sept. 1952: Wü, 112 f.

1. Nov. 1945: Wü, 116.

2. Juni 1946: Wü, 125.

1. Dez. 1947: Wü, 134 ff.

S. 539 Die Führer: Wü, 146 f und oft.

Damm gegen den Materialismus: Wü, 175.

Und mit den Katholiken steht: Wü, 176.

Passau: Wü, 173.

Juli 1952: Wü, 197.

S. 540 10. August 1952: Wü, 202.

Ringen um Achtung der Menschenwürde in der Kirche 1958: vgl. D. P. Warwick, in: Cross Currents, Frühjahr 1967, 401 ff; er fordert in diesem Zusammenhang dringend Entpapalisierung und Entklerisierung der Kirche: 416 f (auf der Tagung der Canon Law Society of America 1967).

Der Materialismus ist seelische Heimatlosigkeit: Wü, 203.

S. 541 15. 2. 1954: Wü, 234 ff.

Die stolze Nation der Germanen: Wü, 241.

Gott lebt – Berlin: Wü, 247.

Der Augsburger Religionsfriede 1555: Wü, 254 ff.

In Tagen abendländischen Bekenntnisses: Wü, 256.

Christen am Vorabend der Lechfeldschlacht: Heer, Tausend Jahre Abendland, 1956, 19 ff.

S. 542 Weihnachtsbotschaft 1955: Wü, 264. Weihnachtsbotschaft 1956: Mourin, 250 f.

S. 543 Wir weisen den Kommunismus als gesellschaftliches System zurück: Wü, 268; vgl. Mourin, 125 ff, 135 ff, 212 ff; vgl. W. Daim, Der Vatikan und der Osten, 31 („Um den Wandlungsprozeß zu verschleiern"), 35 ff; zu Pius XII.: 47 f, 82, 84 ff (Pius XII. glaubt an edle Rasse, reines Blut, edlen Stammbaum), 89 f, 140. Der Vatikan will heute eine Kontinuität vortäuschen, wo es in Wahrheit Brüche gibt: 143. Der unglückliche, fetischistische und chauvinistische Kardinal Wyszýnski (133) hatte 1938 Hitler-Deutschland als Vorkämpfer gegen den Kommunismus gefeiert (393). Vgl. damit ein deutsches theologisches Denken über den Kommunismus um 1960: Almeida, 85, 128 ff, 137 ff.

Am 30. Juli 1966 beklagt anläßlich der Unterzeichnung des Protokolls über die jugoslawisch-vatikanischen Gespräche Branko Skrinjar im „Kommunist" Belgrad „die Starrheit eines Episkopats, in dessen Verlauf etwa 150 öffentliche Verurteilungen des Kommunismus verabschiedet wurden" – unter Pius XII.: Daim, 434.

Zu den sowjetischen Verhandlungs-Angeboten an den Vatikan 1922, 1925, 1927, 1943, 1944, 1945: Dobretsberger, in: Der österreichische Standpunkt, Wien, Dez. 1967, H. 12, 3 ff.

Pius XII. als Führer der antikommunistischen Welt: Mourin, 132 ff.

Zur Verwendung des Naturrechts: Knoll (Knoll–Daim–Heer: Kirche und Zukunft, Wien 1963), 99 ff; und Knoll, Katholische Kirche und scholastisches Naturrecht, Wien 1962.

Pius XII. an Adenauer: Wü, 281.

Heerschau Köln 1956: Wü, 298 ff.

Der Krieg an sich nicht unsittlich: Almeida, 54 ff.

S. 544 Der atomare Krieg sittlich gerechtfertigt: Almeida, 120 ff. Vgl. ebenda die Erklärungen deutscher Atombombentheologen: 128 ff, 137 f.

An der Kriegslehre Pius XII. ist nichts neu: Almeida, 138.

Die harte exklusive Intransigenz Pius' XII., jetzt auch von geistlichen Historikern wie W. A. Purdy ersehen: Purdy, 148; vgl. ebenda 41 f, 59, 72 f, (Pius XII. geschichtsblind), 81: er argumentiert mit den Argumenten des Syllabus, 82, 84 (das italienische Volk als das Volk Christi), 137, 179, 209 (will keine Mitarbeiter), 212 ff, 275, 290 f, 343. Das Volk ist für ihn eine passive Masse, an der die Kirche arbeitet: 171 f. Gehorsam als fixe Idee: 173; „die Unfähigkeit, die Dinge dieser Welt ernst zu nehmen" (196). Pius XII. 1950 hart und böse über Arbeiter als Herde, den Blick auf die Erde gerichtet, in der Radiobotschaft an die JOC, Brüssel (die katholische Arbeiterjugend!): 241. Böse gegen die Arbeiterpriester: 241 f.

Die Integralisten unter sich: man muß „die Unwissenheit Pius' XII. ausnützen": 319.

S. 545 Das Hitlertum war: Lapide, 344.

Auschwitz war: Lapide, 303; vgl. 74, 87, 137, 279, 320, 322 f.

Origenes, Tertullian: Lapide, 86; vgl. 85.

Als dann unausweichlich: Lapide, 87; vgl. 74.

Die Rettung von 700 000 Juden: Lapide, 188, 359.

Päpstliche und kirchliche Hilfswerke unter Pius XII.: Lapide, 85 ff. J. Levai, a.a.O.; D. Hertig, 218 ff, 234 ff.

S. 546 Freischärler Gottes auch in der Kirche: so der Kapuziner Marie-Benoit: Lapide,

164 ff; vgl. 197 f. Der vielverklagte Wiener Kardinal Innitzer bemühte sich sehr, Juden zu retten: Reimann I, 264.
Zum Selbstverständnis Pius' XII., hier: Purdy, 136 ff, 320.
Wäre ich Katholik: Lapide, 246 f.
Pius XII. ein Gefangener des Vatikans: Purdy, 212 f; ebenda über die Belagerungsatmosphäre in der römischen Kirche: 49, 62 f, 73 f, 191 (heute!), 301, 339.
Vatikanstaat als ein Gefängnis der Kirche: Paul VI.; vgl. Guitton, 33.
Pius XII. hart bis zu seinem Tode: Lapide, 288.
Die Seelisberger Konferenz: Lapide, 279.
Jules Isaac: Lapide, 327 ff; Purdy, 279, 281; vgl. meine Einführung zu: Isaac, Jesus und Israel, Wien 1967.
Rom und der Kirchenstaat bis 1870: Lapide, 28 ff.
Die Civiltà Cattolica gegen die „widerliche Rasse" der Juden: Lapide, 32 ff.
Die Juden – heute – als Rasse von jüdischer Seite angesprochen: S. Landmann, 1967, ebenda gegen einen „Rassenmanichäismus", 25, und eine manichäische Rassenideologie (15). Silvia Landmann sieht in Jahve einen harten Beduinengott der Hebräer: 84 ff.
Seit 1920 ist: Lapide, 41.

S. 548 Antizionistische Politik des Vatikans unter Pius XI.: Lapide, 249 ff.
Das schmutzige Judengeschmeiß: Lapide, 44 ff, 254 f.
Während der ersten 5 Jahre des Hitler-Regimes: Lapide, 49.
„Mit brennender Sorge": Lapide, 66 f.
Faulhaber: Lapide, 56 f, 59 ff, 72; ebenda 217 ff: „der geistige Kollektiv-Zustand des deutschen Katholizismus".
Rom: Roma quadrata, die heilige Stadt: W. Müller, 9 ff.
Germanisches himmlisches Jerusalem: W. Müller, 153 ff.
D. D. Runes (1968) IX und oft.

S. 549 Ausrottung der Serben: Deschner I, Deschner II und III; C. Falconi, a.a.O.
Römischer Haß gegen den griechischen Osten von Augustin bis de Maistre: Heer, Europa, Mutter der Revolutionen, 22 f. Zu de Maistre: Y. Congar, 328; Nolte, 67 ff.
Noch auf dem 2. Vat. Konzil ist bei den meisten Vätern: vgl. G. Vallquist, 159, 339, 352, 366, 387, 460 und oft.
Pius XII. hart gegen die Ostkirche: Purdy, 299 f; vgl. 285 ff.
Die byzantinischen Kaiser: Heer, MA 1100–1350, 203 ff. Hep, Hep: Lapide, 21.
Jerusalem als mittelalterliche Idealstadt: W. Müller, 53 ff.

S. 550 Das staufische Endkaisertum und Jerusalem: Heer, Aufgang Europas, und: Die Tragödie des Heiligen Reiches.
Zu Congar: Heer, Gottes erste Liebe; Congar (Heilige Kirche) bes. 23 ff, 120 ff.
Zum Petersdom: Schüller–Piroli, 491 ff, 558 ff, 594 ff. René Girault macht 1967 auf das „Ende des Triumphalismus – Rom nicht mehr Mitte der Welt" aufmerksam (17 ff) und charakterisiert (27) das Zusammentreffen (1663) der Verurteilung Galileis mit der Vollendung der Kuppel von St. Peter (auf die Pacelli–Pius XII. sich so oft beruft!) als „ein fast fatales Zusammentreffen: der barocke Triumphalismus erscheint uns, wenn man ihn in den Zusammenhang der Zeitumstände zurückstellt, geradezu lächerlich". Girault ist Priester, sein Buch trägt ein kirchliches Imprimatur. Vgl.: Ende des Triumphalismus, ebenda 17 ff.

Für Bellarmin ist im Hochbarock die römische Kirche unangreifbar wie das Königreich Frankreich und die Republik Venedig (Y. Congar, 28). Heute visiert man auch katholischerseits die Kirche als eine Ecclesia semper reformanda an (Congar, 145, 153); die Kirche als eine „Keimzelle" des Gottesreiches (Congar, 424). Die Wirklichkeit zeigte schon damals, nachdem Paul V. im Kampf mit Venedig unterlag (E. W. Zeeden, 202 ff), daß das Papsttum seit der Mitte des 17. Jahrhunderts praktisch nichts mehr zu sagen hatte, es ist unendlich geschwächt durch die Kämpfe der Gegenreformation (Zeeden, 286).

St. Peter und Rom: Das Papsttum hält am statischen Raumschema fest, vgl. J. B. Metz, 65, 91, 111: der schlechthin präexistente Raum (Rom–Raum–Kirche) umfängt den Menschen, verschlingt die Geschichte als schlechte Zeitlichkeit.

Die Kirchenväter-Tradition als Grundlage der vatikanischen antizionistischen Politik: Lapide, 259.

Zu St. Peter: Pius XII. hält am mittelalterlichen Glauben von der „Nichtigkeit der Welt" wie Innozenz III. (sein größtes Vorbild) fest, vgl. H. R. Schlette, 8 f, 46 ff, 58 ff, 67 ff, 72 ff, 80 f, 115 ff (Hugo von St. Viktor), 150 ff („Verwendung" der hl. Schrift). Gott wohnt in seinem dreifachen Haus (108). Die Geschichte nach Christus ist ein einziger Heereszug des siegreichen Königs Christus (142 ff).

Zum Grundproblem: die totale Institutionalisierung der Christusoffenbarung als Voraussetzung der totalen Säkularisation: J. Friese, 97 ff, 104 ff, 112, 147; ebenda 161: Bankrott der Kirche; 85 ff: die kirchlichen und christlichen Mißverständnisse der Offenbarung; 96: die Frohe Botschaft wird zur Drohbotschaft für alle Menschen.

S. 551 v. Bergen 1922: Lapide, 249 ff.

Barlassina: Lapide, 250.

Zwei Denkschriften 1922–1927: Lapide, 251 f.

S. 552 Ich fürchte Ihre Universität: Lapide, 256.

1922 vatikanisches Memorandum: Lapide, 254.

1933 Kuratus Kascha: H. Müller, 168.

Roma locuta: H. Müller, 195.

Zur totalen politischen Verführung der katholischen Jugend durch Kirchenführer vgl. H. Müller, 181 ff (Steinmann), 191 f, 194 ff.

S. 553 2. April 1938, Civiltà Cattolica: Lapide, 257 f.

Der junge Pacelli: Lapide, 251 f.

Paluzzi (Roma onde Cristo è Romano), abgekürzt: Pal.

Zum psychologischen Verständnis der Papstrolle, die Pacelli–Pius XII. sehr bewußt stilisiert und auf sich nimmt und spielt, vgl. H. Sundén 7 ff, 128 f, 196 ff (Rolle und Lehre), 199 f (Gehäusementalität), 233 f, 242 ff (Verdrängung).

Barockes Vorwort: Pal, 5 ff.

Mussolini und faschistische Rom-Mystik: Nolte: 100 ff. Mussolinis Rom-Mystik ist der Rom-Idee des Charles Maurras verwandt, die „katholisch" und scharf antijüdisch eingestellt ist.

Mussolini gegen die beiden Rom (Rom und Moskau): Nolte, 286.

Rabiater Antisemitismus Mussolinis: Nolte, 230, 294, 585.

S. 554 Vielleicht ist es bezeichnend: Purdy, 342.

Roma caput mundi: Pal, 12 und oft. Roma di Cesare e di Pietro: Pal 13 f.

Roma immacolata: Pal, 15.

Die geheime Schutzgöttin Roms: E. Neumann, Die große Mutter, a. a. O.
Die göttliche Kuppel der Peterskirche: Pal, 19 und oft; ebenda: divino trionfo etc.
Ihr habt Euch auf den Knien: Pal, 19 f.
S. 555 6. Nov. 1932: Pal, 20 f.
27. Mai 1934: Pal, 27.
Rabbi Jesus: Johannes XXIII., Geistl. Tagebuch, 1968, 334.
12. Nov. 1934: Pal, 27–35.
Vermählung: Pal, 29.
S. 556 Montini im Lyceo Arnaldo da Brescia: J. Guitton, 298.
Jeder Heilige ist Römer: Pal, 37.
Dominikus: Pal, 36. Beda Venerabilis: Pal, 39.
Gregor der Große als christlicher Caesar: Pal, 39 f.
26. 2. 1936: Pal, 40 ff.
Zu Dante: Heer, Mittelalter, 427 f, 469 ff, 597 f, 610 f; Heer, Europäische Geistesgeschichte, 220 ff und Register.
S. 557 Pfarrer Alfons Beil, Heidelberg, Brief an mich vom 3. 2. 1968; er übersandte mir gütig Kommentare zum Römischen Christus Pauls VI. in Bethlehem: Katholische Gemeinde, Heidelberg, 24. 1. 1964 und 7. 2. 1964. Roma é una parola di mistero: Pal, 40 f.
Rom–Jerusalem: Pal, 41 f.
Feier der Lateranverträge – die Vision des Friedenspapstes als Regent der Welt: Pal, 43 (der papa angelicus ist eine uralte früh joachimitische Vision!)
Nessuna città vince o vincerà il destino di Roma. Gerusalemme e il suo popolo non sono piu la città e il popolo di Dio. Roma è il nuova Sion, e romano è ogni popolo che vive la fede romana: Pal, 44 f.
S. 558 17. 4. 1937: Pal, 52 f.
Zum arabischen Vernichtungswillen gegen Israel 1967: hier nur ein Dokument: Die Gemeinde, Wien, 13. Juni 1967.
S. 559 P. G. Hertling SJ, Die Schuld des jüdischen Volkes am Tode Christi, in: Stimmen der Zeit, CLXXI, 1962, 16 ff. Die Veröffentlichung wurde von Rom nach München abgeschoben!
22. Juni 1938: Pal, 55–72.
No, non si ingannò: Pal, 59.
Quell'orgoglio santo: Pal, 61.
Paul VI. hält an der Gottesmordtheologie fest, so in einer berühmten Predigt in Rom, so schon als Montini, als er ein Vorwort zu dem von antijüdischen Ausfällen strotzenden Buche von Angelo Alberti, Il Messaggio degli Evangeli, 1956, schreibt. Hier werden wieder einmal die gottverfluchten Juden bis heute verdammt. Vgl. Jewish Chronicle, 28. August 1964.
S. 560 Kommandostab an die römischen Fürsten: Pal, 63.
Capistrano: Pal, 64; zu diesem Heiligen: Heer, Gottes erste Liebe.
Maria, Vertilgerin jeder Häresie: Pal, 66. Pius XII. fördert die Übersteigerung des Marianismus: Hochland, 59. Jg., 1967, 4. H., 392 ff.
Gegen die Französische Revolution: Pal, 67.
Der ungeheure Rom-Hymnus: Pal, 69 ff.
S. 561 Das Kapitol ist: Pal, 72.

Pius XII., Bekenntnis auf dem Totenbett: Lapide, 248.
5. 4. 1939: Pal, 80–88, Kommentar: 87 f.
2. Oktober 1939: Pal, 92.
5. Januar 1941: Pal, 110 f.
S. 562 Zum Worte „Snob“: H. Heigert, 52.
Zum Glauben Pius' XII. an edle Rasse, reines Blut, etc.: W. Daim, Der Vatikan und der Osten, 85 ff; vgl. ebenda 47 f, 82, 84 ff, 140.
29. Juni 1941: Pal, 112 ff.
3. Okt. 1941: Pal, 121 ff.
24. Dez. 1941: Pal, 124 ff.
S. 563 5. Januar 1942: Pal, 126 f.
4. Juli 1943: Pal, 139 ff.
S. 564 20. Juli 1943: Pal, 143 ff.
1945, vergeblich Moshe Sharett: Lapide, 258.
3. August 1946: Lapide, 259.
Der moderne Zionismus ist nicht: Lapide, 264.
Brunnen vergiftet: Lapide, 264 f.
S. 565 Wenn auch die Orthodoxen: Lapide, 268 ff.
9. Mai 1949: Lapide, 269.
Paul Démann: Lapide, 287 f; vgl. auch Purdy, 280 ff.
Pius XII., auch hier hart bis zum Tode: Lapide, 288.
Ausrottung der Juden, ein Werk der Vorsehung: Maxime Mourin, 159, fragt: „... war ihm (Pius XII.) nicht vielleicht die Ausrottung des Volkes, dem die Propheten, die Gottesmutter und Christus selbst angehörten, sogar als ein von der ewigen Vorsehung gewollter Schicksalsschlag erschienen?“
In diese Abgründe einer katholischen Theologie leuchtet, unbewußt und ungewollt, Hilda Graef, Leben unter dem Kreuz. Eine Studie über Edith Stein, 1954. Edith Stein war eine unglückliche Konvertitin (zu ihrer Problematik vgl. Günter Anders, Die Schrift an der Wand, Tagebücher 1941–1966, 277, 287–292. Edith Stein war in Breslau eine Schülerin seines Vaters William Stern gewesen). Die unglückliche Exjüdin Edith Stein spricht vor katholischen Studentinnen in der beginnenden NS-Zeit über Nationalsozialismus und Rassenprobleme (129): „Mit erschütterndem Ernst sprach sie von dem Fluch, der auf dem jüdischen Volk lag, das den Messias ans Kreuz gebracht hatte, daß Sühne geschehen mußte – Sühne nicht von einzelnen, sondern von der Rasse her“ (jüdischer Selbsthaß verbindet sich hier mit einer vertrackten kirchlichen Theologie!). Sie bittet dann bekanntlich Pius XI. um eine Privataudienz (130), um eine Enzyklika über die Judenfrage. Die fromme Hilda Graef: „Die Naivität dieses Gedankens ist überraschend. Es war ja kaum anzunehmen, daß man in Rom über die Vorgänge in Deutschland nicht informiert war; außerdem war es von vornherein unwahrscheinlich, daß der Papst eine Enzyklika erlassen würde über eine Frage, die nicht direkt in den Bereich der Kirche fiele“(!). Ablehnung also „nicht verwunderlich“. Darauf schreibt Edith Stein einen Brief an den Papst, der ihm im April 1933 übergeben wurde. Kurz darauf Unterzeichnung des Konkordats. Hilde Graef, 131, verteidigt diese Ablehnung: der Papst wollte „die Gläubigen nicht in Gewissensnöte stürzen“(!) und ebensowenig „die deutsche Regierung mit Enzykliken über die Judenfrage vor den Kopf stoßen“(!).

Edith Stein, theologisch verführt, im Karmel über ihr Gebet daselbst: „Ich sprach mit dem Heiland und sagte ihm, ich wüßte, daß es sein Kreuz sei, das jetzt auf das jüdische Volk gelegt wurde"(!). Der Vatikan sucht vergeblich ein Alibi: G. Anders, 290 f.
Heute breitet sich wieder, zum zweiten Male, die Sünde des Schweigens und der Gleichgültigkeit unter den Christen aus, wie unter Hitler, vgl. E. Wiesel, 115.
Deutsche Katholiken verteidigen heute die Oberammergauer antisemitischen Texte: Mai 1967. „Mann in der Zeit", drei Leserbriefe; vgl. Die Gemeinde, Wien, 31. Mai 1967, 15.
Mit Pius XII. ist in manchen Zügen Ulrich von Spat zu vergleichen, eine Figur aus dem prophetischen Roman „Das Reich ohne Raum" von Bruno Goetz (1919, neu 1962). Alte erkaltete Sonnen (Herrschaften), 72, ein überaltertes christliches Kollektivbekenntnis (73, 77, 226) können die große religiöse Krise (die auch im Nationalsozialismus aufbricht, 43) nicht meistern und befördern die Enantiodromie, den Umschlag von „Religion" in Atheismus, von Christentum in Wotanismus etc. (84). Vgl. Luise Marie v. Frantz im Kommentar, hier 177 f, 231: die heutige deutsche Gesellschaft und die abgebrannte Fürstenstadt im „Reich ohne Raum".
Beschämt wird die diplomatische Klugheit der Führer des Katholizismus und auch des Diplomaten Pius XII. durch die Überlegungen des österreichischen Bauern und Blutzeugen Franz Jägerstätter (Gordon C. Zahn, 206 ff), der klar sieht: Wir Katholiken sind schuld (261). Franz Jägerstätter erlebt den Verrat der Kirche an Österreich 1938 (58 f) tief allein in seiner Kirche (189 f). Er erfährt „die politische Sünde": Österreichs und Bayerns Schuld am Aufkommen des Nationalsozialismus (135, 253 ff), die Verantwortung der deutschen Katholiken für Hitlers Krieg (140). Er sieht: die Nationalsozialisten durchschauen das falsche Spiel der Katholiken (142 f; vgl. 262, 264 f).
Dieser einfache Bauer sieht sehr klar die geschichtliche Mitschuld seiner bis in den Tod geliebten Kirche am Siege Hitlers.
Man vgl. mit Jägerstätter Johannes XXIII., Geistl. Tagebuch, 365. Roncalli hier 1948: „Alle Neunmalklugen dieser Welt und alle Schlauen, auch die in der vatikanischen Diplomatie, machen eine armselige Figur im Lichte der Schlichtheit und Gnade, die Jesus und seine Heiligen verbreiten." Wenn die römische Kirche heute schon das Bedürfnis besitzt, neue Heilige zu erheben, dann sollte sie Johannes und Franz, den Franz Jägerstätter, gemeinsam kanonisieren!
Rolf Hochhuth erklärt 1968 in: „Neutralität", Basel, Februar 1968, 22: Die neuesten Dokumentationen, gerade der 3. Band der Aktenpublikationen des Vatikans selber über seine Beziehungen zu NS-Deutschland, zeigen, daß die Wahrheit über Pius XII. noch viel schlimmer ist, als er zu jener Zeit wußte, da er den „Stellvertreter" schrieb.

S. 567 Zum folgenden besonders: H. Heigert, H. Glaser I und II, Nürnberger Gespräche (NG) I–III; B. Manstein u. E. Canetti.
Hetzmasse, Verbotsmasse, Umkehrungsmasse, Meute: Canetti, 50 ff, 58 ff, 144; Christentum als Klagemeute: 164, 175 ff: Canetti glaubt, daß der Katholizismus in gewissen Zeiten Massenbildungen verhindert hat.
Eineinhalb Jahrhunderte monotones Rotieren: Glaser I (Spießerideologie), 15 ff.
Hitler als Wilhelm III. 1931: Glaser I, 39.

Schulen und Gymnasien: Glaser I, 104 ff; Heigert, 121 ff, 139 ff.
Professoren: Heigert, 151 f; Glaser I, 92 ff; Berliner Universität: Glaser I, 95 ff; Die Universität verrät sich selbst: Heigert, 143 ff; K. F. Werner, 70 ff, 81 ff, 98 ff.
Evangelische Allianz Bethlehem-Potsdam: Glaser I, 98.
Der konservative Mensch: Glaser I, 116 f.
Die meisten Menschen lebenslang infantil, unreif: K. Löwith, 140.

S. 568 Die NSDAP gedeiht im Klima Weimars: Glaser I, 159.
Die Bibel wird zur Arierbibel: Glaser I, 247.
Lueger, ebenda 224.
Streichers pornographischer Antisemitismus: Glaser I, 214 ff; vgl. Glaser II (Eros in der Politik), 138 ff, 140 ff.
Vernichtungs- und Ausrottungswünsche: Glaser I, 242.
Die Verdummung institutionalisiert: Glaser I, 218.
Erstarrte Kirchen: Glaser I, 131, 179, 219, 225, 245 ff, 250 f; Glaser II, 172, 174 f, 182 und oft; Manstein, 80 ff, 133 ff, 145 f.
Antisemitenkongreß: NG (Nürnberger Gespräch) I, 108.
Ausrottung der Juden: Glaser I, 220 ff; vgl. Heigert, 34 f.
Himmler und Höß: Glaser I, 183 f; II, 140 ff.
Massentötung aus religiöser Überzeugung: NG, 110–112.
Der Deutsche läßt sich zum Massenmord erziehen: NG I, 115.
Die aggressive Besetzung: NG II, 97.
Eberhard Stammler: NG II, 145.
Max Weber über die politische Unreife des deutschen Bürgertums: K. Löwith, 228 ff; Weber schildert *1910* die religiöse Situation in der Bundesrepublik von heute: Löwith, 251; vgl. auch Stammler (Verschwörung), 7 ff, 15 ff, 49. 80–90 Prozent der Oberschüler sind heute „national" (R. Raasch). 31: deutsche Neigung zum politischen Selbstmord.

S. 569 H. Hugelmann: NG I, 66.
Die heute 30–60jährigen deutschen Wissenschaftler: NG II, 207.
1953 will ein Stadtrat: NG II, 216.
Reinfantilisierung der deutschen Gesellschaft heute: Glaser I, Glaser II; Heigert; NG II, 167 ff; NG III, 18 f, 22, 28 ff, 33 f.
Zu dieser Reinfantilisierung gehören auch die „Hinterwelten", deren verhängnisvollen Einfluß Karl Steinbuch (Falsch programmiert), 20 ff, 55 ff beklagt.
Es gibt immer noch: NG III, 29.
Mächtige Institutionen: NG III, 33.
Die laszive Lust: Heigert, 184.

S. 570 Einheit, Autorität: Heigert, 189 ff.
Mutterland: Glaser I, 149 f; Massiczek, 170.
Gymnasiasten: Heigert, 121 ff, 141 ff.
Talleyrand: Heigert, 67.
Kotzebue und Sand: Heer, Europa, Mutter der Revolutionen (Reg.); Heigert, 77 f.
Junge Theologen: Heigert, 69 ff.
Alles wahrhaft Christliche: Heigert, 75.
Katholische Jugendbewegung: Heigert, 135 f; vgl. 137 f (peinliche Affinität des Katholizismus zum totalitären Nationalsozialismus).

In dieser Zeit: Jaspers, 174.

S. 571 Klagemeute: Canetti, 164 f.

1914: Canetti, 204 f; das Hakenkreuz: Canetti, 207; vgl. auch Max Horkheimer (Zur Kritik der instrumentellen Vernunft), 116: „die abendländische Zivilisation hat niemals einen starken Einfluß auf die niedergehaltenen Massen ausgeübt"; 118 f: die Nazis manipulierten die unterdrückten Wünsche des deutschen Volkes.

Sexual-Masse: Glaser II, 10 f.

S. 572 Zum folgenden: Glaser II; Manstein.

In der Ehe ist: Glaser II, 32 f.

Vom bürgerlichen Schlafzimmer nach Auschwitz: Glaser II, 74.

Zum hier folgenden: Glaser II, 78 ff, 84 ff, 138 ff.

Himmler: Glaser II, 143.

Karl Fritsch: Glaser I, 214 ff.

Dieselbe politische Barbarei heute: Vgl. das Gaskammerlied des Bundes der heimattreuen Jugend. Wien 1960: G. Anders, 274 f; ebenda 202, 212: die Menschen in der mentalen Situation, in die Hitler sie gebracht hat. Junge Österreicher 1962 vor Gericht: „Wenn Hitler auch 100 Millionen ermordet hätte": Die österr. Nation, ed. Massiczek, 116 f.

NS in der Bundesrepublik heute: Graubuch 1967: 32 ff, 176 f, 236 ff, 239 („Schluß mit der Bewältigung der Vergangenheit"), 242, 249 ff, 257 ff, 275 ff, 316 ff, 342 ff. Professor Spuler, Hamburg, 1967 zu Studenten: „Sie gehören ins KZ", Kölner Rundschau, 15. I. 1968.

Nicht als Ausdruck von Barbarei, wohl aber als Ausdruck einer wirklichkeitsfremden Erziehung im Priesterseminar muß bewertet werden, was die Alumnatsnachrichten St. Pölten 1962, Wiener Str. 38 als „Neues von KP und KZ" bringen. KP heißt da die Krankenpräfektur, KZ ist das Krankenzimmer. „Übrigens, im Oktober war das KZ schon zweimal voll belegt." Solche Scherze sind nur möglich durch den Ausfall einer gegenwartsoffenen Erziehung. Die Alumnen haben offensichtlich nie etwas von den Greueln und Morden in dem St. Pölten nicht fernen KZ Mauthausen gehört, in dem auch eine Elite katholischer Priester und westeuropäischer Katholiken, nicht nur östliche „Untermenschen", ums Leben kamen!

„Hoch Auschwitz" ist straffrei: Die Gemeinde, Wien, 28. 2. 1967, (Leiter); vgl. Die Gemeinde, 15. 12. 1965, 29. 4. 1966, 17. 11. 1966, 5. 4. 1967 (Leiter), 17. 11. 1966 (Leiter).

Nationalsozialistische und antisemitische Äußerung in Österreich straffrei: vgl. G. Nenning, in: „Neues Forum" XIV, 2. Sonderheft, Frühling 1966.

Die Theologie vom gottesmörderischen Volk der Juden wird heute in Österreich gerne offiziell vertreten, vgl. die Karfreitags-Rundfunkrede 1967 von Prof. Josef Eichinger (dazu: Mitteilungen der Aktion gegen den Antisemitismus v. 36. Mai 1967, 1 f); ferner: J. B. Bauer (Ordinarius für Dogmengeschichte, Graz): „War Jesus Christus ein Mißverständnis?": Presse, 9./10. April (Wochenendbeilage) 1966, dazu: Die Gemeinde, 29. 4. 1966, 4.

Der tapfere Kaplan Mirinovici von der „Wiener Kirchenzeitung" berichtet, daß sein Blatt nach jeder Veröffentlichung einer projüdischen Äußerung hundert Protestzuschriften erhält: Die Gemeinde, 15. Dez. 1065.

Ferner: S. Wiesenthal, 80 ff, 89 ff, 98 f: der „Held" Franz Murer heute; 221 ff (Linzer Gymnasiasten, Okt. 1958); Nazismus in Österreich heute: 223 f; 233 ff

(österr. Behörden), 326, 359, 376 ff.
Die Rechtspflege ist von der Psychose beherrscht, Menschen zu quälen: Steinbuch, 35.
Aufhängen neben dem Weihnachtsbaum: Glaser II, 142; ebenda: Töten durch Kreuzigen; der „Stürmer" als Hexenhammer: Glaser II, 162 ff.
Sadismus des Staates, der Schulen, Bürokratien, Gerichte: Karl Kraus, Die Chinesische Mauer; Glaser II, 113 ff.
Hitlers Makart: Glaser II, 94 f; Karl May: A. Schmidt, a.a.O.; Glaser II, 98 f.
James Bond: Glaser II, 101 ff; „die Geschichte des 20. Jahrhunderts": vgl. Glaser II, 69 ff, 92.

S. 573 Schlachtfeld-Orgasmus: Glaser II, 136.
Krieg als Sexualobjekt: Glaser II, 205; Männerbünde: ebenda 204 f.
Die Kirchen, verdrängte Sexualität, frustrierte Menschlichkeit: Glaser II, 66, 72 ff, 178 ff, 255 f, 298 f; vgl. Glaser I, 131, 179, 219, 225, 245 ff; Manstein, 134 f, 144 ff, 171 f, 174 ff: „unermeßliche Schuld der Kirche".
Zu Charles Davis (A Question of Conscience, New York 1967): W. Birmingham, Cross Currents, Fall 1967, 502 ff; Kenneth L. Schmitz, ebenda, 478.

S. 574 Tondi's Kirche: Tondi I, 41 ff.
Ledochowski: Tondi I, 144, 148 ff; zu Ledochowski: Mourin, 122 f; Deschner I und II.

S. 575 Obedire senza fiatare: Tondi I, 151 ff.
Zum folgenden: ebenda 155 ff; ich erfuhr, daß der Priester: Tondi I, 157.
Das Individuum wie einen Handschuh umdrehen: Tondi I, 195.
Hinter mir liegen 16 Jahre: Tondi I, 233.
Noviziat in Galloro: Tondi I, 237 ff.
Wenn ein Geist sich einmal: ebenda 242 f.
Erzeugnis eines rimbambimento: ebenda 247.

S. 576 Primitive Teufelsbücher: ebenda 248; der Anblick von Frauen: 254.
In keiner Organisation: ebenda 276.
Pater Chagnon: Tondi I, 283 ff.
Deformierung des Geistes: Tondi I, 294.
Unmöglich, zu diskutieren: Tondi I, 295 f.
Uomini mediocri, senza sapienza: ebenda 306.
Ein weißer Rabe, Chagnon: ebenda 308; Leben in furchtbarer Angst: 331 ff.

S. 577 Joseph Grisar: Tondi I, 338 ff.
La Chiesa é dunque in primo luogo carceriera di se stessa, in oltre, é carceriera degli altri: Tondi I, 341.
Index: Tondi I, 341 ff; vgl. Heer, Gottes erste Liebe.
Das kirchliche Lehramt hat: Tondi I, 348; vgl. bes. 366.
Die Menschheit seit 20 Jahrhunderten: ebenda 130 f.
Fett: la Chiesa dirigente: Tondi I, 366.
Die große Mehrheit der Professoren: ebenda 411.

S. 578 Wer dürfte es wagen: Tondi I, 413.
Sexualbesessene Moraltheologen: Tondi I, 413 ff, 432 ff, 430 ff.
Alfons von Liguori: Tondi I, 430 ff.
Hexerei, Zauberei: Liguori I, 382 ff.
Für Verbrennung von Büchern (und Menschen!): Liguori I, 253–272; besonders

auch für Verbrennung hebräischer Bücher: Liguori I, 171; vgl. auch hier: De Judaismo, 309 f.
Folter: Liguori I, 384 f; II, 630 f.
Pflicht zur Denunziation: Liguori IV, 247, 681, 693.
Sexus: Liguori I, 665 ff; IV, 3 ff, bes. 82 ff, 97 f, 101.
Wenn ich mich doch kürzer: Liguori I, 666.
Geschlechtsverkehr wider die Natur: Liguori I, 691 ff.
Geschlechtsverkehr mit toter Frau: Liguori I, 693, mit Tieren: 696 f.
Geschlechtsverkehr mit dem Teufel: Liguori I, 697 f.

S. 579 Ist es Verlobten und Witwen gestattet: Liguori II, 729.
Coitus in verschiedenen Stellungen: Liguori IV, 97 ff.
Das Breve Pius' XII. 1950: Liguori I, VII ff.
Der Priester regiert auch den Coitus: Tondi I, 435.

S. 580 Ergänzend zu: die Zerschlagung der Partei Don Sturzos 1923: Purdy, 14 ff, 19, 62; ebenda über neurotischen katholischen Antiliberalismus: 25.
Klerikofaschismus 1938 ff: Purdy, 26 ff.
De Gasperi: Purdy, 88 f.
Osservatore Romano 1960: Die Kirche allein kann die politische Situation beurteilen, nicht einzelne Gläubige: Purdy, 105.
Zu Gedda: Purdy, 65 ; ebenda 67, 86 ff, 181 f: Katholiken und Faschisten in einer Front.
Die Kirche zwang den Partito Populare: Tondi I, 106 ff.
Kardinal Schuster: Tondi I, 110 f.
Juni 1951, Gedda: Tondi I, 113 f.

S. 581 Rühmung der Atombombe: Tondi II, 25 f.
Zur amerikanischen Atombombentheologie: Cross Currents, Winter 1967, 107 ff.
6. Dez. 1951: Tondi II, 35 ff.
Ende März 1952: Tondi II, 55 ff.
Robert Leiber zu Tondi: Tondi I, 124 f.

S. 582 28. 2. 1967, Mario von Galli: Die Orientierung, 28. 2. 1967, 39.
Weihnachtsbotschaft 1966: Die Orientierung, 15./31. Dez. 1966, 257.
Zu Pius XII. und die Juden: Die Orientierung (15. März 1967, 64) hält in einer Besprechung von Büchern zum Thema Christen–Juden fest: es geht „vor allem um den latenten Antisemitismus in der Kirche". Pius XII. „tat alles, um Menschen zu retten, erkannte aber nicht die Verbundenheit des jüdischen Volkes mit der Kirche als solche" (!). Unter den Christen der ganzen Welt herrschte gegenüber den Juden eine Gesinnung, die den Einfluß des Nationalsozialismus möglich machte (Mgr. A. C. Ramselaar, Utrecht). Die Änderung dieser Gesinnung „wird nur durch zähes Bemühen erreicht werden".
Vgl. zum Antisemitismus in Theologie und Kirche heute die Erwägung von N. Lohfink SJ (Prof. an der Università Pontificia Gregoriana), H. W. Bartsch u. a. im Sammelband: „Antijudaismus im Neuen Testament?" :„Was verdrängt wird, ist nicht tot", 10 ff; 20–24 (stärkeres Bibellesen kann den Antisemitismus der Katholiken verstärken), 25; 195 ff: in der systematischen Theologie fehlen Traktate über biblisches und nachjesuanisches Judentum; die Römer sind die ersten christlichen Antisemiten: 43.
Das Pius-Rom nach 1945 (die „anderen" sollen Buße tun): 193.

Erschreckende Unkenntnis der Geschichte des Judentums bei den Theologen: 196 f.
„Wir müssen es wagen, bestimmte Aussagen der Heiligen Schrift als falsch zu bezeichnen.“ Aus der Angst um den eigenen Glauben wird die Wahrheitsfrage bewußt ausgeklammert: 198; vgl. 210.
Gollwitzer führt im Ende dieses Bandes aus: „Zur Denkbuße gerade der Christen gehöre die Anerkenung, daß Gott mit seinem jüdischen Volk nicht die Wege gehen müsse, die die christliche Dogmatik, damit unermeßliche Schuld verursachend, ihm vorschreibe. Es gehe nicht mehr an, in Abwesenheit über die Juden zu reden.“
Erschreckende theologische Fehlleistungen den Juden gegenüber heute: Werkhefte 2/1967, Februar, 61–64.
Bulle Pius' XII. – Antonius von Padua: J. Toussaert (abgek. „T“), 502 ff; vgl. 370.
Ein kleiner, dicker Mann: T, 380 f.
Für immer ein nahezu Unbekannter: T, 75, 109, 301.
Ein normales Menschenleben: T, 441.
Als Prediger: T, 355 ff; Ungeheuerliche Verzerrung: T, 370.
Das Wort der Nächstenliebe: T, 494. Das Kitz der Hirsche: T, 497.
Auflösung des Christentums in Stories: T, 498.
Ein schrecklicher Halbgott: T, 88.
Entmenschlichung Christi und des Christentums: T, 268.
Je Priester?: T, 286.
Kein Wort gegen die Ketzer: T, 360 f.
In Padua ein Fremder: T, 393.
S. 583 Die religiöse und sittliche Bildung: T, 363.
Antonius als ein neuer Messias: T, 440.
Der Antoniusmythus: T, 446 ff; Kampf um den Leichnam: T, 450 ff.
Opfer eines kollektiven Deliriums: T, 460.
Ist die geistige Lauterkeit: T, 468.
Ein Haufen verlogener Erfindungen: T, 508.
Keine Wunder?: T 507 ff; *keine* Wunder: T, 301.
Die Sensationslust: T, 550.
Der Antoniuskult war nie: T, 538.
Pius XI. 1936: T, 505.
Garcia für Begräbnis von Reliquien: G. Vallquist, 24.
S. 584 Liquidieren: E. W. Eschmann, 27 f.
Verschüttungsprozeß: Th. Bovet, Einleitung.
Die Geschichte des Christentums: O. Pfister, Das Christentum und die Angst, 1944, XIX.
Jeder Mensch hat: Bovet, 28.
Der Mensch verschanzt sich: Bovet, 33.
Damit wird die religiöse Krankheit übertragen: Bovet, 43.
Die ganze christliche Religionsphilosophie: Bovet, 53 f.
S. 585 Die falsche Alternative: Bovet, 68 ff.
Der Versuch, den Willen abzutöten: Bovet, 70.
Regression auf Stufe des Kleinkindes: Bovet, 87.
Darüber hinaus ist: Bovet, 88.
Gerade im Zusammenhang mit: Bovet, 90 f.
Vgl. zum deutschen Katholizismus heute: Amery (Fragen an Welt und Kirche),

14, 19 f, 25 ff, 31, 39, 59 ff, 73 ff. („Wie weit zur nächsten Kapitulation?"), 79; 69 (der Hunne ist auf dem Vormarsch), u. H. Stümper (Ärger mit der christlichen Freiheit), 70 ff, 75 ff, 81 f, 87, 102, 134, 154 ff, 180 ff, 192 ff, 217.
Verdrängt man den Eros: Bovet, 107.
Die Askese tötet nicht: F. Schubart, 214.
Der Eros: Bovet, 109.
Im Lexikon für Theologie und Kirche, 1. Aufl. 1927: A. Görres, 329.
Er verdrängt: Bovet, 123.

S. 586 Diese Verdrängung ist: Bovet, 124; hier fängt: Bovet, 134.
Eine Religion . . . mit ihren 5000 Jahren: Bovet, 171.
Gewissensfähigkeit und Gewissenssensibilität: P. Matussek, Zeitschrift für psychosomatische Medizin, 12. Jg., Juli–Sept. 1966, 215.
Zum folgenden: Richard Egenter, Paul Matussek: Ideologie, Glaube und Gewissen (als E.-M., bzw. E. od. M. zitiert).
Die Psychoanalyse ist: E, 8.
Die Hälfte der deutschen Bevölkerung: M, 17.
Widerstand der Kirche: EM, 21, 94 f, 98, 102.

S. 587 Pius XII. gegen Psychoanalyse 1953: EM, 41 ff, 47, 78 f, 85, 105 f.
Pius XII.: EM, 48 f.
Die Kleiderärmel der Frauen 1923: EM, 137.
Pius XII. schreibt Gott vor: M, 79.
Gerade katholische Patienten: M, 153.
Unfähigkeit zu echter Reue: M, 153.

S. 588 Ein Grundproblem der Pathologie: A. Görres, 285.
Die Christen wie Schwejk: Gööres, 291.
Bei Theologen und Ordensleuten: Görres, 303.
Der Geistliche ist gesprächsunfähig: Görres, 304.
Sichere Führung der Kirche: Görres, 308.
Man darf Innozenz III: Görres, 310.
Die Empfindlichkeit der Kirche: M, 207 ff.
Hochhuth ein Machwerk: E, 208.
Hannah Arendt, Nachwort zu Johannes XXIII., Geistl. Tagebuch, 366.
Es ist zu fürchten, daß die Kirchen auch in Zukunft versagen: Steinbuch, 55 ff.
Das Kirchenvolk in Unmündigkeit gehalten: vgl. H. Stümper, 42, 62, 86, 110.
Killer-Phrasen: M, 190 f.

S. 589 Glasglocke der Kirche: E, 136.
Die Kirche in Sorge für die unmündigen Menschen: E, 134 f.
Die Mutter Kirche kann auch irren: M, 142 ff; vgl. 199 f.
Irregehende kirchliche Geschlechtserziehung: E, 90 f, 122 ff, 147 ff, 152 ff, 165 ff.
Masochismus, Sadismus: Görres, 320 ff.
Ein Eindringen offener Grausamkeit: Görres, 321.
Deutsche Katholiken heute: „Unbewußt steckt in uns allen so etwas wie ein Ketzerrichter oder doch ein Ketzerriecher": Hans Maier, „Der Christ in der Politik", Bericht: Echo der Zeit, 29. Okt. 1967, 15.
Infantilisierung und Regression: Görres: 328.
Wenn man Generationen mit der Maxime erzieht: Görres, 327.

S. 590 Die überlieferte Struktur: Görres, 338.

Die Bischöfe lassen ein ungeheueres Potential: Görres, 338.

O. Schulmeister vermerkt 1967 das Fehlen offener Aussprachen zwischen dem österreichischen Episkopat und dem Klerus und Laien: Schulmeister 168, 176.

Erzbischof Edelby: G. Vallquist, 402, vgl. 460 f, 463, 472 f, 479, 481, 495.

Mendez Arceo: Vallquist, 463.

v. Stransky: Heer, Europa, Mutter der Revolutionen (Reg.).

Die Behauptung, die Wahrheit zu besitzen: Vallquist, 543, 582.

S. 591 Die bittere Wahrheit anerkennen: Vallquist, 218.

Bibel als Illustrationsmaterial: Vallquist, 453.

Bibel als Nachschlagebuch: Vallquist, 153, 309, 403.

Die Petrus-Statue: Vallquist, 5.

Petrus als römischer Kaiser: Vallquist, 159.

Ottaviani: hat die Kirche früher geirrt?: Vallquist, 368.

Verachtung der Frau, des Körpers, der Welt: Vallquist, 456.

Vertrackte Anthropologie: Vallquist, 474.

Liebe, Sexualität: Vallquist, 366, 464 f, 467 f.

Trostlose Kriegstheologie: Vallquist, 29 f, 73 f, bes. 522; ferner 49, 380, 483 ff, 490, 519 f, 532 f, 556.

Alfrink: Vallquist, 520 ff, 584.

Religionsfreiheit, Toleranz: Vallquist, 280 ff, 287.

Atombomben zum Schutz katholischer Schulen: Vallquist, 69.

2300 gebrannte Kinder: Vallquist, 481.

Nach 2000 Jahren: Vallquist, 384.

So wie es war: van de Pol, 434.

Das konventionelle Christentum: van de Pol, 421, 426.

Man zertrümmert leichter ein Atom: van de Pol, 45.

S. 592 Jahrhundertelang völliges Fehlen des Sozialbewußtseins: van de Pol, 73.

Schizophrene Katholiken: van de Pol, 126 ff.

Wie Stammesangehörige der Frühzeit: van de Pol, 201.

Von tausenden Kanzeln: van de Pol, 396.

Letztlich Versuche einer Selbstverteidigung: van de Pol, 404.

Gott befreit uns heute: van de Pol, 435.

Die ganze Wirklichkeit ist heilig: van de Pol, 437.

Natürlich–übernatürlich: van de Pol, 438.

Wir erleben in unserer Zeit: van de Pol, 442.

Die Situation der nachkonziliaren Kirche: K. O. von Aretin, Hochland, 59 Jg., 1967, H. 5., 451 ff.

S. 593 Purdy, 342.

Donald P. Warwick 1967: Cross Currents, Fall 1967, 401 ff.

S. 595 St. Peter in Rom – Pius XII.: Schüler–Piroli, 705.

Die Cathedra Petri: Schüller–Piroli, 50 f, 88, 237, 239, 259.

Der Cathedraschrein: Schüller–Piroli, 595, 646 f, 653, 655 ff, 661, 687 ff.

Während die Künstler des Barock und des Rokoko: K. Rossacher, Das fehlende Zielbild des Petersdomes. Berninis Gesamtprojekt für die Cathedra Petri, in: Alte und moderne Kunst, Nr. 95. Nov./Dez. 1967, Wien, 2.

S. 596 Bramante und Julius II.: Schüller–Piroli, 492 ff.

Die Pietà des Michelangelo: Schüller–Piroli, 197, 394 ff, 404 ff, 483.

Die Zeitschrift „Ecclesia triumphans“: vgl. Neues Forum, XV, Wien, März/April 1968, 191, ebenda zu Dietrich von Hildebrand.

Otto von Habsburg: zu seiner barockistischen Sprache vgl. P. Schütt: Otto von Habsburg (Schriftsteller testen Politikertexte, München 1967), 146 ff, bes. 151 ff, 155 (die teuflischen Gegenmächte), 159 f: der Sprachschatz des Dritten Reiches bei Otto, vgl. hier auch Gert Kalow zu Herrn von Guttenberg: Ein Spanier in Bonn?, 98 ff, 106: eine Sprache aus dem Dreißigjährigen Kriege.

S. 597 Die Kirche muß sich selbst entäußern: R. Adolfs, 123 ff; zum folgenden: Adolfs, 93, 107 f, 116, 120 ff, 140, 149; das fatale 4. Jahrhundert: 156, 159.

St. Peter als Museum: Adolfs, 164.

Paul VI.: „Das Zeichen der Zeit fordert die Rückkehr zur evangelischen Situation der ersten apostolischen Sendung“: bei Guitton, 241; vgl. 214, 252, 262.

Berninis Altarwerk: K. Rossacher, 1 ff.

1966 in England: Rossacher, 4 ff.

Zur Ideologie von Berninis Werk: Rossacher, 4 ff; vgl. ebenda 12: „Die Gesamtkomposition des Altarwerkes drängt Erinnerungen an altrömische Kultur auf. Als hohe Insignie des Amtes ist die Cathedra erhöht gleich der altrömischen Sella Curulis. Wie ein Liktorenbündel halten Engel den Schlüssel Petri hoch. Gleich den römischen Triumphbogen ist die Custodia mit den Reliefdarstellungen der gesta Petri geschmückt.“ – Pius XII. als letzter Papst des Barock steht ganz in dieser Tradition!

Der alte Bernini zeichnet bitterböse eine Karikatur des Papstes Innozenz XI.: Rossacher, 20.

Die Tötung christusähnlicher Menschen in unserer Zeit: hier nur ein oft übersehenes Beispiel: die Passion eines schwarzen Christus in Afrika, der dreißig Jahre im Gefängnis gehalten wird: Der Christ in der Welt, XVII, H. 2., 54 und 58. Katholische Missionen verbieten in seinem Raum das Lesen der Bibel: ebenda.

EXKURS: JÖRG LANZ-LIEBENFELS UND ADOLF HITLER

Seit meine beiden Wiener Freunde Wilfried Daim und August Maria Knoll das Augenmerk auf Lanz-Liebenfels gelenkt haben (W. Daim, Der Mann, der Hitler die Ideen gab, 1958) ist es um die Frage, inwieweit Hitler durch Lanz-Liebenfels beeinflußt worden sein mag, recht still geworden. Die deutsche Forschung stieß wohl auch der provozierende Titel des Buches von Daim ab, dazu eine gewisse Neigung, „geistesgeschichtlich“ sich mit dem Phänomen Hitler *nicht* zu befassen. Adolf Hitler selbst nennt niemals den Wiener Jörg Lanz-Liebenfels. Dies dürfte nicht zuletzt darin begründet sein, daß Hitler die religiös-ekstatische, schwärmerische Sektenumwelt des Lanz ebenso entschieden ablehnt wie die Welt Münchener völkischer Schwärmer, gegen die er (vielleicht Lanz eingeschlossen) in „Mein Kampf“ und vor allem in Reden der Frühzeit heftig polemisiert.
Das ganze Klima der „Templeisen“, des „Ordens“ der Lanz-Leute lag Hitler nicht. Er distanzierte sich von ihnen ebenso wie von den ihnen seelisch verwandten Ludendorff-Gemeinden in Deutschland. Dennoch hat es guten Sinn, auf einige Gedanken und Motive in den Ostara-Heften aufmerksam zu machen, die sowohl die Distanz, das „Ganz-Andere“ Hitler gegenüber aufzeigen, wie auch überraschende Parallelphänomene bilden. Es kommen hierbei nicht nur die Hefte aus Hitlers Wiener Zeit in Betracht, sondern gerade

auch die Drucke der Weltkriegszeit. Die Ostara-Hefte wurden in Deutschland in den für ihr Gedankengut anfälligen Kreisen weit verbreitet. Lanz selbst verweist auf eine Gesamtverbreitung von 500 000 Stück. Sie fanden ihren Weg in den schwärmerisch erregten deutschen religiös-politischen Untergrund, genauso wie der österreichische Untergrund vor 1914 und wieder nach 1918 von „völkischen“ und anderen sektiererischen Broschüren und Publikationen aus Deutschland überschwemmt wurde.

In aller Schlichtheit sei hier auf einige Motive des Lanz aufmerksam gemacht: eines Mannes, der eine arioheroische Rasse hochzüchten und „Sodoms Äfflinge“, die „dunklen Minderrassigen“, als Haustier, Sklave, ja als vernichtenswert erachtete. Werner Maser nennt Lanz–Liebenfels in seinem verdienstvollen, von mir gerne herangezogenen Buch über die Frühgeschichte der NSDAP und Hitlers Weg bis 1924 einen „Hochstapler“. Das war Lanz auf seine Weise auch; bedeutsamer aber erscheint mir seine Rolle als religiös-politischer Sektenführer. An solchen fehlt es im späten 19. und frühen 20. Jahrhundert bekanntlich nicht in Deutschland, vor allem in München. Adolf Hitler erhebt sich aus dem Dunstkreis dieser Sektenführer, steigt zum „Führer“ auf und behält, wie noch seine letzten einsamen Gespräche in seinem Hauptquartier und die Proklamation an „seine“ Soldaten zeigen, bis zuletzt wesentliche Merkmale eines Sektenführers bei: Seine „Ansprache“ der „teuflischen“ jüdischen Plutokratien, der russischen Morast-Menschen, der bolschewistischen „Satane“, seine ganze religiös-politische Heilspredigt zeigt, wie sehr er in Tiefenschichten seiner Bewußtseinsbildung Schwärmern wie Lanz nahesteht, von denen sich sein Oberbewußtsein scharf distanziert.

Die Ostara-Hefte tragen auf der ersten Umschlagseite (seit ihrer Gründung 1905; sie sind eine Ein-Mann-Zeitschrift wie „Die Fackel“ des Karl Kraus, der von Lanz rühmend genannt wird!) die Proklamation: „Die ‚Ostara‘ ist die erste und einzige illustrierte arisch-aristokratische Schriftensammlung, die in Wort und Bild den Nachweis erbringt, daß der blonde heldische Mensch, der schöne, sittliche, adelige, idealistische, geniale und religiöse Mensch der Schöpfer und Erhalter aller Wissenschaft, Kunst und Kultur und der Hauptträger der Gottheit ist. (Das ist auch Hitlers Credo noch in seinen ‚Tischgesprächen‘ im Führerhauptquartier!). Alles Häßliche und Böse stammt von der Rassenmischung her, der das Weib aus physiologischen Gründen mehr ergeben war und ist als der Mann. Die ‚Ostara‘ ist daher in einer Zeit, die das Weibische und Niederrassige sorgsam pflegt und die blonde heldische Menschenart rücksichtslos ausrottet (das war Hitlers ‚Erfahrung‘ im ‚Sündenbabel‘ Wien!) der Sammelpunkt aller vornehmen, Schönheit, Wahrheit, Lebenszweck und Gott suchenden Idealisten geworden.“

Heft 26: mehrfache Empfehlung einiger Bücher von Karl May. Hitler liest als Reichskanzler den „ganzen Karl May“ nochmals.

Heft 6 forderte bereits: „Die Reichskleinodien zurück nach dem Reich. Völkische Richtlinien für unsere Zukunft.“ Hitler läßt die Reichskleinodien bekanntlich von Wien nach Nürnberg zurückbringen.

Heft 14: „Triumph Israels“ und „Judas Geldmonopol im Aufgang und Zenith“. 19. und 20. Heft: „Die Zeit des ewigen Friedens, eine Apologie des Krieges als Kultur- und Rassenauffrischer.“

Die „Ostara-Post“ macht aufmerksam auf das Werk von Theodor Fritsch und den „Hammer“-Verlag: ein Zentrum der antisemitischen Literatur in Deutschland.

Heft 26: Einführung in die Rassenkunde.

Heft 36: Das Sinnes- und Geistesleben der Blonden und Dunklen.

Heft 41: Rassenpsychologie des Erwerbslebens. II: Die maskierte Dieberei als Erwerbs-

prinzip der Dunklen (Hitler glaubt, in Wien dieses „Prinzip" als Wesen jüdischer Betätigung entdeckt zu haben).
Heft 42: Die Blonden und die Dunklen im politischen Leben der Gegenwart.
Heft 44: Die Komik der Frauenrechtlerei; H. 45: Die Tragik der Frauenrechtlerei. (Hitler polemisiert in seinen „Frauenpredigten" auf dem Nürnberger Reichsparteitag gegen die „jüdische" Frauenrechtlerei).
48.: Genesis oder Moses als Antisimit, d. i. Bekämpfer der Affenmenschen und Dunkelrassen. Hier trennen sich die Wege Hitlers von denen des Lanz. Hitler selbst sieht sich jedoch einmals sehr merkwürdig als neuer Moses!
Heft 49: Die Kunst der glücklichen Ehe, ein rassenhygienisches Brevier für Ehe-Rekruten und Ehe-Veteranen (1911!). Erster Lehrsatz: „Sei immer ganzer Mann, Mann im psysischen und ethischen Sinn." Zweiter Hauptlehrsatz: „Behandle das Weib stets als das, was es ist: als ein erwachsenes Kind." Es ist zu vermuten, daß diese Maxime sehr mitschuldig ist für Hitlers unglückliche „Behandlung" der Frauen, beginnend mit Geli Raubal. Hitler blieb immer der „Onkel" Übervater, der die stets viel jüngeren Frauen tyrannisierte und wie „Kinder" behandelte.
In diesem Heft wird auf der letzten Seite Karl Kraus verteidigt und für eine „naturgemäße Heilweise und Verhütung der Infektionskrankheiten als Grundlage eines „Seuchengesetzes" geworben. (Hitlers Wiener Angst vor einer „Ansteckung" erhielt sich lebenslang).
H. 50: Urheimat und Urgeschichte der blonden heroischen Rasse. Nicht Asien, sondern Europa ist die Urheimat des höheren Menschen. Der Erdball ist seit der Urzeit Germaniens Kolonie (!). „In eigener Sache" wird auf Burg Werfenstein am Donaustrudel aufmerksam gemacht, die durch Lanz zum „Templer-Priorat" umgewandelt wurde. Sie steht mit dem Nibelungenlied in Verbindung. „Unsere Saat geht auf": Der Staat Ohio hat die Sterilisierung aller Blödsinnigen und Degenerierten beschlossen (!) und die „Zwangsabsonderung aller mit anstreckender Krankheit Behafteten" (Hitler sieht das KZ als eine solche Zwangsabsonderung der mit der jüdischen Krankheit des Marxismus Behafteten an). Hinweis auf das „Alldeutsche Tagblatt" in Wien (das zu Hitlers Wiener Lektüre gehörte).
Heft 54: Exodus, oder Moses als Prediger der Rassenauslese und Rassenmoral. Umschlaghinweis auf das Werk von Adolf Bartels; die 60 Millionen Deutsche haben kein eigenes völkisches Schrifttum mehr. „Das deutsche Verlegertum ist zum größten Teil eine knieweiche, rein auf Verdienst bedachte Gesellschaft, in vielen Fällen sogar ... eine ausgesprochene Ausbeuter- und Gaunerbande." (Man vergleiche die Sprache in Hitlers „Kulturreden"!). Im Ostara-Land, in Österreich ist die germanische Saat bereits stärker aufgegangen als im Reich." „Das Ostara-Land, das in allem zurück, aber in strammnationaler Gesinnung und im Erfassen des Rassenproblems den Zipfelmützen im Reich um 50 Jahre voraus ist." (Schon hier bemerken wir einen eigentümlichen deutsch-österreichischen Patriotismus bei Lanz: er findet sich bei Hitler selbst, vor allem in seinen Tischreden und bei den Wiener Vertretern eines „k. und k. Nationalsozialismus").
H. 61: Rassenmischung und Rassenentmischung. Abbildung von Karl Marx. Dunkle, minderwertige Mischlinge: Der „Sozialist" Karl Marx, dunkelpigmentierter Mischling aus allen Rassen (S. 9). Umschlag: „Die Börse hat schon wieder unter den harmlosen Christenschafen die gewöhnliche Metzelei vorgenommen" (zu vergleichen mit Hitlers Münchener Reden 1922–1923 gegen die „jüdische Börse").
Heft 62: Die Blonden und Dunklen als Heer- und Truppenführer. Krieg und Rasse. „Die

Mongolen sind in ihren Kriegen stets Zerstörer und Verwüster, sie lieben den Hinterhalt und arbeiten vorwiegend mit Spionage, ja sogar mit völkerrechtswidrigem Betrug." „Die Greuel dieser Rasse bleiben als Hunnen-, Awaren-, Türken-, Ungarn- und Mongolen-Einfälle in ewigem Andenken" (ganz so Hitler 1941–1945!). Die Blonden seit Urzeiten die ritterlichen Krieger, sie ziehen mit Gott in den Kampf. Schlacht und Krieg sind für sie Gottesurteil (so auch für Hitler). Der heroische, ritterliche Krieg ist heute noch Erzieher der Völker zu wahrem Gottvertrauen, Selbstverleugnung, Stärke, Todesverachtung (3 f). „Solange es eine höhere Rasse und die von ihr gegründete und erhaltene Kultur und niedere Rassen mit tierischen, kulturfeindlichen Rasseninstinkten gibt, solange wird und muß es Kriege geben. Denn es werden immer wieder Zeiten kommen, da die niederrassigen Völker sich gegen die höhere Rasse als die Kulturbringer empören . . ." „Die modernen Kriege und Kriegswirren als plutokratische Kriege." „Die eigentlichen Kriegshetzer sind immer die Juden-Zeitungen und ihre groß- und militär-industriellen Hintermänner." „Seit dem Untergang des Römerreichs (vgl. Hitlers Hochschätzung Roms), ist die Weltgeschichte nichts anderes mehr als ein großes Rückzugsgefecht der heroischen Rasse", nur unterbrochen durch die Kreuzzüge, durch die Eroberung Ungarns durch Karl V. und den Prinz Eugen und durch Napoleon . . . „. . . der Dunkelrassige im besseren Falle Bandenführer, im schlimmeren und öfteren Fall Bandit" (die bolschewist. Kommissare!). Gedicht: „Das heilende Schwert." „Doch seht, nach kaum zweitausend Jahren / in neuer Form der alte Streit! / Die einst in Deutschland Knechte waren / Das sind die Herrn der neuen Zeit!" Die jüdischen Untermenschen haben sich zum Herrn über die Deutschen aufgeschwungen, werden durch das Schwert gestraft!

Heft 63: Die Blonden und Dunklen als Truppen. Die mongoloiden Russen, herzlos und gefühllos, grausam, besonders gut angepaßt den Greueln des modernen Schlachtfeldes. Feier der blonden Truppen: Ober- und Niederösterreicher und Preußen. Besonders im oberösterreichischen Innviertel. Königgrätz . . . „Gott steht in der Schlacht auf Seite der blonderen Bataillone." Die Truppen dunkler Rasse sind im Durchschnitt entweder sinnlos, wild und grausam . . . oder feig und grausam . . ., sie sind die geborenen Plünderer, Zerstörer, Renner und Brenner"! (Hitlers „Bolschewiken"). „Hinter Meutereien und Aufständen verbargen sich und verbergen sich immer mittelländische (darunter meist jüdische) Hetzer." „Die Römerzüge der deutschen Kaiser und die Kreuzzüge scheiterten insgesamt an der welschen und griechischen Treulosigkeit." „Im Jahre 1848 waren es zwei Juden (Fischof und Goldmark), die durch ihre aufreizenden Reden den blutigen Märzrummel in Wien anzettelten." „Und wenn heute (1913!) allenthalben der Ruf ertönt: Europa für die Europäer! Hinaus mit den Afrikanern und Asiaten! dann möchte ich diesen Ruf ergänzen: Hinaus mit den Afrikanern und Asiaten aus den arischen Heeren, vorerst aus dem Trainwesen, sonst ist Europa für die Europäer für immer verloren." Ankündigung: „Der Talmud in deutscher Übersetzung": als „ein wahres Arsenal von Waffen, mit denen wir jüdische Überhebung siegreich abwehren können".

Heft 70: Die Blonden als Schöpfer der technischen Kultur. Ein Templeisengebet (abgeschlossen am 15. August 1913) ruft zum kommenden Kriege auf! Gott wird angerufen, die Welt mit arischen Menschen zu bevölkern. „Und was unsere Ahnen am Blute verfehlt / Vergib diese Schuld und versuche uns nicht / Den Äffling zu buhlen, der tückisch uns quält / Gib, daß uns das schwächende Mitleid gebricht / Wodurch uns der Dunkle mit Hinterlist biegt / Und schließlich der Edlinge Artung besiegt." – „Dann führ uns zum letzten, entscheidenden Kampf / Über Südlands schneeig erglänzenden Paß / Gen Osten und Westen, daß überall dampf / die Erde vom Blute der Mischlinge Rass' / Ein wür-

diges Opfer dem arischen Gott / Zum Dank für die Rettung aus schmerzreicher No'
Dieses „Gebet“ von 1913 enthält Hitlers Kriegsziel und Praxis von 1939–1945!
Heft 66: Nackt- und Rassenkultur im Kampfe gegen Mucker- und Tschandal...
Gegen „Intelligenz-Bestien“. „Der reine Mongole ist eine unintelligente Bestie, der Mongoloide aber, auch wenn er blond wäre, ist meist eine hoch intelligente und daher um so gefährlichere Bestie!“ Ebenda, 4 ff, über Muckertum, „Sexualtrust der Moralinsauren und Mischlinge“; eine „kleine Tschandalenclique kann sich jede erotische Ausschweifung erlauben, sie darf die obszönsten Zeitungen herausgeben, die obszönsten Schauspiele, Ballette, Tingeltangel-Vorstellungen ... aufführen, die Nacktheit geschäftlich ausbeuten; sie kann durch Börsen-, Trust- und Kartellmanöver Milliarden aus dem ausgesogenen Volk herausreißen . . .“ (Ganz so Hitler in „Mein Kampf“ über Jude – Sexualität – Börse – Presse). „Edle Rasse und Nacktheit sind die beste Sittenpolizei“ (vgl. die BDM-Venussinnen auf der Großen Deutschen Kunstausstellung in München). S. 12 f: „Die tschandalische Muckerkultur ist eine rassenmörderische und rassenunhygienische Kultur, denn sie verfolgt eben aus Gründen der Rasseninstinkte die arische und mannesrechtliche Nacktkultur.“ Hier wird das „Lit.Echo“ von 1912 als Kronzeuge berufen – wie bei Hitler–Eckart 1923 „Von Moses zu Lenin“. 13: „Was das Traurigste an der Sache ist, daß unsere Mädchen und Frauen von diesen Faunen völlig willenlos und bewußtlos gemacht werden. Wo die nur mehr kleinen Kreise der wirklich vermögenden und adeligen Arier-Familien zusammenkommen, da wissen sich diese dunklen erotischen Freibeuter einzuschleichen“ (Hitler, „Mein Kampf“: der Judenjunge lauert in Wiens Straßen auf das blonde arische Mädchen).
Heft 71: Rasse und Adel. Schließt mit „Kreuzweg nach Bayreuth“, eine Einführung in Richard Wagners Lebensweg.
Heft 72 (1813): Rasse und äußere Politik. Beginnt mit dem Satz: „Rassenpsychologie und Rassengeschichte sind der Schlüssel zum Verständnis der Politik.“ *„Denn Politik ist Rassenbewußtsein!“* 3: Karl „der Sachsenschlächter“ (dagegen Hitler, dafür Rosenberg und Himmler). 4: Juden und Jesuiten bilden eine gemeinsame jüdisch-jesuitische Politik. „Die Politik des späteren 19. und des beginnenden 20. Jahrhunderts ist daher eine teils jesuitische, teils jüdische Politik.“ „Es sind finstere, dunkle arierhassende Mächte, die eine Zwingherrschaft ausüben, wie sie die Menschheit noch nicht erlebt hat.“ „Juden- und Jesuitentum sind desselben rassentümlichen, nämlich tschandalischen Ursprungs.“ Papsttum und Jesuiten bekämpfen nicht selten die antisemitischen christlichsozialen Parteien. 5: die Juden haben im Reich mehr Macht als in Österreich. „Daraus erklärt sich die trostlose judenliberale reichsdeutsche Politik im Innern und Äußern.“ „Die Juden und Liberalen jeder Sorte fürchten nichts mehr als eine Vereinigung Deutschösterreichs mit dem Reiche“ (1913!). „Denn in dem Reichsrate entstünde eine so erdrückende antisemitische Majorität, daß die Juden und Liberalen hinausfliegen würden. Für Juda käme eine böse Zeit, das Hauptfundament seiner Existenz, die privilegierte Stellung, die es in Deutschland genießt, würde zusammenbrechen und damit das Ende der Judenherrschaft besiegelt sein. Denn Rußland, Rumänien, Serbien und Griechenland, wie überhaupt die Slawen, sind erbitterte Judenfeinde. In England und Nordamerika regen sich bereits die ersten Anfänge eines Rassen-Antisemitismus!“ (So Hitler und SS 1938–1945). Lanz verteidigt, ganz wie Hitler, den deutschnationalen Deutschösterreicher und den nationalen österreichischen Klerus (Hitler hier anders). Lanz sieht interessanterweise im Dreibund im Wesen einen Dreibund „Berlin–Budapest–Rom gegen das antisemitische, nationale Deutschösterreich“ (S. 7). „Das heute ganz verjudete Ungarn ist das Haupthindernis für

eine wirklich großzügige österreichische Politik." Ungarn beutet wirtschaftlich, politisch, militärisch Deutschösterreich aus (Funder, die Christlichsozialen und Hitler sehen voll Ärger auf die Ungarn).
Lanz verteidigt die Erhaltung der Donaumonarchie, fordert sie auf, die alten Wege zu gehen, „die alten Kriegspfade, die schon die Urväter wandelten". „Geschichte und Kultur verweisen die Österreicher auf Ungarn, Balkan und Vorderasien." „Bei erwachtem ariogermanischem Rassenbewußtsein muß auch die äußere Politik diesen natürlichen Kraftlinien wieder folgen. In welcher Weise, das möge genialen Fürsten und Staatsmännern vorbehalten bleiben." Hinweis auf Karl VI., Prinz Eugen (die Wiener „k. u. k. Nationalsozialisten", die den Donauraum um Belgrad etc. neu-ordnen möchten und von denen Hitler in seinen Nachtgesprächen spricht, stehen in dieser Lanz-Tradition, wahrscheinlich meist ohne es zu wissen).
10: „Die Nationalitätenkämpfe haben die Deutschösterreicher und anderen österreichischen Völker nationalbewußt und antisemitisch gemacht. Das aber ist die nötige Vorstufe zur bewußten arischen Rassenpolitik. Der österreichische Staatsmann, der mit Geschick die Parole ‚Arisch-christlich' in die österreichischen Nationalitäten hineinschleudert, wird im Nu die Einigung erzielen." *„Die Parole ‚Arisch-christlich' muß die Völker gegen die gemeinsamen nichtarischen Peiniger einen."*
Lanz lehnt die „oft von reichsdeutscher und auch österreichischer Literatur vorgeschlagene" Aufteilung Österreich-Ungarn zwischen Deutschland, Rußland, Ungarn und Italien ab. „Werden sich Rußland, Italien, Serbien, Rumänien und das Deutsche Reich das Donaureich so friedlich teilen, wie eine Festtagstorte? Wir fürchten, es käme zu einer weit grauenhafteren Wiederholung der Szenen eines Balkankrieges 1913!" Die so eigentümlich „großösterreichische" Balkan- und Donauraumpolitik Hitlers ab 1939 erhält von hier aus gewisse Perspektiven!
12: „Zermürbung des heroischen Ariertums hier in Europa durch gegenseitige Aufeinanderhetzung der arischen Völker durch Intellektualismus, Presse, Börse, Industrialisierung, Pöbel-Überbevölkerung, durch Feminismus und Ausbeutung, durch Großkapitalismus" (vgl. „Mein Kampf"). England und Frankreich sind verjudet, Rußland, Rumänien tief antisemitisch.
13: „Die äußere Politik eines Staates ist stets eine Projektion seiner inneren Politik" (das ist Hitlers Grund-Dogma!). „Nur aus der inneren Politik kann für die äußere Politik und Weltpolitik Heil kommen. Die arischen Staaten müssen zuerst im Innern arisch-christlich werden, dann wird in die ganze Weltpolitik Vernünftigkeit, Einheit und ein großes Ziel und damit auch *der Weltfriede kommen, der nur durch die Vorherrschaft der arisch-heroischen Rasse garantiert werden kann.*" Hitler hofft in diesem Sinne, daß England sich von den Juden befreien und an seine Seite treten werde.
Lanz fährt fort: „Die speziellen inneren Heilmittel arischer Rassenpolitik wären: rassenhygienischer Malthusianismus durch Entfruchtung und Sterilisierung Kranker und Rassenminderwertiger. Einschränkung der Einwanderung farbiger und niederer Rassen, oder wenn schon, dann nur nach Sterilisierung. Die Gebiete der arischen Völker müssen von den Minderrassigen gesäubert und rein gehalten werden." „Das Kriegsbeuterecht zu Land muß gegen Nichtarier wieder eingeführt werden" (!). „Die niederen Rassen dürfen nicht instruiert und nie bewaffnet werden. Es ist ihnen nur die niedere Bildung zugänglich zu machen." „In die Bergwerke gehören Verbrecher oder kastrierte Tschandalen oder mit Verständnis gezüchtete Arbeits-Tiermenschen."
Hitler und die SS praktizieren, was Lanz hier – 1913 – vordenkt! Lanz plädiert für

ein arisch-christliches Weltreich mit einer gemeinsamen arischen Flotte unter englischer Führung und einer gemeinsamen arischen Armee unter deutscher Führung; außerdem will er eine gemeinsame arische Weltpostsparkasse unter österreichischer Leitung errichten! (Hitler erhält sich die Hochschätzung altösterreichischer Staats- und Finanzverwaltungen). Kampf gegen die Niederrassen: innerhalb dieser rassenpolitisch verteilten Kaiserreiche sollten möglichst viele und kleine selbständige Staaten, Föderativ-Staaten, bestehen, die in ihrer sonstigen inneren Verwaltung völlige Freiheit haben sollten (auch das erwägt Hitler um 1941–1944). Lanz macht in dieser Nummer aufmerksam, daß die Ostara-Flugschriften ein halbes Hunderttausend Auflage übersteigen: bei der Besprechung des Buches „Die Rassenhygiene in den Vereinigten Staaten Nordamerikas" von Geza von Hoffmann, k. u. k. österr.-ung. Vizekonsul).
Heft 74: Rassenmetaphysik, die Unsterblichkeit und Göttlichkeit des höheren Menschen. „Die höheren Rassen stammen von Gott, die niederen Rassen von Lucifer, einem ‚gefallenen' Gott." „Immer muß das Böse vom Guten, das Untere vom Oberen beherrscht sein." (Das ist augustinisch-manichäische politische Religiosität).
11: Die heroisch-arische Rasse ist erst im Werden begriffen: „Sie ist heute im Zustande der Kreuzigung, das Mysterium der Auferstehung steht ihr noch bevor (so auch Hitler über das deutsche Volk 1914–1918–1932–1944!).
„Sie wird verklärt aus dem Grabe hervorgehen und der Ausgangspunkt einer neuen, höheren, gottähnlichen Rasse sein!" (Hitler: ja, wenn sich das deutsche Volk in der Prüfung ab 1939 ff bewährt!).
Die heroische Rasse hat sich in der „Eiszeit" herausentwickelt (Hitler möchte für Hans Hörbigers Weiteislehre ein Museum errichten lassen).
14: „Rassenmischung verwirrt das Denken und die Verständigung der Menschen untereinander." *„Nur wer sich selbst erlöst, kann erlöst werden."* Das ist auch ein Dogma in Hitlers Glauben.
Umschlagseite: Rühmung des Hermann Ahlwardt, des „alten, unerschrockenen Vorkämpfers des deutschen Antisemitismus", seiner Schrift „Die Vertrustung Deutschlands". Dazu Lanz: „Wir sind nun glücklich bei der von mir schon im Jahre 1903 prophezeiten Versklavung der Menschheit unter der Diktatur der SJ angelangt." Lanz verweist auf sein Buch von 1903 „Katholizismus wider Jesuitismus". (Im österr. und deutschen Katholizismus gab es im 19. und frühen 20. Jahrhundert eine starke Animosität gegen einen gewissen römisch-ultramontanen Jesuitismus).
Heft 75: Die Blonden als Träger und Opfer der technischen Kultur. Hier die Forderung, die Hitler und die SS im Osten realisieren wollen: „Die Technik sowie alles höhere wissenschaftliche Weistum sollte das Geheimwissen der immer zahlenmäßig kleinen reinrassigen heroisch-arischen Herrenschicht bleiben" (18). „Denn es ist heiliges Recht und heilige Pflicht, und zwar heute mehr denn je, daß der blonde heroische Arier seine Erfindungen überhaupt nicht publiziert."
Heft 77: Rasse und Baukunst im Altertum und Mittelalter (die Kunst-Hefte des Lanz-Liebenfels enthalten die gesamte Kunst-Weltanschauung des „Kunstmaler und Schriftstellers" Adolf Hitler!).
Vgl. Nr. 83: Rasse und Dichtkunst; ebenda: der Teufel als Repräsentant des Dunkelrassentums, auch in der Kunst. (Hier die groß-österreichische Hoffnung des Lanz: allem Gemunkel zum Trotz wird Österreich die geistige Führung der Welt übernehmen! „Wer also Österreich führt, wird auch der Geistesführer der Welt sein.") Nr. 85: Rasse und Baukunst in der Neuzeit.

Hohes Lob des österr. Barock; Wien als altes kaiserliches Kulturzentrum: „Es war dies der letzte grandiose Versuch der Deutschen, ihrer historischen Aufgabe – der Eroberung des näheren Orients für die Kultur – gerecht zu werden. Die gleichzeitige österreichische Barockbaukunst trägt dieselben grandiosen Züge.“ Die Wiener Karlskirche (von Hitler bewundert und gezeichnet) als „schönste Barockkirche Deutschlands“, die österr. Barock-Stifte als alte ariogermanische Weihestätten (öfters kommt Lanz auf diese Gedanken). Ebenda, 10 ff, gegen den „Schwindelmeierstil“ 1848–1900, die „geistlose Kopierung“ alter Stile. 13: in diesem Zusammenhang (vgl. Hitlers Kunstpredigten): „Der weiße Mann muß gegen den dunklen und farbigen Mann den Kampf ums Dasein bis aufs Messer führen, falls er auf seine Existenz nicht verzichten wollte“. „Deutschland sollte seine Gewerbegesetzgebung der des antisemitischen Österreichs angleichen.“
Das nationalbewußte, antisemitische Österreich, in Deutschland oft als „rückständig“ verschrien, könnte ganz Deutschland Vorbild sein: 14: Die Sonne der Erlösung geht für Deutschland von diesem Österreich her auf (so hier 1916! vgl. Hitler 1938!). Lanz beruft sich auf die christlichsozialen und konservativen österr. Antisemiten, aber auch auf Karl Kraus und Otto Wagner als Pioniere einer wahren Kunst und Literatur.
Auch auf Adolf Loos. Und hier dies: „Die Kunstakademien sind aufzulassen und die Professoren zu pensionieren“ (15). Wahrhaft goldene Worte für den abgewiesenen Adolf Hitler.
Wieder (16) eine Rühmung des österr. Barock. Dann Besprechung eines Buches von Grete von Urbanitzky, die später um 1933 den österr. PEN-Club ins Lager Hitlers führen wollte: Wenn die Weiber Menschen werden. Lanz zitiert: „Der Satz: ‚Nie hat ein Weib geliebt‘ ist von lapidarer Größe.“ Die christlichen Antisemiten in Wien 1935 und Hitler sind überzeugt: nie hat ein Jude geliebt.
Nr. 86: Rasse und Malerei; die alten deutschen Meister als Hochmeister der Kunst: Dürer, Altdorfer, etc. „Dieses reiche Kunstleben hat die christenfeindliche, arierschlächterische Anarchie des Dreißigjährigen Kriegs auf lange Zeit unterbrochen“ (für die christl. Antisemiten in Wien 1935 um Imendörffer ist ebenfalls der Dreißigjährige Krieg ein Werk der Juden). Rühmung von Makart, Defregger, Lenbach, Böcklin, Segantini gegenüber dem „kindisch-primitiven“ Kubismus, Futurismus.
Nr. 78 (1915): Rassenmystik, eine Einführung in die ariochristliche Geheimlehre. Hier macht Hitler nicht mit; bedeutsam ist aber auch für ihn die Bemühung, das christliche Glaubensgut zu überführen in einen „arischen“ Glauben. Lanz beruft sich, in guter Schwärmertradition, auf Joachim von Fiore, auf Meister Eckhart. Christus ist Arier. Die Arier sind Erfinder des Mönchtums, 14: „Christus, die Erlösung, ist ganz in uns! In uns und in unseren Kindern müssen wir Christus, den reinen Arier, wieder auferstehen, aufleben lassen.“ (Zum folgenden vgl. Hitler und A. Rosenberg.) „‚Erbsünde‘ und ‚Todsünde‘ sind Rassensünden, Vergehungen gegen die Rassenethik, die die Strafe und die Hölle schon in sich mit einbegreifen. Wer wider die Naturgesetze der Zuchtwahl und Auslese sündigt, der sinkt selbst und sicher in seiner Nachkommenschaft in den Orkus des Niederrassentums hinab.“
„Das ‚Reich Gottes‘ oder das ‚Reich der Himmel‘ ist die Herrschaft der besseren Menschen, ist die Zeit des Sieges der arischen heroischen Menschheit über die Niederrassen.“
„Das ‚jüngste Gericht‘ ist nichts anderes als eine Scheidung, eine Zeit der Reinzucht und Auslese nach einer Zeit der allgemeinen Vermischung, eine Zeit der Wiederkehr des reingezüchteten arisch-heroischen Menschen“ (14 f).
Lanz plädiert hier für eine neu-alte Festkultur, einen Festkalender; ganz nah ist hier

Hitler mit seinem NS-Festkalender, der die alten Feste der Kirche umformen, ver-wenden, ersetzen und aufsaugen soll!

Nr. 80: Einführung in die praktische Rassenmetaphysik.

Lanz „eröffnet" hier den Blick für die unendlich vielen Welten im Kosmos. Hitler hofft durch diesen Blick ein geozentrisches Christentum aus den Angeln heben zu können. Die Mikrokosmos- und Makrokosmos-Spekulationen des Lanz dürften sich in den analogen Spekulationen Hitlers in seinen Tischmonologen reflektieren. Nr. 82: Templeisen-Brevier, ein Andachtsbuch für wissende und innerliche Ariochristen (1915).

3: Die Ostara hat immer „das großdeutsche Programm" vertreten und die Donau (Hitlers Nibelungen und Linzer Donau!) und die Donau-Monarchie als das natürliche Fundament deutscher und arischer Zukunft angesehen.

„Die Ariosophie irrt nie! Sie schaut in die fernste Vergangenheit und in die fernste Zukunft." Im folgenden werden hier Psalmen und Gebete der alten Kirche umgedichtet in die neu-alte arische Religion (Hitler erhofft von den „Pfaffen", daß sie die alte Messe in seine Kommunion-Feier umgestalten werden.). „Israel" ist der Name für das wahre „Auswahlvolk" der blonden Arier. Jehovah ist „Frauja"; der altdeutsche Gott „Froh" ist der Gott der Schönheit, Liebe, des Frühlings, der Sonne; „Sünde" ist „Artvergehen"! „Schrättling" bedeutet nicht „Kälber", sondern die Niedermenschen, die Buhlzwerge: „Ein jeder von uns muß den Niedermenschen als Altarbrand darbringen!" (14). Hitlers Vergasungen erscheinen von hier aus als Holokauste, als Sühnopfer zur Reinigung der Menschheit.

„Das Rassenweistum ist aller Weisheit Grund!" „Das Bild des ‚guten Hirten' als Rassenreinzüchter ist von erschütternder Schönheit und Kraft" (Psalm 22).

Nr. 84: Rasse und Philosophie. „So wie alle Künste, so waren ursprünglich alle Wissenschaften Teile der alten arischen Urreligion."

In der kulturgeschichtlich so bedeutenden Donaugegend zwischen Linz und Melk sind die Nibelungen, die Grals-Sage, die Gudrun entstanden.

15: „Der heroide Schopenhauer" (Hitler behauptet, an der Westfront Schopenhauer gelesen zu haben).

Heft 87: Rasse und innere Politik.

Der heldische Mensch hat als sein erstes Haustier den niederen Tiermenschen gezüchtet (vgl. Himmlers Ostmenschen – Material – Verwendung). Der niedere Tiermensch ist der Ahne des heutigen Dunkelrassenmenschen.

„Die ‚Demokraten' und Tschandalen denken gerade umgekehrt wie die Arier und sagen: Seliger ist das Nehmen als das Geben." *„Im arisch-christlichen Mittelalter wurden nur die aus nichtarischen Urrassen stammenden Menschen als Sklaven gehalten" (4).*

15: Der rassisch und wirtschaftspolitisch geschlossene Staat muß „naturnotwendig neomalthusianisch sein und Zölibat, Prostitution, Kastration, Euthanasie, Abortus und Exstirpatio unter bestimmten rassenhygienischen Voraussetzungen zulassen" (15). 16: „Alle wirtschaftlichen Schäden werden schwinden, wenn der Staat den Aufstieg der Minderwertigen verhindert."

17: „Die Kriege sollen wieder den Charakter von Gottesurteilen und ritterlichen Duellen haben. Man könnte eigene Kriegsgebiete schaffen, auf denen kriegslustige Staaten und Staatsmänner die Entscheidung durch die Waffen suchen mögen." Himmler denkt in diesem Sinne an einen transuralischen Ostkriegsraum für einen hundertjährigen Krieg. Hitler sieht seinen Krieg als Testfall für die Erwählung des deutschen Volkes zu weltgeschichtlicher Mission an.

„Minderwertigen, Fremdrassigen, Minderrassigen müßten die höheren Schulen verschlossen sein." Hier schließt sich ein hundertjähriger Kreis: Konservative Ideologen und Politiker haben in Frankreich um 1825, in Spanien im ganzen 19. Jahrhundert und bis heute, russische Reaktionäre im 19. und frühen 20. Jahrhundert eine konsequente Entbildungspolitik gefordert: um zu verhindern, daß das Niedervolk der Massen zu dem Bildungs- und Herrschaftswissen der schmalen Oberschicht Zugang erhält.
Hitler führt in Polen und den Ländern der Sowjetunion eine konsequente Entbildungs-Politik durch, will im Reich nach Kriegsende nur jene Unterrichts- und Studienfächer zulassen, die seiner Aufzucht eines kampfwilligen Volkes nützlich sein können ...
Adolf Hitler gab nie zu, daß er die Ostara-Hefte des Lanz-Liebenfels gelesen hatte, wie er auch nie zugab, daß er in Wien so gut wie sein ganzes politisches Schlagwortgut, soweit es Österreich und Deutschland betraf, im „Alldeutschen Tagblatt" fand, das in der Stumpergasse, in der er selbst eine Zeitlang wohnte, seine Redaktion besaß.

BIBLIOGRAPHIE

Abwehr-Antisemitismus: Stenographisches Protokoll der am 13. Oktober 1892 vom Verein zur Abwehr des Antisemitismus veranstalteten Protestkundgebung, Wien 1892.

Achille-Demas, F., Adolf Hitler. Essai de biographie psycho-pathologique, Paris 1946.

Adel, K., Geist und Wirklichkeit. Vom Werden der österreichischen Dichtung, Wien 1967.

Adolfs, R., Wird die Kirche zum Grab Gottes? Graz 1967.

Adolph, W., Verfälschte Geschichte. Antwort an Rolf Hochhuth, Berlin 1963.

Ders., Hirtenamt und Hitler-Diktatur, Berlin 1965.

Albrecht, D., Der Notenwechsel zwischen dem Heiligen Stuhl und der Deutschen Reichsregierung I. Von der Ratifizierung des Reichskonkordats bis zur Enzyklika „Mit brennender Sorge“, Mainz 1965.

Alexander, E., Der Mythus Hitler, Zürich 1937.

Amery, Carl, Die Kapitulation oder Deutscher Katholizismus heute, Hamburg 1963.

Ders., Fragen an Welt und Kirche, Hamburg 1967.

Arendt, Hannah, Eichmann in Jerusalem. Ein Bericht von der Banalität des Bösen, München 1964.

Arens, Hans, Der große Europäer Stefan Zweig, München 1956.

Babad, Jonas, Pro- und antisemitisches in schöngeistiger und strengwissenschaftlicher Literatur, Wien 1890.

Baeyer-Katte, W., Das Zerstörende in der Politik. Eine Psychologie der politischen Grundeinstellung, Heidelberg 1958

Bahr, Hermann, Der Antisemitismus – ein internationales Interview, Berlin 1894.

Ders., Wien, Stuttgart 1906.

Ders., Selbstbildnis, Berlin 1923.

Bähr, Hans-Walter, Die Stimme des Menschen. Briefe und Aufzeichnungen aus der ganzen Welt 1939–1945, München 1961.

Bardolff, K. v., Soldat im alten Österreich, Wien 1938.

Barnett, C., Anatomie eines Krieges. Eine Studie über Hintergründe und entscheidende Phasen des Ersten Weltkrieges, München 1963.

Baum, Gregory, Die Juden und das Evangelium, Einsiedeln 1963.

Becker, Josef, Brüning, Prälat Kaas und das Problem einer Regierungsbeteiligung der NSDAP 1930–1932 (H. Z. 196, H. 1, Febr. 1963, 74 ff).

Benedikt, Heinrich, Geschichte der Republik Österreich, München 1954 (darin: Adam Wandruszka über die österreichischen Parteien).

Berning, C., Die Sprache des Nationalsozialismus (Zeitschrift für deutsche Wortforschung, 16/1960; 17/1961).

Bernstein, Fritz, Der Antisemitismus als Gruppenerscheinung. Versuch einer Soziologie des Judenhasses, Berlin 1926.

Bertold, Wiener Judenalbum für das Jahr 1852. Den P. T. Herren Juden Deutschlands, Österreichs, Ungarns, Galiziens, vielleicht auch ganz Europas ... mit besonderer Zärtlichkeit gewidmet, Augsburg 1852.

Binchy, A., Church and State in Fascist Italy, Oxford 1941.

Bismarck, K. v., Dirks, W. (Hg.), Neue

Grenzen. Ökumenisches Christentum morgen, Band II, Stuttgart 1967.
Blet, P., Angelo Martini, Schneider, Burkhard, Le Saint-Siège et la guerre en Europe, mars 1939 – août 1940. Actes et documents du Saint-Siège relatifs à la seconde guerre mondiale I, Rom 1965.
Blet, P.; Graham, Robert A.; Angelo Martini, Schneider, Burkhard, Le Saint Siège et la situation religieuse en Pologne et dans les Pays Baltes, 1939–1945, 2 vols, Actes et documents III, Rom 1967.
Borries, Achim v., Selbstzeugnisse des deutschen Judentums 1870–1945, Frankfurt 1962.
Bouman, P. J., Verschwörung der Einsamen, München 1954.
Bovet, Th., Die Angst vor dem lebendigen Gott. Eine allgemeine Pathologie der Religion, Bern 1948.
Bracher, K. D., Adolf Hitler, Bern 1964 (= Bracher I).
Ders., Die Auflösung der Weim. Republik, 3. Aufl., Villingen 1960 (= Bracher II).
Ders., Deutschland zwischen Demokratie u. Diktatur, Bern 1964 (= Bracher III).
Braun, Felix, Das musische Land. Versuche über Österreichs Landschaft und Dichtung, Innsbruck 1952.
Breicha, O. Fritsch, G. (Hg.), Finale und Auftakt.Wien 1898–1914, Salzburg 1964.
Brelich, A., Die geheime Schutzgottheit von Rom (Albae Vigiliae, NF. Nr. 6, Zürich 1949.
Breza, Tadeusz, Das eherne Tor. Römische Aufzeichnungen, Berlin 1962.
Briffault, R., The Mothers, 3 vols, London 1926.
Broch, Hermann, Dichten und Erkennen I, Zürich 1955.
Brod, Max, Streitbares Leben. Autobiographie, München 1960.
Buch H. Ch., James Bond oder: Der Kleinbürger in Waffen (Der Monat, Nr. 203, 39 ff).
Buchheim, H., Glaubenskrise im Dritten Reich, Stuttgart 1953.
Buchheim, H., Broszat, M., Jacobsen, H. A., Krausnick, H. (Hg.), Anatomie des SS-Staates, 2 Bde., Olten-Freiburg 1965.
Bullock, Alan, Hitler. Eine Studie über Tyrannei, Düsseldorf 1959.
Buonaiuti, E., Pio XII, Roma 1946.
Bychowski, G., Diktatoren, Beiträge zu einer psychoanalytischen Persönlichkeits- und Geschichtsdeutung, München 1965.

Canetti, E., Masse und Macht, Hamburg 1960.
Catholicus, Um den Zölibat. Eine Studie u. Diskussionsgrundlage, Nürnberg 1966.
Congar, Y., Heilige Kirche, Stuttgart 1966 (Sainte Eglise – Etudes et approches ecclésiologiques, Paris 1963).
Csokor, F. Th., Zeuge einer Zeit. Briefe aus dem Exil 1933–1950, München 1964.
Czempiel, E.-O., Das deutsche Dreyfus-Geheimnis, München 1966.
Czermak, E., O. Karbach, Ordnung in der Judenfrage, Wien 1933.

Daim, W., Der Vatikan und der Osten. Kommentar und Dokumentation, Wien 1967.
Ders., Der Mann, der Hitler die Ideen gab, München 1958.
Ders., Christentum und Revolution, München 1967.
Ders., Progressiver Katholizismus, 2 Bde., München 1967.
Deakin, F. W., Die brutale Freundschaft. Hitler, Mussolini und der Untergang des italienischen Faschismus, Köln 1964.
Deckert, Joseph, Türkennoth und Judenherrschaft, Wien 1894 (aus: Sendboten des Hl. Joseph).
Ders., Semitische und antisemitische Schlagworte in Doppelbeleuchtung, Wien 1897.
Dedijer, V., Die Zeitbombe – Sarajewo 1914, Wien 1967 (The Road to Sarajevo).
Denker, R., Aufklärung über Aggression. Kant, Darwin, Freud, Lorenz, Stuttgart 1966.

Deschner, Karlheinz, Abermals krähte der Hahn. Eine kritische Kirchengeschichte, Stuttgart 1962 (= Deschner I).
Ders., Mit Gott und den Faschisten. Der Vatikan im Bunde mit Mussolini, Franco, Hitler und Pavelić, Stuttgart 1965 (= Deschner II).
Ders. (Hg.), Das Jahrhundert der Barbarei, München 1966 (= Deschner III).
Deuerlein, E., Zur Gegenwärtigung der Lage des deutschen Katholizismus 1933, in: Stimmen der Zeit, Nr. 7, 8, 9, 1961.
Deutscher, Isaac, Stalin, Stuttgart 1962.
Diamant, A., Austrian Catholics and the First Republic. Democracy, Capitalism and the Social Order, Princeton 1960. (Deutsch von Norbert Leser, Die österreichischen Katholiken und die Erste Republik, Wien 1964.)
Dietrich, Otto, 12 Jahre mit Hitler, München 1955.
Döllinger, Ignaz v., Briefwechsel mit Lord Acton, I, 1850–1869; II, 1869–1870, hg. von Victor Conzemius, München 1963 bis 1965.
Domarus, Max, Hitler. Reden und Proklamationen 1932–1945, kommentiert von einem dt. Zeitgen., 2 Tle. in 4 Bdn., München 1965.
Draw, H., Unter Vagabunden, Wien 1910.
Duquesne, J., Die Priester. Struktur, Krise, Erneuerung, Wien 1966.

Eberle, Joseph, Zum Kampf um Hitler, Wien 1931.
Eckert, W. H., Levinson, Stöhr (Hg.), Antijudaismus im Neuen Testament? München 1967.
Eckert, W. P., Ehrlich, E. L., Judenhaß – Schuld der Christen? Versuch eines Gesprächs, Essen 1964.
Eder, Karl, Der Liberalismus in Altösterreich. Geisteshaltung, Politik und Kultur, Wien 1955.
Eichstädt, U., Von Dollfuß zu Hitler. Geschichte des Anschlusses Österreichs 1933 bis 1938, Wiesbaden 1955.
Eisenbach, Arthur, Hitler owska polityka zagtady Zydow, Warszawa 1961 (= Hitlers Politik zur Vernichtung der Juden).
Engel-Janosi, Friedrich, Österreich und der Vatikan 1846–1918, I, Graz–Wien 1958; II, 1960.
Erikson, E. H., Kindheit und Gesellschaft, Stuttgart 1965 (320 ff: die Legende von Hitlers Kindheit).
Erlinghagen, Karl, Katholisches Bildungsdefizit in Deutschland, Freiburg 1965.
Eschenburg, Theodor, Die improvisierte Demokratie, München 1963.

Falconi, Carlo, Il pentagono vaticano, Bari 1958.
Ders., Pope John and His Council, London 1964 (= Falconi I).
Ders., Il silenzio di Pio XII, Milano 1965 (= Falconi II).
Faltermaier, Martin (Hg.), Sehnsucht nach der Nation? Drei Plädoyers. K. Sontheimer, E. Stammler, H. Heigert, München 1966.
Faschismus: International Fascisme 1920 bis 1945: Journal of Contemporary History 1966.
Fejtö, F., Judentum und Kommunismus. Antisemitismus in Osteuropa, Wien 1967.
Fest, Joachim C., Das Gesicht des Dritten Reiches, Profile einer totalitären Herrschaft, München 1963.
Ficker, L., Denkzettel und Danksagungen. Reden und Aufsätze aus den Jahren 1910 bis 1966, München 1967.
Fischer, Ernst, Von Grillparzer zu Kafka, Wien 1962.
Flechtheim, O. K., Bolschewismus 1917 bis 1967. Wien 1967.
Fraenkel H., Manvell, G., Himmler. Kleinbürger und Massenmörder, Berlin 1965.
Frank, Hans, Im Angesicht des Galgens, München-Gräfelfing 1953.
Franzel, Emil, Sehnsucht nach den alten Gassen, Wien 1964.
Franzen, August, Kleine Kirchengeschichte, Freiburg 1965.

Freialldeutsche, Die Freialldeutschen und der Antisemitismus, Horn 1907 (Period.).
Freud, Sigmund, Briefe 1873–1939, Frankfurt 1960.
Friedlaender, S., Pius XII. und das Dritte Reich, Hamburg 1965.
Friese, J., Die säkularisierte Welt. Triumph oder Tragödie der christlichen Geistesgeschichte, Frankfurt 1967.
Fuchs, Albert, Geistige Strömungen in Österreich 1867–1918, Wien 1949 (S. 43 bis 82: die Katholiken).
Funder, Friedrich, Vom Gestern ins Heute. Aus dem Kaiserreich in die Republik, Wien 1952 (= Funder I).
Ders., Als Österreich den Sturm bestand. Aus der Ersten in die Zweite Republik, Wien 1957 (= Funder II).
Ders., Aufbruch zur christlichen Sozialreform, Wien 1953 (= Funder III).

Gabel, Joseph, Formen der Entfremdung, Aufsätze zum falschen Bewußtsein, Freiburg 1964.
Gamm, Hans-Joachim, Führung und Verführung, Pädagogik des Nationalsozialismus, München 1964.
Ders., Der braune Kult, Hamburg 1962.
Gasperi, Maria Romana Catti, De Gasperi uomo solo, Milano 1964.
Gefährdung: Die Gefährdung des Christentums durch Rassenwahn und Judenverfolgung, Luzern 1935 (Sammelband).
Gehl, J., Austria, Germany, and the Anschluß 1931–1938, London 1963.
Georges-Roux, Der Mann des Schicksals Benito Mussolini – 20 Jahre später, Wien 1965 (Mussolini, Paris 1960).
Gilbert, G. M., Nürnberger Tagebuch (Nuremberg Diary 1947), Frankfurt 1962.
Gisevius, H. B., Adolf Hitler – Versuch einer Deutung, München 1963.
Glaser, H., Spießer-Ideologie. Von der Zerstörung des deutschen Geistes im 19. und 20. Jahrhundert, Freiburg 1964 (= Glaser I).
Ders., Eros in der Politik. Eine sozialpathologische Untersuchung, Köln 1967 (= Glaser II).
Ders. (Hg.), Das Nürnberger Gespräch. Haltungen u. Fehlhaltungen in Deutschland, Freiburg 1965.
Ders., Das Nürnberger Gespräch. Aufklärung heute. Probleme der deutschen Gesellschaft, 1966.
Ders., Das Nürnberger Gespräch. Erkennen und Handeln. Gegenwart und Zukunft der deutschen Gesellschaft, 1967.
Goebbels, Joseph, Tagebücher 1942/43, hg. von L. P. Lochner, Zürich 1948.
Goergen, J. M., Pius XII., Katholische Kirche und Hochhuths Stellvertreter, Buxheim 1964.
Goetz, B., Das Reich ohne Raum (1919), Zürich 1962.
Goldammer, L., Die Juden Wiens, Wien 1927.
Goldemund, H., Die Wiener Wohnungsverhältnisse und Vorschläge zur Verbesserung derselben, Wien 1910.
Goldschmidt, Dietrich, Kraus, Hans Joachim, Der ungekündigte Bund – Neue Begegnung von Juden und christlicher Gemeinde, Stuttgart 1962.
Goldschmidt, H. L., Das Vermächtnis des deutschen Judentums, 3. stark vermehrte Auflage Frankfurt 1965.
Görres, A., Pathologie des katholischen Christentums (Handbuch der Pastoraltheologie, II/1, Freiburg 1966, 277–343).
Goubert, J., Cristiani, L., Marienerscheinungen. Von 1830 bis auf unsere Tage, Recklinghausen 1955.
Graef, H., Leben unter dem Kreuz. Eine Studie über Edith Stein, Frankfurt 1954.
Dies., Gott und mein Ich. Die Spiritualität John Henry Newmans, Frankfurt 1967.
Gral: Der Gral. Monatszeitschrift für schöne Literatur, Ravensburg 1906 ff.
Grau, G. G., Die Selbstauflösung des christlichen Glaubens. Eine religionsphilosophische Studie über Kierkegaard, Frankfurt 1963.

Graubuch: Expansionspolitik und Neonazismus in Westdeutschland, hg. vom Nationalrat der Nationalen Front, Berlin (Ost) 1967.
Guenther, Otto, Christlichsoziale programmatische Gedanken, Wien 1932.
Guitton, J., Dialog mit Paul VI., Wien 1967.
Gulick, A., Austria from Habsburg to Hitler, Berkeley 1948.

Habe, Hans, Die Mission (Roman), Wien 1965.
Haecker, Theodor, Satire und Polemik. Der Geist der Menschen und die Wahrheit, München 1961.
Halévy, D., Charles Péguy, München 1960.
Hanfstaengl, E. F. S., The Missing Years, London 1957.
Hannak, J., Karl Renner und seine Zeit, Wien 1965.
Hannover, H. und E., Politische Justiz 1918–1933, Frankfurt 1966.
Hantsch, Hugo, Leopold Graf Berchtold, Grandseigneur und Staatsmann, 2 Bde., Graz, Wien 1963.
Harpf, A., Der völkische Kampf der Ostmarkdeutschen, Dresden (Harpf schrieb auch unter dem Pseudonym Adolf Hagen).
Haslip, Joan, Elisabeth von Österreich, München 1966.
Häsler, A. A., Das Boot ist voll. Die Schweiz und die Flüchtlinge 1933–1945, Zürich 1967.
Haupt, G., Der Kongreß fand nicht statt. Die Sozialistische Internationale 1914, Wien 1967.
Hayes, C. J. H., Essays on Nationalism, New York 1926 (darin: Christentum heute als „an adjunct to nationalism").
Heer, Friedrich, Europäische Geistesgeschichte, Stuttgart 1953 (= Heer I).
Ders., Europa, Mutter der Revolutionen, Stuttgart 1964 (= Heer II).
Ders., Land im Strom der Zeit, Wien 1958 (darin u. a.: Humanitas Austriaca, Hitler heute, Judentum und österreichischer Genius) (= Heer III).
Ders., Der Mensch in der industriellen Großgesellschaft – mentale, soziologische, politische und religiöse Strukturen in der Welt der Planung. Zur geistigen Orientierung der Werbeberufe in unserer Zeit. Vorträge der Bundestagung BDW, Berchtesgaden 1956 (= Heer IV).
Ders., Die Kriege und ihre Folgen (in: Das Jahrhundert der Barbarei, München 1966) (= Heer V).
Heiber, Helmut, Hitlers Lagebesprechungen, Stuttgart 1962.
Ders., Joseph Goebbels, Berlin 1962 (bes. 273 ff).
Heiden, Konrad, Adolf Hitler. Das Zeitalter der Verantwortungslosigkeit, 2 Bde., Zürich 1936.
Heigert, H., Deutschlands falsche Träume oder: die verführte Nation, Hamburg 1967.
Hernegger, Rudolf, Macht ohne Auftrag. Die Entstehung der Staats- und Volkskirche, Olten 1963.
Ders., Volkskirche oder Kirche der Gläubigen?, Nürnberg o. J.
Herstig, D., Die Rettung. Ein zeitgeschichtlicher Bericht, Stuttgart 1967.
Heuss, Theodor, Hitlers Weg, Stuttgart 1932.
Heydecker, Joe J., Leeb, Johannes, Der Nürnberger Prozeß, Köln 1958.
Hindels, Josef, Hitler war kein Zufall, Wien 1962.
Ders., Österreichs Sozialisten in der Opposition, Wien 1966.
Hirschauer, G., Der Katholizismus vor dem Risiko der Freiheit. Nachruf auf ein Konzil, München 1966.
Hirschberg, Max, Das Fehlurteil im Strafprozeß. Zur Pathologie der Rechtssprechung, Stuttgart ^{1}1960, Frankfurt ^{2}1962.
Hitler, Adolf, Mein Kampf, München ^{45}1938 (= Hitler I).
Hitler II, Hitlers Zweites Buch – ein Dokument aus dem Jahre 1928, eingel. und

kommentiert von Gerhard L. Weinberg mit einem Geleitwort von Hans Rothfels, Stuttgart 1961.
Hitler III, Brendel, Gerhard, Der Führer und die Juden, München 1943.
Hladny, E., Der heilige Judas, Leipzig 1912.
Hoecht, J. M., Fatima und Pius XII. Maria, Schützerin des Abendlandes. Der Kampf um Rußland und die Abwendung des Dritten Weltkrieges, Wiesbaden 1957.
Hofer, Walther, Der Nationalsozialismus. Dokumente 1933–1945, Frankfurt 1957.
Hoffer, E., Der Fanatiker. Eine Pathologie des Parteigängers (The True Believer), Hamburg 1965.
Hofmannsthal, Hugo v., Prosa III, Frankfurt 1952.
Hofmannsthal, Hugo v. – Arthur Schnitzler, Briefwechsel, Frankfurt 1964.
Hofstätter, Peter R., Einführung in die Tiefenpsychologie, Wien 1948.
Holubek, Schwurgerichtsverhandlung gegen den Schriftsteller Franz Holubek wegen der in den Drei-Engelsälen zu Wien gehaltenen antisemitischen Rede, Wien 1882.
Holzer, H., Josef Deckert, Diss., Wien 1959.
Hoor, Ernst, Österreich 1918–1938, Staat ohne Nation, Republik ohne Republikaner, Wien 1966.
Horkheimer, M., Zur Kritik der instrumentalen Vernunft, Frankfurt 1967.
Horné, Alfred (Hg.), Christ und Bürger heute und morgen, Stuttgart und Düsseldorf 1958.
Horne, Alistair, Paris ist tot – es lebe Paris! Der Deutsch-Französische Krieg 1870/71 und der Aufstand der Kommune in Paris (The Fall of Paris), Bern 1967.
Hughes, H. S., Consciousness and Society. The Re-orientation of European Social Thought, 1890–1930, London 1959.

Imendörffer, Benno u. a. (Hg.), Israel und die Völker. Wien 1935 (gleichzeitig in Dresden ersch. unter dem Titel: Antisemitismus der Welt in Wort und Bild, hg. von R. Körber, Theodor Pugel, unter Mitarbeit von B. Immendörffer und Erich Führer).
Isaac, Jules, Jesus und Israel, Wien–Zürich 1968.

Jaspers, K., Schicksal und Wille. Autobiographische Schriften, hg. von H. Sauer, München 1967.
Jedlicka, Ludwig (Hg.), Aus dem politischen Tagebuch des Unterrichtsministers a.D., Dr. Emmerich Czermak, 1937 bis 1938, in: Österreich in Geschichte und Literatur, 8. Jg., 1964, H. 6 ff.
Ders. (Hg.), Bericht der historischen Kommission des Reichsführers SS. Die Erhebung der österreichischen Nationalsozialisten im Juli 1934, Wien 1965.
Ders., The Austrian Heimwehr, in: International Fascism 1920–1945, Journal of Contemporary History, 1, 1966, 12 ff.
Jemolo, A. C., Church and State in Italy 1850–1950, Oslo 1960.
Jenaczek, Friedrich, Zeittafel zur „Fackel", München 1965.
Jenks, W. A., Vienna and the Young Hitler, New York 1960.
Jetzinger Franz, Hitlers Jugend, Phantasien, Lügen und die Wahrheit, Wien 1956.
Johannes XXIII., Geistliches Tagebuch. Mit einem Nachwort v. Hannah Arendt, Freiburg 1968.
Judenblut: Wenn Judenblut vom Messer spritzt . . ., Wien 1932 (eine sozialdemokratische Broschüre).

Kafka, Franz, Briefe 1902–1924, (New York 1958), Frankfurt o. J.
Kahler, E., The Jews among the Nations, New York 1967.
Kandl, Eleonore, Hitlers Österreichbild, Diss., Wien 1963.
Kann, Robert A., Kanzel und Katheder,

Studien zur österr. Geistesgeschichte vom Spätbarock z. Frühromantik, Wien 1962.
Kerekes, L., Abenddämmerung einer Demokratie. Mussolini, Gömbös und die Heimwehr, Wien 1966.
Kessler, J., Ich schwöre mir ewige Jugend (1935), Neuaufl. München 1962. (Die Memoiren des wilhelminischen Hofpredigers – ein Dokument eines deutschen evangelischen Nationalismus).
Kirche in Österreich (abgekürzt: KÖ) 1918 bis 1965, hg. von Ferdinand Klostermann, Hans Kriegel, Otto Mauer, Erika Weinzierl-Fischer, 2 Bde., Wien 1966 bis 1967.
Kirkpatrick, Sir J., Mussolini – A Study in Power, New York 1964.
Kläger, E., Durch die Wiener Quartiere des Elends und Verbrechens, Wien 1908.
Klein, P., Der Antisemitismus in der Wiener Presse von 1848 bis 1873, Diss. Wien 1938.
Klesse, Max, Vom alten zum neuen Israel. Ein Beitrag zur Genese der Judenfrage und des Antisemitismus, Frankfurt 1965.
Kluke, Paul, Nationalsozialistische Europaideologie, in: Vierteljahrshefte für Zeitgeschichte III, 1955, 240 ff.
Knoll, A. M., Zins und Gnade. Studien zur Soziologie d. christlichen Existenz, Neuwied–Berlin 1967.
Koller, Karl: Der letzte Monat, Mannheim 1949.
Koppensteiner, R., Die Ahnentafel des Führers, Leipzig 1937.
Kotowski, G., Pöls, W., Ritter, G. A., Das wilhelminische Deutschland. Stimmen der Zeitgenossen, Frankfurt 1965.
Kraft, W., Gespräche mit Martin Buber, München 1966.
Kralik, R. v., Die katholische Literaturbewegung der Gegenwart, 8. Aufl., Regensburg 1909.
Ders., Karl Lueger und der christliche Sozialismus, Wien 1923.
Krause, K. W., Zehn Jahre Kammerdiener bei Hitler, Hamburg 1949.
Kreppel, J., Kriegsbriefe gefallener deutscher Juden, Berlin 1935.
Kruck, A., Geschichte des Alldeutschen Verbandes 1890–1939, Wiesbaden 1954.
Krug von Nidda, Roland, 1866 – Königgrätz, Wien 1966.
Kubizek, August, Adolf Hitler, mein Jugendfreund, 2. Auflage, Graz 1953.
Kühner, Hans, Index Romanus – Auseinandersetzung oder Verbot, Nürnberg 1963.
Künneth, W., Der große Abfall. Eine geschichtstheologische Untersuchung der Begegnung zwischen Nationalsozialismus und Christentum, Hamburg 1947.
Kuppe, R., Karl Lueger und seine Zeit, Wien 1933.

Landmann, S., Die Juden als Rasse. Das Volk unter den Völkern, Olten 1967.
Langer, William L., Our Vichy Gamble, New York 1947.
Lapide, P. E., Rom und die Juden, Freiburg 1967 (gekürzt aus: The Last Three Popes and the Jews).
Lauth, R., Die absolute Ungeschichtlichkeit der Wahrheit, Stuttgart 1966.
Leahy (Admiral Leahy), I was there, New York 1950.
Leiser, E., Bilddokumentation nach Erwin Leisers Film „Mein Kampf“, Frankfurt 1961.
Leppich, Johannes (Pater L.), Ein Briefnoviziat. 18 Briefe an die Mitarbeiter der Aktion Pater Leppich, als Ms. gedruckt, 1.–30. Tausend, Februar 1962, Limburg.
Levai, J., Geheime Reichssache. Papst Pius hat nicht geschwiegen, Köln 1966.
Lewy, Guenther, Die katholische Kirche und das Dritte Reich, München 1965.
Ders., The Catholic Church and Nazi Germany, New York 1964 (in der deutschen Ausgabe bedeutend gekürzt und im Ausdruck gemildert!).
Lichten, J. L., Pius XII. A Question of Judgement, Washington 1963.

Liguori, A. M. de, Theologia Moralis, ed. P. L. Gandé, Graz 1954.
Linge, Heinz, Kronzeuge Linge (in: Revue, München 1955–1956).
Liptzin, Solomon, Germany's Stepchildren (1944), New York 1961.
Loos, Adolf, Sämtliche Schriften, hg. von Franz Glück, I. Ins Leere gesprochen 1897–1900. Trotzdem 1900–1930, Wien 1962.
Lortz, Joseph, Katholischer Zugang zum Nationalsozialismus, [2]1934.
Lothar, Ernst, Das Wunder des Überlebens, Wien 1960.
Lovsky, F., Antisémitisme et mystère d'Israël, Paris 1955.
Löwith, K., Vorträge und Abhandlungen zur Kritik der christlichen Überlieferung, Stuttgart 1966.
Lubac, Henri de, Affrontements mystiques, Paris 1950.
Ludendorff, Erich (Hg.), Am Heiligen Quell dt. Kraft, München 1926–1932.
Lutz, Heinrich, Demokratie im Zwielicht. Der Weg der deutschen Katholiken aus dem Kaiserreich in die Republik 1914 bis 1925, München 1963.

Mahler-Werfel, Alma, Mein Leben, Frankfurt 1960.
Maier, Hans (Hg.), Deutscher Katholizismus nach 1945, München 1964.
Mainberger, G., Widerspruch und Zuversicht, Olten 1967.
Manstein, B., Liebe und Hunger. Die Urtriebe im Lichte der Zukunft, München 1967.
Maser, Werner, Die Frühgeschichte der NSDAP. Hitlers Weg bis 1924, Frankfurt 1965 (= Maser I).
Ders., Hitlers Mein Kampf, München 1966 (= Maser II).
Massiczek, Albert, Die österreichische Nation. Zwischen zwei Nationalismen, Wien 1967.
Ders., Wieder Nazi?, Wien 1962.
Masur, Gerhard, Propheten von Gestern. Zur europäischen Kultur 1899–1914, (Prophets of Yesterday, New York 1961), Frankfurt 1965.
Matussek, P., Egenter, R., Ideologie, Glaube und Gewissen, Diskussionen an der Grenze zwischen Moraltheologie und Psychotherapie, München 1965.
Ders., Die Moral der Gegenwart in psychotherapeutischer Sicht: Verfall oder Höherentwicklung? in: Zeitschrift f. Psychosomatische Medizin, 12. Jg., Nr. 3, Juli bis September 1966.
Maurier, H., Theologie des Heidentums, Köln 1967.
Mauser, R., Die Genesis des politisch-sozialen Ideengutes des Bundeskanzlers Dr. Engelbert Dollfuß (Diss.), 1959.
Metz, J. B., Christliche Anthropozentrik. Über die Denkform des Thomas von Aquin, München 1962.
Mirbt, C., Quellen zur Geschichte des Papsttums und des römischen Katholizismus, 4. Aufl., Tübingen 1924.
Mitscherlich, Alexander, Mielke, Fred, Medizin ohne Menschlichkeit, Dokumente des Nürnberger Ärzteprozesses, Frankfurt 1960.
Mohr, H., Das katholische Apostolat. Zur Strategie und Taktik des politischen Katholizismus, Berlin (Ost) 1962.
Molden, Otto, Der Ruf des Gewissens, Wien 1958.
Montane, H., Die Prostitution in Wien, Hamburg–Wien 1925.
Moritz, Joh., Dr. Ludwig Psenner – Von der antisemitischen Volksbewegung zur christlichsozialen Reform, Diss. Wien 1962.
Mordstein, F., Menschenbild und Gesellschaftsidee. Zur Krisis der politischen Ethik im 19. Jahrhundert, Stuttgart 1966.
Moser, Jonny, Von der Emanzipation zur antisemitischen Bewegung. Die Stellung Georg Ritter von Schönerers und Heinrich Friedjungs in der Entwicklungsgeschichte des Antisemitismus in Österreich (1848–1896), Diss. Wien 1962.

Mosse, G. L., The Mystical Origins of National Socialism (in: The Journal of the History of Ideas, 1961).
Mourier, M., Der Vatikan und die Sowjetunion, München 1967 (Paris 1965).
Müller, H., Katholische Kirche und Nationalsozialismus. Dokumente 1930–1935, München 1963.
Müller, W., Die heilige Stadt. Roma quadrata, himmlisches Jerusalem und die Mythe vom Weltnabel, Stuttgart 1961.

Naab, Ingbert, Ist Hitler ein Christ?, München 1931.
Nenmann, F. L., Angst und Politik, Tübingen 1954.
Nolte, E., Der Faschismus in seiner Epoche, München [2]1965.

Österreicher, J., Auschwitz, der Christ und das Konzil, Augsburg 1964.
Olden, Rudolf, Hitler, Amsterdam 1935.
Orel, Der deutsche Prophet, 6 Bände, Klosterneuburg 1946 (Richard Wagner!). (Zu Anton Orel: Görlich, E. J., Knoll, A. M., Stachelberger, A. (Hg.), Anton Orel-Künder christlicher Sozial- und Kulturreform. Eine Festgabe aus Anlaß seines 70. Lebensjahres, Salzburg, 1952).

Paris, E., Le Vatican contre l'Europe, Paris 1959.
Pauer, Hans, Kaiser Franz Joseph I., Beiträge zur Bild-Dokumentation seines Lebens, Wien 1966.
Penella (M. Penella de Silva), Il numero 7, Superstizione di Hitler, Milano 1946.
Petermann, E. R., Wien im Zeitalter Kaiser Franz Josephs I., Wien 1908.
Pfaffenberger, Gottfried, Die Reichspost und die christlich-soziale Bewegung. Die Kampfzeit bis zur Jahrhundertwende mit besonderer Berücksichtigung der Gründungsepoche, Diss. Wien 1948.
Pichl, E., Georg Schönerer, Berlin 1939.
Picker, Henry, Hitlers Tischgespräche im Führerhauptquartier 1941–1942, neu hg. von P. E. Schramm in Zusammenarbeit mit Andreas Hillgruber und Martin Vogt, 2. Aufl., Stuttgart 1965.
Pirchegger, Simon, Hitler und die katholische Kirche, Graz 1933.
Pius XII., Die Briefe Pius' XII. an die deutschen Bischöfe 1939–1944, hg. von Burkhard Schneider in Zusammenarbeit mit P. Blet und A. Martini, Mainz 1966.
Ders., Der Papst an die Deutschen. Pius XII. als apostolischer Nuntius und als Papst in seinen deutschsprachigen Reden und Sendschreiben von 1917 bis 1956, hg. v. B. Wüstenberg u. J. Zabkar, Frankfurt 1956.
Ders., Aufbau und Entfaltung des gesellschaftlichen Lebens. Soziale Summe Pius' XII., hg. v. A. F. Utz u. J. F. Groner, 3 Bände, Fribourg 1954/61.
Poggi, G., Il clero di riserva, Milano 1963.
Poliakov, Leon, Wulf, J., Das Dritte Reich und seine Diener, Berlin 1956.
Pressel, W., Die Kriegspredigt 1914–1918 in der ev. Kirche Deutschlands, Göttingen 1967.
Price, G. Ward, Führer und Duce, wie ich sie kenne, Berlin 1939.
Pross, Harry, Vor und nach Hitler. Zur dt. Nationalpathologie, Olten 1962.
Pulzer, P. G. J., The Rise of Political Antisemitism in Germany and Austria, New York 1964.
Purdy, W. A., Die Politik der katholischen Kirche, Gütersloh 1967.

Rahner, K., Vorgrimler H., Kleines Konzilskompendium, Freiburg 1966.
Rathenau, Walther, Schriften und Reden, Auswahl, ed. Hans Werner Richter, Frankfurt 1964.
Rauschning, Hermann, Gespräche mit Hitler, Wien–Zürich 1947 (1. Aufl. 1940).
Reich, Albert, Aus Adolf Hitlers Heimat, München 1933.
Reichhold, Ludwig, Opposition gegen den autoritären Staat. Christlicher Antifaschismus 1934–1938, Wien 1964.

Reimann, V., Innitzer – Kardinal zwischen Hitler und Rom, Wien 1967 (= Reimann I).
Ders., Zu groß für Österreich. Seipel und Bauer im Kampf um die Erste Republik, Wien 1968 (= Reimann II).
Ritter, Gaston (Arbogast Reiterer), Das Judentum und die Schatten des Antichrist, 2. Aufl., Graz 1933.
Robert, M., Die Revolution der Psychoanalyse, Frankfurt 1967.
Rolnikaite: Das Tagebuch der Maria Rolnikaite, Wien 1966.
Rosenberg, Alfred, Dietrich Eckart. Ein Vermächtnis, München 1928.
Ross, D., Hitler und Dollfuß, die deutsche Österreich-Politik 1933–1934, Hamburg 1966.
Rouquette, R., Charles Maurras et la Papauté (Etudes, Juin 1953, 392 ff).
Roxan, David, Wanstall, Ken, The Jackdaw of Linz. The Story of Hitler's Art Thefts, London 1964 (deutsch: Der Kunstraub, München 1966).
Rudin, Josef (Hg.), Neurose und Religion. Krankheitsbilder und ihre Problematik, Olten 1964.
Rudolf, Karl, Aufbau im Widerstand. Ein Seelsorge-Bericht aus Österreich 1938 bis 1945, Salzburg 1947.
Rüstow, Alexander, Ortsbestimmung der Gegenwart III, 1958 (hier über Hitlers „jüdischen Selbsthaß").

Saarbourgh, E. A., Frustration und Autoritarismus, Köln 1959.
Sartre, Jean-Paul, Betrachtungen zur Judenfrage, Zürich 1948.
Schabel, Wilhelm, Herr, in Deine Hände. Seelsorge im Krieg, Bern 1963.
Scheicher, J., Aus dem Jahre 1920, St. Pölten 1900.
Ders., Erlebnisse und Erinnerungen, 6 Bde., Wien 1907–1913.
Schellenberg, Walter, Memoiren, Köln 1959.
Schirach, Henriette, Der Preis der Herrlichkeit, Wiesbaden 1956.
Schlette, H. R., Die Nichtigkeit der Welt. Der philosophische Horizont des Hugo v. St. Viktor, München 1961.
Schmeer, K. H., Die Regie des öffentlichen Lebens im Dritten Reich, München 1956.
Schmidt, A., Sitara und der Weg dorthin. Eine Studie über Wesen, Werk und Wirkung Karl Mays, Karlsruhe 1963.
Schmidt, H. W., Feiern des Jahres, Frankfurt 1940.
(Der Hochverratsprozeß gegen Dr. Guido Schmidt vor dem Volksgericht. Die gerichtlichen Protokolle mit den Zeugenaussagen, unveröffentlichte Dokumente, sämtliche Geheimbriefe und Geheimakten, Wien 1947.)
Schmidt, Paul, Statist auf diplomatischer Bühne 1923–1945, Bonn 1954.
Schramm, Percy Ernst, Hitler als militärischer Diktator, Göttingen 1961.
Schuberth, G., Arthur Trebitsch. Sein Leben und sein Werk, Leipzig 1927.
Schulmeister, O., Die Zukunft Österreichs, Wien 1967.
Schultz, Hans Jürgen, Tendenzen der Theologie im 20. Jahrhundert, Stuttgart 1966.
Seeber, D. A., Das zweite Vaticanum. Konzil des Übergangs, Freiburg 1966.
Serafian, Michael (Martin SJ), Der Pilger oder Konzil und Kirche vor der Entscheidung, Hamburg 1964.
Shepherd, G., Engelbert Dollfuß, Graz 1961.
Silberner, E., Was Marx an Antisemite? (in: Historia Judaica, vol. XI, Nr. I, 1949).
Ders., Austrian Democracy and the Jewish Question (ebenda XIII, Nr. 2), 1951).
Skalnik, Kurt, Dr. Karl Lueger, Wien 1954.
Spectrum Austriae (abgekürzt: SA), hg. v. Otto Schulmeister unter Mitwirkung von J. Chr. Almayer-Beck und Adam Wandruszka, Wien 1957.
Spiel, Hilde, Fanny von Arnstein oder die Emanzipation, Frankfurt 1962.
Spitzmüller, Alexander, Und hat auch Ursach, es zu lieben, Wien 1955.

Staff, Ilse, Justiz im Dritten Reich. Eine Dokumentation, Frankfurt 1964.

Stafford-Clark, D., Was Freud wirklich sagte, Wien 1967.

Stammler, E., Verschwörung für die Demokratie, München 1966.

Steffens, M., Freimaurerei in Deutschland. Bilanz eines Vierteljahrtausends, Frankfurt 1966.

Stein, Alexander, Adolf Hitler, Schüler der ‚Weisen von Zion', Karlsbad 1936.

Steinacker, Harold, 1889–1919–1939. Rede zum 50. Geburtstag des Führers, Innsbruck 1939.

Steinbuch, K., Falsch programmiert. Über das Versagen unserer Gesellschaft in der Gegenwart und vor der Zukunft und was eigentlich geschehen müßte, Stuttgart 1968.

Steinhausen, Hermann (= Eugen Gürster), Die Judenfrage eine Christenfrage, Luzern 1939.

Stiegnitz, Peter, Beitrag zur Behandlung der soziologischen Grundzüge des Judentums und des Antisemitismus in Österreich, Diss. Wien 1963.

Strasser, Otto, Die deutsche Bartholomäusnacht, Zürich 1935.

Strelka, Joseph, Brücke zu vielen Ufern. Wesen und Eigenart der österreichischen Literatur, Wien 1966.

Stümper, H., Ärger mit der christlichen Freiheit, Graz 1967.

Stutz, U., Geist des Codex iuris canonici, Stuttgart 1918.

Sundén, Hjalmar: Die Religion und die Rollen. Eine psychologische Untersuchung der Frömmigkeit, Berlin 1966.

Szecsi, M., Stadler, K., Das einsame Gewissen. Die NS-Justiz in Österreich und ihre Opfer, Wien 1962.

Tardini, Card. D., Pio XII, Città del Vaticano 1960.

Thielicke, Helmut, Fragen des Christentums an die moderne Welt, Tübingen 1947.

Tietze, Hans, Die Juden Wiens. Geschichte, Wirtschaft, Kultur, Leipzig 1933.

Tondi, A., I Gesuiti nella storia di una crisi di coscienza – confessioni e ricordi, Firenze 1953 (= Tondi I).

Ders., Vaticano e neofascismo, 3. ed., Roma 1952 (= Tondi II).

Toussaert, J., Antonius von Padua, Versuch einer kritischen Biographie, Köln 1967.

Trebitsch, Arthur, Arische Wirtschaftsordnung, Wien 1925.

Trotzki, Leo, Mein Leben, Frankfurt 1961 (Berlin 1929).

Tschuppik, Walter, Der Christ und sein Schatten oder die Geburt des Juden aus dem Geiste der absoluten Moral, Leipzig 1923.

Ude, J., Vom fünften Gebot Gottes bis zum erzwungenen Wehrdienst. Die Forderung an die Christen der Zukunft. Rede vom 1. Dez. 1956. Im Anhang die Weihnachtsbotschaft Pius' XII. von 1956, Wien 1956.

Valentin, Hugo, Der Antisemitismus. Geschichte, Kritik, Soziologie, Wien 1937.

Vallquist, G., Das zweite Vatikanische Konzil, Nürnberg 1966.

Viereck, Peter: Metapolitics. The Roots of the Nazi Mind, New York 1961.

Volk, L., Der bayerische Episkopat und der Nationalsozialismus 1930–1934, Mainz 1965.

Ders., Die Fuldaer Bischofskonferenz 1937 bis 1945 (in: Stimmen der Zeit, Nr. 178, Okt. 1966).

Ders., Kardinal Faulhabers Stellung zur Weimarer Republik und zum nationalsozialistischen Staat (in: Stimmen der Zeit, Nr. 173, 1964/64).

Völkischer Beobachter (VB): Facsimile Querschnitt durch den Völkischen Beobachter, hg. v. S. Noller u. H. v. Kotze, München 1967.

Waasen, Heinrich Maria (= Janko von Musulin), Was geschah in Stalingrad – Wo sind die Schuldigen?, Salzburg 1950.
Wagner, Friedelind, The Royal Familiy of Bayreuth, London 1948.
Wagner, Otto, Das Werk des Architekten (1841–1918). Histor. Museum der Stadt Wien, 2. Sonderausstellung Juni–Sept. 1963, Wien. Vorwort: Franz Glück, 1 ff: Otto Antonia Graf.
Wahrmund, Adolph, Das Gesetz des Nomadenthums und die heutige Judenherrschaft, 2. Aufl., Berlin 1892.
Walter, Bruno, Themen und Variationen, Frankfurt 1961 (New York 1947).
Wandruszka, Adam, Österreichs politische Struktur (in: Geschichte der Republik Österreich, hg. von Heinrich Benedikt), Wien 1954.
Ders., Schicksalsjahr 1866, Graz 1966.
Watts, A. W., Mythus und Ritus des Christentums, München 1956.
Webb, L., Church and State in Italy 1947 to 1957, Melbourne 1958.
Webster, R., Christian Democracy in Italy 1860–1960, London 1960.
Weinzierl-Fischer, Erika, Österreichs Katholiken und der Nationalsozialismus (in: Wort und Wahrheit, XVIII, 1963, 417 ff und 493 ff.)
Dies., Österreichs Katholizismus und der Nationalsozialismus (in: Wort und Wahrheit, Nr. 18 und 20, 1963 und 1965).
Weiss, E., Ich, der Augenzeuge (Roman, 1939), München 1965.
Werner, K. F., Das NS-Geschichtsbild und die deutsche Geschichtswissenschaft, Stuttgart 1967.
Whiteside, A. G., Austrian National Socialism before 1918, The Hague 1962.
Wiedemann, Fritz, Der Mann, der Feldherr werden wollte, München 1964.
[1]Wien I: Wien um die Mitte des XX. Jahrhunderts, hg. von Ferdinand Lettmayer, Wien 1958.
[2]Wien II: Finale und Auftakt – Wien 1898 bis 1914. Literatur, Bildende Kunst, Musik, hg. von Otto Breicha und Gerhard Fritsch, Salzburg 1965.
Wiesel, E., Die Juden in der UdSSR. Antisemitismus im Sowjetreich, München 1967.
Wiesenthal, S., Doch die Mörder leben, München 1967.
Wild, Alfons, Hitler und das Christentum, Augsburg 1931.
Wildner, Clemens, Von Wien nach Wien. Erinnerungen eines Diplomaten, Wien 1961.
Wilfort, M., Zur Wohnungsnot in Wien, Wien 1911.
Winkler, F., Die Diktatur in Österreich, Zürich 1935.
Winter, Eduard, Der Josefinismus und seine Geschichte, Brünn–Wien 1933.
Ders., Rußland und das Papsttum, Teil 2, Berlin 1961.
Winkler, Ernst Karl, Christentum und Zivilisation, Wien 1956 (= Winter I).
Ders., Ignaz Seipel als dialektisches Problem. Ein Beitrag zur Scholastikforschung, Wien 1966 (= Winter II).
Winter, M., Im dunkelsten Wien, Wien–Leipzig 1904.
Wucher, Albert, Die Fahne hoch. Das Ende der Republik und Hitlers Machtübernahme. Ein Dokumentarbericht, München 1963.
Wulf, Joseph, Literatur und Dichtung im Dritten Reich. Eine Dokumentation, Hamburg 1966 (Gütersloh 1963) (= Wulf I).
Ders., Die Bildenden Künste im Dritten Reich, Hamburg 1966 (= Wulf II).

Zahn, Gordon C., German Catholics and Hitler's Wars, New York 1962 (deutsch 1964).
Ders., Er folgte seinem Gewissen. Das einsame Zeugnis des Franz Jägerstätter, Graz–Köln 1967 (In Solitary Witness, New York 1965).

Otto Breicha und Gerhard Fritsch, Salzburg 1965.
Ziegler, Hans Severus, Adolf Hitler aus dem Erleben dargestellt, Göttingen.
Zipfel, F., Kirchenkampf in Deutschland 1933–1945, Berlin 1965.
Zoller, Albert, Hitler privat. Erlebnisbericht seiner Geheimsekretärin, Düsseldorf 1949.
Zöllner, Erich, Geschichte Österreichs. Von den Anfängen bis zur Gegenwart, München 1961.
Zuckmayer, Carl, Als wär's ein Stück von mir, Frankfurt 1966.
Zweig, Arnold, Caliban oder Politik und Leidenschaft. Versuch über die menschlichen Gruppenleidenschaften, dargestellt am Antisemitismus, Berlin 1927.
Zweig, Stefan, Die Welt von Gestern, Frankfurt 1955 (Stockholm 1944) (= Zweig I).
Ders., Begegnungen mit Menschen, Büchern, Städten (1937), Frankfurt 1955 (= Zweig II).

AUTOREN- UND PERSONENREGISTER

Hinweis: Kursiv gedruckte Seitenzahlen verweisen auf die vollständige Quellenangabe